QUANGUO GESHENG ZIZHIQU ZHIXIASHI
XINGFA SHIYONG GUIFANXING WENJIAN TONGLAN

全国各省自治区直辖市 刑法适用 规范性文件通览

（第一卷）

孟庆华／编著

中国检察出版社

图书在版编目（CIP）数据

全国各省自治区直辖市刑法适用规范性文件通览. 第1卷/孟庆华编著.
—北京：中国检察出版社，2016.2
ISBN 978-7-5102-1233-8

Ⅰ.①全… Ⅱ.①孟… Ⅲ.①刑法-法律适用-文件-汇编-中国
Ⅳ.①D924.05

中国版本图书馆CIP数据核字（2014）第146479号

全国各省自治区直辖市刑法适用规范性文件通览（第一卷）

孟庆华　编著

出版发行：	中国检察出版社
社　　址：	北京市石景山区香山南路111号（100144）
网　　址：	中国检察出版社（www.zgjccbs.com）
编辑电话：	（010）68650028
发行电话：	（010）68650015　68650016　68650029
经　　销：	新华书店
印　　刷：	三河市西华印务有限公司
开　　本：	787 mm×1092 mm　16开
印　　张：	35.75印张
字　　数：	1352千字
版　　次：	2016年2月第一版　2016年2月第一次印刷
书　　号：	ISBN 978-7-5102-1233-8
定　　价：	96.00元

检察版图书，版权所有，侵权必究
如遇图书印装质量问题本社负责调换

编者前言

本书收录的"刑法适用规范性文件"的时间范围以 1997 年 10 月 1 日为起点，即是始于 1997 年刑法生效之后，而对在 1997 年刑法生效之前与 1979 年刑法生效之后这段时期，虽然在编辑过程中，也发现不少有价值的"刑法适用规范性文件"，例如，北京市高级人民法院发布的《关于处理经济犯罪案件如何计算价值数额的规定》（1983 年 2 月 21 日）；北京市高级人民法院、北京市人民检察院《关于处理贪污、贿赂案件的几个具体问题的暂行规定》（1986 年 6 月 1 日）；上海市人民检察院《处理利用"信用卡"进行诈骗活动的几点意见》（1984 年 11 月 26 日）；上海市高级人民法院、上海市人民检察院、上海市公安局、上海市司法局发布的《关于办理销赃案件若干问题的意见》（1994 年 11 月 24 日）等；但鉴于这些文件伴随着 1997 年修订刑法的实施已失去效力，因此未将这类文件收进本书的编选范围之内。

本书分为三卷，全面收录了除西藏以外的全国 30 个省级司法机关，即由全国各省、自治区与直辖市的高级人民法院与人民检察院为主体制定的有关刑法适用方面的文件，共计 600 余件，其中，第一卷收录的文件北京市 40 个、上海市 55 个、天津市 21 个、重庆市 27 个、黑龙江省 8 个、吉林省 14 个、辽宁省 11 个、河北省 14 个、河南省 25 个；第二卷收录的文件山东省 17 个、安徽省 22 个、江苏省 69 个、江西省 25 个、浙江省 71 个、福建省 35 个、广东省 47 个；第三卷收录的文件山西省 6 个、陕西省 11 个、湖北省 13 个、湖南省 20 个、青海省 6 个、甘肃省 7 个、四川省 48 个、云南省 18 个、贵州省 7 个、海南省 4 个、内蒙古自治区 11 个、新疆维吾尔自治区 5 个、宁夏回族自治区 6 个、广西壮族自治区 2 个。从数量上可看到，这些文件分布很不平衡，呈现东部居多、西部较少的特点。

本书排列顺序表明的时间为"颁发日期"。单独由省级高级人民法院或省级人民检察院颁发的"刑法适用规范性文件"，其"颁发日期"较为简单确定。由于多数"刑法适用规范性文件"是由省级高级人民法院、人民检察院、公安厅、司法厅等多家单位联合发布，其"颁发日期"就是联合发布的时间。如果按各自单位通过的日期确定，将会出现不同的"颁发日期"。另外，为了检索、查阅的方便，本书在以各省级司法机关"颁发日期"为基本排序外，还附录有按拼音顺序排列的主题词，这样可以使相同内容的文件放在一起。

本书收录的"刑法适用规范性文件"，有的全部内容均为"刑法适用"，有的则是以实体"刑法适用"为主，辅之以相关的刑事诉讼程序内容，这主要是实体刑法与刑事诉讼程序两者很难断然予以分开。例如，本书收录的有关缓刑、减刑、假释、社区矫正等方面的文件，其中有山东省高级人民法院《缓刑适用若干问题指导意见（试行）》（2009 年 9 月 7 日）、黑龙江省高级人民法院《关于明确减刑、假释工作中若干问题》（2004 年 4 月 5 日）等；对这些刑法以外的内容，部分采用了节选方式，例如江苏省高级人民法院的《关于对民间借贷纠纷案件审理中的若干问题会议纪要》（节录）（2013 年 6 月 13 日）；但大部分却采用了全文收录,例如重庆市高级人民法院《关于依法从严审理食品药品安全案件的意见》(2011年6月15日),安徽三个省级司法机关的《关于依法打击破坏医疗秩序有关违法犯罪活动的若干意见》(2013年7月26日);这主要是为了保持"完整性";同时,保留这些刑法以外的内容,还具有刑法与其他法的界定或衔接作用。

最后,还需要说明的是,编选本书的"刑法适用规范性文件"是一种尝试,目的是为查阅使用提供便利,但受编选人员的水平与能力所限,未能将全国30个省级司法机关制定的全部"刑法适用规范性文件"都予以收进,有些文件肯定是有所遗漏的,即使收录的这些"刑法适用规范性文件",也肯定有不妥之处。因故,期望在本书出版后,不管是检察官、法官等司法人员,还是律师、刑法学习者、研究者,如发现本书的谬误请及时给予指正,特别欢迎对本书遗漏的"刑法适用规范性文件"予以提供补增,以便使本书收录的内容更全面、更完整,也将会使本书具有更大的资料性与文献性价值。

孟庆华

目 录

绪 编　刑法适用规范性文件概述

一、刑法适用规范性文件的称谓及其成因问题 ……………………………………（ 1 ）
　（一）刑法适用规范性文件的称谓问题 ……………………………………（ 1 ）
　（二）刑法适用规范性文件的成因问题 ……………………………………（ 2 ）
二、刑法适用规范性文件的制定依据问题 …………………………………………（ 4 ）
　（一）刑法适用规范性文件制定的基本依据 ………………………………（ 4 ）
　（二）省级司法机关《量刑指导意见》"实施细则"的制定依据 …………（ 6 ）
　（三）各种具体罪名的刑法适用规范性文件的制定依据 …………………（ 6 ）
三、刑法适用规范性文件的制定主体问题 …………………………………………（ 10 ）
　（一）已收录省级人民法院与人民检察院制定的刑法适用规范性文件 …（ 10 ）
　（二）未收录省级以下人民法院与人民检察院制定的刑法适用规范性文件 …（ 11 ）
　（三）未收录省级人大常委会通过的有关刑法适用文件 …………………（ 12 ）
　（四）未收录省政府单独或联合其他部门制定的有关刑法适用文件 ……（ 13 ）
　（五）未收录省级政法委员会单独或联合其他部门制定的有关刑法适用文件 …（ 13 ）
　（六）未收录省级公安厅（局）单独或联合其他部门制定的有关刑法适用文件 …（ 13 ）
　（七）未收录省级司法厅单独制定的有关刑法适用文件 …………………（ 14 ）
　（八）未收录省级监狱管理局单独制定的有关刑法适用文件 ……………（ 14 ）
　（九）未收录省级其他行政部门单独制定的有关刑法适用文件 …………（ 15 ）
四、刑法适用规范性文件的表现形式问题 …………………………………………（ 15 ）
　（一）意见、规定、解释、决定、批复与规则的表现形式问题 …………（ 15 ）
　（二）纪要、办法、通知、通告、问答与解答的表现形式问题 …………（ 16 ）
五、刑法适用规范性文件的内容问题 ………………………………………………（ 17 ）
　（一）刑法总则内容的适用问题 ……………………………………………（ 18 ）
　（二）刑法分则内容的适用问题 ……………………………………………（ 18 ）
六、刑法适用规范性文件的效力范围问题 …………………………………………（ 21 ）
　（一）"下位法"应服从于"上位法"的选择原则问题 …………………（ 21 ）
　（二）"后位法"优于"前位法"的选择原则问题 ………………………（ 21 ）
　（三）能否适用"下位法优于上位法"原则问题 …………………………（ 22 ）
　（四）省级刑法适用规范性文件的效力冲突原则问题 ……………………（ 22 ）

第一编　北京市刑法适用规范性文件（40）

北京市高级人民法院《关于审理假币犯罪案件具体适用法律的意见》（1998年12月18日）…（ 25 ）

北京市高级人民法院《关于如何适用刑法第347条第4款"情节严重"的意见》(1998年12月18日) …………………………………………………………………………………… (26)

北京市高级人民法院《关于审理盗伐林木、滥伐林木刑事案件犯罪数量认定试行标准的通知》(2001年6月26日) ………………………………………………………………… (27)

北京市高级人民法院 北京市人民检察院 北京市公安局《关于贯彻全国人民代表大会常务委员会〈关于《中华人民共和国刑法》第三百一十三条的解释〉的会议纪要》(2003年9月17日) …………………………………………………………………………………… (27)

北京市高级人民法院 北京市人民检察院 北京市公安局《关于依法打击拒不执行判决、裁定犯罪行为的通知》(2003年9月17日) ……………………………………………… (28)

北京市高级人民法院 北京市人民检察院 北京市公安局《关于依法办理涉烟犯罪案件有关问题的通知》(2004年3月25日) ………………………………………………………… (28)

北京市高级人民法院《关于规范法官和当事人及其律师相互关系的六条禁止性规定》(2004年8月17日) ……………………………………………………………………………… (30)

北京市高级人民法院 北京市人民检察院 北京市公安局 北京市司法局 北京市监狱管理局《社区矫正衔接工作规定》(2005年10月1日) ………………………………………… (30)

北京市安全生产监督管理局 北京市人民检察院 北京市公安局 北京市监察局 北京市总工会《关于依法严肃追究生产安全事故责任和移送涉嫌刑事犯罪案件的意见》(2006年3月2日) ……………………………………………………………………………………… (34)

北京市高级人民法院 北京市人民检察院 北京市公安局 北京市司法局 北京市监狱管理局《关于对监所罪犯减刑工作的规定》(2007年6月1日) ……………………………… (35)

北京市高级人民法院 北京市人民检察院 北京市公安局 北京市司法局 北京市监狱管理局《关于对监所罪犯假释工作的规定》(2007年6月1日) ……………………………… (38)

北京市公安局 北京市人民检察院 北京市高级人民法院 北京市监狱管理局 北京市劳动教养工作管理局《关于坦白检举违法犯罪线索转递查证工作的规定》(2007年6月25日) …… (40)

北京市高级人民法院 北京市人民检察院 北京市公安局 北京市国家安全局 北京市司法局 北京市监狱管理局《关于罪犯交付监狱收监执行工作的规定》(2007年12月12日) … (41)

北京市高级人民法院 北京市人民检察院 北京市司法局《关于简化适用刑事普通程序审理被告人认罪案件实施细则(试行)》(2007年12月12日) ……………………………… (43)

北京市高级人民法院 北京市人民检察院 北京市公安局《关于快速办理犯罪嫌疑人、被告人认罪的轻微刑事案件的意见》(2007年12月18日) …………………………………… (46)

北京市高级人民法院 北京市人民检察院 北京市公安局《关于涉及森林和陆生野生动植物刑事案件管辖的通知》(2008年4月9日) ……………………………………………… (47)

北京市高级人民法院 北京市人民检察院 北京市公安局 北京市司法局《关于对社区服刑罪犯撤销缓刑、撤销假释、决定收监执行工作的规定(试行)》(2008年7月1日) …… (47)

北京市高级人民法院 北京市人民检察院 北京市公安局《关于办理侦探公司、讨债公司违法犯罪案件工作会议纪要》(2008年12月25日) ……………………………………… (50)

北京市高级人民法院 北京市人民检察院 北京市公安局 北京市司法局《关于依法办理暴力拆迁案件的工作意见》(2009年2月27日) ……………………………………………… (52)

北京市高级人民法院 北京市人民检察院 北京市公安局 北京市司法局《关于健全办理打黑除恶案件工作机制的意见》(2009年2月27日) …………………………………………… (53)

北京市高级人民法院　北京市人民检察院　北京市公安局　北京市司法局《关于对集中代为执行余刑一年以下罪犯减刑、假释工作的规定》（2009年9月1日） …………………（55）

北京市高级人民法院《关于执行刑事案件大、要案报告制度的若干规定》（2010年7月23日） ……………………………………………………………………………………（58）

北京市高级人民法院《关于审理涉众型经济犯罪案件的若干意见（试行）》（2010年10月11日） …（59）

北京市高级人民法院　北京市人民检察院　北京市公安局《关于规范部分刑事案件审级管辖的通知》（2010年12月6日） …………………………………………………………（60）

北京市高级人民法院　北京市人民检察院　北京市公安局　北京市司法局《关于对社区服刑罪犯减刑、假释工作的规定（试行）》（2010年12月14日） ………………………（61）

北京市高级人民法院《关于在审理醉酒后危险驾驶案件中贯彻宽严相济刑事政策的通知》（2011年） ………………………………………………………………………………………（63）

北京市高级人民法院　北京市人民检察院　北京市公安局　北京市民政局　北京市司法局　北京市卫生局　北京市妇女联合会　中共北京市委宣传部《关于预防和制止家庭暴力的若干意见》（2011年3月10日） ………………………………………………………………（65）

北京市高级人民法院　北京市人民检察院　北京市公安局　北京市司法局《关于盗窃等六种侵犯财产犯罪处罚标准的若干规定》（2011年12月31日） ………………………（67）

北京市高级人民法院《关于正确适用刑法第三百五十九条第一款引诱、容留、介绍卖淫罪定罪量刑标准的通知》（2012年2月15日） ………………………………………………（68）

北京市高级人民法院　北京市人民检察院　北京市公安局　北京市司法局《北京市社区矫正实施细则》（2012年5月21日） …………………………………………………………（68）

北京市高级人民法院　北京市人民检察院　北京市公安局　北京市国家安全局　北京市司法局　北京市监狱管理局《关于对监所罪犯假释工作的规定（二）》（2012年12月6日） …（76）

北京市高级人民法院　北京市人民检察院　北京市公安局　北京市国家安全局　北京市司法局　北京市监狱管理局《关于对监所罪犯减刑工作的规定（二）》（2012年12月6日） …（79）

北京市高级人民法院　北京市人民检察院　北京市公安局　北京市司法局　北京市监狱管理局《关于减刑、假释案件审理程序的实施意见》（2012年12月6日） ……………（85）

北京市高级人民法院　北京市公安局《对非法销售、储存、运输、燃放烟花爆竹等行为依法处理的意见》（2013年2月6日） …………………………………………………（88）

北京市高级人民法院《关于适用办理敲诈勒索刑事案件司法解释的若干意见》（2013年8月6日） …………………………………………………………………………………………（88）

北京市高级人民法院《关于依法推进管制刑适用的通知》（2013年9月10日） ……………（91）

北京市高级人民法院《关于适用办理抢夺刑事案件司法解释的若干意见》（2013年12月30日） …（91）

北京市高级人民法院《关于适用办理盗窃刑事案件司法解释的若干意见》（2014年2月8日） …（92）

北京市高级人民法院《关于审理交通肇事逃逸刑事案件的意见》（2014年2月9日） ………（96）

北京市高级人民法院《关于犯罪的量刑指导意见》实施细则（2014年7月1日） ……………（96）

第二编　上海市刑法适用规范性文件（55）

上海市高级人民法院刑事审判庭《关于聚众斗殴、寻衅滋事造成他人重伤、死亡结果的定罪问题》（1997年7月15日） ………………………………………………………………（116）

上海市高级人民法院　上海市人民检察院　上海市公安局《关于失火和消防责任事故案件追究刑事责任的若干规定（试行）》（1999年11月15日） ………………………………………（117）

上海市高级人民法院《关于审理毒品犯罪案件具体应用法律若干问题的意见》（2000年6月12日） …………………………………………………………………………………（117）

上海市高级人民法院　上海市人民检察院　上海市公安局　上海市司法局《关于办理制、销"假冒烟草制品"案件适用法律若干问题的意见（试行）》（2000年10月25日） ………（120）

上海市高级人民法院《关于处理自首和立功具体应用法律若干问题的意见》（2000年11月22日） …………………………………………………………………………………………（121）

上海市高级人民法院《关于审理挪用公款案件具体应用法律若干问题的意见（试行）》（2000年12月28日） ………………………………………………………………………………（124）

上海市高级人民法院《关于刑期起止日期及计算问题的意见》（2001年6月13日） ……（126）

上海市高级人民法院　上海市人民检察院《刑事法律适用问题解答》（2002年4月1日） …（126）

上海市高级人民法院　上海市人民检察院　上海市公安局　上海市司法局《关于办理非法经营食盐等涉盐犯罪案件的意见》（2002年4月15日） …………………………………（129）

上海市高级人民法院　上海市人民检察院　上海市公安局　上海市司法局《关于执行〈全国人大常委会关于刑法第三百一十三条的解释〉和〈最高人民法院关于审理拒不执行判决、裁定案件具体应用法律若干问题的解释〉的意见》（2002年5月23日） …………………（130）

上海市高级人民法院《关于本市执行〈最高人民法院关于审理抢夺刑事案件具体应用法律若干问题的解释〉若干问题的意见》（2002年10月30日） ……………………………………（131）

上海市高级人民法院《关于本市贯彻〈最高人民法院、最高人民检察院关于办理非法生产、销售、使用禁止在饲料和动物饮用水中使用的药品等刑事案件具体应用法律若干问题的解释〉》（2003年5月9日） ……………………………………………………………………（131）

上海市高级人民法院《上海法院参与社区矫正工作的若干意见》（2003年5月28日） ……（131）

上海市高级人民法院　上海市人民检察院　上海市公安局《关于办理犯罪嫌疑人、被告人在刑事诉讼期间患精神病的案件的规定》（2003年11月20日） ………………………（133）

上海市高级人民法院《关于虚开"全国联运行业货运统一发票"案件法律适用问题的解答》（2004年1月6日） ………………………………………………………………………（134）

上海市高级人民法院《关于如何适用"两高"〈关于办理利用互联网、移动通讯终端、声讯台制作、复制、出版、贩卖、传播淫秽电子信息刑事案件具体应用法律若干问题的解释〉的问答》（2004年3月14日） ………………………………………………………………（134）

上海市高级人民法院　上海市人民检察院　上海市公安局　上海市司法局《关于对在押人员自首、检举立功适用法律的意见（试行）》（2004年12月28日） ……………………（137）

上海市高级人民法院《上海法院量刑指南——毒品犯罪之一（试行）》（2005年3月8日） ……（138）

上海市高级人民法院　上海市人民检察院　上海市公安局　上海市司法局《关于对部分毒品案件进行含量鉴定的若干规定》（2005年5月11日） ……………………………………（141）

上海市高级人民法院　上海市人民检察院《关于本市办理赌博犯罪案件适用法律若干问题的意见》（2005年5月16日） ………………………………………………………………（141）

上海市高级人民法院刑二庭　上海市人民检察院公诉处《关于贩卖盗版光盘案件如何适用法律的意见（试行）》（2006年1月16日） ……………………………………………（142）

上海市高级人民法院　上海市人民检察院《关于对未成年人与成年人共同犯罪的案件实行分

案起诉、分庭审理的意见》（2006年2月14日） …………………………………………（143）

上海市高级人民法院　上海市人民检察院　上海市公安局　上海市司法局《关于办理破坏电力设备犯罪案件的若干意见》（2006年3月1日） ……………………………………（143）

上海市高级人民法院　上海市人民检察院　上海市公安局　上海市司法局《关于毒品案件管辖问题的意见》（2006年4月12日） …………………………………………………（144）

上海市高级人民法院　上海市人民检察院　上海市公安局　上海市司法局《关于办理生产、销售伪劣产品刑事案件中如何认定"以不合格产品冒充合格产品"的意见》（2006年4月12日） ……………………………………………………………………………………（144）

上海市高级人民法院　上海市人民检察院　上海市公安局　上海市司法局《关于轻伤害案件委托人民调解的若干意见》（2006年5月12日） ……………………………………（144）

上海市高级人民法院刑二庭《刑事法律适用问题解答（一）》（2006年5月24日） ………（146）

上海市高级人民法院刑二庭《刑事实务问答》（2006年5月24日） ………………………（147）

上海市高级人民法院刑二庭　上海市人民检察院公诉处《商业贿赂犯罪法律适用研讨会纪要》（2006年7月18日） ………………………………………………………………（149）

上海市高级人民法院《上海法院量刑指南——总则部分（试行）》（2006年7月24日） …（149）

上海市高级人民法院《关于办理虚开抵扣税款发票刑事案件适用法律问题的解答》（2006年7月25日） ………………………………………………………………………………（152）

上海市高级人民法院《关于办理聚众斗殴犯罪案件的若干意见》（2006年9月5日） …（153）

上海市高级人民法院　上海市人民检察院　上海市公安局　上海市司法局《关于办理销赃案件若干问题的意见》（2007年5月23日） ………………………………………………（155）

上海市高级人民法院《关于抢劫犯罪适用财产刑标准的若干意见》（2007年7月4日） …（156）

上海市高级人民法院《盗窃罪量刑指南（试行）》（2007年7月9日） ……………………（156）

上海市高级人民法院　上海市人民检察院　上海市公安局　上海市司法局《关于本市办理部分刑事犯罪案件标准的意见》（2008年6月24日） ……………………………………（158）

上海市高级人民法院刑二庭《涉外刑事案件法律适用问题解答》（2008年9月22日） …（166）

上海市高级人民法院刑二庭《贿赂犯罪法律适用问题解答》（2008年9月22日） ………（168）

上海市高级人民法院刑二庭《数罪并罚法律适用问题解答》（2008年11月5日） ………（169）

上海市高级人民法院　上海市人民检察院《第七次检法联席会议纪要》（2008年12月4日） …（171）

上海市高级人民法院　上海市人民检察院　上海市公安局　上海市司法局《关于办理利用手机传播淫秽物品案件法律适用问答》（2009年7月8日） ……………………………（172）

上海市高级人民法院　上海市人民检察院　上海市公安局《关于办理拒不执行判决、裁定犯罪案件若干问题的意见》（2009年7月23日） ……………………………………………（173）

上海市高级人民法院《〈人民法院量刑指导意见（试行）〉实施细则（试行）》（2010年10月1日） ……………………………………………………………………………………………（177）

上海市高级人民法院《未成年人刑事案件量刑指导意见实施细则（试行）》（2010年12月16日） …（190）

上海市高级人民法院民五庭　上海市公安局经济犯罪侦查总队《信用卡案件刑民交叉问题座谈会纪要》（2011年3月23日） …………………………………………………………（198）

上海市高级人民法院　上海市人民检察院《第十次检、法联席会议纪要》（2011年3月29日） …（199）

上海市高级人民法院　上海市人民检察院　上海市公安局　上海市司法局《关于本市审理知识产权刑事案件若干问题的意见》（2011年4月11日） ……………………………（201）

上海市高级人民法院　上海市人民检察院《第十一次检法联席会议纪要》(2011 年 10 月 28 日) …… (202)

上海市高级人民法院　上海市人民检察院　上海市公安局　上海市司法局《关于办理盗窃燃气及相关案件法律适用的若干规定》(节录) (2011 年 12 月 30 日) ……………………… (203)

上海市高级人民法院《关于刑事判决中财产刑及财产部分执行的若干意见》(2012 年 1 月 16 日修正) …………………………………………………………………………………… (204)

上海市高级人民法院《关于办理非法行医刑事案件有关问题座谈会纪要》(2012 年 5 月 31 日) …… (208)

上海市高级人民法院刑事审判第一庭　上海市高级人民法院刑事审判第二庭　上海市人民检察院侦查监督处　上海市人民检察院公诉一处　上海市公安局治安总队　上海市公安局法制办公室《关于专题研究打击家装领域部分"敲墙"人员违法犯罪案件的会议纪要》(2012 年 10 月 15 日) …………………………………………………………………………… (208)

上海市高级人民法院　上海市人民检察院　上海市公安局　上海市司法局《关于办理减刑、假释案件实施细则（试行）》(2012 年 12 月 28 日) ……………………………………… (210)

上海市高级人民法院《关于被判处五年有期徒刑以下刑罚的未成年被告人诉讼档案查询的规定（试行）》(2012 年 12 月 31 日) ………………………………………………………… (216)

上海市高级人民法院《第四次未成年人刑事司法联席会议纪要》(2012 年 12 月 31 日) ……… (217)

第三编　天津市刑法适用规范性文件（21）

天津市高级人民法院《关于挪用公款等犯罪数额标准的意见》(1998 年 7 月 9 日) …………… (219)

天津市高级人民法院《关于审判淫秽物品案件适用法律的意见》(1998 年 9 月 2 日) ………… (219)

天津市高级人民法院《第五次少年刑事审判工作会议纪要》(1998 年 10 月 1 日) …………… (220)

天津市高级人民法院《关于适用罚金刑的意见》(1998 年 11 月 20 日) ……………………… (224)

天津市高级人民法院《关于执行最高人民法院〈关于审理非法出版物刑事案件具体应用法律若干问题的解释〉若干问题的通知》(1999 年 3 月 3 日) ………………………………… (224)

天津市高级人民法院《天津市第二次审理贪污贿赂犯罪案件研讨会会议纪要》(1999 年 8 月 1 日) ……………………………………………………………………………………… (225)

天津市高级人民法院《处理自首和立功应用法律若干问题研讨会会议纪要》(2000 年 3 月 9 日) …… (231)

天津市高级人民法院《关于审理毒品犯罪案件座谈会纪要》(2000 年 10 月 12 日) …………… (233)

天津市高级人民法院　天津市人民检察院　天津市公安局　天津市司法局《关于刑事案件有关数额标准的意见（试行）》(2000 年 12 月 3 日) ……………………………………… (234)

天津市高级人民法院《关于办理盗窃电能违法犯罪案件适用法律若干问题的意见》(2001 年 4 月 20 日) ………………………………………………………………………………… (237)

天津市高级人民法院　天津市人民检察院　天津市公安局　天津市司法局　天津市烟草专卖局《关于处理非法经营烟草制品刑事案件若干问题的暂行规定》(2001 年 6 月 1 日) …… (238)

天津市高级人民法院《天津市法院审理金融犯罪案件工作座谈会会议纪要》(2001 年 7 月 2 日) …………………………………………………………………………………………… (239)

天津市高级人民法院　天津市人民检察院　天津市公安局　天津市司法局　天津市质量技术监督局《关于打击盗用城市公共供水违法犯罪行为的若干规定》(2002 年 11 月 5 日) …… (243)

天津市高级人民法院《关于审理聚众斗殴案件座谈会会议纪要》(2002 年 12 月 7 日) ………… (244)

天津市高级人民法院　天津市人民检察院　天津市公安局　天津市司法局　天津市质量技术监督

局《关于办理盗窃燃气违法犯罪案件适用法律问题的若干规定》（节录）（2002年12月11日） …（245）

天津市高级人民法院　天津市人民检察院　天津市公安局　天津市司法局　天津市工商行政管理局《关于办理组织、领导传销活动刑事案件适用法律若干问题的意见（试行）》（2010年2月24日） …（246）

天津市高级人民法院　天津市人民检察院　天津市公安局　天津市司法局《办理聚众斗殴案件座谈会纪要》（2011年9月27日） …（247）

天津市高级人民法院《关于刑法分则部分条款犯罪数额和情节认定标准的意见》（2011年12月26日） …（249）

天津市高级人民法院　天津市人民检察院　天津市公安局　天津市司法局《天津市社区矫正工作实施细则（试行）》（2012年5月7日） …（264）

天津市高级人民法院　天津市人民检察院　天津市公安局　天津市司法局《天津市办理减刑、假释案件规程（试行）》（2013年3月14日） …（274）

天津市高级人民法院《关于常见犯罪的量刑指导意见》实施细则（2014年5月1日） …（280）

第四编　重庆市刑法适用规范性文件（27）

重庆市政法部门第一届"五长"联席会议纪要（2000年7月4日） …（288）

重庆市政法部门第二届"五长"联席会议纪要（2002年11月28日） …（291）

重庆市政法部门第三届"五长"联席会议纪要（2005年2月23日） …（294）

重庆市政法部门第四届"五长"联席会议纪要（2006年8月22日） …（298）

重庆市政法部门第五届"五长"联席会议纪要（2008年3月13日） …（299）

重庆市政法机关第六届"五长"联席会议纪要（2009年5月12日） …（300）

重庆市高级人民法院　重庆市人民检察院　重庆市公安局《关于办理盗窃电能案件的若干规定》（1999年7月26日） …（302）

重庆市高级人民法院　重庆市人民检察院　重庆市公安局《关于办理普通发票犯罪案件的若干规定》（2000年1月30日） …（303）

重庆市高级人民法院　重庆市人民检察院　重庆市公安局《关于严厉打击破坏电力设备违法犯罪活动的意见》（2001年8月16日） …（303）

重庆市高级人民法院　重庆市人民检察院　重庆市公安局　重庆市司法局《关于办理罪犯减刑假释案件的实施办法（试行）》（2003年） …（304）

重庆市高级人民法院《关于办理拖欠劳动报酬案件的意见》（2003年11月3日） …（310）

重庆市高级人民法院　重庆市人民检察院　重庆市公安局《关于办理妨害人民法院执行的刑事案件若干问题的意见》（2005年6月16日） …（311）

重庆市高级人民法院　重庆市人民检察院　重庆市公安局《关于办理摇头丸、氯胺酮等毒品违法犯罪案件适用法律有关问题的意见》（2005年8月4日） …（312）

重庆市高级人民法院　重庆市人民检察院　重庆市公安局《关于办理非法出版物刑事案件适用有关法律问题联席会议纪要》（2007年7月26日） …（313）

重庆市高级人民法院　重庆市人民检察院　重庆市公安局　重庆市盐务管理局《关于办理非法经营食盐刑事案件有关问题的意见》（2008年1月21日） …（314）

重庆市高级人民法院　重庆市人民检察院　重庆市司法局《关于将量刑纳入法庭审理程序的

若干意见（试行）》（2009年6月11日）……………………………………………（315）
重庆市高级人民法院　重庆市人民检察院　重庆市公安局《关于办理黑社会性质组织犯罪案件若干问题的意见》（2009年10月25日）……………………………………………（316）
重庆市高级人民法院《关于依法从严审理食品药品安全案件的意见》（2011年6月15日）……（318）
重庆市高级人民法院　重庆市人民检察院　重庆市公安局　重庆市司法局　共青团重庆市委员会　重庆市社会治安综合治理委员会办公室《重庆市办理未成年人案件配套工作暂行办法》（2011年6月29日）……………………………………………………………（319）
重庆市高级人民法院　重庆市人民检察院《关于办理危害食品、药品安全刑事案件若干问题的意见》（2011年8月29日）……………………………………………………………（323）
重庆市高级人民法院　重庆市人民检察院　重庆市公安局　重庆市环境保护局《关于试点集中办理环境保护案件的意见》（2011年11月4日）…………………………………（326）
重庆市高级人民法院　重庆市人民检察院《关于盗窃罪数额认定标准的规定》（2013年7月5日）……………………………………………………………………………………（327）
重庆市高级人民法院　重庆市人民检察院《关于办理诈骗刑事案件数额标准的规定》（2013年7月5日）……………………………………………………………………………（327）
重庆市高级人民法院　重庆市人民检察院　重庆市公安局　重庆市司法局《重庆市社区矫正实施细则》（2014年1月2日）……………………………………………………（328）
重庆市高级人民法院　重庆市人民检察院　重庆市公安局　重庆市司法局《关于快速办理轻微刑事案件的意见（试行）》（2014年6月17日）……………………………………（340）
重庆市高级人民法院　重庆市人民检察院　重庆市公安局　重庆市人力资源和社会保障局《关于办理拒不支付劳动报酬案件的实施意见》（2014年9月17日）………………（342）
重庆市高级人民法院《关于常见犯罪的量刑指导意见》实施细则（2014年5月29日）（344）

第五编　黑龙江省刑法适用规范性文件（8）

黑龙江省高级人民法院《关于明确减刑、假释工作中若干问题》（2004年4月5日）………（363）
黑龙江省高级人民法院　黑龙江省人民检察院　黑龙江省公安厅《关于对办理拒不执行判决、裁定犯罪案件若干问题的意见》（2006年11月20日）………………………（364）
黑龙江省高级人民法院　黑龙江省人民检察院　黑龙江省公安厅　黑龙江省司法厅《黑龙江省社区矫正对象考核奖惩办法（试行）》（2007年4月19日）……………………（365）
黑龙江省高级人民法院　黑龙江省人民检察院　黑龙江省公安厅　黑龙江省质监局《关于办理盗窃燃气违法犯罪案件适用法律问题的若干规定》（2009年5月12日）……………（367）
黑龙江省高级人民法院　黑龙江省人民检察院　黑龙江省人力资源和社会保障厅　黑龙江省公安厅《关于拒不支付劳动报酬案件劳动保障监察执法与刑事司法联动实施办法》（2013年6月18日）……………………………………………………………………（368）
黑龙江省高级人民法院　黑龙江省人民检察院　黑龙江省公安厅　黑龙江省司法厅《关于进一步加强对涉法涉诉非正常上访行为依法处置的意见》（2009年6月10日）…………（370）
黑龙江省高级人民法院　黑龙江省人民检察院　黑龙江省公安厅　黑龙江省司法厅等《关于维护医疗秩序　打击涉医违法犯罪专项行动方案（节录）》（2014年1月14日）………（371）
黑龙江省高级人民法院《关于常见犯罪的量刑指导意见》实施细则（2014年）………（372）

第六编　吉林省刑法适用规范性文件（14）

吉林省高级人民法院　吉林省人民检察院　吉林省公安厅　吉林省电力公司《关于办理盗窃电能案件有关具体应用法律问题的规定》（1998年11月18日） ………………………（386）

吉林省高级人民法院　吉林省人民检察院《关于确定挪用公款定罪数额标准的决定》（1999年11月10日） ……………………………………………………………………（387）

吉林省高级人民法院　吉林省人民检察院　吉林省公安厅、吉林省司法厅《关于依法严厉打击严重刑事犯罪活动维护社会治安秩序的通告》（2000年4月12日） ……………（388）

吉林省高级人民法院　吉林省人民检察院　吉林省公安厅　吉林省司法厅《第一至九次联席会议纪要编纂》（节录）（2000年12月25日） …………………………………（388）

吉林省高级人民法院　吉林省人民检察院　吉林省公安厅　吉林省司法厅《第十次联席会议纪要编纂》（节录）（2000年12月25日） ……………………………………………（390）

吉林省高级人民法院　吉林省人民检察院　吉林省公安厅　吉林省司法厅《第十一次联席会议纪要》（节录）（2002年11月18日） ………………………………………………（390）

吉林省高级人民法院　吉林省人民检察院　吉林省水利厅等《关于打击窃水违法犯罪及有关问题的联席会议纪要》（2003年8月1日） ……………………………………………（391）

吉林省高级人民法院　吉林省人民检察院　吉林省公安厅　吉林省司法厅《第十二次联席会议纪要》（2004年11月24日） ………………………………………………………（392）

吉林省高级人民法院　吉林省人民检察院　吉林省公安厅　吉林省司法厅《吉林省社区服刑人员管理办法（试行）》（2009年7月6日） ……………………………………………（396）

吉林省高级人民法院　吉林省人民检察院　吉林省公安厅　吉林省司法厅《关于对拟适用社区矫正的被告人、罪犯社区影响调查评估的暂行办法》（2012年11月22日） ………（401）

吉林省高级人民法院　吉林省人民检察院　吉林省公安厅　吉林省人力资源和社会保障厅《关于办理拒不支付劳动报酬案件联席会议纪要》（2013年1月31日） ………………（404）

吉林省人民检察院　吉林省建设厅《关于在建设工程招投标活动中共同开展职务犯罪预防工作的通知》（2007年5月18日） …………………………………………………………（405）

吉林省高级人民法院《关于常见犯罪的量刑指导意见》实施细则（2014年7月24日） ……（407）

吉林省高级人民法院关于实施《吉林省高级人民法院〈关于常见犯罪的量刑指导意见〉实施细则》的通知（2014年8月7日） ……………………………………………………（424）

第七编　辽宁省刑法适用规范性文件（11）

辽宁省高级人民法院《第六次全省法院刑事审判工作联系点会议纪要》（2001年3月14日） ……（426）

辽宁省高级人民法院　辽宁省人民检察院　辽宁省公安厅　辽宁省司法厅《对管制、剥夺政治权利、缓刑、假释、暂予监外执行罪犯监督管理办法》（2004年1月21日） ………（427）

辽宁省高级人民法院　辽宁省人民检察院　辽宁省公安厅《关于办理毒品犯罪案件适用法律若干问题的指导意见》（2008年1月2日） ………………………………………………（430）

辽宁省高级人民法院　辽宁省人民检察院　辽宁省公安厅《关于毒品犯罪案件量刑数量标准的参考意见》（2008年1月2日） ……………………………………………………（432）

辽宁省高级人民法院　辽宁省人民检察院　辽宁省公安厅《关于新型毒品犯罪案件数量标准的参考意见》(2008年1月2日) ……………………………………………………（434）

辽宁省高级人民法院　辽宁省人民检察院　辽宁省公安厅　辽宁省司法厅《关于办理减刑、假释案件的工作规范》(2009年9月9日) ……………………………………………（435）

辽宁省高级人民法院　辽宁省人民检察院　辽宁省公安厅　辽宁省司法厅《辽宁省社区矫正工作实施办法（试行）》(2010年7月) ………………………………………………（439）

辽宁省委政法委　辽宁省高级人民法院　辽宁省人民检察院　辽宁省公安厅　辽宁省司法厅《辽宁省公安机关调解轻伤害案件暂行规定》(2011年1月4日) ………………………（447）

辽宁省高级人民法院　辽宁省人民检察院　辽宁省公安厅《关于办理盗窃电能犯罪案件有关问题的意见》(2011年11月21日) ……………………………………………………（448）

辽宁省高级人民法院　辽宁省人民检察院　辽宁省公安厅《关于办理拒不支付劳动报酬刑事案件数额标准的通知》(2013年5月28日) ……………………………………………（449）

辽宁省高级人民法院《关于常见犯罪的量刑指导意见》实施细则（2014年4月1日）……（449）

第八编　河北省刑法适用规范性文件（14）

河北省高级人民法院《关于我省审理挪用公款案件确定执行数额标准的通知》(1998年7月17日) ………………………………………………………………………………（469）

河北省高级人民法院　河北省人民检察院　河北省公安厅《关于办理非法经营食盐犯罪案件有关问题的意见》(2001年2月20日) ………………………………………………（469）

河北省高级人民法院《关于确定盗伐、滥伐林木罪数量标准的通知》(2001年5月30日) …（470）

河北省高级人民法院　河北省人民检察院　河北省公安厅　河北省经济贸易委员会《河北省打击盗窃电能违法行为若干规定》(2001年9月10日) ……………………………（470）

河北省高级人民法院　河北省人民检察院　河北省公安厅　河北省林业局《关于森林公安机关办理森林及陆生野生动物刑事、治安案件有关规定的通知》(2007年3月16日) …（471）

河北省高级人民法院　河北省人民检察院　河北省公安厅　河北省综治委《关于办理盗销自行车案件的执法意见》(2007年11月11日) ……………………………………………（473）

河北省高级人民法院　河北省人民检察院　河北省公安厅　河北省司法厅《关于办理假释和暂予监外执行案件的规定（试行）》(2010年4月12日) ………………………………（474）

河北省高级人民法院《人民法院量刑指导意见（试行）》实施细则（2010年10月1日） …（478）

河北省高级人民法院　河北省人民检察院　河北省公安厅《关于轻微刑事案件和解、调解处理办法》(2012年4月13日) …………………………………………………………（494）

河北省高级人民法院　河北省人民检察院《关于办理盗窃刑事案件执行具体数额标准的通知》(2013年7月8日) ……………………………………………………………………（496）

河北省高级人民法院　河北省人民检察院《关于办理敲诈勒索刑事案件执行具体数额标准问题的通知》(2013年8月19日) ………………………………………………………（496）

河北省人民检察院　河北省公安厅　河北省环境保护厅《关于办理环境污染犯罪案件的若干规定（试行）》(2013年9月20日) ……………………………………………………（497）

河北省高级人民法院　河北省人民检察院　河北省公安厅　河北省司法厅《关于快速办理犯罪嫌疑人、被告人认罪的轻微刑事案件的工作意见（试行）》(2013年10月15日) …（499）

河北省高级人民法院 河北省人民检察院 河北省公安厅 河北省环境保护厅《关于严厉打击环境污染违法犯罪活动的通告》(2013年11月27日) ……………………（501）

第九编　河南省刑法适用规范性文件（25）

河南省高级人民法院 河南省人民检察院 河南省公安厅《河南省失火罪和消防责任事故罪立案标准》(1999年8月4日) ……………………………………………（503）

河南省高级人民法院 河南省人民检察院 河南省公安厅 河南省林业厅《关于办理林业（森林）刑事、治安和林业行政案件执法中有关问题的通知》(2003年6月25日) ……（503）

河南省高级人民法院 河南省人民检察院 河南省公安厅《关于办理森林和野生动植物资源刑事案件若干问题的规定》(2005年6月) …………………………………（504）

河南省高级人民法院 河南省人民检察院 河南省公安厅《关于办理森林和野生动植物资源刑事案件若干问题的补充规定》(2005年6月) ……………………………（506）

河南省高级人民法院 河南省人民检察院 河南省公安厅《关于办理黑社会性质组织犯罪案件若干问题的意见（试行）》(2006年7月11日) ……………………………（506）

河南省高级人民法院《关于执行〈贯彻宽严相济刑事政策若干意见〉的实施意见（试行）》(2007年4月10日) …………………………………………………………（508）

河南省高级人民法院 河南省人民检察院 河南省公安厅《关于办理"两抢一盗"案件有关问题的意见》(2008年7月10日) ………………………………………………（511）

河南省高级人民法院 河南省人民检察院 河南省公安厅 河南省司法厅《关于建立轻微刑事案件快速办理机制的意见》(2008年10月16日) ………………………（512）

河南省高级人民法院《审理减刑、假释案件工作规则（试行）》(2010年12月24日) …（513）

河南省高级人民法院 河南省人民检察院 河南省公安厅《关于在办理刑事案件中实行非羁押诉讼若干问题的规定（试行）》(2011年6月17日) ………………………（515）

河南省高级人民法院 河南省人民检察院 河南省公安厅 河南省司法厅等《关于全面开展社区矫正工作的意见》(2011年8月) …………………………………………（517）

河南省高级人民法院 河南省人民检察院 河南省公安厅 河南省司法厅等《关于打击盗用城镇公共供水及盗窃破坏公共供水设施等违法犯罪行为的规定》(2012年6月21日) ……（520）

河南省高级人民法院 河南省人民检察院 河南省公安厅《关于办理未成年人犯罪案件实行非羁押诉讼的暂行规定（试行）》(2013年4月22日) ……………………………（521）

河南省高级人民法院《关于我省拒不支付劳动报酬犯罪数额认定标准的规定》(2013年5月13日) ………………………………………………………………………………（522）

河南省高级人民法院 河南省人民检察院《关于我省敲诈勒索犯罪数额认定标准的规定》(2013年8月2日) ……………………………………………………………………（522）

河南省高级人民法院 河南省人民检察院 河南省公安厅《关于刑法有关条款中犯罪数额、情节规定的座谈纪要》（节录）(2013年9月18日) …………………………（523）

河南省高级人民法院 河南省人民检察院《关于我省盗窃犯罪数额认定标准的规定》(2013年9月23日) ……………………………………………………………………（527）

河南省高级人民法院《关于我省挪用公款犯罪数额认定标准的规定》(2013年9月27日) ……（528）

河南省高级人民法院 河南省人民检察院《关于我省诈骗犯罪数额认定标准的规定》(2013

年9月29日）……………………………………………………………………（528）

河南省高级人民法院　河南省人民检察院　河南省公安厅　河南省环境保护厅《关于依法办理环境污染刑事案件的若干意见（试行）》（2014年4月21日）……………………（528）

河南省人民检察院　河南省公安厅《关于在办理刑事案件中适用"另案处理"的规定（试行）》（2013年12月27日）……………………………………………………………（530）

河南省高级人民法院　河南省人民检察院《关于我省抢夺犯罪数额认定标准的规定》（2014年5月28日）………………………………………………………………………………（532）

河南省高级人民法院　河南省人民检察院　河南省公安厅　河南省司法厅《关于依法处理信访活动中违法犯罪行为的意见》（2014年8月27日）……………………………………（532）

河南省高级人民法院《关于规范办理暂予监外执行案件若干问题的规定（试行）》（2014年10月13日）………………………………………………………………………………（533）

河南省高级人民法院《关于常见犯罪的量刑指导意见》实施细则（2014年6月20日）…………（534）

绪　编　刑法适用规范性文件概述

据本书收录的由全国各省、自治区与直辖市的高级人民法院与人民检察院为主体而颁发的有关刑法适用方面的文件，共计600余件，这些文件统称为"刑法适用规范性文件"。应当承认，多年以来，在我国刑法学界，虽然也有不少学者在关注这些省级司法机关的"刑法适用规范性文件"，并且也断断续续、零零散散地进行了比较研究；但是，研究结果却是不理想的，不仅是否定性的评论、见解与观点较多，而且也缺少系统性、全面性与完整性方面的研究。笔者认为，这种不利的局面应当得到转变，由于省级司法机关颁发的"刑法适用规范性文件"直接面向司法实践，因而更有其研究的迫切性与实际价值。鉴此，为了有助于整体把握这些省级司法机关的"刑法适用规范性文件"，有必要对其称谓及其成因、制定依据、制定主体、表现形式、内容、效力范围等问题予以探讨。

一、刑法适用规范性文件的称谓及其成因问题

（一）刑法适用规范性文件的称谓问题

多年以来，在如何表述由全国各省、自治区与直辖市的高级人民法院与人民检察院制定的有关刑法内容的文件时，出现了"地方性司法规定"、"司法解释性文件"与"地方性刑法司法解释性文件"等各种称谓。

1. "地方性司法规定"的称谓。该种称谓与司法解释、地方性法规、地方政府规章等法律渊源不同，"地方性司法规定"并不是一个法定概念，而是一种约定俗成的叫法，也有的将其称为"地方司法文件"。从语义上来看，"文件"比"规定"的含义更广泛，包含了就某一具体事项产生的文书材料，"规定"则只是指就某一类事项制定的较为正式的一般性规则，可见用"规定"来称谓地方司法机关制定的一般性规则用语更加正式和明确，故应统一使用"地方性司法规定"这一概念。[①]

2. "司法解释性文件"的称谓。应当承认，该种称谓比较正规，它并非是学者率先提出，而是由最高司法机关先行使用在司法解释之后，才有学者加以主张而采用的。按学界通说观点，"司法解释性文件"较早来自于最高人民法院1987年作出的《关于地方各级法院不应制定司法解释性文件的批复》，不必细看该文件内容，单从标题中就可以窥测出"司法解释性文件"的称谓。而最高人民法院之所以在该批复中使用"司法解释性文件"，其原因主要在于：此类文件实质上涉及法律适用的问题，形式上又与司法解释类似。所谓"司法解释性文件"是指最高人民法院与最高人民检察院以外的司法主体制定的具有司法解释特点的，并以文件形式在一定范围内发布和产生"效力"的规定。[②]

3. "地方性刑法司法解释性文件"的称谓。该种称谓是有学者在论述有关问题时所采用的，例如，有学者认为，此种"地方性刑法司法解释性文件"不仅在我国客观存在，而且也有些学者主张承认其合理性，从法律上赋予其合法性。尽管在应然的层面而言，对地方性刑法司法解释性文件的合理性存在很大的争议，但省级司法机关制发的刑法司法解释文件在我国的司法实践中客观地存在，从实然的角度而言，这些刑法司法解释性文件的空间效力问题仍值得研究。在地方司法机关发布的刑法司法解释性文件

[①] 李年富：《地方性司法规定的困境与出路》，载《东莞市第二人民法院网》2011年12月14日。
[②] 农秋兰：《对"司法解释性文件"的透析》，载《梧州市岑溪法院网》2012年7月23日。

中,省级司法机关发布的刑法司法解释性文件在数量上占有绝大多数,也最具有典型性。[①]

笔者认为,"地方性司法规定"、"司法解释性文件"与"地方性刑法司法解释性文件"这三种称谓都有各自商榷的必要性。在"地方性司法规定"与"地方性刑法司法解释性文件"两种称谓中,其中的"地方性"均可能包含省级司法机关、地市级司法机关与区县级司法机关。另外,"地方性司法规定"不限于刑法内容,而可能包括刑法、民法、行政法等较多内容。单从这点来看,"地方性刑法司法解释性文件"称谓中加进了"刑法"作为限定,似乎较"地方性司法规定"与"司法解释性文件"这两种称谓更具有可取性。但"地方性刑法司法解释性文件"中的"地方性"使得该称谓含义不准确,因而也不具有可取性。鉴此,这三种称谓均不可取,需要采用这三种称谓以外的其他称谓来表述省级司法机关制定的有关刑法内容的文件。

以笔者所见,从"名副其实"的角度而取用"刑法适用规范性文件"称谓更妥当。因为考察多数省级司法机关制定的有关刑法内容的文件,大都是属于刑法适用方面的具体问题,而且其中不少标题中都有"适用"二字,例如,2013年9月10日,北京市高级人民法院颁发的《关于依法推进管制刑适用的通知》;2011年12月23日,山东省高级人民法院、山东省人民检察院、山东省公安厅颁发的《关于办理利用具有赌博功能的电子游戏机赌博案件适用法律问题的指导意见》;2012年9月28日,浙江省高级人民法院、浙江省人民检察院、浙江省公安厅颁发的《关于办理危害食品、药品安全犯罪案件适用法律若干问题的会议纪要》。而有的省级司法机关制定的有关刑法内容的文件中含有"应用",例如,2000年12月28日,上海市高级人民法院颁发的《关于审理挪用公款案件具体应用法律若干问题的意见(试行)》,虽然"适用"与"应用"表述有差异,但在实质意义上并无本质区别,都有将具体问题运用法律来解决的含义。

另外,采取"刑法适用规范性文件"的称谓,更有其含义较广的优越之处。比较"刑法司法解释性文件"的称谓,其仅局限于对刑法的有关"解释性内容";而"刑法适用规范性文件"的称谓,它既容纳了"刑法司法解释性文件"中的有关"解释性内容",也将其他与刑法适用方面的文件全部包含进来。例如,按照"刑法司法解释性文件"的称谓范围,能够包括北京司法机关制定的两个"解释性内容"文件,即2011年12月31日北京市高级人民法院、北京市人民检察院、北京市公安局、北京市司法局颁发的《关于盗窃等六种侵犯财产犯罪处罚标准的若干规定》,以及2012年2月15日北京市高级人民法院颁发的《关于正确适用刑法第三百五十九条第一款引诱、容留、介绍卖淫罪定罪量刑标准的通知》;但却不能包括上海司法机关制定的两个适用性质文件,即2011年12月30日上海市高级人民法院、上海市人民检察院、上海市公安局、上海市司法局颁发的《关于办理盗窃燃气及相关案件法律适用的若干规定》,以及2012年1月16日上海市高级人民法院颁发的《关于刑事判决中财产刑及财产部分执行的若干意见》。而按照"刑法适用规范性文件"的称谓范围,无论是北京司法机关制定的两个"解释性内容"文件,还是上海司法机关制定的两个适用性质文件,都属于其应有的含义之内。

(二) 刑法适用规范性文件的成因问题

由省级司法机关制定"刑法适用规范性文件"的原因固然是复杂多样,但归纳起来却不外乎有法官释法的需要、相对统一法制的需要与司法实践的迫切需要三方面原因。

1. 法官释法的需要。尽管省级司法机关制定的"刑法适用规范性文件"能否被认可为"司法解释",这在理论与实务中均有待探讨。但却不可否认,"在司法实践中,基层司法机关仍广泛以司法解释作为司法依据",其主要原因在于:"审判工作追求法律解释的唯一性。因为法官解释法律是困难的,如果有现成的解释就方便多了,如果利用唯一的解释审理案件就更轻松了,任何法官都只能按照这个唯一的解释来解释法律,这样不但审案速度加快,而且能够用唯一的解释排斥其他的不同解释。因此,从某种意义上讲,基层法院、检察院也欢迎接受司法解释,以弥补自身法律解释能力的不足。"[②] 但是,"基层司法机关仍广泛以司法解释作为司法依据",其中的"司法解释"是指最高人民法院和最高人民检察院发布或拟定的,这就难免会遇到"司法解释"存在漏洞或者解释不清等情形。这些难题需要裁判个案的法官去解决,这肯定是颇费周折的。因而,利用集体智慧解决难题就成为首选,而省级司法机关制定"刑法适用规范性文件",还可谓是法官集体智慧之结晶和审判经验之总结。

笔者也赞同下列学者分析的成因,即一审、二审法院的法官,都希望制定司法解释性文件,只是各自的动机不同。(1)基层法院或级别较低的法院需要司法解释性文件,与法院目前的管理体制有关。在地方上,不少人把法院作为行政机关来管理和对待,地方各级法院事实上成了"地方"的法院,法院自身难以摆脱行政机关的无形制约。而司法解释性文件恰恰就是法院在某些方面与行政机关抗衡的产物。当基层法院或级别较低的法院难以抗拒当地人大或同级行政机关的不当干预时,则以"我们这里有省高

[①] 陈志军:《刑法司法解释研究》,中国人民公安大学出版社2006年5月版,第230页。

[②] 吴爱萍:《试析司法解释的法律性质》,载《光明网》2013年6月27日。

院的文件"为由去做挡箭牌。(2) 对于二审法院的法官而言,制定司法解释性文件更多的是出于法制统一的考虑。由于我国是单一制国家,地方各级法院为贯彻法制统一的理念,必然的、最基本的要求是实现一定地域范围内、对同一类型案件作出相同的处理。在适用法律困难的情形以及法院地方化的大环境下,"相同的处理"显得尤为重要。对此,上级法院的一种本能反应就是:与其各行其是,不如在自己的辖区内统一做法。这种本能的反应,从另一角度来看,是出于对法官(尤其是下级法院法官)业务素质和政治素质的担忧,从而认为需要有一种制度来约束法官个体的恣意和标新立异。而抑制了标新立异,就实现了一定范围内的司法统一。①

2. 相对统一法制的需要。由各省级司法机关制定"刑法适用规范性文件"能否有利于统一法制,这在学界主要有两种认识观点:(1) 肯定者认为,考虑到我国的实际国情和各地具体情况的复杂多样性,应当确立二级刑法司法解释体制,最高人民法院处于刑法司法解释的核心地位,同时在适当的情况下授权高级人民法院可以根据本地实际情况制作刑法司法解释。我国幅员辽阔,地域广大,各地区、各民族的政治、经济、文化发展状况不平衡,具体应用刑法时也应区别对待,充分考虑各地实际存在的不同情况,同时考虑到目前我国县、市级法院的法官的法律素质以及法治大环境的缺失,目前不宜将刑法司法解释权下放到县、市级法院。因此,在适当的时候有必要赋予省级审判机关以刑法司法解释权。② (2) 否定者认为,近年来,最高人民法院和最高人民检察院在对许多涉及数额、情节、后果的法律适用问题的司法解释中,特别授权各省、自治区、直辖市高级人民法院可以根据本地区经济状况制定具体的数额标准。由于有了最高人民法院和最高人民检察院的授权,全国各地掌握的标准就五花八门,甚至有许多地区还区别城区、农村、铁路、牧区等情况制定了更为具体的标准。这样,在同一个国家适用法律的标准就有不同,既有"国家标准",又有"地方标准";在同一个地区适用法律的标准也有不同,既有"农村标准",又有"城市标准",还有"铁路标准"和"牧区标准"。这许多不同的标准并存于同一个国家和地区,必然导致司法上的不统一。③

笔者完全赞同肯定者观点,认为应当辩证看待省级司法机关的刑法适用规范性文件能否有利于统一法制问题。一方面,从现实国情来看,我国的经济、社会、文化发展不平衡,不同区域之间、城市与农村之间差异极大,经济发达区域已经达到中等发达国家水平,而一些老少边穷地区的经济依然处于最不发达国家的水平,成熟的商业文化、陌生人社会要求规则之治,许多小城镇和农村依然讲究人情面子,不少边远农村和牧区依然需要"田间法庭"、"马背法庭";另一方面,我国正处于社会转型时期,社会治理能力不足,社会矛盾突出,纠纷频发,尤其是群体性、非常规的纠纷增长较快,而法律或司法解释又来不及或不适合作出统一的规定。社会发展的差异必然会反映到司法领域,并对司法提出符合地方特色的要求。正是由于我国幅员辽阔,各地的差异很大,统一的法制往往难以全面反映千百个地方单元的合法利益,再加上制定全国统一立法或司法解释的滞后性,各地法院不得不"自己动手"。比如,珠三角城市外来未成年人犯罪严重,由于该特殊群体在适用非监禁刑方面往往得不到平等的待遇,为此,2011年5月9日,广东省高级人民法院联合其他单位制定了《关于进一步建立和完善办理办理未成年人刑事案件适用非监禁刑工作体系的实施细则(试行)》,对平等适用非监禁刑、身份不明的处理、视为有监管条件的情形、社区矫正机构的负责机关等作出了创新规定,有望较好地解决外来未成年人适用非监禁刑和监管难的问题。④

另外,对"统一法制"的理解也应辩证看待,而不应予以绝对化。因为从全国范围的角度来看,对盗窃、诈骗、敲诈勒索、抢夺等罪在最高人民法院规定有数额幅度的前提条件下,由各省、自治区与直辖市司法机关再规定有不同数额,从而形成"既有'国家标准'又有'地方标准'的双重标准",按照上述否定者的理解观点,这似乎是不符合"统一法制"的要求。但笔者认为,此种犯罪数额的"地方标准"是以"国家标准"为前提条件的,尚未突破"国家标准"的"地方标准",这仍然是符合"统一法制"的要求的。即使有的省级司法机关制定了特有的"地方标准",使得其所在地区的犯罪数额的"地方标准"突破了"国家标准",这在被批准或者被认可的情形下也是符合"统一法制"的要求的。因为这种符合"统一法制",可被视为全国"统一法制"的"例外",而在其所在地区的范围内则仍是具有"统一性"的。总之,由全国省级司法机关制定各自的"刑法适用规范性文件"的重要价值有二:首先是保障全国性的"统一法制";其次是要保障其所在地区范围内的"统一法制"。

3. 司法实践的迫切需要。由省级司法机关制定各自的"刑法适用规范性文件",这也是迫不得已的应急措施。对此,有学者准确阐述了其理由依据,认为地方制定大量的地方性司法规定,其根源在于我国的法律规定和司法权配置无法适应区域差异较大的地方司法实践。在我国,实践中运作着的权力的合

---

① 彭书红:《司法解释性文件探析》,载《法律教育网》2005年8月15日。
② 姜涛:《我国刑法司法解释体制的审视与重构》,载《内蒙古社会科学(汉文版)》2005年第6期。
③ 李哲:《关于我国司法解释体制存在问题的法律思考》,载《中国法院网》2005年10月10日。
④ 李年富:《地方性司法规定的困境与出路》,载《东莞市第二人民法院网》2011年12月14日。

法性并非来自地方,而是来自全国性立法,而且各项权能最终都受制于中央,但是,来自中央的权力制约是有条件且有程序的,当全国性立法存在"空白"状态或对地方存在"供应不足"的时候,或者中央权力呈现"泡沫化"的时候,又或者地方有其特殊需求时,地方就会自发地创设权力,从而形成之于统一法制而言的"脱序"现象。① 笔者完全赞同这种分析理由,认为立法完善与司法解释周全,或许会使省级司法机关制定各自的"刑法适用规范性文件"失去其存在的价值与基础。当然,"犯罪特殊性"也可能使省级司法机关制定"刑法适用规范性文件"有其必要性。除了全国性立法存在"空白"与最高人民法院和最高人民检察院的司法解释存在过于"模糊性、滞后性"之外,还应当考虑各个地方的"犯罪特殊性"问题。即当有的地方出现了"犯罪特殊性"问题时,不一定都由全国人大常委会通过立法或者由最高人民法院和最高人民检察院作出司法解释,可由所在省的司法机关先予颁行"刑法适用规范性文件"来解决。等到这些"犯罪特殊性"问题带有普遍性时,再可上升为由最高人民法院和最高人民检察院作出司法解释,或者由全国人大常委会通过立法来解决。

例如,"侦探公司讨债公司违法犯罪"既无法律规定又无"两高"司法解释,当此类案件增多而变得日趋严重时,就有必要出台规范性文件予以统一治罪处理。2008年12月25日,北京市高级人民法院、北京市人民检察院、北京市公安局及时出台了《关于办理侦探公司讨债公司违法犯罪案件工作会议纪要》,其中列举了惩处此类犯罪行为的理由依据。近年来,随着社会经济的发展,各种民间债务和纠纷大量增多。在经济利益的驱使下,一些不法分子以社会、商务、法律事务调查、咨询等名义登记注册"两类公司",借助企业经营的形式,从事法律禁止的调查个人隐私、代人追讨债务活动。"两类公司"在牟利经营中,通常非法使用窃听、窃照、跟踪、定位等专用设备,实施监视、围堵、纠缠、滋扰、威胁、恐吓等软暴力或者暴力违法犯罪活动,同时触犯或者诱发多种其他犯罪,严重干扰公民、法人和其他组织的生产、工作和生活秩序。部分"两类公司"拉拢勾结国家机关及通讯、金融、交通、传媒广告等社会公共职能部门工作人员,非法获取个人隐私、经营信息和相关技术支持,假借私权利有偿救济之名,侵蚀国家机关和社会公共职能部门的公权力。"两类公司"之间相互串通、共享资源,正向着产业化、网络化、联盟化的方向蔓延,逐渐演变成"机构设置完整、核心权力集中、内部约束严格、外部形式合法"的违法犯罪组织,应依法惩处。

又例如,暴力拆迁案件。近年来,全国各地发生了许多严重案件,造成的后果也比较严重。"一些地方发生暴力拆迁事件,甚至出现了流血事件。如何解决拆迁事件反映出来的问题,不仅关系到公民财产权益的保护,同时也关系到社会稳定。"而在司法机关如何处理这类暴力拆迁案件时,同样会遇到既无法律规定又无"两高"司法解释的困惑。2009年2月27日,北京市高级人民法院、北京市人民检察院、北京市公安局、北京市司法局出台了《关于依法办理暴力拆迁案件的工作意见》,其中开头部分就直截了当表明了制定该文件的必要性:"近年来,以暴力手段介入房屋拆迁引发的刑事案件呈高发态势,严重侵犯了公民的人身权利和财产权利,影响了首都的经济秩序和社会稳定。为进一步做好办理暴力拆迁案件工作,确保公民人身及财产安全,最大限度地消除社会不和谐因素,切实维护首都社会稳定和治安秩序,经市公检法司机关多次研究,就依法办理暴力手段介入房屋拆迁案件提出如下工作意见。"

二、刑法适用规范性文件的制定依据问题

在刑法适用规范性文件的制定依据方面,有必要明确:刑法适用规范性文件制定的基本依据、省级司法机关《量刑指导意见》"实施细则"的制定依据、各种具体罪名的刑法适用规范性文件的制定依据三个问题。

(一) 刑法适用规范性文件制定的基本依据

在由省级司法机关正式发布的"指导意见"、"规定"、"办法"、"量刑指南"等刑法适用规范性文件中,大部分都开宗明义指出了其制定的基本依据,只不过在具体依据内容上略有区别而已。但是,无论这些具体依据内容有何不同,其最基本依据的《中华人民共和国刑法》,这在所有刑法适用规范性文件中都是无一例外作为"必需"制定依据的。除了刑法为基本依据以外,最高人民法院和最高人民检察院颁布的《关于审理诈骗案件具体应用法律若干问题的解释》、《关于审理盗窃案件具体应用法律若干问题的解释》、《关于盗窃罪数额认定标准问题的规定》、《关于审理挪用公款案件具体应用法律若干问题的解释》和《关于敲诈勒索数额认定标准问题的规定》也属于省级司法机关制定相关罪名文件时的基本依据。

1. 相同内容的刑法适用规范性文件制定依据也具有相同性。例如,(1) 2003年,重庆市高级人民法院、重庆市人民检察院、重庆市公安局、重庆市司法局颁发的《关于办理罪犯减刑假释案件的实施办法(试行)》中制定依据是,"根据《中华人民共和国刑法》、《中华人民共和国刑事诉讼法》、《中华人民共

---

① 时延安:《刑罚权运作的秩序——刑事法制中"中央与地方"问题研究》,载《法学家》2010年第5期。

和国监狱法》和《最高人民法院关于办理减刑、假释案件具体应用法律若干问题的规定》及司法部颁布的《监狱提请减刑假释工作程序规定》等有关法律、法规及规章的规定"。(2) 2010年4月12日，河北省高级人民法院、河北省人民检察院、河北省公安厅、河北省司法厅颁发的《关于办理假释和暂予监外执行案件的规定（试行）》中制定依据是，"根据《中华人民共和国刑法》、《中华人民共和国刑事诉讼法》、《中华人民共和国监狱法》、《最高人民法院关于办理减刑、假释案件具体应用法律若干问题的规定》，最高人民检察院、公安部、司法部《罪犯保外就医执行办法》、《司法部监狱提请减刑假释工作程序规定》，河北省高级人民法院、河北省人民检察院、河北省公安厅、河北省司法厅《关于在全省试行社区矫正工作的实施意见》等规定"。

上述两个刑法适用规范性文件，前者是"减刑假释"，后者是"假释和暂予监外执行"，都是需要将罪犯由监狱内而改置于监狱外去执行其剩余刑期，因而在制定依据上大部分是相同的，其中两个文件都包含《《中华人民共和国刑法》、《中华人民共和国刑事诉讼法》、《中华人民共和国监狱法》和《最高人民法院关于办理减刑、假释案件具体应用法律若干问题的规定》及司法部颁布的《监狱提请减刑假释工作程序规定》"。而不同之处则在于：重庆市高级人民法院、重庆市人民检察院、重庆市公安局、重庆市司法局颁发的《关于办理罪犯减刑假释案件的实施办法（试行）》中不包括"社区矫正"的制定依据内容，而河北省高级人民法院、河北省人民检察院、河北省公安厅、河北省司法厅颁发的《关于办理假释和暂予监外执行案件的规定（试行）》中包括了"社区矫正"的制定依据内容。其原因主要是，我国的"社区矫正"始建于2003年10月7日司法部颁发的《关于开展社区矫正试点工作的通知》，其中确定北京、天津、上海、江苏、浙江和山东等省（市）为进行社区矫正工作的试点省（市）。直至2005年扩大了社区矫正试点，之后经过四年，在2009年才在全国全面推开社区矫正试点。由此可见，2005年以前重庆并不属社区矫正试点，因而在2003年重庆市高级人民法院、重庆市人民检察院、重庆市公安局、重庆市司法局颁发的《关于办理罪犯减刑假释案件的实施办法（试行）》中不包括"社区矫正"的制定依据内容也就不难理解了。

2. 不同内容的刑法适用规范性文件制定依据也具有不同性。例如，(1) 2002年1月31日，天津市高级人民法院颁发的《关于办理盗窃电能违法犯罪案件适用法律若干问题的意见》中制定依据是，"根据《中华人民共和国刑法》、《中华人民共和国电力法》、《电力供应与使用条例》及最高人民法院、最高人民检察院、公安部的有关规定"。(2) 2009年7月23日，上海市高级人民法院、上海市人民检察院、上海市公安局颁发的《关于办理拒不执行判决、裁定犯罪案件若干问题的意见》中制定依据是，"根据《中华人民共和国刑法》、《中华人民共和国刑事诉讼法》、全国人大常委会《关于〈中华人民共和国刑法〉第三百一十三条的解释》等规定"。(3) 2009年7月6日，吉林省高级人民法院、吉林省人民检察院、吉林省公安厅、吉林省司法厅颁发的《吉林省社区服刑人员管理办法（试行）》中制定依据是"根据《中华人民共和国刑法》、《中华人民共和国刑事诉讼法》、《中华人民共和国监狱法》、司法部《司法行政机关社区矫正工作暂行办法》、《吉林省社区矫正工作暂行办法》等规定"。尽管这三个刑法适用规范性文件分属于"盗窃电能"、"拒不执行判决裁定犯罪"与"社区矫正"的不同内容，但在制定依据上都包含《《中华人民共和国刑法》》却是具有相同性的。

当然，不同内容的刑法适用规范性文件制定依据多少也有不同，有的文件中列举非常广泛，例如，2003年11月3日，河北省公安厅、河北省人民检察院、河北省环境保护厅颁发的《关于办理环境污染犯罪案件的若干规定（试行）》中制定依据是"依据《中华人民共和国刑法》、《刑法修正案（八）》、最高人民法院、最高人民检察院《关于办理环境污染刑事案件适用法律若干问题的解释》、国务院《行政执法机关移送涉嫌犯罪案件的规定》以及环保部《关于环境保护行政主管部门移送涉嫌环境犯罪案件的若干规定》（以下简称《规定》）等有关法律和规定"，该《规定》明确了环保部门、公安机关和检察机关各自的职责，规定了环保部门和公安机关处理环境污染刑事案件的程序，以及保障该项工作能够开展的联合执法制度和案件监督制度。同时，对加强对该项工作的组织领导提出了要求。《规定》能够充分发挥环保、公安部门优势，畅通部门信息沟通渠道，拓展案件线索来源，有效提高环保行政执法权威和对环境污染违法犯罪的打击效能，确保行政执法和刑事司法的有机统一，形成最佳环保执法合力，为河北省各级环保部门和公安机关处理环境污染犯罪案件提供了武器和方法。

需要指出的是，2003年11月3日，重庆市高级人民法院颁发的《关于办理拖欠劳动报酬案件的意见》中制定依据是，"根据《中华人民共和国民事诉讼法》、《最高人民法院关于人民法院执行工作若干问题的规定（试行）》等法律、司法解释"。其中，并无"根据《中华人民共和国刑法》制定"的表述，这应当归属于立法上的原因。因为当时的刑法条款中尚无"拒不支付劳动报酬罪"，该罪是在2011年2月25日通过的《刑法修正案（八）》才增设的。而在此前的实践中，对"拒不支付劳动报酬"而未经法院判决的，并无刑法上的治罪依据；只是对"拒不支付劳动报酬"而业经法院判决的，才可以定性为"拒不执行判决、裁定罪"。这也是重庆市高级人民法院《关于办理拖欠劳动报酬案件的意见》第10条之所以作出"对逃避执行、拒不执行等妨碍执行的被执行人，应依法采取罚款、拘留等强制措施，构成犯罪的依法追究刑事责任"的理由依据。

（二）省级司法机关《量刑指导意见》"实施细则"的制定依据

"量刑规范化改革"是法治进步和时代发展的客观需要，是新时期人民群众的新要求、新期待，主要目的在于统一法律适用标准，规范裁量权，严格执行法律，准确裁量刑罚，确保办案质量，实现公平正义，维护社会稳定，促进社会和谐。推行这项改革，对于完善量刑制度和刑事诉讼制度，提高执法办案水平，促进社会主义法治建设，保障在全社会实现公平正义，具有十分重要的意义。对此，中央予以高度重视这项"量刑规范化改革"，充分肯定了"量刑规范化改革"取得的成效，要求各级人民法院要把"量刑规范化改革"作为提高办案质量和水平的一项重要工作，结合审判实际，细化执行标准，搞好法官培训，精心组织实施。而整理并汇集"量刑规范化改革"的相关成果，也应是其中不可缺少的重要内容之一。在最高人民法院的《人民法院量刑指导意见（试行）》指导下，而由各省、自治区与直辖市的高级人民法院制定的《量刑指导意见》实施细则是"量刑规范化改革"取得的直接成果，有必要加以汇集，并予以比较研究。

最高人民法院在其颁布的《人民法院量刑指导意见（试行）》附则中规定："地方各级人民法院可以根据当地实际，对本意见所规定的量刑情节的调节幅度，以及各罪中量刑起点进行细化，分别确定一个点或者一个更小的幅度。对于本意见没有规定的其他量刑情节，各地法院可以根据司法实践确定相应的调节比例。"事实上，在最高人民法院作出本规定之前的2003年，江苏省姜堰市人民法院就率先在全国制定出台了《规范量刑指导意见》，随后于2004年，泰州市中级人民法院、江苏省高级人民法院又先后制定出台了《刑事审判量刑指导意见》、《量刑指导规则（试行）》，以量化为基础，对量刑的程序、方法作出规定，量刑逐渐改变传统的"估堆"方法，逐步规范、科学。本书收录了由全国各省、直辖市与自治区的高级人民法院制定的"实施细则"，共计有27个，仅有西藏、吉林省、青海省高级人民法院的《量刑指导意见》实施细则未收集到。2010年最高人民法院制定的《量刑指导意见》就是对包括江苏省在内的地方法院试行《量刑指导原则》做法的总结并吸收，而后又将其《量刑指导意见》作为指导各高级人民法院推广量刑规范化的基本依据。

最高人民法院在《关于印发〈人民法院量刑指导意见（试行）〉通知》中提出了明确要求："各高级人民法院要结合当地实际，按照规范、实用、符合审判实际的原则要求，依法、科学、合理地进行细化，保证实施细则的规范性、实用性和可操作性。"由此而言，全国各省、直辖市与自治区的高级人民法院及时制定《量刑指导原则》的"实施细则"便是顺理成章之事。另外，由部分地级市的中级人民法院制定《量刑指导原则》的"实施细则"也开始出现。例如，吉林省吉林市中级人民法院的《人民法院量刑指导意见（试行）》实施细则、辽宁省鞍山市中级人民法院的《刑事案件量刑指导意见》、江苏省南京市中级人民法院的《常见罪名量刑指导意见（试行）》、吉林省长春市中级人民法院《量刑指导意见（试行）（修订版）》、广东省广州市中级人民法院《量刑指导意见》、江苏省泰州市中级人民法院《量刑指导意见》、山东省青岛市中级人民法院《关于十五种罪名的量刑指导意见（试行）》等。但这些地级市的中级人民法院制定的《量刑指导原则》"实施细则"，因其主体较省级司法机关低，因而不在本书的收录范围之内。

（三）各种具体罪名的刑法适用规范性文件的制定依据

最高人民法院、最高人民检察院在其制定的交通肇事、拒不支付劳动报酬、盗窃、诈骗、敲诈勒索、挪用公款等罪的司法解释中，对这些罪名中的"数额较大"、"数额巨大"、"数额特别巨大"仅规定了区间范围，而要求"各省、自治区、直辖市高级人民法院可以根据本地区经济社会发展状况，在规定的数额幅度内，研究确定本地区执行的具体数额标准"，从而为各省、自治区、直辖市高级人民法院制定这些具体罪名的刑法适用规范性文件提供了基本依据。

1. 交通肇事罪刑法适用规范性文件的制定依据。2000年11月15日，最高人民法院《关于审理交通肇事刑事案件具体应用法律若干问题的解释》第9条作出了"授权性"规定："各省、自治区、直辖市高级人民法院可以根据本地实际情况，在三十万元至六十万元、六十万元至一百万元的幅度内，确定本地区执行本解释第二条第一款第（三）项、第四条第（三）项的起点数额标准，并报最高人民法院备案。"其中的第二条是交通肇事具有下列情形之一的，处三年以下有期徒刑或者拘役；第二条第一款第（三）项的起点数额标准："造成公共财产或者他人财产直接损失，负事故全部或者主要责任，无能力赔偿数额在三十万元以上的。"第四条是交通肇事具有下列情形之一，属于"有其他特别恶劣情节"，处三年以上七年以下有期徒刑；第四条第（三）项的起点数额标准："造成公共财产或者他人财产直接损失，负事故全部或者主要责任，无能力赔偿数额在六十万元以上的。"

根据最高人民法院《关于审理交通肇事刑事案件具体应用法律若干问题的解释》中的"授权性"规定，四川、浙江、江苏等部分省级司法机关陆续颁发了交通肇事罪带有细则性规定。例如，（1）2004年9月16日，四川省高级人民法院颁发的《关于我省交通肇事罪有关数额执行标准的通知》中指出：根据最高人民法院《关于审理交通肇事刑事案件具体应用法律若干问题的解释》（以下简称《解释》）的授权规定，结合四川省经济发展水平和社会治安状况，对四川省交通肇事罪有关数额执行标准通知如下：造成公共财产或者他人财产直接损失，负事故全部或者主要责任，无能力赔偿数额在四十万元以上的，属《解释》第2条第1款处三年以下有期徒刑或者拘役的交通肇事的情形之一。造成公共财产或者他人财产直接损失，负事故全部或者主要责任，无能力赔偿数额在八十万元以上的，属《解释》第4条处三年以上七年以下有期徒刑的交通肇事的情形之一。

（2）2009年8月21日，浙江省高级人民法院出台的《关于审理交通肇事刑事案件的若干意见》中指出了其制定依据，"依照刑法和最高人民法院相关司法解释的规定"，其在"关于缓刑的适用"中规定，具有《最高人民法院关于审理交通肇事刑事案件具体应用法律若干问题的解释》第4条规定的"其他特别恶劣情节"的，不适用缓刑。在交通肇事罪的数额标准上还细化了司法解释规定：交通肇事造成公共财产或者他人财产直接损失，负事故全部或者主要责任，无能力赔偿数额在四十万元以上的，构成交通肇事罪，处三年以下有期徒刑或者拘役；造成公共财产或者他人财产直接损失，负事故全部或者主要责任，无能力赔偿数额在八十万元以上的，属交通肇事罪"有其他特别恶劣情节"，处三年以上七年以下有期徒刑。

（3）2011年3月18日，江苏省高级人民法院、江苏省人民检察院、江苏省公安厅出台的《关于办理交通肇事刑事案件适用法律若干问题的意见（试行）》中指出了其制定依据，"根据《中华人民共和国刑法》、最高人民法院《关于审理交通肇事刑事案件具体应用法律若干问题的解释》（以下简称《解释》）和最高人民法院《关于醉酒驾车犯罪法律适用问题的意见》的规定，结合本省刑事司法实践"而制定。其中，在交通肇事罪的起点数额标准上规定："交通肇事仅造成公共财产或者他人财产直接损失，行为人负事故全部或者主要责任，无能力赔偿数额在45万元以上的应当立案，无能力赔偿数额在80万元以上的应认定为情节特别恶劣。"在"关于交通肇事后逃逸情节的认定"中规定，交通肇事致一人以上重伤，负事故全部或者主要责任，行为人具有《解释》第2条第2款第（一）项至第（五）项中一项或一项以上情形，同时又具有第（六）项情形的，应当在三年以下有期徒刑、拘役幅度内从重处罚。

2. 拒不支付劳动报酬罪刑法适用规范性文件的制定依据。拒不支付劳动报酬罪是2011年2月25日通过的《刑法修正案（八）》设立的新罪名，该罪"以转移财产、逃匿等方法逃避支付劳动者的劳动报酬或者有能力支付而不支付劳动者的劳动报酬，数额较大"为其构成要件，但其中的"数额较大"立法上并未细加标明。2013年1月22日，最高人民法院、最高人民检察院颁发的《关于审理拒不支付劳动报酬刑事案件适用法律若干问题的解释》第3条作出了"授权性"规定：具有下列情形之一的，应当认定为刑法第276条之一第1款规定的"数额较大"：（1）拒不支付一名劳动者三个月以上的劳动报酬且数额在五千元至二万元以上的；（2）拒不支付十名以上劳动者的劳动报酬且数额累计在三万元至十万元以上的。各省、自治区、直辖市高级人民法院可以根据本地区经济社会发展状况，在前款规定的数额幅度内，研究确定本地区执行的具体数额标准，报最高人民法院备案。

根据最高人民法院和最高人民检察院《关于审理拒不支付劳动报酬刑事案件适用法律若干问题的解释》中的"授权性"规定，部分省级司法机关颁发了细则性规定，例如，（1）2013年11月11日，贵州省高级人民法院颁发的《关于对我省拒不支付劳动报酬犯罪数额认定标准的规定》中指出了其制定依据：根据《最高人民法院关于审理拒不支付劳动报酬刑事案件适用法律若干问题的解释》的授权，结合贵州省经济发展状况和社会治安状况，确定：拒不支付一名劳动者三个月以上的劳动报酬且数额达一万元的，或者拒不支付十名以上劳动者的劳动报酬且数额累计达五万元的，为贵州省拒不支付劳动报酬犯罪"数额较大"的具体数额标准。（2）2013年11月24日，湖南省高级人民法院出台了《关于审理拒不支付劳动报酬刑事案件执行数额标准的规定》中指出了其制定依据，依照《中华人民共和国刑法》和最高人民法院、最高人民检察院颁发的《关于审理拒不支付劳动报酬刑事案件适用法律若干问题的解释》第3条的规定，根据湖南省经济发展状况和人民群众收入水平确定：拒不支付一名劳动者三个月以上的劳动报酬且数额在六千元以上的或拒不支付十名以上劳动者的劳动报酬且数额累计在四万元以上的，为湖南省认定拒不支付劳动报酬罪的"数额较大"标准。

3. 盗窃罪刑法适用规范性文件的制定依据。2013年4月2日，最高人民法院、最高人民检察院颁发的《关于办理盗窃刑事案件适用法律若干问题的解释》第1条作出了"授权性"规定：盗窃公私财物价值一千元至三千元以上、三万元至十万元以上、三十万元至五十万元以上的，应当分别认定为刑法第二百六十四条规定的"数额较大"、"数额巨大"、"数额特别巨大"。各省、自治区、直辖市高级人民法院、人民检察院可以根据本地区经济发展状况，并考虑社会治安状况，在前款规定的数额幅度内，确定本地区执行的具体数额标准，报最高人民法院、最高人民检察院批准。在跨地区运行的公共交通工具上盗窃，盗窃地点无法查证的，盗窃数额是否达到"数额较大"、"数额巨大"、"数额特别巨大"，应当根据受理案件所在地省、自治区、直辖市高级人民法院、人民检察院确定的有关数额标准认定。该条款即为各省、自治区、直辖市高级人民法院、人民检察院制定盗窃罪刑法适用规范性文件的基本依据。

根据最高人民法院和最高人民检察院《关于办理盗窃刑事案件适用法律若干问题的解释》中的"授权性"规定，例如，(1) 2013年4月27日，浙江省高级人民法院、浙江省人民检察院颁发的《关于确定盗窃罪数额标准的通知》中指出了其制定依据：依据《最高人民法院、最高人民检察院关于办理盗窃刑事案件适用法律若干问题的解释》的授权，根据我省经济发展状况，并考虑社会治安状况，确定为盗窃公私财物价值人民币三千元以上、八万元以上、四十万元以上，应当分别认定为盗窃罪规定的"数额较大"、"数额巨大"、"数额特别巨大"。(2) 2013年8月1日，安徽省高级人民法院、安徽省人民检察院颁发的《关于盗窃罪数额认定标准问题的规定》中指出了其制定依据：根据最高人民法院、最高人民检察院《关于办理盗窃刑事案件适用法律的若干问题解释》的规定，结合我省经济发展状况和社会治安状况及最高人民法院、最高人民检察院批复，确定为盗窃公私财物价值人民币二千元以上、五万元以上、四十万元以上，应当分别认定为盗窃罪规定的"数额较大"、"数额巨大"、"数额特别巨大"。

4. 诈骗罪刑法适用规范性文件的制定依据。2011年3月1日，最高人民法院、最高人民检察院颁发的《关于办理诈骗刑事案件具体应用法律若干问题的解释》第1条作出了"授权性"规定：诈骗公私财物价值三千元至一万元以上、三万元至十万元以上、五十万元以上的，应当分别认定为刑法第二百六十六条规定的"数额较大"、"数额巨大"、"数额特别巨大"。各省、自治区、直辖市高级人民法院、人民检察院可以结合本地区经济社会发展状况，在前款规定的数额幅度内，共同研究确定本地区执行的具体数额标准，报最高人民法院、最高人民检察院备案。该条款即为各省、自治区、直辖市高级人民法院、人民检察院制定诈骗罪刑法适用规范性文件的基本依据。

根据最高人民法院和最高人民检察院《关于办理诈骗刑事案件具体应用法律若干问题的解释》中的"授权性"规定，例如，(1) 2013年9月29日，河南省高级人民法院、河南省人民检察院颁发的《关于河南省诈骗犯罪数额认定标准的规定》中指出了其制定依据：根据《中华人民共和国刑法》和《最高人民法院、最高人民检察院关于办理诈骗刑事案件具体应用法律若干问题的解释》的规定，结合河南省当前经济发展水平和社会治安状况，规定为：以诈骗公私财物价值人民币五千元以上、五万元以上、五十万元以上作为诈骗公私财物"数额较大"、"数额巨大"、"数额特别巨大"的起点。(2) 2011年10月24日，重庆市高级人民法院、重庆市人民检察院颁发的《关于办理诈骗刑事案件数额标准的规定》中指出了其制定依据，最高人民法院2011年3月1日发布的《最高人民法院、最高人民检察院关于办理诈骗刑事案件具体应用法律若干问题的解释》第1条的规定，结合重庆市经济发展和社会治安状况，规定为：以诈骗公私财物价值人民币五千元以上、五万元以上、五十万元以上作为诈骗公私财物"数额较大"、"数额巨大"、"数额特别巨大"的标准。

5. 敲诈勒索罪刑法适用规范性文件的制定依据。2013年4月23日，最高人民法院、最高人民检察院《关于办理敲诈勒索刑事案件适用法律若干问题的解释》第1条作出了"授权性"规定：敲诈勒索公私财物价值二千元至五千元以上、三万元至十万元以上、三十万元至五十万元以上的，应当分别认定为刑法第二百七十四条规定的"数额较大"、"数额巨大"、"数额特别巨大"。各省、自治区、直辖市高级人民法院、人民检察院可以根据本地区经济发展状况和社会治安状况，在前款规定的数额幅度内，共同研究确定本地区执行的具体数额标准，报最高人民法院、最高人民检察院批准。该条款即为各省、自治区、直辖市高级人民法院、人民检察院制定抢夺罪刑法适用规范性文件的基本依据。

根据最高人民法院和最高人民检察院《关于办理敲诈勒索刑事案件适用法律若干问题的解释》中的"授权性"规定，例如，(1) 2013年6月6日，辽宁省高级人民法院、辽宁省人民检察院、辽宁省公安厅颁发的《关于办理敲诈勒索刑事案件数额标准》中指出了其制定依据，"根据《最高人民法院、最高人民检察院关于办理敲诈勒索刑事案件适用法律若干问题的解释》第一条的规定，结合本省当前的经济发展水平和社会治安状况"，办理敲诈勒索刑事案件数额标准通知如下：确定以二千元、七万元、四十万元作为辽宁省办理敲诈勒索公私财物"数额较大"、"数额巨大"、"数额特别巨大"的起点。(2) 2013年8月19日，河北省高级人民法院、河北省人民检察院颁发的《关于办理敲诈勒索刑事案件执行具体数额标准问题的通知》中指出了其制定依据，"根据最高人民法院、最高人民检察院《关于办理敲诈勒索刑事案件适用法律若干问题的解释》第一条第一款、第二款规定，结合我省经济发展状况"，确定以三千元、六万元、四十万元作为河北省办理敲诈勒索公私财物"数额较大"、"数额巨大"、"数额特别巨大"的起点。这两省确定的办理敲诈勒索公私财物"数额较大"、"数额巨大"标准有所差异，但"数额特别巨大"的起点均为四十万元是相同的。

6. 抢夺罪刑法适用规范性文件的制定依据。2013年11月11日，最高人民法院、最高人民检察院《关于办理抢夺刑事案件适用法律若干问题的解释》第1条作出了"授权性"规定：抢夺公私财物价值一千元至三千元以上、三万元至八万元以上、二十万元至四十万元以上的，应当分别认定为刑法第二百六十七条规定的"数额较大"、"数额巨大"、"数额特别巨大"。各省、自治区、直辖市高级人民法院、人民检察院可以根据本地区经济发展状况，并考虑社会治安状况，在前款规定的数额幅度内，确定本地区执行的具体数额标准，报最高人民法院、最高人民检察院批准。该条款即为各省、自治区、直辖市高级人民法院、人民检察院制定抢夺罪刑法适用规范性文件的基本依据。

在此有必要明确的是，前后两个抢夺罪司法解释在"授权性"规定上有无本质差异呢？2002年7月最高人民法院颁布的《关于审理抢夺刑事案件具体应用法律若干问题的解释》第6条规定："各省、自治区、直辖市高级人民法院可以根据本地区经济发展状况，并考虑社会治安状况，在本解释第一条规定的数额幅度内，分别确定本地区执行的具体标准，并报最高人民法院备案。"其中的"报最高人民法院备案"，在2013年新的《关于办理抢夺刑事案件适用法律若干问题的解释》中被修改为"报最高人民法院、最高人民检察院批准"。有学者认为，由"备案"改为"批准"的理由是：主要考虑，为维护国家法制统一，司法解释权应该由"两高"行使，不宜将犯罪数额的解释权再授权地方司法机关。在解释公布施行后，各省高级法院、检察院应根据本款规定，结合本地实际，共同研究确定本地区办理抢夺刑事案件的具体数额标准，报送"两高"批准执行。①

笔者认为，尽管2013年新的抢夺罪司法解释将旧的抢夺罪司法解释中的"备案"改为"批准"，这仍然属于"授权性规定"。主要理由是：如果认为，"为维护国家法制统一，司法解释权应该由'两高'行使，不宜将犯罪数额的解释权再授权地方司法机关"；那么，由此而自然得出的结论应是：自此之后，司法解释权应该由'两高'行使，所有地方司法机关不再享有犯罪数额的解释权"。但是，这种结论却是难以成立的。其关键理由在于：2013年新的抢夺罪司法解释仍然规定有："各省、自治区、直辖市高级人民法院、人民检察院可以根据本地区经济发展状况，并考虑社会治安状况，在前款规定的数额幅度内，确定本地区执行的具体数额标准。"这种规定表明，司法解释权依然可由"两高"授权行使，所有地方司法机关依然可享有犯罪数额的解释权，只不过此种权限由"备案"改为"批准"而已。

7. 挪用公款罪刑法适用规范性文件的制定依据。1998年4月29日，最高人民法院发布的《关于审理挪用公款案件具体应用法律若干问题的解释》第5条作出了"授权性"规定：挪用公款归个人使用，"数额较大、进行营利活动的"，或者"数额较大、超过三个月未还的"，以挪用公款一万元至三万元为"数额较大"的起点，以挪用公款十五万元至二十万元为"数额巨大"的起点。挪用公款"情节严重"，是指挪用公款数额巨大，或者数额虽未达到巨大，但挪用公款手段恶劣；多次挪用公款；因挪用公款严重影响生产、经营，造成严重损失等情形。"挪用公款归个人使用，进行非法活动的"，以挪用公款五千元至一万元为追究刑事责任的数额起点。挪用公款五万元至十万元以上的，属于挪用公款归个人使用，进行非法活动，"情节严重"的情形之一。挪用公款归个人使用，进行非法活动，情节严重的其他情形，按照本条第一款的规定执行。各高级人民法院可以根据本地实际情况，按照本解释规定的数额幅度，确定本地区执行的具体数额标准，并报最高人民法院备案。

依据上述最高人民法院发布的《关于审理挪用公款案件具体应用法律若干问题的解释》第5条的"授权性"规定，全国有不少省级司法机关制定了细则性规定。其中包括：（1）1998年5月21日，北京市高级人民法院《关于审理挪用公款案件数额标准的意见》；（2）2000年12月28日，上海市高级人民法院《关于审理挪用公款案件具体应用法律若干问题的意见（试行）》；（3）1998年7月9日，天津市高级人民法院《关于挪用公款等犯罪数额标准的意见》；（4）1998年7月17日，河北省高级人民法院《关于我省审理挪用公款案件确定执行数额标准的通知》；（5）1998年6月1日，江西省高级人民法院《关于确定我省挪用公款犯罪具体数额标准的规定》；（6）1998年6月11日，江苏省高级人民法院《关于确定我省挪用公款罪、挪用资金罪的数额标准的通知》；（7）1998年5月26日，四川省高级人民法院《关于挪用公款犯罪具体数额标准的规定》；（8）1999年11月15日，青海省高级人民法院《关于挪用公款案件具体数额标准的规定》；（9）1999年7月2日，海南省高级人民法院《关于挪用公款罪数额认定标准问题的规定》；（10）1998年11月18日，广东省高级人民法院、广东省人民检察院出台的《关于审理挪用公款案件数额标准问题的意见》等。

但在上述省级挪用公款案件的文件中，例如，广东省高级人民法院、广东省人民检察院出台的《关于审理挪用公款案件数额标准问题的意见》中对挪用公款案件数额标准不仅界定的特别细致，而且还特别指出了其制定依据，即根据最高人民法院《关于审理挪用公款案件具体应用法律若干问题的解释》第3条的规定，结合广东省各地经济发展的实际情况，才确定了对挪用公款案件的"数额较大"、"数额巨大"、"情节严重"的数额起点问题：（1）挪用公款数额较大，进行营利活动的，或者数额较大，超过三个月未还的，或者挪用公款数额巨大不退还的，一类地区"数额较大"的起点掌握在三万元以上，"数额巨大"的起点掌握在二十万元以上；二类地区"数额较大"的起点掌握在二万元以上，"数额巨大"的起点掌握在十八万元以上；三类地区"数额较大"的起点掌握在一万元以上，"数额巨大"的起点掌握在十五万元以上。（2）挪用公款归个人使用，进行非法活动的，追究刑事责任的数额标准，一类地区

---

① 陈国庆等：《"两高"关于办理抢夺刑事案件适用法律若干问题的解释适应司法实际调整定罪量刑标准》，载《检察日报》2004年1月6日。

掌握在一万元以上，二类地区掌握在八千元以上，三类地区掌握在五千元以上。（3）挪用公款归个人使用，进行非法活动，一类地区在十万元以上，二类地区在八万元以上，三类地区在五万元以上的，属于"情节严重"的情形之一。

另外，需要引起关注的是，根据《最高人民法院关于审理挪用公款案件具体应用法律若干问题的解释》中的"授权"，河南省高级人民法院先后作了两次挪用公款犯罪数额标准的规定。第一次是于1999年11月26日颁发了《关于确定我省挪用公款犯罪数额标准的通知》，将河南省挪用公款罪的具体标准确定为：（1）挪用公款归个人使用，"数额较大，进行营利活动的"，或者"数额较大超过三个月未还的"，以挪用公款二万元为"数额较大"的起点，以挪用公款十五万元为"数额巨大"的起点。（2）"挪用公款归个人使用，进行非法活动的"以挪用公款八千元为追究刑事责任的数额起点。挪用公款五万元以上，属于挪用公款归个人使用，进行非法活动"情节严重"的情形之一。十多年后的2013年9月27日，河南省高级人民法院又第二次作出了《关于我省挪用公款犯罪数额认定标准的规定》，将河南省挪用公款罪的具体标准变更为：挪用公款归个人使用，"数额较大，进行营利活动的"，或者"数额较大、超过三个月未还的"，以挪用公款三万元为"数额较大"的起点，以挪用公款二十万元为"数额巨大"的起点。"挪用公款归个人使用，进行非法活动的"，以挪用公款一万元为追究刑事责任的数额起点。挪用公款十万元以上，属于挪用公款归个人使用，进行非法活动"情节严重"的情形之一。

8. 其他罪名刑法适用规范性文件的制定依据。除了上述交通肇事、拒不支付劳动报酬、盗窃、敲诈勒索、抢夺、挪用公款等罪名外，其他还有非法采矿、破坏性采矿、破坏森林资源、非法出版物等刑事案件的司法解释中也存在"授权性"条款。例如，（1）2003年5月29日最高人民法院颁发的《关于审理非法采矿、破坏性采矿刑事案件具体应用法律若干问题的解释》第9条作出了"授权性"规定："各省、自治区、直辖市高级人民法院，可以根据本地区的实际情况，在五万元至十万元、三十万元至五十万元的幅度内，确定执行本解释第三条、第五条的起点数额标准，并报最高人民法院备案。"（2）2000年11月22日最高人民法院颁发的《关于审理破坏森林资源刑事案件具体应用法律若干问题的解释》中有两个条款作出了"授权性"规定：第18条规定："盗伐、滥伐以生产竹材为主要目的的竹林的定罪量刑问题，有关省、自治区、直辖市高级人民法院可以参照上述规定的精神，规定本地区的具体标准，并报最高人民法院备案。"第19条规定："各省、自治区、直辖市高级人民法院可以根据本地区的实际情况，在本解释第四条、第六条规定的数量幅度内，确定本地区执行的具体数量标准，并报最高人民法院备案。"（3）1998年11月17日最高人民法院颁发的《关于审理非法出版物刑事案件具体应用法律若干问题的解释》第9条作出了"授权性"规定："各省、自治区、直辖市高级人民法院可以根据本地的情况和社会治安状况，在本解释第八条、第十条、第十一条、第十三条规定的有关数额、数量标准的幅度内，确定本地执行的具体标准，并报最高人民法院备案。"

三、刑法适用规范性文件的制定主体问题

不论学界是否予以认可，在实践中已经实际存在的事实是，全国范围刑法适用规范性文件的制定或颁行主体分为四个级别：一级是最高人民法院与最高人民检察院；二级是各省自治区与直辖市的高级人民法院与省级人民检察院；三级是地级市的中级人民法院与市人民检察院；四级是区县级人民法院与人民检察院。从现有的实际状况来看，这四个级别的人民法院与人民检察院都制定颁行了大量刑法适用规范性文件，但本书并未全部纳入其中，而仅择取第二个级别的各省、自治区与直辖市的高级人民法院与省级人民检察院为主体制定颁行的刑法适用规范性文件，而未予收入其他三个级别的人民法院与人民检察院为主体制定颁行的刑法适用规范性文件。

（一）已收录省级人民法院与人民检察院制定的刑法适用规范性文件

本书收入的刑法适用规范性文件，在其制定或颁行主体上限定于各省、自治区与直辖市的高级人民法院与省级人民检察院，这在表现形式上可能会有如下诸种类型。

1. 由各省、自治区与直辖市的高级人民法院单独发布刑法适用规范性文件，此类文件性质主要涉及人民法院有关刑法案件的审判问题。例如，（1）2010年10月11日，北京市高级人民法院颁发的《关于审理涉众型经济犯罪案件的若干意见（试行）》；（2）2007年7月4日，上海市高级人民法院颁发的《关于抢劫犯罪适用财产刑标准的若干意见》；（3）2002年12月7日，天津市高级人民法院颁发的《关于审理聚众斗殴案件座谈会会议纪要》；（4）2011年6月15日，重庆市高级人民法院颁发的《关于依法从严审理食品药品安全案件的意见》；（5）2005年7月18日，江西省高级人民法院颁发的《关于办理违反烟草专卖管理刑事案件适用法律若干问题的意见》；（6）2010年8月28日，黑龙江省高级人民法院颁发的《关于处理虚假诉讼行为若干问题的指导意见》；（7）2009年4月15日，湖南省高级人民法院颁发的《关于加强对家庭暴力受害妇女司法保护的指导意见（试行）》；等等。

2. 由各省、自治区与直辖市的人民检察院单独发布刑法适用规范性文件。该类文件内容大多限于

与检察机关直接相关的刑法业务范围之内,包括贪污贿赂、渎职侵权、减刑假释监管等内容。例如,(1) 1999年10月18日,山东省人民检察院发布的《关于立案侦查挪用公款案件具体执行数额标准的意见》;(2) 2012年11月29日,江苏省人民检察院发布的《减刑、假释、暂予监外执行同步监督暂行规定》;(3) 2009年3月27日,浙江省人民检察院发布的《关于办理未成年人轻微盗窃案件适用宽缓政策的意见(试行)》;(4) 2007年11月26日,浙江省人民检察院发布的《关于办理当事人达成和解的轻微刑事案件的规定(试行)》;(5) 1998年3月17日,宁夏回族自治区人民检察院发布的《关于加强贪污贿赂、徇私舞弊等职务犯罪预防工作的意见》;(6) 2008年11月15日,江苏省人民检察院发布的《关于国企改制中职务犯罪案件适用法律若干问题的指导意见》;等等。

3. 由各省、自治区与直辖市的人民检察院联合其他部门发布刑法适用规范性文件。"其他部门"应是与所发布的刑法适用规范性文件相关的职能部门。例如,2010年7月6日至7月8日,山东省人民检察院、公安厅、环保厅在济南召开了全省办理危害环境犯罪案件座谈会,并于8月21日联合下发了《关于办理危害环境犯罪案件座谈会纪要》。除了适用"座谈会纪要"外,还有由各省、自治区与直辖市的人民检察院联合其他部门以"意见"、"通知"等形式发布的刑法适用规范性文件:(1) 2010年2月11日,山东省人民检察院、山东省公安厅、山东省环境保护厅颁发的《关于办理破坏污染源自动监控设施案件若干问题座谈会纪要》;(2) 2004年12月27日,浙江省人民检察院、浙江省公安厅、浙江省林业厅颁发的《关于破坏森林资源刑事案件计算立木蓄积有关问题的意见》;(3) 2006年6月2日,湖南省人民检察院、湖南省建设厅、湖南省监察厅颁发的《关于严禁挪用住房公积金预防职务违法犯罪有关问题的通知》;(4) 2000年6月25日,四川省人民检察院、四川省交通厅颁发的《关于共同开展预防重点公路工程建设中贪污贿赂等职务犯罪工作的意见》;(5) 2010年3月30日,海南省人民检察院、海南省监察厅、海南省住房和城乡建设厅颁发的《海南省建筑市场廉政准入规定(试行)》等。

4. 由各省、自治区与直辖市的高级人民法院与人民检察院联合发布的刑法适用规范性文件。例如,(1) 2002年4月1日,上海市高级人民法院、上海市人民检察院颁发的《刑事法律适用问题解答》;(2) 2001年9月12日,江苏省高级人民法院、江苏省人民检察院颁发的《关于认定滥用职权、玩忽职守犯罪所造成的经济损失的意见》;(3) 2010年6月9日,浙江省高级人民法院、浙江省人民检察院颁发的《关于贪污、受贿刑事案件适用缓刑的意见》;(4) 2013年7月8日,湖南省高级人民法院、湖南省人民检察院颁发的《关于办理抢劫刑事案件执行具体数额标准的规定》;(5) 2013年8月22日,贵州省高级人民法院、贵州省人民检察院颁发的《关于对我省敲诈勒索数额认定标准的规定》;(6) 2013年8月5日,新疆自治区高级人民法院、新疆自治区人民检察院颁发的《关于办理盗窃刑事案件执行具体数额标准的意见》等。

5. 由各省、自治区与直辖市的高级人民法院与省级人民检察院联合其他有关部门来发布刑法适用规范性文件。其中,最常见的是联合公安部门,公安部门在办理刑事案件时与检察、法院均属一条龙。各省、自治区与直辖市的高级人民法院与省级人民检察院联合公安部门发布的刑法适用规范性文件有:(1) 2005年6月16日,重庆市高级人民法院、重庆市人民检察院、重庆市公安局颁发的《关于办理妨害人民法院执行的刑事案件若干问题的意见》;(2) 2013年7月26日,安徽省高级人民法院、安徽省人民检察院、安徽省公安厅颁发的《关于依法打击破坏医疗秩序有关违法犯罪活动的若干意见》等。各省、自治区与直辖市的高级人民法院与省级人民检察院同时联合公安与司法两个部门来发布有关刑法适用规范性文件也是常见的,例如,2008年9月12日,江苏省高级人民法院、江苏省人民检察院、江苏省公安厅、江苏省司法厅发布的《关于认真贯彻落实宽严相济刑事政策进一步做好罪犯减刑假释暂予监外执行工作的意见(试行)》等。

此外,在涉及有关专业部门的刑法适用规范性文件时,各省、自治区与直辖市的高级人民法院与省级人民检察院往往同时联合有关专业部门来发布文件。例如,(1) 涉及盗窃燃气违法犯罪案件时,天津市高级人民法院、天津市人民检察院、天津市公安局、天津市司法局联合天津市质量技术监督局发布了《关于办理盗窃燃气违法犯罪案件适用法律问题的若干规定》(2002年12月11日);(2) 涉及非法经营食盐刑事案件时,重庆市高级人民法院、重庆市人民检察院、重庆市公安局联合重庆市盐务管理局发布了《关于办理非法经营食盐刑事案件有关问题的意见》(2008年1月21日);(3) 涉及拒不支付劳动报酬案件时,吉林省高级人民法院、吉林省人民检察院、吉林省公安厅联合吉林省人力资源和社会保障厅发布了《关于办理拒不支付劳动报酬案件联席会议纪要》(2013年1月31日);(4) 涉及违反烟草专卖管理刑事案件时,山东省高级人民法院、山东省人民检察院、山东省公安厅联合山东省烟草专卖局发布了《关于办理违反烟草专卖管理刑事案件适用法律若干问题的意见》(2007年6月5日);等等。

(二) 未收录省级以下人民法院与人民检察院制定的刑法适用规范性文件

在省级以下人民法院与人民检察院还有两级,即地级市的中级人民法院与市人民检察院,以及区县级人民法院与人民检察院,由这两级人民法院与人民检察院制定的刑法适用规范性文件也有很多,但本书都未予收录。

1. 地级市的中级人民法院与市人民检察院制定的刑法适用规范性文件都未收录。例如，(1) 辽宁省葫芦岛市中级人民法院出台了《办理减刑、假释案件的实施细则》；大连市中级人民法院、大连市人民检察院、大连市公安局出台了《关于依法办理暴力拆迁案件的工作意见》。(2) 2010年，河南省洛阳市中级人民法院、洛阳市公安局出台了《关于打击制贩假证违法犯罪适用法律的意见》；2006年10月25日，郑州市中级人民法院、郑州市人民检察院、郑州市公安局、郑州市司法局、郑州市质量技术监督局、郑州市市政管理局出台了《关于打击盗用城市公共供水及盗窃破坏公共供水设施设备违法犯罪行为的通告》。(3) 2007年8月1日，广西壮族自治区梧州市中级人民法院出台了《关于办理我市看守所在押罪犯减刑、假释案件的暂行规定》。(4) 2006年1月26日，江苏省连云港市中级人民法院出台了《关于办理违反烟草专卖管理刑事案件适用法律若干问题的意见》。(5) 2007年6月26日，山西省晋中市中级人民法院、人民检察院、公安局、司法局、建设局五部门联合出台了《关于打击盗用城市公共供水破坏供水设施违法犯罪行为的通告》。(6) 2006年6月2日，河北省邢台市中级人民法院、市人民检察院、市公安局出台了《关于办理拒不执行判决、裁定刑事案件的若干规定（试行）》。(7) 2011年4月26日，浙江省杭州市中级人民法院出台了《关于修订诈骗类犯罪数额标准的意见》；2011年9月26日，浙江省温州市中级人民法院、市人民检察院、市公安局出台了《关于严厉打击暴力讨债等违法犯罪行为依法维护企业正常生产和金融秩序稳定的通告》；2010年10月27日，浙江省台州市中级人民法院、市人民检察院、市公安局、市烟草专卖局等单位出台了《台州市涉烟犯罪案件适用法律问题座谈会纪要》；等等。

2. 区县级人民法院与人民检察院制定的刑法适用规范性文件都未收录。例如，(1) 2009年8月4日，湖南省永兴县人民法院、永兴县人民检察院、永兴县公安局出台了《关于严厉打击破坏经济发展环境违法犯罪活动的通告》；(2) 2013年7月17日，四川省洪雅县人民法院、洪雅县人民检察院、洪雅县公安局、洪雅县司法局出台了《关于维护大峨眉国际旅游西环线工程正常建设秩序的通告》；(3) 2010年8月17日，河北省永清县人民法院、永清县人民检察院、永清县公安局、永清县信访局出台了《关于规范群众信访秩序，依法打击非正常上访行为的通告》；(4) 2012年5月8日，浙江省武义县人民法院、武义县人民检察院、武义县公安局、武义县信访局出台了《关于处置信访活动中违法行为的通告》；(5) 2005年10月28日，山东省高密市（县级）人民法院、高密市人民检察院、高密市公安局、高密市城市管理行政执法局、高密市建设局联合出台了《关于打击盗用城市公共供水违法犯罪行为的通告》；(6) 2012年12月21日，安徽省金寨县人民法院、金寨县人民检察院、金寨县公安局、金寨县林业局出台了《关于办理盗伐林木、滥伐林木案件适用法律的具体措施》；(7) 2004年7月21日，福建省厦门市海沧区人民法院、人民检察院、公安局联合出台了《关于依法打击拒不执行判决、裁定犯罪行为的若干意见》；(8) 2011年8月26日，福建省宁化县人民法院、宁化县人民检察院、宁化县公安局、宁化县司法局、中共宁化县委政法委员会出台了《关于在全县试行社区矫正工作的实施意见》；等等。

（三）未收录省级人大常委会通过的有关刑法适用文件

家庭暴力可能会涉及刑法中多种罪名，有必要采用适当的立法文件来规制。例如，2008年11月29日新疆维吾尔自治区人大常委会的《预防和制止家庭暴力规定》，其中第9条规定："家庭暴力行为构成犯罪的，依法追究家庭暴力行为人刑事责任。家庭成员之间发生的轻伤害事件、虐待和遗弃事件、暴力干涉婚姻自由事件，法律规定可以由受害人提起刑事自诉，受害人可以直接向人民法院提起诉讼。"2005年9月28日，海南省人大常委会通过了《海南省预防和制止家庭暴力规定》，其中有两条涉及刑法内容，即第12条规定："家庭暴力行为构成犯罪的，依法追究刑事责任。受害人可以依法向人民法院自诉。公安机关应当依法侦查，人民检察院应当依法提起公诉。"第20条规定："负有制止、处理家庭暴力法定职责的公安和其他国家机关及其工作人员，对家庭暴力行为不及时制止和处理，有关部门应当视情节轻重，给予责任人批评教育或者行政处分；造成严重后果，构成犯罪的，依法追究刑事责任。"但这些"家庭暴力"涉及刑法内容属于地方性法规的组成部分，因而未予收入本书。

但是，如果这些"家庭暴力"涉及刑法内容属于是由省级司法机关制定的，则应加以收入。例如，本书收入的有关"家庭暴力"的刑法适用规范性文件共计5件，时间跨度是从2009年4月15日至2013年7月24日，即都属于比较新的"刑法适用规范性文件"：(1) 2011年3月10日，北京市高级人民法院、北京市人民检察院、北京市公安局、北京市民政局、北京市司法局、北京市卫生局、北京市妇女联合会、中共北京市委宣传部颁发的《关于预防和制止家庭暴力的若干意见》；(2) 2010年6月5日，江苏省高级人民法院、江苏省公安厅、江苏省妇女联合会颁发的《关于依法处理涉及家庭暴力婚姻家庭案件若干问题的指导意见（试行）》；(3) 2013年7月24日，江苏省高级人民法院、江苏省人民检察院、江苏省公安厅、江苏省妇女联合会颁发的《江苏省家庭暴力告诫制度实施办法（试行）》；(4) 2009年12月28日，湖北省高级人民法院、湖北省人民检察院、湖北省公安厅、湖北省民政厅、湖北省司法局、湖北省卫生厅、湖北省妇女联合会、湖北省委宣传部颁发的《湖北省预防和制止家庭暴力实施意见》；(5) 2009年4月15日，湖南省高级人民法院颁发的《关于加强对家庭暴力受害妇女司法保护的指导意见（试行）》；等等。

(四) 未收录省政府单独或联合其他部门制定的有关刑法适用文件

由于各省、自治区与直辖市的人民政府管理部门较多或职能较多，因而也会发布一些涉及刑法内容的有关文件。例如，2005年11月3日，陕西省人民政府办公厅颁发的《关于开展严厉打击破坏电力资源和盗抢电力设施违法犯罪活动的通知》，其中有规定："公安部门负责依法查处破坏电力设施或哄抢、盗窃电力设施器材的案件，对构成犯罪的，要移交司法机关依法追究刑事责任"。从各省、自治区与直辖市的人民政府颁发文件的性质来看，属于"地方性政府行政规章"，其效力低于宪法、法律、行政法规。地方政府规章可以规定的事项包括：为执行法律、行政法规、地方性法规的规定需要制定规章的事项；属于本行政区域具体行政管理的事项。鉴于各省、自治区与直辖市的人民政府颁发的文件属"地方性政府行政规章"，因而本书未将这些文件收录在内。

当然，如果上述由陕西省人民政府办公厅颁发的《关于开展严厉打击破坏电力资源和盗抢电力设施违法犯罪活动的通知》所涉及的"破坏电力设备犯罪案件"而由省级司法机关颁发的，那就属于本书收录的文件内容了。例如，(1) 2006年3月1日，上海市高级人民法院、上海市人民检察院、上海市公安局、上海市司法局颁发的《关于办理破坏电力设备犯罪案件的若干意见》；(2) 2001年8月16日，重庆市高级人民法院、重庆市人民检察院、重庆市公安局颁发的《关于严厉打击破坏电力设备违法犯罪活动的意见》；(3) 2004年9月28日，安徽省高级人民法院、安徽省人民检察院、安徽省公安厅、安徽省发展和改革委员会颁发的《关于依法严厉打击窃电和破坏电力设备违法犯罪活动的意见》；(4) 2000年9月14日，四川省高级人民法院、四川省人民检察院、四川省公安厅颁发的《关于办理破坏电力设备过失损坏电力设备违法犯罪案件的若干意见》；等等。

(五) 未收录省级政法委员会单独或联合其他部门制定的有关刑法适用文件

省级政法委员会是党委领导和管理政法工作的职能部门，其主要任务是指导、协调、监督、检查公安、检察、法院、司法、国家安全等部门开展工作，维护社会稳定。出于此项职能，省级政法委员会也会颁发有关刑法适用内容的文件。例如，2010年5月17日，中共河北省委政法委员会颁发的《关于依法处理涉法涉诉无理访、非正常访和非法访的工作意见》，其中也涉及的有关刑法适用内容有："上访人坚持无理访，并有明显违法、犯罪行为的，依照国家有关法律规定办理。""上访人上访过程中的行为涉嫌犯罪的，依法追究刑事责任。"但该文件主体"省委政法委员会"虽然有权指导省级司法机关办案，但却不属省级司法机关，因而其颁发的"违法上访犯罪问题"文件未被收录在内。但如该项内容如果是由省级司法机关制定或颁发的文件，那就肯定会将其予以收录在内。

例如，(1) 2006年12月29日，安徽省高级人民法院、安徽省人民检察院、安徽省公安厅颁发的《关于处理信访活动中违法行为适用法律的意见》；(2) 2008年6月10日，江苏省高级人民法院、江苏省人民检察院、江苏省公安厅、江苏省信访局颁发的《关于依法处理进京上访违法行为若干问题的意见》；(3) 2007年5月24日，江西省高级人民法院、江西省人民检察院、江西省公安厅颁发的《关于处理信访活动中违法犯罪行为适用法律的意见适用法律的意见》；(4) 2012年4月23日，湖南省高级人民法院、湖南省人民检察院、湖南省公安厅、湖南省司法厅颁发的《关于依法处理信访活动中违法犯罪行为的指导意见》；(5) 2010年10月11日，四川省高级人民法院、四川省人民检察院、四川省公安厅、四川省司法厅颁发的《关于依法处理违法上访行为的意见》；等等。

(六) 未收录省级公安厅 (局) 单独或联合其他部门制定的有关刑法适用文件

在由各省、自治区与直辖市的公安厅（局）单独或联合其他部门制定的文件中，有部分内容涉及刑法适用，例如，(1) 2008年9月26日，黑龙江省公安厅颁发的《关于公安消防机构办理失火案消防责任事故案有关问题的通知》，其中涉及失火案、消防责任事故案的立案追诉标准；(2) 2012年2月20日，湖北省人力资源和社会保障厅、湖北省公安厅颁发的《关于涉嫌劳动保障犯罪案件移送的规定》；(3) 2010年3月23日，江苏省公安厅颁发的《关于严厉打击新型毒品违法犯罪活动的通告》；(4) 2010年10月26日，江苏省公安厅颁发的《关于赌博违法案件的量罚指导意见》；(5) 2010年10月9日北京市公安局、北京市加油（气）站综合管理办公室颁发的《关于治理摩托车及残疾人机动轮椅车等非法车辆行驶秩序的通告》；等等。

以黑龙江省公安厅《关于公安消防机构办理失火案消防责任事故案有关问题的通知》为例，其中涉及失火案、消防责任事故案的立案追诉标准。过失引起火灾，涉嫌下列情形之一的，应予立案追诉：(1) 造成死亡一人以上，或者重伤三人以上的；(2) 造成公共财产或者他人财产直接经济损失五十万元以上的；(3) 造成十户以上家庭的房屋以及其他基本生活资料烧毁的；(4) 造成森林火灾，过火有林地面积二公顷以上，或者过火疏林地、灌木林地、未成林地、苗圃地面积四公顷以上的；(5) 其他造成严重后果的情形。违反消防管理法规，经消防监督机构通知采取改正措施而拒绝执行，涉嫌下列情形之一的，应予立案追诉：(1) 造成死亡一人以上，或者重伤三人以上的；(2) 造成直接经济损失五十万元以上的；(3) 造成森林火灾，过火有林地面积二公顷以上，或者过火疏林地、灌木林地、未成林地、苗圃地面积四公顷以上的;(4)其他造成严重后果的情形。

尽管由各省、自治区与直辖市的公安厅(局)单独或联合其他部门制定的文件中含有部分刑法适用内容,但因其主体并非为省级高级人民法院与人民检察院,因而未予收录这类文件。当然,如果其主体是省级高级人民法院与人民检察院,那么这类文件则应予收录。例如,本书收录的有关"失火和消防责任事故案件"的刑法适用规范性文件共计5件,包括:(1)1999年11月15日,上海市高级人民法院、上海市人民检察院、上海市公安局颁发的《关于失火和消防责任事故案件追究刑事责任的若干规定(试行)》;(2)1999年11月16日,山东省高级人民法院、山东省人民检察院、山东省公安厅颁发的《关于办理失火和消防责任事故案件具体应用法律若干问题的意见》;(3)1999年12月1日,江苏省高级人民法院、江苏省人民检察院、江苏省公安厅颁发的《关于失火罪和消防责任事故罪追究刑事责任标准的意见》;(4)2007年1月23日,江西省高级人民法院、江西省人民检察院、江西省公安厅颁发的《关于办理失火和消防责任事故案件的若干规定》;(5)2001年2月9日,浙江省高级人民法院、浙江省人民检察院、浙江省公安厅颁发的《关于办理失火犯罪和消防责任事故犯罪案件有关问题的通知》;等等。

(七)未收录省级司法厅单独制定的有关刑法适用文件

社区矫正被正式纳入刑法而作为管制、假释、缓刑的执行方式,这是在2011年2月25日通过的《刑法修正案(八)》中得以增加的新内容。自此前后,有关社区矫正的文件制定主体是有所不同的。各省、自治区与直辖市的司法厅(局)作为社区矫正的主管机构,当然有权来制定有关社区矫正的管理性文件。例如,2010年5月5日,江西省司法厅发布了《江西省社区服刑人员计分考核规定(试行)》,其中第1条指明了制定依据:"为了依法、规范、有序地开展社区矫正工作,提高教育矫正质量,调动社区服刑人员接受矫正的积极性,维护社区矫正工作正常的监督、管理秩序,根据《江西省社区矫正工作暂行办法》和《江西省社区服刑人员考核奖惩办法(试行)》,结合我省实际、制定本办法。"但是,此种由各省、自治区与直辖市的司法厅(局)作为主体而制定的有关社区矫正的管理性文件,并未在本书中加以收录。而由江西省高级人民法院与江西省人民检察院作为核心主体而制定的《江西省社区矫正工作暂行办法》与《江西省社区服刑人员考核奖惩办法(试行)》(2010年2月1日)则被收录书中。

除了收录书中的两个江西的社区矫正文件外,还收录了其他几个省级司法机关制定的类似文件,例如,(1)2012年9月13日,浙江省高级人民法院、浙江省人民检察院、浙江省公安厅、浙江省司法厅制定的《浙江省社区矫正实施细则(试行)》;(2)2006年12月18日,福建省高级人民法院、福建省人民检察院、福建省公安厅、福建省司法厅、中共福建省委政法委员会制定的《关于社区矫正对象接收工作衔接的若干规定(试行)》;(3)2005年9月23日,广东省高级人民法院、广东省人民检察院、广东省公安厅、广东省司法厅制定的《广东省社区矫正试点工作方案》;(4)2012年5月30日,山西省高级人民法院、山西省人民检察院、山西省公安厅、山西省司法厅制定的《山西省社区矫正实施细则(试行)》;(5)2011年2月22日,湖南省高级人民法院、湖南省人民检察院、湖南省公安厅、湖南省司法厅制定的《湖南省社区服刑人员奖惩暂行办法》;等等。

(八)未收录省级监狱管理局单独制定的有关刑法适用文件

由各省、自治区与直辖市的监狱管理局单独或联合其他部门制定的文件中含有部分刑法适用内容,例如,1999年4月1日,海南省监狱管理局颁布的《关于办理罪犯减刑、假释案件的规定》,其目的是"为了正确执行刑罚,促进罪犯改造,依法办理减刑、假释案件,根据《中华人民共和国监狱法》、《中华人民共和国刑法》和《司法部关于计分考核奖罚罪犯的规定》及其他有关规定,结合我省的实际情况,制定本规定"。又如,湖北省监狱管理局颁布的《关于对罪犯提请减刑假释的规定》,是"根据《中华人民共和国刑法》、《中华人民共和国刑事诉讼法》、《中华人民共和国监狱法》、最高人民法院《关于办理减刑、假释案件具体应用法律若干问题的规定》及湖北省高级人民法院《关于执行最高人民法院〈关于办理减刑、假释案件具体应用法律若干问题的规定〉的实施意见》、司法部第77号令等有关文件精神,结合我省监狱工作实际"而制定的。

尽管上述两个文件其内容就是刑法中的"减刑、假释"问题,特别是后者的湖北省监狱管理局颁布的《关于对罪犯提请减刑假释的规定》,其制定依据基本等同于2007年3月9日由湖北省高级人民法院、湖北省人民检察院、湖北省公安厅、湖北省司法厅出台的《关于规范和加强减刑、假释、暂予监外执行工作的暂行规定》,该文件的制定依据是"为进一步规范和加强我省减刑、假释、暂予监外执行工作,根据《中华人民共和国刑法》、《中华人民共和国刑事诉讼法》、《中华人民共和国监狱法》和有关法律、法规的规定,结合我省减刑、假释、暂予监外执行工作的实际,制定本暂行规定"。尽管这两个文件制定依据基本等同,而且其中的"减刑、假释"内容也大体相同,但是,基于制定主体的差异,仅将湖北省三机关出台的《关于规范和加强减刑、假释、暂予监外执行工作的暂行规定》收录本书中,却未将湖北省监狱管理局颁布的《关于对罪犯提请减刑假释的规定》予以收录书中。

（九）未收录省级其他行政部门单独制定的有关刑法适用文件

除了省级公安厅、司法厅、监狱管理局等部门外，尚有水务、税收、盐务、工商、公路等业务行政管理部门，都有可能单独制定有关刑法适用内容的文件。例如，2011年10月12日，吉林市水务集团有限公司颁发的《关于严厉打击盗用城市公共用水及盗窃、破坏公共供水设施、设备的通告》，其中列举了9项盗用城市公共用水及盗窃、破坏公共供水设施、设备等违法犯罪行为：（1）擅自将自建供水管网系统与城市供水管网系统直接连接取水；（2）在供水设施上私接支线、直接安装加压泵取水；（3）擅自在城市供水管道及附属设施上打孔、连接管道取水；（4）在水表前取水；（5）故意损坏或者擅自更换、拆除水表和开启水表封具、私调水表计量精度取水；（6）故意干扰水表的正常运行取水；（7）非消防需要动用公共消防供水设施取水；（8）转供城市供水以及将产生或者使用有毒、有害物质的生产经营水管网系统与城市供水管网系统直接连接；（9）其他盗用城市供水的行为。并规定：对存在上述违法行为的单位、业户及个人，窃水数额较大构成犯罪的依法追究直接责任人员的刑事责任，对尚不够刑事处罚的按照上述相关行政法规进行处理。

但是，由于吉林市水务集团有限公司作为行政管理部门，因而其颁发的《关于严厉打击盗用城市公共用水及盗窃、破坏公共供水设施、设备的通告》虽涉及有关刑法适用内容，但因主体问题却未加收录该项文件。否则，如果该类主体与省级司法机关联合作出，那就属于"刑法适用规范性文件"，就可以将其收编在内了。例如，本书收录了此类内容的"刑法适用规范性文件"主要有：（1）2002年11月5日，天津市高级人民法院、天津市人民检察院、天津市公安局、天津市司法局、天津市质量技术监督局《关于打击盗用城市公共供水违法犯罪行为的若干规定》；（2）2003年8月1日，吉林省高级人民法院、吉林省人民检察院、吉林省水利厅等《关于打击窃水违法犯罪及有关问题的联席会议纪要》；（3）2012年6月21日，河南省高级人民法院、河南省人民检察院、河南省公安厅、河南省司法厅等《关于打击盗用城镇公共供水及盗窃破坏公共供水设施等违法犯罪行为的规定》；等等。

四、刑法适用规范性文件的表现形式问题

有学者认为，目前地方各级人民法院制定的司法解释性文件，从形成过程来看，可大致分为以下几种形式：一是本院审判委员会讨论通过的，称为"规定"、"意见"或者"指导意见"。二是上、下级法院研讨会、座谈会上形成的意见，称为"会议纪要"，纪要中一般会反映观点有分歧的意见。三是法院与相关行政机关达成共识后联合发文，称为"座谈纪要"或者"通知"。① 笔者认为，刑法适用规范性文件的表现形式较为多样化，除了上述"规定"、"意见"或者"指导意见"、"会议纪要"、"通知"等形式外，还可能会有"通告"、"标准"、"解答"、"解释"、"问答"、"答复"等几种形式。

（一）意见、规定、解释、决定、批复与规则的表现形式问题

1997年7月最高人民法院发布的《关于司法解释工作的若干规定》第9条明确规定：司法解释的形式分为"解释"、"规定"、"批复"三种。2007年3月最高人民法院发布的《关于司法解释工作的规定》，修正了1997年7月《关于司法解释工作的若干规定》，确定"解释"、"规定"、"批复"、"决定"为司法解释的四种形式。2006年5月10日发布并施行的《最高人民检察院司法解释工作规定》第17条规定：司法解释文件采用"解释"、"规定"、"规则"、"意见"、"批复"等形式。最高人民法院和最高人民检察院采用的司法解释的形式在省级司法机关制定的刑法适用规范性文件都有一定的体现，只不过是在具体适用时的用多用少而已。

1. 意见。在省级司法机关制定的刑法适用规范性文件中，采用"意见"、"若干意见"、"指导意见"、"实施意见"、"参考意见"、"工作意见"等是最为常见的表现形式。例如，（1）2008年1月21日，重庆市高级人民法院、重庆市人民检察院、重庆市公安局、重庆市盐务管理局颁发的《关于办理非法经营食盐刑事案件有关问题的意见》；（2）2010年10月11日，北京市高级人民法院颁发的《关于审理涉众型经济犯罪案件的若干意见（试行）》；（3）2009年4月15日，湖南省高级人民法院颁发的《关于加强对家庭暴力受害妇女司法保护的指导意见（试行）》；（4）2009年12月28日，湖北省高级人民法院、湖北省人民检察院、湖北省公安厅、湖北省民政厅、湖北省司法厅、湖北省卫生厅、湖北省妇女联合会、湖北省委宣传部颁发的《湖北省预防和制止家庭暴力实施意见》；（5）2003年6月17日，广东省高级人民法院颁发的《关于毒品犯罪案件有关数量量刑标准的参考意见》；（6）2011年3月23日，陕西省高级人民法院、陕西省人民检察院、陕西省公安厅颁发的《关于打击偷逃公路车辆通行费违法犯罪行为的工作意见》；等等。

2. 规定。"规定"又有"若干规定"、"暂行规定"等表现形式。刑法适用规范性文件的"规定"表现形式，较"意见"更为正式、严肃，其内容应当是比较成熟。例如，（1）2009年5月12日，黑龙江省高

---

① 彭书红：《司法解释性文件探析》，载《法律教育网》2005年8月15日。

级人民法院、黑龙江省人民检察院、黑龙江省公安厅、黑龙江省质监局颁发的《关于办理盗窃燃气违法犯罪案件适用法律问题的若干规定》；(2) 2011年12月31日，北京市高级人民法院、北京市人民检察院、北京市公安局、北京市司法局颁发的《关于盗窃等六种侵犯财产犯罪处罚标准的若干规定》；(3) 2013年9月20日，河北省环境保护厅、河北省公安厅、河北省人民检察院颁发的《关于办理环境污染犯罪案件的若干规定（试行）》；(4) 2003年8月11日，安徽省高级人民法院颁发的《关于非法采矿、破坏性采矿罪数额认定标准问题的规定》；(5) 2004，江苏省高级人民法院、江苏省人民检察院、江苏省公安厅颁发的《关于办理轻伤害案件的暂行规定》；等等。

3. "解释"、"批复"、"决定"与"规则"。"解释"是最高人民法院和最高人民检察院司法解释都承认的表现形式，"批复"是仅由最高人民检察院认可的司法解释表现形式，"决定"则是仅由最高人民法院认可的司法解释表现形式。但这三种形式在省级司法机关制定的刑法适用规范性文件中都未曾适用过。应当看到，尽管"规则"在2006年5月10日发布并施行的《最高人民检察院司法解释工作规定》第17条规定中被认可为司法解释形式，但在实践中却用得较少。而在省级司法机关制定的刑法适用规范性文件中，采用"规则"形式的也是比较少，只有河南省高级人民法院颁发的《审理减刑假释案件工作规则（试行）》(2010年12月24日)。但与"规则"形式相近的"规程"、"规范"也比较少用，例如，2013年3月14日天津市高级人民法院、市检察院、市公安局、市司法局颁发的《天津市办理减刑、假释案件规程（试行）》；2009年9月9日辽宁省高级人民法院、省人民检察院、省公安厅、省司法厅颁发的《关于办理减刑、假释案件的工作规范》等。

（二）纪要、办法、通知、通告、问答与解答的表现形式问题

在最高人民法院和最高人民检察院司法解释表现形式规范化以前，最高人民法院和最高人民检察院司法解释采用"纪要"、"办法"、"通知"、"通告"、"问答"与"解答"等表现形式也是司空见惯的；但在规范化以后的最高人民法院和最高人民检察院司法解释中采用的却比较少了。而与此不同，在省级司法机关制定的刑法适用规范性文件中，以"纪要"、"办法"、"通知"、"通告"、"问答"与"解答"等作为表现形式却是时常可见的，并且在数量上还是比较多的。

1. 纪要。"纪要"是由省级司法机关主持召开的有关具体刑事法律适用问题会议结束之后，而将其宗旨、基本精神和议定事项的概要内容所作出的文件。在省级司法机关制定的刑法适用规范性文件中，"纪要"主要表现为"会议纪要"、"座谈会纪要"、"联席会议纪要"等几种形式。例如，(1) 2002年12月7日，天津市高级人民法院颁发的《关于审理聚众斗殴案件座谈会会议纪要》；(2) 2012年5月31日，上海市高级人民法院颁发的《关于办理非法行医刑事案件有关问题座谈会纪要》；(3) 2007年7月26日，重庆市高级人民法院、重庆市人民检察院、重庆市公安局颁发的《关于办理非法出版物刑事案件适用有关法律问题联席会议纪要》；(4) 2013年1月31日，吉林省高级人民法院、吉林省人民检察院、吉林省公安厅、吉林省人力资源和社会保障厅颁发的《关于办理拒不支付劳动报酬案件联席会议纪要》；等等。

2. 办法。作为省级司法机关刑法适用规范性文件的表示形式，"办法"在具体运用时又有"暂行办法""实施办法"、"奖惩办法"等诸种限制性用语。例如，(1) 2010年2月1日，江西省高级人民法院、江西省人民检察院、江西省公安厅、江西省民政厅、江西省司法厅等颁发的《江西省社区矫正工作暂行办法》；(2) 宁夏自治区高级人民法院、宁夏自治区人民检察院、宁夏自治区公安厅、宁夏自治区妇女联合会颁发的《家庭暴力告诫制度实施办法（试行）》(2013年10月13日)；(3) 浙江省高级人民法院浙江省人民检察院浙江省公安厅浙江省司法厅浙江省卫生厅颁发的《浙江省罪犯暂予监外执行实施办法》(2013年7月19日)；(4) 2013年10月14日，浙江省高级人民法院、浙江省人民检察院、浙江省公安厅、浙江省司法厅、浙江省卫生厅颁发的《浙江省社区矫正人员考核奖惩办法（试行）》；等等。

3. 通知。在省级司法机关制定的刑法适用规范性文件中，采用"通知"的数量相对较多。例如，(1) 1998年6月22日，北京市高级人民法院、北京市人民检察院、北京市公安局颁发的《关于八种侵犯财产犯罪数额认定标准的通知》；(2) 2002年8月20日，广东省高级人民法院颁发的《关于认真贯彻执行全国人大常委会关于黑社会性质组织的立法解释的通知》；(3) 2005年5月16日，甘肃省高级人民法院、甘肃省人民检察院、甘肃省公安厅、甘肃省林业厅颁发的《关于办理森林和陆生野生动物及辖区内刑事案件有关问题处理意见的通知》；(4) 2013年5月28日，辽宁省高级人民法院、辽宁省人民检察院、辽宁省公安厅颁发的《关于办理拒不支付劳动报酬刑事案件数额标准的通知》；(5) 2013年，宁夏自治区高级人民法院、宁夏自治区人民检察院颁发的《关于办理盗窃刑事案件执行具体数额标准的通知》；等等。

4. 通告。"通告"和"通知"虽然一字之差，但表示含义却不能等同。首先，两者的相同之处是：都是使用范围很广、使用频率很高的文种，都是要求有关人员遵守、了解并配合执行的文种。其次，"通告"和"通知"的不同之处是：告知范围不同。"通告"的告知范围是"社会各有关方面"，是普遍告知；"通知"的告知范围是"有关单位"或有关人员，是特定告知。因此，需普遍告知，告知对象又无

法限定时，用通告；需特定告知，也可限定告知对象时，用"通知"。例如，（1）1998年11月5日，四川省高级人民法院、四川省人检察院、四川省公安厅、四川省工商行政管理局颁发的《关于严厉打击盗窃、抢夺机动车通告》；（2）2000年11月7日，四川省高级人民法院、四川省人民检察院、四川省公安厅颁发的《关于严厉打击涉税违法犯罪活动的通告》；（3）2007年4月9日，山西省高级人民法院、山西省人民检察院、山西省公安厅颁发的《关于开展严厉打击涉爆犯罪活动的通告》；等等。

5. 问答。在涉及具体刑事法律适用问题有疑惑时，省级司法机关就会采用"有问有答"的方式作出刑法适用规范性文件。例如，（1）2004年3月14日，上海市高级人民法院颁发的《关于如何适用"两高"〈关于办理利用互联网、移动通讯终端、声讯台制作、复制、出版、贩卖、传播淫秽电子信息刑事案件具体应用法律若干问题的解释〉的问答》；（2）2006年5月24日，上海市高级人民法院刑二庭作出的《刑事实务问答》；（3）2009年7月8日，上海市高级人民法院、上海市人民检察院、上海市公安局、上海市司法局颁发的《关于办理利用手机传播淫秽物品案件法律适用问答》；等等。

6. 解答。从顾名思义的角度来看，"解答"应当是"解释答疑"，它并不必要求司法机关在"有问"的前提下才作出"解答"性文件，这点也是与"问答"的重要区别之处。因为"问答"必须是在"有问"的前提下才能作出"解答"性文件。否则，无"有问"而作出"答疑"，这只能属于"解答"的方式。例如，（1）2002年4月1日，上海市高级人民法院、上海市人民检察院颁发的《刑事法律适用问题解答》；（2）2004年1月6日，上海市高级人民法院《关于虚开"全国联运行业货运统一发票"案件法律适用问题的解答》；（3）2006年7月25日，上海市高级人民法院《关于办理虚开抵扣税款发票刑事案件适用法律问题的解答》；（4）2008年11月5日，上海市高级人民法院刑二庭《数罪并罚法律适用问题解答》；（5）2005年7月27日，浙江省高级人民法院、浙江省人民检察院、浙江省公安厅颁发的《关于村民委员会等村基层组织人员利用职权实施犯罪适用法律若干问题的解答》；（6）2013年6月26日，广东省高级人民法院《关于手淫服务是否构成卖淫的解答》；等等。

例如，2011年7月，理发店店主李某等雇女子为客人提供"打飞机"等色情服务，被以涉嫌组织卖淫刑事拘留，一审法院以组织卖淫罪判处李某等人有期徒刑5年不等。被告人上诉，佛山中院判定是"手淫服务不属于卖淫行为"，被告人无罪释放。6月26日，广东省高级人民法院发表官方微博称，提供手淫服务的行为，现行刑法及相关司法解释均未明确规定为犯罪行为，按照罪刑法定原则，此类行为不认定为犯罪。但此类行为明显妨害社会管理秩序，具有一定的社会危害性，应由有关机关依法查处。网民在微博上向广东省高级人民法院发起了一连串的追问，广东省高级人民法院一一进行了解答。其中一问：请广东省高级人民法院澄清，沐足店增加"打飞机"服务是否属卖淫？广东省高级人民法院答：该问题非常清楚，类似行为不构成刑法意义上的"卖淫"，但却属于治安管理处罚范畴内的"卖淫"行为，即属于违法但不犯罪，应由公安机关给予治安处罚的行为。这种问答即形成了2013年6月26日广东省高级人民法院的《关于手淫服务是否构成卖淫的解答》。

7. 答复。在中级人民法院就刑法有关问题作请示时，省级高级人民法院往往可以采用"答复"给予回应。例如，广州市中级人民法院就《关于诈骗罪数额标准的适用法律问题》请示广东省高级人民法院，广东省高级人民法院于2006年4月12日作出《关于办理诈骗案件如何掌握数额标准的答复》：鉴于诈骗罪与合同诈骗罪的犯罪构成要件相似，法定刑幅度相同，而最高人民法院在1997年刑法修订之后一直未对诈骗罪的数额标准作出解释的实际情况，广东省各级人民法院在办理诈骗案件时，对诈骗罪"数额较大"、"数额巨大"、"数额特别巨大"的标准，参照《广东省高级人民法院关于办理破坏社会主义市场经济秩序犯罪案件若干具体问题的指导意见》第21条关于合同诈骗罪的标准执行。

其他省高级人民法院采用"答复"作出的刑法适用规范性文件主要有：（1）2001年6月8日，四川省高级人民法院《关于人民法院撤销缓刑，决定执行刑罚时，对罪犯宣告缓刑前先行羁押的时间是否折抵刑期的答复》；（2）2001年6月15日，四川省高级人民法院《关于已满14周岁不满16周岁的人运输毒品，是否应当负刑事责任的问题的答复》；（3）2003年5月21日，四川省高级人民法院《关于如何认定"协助司法机关抓捕其他犯罪嫌疑人（包括同案犯）"的答复》；（4）2005年6月16日，浙江省人民检察院《关于尚未销售的伪劣烟草制品货值金额如何计算的答复》；（5）2005年7月7日，浙江省高级人民法院《关于非法制造、买卖、运输、储存液氯定罪处罚的答复》；2006年10月24日，浙江省人民检察院办公室《关于如何理解刑法第八十八条第二款的答复》；等等。

五、刑法适用规范性文件的内容问题

刑法适用规范性文件的内容涉及范围较多，既有刑法总则方面的内容，也有刑法分则方面的内容，同时还有刑法与其他违法相交叉而需要界定的内容。此外，还有少量与刑法实体内容相关的刑事程序方面的文件，但在此不予重点论及，而仅涉及和刑法总则与刑法分则相关的重要内容。

(一) 刑法总则内容的适用问题

应当认为,在本书收入的500余件省级刑法适用规范性文件中,涉及刑法总则方面的内容较刑法分则内容少,但其内容却比较集中,主要以减刑假释、立功自首、缓刑等文件较多。

1. 立功自首适用问题。例如,(1) 2000年3月9日,天津市高级人民法院《处理自首和立功应用法律若干问题研讨会会议纪要》;(2) 2008年11月5日,广东省高级人民法院颁发的《关于处理立功具体应用法律若干问题的指导意见》;(3) 2009年5月31日,浙江省高级人民法院、浙江省人民检察院、浙江省公安厅颁发的《关于认定立功具体适用法律问题的若干意见》;(4) 2007年10月31日,浙江省高级人民法院、浙江省人民检察院颁发的《关于严格依法认定自首的通知》;(5) 2004年12月28日,上海市高级人民法院、上海市人民检察院、上海市公安局、上海市司法局颁发的《关于对在押人员自首、检举立功适用法律的意见(试行)》;等等。

2. 缓刑适用问题。例如,(1) 2009年9月7日,山东省高级人民法院颁发的《缓刑适用若干问题指导意见(试行)》;(2) 1998年3月30日,四川省高级人民法院研究室《关于被宣告缓刑的犯罪分子在缓刑考验期间是否算服刑的答复》;(3) 2009年2月9日,广东省高级人民法院《关于正确适用缓刑的指导意见》;(4) 2008年9月16日,福建省高级人民法院、福建省人民检察院、福建省公安厅、福建省司法厅颁发的《关于适用缓刑若干问题的意见(试行)》;(5) 2010年1月20日,江苏省高级人民法院颁发的《关于审理职务犯罪案件依法正确适用和执行缓刑的意见》;等等。

3. 减刑假释适用问题。在涉及减刑假释适用的刑法适用规范性文件中,多数文件都是将减刑与假释两者并列而适用于同一个文件。例如,(1) 2013年3月14日,天津市高级人民法院、天津市人民检察院、天津市公安局、天津市司法局颁发的《天津市办理减刑、假释案件规程(试行)》;(2) 2003年,重庆市高级人民法院、重庆市人民检察院、重庆市公安局、重庆市司法局颁发的《关于办理罪犯减刑假释案件的实施办法(试行)》;(3) 2005年5月25日,山东省高级人民法院、山东省人民检察院、山东省公安厅、山东省司法厅颁发的《关于办理减刑、假释案件的实施细则》(试行);(4) 2005年12月14日,江苏省高级人民法院《关于进一步改革减刑、假释案件审理方式的若干意见》;(5) 2008年6月25日,浙江省高级人民法院、浙江省人民检察院、浙江省司法厅、浙江省公安厅颁发的《浙江省办理减刑、假释案件若干规定(试行)》;(6) 2012年11月28日,福建省高级人民法院、福建省人民检察院、福建省公安厅、福建省司法厅颁发的《关于办理减刑、假释案件实施细则》;等等。

但在涉及减刑、假释的文件方式上也有例外的是:(1) 减刑与假释相分离,分别制定刑法适用规范性文件。例如,北京市高级人民法院、北京市人民检察院、北京市公安局、北京市监狱管理局于2005年1月1日与2007年6月1日,分别颁发了《关于对监所罪犯减刑工作的规定》与《关于对监所罪犯假释工作的规定》两个文件;江苏省高级人民法院于2009年2月26日颁发了《关于审理假释案件若干问题的意见》与《关于审理减刑案件若干问题的意见》两个文件。(2) 假释和暂予监外执行相并列。例如,2010年4月12日,河北省高级人民法院、河北省人民检察院、河北省公安厅、河北省司法厅颁发的《关于办理假释和暂予监外执行案件的规定(试行)》。(3) 减刑、假释与监外执行相并列。例如,1999年2月9日,陕西省高级人民法院、陕西省人民检察院、陕西省公安厅、陕西省司法厅颁发的《陕西省罪犯减刑、假释、监外执行暂行规定》;等等。

4. 其他刑法总则适用问题。除上述立功自首、缓刑、减刑假释等刑法总则内容外,还有数罪并罚、罚金刑、财产刑等刑法总则内容,只不过涉及这些内容的文件比较少而已。例如,(1) 2008年11月5日,上海市高级人民法院刑二庭颁发的《数罪并罚法律适用问题解答》;(2) 1998年,天津市高级人民法院颁发的《关于适用罚金刑的意见》;(3) 2009年11月25日,广东省高级人民法院、广东省人民检察院、广东省公安厅、广东省司法厅颁发的《关于加强罪犯财产刑执行工作的通知》;(4) 2006年11月23日,江苏省高级人民法院颁发的《关于适用与执行财产刑若干问题的意见》;(5) 2012年1月16日修正,上海市高级人民法院颁发的《关于刑事判决中财产刑及财产部分执行的若干意见》;等等。

(二) 刑法分则内容的适用问题

在全国各省、自治区与直辖市制定的刑法适用规范性文件中,涉及刑法分则方面的内容比总则方面的内容要多,而其中刑法分则适用问题又以下列内容居多。

1. 违反烟草专卖管理刑事案件问题。本书收录的此类文件主要有:(1) 2001年6月1日,天津市高级人民法院、天津市人民检察院、天津市公安局、天津市司法局、天津市烟草专卖局颁发的《关于处理非法经营烟草制品刑事案件若干问题的暂行规定》;(2) 2007年6月5日,山东省高级人民法院、山东省人民检察院、山东省公安厅、山东省烟草专卖局颁发的《关于办理违反烟草专卖管理刑事案件适用法律若干问题的意见》;(3) 2006年9月5日,江苏省高级人民法院、江苏省人民检察院、江苏省公安厅、江苏省烟草专卖局颁发的《关于办理违反烟草专卖管理刑事案件适用法律若干问题的意见》;(4) 2005年8月8日,浙江省高级人民法院、浙江省人民检察院、浙江省公安厅、浙江省烟草专卖局颁发的《关于办理违反烟草专卖管理刑事案件适用法律若干问题的意见》;(5) 2006 年 2 月 1 日,云南省高级人民法院、云南省人民检察院、云南省公安厅《关于办理涉烟刑事案件适用法律若干问题的意见(试行)》;等等。

2. 非法经营食盐案件问题。从 2000 至 2007 年间,全国共有直辖市与省级司法机关颁布的刑法适用规范性文件有:(1) 2002 年 4 月 15 日,上海市高级人民法院、上海市人民检察院、上海市公安局、上海市司法局颁发的《关于办理非法经营食盐等涉盐犯罪案件的意见》;(2) 2008 年 1 月 21 日,重庆市高级人民法院、重庆市人民检察院、重庆市公安局、重庆市盐务管理局颁发的《关于办理非法经营食盐刑事案件有关问题的意见》;(3) 2001 年 2 月 20 日,河北省高级人民法院、河北省人民检察院、河北省公安厅颁发的《关于办理非法经营食盐犯罪案件有关问题的意见》;(4) 2000 年 10 月 18 日,山东省高级人民法院、山东省人民检察院、山东省公安厅颁发的《关于办理非法经营食盐犯罪案件有关问题的意见》;(5) 2000 年 4 月 7 日,江苏省高级人民法院、江苏省人民检察院、江苏省公安厅颁发的《关于办理非法经营食盐犯罪案件有关问题的通知》;(6) 2007 年 10 月 18 日,江西省高级人民法院、江西省人民检察院、江西省公安厅颁发的《关于办理非法经营食盐刑事案件有关问题的通知》;(7) 2000 年 7 月 18 日,浙江省高级人民法院、浙江省人民检察院、浙江省公安厅颁发的《关于办理非法经营食盐等涉盐犯罪案件有关问题的通知》;(8) 2000 年 6 月 9 日,四川省高级人民法院、四川省人民检察院、四川省公安厅颁发的《关于办理非法经营食盐犯罪案件有关问题的意见》;等等。

3. 盗窃电能案件问题。此类有关盗窃电能案件的刑法适用规范性文件,本书收录的包括:(1) 2002 年 1 月 31 日,天津市高级人民法院颁发的《关于办理盗窃电能违法犯罪案件适用法律若干问题的意见》;(2) 1999 年 7 月 26 日,重庆市高级人民法院、重庆市人民检察院、重庆市公安局颁发的《关于办理盗窃电能案件的若干规定》;(3) 1998 年 11 月 18 日,吉林省高级人民法院、吉林省人民检察院、吉林省公安厅、吉林省电力公司颁发的《关于办理盗窃电能案件有关具体应用法律问题的规定》;(4) 2011 年 11 月 21 日,辽宁省高级人民法院、辽宁省人民检察院、辽宁省公安厅颁发的《关于办理盗窃电能犯罪案件有关问题的意见》;(5) 2001 年 9 月 10 日,河北省高级人民法院、河北省人民检察院、河北省公安厅、河北省经济贸易委员会颁发的《河北省打击盗窃电能违法行为若干规定》;(6) 2000 年 10 月 26 日,山东省高级人民法院、山东省人民检察院、山东省公安厅、山东省电力工业局颁发的《关于办理窃电案件具体应用法律若干问题的意见》;(7) 2001 年 9 月 5 日,福建省高级人民法院、福建省人民检察院、福建省公安厅颁发的《关于办理盗窃电能案件的意见》;(8) 1999 年 1 月 6 日,广东省人民检察院、广东省高级人民法院、广东省公安厅、广东省电力工业局颁发的《关于办理窃电案件的意见》;(9) 2001 年 1 月 8 日,陕西省高级人民法院、陕西省人民检察院、陕西省公安厅、陕西省经贸委、陕西省社会治安综合治理委员会颁发的《陕西省打击窃电违法行为若干规定》;(10) 2003 年,湖北省高级人民法院、湖北省人民检察院、湖北省公安厅、湖北省电力工业局颁发的《关于办理盗窃电能案件的意见》;(11) 2000 年 8 月 28 日,四川省高级人民法院、四川省人民检察院、四川省公安厅颁发的《关于办理盗窃电能违法犯罪案件有关问题的意见》;等等。

4. 盗伐滥伐林木案件犯罪问题。本书收录到的此类文件有:(1) 2001 年 6 月 26 日,北京市高级人民法院《关于审理盗伐林木、滥伐林木刑事案件犯罪数量认定试行标准的通知》;(2) 2001 年 5 月 30 日,河北省高级人民法院《关于确定盗伐、滥伐林木罪数量标准的通知》;(3) 2005 年 6 月 2 日,河南省高级人民法院、河南省人民检察院、河南省公安厅《关于办理森林和野生动植物资源刑事案件若干问题的规定》和《关于办理森林和野生动植物资源刑事案件若干问题的补充规定》;(4) 2011 年 6 月 10 日,江西省高级人民法院、江西省人民检察院、江西省公安厅《关于办理破坏森林资源刑事案件若干问题的规定》;(5) 2002 年 1 月 14 日,浙江省高级人民法院、浙江省人民检察院、浙江省公安厅《关于办理森林资源刑事案件若干问题的通知》;2004 年 12 月 27 日,浙江省人民检察院、浙江省公安厅、浙江省林业厅《关于破坏森林资源刑事案件计算立木蓄积有关问题的意见》;(6) 2001 年 7 月 15 日,福建省高级人民法院、福建省人民检察院、福建省公安厅《关于福建省盗伐、滥伐林木案件有关具体数量标准的规定》;(7) 2005 年 5 月 16 日,甘肃省高级人民法院、甘肃省人民检察院、甘肃省公安厅、甘肃省林业厅《关于办理森林和陆生野生动物及辖区内刑事案件有关问题处理意见的通知》;(8) 2002 年 9 月 25 日,湖南省高级人民法院《关于审理盗伐、滥伐林木与竹林案件定罪量刑数量标准的规定》;(9) 2005 年 3 月 8 日,四川省高级人民法院《关于我省盗伐、滥伐林木刑事案件立案标准的通知》;等等。

5. 拒不执行判决、裁定刑事案件问题。本书收录到的此类文件包括:(1) 2009 年 7 月 23 日,上海市高级人民法院、上海市人民检察院、上海市公安局颁发的《关于办理拒不执行判决、裁定犯罪案件若干问题的意见》;(2) 2002 年 10 月 17 日,四川省高级人民法院、四川省人民检察院、四川省公安厅颁发的《关于办理拒不执行判决、裁定刑事案件若干问题的意见》;(3) 2006 年 11 月 20 日,黑龙江省高级人民法院、黑龙江省人民检察院、黑龙江省公安厅颁发的《关于对办理拒不执行判决、裁定犯罪案件若干问题的意见》;(4) 2006 年 7 月 19 日,江西省高级人民法院、江西省人民检察院、江西省公安厅颁发的《关于办理拒不执行判决、判定刑事案件若干问题的意见》；（5）2004年6月30日，浙江省高级人民法院、浙江省人民检察院、浙江省公安厅颁发的《关于办理拒不执行判决、裁定刑事案件若干问题的意见》；（6）2005年3月30日，广东省高级人民法院、广东省人民检察院、广东省公安厅颁发的《关于办理拒不执行判决、裁定刑事案件若干问题的意见》；（7）2007年2月6日，陕西省高级人民法院、陕西省人民检察院、陕西省公安厅颁发的《关于办理拒不执行判决、裁定刑事案件若干问题的实施办法（试行）》；（8）2003年5月26日，云南省高级人民法院、云南省人民检察院、云南省公安厅颁发的《关于办理拒不执行人民法院判决裁定刑事案件的规定》；（9）2002年12月4日，贵州省高级人民法院、贵州省人民检察院、贵州省公安厅颁发的《关于办理拒不执行判决、裁定刑事案件的若干意见》；（10）2003年11月7日，内蒙古自治区高级人民法院颁发的《关于办理拒不执行人民法院判决裁定犯罪案件若干问题的意见》；等等。

6. 黑社会性质组织犯罪案件问题。本书收录到的此类文件包括：（1）2006年11月20日，浙江省高级人民法院、浙江省人民检察院、浙江省公安厅颁发的《关于办理黑社会性质组织犯罪案件具体适用法律若干问题的意见（试行）》；（2）2007年4月10日，广东省公安厅、广东省高级人民法院、广东省人民检察院颁发的《关于办理黑社会性质组织犯罪案件若干问题的意见（试行）》；（3）2007年，陕西省高级人民法院、陕西省人民检察院、陕西省公安厅、陕西省司法厅颁发的《关于办理黑社会性质组织和恶势力犯罪案件具体适用有关法律规定若干问题的意见》；（4）2006年6月1日，湖北省高级人民法院、湖北省人民检察院、湖北省公安厅颁发的《关于办理黑社会性质组织和恶势力犯罪案件若干问题的意见》；（5）2005年10月12日，四川省高级人民法院、四川省人民检察院、四川省公安厅颁发的《关于办理黑社会性质组织案件若干问题的意见（试行）》；（6）2006年4月10日，内蒙古自治区高级人民法院、内蒙古自治区人民检察院、内蒙古自治区公安厅颁发的《关于办理黑社会性质组织犯罪案件若干问题的意见》；（7）2006年7月11日，河南省高级人民法院、河南省人民检察院、河南省公安厅颁发的《关于办理黑社会性质组织犯罪案件若干问题的意见（试行）》；（8）2006年5月8日，福建省高级人民法院、福建省人民检察院、福建省公安厅颁发的《关于办理黑社会性质组织犯罪案件若干问题的意见》；等等。

另外，还有其他几个省司法机关也出台了黑社会性质组织犯罪案件的刑法适用规范性文件，包括：（1）2007年7月25日，辽宁省高级人民法院、辽宁省人民检察院、辽宁省公安厅、辽宁省司法厅出台的《关于办理黑社会性质组织犯罪案件若干问题的意见》；（2）宁夏自治区高级人民法院、宁夏自治区人民检察院、宁夏自治区公安厅出台的《关于办理黑社会性质组织犯罪案件若干问题的意见》；等等。但是，很可惜未能都收集到这几个省司法机关出台的黑社会性质组织犯罪案件的刑法适用规范性文件。

7. 毒品犯罪案件若干问题。本书收录的此类文件有：（1）2005年5月11日，上海市高级人民法院、上海市人民检察院、上海市公安局、上海市司法局颁发的《关于对部分毒品案件进行含量鉴定的若干规定》；（2）2000年10月12日，天津市高级人民法院颁发的《关于审理毒品犯罪案件座谈会纪要》；（3）2004年11月23日，湖南省高级人民法院、湖南省人民检察院、湖南省公安厅颁发的《关于办理毒品犯罪案件有关问题的指导性意见》；（4）2008年1月2日，辽宁省高级人民法院、辽宁省人民检察院、辽宁省公安厅颁发的《关于办理毒品犯罪案件适用法律若干问题的指导意见》、《关于毒品犯罪案件量刑数量标准的参考意见》、《关于新型毒品犯罪案件数量标准的参考意见》；（5）1999年10月27日，江苏省高级人民法院颁发的《关于审理毒品犯罪案件有关问题的意见》；2002年12月9日，江苏省高级人民法院、江苏省人民检察院、江苏省公安厅颁发的《关于办理毒品、制毒犯罪案件若干问题的暂行规定》；（6）2009年7月16日，江西省高级人民法院颁发的《关于审理毒品犯罪案件适用死刑问题的指导意见》；（7）2005年2月5日，浙江省高级人民法院、浙江省人民检察院、浙江省公安厅《关于办理涉毒案件适用法律有关问题的意见》；2006年5月24日，浙江省人民检察院颁发的《毒品类犯罪案件疑难问题专题研讨会会议纪要》；等等。

需要指出，由于广东、云南、四川三省毒品犯罪案件较多，因而司法机关制定的有关文件也相对较多。（1）广东省司法机关颁发了三个毒品性文件：广东省高级人民法院先后于2002年10月16日与2003年6月17日颁发了《关于办理毒品犯罪案件适用法律若干问题的指导意见》、《关于毒品犯罪案件有关数量量刑标准的参考意见》，又于2006年1月28日，广东省高级人民法院、广东省人民检察院、广东省公安厅发布了《关于审理新型毒品犯罪案件定罪量刑问题的指导意见》。（2）2005年7月25日，云南省高级人民法院、云南省人民检察院、云南省公安厅颁发的《关于办理摇头丸、氯胺酮等毒品违法犯罪案件适用法律有关问题的意见（试行）》；2005年11月1日，云南省高级人民法院、云南省人民检察院、云南省公安厅、云南省司法厅颁发的《关于毒品案件财产刑适用问题的意见（试行）》与《关于加强打击零星贩毒违法犯罪工作的意见（试行）》三个毒品性文件。（3）四川省司法机关则颁发了四个毒品性文件：即1998年5月6日的《当前审理毒品犯罪案件有关问题的意见》；2001年6月15日的《关于已满14周岁不满16周岁的人运输毒品，是否应当负刑事责任的问题的答复》；2001年12月27日的《关于办理贩卖毒品案件有关犯罪预备问题的意见》；以及2004年6月8日的《关于办理氯胺酮毒品违法犯罪案件适用法律有关问题的意见》。

六、刑法适用规范性文件的效力范围问题

刑法适用规范性文件的效力始于发布之日，而终于明令废止，通常没有溯及力问题，这些都无需加以探讨。但在省级刑法适用规范性文件的效力范围方面，需要研究的问题包括如下几种情形：一是上下两级司法机关均有相同内容的刑法适用规范性文件的效力问题，二是同一司法机关先后制定了相同内容的刑法适用规范性文件的效力问题，三是省级刑法适用规范性文件相互之间是否具有效力问题。

（一）"下位法"应服从于"上位法"的选择原则问题

处理两个法律冲突，往往要考虑"上位"与"下位"的属性。因为"上位法"是较高立法机关制定的，而"下位法"是较低立法机关制定的。在两个不平等的法律之间作选择，理所当然地要采用"上位法优于下位法"或者"下位法要服从于上位法"原则。"上位法"、"下位法"是根据法律位阶的不同对法律规范所作的分类。法律之所以分类为"上位法"、"下位法"，是因为它们之间的效力等级与适用顺序的不同。《立法法》第87条规定：下位法不得违背上位法。一旦下位法制定机关制定了与上位法相冲突的法律规范，上位法制定机关可以根据《立法法》第88条的规定，行使改变或撤销权。这就说明"上位法"比"下位法"的效力等级高；另外，在面临两个及其以上不同位阶的法律规范冲突时，法官必须作出正确的选择，而法官作出选择的依据即是"上位法优于下位法"。①

当有最高人民法院、最高人民检察院作出的司法解释与省级司法机关发布的刑法适用规范性文件而需在两者选择其一时，也理应采用"上位法优于下位法"或者"下位法要服从于上位法"原则。即最高人民法院、最高人民检察院作出的司法解释属于"上位"，而全国各省、自治区与直辖市高级人民法院、浙江省人民检察院颁发的刑法适用规范性文件属于"下位"，在两者择一时，必须选择具有"上位"性质的由最高人民法院、最高人民检察院作出的司法解释，而不能选择具有"下位"性质的由全国各省、自治区与直辖市高级人民法院、人民检察院颁发的刑法适用规范性文件。该项原则的内容与要求在有的刑法适用规范性文件中也有明确规定。例如，2012年12月22日，陕西省高级人民法院颁发的《关于适用刑法有关条款数额、情节标准的意见》中就作出了明确规定："若最高人民法院、最高人民检察院发布新的司法解释与本意见不一致的，以司法解释为准。"

事实上，实践中选择两个不同效力的规范性文件内容时已经将"上位法优于下位法"作为基本原则了。例如，2012年9月7日，浙江省高级人民法院、浙江省人民检察院、浙江省公安厅发布了《关于办理"醉驾"犯罪案件若干问题的会议纪要》（以下简称《"醉驾"会议纪要》），其中规定："醉酒驾驶机动车犯罪，同时构成其他犯罪，依法以处罚较重的规定定罪处罚，并不得适用缓刑。"按照该《"醉驾"会议纪要》的规定，"醉酒驾驶机动车，以暴力、威胁方法阻碍公安机关依法检查，又构成妨害公务罪等其他犯罪的"，应当采用"妨害公务罪等其他犯罪"吸收"危险驾驶罪"的"从一重处原则"来定罪处罚。很明显，该规定与"两高""依照数罪并罚的规定处罚"的司法解释相矛盾。2013年12月18日，最高人民法院、最高人民检察院、公安部《关于办理醉酒驾驶机动车刑事案件适用法律若干问题的意见》第3条规定："醉酒驾驶机动车，以暴力、威胁方法阻碍公安机关依法检查，又构成妨害公务罪等其他犯罪的，依照数罪并罚的规定处罚。"由于《"醉驾"会议纪要》也考虑到此种情形，即"本纪要内容如与法律、司法解释及上级有关规定不一致的，以法律、司法解释及上级有关规定为准"，那么在具体适用时，对"醉酒驾驶机动车又构成妨害公务罪等其他犯罪的"，就应按"上位法"规定处罚，而不适用"下位法"规定予以处罚。

（二）"后位法"优于"前位法"的选择原则问题

"后法优于前法"或称为"新法优于旧法"，是一项法律适用择取的基本规则。《立法法》第83条规定："同一机关制定的法律、行政法规、地方性法规、自治条例和单行条例、规章……新的规定与旧的规定不一致的，适用新的规定。"这是我国法律首次以法定形式对"后法优于前法"规则的明文确认。②旧法指的是旧时制定的新时已经失效或行将失效的法律。新法指的是新时制定的正在生效或行将生效的法律。例如，我国1979年刑法与1997年刑法，前者是旧法，后者是新法，以1997年10月1日为分水岭，后者取代前者，前者成为过去时。从更宏观的时间范围来看，旧的历史类型的法律是旧法，新的历史类型的法律是新法，新法取代旧法，或全盘否定旧法，或对旧法进行扬弃，而新法对旧法全盘吸收、"换汤不换药"的情况难以存在。

在先后发布有两个相同内容的刑法适用规范性文件的前提下，要择取其一就需遵循"后法优于前法"或称为"新法优于旧法"原则。例如，河南省级司法机关确定盗窃罪数额认定标准的文件先后有三

---

① 王双石：《上位法优于下位法与特别法优于一般法的冲突》，载《新学术》2007年第5期。
② 顾建亚：《"后法优于前法"规则适用难题探析》，载《哈尔滨工业大学学报（社会科学版）》2008年3月。

个,就是采用该原则解决选用问题的。2010年6月12日,河南省高级人民法院、河南省人民检察院、河南省公安厅颁行《关于盗窃罪数额认定标准的规定》之后,1998年4月8日,河南省高级人民法院、河南省人民检察院、河南省公安厅发布的《关于盗窃罪数额认定标准的规定的通知》即行废止。而在2013年9月23日,河南省高级人民法院、河南省人民检察院颁行的《关于我省盗窃犯罪数额认定标准的规定》之后,2010年6月12日河南省高级人民法院、河南省人民检察院、河南省公安厅发布的《关于盗窃罪数额认定标准的规定》即行废止。

"后位法"优于"前位法"的适用方式有暗示法与明示法两种。暗示法,即不在新文件中作任何说明,新文件通过自然取代旧文件的效力。明示法,即在新文件中直接表明旧文件失去效力。采用明示法的刑法适用规范性文件较多。例如,(1) 2011年9月27日,天津市高级人民法院、天津市人民检察院、天津市公安局、天津市司法局出台的《办理聚众斗殴案件座谈会纪要》中指明:天津市高级人民法院、天津市人民检察院、天津市公安局《关于对聚众斗殴、寻衅滋事案件适用法律问题的意见》的规定与本纪要不一致的,适用本纪要。(2) 2009年2月23日,江苏省高级人民法院、江苏省人民检察院、江苏省公安厅《关于办理聚众斗殴案件适用法律若干问题的意见》中指明:2000年10月11日,江苏省高级人民法院、江苏省人民检察院、江苏省公安厅《关于办理聚众斗殴等几类犯罪案件适用法律若干问题的讨论纪要》,"正在审理的聚众斗殴等几类犯罪案件按本纪要规定办理;1996年8月13日我省制定的《关于当前办理流氓恶势力违法犯罪案件中适用法律问题的讨论纪要》同时废止"。(3) 2012年4月23日,湖南省高级人民法院、湖南省人民检察院、湖南省公安厅、湖南省司法厅《关于依法处理信访活动中违法犯罪行为的指导意见》中指明:2006年9月17日湖南省高级人民法院、湖南省人民检察院、湖南省公安厅、湖南省司法厅《关于印发〈湖南省关于处理涉访违法犯罪行为若干问题的意见(试行)〉、〈湖南省关于处理涉访违法犯罪行为证据规格及取证工作的意见(试行)〉的通知》与《湖南省高级人民法院、湖南省人民检察院、湖南省公安厅关于印发〈关于依法处理在京非正常上访行为的意见〉的通知》文件停止执行。

(三) 能否适用"下位法优于上位法"原则问题

在"上位法"与"下位法"两者并存而又需要两者择一适用时,如果按照"上位法优于下位法"或者"下位法要服从于上位法"的基本原则,那肯定会选择"上位法"而排斥适用"下位法"。在此情形下有无例外,即能否选择适用"下位法"而不选择适用"上位法"呢?对此,有学者作出了肯定性回答,认为"上位法优于下位法"的司法适用是有一定条件的,即当下位法与上位法相抵触时。但是,如果下位法的制定是根据上位法的授权或下位法是对上位法的实施性规定并且没有违反上位法的规定,则会出现"上位法优于下位法"适用规则的例外:下位法的优先适用。①

笔者基本赞同上述观点的看法,认为"上位法"是由较高机构制定的,而"下位法"则是由较低机构制定的,因此,应当首要坚持"上位法优于下位法"或者"下位法要服从于上位法"的基本原则。而在"上位法"有授权而制定了"下位法"的情况下,可以选择适用"下位法",这并不违背"上位法"的基本规定,事实上也是在贯彻执行"上位法"的基本精神。由此可见,在由最高人民法院和最高人民检察院司法解释与由全国各省、自治区与直辖市各自制定的刑法适用规范性文件两者并存时,首先应当选用由"两高"制定的司法解释,这是坚持"上位法优于下位法"或者"下位法要服从于上位法"基本原则的必然选择。其次,在既由两高司法解释与又有依据授权而由全国各省、自治区与直辖市各自制定的刑法适用规范性文件的情况下,主要是依据授权而制定的交通肇事、拒不支付劳动报酬、盗窃、敲诈勒索、抢夺、挪用公款、非法采矿、破坏性采矿、破坏森林资源、非法出版物等罪名的规范性文件,则应当选择这些依据"授权性"而制定的文件。这既可以视为"上位法优于下位法"适用规则的例外,也可以视为"下位法的优先适用"规则。

(四) 省级刑法适用规范性文件的效力冲突原则问题

由全国各省、自治区与直辖市各自制定的刑法适用规范性文件,都是在各自省、自治区与直辖市司法机关管辖范围内适用的,因而其效力通常不会彼此发生适用上的冲突问题。但是,在特殊情况也不能排除这些省级刑法适用规范性文件在适用上所发生的效力冲突。

1. 省级刑法适用规范性文件效力冲突的基础条件

既然省级刑法适用规范性文件效力冲突是在"特殊情况"下才产生的,那就理应研究这些"特殊情况"。从实际可能性来看,该"特殊情况"主要有两种:

(1) "两高"在制定相关司法解释时,考虑到全国各地经济、社会发展不平衡的现实,在确定某一犯罪的定罪、量刑数额时,会相应地设定一定的幅度,并授权省、自治区、直辖市的高级人民法院来确定具体的定罪、量刑标准。例如,最高人民法院《关于审理盗窃案件具体应用法律若干问题的解释》第

---

① 汪全胜:《"上位法优于下位法"适用规则刍议》,载《行政法学研究》2005年第4期。

3 条第 1 款即对盗窃公私财物"数额较大"、"数额巨大"、"数额特别巨大"的标准设定了一定的幅度，而该条第 2 款则授权各高级人民法院"可根据本地区经济发展状况，并考虑社会治安状况"确定本地区执行的标准。由此，全国不同地区在这类犯罪的定罪和量刑方面执行的标准是不尽一致的，比较东部经济发达地区和西部经济相对落后地区，一些犯罪的定罪和量刑标准有着较大的差异。① 毫无疑问，各省级司法机关依据授权而制定的规范性文件肯定是有差异的，这种差异难免会带来定罪量刑标准上的适用问题。当然，如果各省级司法机关制定的规范性文件只在本各省、直辖市与自治区范围内适用，这并不存在任何问题，但对于一些跨地区性犯罪来说，就出现了空间效力的冲突问题。

(2) 其他刑法司法解释性文件的省际冲突。除了基于"两高"授权的刑法司法解释性文件外，省级司法机关往往还制定了其他一些刑法司法解释性文件，这其中大多是就"两高"尚无司法解释的问题作出规定。例如，我国刑法中存在大量的"情节严重"、"后果严重"、"致使公共财产、国家和人民利益遭受重大损失"等有待具体化的定罪量刑标准。最高人民法院不太可能在刑法制定后立即就这些问题发布统一的司法解释。在"两高"尚未对这些问题作出具体的解释之前，省级司法机关往往就会先行制定了一个适用于本省、市、自治区的标准，这也会导致同一犯罪在不同的省、市、自治区存在不同的认定标准的局面。以上说的是正常情况下出现的刑法司法解释性文件的省际冲突，如果省级司法机关制定有违刑法或者"两高"司法解释的解释性文件的，自然也会导致刑法司法解释性文件的省际冲突。②

例如，交通肇事后报警能否认定为自首，这在浙江省与江苏省两个省级司法机关分别作出的规范性文件中就有不同规定。在浙江省省级司法机关作出的规范性文件是否定性的，认为交通肇事后报警并在现场等候处理的行为，不能认定为自首，即 2009 年 8 月 21 日，浙江省高级人民法院《关于审理交通肇事刑事案件的若干意见》中的规定："交通肇事后报警并保护事故现场，是道路交通安全法规定的被告人交通肇事后必须履行的义务。人民法院依法不应将交通肇事后报警并在肇事现场等候处理的行为重复评价为自动投案，从而认定被告人自首。"而江苏省省级司法机关作出的规范性文件是肯定性的，认为交通肇事后报警并在现场等候处理的行为，能认定为自首，即 2011 年 3 月 18 日，江苏省高级人民法院、江苏省人民检察院、江苏省公安厅《关于办理交通肇事刑事案件适用法律若干问题的意见（试行）》中的规定："交通事故发生后，行为人本人主动报警或委托他人报警，未离开现场，如实供述犯罪事实的，构成自首。"

有学者也对此不同规定作出过质疑："为什么在同一个国家，适用同一部刑法的时候，对同一个问题——交通肇事在司法实践中会有不同的处理呢？在这个地方算自首，在那个地方又不算自首，这就是典型的同案不同判，会导致法律的公平与正义受到人们的质疑，这是法律的悲哀，对司法实践中对法律的适用必须统一是当务之急。"③ 这种相互矛盾的界定自首结论，毫无疑问，其根源在于"刑法司法解释主体的不统一"，即浙江省高院与江苏省高院都可以作出"刑法司法解释性文件"。如果将刑法司法解释主体确定为最高人民法院，对交通肇事后报警无论作出肯定自首还是否定自首的解释，其结论当然是一致的。在司法实践中，依据浙江省高院与江苏省高院在解释交通肇事后报警是否构成自首的矛盾结论，如果行为人在浙江交通肇事后而到江苏省报警，对此是按照浙江省高院解释的"交通肇事后报警不能认定为自首"，还是按照江苏省高院解释的"交通肇事后报警构成自首"来作出处理，这唯有最高人民法院作出评判才能解决此种两难问题。

2. 省级刑法适用规范性文件效力冲突的解决原则问题

从司法实践来看，省级刑法适用规范性文件效力冲突主要表现为以下三种情形：(1) A 省的人在 B 省实施犯罪。比如 A 省和 B 省关于盗窃罪的定罪量刑标准不同（起刑点分别为 2000 元和 1000 元），如果 A 省的人甲在 B 省偷了他人 1500 元钱，行为当时并未被发现，回到 A 省后，因其他犯罪被逮捕后供认了前述行为，是刑罚执行完毕再交回 B 省司法机关追究盗窃罪的刑事责任，还是一并处理？如果一并处理，应适用 A 省还是 B 省的数额标准对其盗窃行为进行处理？(2) 某被告人的行为跨两个以上省级行政区。具体包括两种情况：一是同一犯罪行为跨越两个以上的省级行政区。被告人甲在 A 省实施网上诈骗，B 省的被害人乙受骗将 1500 元存入其指定的账户，甲的行为是否构成诈骗罪？适用 A 省和 B 省的标准就会得出完全相反的结论。二是尚未追究的应累计计算的数次犯罪行为发生在不同的省级行政区。如被告人甲在 A 省盗窃了一次，在 B 省盗窃了一次，在追究时，究竟应当适用哪省的数额标准？(3) 跨省的共同犯罪。在一些犯罪共同犯罪案件中，被告人来自不同的省份、或者犯罪行为发生在不同的省份，省级刑法司法解释性文件的前述冲突也会给这类案件的处理带来问题。④

有学者认为，遇到上述三种情形之一，难免就出现定罪、量刑标准的适用问题：(1) 如果犯罪地的

---

① 时延安：《析定罪量刑标准的省际冲突》，载《法制日报》2009 年 9 月 23 日。
② 陈志军：《刑法司法解释省际冲突研究》，载《人民检察》2005 年第 21 期。
③ 《交通肇事后报警定性谁说了算》，载《星岛环球网》2009 年 9 月 3 日。
④ 陈志军：《刑法司法解释省际冲突研究》，载《人民检察》2005 年第 21 期。

定罪量刑标准，与审理该案件的法院所在地的定罪量刑标准不一致，应适用犯罪地的定罪量刑标准，还是法院地的标准？（2）如果行为人跨地区流窜作案或者跨地区连续作案，而各地区的定罪量刑标准存在差异，究竟应适用哪一标准？对于这类问题的解决可以借鉴国际私法理论解决法律冲突的基本思路。一般而言，刑法中规定的有被害人的犯罪，在造成一定的损害事实的时候，同时构成民事侵权。在解决民事侵权问题的法律冲突问题上，通常认可适用侵权行为地法。实际上，刑法中关于空间效力规定的基本法理也在于此，即以犯罪地作为适用刑法、行使刑事管辖权的主要根据之一。如此，当审理某一刑事案件的法院所在地区的定罪量刑标准与犯罪地的标准不同时，应采用犯罪地的定罪量刑标准。这一解决问题的思路，除试图与国际私法和国际刑法中的法律适用原理相关外，还可以从社会危害性理论中获得支持论据。以犯罪地的定罪量刑标准为案件审理的适用标准，能够反映出犯罪行为的客观危害程度，也符合公众对犯罪行为可罚根据的基本认识。[①]

笔者认为，上述观点中的"当审理某一刑事案件的法院所在地区的定罪量刑标准与犯罪地的标准不同时，应采用犯罪地的定罪量刑标准"，这是比较合理的，也是具有理论上的依据的。但是，在该原则的可行性上还有探讨的必要。首先，按照"犯罪地"来确定行为人是否构成犯罪，这是比较符合当时行为人的犯罪特点的。其次，行为人在"犯罪地"犯罪而由"犯罪地"的司法机关来管辖，这也不会存在任何问题。而如行为人在本省"犯罪地"犯罪而不由本省"犯罪地"的司法机关来管辖，却由"犯罪地"以外的他省司法机关来管辖，这就会存在适用上的问题。不由本省"犯罪地"的司法机关来管辖，但却又要适用本省所在地区的定罪量刑标准，这对外省司法机关来说，必须有适用上的根据。以笔者所见，这种适用上的根据应是便利诉讼。如果遇到跨省司法机关管辖犯罪与其"犯罪地"不一致时，原则上可送回行为人在外省所在地区的司法机关来管辖，但若两省都有犯罪，或者送回"犯罪地"处理有障碍的，则可由本省司法机关参照行为人"犯罪地"所在省的定罪量刑标准予以处理。当然，如果对行为人的处理更有利的，也可由本省司法机关参照本省的定罪量刑标准作出处理。

[①] 时延安：《析定罪量刑标准的省际冲突》，载《法制日报》2009年9月23日。

第一编　北京市刑法适用规范性文件

北京市高级人民法院《关于审理假币犯罪案件具体适用法律的意见》

（1998年12月18日）

1997年3月29日，我院曾下发《关于审理货币犯罪案件具体适用法律的意见》，鉴于修订后的刑法对假币犯罪进行了补充修改，现根据刑法关于假币犯罪的规定，结合我市审理假币犯罪案件的实际，对审理假币犯罪案件具体适用法律重新提出以下意见：

一、伪造货币罪

伪造货币罪是指仿照真货币的图案、形状、色彩、防伪技术等特征，使用各种方法，非法制造假币，冒充人民币及境外流通货币的行为。

1. 伪造货币总面值在人民币（其他币种应当折算成人民币，下同）500元以上不满15000元或者币量在50张以上不满1500张的，应当依照刑法第一百七十条的规定，处三年以上十年以下有期徒刑，并处五万元以上五十万元以下罚金。

伪造货币的数额接近以上数额起点，同时具有下列情节之一的，亦应按上述刑罚惩处：
（1）曾因伪造货币受过刑事处罚或两次以上行政处罚的；
（2）伪造并出售伪造的货币的；
（3）伪造并使用伪造的货币的。

2. 伪造货币总面值在人民币15000元以上或者币量在1500张以上的，属于"伪造货币数额特别巨大"，应当依照刑法第一百七十条的规定，处十年以上有期徒刑、无期徒刑或者死刑，并处五万元以上五十万元以下罚金或者没收财产。其中，具有下列情形之一的，可以考虑判处无期徒刑以上刑罚：
（1）伪造货币集团的首要分子的；
（2）伪造货币总面值在人民币10万元以上或者币量在1万张以上的；
（3）伪造货币数额达到特别巨大，同时具有暴力抗拒检查、拘留、逮捕的；
（4）有其他特别严重情节的。

二、出售、购买、运输假币罪

出售、购买、运输假币罪，是指出售、购买伪造的货币或者明知是伪造的货币而运输，数额较大的行为。

1. 行为人出售、购买、运输假币构成犯罪，同时有使用假币行为的，依照刑法第一百七十一条的规定，以出售、购买、运输假币罪定罪，从重处罚。

2. 出售、购买、运输假币是同一宗的，数额不重复计算，不是同一宗的，数额累计计算，根据行为确定罪名，不实行数罪并罚。

3. 出售、购买、运输假币"数额较大"，可以掌握在货币总面值在人民币1000元以上不满3万元或者币量100张以上不满3000张。

4. 出售、购买、运输假币"数额巨大"，可以掌握在货币总面值在人民币3万元以上不满10万元或者币量在3000张以上不满1万张。

5. 出售、购买、运输假币"数额特别巨大"，可以掌握在货币总面值人民币10万元以上或者币量在1万张以上。

三、金融工作人员购买假币、以假币换取货币罪

金融工作人员购买假币，以假币换取货币罪，是指银行或者其他金融机构的工作人员购买假币、或者利用职务上的便利，以假币换取货币的行为。

1. 金融工作人员购买假币，以假币换取货币的"情节较轻"，可以掌握在货币总面值在人民币500元以上不满1000元或者币量50张以上不满100张（均指假币，下同）。

2. 金融工作人员购买假币，以假币换取货币总面值在人民币1000元以上不满3万元或者币量100张以上不满3000张，可以判处三年以上十年以下有期徒刑，并处二万元以上二十万元以下罚金。

3. 金融工作人员购买假币，以假币换取货币"数额巨大"，可以掌握在货币总面值在人民币3万元以上不满10万元或者币量在3000张以上不满1万张。

4. 金融工作人员购买假币，以假币换取货币总面值在人民币10万元以上或者币量在1万张以上的，可以考虑判处无期徒刑。数额达到巨大，同时具有下列情形之一的，也可以判处无期徒刑：
   （1）曾因假币犯罪受到刑事处罚或两次以上行政处罚的；
   （2）造成严重后果或者恶劣影响的。

四、持有、使用假币罪

持有、使用假币罪，是指明知是伪造的货币而持有或者使用，数额较大的行为。

1. 行为人既实施持有假币、又实施使用假币行为的，不实行数罪并罚，持有、使用假币的数额累计计算。

2. 持有、使用假币"数额较大"，可以掌握在货币总面值人民币2000元以上不满3万元或者币量200张以上不满3000张。

3. 持有、使用假币"数额巨大"，可以掌握在货币总面值人民币3万元以上不满10万元或者币量3000张以上不满1万张。

4. 持有、使用假币"数额特别巨大"，可以掌握在货币总面值人民币10万元以上或者币量在1万张以上。

五、变造货币罪

变造货币罪，是指以真货币为基础，采用挖补、揭层、涂改、拼接等手段，改变货币的真实形态、色彩、文字、数目等，使其升值，且数额较大的行为。

1. 变造货币"数额较大"，可以掌握在货币总面值人民币500元以上不满15000元或者币量50张以上不满1500张。

2. 变造货币"数额巨大"，可以掌握在货币总面值人民币15000元以上或者币量1500张以上。

3. 实施伪造货币和变造货币两种行为分别构成犯罪的，应当实行数罪并罚。

六、其他

1. 伪造、变造境外货币或者出售、购买、运输、持有、使用境外假币的面值按犯罪时国家公布的汇率折算为人民币。

2. 本《意见》下发后，我院一九九七年三月二十九日下发的《关于审理货币犯罪案件具体适用法律的意见》不再适用。

3. 最高人民法院有关假币犯罪适用法律的司法解释下发后，本《意见》的规定如与《解释》的规定不一致的，执行司法解释；司法解释不明确的，可参照本《意见》。

北京市高级人民法院
《关于如何适用刑法第347条第4款"情节严重"的意见》

（1998年12月18日）

刑法第347条第4款规定："走私、贩卖、运输、制造鸦片不满200克、海洛因或甲基苯丙胺不满10克或者其他少量毒品的，处3年以下有期徒刑、拘役或管制，并处罚金；情节严重的，处3年以上7年以下有期徒刑，并处罚金"。鉴于审判实践中对如何掌握"情节严重"认识不一，为统一全市执法，我们认为，具有以下情形之一的，可视为"情节严重"：

1. 缉毒人员或其他国家机关人员利用职务便利走私、贩卖、运输、制造海洛因的；
2. 曾因犯罪受到过刑事处罚或涉毒行为受过行政处罚的；
3. 向未成年人贩卖毒品或利用未成年人走私、贩卖、运输、制造毒品的；
4. 向被监管人或强制戒毒人员贩卖毒品的；
5. 多次或向多人贩卖毒品的；
6. 以暴力手段抗拒检查、拘捕的；

7. 有其他严重情节的。

北京市高级人民法院
《关于审理盗伐林木、滥伐林木刑事案件犯罪数量认定试行标准的通知》

(2001年6月26日)

为依法惩处破坏森林资源的犯罪活动,根据刑法和最高人民法院《关于审理破坏森林资源刑事案件具体应用法律若干问题的解释》的规定,结合本市的具体情况,现将盗伐林木、滥伐林木犯罪数量认定的试行标准通知如下:

一、盗伐林木"数量较大",以二立方米或者幼树一百株为起点;盗伐林木"数量巨大",以二十立方米或者幼树一千株为起点;盗伐林木"数量特别巨大",以一百立方米或者幼树五千株为起点。

二、滥伐林木"数量较大",以十立方米或者幼树五百株为起点;滥伐林木"数量巨大",以五十立方米或者幼树二千五百株为起点。

三、本《通知》自二〇〇一年六月二十六日起执行。

北京市高级人民法院 北京市人民检察院 北京市公安局
《关于贯彻全国人民代表大会常务委员会〈关于《中华人民共和国刑法》第三百一十三条的解释〉的会议纪要》

(2003年9月17日)

2003年9月17日,在中共北京市委政法委员会的组织和协调下,北京市高级人民法院、北京市人民检察院和北京市公安局召开联席会议,就北京市贯彻全国人民代表大会常务委员会《关于〈中华人民共和国刑法〉第三百一十三条的解释》,办理拒不执行判决、裁定案件的有关事宜进行了研究和协商,现纪要如下:

一、关于协调机构

为确保人民法院、人民检察院和公安机关在办理拒不执行判决、裁定案件的过程中,既分工负责、相互制约,又积极协作、相互配合,准确、及时、有效地执行法律,成立协调小组统一协调有关事项。协调小组由市委政法委牵头,由市高级人民法院、市人民检察院、市公安局参加。协调小组根据需要不定期地召开会议,讨论、协调在办理案件中存在的问题、发生的争议和其他需要协调的事项。

二、关于管辖和办案程序

(一)拒不执行判决、裁定案件由执行法院所在地的公安机关、检察机关和法院管辖。必要时,市公安局、市人民检察院和市高级人民法院可以指定管辖。

(二)人民法院执行部门在执行判决、裁定的过程中,发现拒不执行判决、裁定人实施了全国人民代表大会常务委员会《关于〈中华人民共和国刑法〉第三百一十三条的解释》所列行为之一的,可以先行对其予以司法拘留。

司法拘留后,人民法院执行部门认为不需要追究刑事责任的,依照民事强制执行的有关法律规定予以处理;认为需要追究其刑事责任的,应当在司法拘留期限届满前3日内,将拒不执行判决、裁定案件和拒不执行判决、裁定人一并移送公安机关刑事侦查部门。

(三)人民法院执行部门向公安机关刑事侦查部门移送案件时,应当将拒不执行判决、裁定人的基本情况(姓名、性别、年龄、民族、住址、工作单位及职务等)及其涉嫌犯罪的相关证据材料(据以执行的生效法律文书,强制执行裁定书,拒不履行、拒不协助执行或者非法干预执行的证据)一并移送。

(四)对拒不执行判决、裁定案件,公安机关刑事侦查部门、人民检察院侦查监督部门和公诉部门、人民法院刑事审判部门应当按照法律的有关规定及时予以办理。

(五)人民法院决定予以司法拘留的拒不执行判决、裁定人下落不明,需要公安机关协助查找的,人民法院执行部门应当向公安机关刑事侦查部门发出协助查找函并附司法拘留决定书,由其协助查找。协助查找函应当写明拒不执行判决、裁定人的基本情况及其拒不执行的有关情况。

公安机关刑事侦查部门查找到拒不执行判决、裁定人的,应当立即通知人民法院执行部门。人民法院执行部门接到通知后,应当立即派员对拒不执行判决、裁定人实施司法拘留措施。

三、有关要求

(一)全市各级人民法院、人民检察院和公安机关在办理拒不执行判决、裁定案件的过程中发现问题或者发生争议,要主动进行协商解决;协商不成的,分别报请上级机关予以协调。

(二)在办理拒不执行判决、裁定案件的过程中,市高级人民法院、市人民检察院和市公安局要加强对下级机关的指导和监督。

（三）为便于协调，统一标准，在实施本会议纪要的前期，全市各级人民法院执行部门拟向公安机关请求协助查找或者移送拒不执行判决、裁定案件的，一律先行报送至市高级人民法院执行部门，由市高级人民法院执行部门提交协调小组研究后，移送市公安局统一安排办理。

北京市高级人民法院　北京市人民检察院　北京市公安局《关于依法打击拒不执行判决、裁定犯罪行为的通知》

（2003年9月17日）

为贯彻全国人民代表大会常务委员会《关于〈中华人民共和国刑法〉第三百一十三条的解释》，依法打击拒不执行判决、裁定的犯罪行为，保障人民法院执行工作的顺利开展，维护法律尊严和司法权威，现将有关事项通知如下：

一、具有下列情形之一的，依照《中华人民共和国刑法》第三百一十三条的规定追究刑事责任：

（一）被执行人隐藏、转移、故意毁损财产或者无偿转让财产、以明显不合理的低价转让财产，致使判决、裁定无法执行的；

（二）担保人或者被执行人隐藏、转移、故意毁损或者转让已向人民法院提供担保的财产，致使判决、裁定无法执行的；

（三）协助执行义务人接到人民法院协助执行通知书后，拒不协助执行，致使判决、裁定无法执行的；

（四）被执行人、担保人、协助执行义务人与国家机关工作人员通谋，利用国家机关工作人员的职权妨害执行，致使判决、裁定无法执行的；

（五）其他有能力执行而拒不执行，情节严重的情形。

二、人民法院在执行判决、裁定过程中，发现犯罪嫌疑人实施了本通知第一条所列行为之一的，将案件依法移送公安机关立案侦查。

对于需要追究刑事责任的犯罪嫌疑人或被告人，公安机关要依法立案侦查，人民检察院要依法审查逮捕、审查起诉，人民法院要依法审理。

三、人民法院、人民检察院和公安机关要认真学习和理解全国人民代表大会常务委员会《关于〈中华人民共和国刑法〉第三百一十三条的解释》的内涵和外延，深入领会其精神，并在司法和执法过程中予以正确适用。

四、人民法院、人民检察院和公安机关要加大依法打击拒不执行判决、裁定犯罪行为的力度，坚决维护法律尊严，保护当事人的合法权益。

五、人民法院、人民检察院和公安机关办理拒不执行判决、裁定案件，应当严格按照刑事诉讼法规定的分工负责、互相配合、互相制约的原则，加强协作，密切配合，准确、及时、有效地执行法律。

北京市高级人民法院　北京市人民检察院　北京市公安局《关于依法办理涉烟犯罪案件有关问题的通知》

（2004年3月25日）

为进一步整顿和规范首都烟草市场经济秩序，依法惩治违反烟草专卖法律法规的违法犯罪行为，根据《中华人民共和国刑法》、《中华人民共和国刑事诉讼法》、《中华人民共和国烟草专卖法》、《最高人民法院、最高人民检察院、公安部、国家烟草专卖局关于印发〈关于办理假冒伪劣烟草制品等刑事案件适用法律问题座谈会纪要〉的通知》等有关规定，现就办理涉烟犯罪案件有关问题通知如下：

一、关于涉烟犯罪案件的法律适用问题

（一）违反烟草专卖法律、法规规定，生产、销售伪劣烟草制品，销售金额在五万元以上的，依照《中华人民共和国刑法》第一百四十条之规定，以生产、销售伪劣产品罪依法追究其刑事责任。

伪劣烟草制品尚未出售，货值金额分别达到十五万元以上不满二十万元、二十万元以上不满五十万元、五十万元以上不满二百万元、二百万元以上的，分别依照《中华人民共和国刑法》第一百四十条规定的各量刑档次定罪处罚。

伪劣烟草制品的销售金额不满五万元，但与尚未销售的伪劣烟草制品的货值金额合计达到十五万元以上的，依照《中华人民共和国刑法》第一百四十条之规定，以生产、销售伪劣产品罪（未遂）追究刑事责任。

生产伪劣烟草制品尚未销售，无法计算货值金额，有下列情形之一的，以生产、销售伪劣产品罪

（未遂）定罪处罚：
　　1. 生产伪劣烟用烟丝数量在一千公斤以上的；
　　2. 生产伪劣烟用烟叶数量在一千五百公斤以上的。
　　非法生产、拼装、销售烟草专用机械行为，依照《中华人民共和国刑法》第一百四十条的规定，以生产、销售伪劣产品罪追究刑事责任。
　　国家机关工作人员参与生产、销售伪劣烟草制品犯罪的，从重处罚。
　　（二）未经烟草专卖品注册商标所有人许可，在同一品牌、规格烟草专卖品上使用与他人依法注册的烟草专卖品商标相同的商标，个人假冒他人烟草专卖品注册商标数额在十万元以上的；或单位假冒他人烟草专卖品注册商标数额在五十万元以上的，依照《中华人民共和国刑法》第二百一十三条之规定，以假冒注册商标罪依法追究其刑事责任。对于假冒他人驰名商标的，个人非法经营数额在五万元以上的，或单位非法经营数额在二十五万元以上的，以假冒注册商标罪依法追究其刑事责任。虽未达到上述数额标准，但因假冒他人注册商标，受到行政处罚二次以上，五年内又假冒他人注册商标的，以假冒注册商标罪依法追究其刑事责任。
　　销售明知是假冒注册商标的烟草制品，个人销售金额在十万元以上，或单位销售金额在五十万元以上，应当依照《中华人民共和国刑法》第二百一十四条之规定，以销售假冒注册商标的商品罪依法追究刑事责任。
　　销售明知是假冒注册商标的烟草制品中的"明知"，是指知道或应当知道。有下列情形之一的，可以认定为"明知"：
　　1. 通过不正当渠道，以明显低于市场价格进货的；
　　2. 以明显低于市场价格销售的；
　　3. 销售假冒注册商标的烟草制品受到处罚后又继续销售的；
　　4. 销售假冒注册商标的烟草制品被发现后转移、销毁物证或者提供虚假证明、虚假情况的；
　　5. 其他可认定为"明知"的情形。
　　（三）伪造、擅自制造他人烟草专卖品注册商标标识或者销售伪造、擅自制造他人烟草专卖品注册商标标识，有下列情形之一的，依照《中华人民共和国刑法》第二百一十五条的规定，追究其刑事责任：
　　1. 非法制造、销售非法制造的他人烟草专卖品注册商标标识，数量在二万件（套）以上，或者非法经营数额在二十万元以上，或者违法所得数额在二万元以上的；
　　2. 非法制造、销售非法制造的驰名商标标识，数量在一万件（套）以上，或者非法经营数额在十万元以上，或者违法所得数额在一万元以上的；
　　3. 虽未达到上述数额标准，但因非法制造、销售非法制造的注册商标标识，受到过二次以上行政处罚，五年内又非法制造、销售非法制造的注册商标标识的。
　　（四）未经烟草专卖行政主管部门许可，非法从事烟草专卖品的生产、批发、零售、储存及运输业务，有下列情形之一的，依照《中华人民共和国刑法》第二百二十五条之规定，以非法经营罪依法追究其刑事责任：
　　1. 个人非法经营数额在五万元以上，或违法所得数额在一万元以上的；
　　2. 单位非法经营数额在五十万元以上，或违法所得数额在十万元以上的；
　　3. 因无证生产、批发、储存、运输烟草专卖品受到两次以上行政处罚，五年内又从事上述非法经营行为，且非法经营数额在三万元以上的。
　　在计算非法经营数额时，依照案发之日北京市烟草公司同一品牌卷烟市场三级批发价计算。对于无法确定价格的烟草专卖品或者对价格计算有争议的，依照原国家计划委员会、最高人民法院、最高人民检察院、公安部1997年4月22日联合发布的《扣押、追缴、没收物品估价办法》，由人民法院、人民检察院、公安机关委托法定的估价机构估价。
　　（五）行为人的犯罪行为同时构成生产、销售伪劣产品罪、非法经营罪、假冒注册商标罪、销售假冒注册商标的商品罪等罪的，依照处罚较重的规定定罪处罚。
　　（六）抗拒烟草专卖等执法部门执法，符合《中华人民共和国刑法》第二百七十七条规定的，以妨害公务罪依法追究其刑事责任。同时构成生产、销售伪劣产品罪、非法经营罪、假冒注册商标罪、销售假冒注册商标的商品罪等罪的，依照数罪并罚的规定处罚。
　　二、各级烟草专卖主管部门在依法查处违法行为过程中，发现实施本通知第一条所列行为之一的，应按照国务院《行政机关依法移送涉嫌犯罪案件的规定》，移送司法机关依法追究刑事责任。
　　三、在查处涉烟违法犯罪活动中，烟草专卖行政执法部门应当与公安司法机关加强合作、密切配合；各级公安司法机关对涉烟犯罪案件应当积极配合、分工负责、及时进行侦查、起诉、审判，依法严厉惩治涉烟犯罪活动，维护首都市场经济秩序。

四、本《通知》自印发之日起施行。

北京市高级人民法院
《关于规范法官和当事人及其律师相互关系的六条禁止性规定》

（2004年8月17日）

　　为了加强全市法院队伍建设，严肃审判工作纪律，认真落实最高法院、司法部《关于规范法官和律师相互关系维护司法公正的若干规定》，解决当前法官和当事人及其律师相互关系中存在的突出问题，确保司法公正，特作以下规定：

　　一、严禁接受当事人及其律师的宴请、请托、钱物以及其他任何形式的财务支付。
　　二、严禁向当事人及其律师泄露合议庭评议、审判委员会讨论案件的具体情况及尚未决定与宣判的裁判内容。
　　三、严禁违反回避规定，审理与本案当事人及其律师有亲朋、同学、师生、同事等关系的案件。
　　四、严禁参加由当事人及其律师出资的各种非公务活动。
　　五、严禁为当事人介绍律师和为律师介绍代理案件。
　　六、严禁私自单独会见当事人及其律师。

　　对违反上述规定者，凡基本事实成立，一律撤职、限期调离、辞退或开除；构成犯罪的，依法追究刑事责任。对违反上述规定的行为隐瞒不报、包庇袒护的，从严追究有关领导责任。
　　本规定自发布之日起在全市法院施行。

北京市高级人民法院　北京市人民检察院　北京市公安局　北京市司法局
北京市监狱管理局《社区矫正衔接工作规定》

（2005年10月1日）

　　根据《中华人民共和国刑事诉讼法》、《最高人民法院关于执行〈中华人民共和国刑事诉讼法〉若干问题的解释》、司法部《司法行政机关社区矫正工作暂行办法》和《北京市社区矫正工作实施细则》，结合北京市对被判处管制、宣告缓刑、假释、剥夺政治权利和暂予监外执行五种非监禁罪犯社区矫正工作实际，制定本规定。

第一章　人民法院与区县司法行政机关的衔接

　　第一条　人民法院判处管制、宣告缓刑、单处剥夺政治权利的或者决定暂予监外执行的，在裁决前通过被告人或罪犯居住地的区县司法局基层科（社区矫正科）核实居住地，并在刑事判决书、暂予监外执行决定书中载明户籍地和居住地。
　　第二条　人民法院在裁决时向被告人或罪犯发放并宣读社区矫正告知书，其在接受社区矫正保证书上签字。被告人或罪犯系未成年的，还需其监护人签字。
　　第三条　人民法院自判决或暂予监外执行决定生效之日起七日内将法律文书（复印件）和有关手续直接送达或以特快专递的方式送达罪犯居住地的区县司法局基层科（社区矫正科）、公安分县局人口管理处（科）和区县人民检察院监所检察处（科）。
　　判处管制、宣告缓刑、单处剥夺政治权利的，送达的法律文书（复印件）和有关手续包括：刑事判决书、执行通知书、接受社区矫正保证书、送达回证。
　　决定暂予监外执行的，送达的法律文书（复印件）和有关手续包括：暂予监外执行决定书、病残鉴定书、刑事判决书、执行通知书、接受社区矫正保证书、送达回证。
　　第四条　区县司法局基层科（社区矫正科）收到法律文书和有关手续，认真查验，详细登记备案。
　　法律文书和有关手续齐全的，区县司法局基层科（社区矫正科）及时转交司法所，同时将送达回证以挂号信的方式寄回人民法院；法律文书和有关手续不齐全或有误的，立即通知人民法院补正。

第二章　公安机关与区县司法行政机关的衔接

第一节　看守所与区县司法行政机关的衔接

　　第五条　看守所在提请人民法院对罪犯假释时，或者附加剥夺政治权利的罪犯刑满释放前二个月，将提请假释、预放罪犯名单书面通知罪犯居住地的区县司法局基层科（社区矫正科）核实居住地，区县司法局基层科（社区矫正科）及时反馈核实结果。

提请假释、预放罪犯名单的项目包括：罪犯姓名、提请假释时间或预放日期、户籍地或捕前户籍地、假释或释放后的居住地，有无生活自理能力，罪犯亲属的姓名、住址、联系方式。

第六条 附加剥夺政治权利的罪犯刑满释放前一个月，看守所将刑满释放人员通知书寄送罪犯居住地的区县司法局基层科（社区矫正科），由基层科（社区矫正科）通知司法所动员罪犯的亲属在释放之日将其接回。看守所发现罪犯本人或家庭有特殊情况的，需向区县司法局通报。

罪犯假释的或者公安机关决定暂予监外执行的，看守所及时将罪犯的出所日期通过罪犯居住地的区县司法局基层科（社区矫正科）通知司法所，由司法所动员罪犯的亲属在出所之日将其接回。

第七条 假释、附加剥夺政治权利的罪犯或者公安机关决定暂予监外执行的罪犯出所前，看守所组织其学习社区矫正有关知识和相关规定，教育罪犯出所后自觉接受社区矫正，并令其在接受社区矫正保证书上签字。

第八条 罪犯出所当日，看守所发给并宣读社区矫正告知书，告知其自出所之日起七日内持假释证明书、释放证明书、暂予监外执行通知书到居住地的司法所报到接受社区矫正。

第九条 看守所自罪犯出所之日起七日内将法律文书（复印件）和有关手续直接送达或以特快专递的方式寄送罪犯居住地的区县司法局基层科（社区矫正科）和公安分县局人口管理处（科）。

罪犯假释的，送达的法律文书（复印件）和有关手续包括：假释裁定书、刑事判决书、最后一次减刑的刑事裁定书、罪犯在看守所服刑期间的表现材料、接受社区矫正保证书、送达回执。

罪犯刑满释放后继续剥夺政治权利的，送达的法律文书（复印件）和有关手续包括：刑事判决书、最后一次减刑的刑事裁定书、罪犯在看守所服刑期间的表现材料、接受社区矫正保证书、送达回执。

公安机关决定暂予监外执行的，送达的法律文书（复印件）和有关手续包括：暂予监外执行通知书、暂予监外执行审批表、市政府指定医院的病残鉴定书、暂予监外执行具保书、刑事判决书、最后一次减刑的刑事裁定书、罪犯在看守所服刑期间的表现材料、接受社区矫正保证书、送达回执。

罪犯刑满释放后继续剥夺政治权利的或者公安机关决定暂予监外执行的，看守所在向罪犯居住地的区县司法局和公安分县局送达法律文书和有关手续时，将刑满释放人员通知书（复印件）、暂予监外执行通知书送达罪犯居住地的区县人民检察院监所检察处（科）。

第十条 区县司法局基层科（社区矫正科）收到法律文书和有关手续，认真查验，详细登记备案。

法律文书和有关手续齐全的，区县司法局基层科（社区矫正科）及时转交司法所，同时将送达回执以挂号信的方式寄回看守所；法律文书和有关手续不齐全或有误的，立即通知看守所补正。

第十一条 公安机关决定暂予监外执行的罪犯未在规定的期限内报到接受社区矫正的、私自脱离监管去向不明的，或者在暂予监外执行期间死亡的，司法所及时通过区县司法局基层科（社区矫正科）向原关押看守所书面通报情况。罪犯在暂予监外执行期间死亡的，还需附医院出具的死亡证明（复印件）和公安派出所出具的户口注销证明（复印件）。

公安机关决定暂予监外执行的罪犯在暂予监外执行期间刑期届满的，司法所及时通过区县司法局基层科（社区矫正科）提前三十日向原关押看守所书面通报罪犯在参加社区矫正期间的表现情况，并督促其按期到看守所办理释放手续。

第二节 公安派出所与司法所的衔接

第十二条 公安派出所接到外省市人民法院、外省市公安机关寄送的被判处管制、宣告缓刑、单处剥夺政治权利、暂予监外执行罪犯的法律文书和有关手续，或者外省市监狱（未成年犯管教所）、看守所寄送的假释和刑满释放后继续剥夺政治权利罪犯的法律文书和有关手续，及时将复印件移送罪犯居住地的司法所，并督促罪犯到司法所报到接受社区矫正。

判处管制、宣告缓刑、单处剥夺政治权利的，移送的法律文书（复印件）包括：刑事判决书、执行通知书。

人民法院决定暂予监外执行的，移送的法律文书和有关手续（复印件）包括：暂予监外执行决定书、病残鉴定书、刑事判决书、执行通知书。

公安机关决定暂予监外执行的，移送的法律文书和有关手续（复印件）包括：暂予监外执行通知书、暂予监外执行审批表、病残鉴定书、暂予监外执行具保书、刑事判决书、最后一次减刑的刑事裁定书、出所鉴定表。

罪犯假释的，移送的法律文书和有关手续（复印件）包括：假释裁定书、刑事判决书、最后一次减刑的刑事裁定书、出监所鉴定表。

罪犯刑满释放后继续剥夺政治权利的，移送的法律文书和有关手续（复印件）包括：刑事判决书、最后一次减刑的刑事裁定书、出监所鉴定表。

司法所接收罪犯后，及时向区县司法局基层科（社区矫正科）书面报告，基层科（社区矫正科）每季度将接收罪犯名单及基本情况抄送区县人民检察院监所检察处（科）。

第十三条 人民法院判处管制、宣告缓刑、单处剥夺政治权利的或者决定暂予监外执行的，判决或暂予监外执行决定生效后，执行取保候审的公安派出所及时督促罪犯到居住地司法所报到接受社区矫正，并将情况向罪犯居住地的司法所通报。

第十四条 公安派出所在对假释和刑满释放后继续剥夺政治权利的罪犯办理户籍登记时，督促其到居住地的司法所报到接受社区矫正，并将情况向罪犯居住地的司法所通报。

第十五条 司法所接收保外就医罪犯后，及时通知罪犯居住地的公安派出所为罪犯就近指定有保外就医病残鉴定权的医院进行诊治和鉴定。

保外就医罪犯确因治疗、护理的特殊要求需要转院，或者进行治疗以外的其他社会活动，由公安机关依法审批，及时将情况通报司法所。

第十六条 罪犯暂予监外执行期限届满前二个月，司法所向罪犯居住地的公安派出所出具罪犯在社区矫正期间的表现情况，派出所根据罪犯的表现和暂予监外执行情形是否消失的实际情况通过公安分县局向原关押监狱（未成年犯管教所）、看守所或原做出暂予监外执行决定的人民法院提出收监或继续监外执行的书面建议。罪犯保外就医的，派出所还应及时带其到市政府指定医院进行病情鉴定，司法所予以配合。

罪犯暂予监外执行情形消失后，刑期未满的，司法所及时书面建议罪犯居住地的公安派出所依法办理收监手续。派出所接到司法所的建议书，对罪犯先行羁押，并及时通过公安分县局向原关押监狱（未成年犯管教所）、看守所或者原做出暂予监外执行决定的人民法院提出收监的书面建议。

第十七条 罪犯未在规定的期限内报到接受社区矫正的或者私自脱离监管的，司法所经核实确定去向不明，及时书面通知罪犯居住地的公安派出所查找，司法所予以协助。

罪犯拒不参加社区矫正的或者违反社区矫正有关规定的，罪犯居住地的公安派出所配合司法所做好教育转化工作。

第十八条 被判处管制、宣告缓刑、假释和暂予监外执行的罪犯迁居的或者离开所居住的区县七日以上的，应向司法所提交书面申请，由司法所填写专门的审批表一式二份，写明该人的基本情况，迁居或外出原因，具体期限和时间、去向，近期表现情况及司法所审核意见，交公安机关依法审批，罪犯居住地的公安派出所和司法所各存档一份。罪犯离开所居住的区县不足七日的，由司法所批准，及时将情况通报派出所。

剥夺政治权利的罪犯迁居的或者离开所居住的区县七日以上的，应提交书面情况一式二份，分别交居住地的公安派出所和司法所备案。罪犯离开所居住的区县不足七日的，须向司法所报告，由司法所及时将情况通报派出所。

第十九条 罪犯居住地的公安派出所与司法所建立社区矫正工作联系制度，每月通报一次工作情况，并对各自列管的被判处管制、宣告缓刑、假释、剥夺政治权利以及暂予监外执行的罪犯名单进行比对，对漏管的罪犯，按规定及时纳入管理范围。

第三节 办案公安机关与司法所的衔接

第二十条 被判处管制、宣告缓刑、假释、剥夺政治权利和暂予监外执行的罪犯违反有关治安管理处罚法律规定被给予治安拘留的或重新犯罪被羁押的，办案公安机关及时通过罪犯居住地的公安派出所向司法所通报情况。

第三章 监狱与区县司法行政机关的衔接

第二十一条 监狱、未成年犯管教所在提请人民法院对罪犯假释时，或者附加剥夺政治权利的罪犯刑满释放前二个月，将提请假释、预放罪犯名单书面通知罪犯居住地的区县司法局基层科（社区矫正科）核实居住地，区县司法局基层科（社区矫正科）及时反馈核实结果。

提请假释、预放罪犯名单的项目按上述第五条第二款的规定提供。

第二十二条 附加剥夺政治权利的罪犯刑满释放前一个月，监狱、未成年犯管教所将刑满释放人员通知书寄送罪犯居住地的区县司法局基层科（社区矫正科），由基层科（社区矫正科）通知司法所动员罪犯的亲属在释放之日将其接回。监狱、未成年犯管教所发现罪犯个人或家庭有特殊情况的，需向区县司法局通报。

罪犯假释的或者决定暂予监外执行的，监狱、未成年犯管教所及时将出监所日期通过罪犯居住地的区县司法局基层科（社区矫正科）通知司法所，司法所动员罪犯的亲属在出监所之日将其接回。

第二十三条 假释、附加剥夺政治权利的罪犯或者暂予监外执行的罪犯出监所前，监狱、未成年犯管教所组织其学习社区矫正有关知识和相关规定，教育罪犯出监所后自觉接受社区矫正，并令其在接受社区矫正保证书上签字。

第二十四条 罪犯出监所当日，监狱、未成年犯管教所发给并宣读社区矫正告知书，告知其自出监所之日起七日内持假释证明书、释放证明书、暂予监外执行证明书到居住地的司法所报到接受社区矫正。

第二十五条 监狱、未成年犯管教所自假释或者附加剥夺政治权利的罪犯出监所之日起七日内将法律文书（复印件）和有关手续以特快专递的方式寄送罪犯居住地的区县司法局基层科（社区矫正科）和公安分县局人口管理处（科）。

罪犯假释的，寄送的法律文书（复印件）和有关手续包括：假释裁定书、刑事判决书、最后一次减刑的刑事裁定书、出监所鉴定表、心理评估表、接受社区矫正保证书、寄送回执。

罪犯刑满释放后继续剥夺政治权利的，寄送的法律文书（复印件）和有关手续包括：刑事判决书、最后一次减刑的刑事裁定书、出监所鉴定表、心理评估表、接受社区矫正保证书、寄送回执。

罪犯刑满释放后继续剥夺政治权利的，监狱、未成年犯管教所在向其居住地的区县司法局和公安分县局寄送法律文书和有关手续时，将刑满释放人员通知书（复印件）寄送其居住地的区县人民检察院监所检察处（科）。

第二十六条 市监狱管理局批准罪犯暂予监外执行后，监狱、未成年犯管教所自接到批复之日起七日内将法律文书（复印件）和有关手续直接送罪犯居住地的区县司法局基层科（社区矫正科）和公安分县局人口管理处（科）。紧急保外就医的，立即送达。

送达的法律文书（复印件）和有关手续包括：暂予监外执行通知书、暂予监外执行审批表、病残鉴定表、暂予监外执行具保书、刑事判决书、最后一次减刑的刑事裁定书、出监所鉴定表、心理评估表、接受社区矫正保证书。

监狱、未成年犯管教所在向暂予监外执行罪犯居住地的区县司法局和公安分县局送达法律文书和有关手续时，将暂予监外执行通知书（复印件）送达罪犯居住地的区县人民检察院监所检察处（科）。

第二十七条 市监狱管理局接收外省市监狱管理机关批准的暂予监外执行罪犯后，指定负责管理该犯的监狱、未成年犯管教所及时将法律文书（复印件）和有关手续直接送罪犯居住地的区县司法局基层科（社区矫正科）和公安分县局人口管理处（科），并督促罪犯到司法所报到接受社区矫正。

送达的法律文书（复印件）和有关手续包括：暂予监外执行通知书、暂予监外执行审批表、病残鉴定表、暂予监外执行具保书、刑事判决书、最后一次减刑的刑事裁定书、出监所鉴定表和市监狱管理局指定监狱、未成年犯管教所接收罪犯的有关证明。

监狱、未成年犯管教所在向暂予监外执行罪犯居住地的区县司法局和公安分县局送达法律文书和有关手续时，将暂予监外执行通知书存根（复印件）送达罪犯居住地的区县人民检察院监所检察处（科）。

第二十八条 区县司法局基层科（社区矫正科）收到法律文书和有关手续，认真查验，详细登记备案。

法律文书和有关手续无误的，区县司法局基层科（社区矫正科）及时转交司法所，同时将寄送回执以挂号信的方式寄回监狱、未成年犯管教所；法律文书和有关手续有误可能导致错误执行刑罚的，立即通知监狱、未成年犯管教所更正。

第二十九条 监狱机关批准暂予监外执行的罪犯未在规定的期限内报到参加社区矫正的、私自脱离监管去向不明的，或者在暂予监外执行期间死亡的，司法所及时通过区县司法局基层科（社区矫正科）向原关押监狱、未成年犯管教所书面通报情况。罪犯在暂予监外执行期间死亡的，还需附医院出具的死亡证明（复印件）和公安派出所出具的户口注销证明（复印件）。

监狱机关批准暂予监外执行的罪犯在暂予监外执行期间刑期届满的，司法所及时通过区县司法局基层科（社区矫正科）提前三十日向原关押监狱、未成年犯管教所书面通报罪犯在接受社区矫正期间的表现情况，并督促其按期到监狱、未成年犯管教所办理释放手续。

第四章 监督和责任追究

第三十条 人民法院、公安机关、监狱机关在参与社区矫正工作中应加强与区县司法行政机关的衔接，明确责任部门和责任人，并对责任部门和责任人执行本规定的情况加强监督检查，发现问题，及时纠正。

第三十一条 人民检察院对社区矫正工作的衔接环节进行重点监督，发现违反本规定的情形，及时向有关单位提出检察建议。

第三十二条 凡违反上述规定，致使被判处管制、宣告缓刑、假释、剥夺政治权利和暂予监外执行的罪犯漏管、脱管，造成严重后果的，依法追究有关人员的责任。

第五章 附 则

第三十三条 本规定中所称的"被判处管制、宣告缓刑、假释、剥夺政治权利以及暂予监外执行的罪犯"，仅指有北京市户口并在北京居住的被判处管制、宣告缓刑、假释、剥夺政治权利以及暂予监外执行的罪犯。

第三十四条 本规定自二○○五年十月一日起执行。北京市高级人民法院、北京市人民检察院、北京市公安局、北京市司法局、北京市监狱管理局下发的《社区矫正对象接收工作衔接规定（试行）》（京司发〔2003〕210号）同时废止。

北京市安全生产监督管理局 北京市人民检察院 北京市公安局 北京市监察局 北京市总工会 《关于依法严肃追究生产安全事故责任和移送涉嫌刑事犯罪案件的意见》

（2006年3月2日）

为贯彻落实市委、市政府对安全生产工作的要求，切实履行保护人民群众生命财产安全的职责，依法调查处理生产安全事故，严厉追究生产安全事故责任人责任，对生产经营单位主要负责人及直接责任人构成犯罪的，依法追究刑事责任，依据《中华人民共和国刑法》、《中华人民共和国安全生产法》等法律法规，提出如下意见：

一、生产安全事故调查处理

（一）发生一次死亡1—2人的生产安全事故，由事故发生地安全生产监督管理部门会同同级公安和监察部门、区县总工会以及行业主管部门等组成事故调查组，进行调查。

（二）发生一次死亡3人以上重大、特大生产安全事故，由市安全生产监督管理部门会同同级公安和监察部门、市总工会、行业主管部门等组成事故调查组，进行调查。

（三）发生一次死亡30人以上特别重大生产安全事故，依照国家有关法律法规组成事故调查组，进行调查。

（四）煤矿企业发生的伤亡事故，由北京煤矿安全监察分局会同相关部门，依照国家有关法律、法规的规定调查处理。

（五）发生造成人员死亡、较大经济损失或者严重社会影响的生产安全事故，事故调查组根据事故具体情况应当邀请人民检察机关参加调查。

（六）事故调查组工作职责

1. 查明事故发生的原因、过程和人员伤亡、经济损失情况；
2. 确定事故责任者；
3. 提出事故处理意见和防范措施的建议；
4. 出具事故调查报告。

（七）事故责任认定

1. 事故调查组调查中，发现政府和政府有关部门直接负责的主管人员和其他直接责任人、国家行政机关任命的其他人员有违反国务院《关于特大安全事故行政责任追究的规定》和《北京市关于重大安全事故行政责任追究的规定》的规定行为，应在调查报告中明确提出给予行政责任人行政处分的建议。

2. 事故责任人违反法律、法规的，应在调查报告中明确提出给予责任人（包括生产经营单位）行政处罚的建议。

3. 发现事故责任人存在涉嫌犯罪行为（触犯《刑法》第134条重大责任事故罪、第135条重大劳动安全事故罪、第136条危险物品肇事罪、第385条受贿罪、第389条行贿罪、第397条滥用职权罪、玩忽职守罪等），事故调查组在事故调查报告中应明确提出追究涉嫌犯罪责任人刑事责任的建议。

（八）事故调查报告审批备案程序

1. 死亡3人以上重大、特大事故，事故调查组在事故发生后60日内，出具事故调查报告，报市人民政府批复，同时报国家安全生产监督管理总局。遇有特殊情况，可以适当延长时间，但不得超过90日。

死亡1—2人事故，事故调查组在事故发生后30日内，出具事故调查报告，报区县人民政府批复，同时报市安全生产监督管理局。遇有特殊情况，可以适当延长时间，但不得超过60日。

2. 区县安全生产监督管理局在事故调查报告批复后30日内，将事故处理及事故单位落实防范措施的整改工作情况，报市安全生产监督管理局备案。

二、涉嫌刑事犯罪案件移送程序

各级人民政府批复后，事故调查报告中建议对事故责任人追究刑事责任的，安全生产监督管理部门按照法律法规规定向公安、检察机关办理相关移送手续。

各级安全生产监督管理部门对应移送的涉嫌犯罪案件，由办案人员提出移送涉嫌犯罪案件的书面报告，报经承办部门分管负责人审批，分管负责人应在3个工作日内作出批准移送或不批准移送的决定。对于批准移送的案件应由办案人员填写案件移送文书，在24小时内向公安、检察机关移送涉嫌犯罪案件移送文书、有关检验报告和其他有关涉嫌犯罪的材料。决定不批准的，应当将不予批准的理由记录在案。

公安、检察机关对安全生产监督管理部门移送的涉嫌犯罪案件，应当在涉嫌犯罪案件移送书的回执上签字。被移送机关对所移送的案件进行审查，认为有犯罪事实，需要追究刑事责任，依法决定立案的，应当书面通知移送案件的机关；认为没有犯罪事实，或者犯罪事实显著轻微，不需要追究刑事责任，依法不予立案的，应当说明理由，并书面通知移送案件的机关，退回案卷材料。

对案件基本事实清楚，经初步调查认定当事人有犯罪嫌疑或者当事人有逃逸迹象的，公安机关可以先行立案并采取刑事强制措施。

三、工作要求

参加事故调查组的成员单位及事故调查人员，要认真履行职责，秉公执法。存在玩忽职守、滥用职权的，依照《中华人民共和国刑法》第三百九十七条，追究其刑事责任。行政执法人员徇私舞弊，对依法应当移交司法机关追究刑事责任的不移交，情节严重的，依照《中华人民共和国刑法》第四百零二条规定，追究有关人员的刑事责任；情节轻微尚不构成犯罪的，依据相关法律法规规定，给予行政机关有关执法人员党纪、政纪处分。

北京市高级人民法院　北京市人民检察院　北京市公安局　北京市司法局　北京市监狱管理局《关于对监所罪犯减刑工作的规定》

（2007年6月1日）

根据《中华人民共和国刑法》、《中华人民共和国刑事诉讼法》、《中华人民共和国监狱法》、《最高人民法院关于办理减刑、假释案件具体应用法律若干问题的规定》，结合北京市监狱、看守所的实际情况，制定本规定。

第一章　减刑的原则

第一条　根据罪犯在服刑期间的悔改表现和所获奖励，刑罚和所处监所管理级别，遵循公开、公平、公正的原则，依法对罪犯减刑。

第二条　确有悔改表现，是指同时具备以下四个方面情形：认罪服法；认真遵守监规，接受教育改造；积极参加思想、文化、技术学习；积极参加劳动，完成生产任务。

监所罪犯确有悔改表现的，可以给予综合奖励；罪犯有重大立功表现、立功表现或其他突出表现的，经市监狱管理局或者市公安局批准，还可以给予单项奖励。

综合奖励：监狱（看守所）改造积极分子；监狱（看守所）嘉奖；监狱（看守所）表扬。

单项奖励：重大立功；立功；局嘉奖。

第三条　根据罪犯服刑期间所获不同奖励和获得奖励时分别所处监所管理级别，确定对罪犯减刑的刑期。

第四条　监所提请对罪犯减刑的刑期，一般预留呈报、裁定程序所需的二至三个月和出监所前教育三个月的时间。

获得重大立功奖励的，不受上述限制。

第五条　根据罪犯获得监狱（看守所）改造积极分子奖励，或者获得立功、局嘉奖奖励的，可以减刑；获得重大立功奖励的，应当减刑。

罪犯获得监狱（看守所）嘉奖、监狱（看守所）表扬奖励的，符合下列情形之一的，可以减刑：

（一）扣除本规定第四条第一款规定的时间，计算所余刑期，不具备获得监狱（看守所）改造积极分子时间条件的；

（二）无期徒刑（含死刑缓期二年期满减为无期徒刑）的罪犯，服刑期满二年的；

（三）死刑缓期执行的罪犯，获得重大立功奖励，缓期二年期满，减为有期徒刑的。

第六条　罪犯又犯罪或者被发现余罪判刑的，或者严重违纪受到警告、记过、记大过、禁闭处分的，除应当减刑的重大立功外，尚未使用的其他奖励无效。

第七条　连续获得两种以上奖励的，累计计算一次减刑的刑期，超出本规定相关条款规定的减刑幅度未使用的低位奖励，可以在下次减刑使用。

第八条　有期徒刑罪犯减刑后，实际执行刑期不得少于原判刑期的二分之一，其起始时间从判决执行之日起计算，判决执行以前先行羁押的，羁押一日折抵刑期一日。

无期徒刑罪犯减刑后，从无期徒刑判决确定之日起，实际执行的刑期不得少于十年。

死刑缓期执行罪犯减刑后，从死刑执行期满之日起，实际执行的刑期不得少于十二年（不含死刑缓期执行的二年）。

第二章　有期徒刑罪犯减刑

第九条　不满五年有期徒刑的罪犯，服刑一年以上；五年以上有期徒刑的罪犯，服刑一年六个月以上，符合本规定的，可以首次减刑。

第十条　不满五年有期徒刑的罪犯，减刑间隔一般十个月以上；五年以上有期徒刑的罪犯，减刑间隔一般一年以上；十年以上有期徒刑的罪犯，上次减刑二年至三年的，减刑间隔一般不得少于二年。

第十一条　有期徒刑罪犯获得综合奖励，符合本规定第五条规定的，按照下列标准，累计减刑的刑期：

获得一次监狱（看守所）改造积极分子奖励的，根据宽管、普管、严管级别，分别减刑十二个月、十一个月、十个月。

获得一次监狱（看守所）嘉奖奖励的，根据宽管、普管、严管级别，分别减刑九个月、八个月、七个月。

获得一次监狱（看守所）表扬奖励的，根据宽管、普管、严管级别，分别减刑六个月、五个月、四个月。

第十二条　有期徒刑罪犯获得单项奖励的，按照下列标准，累计减刑的刑期：

获得一次重大立功奖励的，减刑一至二年。

获得一次立功奖励的，减刑九个月。

获得一次局嘉奖奖励的，减刑五个月。

第十三条　有期徒刑罪犯获得综合奖励的，或者获得立功、局嘉奖奖励的，一次减刑一般不超过一年；获得综合奖励并获得立功、局嘉奖奖励的，或者获得重大立功奖励的，一次减刑一般不超过二年。

第十四条　判处十年以上有期徒刑（含死刑缓期执行、无期徒刑减为有期徒刑）的罪犯，悔改表现突出的，一次减刑一般不超过二年；悔改表现突出并获得立功或者局嘉奖奖励的，或者获得重大立功奖励的，一次减刑一般不超过三年。

第三章　无期徒刑罪犯减刑

第十五条　无期徒刑（含死刑缓期期满减为无期徒刑）的罪犯，确有悔改表现、未受处分的，服刑二年后，可以减为二十年有期徒刑。

第十六条　确有悔改表现，并获得综合奖励的或者立功、局嘉奖奖励的，可以减为十九年七个月至十八年有期徒刑。

对无期徒刑罪犯减刑，以减为二十年有期徒刑为起算点。获得两种以上奖励的，在减刑的幅度内，按照下列标准，累计减刑的刑期：

获得一次监狱（看守所）改造积极分子奖励的，减刑十二个月。

获得一次监狱（看守所）嘉奖奖励的，减刑九个月。

获得一次监狱（看守所）表扬奖励的，减刑六个月。

获得一次重大立功奖励的，减刑二年至三年。

获得一次立功奖励的，减刑九个月。

获得一次局嘉奖奖励的，减刑五个月。

第十七条　悔改表现突出的，可以减为十八年有期徒刑。

悔改表现突出，并获得监狱（看守所）嘉奖、监狱（看守所）表扬、立功奖励、局嘉奖奖励的，分别按照本规定第十六条的规定，累计减刑的刑期，但是，减刑不得低于十七年有期徒刑。

悔改表现突出，并获得重大立功奖励的，视重大立功情节，可以减为十八年至十五年有期徒刑；重大立功情节特别突出的，可以减为十五年至十三年有期徒刑。

第十八条　在无期徒刑服刑期间，受到警告、记过、记大过、禁闭处分，又确有悔改表现的，从无期徒刑服刑二年期满之日起，顺延六个月、七个月、八个月、九个月，方可减刑；受处分两次以上的，累计顺延时间。

第十九条　在无期徒刑服刑期间，又犯罪或者被发现余罪，新罪被判处有期徒刑刑罚的，从新判决确定之日起，服刑满二年六个月，确有悔改表现的，方可减刑；新罪被判处无期徒刑的，从新判决确定之日起，服刑满二年九个月，确有悔改表现的，方可减刑。

第二十条　无期徒刑（含死刑缓期期满减为无期徒刑）服刑期满五年，未获减刑的，可以减为二十年有期徒刑。

第四章　死刑缓期执行罪犯减刑

第二十一条　死刑缓期执行的罪犯，在死刑缓期执行期间，没有故意犯罪，缓期二年期满，减为无期徒刑。

获得重大立功奖励的，缓期二年期满，视重大立功情节，可以减为二十年至十八年有期徒刑。

获得重大立功奖励，并获得其他奖励的，以减为二十年有期徒刑为起算点，按照本规定第十六条的规定，累计减刑的刑期，但是，减刑不得低于十五年有期徒刑。

第二十二条　死刑缓期执行期间，没有获得重大立功奖励的，其所获得的监狱（看守所）改造积极分子、监狱（看守所）嘉奖、监狱（看守所）表扬、立功或者局嘉奖奖励，与无期徒刑服刑期间获得的奖励，在减为有期徒刑时累计使用。

第二十三条　在死刑缓期执行期间受到处分的，减为无期徒刑后，按照本规定第十八条的规定，分别顺延由无期徒刑减为有期徒刑的时间。

第二十四条　在死刑缓期执行期间，被发现余罪又判刑的，减刑后执行无期徒刑服刑满三年，方可减刑。

第五章　未成年罪犯减刑

第二十五条　未成年罪犯，是指犯罪时未成年的罪犯。

第二十六条　未成年有期徒刑罪犯，服刑满一年，可以减刑。

减刑间隔一般在八个月以上；一次减刑二年以上的，减刑间隔在一年四个月以上。

第二十七条　在与成年罪犯同等条件下，对未成年有期徒刑罪犯，本规定第十一条至第十四条规定的减刑标准和幅度，各增加二个月。

第二十八条　未成年无期徒刑罪犯，服刑满一年六个月，确有悔改表现的，可以减为十八年有期徒刑。

对未成年无期徒刑罪犯减刑，以减为十八年有期徒刑为起算点。

获得一次监狱（看守所）改造积极分子奖励的，减刑一年二个月。

获得一次监狱（看守所）嘉奖奖励的，减刑十一个月。

获得一次监狱（看守所）表扬奖励的，减刑八个月。

获得一次重大立功奖励的，减刑二年至三年。

获得一次立功奖励的，减刑十一个月。

获得一次局嘉奖奖励的，减刑七个月。

第二十九条　获得两种以上监狱（看守所）嘉奖、监狱（看守所）表扬、立功奖励、局嘉奖奖励的，分别按照本规定第二十八条的相关规定，累计减刑的刑期，但是，减刑不得低于十六年有期徒刑。

获得重大立功奖励的，视重大立功情节，可以减为十六年至十五年有期徒刑；并获得其他奖励的，或者重大立功情节特别突出的，可以减为十五年至十三年有期徒刑。

第三十条　未成年罪犯，在无期徒刑执行期间，受到警告、记过、记大过、禁闭处分后，确有悔改表现的，从无期徒刑服刑满一年六个月之日起，顺延三个月、四个月、五个月、六个月，方可提请减刑；受处分两次以上的，累计顺延时间。

第三十一条　未成年罪犯，在无期徒刑服刑期间，又犯罪或者被发现余罪，新罪被判处有期徒刑刑罚的，从新判决确定之日起，服刑满二年，确有悔改表现的，方可减刑；新罪被判处无期徒刑的，从新判决确定之日起，服刑满二年三个月，确有悔改表现的，方可减刑。

第三十二条　未成年罪犯，无期徒刑服刑期满三年，未获减刑的，可以减为十八年有期徒刑。

第六章　附加剥夺政治权利罪犯减刑

第三十三条　剥夺政治权利终身的死刑缓期执行的罪犯，主刑减为有期徒刑时，剥夺政治权利可以减为七年。

第三十四条　剥夺政治权利终身的无期徒刑（含死刑缓期期满减为无期徒刑）的罪犯，主刑减为有期徒刑时，剥夺政治权利可以减为五年。未成年无期徒刑罪犯，主刑减为有期徒刑时，剥夺政治权利可以减为三年。

第三十五条　剥夺政治权利的有期徒刑（含死刑缓期执行、无期徒刑减为有期徒刑）的罪犯，主刑减刑时，获得一次监狱（看守所）改造积极分子、立功奖励的，剥夺政治权利可以分别减刑一年；获得一次重大立功奖励的，剥夺政治权利可以减刑二年。

第三十六条　减刑后剥夺政治权利的最低刑期，原判死刑缓期执行的罪犯，不得低于四年；原判无期徒刑的罪犯，不得低于三年；原判有期徒刑的罪犯，不得低于一年。

第七章　相关规定

第三十七条　人民检察院对减刑工作实行监督。监所在向人民法院提请减刑的同时，应将拟提请减刑的罪犯名单、提请减刑建议书，书面通报派出人民检察院或者派驻检察室，派驻检察人员应当列席监所提请减刑评审会议。人民检察院对提请减刑有异议的，可以向有关人员调查、调阅有关卷宗，发现违反法律或者有关规定的，应当在五日内向监所提出书面纠正意见，监所在五日内回复书面查证结果。

第三十八条 在人民法院作出减刑裁定前，监所发现提请减刑不当的，应当及时向人民法院提交撤销提请减刑意见书，人民法院作出准予撤销提请减刑决定书。

第三十九条 人民法院应当将减刑裁定及时送达提请减刑的监所、派驻监所的人民检察院以及罪犯本人。

第四十条 人民检察院认为人民法院减刑裁定不当，应当在收到裁定书副本后二十日内，向人民法院提出书面纠正意见。人民法院收到书面纠正意见后，应当重新组成合议庭进行审理，并在一个月内作出最终裁定。

第四十一条 专案罪犯、重要罪犯、危害国家安全罪的罪犯、邪教组织犯罪骨干分子、犯罪集团首要分子、黑社会性质组织犯罪首要分子减刑的，根据相关规定先行请示上级机关。

第八章 附 则

第四十二条 本规定所称"悔改表现突出"，是指二十四个月内，连续获得两次监狱（看守所）改造积极分子奖励，并且尚未使用的情形。

第四十三条 监狱罪犯在看守所羁押期间，具有检举揭发他人犯罪线索等行为，后经查属立功、重大立功，尚未兑现的，由北京市公安局审核，具函并附相关证据、法律文书，转北京市监狱管理局依法办理。

第四十四条 本规定自二〇〇七年七月一日起执行。北京市原有规定与本规定不一致的，以本规定为准。本规定与新实施的法律和司法解释不一致的，执行法律和司法解释的相关规定。

第四十五条 二〇〇七年六月三十日前获得可以提请减刑、假释奖励的，根据从旧兼从轻的原则，可以选择适用本规定或者原规定。

北京市高级人民法院 北京市人民检察院 北京市公安局 北京市司法局 北京市监狱管理局《关于对监所罪犯假释工作的规定》

(2007年6月1日)

根据《中华人民共和国刑法》、《中华人民共和国刑事诉讼法》、《中华人民共和国监狱法》、《最高人民法院关于办理减刑、假释案件具体应用法律若干问题的规定》，结合北京市监狱、看守所的实际情况，制定本规定。

第一条 对监所罪犯假释，应当同时具备以下基本条件：

（一）原判有期徒刑罪犯已实际执行原判刑期二分之一以上，原判无期徒刑罪犯已实际执行十年以上，原判死刑缓期二年执行罪犯实际执行刑期不得少于十二年（不含死刑缓期执行的二年）；

（二）确有悔改表现，并获得可以提请减刑、假释奖励的。老年罪犯、残疾罪犯（不含自伤致残），没有获得可以提请减刑、假释的奖励，丧失作案能力或者生活不能自理，认罪服法，认真遵守监规，接受教育改造，假释后生活确有着落的；

（三）符合减刑后假释的法定间隔期限要求的；

（四）假释后不致再危害社会的；

（五）处于监狱宽管或者普管级别的；

（六）与罪犯是亲属、近邻、同村的被害人，对罪犯假释无异议的；

（七）居住地公安机关或者社区具有矫正组织监督管理条件，罪犯表示自愿接受社区矫正的。

因国家政治、国防、外交等方面特殊需要假释的，按法律规定的程序办理，可以不受上述规定的限制。

虽具备上述条件，但属于一九九七年十月一日以后犯罪并判刑的累犯以及因杀人、爆炸、抢劫、强奸、绑架等暴力性犯罪中的一罪被判处十年以上有期徒刑、无期徒刑、死刑缓期二年执行的罪犯，不得假释。

第二条 符合本规定第一条各项基本条件，并具有下列情形之一的，可以假释：

（一）原判不满五年有期徒刑的罪犯，获得可以提请减刑、假释的奖励的，计算应减刑期后余刑在六个月以内的。

（二）原判五年以上不满十年有期徒刑的罪犯，获得监狱嘉奖或者局级嘉奖以上奖励的，计算应减刑期后余刑在十个月以内的。

（三）原判十年以上不满十五年有期徒刑的罪犯，获得监狱改造积极分子或者立功以上奖励的，计算应减刑期后余刑在一年二个月以内的。

（四）原判十五年以上二十年以下有期徒刑的罪犯，获得监狱改造积极分子或者立功以上奖励的，计算应减刑期后余刑在一年六个月以内的。

（五）原判无期徒刑或者死刑缓期二年执行的罪犯，减为有期徒刑后，获得监狱改造积极分子或者立功以上奖励的，计算应减刑期后余刑在二年以内的。

第三条 符合本规定第一条假释的基本条件，不具有第四条规定的从严假释条件，具有下列情形之一，经查属实的，可以从宽假释：

（一）老年罪犯假释后生活确有着落，亲属或者有关单位同意接收，满六十五周岁，获得监狱改造积极分子或者立功以上奖励的；满七十周岁的。

（二）残疾罪犯假释后生活确有着落，亲属或者有关单位同意接收，经北京市监狱管理局中心医院鉴定，系不可逆转的双目失明、肢体瘫痪、四肢截肢二只以上、其他因残疾生活不能长期自理的（均不含自伤致残）。

（三）未成年时犯罪的罪犯，获得可以提请减刑、假释奖励，现不满二十周岁，有就读学校，罪犯的亲属、学校与居住地司法所签订假释考验期间帮教协议的。

（四）过失犯罪（交通肇事后逃逸的除外），防卫过当犯罪的罪犯，对家庭施暴人犯罪的女性罪犯，原判刑罚执行二分之一以上，获得监狱改造积极分子或者立功以上奖励；原判刑罚执行三分之二以上，获得可以提请减刑、假释奖励。

（五）罪犯的直系亲属、配偶病残，生活不能长期自理，非罪犯本人照顾不可的；女性罪犯因丧偶或者丈夫被判刑，有不满十六周岁子女确需本人抚养的，分别获得可以提请减刑、假释奖励，并由罪犯居住地公安派出所、司法所书面证明，区县公安局、司法局书面建议，经监所的上级机关北京市监狱管理局或者北京市公安局审核的。

（六）具有科技特殊专业技能，原单位因国家重大科研项目、国家重大生产建设需要的；统战对象、少数民族上层人士，因统战工作需要的，分别获得可以提请减刑、假释奖励，并由市级以上有关机关书面建议，经监所的上级机关北京市监狱管理局或者北京市公安局审核的。

同时具有本规定第二条、第三条所列两种以上情形，优先适用有利于罪犯的款项。

第四条 符合本规定第一条各项基本条件，但系连续犯罪、有前科劣迹、犯罪集团首犯，并具有下列情形之一的，从严假释：

（一）原判不满五年有期徒刑的罪犯，获得可以提请减刑、假释的奖励的，计算应减刑期后余刑在三个月以内的。

（二）原判五年以上不满十年有期徒刑的罪犯，获得监狱嘉奖或者局级嘉奖以上奖励的，计算应减刑期后余刑在五个月以内的。

（三）原判十年以上不满十五年有期徒刑的罪犯，获得监狱改造积极分子或者立功以上奖励的，计算应减刑期后余刑在七个月以内的。

（四）原判十五年以上二十年以下有期徒刑的罪犯，获得监狱改造积极分子或者立功以上奖励的，计算应减刑期后余刑在九个月以内的。

（五）原判无期徒刑或者死刑缓期二年执行的罪犯，减为有期徒刑后，获得监狱改造积极分子或者立功以上奖励的，计算应减刑期后余刑在一年以内的。

第五条 专案罪犯、重要罪犯、危害国家安全罪的罪犯、邪教组织犯罪骨干分子、犯罪集团首犯、黑社会性质组织犯罪的首犯假释的，根据规定先行请示上级机关。

第六条 原判有期徒刑的罪犯假释的，已执行原判刑期的起始时间，应当自判决执行之日起计算，判决执行以前先行羁押的，羁押一日折抵刑期一日。

原判无期徒刑的罪犯，减刑后假释的，实际执行刑期从无期徒刑判决确定之日起计算。

原判死刑缓期二年执行的罪犯，减刑后假释的，实际执行刑期从死刑缓期执行期满之日起计算。

第七条 罪犯减刑后假释的，间隔一般为一年；上次减刑二年以上后假释的，间隔不得少于二年。

原判不满五年有期徒刑的罪犯，减刑后假释的，间隔不得少于十个月。

未成年时犯罪的罪犯，减刑后假释的，间隔不得少于八个月；上次减刑二年以上后假释的，间隔不得少于一年六个月。

第八条 "确有悔改表现"，是指同时具备以下四种情形：认罪服法；认真遵守监规，接受教育改造；积极参加思想、文化、技术教育；积极参加劳动完成生产任务。

第九条 "不致再危害社会"，是指罪犯在刑罚执行期间一贯表现好，确具备本规定第八条规定的情形，不致再违法、犯罪的，或者系老年罪犯、残疾罪犯，丧失作案能力或生活不能自理的。

第十条 监狱罪犯的"可以提请减刑、假释的奖励"，是指综合奖励：监狱改造积极分子、监狱嘉奖、监狱表扬；单项奖励：重大立功、立功、局级嘉奖。

第十一条 "连续犯罪"，是指连续作案二起以上的故意犯罪。

第十二条 "前科"，是指罪犯在判刑前曾受过刑事处罚。"劣迹"，是指罪犯在判刑前曾受过行政拘留、强制劳动、少年管教、劳动教养等行政处罚。

第十三条 人民检察院对假释工作实行监督。监所在向人民法院提请假释的同时，应将拟提请假释的罪犯名单、提请假释建议书，书面通报派出人民检察院或者派驻检察室，派驻检察人员应当列席监所提请假释评审会议。人民检察院对提请假释有异议的，可以向有关人员调查、调阅有关卷宗，发现违反法律或者有关规定的，应当在五日内向监所提出书面纠正意见，监所在五日内回复书面查证结果。

第十四条 在人民法院作出假释裁定前，监所发现提请假释不当的，应当及时向人民法院提交撤销提请假释意见书，人民法院作出准予撤销提请假释决定书。

第十五条 人民法院应当将假释裁定及时送达提请假释的监所、派驻监所的人民检察院、罪犯居住地的区县人民检察院、司法局、公安派出所以及罪犯本人。

第十六条 人民检察院认为人民法院假释裁定不当的，应当在收到裁定书副本后二十日内，向人民法院提出书面纠正意见。人民法院收到书面纠正意见后，应当重新组成合议庭进行审理，并在一个月内作出最终裁定。

第十七条 对北京市公安局所属各看守所代为执行和留所执行的罪犯"可以提请减刑、假释的奖励"考核制度，由北京市公安局另行制定，同北京市高级人民法院、北京市人民检察院协商一致后下发执行。

第十八条 本规定自二〇〇五年一月一日起执行。北京市原有规定与本规定不一致的，以本规定为准。如本规定与新实施的法律和司法解释不一致的，执行法律和司法解释的相关新规定。

第十九条 本规定实施前，获得可以提请减刑、假释奖励的，执行原规定。本规定实施前后，均获得可以提请减刑、假释奖励的，分别计算应减刑期后，执行本规定。

北京市公安局　北京市人民检察院　北京市高级人民法院 北京市监狱管理局　北京市劳动教养工作管理局 《关于坦白检举违法犯罪线索转递查证工作的规定》

(2007年6月25日)

为规范坦白检举违法犯罪线索查证工作，及时查证在押人员坦白检举的违法犯罪线索，维护在押人员的合法权益，依法惩处各类违法犯罪行为，依据《中华人民共和国刑法》第六十七条、第六十八条的规定，现对在押犯罪嫌疑人、被告人、服刑人员、劳教人员在审查起诉、审判阶段以及刑罚、劳动教养执行期间坦白、检举的违法犯罪线索的转递、查证工作，规定如下：

一、线索转递接收

北京市各级人民法院、人民检察院、市监狱管理局、劳动教养工作管理局在审查起诉、审判以及刑罚、劳动教养执行期间获取在押人员坦白、检举违法犯罪线索后，应依据案件管辖原则，转递有管辖权的侦查单位查证并依法处理。

（一）属于本市公安机关管辖的违法犯罪线索，转递公安机关法制部门接收。

1. 市高级人民法院、市第一、第二中级人民法院、市人民检察院、第一、二分院、市监狱管理局、市劳动教养工作管理局获取的坦白检举线索，转递市公安局法制办公室接收。

2. 区、县人民法院、人民检察院获取的坦白检举线索，转递审理在押人员的公安分、县局法制部门接收。

（二）属于本市检察机关管辖的贪污贿赂、渎职犯罪违法犯罪线索，转递各级检察机关反贪、渎检部门接收。

（三）不属于本市管辖的违法犯罪线索，转递有管辖权的外省市公安、检察机关查证。

二、线索转递规格

转递在押人员坦白检举违法犯罪线索，应根据一案一表的原则，填写《坦白检举违法犯罪线索登记表》（见附表），并附下列相关材料，对转递坦白检举线索情况不清、无法开展查证工作的，接收单位可退回原单位补充工作。

（一）坦白检举人员的亲笔供词、讯问（询问）笔录，明确记录被检举人员的自然情况、联络方式，坦白检举人与被检举人相互关系；违法犯罪的时间、地点、手段、过程、情节、后果等。

（二）坦白检举人员的判决书、劳动教养决定书等法律文书复印件。

（三）涉及在押被检举人员的羁押地点、处理情况材料。

三、线索查证程序

公安机关查证在押人员坦白检举违法犯罪线索工作,按照下列程序开展,检察机关反贪、渎检部门可参照办理。

(一)市公安局接收转递的坦白检举犯罪线索,由市公安局法制办公室执法监督处,对转递材料审查并报经主管领导批准后,批交相关办案单位查证。

1. 对在押犯罪嫌疑人、被告人、服刑人员、劳教人员主动坦白或检举同案犯的线索,交由原预审部门查证。

2. 对检举同案犯以外在押犯罪嫌疑人、被告人、服刑人员、劳教人员的线索,交由被检举人原预审部门查证。

3. 对检举其他人员的线索,原则上交由管辖地分县局查证,对其中重特大线索交由市局相关总队、局、处查证。

4. 对管辖不明的线索,由法制办公室指定单位查证。

(二)公安分、县局接收转递的坦白检举犯罪线索,由法制部门对转递材料审查并报经主管领导批准后,根据市局批交查证的原则,交相关办案部门查证。

(三)各有关办案单位接到法制部门批交的线索后,应立即开展查证工作,原则上应于15日内查证完毕,对在15日内无法完成查证工作的疑难、复杂、敏感线索,应向法制部门书面报告原因、下步工作安排及拟办结时间,由法制部门予以督办。

(四)各有关办案单位对线索查证完毕后,应制作查证情况结果及认定意见的书面报告,连同相关《接受刑事案件登记表》、《立案决定书》、《刑事案件破案报告书》、强制措施法律手续、讯问笔录、证人证言等必要法律手续、证据材料复印件,交由法制部门审核,法制部门认为需要继续补充工作的,应提出补充工作意见,并要求办案单位限期完成。

四、查证结果回复

公安机关查证在押人员坦白检举违法犯罪线索后,统一由公安机关法制部门回复线索转递机关。检察机关反贪、渎检部门可参照办理。

(一)市公安局法制办公室负责回复市高级人民法院、市第一、第二中级人民法院、市检察院、第一、二分院、市监狱管理局、市劳动教养工作管理局转递的在押人员坦白检举线索的查证情况。

(二)公安分、县局法制部门负责回复区、县人民法院、人民检察院转递的在押人员坦白检举线索的查证情况。

(三)公安机关回复材料应当包括:查证结果函以及必要法律手续、证据材料复印件,查证结果函中应注明在押人员坦白检举的线索经查证是否属实、是否无法查明,查证属实的线索系属于公安机关不掌握、公安机关已掌握但未查获涉案嫌疑人、公安机关已破获案件等各种具体情形。

五、附则

本规定自发布之日起执行,此前规范性文件中与本规定不一致的,按本规定执行。

北京市高级人民法院 北京市人民检察院 北京市公安局 北京市国家安全局 北京市司法局 北京市监狱管理局《关于罪犯交付监狱收监执行工作的规定》

(2007年12月12日)

第一条 为进一步规范全市看守所罪犯交付监狱收监执行工作,根据《中华人民共和国刑法》、《中华人民共和国刑事诉讼法》、《中华人民共和国监狱法》、《最高人民法院关于执行〈中华人民共和国刑事诉讼法〉若干问题的解释》等规定,结合北京市工作实际,特制定本规定。

第二条 对北京市各级人民法院判处有期徒刑、无期徒刑、死刑缓期二年执行的已决罪犯,看守所应当自收到法院的执行通知书、刑事裁判书之日起一个月内,交付监狱执行刑罚。监狱应当依法查验法律文书,对罪犯进行体检。

经查验,规定的法律文书齐全、无误,罪犯体检合格的;或者罪犯虽患有严重疾病,但符合法定收监执行规定的;或者经法院裁定撤销缓刑、撤销假释,或者决定收监执行的,监狱应予收监。

经查验,没有规定的法律文书,或者法律文书不齐全,或者记载有误的,监狱不予收监;经体检罪犯具有法定暂不收监情形的,可以暂不收监。

余刑不足一年的罪犯,由看守所执行。

第三条 北京市公安局、北京市监狱管理局,分别负责指导协调全市看守所罪犯交付监狱收监执行的交接工作。北京市外地罪犯遣送处(北京市天河监狱)统一负责对全市看守所罪犯交付监狱收监执行的工作。

第四条 北京市各级检察机关监所检察部门,负责对本辖区看守所罪犯交付监狱收监执行工作,对裁定撤销缓刑、撤销假释,或者决定暂予监外执行、收监执行工作,进行检察监督。北京市人民检察院,负责指导协调全市监所检察部门的检察监督工作。

第五条 办理收监,一般在每周二、三、四的八时三十分至十一时三十分,十三时三十分至十六时三十分。法定节假日前后三日内,不办理收监。遇特殊情况,由北京市公安局监所管理处与北京市监狱管理局刑罚执行处协商办理。

第六条 北京籍罪犯收监执行的,监狱应验收的法律文书:一审刑事判决书、二审刑事裁判书、结案登记表各二份,起诉书副本、执行通知书各一份。

第七条 外省籍罪犯收监执行的,监狱应验收的法律文书:一审刑事判决书、二审刑事裁判书、结案登记表各二份,逮捕证复印件、起诉书副本、执行通知书各一份,以及罪犯指纹卡复印件二份、照片三张、底版一张。

第八条 外国籍、港、澳、台籍罪犯收监执行的,监狱除验收本规定第六条规定的法律文书外,对外国籍罪犯,还应验收护照、居留证或者复印件;对港、澳、台籍罪犯,还应验收香港、澳门身份证、台胞证或者复印件。

上述证件不全的,监狱应验收相关机关关于罪犯身份的证明文件。

第九条 精神病罪犯收监执行的,监狱还应验收市政府指定的精神病司法鉴定医院的司法鉴定书或者复印件一份。

第十条 邪教类等上级机关有特殊规定的罪犯,在收监执行前,由北京市监狱管理局刑罚执行处先行查验法律文书和相关工作说明,在七日内通知看守所将罪犯交付监狱收监执行。

第十一条 自报北京籍、外国籍、无国籍、港、澳、台籍身份不明的罪犯,可交付监狱收监执行。刑满释放前身份仍未查明的,对自报北京籍的,可暂不向相关机关转递刑满-释放通知书等衔接工作文件,暂不纳入本市安置帮教和社区矫正工作;对自报外国籍、无国籍的外国人,提前通知北京市公安局出入境管理部门,按有关规定办理;对自报港、澳、台籍的,可向台办、港、澳驻京机构通报,按有关规定办理。

自报外省籍身份不明的罪犯,待公安部、司法部修改原相关规定后,即可交付监狱收监执行。

第十二条 罪犯在缓刑考验期内,违反法律、行政法规或者国务院公安部门有关缓刑的监督管理规定,尚未构成新的犯罪,原作出生效缓刑裁判书的法院裁定撤销缓刑,收监执行的,监狱应验收的法律文书:撤销缓刑裁定书、原一、二审刑事裁判书各二份,原起诉书副本、原、新执行通知书、原结案登记表或者复印件各一份。

第十三条 本市监所假释的罪犯在假释考验期内,违反法律、行政法规或者国务院公安部门有关假释的监督管理规定,尚未构成新的犯罪,原作出假释裁定书的法院裁定撤销假释,收监执行的,监狱应验收的法律文书:撤销假释裁定书二份,原起诉书副本、原一、二审刑事裁判书、原执行通知书、原结案登记表、原假释裁定书、假释证明书或者复印件各一份。

第十四条 北京市外地罪犯遣送处交付执行的罪犯应进行体检,被判处死刑缓期二年执行、无期徒刑的罪犯和符合本规定第九条至第十三条规定的有期徒刑的罪犯,无论是否患有严重疾病,监狱应予收监。

被判处有期徒刑的其他罪犯,有下列情形之一的,可以暂不收监:

(一)有严重疾病需要保外就医的;
(二)怀孕或者正在哺乳自己婴儿的;
(三)因病残(不含自伤自残)生活不能自理的;
(四)患有其他可能需要保外就医的疾病的,如急性肝炎、浸润型结核病、艾滋病、皮肤病、性病等传染性严重疾病,以及危急重症高烧、昏迷、急腹症、恶性肿瘤待查等。

第十五条 体检发现罪犯有伤口未愈合或者有体内异物未排出的情形,由看守所带回妥善处置。待上述情形消失或者公安机关对异物无法排出作出相应说明的,可交付监狱收监执行。

第十六条 北京市外地罪犯遣送处医院不能当即作出化验、诊断结果的,由看守所带罪犯到市政府指定医院检查出具证明文件,北京市外地罪犯遣送处根据上述证明文件,确定是否收监。

第十七条 监狱暂不收监的,应向看守所出具暂不收监通知书,说明理由。公安机关将暂不收监通知书、相关证明文件,连同执行通知书,一并退回交付执行的法院。

法院收到上述法律文书后,依照刑事诉讼法第二百一十四条的规定,根据北京市法院统一委托的中国政法大学法大法庭科学技术鉴定研究所对监狱暂不收监的罪犯作出的鉴定结论书,对病情符合暂予监外执行条件,又无社会危险性的罪犯,在一个月内作出暂予监外执行决定书,由公安机关执行监管,司法行政机关进行社区矫正;对病情不符合暂予监外执行条件的罪犯,或者认为系可能有社会危险性的罪犯,作出收监执行决定书,监狱应予收监。

法院决定收监执行的，监狱除验收相关规定的法律文书外，还应验收收监执行决定书二份。

第十八条 外省籍罪犯患急性肝炎、浸润型结核病、艾滋病等传染性严重疾病，法院作出收监执行决定书的，北京市外地罪犯遣送处先行验收法律文书，在一个月内通知看守所办理收监执行遣送事宜。

第十九条 法院根据罪犯的生理、病理和可能有无社会危险性的实际状况，决定暂予监外执行的一定期限，每次最长一年。法院决定暂予监外执行的期限届满，仍符合暂予监外执行条件的，可以续期。法院根据罪犯暂予监外执行的法定情形是否消失的实际状况，依照本规定第十七条第二款的规定，经审查作出续期的暂予监外执行决定书或者收监执行决定书。

法院决定收监执行的，监狱除验收相关规定的法律文书外，还应验收收监执行决定书二份，原暂予监外执行决定书或者复印件一份、监外执行情形消失的证明文件。

第二十条 因违法行为、脱管，被法院裁定撤销缓刑、撤销假释，或者决定收监执行的罪犯，由处理违法行为羁押地的公安机关，或者向法院提出上述建议的公安机关，负责直接交付监狱收监执行。

暂予监外执行的罪犯疾病痊愈、病情基本好转或者期限届满，法院决定收监执行的，由原羁押的看守所，或者原办理取保候审、监视居住的公安机关，负责交付监狱收监执行；监所自行办理暂予监外执行的罪犯，由自行办理的监所负责收监执行。

第二十一条 交付监狱收监执行的，看守所应将罪犯私人的钱款、贵重物品统一造册，与北京市外地罪犯遣送处核对无误后，办理移交手续。

看守所负责外省籍罪犯被褥和服装的筹备工作：夏季（五月一日至十月三十一日）：被、褥、衣、裤、鞋；冬季（十一月一日至次年四月三十日）：被、褥、棉衣、棉裤、鞋。

第二十二条 执行本规定中如遇新情况、新问题，由北京市公安局、北京市监狱管理局协商办理；遇特殊复杂情况，由本规定会签机关协调办理。

第二十三条 北京市国家安全局、解放军驻京机关保卫部门，将罪犯交付北京市监狱管理局收监执行的，依照本规定执行。

第二十四条 本规定自印发之日起执行。北京市公安局、北京市监狱管理局《关于将罪犯和劳教人员送北京市监狱管理局分流中心集中收监收容调遣的联合通知》（京狱发字〔1999〕23号），同时废止。

北京市高级人民法院 北京市人民检察院 北京市司法局《关于简化适用刑事普通程序审理被告人认罪案件实施细则（试行）》

（2007年12月12日）

第一章 总则和基本原则

第一条 为维护司法公正和提高诉讼效率，深化审判方式改革和合理配置利用刑事诉讼资源，根据《中华人民共和国刑法》、《中华人民共和国刑事诉讼法》、《最高人民法院关于执行〈中华人民共和国刑事诉讼法〉若干问题的解释》、《最高人民检察院〈人民检察院刑事诉讼规则〉》和《最高人民法院、最高人民检察院、司法部关于适用普通程序审理"被告人认罪案件"的若干意见（试行）》，结合北京市刑事审判方式改革的实践，制定本实施细则。

第二条 本实施细则所称的简化适用刑事普通程序，是指对于被告人对被指控的基本犯罪事实无异议，并自愿认罪的案件，人民法院可以根据控辩双方的共同意愿，简化审理各方无异议的诉讼内容，重点审理有异议的诉讼焦点问题的刑事普通程序。

第三条 简化适用刑事普通程序审理案件，人民法院、人民检察院应当严格审查简化适用的条件。控辩审各方只对无异议的诉讼内容的陈述、讯问、发问、询问、举证、质证和辩论适度简化审理。

第四条 司法机关依法保护被告人自主选择适用审理方式的权利。简化适用刑事普通程序审理案件中，对于自愿认罪的被告人，参照坦白从宽的刑事政策，可以酌情从轻处罚。

通过被告人认罪、先行执行附带民事赔偿、财产刑和退赔等抚慰方式，双方当事人达成和解协议的，根据案件具体情节，对被告人还可以适当酌情从轻处罚。

第五条 控辩双方可以当庭提出相对明确的量刑建议。人民法院根据具体案情、被告人的罪责、对社会的危害程度和法定、酌定情节，控辩双方的量刑建议，依法做出判决。

第六条 简化适用刑事普通程序审理案件，应当保障控辩审各方平等的证据知悉权。

为保障被告人的合法权利和理智地自愿认罪，人民法院应当为没有委托辩护人的认罪被告人指定辩护律师。

第七条 简化适用刑事普通程序的范围，根据被告人认罪事实的范围而定，可以适用于审理全部或者部分案件事实，也可以适用于审理全部或者部分被告人。庭审中可以根据控辩审各方的意见，因案灵活交叉适用。

第八条 被害人、死亡被害人的近亲属及法定代理人、委托代理人出庭参加刑事诉讼的，应当依法保障他们的诉讼权利。

第二章 适用范围

第九条 简化适用刑事普通程序的案件，应同时具备以下四个条件：

（一）有辩护律师参加的第一审公诉案件；

（二）控辩双方认为指控的事实清楚，证据确实、充分；

（三）被告人对被指控的基本犯罪事实无异议，知悉自愿认罪和简化适用刑事普通程序的法律后果，自己可能被依法判处刑罚，仍做有罪供述；

（四）控辩审各方同意简化适用刑事普通程序审理案件。

第十条 被告人自愿认罪案件，具有下列情形之一的，不得简化适用刑事普通程序审理：

（一）被告人是外国人、无国籍人的；

（二）被告人是盲、聋、哑人、精神病人的；

（三）被告人可能被判处死刑的；

（四）有重大社会影响的；

（五）有认为指控的事实不清或者证据不足的；

（六）被告人可能不构成犯罪的；

（七）被告人没有委托或者拒绝接受指定辩护律师的；

（八）其他不宜简化适用的。

第十一条 被告人对指控的多起事实中或者数罪中的部分事实无异议，或者部分被告人对指控的单独的或者多起共同犯罪中的部分事实无异议，可以对均无异议的相关事实或者对相关事实均无异议的被告人，简化适用刑事普通程序审理。但是，对指控的共同犯罪的事实，有被告人不认罪、不同意简化适用或者供述明显不一致，影响对事实的认定和定罪量刑的除外。

第三章 提起程序

第十二条 简化适用刑事普通程序审理案件，一般由人民检察院或者辩护律师书面提出建议，人民法院征求他方意见后，确定是否简化适用刑事普通程序。

控辩双方未提出简化适用建议，人民法院认为可以简化适用的，可以书面征求控辩双方的意见，确定是否简化适用。

第十三条 人民检察院提出简化适用建议的，可以在起诉书尾部文字附列或者盖专用章提出简化适用建议。

第十四条 人民检察院在提出简化适用建议时，或者在同意他方提出简化适用建议的三日内，向人民法院移送全部证据。

简化适用刑事普通程序的起诉书，详细写明被告人基本情况，指控犯罪的时间、地点、动机、目的和罪过、手段、结果及影响量刑的法定、酌定情节等事实；适用的法律条款；制作起诉书可以逐项列举证明指控事实的证据和被告人供认等情况。

简化适用刑事普通程序，人民检察院移送的所有指控犯罪事实的"证据目录"，载明证据的名称和数量，简要注明每项证据拟证明的主要事实；"证人名单"，列明证人姓名、年龄、性别、职业、住址、通讯处；"主要证据复印件"，包括影响定罪量刑的法定、酌定情节等全部证据。

第十五条 人民检察院书面建议简化适用的，人民法院在送达起诉书副本时，一并送达或者转告被告人、法定代理人、辩护律师。辩护律师在得知后七日内，征求被告人、法定代理人意见后答复人民法院，必要时可以申请延期开庭。

辩方建议简化适用的，由辩护律师向人民法院提交《简化适用刑事普通程序审理案件建议书》（见附件样式1），人民法院送达或者转告人民检察院，人民检察院在得知后七日内答复人民法院。

人民法院建议简化适用的，向控辩双方送达《简化适用刑事普通程序审理案件建议书》，控辩双方在收到后七日内答复人民法院。

第十六条 各方有提出简化适用建议的，人民法院应一并向被告人送达《简化适用刑事普通程序审理案件被告人权利告知书》（见附件样式2），简介诉讼权利、适用条件、法律后果和注意事项等，供被告人慎重选择，一并详细核查被告人的基本情况。

第十七条 他方是否同意简化适用建议，可以口头答复人民法院。人民法院不同意或者得知他方不同意简化适用的，至迟在开庭七日前及时通知各方。

各方均同意简化适用的，人民法院在送达各方的《出庭通知书》中盖专用章注明："本案（部分）

简化适用刑事普通程序审理"。

第十八条 在庭审举证前,原不认罪的共同犯罪的被告人当庭认罪,各方口头达成一致意见的,可以当庭简化或者部分简化适用刑事普通程序审理。

第四章 适用程序

第十九条 庭审前证据交换

(一) 简化适用刑事普通程序审理的案件,辩护律师可以到人民法院查阅全部证据,摘抄、复制证据。其他辩护人经人民法院准许,可以查阅、摘抄、复制所指控的犯罪事实的材料。

(二) 控辩双方在人民检察院审查起诉阶段交换的证据,在起诉后应分别移送、提交人民法院。

(三) 人民检察院在起诉后又提供新证据,或者辩方有新证据需当庭举证的,至迟在开庭五日前提交人民法院,人民法院至迟在开庭三日前,将证据复印件转交出庭的各方。

(四) 辩护律师在查阅全部证据或者在新证据交换后,应当征询被告人、法定代理人的意见。辩护律师在人民检察院的证据目录或者主要证据复印件上,简要注明是否有异议,在开庭三日前提交人民法院;人民法院及时转交人民检察院。

第二十条 庭审开始阶段

审判长宣布开庭和案由,询问、告知被告人几项内容:

(一) 庭审前核查的被告人的基本情况是否属实。

(二) 告知被告人享有的各项诉讼权利,控辩审各方和其他诉讼参与人员名单,是否申请本案有关法定人员回避。

(三) 被告人的回答符合继续开庭条件的,审判长宣布进入庭审调查阶段。

第二十一条 庭审调查阶段

(一) 公诉人宣读起诉书。

(二) 审判长询问被告人是否知悉起诉书所指控的事实和罪名,对指控的基本事实是否有异议,是否自愿认罪;是否知悉庭审前书面告知的认罪和简化适用刑事普通程序可能导致的法律后果;是否同意简化适用刑事普通程序审理。

(三) 征询被告人的法定代理人、辩护律师和公诉人是否同意简化适用,诉讼各方一致同意的,审判长宣布:"鉴于被告人表示自愿认罪,根据×方的书面建议,×方同意,本院决定(部分)简化适用刑事普通程序审理本案。"

(四) 对无异议的事实,被告人可以简要或者省略陈述;对有异议的事实,被告人可以重点陈述。

(五) 对被告人无异议的事实,控辩双方可省略对被告人的讯问、发问。在审判长主持下,控辩双方重点对有异议的事实讯问、发问。合议庭可以补充讯问。

(六) 对无异议的事实和证据,控辩双方可不详细举证,仅需对证据的主要内容、所证明的事实和来源简要宣读或者说明。证明同一事实、情节的组合证据,可以一并简要举证、概括说明,再由对方质证和发表意见。

(七) 合议庭认为有必要调查核实的证据,控辩双方有异议的或者要求出示、宣读的证据,应重点举证、质证和发表意见。

(八) 附带民事诉讼的庭审调查,可以根据案件具体情况和各方的共同意愿,当庭调解审理或者简化适用刑事普通程序审理。

第二十二条 庭审辩论阶段

(一) 对经过庭审调查各方无异议的事实、证据,控辩双方可省略对相关内容的叙述和辩论;针对有异议的事实和相关证据、有争议的罪名、影响量刑的法定、酌定情节重点辩论。

(二) 控辩双方可以提出相对明确的量刑建议。

(三) 对未成年被告人的法庭帮助教育阶段,不得简化。

(四) 审判长应当综述控辩双方的辩论要点。

第二十三条 被告人最后陈述阶段被告人做最后陈述。

第二十四条 全部简化适用刑事普通程序审理的案件,一般当庭宣判;定期宣判的,一般不超过庭审后十日。

第五章 附 则

第二十五条 在宣判前的任何阶段,发现有不符合第九条规定或者具有第十条规定的情形之一的,应及时转为适用刑事普通程序审理,并通知诉讼各方,审限不重新计算。

符合《最高人民法院关于执行〈中华人民共和国刑事诉讼法〉若干问题的解释》第一百五十六条、第一百五十七条的规定,控辩双方可以建议或者申请延期审理,延期审理的时间不记入审限。

第二十六条　制作简化适用刑事普通程序判决书（见附件样式3），在审判经过段中写明："因被告人×××（部分）自愿认罪，根据×方的建议，×方同意，本院决定（部分）简化适用刑事普通程序审理本案。"

在判决书的理由段中写明："鉴于被告人×××认罪态度较好，（部分）简化适用刑事普通程序审理本案，（或者'被告人已先予执行附带民事赔偿、财产刑和退赔，双方当事人达成和解协议'），可以酌情从轻处罚"，并引用刑法第六十一条。

第二十七条　本实施细则的附件：《简化适用刑事普通程序审理案件建议书》、《简化适用刑事普通程序审理案件被告人权利告知书》和简化适用刑事普通程序审理案件的《刑事附带民事判决书》等诉讼文书样式及程序专用章样式，由北京市高级人民法院、北京市人民检察院、北京市司法局分别统一制作下发试用。

第二十八条　本实施细则自二○○八年一月一日起执行。

北京市高级人民法院　北京市人民检察院　北京市公安局《关于快速办理犯罪嫌疑人、被告人认罪的轻微刑事案件的意见》

（2007年12月18日）

为了提高诉讼效率，全面贯彻落实宽严相济的刑事司法政策，及时化解社会矛盾，实现办案的法律效果和社会效果的有机统一，为构建社会主义和谐社会服务，根据《中华人民共和国刑法》、《中华人民共和国刑事诉讼法》等有关法律，结合北京办理刑事案件工作实际，现就快速办理犯罪嫌疑人、被告人认罪的轻微刑事案件，提出如下意见：

一、快速办理犯罪嫌疑人、被告人认罪的轻微刑事案件，是对于案情简单、事实清楚、证据确实充分、犯罪嫌疑人、被告人认罪的轻微刑事案件，在遵循法定程序和期限、确保办案质量的前提下，简化工作流程、缩短办案期限的工作机制。

二、快速办理犯罪嫌疑人、被告人认罪的轻微刑事案件，应当坚持以下原则：

（一）严格依法原则。快速办理轻微刑事案件，必须严格执行法律规定的程序，可以简化内部工作流程，缩短各个环节的办案期限，但不能省略法定的办案程序。

（二）公正与效率相统一原则。在确保案件质量的前提下，要尽可能缩短办案周期，做到快捕、快侦、快诉、快判，实现既好又快地办理轻微刑事案件。

（三）庭审简易简化原则。对于符合简易程序规定的，应当适用简易程序审；对于不符合简易程序的，可以适用普通程序简化审。

（四）充分保障诉讼参与人诉讼权利原则。对于法律规定的诉讼参与人行使诉讼权利的期限不能缩短，绝不能为了追求快速审理而忽视对诉讼参与人权利的保护。

（五）及时化解社会矛盾的原则。把办理轻微刑事案件同解决社会矛盾紧密结合起来，通过建立快速办案机制，提高化解社会矛盾的效率。

三、快速办理犯罪嫌疑人、被告人认罪的轻微刑事案件，应当同时符合以下条件：

（一）案情简单，事实清楚，证据确实充分；

（二）可能判处三年以下有期徒刑、拘役、管制，单处罚金或者免予刑事处罚；

（三）犯罪嫌疑人、被告人承认实施了被指控的犯罪；

（四）适用法律无争议。

四、对于危害国家安全犯罪的案件、涉外刑事案件、故意实施的职务犯罪案件、共同犯罪中有犯罪嫌疑人、被告人不认罪的案件以及其他疑难、复杂的刑事案件，不适用本意见。

五、对于符合第三条规定的条件不符合本意见第四条规定的轻微刑事案件，应当在法定期限内，缩短办案期限，提高诉讼效率。

公安机关在人民检察院决定批捕后，应当在三十日内将案件侦查终结移送审查起诉；对于办理取保候审或者监视居住的案件应当在六十日内移送检察院审查起诉。

审查起诉时，应当在二十日内作出是否提起公诉的决定；办案任务重、案多人少矛盾突出的，应当在三十日内作出决定，不得延长办理期限。

人民法院立案后适用简易程序审理的，应当在二十日内审结；适用普通程序简化审理的，应当在三十日内审结。

六、人民检察院侦查监督部门对于侦查机关提请批准逮捕的轻微刑事案件，经审查认为符合快速办理条件的，应当填写《快速移送审查起诉建议书》，建议侦查机关及时移送审查起诉。

公安机关收到《快速移送审查起诉建议书》后，应当按照快速办理机制及时移送审查起诉。

人民法院对于人民检察院按照本意见提起公诉的轻微刑事案件，应当适用简易程序审理，或者普通程序简化审理。

七、各办案机关对不符合本意见第三条规定条件的案件，应当按照刑事诉讼法等相关规定转为适用普通程序办理。

八、本意见自印发之日起实施。

北京市高级人民法院　北京市人民检察院　北京市公安局《关于涉及森林和陆生野生动植物刑事案件管辖的通知》

(2008年4月9日)

为合理配制刑事司法资源，发挥办理刑事案件的专业化优势，根据《中华人民共和国刑法》、《中华人民共和国刑法修正案（四）》、《中华人民共和国刑事诉讼法》和有关司法解释、行政规章的规定，结合我市工作实际，就涉及森林和陆生野生动植物刑事案件统一指定管辖问题，通知如下：

一、发生在北京市涉及森林和陆生野生动植物刑事案件，统一由北京市公安局森林公安分局侦查、提请逮捕、预审、移送起诉；统一指定西城区人民检察院管辖批准逮捕、审查起诉、提起公诉；统一指定西城区人民法院管辖审理第一审案件。不批准逮捕、不起诉的复核案件，由市人民检察院第一分院办理。

其中，可能判处无期徒刑以上刑罚的或者其他复杂、疑难、影响重大的涉及森林和陆生野生动植物刑事案件，移送市公安局法制办公室审核，根据市级公检法机关的地域管辖办理。

二、北京市公安局森林公安分局办理的涉及森林和陆生野生动植物刑事案件，西城区人民检察院、西城区人民法院、北京市人民检察院第一分院、北京市第一中级人民法院，在审理期间，凭提押手续到西城区看守所办理换押，提讯、提解被羁押人。

三、各相关公检法机关要加强沟通配合，依法办理涉及森林和陆生野生动植物刑事案件，保护首都森林和野生动植物资源安全，维护首都林区社会秩序。

四、本通知所称"涉及森林和陆生野生动植物刑事案件"，是指《最高人民法院关于审理破坏森林资源刑事案件具体应用法律若干问题的解释》、《最高人民法院关于审理破坏野生动物资源刑事案件具体应用法律若干问题的解释》、《国家林业局公安部关于森林和陆生野生动物刑事案件管辖及立案标准》和《公安部刑事案件分工补充规定》所规定的相关刑事案件。

五、被统一指定管辖的各公检法机关，根据本通知直接受理案件。本通知自2008年5月1日起执行，原规定与本通知不一致的，执行本通知。

北京市高级人民法院　北京市人民检察院　北京市公安局　北京市司法局《关于对社区服刑罪犯撤销缓刑、撤销假释、决定收监执行工作的规定（试行）》

(2008年7月1日)

为贯彻宽严相济的刑事政策，规范对社区服刑罪犯撤销缓刑、撤销假释、决定收监执行的工作，维护监督管理、社区矫正工作的正常秩序，根据《中华人民共和国刑法》、《中华人民共和国刑事诉讼法》、《中华人民共和国治安管理处罚法》、《最高人民法院关于执行若干问题的解释》、司法部、最高人民检察院、公安部《罪犯保外就医执行办法》、公安部《公安机关对被管制、剥夺政治权利、缓刑、假释、保外就医罪犯的监督管理规定》、司法部《司法行政机关社区矫正工作暂行办法》，结合北京市的实际工作，制定本规定。

第一章　总　则

第一条　对社区服刑罪犯，贯彻宽严相济的刑事政策，以不增加社会治安风险为限度。

对符合法定条件的罪犯，适用缓刑、假释、暂予监外执行等非监禁刑罚，当宽则宽。社区服刑罪犯犯新罪、有漏罪、有违法行为的，应当分别追究刑事责任、违法责任，依法变更刑罚执行方式，撤销缓刑、撤销假释、决定收监执行，当严则严。对刑事责任、违法责任，实行分别处罚原则，不受原刑期、考验期是否期满的限制。

第二条　引起变更刑罚执行方式的违法行为，是指违反法律、行政法规或者国务院公安、司法行政部门关于缓刑、假释、暂予监外执行的监督管理、社区矫正的规定，被采取行政强制措施、处罚的行为。

引起变更刑罚执行方式的违法行为或者情形的依据包括：公安机关的行政强制措施、行政处罚决定书、司法行政机关的社区矫正记过、警告决定书，人民法院的司法拘留决定书，公检法机关审查涉嫌的新罪、漏罪仅构成违法行为的法律文书；罪犯人身危险性增大，社会反映强烈的，或者暂予监外执行情形消失的证据。

第三条 公检法机关在办案中，要核实社区服刑罪犯的身份，及时送达法律文书。全市统一规范法律文书分别处罚衔接的起止日期和执行的交接工作。

第二章 撤销缓刑、撤销假释、决定收监执行的条件

第四条 在缓刑、假释考验期限内，或者在暂予监外执行期间，具有下列情形之一的，应依法撤销缓刑、撤销假释、决定收监执行：

（一）犯新罪、漏罪的。
（二）被劳动教养、收容教育、收容教养、强制隔离戒毒、行政拘留、司法拘留的。
（三）被治安罚款或者治安警告，情节严重的。
（四）被治安罚款或者治安警告，虽不情节严重，但被社区矫正记过一次或者社区矫正警告二次的。
（五）被社区矫正记过二次、或者社区矫正警告三次，或者二项累计三次的。
（六）涉嫌的新罪、漏罪经查仅构成违法行为，公检法机关撤销案件、不起诉、撤回起诉、准予撤回起诉、按撤回起诉处理的，公安、司法行政机关对此违法行为采取行政强制措施、处罚，达到上述规定次数的。
（七）有其他违法行为被处罚，或者上述处罚虽未达到规定次数，但人身危险性增大，社会反映强烈的。

第五条 在暂予监外执行期间，具有下列情形之一的，亦应决定收监执行：

（一）骗取暂予监外执行的，或者自伤、自残、欺骗拖延暂予监外执行时间的。
（二）未经批准离开居住地区县、迁居，或者逾期未归脱管的。
（三）保外就医后不就医的，或者暂予监外执行具保人丧失具保能力、资格，又无新具保人的。
（四）罪犯疾病痊愈、病情基本好转可以收监的，或者期限届满不符合续期条件的。
（五）有暂予监外执行情形消失的其他情况。

第三章 刑事责任、违法责任分别处罚的衔接

第六条 裁定撤销缓刑、撤销假释、决定收监执行的，根据刑罚执行方式的种类，计算监内尚未执行的余刑：

（一）缓刑罪犯，监内尚未执行的余刑为原判刑期，因原罪羁押一日，折抵已执行刑期一日。缓刑考验期，不计入已执行刑期。
（二）假释罪犯，从假释之日起，计算监内尚未执行的余刑。假释考验期，不计入已执行刑期。
（三）暂予监外执行罪犯，从新罪、违法行为发生之日起，或者因漏罪被羁押之日起，计算监内尚未执行的余刑。具有本规定第五条第（一）、（二）项情形之一的，骗取、拖延、脱管期间，不计入监外已执行刑期。

第七条 具有本规定第四条、第五条情形之一的，分别处罚执行的起止日期，根据违法责任的种类和是否羁押，分别衔接如下：

（一）罪犯在羁押状态的：

1. 被劳动教养、收容教育、收容教养、行政拘留、司法拘留的，从上述行政强制措施、处罚执行期满之日起，执行监内尚未执行的余刑。劳动教养、收容教育、收容教养不得减期。
2. 被强制隔离戒毒的，与监内尚未执行的余刑，从强制隔离戒毒之日起，在监内一并执行。强制隔离戒毒期限，长于监内尚未执行余刑的，刑满之日起，继续执行强制隔离戒毒。

（二）罪犯不在羁押状态的：

处罚是非羁押方式的，或者羁押方式的行政强制措施、处罚已经、即将执行完毕的，或者具有本规定第五条情形之一未被处罚的，或者脱管的，监内尚未执行余刑的起止日期，从人民法院、监狱裁决之日起计算，也可以根据送达方式、羁押期限、抓捕收押等分别处罚执行衔接的需要确定。

第四章 撤销缓刑、撤销假释、决定收监执行的程序

第八条 缓刑、假释、暂予监外执行的罪犯犯新罪、有漏罪的，由公检法机关刑事拘留、逮捕、起诉、判决，依法实行数罪并罚。公安机关在羁押后三日内，通知罪犯居住地公安派出所、司法所、自行办理暂予监外执行的监狱。

人民法院对新罪、漏罪作出有罪判决的，一并撤销缓刑、撤销假释；原暂予监外执行决定书、通知书自行失效。

第九条　缓刑、假释、暂予监外执行的罪犯，有违法行为被采取行政强制措施、处罚的，决定机关在作出决定后三日内，送达罪犯居住地公安派出所、司法所决定书复印件各一份。

第十条　撤销缓刑、撤销假释、收监执行的程序：

（一）撤销缓刑、撤销假释、收监执行的建议书，由罪犯居住地区县以上公安机关，向同级的作出原生效缓刑、假释、暂予监外执行裁决书的人民法院、办理暂予监外执行的监狱提出。公安机关在作出或者收到行政强制措施、行政处罚决定书、人民法院司法拘留决定书、罪犯居住地司法所提议撤销缓刑、撤销假释、收监执行相关材料的七日内，向人民法院、监狱提出。罪犯居住地与违法行为地并非同地的，违法行为地的公安机关也可以提出。

（二）司法所在罪犯违法行为的处罚达到规定次数的七日内，或者认为公安机关应当而没有提议，或者发现具有本规定第五条情形之一，提议撤销缓刑、撤销假释、收监执行的，由罪犯居住地司法所，报区县司法局同意，将提议的相关材料移送罪犯居住地公安派出所，报公安分县局审核，根据本条第（一）项规定的程序办理提出建议。

公安、司法行政机关应互相协助。罪犯居住地公安分县局在办理完毕七日内，应书面通知罪犯居住地区县司法局、人民检察院。

（三）在收到撤销缓刑、撤销假释、收监执行建议书后一个月内，经审查符合法定条件的，人民法院作出撤销缓刑、撤销假释裁定书、收监执行决定书，监狱管理机关作出收监执行决定书。但是，罪犯羁押即将期满的，应在羁押期满前作出裁决；需立即抓捕收押的，根据分别处罚执行期限衔接的需要，及时作出裁决；建议书应至少在羁押期满五日前向人民法院、监狱提出。

（四）监狱发现自办的暂予监外执行罪犯暂予监外执行情形消失的，向作出暂予监外执行通知书的市监狱管理局提议决定收监执行。罪犯居住地公安、司法行政机关应当配合。

第十一条　根据不同类型案件，公安机关向人民法院、监狱移送的法律文书及证据：撤销缓刑、撤销假释、收监执行建议书二份；对违法行为的行政强制措施、处罚决定书，公检法机关经查涉嫌的新罪、漏罪仅构成违法行为的法律文书，原一、二审刑事裁判书，原假释裁定书，原暂予监外执行决定书复印件各一份；提议撤销缓刑、撤销假释、收监执行审核表一份；罪犯人身危险性增大，社会反映强烈的，或者暂予监外执行情形消失的、骗取、拖延、脱管起止日期的证据，罪犯综合表现材料等。

根据不同类型案件，罪犯居住地司法所，向公安派出所移送上一款中除建议书等由公安机关补充提供外的法律文书及证据。

第十二条　人民法院、监狱在裁决当日，向罪犯居住地公安分县局，直接送达或者特快专递送达裁决书、新结案登记表、新执行通知书各二份，并委托向罪犯送达裁决书一份；向提议的市公安局、罪犯居住地区县司法局、人民检察院、公安派出所、司法所、正在羁押罪犯的劳动教养、收容教育、收容教养、强制隔离戒毒、拘留所等羁押场所，送达裁决书各一份。

第五章　对被分别处罚罪犯的监管、收押和移交

第十三条　对不在羁押状态的罪犯，在办理变更刑罚执行方式期间，罪犯居住地公安派出所、司法所，应加强管控，防止脱管、重新违法犯罪。

第十四条　提议的公安机关在收到撤销缓刑、撤销假释、收监执行裁决书后，对不在羁押状态的罪犯，应立即收押，对脱管的罪犯，应及时抓捕收押，依法交付执行。监狱自办的暂予监外执行罪犯，由监狱收监执行。

第十五条　根据不同类型案件，公安机关向监狱移交罪犯时，移送的法律文书：除北京市六机关《关于罪犯交付监狱收监执行工作的规定》第十二条、第十三条、第十九条第二款规定的法律文书外，还移送强制隔离戒毒决定书复印件二份。

第十六条　劳动教养、收容教育、收容教养的，在执行期满十日前，行政拘留、司法拘留的，在执行期满二日前，执行机关通知，提议的公安机关在执行期满之日，将罪犯依法交付执行监内尚未执行的余刑。

强制隔离戒毒的，提议的公安机关在收到撤销缓刑、撤销假释、收监执行裁决书后，依法交付执行监内尚未执行的余刑。强制隔离戒毒期限长于余刑的，监狱在刑满十日前通知，提议的公安机关在刑满之日，依法交付继续执行强制隔离戒毒。

第六章　相关规定

第十七条　社区服刑罪犯，有违法行为被公安机关采取行政强制措施、行政处罚，人身危险性增大。根据有关法律规定，其对公安机关决定书不服，在行政复议和行政诉讼期间，行政强制措施、行政处罚，可不停止执行，不暂缓执行。

第十八条　司法行政机关作出的社区矫正记过、社区矫正警告决定书，是对社区服刑罪犯违反刑罚

执行期间监督管理、社区矫正规定的处罚，不属于法律规定的行政复议和行政诉讼的受案范围。

第十九条 人民法院不同意撤销缓刑、撤销假释、决定收监执行的，或者监狱管理机关不同意决定收监执行的，将卷宗退回，书面通知提议的公安机关。

第二十条 人民检察院对办理变更刑罚执行方式的案件，实行检察监督，并在提议撤销缓刑、撤销假释、收监执行审核表签署意见。认为案件处理不当的，或者发现分别处罚执行衔接、移交等有误的，提出书面纠正意见。

第二十一条 对违法行为的行政强制措施、处罚决定书、人民法院、监狱裁决书，分别处罚执行的起止日期衔接有误的，发现机关及时通知更正。

第二十二条 公检法司机关工作人员违反法律规定，不认真执行分别处罚原则，引起严重后果的，依法追究相关人员的行政、刑事责任。

第二十三条 管制、剥夺政治权利的罪犯，在社区服刑期间犯新罪、有漏罪的，依法实行数罪并罚；有违法行为被采取行政强制措施、处罚的，参照本规定，实行刑事责任、违法责任分别处罚原则。

第二十四条 管制、剥夺政治权利的罪犯，在社区服刑期间，被处治安罚款、治安警告、社区矫正记过、社区矫正警告的，四项处罚累计将达二次，符合行政拘留条件的，在即将末次处罚时，参照本规定办理程序，报罪犯居住地公安分县局处行政拘留。上述四项处罚累计将达三次，或者被处行政拘留后又将被处罚上述四项中一次，符合劳动教养条件的，在即将末次处罚时，参照本规定办理程序，通过罪犯居住地公安分县局报处劳动教养。

第七章 附 则

第二十五条 外省市人民法院裁决缓刑、假释、暂予监外执行的，或者外省市监狱办理暂予监外执行的北京籍罪犯，有违法行为、或者公检法机关审查涉嫌的新罪、漏罪仅构成违法行为被采取行政强制措施、处罚，应当撤销缓刑、撤销假释、决定收监执行的，可参照本规定执行。

第二十六条 本规定所提"日"，含节假日、休息日，"以内"、"之前"、"之后"，包括本数。

第二十七条 执行本规定中，如遇新情况、新问题，由相关机关协商办理；协商不成或者遇特殊复杂情况，各自请示会签机关协调办理。

第二十八条 配套文件《关于对社区服刑人员考核奖罚工作的暂行规定》，由北京市司法局、北京市公安局另行制定，同北京市高级人民法院、北京市人民检察院协商一致后，下发执行。

第二十九条 本规定自2008年7月1日起执行。本市原规定与本规定不一致的，执行本规定。

北京市高级人民法院 北京市人民检察院 北京市公安局《关于办理侦探公司、讨债公司违法犯罪案件工作会议纪要》

（2008年12月25日）

为依法惩处侦探公司、讨债公司（以下简称"两类公司"）调查个人隐私、代人追讨债务等违法犯罪活动，保护公民、法人和其他组织的合法权益，维护社会生活、经济和法律秩序，近日，北京市公安局、北京市人民检察院、北京市高级人民法院召开会议，对办理"两类公司"违法犯罪案件的法律适用原则、工作要求、工作机制提出指导性意见和具体要求。会议纪要如下：

近年来，随着社会经济的发展，各种民间债务和纠纷大量增多。在经济利益的驱使下，一些不法分子以社会、商务、法律事务调查、咨询等名义登记注册"两类公司"，借助企业经营的形式，从事法律禁止的调查个人隐私、代人追讨债务活动。"两类公司"在牟利经营中，通常非法使用窃听、窃照、跟踪、定位等专用设备，实施监视、围堵、纠缠、滋扰、威胁、恐吓等软暴力或者暴力违法犯罪活动，同时触犯或者诱发多种其他犯罪，严重干扰公民、法人和其他组织的生产、工作和生活秩序。部分"两类公司"拉拢勾结国家机关及通讯、金融、交通、传媒广告等社会公共职能部门工作人员，非法获取个人隐私、经营信息和相关技术支持，假借私权利有偿救济之名，侵蚀国家机关和社会公共职能部门的公权力。"两类公司"之间相互串通、共享资源，正向着产业化、网络化、联盟化的方向蔓延，逐渐演变成"机构设置完整、核心权力集中、内部约束严格、外部形式合法"的违法犯罪组织，应依法惩处。

关于办理"两类公司"案件的法律适用原则

"两类公司"是经营牟利的恶势力边缘组织，利用企业经营形式从事有组织违法犯罪，成为触犯和诱发多种犯罪的温床，严重破坏社会生活、经济和法律秩序，具有现实和潜在的社会危害性。办理"两类公司"违法犯罪案件，是继续深入开展打黑除恶专项斗争的重要组成部分，各级公检法机关要站在构建和谐社会首善之区、维护首都社会稳定大局的政治高度，坚持贯彻以下法律适用原则。

（一）以非法经营罪惩处犯罪单位及直接负责的主管人员、其他直接责任人员，依法打击犯罪组织及经济依托的原则。"两类公司"以企业经营的形式对外从事活动，企业涉案人员在履行职务中使用多种非法手段进行违法犯罪活动，侵犯了公民人身财产权利、市场经济秩序、社会管理秩序以及国家机关、社会公共职能部门的工作秩序和廉洁管理制度等多类客体，整体性质是以单位犯非法经营罪为基础的有组织违法犯罪。仅惩处非法手段行为构成的犯罪，存在上述非法手段隐蔽性强、不易发现取证、难以定性处理等法律障碍，并且只能处理具体实施行为人，无法有效地打击各种违法犯罪背后依托的犯罪组织和经济实力。因此，能否依法有效地打击"两类公司"的犯罪组织及经济依托，彻底铲除"两类公司"继续滋生和死灰复燃的条件，是打击"两类公司"能否取得实效的重要内容和标志之一。

各级公检法机关要在依法查清全案事实的基础上，对于"两类公司"非法经营，情节严重的，应当依照《刑法》第二百二十五条第（四）项"其他严重扰乱市场秩序的非法经营行为"的规定，以非法经营罪追究"两类公司"单位及直接负责的主管人员、其他直接责任人员的刑事责任，并处或者单处违法所得一倍以上五倍以下罚金，依法没收犯罪工具和违法所得。

（二）在非法经营中同时触犯或者诱发其他犯罪的，依法实行数罪并罚的原则。各级公检法机关依法追究"两类公司"单位及直接负责的主管人员、其他直接责任人员犯非法经营罪时，对于企业内、外涉案人员同时触犯或者诱发非法使用窃听、窃照专用器材，非法侵入住宅，侮辱，诽谤，敲诈勒索，非法拘禁，非法持有、私藏枪支、弹药，伪造、变造、买卖国家机关公文、证件、印章，寻衅滋事，聚众斗殴，故意伤害，聚众扰乱社会秩序，聚众扰乱公共场所秩序、交通秩序，受贿、行贿等其他犯罪的，依法追究刑事责任。对于构成非法经营罪，又触犯或者诱发其他犯罪的，依法实行数罪并罚；对于不构成非法经营罪，但是触犯或者诱发其他犯罪的，依法处罚其他犯罪；对于仅有违法行为的，依法处劳动教养、行政拘留或其他行政处罚。

对于非法经营罪，刑法规定有财产刑，要依法加大财产刑处罚力度，并依法追缴、没收、退赔违法所得的一切财物，没收违禁品和供犯罪所用的本人财物；对于触犯或者诱发的上述其他犯罪，刑法没有规定财产刑，要依法加大追缴、没收、退赔的力度。

（三）与相关行政管理机关形成刑事、行政多元化执法合力，依法实行刑事、违法责任分别处罚和打防结合、标本兼治、综合治理的原则。各级公检法机关在办理"两类公司"案件中，与工商、通讯、金融、交通、传媒广告等行政管理机关既要依法各司其职，又要协调配合，形成刑事、行政多元化执法合力，依法实行刑事、违法责任分别处罚和打防结合、标本兼治、综合治理的原则，铲除"两类公司"的犯罪组织及经济依托，有效遏制其有组织违法犯罪的蔓延。

对于构成非法经营罪并有其他犯罪，或者仅构成其他犯罪，或者仅有违法行为，采用刑事制裁、治安管理处罚方式不足以摧毁"两类公司"犯罪组织及其经济依托的，应提供相应证据，书面建议相关行政管理机关依法加大罚款、没收违法所得、没收非法财物、责令停产停业、暂扣或吊销执照等行政处罚力度。

对于向"两类公司"非法提供个人隐私、经营信息和相关技术支持的国家机关、社会公共职能部门的工作人员，要依法追究刑事、行政责任，并向其所在单位书面提出整改建议，要求回复整改结果，同时书面建议相关行政管理机关堵塞监督管理漏洞。能否依法有效地堵塞国家机关、社会公共职能部门监督管理制度漏洞，也是打击"两类公司"能否取得实效的重要内容和标志之一。

关于办理"两类公司"案件的工作要求

（一）依法查清全案事实。要切实加强"两类公司"经营活动中引发的刑事、治安案件的突发现场处置工作，做好现场控制和甄别，在了解纠纷原因的基础上，严格按照刑事、治安案件程序开展侦查取证工作。既要彻底查清每个组织成员、每起违法犯罪事实，又要查清"两类公司"的组织结构、财产状况、经营活动、有无拉拢腐蚀国家机关和社会公共职能部门工作人员等全部情况。要根据"两类公司"有组织违法犯罪的规律特点，注意收集非法经营是否"情节严重"的证据、是否触犯或者诱发其他犯罪的证据、有组织违法犯罪的罪责证据等；注意深挖涉案的国家机关、社会公共职能部门工作人员的职务犯罪；注意依法及时扣押、冻结、查封"两类公司"涉案财物、书证，以便依法彻底摧毁"两类公司"的组织体系，惩处违法犯罪的组织成员，铲除赖以生存的经济依托、保护伞和关系网。

（二）准确界定案件性质。"两类公司"案件，是利用企业经营的形式，以调查个人隐私、代人追讨债务等为目的，以监视、围堵、纠缠、滋扰、威胁、恐吓等软暴力或者暴力为主要手段，对公众形成心理强制，以获取、维护不法利益的有组织违法犯罪案件。各级公检法机关要依法严格界定"两类公司"案件的法律性质，注意将"两类公司"案件与一般民事经济纠纷或者偶发、突发的刑事、治安案件相区别。既要防止将"两类公司"案件作为一般民事经济纠纷或者刑事、治安案件处理，也要防止将一般民事经济纠纷或者刑事、治安案件作为"两类公司"案件处理。办理"两类公司"案件，在诉讼程序上参照北京市公检法机关《关于打黑除恶案件异地管辖工作会议纪要》的规定，必要时报上级机关实行异地管辖。

（三）重点打击区别对待。要合理利用有限的刑事诉讼资源，依法重点打击"两类公司"的有组织违法犯罪，彻底摧毁犯罪组织及经济依托。各级公检法机关要注意两个区别对待：一要区别对待合法、非法债权债务关系。对于以非法手段追讨高利贷、赌债等非法债务的，应依法严惩；对于债权人委托"两类公司"追讨合法债务的，应依法处罚"两类公司"的非法手段，同时积极引导委托人通过合法途径解决纠纷和主张权利。二要区别对待"两类公司"有组织违法犯罪中的指挥、组织、策划人员；职业侦探、职业讨债人员；涉案的国家机关、社会公共职能部门工作人员；罪行较轻的临时雇佣、胁从人员；动机各异的委托人。要贯彻宽严相济的刑事政策，依法重点惩处"两类公司"及保护伞、关系网的上述前三类人员，分化瓦解犯罪分子，尽量减少社会对立面。

关于办理"两类公司"的工作机制

（一）建立公安机关多警种联动工作机制。"两类公司"长期在法律边缘上从事违法犯罪活动，具备一定的规避法律和反侦查能力。对应"两类公司"的有组织违法犯罪，要依法实施有准备的精确打击。各级公安机关法制、刑侦、经侦、预审、治安、行技、网监和派出所等各警种，要密切配合，协同办案，对全市"两类公司"进行全面梳理摸排，广辟情报线索，广泛收集证据，坚持"有案必查、露头就打"，加大案件侦查、审讯、处罚的力度。对于经审查确不能追究刑事责任的人员，符合条件的应依法作出相应行政处罚，规范其行为和为深入打击积累依据；对于原无违法犯罪记录的人员，及时列入核录系统，加强掌控。

（二）加强公检法机关协调工作机制。"两类公司"案件是新型案件，各级公检法机关在侦查预审、批捕起诉、审理裁判等诉讼环节，要依法发挥各自的职能作用，加强协调工作机制，提高打击的准确性和实效性。对于重大、敏感、复杂的案件，市公安局应及时通报情况，与市检、法机关会商研究；市检、法机关要加强协调、配合和指导。全市公检法机关要形成合力，先集中重点惩处一批规模较大、罪行严重的"两类公司"，在社会上形成法律震慑的强势。

（三）与相关行政管理机关建立刑事、行政多元化执法协调工作机制。各级公检法机关在依法办理"两类公司"案件中，要积极与工商、通讯、金融、交通、传媒广告等行政管理机关建立刑事、行政多元化执法协调工作机制，形成打击"两类公司"违法犯罪活动的合力。各相关行政管理机关依照法定职责，严格审查调查、咨询机构的市场准入资格，严格规范管理日常经营行为。通过电视电台、报纸杂志、网络等传媒机构，进行法制宣传教育，用案例揭示"两类公司"有组织违法犯罪的本质和社会危害性，引导公众通过合法途径解决纠纷和主张权利，从社会需求上遏制"两类公司"的生存空间。

北京市高级人民法院　北京市人民检察院　北京市公安局　北京市司法局 《关于依法办理暴力拆迁案件的工作意见》

(2009年2月27日)

近年来，以暴力手段介入房屋拆迁引发的刑事案件呈高发态势，严重侵犯了公民的人身权利和财产权利，影响了首都的经济秩序和社会稳定。为进一步做好办理暴力拆迁案件工作，确保公民人身及财产安全，最大限度地消除社会不和谐因素，切实维护首都社会稳定和治安秩序，经市公检法司机关多次研究，就依法办理暴力手段介入房屋拆迁案件提出如下工作意见：

一、高度重视暴力拆迁案件的依法处理工作

暴力拆迁案件主要表现形式为负责拆迁单位为完成拆迁任务，指使本单位工作人员或者雇用非本单位人员、社会闲散人员，采用威胁、恐吓、殴打、故意毁坏财物、非法拘禁等违法犯罪手段，强迫居民签订拆迁协议或者对房屋进行非法强制拆除。此类以暴力手段介入房屋拆迁的违法犯罪行为，尤其是雇用社会闲散人员实施暴力拆迁的行为，不但直接侵犯了公民的人身及财产权利，而且扰乱了社会治安秩序，影响了人民群众的安全感和政府的形象。对此，各单位要高度重视对此类案件的办理工作，充分认识此类违法犯罪行为的社会危害性，要在保障政府规划实施的城市房屋建设、农村旧村改造、国家重点工程建设等项目正常进行的同时，坚决采取有力措施，严厉打击以暴力手段非法强制拆迁的违法犯罪行为。

二、办理暴力拆迁案件的法律政策原则

要正确把握案件性质。一方面要对政府依法规划审批的城市房屋建设、农村旧村改造、国家重点工程建设等房屋拆迁活动予以支持和保障，维护正常合法的房屋拆迁秩序；另一方面要充分认识个别拆迁单位利用合法资质的外衣从事非法拆迁活动的本质，坚决严厉打击其中以威胁、恐吓、殴打、故意毁坏财物、非法拘禁等手段非法强制拆迁的违法犯罪行为。要注意区分责任，明确打击重点。要重点打击直接实施威胁、恐吓、殴打、故意毁坏财物等违法犯罪行为的非拆迁单位人员，尤其是被雇佣直接实施暴力拆迁行为的社会闲散人员、犯罪团伙、流氓恶势力。同时，要查清纠集、指使、雇佣者的责任，依法打击处理。

三、暴力拆迁案件性质的法律界定问题

对以暴力手段介入房屋拆迁的案件,各单位要综合考虑案件的起因、具体情节等多种因素,准确适用法律。拆迁单位人员通过自身或雇佣非本单位人员采用威胁、恐吓、殴打、故意毁坏财物等违法犯罪手段,强迫居民签订拆迁补偿安置协议或对房屋进行非法强制拆迁的,按违法行为触犯的相应法律法规严格依法处理此类违法犯罪人员。

(一)采用殴打他人、强行推倒房屋等方式侵害他人实体权利,并已造成轻伤以上等后果的,可以故意伤害罪或故意杀人罪追究刑事责任;造成轻伤以下后果的,可以寻衅滋事罪追究刑事责任;尚不够刑事处罚的,可呈报劳动教养或行政处罚。

(二)采用堵门、摆势等手段扰乱社会秩序、公共场所秩序、交通秩序的,可以聚众扰乱社会秩序罪、聚众扰乱公共场所秩序、交通秩序罪追究刑事责任;尚不够刑事处罚的,可呈报劳动教养或行政处罚。

(三)采用强行推倒房屋、打砸玻璃、断水断电等手段,对被拆迁房屋以及房屋内财物进行损毁的,可以故意毁坏财物罪追究刑事责任;尚不够刑事处罚的,可予以行政处罚。

(四)采用非法限制公民人身自由、非法侵入他人住宅等手段的,可以非法拘禁罪、非法侵入他人住宅罪追究刑事责任;尚不够刑事处罚的,可予以行政处罚。

(五)采取邮寄恐吓信威胁他人人身安全的或者发送侮辱、恐吓信息干扰他人正常生活的,可予以行政处罚。

四、办理暴力拆迁案件工作机制问题

暴力拆迁案件严重损害当事人的合法权益,影响首都的社会治安与稳定。全市公检法司机关要在党委领导下,建立和完善此类案件依法稳妥处理机制,从有利于加大打击力度、增强打击效果出发,既依法各司其职、互相制约,又要密切配合、协同作战,形成打击暴力拆迁案件的整体合力。市级公检法司机关要加强协调指导督办,将办案原则自始至终贯穿于办理暴力拆迁案件的侦查预审、行政处罚、批捕起诉、开庭审理、刑事处罚和监狱管理、劳动教养等各项工作中,依法用足、用活、用好现行所有刑事、行政法律政策,努力实现法律效果、社会效果和政治效果相统一,为首都社会和谐稳定提供有力的司法保障。

北京市高级人民法院 北京市人民检察院 北京市公安局 北京市司法局《关于健全办理打黑除恶案件工作机制的意见》

(2009年2月27日)

为贯彻落实中央政法委《关于建立办理黑社会性质组织犯罪案件通报制度的工作意见》(政法〔2008〕44号),进一步加大对打黑除恶案件侦查、起诉、审判和执行工作的督办和监督力度,加强全市司法机关之间的协作配合,健全办理打黑除恶案件长效工作机制,依法惩处黑恶势力违法犯罪,维护社会秩序,确保首都政治稳定,现就建立健全办理打黑除恶案件情况通报、异地管辖、提高审级管辖、羁押执行监管等工作,提出以下意见。

一、建立健全办理打黑除恶案件情况通报制度,加大对案件侦查、起诉、审判和执行工作的督办和监督力度

(一)通报制度

北京市打黑除恶专项斗争领导小组办公室(以下简称市打黑办)负责具体组织办理打黑除恶案件情况通报工作。有关涉黑涉恶案件的确认,仍参照《关于进一步深化我市打黑除恶专项斗争的贯彻落实意见》(京政法发〔2006〕69号)执行。

公安、检察、审判、司法行政机关,应认真执行办理打黑除恶案件情况通报制度的规定,分别向同级打黑办、本系统上级机关通报办理案件情况;市、区县打黑办及时将办理案件情况反馈相关机关,并向上级机关报告。

(二)通报内容和形式

在办理打黑除恶案件中,公安、检察、审判、司法行政机关采用书面形式通报以下情况:

1. 在对打黑除恶案件犯罪嫌疑人、被告人刑事拘留、提请逮捕、批准逮捕、移送起诉、提起公诉、宣判后,及时按照前述通报制度进行通报;涉及组织者、指挥者及骨干成员人数、罪名发生变化、减少犯罪事实,或者改为取保候审、不逮捕、不起诉、减轻、免除处罚、宣告无罪的,通报中要说明情况和原因。

2. 发现国家工作人员违法违纪情况的,相关司法机关应及时向同级打黑办、本系统上级机关通报线索和查办工作进展情况,区县打黑办要立即报告市打黑办。

3. 打黑除恶案件罪犯、劳教人员送交监狱、劳教机关执行前,市公安局要向监狱、劳教机关通报涉

黑涉恶罪犯、劳教人员名单，注明首要分子、主犯和一般人员，需重点管控的随时通报，并明确管控事项。在交付执行后，市监狱、劳教机关每季度向市打黑办通报一次罪犯、劳教人员名单和执行场所，同时报告司法部打黑办。

市监狱、劳教机关要重点管控打黑除恶案件罪犯的减刑、劳教人员减期情况，严格控制对打黑除恶案件罪犯假释、保外就医和劳教人员提前解除劳教、所外就医、所外执行情况，并在作出相关决定时，将有关情况通报市打黑办。

二、全市公检法机关建立打黑除恶案件异地管辖工作机制

（一）公安机关侦查部门认为需对打黑除恶案件异地管辖的，应提出书面意见报市打黑办，经审查同意后移交市公安局法制、预审部门会商，确定拟异地管辖单位。

（二）市公安局法制部门代表市公安局，向市人民检察院、市高级人民法院有关部门发函征求拟异地管辖的意见，检察、审判机关相关部门应在5日内函复市公安局法制部门。

（三）对于异地管辖存在争议的，或者重大、疑难、敏感、复杂案件需进一步研究协商的，由市打黑办会同市公安局法制、预审部门，与市人民检察院、市高级人民法院有关部门会商，研究确定案件异地管辖单位。

（四）市公检法机关对案件异地管辖意见一致的，由市公安局刑侦部门开具案件《指定管辖决定书》，交由原办案单位将涉案犯罪嫌疑人移交被指定管辖的公安机关关押办理。市人民检察院、市高级人民法院分别向本系统办案单位出具《指定管辖函》、《改变管辖决定书》。

（五）受指定管辖的公安机关应将上述意见、文书附卷，并及时与被指定管辖的检察、审判机关有关部门沟通协调办理案件。

（六）市公检法机关有关部门、各被指定管辖单位，应加强协作配合，确保异地管辖案件依法办理。遇到问题，及时向本系统上级机关和市打黑办报告协调解决。

三、对重大、疑难、敏感、复杂的打黑除恶案件，建立提高审级管辖工作机制

（一）公安机关侦查部门认为需提高审级管辖的，应先请示市打黑办，市打黑办同意的，或者在汇总各单位案件通报情况中发现应提高审级管辖的，由市打黑办会同市公安局法制、预审部门会商确定。

（二）拟确定提高审级管辖的，市公安局法制部门在报请局领导同意后，代表市公安局向检法机关发函征求意见，市人民检察院、市高级人民法院有关部门及时函复市公安局法制部门。必要时公安机关应主动约请检法机关会商。

（三）市公检法机关对案件提高审级管辖意见一致的，由市打黑办出函，公安机关原办案单位将涉案犯罪嫌疑人移交确定的办案单位办理。

（四）提高审级管辖的公安机关办案单位，将上述函件、文书附卷，与相关检察、审判机关有关部门加强沟通协调办理案件。

（五）市公检法机关有关部门、提高审级管辖的各办案单位，应加强协作配合，确保提高审级管辖案件依法办理。遇到问题，及时向本系统上级机关和市打黑办报告协调解决。

（六）检察、审判机关认为案件需提高审级管辖的，应及时请示本系统上级机关，市人民检察院、市高级人民法院有关部门同意的，可与市公安局法制部门会商确定。

四、建立对打黑除恶案件违法犯罪嫌疑人、被告人、罪犯、劳教人员羁押执行的严格监管措施

（一）对决定异地管辖或者提高审级管辖的打黑除恶案件，市打黑办应将违法犯罪嫌疑人移交、换押工作情况，函告原办案单位，并抄送市公安局监所管理部门。换押工作一般由公安机关负责，确需检法机关换押的，市公安局监所管理部门应予协调配合，保证换押工作顺利进行。如遇到问题，统一由市公安局法制部门与市检法机关协调解决。

（二）全市各监所在对打黑除恶案件违法犯罪嫌疑人、被告人、罪犯收押，劳教人员收容后，要重点管控，在监室安排上要注意避免串供、重新结伙等情况发生。要注意收集违法犯罪线索，有力打击违法犯罪活动。

（三）对涉黑、重点涉恶人员的假释、保外就医、提前解除劳教、所外就医、所外执行的，严格依照相关法律规定和程序办理；变更羁押场所，或者刑事强制措施变更为取保候审的，必须经市公检法机关决定，并及时向市打黑办通报情况。市打黑办将有关情况通报市监狱、劳教机关，如有异议，由市打黑办召集相关机关会商研究。

北京市高级人民法院 北京市人民检察院 北京市公安局 北京市司法局《关于对集中代为执行余刑一年以下罪犯减刑、假释工作的规定》

(2009年9月1日)

为贯彻扩大假释减少减刑的宽严相济的刑事政策,根据《中华人民共和国刑法》、《中华人民共和国刑事诉讼法》、《中华人民共和国监狱法》、《最高人民法院关于审理减刑、假释案件具体应用法律若干问题的规定》、《公安部看守所留所执行刑罚罪犯管理办法》,结合全市看守所集中代为执行余刑一年以下有期徒刑、拘役罪犯的实际情况,制定本规定。

第一章 减 刑

第一节 减刑原则

第一条 根据罪犯在服刑期间的悔改表现和所获奖励、原判刑期、所余刑期和看守所管理级别,遵循公开、公平、公正的原则,依法对罪犯减刑。

第二条 罪犯确有悔改表现,是指同时具备以下四个方面情形:认罪服法;认真遵守监规,接受教育改造;积极参加思想、文化、技术学习;积极参加劳动,完成生产任务。

罪犯确有悔改表现的,看守所根据罪犯服刑期间综合考核结果,给予可以提请减刑、假释奖励。包括:

综合奖励:看守所改造积极分子;看守所嘉奖;看守所表扬。

单项奖励:重大立功;立功;经北京市公安局批准的"局嘉奖"。

在原看守所获得的综合奖励、单项奖励的材料,在移交罪犯时,转集中代为执行的看守所确认使用。

第三条 根据罪犯所获不同奖励和获得奖励时的管理级别,确定对罪犯减刑的刑期。减刑的刑期以月、日计算。

第四条 提请对罪犯减刑的,一般预留呈报、提请、裁定所需时间二十日。

获得重大立功奖励的,可以不受上款的限制。

第五条 罪犯获得看守所改造积极分子、看守所嘉奖、看守所表扬奖励的,或者获得立功、局嘉奖奖励的,可以减刑;获得重大立功奖励的,应当减刑。

扣除本规定第四条第一款规定的预留审理时间,根据罪犯所获奖励计算减刑的刑期后,所余刑期不足一个月,不具备再获得看守所表扬时间条件的,可以减刑。

第六条 罪犯又犯罪或者有漏罪的,或者严重违纪受到警告、记过、禁闭处分的,除应当减刑的重大立功外,尚未使用的其他奖励失效。

第七条 余刑一年以下罪犯,原判刑期执行二分之一以上方可减刑。两次减刑间隔应在十个月以上,获得两项以上奖励的,累计一次减刑。

第二节 有期徒刑、拘役罪犯减刑

第八条 罪犯获得综合奖励,符合本规定第五条规定的,按照下列标准,计算减刑的刑期:

获得看守所改造积极分子奖励的,根据宽管、普管、严管级别,分别减刑一个月、二十八日、二十五日。

获得看守所嘉奖奖励的,根据宽管、普管、严管级别,分别减刑二十五日、二十三日、二十日。

获得监狱看守所表扬奖励的,根据宽管、普管、严管级别,分别减刑二十日、十五日、十日。

第九条 罪犯获得单项奖励,符合本规定第五条规定的,按照下列标准,计算减刑的刑期:

获得重大立功奖励的,减刑二至三个月。

获得立功奖励的,减刑一个月。

获得局嘉奖奖励的,减刑十五日。

第十条 罪犯获得综合奖励的,或者获得立功、局嘉奖奖励的,一般一次减刑不超过一个月;获得综合奖励并获得立功、局嘉奖奖励的,或者获得重大立功奖励的,一般一次减刑不超过三个月;获得综合奖励并获得重大立功奖励的,可以增加减刑一个月。

第十一条 裁定减刑时,罪犯余刑不足的,根据罪犯所获奖励计算的减刑的刑期,扣除本规定第四条第一款规定的实际审理时间,为裁定减刑的刑期。

对减刑尚未完全兑现的奖励,看守所可以根据有关规定,给予罪犯其他奖励。

第十二条 未成年时犯罪的罪犯，获得与成年罪犯同等奖励的，本规定第八条、第九条、第十条规定各项奖励的减刑刑期标准和减刑幅度上限，每条分别对应增加五日、五日、十日。

第二章 假　　释

第一节　假释原则

第十三条 为贯彻扩大假释减少减刑的宽严相济的刑事政策，对符合可以减刑、假释双条件的罪犯，优先适用假释。

第十四条 对罪犯假释，应当同时具备以下基本条件：

（一）罪犯执行原判刑期二分之一以上的；

（二）罪犯确有悔改表现，并获得可以提请减刑、假释奖励的；老年罪犯、残疾罪犯（不含自伤致残），虽未获得可以提请减刑、假释奖励，但认罪悔罪，认真遵守监规，接受教育改造的；凡老年罪犯、残疾罪犯假释，必须生活确有着落，亲属或者有关单位同意接收，并经居住地公安派出所、司法所书面证明同意的；

（三）减刑后又假释的间隔在十个月以上的；

（四）假释后不致再危害社会的；

（五）处于宽管或者普管级别的；

（六）与罪犯是亲属、近邻、同村的被害人，对罪犯假释无异议的；

（七）居住地公安机关或者社区矫正组织有监督管理条件，罪犯自愿签订保证书接受社区矫正的。

因国家政治、国防、外交等方面特殊需要假释的，按法律规定的程序办理，可以不受上述规定的限制。

虽具备上述条件，但系累犯，不得假释。

第二节　有期徒刑、拘役罪犯假释

第十五条 罪犯符合本规定第十四条各项基本条件，并具有下列情形之一的，可以假释：

（一）原判刑期一年以下的，或者入所时余刑三个月至六个月，获得可以提请减刑、假释奖励，累计减刑刑期十五日以上，余刑在一个月五日以内的。

（二）原判刑期超过一年至二年的，或者入所时余刑超过六个月至九个月的，获得可以提请减刑、假释奖励，累计减刑刑期二十五日以上，余刑在二个月以内的。

（三）原判刑期超过二年的，或者入所时余刑超过九个月至十二个月的，获得可以提请减刑、假释奖励，累计减刑刑期一个月以上，余刑在三个月以内的。

罪犯具有本条各项所列两种以上情形的，优先适用有利于罪犯的款项。获得两种以上奖励的，或者重大立功奖励的，所获奖励计算减刑的刑期尚未兑现的，可以相应增加假释考验期。

第十六条 符合本规定第十四条各项基本条件，不具有第十七条规定的从严假释条件，并具有下列情形之一，经查属实的，可以从宽假释：

（一）老年罪犯假释后生活确有着落，亲属或者有关单位同意接收，满六十周岁，获得可以提请减刑、假释奖励的；满六十五周岁，认罪悔罪、认真遵守监规、接受教育改造的。

（二）残疾罪犯假释后生活确有着落，亲属或者有关单位同意接收，经北京市监狱管理局中心医院鉴定，系不可逆转的双目失明、肢体瘫痪、四肢截肢二只以上、其他因残疾生活不能长期自理的（均不含自伤致残）。

（三）未成年时犯罪的罪犯，现不满二十一周岁，获得可以提请减刑、假释奖励，有就读学校，或者有就业单位，罪犯的亲属、学校、就业单位与居住地公安派出所、司法所签订假释考验期间监督帮教协议，经区县司法局审核同意的。

（四）过失犯罪（交通肇事后逃逸的除外）、防卫过当犯罪的罪犯、对家庭施暴人犯罪的女性罪犯，获得可以提请减刑、假释奖励。

（五）罪犯的直系亲属、配偶病残，生活不能长期自理，非罪犯本人照顾不可的；女性罪犯因丧偶或者丈夫被判刑，有不满十六周岁子女确需本人抚养的，获得可以提请减刑、假释奖励，亲属向监所提起，监所致函罪犯居住地区县公安局、司法局，由罪犯居住地公安派出所、司法所书面证明，区县公安局、司法局书面建议，经北京市公安局审核的。

（六）具有科技特殊专业技能，原单位因国家重大科研项目、国家重大生产建设需要的；统战对象、少数民族上层人士，因统战工作需要的，获得可以提请减刑、假释奖励，并由市级以上有关机关书面建议，经北京市公安局审核的。

罪犯具有本规定第十五条、第十六条所列情形的，优先适用有利于罪犯的款项。

第十七条 符合本规定第十四条各项基本条件,但系连续犯罪、数罪并罚、有前科劣迹、黑社会性质组织犯罪、恶势力犯罪、犯罪集团成员的罪犯,并具有下列情形之一的,从严假释:

(一)原判刑期一年以下的,或者入所时余刑三个月至六个月的,获得可以提请减刑、假释奖励,累计减刑刑期十五日以上,余刑在二十五日以内的。

(二)原判刑期超过一年至二年的,或者入所时余刑超过六个月至九个月的,获得可以提请减刑、假释奖励,累计减刑刑期二十五日以上,余刑在一个月十五日以内的。

(三)原判刑期超过二年的,或者入所时余刑超过九个月至十二个月的,获得可以提请减刑、假释奖励,累计减刑刑期一个月以上,余刑在二个月以内的。

罪犯具有本条各项所列两种以上情形的,优先适用有利于罪犯的款项。获得两种以上奖励的,或者重大立功奖励的,所获奖励计算减刑的刑期尚未兑现的,可以相应增加假释考验期。

罪犯同时具有本规定第十六条、第十七条所列情形的,可以适用本规定第十五条;但第十八条的规定,仍需执行。

第三章 相关规定

第十八条 对危害国家安全犯罪、邪教组织犯罪、黑社会性质组织犯罪、恶势力犯罪、犯罪集团成员、专案罪犯减刑、假释的,根据相关规定,先行请示上级机关,依法从严办理。

第十九条 提请减刑、假释的卷宗材料:提请减刑、假释建议书,罪犯减刑、假释审核表,人民法院生效裁判书复印件,罪犯评审鉴定表,奖励审批表,罪犯获得综合奖励、单项奖励和其他可以提请减刑、假释的证据材料等。

第二十条 提请减刑、假释,应由责任(管教)民警提议,监区(管教队)全体民警集体评议,业务科室审查,看守所考核评审领导小组会议研究,所长签署意见,报市公安局批准,提请人民法院减刑、假释。

第二十一条 人民检察院对减刑、假释工作实行检察监督,驻所检察人员应当列席看守所考核评审领导小组会议。驻所检察室收到看守所移送的提请减刑、假释材料后,应当及时审查签署意见,可以向有关人员调查,调阅有关卷宗。发现违反法律或者有关规定的,应当在五日内提出书面纠正意见,看守所在五日内回复书面查证结果。

第二十二条 在人民法院作出裁定前,提请机关发现提请减刑、假释不当的,应当及时向人民法院提交撤销提请减刑、假释意见书,人民法院作出准予撤销提请减刑、假释决定书。

第二十三条 人民法院在收到提请减刑、假释意见书后,一般在一个月内作出裁定;可能影响裁定罪犯减刑、假释期限的,尽快审结。

人民法院减刑、假释裁定书,应及时送达提请机关、执行的看守所、驻所检察室、罪犯本人;假释裁定,还应及时送达罪犯居住地区县人民检察院、司法局、公安派出所。

第二十四条 拟提请人民法院减刑、假释的,或者人民法院拟裁定减刑、假释的,应当在罪犯服刑场所公共区域公示七日。公示内容:罪犯姓名、户籍地或者居住地、原判罪名、刑罚及刑期起止日期、所获奖励和其他可以提请减刑、假释的事实、公示期限、意见反馈方式等。

在公示期限内,对看守所公示内容提出异议的,看守所考核评审领导小组应召开会议复核,并告知复核结果;对人民法院公示内容提出异议的,人民法院依法查证后作出裁定。

第二十五条 人民检察院认为人民法院减刑、假释裁定不当的,应当在收到裁定书副本后二十日内,向人民法院提出书面纠正意见。人民法院收到书面纠正意见后,应当重新组成合议庭进行审理,在一个月内作出最终裁定。

第四章 附 则

第二十六条 "连续犯罪",特指聚众斗殴、寻衅滋事、故意伤害、盗窃、诈骗、涉毒等连续作案二起以上的故意犯罪。

"前科",是指罪犯在判刑前曾受过刑事处罚的。

"劣迹",是指罪犯在判刑前受过行政拘留、劳动教养、强制劳动、收容教育、收容教养、强制隔离戒毒等行政处罚、强制性矫治教育的。

第二十七条 罪犯在原看守所羁押期间,具有检举揭发他人犯罪线索等行为,后经查属立功、重大立功尚未兑现的,由北京市公安局审核,具函并附相关证据、法律文书,移交集中代为执行的看守所依法办理。

第二十八条 对全市其他看守所代为执行余刑一年以下罪犯的减刑、假释,在统一全市看守所综合考核标准后,参照本规定执行。

第二十九条 本规定自二〇〇九年九月一日起执行。北京市原规定与本规定不一致的,以本规定为准。本规定与新实施的法律和司法解释不一致的,执行相关新规定。

北京市高级人民法院《关于执行刑事案件大、要案报告制度的若干规定》

(2010年7月23日)

为了认真执行刑事案件大、要案报告制度,保证北京市高级人民法院及时、全面了解全市法院刑事大、要案的审理情况,加强北京市高级人民法院依法监督、指导刑事审判的职能,确保审判质量,结合刑事审判工作实际,制定本规定:

一、机构设置

各法院均应建立刑事案件大、要案报告机制,由立案庭、刑庭分别按照案件的立案、审理程序,报告大、要案的有关情况。立案庭、刑庭应责成专人对报告的大、要案立册登记,集中管理。

二、报告程序

(一)对属于本通知规定报告范围内的大、要案,立案庭承办人应在收到案件起诉书之日起三日内,填写"大、要案收案报告表"正副本各一份,报庭长、主管院长签署意见。院长同意上报并加盖院章后,将"大、要案收案报告表"正本附起诉书一份,按照案件管辖范围,分别报送我院刑一庭、刑二庭。尔后,立案庭将"大、要案收案报告表"副本与案卷材料一并移送至刑庭,并在本庭进行登记。

(二)对于已报告的大、要案,刑庭承办人应及时就庭审、宣判及其他重要情况制作信息,经庭长、主管院长签发后,向我院报告,并在本庭登记。宣判信息应附裁判文书。"大、要案收案报告表"副本装订入案件副卷。

(三)对于立案庭未按大、要案报告的案件,刑庭在审理过程中认为应向我院报告的案件,由承办人填写"大、要案收案报告表"正、副本各一份,并经庭长、主管院长签署意见,加盖公章后,将正本及起诉书报告我院,并按上述第(二)款及时报告案件的审理情况。"大、要案收案报告表"副本装订入案件副卷。

(四)市高级法院刑庭收到"大、要案收案报告表"后登记入册,三日内报庭长、主管院长阅示,并根据庭长、主管院长的批示对案件进行督办。

三、报告范围

(一)中央、国家机关有关部门及领导批转查处的案件;

(二)被告人具有以下特定身份的案件:

1. 党政机关和社会团体县处级以上的领导干部;
2. 检察、公安、安全、司法、劳改劳教等部门及法院的干部;
3. 工商、税务、审计、海关等行政执法人员及金融等经济管理部门工作人员实施与其职务有关的犯罪;
4. 各级人大代表、政协委员;
5. 社会知名人士;
6. 国有大中型企业的董事长、经理或局级以上事业单位的负责人;
7. 副部级以上干部的直系亲属;
8. 外国人或在香港、澳门、台湾地区居住的中国公民。

(三)我国公民侵犯外国人或香港、澳门、台湾地区公民合法权利的案件。

(四)涉及以下案由的案件:

1. 危害国家安全犯罪;
2. 涉邪教组织犯罪;
3. 涉恐怖组织、恐怖活动犯罪;
4. 涉黑社会性质组织、涉恶势力犯罪;
5. 涉拐卖妇女、儿童犯罪;
6. 涉网络赌博犯罪。

(五)达到以下犯罪数额或者具备以下犯罪情节的涉经济、涉财产犯罪案件:

1. 走私货物、物品价值50万元以上或者走私武器、弹药、核材料、伪造的货币、文物、毒品、淫秽品等特殊物品,情节特别严重的;
2. 个人诈骗公共财物20万元以上或有其他特别严重情节的;
3. 盗窃公私财物10万元以上或者有其他特别严重情节的;
4. 生产销售伪劣商品销售总额200万元以上或造成严重后果的;
5. 偷逃应缴税额10万元以上的。
6. 挪用公款犯罪数额巨大不退还或贪污、受贿犯罪数额30万元以上的案件。

(六)达到以下犯罪数量或者具备以下犯罪情节的毒品犯罪案件:

1. 走私、制造毒品的；
2. 犯罪对象为新类型毒品的；
3. 贩卖毒品海洛因、甲基苯丙胺 100 克以上的；
4. 运输毒品海洛因、甲基苯丙胺 150 克以上的。
（七）故意犯罪致人死亡或致三人以上重伤的案件。
（八）根据犯罪情节，属于《刑法》规定的十年以上有期徒刑至死刑刑档的案件。
（九）渎职犯罪中造成严重社会影响的案件。
（十）涉及国家利益或有重大外交影响的案件。
（十一）容易引起群众集体上访、引发敏感问题或存在其他不稳定因素的案件。
（十二）具有重大社会影响、危害后果严重的案件。
（十三）危害改革措施实施的案件。
（十四）涉及新罪名、新类型犯罪的案件。
（十五）各法院认为应当报告的其他案件。

本规定实施后，京高法发〔2005〕107 号《关于认真执行刑事案件大、要案报告制度的通知》同时废止。

北京市高级人民法院《关于审理涉众型经济犯罪案件的若干意见（试行）》

（2010 年 10 月 11 日）

近年来，集资诈骗、非法吸收公众存款、组织、领导传销活动、非法经营等涉众型经济犯罪案件频频发生，大部分案件审理过程中存在被害人集体来访现象。为了进一步加强涉众型经济犯罪案件审判工作，稳妥处理集体来访，有效化解社会矛盾，在总结经验的基础上，现就我市法院审理涉众型经济犯罪案件提出以下工作意见：

一、涉众型经济犯罪案件引发的集体访，影响法院正常的审判工作，影响首都的和谐稳定。全市法院要充分认识做好涉众型经济犯罪案件审判工作的重要意义，要将审理好涉众型经济犯罪案件作为法院审判工作的一项重要内容，确保涉众型经济犯罪案件审判工作"为大局服务、为人民司法"。

二、全市法院在审理涉众型经济犯罪案件过程中，要充分认识到能动司法的重要性，充分发挥能动司法的作用。要积极主动介入审理过程中发生的集体来访，提高接处集体来访的能力和水平，有效化解社会矛盾，服务首都经济社会稳定和发展大局。

三、要依法贯彻和准确把握宽严相济刑事政策。既要维护法律的统一和权威，也要充分考虑涉众型经济犯罪案件的处理是否有利于挽回被害人损失、平息对立情绪、教育改造罪犯、化解社会矛盾和维护首都稳定。鼓励被告人及时清退违法所得款项，积极主动弥补被害人的经济损失，并确实在量刑上体现从轻。实现涉众型经济犯罪案件审判法律效果与社会效果的有机统一。

四、审理涉众型经济犯罪案件，要主动争取党委的领导、支持和协调。对于审判阶段出现的集体访以及其他重大、敏感因素，要及时以案件信息专报等形式报告当地政法委和上级法院。要严格贯彻大案、要案报告制度。对于案件审理过程中出现的疑难法律适用问题，要及时向上级法院报告。

五、刑事审判庭受理案件后，要加强与公诉机关、侦查机关的配合，了解起诉阶段、侦查阶段被害人集体访的有关信息，掌握被害人的相关动态。要根据案件的具体情况及时制定接处集体访的工作预案，为审理阶段妥善处理被害人集体来访做好充分准备。

六、刑事审判庭承担案件审理过程中的集体访接处工作，立案庭、申诉审查庭、信访办、法警队以及其他相关部门应当予以协助。接处集体访实行案件承办人具体负责制度，主管院长、庭长、审判长要加强对集体访接处工作的监督和指导。接待来访被害人需两名以上审判人员参加。必要时，庭长、审判长参加接访工作。

七、接处集体访时，要根据来访被害人人数等具体情况，要求来访被害人推选代表反映诉求。要认真了解诉求，详细记录，依法答复来访代表。对于需经合议庭评议或向庭长、院长汇报后才予以答复的，研究后依法及时予以答复。要督促来访代表及时将相关信息反馈来访被害人。

八、案件审理过程中，要加强与被害人代表的沟通，及时了解被害人诉求。在不泄露审判秘密的前提下，及时主动向被害人代表通告案件审理进度。进行开庭、宣判等重要诉讼活动，应当依法通知被害人代表，并督促被害人代表及时转告其他被害人。要切实做好相关劝解工作，减少和避免不必要的集体来访和无序来访。

九、对于涉众型经济犯罪案件，无特殊情况，应当在法庭公开宣判。公开宣判时，应当通知适当数量的被害人代表旁听。宣判后，依法及时向被害人代表送达裁判文书，承办人应当向旁听的被害人代表做好裁判内容的解释工作，并督促被害人代表及时将裁判内容和法院的相关解释转告其他被害人。

十、要切实做好重大活动、重大节日等敏感时段的集体来访接处工作。在敏感时段前夕，要认真了解被害人的诉求，加强对被害人集体来访、闹访等信息的研判，通过主动约访被害人代表等方式，做好释法析理工作，缓解情绪，减少对抗，避免集体来访在敏感时段、地点的发生。要加强与公安机关等相关部门的沟通和协调，切实做好被害人的稳控工作。

十一、对于案件审理过程中发现的赃款、物线索，依法及时查明不会导致案件审理太过迟延的，要及时查明赃款、物，并依法采取查封、扣押、冻结等强制性措施。不能查明的，要及时将赃款、物线索反馈给公诉机关、侦查机关。要加强与公诉机关、侦查机关的配合，积极采取有效措施最大限度挽回被害人的损失。

十二、对于案件审理过程中发生的被害人集体来访，要加强正面引导，不得消极应对。在接处集体来访过程中，不得采取躲避、拖延、推诿等方式，不得对来访被害人代表敷衍了事，要切实避免激化矛盾。

十三、对于涉众型经济犯罪案件的涉案投资人来访的，参照上述规定予以接处。对于公诉机关指控的事实未涉及的被害人或投资人来访的，告知其依法向相应的司法机关表达诉求。

十四、本意见自公布之日起试行。对于贯彻意见过程中出现的问题，及时报告市高级人民法院。

北京市高级人民法院 北京市人民检察院 北京市公安局《关于规范部分刑事案件审级管辖的通知》

(2010年12月6日)

为规范全市公检法机关对部分刑事案件的审级管辖，依照《中华人民共和国刑法》、《中华人民共和国刑事诉讼法》的规定，结合北京市刑事审判工作，统一规范下列刑事案件的第一审管辖：

一、故意犯罪致人死亡，依法可能判处无期徒刑、死刑的案件，由中级人民法院管辖第一审审判，经审判确定刑罚。

其他故意犯罪致人死亡的案件，属重大、复杂的，受理案件的基层法院可以依照法定程序请求移送中级人民法院第一审审判，中级人民法院认为有必要的，可以依法提级管辖。

二、由中级人民法院管辖的第一审毒品案件：

（一）走私、贩卖、运输、制造海洛因、甲基苯丙胺（冰毒）、可卡因200克以上的，或者苯丙胺类毒品（甲基苯丙胺除外）、吗啡400克以上的毒品案件。

（二）走私、贩卖、运输、制造海洛因、甲基苯丙胺（冰毒）、可卡因150克以上的，或者苯丙胺类毒品（甲基苯丙胺除外）、吗啡300克以上的，有法定从重处罚情节的，共同犯罪的，涉毒犯罪多起的，或者毒品含量纯度在70%以上的毒品案件。

（三）涉案毒品数量超过上述规定的，对以非法持有毒品罪指控罪名有争议的毒品案件，受理案件的基层法院可以依照法定程序请求移送由中级人民法院第一审审判，中级人民法院认为有必要的，可以依法提级管辖。

三、被告人系外国人、无国籍人的刑事案件，由中级人民法院管辖第一审审判。

四、盗窃、抢夺数额200万元以上的案件，诈骗、合同诈骗数额400万元以上的案件，由中级人民法院管辖第一审审判。

五、贪污、受贿数额300万元以上的，或者被告人系副局级以上的职务犯罪案件，由中级人民法院管辖第一审审判。

六、未成年人与成年人共同犯罪的案件，分案起诉的，原则上均由受理成年同案犯案件的法院管辖。如果未成年同案犯涉嫌其他犯罪，需要由上一级法院管辖的，应当按照级别管辖的原则由上一级法院管辖。

七、公安机关仍按现行侦查级别管辖的规定办理和移送案件，检察机关对于公安机关移送的案件，可按照本通知的要求，通过指定管辖或提级管辖的方式调整检察机关内部级别管辖，向对应的法院提起公诉。

公检法机关对以上刑事案件审级管辖有争议的，分别报请北京市公安局、北京市人民检察院、北京市高级人民法院相关部门协调。

北京市高级人民法院 北京市人民检察院 北京市公安局 北京市司法局《关于对社区服刑罪犯减刑、假释工作的规定（试行）》

(2010年12月14日)

为贯彻宽严相济的刑事政策，调动社区服刑罪犯矫正的积极性，规范对社区服刑罪犯减刑、假释工作，根据《中华人民共和国刑法》、《中华人民共和国刑事诉讼法》、《最高人民法院关于办理减刑、假释案件具体应用法律若干问题的规定》，结合北京市社区矫正工作，制定本规定。

第一章 总 则

第一条 社区服刑罪犯在矫正期间确有悔改表现，根据所获奖励，遵循公开、公平、公正原则，依法对管制、剥夺政治权利、缓刑、假释罪犯，可以减刑；对暂予监外执行罪犯，可以减刑或者假释。

第二条 确有悔改表现，是指同时具备以下四个方面情形：认罪服法；认真遵守监督管理规定，接受教育矫正；自觉参加思想、文化、技术学习；积极参加公益劳动，完成劳动任务（根据相关规定可以不参加公益劳动的除外）。

第三条 社区服刑罪犯确有悔改表现的，根据日常考核评比结果，区县司法局给予综合奖励：社区矫正表扬、社区矫正积极分子。有立功、重大立功表现的，报北京市司法局批准，给予单项奖励：立功、重大立功。

第四条 社区服刑罪犯所获综合奖励、单项奖励，用同一标准折算为对管制，剥夺政治权利、缓刑刑期及考验期，假释刑期及考验期，暂予监外执行等五种非监禁刑的可以提请减刑刑期。

（一）获得社区矫正表扬一次，可以提请减刑二个月；
（二）获得社区矫正积极分子一次，可以提请减刑四个月；
（三）获得立功一次，可以提请减刑四个月；
（四）获得重大立功一次，可以提请减刑六个月至一年。

提请减刑，一般预留呈报、各级审核和人民法院裁定所需二个月，获得重大立功除外。

第五条 社区服刑罪犯同时具备下列基本条件，可以减刑：

（一）在社区矫正期间，确有悔改表现并获得奖励达到规定可以减刑标准的。
（二）减刑前已服刑期、考验期：管制、剥夺政治权利社区服刑期已执行二分之一以上的；缓刑、假释考验期已过二分之一以上的；暂予监外执行的原判有期徒刑、拘役刑期，或者减为有期徒刑后的刑期已执行三分之一以上的。
（三）减刑后实际执行的刑期、考验期，不得少于原判有期徒刑、拘役刑期的二分之一，相应缩短的缓刑考验期不得低于减刑后实际执行的刑期，拘役的缓刑考验期不得少于二个月，有期徒刑的缓刑考验期不得少于一年；原判无期徒刑的，不得少于十年；原判死刑缓期二年执行的，不得少于十四年。
（四）两次减刑间隔不得少于十个月。
（五）扣除所获奖励累计折算的可以减刑刑期，扣除第四条第二款规定办理所需二个月，所余刑期、考验期不具备获得社区矫正积极分子时间条件的。

第六条 社区服刑罪犯所获奖励，一般累计一次使用，但获得重大立功可以即时使用。所获奖励累计一次减刑刑期，一般不超过一年，未兑现的奖励可以下次使用，但获得重大立功又获得其他奖励除外。

第七条 社区服刑罪犯因重新犯罪、漏罪，或者因违法行为受到劳动教养、收容教育、收容教养、强制隔离戒毒、行政拘留、司法拘留、治安罚款、治安警告、社区矫正记过、社区矫正警告等处罚的，尚未使用的奖励无效，但获得重大立功应当减刑的除外。

第二章 减 刑

第八条 缓刑、假释罪犯，获得重大立功一次，或者悔改表现突出并获得奖励累计折算可以提请减刑刑期六个月以上的，方可减刑。

第九条 对缓刑、假释罪犯减刑，一般用同一标准相应缩减缓刑、假释考验期。

第十条 对管制、缓刑、假释罪犯减刑，一般用同一标准对附加剥夺政治权利减刑。

第十一条 附加剥夺政治权利社区服刑期限，管制、缓刑、假释的，从执行之日起计算；暂予监外执行的，从有期徒刑、拘役执行完毕之日起计算。单处剥夺政治权利社区服刑期限，从执行之日起计算。

第三章 假 释

第十二条 假释仅适用于暂予监外执行罪犯。暂予监外执行罪犯，同时具备下列基本条件，可以假释：

（一）原判有期徒刑刑期已执行二分之一以上的，原判无期徒刑已执行十年以上的，原判死刑缓期二年执行已执行十四年以上的。

（二）暂予监外执行连续三年以上，悔改表现突出并获得奖励累计折算可以减刑刑期六个月以上的。

（三）减刑后假释间隔一年的。

（四）假释后不致再危害社会的。

（五）处于社区矫正A类管理状态的。

（六）与罪犯是亲属、近邻、同村的被害人，对罪犯假释无异议的。

（七）居住地公安机关或者社区具有矫正组织监督管理条件，罪犯表示自愿继续接受社区矫正的。

因国家政治、国防、外交等方面特殊需要假释的，按法定的程序办理，可以不受上述规定的限制。

虽具备上述条件，但属于一九九七年十月一日以后犯罪并判刑的累犯以及因杀人、爆炸、抢劫、强奸、绑架等暴力性犯罪中一罪被判处十年以上有期徒刑、无期徒刑、死刑缓期二年执行的罪犯，不得假释。

第十三条 暂予监外执行的老年、残疾罪犯，符合本规定第十二条各项基本条件，不具有连续犯罪、数罪并罚、有前科劣迹、系黑社会性质组织犯罪、恶势力犯罪罪犯、犯罪集团首要分子或者杀人、爆炸、抢劫、强奸、绑架等一罪判处不满十年有期徒刑暴力性犯罪罪犯等从严假释条件，并具有下列情形之一，经查属实的，可以从宽假释：

（一）老年罪犯满六十周岁，获得奖励折算可以减刑刑期四个月以上的；满六十五周岁，认罪悔罪、认真遵守监督管理规定、接受教育矫正的。

（二）残疾罪犯经统一委托的法庭科学技术鉴定研究所鉴定，系不可逆转的双目失明、肢体瘫痪、截肢二肢以上、其他丧失作案能力或者长期生活不能自理（均不含自伤致残）的。

第十四条 老年、残疾罪犯假释，生活必须确有着落，亲属或者有关单位同意接收，并经居住地司法所书面证明，区县司法局书面审核同意。

第四章 未成年罪犯减刑、假释

第十五条 犯罪时未成年罪犯，管制、剥夺政治权利社区服刑刑期已执行二分之一以上的，暂予监外执行刑期已执行三分之一以上的，缓刑、假释考验期已过三分之一以上的，并符合第五条规定的减刑其他基本条件的，可以减刑。

第十六条 未成年罪犯获得与成年罪犯同等奖励，第四条第一款规定奖励折算可以减刑刑期标准，各增加一个月。

第十七条 未成年罪犯不受一次减刑一般不超过一年的限制，减刑间隔一般在八个月以上。

第十八条 暂予监外执行未成年罪犯，同时具备以下条件的，可以从宽假释：

（一）具备第十二条规定基本条件的；

（二）暂予监外执行连续二年以上，悔改表现突出并获得二次以上奖励的，或者重大立功一次的。

第五章 办理程序

第十九条 中级人民法院办理减刑、假释案件，一般每年四月、十月集中办理两批。获得重大立功的，或者剩余刑期、考验期在六个月以下的，不受上述集中办理时间限制。

罪犯奖励评比工作结束，司法所即可办理提请减刑、假释案件呈报工作。

第二十条 司法所所长、公安派出所主管所长、矫正警察、社区矫正专职司法助理员，组成街道（乡镇）罪犯考核奖惩工作小组，司法所所长任组长。司法所负责具体办理工作。

司法所在五日内，对拟提请减刑、假释罪犯的综合表现、是否符合条件等情况，分别听取学校及教师、单位及负责人、居（家、村）委会及社区居民，居住地公安派出所社区民警、社区矫正社会工作者的意见。

街道（乡镇）罪犯考核奖惩工作小组，综合情况和意见集体评议。集体评议无异议的，将拟提请减刑、假释罪犯名单，在罪犯居住社区、单位、司法所公示五日，未成年罪犯除外。公示期满无异议的，制作提请减刑、假释建议书，整理卷宗，报区县司法局审议。对公示有异议的，司法所及时复查。

第二十一条 提请减刑、假释案卷材料包括：提请减刑、假释建议书，社区服刑罪犯减刑、假释审核表、综合报告、个人矫正总结、年度评审鉴定表，奖惩审批表、减刑、假释评议表、获奖的相关证据，及生效法院裁判书、最后一次减刑裁定书、暂予监外执行决定（通知）书、罪犯登记表复印件等。

第二十二条 区县司法局主管局长、矫正警察负责人、社区矫正科科长，组成区县司法局罪犯考核奖惩领导小组，主管局长任组长。

区县司法局收到提请减刑、假释案卷后五日内审议完毕，将案卷移送同区县公安局。对听取的意见、审议过程和评议结果等详细记录备案，建立移送案卷手续。

第二十三条　区县公安局收到提请减刑、假释案卷后五日内审核完毕，将卷宗移送同区县人民检察院。人民检察院收到案卷后三日内审查完毕，将案卷退回区县公安局。

第二十四条　区县公安局在次日内将提请减刑、假释案卷移送市公安局，市公安局在五日内审查完毕。

第二十五条　公安派出所、区县司法局、公安局、人民检察院、市公安局认为需要补充证据或者补办手续的，司法所或者相关机关及时补正。

上述六单位先后审查完毕，司法所所长、公安派出所、区县司法局、公安局、人民检察院、市公安局法制办公室主管负责人，分别在社区服刑罪犯减刑、假释审核表签署意见，盖公章。

第二十六条　对管制、剥夺政治权利、缓刑、假释罪犯减刑的，或者对人民法院决定暂予监外执行罪犯减刑、假释的，由市公安局提请当地中级人民法院裁定。

对监狱管理机关、公安机关批准暂予监外执行罪犯提请减刑、假释的，区县公安局具函将提请减刑、假释案卷移送原服刑监狱、看守所，监狱、看守所提出意见，报原批准暂予监外执行的机关审核。监狱依照有关规定办理程序和期限，看守所所在区县公安局报市公安局，市公安局在五日内，分别提请当地中级人民法院裁定。

第二十七条　因生理、病理原因，暂予监外执行情形条件消失被依法收监执行的，暂予监外执行期间尚未使用的奖励，仍然有效。罪犯收监执行后因重新犯罪、漏罪，或者严重违反监规纪律受到处分的，尚未使用的奖励无效，但获得重大立功应当减刑的除外。

收监执行罪犯的监狱、看守所，依照本系统办理程序和本规定可以减刑、假释标准，提请当地中级人民法院减刑、假释。

第二十八条　人民法院自收到提请减刑、假释建议书一个月内作出裁定。

人民法院将减刑、假释裁定书分别送达提请机关、区县司法局、同区县人民检察院，并委托区县司法局向罪犯本人代为送达减刑、假释裁定书和其他法律文书。提请减刑、假释案卷一并直接退回区县司法局。

第六章　相关规定

第二十九条　人民检察院对社区服刑罪犯减刑、假释工作实行检察监督。区县人民检察院派员列席同区县司法局罪犯考核奖惩领导小组提请减刑、假释评审会议。

区县司法局认为提请机关不予提请减刑、假释不当的，通过同区县人民检察院提出书面纠正意见。

人民检察院对提请减刑、假释工作有异议，在五日内向提请机关、区县司法局提出书面纠正意见，提请机关、区县司法局在五日内书面答复。

第三十条　在人民法院作出减刑、假释裁定前，区县司法局、或者提请机关发现提请减刑、假释不当，具函建议提请机关、或者由提请机关直接向人民法院提交撤销提请减刑、假释建议书。

人民法院收到撤销提请减刑、假释建议书，作出准予撤销提请减刑、假释决定书。

第三十一条　区县司法局、提请机关认为人民法院减刑、假释裁定不当，通过人民检察院提出书面纠正意见。

人民检察院认为人民法院减刑、假释裁定不当，在收到裁定书后二十日内，向人民法院提出书面纠正意见。人民法院收到书面纠正意见，应当重新组成合议庭进行审理，在一个月内作出最终裁定。

第七章　附　　则

第三十二条　对外省监狱管理机关、公安机关批准暂予监外执行的在北京市社区服刑罪犯提请减刑、假释的，参照执行本规定。

第三十三条　本规定自二〇一一年四月一日起执行。

北京市高级人民法院
《关于在审理醉酒后危险驾驶案件中贯彻宽严相济刑事政策的通知》

(2011年)

自5月1日《刑法修正案（八）》施行以来，我市法院陆续审结了一批醉酒后危险驾驶案件，取得了良好的法律效果和社会效果。为了依法审理醉酒后危险驾驶案件，贯彻宽严相济刑事政策，市高院从我市已审结的案件中选择部分案例供各院在审理中参考，平衡量刑，罚当其罪。现就相关问题通知如下：

一、对被告人裁量刑罚时注意罪刑相适应。醉酒后驾驶机动车的社会危害性，主要体现在该行为给他人的人身、财产及公共交通安全所带来的危险程度。因此，量刑时要考虑醉驾者的醉酒程度，醉驾发生的时间和地点，醉驾行为是否造成了实际的危害后果，被告人是否因酒驾或者醉驾受过行政处罚，被告人是否有自首、赔偿等情节，根据被告人醉驾行为危险性的大小区别处罚，罚当其罪。

二、正确适用强制措施。危险驾驶罪的最高刑期为拘役六个月，根据刑事诉讼法的规定，不符合逮捕的条件。从我市的情况看，公安机关一般都对被告人采取了刑事拘留措施。如果在法院审理期间刑事拘留期限届满，或者在被告人一审宣判后提出上诉进入二审期间刑事拘留期限届满，各院要依法对被告人变更强制措施，保证被告人的合法权益和审判程序的合法性。对宣判后判决已生效的案件要及时送交执行。

三、危险驾驶罪是《刑法修正案（八）》新增的一项罪名。目前最高人民法院尚未就该罪作出司法解释或者发布指导案例。为了我市法院的量刑平衡，市高院选择了我市判决已生效的部分危险驾驶案例，供各院在审理时予以参考（见附件）。今后各院受理醉酒后危险驾驶案件后，按照大要案报告制度报送市高院。

特此通知。

附：醉酒后危险驾驶案例汇编

按：自2011年5月1日《刑法修正案（八）》施行起，我市法院陆续审结了一些醉酒后危险驾驶案件。现从判决已生效的危险驾驶案件中选择部分案例，供各院参考。

一、被告人袁华庆危险驾驶一案

案件事实：被告人袁华庆于2011年5月2日23时许，酒后驾驶比亚迪牌小型轿车（车牌号：京PC1M18）行驶至北京市朝阳区京沪高速公路出京方向大羊坊收费站时，被朝阳交通支队民警查获。后经北京市公安交通司法鉴定中心鉴定，被告人袁华庆血液中酒精含量为101.6mg/100ml。

判决结果：拘役2个月，罚金人民币1000元。

二、被告人刘爱国危险驾驶一案

案件事实：被告人刘爱国于2011年5月2日凌晨1时53分许，酒后驾驶昌河牌轿车（车牌号：京JK7875）由南向北行驶至本市西城区西便门桥上时，被北京市公安局公安交通管理局西城交通支队西单大队民警当场查获。经鉴定，刘爱国的血液酒精含量为120.7mg/100ml。

判决结果：拘役2个月，罚金人民币1000元。

三、被告人张麦振危险驾驶一案

案件事实：被告人张麦振于2011年5月17日1时许，酒后驾驶帕萨特牌轿车（车牌号：蒙K34567）由北向南行驶至本市西城区德胜门安德路西口时，被北京市公安局公安交通管理局西城交通支队府右街大队民警当场查获。经鉴定，张麦振的血液酒精含量为149.2mg/100ml。

判决结果：拘役2个月，罚金人民币1000元。

四、被告人高仁危险驾驶一案

案件事实：2011年5月2日21时许，被告人高仁酒后驾驶本田奥德赛牌小轿车（车牌号：京PWJ210）行驶至本市石景山区上庄大街鲁谷东街北口迤北时，被执勤民警当场查获。经鉴定，被告人高仁血液中酒精含量为131.2mg/100ml。经查，高仁于2008年11月因饮酒驾驶车辆被公安机关行政处罚扣6分，罚款500元。

判决结果：拘役3个月，罚金人民币2000元。

五、被告人常建礼危险驾驶一案

案件事实：2011年5月5日20时许，被告人常建礼驾驶一辆四轮农用机动车（车牌号：河北G80133，已作废）自本市海淀区苏家坨镇前沙涧村行驶至上庄镇南玉河村南路时，被执勤民警查获。经鉴定，常建礼血液中酒精含量为84.3mg/100ml。经查，常建礼于2007年6月因醉酒后驾驶机动车被北京市公安局公安交通管理局行政拘留10日，暂扣驾驶证5个月，罚款人民币1800元。

判决结果：拘役3个月，罚金人民币2000元。

六、被告人祝玉鹏危险驾驶一案

案件事实：被告人祝玉鹏于2011年5月9日8时许，酒后无证驾驶二轮摩托车途经本市朝阳区燕丰商场路口南侧时与小客车发生交通事故。后经北京市公安交通司法鉴定中心鉴定，被告人祝玉鹏血液中的酒精含量为185.0mg/100ml。

判决结果：拘役3个月，罚金人民币2000元。

七、被告人郭明军危险驾驶一案

案件事实：被告人郭明军于2011年5月18日19时许，酒后驾驶时代牌轻型普通货车（车牌号：冀TH3705）由南向北行驶至北京市密云县滨河大桥时，被北京市密云县公安局交通大队民警查获。经鉴定，被告人郭明军血液中酒精含量为187.5mg/100ml。

判决结果：拘役3个月，罚金人民币1000元。

八、被告人刘顺来危险驾驶一案

案件事实：2011年5月3日20时许，被告人刘顺来酒后驾驶本田思域牌小轿车（车牌号：京

L65776）行驶至本市石景山区鲁谷东街市检一分院南口时，与单向驾驶的奔驰牌小轿车（车牌号：京NIA036）发生剐蹭。后奔驰车乘人周瑞雪报警，刘顺来在现场等待民警处理，民警到现场后发现刘顺来有酒驾嫌疑，后经对其血液进行酒精检测，其血液中酒精含量为184.4mg/100ml，属醉酒驾驶。当日，民警将其传唤到石景山交通支队审查。

判决结果：拘役3个月，罚金人民币2000元。

九、被告人刘九林危险驾驶一案

案件事实：被告人刘九林于2011年5月1日7时30分，酒后驾驶"仙达"牌大型汽车（车牌号：京AE3460）行驶至北京市密云县巨各庄镇海子村口东侧，汽车右侧撞到公路西侧树木后侧翻入公路南侧路沟内，造成车辆损坏。经鉴定，被告人刘九林血液中酒精含量为200.1mg/100ml。

判决结果：拘役4个月，罚金人民币2000元。

十、被告人郑雪锋危险驾驶一案

案件事实：被告人郑雪锋于2011年5月7日0时许，酒后驾驶长安牌小客车（车牌号：京PS0U60）行驶至北京市朝阳区东坝中路中铁十六局路口时，车辆前部与一出租车尾部相撞，致使该出租车又与前方另一出租车相撞，造成三车损坏。被告人郑雪锋后被查获归案。经北京市公安交通司法鉴定中心鉴定，被告人郑雪锋血液中酒精含量为219.4mg/100ml。

判决结果：拘役5个月，罚金人民币3000元。

十一、被告人高晓松危险驾驶一案

案件事实：2011年5月9日22时许，被告人高晓松酒后驾驶英菲尼迪牌小型越野客车（车牌号：京NXS114），行驶至本市东城区东直门外大街十字坡路口东50米处发生交通事故，致四车追尾、三人受伤。他人报警后，被告人高晓松在案发现场等候处理，后民警赶至现场将其查获。经司法鉴定，被告人高晓松血液内酒精含量为243.04mg/100ml。

判决结果：拘役6个月，罚金人民币4000元。

十二、被告人陈树合危险驾驶一案

案件事实：被告人陈树合于2011年5月20日16时许，酒后无证驾驶时风牌三轮农用机动车由南向北行驶至北京市平谷区熊南路北独乐河村南时，与由北向南行驶的王玉华驾驶的电动自行车相接触，致王玉华及乘车人田佳枫受伤。经鉴定：被害人王玉华的人体损伤程度暂定为轻伤，田佳枫的人体损伤程度暂定为轻微伤；被告人陈树合血液内酒精含量为250.3mg/100ml。

判决结果：拘役6个月，罚金人民币4000元。

十三、被告人史德江危险驾驶一案

案件事实：被告人史德江于2011年5月12日15时许，酒后驾驶明锐牌小型汽车（车牌号：京YZ1960）由西向东行驶至北京市平谷区平夏路园田街97号外时，与被害人张福林驾驶的由东向西行驶的黑色力帆牌两轮摩托车（车牌号：京BS8443）相接触，造成张受伤，发生事故后史德江驾车逃逸，于当日被公安机关查获。经鉴定：被害人张福林的人体损伤程度暂定为轻伤（偏重）；被告人史德江血液内酒精含量为299mg/100ml。

判决结果：拘役6个月，罚金人民币4000元。

北京市高级人民法院　北京市人民检察院　北京市公安局　北京市民政局
北京市司法局　北京市卫生局　北京市妇女联合会　中共北京市委宣传部
《关于预防和制止家庭暴力的若干意见》

（2011年3月10日）

预防和制止家庭暴力，依法保护公民特别是妇女儿童的合法权益，对于建立平等和睦的家庭关系，维护家庭和社会稳定，促进社会主义和谐社会建设具有十分重要的意义。近年来，我市在预防和制止家庭暴力方面做了大量工作，进行了积极有效的探索和尝试。但是，家庭暴力现象在一定范围内仍然存在，给家庭成员在身体、精神等方面造成极大伤害，严重影响社会和谐发展。为有效预防和制止家庭暴力，依据《中华人民共和国婚姻法》、《中华人民共和国妇女权益保障法》、《中华人民共和国未成年人保护法》、《中华人民共和国治安管理处罚法》和《北京市实施〈中华人民共和国妇女权益保障法〉办法》等有关法律，以及中央七部委联合下发的《关于预防和制止家庭暴力的若干意见》，制定本意见。

第一条 本意见所称"家庭暴力"，是指行为人以殴打、捆绑、残害、强行限制人身自由或者其他手段，给其家庭成员的身体、精神等方面造成一定伤害后果的行为。

第二条 预防和制止家庭暴力是全社会的共同责任。相关单位和部门要加强协作、配合，建立处理家庭暴力案件的协调联动和家庭暴力的预防、干预、救助等长效机制，依法保护家庭成员特别是妇女儿童的合法权益。

第三条 相关单位和部门要依法履行职责，保障开展预防和制止家庭暴力工作的必要经费，做好预防和制止家庭暴力工作。

第四条 相关单位和部门要面向社会持续、深入地开展保障妇女儿童权益法律法规和男女平等基本国策、反对家庭暴力的宣传教育活动，不断增强公民的法律意识。

将预防和制止家庭暴力的有关知识列为相关业务培训内容，提高相关工作人员干预、处理家庭暴力问题的意识和能力，切实维护公民的合法权益。

第五条 各级宣传部门一方面要指导和监督新闻媒体坚持正确的舆论导向，弘扬健康文明的家庭风尚，引导广大群众树立正确的家庭伦理道德观念，自觉抵制家庭暴力违法行为，尊重家庭成员的合法权益；一方面要以法制宣传日、国际反家暴日等重要时段为契机，组织集中的宣传活动，增强全社会的反家暴意识，形成预防和制止家庭暴力的良好舆论氛围。

第六条 公安派出所、司法所，居（村）民委员会、人民调解委员会、妇代会等组织，要认真做好家庭矛盾纠纷的疏导和调解工作，切实预防家庭暴力行为的发生。对发现的家庭暴力，要及时予以劝阻和制止。积极开展对家庭成员防范家庭暴力和自我保护的宣传教育，指导受害者及时保存证据、举报家庭暴力行为，有条件的地方应开展对施暴人的教育辅导、行为矫治和对受害人的心理疏导，必要时由医疗卫生专业机构提供心理治疗，以避免家庭暴力事件的再次发生，帮助家庭成员尽快恢复身心健康。

第七条 人民法院应依法及时受理和审理因家庭暴力引发的民事和刑事案件。有条件的人民法院，应尽可能安排专人或接受过专门培训的审判人员审理涉及家庭暴力的案件。

人民法院在办理涉及家庭暴力的民事案件过程中，应坚持以下原则：

（一）根据此类案件的特点和规律，合理分配举证责任，对受害人因客观原因不能提供的有关证据，人民法院在必要时应依法调查。

（二）对因家庭暴力导致的离婚案件应及时审理，并在财产分割、子女抚养、住房分配等方面照顾无过错方的合法权益。

（三）在诉讼期间，家庭暴力施暴人继续施暴或者以暴力威胁受暴者及其亲属，妨碍诉讼正常进行的，人民法院应当及时采取强制措施。

人民法院在审理涉及家庭暴力的刑事案件时，应注意坚持以下原则：

（一）对自诉案件中，自诉人因客观原因不能提供的有关证据，人民法院在必要时应依法调查。

（二）对在人民法院审理自诉家庭暴力案件期间，施暴人继续施暴造成受害人重伤害的，人民法院应当及时移送公安机关立案处理。

人民法院应当为符合司法救助条件的家庭暴力受害人提供司法救助。

第八条 人民检察院对公安机关提请批准逮捕或者移送审查起诉的家庭暴力犯罪案件，应当及时审查，区分不同情况依法作出处理。

（一）对于罪行较重、社会影响较大、且得不到被害人谅解的，依法应当追究刑事责任，符合逮捕或起诉条件的，应依法及时批准逮捕或者提起公诉。

（二）对于罪行较轻、主观恶性小、真诚悔过、人身危险性不大，以及当事人双方达成和解的，可以依法作出不批准逮捕、不起诉决定。

人民检察院要加强对涉及家庭暴力案件的法律监督。

（一）对人民检察院认为公安机关应当立案侦查而不立案侦查的家庭暴力案件，或者受害人认为公安机关应当立案侦查而不立案侦查，而向人民检察院提出控告的家庭暴力案件，人民检察院应当认真审查，认为符合立案条件的，应当要求公安机关说明不予立案的理由。人民检察院审查后认为不予立案的理由不能成立的，应当通知公安机关依法立案，公安机关应予立案。

（二）对人民法院在审理涉及家庭暴力民事、刑事案件中作出的确有错误的判决和裁定，人民检察院应当依法提出抗诉。

第九条 公安机关应当设立家庭暴力案件投诉点，将家庭暴力报警纳入"110"出警工作范围，对家庭暴力求助投诉及时出警，做好接警记录和取证工作，采取有效措施，防止受害人再次遭受暴力侵害。

公安机关受理家庭暴力案件后，应当及时依法组织对家庭暴力案件受害人的伤情进行鉴定，为正确处理案件提供依据。

对家庭暴力案件，公安机关应当根据不同情况，依法及时作出处理：

（一）对情节轻微的家庭暴力案件，应当遵循既要维护受害人的合法权益，又要维护家庭团结，坚持依法调解的原则，对施暴者予以批评、训诫，告知其应承担的法律责任及相应的后果，防范和避免事态扩大；

（二）对违反治安管理规定的，依据《中华人民共和国治安管理处罚法》予以处罚；

（三）对构成犯罪的，依法立案侦查，做好调查取证工作，追究其刑事责任；

对长期实施家庭暴力构成虐待的案件和受害人有证据证明的轻伤害案件，应当告知受害人或其法定代理人、近亲属直接向人民法院起诉，并及时将案件材料和有关证据移送有管辖权的人民法院。

第十条 各级司法行政部门应当将反对家庭暴力，依法维护家庭成员合法权益纳入本地区法制宣传教育规划，指导、支持相关单位和部门做好反对家庭暴力的宣传教育工作。

基层司法所和人民调解组织要认真接待家庭暴力受害者，及时调处矛盾纠纷；律师、基层法律服务工作者对遭受家庭暴力受害人的求助要热心提供法律咨询和帮助；各级法律援助机构应当视具体情况，对符合法律援助条件的家庭暴力受害人给予法律援助；司法鉴定机构应当按照司法鉴定法律援助的有关规定，对符合法律援助条件的委托人申请司法鉴定的，减收或免收司法鉴定费用。

第十一条 卫生部门应积极配合有关部门开展的预防和制止家庭暴力工作的指导和培训，并提供技术支持。

医疗人员在诊疗活动中，若发现"非正常"疾病和伤害病例，应如实做好诊疗记录，并及时通知公安部门（110报警）。

第十二条 民政部门救助机构应当开展家庭暴力救助工作。

各区县要逐步建立公安、民政、司法行政、卫生、妇联等各有关方面的合作机制，为家庭暴力受害人提供庇护和其他必要的临时性救助，在庇护期间为家庭暴力受害人提供法律服务、医疗救治、心理咨询等人文关怀服务。

第十三条 妇联组织要积极开展预防和制止家庭暴力的宣传、培训工作，健全维权工作网络，认真接待妇女投诉，为受害妇女儿童提供必要的法律帮助，并协调督促有关部门及时、公正地处理家庭暴力事件。

妇联系统的人民陪审员在参与审理有关家庭暴力的案件时，要依法维护妇女儿童的合法权益。

宣传、检察、公安、法院、民政、司法、卫生、妇联要密切合作、协调联动、齐抓共管，组成北京市预防和制止家庭暴力工作协调领导小组，领导小组下设办公室，办公室设在市妇联，协调领导小组将适时召开会议，加强领导。各部门要切实负起责任，完善工作制度，落实工作任务，逐步构建反家暴社会干预防控体系，形成全社会共同参与的社会氛围和文明健康、积极向上的良好家风民风，约束规范引发家庭暴力的不良行为，为家庭暴力受害人提供法律服务、医疗救治、心理咨询等人文关怀服务，引导家庭培养尊老爱幼、夫妻和睦、勤俭自强的美德，创建"零家庭暴力社区（村庄）"。

北京市高级人民法院　北京市人民检察院　北京市公安局　北京市司法局《关于盗窃等六种侵犯财产犯罪处罚标准的若干规定》

（2011年12月31日）

为了正确贯彻实施《中华人民共和国刑法》，正确适用最高人民法院、最高人民检察院联合印发的《关于办理诈骗刑事案件具体应用法律若干问题的解释》（法释〔2011〕7号）等司法解释，准确运用宽严相济刑事政策，根据有关法律规定，结合首都经济发展水平和社会治安状况，现对盗窃等六种侵犯财产犯罪的处罚标准规定如下：

一、关于盗窃罪的处罚标准

多次盗窃、入户盗窃、携带凶器盗窃、扒窃以外的盗窃公私财物行为，盗窃公私财物价值二千元以上不足二万元的，认定为盗窃"数额较大"。

盗窃公私财物价值二万元以上不足十万元的，认定为盗窃"数额巨大"。

盗窃公私财物价值十万元以上的，认定为盗窃"数额特别巨大"。

司法解释对盗窃公私财物定罪量刑数额有具体执行标准的除外。

二、关于诈骗罪的处罚标准

诈骗公私财物价值五千元以上不足十万元的，认定为诈骗"数额较大"。

诈骗公私财物价值十万元以上不足五十万元的，认定为诈骗"数额巨大"。

诈骗公私财物价值五十万元以上的，认定为诈骗"数额特别巨大"。

诈骗数额分别达到八万元以上不足十万元、四十万元以上不足五十万元的，具有最高人民法院、最高人民检察院《关于办理诈骗刑事案件具体应用法律若干问题的解释》第二条第一款规定的下列情形之一或者属于诈骗集团首要分子的，应当分别认定为刑法第二百六十六条规定的"其他严重情节"、"其他特别严重情节"：

（一）通过发送短信、拨打电话或者利用互联网、广播电视、报刊杂志等发布虚假信息，对不特定多数人实施诈骗的；

（二）诈骗救灾、抢险、防汛、优抚、扶贫、移民、救济、医疗款物的；

（三）以赈灾募捐名义实施诈骗的；
（四）诈骗残疾人、老年人或者丧失劳动能力人的财物的；
（五）造成被害人自杀、精神失常或者其他严重后果的。

三、关于聚众哄抢罪的处罚标准

聚众哄抢公私财物价值四千元以上不足四万元的，认定为聚众哄抢"数额较大"。

聚众哄抢公私财物价值四万元以上的，认定为聚众哄抢"数额巨大"。

司法解释对聚众哄抢公私财物定罪量刑数额有具体执行标准的除外。

四、关于侵占罪的处罚标准

侵占他人财物价值二万元以上不足二十万元的，认定为侵占"数额较大"。

侵占他人财物价值二十万元以上的，认定为侵占"数额巨大"。

五、关于敲诈勒索罪的处罚标准

多次敲诈勒索以外的敲诈勒索公私财物行为，敲诈勒索公私财物价值三千元以上不足三万元的，认定为敲诈勒索"数额较大"。

敲诈勒索公私财物价值三万元以上不足二十万元的，认定为敲诈勒索"数额巨大"。

敲诈勒索公私财物价值二十万元以上的，认定为敲诈勒索"数额特别巨大"。

六、关于故意毁坏财物罪的处罚标准

故意毁坏公私财物价值一万元以上不足十万元的，认定为故意毁坏财物"数额较大"。

故意毁坏公私财物价值十万元以上的，认定为故意毁坏财物"数额巨大"。

七、侵犯财产的数额是认定侵犯财产犯罪的重要标准，但不是唯一标准

除根据侵犯财产数额外，还应当综合犯罪的其他具体情节以及被告人的认罪悔罪表现等，全面分析，准确定罪，适当量刑。

八、本《规定》自 2012 年 3 月 1 日起执行

本《规定》实施前，本市作出的有关侵犯财产犯罪数额认定标准的规定，与本《规定》不一致的，一律不再适用。本《规定》实施后，最高人民法院、最高人民检察院有关司法解释作出新的规定的，按照司法解释的新规定执行。

北京市高级人民法院《关于正确适用刑法第三百五十九条第一款引诱、容留、介绍卖淫罪定罪量刑标准的通知》

（2012 年 2 月 15 日）

因对刑法第三百五十九条第一款引诱、容留、介绍卖淫罪定罪量刑标准认识不一致，市一中院、大兴区法院向我院请示。我院研究后认为，对引诱、容留、介绍卖淫情节显著轻微危害不大的，可不作为犯罪处理；在"入罪标准"和"情节严重"认定标准的把握上，应当综合考虑案件的整体情况，包括行为次数、行为对象、行为主动性、被告人有无前科劣迹等因素，单纯的引诱、容留、介绍卖淫三人次不宜再作为"情节严重"的认定标准；被告人分别实施引诱、容留、介绍卖淫行为的，应当对人次数累计计算，但被告人出于同一或者概括的故意，对同一对象实施不同行为的，可不进行累计。我院将以上意见请示最高人民法院。最高人民法院答复原则同意我院研究意见。请各院在今后的刑事审判工作中，对刑法第三百五十九条第一款引诱、容留、介绍卖淫罪的定罪量刑标准问题，按照最高人民法院答复意见办理。

北京市高级人民法院 北京市人民检察院 北京市公安局 北京市司法局《北京市社区矫正实施细则》

（2012 年 5 月 21 日）

第一章 总 则

第一条 为依法规范社区矫正工作，将社区矫正人员改造成守法公民，根据《中华人民共和国刑法》、《中华人民共和国刑事诉讼法》和最高人民法院、最高人民检察院、公安部、司法部《社区矫正实施办法》等有关法律法规规定，结合北京市社区矫正工作实际，制定本细则。

第二条 社区矫正适用于以下四类人员：
（一）被判处管制的罪犯；
（二）被宣告缓刑的罪犯；

（三）被裁定假释的罪犯；
（四）被决定、批准暂予监外执行的罪犯。

第三条 司法行政机关负责指导管理、组织实施社区矫正工作。监狱管理机关对监狱暂予监外执行的罪犯依法予以批准。

人民法院对符合社区矫正适用条件的被告人、罪犯依法作出判决、裁定或者决定。

人民检察院对社区矫正各执法环节依法实行法律监督。

公安机关对看守所暂予监外执行的罪犯依法予以批准；对违反治安管理规定或者人民法院禁止令，应予治安管理处罚的，和重新犯罪的社区矫正人员，依法进行处理；配合司法行政机关对未按规定时间报到下落不明，或者在接受社区矫正期间脱逃的暂予监外执行罪犯和脱离监管的其他社区矫正人员进行追查，对人民法院裁定撤销缓刑、假释或者决定收监执行的社区矫正人员送交看守所收监。

第四条 区县司法局对社区矫正人员进行监督管理和教育帮助。司法所承担社区矫正日常工作。

抽调监狱劳教人民警察、社会工作者和志愿者在司法行政机关的组织指导下参与社区矫正工作。

有关部门、村（居）民委员会、社区民警、成年社区矫正人员所在单位或就读学校、家庭成员或监护人、保证人等协助司法行政机关进行社区矫正。

第五条 社区矫正人员的人身安全、合法财产和辩护、申诉、控告、检举以及其他未被依法剥夺或者限制的权利不受侵犯。

社区矫正人员在就学、就业和享受社会保障等方面，不受歧视。

司法工作人员应当认真听取和及时妥善处理社区矫正人员反映的问题，依法维护其合法权益。

第二章 矫前调查、交付与接收

第六条 社区矫正人员由其居住地区县司法局负责受理拟适用社区矫正的社会调查委托和核实居住地的事宜，并办理报到登记手续。居住地司法所具体负责实施社会调查和核实居住地，并负责对社区矫正人员的接收和日常管理工作。

对已适用社区矫正的人员进行首次接收时，如本细则第六十条所列居住地的情形其具有二种以上的，由其选定的居住地区县司法局、司法所分别负责办理报到登记手续和接收管理；如本细则第六十条所列居住地的情形其均不具有，一时难以确定居住地的，由其户籍地区县司法局先行负责办理报到登记手续，户籍地司法所先行负责接收管理。

社区矫正人员户籍地区县司法局应当配合其居住地区县司法局开展社会调查和居住地核实等相关工作。

第七条 对于拟适用缓刑、假释的被告人、罪犯，需要委托区县司法局调查其对所居住社区影响的，人民检察院、人民法院、看守所、监狱应当提前向其居住地区县司法局发函，并附起诉书或者刑事判决书副本。人民检察院建议适用缓刑的，应当随案移送社会调查评估报告。

受委托的区县司法局应当根据委托机关的要求，对被告人或罪犯的居所和生活来源情况、家庭和社会关系、一贯表现、犯罪行为的后果和影响、家庭帮教条件、居住地村（居）民委员会和被害人意见、拟禁止事项等进行调查了解，形成社会调查评估报告，在收函之日起十五个工作日内提交委托机关。人民法院适用简易程序审理的，提交调查评估报告的时限由人民法院与区县司法局商定。

对因被告人、罪犯不讲真实姓名、住址，身份不明，或者确有其他特殊原因，无法进行调查的，受委托的区县司法局可以不予调查，并向委托机关出具未予调查的书面说明。

第八条 对于拟适用管制、缓刑、假释或者暂予监外执行的被告人、罪犯，人民法院、看守所、监狱应当要求其如实提供一个拟适用社区矫正后的居住地，并作出接受社区矫正的书面保证。

对拒绝作出接受社区矫正书面保证的，人民法院、看守所、监狱根据具体情况，可以不予适用社区矫正。

第九条 对于已作出接受社区矫正书面保证的被告人、罪犯，人民法院、看守所、监狱应当就其提供居住地的真实性，及时向居住地区县司法局发函作进一步核实。对已通过委托社会调查查明了居住地的，可不再发函进行核实。

区县司法局收函后，应当立即通知司法所或者直接派员进行实地核实。区县司法局应当在收函之日起七个工作日内函复结果。

对拒不提供住址，或者故意提供虚假住址，或者经核实确无固定住所的，人民法院、看守所、监狱可以不予适用社区矫正。

第十条 对于已适用管制、缓刑、假释的罪犯，人民法院、看守所、监狱应当在宣判当日或者在其假释出监所当日，向其宣读和送达社区矫正告知书，告知其到居住地区县司法局报到的时间期限以及逾期报到的后果，并将《判处管制（宣告缓刑、假释）通知书》当日送达居住地区县司法局。

对于公开审理的适用管制、缓刑、假释案件，人民法院可以通知其居住地区县司法局在宣判当日派员到庭参加旁听。

第十一条　对于已适用管制、缓刑、假释的罪犯，人民法院应当在判决、裁定生效之日起三个工作日内，看守所、监狱应当在假释罪犯出监之日起三个工作日内，派员或者以特快专递方式向其居住地区县司法局送达法律文书和相关材料一式二份。

人民法院送达管制、缓刑罪犯的法律文书和相关材料包括：执行通知书，刑事判决书，结案登记表，接受社区矫正保证书，社区矫正告知书，送达回执等。

看守所、监狱送达假释罪犯的法律文书和相关材料包括：假释裁定书，刑事判决书，最后一次减刑的裁定书，出监所鉴定表或改造表现鉴定材料，接受社区矫正保证书，社区矫正告知书，送达回执等。

人民法院、看守所、监狱向区县司法局送达法律文书的同时，还应将刑事判决书、裁定书分别抄送罪犯居住地区县人民检察院和公安分县局。

第十二条　区县司法局收到法律文书和相关材料，经审查符合本细则第十一条前三款规定要求的，做好登记后，在收件之日起三个工作日内将法律文书和相关材料一份转居住地司法所，并向送达机关寄发回执。

送达的法律文书和相关材料不齐或有误的，区县司法局应当在收件之日起三个工作日内通知送达机关。送达机关应当在接到通知之日起三个工作日内予以补齐、更正并送达。

第十三条　被适用管制、缓刑、假释的罪犯应当自人民法院判决、裁定生效之日或者假释出监所之日起十日内，持人民法院、看守所、监狱送达本人的刑事判决书、裁定书、假释证明书和有效身份证明，到居住地区县司法局报到。

第十四条　被适用管制、缓刑、假释的罪犯报到当日，居住地区县司法局应当查验法律文书、核实身份、住址等基本信息，核验无误后办理登记手续，宣告遵守事项，发放报到告知书，告知其自即日起三日内到居住地司法所接受社区矫正，并通知司法所做好接收准备。

区县司法局发现社区矫正人员未按规定时间报到的，应当立即研究和组织、指导、督促居住地司法所进行追查，并书面通报公安分县局、判决机关或原服刑监所协助追查。

司法所发现社区矫正人员未按规定时间报到下落不明的，应当立即追查，书面通报公安派出所协助追查，并向区县司法局书面报告。区县司法局接报后，应当立即研究和组织、指导、督促司法所进行追查，书面通报公安分县局、判决机关或原服刑监所协助追查，并向区县人民检察院书面通报。

第十五条　对于看守所、监狱暂予监外执行的罪犯，由监所提前与居住地区县司法局联系并通知保证人到场后，将其押送至居住地司法所进行交接。因病情严重正在住院治疗，不宜押送的，监所可与区县司法局、保证人商定地址进行交接。

交接当日，监所应当现场与保证人办理接纳安置手续，与区县司法局交接法律文书和相关材料。区县司法局按照本细则第十四条第一款的规定，现场办理报到登记手续等有关事宜，之后由监所将罪犯交保证人领回。

监狱、看守所送达暂予监外执行罪犯的法律文书和相关材料包括：暂予监外执行通知书或决定书，暂予监外执行审批表，病残鉴定表或鉴定书，暂予监外执行具保书，刑事判决书，最后一次减刑的裁定书，接受社区矫正保证书，出监所鉴定表或改造表现鉴定材料，送达回执等各一式二份。

看守所、监狱向区县司法局送达法律文书的同时，还应将暂予监外执行通知书或决定书分别抄送罪犯居住地区县人民检察院和公安分县局。

第十六条　在外省市看守所、监狱服刑的北京籍罪犯需回在本市的居住地暂予监外执行的，市公安局监所管理总队和市监狱管理局接到外省市同级公安机关监所管理部门、监狱管理机关的书面通知和居住地区县司法局接收罪犯的书面证明后，应当立即指定一所看守所、监狱接收罪犯档案，负责办理罪犯收监、释放等手续。

受指定的看守所、监狱应当自接受指令之日起三个工作日内书面通知居住地区县司法局和区县人民检察院。

第十七条　人民法院对于决定暂予监外执行的罪犯，应当及时通知保证人或者罪犯亲属以及居住地区县司法局派员，共同到庭进行交接。

交接当日，人民法院按照本细则第十五条第二款规定的程序与保证人或者罪犯亲属以及区县司法局办理交接。

人民法院送达暂予监外执行罪犯的法律文书和相关材料包括：暂予监外执行决定书，病残鉴定书或证明书，执行通知书，刑事判决书，暂予监外执行具保书，结案登记表，接受社区矫正保证书，送达回执等各一式二份。

人民法院向区县司法局送达法律文书后，还应将暂予监外执行决定书和刑事判决书，分别抄送罪犯居住地区县人民检察院和公安分县局。

第十八条　司法所应当在社区矫正人员报到并收到社区矫正法律文书和相关材料后的五个工作日内，

对其宣告接收。

接收宣告应当包括判决书、裁定书、决定书、执行通知书等有关法律文书的主要内容；社区矫正人员应当遵守的规定、被禁止事项以及违反规定的法律后果；社区矫正人员依法享有的权利和被限制行使的权利；矫正小组人员组成及职责等有关事项。

宣告由司法所工作人员主持，根据需要通知矫正小组成员及其他相关人员参加，其中社区矫正人员的家庭成员或者监护人、保证人应当通知到场。宣告按照宣读社区矫正宣告书、守法教育、本人表态等规定程序公开进行。

第十九条 对居住地与户籍地分离的社区矫正人员，区县司法局应当自办理报到登记之日起三个工作日内，发函并附判决书、裁定书、决定书等有关法律文书，通知户籍地区县司法局。

户籍地区县司法局及司法所在该社区矫正人员接受社区矫正期间，应当登记备案，协调帮助落实与户籍有关的社会保障措施，并承担与协调帮助落实社会保障措施有关的维稳责任。

第三章 对社区矫正人员矫正的实施

第二十条 司法所应当在办理接收宣告之前为社区矫正人员确定专门的矫正小组。矫正小组由司法所工作人员任组长，本细则第四条第二、三款所列相关人员组成。社区矫正人员为女性的，矫正小组应当有女性成员。

司法所应当与矫正小组签订矫正责任书，根据小组成员所在单位和身份，明确各自的责任和义务。

矫正小组每月要沟通一次情况，改进和加强工作，确保各项矫正措施落实。

第二十一条 司法所应当在对社区矫正人员进行接收宣告之日起一个月内为其制定矫正方案，在对其被判处的刑罚种类、犯罪情况、悔罪表现、个性特征和生活环境等情况运用《北京市社区矫正人员综合状态评估指标体系》进行综合评估的基础上，制定有针对性的监管、教育和帮助措施。根据矫正方案的实施效果和社区矫正人员的现实表现、具体情况，每六个月予以调整。

第二十二条 区县司法局应当在阳光中途之家对新接收的社区矫正人员进行以社区矫正规定为主要内容的社区矫正初始教育。区县人民法院、人民检察院、公安机关应当配合区县司法局开展教育。

第二十三条 社区矫正人员应当参加司法所组织开展或委托相关单位组织开展的公共道德、法律常识、时事政策等教育学习活动，增强法制观念、道德素质和悔罪自新意识。社区矫正人员每月参加教育学习时间不少于八小时。

第二十四条 有劳动能力的社区矫正人员应当参加司法所组织开展或委托相关单位组织开展的社区服务，修复社会关系，培养社会责任感、集体观念和纪律意识。社区矫正人员每月参加社区服务时间不少于八小时。

第二十五条 社区矫正人员应当每周电话报告、每月到司法所当面报告遵纪守法、接受监督管理、参加教育学习、社区服务和社会活动的情况，每三个月提交一份矫正小结。发生居所变化、工作变动、家庭重大变故以及接触对其矫正产生不利影响人员的，应当立即报告。

保外就医的社区矫正人员还应每月向司法所报告本人身体情况，每三个月向司法所提交治疗医院的病情复查结果。司法所可与治疗医院沟通联系，对其治疗、复查疾病的情况进行核实。

第二十六条 社区矫正人员在接受社区矫正期间不得出境。

第二十七条 社区矫正人员未经批准不得离开所居住的区县。

社区矫正人员因就医、家庭重大变故等原因，确需离开所居住的区县，在七日以内的，应当提交申请并经司法所批准；超过七日的，由司法所签署意见后报经区县司法局批准。返回居住地后，应当立即向司法所报告。准予外出的，司法所还应及时向公安派出所书面通报。

社区矫正人员经批准离开所居住区县不得超过一个月。管制、缓刑、假释社区矫正人员确因务工、经商、上学需长期离开所居住区县的，原则上应在本市区域内选择就业、经商、上学，区县司法局可每三个月审批一次。

准予外出在本市区域内务工、经商或上学的社区矫正人员，外出期间仍由居住地司法所进行监管，暂住地司法所应当协助进行监管，并且每月将了解掌握到的情况书面通报居住地司法所。居住地司法所应当与暂住地司法所签订监管委托书，暂住地司法所应当接受居住地司法所的委托。

第二十八条 社区矫正人员未经批准不得变更居住的区县。

社区矫正人员因居所变化确需变更居住地的，应当提前一个月提交申请，由司法所责任人、所长签署意见后报经区县司法局审批。区县司法局经发函征求其新居住地区县司法局的意见后作出决定。

新居住地区县司法局收函后，应当立即对社区矫正人员提供的居住地进行核实，并在收件之日起七个工作日内函复结果。对社区矫正人员提供的居住地符合本细则第六十条规定的情形的，新居住地区县司法局、司法所应当接续监管。

对同意变更居住地的，区县司法局应当自批准之日起三个工作日内，将有关法律文书和矫正档案移交新居住地区县司法局,并由司法所将变更居住地通知书送达社区矫正人员。区县司法局应当将变更居住地通知书及时抄送现居住地及新居住地区县人民检察院和公安分县局,对看守所、监狱暂予监外执行的罪犯变更居住地的,还应通知其服刑监所。

社区矫正人员应当自收到变更居住地通知书之日起七日内到新居住地区县司法局报到。

第二十九条 被人民法院宣告禁止进入举办大型群众性活动的场所和中小学校区、幼儿园园区及周边地区等区域、场所的社区矫正人员,确有特殊原因需进入禁止区域、场所的,应当提交申请,由司法所签署意见后报经区县司法局审批。区县司法局批准同意的,还应书面告知区县人民检察院。

第三十条 司法所应当根据社区矫正人员个人生活、工作及所处社区的实际情况,有针对性地采取实地检查、通讯联络、信息化核查和每月到其家庭、工作单位、居住的村、社区进行走访等措施,了解、核实、掌握社区矫正人员的思想动态、活动情况和现实表现。

重点时段、重大活动期间或者遇有特殊情况,司法所应当及时了解掌握社区矫正人员的有关情况,根据需要还可要求其到办公场所报告、说明情况。

第三十一条 根据社区矫正人员的心理状态、行为特点等具体情况,区县司法局及司法所应当采取有针对性的措施进行心理辅导,司法所应当每月进行个别教育,矫正其违法犯罪心理,提高其适应社会能力。

第三十二条 区县司法局及司法所应当根据社区矫正人员的实际需要,协调有关部门和单位开展职业培训和就业指导,依照相关政策法规规定帮助落实社会保障措施。

第三十三条 司法所应当及时记录社区矫正人员接受监督管理、参加教育学习和社区服务等情况,每半年对其接受矫正的表现进行考核,根据考核结果对社区矫正人员实施分类管理,适当调整管理措施的宽严程度。

第三十四条 司法所发现社区矫正人员脱离监管的,应当立即追查,书面通报公安派出所协助追查,并向区县司法局书面报告。区县司法局接报后,应当立即研究和组织、指导、督促司法所进行追查,书面通知公安分县局协助追查,并向区县人民检察院书面通报。

公安机关、监狱管理机关批准暂予监外执行的社区矫正人员在社区矫正期间脱逃的,区县司法局还应立即书面通报其服刑监所,同时通知司法所出具脱逃及其起止日期证明,按照本细则第四十三条第一款的规定提请服刑监所收监执行。

第三十五条 保外就医的社区矫正人员保外期满前二个月,因怀孕、生活不能自理暂予监外执行的社区矫正人员监外执行期满前二个月,司法所应当要求具保人或者亲属带其就近到市政府指定负责暂予监外执行病残鉴定的医院进行病情(身体)鉴定,因身体原因确实行动不便的,可允许保证人或者亲属联系有权医院派员到其居住地进行鉴定,并将鉴定日期通过区县司法局通报区县人民检察院。鉴定当日,区县人民检察院及司法所应当派员到场监督。

鉴定结束后,司法所应当立即出具矫正表现材料并提出是否同意继续暂予监外执行的意见,连同其病情(身体)鉴定结果报区县司法局。区县司法局审核后在矫正表现材料上签署是否同意继续暂予监外执行的意见和加盖公章,并在监外执行期满前四十五日,派员或者以特快专递方式将病情(身体)鉴定结果和矫正表现材料送交作出决定的人民法院或者其服刑监所。人民法院或者服刑监所应当在收到相关材料之日起三个工作日内反馈回执。

人民法院或者服刑监所收到相关材料后,应当及时作出决定或者办理审批,对拟决定、批准继续暂予监外执行的,还应提前与其保证人或者亲属重新办理具保和接纳安置手续。人民法院或者服刑监所在前一次暂予监外执行期满前,将继续暂予监外执行或者收监执行的决定书或者通知书送达区县司法局,并抄送居住地区县人民检察院和公安分县局。

暂予监外执行期满当日,区县司法局仍未收到决定、批准机关的决定书或者通知书的,应当通知司法所暂时中止社区矫正,并书面通知决定、批准机关和区县人民检察院。

第三十六条 对未成年人实施社区矫正,应当遵循教育、感化、挽救的方针,按照下列规定执行:

(一)对未成年人的社区矫正应当与成年人分开进行;

(二)对未成年社区矫正人员给予身份保护,其矫正宣告不公开进行,除司法所工作人员、抽调监狱劳教人民警察、社区民警、村(居)民委员会工作人员和其监护人以外不得允许其他人员在场,其矫正档案应当保密;

(三)未成年社区矫正人员的矫正小组应当有熟悉青少年成长特点的人员参加;

(四)针对未成年人的年龄、心理特点和身心发育需要等特殊情况,采取有益于其身心健康发展的监督管理措施;

(五)采用易为未成年人接受的方式,开展思想、法制、道德教育、心理辅导和社区服务;

(六)协调有关部门为未成年社区矫正人员就学、就业等提供帮助;

(七)督促未成年社区矫正人员的监护人履行监护职责,承担抚养、管教等义务;

（八）采取其他有利于未成年社区矫正人员改过自新、融入正常社会生活的必要措施。

犯罪时不满十八周岁被判处五年有期徒刑以下刑罚的社区矫正人员，适用前款规定。

对于被判处管制、宣告缓刑的未成年社区矫正人员，区县司法局根据工作需要，可联系原审法官共同进行训导。

第四章 对社区矫正人员的处罚、收监和减刑

第三十七条 司法所发现社区矫正人员有违反监督管理规定或者人民法院禁止令情形的，应当立即指派两名以上工作人员调查核实情况，收集有关证明材料，制作询问笔录，提出处理意见。

第三十八条 社区矫正人员有下列情形之一的，经司法所提出，区县司法局应当给予警告，并出具书面决定：

（一）未按规定时间报到的；

（二）违反关于报告、会客、外出、居住地变更规定的；

（三）不按规定参加教育学习、社区服务等活动，经教育仍不改正的；

（四）保外就医的社区矫正人员无正当理由不按时提交病情复查情况，或者未经批准进行就医以外的社会活动且经教育仍不改正的；

（五）违反人民法院禁止令，情节轻微的；

（六）其他违反监督管理规定的。

第三十九条 社区矫正人员违反监督管理规定，判处管制的社区矫正人员违反人民法院禁止令，或者被宣告缓刑的社区矫正人员违反人民法院禁止令尚不属情节严重，依法应予治安管理处罚的，经司法所建议，区县司法局应当及时向其居住地公安分县局提出给予治安管理处罚的建议书，相关证明材料一同移送。公安分县局应当依法处理，并将处理结果及时书面通知区县司法局，同时抄送区县人民检察院。

第四十条 缓刑、假释的社区矫正人员有下列情形之一的，应当撤销缓刑、假释：

（一）被劳动教养、收容教育、收容教养的；

（二）被行政拘留、司法拘留、强制隔离戒毒的；

（三）因违反监督管理规定受到治安管理处罚，仍不改正的；

（四）违反人民法院禁止令三次以上的，或者因违反禁止令被治安管理处罚后再次违反禁止令的，或者违反禁止令发生较为严重危害后果的；

（五）未按规定时间报到或者接受社区矫正期间脱离监管，超过一个月的；

（六）受到司法行政机关三次警告仍不改正的；

（七）其他违反有关法律、行政法规和监督管理规定，情节严重的。

第四十一条 暂予监外执行的社区矫正人员有下列情形之一的，应当收监执行：

（一）被劳动教养、收容教育、收容教养的；

（二）被行政拘留、司法拘留、强制隔离戒毒的；

（三）发现不符合暂予监外执行条件的；

（四）未经司法行政机关批准擅自离开居住的区县，经警告拒不改正，或者拒不报告行踪，脱离监管的；

（五）受到司法行政机关两次警告，仍不改正的；

（六）保外就医期间不按规定提交病情复查情况，经警告拒不改正的；

（七）暂予监外执行的情形消失后，刑期未满的；

（八）保证人丧失保证条件或者因不履行义务被取消保证人资格，又不能在规定期限内提出新的保证人的；

（九）其他违反有关法律、行政法规和监督管理规定，情节严重的。

第四十二条 对缓刑、假释人员提请撤销缓刑、假释，由居住地同级司法行政机关向原裁判人民法院提出建议书。司法行政机关向人民法院移送的案卷材料包括：撤销缓刑、假释建议书二份；对违法违规行为的行政强制措施、处罚决定书，原一、二审刑事裁判书，原假释裁定书复印件；提议撤销缓刑、假释审核表；有其他撤销缓刑、假释情形的证明；社区矫正人员综合表现材料等。

人民法院应当自收到撤销缓刑、假释建议书之日起一个月内依法作出裁定，并送达提请机关。

司法行政机关的撤销缓刑、假释建议书和人民法院的裁定书同时抄送社区矫正人员居住地同级人民检察院和公安机关。对因受到劳动教养、收容教育、收容教养、强制隔离戒毒处理被裁定撤销缓刑、假释的，人民法院还应将裁定书分别送达办理该行政强制措施案件的公安机关和该行政强制措施的执行机关。

第四十三条 对暂予监外执行的社区矫正人员提请收监执行，由居住地区县司法局向作出决定的人民法院或者其服刑监所提出建议书。区县司法局向人民法院或者服刑监所移送的案卷材料包括：收监执

行建议书二份;对违法违规行为的行政强制措施、处罚决定书,原一、二审刑事裁判书,原暂予监外执行决定书复印件;提议收监执行审核表;暂予监外执行情形消失或有其他收监执行情形、脱逃及其起止日期证明;社区矫正人员综合表现材料等。

批准、决定机关应当自收到收监执行建议书之日起十五日内依法审批或者作出决定,并将审批、决定结果在暂予监外执行期满前送达区县司法局。公安机关、监狱管理机关自行收监执行的,应当在对罪犯收监当日将收监决定书或通知书送达区县司法局。

区县司法局的收监执行建议书和批准、决定机关的决定书或通知书同时抄送社区矫正人员居住地区县人民检察院和公安分县局。对因受到劳动教养、收容教育、收容教养、强制隔离戒毒处理被批准、决定收监执行的,批准、决定机关还应分别送达办理该行政强制措施案件的公安机关和该行政强制措施的执行机关。

第四十四条 由本市或者外省市人民法院裁定撤销缓刑、假释、决定收监执行的,由居住地区县司法局会同居住地公安分县局立即将罪犯收监。收监当日,区县司法局负责向罪犯送达撤销缓刑、假释裁定书、收监执行决定书或通知书,公安机关负责将罪犯送交看守所。

公安机关、监狱管理机关对暂予监外执行罪犯批准收监执行的,由其服刑监所立即将罪犯收监,其居住地公安机关根据服刑监所的预先通知对罪犯先行予以控制。

对因受到劳动教养、收容教育、收容教养、强制隔离戒毒处理被裁定撤销缓刑、假释或者被批准、决定收监执行的,由办理该行政强制措施案件的公安机关在行政强制措施执行完毕之日将其送交看守所收监。执行该行政强制措施的机关应当提前十五日通知办理行政强制措施案件的公安机关。

第四十五条 管制、缓刑、假释的社区矫正人员符合法定减刑条件的,由其居住地区县司法局提出减刑建议书,并附相关证明材料,市司法局审核同意后提请社区矫正人员居住地的中级人民法院裁定。

公安机关、监狱管理机关批准暂予监外执行的社区矫正人员符合法定减刑、假释条件的,由其居住地区县司法局发函,将提请减刑、假释案卷移送其服刑监所依照有关规定办理。

人民法院应当自收到减刑、假释建议书之日起一个月内依法裁定,并送达提请机关;暂予监外执行罪犯的减刑、假释,案情复杂或者情况特殊的,可以延长一个月。

司法行政机关的减刑、假释建议书和人民法院的裁定书,应当同时抄送社区矫正人员居住地同级人民检察院和公安机关。

第五章 社区矫正的解除与终止

第四十六条 社区矫正人员应当在社区矫正期满前二十日,向司法所提交个人总结。司法所应当根据其在接受社区矫正期间的表现、考核结果、社区意见等情况,作出书面鉴定,并对其安置帮教提出建议。

第四十七条 社区矫正人员矫正期满当日,司法所应当组织解除社区矫正宣告。宣告由司法所工作人员主持,按照宣读解除社区矫正宣告书、守法教育、本人表态等规定程序公开进行。

宣告当日,司法所还应按原来通知参加对该社区矫正人员进行接收宣告的人员范围,通知他们一同参加对其解除社区矫正的宣告。

解除社区矫正宣告应当包括:宣读对社区矫正人员的鉴定意见;宣布社区矫正期限届满,依法解除社区矫正;对判处管制的,宣布执行期满,解除管制;对宣告缓刑的,宣布缓刑考验期满,原判刑罚不再执行;对裁定假释的,宣布考验期满,原判刑罚执行完毕等有关事项。

宣告完毕,司法所应当向社区矫正人员发放由区县司法局签发的解除社区矫正证明书。

公安机关、监狱管理机关批准暂予监外执行的社区矫正人员刑期届满的,由监狱、看守所依法为其办理刑满释放手续。

第四十八条 对于已解除社区矫正的人员,司法行政机关应当将其纳入安置帮教工作的范围,施以三年的继续帮教。

司法所应当在社区矫正人员矫正期满当日,告知其安置帮教有关政策,社区矫正工作人员应当与安置帮教工作人员做好交接,转交有关法律文书复印件。户籍地与居住地分离的,居住地司法所还应通知户籍地司法所,户籍地司法所应当与居住地司法所签订帮教委托书,居住地司法所应当接受户籍地司法所的委托。

社区矫正人员矫正期满仍需执行剥夺政治权利的,司法所应当在矫正期满当日予以告知,并书面通知其居住地公安派出所。

社区矫正人员解除矫正后,司法所应当在三个工作日内书面通知公安派出所、村(居)民委员会,并向区县司法局书面报告。区县司法局应当及时书面通知区县人民检察院和公安分县局,对于暂予监外执行的,还应书面通知作出决定的人民法院或者其原服刑监所。

司法所应当在社区矫正人员解除矫正后十个工作日内,将其档案进行整理并移送区县司法局。区县司法局应当将其执行档案和工作档案合并整理归档,统一进行保管。

第四十九条 社区矫正人员死亡、被决定收监执行或者被判处监禁刑罚的,社区矫正终止。

暂予监外执行的社区矫正人员死亡的,区县司法局应当及时书面通知作出决定的人民法院或者其原服刑监所,并附有关死亡证明复印件。社区矫正人员死亡的,区县司法局还应及时向区县人民检察院书面通报。

社区矫正人员死亡、被决定收监执行或者被判处监禁刑罚的,区县司法局及司法所应当按照本细则第四十八条第五款的规定,做好对其档案的整理、移送和归档工作。

第六章 对社区矫正工作的保障与管理

第五十条 各级人民法院、人民检察院、公安机关、司法行政机关应当加强对社区矫正工作的组织领导,健全工作机制,明确工作机构,配备工作人员,落实工作经费,加强信息沟通,保障社区矫正工作的顺利开展。

第五十一条 各级司法行政机关应当积极争取同级政府的支持,加强相关工作设施建设和基本装备配备。

区县司法局应当落实接待社区矫正人员报到和存放社区矫正档案的专门用房。司法所应当落实接待社区矫正人员报到、办理接收或者解除社区矫正宣告、谈话和存放社区矫正档案的专门用房。

第五十二条 司法行政机关应当建立例会、通报、业务培训、信息报送、统计、档案管理以及执法考评、执法公开、监督检查等制度,保障社区矫正工作规范运行。

第五十三条 区县司法局应当分类建立接收社会调查委托、居住地核实、社区矫正人员报到、法律文书接转其他有关材料收发等工作登记,并对社区矫正人员按人建立社区矫正执行档案。执行档案包括适用社区矫正的法律文书,以及接收、监管审批、处罚、收监执行、解除矫正等有关社区矫正执行活动的法律文书。

司法所应当对社区矫正人员按人建立社区矫正工作档案,包括司法所和矫正小组进行社区矫正的工作记录,社区矫正人员接受社区矫正的相关材料等。同时随档存放社区矫正执行档案中的各类法律文书。

第五十四条 司法行政机关应当与公安、检察等机关联合建立突发事件处置机制,发现社区矫正人员非正常死亡、实施犯罪、参与群体性事件的,立即协调联动、妥善处置,并将有关情况及时报告上级司法行政机关和当地有关部门。

第五十五条 司法行政机关与公安、检察、法院等机关每季度至少会商一次,重点时段、重大活动期间或者遇有特殊情况随时会商,有针对性地解决工作中遇到的实际问题。

司法所与公安派出所每月至少就辖区社区矫正人员情况会商一次,核清人员底数及变化情况,掌握人员现实表现,共同查找未按时报到和脱管人员,对不服从管理人员加强教育训诫。发现社区矫正人员有危害社会苗头、脱管、重新违法犯罪或者因违反有关法律法规被依法给予处理的,应当立即互通情况。

第五十六条 人民法院、公安机关对违反有关法律法规的社区矫正人员依法作出处理后,应当在作出处理之日起三个工作日内将相关法律文书复印件或者证明材料抄送社区矫正人员居住地区县司法局和区县人民检察院。

第五十七条 人民检察院发现社区矫正执法活动违反法律和本细则规定的,可以区别情况提出口头纠正意见、制发纠正违法通知书或者检察建议书。交付执行机关和执行机关应当及时纠正、整改,并将纠正、整改情况书面告知人民检察院。

第五十八条 在实施社区矫正过程中,司法工作人员有玩忽职守、徇私舞弊、滥用职权等违法违纪行为的,依法给予相应处分;构成犯罪的,依法追究刑事责任。

第七章 附 则

第五十九条 区县司法局对由外省市人民法院、看守所、监狱判决、裁定、决定居住在本市的社区矫正人员,需要进行居住地核实和办理报到登记、接收、撤销缓刑、假释、收监以及减刑等事宜的,参照本细则的规定执行。

外省市人民法院、看守所、监狱对拟适用社区矫正的被告人、罪犯委托进行社会调查或者核实居住地的,受委托的区县司法局应当登记备案,并按照对方的要求及时回复。

第六十条 本细则所称"居住地",特指社区矫正人员的固定住所地,包括下列五种情形:

(一)产权由社区矫正人员所有且未被租借、赠与、他用的住所地;

(二)由社区矫正人员合法租赁且剩余租期在六个月以上的住所地;

(三)产权由社区矫正人员亲友所有或与社区矫正人员共有,未被租借、赠与、他用,且亲友书面同意接纳其在此居住的住所地;

(四)由社区矫正人员亲友合法租赁,剩余租期在六个月以上,并且其亲友书面同意接纳其在此居住的住所地；

（五）被判刑前在原工作单位提供的住处居住，被判刑后或出监所后其原工作单位书面同意其在该住处继续居住的住所地。

第六十一条 本细则有关时限的规定提到的"日"，除明确指工作日的以外，均含法定节假日。

本细则有关法律文书或者相关材料的送达方式，除作了专门规定的以外，送达机关可先行传真，随后在本细则规定的时限内派员、以特快专递或挂号信方式予以送达。

第六十二条 北京市公、检、法、司机关和北京市监狱管理局根据本细则的规定，制定实施意见，共同推动社区矫正工作的开展。

第六十三条 本细则自2012年7月1日起施行。北京市公、检、法、司机关之前制发的有关社区矫正规定与本细则不一致的，以本细则为准，本细则未涉及的原有规定仍然有效。

北京市高级人民法院　北京市人民检察院　北京市公安局　北京市国家安全局　北京市司法局　北京市监狱管理局《关于对监所罪犯假释工作的规定（二）》

（2012年12月6日）

为正确适用刑罚，依法办理假释案件，根据《中华人民共和国刑法》、《中华人民共和国刑事诉讼法》、《中华人民共和国监狱法》、2012年《最高人民法院关于办理减刑、假释案件具体应用法律若干问题的规定》，结合北京市监狱、看守所刑罚执行工作实际情况，制定本规定。

第一条 根据罪犯所犯罪行、所判刑罚及服刑期间的悔改表现，没有再犯罪的危险的，遵循公开、公平、公正的原则，依法对罪犯假释。

第二条 "确有悔改表现"是指同时具备以下四个方面情形：认罪悔罪；认真遵守法律法规及监规，接受教育改造；积极参加思想、文化、职业技术教育；积极参加劳动，努力完成劳动任务。

罪犯积极执行财产刑和履行附带民事赔偿义务的，可视为有认罪悔罪表现，在假释时可以从宽掌握；确有执行、履行能力而不执行、不履行的，在假释时应当从严掌握。

第三条 判断"没有再犯罪的危险"，除符合刑法第八十一条规定的情形外，还应根据犯罪的具体情节、原判刑罚情况，在刑罚执行中的一贯表现，罪犯的年龄、身体状况、性格特征，假释后生活来源以及监管条件等因素综合考虑。

监所在提请假释前应运用再犯罪风险评估量表依照规定对拟假释罪犯进行再犯罪风险评估。经评估，确认较低风险以下的方可提请假释。

第四条 监所罪犯假释，应当同时具备以下基本条件：

（一）原判有期徒刑的，已实际执行原判刑期二分之一以上，原判无期徒刑的，实际执行十三年以上，原判死刑缓期二年执行的，实际执行十五年以上（不含死刑缓期执行的二年）；

（二）确有悔改表现，并获得可以提请减刑、假释奖励的；老年罪犯、残疾罪犯（不含自伤致残）、患严重疾病且积极配合治疗的罪犯，虽未获得可以提请减刑、假释的奖励，但能够认罪悔罪，认真遵守法律法规及监规，接受教育改造，假释后生活确有着落的；

（三）符合减刑后假释的法定间隔期限要求的；

（四）处于监所宽管或者普管级别的；

（五）与罪犯是亲属、近邻、同村的被害人，对罪犯假释未提出异议的；

（六）居住地的社区矫正组织有监督管理条件，且罪犯表示接受社区矫正的；

（七）经监狱再犯罪风险评估为较低风险以下的。对年满七十周岁的罪犯、残疾罪犯（不含自伤致残）、患严重疾病的罪犯，监所可不进行再犯罪风险评估。

因与国家、社会利益有重要关系的特殊情况需要假释的，按法律规定的程序办理，可以不受上述规定的限制。

第五条 原判有期徒刑的罪犯假释的，实际执行刑期的起始时间，应当自判决执行之日起计算；判决执行以前先行羁押的，羁押一日折抵刑期一日。

原判无期徒刑的罪犯减刑后假释的，实际执行的刑期自无期徒刑判决确定之日起计算。

原判死刑缓期二年执行的罪犯减刑后假释的，实际执行的刑期自死刑缓期执行期满之日起计算。

第六条 罪犯减刑后又假释的间隔时间一般为一年；对一次减去一年以上有期徒刑后决定假释的，间隔时间一般不能少于上次所减刑期。

罪犯减刑后余刑不足二年决定假释的，间隔时间不得少于八个月。

不满十八周岁的罪犯减刑后假释的，间隔时间不得少于八个月。

第七条 具备本规定第四条各项基本条件，并符合下列情形之一的罪犯，可以假释：

（一）原判不满五年有期徒刑，获得的奖励按照有期徒刑可以减去刑期的标准，累计达到五个月以上，且扣除该累计刑期的剩余刑期在六个月以内的；

（二）原判五年以上不满十年有期徒刑，获得的奖励按照有期徒刑可以减去刑期的标准，累计达到八个月以上，且扣除该累计刑期的剩余刑期在一年以内的；

（三）原判十年以上不满十五年有期徒刑，获得的奖励按照有期徒刑可以减去刑期的标准，累计达到一年以上，且扣除该累计刑期的剩余刑期在一年六个月以内的；

（四）原判十五年以上二十五年以下有期徒刑，获得的奖励按照有期徒刑可以减去刑期的标准，累计达到一年六个月以上，且扣除该累计刑期的剩余刑期在二年以内的；

（五）原判无期徒刑，减为有期徒刑后，获得的奖励按照对应的有期徒刑可以减去刑期的标准，累计达到二年以上，且扣除该累计刑期的剩余刑期在二年六个月以内的；

（六）原判死刑缓期二年执行，减为有期徒刑后，获得的奖励按照对应的有期徒刑可以减去刑期的标准，累计达到三年以上，且扣除该累计刑期的剩余刑期在二年六个月以内的。

短刑犯可以不受第一款情形的限制。

第八条 具备本规定第四条各项基本条件，并符合下列情形之一的罪犯，可以从宽假释：

（一）年满六十周岁，获得综合、单项奖励，可以减刑十个月以上的；年满六十五周岁，获得综合、单项奖励，可以减刑五个月以上的；年满七十周岁，认罪悔罪，认真遵守法律法规及监规，接受教育改造的；

（二）经法定鉴定机构依法认定基本丧失劳动能力、生活难以自理的残疾（不含自伤致残）或患严重疾病的；

（三）患精神疾病，经法定鉴定机构依法认定为限制责任能力或无责任能力，且监护人有条件送专科医院治疗的；

（四）犯罪时系未成年人，提请假释时不满二十一周岁，获得的奖励按照对应的有期徒刑可以减去刑期的标准，累计达到五个月以上，有就读学校，且罪犯的亲属、就读学校与居住地司法所签订假释考验期间帮教协议，经区县司法局审核同意的；

（五）犯罪时系未成年人，提请假释时不满二十一周岁，获得的奖励按照对应的有期徒刑可以减去刑期的标准，累计达到八个月以上，有就业单位，且罪犯的亲属、就业单位与居住地司法所签订假释考验期间帮教协议，经区县司法局审核同意的；

（六）过失犯罪（交通肇事后逃逸的、未履行民事赔偿义务的、未全部执行财产刑的除外）、防卫过当犯罪的罪犯，或对家庭施暴人犯罪的女性罪犯，获得的奖励按照对应的有期徒刑可以减去刑期的标准，累计达到八个月以上的；

（七）罪犯的直系亲属、配偶因患病、残疾，长期生活不能自理，确需罪犯本人照顾，或者女性罪犯因丧偶或配偶正在服刑，其不满十六周岁的子女确需本人抚养，且获得的奖励按照对应的有期徒刑可以减去刑期的标准，累计达到五个月以上，经亲属向监所申请，监所致函罪犯居住地区县公安局、司法局，由罪犯居住地公安派出所、司法所出具书面证明，区县公安局、司法局书面提出建议，经监所的上级机关北京市监狱管理局或者北京市公安局审核的；

（八）因具有科技特殊专业技能，国家重大科研项目、国家重大生产建设需要提前释放，或系统战对象、少数民族上层人士，因统战工作需要提前释放，且获得的奖励按照对应的有期徒刑可以减去刑期的标准，累计达到五个月以上，由市级以上有关机关书面建议，经刑罚执行机关的上级机关北京市监狱管理局或者北京市公安局审核的。

兼具本规定第七条、第八条所列两种以上情形的，优先适用有利于罪犯的条款。

短刑犯假释的标准可以适当从宽。

第九条 对下列罪犯，从严假释：

（一）连续犯罪的；

（二）黑社会性质组织犯罪或恶势力犯罪的；

（三）犯罪集团的首要分子；

（四）被数罪并罚或有前科劣迹的；

（五）因杀人、爆炸、抢劫、强奸、绑架、放火、投放危险物质或者有组织的暴力性犯罪被判处不满十年有期徒刑暴力犯罪的；

（六）因故意伤害罪被判处十五年以上有期徒刑、无期徒刑、死刑缓期二年执行的。

第十条 从严假释的罪犯，具备本规定第四条各项基本条件，并符合下列情形之一的，可以假释：

（一）原判不满五年有期徒刑，获得的奖励按照对应的有期徒刑可以减去刑期的标准，累计达到五个月以上，且扣除该累计刑期的剩余刑期在三个月以内的；

（二）原判五年以上不满十年有期徒刑，获得的奖励按照对应的有期徒刑可以减去刑期的标准，累计达到八个月以上，且扣除该累计刑期的剩余刑期在六个月以内的；

（三）原判十年以上二十五年以下有期徒刑，获得的奖励按照对应的有期徒刑可以减去刑期的标准，累计达到一年以上，且扣除该累计刑期的剩余刑期在九个月以内的；

（四）原判无期徒刑或者死刑缓期二年执行，减为有期徒刑后，获得的奖励按照对应的有期徒刑可以减去刑期的标准，累计达到二年以上，且扣除该累计刑期的剩余刑期在一年以内的。

适用上述条款假释的原判无期徒刑、死刑缓期二年执行或者被数罪并罚判处十五年以上有期徒刑的罪犯，考验期一般不得超过五年。

第十一条　兼具从宽假释、从严假释条件和情形的罪犯，可以适用本规定第七条予以假释；如果系已年满七十周岁的罪犯、身体残疾的罪犯、患严重疾病的罪犯或系对家庭施暴人犯罪的女性罪犯，可以适用本规定第八条从宽假释。

第十二条　对下列罪犯，不得假释：

（一）累犯以及因故意杀人、强奸、抢劫、绑架、放火、爆炸、投放危险物质或者有组织的暴力性犯罪被判处十年以上有期徒刑、无期徒刑的；

（二）因第（一）项情形和犯罪被判处死刑缓期执行，被减为无期徒刑、有期徒刑的。

对下列罪犯，一般不适用假释：

（一）刑罚执行期间受到处分的；

（二）因隐瞒漏罪、又犯新罪被数罪并罚的；

（三）因隐瞒犯罪事实、证据，后被再审加重刑罚的；

（四）在缓刑、假释、暂予监外执行期间因违法犯罪或违反社区矫正监督管理规定，被撤销缓刑、撤销假释或收监执行的；

（五）拒不提供住址，或者故意提供虚假住址，或者经核实确无固定住所的；

（六）拒绝接受社区矫正的。

第十三条　重要罪犯、危害国家安全罪的罪犯、邪教组织犯罪骨干分子、犯罪集团首要分子，黑社会性质组织犯罪的首要分子、恶势力团伙犯罪的首要分子假释的，根据相关规定办理。

第十四条　对拟提请假释的罪犯，监所应当认真核实罪犯居住地，并提前书面委托其居住地的区县司法局，对罪犯的居所和生活来源、家庭和社会关系、服刑前的一贯表现、性格特征、犯罪行为的后果和影响、监管条件、居住地村（居）民委员会的意见等情况进行调查了解。

区县司法局应当根据监所的要求进行调查，并制作调查评估报告，自收到委托调查函十五个工作日内将调查评估报告提交监所。

第十五条　人民检察院对假释工作实行监督，监所评审会前七个工作日书面通知检察院，检察院应当派员参加。

监所向人民法院提请假释案件的同时，应将拟提请假释的罪犯名册、提请假释建议书副本抄送人民检察院或者派驻检察室。

人民检察院对提请假释案件可以提出检察意见，如发现违反法律或者本规定的，应当在收到监所提请假释建议书十个工作日内向负责假释的人民法院提出检察意见书。

第十六条　罪犯在看守所羁押期间，有揭发他人犯罪或者提供重要破案线索等行为，后经查证属实或得以侦破其他案件，构成重大立功或立功，未据此从轻、减轻判决或减刑的，由北京市公安局审核，具函并附相关证据、法律文书，转市级刑罚执行机关依法办理。

第十七条　本规定所称综合奖励，包括经监所考核认定罪犯确有悔改表现而给予的监狱（看守所）改造积极分子、监狱（看守所）嘉奖、监狱（看守所）表扬奖励；本规定所称单项奖励，包括经市监狱管理局或者市公安局批准，给予的重大立功、立功奖励。

第十八条　本规定所称连续犯罪，包括聚众斗殴、寻衅滋事、故意伤害、盗窃、诈骗、涉毒等连续作案两起以上的故意犯罪。

第十九条　本规定所称老年罪犯，是指提请假释时年满六十周岁的罪犯；残疾罪犯、患有严重疾病罪犯，是指提请假释时已经法定鉴定机构认定的身体残疾（不含自伤致残）、所患疾病程度达到基本丧失劳动能力、生活难以自理的罪犯（包括限制责任能力以上的精神病罪犯）；短刑犯，是指交付执行时剩余刑期不足一年的有期徒刑罪犯。

第二十条　本规定所称前科，是指罪犯在判刑前曾受过的刑事处罚；劣迹，是指罪犯在判刑前曾受过的少年管教、收容教养、劳动教养、治安拘留、强制劳动、收容教育、强制戒毒等处罚。

第二十一条　本规定所称以上、以下、不超过，包括本数。

第二十二条　犯罪行为发生在2011年5月1日以后，或犯罪行为发生在2011年4月30日前，但依照《中华人民共和国刑法修正案（八）》裁判的罪犯，适用本规定办理假释。

犯罪行为发生在 2011 年 4 月 30 日之前，未依照《中华人民共和国刑法修正案（八）》裁判，现仍在服刑的罪犯适用〔2007〕196 号文件办理假释；但以下三种情形应适用本规定：

（一）对罪犯有利的条款；

（二）原规定与本规定第十七条有冲突的条款；

（三）对罪犯进行再犯罪风险评估、社会调查及因不执行、履行财产刑或民事赔偿义务，从严假释的条款。

第二十三条 本规定自印发之日起执行。

北京市高级人民法院　北京市人民检察院　北京市公安局 北京市国家安全局　北京市司法局　北京市监狱管理局 《关于对监所罪犯减刑工作的规定（二）》

（2012 年 12 月 6 日）

为准确运用刑罚，依法办理减刑案件，根据《中华人民共和国刑法》、《中华人民共和国刑事诉讼法》、《中华人民共和国监狱法》、2012 年《最高人民法院关于办理减刑、假释案件具体应用法律若干问题的规定》，结合北京市监狱、看守所刑罚执行工作实际情况，制定本规定。

第一章　总　则

第一条 根据罪犯所犯罪行、所判刑罚及服刑期间的悔改表现或立功表现、重大立功表现，结合其所获奖励及监所管理级别，遵循公开、公平、公正的原则，依法对罪犯减刑。

第二条 "确有悔改表现"是指同时具备以下四个方面情形：认罪悔罪；认真遵守法律法规及监规，接受教育改造；积极参加思想、文化、职业技术教育；积极参加劳动，努力完成劳动任务。

对罪犯在刑罚执行期间提出申诉的，要依法保护其申诉权利，对罪犯申诉不应不加分析地认为是不认罪悔罪。罪犯积极执行财产刑和履行附带民事赔偿义务的，可视为有认罪悔罪表现，在减刑时可以从宽掌握；确有执行、履行能力而不执行、不履行的，在减刑时应当从严掌握。

第三条 罪犯具有下列情形之一的，应当认定为有"立功表现"：

（一）阻止他人实施犯罪活动的；

（二）检举、揭发监狱内外犯罪活动，或者提供重要的破案线索，经查证属实的；

（三）协助司法机关抓捕其他犯罪嫌疑人（包括同案犯）的；

（四）在生产、科研中进行技术革新，成绩突出的；

（五）在抢险救灾或者排除重大事故中表现突出的；

（六）对国家和社会有其他贡献的。

第四条 罪犯具有下列情形之一的，应当认定为有"重大立功表现"：

（一）阻止他人实施重大犯罪活动的；

（二）检举监狱内外重大犯罪活动，经查证属实的；

（三）协助司法机关抓捕其他重大犯罪嫌疑人（包括同案犯）的；

（四）有发明创造或者重大技术革新，社会效益或经济效益显著的；

（五）在日常生产、生活中舍己救人的；

（六）在抗御自然灾害或者排除重大事故中，有特别突出表现的；

（七）对国家和社会有其他重大贡献的。

第五条 罪犯经监所考核认定确有悔改表现的，可以给予监狱（看守所）改造积极分子、监狱（看守所）嘉奖、监狱（看守所）表扬等综合奖励。对依据综合奖励减去的刑期一般不能超过考核评奖所用周期。

罪犯有重大立功表现、立功表现的，经市监狱管理局或者市公安局批准，可以分别给予重大立功、立功等单项奖励。

第六条 罪犯获得监狱（看守所）改造积极分子奖励，或者获得立功奖励的，可以减刑；获得重大立功奖励的，应当减刑。

罪犯获得监狱（看守所）嘉奖、监狱（看守所）表扬奖励的，符合下列情形之一的，可以减刑：

（一）扣除本规定第八条规定的时间，计算所余刑期，不具备获得监狱（看守所）改造积极分子时间条件的；

（二）无期徒刑（含死刑缓期执行期满减为无期徒刑）的罪犯，服刑期满二年减为有期徒刑的。

第七条 罪犯连续获得两个以上奖励的，因累计计算一次减刑的刑期超出相应的减刑幅度而未使用的奖励，可以在以后减刑时按照相应的规定累计使用。

第八条　监所提请对罪犯减刑的刑期，一般预留呈报、裁定程序所需的二至三个月和出监所前教育三个月的时间。

提请对短刑犯减刑的，一般预留呈报、提请、裁定所需时间二十日。

第九条　罪犯因在刑罚执行期间又犯罪或者隐瞒漏罪被判刑，或者因严重违纪受到处分，除应当减刑的重大立功奖励外，尚未使用的其他奖励无效。

第二章　有期徒刑罪犯的减刑

第十条　有期徒刑罪犯减刑以后实际执行的刑期不能少于原判刑期的二分之一；判决执行以前先行羁押的，羁押一日折抵刑期一日。

第十一条　被判处不满五年有期徒刑的罪犯，一般自判决执行之日起一年以上方可减刑；被判处五年以上不满二十年有期徒刑的罪犯，一般自判决执行之日起一年六个月以上方可减刑；被判处二十年以上二十五年以下有期徒刑的罪犯，一般自判决执行之日起二年以上方可减刑。

被判处不满五年有期徒刑的罪犯，两次减刑之间一般应当间隔十个月以上；被判处五年以上有期徒刑的罪犯，两次减刑之间一般应当间隔一年以上；上一次减刑一年以上的，再次减刑时，间隔不能少于上次所减刑期。

获得重大立功奖励的，可以不受上述减刑起始和间隔时间的限制。

短刑犯减刑的起始时间可以不受上述期限的限制。

第十二条　有期徒刑罪犯获得综合奖励或者立功奖励的，一次减刑一般不超过一年；获得综合奖励并获得立功奖励的，或者获得重大立功奖励的，一次减刑一般不超过二年。

第十三条　有期徒刑罪犯获得奖励，符合本规定第六条规定的，在本规定第十二条规定的减刑幅度内，按照下列标准，累计计算可以减去的刑期：

获得一次监狱（看守所）改造积极分子奖励的，可以根据宽管、普管、严管级别，分别减刑不超过十二个月、十一个月、十个月。

获得一次监狱（看守所）嘉奖奖励的，可以根据宽管、普管、严管级别，分别减刑不超过九个月、八个月、七个月。

获得一次监狱（看守所）表扬奖励的，可以根据宽管、普管、严管级别，分别减刑不超过六个月、五个月、四个月。

获得一次重大立功奖励的，减刑一至二年。

获得一次立功奖励的，减刑不超过九个月。

短刑犯获得一次监狱（看守所）改造积极分子奖励、嘉奖奖励或表扬奖励的，可以减去的刑期一般分别不超过三个月、二个月、一个月，可以减去的刑期最短可以为十日；获得立功、重大立功奖励的可以减去剩余刑期。

第十四条　被判处不满十年有期徒刑的罪犯在刑罚执行期间又犯新罪，新罪被判处有期徒刑以下刑罚的，按照新判决决定执行刑期所对应的本规定第十一条第一款规定的减刑起始时间，自新判决确定之日起，分别顺延六个月，方可减刑；新罪被判处无期徒刑的，自新判决确定之日起满二年六个月，方可减刑；新罪被判处死刑缓期执行的，自缓期执行期满减为无期徒刑或有期徒刑二十五年之日起满三年，方可减刑。

被判处十年以上有期徒刑的罪犯在刑罚执行期间又犯罪，新罪被判处有期徒刑以下刑罚的，按照新判决决定执行刑期所对应的本规定第十一条第一款规定的减刑起始时间，自新判决确定之日起，分别顺延一年，方可减刑；新罪被判处无期徒刑的，自新判决确定之日起满三年，方可减刑；新罪被判处死刑缓期执行的，自缓期执行期满减为无期徒刑或有期徒刑二十五年之日起满三年六个月，方可减刑。

第十五条　被判处不满十年有期徒刑的罪犯隐瞒漏罪被数罪并罚，或隐瞒犯罪事实、证据被再审加重刑罚，漏罪或再审加重被判处有期徒刑以下刑罚的，自新判决确定之日起满二年，方可减刑；漏罪或再审加重判处无期徒刑的，自新判决确定之日起满二年六个月，方可减刑；新罪或再审加重判处死刑缓期执行的，自缓期执行期满减为无期徒刑或有期徒刑二十五年之日起满三年，方可减刑。

被判处十年以上有期徒刑的罪犯隐瞒漏罪被数罪并罚，或隐瞒犯罪事实、证据被再审加重刑罚，漏罪或再审加重被判处有期徒刑以下刑罚的，自新判决确定之日起满二年，方可减刑；漏罪或再审加重判处无期徒刑的，自新判决确定之日起满三年，方可减刑；漏罪或再审加重判处死刑缓期执行的，自缓期执行期满减为无期徒刑或有期徒刑二十五年之日起满三年六个月，方可减刑。

第三章　无期徒刑罪犯的减刑

第十六条　无期徒刑罪犯减刑以后实际执行的刑期不能少于十三年，起始时间应当自无期徒刑判决确定之日起计算。

第十七条 无期徒刑罪犯获得综合奖励或者立功奖励的，服刑二年后，可以减为二十年以上二十二年以下有期徒刑；获得综合奖励并获得立功奖励，或者获得重大立功奖励的，服刑二年后，可以减为十五年以上二十年以下有期徒刑。无期徒刑罪犯服刑期满五年，未获减刑的，可以减为二十二年有期徒刑。

第十八条 无期徒刑罪犯在减为有期徒刑前受到警告、记过、禁闭处分，其后又获得奖励的，自无期徒刑服刑二年之日起，分别顺延八个月、九个月、十个月，方可减刑；受处分两次以上的，累计计算顺延的时间。

第十九条 无期徒刑罪犯获得奖励首次减刑的刑期，以二十二年有期徒刑为起算点，在本规定第十七条规定的减刑幅度内，按照下列标准，累计计算可以减去的刑期：获得一次监狱（看守所）改造积极分子奖励的，减刑不超过十一个月。

获得一次监狱（看守所）嘉奖奖励的，减刑不超过八个月。

获得一次监狱（看守所）表扬奖励的，减刑不超过五个月。

获得一次重大立功奖励的，减刑一年至二年。

获得一次立功奖励的，减刑不超过九个月。

第二十条 无期徒刑罪犯减为有期徒刑后再减刑，两次减刑之间一般应当间隔一年以上，且间隔不能少于上次所减刑期。

第二十一条 无期徒刑罪犯减为有期徒刑后，符合本规定第六条规定的，所获奖励在本规定第十二条规定的减刑幅度内，按照下列标准，累计计算可以减去的刑期：

获得一次监狱（看守所）改造积极分子奖励的，可以根据宽管、普管、严管级别，分别减刑不超过十一个月、十个月、九个月。

获得一次监狱（看守所）嘉奖奖励的，可以根据宽管、普管、严管级别，分别减刑不超过八个月、七个月、六个月。

获得一次监狱（看守所）表扬奖励的，可以根据宽管、普管、严管级别，分别减刑不超过五个月、四个月、三个月。

获得一次重大立功奖励的，减刑一年至二年。

获得一次立功奖励的，减刑不超过九个月。

第二十二条 无期徒刑罪犯在刑罚执行期间又犯新罪，新罪被判处有期徒刑以下刑罚的，按照新判决决定执行刑期所对应本规定相关规定的减刑起始时间，自新判决确定之日起，分别顺延一年，方可减刑；新罪被判处无期徒刑的，自新判决确定之日起满四年，方可减刑；新罪被判处死刑缓期执行的，自缓期执行期满减为无期徒刑或有期徒刑二十五年之日起满四年六个月，方可减刑。

第二十三条 无期徒刑罪犯隐瞒漏罪被数罪并罚，或隐瞒犯罪事实、证据被再审加重刑罚，漏罪被判处有期徒刑以下刑罚的，自新判决确定之日起满三年，方可减刑；漏罪被判处无期徒刑的，自新判决确定之日起满三年六个月，方可减刑；漏罪或再审加重刑处死刑缓期执行的，自缓期执行期满减为无期徒刑或有期徒刑二十五年之日起满四年，方可减刑。

第四章 死刑缓期二年执行罪犯的减刑

第二十四条 死刑缓期执行罪犯减刑后实际执行的刑期不能少于十五年，起始时间应当自缓期执行期满之日起计算。

第二十五条 死刑缓期执行罪犯在缓期执行期间，如果没有故意犯罪，二年期满以后，减为无期徒刑；如果获得重大立功奖励，二年期满以后，减为二十五年有期徒刑。

第二十六条 死刑缓期执行罪犯减为无期徒刑后，获得监狱（看守所）改造积极分子奖励或者立功奖励的，无期徒刑服刑二年后，可以减为二十五年有期徒刑；获得重大立功奖励的，无期徒刑服刑二年后，可以减为二十三年有期徒刑。

死刑缓期执行罪犯减为无期徒刑后，服刑期满六年，未获减刑的，可以减为二十五年有期徒刑。

第二十七条 死刑缓期执行罪犯在减为有期徒刑前受到警告、记过、禁闭处分，其后又获得监狱（看守所）改造积极分子奖励或者立功奖励的，自无期徒刑服刑二年之日起，分别顺延九个月、十个月、十一个月，方可减刑；受处分两次以上的，累计计算顺延的时间。

第二十八条 死刑缓期执行罪犯减为有期徒刑后再减刑，两次减刑之间一般应当间隔一年三个月以上；上次减刑一年三个月以上的，减刑间隔不能少于上次所减刑期。

第二十九条 死刑缓期执行罪犯减为有期徒刑后，获得综合奖励或者立功奖励的，一次减刑一般不超过一年；获得综合奖励并获得立功奖励的，或者获得重大立功奖励的，一次减刑一般不超过一年六个月。

第三十条 死刑缓期执行罪犯减为有期徒刑后，符合本规定第六条规定，所获奖励在本规定第二十九条规定的减刑幅度内，按照下列标准，累计计算可以减去的刑期：获得一次监狱（看守所）改造积极分子奖励的，可以根据宽管、普管、严管级别，分别减刑不超过十个月、九个月、八个月。

获得一次监狱（看守所）嘉奖奖励的，可以根据宽管、普管、严管级别，分别减刑不超过七个月、六个月、五个月。

获得一次监狱（看守所）表扬奖励的，可以根据宽管、普管、严管级别，分别减刑不超过四个月、三个月、二个月。

获得一次重大立功奖励的，减刑一年至二年。

获得一次立功奖励的，减刑不超过九个月。

第三十一条 死刑缓期执行罪犯在缓期执行期满后又犯新罪，新罪被判处有期徒刑以下刑罚的，按照新判决决定执行刑期所对应本规定相关规定的减刑起始时间，自新判决确定之日起，分别顺延一年六个月，方可减刑；新罪被判处无期徒刑的，自新判决确定之日起满四年六个月，方可减刑；新罪被判处死刑缓期执行的，自缓期执行期满减为无期徒刑或有期徒刑二十五年之日起满五年，方可减刑。

第三十二条 死刑缓期执行罪犯隐瞒漏罪被数罪并罚，漏罪被判处有期徒刑以下刑罚的，自缓期执行期满减为无期徒刑或有期徒刑二十五年之日起满三年，方可减刑；漏罪被判处无期徒刑的，自缓期执行期满减为无期徒刑或有期徒刑二十五年之日起满四年，方可减刑；新罪被判处死刑缓期执行的，自缓期执行期满减为无期徒刑或有期徒刑二十五年之日起满四年六个月，方可减刑。

第五章 被限制减刑的死刑缓期执行罪犯的减刑

第三十三条 被限制减刑的死刑缓期执行罪犯，缓期执行期满后依法减为无期徒刑的，实际执行的刑期不能少于二十五年；缓期执行期满后依法减为二十五年有期徒刑的，实际执行的刑期不能少于二十年。

第三十四条 被限制减刑的死刑缓期执行罪犯在缓期执行期间，如果没有故意犯罪，二年期满以后，减为无期徒刑；如果获得重大立功奖励，二年期满以后，减为二十五年有期徒刑。

第三十五条 被限制减刑的死刑缓期执行罪犯减为无期徒刑后，获得监狱（看守所）改造积极分子奖励或者立功奖励的，无期徒刑服刑五年后可以减为二十五年有期徒刑；获得重大立功奖励的，无期徒刑服刑满四年后可以减为二十五年有期徒刑。

被限制减刑的死刑缓期执行罪犯减为无期徒刑后，服刑期满八年，未获减刑的，可以减为二十五年有期徒刑。

第三十六条 被限制减刑的死刑缓期执行罪犯在减为有期徒刑前受到警告、记过、禁闭处分，其后又获得监狱（看守所）改造积极分子奖励或者立功奖励的，自无期徒刑服刑五年之日起，分别顺延十个月、十一个月、十二个月，方可减刑；受处分两次以上的，累计计算顺延的时间。

第三十七条 被限制减刑的死刑缓期执行罪犯减为有期徒刑后再减刑，两次减刑之间一般应当间隔二年六个月以上。

第三十八条 被限制减刑的死刑缓期执行罪犯减为有期徒刑后，获得综合奖励或者立功奖励的，一次减刑一般不超过六个月；获得综合奖励并获得立功奖励的，或者获得重大立功奖励的，一次减刑一般不超过一年。

第三十九条 被限制减刑的死刑缓期执行罪犯减为有期徒刑后，符合本规定第六条规定的，所获奖励在本规定第三十八条规定的减刑幅度内，按照下列标准，累计计算可以减去的刑期：

获得一次监狱（看守所）改造积极分子奖励的，减刑不超过三个月。

获得一次重大立功奖励的，减刑不超过一年。

获得一次立功奖励的，减刑不超过五个月。

第四十条 被限制减刑的死刑缓期执行罪犯在缓期执行期满后又犯新罪，新罪被判处有期徒刑以下刑罚的，按照新判决决定执行刑期所对应本规定相关规定的减刑起始时间，自新判决确定之日起，分别顺延二年，方可减刑；新罪被判处无期徒刑的，自新判决确定之日起满七年六个月，方可减刑；新罪被判处死刑缓期执行的，自缓期执行期满减为无期徒刑或有期徒刑二十五年之日起满八年，方可减刑。

第四十一条 被限制减刑的死刑缓期执行罪犯隐瞒漏罪被数罪并罚，漏罪被判处有期徒刑以下刑罚的，自缓期执行期满减为无期徒刑或有期徒刑二十五年之日起满六年六个月，方可减刑；漏罪被判处无期徒刑的，自缓期执行期满减为无期徒刑或有期徒刑二十五年之日起满七年，方可减刑；新罪被判处死刑缓期执行的，自缓期执行期满减为无期徒刑或有期徒刑二十五年之日起满七年六个月，方可减刑。

第六章 未成年罪犯的减刑

第四十二条 未成年罪犯的减刑，可以比照成年罪犯依法适当从宽。

未成年罪犯能认罪悔罪，认真遵守法律法规及监规，积极参加学习、劳动的，应视为确有悔改表现，减刑的幅度可以适当放宽，起始时间、间隔时间可以相应缩短。

第四十三条 未成年有期徒刑罪犯，一般自判决执行之日起一年以上，方可减刑；两次减刑之间一般应当间隔八个月以上；上一次减刑一年以上不满二年的，再次减刑时，间隔一般不能少于一年；上次减刑二年以上的，再次减刑时，间隔一般不能少于一年三个月。

第四十四条 未成年有期徒刑罪犯获得综合奖励或者立功奖励的，一次减刑一般不超过一年六个月；获得综合奖励并获得立功奖励的，或者获得重大立功奖励的，一次减刑一般不超过二年三个月。

第四十五条 未成年有期徒刑罪犯获得奖励，符合本规定第六条规定的，在本规定第四十四条规定的减刑幅度内，按照下列标准，累计计算可以减去的刑期：

获得一次监狱（看守所）改造积极分子奖励的，可以根据宽管、普管、严管级别，分别减刑不超过十四个月、十三个月、十二个月。

获得一次监狱（看守所）嘉奖奖励的，可以根据宽管、普管、严管级别，分别减刑不超过十一个月、十个月、九个月。

获得一次监狱（看守所）表扬奖励的，可以根据宽管、普管、严管级别，分别减刑不超过八个月、七个月、六个月。

获得一次重大立功奖励的，减刑一至二年。

获得一次立功奖励的，减刑不超过九个月。

第四十六条 未成年无期徒刑罪犯获得综合奖励或者立功奖励的，服刑一年六个月后，可以减为十八年以上二十年以下有期徒刑；获得综合奖励并获得立功奖励，或者获得重大立功奖励的，可以减为十五年以上十七年以下有期徒刑。未成年无期徒刑罪犯服刑期满三年，未获减刑的，可以减为二十年有期徒刑。

第四十七条 未成年无期徒刑罪犯在减为有期徒刑前受到警告、记过、禁闭处分，其后又获得奖励的，自无期徒刑服刑一年六个月之日起，分别顺延四个月、五个月、六个月，方可减刑；受处分两次以上的，累计计算顺延的时间。

第四十八条 未成年无期徒刑罪犯获得奖励首次减刑的刑期，以减为二十年有期徒刑为起算点，在本规定第四十六条规定的减刑幅度内，按照下列标准，累计计算可以减去的刑期：

获得一次监狱（看守所）改造积极分子奖励的，减刑不超过十三个月。

获得一次监狱（看守所）嘉奖奖励的，减刑不超过十个月。

获得一次监狱（看守所）表扬奖励的，减刑不超过七个月。

获得一次重大立功奖励的，减刑一至二年。

获得一次立功奖励的，减刑不超过九个月。

第四十九条 未成年无期徒刑罪犯减为有期徒刑后再减刑，两次减刑之间一般应当间隔十个月以上；上一次减刑超过一年不满二年的，再次减刑时，间隔一般不少于一年二个月；上一次减刑二年以上的，再次减刑时，间隔一般不少于一年六个月。

第五十条 未成年无期徒刑罪犯减为有期徒刑后，符合本规定第六条规定的，所获奖励在本规定第四十四条规定的减刑幅度内，按照下列标准，累计计算可以减去的刑期：

获得一次监狱（看守所）改造积极分子奖励的，可以根据宽管、普管、严管级别，分别减刑不超过十三个月、十二个月、十一个月。

获得一次监狱（看守所）嘉奖奖励的，可以根据宽管、普管、严管级别，分别减刑不超过十个月、九个月、八个月。

获得一次监狱（看守所）表扬奖励的，可以根据宽管、普管、严管级别，分别减刑不超过七个月、六个月、五个月。

获得一次重大立功奖励的，减刑一年至二年。

获得一次立功奖励的，减刑不超过九个月。

第五十一条 未成年罪犯在刑罚执行期间又犯新罪，新罪被判处有期徒刑以下刑罚的，按照新判决决定执行刑期所对应本章第四十三条、第四十六条规定的减刑起始时间，自新判决确定之日起，顺延六个月，方可减刑；新罪被判处无期徒刑的，自新判决确定之日起满二年六个月，方可减刑。

第五十二条 未成年罪犯隐瞒漏罪被数罪并罚，或隐瞒犯罪事实、证据被再审加重刑罚，漏罪或再审加重判处有期徒刑以下刑罚的，按照新判决决定执行刑期所对应本章第四十三条、第四十六条规定的减刑起始时间，自新判决确定之日起顺延六个月，方可减刑；漏罪或再审加重判处无期徒刑的，自新判决确定之日起满二年六个月，方可减刑。

第七章 老年、残疾和患严重疾病罪犯的减刑

第五十三条 老年、残疾、患严重疾病罪犯的减刑，应当主要注重悔罪的实际表现。

老年、残疾、患严重疾病的罪犯，能够认罪悔罪，认真遵守法律法规及监规，接受教育，积极配合治疗的，应视为确有悔改表现。减刑的幅度可以适当放宽，起始时间、间隔时间可以相应缩短，但限制减刑的死刑缓期执行罪犯除外。

第五十四条 不满七十周岁的有期徒刑或无期徒刑老年罪犯（含原判死刑缓期执行减为无期徒刑的老年罪犯），同等条件下，减刑的起始时间、幅度、间隔、累计计算的标准与未成年有期徒刑或无期徒刑罪犯相同。

第五十五条 不满七十周岁的原判死刑缓期执行的老年罪犯，减为有期徒刑后再减刑，两次减刑之间一般应当间隔一年以上；上一次减刑超过一年不满二年的，再次减刑时，间隔一般不能少于一年四个月；上一次减刑二年以上的，再次减刑时，间隔一般不能少于一年九个月。

前款规定的罪犯减为有期徒刑后，符合本规定第六条的规定，所获奖励在本规定第十二条规定的减刑幅度内，按照下列标准，累计计算可以减去的刑期：获得一次监狱（看守所）改造积极分子奖励的，可以根据宽管、普管、严管级别，分别减刑不超过十二个月、十一个月、十个月。

获得一次监狱（看守所）嘉奖奖励的，可以根据宽管、普管、严管级别，分别减刑不超过九个月、八个月、七个月。

获得一次监狱（看守所）表扬奖励的，可以根据宽管、普管、严管级别，分别减刑不超过六个月、五个月、四个月。

获得一次重大立功奖励的，减刑一年至二年。

获得一次立功奖励的，减刑不超过九个月。

第五十六条 七十周岁以上或基本丧失劳动能力、生活难以自理的老年罪犯，或残疾、患严重疾病的有期徒刑（含原判死刑缓期执行或无期徒刑减为有期徒刑的）罪犯，服刑满一年，虽未获得奖励，但认真遵守法律法规及监规，接受教育，积极配合治疗，即可减刑一年；再次减刑时，间隔一般不能少于一年。

第五十七条 七十周岁以上或基本丧失劳动能力、生活难以自理的老年罪犯，或残疾、患严重疾病的无期徒刑（含原判死刑缓期执行减为无期徒刑的）罪犯，服刑满一年六个月，虽未获得奖励，但认真遵守法律法规及监规，接受教育，积极配合治疗，即可减为二十年有期徒刑；获得重大立功奖励的，服刑一年六个月以后，可以减为十五年以上十七年以下有期徒刑。

服刑期满三年，未获减刑的，可以减为二十年有期徒刑。

第五十八条 老年、残疾、患严重疾病的死刑缓期执行罪犯减为无期徒刑后，服刑期满三年六个月，未获减刑的，可以减为二十五年有期徒刑。

第五十九条 老年、残疾、患严重疾病的死刑缓期执行罪犯在减为有期徒刑前受到警告、记过、禁闭处分，其后又获得奖励的，自无期徒刑服刑满一年六个月之日起，分别顺延四个月、五个月、六个月，方可减刑；受处分两次以上的，累计计算顺延的时间。

第六十条 老年、残疾、患严重疾病罪犯在刑罚执行期间又犯新罪的，按照新判决决定执行刑期所对应本章第五十四条、第五十六条、第五十七条、第五十八条规定的减刑起始时间，自新判决确定之日起，顺延六个月，方可减刑。

第六十一条 老年、残疾、患严重疾病罪犯隐瞒漏罪被数罪并罚，或隐瞒犯罪事实、证据被再审加重刑罚的，按照新判决决定执行刑期所对应本章第五十四条、第五十六条、第五十七条、第五十八条规定的减刑起始时间，自新判决确定之日起顺延六个月，方可减刑。

第八章 附加剥夺政治权利罪犯的减刑

第六十二条 罪犯减刑时，对附加剥夺政治权利的期限可以酌减。

酌减后剥夺政治权利的实际执行刑期分别为：原判限制减刑的死刑缓期执行罪犯，不能少于五年；原判死刑缓期执行罪犯，不能少于四年；原判无期徒刑的罪犯，不能少于三年；原判有期徒刑的罪犯，不能少于一年。

第六十三条 死刑缓期执行罪犯缓期二年执行期满以后，减为二十五年有期徒刑时，剥夺政治权利的期限可以减为七年。

第六十四条 无期徒刑罪犯（含死刑缓期执行罪犯减为无期徒刑的）减为有期徒刑时，剥夺政治权利的期限可以减为五年。

第六十五条 有期徒刑罪犯（含死刑缓期执行罪犯、无期徒刑罪犯减为有期徒刑的）的主刑减刑时，获得一次监狱（看守所）改造积极分子、立功奖励的，剥夺政治权利的期限可以减去一年；获得一次重大立功奖励的，剥夺政治权利的期限可以减去二年。

第九章　其他规定

第六十六条　人民检察院对减刑工作实行监督，监所评审会前七个工作日书面通知检察院，检察院应当派员参加。监所向人民法院提请减刑案件的同时，应将拟提请减刑的罪犯名册、提请减刑建议书副本抄送人民检察院或者派驻检察室。人民检察院对提请减刑案件可以提出检察意见，如发现违反法律或者本规定的，应当在收到监狱提请减刑建议书十个工作日内向负责减刑的人民法院提出检察意见书。

第六十七条　专案罪犯、重要罪犯、危害国家安全罪的罪犯、邪教组织犯罪骨干分子、犯罪集团首要分子、黑社会性质组织犯罪的首要分子、恶势力团伙犯罪的首要分子减刑的，根据相关规定办理。

第六十八条　罪犯在看守所羁押期间，有揭发他人犯罪或者提供重要破案线索等行为，后经查证属实或得以侦破其他案件，构成立功或重大立功，未据此从轻、减轻判决或减刑的，由北京市公安局审核，具函并附相关证据、法律文书，转市级刑罚执行机关依法办理。

第六十九条　本规定所称短刑犯，是指交付执行时剩余刑期不足一年的有期徒刑罪犯；未成年罪犯，是指减刑时不满十八周岁的罪犯；老年罪犯，是指提请减刑时年满六十周岁的罪犯；残疾罪犯、患有严重疾病罪犯，是指提请减刑时已经法定鉴定机构认定的身体残疾（不含自伤自残）、所患疾病程度达到基本丧失劳动能力、生活难以自理的罪犯（包括限制责任能力以上的精神病罪犯）。

罪犯在获得奖励时未满十八周岁的，视为未成年罪犯。

第七十条　本规定所称以上、以下、不超过，包括本数。

第七十一条　犯罪行为发生在 2011 年 5 月 1 日以后，或犯罪行为发生在 2011 年 4 月 30 日前，但依照《中华人民共和国刑法修正案（八）》裁判的罪犯，适用本规定办理减刑。

犯罪行为发生在 2011 年 4 月 30 日之前，未依照《中华人民共和国刑法修正案（八）》裁判，现仍在服刑的罪犯适用京高法发〔2007〕195 号文件办理减刑；但以下二种情形应适用本规定：

（一）对罪犯有利的条款；

（二）原规定与本规定第二条、第五条、第六十六条、第六十九条和"上次减刑一年以上的，再次减刑时，间隔不能少于上次所减刑期"的减刑间隔规定有冲突的条款。

第七十二条　本规定自印发之日起执行。

北京市高级人民法院　北京市人民检察院　北京市公安局
北京市司法局　北京市监狱管理局
《关于减刑、假释案件审理程序的实施意见》

（2012 年 12 月 6 日）

第一条　为了规范减刑、假释案件的审理，依照《中华人民共和国刑法》、《中华人民共和国刑事诉讼法》及最高人民法院《关于办理减刑、假释案件具体应用法律若干问题的规定》（法释〔2012〕2号），结合北京市减刑、假释案件审理工作的实际情况，制定本实施意见。

第二条　对减刑、假释案件的提请，由执行机关负责。假释罪犯对社区影响的调查评估由社区矫正机构负责。检察、监督由人民检察院负责。审判由人民法院负责。

人民法院、人民检察院、执行机关与社区矫正机构办理减刑、假释案件，应当分工负责，互相配合，相互制约，以确保准确有效地执行法律。

第三条　人民法院审判减刑、假释案件，依照法律规定独立行使审判权，未经人民法院依法裁定，对任何罪犯不得减刑、假释。人民法院审判减刑、假释案件应当依法组成合议庭，合议庭由审判员三人或者由审判员和人民陪审员三人组成。

第四条　执行机关提出减刑、假释建议书，报请人民法院审核裁定，并将建议书副本抄送人民检察院。人民法院开庭审理时，执行机关应当派员出席。

第五条　人民检察院对减刑、假释案件的提请、审判进行监督。

执行机关召开评审会、人民法院开庭审理时，人民检察院应当派员出席。

第六条　社区矫正机构依法承担关于罪犯假释后对所居住社区影响的调查，并出具调查评估报告。

第七条　人民法院审理减刑、假释案件，可以采取书面审理的方式。但下列案件，应当开庭审理：

（一）因罪犯有重大立功表现提请减刑的；

（二）提请减刑、假释的起始时间、间隔时间或者减刑幅度不符合一般规定的；

（三）公示期间收到投诉意见的；

（四）人民检察院对执行机关的减刑、假释建议提出异议的，或对人民法院的减刑、假释裁定提出书面纠正意见并建议开庭审理的；

（五）对罪犯考核评奖的执行机关与提请减刑、假释的执行机关不一致，需要开庭审核证据的，或执行机关建议开庭审理的；

（六）在社会上有重大影响或社会关注度高的；

（七）人民法院认为有开庭审理必要的。

第八条 人民法院开庭审理减刑、假释案件，除刑事诉讼法另有规定的以外，一律公开进行。

人民法院开庭审理减刑、假释案件，可以到刑罚执行场所，也可以在人民法院进行，有条件的实行远程视频方式审理。

第九条 人民法院、人民检察院、执行机关应当保障罪犯依法享有使用本民族语言进行诉讼、申请回避、申请调取证据及最后陈述等诉讼权利。

第十条 在开庭审理时不满十八周岁罪犯的减刑、假释案件，一律不公开审理。

对于未成年罪犯减刑、假释案件，在开庭审理的时候，应当通知其法定代理人到场。无法通知、法定代理人不能到场的，也可以通知其他成年亲属，所在学校、单位、居住地基层组织或者未成年人保护组织的代表，承担法律援助义务的律师或其他合适成年人到场。到场的法定代理人可以代为行使未成年罪犯的诉讼权利。

第十一条 人民法院对执行机关提请的减刑、假释案件，应当审查执行机关是否移送下列材料：

（一）减刑、假释建议书；

（二）终审法院的裁判文书、执行通知书、历次减刑裁定书的复制件；

（三）罪犯确有悔改或者立功、重大立功表现的具体事实的书面证明材料；

（四）罪犯计分考核明细表、评审鉴定表、奖惩审批表等；

（五）其他根据案件的审理需要移送的材料。提请假释的，还应当附有再犯风险评估量表、接受社区矫正保证书及社区矫正机构关于罪犯假释后对所居住社区影响的调查评估报告。

以罪犯在外省监狱或本市其他监狱获得奖励呈报减刑、假释时，还应附原驻监人民检察院出具的证明评奖合法有效的公函和原监狱、分监区、责任干警分别出具的罪犯所获奖励合法有效的书面证明材料。

人民检察院对提请减刑、假释案件提出的检察意见，应当一并移送受理减刑、假释案件的人民法院。经审查，执行机关移送的材料不齐备的，人民法院应当通知提请减刑、假释的执行机关补送；移送材料齐备的，人民法院应当立案，并根据案件情况，决定是否开庭审理。

第十二条 人民法院审理减刑、假释案件，应当在罪犯服刑场所的公共区域公示三日。公示内容包括：罪犯的姓名、原判认定的罪名和刑期、罪犯历次减刑情况、执行机关的减刑、假释建议和依据、公示期限、意见反馈方式等。执行机关应当配合人民法院在分监区、候见室等场所进行公示。

有条件的法院可以面向社会公示。但未成年罪犯以及犯罪记录被封存的罪犯的减刑、假释案件不向社会公示。

第十三条 在人民法院作出减刑、假释裁定前，执行机关发现提请减刑、假释不当的，应当向人民法院提交撤回提请减刑、假释建议书，并抄送人民检察院。人民法院准许的，应当及时作出准许撤销提请减刑、假释的决定书，并向人民检察院送达决定书副本。

第十四条 人民法院决定开庭审理后，应当进行下列工作：

（一）确定合议庭组成人员；

（二）开庭十日以前，将开庭的时间、地点通知执行机关及人民检察院；

（三）通知法定代理人（包括其他合适成年人）、证人、鉴定人、翻译人员的通知书，至迟在开庭三日以前送达；

（四）开庭三日以前向罪犯送达或委托执行机关向罪犯送达开庭审理诉讼权利告知书；

（五）公开审理的案件，在开庭三日以前分别在人民法院、执行机关先期公布案由、罪犯姓名、开庭时间和地点。

第十五条 执行机关收到人民法院的开庭通知后，五日以内向人民法院告知派员名单，并提供出庭作证的证人、鉴定人名单，移送当庭出示证据的清单，并抄送人民检察院；在开庭三日以前，代为向罪犯送达开庭审理诉讼权利告知书，并及时将送达回证寄回法院；在开庭三日以前协助人民法院在执行机关内先期公布案由、罪犯姓名、开庭时间和地点。

第十六条 人民检察院接收到人民法院的开庭通知后，应当在五日以内向人民法院告知派员名单，移送当庭出示的证据清单，并提供出庭作证的证人、鉴定人名单；必要时，可以向人民法院申请阅卷。

第十七条 开庭审理前，书记员应当查明检察员、执行机关代表、罪犯及法定代理人（包括其他合适成年人）、证人、鉴定人、翻译人员是否已经到庭，并宣读法庭纪律；请检察员、执行机关代表入庭；请审判长、审判员入庭；审判人员就座后，当庭向审判长报告开庭前的准备工作已经就绪。

第十八条 开庭的时候，审判长查明罪犯的基本情况，宣布案件的来源、案由及是否公开审理，对于不公开审理的案件，应当当庭宣布不公开审理的理由；宣布合议庭组成人员、书记员、执行机关代表、检察员、法定代理人（包括其他合适成年人）、鉴定人、翻译人员的名单；告知罪犯及法定代理人对合议庭组成人员、书记员、执行机关代表、检察员、鉴定人和翻译人员享有申请回避的权利，提供证据及申请通知证人作证、最后陈述的权利。

第十九条　审判长分别询问罪犯、法定代理人是否申请回避，申请何人回避和申请回避的理由，并根据不同的情况依法进行处理。

第二十条　法庭调查按照以下顺序进行：
（一）执行机关代表宣读《提请减刑、假释建议书》；
（二）罪犯陈述其对犯罪的认识和改造表现；
（三）经审判长许可，执行机关代表、检察员、法定代理人（包括其他合适成年人）可以对罪犯进行发问；
（四）执行机关代表出示相关证据，申请通知证人到庭作证，证人作证前，应当在如实作证的保证书上签名；
（五）检察员对证据发表意见，可以对证人、鉴定人进行发问，也可以申请出示相关证据、申请通知证人到庭作证；
（六）罪犯、法定代理人（包括其他合适成年人）对证据发表意见，可以对证人发问，也可以申请出示相关证据、申请通知证人到庭作证；
（七）经审判长许可，执行机关代表、检察员可以对调查评估报告发表意见；
（八）审判人员可以讯问罪犯，或询问执行机关代表及证人、鉴定人；
（九）检察员发表检察意见。

第二十一条　法庭调查结束后，由罪犯做最后陈述，未成年罪犯的法定代理人可以做补充陈述。罪犯最后陈述后，审判长宣布休庭，合议庭进行评议。

第二十二条　在法庭审理过程中，审判长有权依法对违反法庭秩序的诉讼参与人或者旁听人员进行处理。

第二十三条　经审理，人民法院对减刑、假释案件按下列情形分别处理：
（一）罪犯符合减刑、假释条件的，应当裁定减刑、假释；
（二）罪犯不符合减刑、假释条件的，应当做出不予减刑、假释决定书，在决定书中写明不予减刑、假释的理由，并将案卷退回执行机关；
（三）对于被提请假释的罪犯不符合假释条件，但符合减刑条件的，或不符合减刑条件，但符合假释条件的，应当做出不予减刑、假释决定书，在决定书中写明理由，并将案卷退回执行机关。

第二十四条　开庭审理减刑、假释案件，宣告裁决一律公开进行，既可以当庭宣告，也可以定期宣告。宣判后，合议庭可以对罪犯进行法庭教育。

第二十五条　人民法院应当在裁定、决定做出之日起七日内送达提请减刑、假释的执行机关及其上级主管部门、人民检察院、罪犯本人及其法定代理人。

人民法院可以委托执行机关向罪犯送达裁定书、决定书。

第二十六条　法庭审理的全部活动，应当由书记员写成笔录，经审判长审阅后，由审判长和书记员签名。庭审结束后三日内，庭审笔录应当交由诉讼参与人阅读并签名。

第二十七条　人民法院审理减刑、假释案件，应当在受理后一个月以内依法裁定；案情复杂或者情况特殊的，可以延长一个月。

第二十八条　人民检察院认为人民法院减刑、假释裁定不当，应当在收到裁定书副本后二十日内，向人民法院提出书面纠正意见。人民法院收到书面纠正意见后，应当重新组成合议庭进行审理，并在一个月内作出最终裁定。

第二十九条　人民法院发现本院或者下级人民法院已经生效的减刑、假释裁定确有错误，应当依法重新组成合议庭进行审理并作出裁定。

人民法院按照审判监督程序重新审理的案件，维持原判决、裁定的，原减刑裁定效力不变；改变原判决、裁定的，应由执行机关依照再审裁判情况和原减刑情况，提请有管辖权的人民法院重新作出减刑裁定。

第三十条　本实施意见所称诉讼参与人是指罪犯、法定代理人、合适成年人、证人、鉴定人和翻译人员。

第三十一条　本实施意见与法律、法规和最高法院司法解释不一致的，按照法律、法规和司法解释执行。

第三十二条　本实施意见自印发之日起施行。

北京市高级人民法院　北京市公安局
《对非法销售、储存、运输、燃放烟花爆竹等行为依法处理的意见》

(2013年2月6日)

第一条 未经许可销售烟花爆竹或以销售为目的储存、运输烟花爆竹，有下列情形之一，由北京市烟花爆竹行业协会出具非法经营金额的鉴定证明，符合《刑法》第225条规定的，以非法经营罪追究刑事责任：

（一）个人非法经营数额在5万元以上，或者违法所得数额在1万元以上的；

（二）单位非法经营数额在50万元以上，或者违法所得数额在10万元以上的；

（三）虽未达到上述数额标准，但两年内因同种非法行为受过2次以上行政处罚，又进行同种非法经营行为的；

（四）其他情节严重的情形。

第二条 未经许可销售烟花爆竹或以销售为目的储存、运输本市禁止销售的烟花爆竹，虽未达第一条非法经营的数额标准，但造成严重后果，且烟花爆竹经鉴定不符合安全标准，符合《刑法》第146条规定的，以销售不符合安全标准的产品罪追究刑事责任。

第三条 违反烟花爆竹安全管理规定，在储存、运输、燃放中发生重大事故，造成严重后果，符合《刑法》第136条、第233条、第235条规定的，分别以危险物品肇事罪、过失致人死亡罪、过失致人重伤罪追究刑事责任。

北京市高级人民法院《关于适用办理敲诈勒索刑事案件司法解释的若干意见》

(2013年8月6日)

最高人民法院、最高人民检察院于2013年4月23日公布了《关于办理敲诈勒索刑事案件适用法律若干问题的解释》(以下简称办理敲诈勒索刑事案件司法解释)。为正确适用司法解释，准确审理敲诈勒索刑事案件，现提出若干意见，请遵照执行。

一、敲诈勒索罪定罪量刑数额标准

1. 全市法院审理刑法第第274条规定的敲诈勒索刑事案件，"数额较大"认定标准为三千元以上，"数额巨大"认定标准为六万元以上，"数额特别巨大"认定标准为四十万元以上。

2. 具有《办理敲诈勒索刑事案件司法解释》第二条规定的下列七种情形之一的，"数额较大"的认定标准为一千五百元以上：(1) 曾因敲诈勒索受过刑事处罚的；(2) 一年内曾因敲诈勒索受过行政处罚的；(3) 对未成年人、残疾人、老年人或者丧失劳动能力人敲诈勒索的；(4) 以将要实施放火、爆炸等危害公共安全犯罪或者故意杀人、绑架等严重侵犯公民人身权利犯罪相威胁敲诈勒索的；(5) 以黑恶势力名义敲诈勒索的；(6) 利用或者冒充国家机关工作人员、军人、新闻工作者等特殊身份敲诈勒索的；(7) 造成其他严重后果的。

二、在审案件的处理原则

3. 本意见实施前已经受理但尚未宣判的一审案件，涉及敲诈勒索犯罪的，按照本意见确定的具体数额标准执行。

4. 本意见实施前已经受理但尚未宣判或者一审已经宣判但被告人提出上诉、检察院提起抗诉的二审、复核案件，涉及敲诈勒索犯罪的，按照本意见确定的具体数额标准执行。

根据新的具体数额标准及犯罪情节，应当判处刑罚的刑档与一审判决认定的刑档一致的，除量刑畸重的以外，原则上不得轻易改判。

根据新的具体数额标准及犯罪情节，应在一审判决认定的刑档下一个刑档判处刑罚必须改判的，在查清事实的基础上予以改判，但从宽幅度不应过大。

三、其他

5. 本意见自公布之日起实行。2012年3月1日实施的《关于盗窃等六种侵犯财产犯罪处罚标准的若干规定》(京高法发〔2012〕7号，以下简称若干规定) 的相关规定不再适用。

6. 对适用司法解释及本意见过程中存在的问题，及时报告高级法院。

附件：最高人民法院、最高人民检察院关于办理敲诈勒索刑事案件适用法律若干问题的解释附件：

最高人民法院、最高人民检察院
关于办理敲诈勒索刑事案件适用法律若干问题的解释

（2013年4月15日最高人民法院审判委员会第1575次会议、2013年4月1日最高人民检察院第十二届检察委员会第2次会议通过 2013年4月23日公布 2013年4月27日施行法释〔2013〕10号）

为依法惩治敲诈勒索犯罪，保护公私财产权利，根据《中华人民共和国刑法》、《中华人民共和国刑事诉讼法》的有关规定，现就办理敲诈勒索刑事案件适用法律的若干问题解释如下：

第一条 敲诈勒索公私财物价值二千元至五千元以上、三万元至十万元以上、三十万元至五十万元以上的，应当分别认定为刑法第二百七十四条规定的"数额较大"、"数额巨大"、"数额特别巨大"。

各省、自治区、直辖市高级人民法院、人民检察院可以根据本地区经济发展状况和社会治安状况，在前款规定的数额幅度内，共同研究确定本地区执行的具体数额标准，报最高人民法院、最高人民检察院批准。

第二条 敲诈勒索公私财物，具有下列情形之一的，"数额较大"的标准可以按照本解释第一条规定标准的百分之五十确定：

（一）曾因敲诈勒索受过刑事处罚的；
（二）一年内曾因敲诈勒索受过行政处罚的；
（三）对未成年人、残疾人、老年人或者丧失劳动能力人敲诈勒索的；
（四）以将要实施放火、爆炸等危害公共安全犯罪或者故意杀人、绑架等严重侵犯公民人身权利犯罪相威胁敲诈勒索的；
（五）以黑恶势力名义敲诈勒索的；
（六）利用或者冒充国家机关工作人员、军人、新闻工作者等特殊身份敲诈勒索的；
（七）造成其他严重后果的。

第三条 二年内敲诈勒索三次以上的，应当认定为刑法第二百七十四条规定的"多次敲诈勒索"。

第四条 敲诈勒索公私财物，具有本解释第二条第三项至第七项规定的情形之一，数额达到本解释第一条规定的"数额巨大"、"数额特别巨大"百分之八十的，可以分别认定为刑法第二百七十四条规定的"其他严重情节"、"其他特别严重情节"。

第五条 敲诈勒索数额较大，行为人认罪、悔罪，退赃、退赔，并具有下列情形之一的，可以认定为犯罪情节轻微，不起诉或者免予刑事处罚，由有关部门依法予以行政处罚：

（一）具有法定从宽处罚情节的；
（二）没有参与分赃或者获赃较少且不是主犯的；
（三）被害人谅解的；
（四）其他情节轻微、危害不大的。

第六条 敲诈勒索近亲属的财物，获得谅解的，一般不认为是犯罪；认定为犯罪的，应当酌情从宽处理。

被害人对敲诈勒索的发生存在过错的，根据被害人过错程度和案件其他情况，可以对行为人酌情从宽处理；情节显著轻微危害不大的，不认为是犯罪。

第七条 明知他人实施敲诈勒索犯罪，为其提供信用卡、手机卡、通讯工具、通讯传输通道、网络技术支持等帮助的，以共同犯罪论处。

第八条 对犯敲诈勒索罪的被告人，应当在二千元以上、敲诈勒索数额的二倍以下判处罚金；被告人没有获得财物的，应当在二千元以上十万元以下判处罚金。

第九条 本解释公布施行后，《最高人民法院关于敲诈勒索罪数额认定标准问题的规定》（法释〔2000〕11号）同时废止；此前发布的司法解释与本解释不一致的，以本解释为准。

附：最高人民法院、最高人民检察院
批复各地办理敲诈勒索刑事案件执行的具体数额标准

2013年4月23日《最高人民法院、最高人民检察院关于办理敲诈勒索刑事案件适用法律若干问题的解释》施行后，根据各地报送的具体数额标准，"两高"下发《关于办理敲诈勒索刑事案件执行具体数额标准问题的批复》（法〔2013〕157号），同意各地执行数额标准。

各地报送的办理敲诈勒索刑事案件具体数额标准

	数额较大 （2000元—5000元）	数额巨大 （3万元—10万元）	数额特别巨大 （30万元—50万元）
北京	3000元	6万元	40万元
天津	2000元	6万元	40万元
河北	3000元	6万元	40万元
山西	3000元	5万元	40万元
内蒙古	2000元	3万元	30万元
辽宁	2000元	7万元	40万元
吉林	3000元	3万元	30万元
黑龙江	3000元	5万元	35万元
上海	2000元	3万元	30万元
江苏	4000元	6万元	40万元
浙江	4000元	8万元	40万元
安徽	3000元	5万元	30万元
福建	2000元	5万元	30万元
江西	3000元	5万元	40万元
山东	3000元	6万元	40万元
河南	3000元	5万元	40万元
湖北	贫困县（市）2000元； 其他地区3000元	贫困县（市）5万元； 其他地区6万元	贫困县（市）40万元； 其他地区50万元
湖南	4000元	6万元	40万元
广东	一类地区4000元； 二类地区2500元	一类地区10万元； 二类地区6万元	一类地区50万元； 二类地区40万元
广西	2500元	4万元	40万元
海南	2000元	3万元	30万元
重庆	3000元	6万元	40万元
四川	3000元	5万元	35万元
贵州	3000元	3万元	30万元
云南	3000元	5万元	35万元
西藏	城镇4000元； 农牧区2000元	城镇5万元； 农牧区3万元	城镇40万元； 农牧区30万元
陕西	3000元	4万元	40万元
甘肃	2000元	3万元	30万元
青海	2000元	3万元	30万元
宁夏	2000元	3万元	30万元
新疆	3000元	5万元	30万元
兵团	3000元	5万元	30万元
军检	5000元	8万元	40万元

北京市高级人民法院《关于依法推进管制刑适用的通知》

(2013年9月10日)

依法推进管制刑的适用,是贯彻落实宽严相济刑事政策,构建科学化、层次化刑罚体系的必然要求,也是加强社会管理创新、促进社会和谐的重要途径。近日,市委政法委就全市政法机关依法用足用好管制刑,进一步推进轻刑制度改革作出统一部署。根据部署要求,现就我市法院依法推进管制刑适用工作的有关事项通知如下:

一、统一思想认识,进一步提高对推进管制刑适用重要性的认识

管制是对犯罪分子不予关押,但限制一定自由,通过社区矫正方法进行教育和改造的一种刑罚方法。同时,法院在判处管制时,可以根据犯罪情况适用禁止令,规定禁止性义务,防止其继续犯罪。管制是我国刑罚体系中最为轻缓的主刑,它并不剥夺犯罪分子的人身自由,而是将其限制在一定的社会区域内进行监督改造,是我们党和国家依靠人民群众和专门机关监督改造犯罪分子的一项成功经验。管制刑的适用,能够有效克服监禁刑所带来的交叉感染和回归社会难等问题,也符合刑罚轻缓化和行刑社会化的发展方向,有利于化解社会矛盾,创新管理模式,促进社会和谐。要充分认识依法推进管制刑适用的重要意义,切实采取有效措施,将管制刑的适用落到实处。

二、明确适用对象,积极推动管制刑依法有效适用

管制适用于刑法分则条文法定刑中明确列有管制刑以及具有减轻处罚情节可能判处管制刑的犯罪。是否适用管制刑,应当根据案件性质和情节,综合考虑犯罪的社会危害性和行为人的人身危险性,做到罪刑相适应。对于犯罪情节较轻、社会危害性不大、人身危险性较小,且判处管制对所居住社区没有重大不良影响的被告人,可依法适用管制刑。对于未成年、老年、残疾、怀孕妇女、初犯、过失犯等犯罪情节轻微、主观恶性不大的被告人,可考虑优先适用管制刑。但对被告人在本市没有固定住所,不具备矫正帮教条件的,一般不适用管制刑。在推进管制刑适用过程中要准确领会立法精神,确保符合法律规定。

三、健全工作机制,落实管制刑适用的配套措施

在依法推进管制刑适用过程中,要积极探索、完善相关工作机制。对可能判处管制刑的被告人应优先考虑适用取保候审等非羁押性强制措施。对检察机关建议适用管制刑的案件,法院在依法审查案件事实和相关证据之外,还应当审查检察机关移送的社会调查报告等材料;对检察机关没有提出相关量刑建议,但认为可依法适用管制刑的,可以委托被告人居住地的司法行政机关社区矫正工作部门进行社会调查。对被判处管制的罪犯,法院根据犯罪情况,认为需要作出禁止令的,在判决中要明确具体的禁止行为。针对管制刑的特点,要积极运用快速办理轻微刑事案件的成功经验,依法从快审理案件。要加强与司法行政机关的沟通协调,做好对被判处管制罪犯的及时交接工作,确保管制刑的执行落到实处。

四、强化组织协调,确保管制刑适用取得实效

要加强组织领导,结合本院实际情况,进一步明确具体工作标准和要求,积极、稳妥地推进管制刑的适用。要加强与其他政法部门的沟通,在党委、政法委的统筹协调下,着力解决好工作衔接、配合方面的问题,理顺工作关系,统一执法尺度,共同推进该项工作的开展。对存在的问题,要加强请示报告。各试点法院要充分发挥示范、引领作用,为全市法院工作开展创造经验。市高级法院将及时总结经验,进一步加强改革工作指导力度,不断推进和完善管制刑适用工作。

北京市高级人民法院《关于适用办理抢夺刑事案件司法解释的若干意见》

(2013年12月30日)

最高人民法院、最高人民检察院于2013年11月11日公布了《关于办理抢夺刑事案件适用法律若干问题的解释》(以下简称办理抢夺刑事案件司法解释)。为正确适用司法解释,准确审理抢夺刑事案件,现提出若干意见,请遵照执行。

一、抢夺罪定罪量刑数额标准

1. 全市法院审理刑法第267条规定的抢夺刑事案件,"数额较大"认定标准为二千元以上,"数额巨大"认定标准为五万元以上,"数额特别巨大"认定标准为三十万元以上。

2. 具有《办理抢夺刑事案件司法解释》第二条规定的下列十种情形之一的,"数额较大"的认定标准为一千元以上:(1)曾因抢劫、抢夺或者聚众哄抢受过刑事处罚的;(2)一年内曾因抢夺或者哄抢受过行政处罚的;(3)一年内抢夺三次以上的;(4)驾驶机动车、非机动车抢夺的;(5)组织、控制未成年人抢夺的;(6)抢夺老年人、未成年人、孕妇、携带婴幼儿的人、残疾人、丧失劳动能力人的财物的;(7)在医院抢夺病人或者其亲友财物的;(8)抢夺救灾、抢险、防汛、优抚、扶贫、移民、救济款物的；(9) 自然灾害、事故灾害、社会安全事件等突发事件期间，在事件发生地抢夺的；(10) 导致他人轻伤或者精神失常等严重后果的。

3. 抢夺公私财物，具有前条所列第 (3) 项至第 (10) 项规定的情形之一，数额达到二万五千元以上的，应当认定为刑法第二百六十七条规定的"其他严重情节"；数额达到十五万元以上的，应当认定为刑法第二百六十七条规定的"其他特别严重情节"。

二、在审案件的处理原则

4. 本意见实施前已经受理但尚未宣判的一审案件，涉及抢夺犯罪的，按照本意见确定的具体数额标准执行。

5. 本意见实施前已经受理但尚未宣判或者一审已经宣判但被告人提出上诉、检察院提起抗诉的二审案件以及复核案件，涉及抢夺犯罪的，按照本意见确定的具体数额标准执行。

根据新的具体数额标准及犯罪情节，应当判处刑罚的刑档与一审判决认定的刑档一致的，除量刑畸重的以外，原则上不得轻易改判。

根据新的具体数额标准及犯罪情节，应在一审判决认定的刑档下一个刑档判处刑罚必须改判的，在查清事实的基础上予以改判，但从宽幅度不应过大。

三、其他

6. 本意见自 2014 年 7 月 1 日起施行。1998 年市委政法委组织市高级人民法院、市人民检察院、市公安局联合制定《关于八种侵犯财产犯罪数额认定标准的通知》（京高法发〔1998〕第 188 号）的相关规定不再适用。

7. 对适用司法解释及本意见过程中存在的问题，及时报告市高级人民法院。

北京市高级人民法院《关于适用办理盗窃刑事案件司法解释的若干意见》

(2014 年 2 月 8 日)

最高人民法院、最高人民检察院于 2013 年 4 月 3 日公布了《关于办理盗窃刑事案件适用法律若干问题的解释》（以下简称办理盗窃刑事案件解释）。为正确适用司法解释，准确审理盗窃刑事案件，现提出若干意见，请遵照执行。

一、盗窃罪定罪量刑数额标准

1. 全市法院审理刑法第 264 条规定的盗窃刑事案件，"数额较大"认定标准为二千元以上，"数额巨大"认定标准为六万元以上，"数额特别巨大"认定标准为四十万元以上。

2. 具有《办理盗窃刑事案件解释》第二条规定的下列八种情形之一的，"数额较大"的认定标准为一千元以上：(1) 曾因盗窃受过刑事处罚的；(2) 一年内曾因盗窃受过行政处罚的；(3) 组织、控制未成年人盗窃的；(4) 自然灾害、事故灾害、社会安全事件等突发事件期间，在事件发生地盗窃的；(5) 盗窃残疾人、孤寡老人、丧失劳动能力人的财物的；(6) 在医院盗窃病人或者其亲友财物的；(7) 盗窃救灾、抢险、防汛、优抚、扶贫、移民、救济款物的；(8) 因盗窃造成严重后果的。

3. 对于在铁路运输过程中实施盗窃犯罪的数额认定标准，按照本意见第一条、第二条的规定执行。

4. 多次盗窃、入户盗窃、携带凶器盗窃以及扒窃，属于行为犯。行为人只要实施了四种行为之一，就构成盗窃犯罪，不以取得财物为既遂的标准。

二、在审案件的处理原则

5. 本意见实施前已经受理但尚未宣判的一审案件，涉及盗窃犯罪的，按照本意见确定的具体数额标准执行。

6. 本意见实施前已经受理或者一审已经宣判的二审、复核案件，涉及盗窃犯罪的，按照本意见确定的具体数额标准执行。

根据新的具体数额标准及犯罪情节，应当判处刑罚的刑档与一审判决认定的刑档一致的，除量刑畸重的以外，原则上不得轻易改判。

根据新的具体数额标准及犯罪情节，应在一审判决认定的刑档下一个刑档判处刑罚必须改判的，在查清事实的基础上予以改判，但从宽幅度不应过大。

三、其他

7. 本意见自公布之日起实行。2012 年 3 月 1 日实施的《关于盗窃等六种侵犯财产犯罪处罚标准的若干规定》（京高法发〔2012〕7 号，以下简称若干规定）的相关规定不再适用。2013 年 4 月 7 日网发的《关于执行"两高"具体数额标准的紧急通知》（以下简称紧急通知）同时废止。

8. 对适用司法解释及本意见过程中存在的问题，及时报告高级法院。

附件：最高人民法院、最高人民检察院关于办理盗窃刑事案件适用法律若干问题的解释附件：

最高人民法院、最高人民检察院
关于办理盗窃刑事案件适用法律若干问题的解释

（2013年3月8日最高人民法院审判委员会第1571次会议、2013年3月18日最高人民检察院第十二届检察委员会第1次会议通过　2013年4月2日公布　2013年4月4日施行法释〔2013〕8号）

为依法惩治盗窃犯罪活动，保护公私财产，根据《中华人民共和国刑法》、《中华人民共和国刑事诉讼法》的有关规定，现就办理盗窃刑事案件适用法律的若干问题解释如下：

第一条　盗窃公私财物价值一千元至三千元以上、三万元至十万元以上、三十万元至五十万元以上的，应当分别认定为刑法第二百六十四条规定的"数额较大"、"数额巨大"、"数额特别巨大"。

各省、自治区、直辖市高级人民法院、人民检察院可以根据本地区经济发展状况，并考虑社会治安状况，在前款规定的数额幅度内，确定本地区执行的具体数额标准，报最高人民法院、最高人民检察院批准。

在跨地区运行的公共交通工具上盗窃，盗窃地点无法查证的，盗窃数额是否达到"数额较大"、"数额巨大"、"数额特别巨大"，应当根据受理案件所在地省、自治区、直辖市高级人民法院、人民检察院确定的有关数额标准认定。

盗窃毒品等违禁品，应当按照盗窃罪处理的，根据情节轻重量刑。

第二条　盗窃公私财物，具有下列情形之一的，"数额较大"的标准可以按照前条规定标准的百分之五十确定：

（一）曾因盗窃受过刑事处罚的；
（二）一年内曾因盗窃受过行政处罚的；
（三）组织、控制未成年人盗窃的；
（四）自然灾害、事故灾害、社会安全事件等突发事件期间，在事件发生地盗窃的；
（五）盗窃残疾人、孤寡老人、丧失劳动能力人的财物的；
（六）在医院盗窃病人或者其亲友财物的；
（七）盗窃救灾、抢险、防汛、优抚、扶贫、移民、救济款物的；
（八）因盗窃造成严重后果的。

第三条　二年内盗窃三次以上的，应当认定为"多次盗窃"。

非法进入供他人家庭生活，与外界相对隔离的住所盗窃的，应当认定为"入户盗窃"。

携带枪支、爆炸物、管制刀具等国家禁止个人携带的器械盗窃，或者为了实施违法犯罪携带其他足以危害他人人身安全的器械盗窃的，应当认定为"携带凶器盗窃"。

在公共场所或者公共交通工具上盗窃他人随身携带的财物的，应当认定为"扒窃"。

第四条　盗窃的数额，按照下列方法认定：

（一）被盗财物有有效价格证明的，根据有效价格证明认定；无有效价格证明，或者根据价格证明认定盗窃数额明显不合理的，应当按照有关规定委托估价机构估价；

（二）盗窃外币的，按照盗窃时中国外汇交易中心或者中国人民银行授权机构公布的人民币对该货币的中间价折合成人民币计算；中国外汇交易中心或者中国人民银行授权机构未公布汇率中间价的外币，按照盗窃时境内银行人民币对该货币的中间价折算成人民币，或者该货币在境内银行、国际外汇市场对美元汇率，与人民币对美元汇率中间价进行套算；

（三）盗窃电力、燃气、自来水等财物，盗窃数量能够查实的，按照查实的数量计算盗窃数额；盗窃数量无法查实的，以盗窃前六个月月均正常用量减去盗窃后计量仪表显示的月均用量推算盗窃数额；盗窃前正常使用不足六个月的，按照正常使用期间的月均用量减去盗窃后计量仪表显示的月均用量推算盗窃数额；

（四）明知是盗接他人通信线路、复制他人电信码号的电信设备、设施而使用的，按照合法用户为其支付的费用认定盗窃数额；无法直接确认的，以合法用户的电信设备、设施被盗接、复制后的月缴费额减去被盗接、复制前六个月的月均电话费推算盗窃数额；合法用户使用电信设备、设施不足六个月的，按照实际使用的月均电话费推算盗窃数额；

（五）盗接他人通信线路、复制他人电信码号出售的，按照销赃数额认定盗窃数额。

盗窃行为给失主造成的损失大于盗窃数额的，损失数额可以作为量刑情节考虑。

第五条　盗窃有价支付凭证、有价证券、有价票证的，按照下列方法认定盗窃数额：

（一）盗窃不记名、不挂失的有价支付凭证、有价证券、有价票证的，应当按票面数额和盗窃时应得的孳息、奖金或者奖品等可得收益一并计算盗窃数额；

（二）盗窃记名的有价支付凭证、有价证券、有价票证，已经兑现的，按照兑现部分的财物价值计算盗窃数额；没有兑现，但失主无法通过挂失、补领、补办手续等方式避免损失的，按照给失主造成的实际损失计算盗窃数额。

第六条　盗窃公私财物，具有本解释第二条第三项至第八项规定情形之一，或者入户盗窃、携带凶器盗窃，数额达到本解释第一条规定的"数额巨大"、"数额特别巨大"百分之五十的，可以分别认定为刑法第二百六十四条规定的"其他严重情节"或者"其他特别严重情节"。

第七条　盗窃公私财物数额较大，行为人认罪、悔罪、退赃、退赔，且具有下列情形之一，情节轻微的，可以不起诉或者免于刑事处罚；必要时，由有关部门予以行政处罚：

（一）具有法定从宽处罚情节的；

（二）没有参与分赃或者获赃较少且不是主犯的；

（三）被害人谅解的；

（四）其他情节轻微、危害不大的。

第八条　偷拿家庭成员或者近亲属的财物，获得谅解的，一般可以不认为是犯罪；追究刑事责任的，应当酌情从宽。

第九条　盗窃国有馆藏一般文物、三级文物、二级以上文物的，应当分别认定为刑法第二百六十四条规定的"数额较大"、"数额巨大"、"数额特别巨大"。

盗窃多件不同等级国有馆藏文物的，三件同级文物可以视为一件高一级文物。

盗窃民间收藏的文物的，根据本解释第四条第一款第一项的规定认定盗窃数额。

第十条　偷开他人机动车的，按照下列规定处理：

（一）偷开机动车，导致车辆丢失的，以盗窃罪定罪处罚；

（二）为盗窃其他财物，偷开机动车作为犯罪工具使用后非法占有车辆，或者将车辆遗弃导致丢失的，被盗车辆的价值计入盗窃数额；

（三）为实施其他犯罪，偷开机动车作为犯罪工具使用后非法占有车辆，或者将车辆遗弃导致丢失的，以盗窃罪和其他犯罪数罪并罚；将车辆送回未造成丢失的，按照其所实施的其他犯罪从重处罚。

第十一条　盗窃公私财物并造成财物损毁的，按照下列规定处理：

（一）采用破坏性手段盗窃公私财物，造成其他财物损毁的，以盗窃罪从重处罚；同时构成盗窃罪和其他犯罪的，择一重罪从重处罚；

（二）实施盗窃犯罪后，为掩盖罪行或者报复等，故意毁坏其他财物构成犯罪的，以盗窃罪和构成的其他犯罪数罪并罚；

（三）盗窃行为未构成犯罪，但损毁财物构成其他犯罪的，以其他犯罪定罪处罚。

第十二条　盗窃未遂，具有下列情形之一的，应当依法追究刑事责任：

（一）以数额巨大的财物为盗窃目标的；

（二）以珍贵文物为盗窃目标的；

（三）其他情节严重的情形。

盗窃既有既遂，又有未遂，分别达到不同量刑幅度的，依照处罚较重的规定处罚；达到同一量刑幅度的，以盗窃罪既遂处罚。

第十三条　单位组织、指使盗窃，符合刑法第二百六十四条及本解释有关规定的，以盗窃罪追究组织者、指使者、直接实施者的刑事责任。

第十四条　因犯盗窃罪，依法判处罚金刑的，应当在一千元以上盗窃数额的二倍以下判处罚金；没有盗窃数额或者盗窃数额无法计算的，应当在一千元以上十万元以下判处罚金。

第十五条　本解释发布实施后，《最高人民法院关于审理盗窃案件具体应用法律若干问题的解释》（法释〔1998〕4号）同时废止；之前发布的司法解释和规范性文件与本解释不一致的，以本解释为准。

附：最高人民法院、最高人民检察院
批复各地办理盗窃刑事案件执行的具体数额标准

2013年4月2日《最高人民法院、最高人民检察院关于办理盗窃刑事案件适用法律若干问题的解释》施行后，根据各地报送的具体数额标准，"两高"于2013年6月14日下发《关于办理盗窃刑事案件执行具体数额标准问题的批复》（法〔2013〕138号），同意各地执行数额标准。

各地报送的办理盗窃刑事案件具体数额标准

	数额较大 （1000元—3000元）	数额巨大 （3万元—10万元）	数额特别巨大 （30万元—50万元）
北京	2000元	6万元	40万元
天津	2000元	6万元	40万元
河北	2000元	6万元	40万元
山西	2000元	5万元	40万元
内蒙古	1500元	3万元	40万元
辽宁	2000元	7万元	40万元
吉林	2000元	3万元	30万元
黑龙江	1500元	5万元	35万元
上海	1000元	3万元	30万元
江苏	2000元	5万元	40万元
浙江	3000元	8万元	40万元
安徽	2000元	5万元	40万元
福建	3000元	6万元	30万元
江西	1500元	5万元	40万元
山东	2000元	6万元	40万元
河南	2000元	5万元	40万元
湖北	贫困县（市）1000元； 其他地区2000元	贫困县（市）3万元； 其他地区5万元	贫困县（市）30万元； 其他地区50万元
湖南	2000元	5万元	40万元
广东	一类地区3000元； 二类地区2000元	一类地区10万元； 二类地区6万元	一类地区50万元； 二类地区40万元
广西	1500元	4万元	40万元
海南	1500元	3万元	30万元
重庆	2000元	6万元	40万元
四川	3000元	5万元	35万元
贵州	1000元	3万元	30万元
云南	1500元	4万元	35万元
西藏	城镇2000元； 农牧区1000元	城镇5万元； 农牧区3万元	城镇40万元； 农牧区30万元
陕西	2000元	4万元	40万元
甘肃	2000元	6万元	40万元
青海	2000元	3万元	30万元
宁夏	1500元	3万元	30万元
新疆	2000元	5万元	30万元
兵团	2000元	5万元	30万元
军检	3000元	8万元	40万元

北京市高级人民法院《关于审理交通肇事逃逸刑事案件的意见》

（2014年2月9日）

当前，各类道路交通事故增多，交通肇事逃逸刑事案件居高不下，严重威胁人民群众的生命健康和财产安全，成为影响首都社会稳定的因素。近日，市级公检法机关专题研究了此类案件的办理，一致认为，为维护人民群众的合法权益和首都的公共交通秩序，有必要统一认识，依法从严惩治交通肇事逃逸犯罪。为此，市高级法院提出以下工作意见：

一、充分认识依法从严惩处交通肇事逃逸犯罪的意义

交通肇事逃逸刑事案件的被告人，为逃避法律追究，逃避对被害人人身损害和财产损失的赔偿责任，在交通运输肇事后逃离事故现场，既增加了公安机关的执法难度，又给被害人及其亲属带来沉重的经济和精神负担，还可能造成被害人因得不到及时救助而死亡等一系列后果，主观恶性较大，犯罪情节恶劣。全市各级法院应当从维护首都政治稳定和社会安定的大局出发，依法加大对交通肇事逃逸犯罪的惩处力度，维护国家法律尊严和社会公平正义，保护人民群众的生命健康和财产权利。

二、认真区分情况，依法审理交通肇事逃逸刑事案件

"交通运输肇事后逃逸"是定罪量刑的法定恶劣情节。在审理此类案件时，应当注意审查并综合考虑被告人的危害后果、事故责任、主观恶性、悔罪表现、民事赔偿等情况，全面进行分析、判断，并依照有关司法解释规定及本意见的要求，坚持依法从严惩处。

（一）交通肇事致一人死亡或者三人以上重伤，负事故全部或者主要责任；致三人以上死亡，负事故同等责任；或者造成公共财产或者他人财产直接损失，负事故全部或者主要责任，无能力赔偿数额在三十万元以上而逃逸的，以及致一人以上重伤，负事故全部责任或者主要责任，且具有以下情形之一而逃逸的，应当从严惩处，不适用缓刑。

1. 酒后、吸食毒品后驾驶机动车辆的；
2. 无驾驶资格驾驶机动车辆的；
3. 明知是安全装置不全或者安全机件失灵的机动车辆而驾驶的；
4. 明知是无牌证、伪造牌证、不按规定安装号牌或者已经报废的机动车辆而驾驶的；
5. 严重超载驾驶的；
6. 故意破坏、伪造现场、毁灭、伪造证据，使事故责任无法认定的。

（二）交通运输肇事后逃逸，具有自首、积极赔偿等情节而予以从轻处罚的，以及交通肇事致一人以上重伤，负事故全部责任或者主要责任，为逃避法律追究而逃离事故现场的，应当慎重适用缓刑。确需适用缓刑的，报请上级法院予以指导。

（三）因逃逸致人死亡的，不适用缓刑。

三、加强沟通和指导，确保案件审理的质量与效果

全市法院的刑事审判部门要与同级公安、检察机关有关部门建立协调机制，对于涉及重大公共安全利益、具有较大社会影响、疑难复杂的交通肇事逃逸刑事案件，应当加强协调，及时统一执法认识，确保依法惩治交通肇事逃逸犯罪的办案质量和效果。上级法院应当加强对下级法院审理交通肇事逃逸刑事案件的指导，对适用缓刑不当的，应当依法予以监督纠正。各院需要提请高级法院指导或者督办的案件，以及执行中遇到的问题，应及时汇总有关情况上报。

北京市高级人民法院《关于常见犯罪的量刑指导意见》实施细则

（2014年7月1日）

为进一步规范刑罚裁量权，落实宽严相济的刑事政策，增强量刑的公开性，实现量刑公正，根据刑法、刑事司法解释以及《最高人民法院关于常见犯罪的量刑指导意见》等有关规定，结合我市刑事审判实践，制定本实施细则。

一、量刑的指导原则

1. 量刑应当以事实为依据，以法律为准绳，根据犯罪的事实、性质、情节和对于社会的危害程度，决定判处的刑罚。

2. 量刑既要考虑被告人所犯罪行的轻重，又要考虑被告人应负刑事责任的大小，做到罪责刑相适应，实现惩罚与预防犯罪的目的。

3. 量刑应当贯彻宽严相济的刑事政策，做到该宽则宽，当严则严，宽严相济，罚当其罪，确保裁判法律效果与社会效果的统一。

4. 量刑要客观、全面地把握不同时期不同地区的经济社会发展和治安形势的变化，确保刑法任务的实现；对于同一地区同一时期，案情相近或相似的案件，所判处的刑罚应当基本均衡。

二、量刑的基本方法

量刑时，应在定性分析的基础上，结合定量分析，依次确定量刑起点、基准刑和宣告刑。

（一）量刑步骤

1. 根据基本犯罪构成事实，在相应的法定刑幅度内确定量刑起点；
2. 根据其他影响犯罪构成的犯罪数额、犯罪次数、犯罪后果等犯罪事实，在量刑起点的基础上增加刑罚量从而确定基准刑。
3. 根据量刑情节调节基准刑，拟定宣告刑。
4. 综合全案情况依法确定宣告刑。

（二）量刑情节调节基准刑的方法

1. 只有单个量刑情节的，在确定量刑情节的调节比例后，直接对基准刑进行调节，确定拟宣告刑。
2. 具有自首、立功、坦白、当庭自愿认罪、退赃退赔、积极赔偿被害人经济损失、取得谅解、刑事和解、犯罪后积极抢救被害人、累犯、前科、针对弱势人员犯罪、重大灾害期间故意犯罪等多个量刑情节的，一般根据各量刑情节的调节比例，采用同向相加、逆向相减的方法调节基准刑。
3. 具有未成年人犯罪、老年人犯罪、限制行为能力的精神病人犯罪、又聋又哑的人或者盲人犯罪、防卫过当、避险过当、犯罪预备、犯罪未遂、犯罪中止、从犯、胁从犯和教唆犯等量刑情节的，先适用该量刑情节采用连乘的方法调节基准刑，在此基础上，再适用其他量刑情节调节基准刑。不同层级之间的量刑情节，采用连乘的方法调节基准刑。
4. 被告人犯数罪，同时具有适用于各罪的立功、累犯等量刑情节的，先适用各个量刑情节对个罪的基准刑进行调节，确定个罪应当判处的刑罚，再依法进行数罪并罚从而决定执行的刑罚。

（三）确定宣告刑的方法

1. 量刑情节对基准刑的调节结果即拟宣告刑。拟宣告刑在法定刑幅度内，且与被告人罪责相适应的，可以直接确定为宣告刑。如果具有依法应当减轻处罚情节的，应当在法定最低刑以下确定宣告刑，有数个量刑幅度的，应当在法定量刑幅度的下一个量刑幅度内确定宣告刑。
2. 拟宣告刑在法定最低刑以下，具有法定减轻处罚情节，且与被告人罪责相适应的，可以直接确定为宣告刑。只有从轻处罚情节的，可以依法确定法定最低刑为宣告刑，但根据案件特殊情况，经最高人民法院核准，可以在法定刑以下判处刑罚。
3. 拟宣告刑超出法定刑幅度的，可以依法确定法定最高刑为宣告刑。
4. 被告人犯数罪，数罪并罚时，总和刑期不满五年的，减少的刑期一般不超过一年；总和刑期满五年不满十年的，减少的刑期一般不超过二年；总和刑期满十年不满十五年的，减少的刑期一般不超过三年；总和刑期满十五年不满二十年的，减少的刑期一般不超过四年；总和刑期满二十年不满二十五年的，减少的刑期一般不超过五年；总和刑期在二十五年以上不满三十五年的，可以决定执行有期徒刑二十年；总和刑期在三十五年以上的，可以决定执行有期徒刑二十年至二十五年。
5. 综合考虑全案情况，拟宣告刑与被告人罪责不相适应的，独任审判员或合议庭可以在20%的幅度内对拟宣告刑进行调整。调整后的拟宣告刑仍然与被告人罪责不相适应的，应当提交审判委员会讨论，依法确定宣告刑。
6. 综合全案犯罪事实和量刑情节，依法应当判处无期徒刑以上刑罚、管制或者单处附加刑的，应当依法判处。犯罪情节轻微不需要判处刑罚的，可以免予刑事处罚。
7. 拟判处三年以下有期徒刑、拘役并符合缓刑适用条件的，可以依法宣告缓刑。对其中不满十八周岁的人、怀孕的妇女和已满七十五周岁的人，应当宣告缓刑。
8. 宣告刑以月为单位计算。

三、常见量刑情节的适用

量刑时要充分考虑各种法定和酌定量刑情节，根据案件的全部犯罪事实以及量刑情节的不同情形，依法确定量刑情节的适用及其调节比例。对严重暴力犯罪、毒品犯罪等严重危害社会治安犯罪，在确定从宽的幅度时，应当从严掌握；对犯罪情节较轻的犯罪，应当充分体现从宽。具体确定各个量刑情节的调节比例时，应当综合平衡调节幅度与实际增减刑罚量的关系，确保罪责刑相适应。

1. 对于未成年人犯罪，应当综合考虑未成年人对犯罪的认识能力、实施犯罪行为的动机和目的、犯罪时的年龄、是否初犯、偶犯、悔罪表现、个人成长经历和一贯表现等情况，予以从宽处罚。

（1）已满十四周岁不满十六周岁的，应当减少基准刑的30%—60%；

（2）已满十六周岁不满十八周岁的，应当减少基准刑的20%—50%；

（3）未成年人犯根据其所犯罪行，可能被判处拘役、三年以下有期徒刑，如果悔罪表现好，并具有"系又聋又哑的人或者盲人；防卫过当或者避险过当；犯罪预备、中止或者未遂；共同犯罪中的从犯、胁从犯;犯罪后自首或者有立功表现;其他犯罪情节轻微不需要判处刑罚"情形之一的,应当依照刑法第三十七条的规定免除处罚。

(4) 行为人在年满十八周岁前后实施了不同种犯罪行为的,对其年满十八周岁以前实施的犯罪依照本条第(1)至(3)项的规定确定从宽的幅度;

(5) 行为人在年满十八周岁前后实施了同种犯罪行为,根据未成年人犯罪事实的具体情况,适当确定从宽的幅度。但因未成年犯罪所减少的刑罚量不得超过未成年犯罪事实所对应的刑罚量。

2. 对于七十五周岁以上的老年人犯罪,综合考虑犯罪的性质、情节、后果等情况,适当确定从宽的幅度。其中,故意犯罪的,可以减少基准刑的40%以下;过失犯罪的,应当减少基准刑的20%—50%。

3. 对于尚未完全丧失辨认或者控制自己行为能力的精神病人犯罪,综合考虑犯罪性质、精神疾病的严重程度以及犯罪时精神障碍对辨认控制能力的影响等情况,适当确定从宽的幅度。

(1) 病情为重度的,可以减少基准刑的40%以下;

(2) 病情为中度的,可以减少基准刑的30%以下;

(3) 病情为轻度的,可以减少基准刑的20%以下。

4. 对于又聋又哑的人或者盲人犯罪,综合考虑犯罪的性质、情节、后果以及聋哑人或盲人犯罪时的控制能力等情况,可以减少基准刑的40%以下;犯罪较轻的,可以减少基准刑的40%以上或者依法免除处罚。

5. 对于防卫过当,应当综合考虑犯罪的性质、防卫过当的程度、造成损害的大小等情况,减少基准刑的60%以上或者依法免除处罚。

6. 对于避险过当,应当综合考虑犯罪的性质、避险过当的程度、造成损害的大小等情况,减少基准刑的50%以上或者依法免除处罚。

7. 对于预备犯,综合考虑预备犯罪的性质、准备程度和危害程度等情况,可以比照既遂犯减少基准刑的60%以下;犯罪较轻的,可以减少基准刑的60%以上或者依法免除处罚。

8. 对于未遂犯,综合考虑犯罪行为的实行程度、造成损害的大小、犯罪未得逞的原因等情况,可以比照既遂犯减少基准刑的50%以下。

9. 对于中止犯,应当综合考虑中止犯罪的阶段、自动放弃犯罪的原因以及造成损害的后果等情况,决定减轻或者免除处罚。

(1) 造成较重损害后果的,应当减少基准刑的30%—60%;

(2) 造成较轻损害后果的,应当减少基准刑的50%—80%;

(3) 没有造成损害的,应当免除处罚。

10. 对于从犯,应当综合考虑其在共同犯罪中的地位、作用等情况,减少基准刑的20%—50%;犯罪较轻的,应当减少基准刑的50%以上或者依法免除处罚。

对于共同犯罪中罪责相对较轻的主犯,可以减少基准刑的20%以下。

11. 对于胁从犯,应当综合考虑犯罪的性质、被胁迫的程度以及在共同犯罪中的作用等情况,减少基准刑的40%—60%;犯罪较轻的,减少基准刑的60%以上或者依法免除处罚。

12. 对于教唆犯,综合考虑其在共同犯罪中的地位、作用和被教唆的对象以及被教唆的人是否实施被教唆之罪等情况,确定从宽或者从重的幅度。

(1) 对于在共同犯罪中属于从犯或者所起作用较小的一般教唆犯,比照第10条的规定确定从宽的幅度;

(2) 被教唆的人未犯被教唆之罪的,可以减少基准刑的50%以下;

(3) 教唆不满十八周岁的人犯罪的,应当增加基准刑的10%—30%;

(4) 教唆限制行为能力人犯罪的,可以增加基准刑的20%以下。

13. 对于自首情节,综合考虑自首的动机、时间、方式、罪行轻重、如实供述罪行的程度以及悔罪表现等情况,确定从宽的幅度。

(1) 犯罪事实或犯罪嫌疑人未被办案机关发觉,主动投案构成自首的,可以减少基准刑的40%以下,一般不超过四年;

(2) 犯罪事实和犯罪嫌疑人已被办案机关发觉,但尚未受到调查谈话、讯问,或者未被宣布采取调查措施或者强制措施,主动投案构成自首的,可以减少基准刑的30%以下,一般不超过三年;

(3) 犯罪嫌疑人、被告人如实供述办案机关尚未掌握的不同种罪行,以自首论的,可以减少基准刑的30%以下,一般不超过三年;

(4) 并非出于被告人主动,而是经亲友规劝、陪同投案,或亲友送去投案等情形构成自首的,可以减少基准刑的30%以下,一般不超过三年;

(5) 罪行尚未被办案机关发觉,仅因形迹可疑被有关组织或办案机关盘问、教育后,主动交代自己的罪行构成自首的,可以减少基准刑的30%以下,一般不超过三年;

（6）强制戒毒期间主动交代自己的罪行，构成自首的，可以减少基准刑的30%以下，一般不超过三年；

（7）其他类型的自首，可以减少基准刑的20%以下，一般不超过二年；

（8）犯罪较轻的自首，可以减少基准刑的40%以上或者依法免除处罚。

恶意利用自首规避法律制裁等不足以从宽处罚的，可以不予从宽处理。

14. 对于立功情节，综合考虑立功的大小、次数、内容、来源、效果以及罪行轻重等情况，确定从宽的幅度。

（1）一般立功的，可以减少基准刑的20%以下，一般不超过二年；

（2）重大立功的，可以减少基准刑的20%—50%；犯罪较轻的，可以减少基准刑的50%以上或者依法免除处罚。

15. 对于坦白情节，综合考虑如实供述罪行的阶段、程度、罪行轻重以及悔罪程度等情况，确定从宽的幅度。

（1）如实供述自己罪行的，可以减少基准刑的20%以下，一般不超过二年；

（2）如实供述办案机关尚未掌握的同种较重罪行的，可以减少基准刑的10%—30%，一般不超过三年；

（3）因如实供述自己罪行，避免特别严重后果发生的，可以减少基准刑的30%—50%；

（4）揭发同案犯共同犯罪事实的，可以减少基准刑的10%以下，一般不超过一年。

16. 对于当庭自愿认罪的，根据犯罪的性质、罪行的轻重、认罪程度以及悔罪表现等情况，可以减少基准刑的10%以下，一般不超过一年。依法认定为自首、坦白的除外。

17. 对于退赃、退赔的，综合考虑犯罪性质，退赃、退赔行为对损害结果所能弥补的程度，退赃、退赔的数额及主动程度等情况，可以减少基准刑的30%以下。

积极配合办案机关追缴赃款赃物，未给被害人造成经济损失或者损失较小的，可以减少基准刑的10%以下，一般不超过一年。

对于抢劫等严重危害社会治安犯罪退赃、退赔的，在决定是否从宽以及从宽幅度时应从严掌握，减少的基准刑一般不超过10%。

18. 对于积极赔偿被害人经济损失并取得谅解的，综合考虑犯罪性质、赔偿数额、赔偿能力以及认罪、悔罪程度等情况，可以减少基准刑的40%以下；积极赔偿但没有取得谅解的，可以减少基准刑的30%以下；尽管没有赔偿，但取得谅解的，可以减少基准刑的20%以下；其中抢劫、强奸等严重危害社会治安犯罪的应从严掌握。

19. 对于当事人根据刑事诉讼法第二百七十七条达成刑事和解协议的，综合考虑犯罪性质、赔偿数额、赔礼道歉以及真诚悔罪等情况，可以减少基准刑的50%以下；犯罪较轻的，可以减少基准刑的50%以上或者依法免除处罚。

20. 对于犯罪后积极抢救被害人的，综合考虑犯罪性质、抢救效果、人身损害后果等情况，可以减少基准刑的20%以下。

21. 对于累犯，应当综合考虑前后罪的性质、刑罚执行完毕或者赦免以后至再犯罪时间的长短以及前后罪罪行轻重等情况，增加基准刑的10%—40%，增加的刑罚量一般不超过五年、不少于三个月。

22. 对于有前科的，综合考虑前科的性质、时间间隔长短、次数、处罚轻重等情况，可以增加基准刑的20%以下。前科犯罪为过失犯罪和未成年人犯罪的除外。

23. 对于犯罪对象为未成年人、老年人、残疾人、孕妇等弱势人员的，综合考虑犯罪的性质、严重程度等情况，可以增加基准刑的20%以下。

24. 对于在重大自然灾害、预防、控制突发传染病疫情等灾害期间故意犯罪的，根据案件的具体情况，可以增加基准刑的20%以下。

25. 对于以上量刑情节的适用，第四部分有特别规定的，依照第四部分的特别规定执行。

四、十五种常见犯罪的量刑

确定具体犯罪的量刑起点，以基本犯罪构成事实的社会危害性为根据。同时具有两种以上基本犯罪构成事实的，一般以危害较重的一种确定量刑起点，其他作为增加刑罚量的犯罪事实。在量刑起点的基础上，根据其他影响犯罪构成的犯罪事实的社会危害性确定所应增加的刑罚量，确定基准刑。

（一）交通肇事罪

1. 法定刑在三年以下有期徒刑、拘役的量刑起点和基准刑

死亡一人或重伤三人，负事故主要责任的，在六个月至一年六个月有期徒刑幅度内确定量刑起点；负事故全部责任的，在一年至二年有期徒刑幅度内确定量刑起点。

死亡三人，负事故同等责任的，在一年至二年有期徒刑幅度内确定量刑起点。

造成公共财产或者他人财产直接损失，无能力赔偿数额达到30万元，负事故主要责任的，在六个月

至一年六个月有期徒刑幅度内确定量刑起点；负事故全部责任的，在一年至二年有期徒刑幅度内确定量刑起点。

重伤一人，负事故主要责任并且具有最高人民法院《关于审理交通肇事刑事案件具体应用法律若干问题的解释》第二条第二款所规定的六种情形之一的（即：酒后、吸食毒品后驾驶机动车辆的，无驾驶资格驾驶机动车辆的，明知是安全装置不全或者安全机件失灵的机动车辆而驾驶的，明知是无牌证或者已报废的机动车辆而驾驶的，严重超载驾驶的，为逃避法律追究逃离事故现场的），在六个月至一年六个月有期徒刑幅度内确定量刑起点；负事故全部责任的，在一年至二年有期徒刑幅度内确定量刑起点。

在量刑起点的基础上，可以根据事故责任、致人重伤、死亡的人数或者财产损失的数额等其他影响犯罪构成的犯罪事实增加刑罚量，确定基准刑。有下列情形之一的，增加相应的刑罚量：

（1）具有"死亡一人或重伤三人，负事故主要责任或者全部责任"情形的，每增加重伤一人，增加六个月至一年刑期；

（2）具有"死亡三人，负事故同等责任"情形的，死亡人数每增加一人，增加六个月至一年刑期；

（3）具有"造成公共财产或者他人财产直接损失，负事故全部或者主要责任，无能力赔偿数额达到30万元"情形的，无能力赔偿数额在30万元基础上每增加10万元，负事故全部责任的，增加三个月至六个月刑期；负事故主要责任的，增加二个月至四个月刑期；

（4）具有"重伤一人，负事故全部或者主要责任并且具有最高人民法院《关于审理交通肇事刑事案件具体应用法律若干问题的解释》第二条第二款所规定的六种情形之一"的，重伤人数每增加一人，增加六个月至一年刑期；每增加上列六种情形之一的，增加二个月至四个月刑期；

（5）其他可以增加刑罚量的情形。

2. 法定刑在三年以上七年以下有期徒刑的量刑起点和基准刑

死亡一人或者重伤三人，负事故全部或者主要责任，又逃逸的，在三年六个月至四年有期徒刑幅度内确定量刑起点。

死亡三人，负事故同等责任，又逃逸的，在四年至五年有期徒刑幅度内确定量刑起点。

造成公共财产或者他人财产直接损失，负事故全部责任，无能力赔偿数额达到30万元，又逃逸的，在四年至五年有期徒刑幅度内确定量刑起点；负事故主要责任的，在三年六个月至四年有期徒刑幅度内确定量刑起点。

造成重伤一人，负事故全部责任，并具有最高人民法院《关于审理交通肇事刑事案件具体应用法律若干问题的解释》中第二条第二款第（一）至（五）项规定情形之一，又逃逸的，在四年至五年有期徒刑幅度内确定量刑起点；负事故主要责任的，在三年六个月至四年有期徒刑幅度内确定量刑起点。

死亡二人或者重伤五人，负事故全部责任的，在四年至五年有期徒刑幅度内确定量刑起点；负事故主要责任的，在三年六个月至四年有期徒刑幅度内确定量刑起点。

死亡六人，负事故同等责任的，在四年至五年有期徒刑幅度内确定量刑起点。

造成公共财产或者他人财产直接损失，无能力赔偿直接经济损失达60万元，负事故全部责任的，在四年至五年有期徒刑幅度内确定量刑起点；负事故主要责任的，在三年六个月至四年有期徒刑幅度内确定量刑起点。

在量刑起点的基础上，可以根据事故责任、致人重伤、死亡的人数或者财产损失的数额以及逃逸等其他影响犯罪构成的犯罪事实增加刑罚量，确定基准刑。有下列情形之一的，增加相应的刑罚量：

（1）具有"死亡一人或者重伤三人，负事故全部或者主要责任，又逃逸"情形的，死亡人数每增加一人，负事故全部责任的，增加一年至一年六个月刑期；负事故主要责任的，增加九个月至一年刑期。重伤人数每增加一人，负事故全部责任的，增加六个月至一年刑期；负事故主要责任的，增加三个月至六个月刑期。死亡人数及重伤人数均达到该档次量刑标准的，以死亡人数确定量刑起点，重伤人数作为增加刑罚量的事实；

（2）具有"死亡三人，负事故同等责任，又逃逸"情形的，死亡人数每增加一人，增加六个月至一年刑期；

（3）具有"造成公共财产或者他人财产直接损失，负事故全部或者主要责任，无能力赔偿数额达到30万元，又逃逸"情形的，无能力赔偿数额在30万元基础上每增加10万元，负事故全部责任的，增加三个月至六个月刑期；负事故主要责任的，增加二个月至四个月刑期；

（4）具有"重伤一人，负事故全部或者主要责任并且具有最高人民法院《关于审理交通肇事刑事案件具体应用法律若干问题的解释》第二条第二款第（一）项至第（五）项规定的情形之一，又逃逸"的，重伤人数每增加一人，增加六个月至一年刑期；每增加上列五种情形之一的，增加三个月至六个月刑期；

（5）具有"死亡二人或者重伤五人以上，负事故全部或者主要责任"情形的，死亡人数每增加一人，负事故全部责任的，增加一年至一年六个月刑期；负事故主要责任的，增加九个月至一年刑期。重伤人数每增加一人，负事故全部责任的，增加六个月至一年刑期；负事故主要责任的，增加三个月至六

个月刑期。死亡人数及重伤人数均达到该档次量刑标准的,以死亡人数确定量刑起点,重伤人数作为增加刑罚量的事实;
（6）具有"死亡六人,负事故同等责任"情形的,死亡人数每增加一人,增加六个月至一年刑期;
（7）具有"造成公共财产或者他人财产直接损失,负事故全部或者主要责任,无能力赔偿直接经济损失达 60 万元"情形的,无能力赔偿数额在 60 万元基础上每增加 10 万元,负事故全部责任的,增加三个月至六个月刑期;负事故主要责任的,增加二个月至四个月刑期;
（8）其他可以增加刑罚量的情形。
3. 法定刑在七年以上有期徒刑的量刑起点和基准刑
因逃逸致一人死亡的,在七年六个月至十年有期徒刑幅度内确定量刑起点。
在量刑起点的基础上,可以根据因逃逸致人死亡的人数等其他影响犯罪构成的犯罪事实,增加刑罚量,从而确定基准刑。有下列情形之一的,增加相应的刑罚量:
（1）因逃逸致人死亡的人数每增加一人,增加三年至五年刑期;
（2）非因逃逸致人死亡的人数每增加一人,增加一年六个月至三年刑期;
（3）致人重伤的人数每增加一人,增加一年至二年刑期;
（4）其他可以增加刑罚量的情形。
4. 有下列情形（已确定为犯罪构成事实的除外）之一的,可以增加基准刑的 10% 以下,但同时具有两种以上情形的,累计不得超过基准刑的 50%:
（1）酒后、吸食毒品后驾驶机动车辆的,或者在道路上驾驶机动车追逐竞驶,情节恶劣的;
（2）无驾驶资格驾驶机动车辆的;
（3）明知是安全装置不全或者安全机件失灵的机动车辆而驾驶的;
（4）明知是无牌证或者已报废的机动车辆而驾驶的;
（5）严重超载驾驶的;
（6）交通肇事造成恶劣社会影响的;
（7）其他可以从重处罚的情形。
5. 交通肇事后保护现场、抢救伤者,并向公安机关报告的,可以减少基准刑的 20% 以下。
（二）故意伤害罪
1. 法定刑在三年以下有期徒刑、拘役的量刑起点和基准刑
故意伤害致一人轻伤的,在六个月拘役至二年有期徒刑幅度内确定量刑起点。
在量刑起点的基础上,可以根据伤害后果等其他影响犯罪构成的犯罪事实增加刑罚量,确定基准刑。有下列情形之一的,增加相应的刑罚量:
（1）每增加轻微伤一人,增加二个月以下刑期;
（2）每增加轻伤一人,增加三个月至六个月刑期;
（3）其他可以增加刑罚量的情形。
故意伤害致人轻伤的,伤残程度可在确定量刑起点时考虑,或者作为调节基准刑的量刑情节。
2. 法定刑在三年以上十年以下有期徒刑的量刑起点和基准刑
故意伤害致一人重伤的,在三年六个月至五年有期徒刑幅度内确定量刑起点。其中,造成被害人六级残疾的,以五年有期徒刑为量刑起点。
在量刑起点的基础上,可以根据伤害后果、伤残程度等其他影响犯罪构成的犯罪事实增加刑罚量,确定基准刑。有下列情形之一的,增加相应的刑罚量:
（1）每增加轻微伤一人,增加二个月以下刑期;
（2）每增加轻伤一人,增加三个月至六个月刑期;
（3）每增加重伤一人,增加一年至二年刑期;
（4）造成被害人六级至三级残疾的,每增加一级残疾,增加六个月至一年刑期;造成被害人二级至一级残疾的,每增加一级残疾,增加二年至三年刑期;
（5）其他可以增加刑罚量的情形。
3. 法定刑在十年以上有期徒刑的量刑起点和基准刑
以特别残忍手段故意伤害致一人重伤,造成六级残疾的,在十年六个月至十三年有期徒刑幅度内确定量刑起点。依法应当判处无期徒刑以上刑罚的除外。
在量刑起点的基础上,根据伤害后果、伤残程度、手段的残忍程度等其他影响犯罪构成的犯罪事实增加刑罚量,确定基准刑。有下列情形之一的,增加相应的刑罚量:
（1）每增加轻微伤一人,增加二个月以下刑期;
（2）每增加轻伤一人,增加三个月至六个月刑期;
（3）每增加重伤一人,增加一年至二年刑期,其中每增加六级残疾一人,增加二年刑期;

（4）造成被害人六级至三级残疾的，每增加一级残疾，增加六个月至一年刑期；造成被害人二级至一级残疾的，每增加一级残疾，增加一年至二年刑期；

（5）其他可以增加刑罚量的情形。

4. 有下列情形之一的，可以从重处罚，但同时具有两种以上情形的，累计不得超过基准刑的100%：

（1）报复伤害的，增加基准刑的30%以下；

（2）雇佣他人实施伤害行为的，增加基准刑的20%以下；

（3）因实施其他违法活动而故意伤害他人的，增加基准刑的20%以下；

（4）使用枪支、管制刀具或者其他凶器实施伤害行为的，增加基准刑的20%以下；

（5）其他可以从重处罚的情形。

5. 因婚姻家庭、邻里纠纷等民间矛盾引发，且被害人有过错或对矛盾激化负有责任的，可以减少基准刑的20%以下。

6. 被害人同时有多处不同程度伤情的，被害人数的刑罚增加量按照最重伤情一人计算。

7. 需要说明的问题

使用以下手段之一，使被害人具有身体器官缺损、器官明显畸形、身体器官有中等功能障碍、造成严重并发症等情形之一，且残疾程度在六级以上的，可以认定为"以特别残忍手段致人重伤造成严重残疾"：

（1）挖人眼睛、割人耳、鼻，挑人脚筋，砍人手足，剜人髌骨；

（2）以刀划或硫酸等腐蚀性溶液严重毁人容貌；

（3）电击、烧烫他人要害部位；

（4）其他特别残忍手段。

（三）强奸罪

1. 法定刑在三年以上十年以下有期徒刑的量刑起点和基准刑

强奸妇女一人的，在三年六个月至五年有期徒刑幅度内确定量刑起点。奸淫幼女一人的，在四年至七年有期徒刑幅度内确定量刑起点。

在量刑起点的基础上，根据强奸或者奸淫幼女的人数、伤害后果等其他影响犯罪构成的犯罪事实增加刑罚量，确定基准刑。有下列情形之一的，增加相应的刑罚量：

（1）强奸妇女或者奸淫幼女二人，增加二年至三年刑期；

（2）每增加轻微伤一人，增加六个月以下刑期；

（3）每增加轻伤一人，增加一年至二年刑期；

（4）其他可以增加刑罚量的情形。

2. 法定刑在十年以上有期徒刑的量刑起点和基准刑

犯强奸罪，具有下列情形之一的，在十年六个月至十三年有期徒刑幅度内确定量刑起点：强奸妇女、奸淫幼女情节恶劣的；强奸妇女、奸淫幼女三人的；在公共场所当众强奸妇女的；二人以上轮奸的；致使被害人重伤或者造成其他严重后果的。依法应当判处无期徒刑以上刑罚的除外。

在量刑起点的基础上，根据强奸妇女、奸淫幼女情节恶劣程度、强奸人数、致人伤害后果等其他影响犯罪构成的犯罪事实增加刑罚量，确定基准刑。有下列情形之一的，增加相应的刑罚量：

（1）强奸妇女或者奸淫幼女三人以上，每增加一人，增加二年至三年刑期；

（2）每增加轻微伤一人，增加六个月以下刑期；

（3）每增加轻伤一人，增加一年至二年刑期；

（4）每增加重伤一人，增加二年至三年刑期；

（5）造成被害人六级至三级残疾的，每增加一级残疾，增加一年至二年刑期；造成被害人二级至一级残疾的，每增加一级残疾，增加二年至三年刑期；

（6）每增加刑法第二百三十六条规定的五种情形之一的，增加二年至三年刑期；

（7）其他可以增加刑罚量的情形。

3. 有下列情形之一的，可以从重处罚，但同时具有两种以上情形的，累计不得超过基准刑的100%：

（1）对同一妇女强奸或者对同一幼女实施奸淫多次的，增加基准刑的30%以下；轮奸多次的，增加基准刑的40%以下；

（2）携带凶器或者采取非法拘禁、捆绑、侮辱、虐待等方式作案的，增加基准刑的20%以下；

（3）利用教养、监护、职务关系实施强奸的，增加基准刑的20%以下；

（4）其他可以从重处罚的情形。

4. 强奸未成年人，具有下列情形之一的，可以增加基准刑的40%以下，但同时具有两种以上情形的，累计不得超过基准刑的100%：

（1）对未成年人负有特殊职责的人员、与未成年人有共同家庭生活关系的人员、国家工作人员或者冒充国家工作人员，实施强奸犯罪的；
（2）进入未成年人住所、学生集体宿舍实施强奸犯罪的；
（3）采取暴力、胁迫、麻醉等强制手段实施奸淫幼女犯罪的；
（4）对不满十二周岁的儿童、严重残疾或者精神智力发育迟滞的未成年人，实施强奸犯罪的；
（5）其他可以从重处罚的情形。
5. 被害人同时有多处不同程度伤情的，被害人数的刑罚增加量按照最重伤情一人计算。

（四）非法拘禁罪

1. 法定刑在三年以下有期徒刑、拘役的量刑起点和基准刑

非法拘禁他人，不具有殴打、侮辱情节，未造成重伤、死亡后果的，在三个月拘役至一年有期徒刑幅度内确定量刑起点。

在量刑起点的基础上，根据非法拘禁人数、拘禁时间、致人伤害的后果等其他影响犯罪构成的犯罪事实增加刑罚量，确定基准刑。有下列情形之一的，增加相应的刑罚量：

（1）非法拘禁时间满二十四小时，除以"非法拘禁时间满二十四小时"确定量刑起点外，增加一个月至二个月刑期；非法拘禁时间每增加二十四小时，增加一个月至二个月刑期；
（2）被害人每增加一人，增加三个月至六个月刑期；
（3）每增加轻微伤一人，增加二个月以下刑期；
（4）每增加轻伤一人，增加三个月至六个月刑期；
（5）其他可以增加刑罚量的情形。

2. 法定刑在三年以上十年以下有期徒刑的量刑起点和基准刑

非法拘禁致一人重伤的，在三年六个月至五年有期徒刑幅度内确定量刑起点。其中，造成被害人六级残疾的，以五年有期徒刑为量刑起点。

在量刑起点的基础上，根据非法拘禁人数、拘禁时间、伤害后果等其他影响犯罪构成的犯罪事实增加刑罚量，确定基准刑。有下列情形之一的，增加相应的刑罚量：

（1）非法拘禁时间满二十四小时，增加一个月至二个月刑期；每再增加二十四小时，增加一个月至二个月刑期；
（2）被害人每增加一人，增加三个月至六个月刑期；
（3）每增加轻微伤一人，增加二个月以下刑期；
（4）每增加轻伤一人，增加三个月至六个月刑期；
（5）重伤人数每增加一人，增加一年至三年刑期；
（6）造成被害人六级至三级残疾的，每增加一级残疾，增加六个月至一年刑期；造成被害人二级至一级残疾的，每增加一级残疾，增加二年至三年刑期；
（7）其他可以增加刑罚量的情形。

3. 法定刑在十年以上有期徒刑的量刑起点和基准刑

非法拘禁致一人死亡的，在十年六个月至十三年有期徒刑幅度内确定量刑起点。

在量刑起点的基础上，根据非法拘禁人数、拘禁时间、伤亡后果等其他影响犯罪构成的犯罪事实增加刑罚量，确定基准刑。有下列情形之一的，增加相应的刑罚量：

（1）非法拘禁时间满二十四小时，增加一个月至二个月刑期；每再增加二十四小时，增加一个月至二个月刑期；
（2）被害人每增加一人，增加三个月至六个月刑期；
（3）每增加轻微伤一人，增加二个月以下刑期；
（4）每增加轻伤一人，增加三个月至六个月刑期；
（5）每增加重伤一人，增加一年至三年刑期；
（6）造成被害人六级至三级残疾的，每增加一级残疾，增加六个月至一年刑期；造成被害人二级至一级残疾的，每增加一级残疾，增加二年至三年刑期；
（7）死亡人数每增加一人，增加二年至四年刑期；
（8）其他可以增加刑罚量的情形。

4. 有下列情形之一的，可以从重处罚，但同时具有两种以上情形的，累计不得超过基准刑的100%：
（1）国家机关工作人员利用职权非法扣押、拘禁他人的，增加基准刑的10%—20%；
（2）具有殴打、侮辱、虐待情节的（致人重伤、死亡的除外），增加基准刑的10%—20%；
（3）多次非法拘禁的，增加基准刑的20%以下；
（4）冒充军警人员、司法人员非法扣押、拘禁他人的，增加基准刑的20%以下；
（5）为索取高利贷、赌债等法律不予保护的债务而非法拘禁他人的，增加基准刑的20%以下；
（6）持枪支、管制刀具或者其他凶器非法拘禁他人的，增加基准刑的20%以下；

（7）因参与传销非法拘禁他人的，增加基准刑的20%以下；
（8）其他可以从重处罚的情形。
5. 为索取合法债务、争取合法权益而非法拘禁他人的，可以减少基准刑的30%以下。
6. 被害人同时有多处不同程度伤情的，被害人数的刑罚增加量按照最重伤情一人计算。
（五）抢劫罪
1. 法定刑在三年以上十年以下有期徒刑的量刑起点和基准刑
抢劫一次的，在三年六个月至六年有期徒刑幅度内确定量刑起点。
行为人实施盗窃、诈骗、抢夺行为，未达到"数额较大"，为窝藏赃物、抗拒抓捕或者毁灭罪证当场使用暴力或者以暴力相威胁，具有下列情节之一，依照抢劫罪定罪处罚的，在三年六个月至六年有期徒刑幅度内确定量刑起点：盗窃、诈骗、抢夺接近"数额较大"标准的；入户或在公共交通工具上盗窃、诈骗、抢夺后在户外或交通工具外实施上述行为的；使用暴力致人轻微伤以上后果的；使用凶器或以凶器相威胁的；具有其他严重情节的。
在量刑起点的基础上，根据抢劫次数、数额、伤害后果等其他影响犯罪构成的犯罪事实增加刑罚量，确定基准刑。有下列情形之一的，增加相应的刑罚量：
（1）抢劫财物数额满一千元或每增加一千元，增加一个月刑期；
（2）抢劫二次的，增加一年至三年刑期；
（3）每增加轻微伤一人，增加六个月以下刑期；
（4）每增加轻伤一人，增加六个月至一年刑期；
（5）其他可以增加刑罚量的情形。
2. 法定刑在十年以上有期徒刑的量刑起点和基准刑
有下列情形之一的，在十年至十三年有期徒刑幅度内确定量刑起点：入户抢劫的；在公共交通工具上抢劫的；抢劫银行或者其他金融机构的；多次抢劫或者抢劫数额巨大的；抢劫致人重伤的；冒充军警人员抢劫的；持枪抢劫的；抢劫军用物资或者抢险、救灾、救济物资的。依法应当判处无期徒刑以上刑罚的除外。
在量刑起点的基础上，根据抢劫情节严重程度、抢劫次数、数额、手段、伤害后果等其他影响犯罪构成的犯罪事实增加刑罚量，确定基准刑。有下列情形之一的，增加相应的刑罚量：
（1）抢劫财物数额满六万元后，每增加六千元，增加一个月刑期；
（2）抢劫次数超过三次，每增加一次，增加二年至三年刑期；
（3）每增加轻微伤一人，增加六个月以下刑期；
（4）每增加轻伤一人，增加六个月至一年刑期；
（5）每增加重伤一人，增加一年至三年刑期；
（6）造成被害人六级至三级残疾的，每增加一级残疾，增加六个月至一年刑期；造成被害人二级至一级残疾的，每增加一级残疾，增加二年至三年刑期；
（7）每增加刑法第二百六十三条规定的情形之一，增加一年至三年刑期；
（8）其他可以增加刑罚量的情形。
3. 有下列情形之一的，可以增加基准刑的20%以下：
（1）为实施其他违法活动而实施抢劫的；
（2）流窜作案的；
（3）在公共场所当众实施抢劫的；
（4）持枪支以外的管制刀具或者其他凶器抢劫的；
（5）其他可以从重处罚的情形。
4. 已经依照本罪第1条第2款评价的严重情节，不另行增加刑罚量。
5. 有下列情形之一的，可以减少基准刑的20%以下：
（1）因生活所迫、学习、治病急需而实施抢劫的；
（2）抢劫家庭成员或者近亲属财物的；
（3）其他可以从轻处罚的情形。
6. 被害人同时有多处不同程度伤情的，被害人数的刑罚增加量按照最重伤情一人计算。
7. 需要说明的问题
以毒品、假币、淫秽物品等违禁品为抢劫对象的，以抢劫罪定罪；抢劫的违禁品数量作为量刑情节考虑，量刑起点和基准刑依照上述规定确定。
（六）盗窃罪
1. 法定刑在三年以下有期徒刑、拘役的量刑起点和基准刑
盗窃公私财物，犯罪数额达到"数额较大"起点二千元，或者入户盗窃、携带凶器盗窃、扒窃的，

或者在两年内盗窃三次的，在三个月拘役至九个月有期徒刑幅度内确定量刑起点。

盗窃公私财物，数额达到前款规定标准的百分之五十，具有下列情形之一的，可以盗窃罪定罪，在三个月拘役至九个月有期徒刑幅度内确定量刑起点：曾因盗窃受过刑事处罚的；一年内曾因盗窃受过行政处罚的；组织、控制未成年人盗窃的；自然灾害、事故灾害、社会安全事件等突发事件期间，在事件发生地盗窃的；盗窃残疾人、孤寡老人、丧失劳动能力人的财物的；在医院盗窃病人或者其亲友财物的；盗窃救灾、抢险、防汛、优抚、扶贫、移民、救济款物的；因盗窃造成严重后果的。

盗窃国有馆藏一般文物的，在九个月至一年有期徒刑幅度内确定量刑起点。

在量刑起点的基础上，根据盗窃数额、次数、手段等其他影响犯罪构成的犯罪事实增加刑罚量，确定基准刑。有下列情形之一的，增加相应的刑罚量：

（1）犯罪数额每增加二千五百元，增加一个月刑期；

（2）入户盗窃、携带凶器盗窃、扒窃、两年内盗窃三次的，每增加一次作案或者一种情形，增加一个月至三个月刑期；

（3）盗窃国有馆藏一般文物二件的，增加九个月至一年刑期；

（4）其他可以增加刑罚量的情形。

2. 法定刑在三年以上十年以下有期徒刑的量刑起点和基准刑

盗窃公私财物，犯罪数额达到"数额巨大"起点六万元的，在三年六个月至四年有期徒刑幅度内确定量刑起点。

盗窃公私财物，数额达到前款规定标准的百分之五十，具有下列情形之一的，可以认定为"其他严重情节"，在三年六个月至四年有期徒刑幅度内确定量刑起点：入户盗窃的；携带凶器盗窃的；组织、控制未成年人盗窃的；自然灾害、事故灾害、社会安全事件等突发事件期间，在事件发生地盗窃的；盗窃残疾人、孤寡老人、丧失劳动能力人的财物的；在医院盗窃病人或者其亲友财物的；盗窃救灾、抢险、防汛、优抚、扶贫、移民、救济款物的；因盗窃造成严重后果的。

盗窃国有馆藏一般文物三件或者三级文物一件的，在三年六个月至四年有期徒刑幅度内确定量刑起点。

在量刑起点的基础上，根据盗窃数额、手段等其他影响犯罪构成的犯罪事实增加刑罚量，确定基准刑。有下列情形之一的，增加相应的刑罚量：

（1）犯罪数额每增加六千元，增加一个月刑期；

（2）盗窃国有馆藏一般文物超过三件，每增加一件，增加九个月至一年刑期；盗窃国有馆藏三级文物二件的，增加二年六个月至三年刑期；

（3）具有可以认定为"其他严重情节"的情形，每增加一种情形，增加六个月至一年刑期；

（4）其他可以增加刑罚量的情形。

3. 法定刑在十年以上有期徒刑的量刑起点和基准刑

盗窃公私财物，犯罪数额达到"数额特别巨大"起点四十万元，在十年至十二年有期徒刑幅度内确定量刑起点。

盗窃公私财物，数额达到前款规定标准的百分之五十，具有本罪第2条第2款规定情形之一的，可以认定为"其他特别严重情节"，在十年至十二年有期徒刑幅度内确定量刑起点。

盗窃国有馆藏三级文物三件或者二级文物一件的，在十年至十二年有期徒刑幅度内确定量刑起点。依法应当判处无期徒刑的除外。

在量刑起点的基础上，根据盗窃数额、手段等其他影响犯罪构成的犯罪事实增加刑罚量，确定基准刑。有下列情形之一的，增加相应的刑罚量：

（1）犯罪数额每增加五万元，增加一个月刑期；

（2）盗窃国有馆藏三级文物超过三件，每增加一件，增加九个月至一年刑期；盗窃国有馆藏二级文物超过一件，每增加一件，增加一年至二年刑期。盗窃的文物中包含一般文物的，每增加一件，增加三个月至四个月刑期；

（3）具有可以认定为"其他特别严重情节"的情形，每增加一种情形，增加一年至二年刑期；

（4）其他可以增加刑罚量的情形。

4. 有下列情形之一的，可以从重处罚，但同时具有两种以上情形的，累计不得超过基准刑的100%：

（1）盗窃公私财物，具有下列情形之一，增加基准刑的30%以下（已确定为犯罪构成事实的除外）：多次盗窃，犯罪数额达到较大以上的；入户盗窃的；携带凶器盗窃、扒窃；组织、控制未成年人盗窃的；自然灾害、事故灾害、社会安全事件等突发事件期间，在事件发生地盗窃的；盗窃残疾人、孤寡老人、丧失劳动能力人的财物的；在医院盗窃病人或者其亲友财物的；盗窃救灾、抢险、防汛、优抚、扶贫、移民、救济款物的；因盗窃造成严重后果的。以上九种情形，每增加一种情形，再增加基准刑的10%以下；

（2）采用破坏性手段盗窃公私财物造成其他财物损毁的，增加基准刑的10%—30%；

（3）为吸毒、赌博等违法活动盗窃的，增加基准刑的20%以下；

（4）其他可以从重处罚的情形。

5. 有下列情形之一的，可以从宽处罚：

（1）因生活所迫、学习、治病急需而盗窃的，减少基准刑的20%以下；

（2）案发前主动将赃物放回原处或归还被害人的，减少基准刑的30%以下；

（3）盗窃家庭成员或者近亲属的财物，获得谅解的，一般可以不认为是犯罪；追究刑事责任的，应当减少基准刑的20%—50%；

（4）其他可以从轻处罚的情形。

6. 已经依照本罪第1条第2款、第2条第2款、第3条第2款评价的定罪情节、严重情节、特别严重情节，不另行增加刑罚量。

7. 对于盗窃犯罪部分行为既遂、部分行为未遂，且均符合定罪条件的，对未遂部分决定是否减轻适用量刑幅度后，以既遂部分、未遂部分分别对应的量刑幅度较重的确定基准刑。既遂部分、未遂部分所对应的量刑幅度相同的，以既遂部分确定基准刑。以既遂部分确定基准刑的，根据未遂部分犯罪行为的实行程度、造成损害的大小、犯罪未得逞的原因等情况，增加基准刑的30%以下；以未遂部分确定基准刑的，根据既遂部分犯罪行为造成损害的大小等情况，增加基准刑的40%以下。但不得根据该量刑情节提高量刑幅度。

8. 需要说明的问题

（1）盗窃未遂，具有下列情形之一的，应当依法追究刑事责任，量刑起点和基准刑参照本罪第1—3条的规定，根据案件的具体情况予以确定：以数额巨大的财物为盗窃目标的；以珍贵文物为盗窃目标的；其他情节严重的情形；

（2）盗窃违禁品，按盗窃罪处理的，不计数额，根据情节轻重量刑；

（3）盗窃国有馆藏一般文物、三级文物、二级以上文物的，应当分别认定为刑法第二百六十四条规定的"数额较大"、"数额巨大"、"数额特别巨大"；盗窃民间收藏的文物的，根据最高人民法院、最高人民检察院《关于办理盗窃刑事案件适用法律若干问题的解释》第四条第一款第（一）项的规定认定盗窃数额；

（4）盗窃技术成果等商业秘密的，依照刑法第二百一十九条的规定定罪处罚；

（5）多次盗窃，盗窃数额未达到较大的，以盗窃次数确定量刑起点，超过三次的次数作为增加刑罚量的事实。盗窃数额达到较大以上的，以盗窃数额确定量刑起点，盗窃次数作为增加刑罚量的事实；

（6）盗窃公私财物数额较大，行为人认罪、悔罪、退赃、退赔，且具有下列情形之一，情节轻微的，可以免予刑事处罚：具有法定从宽处罚情节的；没有参与分赃或者获赃较少且不是主犯的；被害人谅解的；其他情节轻微、危害不大的。

（七）诈骗罪

1. 法定刑在三年以下有期徒刑、拘役的量刑起点和基准刑

诈骗公私财物，达到"数额较大"起点五千元的，在三个月拘役至九个月有期徒刑幅度内确定量刑起点。诈骗数额每增加三千五百元，增加一个月刑期。

2. 法定刑在三年以上十年以下有期徒刑的量刑起点和基准刑

诈骗公私财物，犯罪数额达到"数额巨大"起点十万元的，在三年六个月至四年有期徒刑幅度内确定量刑起点。

诈骗公私财物数额满八万元不满十万元，并具有下列情形之一的，应当认定为"其他严重情节"，并在三年六个月至四年有期徒刑幅度内确定量刑起点：通过发送短信、拨打电话或者利用互联网、广播电视、报刊杂志等发布虚假信息，对不特定多数人实施诈骗的；诈骗救灾、抢险、防汛、优抚、扶贫、移民、救济、医疗款物的；以赈灾募捐名义实施诈骗的；诈骗残疾人、老年人或者丧失劳动能力人的财物的；造成被害人自杀、精神失常或者其他严重后果的；属于诈骗集团首要分子的；具有其他严重情节的。

在量刑起点的基础上，根据诈骗数额等其他影响犯罪构成的犯罪事实增加刑罚量，确定基准刑。有下列情形之一的，增加相应的刑罚量：

（1）犯罪数额每增加六千元，增加一个月刑期；

（2）具有可以认定为"其他严重情节"情形的，每增加一种情形，增加六个月至二年刑期；

（3）其他可以增加刑罚量的情形。

3. 法定刑在十年以上有期徒刑的量刑起点和基准刑

诈骗公私财物，犯罪数额达到"数额特别巨大"起点五十万元，在十年六个月至十二年有期徒刑幅度内确定量刑起点。依法应当判处无期徒刑的除外。

诈骗公私财物数额满四十万元不满五十万元,并有本罪第2条第2款规定情形之一的,应当认定为"其他特别严重情节",在十年至十二年有期徒刑幅度内确定量刑起点。依法应当判处无期徒刑的除外。

在量刑起点的基础上,根据诈骗数额等犯罪事实增加刑罚量,确定基准刑。有下列情形之一的,增加相应的刑罚量:

(1) 犯罪数额每增加六万元,增加一个月刑期;
(2) 具有可以认定为"其他特别严重情节"情形,每增加一种情形,增加六个月至二年刑期;
(3) 其他可以增加刑罚量的情形。

4. 有下列情形之一的,可以从重处罚,但同时具有两种以上情形的,累计不得超过基准刑的100%:

(1) 诈骗公私财物,具有下列情形之一的,增加基准刑的30%以下(已确定为犯罪构成事实的除外):通过发送短信、拨打电话或者利用互联网、广播电视、报纸杂志等发布虚假信息,对不特定多数人实施诈骗的;诈骗救灾、抢险、防汛、优抚、扶贫、移民、救济、医疗款物的;以赈灾募捐名义实施诈骗的;诈骗残疾人、老年人或者丧失劳动能力人的财物的;造成被害人自杀、精神失常或者其他严重后果的;属于诈骗集团首要分子的;具有其他严重情节的。以上七种情形每增加一种情形,再增加基准刑的10%以下;
(2) 多次实施诈骗的,增加基准刑的20%以下;
(3) 为吸毒、赌博等违法活动诈骗的,增加基准刑的20%以下;
(4) 其他可以从重处罚的情形。

5. 有下列情形之一的,可以从宽处罚:

(1) 因生活所迫、学习、治病急需而诈骗的,减少基准刑的30%以下;
(2) 诈骗近亲属的财物,近亲属谅解的,一般可不按犯罪处理;确有追究刑事责任必要的,应当减少基准刑的20%—50%;
(3) 其他可以从轻处罚的情形。

6. 已经依照本罪第2条第2款、第3条第2款评价的严重情节、特别严重情节,不另行增加刑罚量。

7. 对于诈骗犯罪部分行为既遂、部分行为未遂,且均符合定罪条件的,对未遂部分决定是否减轻适用量刑幅度后,以既遂部分、未遂部分分别对应的量刑幅度较重的确定基准刑。既遂部分、未遂部分所对应的量刑幅度相同的,以既遂部分确定基准刑。以既遂部分确定基准刑的,根据未遂部分犯罪行为的实行程度、造成损害的大小、犯罪未得逞的原因等情况,增加基准刑的30%以下;以未遂部分确定基准刑的,根据既遂部分犯罪行为造成损害的大小等情况,增加基准刑的40%以下。但不得根据该量刑情节提高量刑幅度。

8. 需要说明的问题

诈骗公私财物虽已达到"数额较大"的标准,但具有下列情形之一,且行为人认罪、悔罪的,可以根据刑法第三十七条、刑事诉讼法第一百四十二条的规定免予刑事处罚:具有法定从宽处罚情节的;一审宣判前全部退赃、退赔的;没有参与分赃或者获赃较少且不是主犯的;被害人谅解的;其他情节轻微、危害不大的。

(八) 抢夺罪

1. 法定刑在三年以下有期徒刑、拘役的量刑起点和基准刑

抢夺公私财物,犯罪数额达到"数额较大"起点二千元的,在五个月拘役至一年有期徒刑幅度内确定量刑起点。

抢夺公私财物数额达到"数额较大"起点的百分之五十并具有下列情形之一的,以抢夺罪定罪处罚,在五个月拘役至一年有期徒刑幅度内确定量刑起点:曾因抢劫、抢夺或者聚众哄抢受过刑事处罚的;一年内曾因抢夺或者哄抢受过行政处罚的;一年内抢夺三次以上的;驾驶机动车、非机动车抢夺的;组织、控制未成年人抢夺的;抢夺老年人、未成年人、孕妇、携带婴幼儿的人、残疾人、丧失劳动能力人的财物的;在医院抢夺病人或者其亲友财物的;抢夺救灾、抢险、防汛、优抚、扶贫、移民、救济款物的;自然灾害、事故灾害、社会安全事件等突发事件期间,在事件发生地抢夺的;导致他人轻伤或者精神失常等严重后果的。

在量刑起点的基础上,根据抢夺数额等其他影响犯罪构成的犯罪事实增加刑罚量,确定基准刑。有下列情形之一的,增加相应的刑罚量:

(1) 犯罪数额每增加一千五百元,增加一个月刑期。
(2) 每增加轻微伤一人,增加二个月以下刑期;
(3) 每增加轻伤一人,增加三个月至六个月刑期;
(4) 其他可以增加刑罚量的情形。

2. 法定刑在三年以上十年以下有期徒刑的量刑起点和基准刑

抢夺公私财物,犯罪数额达到"数额巨大"起点五万元的,在三年六个月至四年有期徒刑幅度内确

定量刑起点。

抢夺公私财物,导致他人重伤的,或者导致他人自杀的,或者犯罪数额达到"数额巨大"起点的百分之五十,并具有下列情形之一的,应当认定为有"其他严重情节",在三年六个月至四年有期徒刑幅度内确定量刑起点:一年内抢夺三次以上的;驾驶机动车、非机动车抢夺的;组织、控制未成年人抢夺的;抢夺老年人、未成年人、孕妇、携带婴幼儿的人、残疾人、丧失劳动能力人的财物的;在医院抢夺病人或者其亲友财物的;抢夺救灾、抢险、防汛、优抚、扶贫、移民、救济款物的;自然灾害、事故灾害、社会安全事件等突发事件期间,在事件发生地抢夺的;导致他人轻伤或者精神失常等严重后果的。

在量刑起点的基础上,根据抢夺数额等其他影响犯罪构成的犯罪事实增加刑罚量,确定基准刑。有下列情形之一的,增加相应的刑罚量:

(1) 犯罪数额每增加三千元,增加一个月刑期;
(2) 每增加轻微伤一人,增加二个月以下刑期;
(3) 每增加轻伤一人,增加三个月至六个月刑期;
(4) 每增加重伤一人或者自杀一人,增加一年至二年刑期;
(5) 造成被害人六级至三级残疾的,每增加一级残疾,增加六个月至一年刑期;造成被害人二级至一级残疾的,每增加一级残疾,增加二年至三年刑期;
(6) 具有可以认定为"其他严重情节"的情形,每增加一种情形,增加六个月至一年刑期;
(7) 其他可以增加刑罚量的情形。

3. 法定刑在十年以上有期徒刑的量刑起点和基准刑

抢夺公私财物,犯罪数额达到"数额特别巨大"起点三十万元的,在十年六个月至十二年有期徒刑幅度内确定量刑起点。依法应当判处无期徒刑的除外。

抢夺公私财物,导致他人死亡的,或者犯罪数额达到"数额特别巨大"起点的百分之五十,并有本罪第 2 条第 2 款规定情形之一的,应当认定为有"其他特别严重情节",在十年六个月至十二年有期徒刑幅度内确定量刑起点。

在量刑起点的基础上,根据抢夺数额等其他影响犯罪构成的犯罪事实增加刑罚量,确定基准刑。有下列情形之一的,增加相应的刑罚量:

(1) 犯罪数额每增加四万元,增加一个月刑期;
(2) 每增加轻微伤一人,增加二个月以下刑期;
(3) 每增加轻伤一人,增加三个月至六个月刑期;
(4) 每增加重伤一人或者自杀一人,增加一年至二年刑期;
(5) 造成被害人六级至三级残疾的,每增加一级残疾,增加六个月至一年刑期;造成被害人二级至一级残疾的,每增加一级残疾,增加二年至三年刑期;
(6) 每增加死亡一人,增加二年至三年刑期;
(7) 具有可以认定为"其他特别严重情节"的情形,每增加一种情形,增加一年至二年刑期;
(8) 其他可以增加刑罚量的情形。

4. 有下列情形之一的,可以从重处罚,但同时具有两种以上情形的,累计不得超过基准刑的100%:

(1) 抢夺公私财物具有下列情形之一的,可以增加基准刑的30%以下(已确定为犯罪构成事实的除外):曾因抢劫、抢夺或者聚众哄抢受过刑事处罚的;一年内曾因抢夺或者哄抢受过行政处罚的;一年内抢夺三次以上的;驾驶机动车、非机动车抢夺的;组织、控制未成年人抢夺的;抢夺老年人、未成年人、孕妇、携带婴幼儿的人、残疾人、丧失劳动能力人的财物的;在医院抢夺病人或者其亲友财物的;抢夺救灾、抢险、防汛、优抚、扶贫、移民、救济款物的;自然灾害、事故灾害、社会安全事件等突发事件期间,在事件发生地抢夺的;导致他人轻伤或者精神失常等严重后果的。以上十种情形每增加一种情形,再增加基准刑的10%以下;
(2) 为吸毒、赌博等违法活动抢夺的,增加基准刑的30%以下;
(3) 其他可以从重处罚的情形。

5. 有下列情形之一的,可以从宽处罚:

(1) 因生活所迫、学习、治病急需而抢夺的,减少基准刑的30%以下;
(2) 在案发前自动归还被害人财物的,减少基准刑的30%以下;
(3) 具有其他可以从轻处罚情形的。

6. 被害人同时有多处不同程度伤情的,被害人数的刑罚增加量按照最重伤情一人计算。

7. 已经依照本罪第 1 条第 2 款、第 2 条第 2 款、第 3 条第 2 款评价的定罪情节、严重情节、特别严重情节,不另行增加刑罚量。

8. 需要说明的问题

抢夺公私财物数额较大,被告人认罪、悔罪、退赃、退赔,且具有下列情形之一的,可以认定为犯罪情节轻微,免予刑事处罚:具有法定从宽处罚情节的;没有参与分赃或者获赃较少且不是主犯的;被害人谅解的;其他情节较微、危害不大的。

(九) 职务侵占罪

1. 法定刑在五年以下有期徒刑、拘役的量刑起点和基准刑

利用职务上的便利,非法侵占本单位财物,犯罪数额达到"数额较大"起点一万元的,在三个月拘役至九个月有期徒刑幅度内确定量刑起点。在量刑起点的基础上,犯罪数额每增加二千元,增加一个月刑期。

2. 法定刑在五年以上有期徒刑的量刑起点和基准刑

利用职务上的便利,非法侵占本单位财物,犯罪数额达到"数额巨大"起点十万元的,在五年六个月至六年有期徒刑幅度内确定量刑起点。

在量刑起点的基础上,犯罪数额不满二百万元的,每增加四万元,增加一个月刑期。犯罪数额超过二百万元的,在十年至十二年有期徒刑幅度内确定基准刑,每增加五万元,增加一个月刑期。

基准刑在十年以上,除具有重大立功表现或者从犯或者两个以上其他法定减轻处罚情节,并退清个人所得全部赃款的以外,宣告刑一般不得低于五年有期徒刑。

3. 有下列情形之一的,可以从重处罚,但同时具有两种以上情形的,累计不得超过基准刑的100%:

(1) 职务侵占行为严重影响生产经营或者造成其他严重损失或者影响恶劣的,增加基准刑的30%以下;同时具备两种以上情形的,每增加一种情形,再增加基准刑的10%以下;

(2) 职务侵占用于预防、控制突发传染病疫情等灾害款物的,增加基准刑的20%以下;

(3) 多次职务侵占的,增加基准刑的20%以下;

(4) 职务侵占救灾、抢险、防汛、优抚、扶贫、移民、救济、捐助、社会保险、教育、征地、拆迁等专项款项和物资的,增加基准刑的20%以下;

(5) 职务侵占的款项用于走私、行贿、非法经营、赌博、吸毒等违法活动的,增加基准刑的20%以下;

(6) 其他可以从重处罚的情形。

(十) 敲诈勒索罪

1. 法定刑在三年以下有期徒刑、拘役的量刑起点和基准刑

敲诈勒索公私财物,犯罪数额达到"数额较大"起点三千元,或者两年内敲诈勒索次数达三次,在三个月拘役至九个月有期徒刑幅度内确定量刑起点。

敲诈勒索公私财物,数额达到前款规定标准的百分之五十,具有下列情形之一的,可以认定为有"其他严重情节",在三个月拘役至九个月有期徒刑幅度内确定量刑起点:曾因敲诈勒索受过刑事处罚的;一年内曾因敲诈勒索受过行政处罚的;对未成年人、残疾人、老年人或者丧失劳动能力人敲诈勒索的;以将要实施放火、爆炸等危害公共安全犯罪或者故意杀人、绑架等严重侵犯公民人身权利犯罪相威胁敲诈勒索的;以黑恶势力名义敲诈勒索的;利用或者冒充国家机关工作人员、军人、新闻工作者等特殊身份敲诈勒索的;造成其他严重后果的。

在量刑起点的基础上,根据敲诈勒索数额和次数等其他影响犯罪构成的犯罪事实增加刑罚量,确定基准刑。有下列情形之一的,增加相应的刑罚量:

(1) 犯罪数额每增加二千元,增加一个月刑期;

(2) 每增加轻微伤一人,增加二个月以下刑期;

(3) 每增加轻伤一人,增加三个月至六个月刑期;

(4) 两年内敲诈勒索三次(犯罪数额未达到较大以上),每再增加一次,增加一个月至三个月刑期;

(5) 其他可以增加刑罚量的情形。

2. 法定刑在三年以上十年以下有期徒刑的量刑起点和基准刑

敲诈勒索公私财物,犯罪数额达到"数额巨大"起点六万元,在三年六个月至四年有期徒刑幅度内确定量刑起点。

敲诈勒索公私财物,数额达到前款规定标准的百分之八十,具有下列情形之一的,可以认定为有"其他严重情节",并在三年六个月至四年有期徒刑幅度内确定量刑起点:对未成年人、残疾人、老年人或者丧失劳动能力人敲诈勒索的;以将要实施放火、爆炸等危害公共安全犯罪或者故意杀人、绑架等严重侵犯公民人身权利犯罪相威胁敲诈勒索的;以黑恶势力名义敲诈勒索的;利用或者冒充国家机关工作人员、军人、新闻工作者等特殊身份敲诈勒索的;造成其他严重后果的。

在量刑起点的基础上,根据敲诈勒索数额、犯罪情节严重程度等其他影响犯罪构成的犯罪事实增加刑罚量,确定基准刑。有下列情形之一的,增加相应的刑罚量:

(1) 犯罪数额每增加五千元，增加一个月刑期；
(2) 每增加轻微伤一人，增加二个月以下刑期；
(3) 每增加轻伤一人，增加三个月至六个月刑期；
(4) 具有可以认定为"其他严重情节"的情形，每增加一种情形，增加六个月至一年刑期；
(5) 其他可以增加刑罚量的情形。

3. 法定刑在十年以上有期徒刑的量刑起点和基准刑

敲诈勒索公私财物，犯罪数额达到"数额特别巨大"起点四十万元，在十年六个月至十二年有期徒刑幅度内确定量刑起点。

敲诈勒索公私财物，数额达到前款规定标准的百分之八十，并有本罪第2条第2款规定情形之一的，可以认定为有"其他特别严重情节"，并在十年六个月至十二年有期徒刑幅度内确定量刑起点。

在量刑起点的基础上，根据敲诈勒索数额、犯罪情节严重程度等其他影响犯罪构成的犯罪事实增加刑罚量，确定基准刑。有下列情形之一的，增加相应的刑罚量：
(1) 犯罪数额每增加五万元，增加一个月刑期；
(2) 每增加轻微伤一人，增加二个月以下刑期；
(3) 每增加轻伤一人，增加三个月至六个月刑期；
(4) 具有可以认定为"其他特别严重情节"的情形，每增加一种情形，增加一年至二年刑期；
(5) 其他可以增加刑罚量的情形。

4. 有下列情形之一的，可以从重处罚，但同时具有两种以上情形的，累计不得超过基准刑的100%：

(1) 敲诈勒索公私财物，具有下列情形之一的（已确定为犯罪构成事实的除外），增加基准刑的30%以下：曾因敲诈勒索受过刑事处罚的；一年内曾因敲诈勒索受过行政处罚的；对未成年人、残疾人、老年人或者丧失劳动能力人敲诈勒索的；以将要实施放火、爆炸等危害公共安全犯罪或者故意杀人、绑架等严重侵犯公民人身权利犯罪相威胁敲诈勒索的；以黑恶势力名义敲诈勒索的；利用或者冒充国家机关工作人员、军人、新闻工作者等特殊身份敲诈勒索的；造成其他严重后果的。以上七种情形每增加一种情形，再增加基准刑的10%以下；
(2) 敲诈勒索数额分别达到"数额较大"、"数额巨大"、"数额特别巨大"的标准，并具有多次敲诈勒索情形的，增加基准刑的20%以下；
(3) 为吸毒、赌博等违法活动而敲诈勒索的，增加基准刑的20%以下；
(4) 其他可以从重处罚的情形。

5. 有下列情形之一的，可以从宽处罚：
(1) 被害人对敲诈勒索的发生存在过错的，除情节显著轻微危害不大，不认为是犯罪的以外，可以根据被害人的过错程度和案件其他情况，减少基准刑的20%以下；
(2) 因生活所迫、学习、治病急需而敲诈勒索的，可以减少基准刑的20%以下；
(3) 敲诈勒索近亲属财物，认定为犯罪的，可以减少基准刑的10%—50%；
(4) 其他可以从轻处罚的情形。

6. 被害人同时有多处不同程度伤情的，被害人数的刑罚增加量按照最重伤情一人计算。

7. 已经依照本罪第1条第2款、第2条第2款、第3条第2款评价的定罪情节、严重情节、特别严重情节，不另行增加刑罚量。

8. 需要说明的问题

(1) 多次敲诈勒索，敲诈勒索数额未达到较大的，以敲诈勒索次数确定量刑起点，超过三次的次数作为增加刑罚量的事实；敲诈勒索数额达到较大以上的，以敲诈勒索数额确定量刑起点，敲诈勒索次数作为从重处罚的量刑情节。

(2) 敲诈勒索数额较大，行为人认罪、悔罪、退赃、退赔，并具有下列情形之一的，可以认定为犯罪情节轻微，免予刑事处罚：具有法定从宽处罚情节的；没有参与分赃或者获赃较少且不是主犯的；被害人谅解的；其他情节轻微、危害不大的。

（十一）妨害公务罪

1. 量刑起点和基准刑

构成妨害公务罪的，在三个月拘役至二年有期徒刑幅度内确定量刑起点。

在量刑起点的基础上，根据妨害公务造成的后果、犯罪情节严重程度等其他影响犯罪构成的犯罪事实增加刑罚量，确定基准刑。有下列情形之一的，增加相应的刑罚量：
(1) 每增加轻微伤一人，增加二个月以下刑期；
(2) 每增加轻伤一人，增加三个月至六个月刑期；
(3) 毁损财物数额每增加二千元，增加一个月至二个月刑期；
(4) 妨害公务造成严重后果的，增加六个月至一年刑期；

(5) 其他可以增加刑罚量的情形。
2. 有下列情形之一的，可以增加基准刑的20%以下：
(1) 煽动群众阻碍依法执行职务、履行职责的；
(2) 妨害公务造成恶劣社会影响的；
(3) 其他可以从重处罚的情形。
3. 被害人同时有多处不同程度伤情的，被害人数的刑罚增加量按照最重伤情一人计算。
4. 因执行公务行为不规范而导致妨害公务犯罪的，减少基准刑的20%以下。
（十二）聚众斗殴罪
1. 法定刑在三年以下有期徒刑、拘役的量刑起点和基准刑
聚众斗殴情节一般的，在六个月至二年有期徒刑幅度内确定量刑起点。
在量刑起点的基础上，根据聚众斗殴人数、次数、伤害后果等其他影响犯罪构成的犯罪事实增加刑罚量，确定基准刑。有下列情形之一的，增加相应的刑罚量：
(1) 每增加轻微伤一人，增加六个月以下刑期；
(2) 每增加轻伤一人，增加六个月至一年刑期；
(3) 聚众斗殴双方参与人数达到五人的，每增加三人，增加一个月至二个月刑期；
(4) 聚众斗殴二次的，增加六个月至一年刑期；
(5) 聚众斗殴造成交通秩序混乱的，增加六个月至一年刑期；
(6) 其他可以增加刑罚量的情形。
2. 法定刑在三年以上十年以下有期徒刑的量刑起点和基准刑
有下列情形之一的，在三年六个月至五年有期徒刑幅度内确定量刑起点：聚众斗殴三次的；聚众斗殴人数多，规模大，社会影响恶劣的；在公共场所或者交通要道聚众斗殴，造成社会秩序严重混乱的；持械聚众斗殴的。
在量刑起点的基础上，根据聚众斗殴人数、次数、手段严重程度、伤害后果等其他影响犯罪构成的犯罪事实增加刑罚量，确定基准刑。有下列情形之一的，增加相应的刑罚量：
(1) 每增加刑法第二百九十二条第一款规定的四种情形之一，增加一年至二年刑期；
(2) 每增加轻微伤一人，增加六个月以下刑期；
(3) 每增加轻伤一人，增加六个月至一年刑期；
(4) 聚众斗殴单方人数超过十人，每增加三人，增加一个月至三个月刑期；
(5) 聚众斗殴次数超过三次，每增加一次，增加六个月至一年刑期；
(6) 聚众斗殴严重扰乱社会秩序，造成恶劣社会影响的，增加六个月至一年刑期。
3. 有下列情形之一的，可以增加基准刑的20%以下：
(1) 组织未成年人聚众斗殴的；
(2) 聚众斗殴造成公私财物较大损失的；
(3) 聚众斗殴带有黑社会性质的；
(4) 其他可以从重处罚的情形。
4. 因民间纠纷引发的聚众斗殴，可以减少基准刑的20%以下。
5. 被害人同时有多处不同程度伤情的，被害人数的刑罚增加量按照最重伤情一人计算。
（十三）寻衅滋事罪
1. 法定刑在五年以下有期徒刑、拘役的量刑起点和基准刑
随意殴打他人，破坏社会秩序，具有下列"情节恶劣"情形之一的，在一年六个月至三年有期徒刑幅度内确定量刑起点：致一人以上轻伤的；引起他人精神失常、自杀等严重后果的；随意殴打精神病人、残疾人、流浪乞讨人员、老年人、孕妇、未成年人，造成恶劣社会影响；在公共场所随意殴打他人，造成公共场所秩序严重混乱的。
随意殴打他人，破坏社会秩序，具有下列"情节恶劣"情形之一的，在三个月拘役至三年有期徒刑幅度内确定量刑起点：致二人以上轻微伤的；随意殴打他人达到三次的；持凶器随意殴打他人的；其他情节恶劣的情形。
追逐、拦截、辱骂、恐吓他人，破坏社会秩序，具有下列"情节恶劣"情形之一的，在一年六个月至三年有期徒刑幅度内确定量刑起点：追逐、拦截、辱骂、恐吓精神病人、残疾人、流浪乞讨人员、老年人、孕妇、未成年人，造成恶劣社会影响的；引起他人精神失常、自杀等严重后果的；严重影响他人的工作、生活、生产、经营的。
追逐、拦截、辱骂、恐吓他人，破坏社会秩序，具有下列"情节恶劣"情形之一的，在三个月拘役至三年有期徒刑幅度内确定量刑起点：追逐、拦截、辱骂、恐吓他人达到三次，造成恶劣社会影响的；持凶器追逐、拦截、辱骂、恐吓他人的；其他情节恶劣的情形。

强拿硬要或者任意损毁、占用公私财物，破坏社会秩序，具有下列"情节严重"情形之一的，在一年六个月至三年有期徒刑幅度内确定量刑起点：强拿硬要或者任意损毁、占用精神病人、残疾人、流浪乞讨人员、老年人、孕妇、未成年人的财物，造成恶劣社会影响的；引起他人精神失常、自杀等严重后果的；严重影响他人的工作、生活、生产、经营的。

强拿硬要或者任意损毁、占用公私财物，破坏社会秩序，具有下列"情节严重"情形之一的，在三个月拘役至三年有期徒刑幅度内确定量刑起点：强拿硬要公私财物价值一千元以上，或者任意损毁、占用公私财物价值二千元以上的；强拿硬要或者任意损毁、占用公私财物达到三次，造成恶劣社会影响的；其他情节严重的情形。

在车站、码头、机场、医院、商场、公园、影剧院、展览会、运动场或者其他公共场所起哄闹事，造成公共场所秩序严重混乱的，在一年至三年有期徒刑幅度内确定量刑起点。

在量刑起点的基础上，根据寻衅滋事次数、伤害后果、强拿硬要他人财物或任意损毁、占用公私财物数额等其他影响犯罪构成的犯罪事实增加刑罚量，确定基准刑。有下列情形之一的，增加相应的刑罚量：

（1）每增加轻微伤一人，增加六个月以下刑期；
（2）每增加轻伤一人，增加六个月至一年六个月刑期；
（3）每增加引起精神失常一人，增加六个月至一年六个月刑期；
（4）每增加引起自杀造成重伤、死亡一人，增加一年至二年刑期；
（5）随意殴打他人，追逐、拦截、辱骂、恐吓他人，强拿硬要或任意毁损、占用公私财物三次以上，每再增加一次，增加一个月至二个月刑期；
（6）强拿硬要公私财物价值每增加一千元，增加一个月至二个月刑期；任意毁损、占用公私财物价值每增加二千元，增加一个月至二个月刑期；
（7）每增加刑法第二百九十三条规定的四种情形之一的，增加六个月至一年刑期；
（8）其他可以增加刑罚量的情形。

2. 法定刑在五年以上十年以下有期徒刑的量刑起点和基准刑

纠集他人三次实施寻衅滋事犯罪，严重破坏社会秩序的，在五年六个月至七年有期徒刑幅度内确定量刑起点。

在量刑起点的基础上，根据寻衅滋事次数、伤害后果、强拿硬要他人财物或任意损毁、占用公私财物数额等其他影响犯罪构成的犯罪事实增加刑罚量，确定基准刑。有下列情形之一的，增加相应的刑罚量：

（1）每增加轻微伤一人，增加六个月以下刑期；
（2）每增加轻伤一人，增加六个月至一年六个月刑期；
（3）每增加引起精神失常一人，增加六个月至一年六个月刑期；
（4）每增加引起自杀造成重伤、死亡一人，增加一年至二年刑期；
（5）纠集他人三次以上实施寻衅滋事犯罪，未经处理的，每再增加一次，增加六个月至一年刑期；
（6）强拿硬要公私财物每增加一千元，增加一个月至二个月刑期；任意毁损、占用公私财物每增加二千元，增加一个月至二个月刑期；
（7）每增加刑法第二百九十三条规定的四种情形之一的，增加六个月至一年刑期；
（8）其他可以增加刑罚量的情形。

3. 有下列情形之一的，可以增加基准刑的20%以下：
（1）寻衅滋事带有黑社会性质的；
（2）纠集未成年人寻衅滋事的；
（3）其他可以从重处罚的情形。

4. 被害人同时有多处不同程度伤情的，被害人数的刑罚增加量按照最重伤情一人计算。

（十四）掩饰、隐瞒犯罪所得、犯罪所得收益罪

1. 法定刑在三年以下有期徒刑、拘役的量刑起点和基准刑

掩饰、隐瞒犯罪所得、犯罪所得收益数额达到五千元的，在三个月拘役至九个月有期徒刑幅度内确定量刑起点。

明知是盗窃、抢劫、诈骗、抢夺的机动车，实施下列行为之一的，在三个月拘役至九个月有期徒刑内确定量刑起点：买卖、介绍买卖、典当、拍卖、抵押或者用其抵债的；拆解、拼装或者组装的；修改发动机号、车辆识别代号的；更改车身颜色或者车辆外形的；提供或者出售机动车来历凭证、整车合格证、号牌以及有关机动车的其他证明和凭证的；提供或者出售伪造、变造的机动车来历凭证、整车合格证、号牌以及有关机动车的其他证明和凭证的。

明知是非法获取计算机信息系统数据犯罪所获取的数据、非法控制计算机信息系统犯罪所获取的计

算机信息系统控制权，而予以转移、收购、代为销售或者以其他方法掩饰、隐瞒，违法所得达到五千元的，在三个月拘役至九个月有期徒刑幅度内确定量刑起点。

在量刑起点的基础上，可以根据犯罪数额等其他影响犯罪构成的犯罪事实增加刑罚量，确定基准刑。有下列情形之一的，增加相应的刑罚量：

（1）犯罪数额每增加二万元（其中上游犯罪为涉计算机犯罪的违法所得数额每增加一千五百元）的，增加一个月刑期；

（2）掩饰、隐瞒盗窃、抢劫、诈骗、抢夺的机动车，每增加一辆，增加三个月至六个月刑期；

（3）犯罪的手段或情形每增加一种，增加一个月至二个月刑期；

（4）其他可以增加刑罚量的情形。

2. 法定刑在三年以上七年以下有期徒刑的量刑起点和基准刑

掩饰、隐瞒犯罪所得、犯罪所得收益数额达到五十万元，在三年六个月至四年有期徒刑幅度内确定量刑起点。

掩饰、隐瞒盗窃、抢劫、诈骗、抢夺的机动车达到五辆或者价值总额达到五十万元，在三年六个月至四年有期徒刑幅度内确定量刑起点。

明知是非法获取计算机信息系统数据犯罪所获取的数据、非法控制计算机信息系统犯罪所获取的计算机信息系统控制权，而予以转移、收购、代为销售或者以其他方法掩饰、隐瞒，违法所得达到五万元，在三年六个月至四年有期徒刑幅度内确定量刑起点。

在量刑起点的基础上，可以根据犯罪数额等其他影响犯罪构成的犯罪事实增加刑罚量，确定基准刑。有下列情形之一的，增加相应的刑罚量：

（1）犯罪数额每增加三万元（其中上游犯罪为涉计算机犯罪的违法所得数额每增加三千元），增加一个月刑期；

（2）掩饰、隐瞒盗窃、抢劫、诈骗、抢夺的机动车超过五辆，每增加一辆，增加三个月至六个月刑期；

（3）犯罪的手段或情形每增加一种，增加一个月至二个月刑期；

（4）其他可以增加刑罚量的情形。

3. 有下列情形之一的，可以增加基准刑的20%以下：

（1）多次掩饰、隐瞒犯罪所得、犯罪所得收益或以掩饰、隐瞒犯罪所得、犯罪所得收益为业的；

（2）明知上游犯罪行为较重的；

（3）犯罪对象涉及国家安全、公共安全或重大公共利益的；

（4）其他可以从重处罚的情形。

（十五）走私、贩卖、运输、制造毒品罪

1. 法定刑在三年以下有期徒刑、拘役的量刑起点和基准刑

走私、贩卖、运输、制造鸦片二十克以下，海洛因、甲基苯丙胺或者可卡因一克以下，吗啡或者二亚甲基双氧安非他明（MDMA）等苯丙胺类毒品（甲基苯丙胺除外）二克以下，氯胺酮或者美沙酮二十克以下，三唑仑或者安眠酮一千克以下，咖啡因五千克以下或者其他数量相当毒品的，在四个月拘役至一年有期徒刑幅度内确定量刑起点。

在量刑起点的基础上，根据毒品犯罪次数、人次、毒品数量等其他犯罪事实增加刑罚量，确定基准刑。有下列情形之一的，增加相应的刑罚量：

（1）每增加海洛因、甲基苯丙胺或者可卡因一克及其他数量相当毒品的，增加三个月刑期；

（2）每增加吗啡或者二亚甲基双氧安非他明（MDMA）等苯丙胺类毒品（甲基苯丙胺除外）一克，增加二个月刑期；

（3）每增加鸦片、氯胺酮或者美沙酮五克，增加一个月刑期；

（4）每增加三唑仑或者安眠酮一千克，增加三个月刑期；

（5）每增加咖啡因一千克，增加一个月刑期；

（6）每增加一人或一次，增加六个月至一年刑期；

（7）其他可以增加刑罚量的情形。

2. 法定刑在三年以上七年以下有期徒刑的量刑起点和基准刑

走私、贩卖、运输、制造鸦片一百四十克，海洛因、甲基苯丙胺或者可卡因七克，吗啡或者二亚甲基双氧安非他明（MDMA）等苯丙胺类毒品（甲基苯丙胺除外）十四克，氯胺酮或者美沙酮一百四十克，三唑仑或者安眠酮七千克，咖啡因三十五千克或者其他数量相当毒品的，可以在三年六个月至四年有期徒刑幅度内确定量刑起点。

毒品犯罪的数量未达到前款标准，但具有下列情形之一的，可以在三年六个月至四年有期徒刑幅度内确定量刑起点：国家工作人员走私、贩卖、运输、制造毒品的；在戒毒监管场所贩卖毒品的；向三人

以上贩毒或者三次以上贩毒的；其他情节严重的。

在量刑起点的基础上，根据毒品犯罪次数、人次、毒品数量等其他犯罪事实增加刑罚量，确定基准刑。有下列情形之一的，增加相应的刑罚量：

（1）每增加海洛因、甲基苯丙胺或者可卡因一克及其他数量相当毒品的，增加一年刑期；

（2）每增加吗啡或者二亚甲基双氧安非他明（MDMA）等苯丙胺类毒品（甲基苯丙胺除外）三克，增加二年刑期；

（3）每增加鸦片、氯胺酮或者美沙酮十五克，增加一年刑期；

（4）每增加三唑仑或者安眠酮一千克，增加一年刑期；

（5）每增加咖啡因四千克，增加一年刑期；

（6）毒品犯罪的数量达到本条第1款规定的标准，同时又具有第2款所列四种情形之一的，先按照本款第（1）至（5）项的规定增加刑期，然后每增加一种情形，增加六个月至一年的刑期；

（7）每增加一人或一次，增加六个月至一年刑期；

（8）其他可以增加刑罚量的情形。

3. 法定刑在七年以上有期徒刑的量刑起点和基准刑

走私、贩卖、运输、制造鸦片二百克，海洛因、甲基苯丙胺或者可卡因十克，吗啡或者二亚甲基双氧安非他明（MDMA）等苯丙胺类毒品（甲基苯丙胺除外）二十克，氯胺酮或者美沙酮二百克，三唑仑或者安眠酮十克，咖啡因五十千克或者其他毒品数量大的，在七年六个月至八年有期徒刑幅度内确定量刑起点。

在量刑起点的基础上，根据毒品犯罪次数、人次、毒品数量等其他犯罪事实增加刑罚量，确定基准刑。有下列情形之一的，增加相应的刑罚量：

（1）每增加海洛因、甲基苯丙胺或者可卡因五克及其他数量相当毒品的，增加一年刑期；

（2）每增加吗啡或者二亚甲基双氧安非他明（MDMA）等苯丙胺类毒品（甲基苯丙胺除外）十克，增加一年刑期；

（3）每增加鸦片、氯胺酮或者美沙酮一百克，增加一年刑期；

（4）每增加三唑仑或者安眠酮五千克，增加一年刑期；

（5）每增加咖啡因二十克，增加一年刑期；

（6）每增加一人或一次，增加三个月至六个月的刑期；

（7）其他可以增加刑罚量的情形。

4. 具有下列情形之一，量刑起点为十五年有期徒刑，依法应当判处无期徒刑以上刑罚的除外：走私、贩卖、运输、制造鸦片一千克，海洛因、甲基苯丙胺或者可卡因五十克，吗啡或者二亚甲基双氧安非他明（MDMA）等苯丙胺类毒品（甲基苯丙胺除外）一百克，氯胺酮或者美沙酮一千克，三唑仑或安眠酮五十克，咖啡因二百千克或者其他毒品数量达到数量大起点的；走私、贩卖、运输、制造毒品集团的首要分子；武装掩护走私、贩卖、运输、制造毒品的；以暴力抗拒检查、拘留、逮捕，情节严重的；参与有组织的国际贩毒活动的。

5. 有下列情形之一的，可以从重处罚，但同时具有两种以上情形的，累计不得超过基准刑的100%：

（1）具有下列情形之一，未依照刑法第三百四十七条第四款的规定认定为"情节严重"的，可以增加基准刑的30%以下：走私、贩卖、运输、制造鸦片一百四十克以上不满二百克，海洛因或者甲基苯丙胺七克以上不满十克或者其他相当数量毒品的；国家工作人员走私、贩卖、运输、制造毒品的；在戒毒监管场所贩卖毒品的；向三人以上贩毒或者三次以上贩毒的；其他情节严重的。每增加一种情形，增加基准刑的10%以下。

（2）利用、教唆未成年人走私、贩卖、运输、制造毒品的，增加基准刑的10%—30%；

（3）向未成年人出售毒品的，增加基准刑的10%—30%；

（4）毒品再犯，增加基准刑的10%—30%；

（5）组织、利用、教唆孕妇、哺乳期妇女、患有严重疾病人员、又聋又哑的人、盲人及其他特殊人群走私、贩卖、运输、制造毒品的，增加基准刑的30%以下；

（6）其他可以从重处罚的情形。

6. 有下列情形的，可以减少基准刑的30%以下：

（1）受雇运输毒品的；

（2）毒品含量明显偏低的；

（3）存在数量引诱的；

（4）其他可以从轻处罚的情形。

五、附则

1. 本实施细则适用于判处有期徒刑、拘役的案件。

2. 本实施细则所称以上、以下，均包括本数。
3. 本实施细则将随法律、司法解释和刑事司法政策以及上级法院有关规定的变动适时作出调整。
4. 新颁布的法律、司法解释与本实施细则不一致的，适用新颁布的法律、司法解释。
5. 本实施细则自 2014 年 7 月 1 日起实施，原实施细则（试行）同时废止。
6. 本实施细则由北京市高级人民法院负责解释。

第二编 上海市刑法适用规范性文件

上海市高级人民法院刑事审判庭
《关于聚众斗殴、寻衅滋事造成他人重伤、死亡结果的定罪问题》

(1997年7月15日)

聚众斗殴、寻衅滋事造成他人重伤、死亡结果时,对严重结果是由共同加害人负责还是由直接造成伤亡后果者单独负责,可分五种情况分别处理:

1. 在共同对相同对象实施的加害行为中,某人或某几个人的行为强度明显超出了共同故意的范围并造成他人重伤、死亡后果的,这种情况属于共同犯罪的实行过限,对此,应由实行过限者单独承担故意伤害罪或故意杀人罪的刑事责任,其他加害人只对预谋实施的聚众斗殴罪或者寻衅滋事罪承担刑事责任。在聚众斗殴和寻衅滋事犯罪中,实行过限的情况通常表现为两种:(1)共同实行犯明显超出了教唆、纠集者的故意范围(如某人纠集多人去"教训"他人,讲明不要造成他人严重伤残或死亡,结果实行犯直接致人死亡的,此时实行犯的行为就是实行过限,应单独对死亡结果承担刑事责任)。(2)在共同实行斗殴行为中,某人明显加重打击强度、造成他人重伤、死亡后果的(如在一般性的徒手斗殴或挑衅行为中,某人突然掏出匕首捅死他人,这种出乎其他共同实行犯意料之外的重度加害行为,应当由实行过限者单独对死亡结果承担刑事责任)。

2. 各加害人之间没有犯意联络,但相继或同时对同一对象实施侵害行为的,各自的加害行为属于同时犯,因其不成立共同犯罪,应各自对自己的行为及其后果负责。造成他人重伤、死亡者,应依法单独承担故意伤害罪或故意杀人罪的刑事责任。没有造成他人伤害后果者,不负刑事责任(如甲乙两人见朋友丁与丙推搡,甲即冲上前击丙面部一拳,乙也跟着冲上前刺丙胸部一刀,致丙死亡。因甲乙之间并无犯意联络,乙的行为属于片面共犯,故乙应单独承担故意杀人罪的刑事责任)。

3. 在多人参与的一对一或分散进行的寻衅滋事、聚众斗殴案件中,如果各加害人的行为始终针对各自固定的对象实施,相互之间没有协调配合的,各加害人只对自己的加害行为及其结果负责。如果有人造成他人重伤或者死亡后果的,除加害人外,首要分子(即本次犯罪活动的组织、策划、指挥者)也要对此严重后果一并承担故意伤害罪或故意杀人罪的刑事责任;其他参与寻衅滋事或聚众斗殴的人,应依法承担寻衅滋事罪或聚众斗殴罪的刑事责任。

4. 各共同加害人对发生他人重伤、死亡后果均有概括性认识,客观上其行为之间存在相互协调配合,并对重伤、死亡后果的发生具有因果关系的,尽管能够查清死伤后果由谁的加害行为直接造成,仍应全案认定为故意伤害罪或故意杀人罪。但对于各共同加害人的行为,可依据各自对造成他人重伤、死亡后果的原因力大小,分别裁量刑罚。如果共同加害人既造成他人重伤、又造成他人死亡后果的,因其出于聚众斗殴的一个概括性犯意,对重伤、死亡后果均在预料之中,是行为人在一个故意支配下实施的不同程度的加害行为,应采用重度行为吸收轻度行为的方法,只认定故意杀人罪一罪,勿须实行数罪并罚。

5. 对于共同加害他人造成重伤、死亡后果,但难以查清由谁的行为直接造成严重后果的,所有有证据证明参与了直接加害行为的人应共同对此严重后果负责,但在裁量刑罚时,应根据各加害人实施的不同行为分别酌情从轻判处刑罚。如果发生死亡后果,综合全案难以认定加害人具有杀人故意的,可以故意伤害（致人死亡）罪论处；如果参与了直接加害行为的人也难以查清或确定，则应由本次聚众斗殴或寻衅滋事犯罪活动的纠集者、策划者或指挥者对此严重后果承担刑事责任。

上海市高级人民法院　上海市人民检察院　上海市公安局《关于失火和消防责任事故案件追究刑事责任的若干规定（试行）》

（1999 年 11 月 15 日）

为了惩治过失引起火灾和造成消防责任事故的刑事犯罪行为，特作如下规定：

一、失火案

过失引起火灾，构成犯罪的，应当依照《刑法》第 115 条第二款的规定追究刑事责任。

具有下列情形之一的，处三年以下有期徒刑或者拘役：

1. 死亡 1 人以上的；
2. 重伤 3 人以上的；
3. 直接经济损失 25 万元以上的；
4. 居民受灾 10 户以上，且直接经济损失总计 15 万元以上的。

具有下列情形之一的，处三年以上七年以下有期徒刑：

1. 死亡 3 人以上的；
2. 重伤 10 人以上或者死亡、重伤 10 人以上的；
3. 直接经济损失 100 万元以上的；
4. 居民受灾 30 户以上，且直接经济损失总计 50 万元以上的。

二、消防责任事故案

对违反消防管理法规，经公安消防机构通知采取改正措施而拒绝执行、发生火灾的，对直接责任人员应当依照《刑法》第 139 条的规定追究刑事责任。

具有下列情形之一的，视为后果严重，对直接责任人员处三年以下有期徒刑或者拘役：

1. 死亡 1 人以上的；
2. 重伤 3 人以上的；
3. 直接经济损失 20 万元以上的；
4. 居民受灾 10 户以上，且直接经济损失总计 15 万元以上的。

具有下列情形之一的，视为后果特别严重，对直接责任人员处三年以上七年以下有期徒刑：

1. 死亡 3 人以上的；
2. 重伤 10 人以上或者死亡、重伤 10 人以上的；
3. 直接经济损失 80 万元以上的；
4. 居民受灾 30 户以上，且直接经济损失总计 50 万元以上的。

三、案件管辖

失火和消防责任事故案件，情节较轻，需追究责任人员刑事责任的，由火灾发生地的区（县）公安消防机构负责侦查；由火灾发生地的区（县）人民检察院负责批捕和起诉；由火灾发生地的区（县）人民法院作出一审判决。

失火和消防责任事故案件，情节严重，需追究责任人员刑事责任的，由市公安消防机构负责侦查；由黄浦区人民检察院负责批捕和起诉；由黄浦区人民法院作出一审判决。

四、施行日期

本规定自发布之日起试行。

上海市高级人民法院《关于审理毒品犯罪案件具体应用法律若干问题的意见》

（2000 年 6 月 12 日）

为了依法惩处毒品犯罪，根据刑法的有关规定，现就审理毒品犯罪案件具体应用法律的若干问题提出如下意见，供参照执行。

一、关于毒品犯罪案件的定罪问题

走私、贩卖、运输、制造毒品罪是一个选择性罪名；行为人实施了走私、贩卖、运输、制造毒品行为之一的，应以行为人实际实施的行为确定罪名。如行为人准备将毒品带往异地贩卖，在运输途中被抓获的，应当认定运输毒品罪。如果行为人实施了其中两种以上行为的，如将毒品走私入境后又于以贩卖的，则应认定走私、贩卖毒品罪（罪名排列以刑法条文规定的顺序为准），不实行数罪并罚。

走私、贩卖、运输、制造同一宗毒品的，毒品数量不重复计算；不是同一宗毒品的，毒品数量累计计算。

二、关于走私、贩卖、运输毒品罪与非法持有毒品罪的认定问题

1. 走私毒品罪，是指明知是毒品而非法将其运输、携带、邮寄进出国（边）境的行为和直接向走私人非法收购走私进口的毒品（俗称一道贩子）的行为。对于走私毒品入境的行为，只要行为人将毒品带至我国（边）境线内即为本罪的既遂，而不问是否通过海关检查；对于走私毒品出境的行为，只要有证据证明行为人已将毒品带至运输出境的动态过程即为本罪的既遂，而不问是否已将毒品走私出境。如行为人在办理邮寄出境手续时被查获毒品的，应当认定走私毒品罪的既遂。

2. 贩卖毒品罪，是指明知是毒品而非法销售和以贩卖为目的而非法收买毒品的行为。只要行为人将毒品现实地带入了交易环节的（即贩毒者已将毒品带到购买者面前着手交易的），不论是否完成交易行为，均应以贩卖毒品罪的既遂论处。如果有证据证明行为人以贩卖为目的而购买了毒品或正在向贩毒者购进毒品的，亦应认定为贩卖毒品罪的既遂。如果没有证据证明正在购买毒品者在主观上具有贩卖的目的（如系为自己吸食），而涉毒数量达到了刑法第348条规定的最低标准的，应当以非法持有毒品罪定罪处刑。由于该种处于交易状态下的毒品应当视为在买卖双方的共同控制支配之下，故对于构成非法持有毒品罪的购买者，可以酌情从轻处罚。

3. 运输毒品罪，是指明知是毒品而采用携带、邮寄、利用他人或者使用交通工具等方法予以非法运送的行为。在具体认定中，一般包括三种情况：

一是有证据证实行为人以长途贩运为目的而实施了携带、邮寄、利用他人或使用交通工具非法运送毒品的行为；如行为人已将毒品带上从事长途运输的交通工具，或带入火车站、候机楼、或者正在办理邮寄外地的手续等行为，均应认定运输毒品的既遂。

二是行为人虽系在短途内携带毒品行走或乘车运行，但有证据证明行为人所携带的毒品系以贩卖为目的、且尚未进入交易环节的（即未与购毒者见面着手交易行为的），也可以认定运输毒品罪的既遂。如果行为人随身携带毒品已经进入了交易环节的，则应以贩卖毒品罪的既遂论处。因为从证据角度讲，一般只有在此环节抓获毒品犯罪分子的，才足以认定本罪。倘若行为人随身携带数量较大的毒品，没有证据证实其毒品来源和去向的，则应当以非法持有毒品罪论处。

三是有证据证实行为人系受他人雇佣在短途内运送毒品（如作为购毒者的"特情"能够提供有关的证据），行为人在途中被抓获而雇佣者逃逸的，这时行为人的运送行为既不能作为雇佣者的共犯而认定贩卖毒品罪的既遂；也不能单纯根据其本人的行为尚未进入实际的毒品交易环节而认定贩卖毒品罪的未遂。从证据的可靠性和处罚的适当性上考虑，对此应当认定运输毒品罪的既遂。

行为人在长途运行中随身携带数量不大（如海洛因50克以下）的毒品，且有证据证明行为人自己也将吸食其中的毒品的，一般应当认定运输毒品罪，酌情从轻处罚。如果确有证据证明行为人所携带的毒品仅用于自己吸食，不会向社会扩散的，可以认定非法持有毒品罪。如果行为人随身携带很少数量的毒品（如海洛因5克左右），具有证据证明系供自己吸食的，也可以依法认定为情节显著轻微危害不大的行为，不以犯罪论处。

三、关于毒品共同犯罪案件的认定与处罚问题

1. 毒品买卖的双方在客观行为上必然相互连接，但其分别实行的是买和卖两个不同的行为，其主观故意内容也有区别，故毒品买卖双方的行为一般不能以共同犯罪论处。对于不能查明买方购买毒品的真实用途的案件，不能以系贩卖毒品者的帮助犯为由，认定为贩卖毒品罪的共犯；也不能单纯以所购买的毒品数量巨大一个事实为据，推定为贩卖毒品罪，该种情形一般应当以非法持有毒品罪定罪处刑。

2. 多人分别对同一宗毒品实施了购买、运输、窝藏、转移、出售等行为之一的，如果有证据证实其事前进行了共同贩卖毒品的合谋、商议，然后分工协作、分担实行不同行为的，应当以其共同预谋实施的目的行为确定罪名，即应当认定为贩卖毒品罪的共同犯罪。如果没有证据证实其中的行为人参与了事前的共同谋议，现有证据只能证明其系临时受人雇佣或指使，单纯实施了运输、窝藏或转移毒品的行为，其主观上对雇佣者的贩毒行为也只是凭推测或估计而有所知悉的，则应当以其具体实施的行为确定罪名，即分别认定运输、窝藏或转移毒品罪。

3. 对于涉毒数量大、可能判处死刑的共同犯罪案件，应当尽力查明各名共同犯罪人的相互关系、在共同犯罪中所处的地位以及所起作用的大小，以正确分清主从犯，分化瓦解犯罪分子。对于在共同犯罪中具有起意贩毒、为主出资、控制、指挥他人实施贩运毒品等行为的人，应当认定为主犯，依法予以严惩。对于确有证据证实只是受人雇佣或控制，单纯实施了接送毒品或收取毒赃等行为，从中获取少量非法利润的人，可以认定为从犯，依法给予从宽处罚。对于有充分证据证实在共同犯罪中所起作用不大的人，不能因为其他共同犯罪人逃逸而将其事实上按主犯判处刑罚。

4. 对于在毒品买卖双方之间倾力介绍、撮合，促成毒品交易的行为，无论是否从中牟利，均应以贩卖毒品罪的共犯论处。

5. 二人以上共同受人雇佣或指使，同时实施了购买、运输或出售毒品行为之一的，原则上各行为人只对自己实施的行为及其毒品数量承担刑事责任。如果二人以上事前共同策划、商议，各人分别携带一部分毒品以便化整为零，在具体贩运毒品过程中又相互照应、彼此配合的，则各行为人均应对本次共同贩运毒品的总数量承担刑事责任。

四、关于毒品犯罪中罪与非罪及此罪与彼罪的界限问题

1. 如果没有足够的证据证实行为人在主观上明知是毒品，但能够证实其对所承运物品的非法性具有概括性认识，行为人为了赚钱不计后果接受他人雇佣，事实上实施了运输毒品行为的，可以认定运输毒品罪，在量刑时酌情给予从轻处罚。如果确有证据证实行为人不知是毒品，而系受蒙骗实施运输毒品行为的，则不能认定为犯罪。

2. 对于不知是假毒品而当作真毒品予以贩卖、运输的行为，应以贩卖、运输毒品罪的未遂论处。对于明知是假毒品而冒充真毒品予以贩卖的行为，应以诈骗罪定罪处刑。

3. 对于抓获贩毒分子以后，在其住所等藏匿地点查获的毒品，应一并计入贩毒数量，酌情从轻处罚，而不能另行认定非法持有毒品罪，与贩卖毒品罪实行数罪并罚。对于以贩养吸的毒品犯罪分子，其处理方法亦同。但是，如果只是怀疑犯罪分子以贩养吸，缺少贩卖证据的，对于在其住所等处查获的数量较大的毒品，只能认定非法持有毒品罪。

4. 对于军警人员以非法占有为目的，假冒执行公务，擅自使用军用警用器械等暴力胁迫手段，在抓获毒品违法犯罪分子以后，将当场缴获的毒品直接用于自己吸食的行为，应当以抢劫罪论处。

5. 对于毒品已无法查找核实的案件，只要毒品买卖的上下家（含被告人）均作供述，且供述的毒品数量、成交时间、地点等主要情节能相互印证、被告人的贩卖故意与行为得到证实的，可以认定贩卖毒品罪，但在量刑时应酌情予以从轻处罚。

6. 对于现有证据证明行为人系受人指使，出于安全或逃避司法制裁的原因而实施了将毒品在短距离内予以转运、藏匿的行为，如果没有证据进一步证实其事前已参与实施了贩卖、运输毒品的犯罪活动的，应当根据刑法谦抑原则的精神，依法认定转移毒品罪。不能仅仅根据其客观上实施的短途运送毒品的行为，简单认定运输毒品罪。

7. 对于明知他人从事贩毒活动而为之代购毒品的行为，无论代购者是否牟利，均应以贩卖毒品罪的共犯论处。对于确有证据证实仅为亲友吸毒而为之代购了少量毒品的行为，如代购 10 克以下的海洛因已交给亲友吸食的，不以犯罪论处；如果所代购的毒品数量较大（即达到了刑法第 348 条规定的数量标准）或者在国内长途营运的交通工具上查获所代购的毒品的，可以根据代购者实际所处的行为状态，认定非法持有毒品罪或者运输毒品罪，酌情从轻处罚。

五、关于毒品犯罪的量刑问题

1. 对于运用特情侦破的毒品案件，应当认真分析是否存在犯意引诱或数量引诱的情节。

所谓犯意引诱，是指被告人本无实施毒品犯罪的主观故意，而是由于特情引诱或促成才形成或坚定犯意，从而实施毒品犯罪的情况。对于具有该种情节的被告人，均应给予从轻处罚；无论其涉毒数量多大，也不应判处死刑立即执行。

所谓数量引诱，是指被告人本无实施大宗毒品犯罪的故意，而是由于特情引诱使本来数量较小的毒品案件演变为数量大的毒品案件，或者使本不够判处死刑的毒品案件演变为可能判处死刑的毒品案件的情况。对于具有该种情节的被告人，一般应当给予从轻处罚；对涉毒数量应当判处死刑的，一般也不应判处死刑立即执行。

对于是否使用特情情况不明，但不能排除特情引诱嫌疑的案件，在量刑时应酌情考虑给予从轻处罚。对于罪该判处死刑的案件，应当考虑留有余地。

2. 毒品数量是对毒品犯罪分子裁量刑罚的重要依据，但不是唯一标准。在具体量刑时应当综合考虑被告人的主客观事实情况，决定应当适用的刑罚。对于那些毒品犯罪数量刚刚达到或超出应当判处死刑的标准，但同时具有初犯、偶犯、坦白、为生活所迫而犯罪等从轻处罚情节的，一般不得判处死刑立即执行。

3. 对于同时具有刑法总则规定的累犯情节和刑法分则规定的毒品再犯情节的被告人，应当按照特别法条优于普通法条的法律适用原则，只适用再犯情节，勿须重复援引刑法总则关于累犯的规定。

4. 对于实施了两种以上毒品犯罪，分别应当附加判处没收财产刑和罚金刑的案件，应分两种情况实行并罚：如果被告人被判处没收全部财产，其罚金部分可因吸收关系决定不再执行；如果被告人被判处没收部分财产的，应当对所判处的没收财产刑和罚金刑决定分别执行，不能让毒品犯罪分子在经济上占到便宜。

本意见自下发之日起执行。如果最高人民法院对相同问题作出新的司法解释的，遵照司法解释执行。

上海市高级人民法院　上海市人民检察院　上海市公安局　上海市司法局 《关于办理制、销"假冒烟草制品"案件适用法律若干问题的意见（试行）》

(2000年10月25日)

为依法惩治本市制、销假冒烟草制品的犯罪行为，维护国家烟草专卖管理制度和秩序，保证烟草制品的质量，维护消费者合法权益，保证国家财政收入，根据《中华人民共和国刑法》、《中华人民共和国刑事诉讼法》，结合本市的实际情况，提出如下意见。

一、近年来，本市制、销假冒烟草制品的犯罪行为有上升趋势，既侵害了消费者的合法利益，又造成了国家税收的流失，并直接影响本市正常的烟草专卖管理制度和秩序。因此，本市政法各部门要充分认识打击制、销假冒烟草制品犯罪行为的重要性，要各司其职，相互配合，形成打击合力。

公安机关在侦查制、销假冒烟草制品犯罪案件时，要及时全面收集和固定犯罪证据，缉捕犯罪分子。检察、审判机关在办理制、销假冒烟草制品犯罪案件时，对基本犯罪事实清楚，基本证据确实充分，应当及时依法批捕、起诉、审判。对主犯在逃或者以往制、销假冒烟草制品的情况一时无法查清，但证明在案的其他犯罪嫌疑人实施犯罪的基本证据确实充分的，可以在法定时限内对在案的其他犯罪嫌疑人先行处理。

二、本《意见》所称烟草制品仅指：卷烟、雪茄烟。

三、本《意见》所称假冒烟草制品是指下列情形之一的散支烟或者成品烟：

(1) 使用霉烂烟叶以外的替代物，及使用残次的卷烟纸、滤嘴棒、烟用丝束及下脚料生产的烟草制品；使用低等次烟叶冒充高等次烟叶生产的烟草制品；霉坏、变质的烟草制品（以下简称：伪劣烟）；

(2) 未经烟草制品注册商标所有人许可，擅自使用他人烟草制品注册商标标识（以下简称：烟用商标）生产的烟草制品（以下简称：冒牌烟）。

四、本《意见》所称生产假冒烟草制品是指：未经许可，擅自使用印有他人烟用商标的包装材料（以下简称：冒牌包装），将散支烟包装成成品烟的行为。

五、明知或者应当明知是伪劣烟，仍予以生产、销售，且销售金额5万元以上的，构成生产、销售伪劣产品罪，应按照我国《刑法》第一百四十条的规定处罚。

有证据证明为销售而生产伪劣烟，且待销售金额5万元以上的，应以犯罪未遂处理。

六、明知或者应当明知是冒牌烟，仍予以生产，且具有下列"情节严重"或者"情节特别严重"之一的，构成假冒注册商标罪，应按照我国《刑法》第二百十三条的规定处罚。

具有下列情形之一的，属于"情节严重"：

(1) 违法所得数额2万元以上不满10万元；
(2) 销售、待销售金额10万元以上不满20万元；
(3) 雇佣工人3名以上不满5名，且累计生产10天以上不满30天；
(4) 查获的假冒烟草制品折合1000条以上不满5000条（条，是指烟草制品专用计量单位。下同）；
(5) 曾因生产假冒烟草制品，被烟草专卖等行政管理部门行政处罚两次以上又被查获的；
(6) 生产假冒烟草制品造成恶劣社会影响、国际影响的。

具有下列情形之一的，属于"情节特别严重"：

(1) 违法所得数额10万元以上；
(2) 销售、待销售金额20万元以上；
(3) 雇佣工人5名以上，且累计生产30天以上；
(4) 查获的假冒烟草制品折合5000条以上。

查获尚在生产中的冒牌烟和冒牌包装，将冒牌烟和冒牌包装折合成条计算。如包装数量多于烟的数量，多余部分作量刑情节考虑。

七、明知或者应当明知是冒牌烟，仍予以销售，且销售金额达到下列"数额较大"或者"数额巨大"之一的，构成销售假冒注册商标的商品罪，应按照我国《刑法》第二百十四条的规定处罚。

销售金额10万元以上不满20万元属于"数额较大"，20万元以上属于"数额巨大"。

有证据证明被查获的冒牌烟是准备销售的，且待销售金额达到较大或者巨大的，应以犯罪未遂处理。

八、伪造、擅自制造他人烟用商标，或者销售伪造、擅自制造的烟用商标，且具有下列"情节严重"或者"情节特别严重"之一的，构成非法制造、销售非法制造的注册商标标识罪，应按照我国《刑法》第二百十五条的规定处罚。

"情节严重"，是指非法制、销非法制造的烟用商标，违法所得数额1万元以上不满5万元；或者查获非法制、销的烟用商标在 10 万张以上不满 20 万张的（张，是指能够独立成为一包、一条、一箱烟草制品包装外壳的材料。下同）；

"情节特别严重"，是指违法所得数额 5 万元以上；或者查获非法制、销的烟用商标 20 万张以上的。

查获尚未印制完成的烟用商标，且数量在 10 万张（情节严重）或者 20 万张（情节特别严重）以上的，应以犯罪未遂处理。

九、未经烟草专卖部门许可，无生产许可证、批发许可证、零售许可证、准运证，而生产、批发、零售、运输烟草制品（含假冒烟草制品），且具有下列"情节严重"或者"情节特别严重"之一的，构成非法经营罪，应按照我国《刑法》第二百二十五条的规定处罚。

具有下列情形之一的，属于"情节严重"：
（1）违法所得 1 万元以上不满 5 万元；
（2）销售金额 10 万元以上不满 20 万元；
（3）查获正在或者准备非法经营的烟草制品 5000 条以上不满 2 万条；
（4）曾因非法经营烟草制品被烟草专卖等行政管理部门行政处罚三次以上又被查获的。

具有下列情形之一的，属于"情节特别严重"：
（1）违法所得 5 万元以上；
（2）销售金额 20 万元以上；
（3）查获正在或者准备非法经营的烟草制品在 2 万条以上。

十、明知或者应当明知他人实施本《意见》第五、第六、第七、第八、第九条规定之犯罪行为，仍实施下列行为之一的，应认定为共犯，依法追究其刑事法律责任：
（1）提供房屋、场地、设备、车辆等，用于帮助生产、销售、储存、运输假冒烟草制品的；
（2）直接参与制、销假冒烟草制品，或者直接参与制、销非法制造的烟用商标，或者直接参与非法经营烟草制品的。

上述人员中有检举他人犯罪经查证属实，或者提供重要线索，有立功或者重大表现的，可依法从轻、减轻或者免除处罚。其中情节显著轻微不大的，不认为是犯罪。

十一、单位犯本《意见》第五、第六、第七、第八、第九、第十条规定之罪，且其违法所得，销售、待销售金额，查获的假冒烟草制品或者非法制、销的烟用商标数量为各条规定的 5 倍以上，或者曾因实施上述违法行为被烟草专卖等行政管理部门行政处罚三次以上又被查获的，对单位判处罚金，并对其直接负责的主管人员和其他直接责任人员，依照各条的规定处罚。

具有下列情形之一的，应认定为个人犯罪：
（1）个人承包、租赁、挂靠经营的企业；
（2）国家、集体没有实际出资、没有参与经营、分配的企业；
（3）采用虚报注册资本等欺诈手段取得公司登记，或者虚假出资，或者抽逃出资的企业；
（4）被工商行政管理部门吊销（营业执照）后，仍在违法经营的企业。

十二、烟草专卖部门负责对查获的假冒烟草制品进行质量鉴定，并负责对查获的假冒烟草制品进行清点，参照假冒烟草制品的成交价格，与物价部门联合对假冒烟草制品的销售、待销售金额进行估价鉴定。工商管理部门和烟草专卖部门联合对假冒烟草制品的烟用商标进行清点并鉴定。

十三、对于参与制、销假冒烟草制品活动，尚不够刑事处罚的违法人员，可予以劳动教养，劳动教养的具体标准由市公安局另行规定。

十四、本《意见》仅适用于办理制、销"假冒烟草制品"的案件。所列案件，由公安机关（经济犯罪侦查部门）立案侦查，并由同级检察机关批捕、起诉，同级人民法院审理、判决。

十五、本《意见》自下发之日起试行一年。

上海市高级人民法院《关于处理自首和立功具体应用法律若干问题的意见》

(2000 年 11 月 22 日)

为了正确认定自首和立功，对具有自首或立功表现的犯罪分子依法适用刑罚，现就本市刑事审判中如何掌握自首与立功认定标准的问题提出如下意见，供参照执行。

一、自首成立要件的掌握问题

根据刑法第 67 条第一款的规定，自首的成立要件主要有两个：一是在犯罪以后能够自动投案；二是能够如实供述自己的罪行。具体可按下列情况掌握：

1. 自动投案，是指在犯罪事实或犯罪嫌疑人未被司法机关发觉，或者虽被发觉，但犯罪嫌疑人尚未受到讯问、未被采取强制措施时，主动向司法机关、所在单位、城乡基层组织或者其他有关负责人员说明自己实施了犯罪（或某种犯罪）的行为。

犯罪嫌疑人因司法机关捎带口信或接到电话通知后，自动到司法机关接受询问或调查，并能如实供述自己的罪行的，因司法机关的口头通知等不属于刑诉法规定的强制措施，故上述行为符合自动投案、如实供述罪行的要求，应当认定为自首。但是，如果犯罪嫌疑人到司法机关后矢口否认与司法机关所查询的犯罪存在任何关系的，不能认为是投案。因为，成立投案应以认罪为必要。犯罪嫌疑人虽自动到司法机关，但谎称自己清白、隐瞒犯罪真相的行为，不属于认罪，因而不能认定为自动投案。

如果司法机关继续对犯罪嫌疑人进行政策教育，并进一步收集新的证据，其后来作了如实供述的，应根据其供述时司法机关对犯罪事实掌握的程度，分两种作出认定：对于在司法机关尚未掌握其实施犯罪的重要证据、根据现有证据和工作经验尚不能断定其为所查询犯罪的重大嫌疑人之时作出供述的，可以按"仅因形迹可疑被有关组织查询而作供述"对待，以自首论；对于在司法机关逐步掌握了其实施犯罪的重要证据，足以断定其为所查询之罪的重大嫌疑犯之后才作供述的，则应以坦白罪行论，酌情从轻处罚。

海关、税务机关的调查部门依职权查获犯罪事实，并找到犯罪嫌疑人进行查询或核实，犯罪嫌疑人如实供述自己的罪行后被扭送、移交司法机关处理的，对于犯罪嫌疑人在被司法机关讯问或采取强制措施以前已经作出的如实供述，不能以自首论。因为，该犯罪嫌疑人在供述前没有实施自动投案的行为，不能成立典型的自首；在被查询时，其犯罪事实已在有关组织的掌握之中，也不符合仅因形迹可疑被有关组织查询而作如实供述的规定，不能成立准自首；故只能以坦白罪行论，酌情从轻处罚。

2. 如实供述自己的罪行，是指犯罪嫌疑人自动投案后，如实交代自己的主要犯罪事实的行为。

犯有数罪（含同种和异种数罪）的犯罪嫌疑人仅仅如实供述所犯数罪中的部分犯罪事实的，应当对其如实供述的部分犯罪以自首论。也就是说，如实交代自己的主要犯罪事实，应当是指对行为人所实施的每一次独立的构成犯罪的行为而言，应将其中的主要犯罪事实或情节交代清楚；而不应理解为要求行为人将自己实施的全部犯罪行为中的大部分或主要的犯罪事实作出交代。但是，如果犯罪嫌疑人所供述的部分犯罪十分轻微，经查实其故意隐瞒了绝大部分同种犯罪事实或者异种重大犯罪事实、主观上显然存在避重就轻意图的，则对其所交代的轻罪也不能认定为自首。

犯罪嫌疑人在自动投案时供述了部分犯罪事实，继而被采取强制措施后、经教育又如实供述了司法机关尚未掌握的其他（含同种和异种）犯罪事实的，应一并认定为自首。亦即对于被司法机关采取强制措施的犯罪嫌疑人或被告人所作的供述，应区分被采取强制措施的不同原因，分两种情况分别认定：

对于因自动投案的原因被采取强制措施的犯罪嫌疑人，无论其所另行交代的是同种或异种犯罪事实，均应认定为自首。因为，我们不能要求实施了多种或多次犯罪的嫌疑人在自动投案时，就一次性地将全部罪行交代清楚，应当允许其有一个逐一回忆犯罪事实的过程或者进行适当考虑的机会。

对于因被抓获而采取强制措施的犯罪嫌疑人，则只能将其另行交代的司法机关尚未掌握的异种犯罪事实以自首论；对于其所交代的同种犯罪事实，应严格依照有关司法解释的规定，以坦白罪行论，酌情从轻处罚。

3. 如实供述罪行的有效时间，犯罪嫌疑人自动投案后，其如实供述自己罪行的有效时间，原则上应以一审判决前为限。具体可按下列两种情况对待：

犯罪嫌疑人自动投案后，在一审阶段全部翻供、二审期间又作如实供述的，二审法院不能认定为自首。否则，则容易使犯罪嫌疑人产生负面心态，即一审判决前能赖就赖，万一赖不掉二审时再作供述也不迟。这种负面心态显然与对自首犯从宽处罚的立法旨趣不符。

犯罪嫌疑人自动投案后，在一审判决前如实供述罪行，在二审期间全部翻供的，二审法院不能改变自首的认定。因为从改判的角度讲，一审判决既不存在认定事实的错误、也不存在适用法律不当的问题，因而改判无据。此外，即使取消自首也无实际意义；因为上诉不加刑是原则，二审法院并不能因此给被告人加重刑罚。

二、准自首的认定问题

1. 应视为自动投案的几种情况，根据刑法和有关司法解释规定的基本精神，下列三种情况均可视为自动投案：一是并非出于犯罪嫌疑人的主动，而是经亲友规劝、陪同投案的；二是司法机关通知犯罪嫌疑人的亲友，或者亲友主动报案后，带有一定强制性地将犯罪嫌疑人送去投案的；三是近亲属了解到犯罪嫌疑人的藏匿地点后，积极协助公安人员前往抓获，犯罪嫌疑人并不拒捕而予配合的；如果上述三种犯罪嫌疑人到案后能够如实供述自己的罪行的，应当以自首论。但是，亲友明确表示不是出于帮助犯罪嫌疑人减轻罪责的意图，而是出于大义灭亲或严惩不贷的目的而扭送、带领公安人员抓捕犯罪嫌疑人的，不能再对犯罪嫌疑人以自首论。

2. 司法机关尚未掌握之罪的认定问题，根据刑法第67条第二款的规定，被采取强制措施的犯罪嫌疑人、被告人和已宣判的罪犯，如实供述司法机关尚未掌握的罪行，与司法机关已经掌握的或者判决确定的罪行属于不同种罪行的，以自首论。所谓司法机关尚未掌握的罪行，是指正在侦察、起诉或审判犯罪嫌疑人、被告人的司法机关（即直接办案单位）和其他司法机关均未掌握的犯罪嫌疑人先行实施的非同种犯罪事实。

如果犯罪嫌疑人先行实施的犯罪事实已被犯罪地的司法机关掌握，但因地处偏僻、路途遥远（如境外）或通讯不便等原因，客观上使现行羁押该犯罪嫌疑人的司法机关在对现行犯罪的侦查、起诉或审判过程中，通常难以了解到或发现该先行发生的犯罪事实的，可以将该先行实施的犯罪视为"司法机关尚未掌握"之罪。

如果犯罪嫌疑人或被告人主动交代的是被其他或异地公安机关通缉的犯罪事实的，因该种犯罪事实在对现行犯罪的侦查、起诉或审判过程中一般均能得到查实，故不属于主动交代"司法机关尚未掌握的罪行"，不能认定为自首。

3. 因形迹可疑被查询而成立自首的掌握问题，根据最高法院所作司法解释的规定，犯罪尚未被发觉，仅因形迹可疑被有关组织查询，经教育能如实供述自己的罪行的，应以自首论。所谓仅因形迹可疑被有关组织查询，是指公安机关、人民检察院、保安部门或其他有关组织在没有掌握犯罪的基本事实（即何人在何时何地实施了何种犯罪）或者足以断定某人实施了某种犯罪的重要证据之时，仅凭工作经验或个别线索对被怀疑对象进行的询问或调查。认定此种准自首的情形，重点在于考察分析犯罪嫌疑人作如实供述前，司法机关或有关组织对犯罪事实及其证据掌握到了何种程度。具体可分四种情形分别把握：

在司法机关已经发现了犯罪事实，但尚不清楚何人实施犯罪的场合，公安或检察人员仅凭工作经验或个别线索对某人或某几人有所怀疑而作询问，犯罪嫌疑人经政策教育后出于主动认罪的心理、如实交代自己的罪行的，应当以自首论。如果公安、检察人员在一段时期内为查清案情多次找被怀疑者询问情况，并不断发现其陈述中的破绽或新的证实其犯罪的证据、尽管现有证据尚欠充分、不能完全证实其实施了某种犯罪，但公安、检察人员凭借自己的办案经验和现有证据表明的其实施犯罪的可能性，已将其列为所查询案件的重大犯罪嫌疑人，其自身经公安、检察人员多次盘查而难以自圆其说，最后系被突破心理防线才作如实供述的，因该种情形相对缺少自首所要求的认罪的主动性，故只能作坦白罪行认定，酌情给予从轻处罚。在公安人员、治安联防队员临时发现某人形迹可疑而作查询的场合，犯罪嫌疑人在被一般查询时就能及时供述自己的主要罪行的，应当以自首论。如果犯罪嫌疑人在被一般查询时不作交代，公安人员、治安联防队员根据被查询者随身携带物品的可疑性（如赃物）或者与群众所描述的某种犯罪之嫌疑人在体貌特征、活动规律等方面后相似性，认为足以断定其为实施某种犯罪的重大嫌疑犯，并将其带到警署或其他特定场所再作进一步盘查、教育时，犯罪嫌疑人自知难以抵赖才作供述的，一般应当认定为坦白罪行，酌情给予从轻处罚。

对于刑法中明文将持有行为规定成罪的犯罪而言，如果公安人员、治安联防队员等在公共场所（如车站、机场、列车上等）因怀疑某人非法携带违禁物品而对其进行一般查询时，其能及时交出随身携带的毒品、枪支弹药或假币等非法物品并作供述的，可以认定为仅因形迹可疑被查询而如实交代罪行的行为，以自首论。如果在上述人员的一般查询中不作交代，被带入民警室或公安机关等特定场所后被勒令交出或搜出上述非法物品后才作如实交代的，一般只能认定为坦白罪行，酌情给予从轻处罚。

对于仅因形迹可疑被查询的共同犯罪嫌疑人，如果其被询问的时间或顺序有先后之分的，只要在第一次被询问时就能及时交代共同犯罪事实的，均可以自首论。

4. 因销赃等行为被查获而交代主罪能否成立自首的问题，先行实施了盗窃、诈骗或抢劫等行为的犯罪嫌疑人在窝藏、转移或销售赃物过程中被查获，其后如实交代司法机关尚未掌握的盗窃、诈骗或抢劫等主要犯罪事实的，应当以自首论。如果在查获赃物犯罪时，司法机关已经发现了盗窃、诈骗或抢劫等犯罪事实，正在追查犯罪嫌疑人，发现赃物犯罪嫌疑人后即能将其与所追查之盗窃等罪联系起来，断定其为盗窃等罪的犯罪嫌疑人并予讯问，此种情形下犯罪嫌疑人对自己实施的盗窃等主要犯罪事实的供述，应以坦白罪行论，酌情从轻处罚。

三、单位犯罪中的自首问题

单位犯罪以后，其法定代表人或负责人、或者经授权的其他直接责任人员自动投案、如实供述单位犯罪的事实的，应当认定单位自首，并依法对犯罪单位和其中的自然人给予从宽处罚。如果单位犯罪中有的自然人拒不到案或到案后不如实交代罪行的，对其不予认定自首。如果单位犯罪中的其他直接责任人员先行投案，直接负责的主管人员或负责人到案后亦能如实交代罪行的，可以单位自首论。如果直接负责的主管人员或负责人拒不到案的，或者到案后不如实交代罪行的，则只能认定自动投案的其他直接责任人员成立自首。

四、立功的认定问题

根据最高法院所作司法解释的规定，协助司法机关抓捕其他犯罪嫌疑人（包括同案犯）的，应当认定为具有立功表现。在具体掌握上，应当注意以下三种情况：

1. 协助司法机关抓捕其他犯罪嫌疑人（包括同案犯）的行为，既指为司法机关抓获其他犯罪嫌疑人（包括同案犯）提供重要线索的行为，也包括直接协助抓获的行为。对于犯罪嫌疑人或被告人向司法机关提供其他犯罪嫌疑人（包括同案犯）的藏匿地点、电话号码等线索的，一般需以进一步实施了带领司法人员抓获其他犯罪嫌疑人（包括同案犯）的行为为认定立功的条件如果所提供的线索十分清楚没有必要"带捉"，且司法机关据此抓获了其他犯罪嫌疑人（包括同案犯）的，亦可以认定为具有立功表现。

2. 已经自首的共同犯罪人如实供述同案犯的户籍地址、常住居所，或者与其共同犯罪行为有关的电话号码、联络暗号等，且为司法机关抓获同案犯所利用的，一般可以作为其如实供述共同犯罪的事实来看待，不宜另行认定具有立功表现。如果其所提供的是司法机关按照正常工作程序无法掌握的同案犯的藏匿地址、电话号码等线索，且带领司法人员抓获了同案犯、或者积极实施诱捕等协助行为抓获了同案犯的，可以在认定自首的同时，一并认定具有立功表现，依法给予从宽处罚。

3. 已被羁押的犯罪嫌疑人或被告人将抓捕其他犯罪嫌疑人或同案犯的有关线索告知亲属，其亲属据此查找尚未归案的犯罪嫌疑人或同案犯，并协助公安人员抓捕成功的，可以认定该犯罪嫌疑人具有其他立功表现，依法给予从宽处罚。

上海市高级人民法院
《关于审理挪用公款案件具体应用法律若干问题的意见（试行）》

（2000 年 12 月 28 日）

经上海法院刑庭庭长会议研讨，现就审理挪用公款犯罪案件具体应用法律的若干问题提出如下意见，供各法院内部参照执行。最高人民法院对相同问题作出司法解释的，遵照司法解释执行。

一、挪用公款罪追诉时效的计算标准

从严格意义上讲，刑事追诉时效的起始时间，应当是指某种危害行为成立犯罪的时间；犯罪行为有连续或者继续状态的，应当从犯罪行为终了之日起计算。据此，挪用公款罪的追诉时效，应当区分下列两种情况分别计算：

一是挪用公款从事营利活动或者非法活动的，因刑法未将挪用时间作为犯罪构成要素作出特别规定，因此，上述两种挪用行为的发生之日，即为依法成立犯罪之时。其追诉时效应从挪用行为的发生之日起计算。

二是挪用公款用于个人生活或者挥霍的，因刑法明文规定该种挪用行为必须以超过三个月未还作为犯罪构成要素，因此，其追诉时效应当从挪用行为届满三个月之日起计算；在届满三个月之前的挪用行为，因其尚不属于犯罪行为，故不存在计算追诉时效期限的问题。

在处理挪用公款犯罪案件时，如果发生新旧法律的选择适用或者跨法犯的法律适用问题，其行为时法的界定，亦应依上述两种情况分别确定。例如，行为人于 1997 年 7 月 21 日挪出公款用于个人消费，其行为成立犯罪的时间应当是 1997 年 10 月 22 日。故该一挪用行为的行为时法应当确定为 1997 年修订后刑法的有关规定，并依此定罪处刑。

二、挪用公款罪主体的认定

由于本罪没有规定单位犯罪，故单位行为不能构成本罪。对于单位负责人个人决定挪用公款给他人使用的行为，应区分下列两种情况分别认定：

一是确有证据证明系为了单位利益而实施挪用公款行为的（如将单位的闲置资金借给他人炒股，企图为单位牟取高额利息等），因单位负责人的决定可以代表单位的整体意志，且确系为了单位的利益，故该种挪用行为可以视为单位行为，不构成挪用公款罪。如果上述挪用行为造成公款损失的，应当根据单位负责人在挪用公款时所具有的主观罪过的实际情况（如对使用人的还款能力或还款信誉疏于考察等），依法认定相应的渎职类犯罪（如滥用职权罪、国有公司、企业、事业单位人员失职罪，或者签订、履行合同失职被骗罪等）。

二是没有充实的证据证明单位负责人擅自决定将公款挪给他人使用系为了单位利益的，因其缺少单位行为所必须具备的利益归属的团体性特征，应当认定该种行为属于个人行为，依法追究其挪用公款罪的刑事责任。

对于不具有公款支配权但负有保管职责的单位工作人员（如单位会计、出纳或采购员、推销员等），擅自将公款挪给他人使用的行为，即使客观上为单位谋取了非法利益，因其挪用行为不能代表单位的整体意志，仍属于个人行为的范畴，应依法认定挪用公款罪，但可以酌情从轻处罚。

三、挪用公款罪公款使用者的认定

本罪的重要构成特征之一，是挪用公款归个人使用。如果挪用公款归单位使用的，则不能构成本罪。据此，在下列情形下，应区分不同情况分别定性：

1. 挪用公款给私有公司、企业使用的，应当区分下列两种情况分别认定：

一是挪用公款给具有法人资格的私有公司、企业使用的，因该类公司、企业属于刑法上的单位，故不能认定挪用公款罪。如果挪用公款给各种单位使用造成公款损失的（主要指至案发时依然不能归还公款的情况），可以根据挪用人所具有的主观罪过的实际情况，依法认定相应的渎职类犯罪。对于其中没有造成公款损失的，可以建议有关部门按照财经违纪行为处理。

二是挪用公款给不具有法人资格的私有企业使用的（如个人合伙企业和个人独资企业），因该类企业在民事法律关系上以承担无限责任为特点，企业的经营盈亏与企业经营者的个人利益具有同一性，因此，该类企业在刑法上可以视为个人；挪用公款给其使用的，应当认定挪用公款罪。

2. 挪用公款给个人承包企业使用的，应当根据被承包企业资产的实际来源情况，界定是否属于归个人使用。因为，产权界定的基本原则是"谁投资、谁拥有"。如果被承包企业的经营资本全部由承包者个人投入，且独立自主经营，其收益也无疑主要由其个人所有。利益归属是刑法上划分单位行为与个人行为的主要界限之一，所以，以投资和利益归属为依据，决定被承包企业的刑法地位是合法有据的。因此，挪用公款给个人承包企业使用的，应当区分两种情况分别认定：

一是挪用公款给发包单位有资产投入的个人承包企业使用的，因被承包企业是发包单位自主选择经营方式的结果，是发包单位资产所有权与经营权相分离的表现，并不改变其资产属性和单位的性质，故应当把挪用公款给该种被承包企业使用的，认定为归单位使用。如果该种挪用行为造成公款损失的，可以根据挪用人所具有的主观罪过的实际情况，依法追究其渎职类犯罪的刑事责任。

二是挪用公款给发包单位没有资产投入的个人承包企业使用的，其实际表现是发包单位仅仅提供营业执照，届时按约收取固定的承包费。根据前述投资与利益归属相结合的界定标准，挪用公款给该种承包企业使用的，应当视为归个人使用。在认定挪用公款罪时，还必须查明和证实挪用人对该用款单位系个人承包性质具有概括性认识，即挪用人在主观上具有挪用公款归个人使用的概括性故意。如果挪用人确有证据证实其不知用款单位被个人承包经营的事实，则应当按照挪用公款归单位使用的情况处理。

3. 挪用公款给"名为集体，实为个人"的单位使用的，主要应当根据挪用人在主观上对用款单位认知的不同情况，分别定性。所谓"名为集体，实为个人"的单位，一般包括两种情况：第一种是原为国家或集体所有的企业或其他单位，经改制后，已为个人买断经营，但仍然沿用原国有、集体单位的名称，并向其上级主管单位缴纳固定的管理费用的；第二种是本应注册登记为个人独资企业或者个体工商户，却挂靠国有、集体企业或其他单位从事经营活动，或者虚假注册登记为具有法人资格的公司或企业的单位。根据投资与利益归属相结合的界定标准，对于挪用公款给上述两种名实不符的单位使用的，可以视为归个人使用，但在认定挪用公款罪时，必须查明和证实挪用人对用款单位的实际性质是明知的。否则，根据刑法谦抑原则的精神，只能认定挪用公款归单位使用。对于其中造成公款损失的，应当根据挪用人所具有的主观罪过的实际情况，依法认定相应的渎职类犯罪。

四、挪用公款罪客观行为的认定

挪用公款行为的本质特征在于，擅自改变公款的正当用途，使之暂时脱离所有人的控制，从而侵犯了所有人对公款的占有、使用、收益权。如果某种行为尚未侵害到上述三项权能，或者直接侵犯公款的所有权整体（即侵犯了占有、使用、收益和处分四项权能），则不能认定该种行为构成挪用公款罪。据此，下列行为的定性问题，应作具体分析：

1. 对于挪用非特定公物后又予变现使用的行为，应当以使用人将公物变卖获取现金之日，认定为挪用公款行为的成立之时。挪用公款的数额以变卖公物后实际挪用的数额为准。在公物变现之前的挪用行为，虽然挪用人已经产生了挪用公款的主观故意，因挪用对象仍然属于非特定公物的范畴，故不能认定本罪。如果挪用非特定公物的行为给国家、集体财产造成严重损失的，可以依法追究挪用人有关渎职犯罪的刑事责任。

2. 挪用公款从事营利活动的，尽管刑法没有对营利活动的范围作出限定，但根据系统解释规则，此处的营利活动应当限于从事合法的经营活动。如果挪用公款从事生产、销售假冒伪劣产品或者虚假出资等违法经营性活动的，则应当认定为挪用公款从事非法活动。

3. 以个人名义将所挪用的公款借给其他单位使用的，应当认定挪用公款归个人使用。这里的"以个人名义"，应当理解为行为人个人擅自以债权人的身份或名义，将公款出借给其他单位使用的行为。至于（挪用人所在单位的）公款是由本单位、他单位或者先挪到个人账户以后再借给其他单位使用的，不影响挪用公款归个人使用性质的认定。

4. 挪用公款所产生的孳息的认定

所谓挪用公款所产生的孳息，应当是指对公款加以使用所产生的价值增值部分。其主要特点是：在时间上，公款先于孳息而存在，二者有先后次序之分；在事实上，孳息是公款被使用后增值的结果。二者有产生与被产生的因果联系。例如，行为人擅自将自己所管理或保管的公物以个人名义予以出卖，然后将所获钱款分成两部分处理，一部分作为公物的成本价值划归单位，而将余下的销售利润部分非法据为己有，在该行为中，因销售利润与成本价值同时产生于出售公物的行为，销售利润也不是成本价值被利用的结果，故不能认定此种销售利润系挪用公款（即成本价值）所产生的孳息。

上海市高级人民法院《关于刑期起止日期及计算问题的意见》

(2001年6月13日)

根据我国刑法、刑诉法和最高人民法院有关司法解释的规定,现就刑期的起止时间如何表述及如何折抵计算的问题提出如下意见,供参照执行。

一、对于判处有期徒刑、拘役的案件,其刑期的起止时间,应当区分以下三种情况分别表述:

1. 对于判决执行之日前已经被先行羁押,且羁押时间没有间断的,应以被告人实际被羁押之日作为其刑期的起算日,然后根据所判刑期确定其刑期的终止日期。

2. 对于判决执行之日前没有被先行羁押的,应以判决宣判之日作为其刑期的起算日,然后根据所判刑期确定其刑期的终止日期。理由在于:被判处有期徒刑或者拘役的被告人,如果没有被先行羁押的,判决宣判时必须对被告人予以收押,故该日就是被告人在刑期执行之日前被先行羁押的日期。

3. 对于判决执行之日前,被告人已被先行羁押、但羁押期间有间断(即俗称抓了放、放了又抓)的,或者被先行羁押后又取保候审的,应以最后一次被羁押之日(取保候审的,即为宣判之日)作为其刑期的起算日。在此之前先行被实际羁押的时间应依法予以折抵,然后确定其刑期的终止日期。

二、对于判处有期徒刑或者拘役宣告缓刑的案件,应当在判决书主文中写明缓刑考验期从何时起计算,即应当在判决的刑罚之后,用括号注明:"缓刑考验期限,从判决确定之日起计算。"所谓判决确定之日,就是判决发生法律效力之日。

三、对于判处管制刑的案件,一般讲都是在宣告判决的同时就将被告人交付执行,故判决宣告之日就是其刑期的起算之时;在此以前被先行羁押的时间应依法予以折抵,然后确定其刑期的终止日期。

四、对于被判处无期徒刑的罪犯,法律明文规定其被减刑后实际执行的刑期不能少于十年,其起始时间应当自无期徒刑判决的确定之日起计算。所谓判决确定之日,就是判决发生法律效力之日。具体包括两种情况:一审判决后被告人不上诉的,法定十日上诉期满后的第一日就是判决确定之日;一审判决后被告人提起上诉的,二审法院作出终审判决或裁定之日,就是判决确定之日。

五、对于被判处刑罚的犯罪分子在被拘留或逮捕以前,因同一犯罪行为被有关组织行政拘留、扣留、留置盘问、收容待遣,或者劳动教养的,应将其被实际剥夺人身自由的时间依法折抵刑期。在本意见下发以前,被判处有期徒刑、拘役和管制的罪犯,其因同一犯罪行为被留置盘问的日期等没有折抵刑期,现仍在服刑的,可补行折抵;已服刑期满的,则不必再作变动。

上海市高级人民法院 上海市人民检察院《刑事法律适用问题解答》

(2002年4月1日)

一、关于单位犯罪的认定问题

1. 单位故意犯罪的认定标准如何掌握

答:认定单位故意犯罪,首先应当查明单位是否属实。具体可从两个方面进行审查:一是从单位的成立形式和组织结构看,经过有权机关或组织(如工商局、上级主管部门等)审批、登记注册的社会经济组织、实体等,可以认定为单位。但是,有些有限责任公司、股份有限公司在形式上虽然经过工商部门审批登记注册,如果确有证据证实其实际为特定一人出资、一人从事经营管理活动,主要利益归属于该特定个人的,应当根据查证属实的情况,以刑法上的个人论。至于有限责任公司和股份有限公司中各股东的出资比例大小,以及是否具有亲属关系(具有财产共有关系的家庭成员除外),一般来说并不影响对单位的认定。二是从单位的实际活动性质看,如果单位主要从事违法犯罪活动,或者成立单位的目的就是为了从事违法犯罪活动的,应当否定其正当的单位人格,对其实施的危害行为以个人违法犯罪行为论。

在查明单位属实的基础上,要认定单位故意犯罪,应当主要把握两个构成特征:一是犯罪意志的整体性,即单位故意犯罪是经单位集体研究决定或由负责人决定的。如果单位中的一般工作人员擅自为本单位谋取非法利益,事后未得到领导认可或默许的,应认定其危害行为系出于个人意志,可以个人犯罪论处。二是非法利益归属的团体性,即单位的故意犯罪在客观上表现为本单位谋取非法利益的行为,或者违法所得实际归属于单位或其中的部分股东单位。只有同时具备以上两个特征的行为,才能认定为单位故意犯罪。

如果单位中的个人假借单位的名义实施犯罪,为个人谋取非法利益的,或者虽经单位集体研究决定实施犯罪,但违法所得实际由个人共同分取的,因这两种情形都不具有利益归属的团体性特征,对此仍应以个人犯罪论处。

对于单位集体决定实施犯罪,个人共同分取违法所得的案件,尤其应当注意贯彻惩办少数、教育多数的刑事政策,将共同犯罪活动的组织、领导、指挥者和起主要作用的实行犯纳入治罪范围。

2. 单位分支机构等能否成为单位犯罪的主体

答:以单位的分支机构或者内设机构、部门的名义实施犯罪,违法所得亦归分支机构或者内设机构、部门所有的,应认定为单位犯罪。不能因为单位的分支机构或者内设机构、部门没有可供执行罚金的财产,就不将其认定为单位犯罪,而按照个人犯罪处理。在具体处理上,应当注意两点:(1)对于受单位领导指派或奉命参与实施了一般犯罪行为(非起主要、关键作用的犯罪行为)的人员,可以不作为直接责任人员追究刑事责任。(2)在对直接负责的主管人员和直接责任人员裁量刑罚时,应当尽量根据各自在单位犯罪中实际所起作用的大小,分清主次罪责,以便罚当其罪。

3. 几种特殊对象能否成立单位犯罪的主体

答:个人承包企业能否成为刑法上的单位,应以发包单位(必须符合刑法上单位的标准)在被承包企业中有无资产投入为标准,分两种情况分别认定:(1)发包单位有资产投入的,因被承包企业是发包单位自主选择经营方式的结果,是发包单位资产所有权与经营权相分离的表现,并不因为发包而改变其资产属性和单位的性质,对于该种个人承包企业所实施的犯罪行为,应以单位犯罪论处。(2)发包单位没有资产投入的,其实际表现是发包单位仅仅提供营业执照,届时按约收取固定的承包费。在该种情形下,因被承包企业的经营资本实际由承包者个人投入,且独立自主经营,主要收益归属于承包者个人所有。对于该种个人承包企业所实施的犯罪行为,可以个人犯罪论处。

"名为集体、实为个人"的单位能否认定为刑法上的单位?该种名实不符的单位一般包括两种情形:一种是本应注册登记为个人独资企业或者个体工商户,却挂靠国有、集体企业或其他单位从事生产、经营活动的单位;另一种是原为国家或集体所有的企业或其他单位,经改制后,已为个人实际买断经营,但仍然沿用原国有、集体单位的名称,并向其上级主管单位缴纳固定的管理费用的单位。因以上两种单位均实际由个人投资,利益也主要归属于个人,对其实施的犯罪行为,应以个人犯罪论处。

境外(含外国)公司、企业或组织能否认定为刑法上的单位,关键在于有无确实的证据证明其存在的真实性和合法性。如果有证据证明系境外合法存在的公司、企业或组织实施有关犯罪行为的,应对其直接负责的主管人员或直接责任人员追究单位犯罪的刑事责任。如果经侦查所获得的或境外公司、企业、组织提供的证据、材料,无法证明行为人系以单位身份实施犯罪行为的,或者无法证明境外公司、企业或组织具有合法存在的主体资格的,对行为人所实施的严重危害行为应以个人犯罪论处。

二、关于国家工作人员的认定问题

4. 国家机关工作人员的范围如何掌握

答:国家机关工作人员,主要指在国家机关中从事公务的人员。对此,我国宪法已经作了明文规定。但在司法实践中,以下几种人员也应认定为国家机关工作人员:(1)受国家机关聘用、委托,实际履行行政管理职能,即从事公务的非在编人员;(2)在乡级以上中国共产党机关,或人民政协机关中从事公务的人员;(3)在具有行政管理职能的国有公司、企业、事业单位(如国家电力总公司、证监会、保监会等)中从事公务的人员。

5. 准国家工作人员如何具体认定

答:准国家工作人员,是指在国有公司、企业、事业单位、人民团体中从事公务的人员;国家机关、国有公司、企业、事业单位委派到非国有公司、企业、事业单位、社会团体从事公务的人员。其中,"人民团体"是指由国家组织成立的、财产属于国家所有的各种群众性组织,如乡级以上工会、共青团、妇联等组织;"委派"是指受上述国有单位的派遣,代表国有单位在非国有单位中行使一定的组织、领导、监督或管理职责。委派的形式是多样的,如任命、指派、推荐、提名等。非国有单位将所接受的"委派人员"安排到下属单位从事一定的管理职责的,不影响国有单位委派人员的认定。

在具体认定中,有必要注意两点:(1)无论被委派的人是否具有干部身份,也不论是委派单位的原有职工,还是为了委派而从社会上招聘的人员,都可以成为国有单位委派人员。(2)应注意把国有单位委派人员与刑法第382条第2款规定的受委托管理、经营国有财产的人员区别开来。委派实际上是派遣某人作为代表到另一单位履行职责,被委派者担任一定的职务,在授权范围内独立从事公务,由此使委派与接收两个单位间发生固定的联系。委托则是一个单位将一定的事务交给某人管理,被委托者往往要以委托者的名义在委托的权限内进行活动,而且其活动结果一般由委托者承担责任。

6. "从事公务的人员"如何具体掌握

答:从事公务是刑法上国家工作人员的本质特征,指在国家机关、国有公司、企业、事业单位、人民团体等单位中,以及被上述国有单位委派到非国有单位中履行一定的组织、领导、监督和管理的职责。从事公务的人员具体包括两种情形:一是在上述单位中担负组织、领导、监督和管理职责的人员;如厂长、经理、董事、监事等;二是具体负责某项工作,具有管理性质,以对单位财物的合理使用、保值、增值具有一定的管理支配权限为特征。如上述单位中的会计员、保管员、采购员等。对于上述单位中仅仅对单位财物具有临时性保管义务的收银员、售货员等,因其属于从事劳动或服务性劳动的人员,应与从事公务的人员相区别。

在司法实践中，有些单位人员的职责分工不尽明确，如一人身兼会计、出纳等多项职责；有些人员的职务相同，却权限大小有别。在认定是否从事公务时，这些复杂情况不可一概而论，而需具体斟酌，即根据从事公务的基本特性，以所担负的职责是否具有管理性质为标准，实事求是地认定是从事公务的人员还是从事劳务的人员。对于有些公务与劳务性质确实难以分清的岗位或职责，宜按照刑法上的谦抑原则，作出对被告人有利的认定。

三、关于非法经营罪的认定与处罚问题

7. 认定非法经营罪应注意哪些问题

答：非法经营罪是1997年修订后刑法规定的一个新罪名。从定罪方面看，目前要注意两个问题：一是构成本罪的行为，除了具有未经许可、无证经营的特征外，还应当注意经营对象的特殊性。也就是说，如果行为人非法经营的不是国家有关机关或部门规定应当专营专卖或限制流通的物品，一般宜作为违法行为认定。例如，对于私下买卖内容上既不淫秽、又不反动的碟片或光盘的行为，不能仅仅因为无证经营数量较大、非法获利较多，就认定为非法经营罪。如果这类行为的社会危害性确实达到严重程度，且符合其他犯罪构成的，应以其他犯罪依法追究刑事责任。二是对于非法经营行为，在考虑认定本罪时，一般应以相关的法律、行政法规所明确规定的刑事罚则为依据。不能把非法经营罪当作新的"口袋罪"扩张适用。

8. 单位犯非法经营罪如何处罚

答：单位犯非法经营罪的，对于直接负责的主管人员和其他直接责任人员除依法判处自由刑外，还应并处违法所得一倍以上五倍以下的罚金。在确定罚金数额时，可分以下几种情况判处：一是能够查清个人违法所得数额的，判处个人违法所得一至五倍的罚金（不能少于一千元）；二是单位非法经营亏损，个人确实没有违法所得的，根据个人的犯罪情节及缴纳能力，依照最高法院《关于适用财产刑若干问题的规定》，酌情判处不少于一千元的罚金；三是违法所得名义上归单位占有，实际被个人以各种名目任意挥霍，或者有迹象表明个人从中获利的，可以考虑以名义上归单位的违法所得为基数判处罚金。总之，应当兼顾两个方面：一是对于严重破坏市场经济秩序的犯罪，一定要依法判处财产刑，绝不能让犯罪分子在经济上占到便宜。二是在经济上制裁犯罪时，也应当注意体现刑法的公正性，不能把本应由单位承担的刑罚，转嫁或者同时判给个人承担。

四、关于虚开增值税专用发票罪的认定与处罚问题

9. 如何掌握虚开增值税专用发票罪与非罪的界限

答：虚开增值税专用发票罪是整顿规范市场经济秩序中应予重点打击的犯罪。这一犯罪的基本特征是，行为人明知自己的虚开或者非法抵扣行为会造成国家税款的流失，仍然实施虚开或者非法抵扣的行为。不具备这一主客观事实特征，不能认定本罪。因此，对于行为人购买他人货物，或者接受应税劳务服务以后，如实支付货物价款或劳务费，并向开票人交付增值税，但接受的发票是销售人让第三人代开的内容真实，却属虚开的增值税专用发票的，只要没有证据证实购货人明知销售人提供了非法开具的增值税专用发票的，即应认定接受发票的行为属于善意取得性质，不构成虚开增值税专用发票罪的共犯。

10. 如果掌握虚开增值税专用发票罪与他罪的界限

答：虚开增值税专用发票罪往往与非法出售、非法购买增值税专用发票等罪相互关联。对于行为人将空白的增值税专用发票提供给他人虚开，然后按他人虚开发票上的价税总额按比例提取好处费的，应当以虚开增值税专用发票罪的共犯论处。如果行为人与他人谈定价格后，将空白的增值税专用发票出售给他人用于虚开牟利的，应当依法认定非法出售增值税专用发票罪。

对于行为人非法购买增值税专用发票，或者伪造的增值税专用发票以后，准备用于虚开即被查获的，应当依法认定非法购买增值税专用发票罪，或者非法购买伪造的增值税专用发票罪。如果行为人已经将部分发票用于虚开的，则应将非法购买行为与虚开行为分别触犯之罪的相应法定刑轻重予以比较，然后择一重罪处断。

11. 虚开增值税专用发票罪的数额如何认定

答：正确认定虚开增值税专用发票的犯罪数额，是对犯罪分子准确裁量刑罚的重要基础。目前需要统一认识的问题是：（1）对于行为人向他人虚开销项增值税专用发票以后，为了掩盖向他人虚开的事实，又让他人为自己或者自己为自己虚开进项增值税专用发票的行为，应以销项或进项中数额较大的一项作为"虚开的税款数额"，不能把销项与进项发票上的税款数额累计相加。因为，为掩盖虚开销项增值税专用发票的行为而实施的虚开进项增值税专用发票的行为，并不会造成新的国家税款损失。如果把虚开的进项与销项数额累计相加，则必然造成国家税款损失的数额，给予重复计算，从而违反刑法上禁止重复评价原则。（2）对于行为人既实施为他人虚开销项增值税专用发票的行为，又实施为自己或让他人为自己虚开进项增值税专用发票的行为，二者没有关联，虚开的目的都是非法抵扣从事正常生产经营活动应当向国家缴纳的税款数额的，应将所虚开的销项与进项税款累计相加，一并作为"虚开的税款数

额"认定。(3) 对于行为人在领取增值税专用发票时，按票面金额的一定比例已预交的增值税，应当从造成国家税款损失的数额中扣除，以体现刑法公平原则的要求。

五、关于审理刑事附带民事诉讼案件中需要统一的几个问题

12. 抚养费的赔偿标准如何掌握

答：目前，各法院在审理刑事附带民事诉讼案件时，对于抚养费的计算标准掌握不一，有的法院以案件发生地的居民基本生活费为标准，有的以被抚养人所在地的居民基本生活费标准作为赔偿依据。为统一执法标准，参照国务院《道路交通事故处理办法》第三十七条第（九）项关于"被扶养人生活费：以死者生前或者残者丧失劳动能力前实际扶养的、没有其他生活来源的人为限，按照交通事故发生地居民生活困难补助标准计算……"的规定，本市法院今后对抚养费或赡养费赔偿标准的掌握，宜按案件发生地，即按本市居民基本生活费标准计算（铁路法院可以按法院所在地的居民基本生活费标准计算）。

13. 丧葬费的赔偿标准如何掌握

答：参照国务院《道路交通事故处理办法》第三十七条第（七）项关于"丧葬费按照交通事故发生地的丧葬费标准支付"和本市公安机关《关于调整道路交通事故损害赔偿标准的通知》第四条丧葬费"每人三千元，包括办理丧葬事宜必需的费用"规定，本市法院今后对于因被害人死亡提起的附带民事诉讼，一般按死亡一人赔偿不低于 3000 元丧葬费的标准计算。原告方无丧葬费单据或单据费用不足 3000 元，但原告方有诉讼请求的，可以根据诉讼请求在 3000 元标准范围内赔偿，无需强调附带民事诉讼原告人提供足够的证据。

14. 对因被害人死亡而提起精神损害赔偿的案件如何处理

答：根据《最高人民法院关于刑事附带民事诉讼范围问题的规定》第一条第二款"对于被害人因犯罪行为遭受精神损失而提起附带民事诉讼的，人民法院不予受理"的规定，对于因被害人死亡而提起附带民事诉讼，并要求赔偿精神损害的案件，人民法院亦不应受理。尽管国务院颁发的《道路交通事故处理办法》所规定的损害赔偿项目中有死亡补偿金，因目前对死亡补偿金能否归入"因人身权利受到犯罪侵犯而遭受的物质损失"存在争议，故在最高法院没有作出新的明确规定之前，死亡补偿金暂不列入刑事附带民事诉讼的赔偿范围（交通肇事犯罪案件除外）。

上海市高级人民法院　上海市人民检察院　上海市公安局　上海市司法局《关于办理非法经营食盐等涉盐犯罪案件的意见》

（2002 年 4 月 15 日）

为依法惩处扰乱食盐市场秩序的犯罪活动，保护公民的身体健康，根据《中华人民共和国刑法》有关规定，结合本市实际情况，现对办理非法经营食盐等涉盐犯罪案件提出如下意见：

第一条 非法经营食盐，是指违反国家有关盐业管理法规，非法生产、加工、收购、储存、运输、销售食盐等，具有下列情形之一的行为：

一、未取得食盐定点生产许可证的单位和个人生产、加工食盐的；

二、未取得食盐批发许可证的单位、个人从事食盐收购、储运、批发的；

三、取得食盐转代批发许可证和从事食盐零售的单位、个人以及食品加工用盐的单位，非法从市外购盐或从市内无食盐批发许可证的单位、个人收购食盐的；

四、未取得食盐准运证的单位、个人运输食盐的；

五、非法经营劣质食盐的；

六、将非碘盐充当碘盐销售的；

七、将纯碱、烧碱、工业用盐及其他用盐等非食盐作为食用盐加工或者销售的；

八、其他严重扰乱市场秩序非法经营食盐的。

上列行为同时构成刑法第一百四十条规定之罪的，择一重罪处罚。

第二条 非法经营食盐具有下列情形之一的，属刑法第二百二十五条规定的非法经营行为"情节严重"：

一、非法经营食盐达到 20 吨的；

二、非法经营食盐达到 15 吨，且因非法经营食盐被两次以上行政处罚的；

三、其他情节严重的情形。

第三条 非法经营食盐达到 100 吨以上，或者其他特别严重情节，属刑法第二百二十五条规定的非法经营行为"情节特别严重"。

第四条 两次以上非法经营食盐的，其经营数量应当累计，但已受到处罚的除外。

第五条 生产、销售不符合卫生标准的食盐，足以造成严重食物中毒事故或者其他严重食源性疾患的，按刑法第一百四十三条的规定定罪处罚。同时构成非法经营罪的，择一重罪处罚。

第六条 在生产、销售的食盐中掺入有毒、有害的非食品原料的，或者明知掺有有毒、有害的非食品原料的食盐进行加工、销售的，按刑法第一百四十四条的规定定罪处罚。同时构成非法经营罪的，择一重罪处罚。

第七条 在涉嫌非法经营食盐过程中，以暴力、威胁等方法阻碍盐务管理机关工作人员依法执行公务的，按刑法第二百七十七条第一款规定的妨害公务罪处罚。

第八条 公安机关查处的涉盐案件，经查证认为不构成犯罪而属于违反盐务管理有关法规、规章的，应当移交盐务管理机关处理。

第九条 本意见所称的食盐，是指直接食用和制作食品所用的盐，包括在食盐中添加营养强化剂、药物、调味品等生产加工而成的各式花色品种的多品种食盐。

第十条 本意见自下发之日起施行。

上海市高级人民法院 上海市人民检察院 上海市公安局 上海市司法局《关于执行〈全国人大常委会关于刑法第三百一十三条的解释〉和〈最高人民法院关于审理拒不执行判决、裁定案件具体应用法律若干问题的解释〉的意见》

（2002年5月23日）

为依法惩处拒不执行判决、裁定刑事犯罪，维护法律尊严和司法权威，结合本市实际情况，对执行《全国人大常委会关于刑法第三百一十三条的解释》（简称立法解释）和《最高人民法院关于审理拒不执行判决、裁定案件具体应用法律若干问题的解释》（简称司法解释），提出如下意见：

一、根据立法解释第1款关于"人民法院为依法执行支付令、生效的调解书、仲裁裁决、公证债权文书等所作的裁定"属于刑法第313条规定的裁定的解释，对人民法院为依法执行行政处理决定、行政处罚决定所作的裁定，可以理解为属于刑法第313条规定的裁定。

二、根据立法解释第2款规定的精神，被执行人、担保人、协助执行义务人均可成为刑法第313条拒不执行判决、裁定罪的犯罪主体。其中"被执行人"包括在执行程序中被依法裁定追加、变更的被执行人。

三、根据司法解释第4条规定的精神，被执行人、担保人、协助执行义务人为单位的，该单位的主管人员和其他直接责任人员也可成为刑法第313条拒不执行判决、裁定罪的犯罪主体。

四、对刑法第313条"有能力执行而拒绝执行"中"有能力执行"的掌握：

1. 被执行人有能力执行，是指被执行人具有清偿判决、裁定确定金钱债权的全部或者一部分货币或者相应价值的其他财产；或者持有判决、裁定指定交付的财产、财产权证照或者其他物品；或者能够以自己的行为或者委托他人在判决、裁定确定的期间完成判决、裁定确定应履行的行为义务。

2. 担保人有能力执行，是指担保人提供担保时明知将会产生的后果，且提供担保的财产或财产权凭证属于担保人自己所有，或者证明自己财产状况的资料是真实的。

3. 协助执行义务人有能力执行，是指协助执行义务人具有完全民事行为能力，且合法、有效送达的协助执行通知书中所列明的财产在协助执行人的控制之下，或者所列明的事项属于协助执行人的工作职责或者业务经营范围。

五、立法解释第2款第1项至第4项中所说的"致使判决、裁定无法执行"，可理解为造成人民法院执行机构无法运用法律规定的执行措施，或者虽运用了法律规定的执行措施，但仍无法执行的情形。

六、对立法解释第2款第1、2项"情节严重"中部分财产数额标准的掌握：

1. 被执行人隐藏、转移、故意毁损财产或者无偿转让财产，个人达10万元，单位达100万元的，或者个人达7万元，单位达70万元且占执行标的额70%以上的；

2. 担保人或者被执行人隐藏、转移、故意毁损或者转让已向人民法院提供担保的财产，价值在执行标的额70%以上的。

七、有能力执行而拒不执行造成下列后果的，可作为立法解释第2款第5项规定的其他"情节严重的情形"：

1. 对社会安定造成严重后果的；

2. 造成权利人重大损失或者其他严重后果的。

八、以暴力、威胁方法阻碍执行，同时符合妨害公务罪的；或者暴力抗拒执行，杀害、伤害执行人员，同时符合故意杀人、故意伤害罪的；或者为拒不执行而毁坏公私财物，同时符合故意毁坏公私财物罪的，择一重罪处罚。既有拒不执行判决、裁定犯罪行为，又有其他犯罪行为的，应予以数罪并罚。

九、依照司法解释第7条的规定，拒不执行判决、裁定案件由犯罪行为发生地的人民法院管辖。

十、根据司法解释第 8 条的规定，人民法院在执行判决、裁定过程中，对拒不执行判决、裁定情节严重的人，可以先行司法拘留。定罪判刑的，先行司法拘留的日期应当折抵刑期。

十一、人民法院认为拒不执行判决、裁定的行为已涉嫌犯罪的，应当将有关材料移送公安机关。

十二、公安、检察机关应当依照刑事诉讼法的有关规定，对涉嫌拒不执行判决、裁定犯罪的案件立案侦查，批捕起诉。

十三、人民法院、人民检察院、公安机关在依法办理拒不执行判决、裁定案件过程中，应当互相配合、加强沟通与必要的协调。

上海市高级人民法院《关于本市执行〈最高人民法院关于审理抢夺刑事案件具体应用法律若干问题的解释〉若干问题的意见》

（2002 年 10 月 30 日）

为依法严厉打击抢夺刑事犯罪，保障人民生命财产安全，维护社会秩序，现结合本市社会治安的实际情况，对本市执行《最高人民法院关于审理抢夺刑事案件具体应用法律若干问题的解释》的若干问题，提出如下意见：

一、"飞车"行抢构成抢夺犯罪的，"数额较大"的起点为人民币八百元；"数额巨大"的起点为人民币八千元；"数额特别巨大"的起点为人民币五万元。

二、对于上述规定以外的抢夺行为，构成抢夺罪的，依照《刑法》第二百六十七条的规定处罚。"数额较大"的起点为人民币一千元；"数额巨大"的起点为人民币一万元；"数额特别巨大"的起点为人民币十万元。

三、本意见自下发之日起执行。2001 年 12 月 27 日市高级人民法院、市人民检察院、市公安局、市司法局联合下发的《关于本市办理入户盗窃、"飞车"行抢犯罪案件适用法律若干问题的意见》（沪高法〔2001〕617 号）第二条第（一）项规定继续执行。

上海市高级人民法院《关于本市贯彻〈最高人民法院、最高人民检察院关于办理非法生产、销售、使用禁止在饲料和动物饮用水中使用的药品等刑事案件具体应用法律若干问题的解释〉》

（2003 年 5 月 9 日）

为依法严厉打击非法生产、销售、使用禁止在饲料或动物饮用水中使用的药品（如盐酸克仑特罗，俗称"瘦肉精"）等犯罪行为，保障人民群众生命、健康安全，维护社会秩序，根据刑法和有关司法解释，结合本市司法实践，对办理生产、销售"瘦肉精"等刑事案件提出如下意见。

一、办理生产、销售"瘦肉精"等刑事案件，应当严格执行刑法和最高人民法院、最高人民检察院于 2002 年 8 月 16 日联合颁发的《关于办理非法生产、销售、使用禁止在饲料和动物饮用水中使用的药品等刑事案件具体应用法律若干问题的解释》（以下简称《解释》）的有关规定。

二、养殖户按照《解释》第三条被追究刑事责任的，向其销售"瘦肉精"等药品的销售者有下列情形之一的，应当以生产、销售有毒、有害食品罪的共犯追究刑事责任：

1. 知道或应当知道销售的对象是养殖户的；
2. 其他符合共犯条件的。

三、生产、销售有毒、有害食品罪属于行为犯，一经实施即构成犯罪，没有数额、数量等情节的限制。

四、本意见自下发之日起施行。

上海市高级人民法院《上海法院参与社区矫正工作的若干意见》

（2003 年 5 月 28 日）

为了进一步深化刑罚执行制度改革，运用法律和教育相结合的方法，在依法开展严打整治斗争的同时，进一步贯彻落实党和国家长期坚持的"惩办与宽大相结合"的刑事政策，敦促绝大部分罪犯的教育转化，加强社会治安综合治理和保障社区矫正工作的有效开展，根据有关法律、法规和规章，特作如下规定：

一、参与社区矫正，是指人民法院在审理假释、暂予监外执行案件和判处管制、剥夺政治权利、缓刑等非监禁刑案件中，坚持惩罚与教育、改造相结合的原则，适当运用刑罚，并配合社区矫正组织从事教育转化工作，以达到预防犯罪和减少重新犯罪，实现维护社会稳定目的的活动。

二、人民法院应当遵循分工负责、互相配合、互相制约的原则，加强同公安、检察、监狱管理机关的联系。同时，要加强同社区矫正组织的联系和配合，以促进社区矫正工作依法、公正、及时、有效地开展。

三、对以符合下列情形之一，可能被判处三年以下有期徒刑、拘役的人员，不关押也不致再危害社会的，可以适用非监禁刑：

（一）初次犯罪且罪行较轻的；
（二）犯罪时未满18周岁的；
（三）过失犯罪的；
（四）犯罪时属老、弱、病、残、孕的；
（五）职务犯罪未造成重大经济损失的；
（六）经教育后，确已悔罪的；
（七）其他符合非监禁刑条件的人员。

四、对于具备减刑条件，且实际服刑在原判刑期二分之一以上的人员，符合下列情形之一的，可以适用假释：

（一）符合本意见第三条第（一）项至第（五）项情形的；
（二）余刑在6个月以上的；
（三）减刑后，余刑不满一年的。

五、对累犯、再犯、惯犯以及因杀人、爆炸、抢劫、强奸、绑架等暴力犯罪，被判处十年以上有期徒刑、无期徒刑的罪犯，依法不适用假释；对黑社会性质犯罪的罪犯、严重经济犯罪造成重大经济损失的罪犯、组织利用邪教组织破坏法律实施犯罪的罪犯，一般不适用假释。对经济犯罪案件中赃款大部分未追回，财产刑大部分未执行的罪犯，在适用非监禁刑或假释时，应从严掌握。在本市无居所而不具备假释考验条件的，不宜假释。

六、被判处有期徒刑或者拘役的人员，在交付执行前具有下列情形之一的，人民法院可以决定暂予监外执行：

（一）有严重疾病需要保外就医的；
（二）怀孕或者正在哺乳自己婴儿的妇女；
（三）男性年满60周岁，女性年满55周岁，患慢性疾病，经久治不愈的；
（四）其他符合暂予监外执行条件的。

七、暂予监外执行的人员，如发现具有下列情形之一的，人民法院应撤销暂予监外执行：

（一）骗取暂予监外执行的；
（二）以自伤、自残、欺骗等手段故意拖延暂予监外执行（保外就医）期限的；
（三）保外就医后不积极就医治疗的；
（四）暂予监外执行条件消失的；
（五）其他应予收监的。

八、假释应当由执行机关依照法定程序向法院提出建议书，报请审核裁定。

九、驾驶和暂予监外执行人员在假释考验和监外执行期间提出申诉的，应当依法保护其申诉权利，不能据此认为不具有悔改表现。

十、被假释人员和缓刑人员，在假释和缓刑考验期内有违反纪律、行政法规或者公安机关有关假释、缓刑监管规定的行为，情节较轻的，由公安机关、社区矫正组织管理教育；情节较重，或者构成犯罪的，应当撤销假释或者缓刑。人民法院应当自收到执行机关提出撤销假释（缓刑），收监执行的建议书后七个工作日内组成合议庭审理，并作出是否撤销假释（缓刑），收监执行的裁定。

十一、暂予监外执行的人员被交付执行前，由负责羁押的公安机关提请原判人民法院审查决定；被交付执行前未被羁押的，由原判人民法院直接决定。人民法院对被暂予监外执行的人员作出决定前，应当听取同级检察机关的意见。

十二、应当撤销暂予监外执行决定的，由负责执行的公安机关提出暂予监外执行的建议书，原判人民法院在收到建议书后七个工作日内组成合议庭审理，并作出决定。

十三、暂予监外执行期限需要延长的，原判人民法院应当及时进行核查，并于暂予监外执行期限终止前五个工作日内作出决定。

十四、被假释人员在假释考验期间，符合减刑条件的，可以减刑；暂予监外执行人员在监外执行期间符合假释条件的，可以假释。

十五、适用非监禁刑的案件在公开宣告时，应当通知负责执行、考察的公安机关和涉案人员居住地的社区矫正组织参加；还可以通知涉案人员的家属参加。宣告后，将涉案人员交负责执行、考察的公安机关或者社区矫正组织。

十六、人民法院在办理假释案件时，应当在公开宣告的同时，将被假释人员的名单等材料送至上海市社区矫正工作领导小组办公室，由该办公室通知相关地区的社区矫正组织。

十七、从迅速审判，简便高效的原则出发，公开宣告可以采用下列形式：

（一）人民法院在办理假释案件时，根据需要，可以委托涉案人员居住地的基层人民法院或者服刑监狱（看守所）进行公开宣告；

（二）人民法院在办理假释案件和暂予监外执行案件时，可以在法庭或者监狱（看守所）集中宣告；

（三）人民法院在办理假释案件时，可以选择部分被假释人员进行谈话，了解其思想和改造表现，经合议庭当场评议后，作出口头决定，并于五日内将裁定书送达执行机关、驻监狱（看守所）人民检察院、涉案人员居住地人民检察院和社区矫正组织。

十八、人民检察院认为人民法院假释和暂予监外执行的裁（决）定不当，在法定期限内向人民法院提出书面纠正意见的，有关法院应当在收到纠正意见后一个月内重新组成合议庭审理，并作出最终裁（决）定。

十九、高、中级人民法院应当建立审理减刑、假释案件的专门合议庭。条件尚不具备的法院，可以在刑一庭指定合议庭审理。

二十、高、中级人民法院负责审理减刑、假释案件的合议庭和基层人民法院的少年庭在履行法定职责基础上，配合社区矫正组织做好被假释人员、暂予监外执行人员和涉非监禁刑人员的教育、矫正工作。

二十一、高级人民法院设立参与社区矫正工作指导小组，指导全市法院假释案件和暂予监外执行案件的审理工作，总结和推广参与社区矫正工作的经验。

二十二、审理涉非监禁刑人员的案件、暂予监外执行的案件可以由审判员或者审判员与人民陪审员组成合议庭审理。

二十三、审理减刑、假释案件可以适用普通程序简化审。

二十四、适用非监禁刑的裁判文书和准予假释的裁定书，可增加"法院诫勉语"，以增强罪犯回归社会、重新做人的意愿和信心。其表述为，"回到社区后，应当遵守法律、法规，服从监督管理，接受教育，完成公益劳动，做一名有益社会的公民。"根据原裁判文书格式，在实体裁判结果（刑期起至时间）后，独立分段饮用。

二十五、基层及中级人民法院要定期向高级人民法院参与社区矫正工作指导小组报告参与社区矫正工作情况。必要时，可向社区矫正组织反馈对重点人员进行随访的有关情况。

二十六、本意见下发前上海市高级人民法院所制订的相关规定与本意见抵触的，以本意见为准。

二十七、本意见自 2003 年 7 月 1 日起试行。

上海市高级人民法院　上海市人民检察院　上海市公安局
《关于办理犯罪嫌疑人、被告人在刑事诉讼期间患精神病的案件的规定》

（2003 年 11 月 20 日）

为了严格执行刑事诉讼法律，根据《中华人民共和国刑事诉讼法》和《上海市监护治疗管理肇事肇祸精神病人条例》等有关规定，制定本规定。

一、本市各级公安机关、人民检察院、人民法院在刑事诉讼中，发现犯罪嫌疑人、被告人在诉讼期间患精神病而无受审能力的，应对该犯罪嫌疑人或被告人终止诉讼。

二、人民法院在审判阶段发现被告人属于无受审能力的精神病患者的，应当建议人民检察院撤回起诉，并由人民检察院将案件退回公安机关。

三、人民检察院在审查逮捕、审查起诉环节发现犯罪嫌疑人属于无受审能力的精神病患者的，应当将案件退回公安机关。

四、公安机关对于犯罪嫌疑人、被告人在刑事诉讼阶段患精神病而无受审能力的，应当撤销案件，依法送市公安局安康医院进行强制性监护治疗。

五、患精神病的犯罪嫌疑人、被告人经治疗康复后，需要追究刑事责任的，由公安机关重新立案，再依法进入刑事诉讼程序。

六、本规定自下发之日起执行。

上海市高级人民法院
《关于虚开"全国联运行业货运统一发票"案件法律适用问题的解答》

（2004 年 1 月 6 日）

一、全国联运行业货运统一发票的性质问题

全国联运行业货运统一发票（下称联运发票）是运输企业经税务机关批准后印制的收费凭证。根据税务机关的授权，运输企业（下称开票人）可以为个体水运人员向其水运业务的委托人（下称受票人）开具联运发票，并承担向个体水运人员代征有关税款的义务。根据国务院《中华人民共和国营业税暂行条例》、《中华人民共和国印花税暂行条例》、《中华人民共和国城市维护建设税暂行条例》和财政部、国家税务总局关于运输费用准予抵扣进项税额的规定，个体水运人员负有按照联运发票运费金额 3.26% 的比例缴纳营业税、印花税、城市维护建设税的义务，具有增值税纳税人身份的受票人享有按照联运发票运费金额 7% 的比例申报抵扣应纳销项增值税的权利。上述行政法规和规章的规定表明，联运发票除了具有税务机关向纳税义务人计征税款的功能外，还具有增值税纳税人向税务机关申报抵扣应纳税款的功能，属于《中华人民共和国刑法》（下称刑法）第 205 条规定的专用发票——抵扣税款发票的一种。

二、关于对非法开具联运发票相关人员的处理问题

开票人以收取开票费为目的，非法为个体水运人员虚开联运发票的行为，其结果或是导致个体水运人员逃避纳税义务，或是导致受票人骗取国家税款，两者必居其一。对于此类案件的涉案人员，应当根据不同情况，分别适用法律定罪处罚：

1. 开票人与个体水运人员之间无业务或授权委托开票关系，仅为收取开票费，按个体水运人员要求，将联运发票开具给受票人，其主观上明知并放任个体水运人员逃避缴纳营业税等义务或受票人可据以抵扣国家税款结果的必然发生，其非法为个体水运人员向受票人虚开联运发票的行为，不仅严重危害国家的税收征管秩序，同时也严重危害国家对可抵扣税款发票的管理秩序，应当择重适用刑法第 205 条，以虚开抵扣税款发票罪论处。对于无法查明个体水运人员与受票人之间是否发生实际运输业务，难以查实虚开行为造成国家税款被骗数额，但能查实虚开行为导致的个体水运人员应缴纳而未缴纳的税款数额，可将该数额作为造成国家税款损失数额，在量刑时酌情从轻处罚。

2. 个体水运人员与受票人发生实际运输业务后，通过支付开票费让开票人为受票人非法开具联运发票的，由于受票人是在支付运费后申报抵扣税款，不能认定受票人骗取国家税款。但个体水运人员主观上有逃避纳税义务的故意，且通过非法开具联运发票逃避缴纳营业税、印花税、城建税，其行为应当适用刑法第 201 条以偷税罪论处。

3. 个体水运人员在与受票人无实际运输业务的情况下，为骗取国家税款，要求开票人为受票人开具联运发票，造成国家税款损失，或虽然与受票人有实际运输业务，但要求开票人为受票人开具高于实际运输费用的发票，其高开部分造成国家税款流失，对开票人、个体水运人员、受票人均应适用刑法第 205 条，以虚开抵扣税款发票罪论处。

三、关于本解答的适用范围问题

本解答自下发之日起试行，下发之前已判决生效的有关案件，不适用解答的规定。

上海市高级人民法院《关于如何适用"两高"〈关于办理利用互联网、移动通讯终端、声讯台制作、复制、出版、贩卖、传播淫秽电子信息刑事案件具体应用法律若干问题的解释〉的问答》

（2004 年 3 月 14 日）

2004 年 7 月，全国打击淫秽色情网站专项活动开展以来，本市各级法院根据最高法院指示，依照刑法、"两高"《关于办理利用互联网、移动通讯终端、声讯台制作、复制、出版、贩卖、传播淫秽电子信息刑事案件具体应用法律若干问题的解释》（以下简称"解释"）的有关规定，依法审判了一批案件，取得了较好的法律效果和社会效果。在审判中，由于案件的复杂性及"解释"规定比较原则，对如何正确理解和适用"解释"中某些条款仍有不同意见。为此，高院刑一庭经与市公安局、市检察院研究，结合上海法院的审判实践和最高法院研究室《关于"解释"的理解与适用》的精神，现对如何理解上述"解释"，作出如下解答，供各级法院在办案中参考，审理中，有何问题和建议，请及时反馈给高院刑一庭。

问题 1：有的行为人免费提供淫秽电子信息服务，而采取变相方式收费，可否认为是"以牟利为目的"？

答:"解释"第一条规定,以牟利为目的,利用互联网、移动通讯终端、声讯台制作、复制、出版、贩卖、传播淫秽电子信息,具有该条规定的八种情形之一的,依照刑法第363条第一款的规定以"制作、复制、出版、贩卖、传播淫秽物品牟利罪"定罪处罚。

利用淫秽电子信息牟利,主要反映行为人主观上追求牟利的心态,不等于牟取到非法利益。只要行为人意图利用淫秽电子信息收取费用,牟取利益,即应认定其具有牟利的目的,至于是否实际取得利益、获利多少,均不影响认定牟利目的。

对于实践中,有的行为人免费提供淫秽电子信息服务,而采取其他方式收取费用的,例如收取或变相收取广告费等,只要有证据证明行为人提供淫秽电子信息服务与收取或变相收取广告费等具有关联性,即可以认定行为人具有牟利目的。此外,对于行为人既提供淫秽电子信息也提供其他信息服务,且不加区分收取费用的,亦可以认定其主观上具有利用淫秽电子信息牟利的目的。

问题2:"解释"第一条第(一)至第(三)项将制作、复制、出版、贩卖、传播淫秽电子信息的文件数作为定罪量刑的标准,对重复的文件是否应累计计算?

答:"解释"第一条第(一)至第(三)项对于利用互联网、移动通讯终端制作、复制、出版、贩卖、传播淫秽电子信息构成犯罪的数量标准作出了明确规定,实践中应按"解释"的规定处理。由于"解释"只对淫秽电子信息以相应的文件等数量作为定罪量刑的标准,并未要求区分淫秽电子信息的具体内容;同时,考虑到行为人在网站、网页上设置内容同一的淫秽电子信息,是为了使淫秽电子信息的复制、传播等更加便利、快捷从而能牟取更多的非法利益,因此,即使内容重复的淫秽电子信息也应一并计算文件等数量。此外,对于将一部淫秽电影、表演、动画分为若干文件的,亦应按照实际的文件数量予以计算。但是,由于"解释"第一条第(一)至第(三)项,每一项规定的文件(件)属于不同的种类,定罪量刑标准不一样,因此,对不同项内的文件(件),不能换算也不能累计计算;对同一项内的文件(件),可以累计计算。

问题3:"解释"第一条第(三)项规定,"制作、复制、出版、贩卖、传播淫秽电子刊物、图片、文章、短信息等二百件以上的",上述电子刊物、图片、文章、短信息如何计算?

答:为了统一淫秽电子信息犯罪数量的单位名称,"解释"将电子刊物、图片、文章、短信息均以件来计算,而淫秽电子刊物每一件可能包括许多淫秽图片、文章,按"解释"规定,仍应按一件计算。图片应以单独成张为一件;如果一张大的图片中包含多张小图片,仍应按一件计算;如果能够分解成多张单独成张的小图片,则按实际数量计算。文章以单独成篇为一件;短信息以单独成条为一件。由于"解释"已将电子刊物、图片、文章、短信息归属于同种类,因此可以合并计算总数量。

问题4:"解释"第一条第(四)项规定,"制作、复制、出版、贩卖、传播的淫秽电子信息,实际被点击数达到一万次以上的",审判实践中如何认定实际被点击数?

答:制作、复制、出版、贩卖、传播的淫秽电子信息被实际点击次数的多少,反映了淫秽电子信息犯罪的社会危害性大小。实际被点击数达到一万次以上,说明已造成了比较严重的危害后果,依法应予惩处。但实践中,有些网站为了造势,故意虚增点击数,还有人出于恶意,在短时间内连续点击他人的淫秽电子信息,数量巨大。因此,对于有证据证明系虚增的或他人恶意点击造成的不正常的点击数,应从点击总数中扣除。对由于技术原因难以排除是否虚增点击数量的,还可以从计算机访问日志中所记载的数量,结合被告人供述和其他相关证据,合理确定实际被点击数,或运用"解释"中规定的其他定罪量刑标准,慎重处理。

问题5:"解释"第一条第(五)项规定,"以会员制方式出版、贩卖、传播淫秽电子信息,注册会员达二百人以上的",实践中,有些网民注册后又退出的,是否要计算注册会员的数量?提供给注册会员的电子信息,既有淫秽的又有非淫秽的,如何认定注册会员人数?

答:以牟利为目的,实施淫秽电子信息犯罪行为,按照上述'解释'规定,注册会员达到二百人以上即可定罪处罚。实践中,要成为该类注册会员,一般要交纳费用。由于行为人就是通过收取注册会员的费用来牟取利益的,因此,一旦成为注册会员,即使事后退出,仍应作为注册会员人数一并予以计算。至于行为人提供给注册会员的电子信息,既有淫秽内容,又有非淫秽内容的,并不影响对注册会员人数的认定。但如果浏览、下载淫秽或非淫秽电子信息需要分别注册的,则仅计算能够浏览、下载淫秽电子信息的注册会员人数。

问题6:对于行为人以会员制方式出版、贩卖、传播淫秽电子信息,但不是以收取会员注册费,而是以其他方式收取费用,牟取利益的,如何认定注册会员人数?

答:在虚拟网络空间中,一人(自然人)以其他多人方式注册成为会员的情况并不少见,但注册会员需交费时,通常交费人数与网络注册人数是一致的。但如问题中提到的,注册会员并不交费,提供淫秽电子信息的行为人是通过其他方式收费牟利的,则应当排除一人以其他多人方式注册的情况,实事求是地认定注册会员人数。同理,对于不以牟利为目的,而是以会员制方式传播淫秽电子信息的,在认定其注册会员人数时,亦应排除一人以多人方式注册会员的情况。

问题7:"解释"第一条第(六)项规定,"利用淫秽电子信息收取广告费、会员注册费或者其他费用,违法所得一万元以上的",对"违法所得"如何计算?

答:上述"违法所得",是指行为人利用淫秽电子信息收取广告费、会员注册费或者其他费用的违法收入,包括已经得到和将要得到的违法收入。在计算"违法所得"数额时,不应扣除行为人因提供淫秽电子信息而投入的成本及各种费用。对于确有证据证明行为人的经营收入与实施淫秽电子信息犯罪无关的,对这一部分经营收入应从其违法所得中扣除。

问题8:"解释"第一条第(八)项规定"造成严重后果的",对于"造成严重后果",审判实践中应如何把握?

答:我们认为,"解释"鉴于实施淫秽电子信息犯罪的行为方式会随着互联网实践的发展而可能有所变化,故对实践中常见的实施淫秽电子信息行为构成犯罪的情形作了明确规定后,又将第一条第(八)项作为兜底条款,为我们今后处理其他新类型案件提供了法律依据。

"造成严重后果",是指实施淫秽电子信息行为造成严重的社会危害后果,需要追究刑事责任而构成犯罪的情形。实践中,一般可以从以下几方面把握:(1)具有该条第(一)至第(六)项规定中三项以上情形,且数量或数额分别达到各项标准百分之三十以上的;(2)制作、复制、出版、贩卖、传播淫秽电子信息,直接引发青少年违法犯罪的;(3)实施淫秽电子信息违法犯罪行为时间长,且数量或数额接近"解释"规定的;(4)其他后果严重的情形。"解释"第三、第五条亦作了类似规定,也可按上述原则处理。

问题9:"解释"第四条规定,"明知是淫秽电子信息而在自己所有、管理或者使用的网站或者网页上提供直接链接的,其数量标准根据所链接的淫秽电子信息的种类计算"。对"直接链接"如何理解和认定?

答:"直接链接"一般应当具有以下特征:一是"链接"方式的直接性,即从行为人的网站或网页上提供的链接,可直接进入另一网站或网页,从而浏览、下载该网站或网页上的淫秽电子信息;二是"链接"内容的直接性,即链接后便可直接浏览、下载淫秽电子信息,而无须办理支付费用等其他相关手续。但在适用该条规定时,还应注意另外两个犯罪构成要件:一是提供直接链接的网站所有人、管理人或使用人必须是明知淫秽电子信息而提供直接链接;二是其数量标准根据所链接的淫秽电子信息的种类计算。

问题10:单位实施淫秽电子信息犯罪如何追究刑事责任?

答:"解释"虽然对单位实施淫秽电子信息犯罪的定罪量刑标准未作具体规定,但根据《刑法》第366条的规定,对于互联网站、电讯经营机构、金融机构等单位,明知他人实施淫秽电子信息犯罪,为其提供互联网接入、服务器托管、网络存储空间、通讯传输通道、费用结算等帮助的,应该对单位以共同犯罪论处,对单位判处罚金,并对其他直接负责的主管人员和其他直接责任人员依照刑法的有关规定,追究刑事责任。

问题11:淫秽电子信息犯罪是在网络通讯中实施的,审理此类案件应如何掌握管辖权?

答:淫秽电子信息犯罪是在虚拟的网络空间中实施的,实践中,行为人(包括单位)的居住地(包括单位所在地)、网站所在地、服务器托管地、实施淫秽电子信息犯罪地等均可能不一致,故人民法院审理此类案件,一方面,应严格遵循刑事诉讼法的有关规定,对网站所在地、服务器托管地、实施淫秽电子信息犯罪地,应当认定为犯罪所在地;另一方面,如公安、检察机关根据案件侦查、起诉需要,已经指定管辖的,受理案件的人民法院如果认为本院依法不能行使管辖权的,应报告上级法院,上级法院应及时明确管辖法院。

问题12:实施淫秽电子信息犯罪的行为发生在"解释"施行之前,在"解释"施行以后审理该类案件是否适用"解释"?

答:根据"两高"《关于适用刑事司法解释时间效力问题的规定》,司法解释自发布或者规定之日起施行,效力适用于法律的施行期间。根据最高人民法院2004年9月3日公告,"解释"于2004年9月6日起施行,由于"解释"施行前,"两高"对淫秽电子信息犯罪并无相关司法解释,因此,对"解释"施行前发生的淫秽电子信息犯罪行为,"解释"施行后尚未处理或正在处理的案件,应当适用"解释"依法处理。此外,"解释"施行前,本市公、检、法、司联合下发的《关于办理互联网上制作、复制、传播淫秽物品刑事案件标准的补充意见》,对淫秽电子信息犯罪的定罪量刑标准与"解释"不一致的,应以"解释"为准,按照"解释"规定,处理此类案件。诉讼案件中,设立《公民代理诉讼告知》制度,将公民代理应具备的条件和权利以及相应的法律后果,告知选择以公民代理方式参加诉讼的当事人及其公民代理人,并要求其在告知书上签字。

上海市高级人民法院 上海市人民检察院 上海市公安局 上海市司法局
《关于对在押人员自首、检举立功适用法律的意见（试行）》

(2004年12月28日)

为体现党的惩办与宽大相结合和坦白从宽、立功受奖的政策，落实和细化刑法中关于自首、立功的有关规定，促使违法犯罪人员能真诚悔悟，根据《中华人民共和国刑法》及有关司法解释，制定本意见。凡本市各关押场所在押的犯罪嫌疑人、被告人和服刑的罪犯自首、检举揭发他人罪行，经查证属实的，可参照以下规定，依法予以从宽处理：

一、根据刑法第六十七条第二款规定，在押的犯罪嫌疑人、被告人、正在服刑的罪犯如实供述司法机关尚未掌握的本人其他罪行的，以自首论。但在共同犯罪案件中，在押人员除如实供述自己的罪行，还应当供述所知的同案犯，主犯则应当供述所知其他同案犯的共同犯罪事实，才能认定为自首。

对自首的犯罪嫌疑人、被告人、正在服刑的罪犯，可以依法从轻处理。如确有悔罪表现，其自首罪应处5年以下有期徒刑的，可以免除刑罚、减轻判处管制、拘役或适用缓刑；应处5年以上10年以下有期徒刑的，可以减轻判处5年以下有期徒刑；应处10年以上有期徒刑的，可以减轻判处5年以上10年以下有期徒刑；应处无期徒刑的，可以减轻判处10年以上有期徒刑；应处死刑的，可以减轻判处无期徒刑或有期徒刑15年。

二、根据刑法第六十八条第一款规定，在押的犯罪嫌疑人、被告人有检举、揭发他人重大犯罪行为，或者提供侦破其他重大案件的重要线索，或者协助司法机关抓捕其他重大犯罪嫌疑人（包括同案犯），经查证属实的，应当认定为有重大立功表现。

对有重大立功表现的犯罪嫌疑人、被告人，其罪应处5年以下有期徒刑的，可以免除刑罚或减轻判处管制、拘役；应处5年以上10年以下有期徒刑的，可以减轻判处5年以下有期徒刑；应处10年以上有期徒刑的，可以减轻判处5年以上10年以下有期徒刑；应处无期徒刑的，可以减轻判处10年以上有期徒刑；应处死刑的，可以减轻判处无期徒刑或有期徒刑15年。

对有重大立功表现的罪犯，按上海市《关于办理减刑、假释案件实施细则（试行）》的减刑幅度予以减刑。符合法定假释条件的，可以假释。

"重大犯罪"、"重大案件"、"重大犯罪嫌疑人"的标准，一般是指犯罪嫌疑人、被告人可能被判处无期徒刑以上刑罚或者案件在本市或全国范围内有较大影响等情形。

三、根据刑法第六十八条第二款规定，在押的犯罪嫌疑人、被告人有自首又有重大立功表现的，应当减轻或者免除处罚。其罪应处5年以下有期徒刑的，应当免除刑罚；应处5年以上10年以下有期徒刑的，应当减轻判处有期徒刑3年、适用缓刑或者免除刑罚；应处10年以上有期徒刑的，应当减轻判处5年有期徒刑；应处无期徒刑的，应当减轻判处10年有期徒刑；应处死刑的，应当减轻判处有期徒刑10年以上或无期徒刑。

四、根据刑法第六十八条第一款规定，在押的犯罪嫌疑人、被告人有检举、揭发他人犯罪行为，包括揭发同案犯共同犯罪以外的犯罪，或者提供侦破其他案件的重要线索，或者协助司法机关抓捕其他犯罪嫌疑人（包括同案犯），经查证属实的，应当认定为有立功表现。

对有立功表现的在押犯罪嫌疑人、被告人，可以从轻或减轻处罚。其中犯罪情节较轻的，可以免除处罚。

对有立功表现的罪犯，可给予改造积极分子、记功等行政奖励。对符合上海市《关于办理减刑、假释案件实施细则（试行）》的减刑幅度予以减刑。符合法定假释条件的，可以假释。

五、犯罪嫌疑人、被告人有下列情节之一的，可以不受本意见关于"从轻、减轻或免除"裁量的限制：

（一）立功表现突出、社会效果明显的；
（二）有自首或立功表现并能主动退赃、赔偿被害人损失，取得被害人一方谅解的；
（三）有其他特殊情况的。

六、犯罪嫌疑人、被告人重大立功表现在其本人判决生效后查证属实，可结合其改造表现予以减刑、假释，其减刑幅度应适用上海市《关于办理减刑、假释案件实施细则（试行）》的上限。

罪犯因重大立功表现予以减刑的，可以不受减刑起始和间隔时间的限制。

七、已被批准或正在执行劳动教养的人员，如能供述司法机关尚未掌握的罪行或检举他人罪行等，依照上述意见执行。

已被批准或正在执行劳动教养的人员，供述司法机关尚未掌握的本人应处劳动教养的违法行为，可酌情不再延长或从轻确定其需延长劳动教养的期限。

已被批准或正在执行劳动教养的人员有立功表现的，可以酌情减 1 个月以上 12 个月以下劳动教养期。

已被批准或正在执行劳动教养的人员，有重大立功表现的，可以提前解除劳动教养。

八、其他人员有自首、立功表现的可以参照本意见执行。

九、本意见自 2005 年 1 月 1 日起试行。

上海市高级人民法院《上海法院量刑指南——毒品犯罪之一（试行）》

（2005 年 3 月 8 日）

第一章 指导思想和基本原则

第一条 为依法惩治毒品犯罪，实现量刑的基本平衡，依照《中华人民共和国刑法》、最高人民法院《关于审理毒品案件定罪量刑标准有关问题的解释》（下称司法解释）、《全国法院审理毒品犯罪案件工作座谈会纪要》的有关规定，结合上海法院审理毒品犯罪案件裁量刑罚的具体情况，制定本指南。

第二章 适用死刑标准

第二条 走私、贩卖、运输、制造海洛因或甲基苯丙胺四百克以上或者其他数量相当毒品，又无法定从轻、减轻情节或者酌定情节不足以从轻、减轻处罚的，可以判处死刑（立即执行），并处没收个人全部财产。

走私、贩卖、运输、制造海洛因或甲基苯丙胺三百克以上或者其他数量相当毒品，且有法定从重情节的，可以判处死刑（立即执行），并处没收个人全部财产。

毒品数量是判处死刑的重要标准，但不是唯一标准。是否判处死刑，还要根据案件的具体情节，综合考虑犯罪的社会危害性。

第三章 不宜判处死刑（立即执行）的情形

第三条 符合第二条情形，但有下列情形之一的，一般不判处死刑（立即执行）：

（一）受人指使、雇佣且非毒品所有人；

（二）因特情介入，犯罪行为在公安机关的控制下，没有造成毒品流向社会等严重危害后果的；

（三）单犯运输毒品罪或兼犯走私、贩卖、制造毒品罪，但系根据运输毒品的数量量刑的；

具有上述第（一）、（二）、（三）项规定的情形，一般不判处死刑（立即执行），但涉及的毒品数量超过第二条规定三倍的除外。

（四）被告人被查证属实的毒品数量未达到第二条规定的标准，但加上坦白交代的毒品数量后，才达到或超过第二条规定的标准的；

（五）因特情引诱毒品数量才达到或超过本指南规定量刑段（格）最低数量标准的；或者有证据证明有前述引诱犯罪的可能，尚不能排除的；

（六）认定被告人毒品犯罪的数量主要根据被告人的口供与同案犯（包括上、下家）的供述互相印证，尚无其他证据佐证的；

（七）认定主要犯罪事实的证据有瑕疵，量刑上需要留有余地的；

（八）有证据证明涉案的海洛因含量低于 25% 的，但折合成含量为 25% 后，其数量仍达到或超过第二条规定的除外；

（九）涉及的毒品系法律或司法解释没有规定量刑数量标准的；

（十）共同犯罪不能区分主、从犯，但根据案件具体情况，可以不全部判处死刑（立即执行）的；

（十一）其他不宜判处死刑（立即执行）的。

第四章 走私、贩卖、运输、制造毒品其他量刑标准

第四条 走私、贩卖、运输、制造海洛因或甲基苯丙胺二百克以上不满四百克或者其他数量相当毒品的，一般判处无期徒刑或死刑（缓期二年执行），并处没收个人财产五万元以上或没收个人全部财产。

具有法定从轻情节或者有本指南第二十六条规定情形之一的，一般判处十五年有期徒刑或无期徒刑，并处没收个人财产三万元以上或五万元以上。

第五条 走私、贩卖、运输、制造海洛因或甲基苯丙胺五十克以上不满二百克或者其他数量相当毒品的，一般判处十五年有期徒刑，并处没收个人财产三万元以上。

具有法定从重处罚情节的，可以判处无期徒刑，并处没收个人财产五万元以上。

第六条 走私、贩卖、运输、制造海洛因或甲基苯丙胺十克以上不满二十五克或者其他数量相当毒品的，一般判处七年以上十年以下有期徒刑。

第七条 走私、贩卖、运输、制造海洛因或甲基苯丙胺二十五克以上不满四十克或者其他数量相当毒品的，一般判处十年以上十三年以下有期徒刑。

第八条 走私、贩卖、运输、制造海洛因或甲基苯丙胺四十克以上不满五十克或者其他数量相当毒品的，一般判处十三年以上十五年以下有期徒刑。

第九条 走私、贩卖、运输、制造海洛因或甲基苯丙胺三点五克以上不满七克或者其他数量相当毒品的，一般判处一年六个月以上三年以下有期徒刑。

第十条 走私、贩卖、运输、制造海洛因或甲基苯丙胺一克以上不满三点五克或者其他少量毒品的，一般判处六个月以上一年六个月以下有期徒刑或者管制。

第十一条 走私、贩卖、运输、制造海洛因或甲基苯丙胺不满一克或者其他少量毒品的，一般判处拘役或者管制。

第十二条 走私、贩卖、运输、制造海洛因或甲基苯丙胺不满零点一克或者其他微量毒品的，比照第十一条规定从轻处罚。

第十三条 走私、贩卖、运输、制造海洛因或甲基苯丙胺或者其他毒品，情节严重的标准，适用司法解释第三条规定，一般判处三年以上五年以下有期徒刑；具有下列情形之一的，一般判处五年以上七年以下有期徒刑：

（一）走私、贩卖、运输、制造海洛因或甲基苯丙胺八点五克以上不满十克或者其他数量相当毒品的；

（二）贩卖毒品超过六人或六人次以上的；

（三）有法定从重情节或有两个以上酌定从重情节的；

（四）具有司法解释规定的两种以上情节严重情形的；

（五）其他需要酌情从重处罚的。

第五章　单位犯罪的量刑原则

第十四条 单位犯刑法第三百四十七条第二、三、四款罪，对直接负责的主管人员和其他直接责任人员按照本指南的量刑段（格）适用刑罚，并以直接负责的主管人员和其他直接责任人员判处的最高罚金数额为标准，判处单位三倍以上的罚金。

对直接负责的主管人员和其他直接责任人员判处死刑（立即执行）的，涉及的毒品数量，一般要达到第二条规定的三倍以上。

第六章　非法持有毒品犯罪的量刑标准

第十五条 非法持有海洛因或甲基苯丙胺六百克以上或者其他数量相当毒品的，一般判处十五年有期徒刑；有法定从重情节或者非法持有海洛因或甲基苯丙胺一千克以上的，可以判处无期徒刑。

第十六条 非法持有海洛因或甲基苯丙胺四百克以上不满六百克或者其他数量相当毒品的，一般判处十三年以上十五年以下有期徒刑。

第十七条 非法持有海洛因或甲基苯丙胺二百克以上不满四百克或者其他数量相当毒品的，一般判处十年以上十三年以下有期徒刑。

第十八条 非法持有海洛因或甲基苯丙胺五十克以上不满二百克或者其他数量相当毒品的，一般判处七年以上十年以下有期徒刑。

第十九条 非法持有海洛因或甲基苯丙胺十克以上不满二十五克或者其他数量相当毒品的，一般判处一年六个月以下有期徒刑、拘役或者管制。

第二十条 非法持有海洛因或甲基苯丙胺二十五克以上不满三十五克或者其他数量相当毒品的，一般判处一年六个月以上三年以下有期徒刑。

第二十一条 具有下列情形之一的，可以认定为刑法第三百四十八条规定的"情节严重"：

（一）非法持有海洛因或甲基苯丙胺三十五克以上不满五十克或者其他数量相当毒品的；

（二）国家工作人员非法持有毒品的；

（三）其他情节严重的行为。

第二十二条 非法持有毒品情节严重的，一般判处三年以上五年以下有期徒刑；具有下列情形之一的，判处五年以上七年以下有期徒刑：

（一）非法持有海洛因或甲基苯丙胺四十二点五克以上不满五十克的；

（二）有法定从重情节的；

（三）有两个以上酌定从重情节的。

第七章　无数量标准毒品犯罪的量刑原则

第二十三条　审理法律、司法解释没有规定数量标准的上列毒品犯罪案件时，可以根据案件具体情况采用下列方法对被告人适用刑罚：

（一）参照《非法药物折算表》，确定涉案毒品折算成海洛因的数量后，依照本指南的相关规定适用刑罚。

（二）具有刑法第三百四十七条第四款、第三百四十八条规定的"情节严重"的行为，可以依照本指南的相关规定适用刑罚。

（三）被告人实施的上列毒品犯罪，如果涉及的毒品既有法律或司法解释明文规定的量刑数量标准，也有未规定数量标准的，两者不能累计；亦不能将未规定数量标准的毒品折算后，与有规定数量标准的毒品予以累计。如果有规定数量标准的毒品的量刑，能吸收未规定数量标准的毒品的量刑，对于后者可以不单独量刑，作情节考虑；反之，应按本条第（一）、（二）项规定处理，并将前者的毒品数量，作情节考虑。

第八章　容留他人吸毒犯罪的量刑原则

第二十四条　容留他人吸食、注射毒品三次以上或三人次以上的，以容留他人吸毒罪追究刑事责任，一般判处一年六个月以下有期徒刑、拘役或者管制。

具有下列情形之一的，一般判处一年六个月以上三年以下有期徒刑：

（一）具有法定从重情节或两个以上酌定从重情节的；

（二）国家工作人员容留他人吸食、注射毒品的；

（三）容留他人吸食、注射毒品，造成严重危害后果的；

（四）容留未成年人吸食、注射毒品的；

（五）其他容留他人吸食、注射毒品，情节严重的。

容留他人吸食、注射毒品未达到三次以上或三人次以上，具有上列情形的，亦可以按照本条规定定罪处罚。

第九章　财产刑适用标准

第二十五条　犯走私、贩卖、运输、制造、非法持有毒品罪、容留他人吸毒罪，应当并处没收财产或者罚金：

（一）判处死刑（包括死刑，缓期二年执行）的，一般并处没收个人全部财产；

（二）判处无期徒刑的，一般并处没收财产或者罚金五万元以上；

（三）判处十五年有期徒刑的，一般并处没收财产或者罚金三万元以上；

（四）判处有期徒刑一年的，一般并处罚金二千元，每增判一年有期徒刑的，一般并处罚金增加二千元；

（五）判处有期徒刑不满一年、拘役或者管制的，一般并处罚金一千元以上。

第十章　各种情节在量刑中的适用原则

第二十六条　具有下列情形之一的，可以酌情从轻处罚：

（一）具有本指南第三条、第二十三条第（一）项规定情形之一的；

（二）以贩养吸的，但走私、贩卖、运输毒品超过刑法第三百四十七条第二款第（一）项规定数量标准的除外；

（三）已经出售和尚未出售的毒品，应一并计入贩卖毒品的总数量，适用本指南相应的量刑段（格），如已经出售的毒品低于本指南相应的量刑段（格）的最低数量标准，可以酌情从轻处罚，但连同查获的毒品数量超过第二条规定三倍的除外；

（四）认罪悔罪的；

（五）其他可以酌情从轻处罚的。

第二十七条　具有酌定从轻情节的，根据法律规定，可以参照本指南的量刑段（格）选择较轻的刑种或者刑格中较轻的刑罚。

第二十八条　具有下列情形之一，但又不属法定从重情节的，可以酌情从重处罚：

（一）走私、贩卖、运输、制造毒品三次以上或者向三人以上贩卖毒品的；

（二）因从事毒品违法活动被行政处罚两次以上的；

（三）因故意犯罪被判处有期徒刑以上刑罚的；

（四）缓刑、假释考验期内又实施毒品犯罪的；

（五）国家工作人员犯走私、贩卖、运输、制造毒品罪，适用刑法第三百四十七条第二、三款的；
（六）对同宗毒品实施两种以上犯罪行为的；
（七）其他可以酌情从重处罚的。

第二十九条 具有酌定从重情节的，根据法律规定，可以参照本指南的量刑段（格）选择较重的刑种或者刑格中较重的刑罚。

第三十条 具有法定从轻情节的，根据法律规定，按照本指南的量刑段选择较轻的刑种或较轻的刑格或者刑格中较轻的刑罚。

第三十一条 具有法定减轻情节的，依照法律规定，在法定刑以下，按照本指南的量刑段选择相应的刑种、刑格适用刑罚。

第三十二条 具有累犯、毒品再犯或利用、教唆未成年人走私、贩卖、运输、制造毒品或者向未成年人出售毒品等法定从重情节的，根据法律规定，按照本指南的量刑段选择较重的刑种或较重的刑格或者刑格中较重的刑罚。

第三十三条 具有多种量刑情节的，按照上海法院量刑指南（总则部分）的有关规定处理。

第十一章 附 则

第三十四条 本指南中的量刑段是指法定刑；刑格是指在一个法定刑内，将刑期分为几个量刑档次，每一档次为一个刑格。

第三十五条 本指南所称以上、以下包括本数。

第三十六条 审理上列毒品犯罪案件，一般可以适用本指南对被告人适用刑罚，但根据案件具体情况，确需对被告人从严或从宽处罚的，可以不适用本指南，依照法律规定，对被告人适用刑罚。

上海市高级人民法院　上海市人民检察院　上海市公安局　上海市司法局
《关于对部分毒品案件进行含量鉴定的若干规定》

（2005 年 5 月 11 日）

为依法惩治毒品犯罪，统一执法，确保办案质量，规范毒品鉴定，结合目前本市毒品鉴定的条件和现状，现对因毒品犯罪可能判处死刑案件中的含量鉴定作出如下规定：

一、侦查机关在办理走私、贩卖、运输、制造毒品犯罪案件过程中，对于被查获的海洛因或甲基苯丙胺达 300 克以上，犯罪嫌疑人有可能被判处死刑的，应当对该毒品进行含量鉴定。

二、检察机关在对毒品犯罪案件审查批捕、起诉过程中，发现被告人走私、贩卖、运输、制造毒品海洛因或甲基苯丙胺，涉毒数量达到本规定第一条标准，有可能被判处死刑，而侦查机关未对已被查获的毒品作含量鉴定的，应当将案件退回侦查机关补充侦查或者要求侦查机关进行毒品含量鉴定，侦查机关应当及时对被查获的毒品重新进行含量鉴定。

三、人民法院在审理毒品犯罪案件过程中，发现被告人走私、贩卖、运输、制造毒品海洛因或甲基苯丙胺，涉毒数量达到本规定第一条标准，有可能被判处死刑，而侦查机关、检察机关未对已被查获的毒品作含量鉴定的，可以建议检察机关补充侦查。检察机关应当补充侦查，并要求侦查机关进行毒品含量鉴定，侦查机关应当及时对被查获的毒品重新进行含量鉴定。

四、由于查获的毒品成分复杂或其他技术原因等难以作出含量鉴定的，鉴定机关应作出相关的说明。

五、本规定自下发之日起实施。

上海市高级人民法院　上海市人民检察院
《关于本市办理赌博犯罪案件适用法律若干问题的意见》

（2005 年 5 月 16 日）

为贯彻落实中央和本市关于集中打击赌博违法犯罪活动专项行动工作方案，依法惩治赌博犯罪，根据刑法和最高人民法院、最高人民检察院《关于办理赌博刑事案件具体应用法律若干问题的解释》（下称司法解释）的有关规定，结合本市办理赌博犯罪案件的具体情况，现对办理赌博犯罪案件适用法律若干问题提出如下意见：

一、根据刑法第三百零三条的规定，构成赌博犯罪的，必须是聚众赌博、开设赌场、以赌博为常业的。

赌博犯罪的主要危害性是扰乱社会管理秩序和社会风尚，诱发其他犯罪。因此，开展集中打击赌博违法犯罪活动专项行动，重点打击的对象是聚众赌博、开设赌场的组织者，包括赌博网站的开办者、经营者;境外赌场、赌博(博彩)公司、赌博网站在境内的代理人以及参与赌博犯罪的党员领导干部、国家公职人员、国有企事业单位负责人,上列人员构成赌博犯罪的,依法应当追究刑事责任。对于参与赌博活动的一般人员,可以不以犯罪论处,由行政机关给予相应的处理。

二、有下列情况之一的,属于刑法第三百零三条规定的"聚众赌博":
(一)组织3人以上参与赌博,抽头渔利数额累计达到五千元以上的;
(二)组织3人以上参与赌博,赌资数额累计达到五万元以上的;
(三)组织3人以上赌博,参赌人数累计达到20人以上的;
(四)组织我国公民10人以上赴境外赌博的。

三、有下列情形之一的,属于刑法第三百零三条规定的"开设赌场":
(一)以营利为目的,设立、承包、租赁专门用于赌博活动的场所,提供赌博用具的;
(二)以营利为目的,在计算机网络上建立赌博网站,或者为赌博网站担任代理,接受投注3人以上的。

四、构成赌博犯罪,必须是以营利为目的,实际上是否获利,不影响认定主观目的。
为抽头渔利、收取回扣或介绍费而聚众赌博的;为获取非法收益开设赌场的;以赌博所得为生活或者收入主要来源的,均可认定为"以营利为目的"。

五、明知他人实施赌博犯罪活动,实施下列直接帮助行为的,以赌博罪共犯论处:
(一)明知他人聚众赌博、开设赌场,而为其提供资金、场所、经营管理、计算机网络、通讯等帮助的;
(二)明知他人从事赌博活动,而多次或向多人提供赌资的,从中渔利达五千元以上的,或者提供赌资达五万元以上,或者具有其他严重情节,且接受赌资者已构成赌博罪的;
(三)实施操盘、配码等与赌博直接相关行为,情节严重的。

行为人虽然参与他人聚众赌博、开设赌场等赌博活动,但非聚众赌博和开设赌场的组织者、经营者,主要从事接送、餐饮服务、望风等辅助活动,从中领取工资报酬且情节轻微的,可不以赌博罪共犯论处,由公安机关予以行政处理;构成其他犯罪的,依法追究刑事责任。

六、未经国家批准擅自发行、销售彩票,构成犯罪的,以非法经营罪定罪处罚。

七、利用互联网实施赌博犯罪的案件,赌博网站服务器所在地,被告人对赌博网站实施经营、管理地,投注行为所在地,均可视为犯罪地。

八、实施赌博犯罪,具有下列情形之一的,依照刑法第三百零三条的规定从重处罚:
(一)具有国家工作人员身份的;
(二)明知是国家工作人员而组织其参与赌博或者开设赌场吸引其参与赌博的;
(三)明知是未成年人而组织其参与赌博或者开设赌场吸引参与赌博的。

九、办理赌博犯罪案件,要依法加大罚金刑适用力度,对于查获的赌资应当予以追缴,赌博用具和犯罪分子所有的用于赌博犯罪的财物和违法所得应当予以没收。

十、本意见自下发之日起施行。司法解释对赌博犯罪另有其他规定的,按规定执行。

上海市高级人民法院刑二庭　上海市人民检察院公诉处《关于贩卖盗版光盘案件如何适用法律的意见(试行)》

(2006年1月16日)

一、贩卖盗版光盘行为的定性

根据最高人民法院、最高人民检察院《关于办理侵犯著作权刑事案件中涉及录音录像制品有关问题的批复》精神,对于贩卖盗版光盘的行为应当依照刑法第218条的规定,以销售侵权复制品罪定罪处罚;如果行为人同时具有复制盗版光盘行为的,应当依照刑法第217条的规定,以侵犯著作权罪定罪处罚。

二、贩卖盗版光盘行为既遂的认定

根据刑法和有关司法解释的规定,结合我市司法实践的具体情况,对于销售盗版光盘违法所得达到10万元以上,或者已出售盗版光盘达1.5万张以上的,可以销售侵权复制品罪既遂追究刑事责任,但有证据证明违法所得明显不足10万元的除外。

三、贩卖盗版光盘行为未遂的认定

根据刑法和有关司法解释的规定,以及惩治销售侵权复制品犯罪的实际需要,对于销售盗版光盘违法所得未达到10万元或者违法所得无法查清,但有证据证明已销售与待销售的盗版光盘数量之和达到3万张以上的,或者查获的盗版光盘数量达到3万张以上的,可以销售侵权复制品罪(未遂)定罪处罚,对于行为人已售出的盗版光盘数量,可以作为酌定从重处罚情节考虑。

上海市高级人民法院　上海市人民检察院
《关于对未成年人与成年人共同犯罪的案件实行分案起诉、分庭审理的意见》

(2006 年 2 月 14 日)

第一条　为提高审理未成年人刑事案件的质量与效率，切实贯彻"教育、感化、挽救"方针，根据《中华人民共和国刑事诉讼法》、最高人民法院《关于审理未成年人刑事案件的若干规定》、最高人民检察院《人民检察院办理未成年人刑事案件的规定》等有关法律和司法解释的规定，结合本市具体情况，制定本意见。

第二条　人民检察院受理未成人与成年人共同犯罪的案件，可以将未成年人与成年人分案提起公诉。对于分案起诉的案件，人民法院应当分庭审理。

第三条　具有下列情形之一的，不适宜分案起诉：

1. 涉外、重大、疑难、复杂的案件；
2. 未成年人系犯罪集团的首要分子；
3. 刑事附带民事诉讼的案件；
4. 分案起诉可能影响案件审理的。

第四条　分案起诉的案件，应当分别制作起诉书，案号"沪×检未诉〔年份〕××号–1"表示未成年人案件、"沪×检未诉〔年份〕××号–2"表示成年人案件。

第五条　人民检察院向人民法院少年庭移送案卷原件，向刑庭移送案卷复印件；赃证物品移送刑庭。

第六条　未成年人案件由人民法院少年庭审理，成年人案件由刑庭审理。

第七条　人民检察院按照审判管辖的规定，指派公诉人分别出庭。

第八条　人民法院的少年庭和刑庭在证人出庭、定罪量刑等方面应当加强沟通和协调。

第九条　本规定自下发之日起，在长宁、普陀、闸北、闵行、虹口、黄浦区的人民检察院和人民法院试行一年。

上海市高级人民法院　上海市人民检察院　上海市公安局　上海市司法局
《关于办理破坏电力设备犯罪案件的若干意见》

(2006 年 3 月 1 日)

为维护本市电力设备使用安全和正常的供电秩序，确保社会公共安全，依法惩治破坏电力设备犯罪行为，根据我国刑法和有关法律、司法解释的规定，结合本市审理破坏电力设备犯罪案件的实际情况，现就办理破坏电力设备案件提出如下若干意见：

一、破坏电力设备，是指行为人破坏正在使用中的电力设备，足以危害公共安全的行为。有下列情形之一的，属于破坏电力设备的行为：

（一）非法拆卸电力设备的；
（二）非法断割输电导线、电力电缆的；
（三）焚烧、撞击或者爆炸电力设备的；
（四）放置异物破坏电力设备或者堵塞电力设备主要部位的；
（五）采取其他方法破坏电力设备的。

二、破坏电力设备，危害公共安全，有下列情形之一的，依照《刑法》第一百一十八条的规定定罪处罚：

（一）造成 1 人以上轻伤的；
（二）造成直接经济损失 2000 元以上的；
（三）造成 50 户以上居民用户停电的；
（四）造成 10 户以上非居民用户停电的；
（五）其他破坏电力设备，虽尚未造成严重后果，但足以危害公共安全的。

三、破坏电力设备，危害公共安全，有下列情形之一的，依照《刑法》第一百一十九条第一款的规定定罪处罚：

（一）造成人员死亡 1 人以上、重伤 2 人以上或者轻伤 5 人以上的；
（二）造成直接经济损失 2 万元以上的；
（三）造成 500 户以上居民用户停电的；
（四）造成 100 户以上非居民用户停电的；
（五）引发火灾、水灾等灾害事故的；
（六）造成其他严重危害后果的。

四、盗窃正在使用的电力设备,足以危害公共安全的,按照破坏电力设备罪定罪处罚。同时构成盗窃罪和破坏电力设备罪的,择一重罪处罚。

五、有下列收购电力设备行为之一的,以共犯论处:

(一)在盗窃电力设备过程中帮助搬运的;

(二)提供盗窃电力设备犯罪工具并予以收购的;

(三)明知收购的电力设备来源是犯罪所得,仍提出继续收购要求并收购的。

六、明知是犯罪所得的电力设备而予以窝藏、转移、收购或者代为销售的,依照《刑法》第三百一十二条的规定从重处罚。

七、正在使用的电力设备是指电力设备经过验收后,已投入使用或者交付使用。已经使用的电力设备处于检修、调试、备用或因故暂停使用的,应认定为正在使用的电力设备。

电力设备的具体种类,依据国务院《电力设施保护条例》保护范围的规定确定。

八、本《意见》自下发之日起执行。法律、司法解释有新规定的,按新的规定执行。

上海市高级人民法院　上海市人民检察院　上海市公安局　上海市司法局《关于毒品案件管辖问题的意见》

(2006年4月12日)

毒品犯罪案件的地域管辖应当坚持刑事诉讼法确立的犯罪地管辖为主、被告人居住地管辖为辅的原则。考虑到毒品犯罪的特殊性和目前的毒品犯罪侦查体制,对毒品犯罪的"犯罪地"、"被告人居住地"可作必要的扩张解释。具体而言,"犯罪地"既可以包括毒资筹集地、犯罪预谋地以及交易进行地等犯罪行为实施地,也包括毒资毒赃毒品藏匿地、转移地以及贩运目的地等犯罪结果发生地;"被告人居住地",不仅包括被告人常住地和户籍所在地,也包括其临时居住地。

对于发现异地毒品犯罪线索或在异地抓捕的毒品犯罪嫌疑人,如不能查明本市系上述毒品犯罪地、被告人居住地的,应及时移送有管辖权的外地公安机关侦查。

上海市高级人民法院　上海市人民检察院　上海市公安局　上海市司法局《关于办理生产、销售伪劣产品刑事案件中如何认定"以不合格产品冒充合格产品"的意见》

(2006年4月12日)

为依法惩处生产、销售伪劣产品的犯罪活动,维护社会主义市场经济秩序,根据刑法和最高人民法院、最高人民检察院2001年4月10日《关于办理生产、销售伪劣商品刑事案件具体应用法律若干问题的解释》(法释〔2001〕10号)的有关规定,现就办理生产、销售伪劣产品刑事案件中,如何认定"以不合格产品冒充合格产品"问题提出如下意见:

关于"以不合格产品冒充合格产品"的认定问题,应当根据产品质量检验机构出具"该产品系不合格产品"的鉴定结论结合司法机关的审查予以认定。产品质量检验机构出具鉴定结论时,应当同时提供出具鉴定结论的参数依据或理由。司法机关根据该鉴定结论的参数依据或理由进行审查。如"不合格产品"的鉴定结论是针对产品的内在质量而言的,则可认为该"不合格产品"系伪劣产品;如鉴定结论仅针对产品的外在包装的,一般不能认为该"不合格产品"系伪劣产品。

上海市高级人民法院　上海市人民检察院　上海市公安局　上海市司法局《关于轻伤害案件委托人民调解的若干意见》

(2006年5月12日)

第一章　指导思想、依据、适用范围

第一条　为充分发挥人民调解工作的独特优势和职能作用,增强司法能力,提高司法水平,实现办案法律效果和社会效果的统一,根据《刑法》、《刑事诉讼法》、《公安机关办理刑事案件程序规定》、《公安机关办理伤害案件规定》、《人民检察院刑事诉讼规则》、《人民调解工作若干规定》等法律、法规、规章和司法解释的有关规定,结合司法工作实际,制定本意见。

第二条　本意见所称的轻伤害案件委托人民调解,是指在受理、立案侦查、审查起诉、审判阶段,公安机关、人民检察院、人民法院等办案机关根据双方当事人申请将符合条件的轻伤害案件委托人民调

解委员会进行调解。

第三条 本意见所称的轻伤害案件是指因民间纠纷引发的故意伤害致人轻伤且社会影响不大的案件。

有下列情形之一的轻伤害案件，不宜委托人民调解：

（一）雇凶伤人、涉黑涉恶、寻衅滋事、聚众斗殴及其他恶性犯罪致人轻伤的；
（二）行为人系累犯，或在服刑、劳动教养和被采取强制措施期间，因纠纷致人轻伤的；
（三）多次伤害他人身体或致三人以上轻伤的；
（四）轻伤害案件中又涉及其他犯罪的；
（五）携带凶器伤害他人的；
（六）其他不宜委托人民调解的。

第二章 基本原则

第四条 轻伤害案件委托人民调解应当遵循自愿原则。

符合本意见第三条规定的轻伤害案件，双方当事人均申请人民调解的，办案机关应当委托人民调解委员会调解。

第五条 公安机关、人民检察院应当引导被害人选择自诉程序，对被害人在立案侦查、审查起诉阶段提出变更程序，选择自诉的请求应当支持。

第六条 人民调解委员会应当坚持公开、公平、公正原则，依法、合理、合情地对委托的轻伤害案件进行调解。

对涉及个人隐私、未成年人以及当事人要求不公开调解等情况的案件，人民调解委员会应当不公开调解。

第七条 公安机关、人民检察院、人民法院应当对人民调解委员会开展的调解工作予以支持和协助。

司法行政机关应当对人民调解委员会开展的调解工作予以指导和监督。

第八条 公安机关、人民检察院、人民法院和司法行政机关应当加强协调与配合，共同推动轻伤害案件委托人民调解工作。

第三章 管辖、期限

第九条 办案机关应当委托其所在地的区域性人民调解委员会或加害行为发生地、当事人居住地的街道（镇）人民调解委员会进行调解。

前款所列人民调解委员会不适宜进行调解的，办案机关可以商请同级司法行政机关推荐并征得当事人同意，委托其他人民调解委员会进行调解。

第十条 调解和履行调解协议的期限合计为十五日。

情况特殊需延长的，人民调解委员会可向委托案件的办案机关提出延期申请。经相关办案机关分管领导批准后，可以延长十五日。

第四章 调解程序

第一节 受理、立案侦查阶段

第十一条 公安机关受理轻伤害案件，应在受理之日起三日内，依据本意见第三条的规定审查是否委托人民调解。

符合委托人民调解条件的，应当告知双方有申请人民调解等权利。

第十二条 双方当事人愿意接受人民调解的，应当在被告知权利之日起五日内向公安机关提交《人民调解申请书》。

公安机关应当在收到申请之日起三日内将案件委托人民调解委员会。

第十三条 公安机关应当向受委托的人民调解委员会移送以下材料：

（一）公安机关《案件委托人民调解联系函》；
（二）《人民调解申请书》；
（三）报案人、被害人询问笔录复印件；
（四）加害人讯问笔录复印件；
（五）验伤单、司法鉴定意见书等证据材料复印件。

第十四条 人民调解委员会应当在规定的期限内完成调解工作，并在结案后五日内通知并将《案件委托人民调解反馈函》移送公安机关。

达成调解协议并履行的，人民调解委员会还应当将《人民调解协议书（副本）》和《人民调解协议履行情况记录》等材料移送公安机关。

第十五条 达成调解协议并履行的，公安机关根据立案与否作出不予立案的决定或撤销案件的决定。

未达成调解协议或者达成调解协议后不履行的，公安机关未立案，可以立案或由当事人选择自诉；已经立案的，侦查程序继续进行。

第二节 审查起诉阶段

第十六条 人民检察院应当在收到移送审查起诉的轻伤害案件之日起三日内，依据本意见第三条的规定审查是否委托人民调解。

符合委托人民调解条件的，人民检察院应在《犯罪嫌疑人诉讼权利义务告知书》、《被害人诉讼权利义务告知书》送达被害人、犯罪嫌疑人及其代理人、辩护人或法定代理人的同时，告知有申请人民调解等权利。

第十七条 双方当事人愿意接受人民调解的，应在被告知权利之日起五日内向人民检察院提交《人民调解申请书》。

人民检察院应当在收到申请之日起三日内将案件委托人民调解委员会。

第十八条 人民检察院应当向受委托的人民调解委员会移送以下材料：

（一）人民检察院《案件委托人民调解联系函》；

（二）《人民调解申请书》；

（三）公安机关移送的起诉意见书和相关证据材料复印件。

第十九条 人民调解委员会应当在规定的期限内完成调解工作，并在结案后五日内通知并将《案件委托人民调解反馈函》移送人民检察院。

达成调解协议并履行的，人民调解委员会还应当将《人民调解协议书（副本）》和《人民调解协议履行情况记录》等材料移送人民检察院。

第二十条 达成调解协议并履行的，人民检察院可视情况作出不起诉决定。

未达成调解协议或者达成调解协议后不履行的，人民检察院应当继续审查起诉程序。

第三节 审判阶段

第二十一条 自诉的轻伤害案件，人民法院应当在收案之日起三日内，告知有申请人民调解等权利。

提起公诉的轻伤害案件，人民法院应当在收案之日起三日内，依据本意见第三条的规定审查是否委托人民调解。符合委托人民调解的条件，人民法院应当在送达起诉书副本和收到附带民事诉讼原告人的民事起诉书的同时，告知有申请人民调解等权利。

第二十二条 双方当事人愿意接受调解的，应当在被告知权利之日起五日内向人民法院提交《人民调解申请书》。

人民法院应当在收到申请之日起三日内将案件委托人民调解委员会。

第二十三条 人民法院应当向受委托的人民调解委员会移送以下材料：

（一）人民法院《案件委托人民调解联系函》；

（二）《人民调解申请书》；

（三）自诉书或者人民检察院移送的起诉书，相关证据材料复印件。

第二十四条 人民调解委员会应在规定的期限内完成调解工作，并在结案后五日内通知并将《案件委托人民调解反馈函》移送人民法院。

达成调解协议并履行的，人民调解委员会还应当将《人民调解协议书（副本）》和《人民调解协议履行情况记录》等材料移送人民法院。

第二十五条 达成调解协议并履行的自诉案件，由人民法院通知自诉人办理撤诉手续；公诉案件由人民法院恢复审理并可酌情对被告人作出免予刑事处罚处理。

未达成调解协议或者达成调解协议后不履行的，人民法院应当继续审理并依法判决。

第五章 其他规定

第二十六条 本意见涉及的各种文书格式，由市司法局会同市公安局、市检察院和市高院统一制定。

第二十七条 本意见自下发之日起施行。

上海市高级人民法院刑二庭《刑事法律适用问题解答（一）》

（2006 年 5 月 24 日）

【问题1】如何认定共同受贿犯罪中的"所得数额"？

答：根据共同犯罪原理，并参照认定共同贪污数额的法律规定，共同受贿犯罪中的"受贿所得"数额应当理解为个人参与的共同受贿的数额。个人实际分得的赃款数额,可以作为量刑情节考虑。

【问题2】因他罪被采取刑事强制措施后,行为人主动交代自己行贿行为的,应当如何认定?

答:行为人因他罪被采取强制措施后,主动交代自己行贿行为的,如果行贿行为构成犯罪,应当依法认定自首行为,酌情从宽处罚。如果该行贿行为不构成行贿罪,但受贿人因接受其贿赂构成受贿罪的,对于行为人的主动交代、揭发行为,可以依法认定具有立功表现。

【问题3】受国家机关、国有公司、企业、事业单位、人民团体委托管理、经营国有财产的人员,能否成立受贿罪的主体?

答:根据2003年《全国法院审理经济犯罪案件工作座谈会纪要》的规定,"受委托管理、经营国有财产"是指因承包、租赁、临时聘用等而管理、经营国有财产,不同于依法从事公务的行为,因此,行为人在受国家机关、国有公司、企业、事业单位、人民团体委托管理、经营国有财产过程中收受贿赂构成犯罪的,不应以受贿罪论处,而应当依法认定为公司、企业人员受贿罪。

【问题4】行贿人在被追诉前自首的,是否仍然适用自首的规定?

答:行贿人在被追诉前自首的,应当认定自首,可以依法从轻或减轻处罚;但刑法第三百九十条第二款规定,行贿人在被追诉前主动交代行贿行为的,可以减轻处罚或者免除处罚。据此,刑法第三百九十条第二款应当视为特别规定,对于行贿人在被追诉前自首的,勿须同时适用刑法第六十七条的规定。

【问题5】行为人贪污、受贿、挪用外币的,如何计算其犯罪数额?

答:参照最高人民法院《关于审理伪造货币等案件具体应用法律若干问题的解释》第七条第二款的规定,行为人实施贪污、受贿、挪用外币行为的,外币应当折算为人民币计算犯罪数额,折算标准应当以犯罪行为时国家外汇管理局(或国家外汇交易中心)公布的外汇牌价的中间价(或基准价)为依据;犯罪行为有连续或持续状态的,应当以行为终了时国家外汇管理局(或国家外汇交易中心)公布的外汇牌价的中间价(基准价)为依据。贪污、受贿、挪用外币后所产生的孳息不作为犯罪数额计算,但应作为违法所得以追缴。

【问题6】国家工作人员将公务包干费用占为己有,或者予以挪用的,对上述行为如何定性?

答:鉴于公务包干费用一般系由单位拨给国家工作人员个人用于特定业务活动的开支,按规定支出超额自行补足,支出节余归自己支配使用,性质上不再属于单位公款,因此,除直接用于违法活动,情节特别严重的外,行为人将包干费占为己有或者移作他用的行为,一般不宜作犯罪论处。

【问题7】国家工作人员收受他人财物后又退回的,应当如何定性?

答:认定国家工作人员收受他人财物后又退回的行为性质,关键在于把握收受财物与其职务行为之间是否已经形成交易关系:如果国家工作人员收受他人财物后未利用职务之便为请托人谋利,并将财物退回请托人,其收受财物的行为不构成犯罪;如果国家工作人员退回财物后仍然为请托人谋取非法利益,情节严重或者造成重大损失的,可以渎职等相关犯罪论处。如果国家工作人员利用职务便利收受他人财物后,因请托人索要而退还受贿财物或为他人谋取利益后为逃避查处而向请托人退还赃款赃物的,属于行为人受贿既遂后对赃物的退还行为,其退还的款物数额应当认定为犯罪数额,但处罚时可以酌情从宽处理。

上海市高级人民法院刑二庭《刑事实务问答》

(2006年5月24日)

一、《毒品犯罪量刑指南》规定了10种不宜判处死刑(立即执行)的情形,若案件中出现上述情形之一的,是否都应判处死缓?

答:《毒品犯罪量刑指南》第三条规定的10种不宜判处死刑(立即执行)情形,目的是为了严格把握毒品案件的死刑标准,坚持少杀、慎杀的原则。如案件中出现上述情形的,一般不判处死刑(立即执行),可以判处死缓;若案件中出现上述情形之一的,并不是均要判处死缓。还要根据案件的具体情况,被告人是否还存在其他法定、酌定从轻情节;被告人是否兼具10种情形中的几种情形,全面衡量,依照罪刑相适应的原则,依法予以处罚。

二、涉案毒品系无数量标准的新类型毒品,如何进行折算和处罚?

答:目前,刑法和相关司法解释规定了11种毒品的量刑数量标准,对于这11种之外的新类型毒品,可根据案件具体情况,参照国家食品药品监督管理局《非法药物折算表》(高院已转发,沪高法〔2005〕56号)折算成海洛因后,再依法适用刑罚。

例如,被告人贩卖1000克氯胺酮,可参照《非法药物折算表》折算成100克海洛因的数量后,依法适用刑罚。同时,还要根据《毒品犯罪量刑指南》第26条之规定,酌情从轻处罚。但裁判文书中不需要表述折算成海洛因的数量,可以表述为:被告人贩卖1000克氯胺酮,贩卖毒品数量大,依法应予处罚。

三、被告人贩卖无数量标准的毒品折算成海洛因后不满10克，同时具有司法解释规定"情节严重"的行为，如何处理？

答：被告人贩卖无数量标准的毒品，若按《非法药物折算表》折算成海洛因后不满10克的，同时具有《审理毒品案件定罪量刑标准有关问题的解释》第三条规定的"情节严重"的行为，应直接适用司法解释的规定。

例如，被告人系国家工作人员，贩卖90克氯胺酮（折算后相当于9克海洛因），应适用司法解释第三条的规定，认定为情节严重。

四、被告人实施的毒品犯罪中，既有有数量标准的毒品，又有无数量标准的毒品，是否可以折算后累计计算数量？

答：根据刑法和相关司法解释的精神，这种情况不可以折算后累计计算数量。例如，被告人贩卖20克海洛因、400克氯胺酮，涉案的海洛因属于有法律明文规定量刑数量标准的，而氯胺酮属于未规定量刑数量标准的。对于未规定量刑数量标准的氯胺酮，虽然可以按《非法药物折算表》折算成40克海洛因，但其毕竟不是海洛因，故不宜将氯胺酮折算成40克海洛因后，与另外的20克海洛因予以累计。量刑时，应以氯胺酮折算成海洛因的数量作为量刑基准，按照《毒品犯罪量刑指南》适用刑罚，另20克海洛因作为量刑情节考虑。

五、甲基苯丙胺（冰毒）是否可以和海洛因累计计算？

答：被告人实施的毒品犯罪中，兼有甲基苯丙胺（冰毒）和海洛因的，在量刑时对二者可以累计计算。

从刑法第347条的规定来看，冰毒和海洛因的数量标准相当，从国际上的毒品折算标准来看，一般认为冰毒的毒性要高于海洛因，所以将冰毒和海洛因累计计算后，不会加重被告人的刑罚。

例如，被告人贩卖40克海洛因和20克甲基苯丙胺，我们认为可以视为贩卖毒品数量大，依法予以处罚。

六、苯丙胺类毒品（甲基苯丙胺除外）是否可以折算后与海洛因累计计算？

答：苯丙胺类毒品（甲基苯丙胺除外），司法解释已经规定了量刑的数量标准，故不宜按《非法药物折算表》折算成海洛因。对于毒品犯罪中，既有苯丙胺类毒品，又有海洛因的，由于分别属于不同的量刑标准，在最高法院未出台新的司法解释之前，我们倾向不宜将苯丙胺类毒品按《非法药物折算表》或者按刑法、司法解释对上述两种毒品的数量标准进行折算后，与另外的海洛因累计计算，而应选择其中数量大的毒品作为量刑依据，其他毒品作为量刑情节考虑。

例如，被告人贩卖苯丙胺类毒品50克、海洛因40克，不能将苯丙胺类毒品50克折算成海洛因25克后与另外40克海洛因累计计算。而应以40克海洛因为量刑基准，50克苯丙胺类毒品作为量刑情节，依法予以处罚。

七、涉案毒品中，兼有数量标准的毒品和无数量标准的毒品，如何进行量刑？

答：如果有规定数量标准的毒品的量刑，能吸收未规定数量标准的毒品的量刑，对于后者可以不单独量刑，作情节考虑。如：被告人贩卖海洛因50克，贩卖氯胺酮100克（折算为10克海洛因），由于被告人贩卖海洛因50克的量刑，能够吸收其贩卖氯胺酮100克的量刑，对于被告人贩卖100克氯胺酮的行为，可以不单独量刑，作为情节考虑。

反之，被告人贩卖1000克氯胺酮。贩卖10克海洛因，应将被告人贩卖1000克氯胺酮（折算成100克海洛因），按照《毒品犯罪量刑指南》适用刑罚，并将被告人贩卖10克海洛因行为，作为情节考虑。

八、被告人在涉毒案件中，具有酌定从重、酌定从轻情节的，应分别如何量刑？

答：被告人具有酌定从重情节的，可以参照《毒品犯罪量刑指南》的量刑格，选择较重的刑种或者刑格中较重的刑罚。

例如，被告人贩卖海洛因2克且具有酌定从重情节的，为体现酌情从重，可以有两种选择：一是在六个月到一年六个月有期徒刑或者管制中，选择较重的刑种（有期徒刑）；二是可以在六个月到一年六个月有期徒刑中选择较重的刑罚。

同理，被告人具有酌定从轻情节的，可以参照《毒品犯罪量刑指南》的量刑格，选择较轻的刑种或者刑格中较轻的刑罚。仍以上述为例，为体现酌情从轻，一是可以选择较轻的刑种即管制；二是可以在六个月到一年六个月有期徒刑或管制中，选择较轻的刑罚。

九、被告人在涉毒案件中，具有法定从重、法定从轻情节的，应分别如何量刑？

答：被告人具有法定从重情节的，可根据法律规定，按照《毒品犯罪量刑指南》的量刑段选择较重的刑种或较重的刑格或者刑格中较重的刑罚。

例如，被告人非法持有海洛因20克且系累犯，为体现依法从重，可以有三种选择：一是在量刑段中可以选择较重的刑种，即在三年以下有期徒刑、拘役或者管制的量刑段中，可以选择有期徒刑；二是可以选择较重的刑格，即按照《毒品犯罪量刑指南》的规定，选择一年六个月到三年有期徒刑的刑格；三是可以在选定的刑格中，选择较重的刑罚。

同理，被告人具有法定从轻情节的，可根据法律规定，按照《毒品犯罪量刑指南》的量刑段选择较轻的刑种或较轻的刑格或者刑格中较轻的刑罚。仍以上述为例，为体现依法从轻，一是在量刑段中可以选择较轻的刑种，如拘役、管制；二是可以选择较轻的刑格，即按照《毒品犯罪量刑指南》的规定，选择一年六个月以下有期徒刑、拘役或者管制的刑格；三是可以在选定的刑格中，选择较轻的刑罚。

十、被告人在涉毒案件中，兼有法定情节和酌定情节的，应如何量刑？

答：被告人兼有法定和酌定等多重情节的，可根据刑法量刑基本原则和《上海法院量刑指南（总则部分）》的有关规定处理。

上海市高级人民法院刑二庭　上海市人民检察院公诉处《商业贿赂犯罪法律适用研讨会纪要》

（2006 年 7 月 18 日）

2006 年 6 月 26 日，上海市高级人民法院刑二庭、上海市人民检察院公诉处共同主持召开商业贿赂犯罪法律适用问题研讨会，市纪委相关处室，高、中院刑二庭和部分基层法院刑庭的负责同志参加了研讨。会议就商业贿赂案件法律适用若干争议问题进行了充分讨论，达成较广泛的共识。会议纪要如下：

一、行为人非法收受他人财物后，将财物用于公务（含公益，下同）支出或退还的行为如何处理。

行为人利用职务上的便利非法收受他人财物，私自将财物用于公务支出的，一般应当依法认定相应的受贿犯罪，可以酌情从宽处罚。但下列几种情形，因行为人的受贿故意不能或难以认定，不宜以受贿犯罪论处，或者应将该部分财物从受贿数额中扣除：1. 行为人因难以推却、退还等原因而收受他人财物，随后将财物上交单位账户或放入小金库使用的；2. 行为人收受他人财物后，将财物用于公务支出时公开说明了财物的性质或来源的；3. 行为人收受他人财物后，在三个月之内，并于案发或被检举之前，主动将财物退还行贿人的。

认定行为人将所收受的财物用于公务支出，不予定罪或从受贿数额中扣除，应从严掌握认定标准：1. 证据的确实性，即有充分、确实的证据能印证行为人已将财物用于公务支出。2. 用途的合法性，即公务用途本身应当是合法的，如果是将财物用于向他人行贿等违法犯罪活动的，不能认定将财物用于公务支出。3. 公务支出行为的公开性，即行为人在将财物交公或用于公务支出之时，应当向本单位的有关工作人员说明财物的性质或来源。如果行为人私自将财物用于公务支出的，如以个人名义将所收受的财物用于扶贫助学等用途的，只能作为从宽处罚情节考虑，不能扣除。

在诉讼活动中，犯罪嫌疑人、被告人有责任说明钱款用于公务活动的具体事项，或提供确实的单据；行为人提出了具体查证方向的，侦查机关应当予以调查核实。

二、行为人接受不具有具体、明确请托事项的"感情投资"，能否认定受贿犯罪。

对于收受他人不具有具体、明确请托事项的"感情投资"的行为，一般不能认定为受贿犯罪。如果"感情投资方"多次给予行为人数额巨大的财物，最后行为人接受具体请托为其谋利的，应当将多次收受的数额巨大的财物予以累计，以受贿犯罪论处。

上述数额巨大的财物，一般掌握在 2 万元以上。

三、如何正确界定贿赂犯罪的财物范围。

贿赂犯罪中所规定的"财物"，一般包括金钱、物品以及其他可以用货币直接计算价值，且为行为人实际取得，即将或已经享用的物质利益，如免除债务，提供免费旅游、购物券、代币卡等。提供的旅游、购物券、代币卡等，一般以请托人实际支付的对价计算。

如果行为人申辩自己不会享用所收受的物质利益，并作出合理辩解，经查证属实的，可不认定为受贿犯罪，或者从受贿数额中扣除。如行为人收受的健身卡、高尔夫会员卡等，申辩不想也确实未曾使用的，可以考虑扣除该部分受贿数额。

上海市高级人民法院《上海法院量刑指南——总则部分（试行）》

（2006 年 7 月 24 日）

一、量刑的一般规则

第一条　［犯罪主客观事实的考察］　量刑时，应当以危害行为的客观危害性为裁量刑罚的基础，以主观危害性为调节刑罚轻重的依据，即量刑时首先应当考虑的因素是危害行为给社会实际造成的危害性或者现实危险性的大小，以此作为确定法定刑幅度或具体刑罚量的基础，同时兼顾行为人的主观恶性及人身危险性程度，以此作为适度调节刑罚轻重的依据。

第二条　［刑事处罚策略上的考虑］　量刑时，应当适当体现"轻轻重重"的刑罚适用策略，即对于相对轻微的刑事犯罪，要注重节约用刑，依法判处相应较轻的刑罚；有条件适用非监禁刑的，尤其是对于未成年被告人，要依法予以适用。对于严重刑事犯罪，则要适时贯彻"严打"方针，依法从重、从快地判处刑罚。

第三条 ［同类案件的量刑平衡］ 对于同类案件的量刑，应当体现整体一致性基础上的个别差异性，做到同一法官、不同的法官、以及不同的法院对于犯罪性质和主要情节基本相同或相似的案件，所判处的刑罚大体一致；同时，同类案件在个别情节上存在的一定差异，也在量刑中有所体现。

第四条 ［同案被告人的量刑协调］ 对于同案多名被告人的量刑，应当体现处刑轻重的多方面协调性；即对于单位犯罪和共同犯罪中的多名被告人所判处的刑罚，无论是按照"由重及轻"还是"由轻及重"的排列顺序，或者将主犯与从犯，以及将不同的主犯或不同的从犯分别进行个别地比较与评判，均能得出处刑相对合理、彼此平衡协调的结论。

二、量刑情节适用规则

第五条 ［量刑情节的功能确定］ 适用法定量刑情节时，应当首先确定量刑情节的基本功能及其作用力的大小，如果某一法定量刑情节具有从轻、减轻或者免除处罚等两种以上的功能，应当优先选择排列在前的功能，只有当前列功能与具体量刑情节的实际作用力明显不相匹配时，才能依次考虑适用后列功能。

第六条 ［量刑情节的效力评价］ 评价各个量刑情节的作用力大小时，一般遵循的规则是："应当情节"优于"可以情节"；法定量刑情节优于酌定量刑情节；罪中情节优于罪前和罪后情节。

第七条 ［同向量刑情节的适用］ 当一案中具有多个同向法定量刑情节时，一般遵循每个量刑情节均应得到实际评价原则，分别对每个量刑情节进行评价、适用。评价、适用各个量刑情节的先后顺序，应当以逐一评价量刑情节的实际需要为转移。如当从轻与减轻处罚情节并存时，一般按照"先减后轻"的顺序予以适用。如果适用其中一个量刑情节已使其他量刑情节的作用力完全被包容的，则其他量刑情节无须独立适用。如从轻、减轻处罚情节与免除处罚情节并存时，可以直接选择免除处罚。

第八条 ［逆向量刑情节的适用］ 当一案中具有多个逆向法定量刑情节时，评价、适用各个量刑情节的先后顺序，应当先以逐一评价每个量刑情节的实际需要为转移。如当从重与减轻处罚情节并存时，一般按照"先减后重"的顺序予以适用。在确有必要对两个以上的逆向量刑情节作出适当取舍时，一般以有利于被告人为取舍的依据。如当从重与从轻处罚情节并存时，一般按照"先重后轻"的顺序予以适用，以保证基础危害行为所对应的刑罚量接近法定刑幅度的下限时，从轻处罚情节有必要的裁量空间。如果基础危害行为所对应的刑罚量已经接近或位于法定刑幅度的上限，从重处罚情节的作用力又大于从轻处罚情节的，可以适用"轻重相抵"的方法，判处接近或等于法定刑幅度上限的刑罚。

第九条 ［加重处罚情节的适用］ 适用加重处罚情节时，应当遵守必要的限度，如犯盗窃、诈骗罪，同时具有累犯等情节，依法需升格至上一个法定刑幅度量刑的，应当遵守两个限制性条件：（1）基础危害行为所对应的刑罚量应当接近上一个法定刑幅度，否则，一般只能在本幅度内从重处罚。（2）升格至上一个法定刑幅度后，一般以加重一格判处刑罚为上限。根据我国刑法通说及审判实践经验，刑格可按九格掌握：即一年、二年、三年、五年、七年、十年、十五年、无期徒刑和死刑。

第十条 ［减轻处罚情节的适用］ 适用减轻处罚情节时，应当注意下列问题：（1）减轻处罚是指低于基础危害行为所对应的法定刑幅度的最低刑判处刑罚，不包括最低刑的本数在内。（2）适用减轻处罚，一般是指在下一个法定刑幅度内裁判刑罚；如果判处下一个法定刑幅度的最低刑仍显刑罚过重的，经审判委员会讨论决定，可以跨法定刑幅度减轻处罚，直至判处法条没有规定的拘役或者管制刑，但不能免除处罚。对于未成年人犯罪的减轻处罚，一般不要求报经审判委员会讨论决定。（3）主犯被依法减轻时，附加刑原则上应当一并减轻，但适用原法定刑幅度中的附加刑实际上对被告人有利的除外。如果适用"可以"减轻处罚情节所选择的主刑没有明文对应的附加刑，且确有必要对被告人实施经济上制裁的，也可以适用原法定刑幅度中的附加财产刑，酌情从宽处罚。（4）对犯罪单位减轻判处罚金刑时，如果下一个法定刑幅度所设定的罚金倍比数完全相同的，可以低于法定最低倍比数酌情判处罚金。

三、犯罪数额认定规则

第十一条 ［法定标准优先适用规则］ 指在一个案件中存在多个犯罪数额或者多个犯罪数额属于不同的计量单位时，应当首先考虑依照法定标准认定犯罪数额；对于不同计量单位的多个犯罪数额（含多种物品），应当按照法定计量单位进行折算。如按照有关司法解释的规定，销赃数额高于被盗财物的实际价值的，盗窃数额按销赃数额计算。盗窃股票的价值按照被盗当日证券交易所公布的该种股票成交的平均价格计算。盗窃外汇的价值按照被盗当日国家外汇管理局的外汇卖出价，即折合为人民币计算。

第十二条 ［有效证据印证认定规则］ 指在一个犯罪数额存在多个结论不同的证据证明时，应当依据有效证据能够相互印证的数额或部分数额作出认定。如被害人陈述的损失数额与两名被告人中一人的供述相一致的，被告人较早供述的犯罪数额与被害人陈述的损失数额相一致而以后翻供的，或者多名被告人供述的犯罪数额相一致，尽管与被害人陈述的损失数额不同的，应当认定有效言词证据相互印证的犯罪数额；又如被害人陈述的损失数额为一万元，而被告人供述的犯罪数额只有六千元，应当认定两者能够相互印证的部分数额六千元；如果有两名以上的被告人供述的犯罪数额分别为六千元、七千元和八千元，则应当认定与被害人陈述的损失数额相接近且能印证的部分数额八千元。

第十三条　［多数划一平均认定规则］　指重复实施相同的危害行为却涉及不同的计量标准时，一般应当按照有证据证明的不同计量标准的平均数认定相应的犯罪数额。如在非法经营犯罪和生产销售伪劣产品犯罪中，行为人往往在不同时段以不同的价格从事非法经营或生产、销售伪劣产品的犯罪行为，在依法认定相关的非法经营额或销售数额时，一般应按查证属实的违法产品的数量乘以多种非法经营或销售价格的平均值予以计算。

第十四条　［混合数额全额认定规则］　指当违法数额与合法数额（含非犯罪数额）融为一体、无法区分，且有证据证明违法数额部分较大，足以构成犯罪时，应当全额认定为犯罪数额，在具体量刑时酌情从轻处罚。如为贩卖目的购买大量毒品，部分将用于自己治病或吸食的，应当全部认定为贩卖毒品数额；又如在查获的大宗非法经营数额中掺杂着部分合法经营数额且难以分清的，应当全额认定为非法经营数额。

第十五条　［同类数额累计就轻认定规则］　指在行为人实施多种同类危害行为涉及不同的犯罪数额认定标准时，可以将同类不同种的违法数额予以累计，然后选择对被告人有利的犯罪数额认定标准追究刑事责任。如行为人多次挪用公款分别用于个人挥霍和营利活动，如果两种用途所涉数额单独均不构成犯罪的，可以累计多次挪用的数额，适用挪用公款用于个人生活、挥霍的定罪量刑标准追究刑事责任；又如行为人分别实施扒窃、入户盗窃和普通盗窃行为，如果三种盗窃行为所窃取的钱财单独均未达到相应的起刑点标准的，可以累计盗窃数额，选择起刑点数额相对较高的普通盗窃罪定罪处刑。

四、未成年人犯罪的刑罚适用规则

第十六条　［无期徒刑的适用］　对于罪行极其严重且另有法定或者酌定从重处罚情节的未成年被告人，可以判处无期徒刑；但对于不满十六周岁的未成年被告人，一般不判处无期徒刑。

第十七条　［剥夺政治权利的适用］　对于未成年被告人，不单独适用剥夺政治权利。除判处无期徒刑的以外，一般不附加判处剥夺政治权利。

第十八条　［财产刑的适用］　对于实施刑法分则规定"并处"没收财产或者罚金之罪的未成年被告人，应当依法判处相应的财产刑。对于实施刑法分则规定"可以并处"没收财产或者罚金之罪的未成年被告人，一般不判处财产刑。对于实施刑法分则规定"可以单处罚金"之罪，且有条件支付的未成年被告人，一般优先适用单处罚金。

对于未成年被告人，不判处没收个人所有的全部财产；判处罚金的，最低不得少于五百元；本人暂时无力支付罚金，其亲属自愿垫付的，人民法院应当允许，并酌情给予从宽处罚。

第十九条　［缓刑的适用］　对于符合刑法第72条的规定、且家庭、单位或者社区具备监护、帮教条件的未成年被告人，应当适用缓刑。

第二十条　［免除处罚的适用］　对于罪行较轻、悔罪表现好、非惯犯或累犯，且具有下列情形之一的未成年被告人，应当优先适用免除处罚（含适用刑法第37条的规定，判处免除处罚）：（1）犯罪预备、中止或者未遂的；（2）属于共同犯罪中的从犯、胁从犯；（3）犯罪后自首、立功的；（4）其他犯罪情节轻微，危害不大的。

第二十一条　［跨年龄段危害行为的量刑］　被告人在十八周岁前后实施了不同种犯罪的，对于其在未满十八周岁时的犯罪应当依法从轻或者减轻处罚；被告人在十八周岁前后实施了同种犯罪、且主要犯罪是未满十八周岁时实施的，可以引用刑法第17条第3款的规定，对全案依法给予从轻或者减轻处罚。

五、个别刑罚适用规则

第二十二条　［死刑的适用］　对于罪行极其严重的犯罪分子判处死刑立即执行的，一般掌握两个条件：（1）有直接、原始证据与其他证据相印证，证明被告人实施了极其严重的犯罪。否则，证据不够确实充分或者有瑕疵，且无法进一步查实的，不宜判处死刑立即执行。（2）审判委员会三分之二以上的委员认为被告人的罪行极其严重，同意判处死刑立即执行。如果接近半数的委员认为虽然被告人的罪行极其严重，但具有刚满十八周岁、罪前一贯表现较好且真诚悔罪等酌定从宽处罚情节，并非必须立即执行的，可以判处死刑，缓期二年执行。

对于因婚姻家庭、邻里纠纷等民间矛盾激化而引发的突发性故意杀人犯罪，被害人有明显过错或对矛盾激化负有直接责任的激愤型故意杀人犯罪，被告人具有自首或重大立功等法定从轻、减轻处罚情节的故意杀人犯罪等，如果被告人没有造成两人以上死伤或者支解尸体、嫁祸于人等其他特别严重情节的，一般不宜判处死刑立即执行。

第二十三条　［缓刑的适用］　判处缓刑应当以依法、积极、稳妥为原则，被告人具有下列情形之一的，一般不得适用缓刑：（1）故意犯罪依法应当判处十年以上有期徒刑，只具有减轻处罚一个法定从宽处罚情节的；（2）实施数个故意犯罪，且数罪并罚时总和刑期在五年有期徒刑以上的；（3）在共同犯罪中起组织、策划、指挥等主犯作用的；（4）犯罪造成恶劣社会影响或者他人财产重大损失，没有挽回的；(5) 交通肇事致人重伤、死亡，并且逃逸后被抓获归案的；(6) 具有毒品犯罪再犯情节的。

第二十四条 ［罚金刑的适用］ 在依法判处罚金刑时，应当注意以下问题：(1) 在对单位犯罪中的自然人依法判处倍比或限额罚金时，一般应以个人违法所得数额作为判处罚金的基数，并以一至五倍为限度；个人没有从中获利或者数额难以查清的（个人犯罪的场合亦同），可以综合考虑其犯罪情节和缴纳罚金的能力，判处一千元以上十万元以下的罚金（如偷税罪、非法经营罪等）。(2) 在对犯罪单位依法判处无限额罚金时，如果有违法所得数额的，一般判处违法所得一至五倍的罚金；如果仅有非法生产、经营或造成他人财产损失等犯罪数额，没有违法所得数额的，一般判处犯罪数额百分之十以上二倍以下的罚金（如侵犯著作权罪、走私淫秽物品罪等）。(3) 在对犯罪个人依法判处无限额罚金时，如果有违法所得数额的，一般判处违法所得百分之五十以上二倍以下的罚金；如果仅有非法生产、销售或造成他人财产损失等犯罪数额，没有违法所得数额的，一般判处一千元以上犯罪数额二倍以下的罚金（如盗窃罪、工程重大安全事故罪等）。

对于一人犯数罪被分别判处罚金的，应当采用相加原则实行并罚，执行总和数额；如果被分别判处罚金和没收财产，应当合并执行；但并处没收全部财产的，只执行没收财产刑。

第二十五条 ［适用之例外情形］ 适用本规则量刑的结果与有关的政策、法律、司法解释或者刑法基本原则的精神相抵触的，依照有效的法律规定或原则量刑。

上海市高级人民法院《关于办理虚开抵扣税款发票刑事案件适用法律问题的解答》

(2006年7月25日)

一、关于抵扣税款发票的范围问题

根据十届全国人大常委会2005年12月29日第19次会议通过的《关于〈中华人民共和国刑法〉有关出口退税、抵扣税款的其他发票规定的解释》、财政部和国家税务总局（94）财税字第012号《关于运输费用和废旧物资准予抵扣进项税额问题的通知》、国家税务总局国税发〔2004〕148号《关于增值税一般纳税人取得海关进口增值税专用缴款书抵扣进项税额问题的通知》、国家税务总局国税发〔2004〕108号《关于进一步加强税收征管工作的若干意见》的有关规定，抵扣税款发票是指除增值税专用发票以外的，具有抵扣税款功能的收付款凭证或者完税凭证，包括一般纳税人因支付货物运输费用、收购废旧物资、收购农副产品和进口货物缴纳进口环节增值税所取得或开具的凭证。

根据国家税务总局国税函〔2004〕557号《关于使用公路、内河货物运输业统一发票有关问题的通知》和国税函〔2004〕1033号《关于印发新版〈全国联运行业货运统一发票〉式样的通知》的规定，增值税一般纳税人因支付货物运输费用所取得的凭证，自2004年7月1日和2004年10月31日起，统一为《公路、内河货物运输业统一发票》和《全国联运行业货运统一发票》（简称《货运发票》和《联运发票》，票样附后）。据此，自上述两日期起，《货运发票》和《联运发票》以外的其他公路、内河运输费用凭证，不再具有抵扣税款发票的性质。上述两日期前开具的公路、内河运输费用凭证，除旧版《全国联运行业货运统一发票》仍视为抵扣税款发票外，其他与运输有关的发票是否抵扣税款发票，应当依据开票单位的主管税务机关（下均同）出具的、确认涉案发票是否抵扣税款发票的书面结论作出认定。无税务机关书面结论的，不做抵扣税款发票认定。

除货物运输费用凭证外，其余涉案与收购废旧物资、收购农副产品、进口货物缴纳进口环节增值税等有关的凭证是否可以认定为抵扣税款发票，也应当执行上述规定。

二、关于虚开抵扣税款发票行为的性质问题

根据国务院发布的《中华人民共和国营业税暂行条例》、财政部、国家税务总局（94）财税字第012号《关于运输费用和废旧物资准予抵扣进项税额的通知》和1998年7月1日发布执行的《关于调整增值税运输费用扣除率的通知》的规定，货物运输服务从业者负有按照《货运发票》或《联运发票》所列运输费用金额3%的比例缴纳营业税的纳税义务，委托货物运输的增值税一般纳税人（下称受票人）享有按照《货运发票》或《联运发票》所列运输费用金额7%的比例，向税务机关申报抵扣进项增值税的权利。上述规定表明，《货运发票》或《联运发票》与《增值税专用发票》具有相同的抵扣进项增值税功能，虚开《货运发票》或《联运发票》行为同样危害了国家的增值税征管秩序和安全，与虚开《增值税专用发票》行为具有同质的社会危害性。因此，凡符合《中华人民共和国刑法》第二百零五条规定的虚开抵扣税款发票罪犯罪构成要件的行为，应当以虚开抵扣税款发票罪追究刑事责任，其虚开的税款数额，在前述财政部、国家税务总局发布的《关于调整增值税运输费用扣除率的通知》执行期间，按票列运输费用的7%计算认定。

虚开收购废旧物资、收购农副产品和进口货物缴纳进口环节增值税凭证的行为，凡经税务机关书面结论确定虚开的凭证系抵扣税款发票，同时又符合虚开抵扣税款发票罪的犯罪构成要件的，也应当以虚开抵扣税款发票罪追究刑事责任，其虚开的税款数额应当以税务机关的核定为依据认定。

三、关于运输企业非法为其他运输从业者代开《货运发票》或《联运发票》犯罪案件的处理问题

根据国家税务总局国税发〔2003〕121号《关于加强运输业税收征收管理的通知》附件2《运输发票增值税抵扣管理试行办法》第三条的规定,除运输单位提供运输劳务自行开具的运输发票、运输单位主管地方税务局及省级地方税务局委托的代开发票中介机构为运输单位和个人代开的运输发票准予抵扣增值税外,其他单位代运输单位和个人开具的运输发票一律不能抵扣。因此,运输企业以收取开票费为目的,非法为其他运输从业者代开《货运发票》或《联运发票》的行为,不仅导致其他运输从业者逃避纳税义务,在其他运输从业者实际未提供运输劳务的情况下,还会造成受票人使用虚开的《货运发票》或《联运发票》申报抵扣进项增值税款,骗取国家税款的严重后果,具有较大的社会危害性。对于此类案件的涉案人员,应当根据不同情况,分别适用法律定罪处罚:

1. 其他运输从业者提供运输劳务后,以支付低于应纳税额的开票费的方式,让运输企业为受票人代开《货运发票》或《联运发票》的,该运输从业者具有通过运输企业非法代开《货运发票》或《联运发票》逃避营业税缴纳义务的主观故意,开票的运输企业具有纵容该运输从业者逃避纳税义务的主观故意,其行为均具有偷逃国家税款的性质,构成犯罪的,应当适用刑法第二百零一条的规定以偷税罪论处。偷税数额的认定,应当以税务机关的鉴定结论为依据。涉案的受票人因实际支付了运输费用,其使用开票运输企业非法代开的《货运发票》或《联运发票》申报抵扣进项增值税款的行为,即使违反了前述《运输发票增值税抵扣管理试行办法》第三条的规定,也不应当以犯罪论处。

2. 受票人以骗取国家税款为目的,通过其他运输从业者让运输企业为自己虚开《货运发票》或《联运发票》,或者虚开金额高于其实际支付运输费数额的《货运发票》或《联运发票》,其行为构成犯罪的,应当适用刑法第二百零五条的规定以虚开抵扣税款发票罪论处。受票人高开运输费部分涉及的虚开税款数额,应当以税务机关的鉴定结论为依据认定。涉案的开票运输企业和其他运输从业者应当以受票人虚开抵扣税款发票犯罪的共犯论处。

3. 运输企业以收取开票费为目的,非法为其他运输从业者代开《货运发票》或《联运发票》,但因要求代开发票的其他运输从业者下落不明、或者主体消亡而不能排除该其他运输从业者实际未提供运输劳务的案件,运输企业代开《货运发票》、《联运发票》行为构成犯罪的,也应当适用刑法第二百零五条的规定以虚开抵扣税款发票罪论处,虚开税款数额的认定,按照本解答"二"的规定执行。但第二百零五条第二款的适用,必须以查明骗取国家税款和实际造成国家税款损失数额事实为前提。除适用第二百零五条第二款外,对被告人量刑时应当酌情从轻处罚,同时具有法定可以减轻处罚情节的,一般应当予以减轻处罚。这样规定法律适用是基于下列四方面的考虑:一是根据财政部1993年12月23日发布的《中华人民共和国发票管理办法》第二十条、第二十五条和第二十六条,及国家税务总局国税发〔1993〕157号《中华人民共和国发票管理办法实施细则》第三十三条的规定,发票仅限于领购单位和个人因销售商品、提供劳务及从事其他经营活动而收取款项时向付款人开具,任何单位和个人不得为他人代开。运输企业为其他运输从业者代开《货运发票》或《联运发票》的行为违反了上述发票管理办法的规定,将他人的运输劳务、或者根本未发生的运输劳务虚假开列为本单位提供的运输劳务,其行为本质上就是一种不实的虚开抵扣税款发票的行为,危害了国家的抵扣税款发票管理制度;二是运输企业为其他运输从业者代开《货运发票》或《联运发票》,具有为谋取非法的开票费利益而不计其他运输从业者和受票人偷逃国家税款、骗取国家税款的主观故意,其行为处于虚开《货运发票》或《联运发票》逃避、骗取国家税款类犯罪活动的源头地位,社会危害性较大,有必要从严规制以虚开抵扣税款发票罪论处;三是在要求代开发票的其他运输从业者下落不明、或者主体消亡的情况下,排除其他运输从业者实际提供运输劳务,证据上存有瑕疵,理应适当从轻,或者减轻处罚进行调适;四是适用第二百零五条第二款的法定要件,是受票人使用虚开的抵扣税款发票骗取税款100万元以上、实际造成国家税款损失50万元以上。要求代开发票的其他运输从业者下落不明、或者主体消亡的虚开抵扣税款发票犯罪案件不可能查明这样的法定要件事实,故而应当排除在适用的范围之外。

四、关于本解答的适用范围问题

本解答自下发之日起执行,下发之前已判决生效的有关案件,不适用本解答的规定。2004年1月6日下发的沪高法刑二〔2004〕1号《关于虚开"全国联运行业货运统一发票"案件法律适用问题的解答(试行)》自本解答执行之日起废止。

上海市高级人民法院《关于办理聚众斗殴犯罪案件的若干意见》

(2006年9月5日)

为依法惩治聚众斗殴犯罪,准确界定聚众斗殴罪的构成要件、犯罪形态、加重处罚的条件和转化认定为故意伤害罪、故意杀人罪的要件,根据《刑法》和有关司法解释,结合司法实践,现对本市办理聚众斗殴犯罪案件提出如下意见:

一、聚众斗殴罪的犯罪构成
（一）聚众斗殴罪的概念
根据刑法第二百九十二条的规定，聚众斗殴犯罪是指基于报复他人、争霸一方、寻求刺激或者其他公然藐视国家法纪和社会公德的不法动机，纠集多人成帮结伙地互相进行打斗，破坏社会公共秩序的行为。

（二）聚众斗殴罪的主体
本罪的主体是指聚众斗殴的首要分子和积极参加者。

"首要分子"，是指聚众斗殴的组织者、策划者、指挥者。"积极参加者"，是指除首要分子以外其他在斗殴中发挥重要作用或者直接致死、致伤他人者。在幕后起组织、策划、指挥作用或者在聚众及准备斗殴中行为积极并起重要作用的，不论其是否直接参加斗殴，均应分别认定为首要分子或积极参加者。

对于首要分子，应对其组织、策划、指挥的全部犯罪进行处罚；对于积极参加者，应按照其参与的犯罪进行处罚。

尾随、被胁迫参与斗殴，且在聚众斗殴过程中作用不大，情节显著轻微的，不构成本罪。

（三）"聚众"的认定
本罪中的"聚众"是指为实施斗殴而聚集3人或3人以上的行为。"聚众"方式既包括有预谋的纠集行为，也包括临时纠集行为；既包括在首要分子策划下，明示的纠集行为，也包括首要分子对他人的纠集行为不阻止的默认行为。"3人或3人以上"既包括首要分子、积极参加者，也包括其他一般参加者。

聚众斗殴罪可以由单方构成。如甲方出于报复他人、争霸一方等不法动机而纠集3人或3人以上与出于相同动机的乙方进行斗殴，乙方人数即使不满3人，对甲方亦可以聚众斗殴罪认定。

鉴于乙方不足3人，不符合"聚众"要件，不应以本罪论处，构成其他犯罪的，依法处理。

（四）"斗殴"的认定
本罪中的"斗殴"，一般是指双方出于不法动机而相互进行攻击、厮打等加害对方身体的行为。仅因一方聚众伤害他人，由此造成被害人伤亡，构成犯罪的，一般应以故意伤害罪或故意杀人罪认定；构成其他犯罪的，依法追究刑事责任。

二、聚众斗殴罪的犯罪形态
本罪属于行为犯，且系复合型犯罪。行为人为斗殴而实施聚众行为，属于已经着手进行犯罪。"聚众"后，因故最终没有实施斗殴行为，对首要分子和积极参加者可以聚众斗殴罪（未遂）认定。但是否要追究刑事责任，还应综合考虑案件的起因、情节和社会影响等因素。行为人已经实施聚众斗殴行为的，即构成犯罪既遂，是否造成伤亡后果，不影响既遂的成立。

三、聚众斗殴罪的加重情节
（一）关于"多次聚众斗殴"的认定
"多次聚众斗殴"是指聚众斗殴3次或者3次以上。

对于"多次"的认定，应以行为人实施的每一次聚众斗殴行为均已构成犯罪为前提。

如果行为人在一次斗殴中发生短暂中断后，又继续斗殴，应认定为一次。

（二）"人数多，规模大，社会影响恶劣"的认定
"人数多，规模大，社会影响恶劣"，一般是指斗殴双方人数合计10人以上，斗殴时间较长或斗殴手段凶残等严重危害社会治安的情形。

（三）"在公共场所或者交通要道聚众斗殴，造成社会秩序严重混乱"的认定
该情节是指在人群集聚的场所或者车辆、行人频繁通行的道路上聚众斗殴时间较长，造成公共场所秩序严重混乱，交通严重堵塞等。

（四）"持械斗殴"的认定
"持械"是指参加聚众斗殴的人员使用器械或为斗殴携带器械但实际未使用的情形。这里的"器械"是指各种枪支、刀具、棍棒、砖块等足以致人伤亡的工具。该情形包括事先准备器械并持器械参与斗殴，也包括在实施过程中临时获得器械并持器械进行斗殴。参与预谋持械聚众斗殴，或者明知本方人员为斗殴而持械，即使本人未使用或携带器械，构成本罪的，也均应以持械斗殴认定。

在聚众斗殴中，一方持械而另一方未持械的，对持械一方以持械斗殴认定，对未持械一方则不应认定。

四、聚众斗殴罪的转化
（一）聚众斗殴罪转化的前提
聚众斗殴的转化犯是指行为人在聚众斗殴的过程中，致人重伤或死亡的，对行为人不以聚众斗殴罪而是以故意伤害罪或故意杀人罪定罪处罚的情况。构成聚众斗殴罪的转化犯，须具备以下四个条件：

1. 行为人的行为构成聚众斗殴罪。

2. 发生了"重伤、死亡"的危害结果。

3. "重伤、死亡"的危害结果是在聚众斗殴过程中发生。如果聚众斗殴的行为已经结束，行为人又故意重伤他人或者致他人死亡，应当直接认定故意伤害罪或者故意杀人罪；先行的聚众斗殴构成犯罪，应当追究刑事责任的，予以数罪并罚。

4. 行为人主观上出于故意。如果行为人出于过失，不能适用转化犯的规定。

（二）聚众斗殴转化犯的认定

1. 聚众斗殴的首要分子事前预谋实施斗殴，并对斗殴过程中可能致人重伤或者死亡有概括性故意，或者在斗殴过程中，明知本方人员的行为有可能致人重伤或者死亡，仍持默认、不加制止等放任态度，则不论其是否直接实施伤害或者杀人的行为，都应对造成重伤或者死亡的结果承担刑事责任。

2. 首要分子或者其他积极参加者在聚众斗殴过程中，共同故意加害他人，致人重伤或者死亡的，均应共同承担故意伤害罪或者故意杀人罪的刑事责任。

3. 聚众斗殴的积极参加者对斗殴过程中可能发生致人重伤或者死亡的后果均有概括性认识，又相互配合，共同加害他人致人重伤或者死亡的，即使能够查清造成伤亡后果的直接责任人，仍应认定为故意伤害或故意杀人的共同犯罪。但应根据各共同加害人参与聚众斗殴的地位、作用、程度等情节以及致人重伤、死亡后果的原因力大小，分别裁量刑罚。

4. 在聚众斗殴中，各行为人共同加害他人，致该人重伤或者死亡，但难以查清致人重伤或者死亡的直接责任人的，根据共同犯罪理论，所有参与共同加害的行为人均应按照故意伤害罪或者故意杀人罪追究刑事责任。但在裁量刑罚时，应根据各加害人参与聚众斗殴的程度、作用等情节，酌情适用刑罚。

5. 聚众斗殴中，伤及无辜，致人轻伤的，以聚众斗殴罪论处；致无辜群众重伤、死亡的，以故意伤害罪或故意杀人罪酌情从重处罚。

（三）对认定聚众斗殴转化犯的限制

1. 在聚众斗殴过程中，行为人的加害强度明显超出了共同故意的范围并造成他人重伤、死亡后果的，这种情况属于共同犯罪的实行过限，对此，应由实行过限者单独承担故意伤害罪或故意杀人罪的刑事责任，其他加害人只对预谋实施的聚众斗殴罪承担刑事责任。

实行过限的情况通常表现为两种：（1）共同实行犯明显超出了组织、策划、指挥者的故意范围。（2）在共同实行斗殴行为中，某人的加害强度明显超出共同犯罪的故意范围和犯罪目的。

2. 在聚众斗殴过程中，虽然造成重伤或者死亡的后果，如果缺乏证据证明有直接行为人或者共同加害人，一般可对参加聚众斗殴的行为人以聚众斗殴罪认定，并对双方主犯酌情从重处罚。如仅有证据证实被害人的伤亡后果系对方人员造成，但缺乏证据证明直接行为人或者共同加害人，一般可仅对造成他人伤亡后果的一方的主犯，酌情从重处罚。

3. 在多人参与的一对一或分散进行的聚众斗殴案件中，如果各行为人事前没有预谋分工，在斗殴过程中，各行为人始终针对各自固定的对象进行斗殴，相互之间没有协调配合的，各行为人只对自己的加害行为承担刑事责任，造成他人重伤或者死亡后果的，以故意伤害罪或者故意杀人罪认定。对其他积极参与聚众斗殴的人，以聚众斗殴罪认定。

五、本意见自下发之日起执行。法律、司法解释有新规定的，按新的规定执行。

上海市高级人民法院　上海市人民检察院　上海市公安局　上海市司法局《关于办理销赃案件若干问题的意见》

（2007 年 5 月 23 日）

根据《中华人民共和国刑法》和最高人民法院、最高人民检察院有关司法解释，结合本市当前查处销赃违法犯罪案件中的具体问题，对办理销赃案件提出以下意见：

一、如何认定销赃罪

销赃罪是指明知是他人犯罪所得的赃物而代为销售的行为。代为销售，既包括代犯罪分子将赃物卖给他人，也包括向犯罪分子买进赃物再卖出，以及买赃自用，情节严重的行为。

与犯罪分子事先通谋，事后对赃物进行销售或者收买的，以共同犯罪论处。

二、如何认定销赃罪中的"明知"

认定销赃罪的"明知"，不能仅凭销赃人的口供，应当根据案件的客观事实具体分析。对具有下列情形之一的，可以认定为"明知是犯罪所得"：

（一）销售工业原材料、半成品或生产设备的；

（二）低价成交市场紧俏商品或来路不明的贵重耐用消费品的；

（三）一次性大量成交国家指定专门机构经销的限制流通物品的。

三、如何认定买赃自用中的"情节严重"
买赃自用具有下列情形之一的,视为情节严重,可以追究刑事责任:
(一)一次买受赃物数额特别巨大的;
(二)多次买赃累计数额巨大的;
(三)曾因盗窃、销赃、窝赃等财产型犯罪被判处过刑罚,买赃自用数额较大的;
(四)曾因盗窃、销赃、窝赃被劳动教养,解教后三年内,或者受三次以上其他治安处罚后一年内,又买赃自用数额较大的;
(五)明知是未成年人犯罪取得的赃物而向其买赃自用,数额较大的。
四、其他问题
(一)赃物下落不明无法追缴的,但有行为人的供述和有关人员证言并能够相互印证的,也可认定。
(二)销赃、买赃行为情节轻微,符合上海市劳动教养管理委员会有关规定的,可以收容劳动教养,或依法给予治安处罚。
(三)赃物数额的认定,参照最高人民法院、最高人民检察院《关于办理盗窃案件具体应用法律的若干问题的解释》。

上海市高级人民法院《关于抢劫犯罪适用财产刑标准的若干意见》

(2007年7月4日)

一、判处死刑的,应并处没收个人全部财产;
二、判处无期徒刑的,一般并处没收财产或者罚金三万元以上十万元以下;
三、对于判处有期徒刑的财产刑的适用:
(一)判处三年有期徒刑的,一般并处罚金三千元,每增加一年有期徒刑,罚金一般相应增加一千元至二千元;
(二)判处十年有期徒刑的,一般并处没收财产或者罚金一万元;每增加一年有期徒刑,没收财产或者罚金一般相应增加二千至五千元;
四、对于共同抢劫,应当根据各被告人在共同犯罪中的地位、作用、违法所得并处没收财产或者罚金。对判处死刑、无期徒刑的,按照本意见第一、二条规定处理。对其他判期徒刑的,参照本意见第三条规定处理,但没收财产或罚金的总额,一般不超过十万元。
五、对于被依法减轻判处刑罚、未成年犯及一人犯数罪被分别判处财产的,依照最高法院《关于适用财产刑若干问题的规定》和《上海法院量刑指南》的有关规定处理。
六、对被告人适用财产刑时,应当严格按照罪刑相适应的刑法原则,参照本意见并结合被告人的犯罪事实、情节、违法所得、缴纳能力等因素综合考虑。
七、本意见自下发之日试行。

上海市高级人民法院《盗窃罪量刑指南(试行)》

(2007年7月9日)

为依法惩治盗窃犯罪,实现量刑平衡,依照《中华人民共和国刑法》、最高人民法院《关于审理盗窃案件具体应用法律若干问题的解释》、最高人民法院、最高人民检察院、公安部《关于盗窃罪数额认定标准问题的规定》,结合上海法院审理盗窃犯罪案件裁量刑罚的实践经验,制定如下量刑指导性意见。
第一条 盗窃公私财物"数额较大"、"数额巨大"、"数额特别巨大"的标准如下:
(一)盗窃公私财物价值2000元以上不满2万元,入户盗窃财物价值1000元以上不满1万元,或者扒窃财物价值800元以上不满8000元,为"数额较大"。
(二)盗窃公私财物价值2万元以上不满10万元,入户盗窃财物价值1万元以上不满5万元,或者扒窃财物价值8000元以上不满4万元,为"数额巨大"。
(三)盗窃公私财物价值10万元以上的,入户盗窃财物价值5万元以上,或者扒窃财物价值4万元以上的,为"数额特别巨大"。
第二条 盗窃公私财物价值1500元以上,入户盗窃财物价值800元以上,或者扒窃财物价值600元以上,同时具有下列情节的,应当追究刑事责任:
(一)以破坏性手段盗窃造成公私财产损失的;
(二)盗窃残疾人、孤寡老人或者丧失劳动能力人的财物的;
(三)在劳动教养、服刑期间盗窃的;
(四)在缓刑、假释考验期限内或者监外执行期间盗窃的;

（五）教唆未成年人盗窃的；
（六）因盗窃受到刑事处罚（或免于刑事处罚）后两年内又盗窃的；
（七）造成严重后果或者具有其他恶劣情节的。

第三条 盗窃未遂的量刑标准如下：

（一）对于以数额巨大的公私财物为盗窃目标的未遂犯，可以适用盗窃数额较大对应的法定刑幅度量刑；对于以数额特别巨大的公私财物为盗窃目标的未遂犯，可以适用盗窃数额巨大对应的法定刑幅度量刑。

（二）对于以金融机构数额较大的财物为盗窃目标的未遂犯，可以适用盗窃数额较大对应的法定刑幅度量刑；对于以金融机构数额巨大的财物为盗窃目标的未遂犯，可以适用盗窃数额巨大对应的法定刑幅度量刑；对于以金融机构数额特别巨大的财物为盗窃目标的未遂犯，可以适用盗窃数额特别巨大对应的法定刑幅度量刑。

（三）对于以国家二级文物为盗窃目标的未遂犯，可以参照盗窃国家三级文物的既遂犯量刑；对于以国家一级文物为盗窃目标的未遂犯，可以参照盗窃国家二级文物的既遂犯量刑。

第四条 盗窃公私财物价值1.6万元以上，入户盗窃财物价值8000元以上，扒窃财物价值6000元以上，盗窃公私财物价值8万元以上，入户盗窃财物价值4万元以上，扒窃财物价值3万元以上，并具有下列情节之一的，可以分别认定"其他严重情节"和"其他特别严重情节"：

（一）犯罪集团的首要分子或者共同犯罪中情节严重的主犯；
（二）盗窃金融机构的；
（三）流窜作案危害严重的；
（四）导致被害人死亡、精神失常或者其他严重后果的；
（五）盗窃救灾、抢险、防汛、优抚、扶贫、移民、救济、医疗款物，造成严重后果的；
（六）盗窃生产资料，严重影响生产的；
（七）造成其他重大损失的。

第五条 盗窃公私财物价值1.6万元以上不满2万元，入户盗窃财物价值8000元以上不满1万元、扒窃财物价值6000元以上不满8000元；盗窃公私财物价值8万元以上不满10万元，入户盗窃财物价值4万元以上不满5万元，扒窃财物价值3万元以上不满4万元，且具有累犯情节的，可以分别判处三年以上五年以下有期徒刑，十年以上十五年以下有期徒刑。

第六条 盗窃违禁品的量刑标准如下：

（一）盗窃毒品、淫秽物品等违禁品，按盗窃罪处理的，根据情节轻重量刑。对于盗窃鸦片200克以上不满500克、海洛因10克以上不满40克或者其他毒品数量较大的，或者盗窃淫秽录像带、光盘30盘以上，淫秽书刊50本以上，淫秽扑克牌或者其他淫秽物品60件以上的，可以作为追究刑事责任的起点标准。

（二）盗窃毒品、淫秽物品情节特别严重的，可以处十年以上有期徒刑或者无期徒刑。

（三）盗窃毒品、淫秽物品等违禁品未遂的，一般不以犯罪论处。

第七条 盗窃文物的量刑标准如下：

（一）盗窃国家三级文物的，处三年以下有期徒刑、拘役、管制，并处或者单处罚金；盗窃国家二级文物的，处三年以上十年以下有期徒刑，并处罚金；盗窃国家一级文物的，处十年以上有期徒刑或者无期徒刑，并处罚金或者没收财产。

（二）在对盗窃文物犯罪量刑时，一案中盗窃三级以上不同等级文物的，按照所盗文物中高级别文物的量刑幅度处罚；一案中盗窃同级文物三件以上的，按照盗窃高一级文物的量刑幅度处罚。

第八条 盗窃增值税专用发票等的量刑标准如下：

（一）盗窃增值税专用发票或者可以用于骗取出口退税、抵扣税款的其他发票25份以上不满250份的，处三年以下有期徒刑、拘役、管制，并处或者单处罚金。

（二）盗窃增值税专用发票或者可以用于骗取出口退税、抵扣税款的其他发票250份以上不满2500份的，处三年以上十年以下有期徒刑，并处罚金。

（三）盗窃增值税专用发票或者可以用于骗取出口退税、抵扣税款的其他发票2500份以上的，处十年以上有期徒刑或无期徒刑，并处罚金或者没收财产。

第九条 盗窃公私财物价值2000元以上不满1.1万元、入户盗窃财物价值1000元以上不满5500元、扒窃财物价值800元以上不满4400元的，一般可以判处一年六个月以下有期徒刑、拘役、管制，并处或者单处罚金。

第十条 盗窃公私财物价值1.1万元以上不满2万元、入户盗窃财物价值5500元以上不满1万元、扒窃财物价值4400元以上不满8000元的，一般可以判处一年六个月以上三年以下有期徒刑，并处罚金。

第十一条 盗窃公私财物价值2万元以上不满6.8万元、入户盗窃财物价值1万元以上不满3.4万元、扒窃财物价值 8000 元以上不满 2.7 万元的，一般可以判处三年以上七年以下有期徒刑，并处罚金。

第十二条　盗窃公私财物价值 6.8 万元以上不满 10 万元、入户盗窃财物价值 3.4 万元以上不满 5 万元、扒窃财物价值 2.7 万元以上不满 4 万元的，一般可以判处七年以上十年以下有期徒刑，并处罚金。

第十三条　盗窃公私财物价值 10 万元以上不满 150 万元、入户盗窃财物价值 5 万元以上不满 80 万元、扒窃财物价值 4 万元以上不满 60 万元的，一般可以判处十年以上有期徒刑，并处罚金或者没收财产。

上海市高级人民法院　上海市人民检察院　上海市公安局　上海市司法局《关于本市办理部分刑事犯罪案件标准的意见》

(2008 年 6 月 24 日)

为了正确运用刑法，根据《中华人民共和国刑法》（以下简称刑法）和最高人民法院、最高人民检察院的有关司法解释，结合本市的经济发展水平和社会治安状况，现对本市办理部分刑事犯罪案件标准提出如下具体意见：

1. 刑法第一百一十五条第一款放火罪、决水罪、爆炸罪、投放危险物质罪、以危险方法危害公共安全罪

具有下列情形之一的，处"十年以上有期徒刑、无期徒刑或者死刑"：
（1）死亡 1 人以上的；
（2）重伤 3 人以上的；
（3）造成直接经济损失数额在 20 万元以上的。

2. 刑法第一百一十五条第二款失火罪、过失决水罪、过失爆炸罪、过失投放危险物罪、过失以危险方法危害公共安全罪

具有下列情形之一的，属于"情节较轻，处三年以下有期徒刑或拘役"：
（1）死亡 1 人的；
（2）重伤三人以上的；
（3）造成直接经济损失数额在 50 万元以上的；
（4）造成居民受灾 10 户以上，且直接经济损失数额在 30 万元以上的。

具有下列情形之一的，处"三年以上七年以下有期徒刑"：
（1）死亡 2 人以上的；
（2）重伤 5 人以上的；
（3）死亡、重伤 5 人以上的；
（4）造成直接经济损失 150 万元以上的；
（5）造成居民受灾 10 户以上，且直接经济损失数额在 100 万元以上的。

3. 刑法第一百三十九条消防责任事故罪

具有下列情形之一的，属于"造成严重后果"。
（1）死亡 1 人的；
（2）重伤 3 人以上的；
（3）造成直接经济损失数额在 40 万元以上的；
（4）造成居民受灾 10 户以上，且直接经济损失数额在 20 万元以上的。

具有下列情形之一的，属于"后果特别严重"：
（1）死亡 2 人以上的；
（2）重伤 5 人以上的；
（3）死亡、重伤 5 人以上的；
（4）造成直接经济损失数额在 120 万元以上的；
（5）造成居民受灾 10 户以上，且直接经济损失数额在 80 万元以上的。

4. 刑法第一百三十九条之一不报、谎报安全事故罪

具有下列情形之一的，属于"情节严重"：
（1）导致事故后果扩大，增加死亡 1 人以上，或者增加重伤 3 人以上，或者增加直接经济损失数额在 100 万元以上的；
（2）决定不报、谎报事故情况或者指使、串通有关人员不报、谎报事故情况，致使不能及时有效开展事故抢救的；
（3）在事故抢救期间，擅离职守或者逃匿，致使不能及时有效开展事故抢救的；

(4) 伪造、破坏事故现场，或者转移、藏匿、毁灭遇难人员尸体，或者转移、藏匿受伤人员，致使不能及时有效开展事故抢救的。

具有下列情形之一的，属于"情节特别严重"：

(1) 导致事故后果扩大，增加死亡3人以上，或者增加重伤10人以上，或者增加直接经济损失数额在300万元以上的；

(2) 采用暴力、胁迫、命令等方式阻止他人报告事故情况，导致事故后果扩大的。

5. 刑法第一百五十九条虚假出资、抽逃出资罪

虚假出资、抽逃出资数额在30万元以上并占其出资额的百分之三十以上的，属于"数额巨大"。

6. 刑法第一百六十三条非国家工作人员受贿罪

索取或者非法收受他人财务，数额在10万元以上的，属于"数额巨大"。

7. 刑法第一百六十四条对非国家工作人员行贿罪

个人行贿数额在10万元以上的，单位行贿数额在200万元以上的，属于"数额巨大"。

8. 刑法第一百六十五条非法经营同类营业罪

获取非法利益，数额在50万元以上的，属于"数额特别巨大"。

9. 刑法第一百六十六条为亲友非法牟利罪

具有下列情形之一的，属于"致使国家利益遭受特别重大损失"：

(1) 造成国家直接经济损失数额在50万元以上的；

(2) 造成国家直接经济损失数额不满50万元，同时致使有关单位停产、破产的；

(3) 致使3家以上有关单位停产、破产的；

(4) 造成特别恶劣影响的。

10. 刑法第一百六十七条签订、履行合同失职被骗罪

具有下列情形之一的，属于"致使国家利益遭受特别重大损失"。

(1) 造成国家直接经济损失数额在250万元以上的；

(2) 造成国家直接经济损失数额占注册资本百分之六十以上的。

11. 刑法第一百六十八条国有公司、企业、事业单位人员失职罪、国有公司、企业、事业单位人员滥用职权罪

国有公司、企业、事业单位的工作人员，严重不负责任，具有下列情形之一的，属于"致使国家利益遭受特别重大损失"：

(1) 造成国家直接经济损失数额在250万元以上的；

(2) 致使3家以上国有公司、企业停产或者破产的；

(3) 造成特别恶劣影响的。

国有公司、企业、事业单位的工作人员，滥用职权，具有下列情形之一的，属于"致使国家利益遭受特别重大损失"：

(1) 造成国家直接经济损失数额在150万元以上的；

(2) 致使3家以上国有公司、企业停产或者破产的；

(3) 造成特别恶劣影响的。

12. 刑法第一百六十九条徇私舞弊低价折股、出售国有资产罪

具有下列情形之一的，属于"致使国家利益遭受特别重大损失"：

(1) 造成国家直接经济损失数额在150万元以上的；

(2) 致使3家以上国有公司、企业停产或者破产的；

(3) 造成特别恶劣影响的。

13. 刑法第一百七十五条高利转贷罪

个人高利转贷，违法所得数额在50万元以上的；单位高利转贷，违法所得数额在100万元以上的，属于"数额巨大"。

14. 刑法第一百七十五条之一骗取贷款、票据承兑、金融票证罪

具有下列情形之一的，属于"给银行或者其他金融机构造成重大损失或者其他严重情节"：

(1) 造成直接经济损失数额在25万元以上且案发前仍不能归还的；

(2) 多次欺骗金融机构的；

(3) 因欺骗金融机构受到行政处罚后又欺骗金融机构的。

具有下列情形之一的，属于"给银行或者其他金融机构造成特别重大损失或者有其他特别严重情节"：

(1) 造成直接经济损失数额在100万元以上且案发前仍不能归还的；

(2) 采用的欺骗手段特别恶劣的。

单位犯罪的标准为自然人犯罪标准的 2 倍。

15. 刑法第一百七十六条非法吸收公众存款罪

具有下列情形之一的，属于"其他严重情节"：

（1）个人非法吸收或者变相吸收公众存款 150 户以上，单位非法吸收或者变相吸收公众存款 750 户以上的；

（2）个人非法吸收或者变相吸收公众存款，给存款人造成直接经济损失数额在 50 万元以上，单位非法吸收或者变相吸收公众存款，给存款人造成直接经济损失数额在 250 万元以上的；

（3）引起群众集体上访，严重影响社会稳定的。

16. 刑法第一百七十八条第一款伪造、变造国家有价证券罪

伪造、变造国库券或者国家发行的其他有价证券，总面额在 3 万元以上的，属于"数额巨大"。

伪造、变造国库券或者国家发行的其他有价证券，总面额在 30 万元以上的，属于"数额特别巨大"。

17. 刑法第一百七十八条第二款伪造、变造股票、公司、企业债券罪

伪造、变造股票或者公司、企业债券，总面额在 15 万元以上的，属于"数额巨大"。

18. 刑法第一百八十六条违法发放贷款罪

违法发放贷款，数额在 300 万元以上的，属于"数额巨大"，数额在 1500 万元以上的，属于"数额特别巨大"。

造成直接经济损失，数额在 100 万元以上的，属于"造成重大损失"，数额在 500 万元以上的，属于"造成特别重大损失"。

单位犯罪的标准为自然人犯罪标准的 2 倍。

19. 刑法第一百九十条逃汇罪

违反国家规定，擅自将外汇存放境外，或者将境内的外汇非法转移到境外，单笔或者累计数额在 1500 万美元以上的，属于"数额巨大"。

20. 刑法第一百九十二条集资诈骗罪

具有下列情形之一的，属于"其他严重情节"：

（1）挥霍集资款，或者用集资款进行违法活动，致使数额较大的集资款到期无法偿还的；

（2）因非法集资受到行政处罚后又继续非法集资，数额较大的；

（3）向 50 人以上非法集资的。

具有下列情形之一的，属于"其他特别严重情节"：

（1）挥霍集资款，或者用集资款进行违法活动，致使数额巨大的集资款到期无法偿还的；

（2）向 250 人以上非法集资的。

21. 刑法第二百零二条抗税罪

具有与下列情形之一的，属于《关于审理偷税抗税刑事案件具体应用法律若干问题的解释》第 5 条第 5 项规定的"其他严重情节"：

（1）冲击税务机关，严重干扰税务机关正常工作的；

（2）侮辱、报复税务人员的；

（3）造成恶劣社会影响的。

22. 刑法第二百一十三条假冒注册商标罪

具有下列情形之一的，属于《关于办理侵犯知识产权刑事案件具体应用法律若干题的解释)》第 1 条第 1 款第 3 项规定的"其他情节严重的情形"：

（1）假冒注册商标 1000 件以上的；

（2）造成恶劣社会影响、国际影响的。

具有下列情形之一的，属于《关于办理侵犯知识产权刑事案件具体应用法律若干问题的解释》第 1 条第 2 款第 3 项规定的"其他情节特别严重的情形"：

（1）假冒注册商标 5000 件以上的；

（2）造成特别恶劣的社会影响、国际影响的。

23. 刑法第二百一十六条假冒专利罪

具有下列情形之一的，属于《关于办理侵犯知识产权刑事案件具体应用法律若干问题的解释》第 4 条第 2 款第 4 项规定的"其他情节特别严重的情形"：

（1）假冒专利的手段、动机恶劣的；

（2）假冒专利的行为造成恶劣影响的。

24. 刑法第二百二十一条损害商业信誉、商品声誉罪

具有下列情形之一的，属于"其他严重情节"：

(1) 使用卑劣的手段损害他人的商业信誉、商品声誉的；
(2) 多次在公开场合损害他人的商业信誉、商品声誉的。
25. 刑法第二百二十四条合同诈骗罪
个人诈骗数额在5000元以上，单位诈骗数额在10万元以上的，属于"数额较大"。
个人诈骗数额在5万元以上，单位诈骗数额在30万元以上的，属于"数额巨大"。
个人诈骗数额在20万元以上，单位诈骗数额在100万元以上的，属于"数额特别巨大"。
26. 刑法第二百二十七条第一款伪造、倒卖伪造的有价票证罪
具有下列情形之一的，属于"数额较大"：
(1) 伪造、倒卖伪造的有价票证50张以上的；
(2) 票面数额在5000元以上的；
(3) 非法获利数额在2000元以上的。
具有下列情形之一的，属于"数额巨大"
(1) 伪造、倒卖伪造的有价票证500张以上的；
(2) 票面数额在5万元以上的；
(3) 非法获利数额在2万元以上的。
单位犯罪的标准为自然人犯罪标准的5倍。
27. 刑法在二百六十三条抢劫罪
抢劫数额在二万元以上的，属于"数额巨大"。
28. 刑法第二百六十四条盗窃罪
具有下列情形之一的，属于"数额较大"：
(1) 盗窃数额在2000元以上的；
(2) 入户盗窃数额在1000元以上或者扒窃数额在800元以上的。
盗窃数额在1500元以上、入户盗窃数额在800元以上或者扒窃数额在600元以上，并具有下列情形之一的，应当以盗窃罪追究刑事责任：教唆未成年人盗窃的；服刑或者劳教期间盗窃的；缓刑、假释考验期内或者监外执行期间盗窃的；因盗窃被刑事处罚（包括免予刑事处罚）后两年内又盗窃的。
具有下列情形之一的，应当以盗窃罪追究刑事责任，"处三年以下有期徒刑、拘役或者管制，并处或者单处罚金"：
(1) 盗窃数额虽不到起刑点，但一年内入户盗窃或者在公共场所扒窃3次以上的；
(2) 盗窃国家三级文物1—2件的；
(3) 盗窃增值税专用发票或者可用于骗取出口退税、抵扣税款、其他发票25份以上的；
(4) 盗窃鸦片200克以上不满500克、海洛因10克以上不满40克或者其他毒品数量较大的，或者盗窃淫秽录像带、光盘30盘以上，淫秽书刊50本以上、淫秽扑克牌或者其他淫秽物品60件以上的。
具有下列情形之一的，属于盗窃"数额巨大"：
(1) 盗窃数额在2万元以上的；
(2) 入户盗窃数额在1万元以上的；
(3) 扒窃数额在8000元以上的。
具有下列情形之一的，属于"其他严重情节"：
(1) 盗窃数额在1.6万元以上、入户盗窃数额在8000元以上或者扒窃数额在6000元以上，并具有下列情形之一的：犯罪集团的首要分子或者情节严重的主犯的；盗窃金融机构的；流窜作案，情节严重的；盗窃生产资料，严重影响生产的；盗窃救灾、抢险、防汛、优抚、扶贫、移民、救济、医疗款物，造成严重后果的；累犯的；导致被害人死亡、精神失常或者其他严重后果的；造成其他重大损失的；
(2) 盗窃国家二级文物1—2件或者三级文物3件以上的；
(3) 盗窃增值税专用发票或者可用于骗取出口退税、抵扣税款、其他发票250份以上的。
具有下列情形之一的，属于盗窃"数额特别巨大"：
(1) 盗窃数额在10万元以上；
(2) 入户盗窃数额在5万元以上的；
(3) 扒窃数额在4万元以上的。
具有下列情形之一的，属于"其他特别严重情节"：
(1) 盗窃数额在8万元以上，入户盗窃数额在4万元以上，扒窃数额在3万元以上，并具有下列情形之一的：犯罪集团的首要分子或者情节严重的主犯的；盗窃金融机构的；流窜作案，情节严重的；盗窃生产资料，严重影响生产的；盗窃救灾、抢险、防汛、优抚、扶贫、移民、救济、医疗款物，造成严重后果的；累犯的；导致被害人死亡、精神失常或者其他严重后果的；造成其他重大损失的；
(2) 盗窃国家一级文物1—2件或者二级文物3件以上的；

（3）盗窃增值税专用发票或者可用于骗取出口退税、抵扣税款、其他发票2500份以上的。
具有下列情形之一的，"处无期徒刑或者死刑，并处没收财产"：
（1）盗窃金融机构经营的资金、有价证券或者客户资金等，数额特别巨大的；
（2）盗窃国家一级文物后，造成毁损、流失，无法追回的；
（3）盗窃一级文物1件以上或者二级文物3件以上，并具有下列情节之一的：犯罪集团的首要分子或者共同犯罪中情节严重的主犯的；流窜作案，危害严重的；累犯的；造成其他重大损失的。
盗窃数额不满2500元、入户盗窃数额不满1500元，或者扒窃数额不满1000元，并具有下列情形之一的，可不作为犯罪处理：
（1）主动投案，全部退赃、退赔的；
（2）被胁迫参加盗窃，没有分赃或者分赃较少的；
（3）其他情节轻微、危害不大的。

29. 刑法第二百六十六条诈骗罪
诈骗数额在4000元以上的，或者诈骗增值税专用发票、可用于骗取出口退税、抵扣税款的发票50份以上，或者其他发票100份以上的，属于"数额较大"。
诈骗数额在5万元以上的，或者诈骗增值税专用发票，或者可用于骗取出口退税、抵扣税款的发票500份以上，或者其他发票1000份以上的，属于"数额巨大"。
诈骗数额在20万元以上的，或者诈骗增值税专用发票，或者可用于骗取出口退税、抵扣税款的发票5000份以上，或者其他发票10000份以上的，属于"数额特别巨大"。

30. 刑法第二百六十七条抢夺罪
抢夺公私财物数额在500元以上的，属于"数额较大"。
抢夺公私财物数额在5000元以上的，属于"数额巨大"。
抢夺公私财物数额不满5000元，具有下列情形之一的，属于"其他严重情节"：
（1）一年内抢夺三次以上的；
（2）利用行驶的机动车、非机动车抢夺的；
（3）以银行、证券公司等金融机构取款人为抢夺目标的；
（4）抢夺残疾人、年满六十周岁以上的老年人、丧失劳动能力人的财物的；
（5）抢夺救灾、抢险、防汛、优抚、扶贫、移民、救济、医疗等款物的。
抢夺公私财物数额在3万元以上的，属于"数额特别巨大"。
抢夺公私财物数额在2万元以上的，并具有下列情形之一的，属于"其他特别严重情节"：
（1）一年内抢夺三次以上的；
（2）利用行驶机动车、非机动车抢夺的；
（3）以银行、证券公司等金融机构取款人为抢夺目标的；
（4）抢夺残疾人、年满六十周岁以上的老年人、丧失劳动能力人的财物的；
（5）抢夺救灾、抢险、防汛、优抚、扶贫、移民、救济、医疗等款物的。

31. 刑法第二百六十八条聚众哄抢罪
聚众哄抢数额在4000元以上的，属于"数额较大"。
具有下列情形之一的，属于"其他严重情节"：
（1）组织30人以上参与哄抢的；
（2）哄抢一般军用物资的；
（3）哄抢一般文物的；
（4）哄抢救灾、抢险、防汛、优抚、扶贫、移民、救济、医疗等款物的；
（5）哄抢急需的生产资料的；
（6）哄抢三次以上的。
聚众哄抢数额在4万元以上的，属于"数额巨大"。
具有下列情形之一的，属于"其他特别严重情节"：
（1）组织150人以上参与哄抢的；
（2）哄抢重要军用物资的；
（3）哄抢珍贵文物的；
（4）哄抢救灾、抢险、防汛、优抚、扶贫、移民、救济、医疗等款物，造成严重后果的；
（5）哄抢急需的生产资料，严重影响生产，或者导致公司、企业停业、停产的；
（6）导致被害人精神失常、自杀的。

32. 刑法第二百七十条侵占罪
侵占数额在2万元以上的，属于"数额较大"。

侵占数额在20万元以上的,属于"数额巨大"。
侵占数额不满20万元,但具有下列情形之一的,属于"其他严重情节":
(1) 侵占残疾人、老年人、不满14周岁的未成年人、丧失劳动能力的人财物的;
(2) 侵占灾民、移民、受救助对象财物的。

33. 刑法第二百七十一条职务侵占罪
职务侵占数额在5000元以上的,属于"数额较大"。
职务侵占数额在5万元以上的,属于"数额巨大"。

34. 刑法第二百七十二条挪用资金罪
挪用本单位资金,具有下列情形之一的,"处三年以下有期徒刑或者拘役":
(1) 数额在2万元以上,进行非法活动的;
(2) 数额在3万元以上,进行营利活动或者超过三个月未还的。
数额在20万元以上的,属于"数额巨大"。

35. 刑法第二百七十三条挪用特定款物罪
具有下列情形之一的,属于"情节特别严重":
(1) 挪用特定款物价值在5万元以上的;
(2) 造成国家和人民群众直接经济损失数额在50万元以上的;
(3) 不满上述标准数额,但造成人民群众的生产、生活特别严重困难的。

36. 刑法第二百七十四条敲诈勒索罪
敲诈勒索数额在3000元以上的,属于"数额较大"。
敲诈勒索数额在3万元以上的,属于"数额巨大"。
敲诈勒索数额不满3万元,但具有下列情形之一的,属于"其他严重情节":
(1) 一年内敲诈勒索3次以上,或者一次向3人以上敲诈勒索的;
(2) 对残疾人、老年人、不满14周岁的未成年人、丧失劳动能力的人敲诈勒索的;
(3) 导致被害人自杀、精神失常或者造成其他严重后果的。

37. 刑法第二百七十五条故意毁坏财物罪
故意毁坏财物价值在5000元以上的,属于"数额较大"。
故意毁坏财物价值在5万元以上的,属于"数额巨大"。

38. 刑法第二百九十三条寻衅滋事罪
随意殴打他人,具有下列情形之一的,属于"情节恶劣":
(1) 致人轻伤的;
(2) 多次殴打他人或者殴打多人的;
(3) 聚众、持械殴打他人的;
(4) 殴打老人、孕妇、未成年人、残疾人的;
(5) 造成直接经济损失数额在3000元以上的;
(6) 引发被害人精神失常、自杀的;
(7) 造成社会秩序严重混乱的。
追逐、拦截、辱骂他人,具有下列情形之一的,属于"情节恶劣":
(1) 致人轻伤或者两人以上轻微伤的;
(2) 多次追逐、拦截、辱骂他人,或者追逐、拦截、辱骂多人的;
(3) 聚众、持械追逐、拦截、辱骂他人的;
(4) 追逐、拦截、辱骂老人、孕妇、未成年人、残疾人的;
(5) 造成直接经济损失数额在3000元以上的;
(6) 引发被害人精神失常、自杀的;
(7) 造成社会秩序混乱的。
强拿硬要或者任意损毁、占用公私财务,具有下列情形之一的,属于"情节严重":
(1) 致人轻微伤的;
(2) 多次或者针对多人强拿硬要或者任意损毁、占用公私财物,数额在1000元以上的;
(3) 强拿硬要或者任意损毁、占用老人、孕妇、未成年人、残疾人财物的;
(4) 强拿硬要或者任意损毁、占用公私财物,数额在1万元以上,或者造成他人直接经济损失数额在3000元以上的;
(5) 造成被害人精神失常、自杀的;
(6) 造成社会秩序严重混乱的。

39. 刑法第三百一十条窝藏、包庇罪

具有下列情形之一的，属于"情节严重"：
（1）窝藏、包庇杀人、抢劫、强奸、绑架、爆炸、贩毒、放火、投放危险物质等严重刑事犯罪分子，且被窝藏、包庇的犯罪分子可能被判处10年以上有期徒刑、无期徒刑、死刑的；
（2）窝藏、包庇严重危害国家安全的犯罪分子的；
（3）窝藏、包庇犯罪分子3人或者3次以上的；
（4）窝藏犯罪分子6个月以上，或者窝藏、包庇行为致使犯罪分子负案在逃6个月以上的。

40. 刑法第三百一十二条掩饰、隐瞒犯罪所得、犯罪所得收益罪
掩饰、隐瞒犯罪所得及其产生的收益，以其所对应的盗窃、抢夺、诈骗等行为构成犯罪的数额为标准。
买赃自用的，以2万元为构成犯罪的数额标准。

41. 刑法第三百三十三条非法组织卖血罪
具有下列情形之一的，处"五年以下有期徒刑，并处罚金"：
（1）非法组织卖血三次以上的；
（2）非法组织卖血五人次以上的；
（3）非法获利数额在3000元以上的。

42. 刑法第三百五十八条第三款协助组织卖淫罪
具有下列情形之一的，属于"情节严重"：
（1）使用暴力、胁迫或者其他威胁手段协助组织他人卖淫，造成被组织者轻微伤以上后果的；
（2）协助组织未成年人卖淫的；
（3）协助组织明知是有性病的人、孕妇卖淫的；
（4）造成被组织者重伤、死亡的；
（5）协助组织他人卖淫10人次以上的；
（6）多次协助组织卖淫的；
（7）协助组织卖淫中兼有多种协助行为的。

43. 刑法第三百五十九条引诱、容留、介绍卖淫罪。
具有下列情形之一的，处"五年以下有期徒刑、拘役或者管制，并处罚金"：
（1）引诱、容留、介绍他人卖淫3人次以上的；
（2）引诱、容留、介绍未成年人卖淫的；
（3）引诱、容留、介绍明知患有性病的人、孕妇、哺乳期妇女卖淫的；
（4）利用职权或者从属关系引诱、容留、介绍他人卖淫的；
因卖淫、嫖娼或者引诱、容留、介绍他人卖淫被行政处罚，又引诱、容留、介绍他人卖淫的。
具有下列情形之一的，属于"情节严重"：
（1）引诱、容留、介绍他人卖淫10人次以上的；
（2）引诱、容留、介绍未成年人卖淫3人次以上的；
（3）引诱、容留、介绍明知是患有性病的人、孕妇、哺乳期妇女卖淫3人次以上的；
（4）利用职权或者从属关系引诱、容留、介绍卖淫3人次以上的
（5）引诱、介绍他人到境外卖淫或者引诱、容留、介绍境外人员到境内卖淫的。

44. 刑法第三百六十三条第二款为他人提供书号出版淫秽书刊罪为他人提供书号、刊号、版号出版音像制品100张（盒）以上，或者书刊200册以上的，处"三年以下有期徒刑、拘役或者管制，处罚金"。

45. 刑法第三百六十四条第一款传播淫秽物品罪
具有下列情形之一的，属于"情节严重"：
（1）向他人传播淫秽的书刊、影片、音像、图片等300人次以上的；
（2）因传播淫秽物品被行政处罚三次以上，仍向他人传播淫秽书刊、影片、音像、图片等出版物的；
（3）造成恶劣社会影响的。

46. 刑法第三百六十四条第二款组织播放淫秽音像制品罪
具有下列情形之一的，处"三年以下有期徒刑、拘役或者管制，并处罚金"：
（1）组织播放淫秽电影、录像等音像制品15场次以上的；
（2）因组织播放淫秽电影、录像等被行政处罚三次以上，仍组织播放淫秽电影、录像等音像制品的；
（3）造成恶劣社会影响的。
组织播放淫秽电影、录像等音像制品30场次以上的，属于"情节严重"。

47. 刑法第三百八十四条挪用公款罪

具有下列情形之一的，处"五年以下有期徒刑或者拘役"：
（1）数额在1万元以上，进行赌博、嫖娼等非法活动的；
（2）数额在3万元以上，归个人使用，进行营利活动或者超过三个月未归还的。
具有以下情形之一的，属于"情节严重"：
（1）数额在10万元以上，进行非法活动的；
（2）数额在20万元以上，归个人使用，进行营利活动或者超过三个月未归还的；
（3）数额虽然不满20万元，但有多次挪用、手段恶劣、严重影响生产经营、造成严重损失等情形的。
数额在20万元以上，在一审宣判前未能退还的，处"十年以上有期徒刑或者无期徒刑"。

48. 刑法第三百八十九条、第三百九十条行贿罪
具有下列情形之一的，属于"情节严重"：
（1）行贿数额在10万元以上的；
（2）为谋取非法利益而行贿，行贿数额不满10万元的；
（3）向10人以上行贿，或者向3人以上行贿且行贿数额不满10万元的；
（4）向3人以上党政领导、司法工作人员、行政执法人员行贿，或者向上述人员行贿数额不满10万元的。
造成国家直接经济损失数额在10万元以上的，属于"使国家利益遭受重大损失"。
具有下列情形之一的，属于"情节特别严重"：
（1）行贿数额在30万元以上的；
（2）为谋取非法利益而行贿，行贿数额不满30万元的；
（3）向3人以上行贿且行贿数额不满30万元的；
（4）向10人以上党政领导、司法工作人员、行政执法人员行贿，或者向上述人员行贿数额不满30万元的；
（5）造成国家直接经济损失数额在30万元以上的。

49. 刑法第三百九十六条私分国有资产罪、私分罚没财物罪
私分国有资产，私分罚没财物数额在50万元以上的，属于"数额巨大"。

50. 刑法第三百九十七条滥用职权罪、玩忽职守罪
滥用职权，具有下列情形之一的，属于"情节特别严重"：
（1）造成死亡3人以上，或者重伤5人以上，或者重伤3人、轻伤10人以上，或者轻伤15人以上的；
（2）导致20人以上严重中毒的；
（3）造成个人财产直接经济损失数额在50万元以上，或者直接经济损失数额不满50万元，但间接经济损失数额在250万元以上的；
（4）造成公共财产或者法人、其他组织财产直接经济损失数额在100万元以上，或者直接经济损失数额不满100万元，但间接经济损失数额在500万元以上的；
（5）不满前述3.4项两项数额标准，但3.4项合计直接经济损失数额在100万元以上或者合计直接经济损失数额不满100万元，但合计间接经济损失数额在500万元以上的；
（6）造成3家以上公司、企业等单位停产6个月以上或者破产的；
（7）多次弄虚作假，不报、缓报、谎报或者授意、指使、强令他人不报、缓报、谎报情况，导致重特大事故危害结果继续、扩大，或者致使抢救、调查、处理工作延误的。
玩忽职守，具有下列情形之一的，属于"情节特别严重"：
（1）造成死亡3人以上，或者重伤8人以上，或者重伤6人、轻伤10人以上，或者轻伤20人以上的；
（2）导致40人以上严重中毒的；
（3）造成个人财产直接经济损失数额在75万元以上，或者直接经济损失数额不满75万元，但间接经济损失数额在500万元以上的；
（4）造成公共财产或者法人、其他组织财产直接经济损失数额在150万元以上，或者直接经济损失数额不满150万元，但间接经济损失数额在600万元以上的；
（5）不满前述3.4项两项数额标准，但3.4项合计直接经济损失数额在150万元以上，或者合计直接经济损失数额不满150万元，但合计间接经济损失数额在600万元以上的；
（6）造成5家以上公司、企业等单位停产一年以上或者破产的。

51. 刑法第四百零四条徇私舞弊不征、少征税款罪
具有下列情形之一的，属于"致使国家利益遭受特别重大损失"：

（1）致使国家税收损失累计数额在50万元以上的；
（2）上级主管部门工作人员指使税务机关工作人员徇私舞弊不征、少征应征税款，致使国家税收损失累计数额在50万元以上的；
（3）徇私舞弊不征、少征应征税款不满50万元，但具有索取、收受贿赂或者其他恶劣情节的。
52. 刑法第四百零六条国家机关工作人员签订、履行合同失职被骗罪
造成直接经济损失数额在150万元以上的，或者直接经济损失数额不满150万元，但间接经济损失数额在750万元以上的，属于"造成特别重大损失"。
53. 本意见中的数额标准以人民币计算（特别规定除外）。
54. 本意见中的"以上"的规定包括本数；本意见中的"不满"，是指接近数额标准且已达到该数额的百分之八十以上。
55. 本意见中"货币"，是指可在国内市场流通或者兑换的人民币和境外货币。货币面额应以人民币计算。其他币种以作案时国家外汇管理机关公布的外汇牌价折算成人民币。
56. 对发生在铁路运输过程中的上述犯罪案件标准可根据本意见另行制定。
57. 本意见自2008年10月1日起施行。本意见施行之前，市高级人民法院、市人民检察院、市公安局、市司法局联合会签的有关刑事案件的数额标准意见与本意见有抵触的，以本意见为准，其抵触部分停止执行；其无抵触部分有效，可继续施行。
58. 本意见如与今后颁布的司法解释或者市高级人民法院、市人民检察院、市公安局、市司法局联合会签的办案规定相抵触，按司法解释或市高级人民法院、市人民检察院、市公安局、市司法局联合会签的办案规定执行。

上海市高级人民法院刑二庭《涉外刑事案件法律适用问题解答》

（2008年9月22日）

一、国籍身份的确定

1. 被告人入境时使用的证件于案发后被确认无效，而被告人又主张自己是证件签署国公民的，如何确定国籍？

答：应当根据下列查证情况分别处理：

（1）如果证件签署国大使馆或者领事馆书面确认被告人为本国公民的，以确认证明为认定国籍的依据。

（2）如果证件签署国否定被告认为本国公民的，以公安机关会同外事部门查明的为准，如果查明被告认为第三国公民的，认定被告人为第三国公民，确实无法查明的，对被告人应当以无国籍人员对待。

（3）如果证件签署国与我国无外交关系，也无与我国有外交关系的利益代管国，既无法确认也无法排除被告人的国籍主张的，应当按被告人自报国籍作客观表述。

2. 被告人否定自己为证件签署国公民，主张为第三国公民的，如何确定国籍？

答：应当根据下列情况分别处理：

（1）如果第三国确认被告人为本国公民，以确认证明为认定国籍的依据。

（2）如果第三国否定被告人为本国公民，而证件签署国确认其为本国公民的，以证件为认定国籍的依据。

（3）如果第三国和证件签署国均确认被告人为本国公民的，认定被告人具有双重国籍。

（4）如果第三国和证件签署国均否认被告人为本国公民，而且也无法确认被告人为其他国家公民的，对被告人应当以无国籍人员论。

（5）如果第三国与我国无外交关系，也无与我国有外交关系的利益代管国，而证件签署国又否认被告人为本国公民，因而既无法确认也无法排除被告人之国籍主张的，按照被告人自报国籍作客观表述。

（6）如果第三国与证件签署国均与我国无外交关系，也无与我国有外交关系的利益代管国，应查明被告人否定自己为证件签署国公民的理由是否成立，然后根据具体情况分别按被告人自报国籍作客观表述，或者确认证件国国籍。

3. 被告人无法提供任何能够证明其国籍的有效证件，但又主张自己是某国公民的，如何确定国籍？

答：应当根据下列查证结果分别处理：

（1）如果被主张国确认被告人为本国公民，以确认证明为认定国籍的依据。

（2）如果被主张国否定被告人为本国公民，对被告人应当以无国籍人员论。

（3）如果被主张国与我国无外交关系，也无与我国有外交关系的利益代管国，因而既无法确认也无法排除被告人之国籍主张的，按被告人自报国籍作客观表述。

4. 被告人持《中华人民共和国旅行证》以我国台湾地区居民的身份入境，同时又持有其他国家护照的，如何确定国籍？

答：我国不承认双重国籍，按照 2001 年 4 月外交部、最高人民法院、最高人民检察院、公安部、国家安全部、司法部等在京联合召开《关于处理涉外案件若干问题的规定》执行情况讨论会会议纪要，如被告人同时持有外国（甚至多国）有效护照和我国有效身份证件，应当以其入境时持有的证件为准。即被告人持《中华人民共和国旅行证》以我国台湾地区居民的身份入境，视为中国公民。如果持外国护照入境的，以护照确定身份。如果被告人多次入境的，以最后一次入境时所持的有效证件确定被告人身份。如对被告人的身份确有疑问的，由公安机关出入境管理部门协助予以查明，并通报同级人民政府外事部门，以证件为认定国籍的依据。

(1) 如果第三国和证件签署国均确认被告人为本国公民的，认定被告人具有双重国籍。

(2) 如果第三国和证件签署国均否认被告人为本国公民，而且也无法确认被告人为其他国家公民的，对被告人应当以无国籍人员论。

(3) 如果第三国与我国无外交关系，也无与我国有外交关系的利益代管国，而证件签署国又否认被告人为本国公民，因而既无法确认也无法排除被告人之国籍主张的，按照被告人自报国籍作客观表述。

(4) 如果第三国与证件签署国均与我国无外交关系，也无与我国有外交关系的利益代管国，应查明被告人否定自己为证件签署国公民的理由是否成立，然后根据具体情况分别按被告人自报国籍作客观表述，或者确认证件国国籍。

5. 被告人无法提供任何能够证明其国籍的有效证件，但又主张自己是某国公民的，如何确定国籍？

答：应当根据下列查证结果分别处理：

(1) 如果被主张国确认被告人为本国公民，以确认证明为认定国籍的依据。

(2) 如果被主张国否定被告人为本国公民，对被告人应当以无国籍人员论。

(3) 如果被主张国与我国无外交关系，也无与我国有外交关系的利益代管国，因而既无法确认也无法排除被告人之国籍主张的，按被告人自报国籍作客观表述。

6. 被告人持《中华人民共和国旅行证》以我国台湾地区居民的身份入境，同时又持有其他国家护照的，如何确定国籍？

答：我国不承认双重国籍，按照 2001 年 4 月外交部、最高人民法院、最高人民检察院、公安部、国家安全部、司法部等在京联合召开《关于处理涉外案件若干问题的规定》执行情况讨论会会议纪要，如被告人同时持有外国（甚至多国）有效护照和我国有效身份证件，应当以其入境时持有的证件为准。即被告人持《中华人民共和国旅行证》以我国台湾地区居民的身份入境，视为中国公民。如果持外国护照入境的，以护照确定身份。如果被告人多次入境的，以最后一次入境时所持的有效证件确定被告人身份。如对被告人的身份确有疑问的，由公安机关出入境管理部门协助予以查明，并通报同级人民政府外事部门。

二、刑罚适用问题

1. 在对外国籍被告人裁量刑罚时，是否可以考虑被告人所属国的有关刑法规定？

答：对于这一问题，既要考虑我国国家主权原则、国民待遇原则，同时也要在刑罚个别化原则下兼顾被告人所属国刑事法律的规定。具体而言，在对被告人裁量刑罚时，首先必须按照我国刑法规定，根据被告人犯罪的事实、犯罪的性质和对于社会的危害程度依法在我国刑法规定的法定刑幅度内确定被告人应当判处的刑罚，被告人没有减轻处罚情节，非经法定核准程序，不得在法定刑幅度以下判处刑罚。其次，如果被告人所属国法律的相关规定轻于我国，甚至不认为是犯罪的，一般情况下在对被告人量刑时应当酌情从轻。因为在通常情况下被告人受其所属国法律的影响较深，被告人所属国法律的相关规定能够反映被告人人身危险性的大小。如果被告人所属国对其所犯罪行的刑罚规定较轻，甚至不认为其行为构成犯罪，说明其犯罪的主观恶性和人身危险性均较小，从刑罚个别化及罪刑相适应原则出发，可以对被告人酌情从轻判处。这样的判决也容易使被告人及其所属国接受，同时又可以降低司法成本。但是，如果被告人所属国法律的相关刑罚规定重于我国刑罚规定的，不得以此为由对被告人酌情从重处罚，这是由我国罪刑法定原则所决定的。

2. 对外国籍被告人能否使用管制或者缓刑？

答：《全国法院审理涉外、涉侨、涉港澳台刑事案件工作座谈会纪要》（以下简称《纪要》）指出，对外国籍被告人是否适用管制刑，要看是否有条件执行。对在我国没有相对稳定的住所及单位的外国籍被告人，不宜判处管制。对有条件执行管制刑的，可以依法适用管制刑。同理，对外国籍被告人是否适用缓刑，也要看是否有执行缓刑的条件。如果没有执行缓刑的条件，不能适用缓刑。如果有执行缓刑的条件的，可以依法适用缓刑。对外国籍被告人是否适用管制或缓刑，应当综合考虑各种因素，如被告人在我国是否有固定的住所、家庭、工作单位，在我国是否能够独立或者依靠家庭成员生活。对外国籍被告人拟判处管制、缓刑，而其合法居留权尚未解决的，应当事先同公安机关协调解决被告人合法居留权的问题。

3. 对外国籍被告人如何适用驱逐出境？

答：《纪要》指出，对外国籍被告人如何适用驱逐出境，既要考虑被告人犯罪的性质、情节、后果、也要考虑国家间的关系及国际斗争的需要。对于被告人犯罪情节轻微、危害不大或者患有严重疾病、传染病等不宜在中国监狱关押的，可以独立适用驱逐出境。对于论罪应当判处较重刑罚但根据实际情况认为可以独立适用驱逐出境的，应当报高级人民法院审核。对附加驱逐出境的适用，要根据具体案情和处理与有关国家关系的需要决定。对于犯有危害国家安全、严重危害社会治安等严重犯罪的外国被告人，应当附加驱逐出境；对于罪行较轻且在我国境内有企业、财产，刑满后需继续留驻我国的被告人，可不附加驱逐出境。

4. 被判处无期徒刑或者死缓的外国籍被告人能否同时附加适用驱逐出境？

答：对于判处无期徒刑或者死缓的外国籍被告人，不宜在判决主文中附加适用驱逐出境，否则与主刑的字面含义相矛盾。虽然我国刑法规定判处无期徒刑或者死缓的犯罪分子，于刑罚执行期间在一定条件下可以减刑或者假释，但是否减刑或假释，在判决时均是不确定的。故不能以此为依据对被告人附加适用驱逐出境。如果被告人被减刑或者假释，刑罚执行完毕，可以由公安机关以被告人违反我国《外国人入境出境管理法》第十六条"对不遵守中国法律的外国人，中国政府主管机关可以缩短其在中国停留的期限或者取消其在中国居留的资格"为依据驱逐出境。

5. 被判处无期徒刑或者死缓的外国籍被告人能否在减刑或者假释裁定中决定驱逐出境？

答：驱逐出境是刑罚的一种，只能在经过审理后作出的判决中依法宣告，而不能在减刑或假释的裁定中增加适用，否则，既与法理不合，也剥夺了被告人的辩护权和上诉权。

6. 对无国籍被告人能否适用驱逐出境？

答：按照《外国人入境出境管理法》第三十一条的规定，外国人是指依照《中华人民共和国国籍法》不具有中国国籍的人，无国籍被告人系非中国公民，属于外国人，故对无国籍被告人可以适用驱逐出境。

7. 如果被告人犯数罪，如何适用驱逐出境？

答：驱逐出境是一种附加刑，必须在宣告刑中先予表述，然后再在执行刑中予以表述，而不能仅仅在数罪并罚后的执行刑中表述。因为我国刑法规定对犯罪的外国人"可以"而不是"必须"驱逐出境，考虑到裁判的简洁，在技术上可以选择一个量刑最重的罪名在宣告刑中附加驱逐出境，其他罪名不表述驱逐出境，然后在执行刑中决定驱逐出境。

三、翻译问题

1. 被告人以翻译人员参加过侦查、审查起诉或一审程序为由，申请翻译人员回避的，如何处理？

答：我国刑诉法和最高人民法院《关于执行〈中华人民共和国刑事诉讼法〉若干问题的解释》（以下简称"刑诉法解释"）及其他司法解释均没有规定翻译人员参加过侦查、审查起诉或一审程序的，应当在其他诉讼阶段回避。按照"刑诉法解释"第三十一条，参加过本案侦查、起诉的侦查人员、检察人员，或者是在一个审判程序中参与过本案审判工作的合议庭组成人员，不得参与本案的其他阶段或者程序的工作。翻译人员系以其专业知识参与到诉讼中从事技术性工作的人员，其虽系诉讼参与人，但不属于侦查人员、检察人员和合议庭组成人员，故被告人以翻译人员参加过侦查、审查起诉或一审程序为由，申请翻译人员回避的，应当驳回申请，不予准许。

2. 翻译人员的费用如何承担？

答："刑诉法解释"第三百一十九条规定："人民法院审判涉外刑事案件"，使用中华人民共和国通用的语言、文字，应当为外国籍被告人提供翻译。如果外国籍被告人通晓中国语言、文字，拒绝他人翻译的，应当由本人出具书面声明，或者将他的口头声明记录在卷。诉讼文书为中文本，应当附有被告人通晓的外文译本，译本不加盖人民法院印章，以中文本为准。翻译费用由被告人承担。"对于这一规定，目前存在两种解释，一种理解认为，在审判程序中的所有翻译费用包括翻译人员出庭的费用都应当由被告人承担；另一种理解认为，只有诉讼文本的翻译费用才能由被告人承担，其他费用不应当由被告人承担。经研究认为，第二种理解是正确的。只有诉讼文本的翻译费用才能由被告人承担，翻译人员出庭翻译等费用，均不应当由被告人承担。如果被告人经济困难，则文本翻译费也可以免除。因为保障外国籍被告人在法庭上获得翻译的权力是其有效地参加诉讼，从而获得公正审判的前提条件。而且，为外国籍被告人免费提供翻译也是国际上通行的做法，如《公民权利和政治权利国际公约》第十四条规定："如他（指被告人）不懂或不会说法庭上所用的语言，能免费获得译员的援助。"

上海市高级人民法院刑二庭《贿赂犯罪法律适用问题解答》

(2008年9月22日)

【问题1】国家工作人员个人决定以本单位名义将公款供其他单位使用，并在事先或事后收受使用单位给予的贿赂,以挪用公款罪和受贿罪数罪并罚还是挪用公款罪或受贿一罪?

答:2002年4月全国人大常委会《关于〈刑法〉第384条第1款的解释》规定,个人决定以单位名义将公款供其他单位使用,谋取个人利益的,属于挪用公款"归个人使用"。按照全国人大常委会的这一立法解释,此处的"谋取个人利益"属于挪用公款罪的构成要件之一,如果对国家工作人员收受公款使用单位的贿赂行为认定为受贿罪,同时又把收受贿赂的行为作为挪用公款罪中的"谋取个人利益"认定而以受贿罪和挪用公款罪数罪并罚,属于对行为重复评价,故在这种情况下应当择一重罪并罚,而不应当数罪并罚。

【问题2】介绍贿赂罪是否以相应受贿罪和行贿罪的成立为前提?

答:介绍贿赂罪具有独立的犯罪构成,介绍贿赂行为并不是行贿罪或受贿罪的帮助行为,其与行贿或者受贿罪并不形成共犯关系。从社会危害性角度而言,介绍贿赂者在行贿与受贿之间进行撮合,促成贿赂的成功,是导致贿赂现象蔓延的一个重要因素,其社会危害性有独立于受贿罪和行贿罪的内涵,有进行独立评价的必要。从法律规定来看,我国刑法第392条规定,向国家工作人员介绍贿赂,"情节严重"的,构成介绍贿赂罪,最高人民检察院《关于人民检察院直接受理立案侦查案件立案标准的规定(试行)》将"介绍贿赂"界定为"在行贿人和受贿人之间沟通关系、撮合条件,使贿赂行为得以实现的行为",也没有要求以相应的行贿、受贿构成犯罪为前提。故在行贿人和受贿人分别不构成行贿罪和受贿罪的情况下,如果介绍贿赂行为达到"情节严重"的程度,如职业贿赂掮客多次介绍贿赂,仍然可以构成介绍贿赂罪。

【问题3】刑法第389条第2款对经济往来中的行贿行为和第389条第1款不同,没有规定"谋取不正当利益"的主观要件,是否意味着在经济往来中的行贿行为不需要以谋取不正当利益作为构成行贿罪的主观要件?

答:刑法第389条第2款规定的在经济往来中的行贿行为构成行贿同样需要以谋取不正当利益为主观要件。理由如下:第一,刑法第389条第1款是关于行贿罪的基本规定,第389条第2款与该条第1款的关系应当理解为是注意规定而不是法律拟制的关系,在经济往来中的行贿行为构成行贿罪不能脱离第1款的基本要件。第二,鉴于要经济往来中给予对方好处的复杂性和普遍性,如果不作"谋取不正当利益"的限制,将导致把一些违规违法行为均作为犯罪处理,使打击的范围过于宽泛,不符合刑法谦抑原则。第三,刑法第389条第1款规定的行贿行为,其社会危害性一般要大于在经济往来中给予国家工作人员财物或者回扣、手续费的行为,而前者构成犯罪需要"谋取不正当利益"这一主观要件,故后者就不可能不需要。第四,刑法第164条规定的对非国家工作人员行贿需要"谋取不正当利益"这一主观要件,而对非国家工作人员的行贿行为很大一部分就发生在经济往来中。一般认为,行贿罪和对非国家工作人员行贿罪的区别体现在行贿对象的不同,其余要件是相同的。如果同样在经济往来中构成对非国家工作人员行贿罪需要"谋取不正当利益"这一主观要件,而构成行贿罪就不需要这一主观要件,既不合理,也不符合刑法系统解释的基本原理。

【问题4】行贿人员因其他犯罪被司法机关追诉,主动交代行贿行为,受贿人员构成受贿罪的,行贿人是否构成立功?

答:如果行贿人的行贿行为不构成行贿罪,其主动交代行贿行为,从而使受贿人的受贿犯罪事实得以侦破的,行贿人的行为符合立功条件的,构成立功。如果行贿人的行为构成行贿罪,且已被司法机关追诉的,对其主动交代的行贿行为,可以直接援引刑法第390条第2款的规定,对行贿人的行贿罪减轻或者免除处罚,不能再认定行贿人构成立功。

【问题5】行贿人如果不供认其行贿行为,而受贿人因为有其他证据而被追究受贿罪的刑事责任,对行贿人是否可以伪证罪进行追究?

答:伪证罪的主体是证人、鉴定人、记录人、翻译人,行贿人是当事人,不符合伪证的犯罪主体,故不能以伪证罪论处。如认定行贿人行贿的证据确实、充分,可以直接以行贿罪追究其刑事责任。

上海市高级人民法院刑二庭《数罪并罚法律适用问题解答》

(2008年11月5日)

问题1:被告人犯数罪,其中一罪被判处刑罚,另外一罪或者数罪被判处免予刑事处罚,是只要在判决主文中直接对被告人所犯数罪分别进行宣告即可,还是需要在对数罪分别进行宣告的基础上再决定执行的刑罚?

答:应当在对数罪分别进行宣告的基础上再决定执行的刑罚。如某被告人犯盗窃罪和诈骗罪,盗窃罪被判处有期徒刑,诈骗罪免予刑事处罚,判决主文不应当表述为:被告人××犯盗窃罪,判处有期徒刑×年,并处罚金人民币×元,犯诈骗罪,免予刑事处罚。而应当表述为:被告人××反盗窃罪,判处有期徒刑×年,并处罚金人民币×元,犯诈骗罪,免予刑事处罚,决定执行有期徒刑×年,并处罚金人民币×元。主要理由是：

首先，从理论上来说，被告人如果犯有数罪，在对被告人进行判决时，就必然要求对每一个个罪作出一个宣告刑，然后再在宣告刑的基础上决定一个执行刑。对被告人执行刑罚的依据是执行刑而不是宣告刑，即使是一个有刑判决和一个免刑判决并罚时也不例外。如果对一个有刑判决和一个免刑判决不实行并罚，就会出现使被告人没有执行刑，而以宣告刑为依据对被告人执行刑罚的不规范现象，这显然是违背数罪并罚的基本原理的。

其次，数罪并罚不仅仅是简单决定最后执行的刑罚的幅度，如刑期的长短，刑种的选择，还包括刑罚的执行方式。如果说一个有刑判决和一个免刑判决并罚对最后决定的刑罚的幅度没有实质性影响的话，那么在有些情况下，对于刑罚执行的方式，如对被告人最后是执行实刑还是宣告缓刑，却存在影响。即在被告人犯有数罪包括其中有一罪或者数罪被判处免刑的情况下，缓刑决定应当是在对被告人所犯的数罪作出综合的、全面的评价和考虑的基础上作出。在这种情况下，被判免刑的罪对于决定被告人最后的刑罚是有意义的。

最后，从操作上来说，如果在决定对被告人作出一个有刑判决和一个免刑判决，而最后决定执行实刑而不是缓刑的情况下，对被告人不实行并罚还不存在操作上的问题的话，那么，如果对被告人最后决定宣告缓刑，不对被告人实行并罚，就存在操作上的问题。因为缓刑是一种刑罚执行方法而不是一个刑种，故缓刑只能在执行刑中表述，而不能在宣告刑中表述，如不能表述为：被告人××犯盗窃罪，判处有期徒刑×年，缓刑×年，犯诈骗罪，免予刑事处罚。而必须表述为，被告人××犯盗窃罪，判处有期徒刑×年，犯诈骗罪，免予刑事处罚，决定执行有期徒刑×年，缓刑×年。

问题2：被告人在缓刑考验期间发现漏罪，漏罪被判处免予刑事处罚，且原来的缓刑亦不需要改判实刑，是直接对漏罪作出免刑判决，还是需要撤销原来的缓刑，和漏罪数罪并罚？

答：根据刑法第七十七条的规定，在被告人缓刑考验期间发现漏罪，对前罪判决的缓刑予以撤销，对新罪作出判决，然后再数罪并罚是硬性规定，即使在新罪是判处免刑的情况下，也不得违反。刑法第七十七条之所以这样规定，是因为原来的缓刑决定是在没有考虑被告人犯有数罪的情况下作出的，因而是不全面的，被告人既然犯有数罪，即使漏罪可以判处免刑，也应当首先在对包括判处免刑的个罪在内的数罪进行全面考虑的基础上，再决定对被告人是应当执行实刑还是宣告缓刑。如果不首先撤销原来的缓刑，而直接就后罪作出免刑判决，在判决书中就看不出法院在作出判决时究竟有没有考虑到被告人犯有数罪的情况，社会公众尤其是被害人可能怀疑法院在判决时对被告人犯有数罪的情况根本没有考虑，这既不能正确、全面反映法官对整个案件处理的思维逻辑，也不符合包括对法官心证公开在内的审判公开原则。

问题3：犯罪人在原判决宣告之前还有漏罪没有判决，或者在原判决执行期间犯罪人再犯新罪，漏罪或者新罪的发现是在原判刑罚实际执行完毕以后，是否需要将漏罪或者新罪和前罪进行数罪并罚？

答：在这种情况下不需要数罪并罚。如果漏罪或者新罪是在原判刑罚实际执行完毕以后才发现，则犯罪人在前罪被羁押至刑满释放的这段时间均应当视为前罪的执行期间，而不能视为漏罪或者新罪的羁押期间。既然原判刑罚已经实际执行完毕，则不存在再进行数罪并罚的基础。

问题4：犯罪人在原判决宣告之前还有漏罪没有判决，或者在原判决执行期间再犯新罪，漏罪或者新罪的发现是在原判刑罚执行期间，但漏罪或者新罪一审判决时原判刑罚终止日期已过，是否需要将漏罪或者新罪和前罪进行数罪并罚？

答：在这种情况下应当进行数罪并罚。问题4和问题3中的情况不同，漏罪或者新罪的发现是在原判刑罚执行期间而不是执行完毕以后，故漏罪或者新罪发现后开始侦查、审查起诉及审判的期间应当视为对被告人的诉讼羁押期间，而不应当视为原判刑罚的执行期间，在这种情况下不存在原判刑罚执行完毕的问题。而且，如果因为漏罪或者新罪一审判决时原判刑罚终止日期已过而不实行数罪并罚，就会使数罪并罚原则的适用因漏罪或者新罪诉讼时间长短的差异而处于无法确定的状态。另外，实行数罪并罚比不实行数罪并罚对被告人有利，如果以漏罪或者新罪一审判决时原判刑罚终止日期已过而不实行数罪并罚，就会导致因被告人以外的原因而使被告人承担不利后果的不合理情况，使相同情况而受到不同对待，有违法律面前人人平等原则。

问题5：犯罪分子原犯有数罪，数罪并罚后在执行中发现漏罪，如何并罚？

答：根据刑法第七十条规定的精神，在这种情况下，应当将原判数罪的宣告刑而不是执行刑和漏罪进行并罚，然后再减去原判已经执行的刑期。

问题6：犯罪分子原犯有数罪，数罪并罚后在执行中又犯新罪，如何并罚？

答：刑法第七十一条规定，在这种情况下应当把前罪没有执行的刑罚和后罪所判处的刑罚，依照刑法第六十九条的规定，决定执行的刑罚。所谓"前罪没有执行的刑罚"显然是指前罪中的余刑，在数罪并罚中只有执行刑有余刑，宣告刑不存在余刑问题，故应当将执行刑中没有执行的余刑和新罪并罚。

问题7：犯罪分子在刑罚执行中既发现漏罪，又犯新罪，如何并罚？

答：对于这种情况，应当先将漏罪所判处的刑罚与原判刑罚进行并罚，决定应当执行的刑罚后，再从中减去原判已经执行的刑罚,最后将余刑与新罪所判处的刑罚进行并罚,即可确定被告人应当执行的刑罚。如某人犯甲罪被判处有期徒刑10年,已经执行3年,又发现漏掉乙罪,应判处有期徒刑5年,还发现此人在执行期间又犯丙罪,应判处有期徒刑8年。具体并罚方法是:先将乙罪5年有期徒刑和甲罪10年有期徒刑并罚,在10至15年之间决定执行的刑期,如可以决定执行13年,然后再减去已经执行的3年,还剩10年,最后将这10年与丙罪的8年并罚,在10年至18年之间决定最后的刑期。

问题8:犯罪分子在缓刑考验期间又犯新罪,且前罪在宣告缓刑前被羁押过一段时期,在撤销缓刑,数罪并罚时,对前罪羁押的时间是适用"先并后减"原则还是"先减后并"原则?

答:在这种情况下,应当适用"先并后减"原则。首先,刑法第七十七条规定,在缓刑考验期限内犯新罪的,应当根据刑法第六十九条规定数罪并罚,没有规定应当根据刑法第七十一条的规定"先减后并"。而刑法第八十六条对假释期间再犯新罪的,明确规定应当按照刑法第七十一条规定数罪并罚,故应当认为立法者的本意是在缓刑期间犯新罪的,对前罪的羁押期间应当适用"先并后减"原则。其次,缓刑是在一定条件下对判处的刑罚不执行,缓刑考验期间不是刑罚的执行期间。从刑法第七十三条规定看,缓刑考验期限,从判决确定之日起计算,判决前的羁押时间不能从缓刑考验期中扣除,在缓刑判决前对被告人的羁押,也只是一种强制措施,而不是判决的执行,故在缓刑考验期间犯罪不符合刑法第七十一条规定的刑罚执行期间犯罪的规定,不能适用"先减后并"原则。

上海市高级人民法院 上海市人民检察院《第七次检法联席会议纪要》

(2008年12月4日)

2008年12月4日,上海市高院和上海市检察院召开了第七次检、法联席会议。上海市高院孙建国副院长、上海市院余啸波副检察长及上海市高院刑一庭、刑二庭、研究室和上海市市院公诉处、监所检察处、侦监处、研究室等部门的负责同志参加了会议。会议就本市检、法两家办理刑事案件中的若干实体问题和程序问题进行了深入研究,并形成以下共识:

一、关于部分刑事案件追诉标准的问题

对于最高人民检察院和公安部联合下发的《关于公安机关管辖的刑事案件立案追诉标准的规定(一)》(公通字〔2008〕36号,以下简称《规定》)中,部分罪名的追诉标准与本市《关于本市办理部分刑事犯罪案件标准的意见》(沪检发〔2008〕143号,以下简称《意见》),在起刑点数量标准上不一致的,按照《意见》第58条的规定,应执行《规定》的标准。对于上一量刑档次的数量标准,可以《意见》规定的起刑点数量标准和上一量刑档次数量标准的倍数,来确定新的上一量刑档次数量标准。如:《意见》规定,消防责任事故罪造成直接经济损失40万元以上的,属于"造成严重后果",造成直接经济损失120万元以上的,属于"后果特别严重";而根据《规定》,造成直接经济损失50万元以上的,属于"造成严重后果"。据此,该罪的有效起刑点数额应以50万元计,对于"后果特别严重"的标准,则应参照《意见》中规定的倍数,以50万元的3倍计,即造成直接经济损失150万元以上的。

对于刚刚达到《规定》或《意见》确定的追诉标准的案件,应根据宽严相济刑事政策的精神,区别对待,慎重处理。对于《规定》中没有明确规定数量标准的,仍可按《意见》的规定执行。对于两份规范性文件正式生效之前发生的行为,在处理时应按照"从旧兼从轻"的原则予以把握。

二、关于一人公司能否成为单位犯罪主体问题

对于严格依照《中华人民共和国公司法》成立,经过工商登记注册,取得法人资格,公司财产和股东财产能够分离的一人公司,可以成为单位犯罪的主体。但是,对公司财产不能独立于股东自己财产的一人公司,不能成为单位犯罪的主体,以公司名义实施的犯罪应当按照自然人犯罪处理。

三、关于刑法第三百一十二条的罪名适用问题

《中华人民共和国刑法修正案(六)》将刑法第三百一十二条修改为:明知是犯罪所得及其产生的收益而予以窝藏、转移、收购、代为销售或以其他方法掩饰、隐瞒的,处三年以下有期徒刑、拘役或者管制,并处或单处罚金;情节严重的,处三年以上七年以下有期徒刑,并处罚金。2007年10月25日,最高人民法院、最高人民检察院《关于执行〈中华人民共和国刑法〉确定罪名的补充规定(三)》将本罪的罪名修改为"掩饰、隐瞒犯罪所得、犯罪所得收益罪",取消了"窝藏、转移、收购、销售赃物罪"罪名。

会议认为,本罪罪名系选择性罪名,具体可分解为三个罪名,即"掩饰、隐瞒犯罪所得罪"、"掩饰、隐瞒犯罪所得收益罪"、"掩饰、隐瞒犯罪所得、犯罪所得收益罪"。对窝藏、转移、收购、代为销售或以其他方法掩饰、隐瞒犯罪所得的行为,应认定为"掩饰、隐瞒犯罪所得罪";对于窝藏、转移或以其他方法掩饰、隐瞒犯罪所得收益的行为,应认定为"掩饰、隐瞒犯罪所得收益罪";对既有掩饰、隐瞒犯罪所得,又有掩饰、隐瞒犯罪所得收益的行为,应认定为"掩饰、隐瞒犯罪所得、犯罪所得收益罪",不实行数罪并罚。

如新的法律或司法解释对本罪名的适用又作出具体规定的,以新的法律或司法解释为准。

四、关于量刑问题

1. 对于没有法定从轻、减轻处罚情节的累犯,应当按照刑法第六十二条和第六十五条规定,在法定刑幅度内最低刑以上(不含本数)判处刑罚,案件确有特殊情况除外。

2. 对于犯刑法第五十六条规定的故意杀人、强奸、放火、爆炸、投毒、抢劫犯罪,被判处十年以上有期徒刑的,一般应当附加剥夺政治权利。

五、关于铁路职务犯罪案件的管辖问题

对原属铁路管理,但基于铁路分离改革等原因已经移交给中央或地方、人财物已经和铁路系统脱钩的单位发生的职务犯罪案件,如果系在移交之前和移交过程中发生的,应由铁路运输检察机关和铁路运输法院管辖。对移交之后发生的职务犯罪案件,如果犯罪行为或结果直接危害铁路管理或侵犯铁路公共财物的,一般可由铁路运输检察机关和铁路运输法院管辖;对于其他案件,如果铁路运输检察机关认为由自己管辖更为适宜的,可以报请有权指定的上级检察机关经与同级法院协商后指定管辖;受指定管辖的铁路运输检察机关向同级铁路运输法院提起诉讼的,同级铁路运输法院应当依照法律规定,报请有权指定的上级法院指定管辖。

六、关于进一步推进轻微刑事案件和解的问题

会议听取了2006年5月12日高院与市检察院、市公安局、司法局联合制定的《关于轻伤害案件委托人民调解的若干意见》(以下简称《若干意见》)下发后的贯彻实施情况。会议认为,刑事和解制度符合宽严相济刑事政策的要求,有利于推动轻微刑事案件的当事人之间互谅互让、和睦共处,营造和谐稳定的社会环境。会议强调,本市各级检察院、法院应当按照依法、稳妥的原则积极推进刑事和解工作;对制约《若干意见》贯彻实施的瓶颈问题,要进一步统一认识,通过协商方式加以解决;要进一步强化刑事诉讼各个环节和解工作的职能分工和衔接工作;检察院在加强自身和解工作的同时,要加强对侦查机关和解工作的督促力度,并积极支持、配合法院和解工作的开展。

会议还对利用手机短信实施诈骗案件的管辖问题,附加剥夺政治权利的数罪并罚问题,电信证据的收集、固定、使用、转化问题,浦东法院开展的量刑试点工作以及进一步落实人犯换押和审限变更通知制度等进行了讨论。

上海市高级人民法院 上海市人民检察院 上海市公安局 上海市司法局 《关于办理利用手机传播淫秽物品案件法律适用问答》

(2009年7月8日)

近期,根据公安部、工业和信息化部、文化部、国家工商行政管理总局、新闻出版总署的统一部署,本市公安机关集中开展了严厉打击利用手机传播淫秽视频违法犯罪活动的专项治理行动,破获了多起利用手机、优盘等媒介物质复制、贩卖、传播淫秽物品牟利的违法犯罪案件。鉴于此类案件作案手法较以往有所不同,在适用法律和定罪标准等方面存在不同观点,为进一步提高执法统一度,现将办理此类案件的有关问题解答如下,供本市各级法院参考:

问题一:以牟利为目的,利用电脑或手机,采用"点对点"方式将淫秽视频文件复制到他人手机、手机储存卡或者其他存储介质中的行为,应当如何认定罪名。

答:刑法第三百六十条规定,以牟利为目的,制作、复制、出版、贩卖、传播淫秽物品的,以制作、复制、出版、贩卖、传播淫秽物品牟利定罪处罚。行为人以牟利为目的,利用电脑或手机,采用"点对点"方式将淫秽视频文件复制到他人手机、手机储存卡或者其他存储介质中的行为符合刑法第三百六十三条的规定,应以制作、复制、出版、贩卖、传播淫秽物品牟利定罪处罚。由于本罪系选择性罪名,故在办案过程中,应根据行为人实际实施的行为确定具体适用的罪名。

问题二:以牟利为目的,利用电脑或手机,采用"点对点"方式将淫秽视频文件复制到他人手机、手机储存卡或者其他存储介质中的行为,应如何适用法律。

答:采用"点对点"方式复制、贩卖、传播淫秽视频文件的行为与利用互联网、移动通讯终端、声讯台等电子网络的形式(即俗称"点对面")进行传播淫秽物品犯罪的行为特点不同,造成社会危害性及其程度也不同。因此,采用"点对点"方式进行复制、贩卖淫秽视频文件的行为,不适用2004年"两高"《关于办理利用互联网、移动通讯终端、声讯台制作、复制、出售、出版、贩卖、传播淫秽电子信息刑事案件具体应用法律若干问题的解释》的有关规定,可参照适用1998年最高人民法院《关于审理非法出版物刑事案件具体应用法律若干问题的解释》第八条的相关规定办理。

问题三:以牟利为目的,利用电脑或手机,采用"点对点"方式将淫秽视频文件复制到他人手机、手机储存卡或者其他存储介质中的行为定罪的起刑点如何确定。

答:《关于审理非法出版物刑事案件具体应用法律若干问题的解释》第八条虽未限定复制、传播、贩卖淫秽物品的方式，但在规定具体定罪量刑的数量标准时所采用的均是可计量的物理形式，比如张、盒、册、副等，这与目前采用电脑、手机等大容量电子储存设备介质进行传播显然不同，如拘泥于原规定的数量标准，明显不利于对此类犯罪的打击。据此，参照《关于审理非法出版物刑事案件具体应用法律若干问题的解释》第八条的规定，结合考虑"两高"《关于办理利用互联网、移动通讯终端、声讯台制作、复制、出售、出版、贩卖、传播淫秽电子信息刑事案件具体应用法律若干问题的解释》有关规定的精神，对利用电脑、手机采用"点对点"方式复制、贩卖、传播淫秽视频文件的，暂以100个视频文件为定罪的参考标准。

问题四：如何认定此类犯罪中复制、贩卖、传播淫秽物品的数量问题。

答：在认定此类案件的犯罪数量时，应区分以下两种情况：

1. 如果证据能够证明被告人牟利为目的，将储存在电脑等中的淫秽视频文件采用"点对点"方式下载到他人手机或手机存储卡内，数量达到100个以上的，应以查证属实的数量，作为其复制、贩卖、传播淫秽物品的数量。

2. 有证据证明被告人复制、贩卖、传播淫秽视频文件，但其实际复制、贩卖、传播的淫秽视频文件的数量或者有证据证明的数量未达到定罪标准，但如果能证实上述视频文件系来源于查获的电脑中的淫秽视频文件，可将复制、贩卖、传播的数量与查获的电脑中的淫秽视频文件数量相加，作为其复制、贩卖、传播淫秽物品的数量予以认定，在判决书中据实表述，但在实际量刑时，应与第一种情况有所区别。

问题五：如何认定相关电子证据的关联性问题。

答：由于被告人采用"点对点"方式将淫秽视频文件复制到他人手机、手机储存卡或者其他存储介质中时，视频文件的格式往往会发生改变，因此在办理此类案件时，要审查查获的手机等中的淫秽视频文件与被告人电脑中储存的视频文件的关联性，综合被告人的供述、存有淫秽视频文件手机或其他电子储存设备持有人的证言、查获的电脑中的视频文件转换成可供手机或其他电子设备播放的格式的情况，以及手机或其他电子储存设备中的视频文件与犯罪嫌疑人电脑中的视频文件是否同一等情况进行判断，必要时应进行鉴定。

问题六：如何确定视频文件的独立性。

答：在认定该类犯罪时，应以独立的视频文件作为认定犯罪数量的标准。犯罪嫌疑人以文件夹或压缩文件包的形式予以贩卖的，应以解压后的独立淫秽视频文件的个数为计算标准。在将贩卖的数量与电脑中查获数量相加作为复制、贩卖、传播淫秽物品的数量时，应防止相同文件重复计算。比如在某人的手机中查获了10个淫秽视频文件，在被告人的电脑中查获100个视频文件，其中有10个视频文件与查获的手机中的视频文件相同，在可以认定查获的手机中视频文件来源于此电脑的情况下，不应认定被告人复制、贩卖、传播淫秽视频文件110个，而应认定为100个。

问题七：在办理该类犯罪时，在判决书等法律文书中如何引用法律。

答：鉴于《关于审理非法出版物刑事案件具体应用法律若干问题的解释》第八条规定在涉及具体对象形式、数量计算标准上均与此类案件有所不同，故不宜在法律文书中引用上述司法解释，仍以统一适用刑法第三百六十三条为宜。

问题八：对非采用"点对点"方式复制、贩卖、传播淫秽物品的案件如何处理。

答：对非采用"点对点"方式复制、贩卖、传播淫物品的案件，如被告人复制、贩卖、传播淫秽光盘、淫秽录像带、淫秽书刊、淫秽扑克等，仍应依照《关于审理非法出版物刑事案件具体应用法律若干问题的解释》中规定的数量标准定罪处罚；如被告人利用互联网、移动通讯终端、声讯台制作、复制、出售、出版、贩卖、传播淫秽电子信息的，应按照《关于办理利用互联网、移动通讯终端、声讯台制作、复制、出售、出版、贩卖、传播淫秽电子信息刑事案件具体应用法律若干问题的解释》的规定定罪处罚，不适用本"问答"中规定的定罪数量标准。

上海市高级人民法院　上海市人民检察院　上海市公安局
《关于办理拒不执行判决、裁定犯罪案件若干问题的意见》

(2009 年 7 月 23 日)

为了依法惩治拒不执行判决、裁定犯罪，规范相关执法工作，根据《中华人民共和国刑法》、《中华人民共和国刑事诉讼法》、全国人大常委会《关于〈中华人民共和国刑法〉第三百一十三条的解释》等规定，结合本市办理此类案件的实际，制定本意见。

第一章　构成要件及罪名认定

第一条　（判决、裁定的范围）刑法第三百一十三条规定的"人民法院的判决、裁定"是指人民法院依法作出的具有执行内容并已发生法律效力的判决、裁定。人民法院为依法执行支付令、生效的调解书、仲裁裁决、公证债权文书、行政处理决定或行政处罚决定等所作的裁定,以及人民法院作出的财产保全、先予执行裁定,属于该条规定的裁定。

第二条 (犯罪主体) 刑法第三百一十三条规定的拒不执行判决、裁定罪的犯罪主体包括:

(一) 负有执行义务的被执行人,包括诉前财产保全裁定中的被申请人、诉讼财产保全裁定中的被告、先予执行裁定中的被告、执行过程中被依法裁定追加、变更的被执行人;

(二) 负有执行义务的"担保人",包括为解除财产保全而提供担保的担保人;

(三) 负有协助执行义务的协助执行义务人,包括财产保全、先予执行裁定执行中的协助执行义务人;

(四) 其他依照法律规定应当承担拒不执行判决、裁定罪刑事责任的人。

第三条 (有能力执行) 所谓有能力执行,是指负有执行人民法院判决、裁定确定的义务的人拥有清偿判决、裁定确定债务的全部或部分财产;或者能够以自己的行为(包括委托他人)在判决、裁定确定的期间履行判决、裁定确定的全部或部分义务。

第四条 (拒不执行行为) 判决、裁定发生法律效力后,有下列情形之一的,属于刑法第三百一十三条规定的拒不执行行为:

(一) 被执行人隐藏、转移、故意毁损财产或者无偿转让财产、以明显不合理的低价转让财产的;

(二) 担保人或者被执行人隐藏、转移、故意毁损或者转让已向人民法院提供担保的财产的;

(三) 协助执行义务人接到人民法院协助执行通知书后,拒不协助执行的;

(四) 被执行人、担保人、协助执行义务人与国家机关工作人员通谋,利用国家机关工作人民的职权妨害执行的;

(五) 其他拒不执行的行为。

第五条 (情节严重) 下列情形属于刑法第三百一十三条规定的"情节严重":

(一) 被执行人隐藏、转移、故意毁损财产或者无偿转让财产,个人达3万元,单位达30万元,但不足执行标的额10%的除外;

(二) 担保人或者被执行人隐藏、转移、故意毁损或者转让已向人民法院提供担保的财产的,个人达3万元,单位达30万元,但不满担保额10%除外;

(三) 达到本条第1、2项规定数额而不足执行标的额或者担保额10%,但该财产为被执行人、担保人仅有的可供执行财产的;

(四) 故意毁损、隐藏、转移或转让生效法律文书指定交付的特定物、致使该特定物交付不能且价值无法弥补的;

(五) 故意毁损、隐藏、转移财产权证、财务账册或者故意不履行职责或义务,造成权利人重大损失或者其他严重后果的;

(六) 因妨害执行被人民法院采取民事强制措施后,有能力履行仍拒不履行的;

(七) 其他拒不执行判决、裁定,情节严重的情形。

以不合理低价转让财产、协助执行义务人拒不协助执行、与国家工作人员通媒妨害执行"情节严重"的标准,参照本条有关规定并结合拒不执行或拒不协助执行的数额、手段、后果等情节,酌情掌握。

第六条 (无法执行) "致使判决、裁定无法执行",是指行为人拒不执行判决、裁定,情节严重,造成人民法院执行机构通过执行程序无法实现判决、按此定确定的内容。既包括判决、裁定全部无法执行,也包括部分无法执行;既包括判决、裁定最终无法执行,也包括暂时无法执行。

对致使判决、裁定部分或暂时无法执行,是否需要追究刑事责任,应参照本《意见》第五条的有关规定,综合考虑拒不执行的数额比例、手段、后果等情节,酌情掌握。

第七条 (单位人员责任的追究) 负有执行人民法院判决、裁定义务的单位直接负责的主管人员和其他直接责任人员,为了本单位的利益而实施本《意见》第四条规定的行为,且达到第五条规定的标准的,对该主管人员和其他直接责任人员,以拒不执行判决、裁定罪处。

第八条 (国家机关工作人员责任的追究) 国家机关工作人员实施本《意见》第四条第(四)项规定的,以拒不执行判决、裁定罪的共犯追究刑事责任。

国家机关工作人员收受贿赂或者滥用职权,有本《意见》第四条第(四)项行为,同时又构成刑法第三百八十五条、第三百九十七条规定的犯罪的,依照处罚较重的规定定罪处罚。

第九条 (暴力抗拒执行的责任追究) 执行过程中,下列暴力抗拒执行的行为,依照刑法第二百七十七条的规定,以妨害公务罪论处:

(一) 聚众哄闹、冲击执行现场,围困、扣押、殴打执行人员,致使执行工作无法进行的;

(二) 毁损、抢夺执行案件材料、执行公务车辆和其他执行器械、执行人员服装以及执行公务证件,造成严重后果的;

（三）其他以暴力、威胁方法妨害或者抗拒执行，情节严重的。
对损毁执行公务车辆和其他执行器械，又构成其他犯罪的，依照处罚较重的规定定罪处罚。

第十条 （共同犯罪）不负有执行人民法院判决、裁定义务的人，与执行义务人共同实施本《意见》规定的拒不执行行为，构成犯罪的，以共犯论处。

第二章 证据规格

第十一条 （证据要求）追究被告人拒不执行判决、裁定罪的刑事责任，应当达到证据确实、充分的标准。所谓证据确实、充分，是指犯罪构成要件及量刑情节均有相应的证据予以证实，这些证据均经查证属实。

第十二条 （主体身份证据）被告人为自然人的，应收集证明被告人身份情况的户籍资料。户籍资料应当由公安机关加盖印章。

被告人为外国人包括多国籍人、无国籍人的，应收集其入境时所持有的有效护照或其他有效证件。无护照或有效证件的，公安机关应会同外事部门审查确认。无法查明的，视为无国籍人（在裁判文书上写明"国籍不明"）。

被告人为港澳台人、华侨的，应收集被告人入境时所持有的有效证件或者在国内的有效证件或港澳台办、当地侨务部门出具的证明。对港、澳地区人员，还要确认其是在港、澳定居的中国公民还是外国公民。

被告人为单位主管人员或直接负责人员的除应收集上款规定的户籍证明外，还应收集其所在单位的工商登记材料、有关机构出具的被告人职务及职责范围的材料、相关证人证言等。

第十三条 （执行义务证据）证实被告人负有执行义务或协助执行义务的证据一般包括：

（一）被告人为执行义务人、担保人的，应当收集人民法院判决被执行人、担保人承担履行义务的生效裁判文书（包括一、二审或再审判决书、裁定书，诉前财产保全裁定书，诉讼财产保全裁定书，先予执行裁定书，追加、变更被执行人裁定书等）及人民法院执行部门为了执行生效裁判文书而出具的执行通知书等法律文书。

（二）被告人为协助执行义务人的，应当收集作为协助执行依据的相关生效裁判文书、人民法院执行部门出具的协助执行通知书及证实协助执行人应当承担协助执行义务的其他证据。

（三）对于执行支付令、生效的调解书、仲裁裁决、公证债权文书、行政处理决定、行政处罚决定的案件，应当收集支付令、生效的调解书、仲裁裁决、公证债权文书、行政处理决定书、行政处罚决定书以及人民法院为执行支付令、生效的调解书、仲裁裁决、公证债权文书、行政处理决定、行政处罚决定而出具的裁定书等。

上诉材料中的书证应当收集原本，如原本确实无法取得的，收集副本或者复印件。副本或复印件上须注明原件所在地、提供人、收集人，并加盖原件所在单位和收集人员的单位印章。

第十四条 （执行能力证据）证实被告人有能力执行的证据一般包括：

（一）证实负有执行人民法院判决、裁定义务的人拥有清偿判决、裁定确定债权的全部或者一部分的货币或者其他财产的有关证据；或者能够以自己的行为或者委托他人在判决、裁定确定期间完成判决、裁定确定应履行的行为义务的证据。包括：

1. 人民法院为调查被执行人、担保人财产情况而出具的搜查令及相关笔录；
2. 人民法院查封、扣押、冻结被执行人、担保人财产而出具的裁定书、协助执行通知书及查封公告，查封、扣押、冻结物品清单等；
3. 人民法院查询被执行人、担保人存款、股权等的通知书及回执；
4. 被执行人、担保人不动产，车辆登记情况记录；
5. 根据《中华人民共和国民事诉讼法》第二百一十七条的规定，被执行人向法院提交的财产情况报告；
6. 其他人证实被执行人、担保人具有执行能力的调查笔录、证人证言、文件、查询记录等。

（二）证实属于协助执行人的工作职责、业务范围或者协助执行人持有、控制判决、裁定指定交付的财产、财产权证或者其他物品的证据。包括：相关工商登记材料、相关机构出具的证明文件，财产被查封、扣押、冻结或委托保管的相关文书，其他相关调查笔录、登记文件、查询记录等。

（三）证实被告人有执行能力的其他相关证据。

第十五条 （拒不执行证据）证实被告人拒不履行判决、裁定或妨害执行的证据一般包括：

（一）证实被执行人隐藏、转移、故意损毁财产或者无偿转让财产、以明显不合理的低价转让财产的证据或担保人隐藏、转移、故意损毁或者转让已向人民法院提供的财产的证据，包括相关的调查笔录、证人证言、银行存款记录、交易记录、财产过户登记等；

（二）证实协助执行义务人接到人民法院协助执行通知书后，拒不协助执行的证据。包括相关协助执行通知书、送达回证、调查笔录、证人证言及证实协助执行义务人拒不协助执行的其他证据；

（三）被执行人、担保人、协助执行义务人与国家机关工作人员通谋，利用国家机关工作人员的职权妨害执行的证据。包括证实国家机关职务范围的证据；证实被执行人、担保人、协助执行义务人与国家机关工作人员通谋的证据；证实国家机关工作人员利用职务便利妨害执行的证据；

（四）因妨害执行或因拒绝报告、虚假报告财产状况已被人民法院采取民事制裁措施的证明材料，包括人民法院出具的罚款决定书、拘留决定书、拘传票及其他证实被告人因妨害执行被采取民事强制措施的证明材料。

第十六条 （执行不能证据）证实造成人民法院执行不能的证据一般包括：

（一）人民法院出具的中止、终结执行裁定书；

（二）证实执行不能的相关证人证言、证明材料。包括证实财产已被隐藏、转移的证据；证实财产已被故意损毁的相关照片、录像、证人证言等证据；证实财产已被转让的相关合同、过户证明、证人证言等证据；

（三）其他证实造成人民法院执行不能的相关材料。

第十七条 （评估与鉴定）对被告人拒不执行判决、裁定，造成权利人财产损失或造成执行标的损毁的，必要时应当进行评估、鉴定。

第十八条 （抗辩理由的查证）被告人隐藏、转移、转让财产的具体用途和去向不属于本罪的构成要件，但在追究被告人拒不执行判决、裁定罪刑事责任时，应当查明被告人是否具有合理的抗辩理由。

第三章 工作机制

第十九条 （工作原则）公检法司各机关在办理拒不执行判决、裁定案件时，应当密切配合，加强协作。对于人民法院移送的涉嫌拒不执行判决、裁定罪和妨害公务罪的案件，公安机关应当及时立案侦查，检察机关应当及时提起公诉，人民法院应当及时审判。

第二十条 （管辖规定）拒不执行判决、裁定犯罪案件，由犯罪地的司法机关管辖；如果由犯罪嫌疑人、被告人居住地管辖更为适宜，可以由犯罪嫌疑人、被告人居住地的司法机关管辖。

犯罪地既包括拒不执行行为的实施地，也包括执行法院所在地。

居住地既包括户籍所在地，也包括实际居住地。

依照本《意见》第七条规定，对单位主管人员和其他直接负责人员以拒不执行判决、裁定罪追究刑事责任的，由犯罪地、犯罪嫌疑人或被告人的居住地、单位住所地、单位实际经营地的司法机关管辖。

对拒不执行判决、裁定犯罪以及因拒不执行判决、裁定而引发的妨害公务案件，原则上应由有管辖权法院的上级法院指定其他法院管辖。

对于管辖确定，公安机关、检察机关、法院存在意见分歧的，可以提请各自的上级机关协商解决。

第二十一条 （人员查找及移交）对涉嫌构成拒不执行判决、裁定罪的案件，法院可以先行对行为人予以司法拘留。如果行为人尚未到案，可以按照市高级法院、市公安局《关于依法加强和规范协助执行若干问题的意见》的有关规定，由公安机关协助查找被执行人或者相关人员下落。

采取司法拘留措施后，法院经过审查认为行为人的行为涉嫌构成犯罪，需要依法追究刑事责任的，应在司法拘留期限届满3日前作出向公安机关移送案件的决定。

对于决定向公安机关移送的案件，法院应及时与公安机关沟通，提供相关材料，并在公安机关正式立案后，办理相关人员及材料移交手续。

第二十二条 （材料移送）法院在办理执行案件时，应当注意相关证据材料的收集、甄别、固定、保存。对被执行人、协助执行人、担保人等的行为有可能构成犯罪，法院向公安机关刑事侦查部门移送案件时，应当移送下列材料：

（一）法院已经掌握的证实犯罪嫌疑人身份情况的相关材料。

犯罪嫌疑人已经被法院司法拘留的，法院应当向公安机关移送相关材料，并同时办理相关人员移交手续。

犯罪嫌疑人下落不明的，法院应当公安机关提供查找犯罪嫌疑人下落的相关线索。

（二）法院已经掌握的证实犯罪嫌疑人负有执行义务或协助执行义务的基本材料。

（三）法院已经掌握的证实犯罪嫌疑人拥有或曾经拥有履行判决、裁定确定全部或部分义务的货币或其他财产的证据。

（四）法院已经掌握的证实犯罪嫌疑人有拒不履行或妨害执行行为的相关材料。

（五）法院已经掌握的证实犯罪嫌疑人拒不履行或妨害执行相关情节或造成后果的相关材料。

第二十三条 （立案）对法院移送的案件，公安机关经过审查认为有犯罪事实需要追究刑事责任，符合刑事诉讼法规定的立案条件的，不论犯罪嫌疑人是否在案，应当立案。

公安机关认为不符合立案条件或者经立案侦查发现不应追究犯罪嫌疑人刑事责任的，应当听取法院意见，并在作出决定后 7 日内书面通知相关法院。

法院认为公安机关应当立案侦查而不立案侦查的，可建议检察机关予以监督。检察机关应当要求公安机关说明不立案的理由。检察机关认为公安机关不立案理由不能成立的，应当通知公安机关立案，公安机关接到通知后应当立案。

对于是否应当立案，公安机关、检察机关、法院存在意见分歧的，可以提请各自的上级机关协商解决。

第二十四条 （侦查）对已经立案的案件，公安机关应当依照刑事诉讼法的有关规定，开展侦查工作。

对法院移送的证据材料，公安机关应当依照刑事诉讼法的规定进行调查、核实。

对法院移送的材料尚未完全达到本《意见》规定的证据要求的，公安机关应当通过侦查予以补充。

对法院移送的材料中不符合刑事诉讼法规定的证据形式的，应当进行转化，包括讯问犯罪嫌疑人，重新调查、核实相关证据等。

对需要评估、鉴定的，应当委托具有法定资质的机构进行评估、鉴定。

在侦查过程中，需要法院执行部门配合的，法院执行部门应当予以配合。

第二十五条 （批捕及审查起诉）检察机关对于公安机关提请批准逮捕的拒不判决、裁定案件，应当在刑事诉讼法规定的期限内作出决定，对公安机关移送审查起诉的拒不执行判决、裁定案件应当在刑事诉讼法规定的期限内审查，并作出起诉的决定。

第二十六条 （审判）本市各级法院应当按照法律规定及本《意见》规定的犯罪构成要件、证据规格、工作要求，依法审理拒不执行判决、裁定犯罪案件。

第二十七条 （政策把握）在办理拒不执行判决、裁定案件过程中，应当贯彻"严宽相济"刑事政策。对于已经立案侦查的案件，犯罪嫌疑人自动履行或者协助执行判决、裁定，确有悔改表现且未造成其他严重后果的，在与各方沟通后，公安机关可以作出撤销案件的决定；在审查起诉过程中，犯罪嫌疑人自动履行或者协助执行判决、裁定，确有悔改表现且未造成其他严重后果的，在与各方沟通后，公诉机关可以作出不起诉的决定，或者向法院建议对被告人从轻处罚；在法院作出一审判决前，被告人自动履行或者协助执行判决、裁定，确有悔改表现的，可以酌情从轻或免予刑事处罚。

第四章 附 则

第二十八条 本《意见》自下发之日起试行。

第二十九条 本市公检法司以前制定的相关文件，内容与本《意见》不一致的，以本《意见》为准。

本《意见》下发后，法律或司法解释对本罪作出新规定的，以新规定为准。

上海市高级人民法院《人民法院量刑指导意见（试行）》实施细则（试行）

（2010 年 10 月 1 日）

为进一步规范刑罚裁量权，贯彻落实宽严相济的刑事政策，增强量刑的公开性，实现量刑均衡，维护司法公正，根据刑法、相关司法解释以及最高人民法院《人民法院量刑指导意见（试行）》的有关规定，结合本市刑事审判工作实际，制定本细则。

第一章 总 则

第一节 量刑的指导原则

一、量刑应当以事实为根据，以法律为准绳，根据犯罪的事实、犯罪的性质、情节和对社会的危害程度，决定判处的刑罚。

二、量刑既要考虑被告人所犯罪行的轻重，又要考虑被告人应负刑事责任的大小，做到罪责刑相适应，实现惩罚和预防犯罪的目的。

三、量刑应当贯彻宽严相济的刑事政策，做到该宽则宽，当严则严，宽严相济，罚当其罪，确保裁判法律效果和社会效果的统一。

四、量刑要客观、全面把握不同时期不同地区的经济社会发展和治安形势的变化，确保刑法任务的实现；对于同一地区同一时期，案情相近或相似的案件，所判处的刑罚应当基本均衡。

第二节 量刑的基本方法

一、量刑步骤：

1. 根据基本犯罪构成事实在相应的法定刑幅度内确定量刑起点；

2. 根据其他影响犯罪构成的犯罪数额、犯罪次数、犯罪后果等犯罪事实，在量刑起点的基础上增加刑罚量确定基准刑；

3. 根据量刑情节调节基准刑，并综合考虑全案情况，依法确定宣告刑。

二、量刑情节调整基准刑的方法：

1. 具有单个量刑情节的，根据量刑情节的调节比例直接对基准刑进行调节。

2. 具有多种量刑情节的，根据各个量刑情节的调节比例，采用同向相加、逆向相减的方法确定全部量刑情节的调节比例，再对基准刑进行调节。

3. 对于具有刑法总则规定的未成年人犯罪、限制行为能力的精神病人犯罪、又聋又哑的人或者盲人犯罪、防卫过当、避险过当、犯罪预备、犯罪未遂、犯罪中止、从犯、胁从犯和教唆犯等量刑情节的，先用该量刑情节对基准刑进行调节，在此基础上，再用其他量刑情节进行调节。

4. 被告人犯数罪，同时具有适用各个罪的立功、累犯等量刑情节的，先用各个量刑情节调节个罪的基准刑，确定个罪所应判处的刑罚，再依法实行数罪并罚，决定执行的刑罚。

5. 当同一行为或情况涉及本细则规定的不同量刑情节时，一般不得重复评价，应选择对被告人从重或者从轻幅度最大的情节适用。

6. 在数罪并罚的情况下，各罪一般不得相互作为从重处罚的情节，本细则另有规定的除外。

三、确定宣告刑的方法：

1. 量刑情节对基准刑的调节结果在法定刑幅度内，且罪责刑相适应的，可以直接确定为宣告刑。

2. 量刑情节对基准刑的调节结果在法定最低刑以下，具有减轻处罚情节，且罪责刑相适应的，可以直接确定为宣告刑；只有从轻处罚情节的，可以确定法定最低刑为宣告刑。

3. 被告人有应当减轻处罚情节的，应当在法定最低刑以下确定宣告刑。如果按照本细则的规定，实际量刑结果未达到减轻处罚程度，可不受本细则规定的量刑调节幅度的限制，在下一量刑幅度内确定宣告刑。但对只有一个减轻处罚情节的，宣告刑一般不得低于下一量刑幅度的中线，本细则另有规定的除外。

如果减轻处罚后的量刑结果低于有期徒刑六个月的，可判处法条没有规定的管制、拘役或者单处附加刑。

4. 量刑情节对基准刑的调节结果在法定最高刑以上的，可以法定最高刑为宣告刑。

5. 根据案件具体情况，独任审判员或合议庭可以在10%的幅度内进行调整，调整后的结果仍然罪责刑不相适应的，分管副院长可以要求复议或提交审判委员会讨论决定宣告刑。

对因民间矛盾引发的轻微刑事案件，如果双方当事人达成和解协议，经分管副院长审批或提交审判委员会讨论决定，从宽幅度可不受本细则限制。

四、综合全案犯罪事实和量刑情节，依法应当判处拘役、管制或者单处附加刑或者无期徒刑以上刑罚的，应当依法适用。

五、宣告刑为三年以下有期徒刑、拘役并符合缓刑适用条件的，可以依法宣告缓刑；犯罪情节轻微，不需要判处刑罚的，可以免予刑事处罚。

六、量刑结果一般以年、月计算，不足一个月的，取整数计算。对判处十年以上有期徒刑的案件，一般应以3个月、6个月、9个月为单位取整数计算。

第三节 常见量刑情节的适用

量刑时要充分考虑各种法定和酌定量刑情节，根据案件的全部犯罪事实以及量刑情节的不同情形，依法确定量刑情节的适用及其调节比例。对严重暴力犯罪、黑社会性质组织犯罪、毒品犯罪，在确定从宽的幅度时，要从严掌握；对较轻的犯罪要充分体现从宽的政策。对以下常见量刑情节，可以在相应的幅度内确定具体调节比例，本细则另有规定的除外。对于本细则没有规定的量刑情节，可以参照最相类似的情节确定量刑调节幅度，并可在该最相类似的情节量刑调节幅度的基础上，一般按不超过5%的幅度进行调整。

一、法定量刑情节

（一）对于限制责任能力的人犯罪的，应当综合考虑行为人辨认和控制能力的缺陷程度、与犯罪发生的因果关系、实际的危害后果等情况，确定适当的从宽幅度，一般可按下列标准掌握：

1. 重度限制责任能力的人犯罪，可以减少基准刑的50%以下；

2. 中度限制责任能力的人犯罪，可以减少基准刑的30%以下；

3. 轻度限制责任能力的人犯罪，可以减少基准刑的20%以下。

（二）对于又聋又哑的人或者盲人犯罪的，应当综合考虑犯罪的性质、行为人本身的生理缺陷与犯罪之间的关系、行为人一贯表现等情况，确定适当的从宽幅度，一般可减少基准刑的10%—40%。

对于聋或哑或视力存在严重障碍的，可以减少基准刑的20%以下。

（三）对于防卫过当或紧急避险过当构成犯罪的，可以减少基准刑的50%以上。对造成特别严重后果的，可以减少基准刑的30%—60%。

（四）对于预备犯，应当综合考虑预备实施犯罪的性质、对社会可能造成的危害、预备的程度、未进一步实施犯罪的原因等情况，确定适当的从宽幅度，一般可按下列标准掌握：

1. 预备实施犯罪的，可以减少基准刑的40%—70%；
2. 预备实施犯罪，情节轻微，不需要判处刑罚的，可以依法免除处罚。

（五）对于未遂犯，应当综合考虑行为的实行程度、造成损害结果的大小、犯罪未得逞的原因等情况，比照既遂犯确定适当的从宽幅度，一般可按下列标准掌握：

1. 实行终了的未遂，可以减少基准刑的10%—30%；
2. 未实行终了的未遂，可以减少基准刑的20%—40%；
3. 不能犯未遂的，可以减少基准刑的30%—50%。

（六）对于中止犯，应当综合考虑行为的实行程度、实际造成的危害结果、放弃犯罪的原因等情况，确定适当的从宽幅度，一般可按下列标准掌握：

1. 犯罪过程中，自动放弃犯罪，可以减少基准刑的50%—70%；
2. 犯罪行为实施完毕后，自动有效地防止犯罪结果发生的，可以减少基准刑的40%—60%；
3. 犯罪中止，情节轻微且未造成损害后果的，可以依法免除处罚。

（七）对于共同犯罪，应当根据各被告人在共同犯罪中的地位、作用以及是否直接实施犯罪实行行为等情况，确定适当的刑罚，体现量刑轻重的相对合理性和协调性。一般情况下，未直接实施犯罪实行行为的要轻于直接实施了犯罪实行行为的；未直接造成危害后果的要轻于直接造成危害后果的。对共同犯罪的被告人在适用同一量刑情节时，应注意因基准刑长短不同而造成同一情节所对应的实际量刑幅度的差异，并通过合理选择量刑调节幅度，保持量刑相对均衡。

1. 对于作用相对较小的主犯，可以作用最大主犯的基准刑为参照，以10%为幅度递减，按其在共同犯罪中的地位作用等情况，酌情处罚，但一般不得低于作用最大主犯基准刑的80%；
2. 未区分主从犯，但作用较小的被告人，可以作用最大的被告人的基准刑为参照，以10%为幅度递减，按其在共同犯罪中的地位作用等情况，酌情从轻处罚，但一般不得低于作用最大的被告人的基准刑的70%；
3. 对于从犯，作用相对较小的，可以减少基准刑的30%—50%；作用相对较大的，可以减少基准刑的20%—40%。
4. 对于同一案件中有多个从犯，根据案件情况确需进行量刑平衡的，可依照其在犯罪中的地位、作用的大小，以10%为幅度，酌情确定不同的基准刑减少等次；
5. 教唆未满十六周岁的未成年人犯罪或者教唆未满十八周岁未成年人犯罪情节严重的，可以增加基准刑的20%—40%；教唆已满十六周岁未满十八周岁的未成年人犯罪的，可以增加基准刑的10%—30%；
6. 对于胁从犯，可以根据犯罪性质、被胁迫的程度、在犯罪中的作用等情况，减少基准刑的40%—70%；作用较小或情节轻微，不需要判处刑罚的，可以依法免除处罚；
7. 对于被教唆参与犯罪的，依照其在共同犯罪中的地位、作用，依照本条的有关规定处罚。

（八）对于累犯，应当综合考虑前、后罪的性质，刑罚执行完毕或赦免以后至再犯罪时间的长短以及前后罪罪行轻重等情况，可以增加基准刑的10%—30%。

对于后罪与前罪属同种罪行或者重于前罪的，可以增加基准刑的20%—40%。

（九）对于自首，应当综合考虑投案的动机、时间、方式、罪行轻重、如实供述罪行的程度以及悔罪表现等情况，确定适当的从宽幅度，一般可按下列标准掌握：

1. 犯罪事实或者犯罪嫌疑人未被司法机关发觉，主动、直接投案构成自首的，可以减少基准刑的20%—40%；
2. 犯罪事实或者犯罪嫌疑人已被司法机关发觉，但犯罪嫌疑人尚未受到讯问、未被采取强制措施时，主动、直接投案构成自首的，可以减少基准刑的10%—30%；
3. 并非出于被告人主动，而是经亲友规劝、陪同投案的；公安机关通知犯罪嫌疑人的亲友或者亲友主动报案后，将犯罪嫌疑人送去投案的，可以减少基准刑的20%以下；
4. 罪行尚未被司法机关发觉，仅因形迹可疑，被有关组织盘问、教育后，主动交待罪行构成自首的，可以减少基准刑的20%以下；

5. 犯罪嫌疑人、被告人如实供述司法机关尚未掌握的罪行与司法机关已掌握或判决确定的罪行属不同种罪行，以自首论的，可以减少基准刑的20%以下，如实供述的罪行较重（依法应当判处十年以上有期徒刑）的，可以减少基准刑的10%—30%；

6. 犯罪较轻又具有自首情节的，可以减少基准刑的40%以上或者依法免除处罚。

（十）对于立功，应当综合考虑立功的大小、次数、内容、来源、效果以及所犯罪行的轻重等情况，确定适当的从宽幅度，一般可按下列标准掌握：

1. 一般立功，可以减少基准刑的20%以下；
2. 重大立功，可以减少基准刑的20%—50%；
3. 重大立功且所犯罪行较轻的，可以减少基准刑的50%以上或者依法免除处罚。

二、酌定量刑情节

（一）对于被采取强制措施的犯罪嫌疑人、被告人和已宣判的罪犯，如实供述司法机关尚未掌握的罪行与司法机关已掌握或判决确定的罪行属同种罪行的，根据坦白罪行的轻重以及悔罪表现等情况，可以减少基准刑的20%以下。

坦白司法机关已掌握罪行并对案件侦破确有帮助作用的，可以减少基准刑的10%以下。

（二）对于当庭自愿认罪的，根据犯罪的性质、罪行的轻重、认罪程度以及悔罪表现等情况，可以减少基准刑的10%以下；依法认定自首、坦白的除外。

（三）对于被害人有过错或对矛盾激化负有责任的，综合考虑案发的原因、被告人的一贯表现、被害人过错程度以及责任大小等情况，可以减少基准刑的20%以下。

（四）在单纯财产型犯罪中积极退赃、退赔的，应当综合考虑犯罪性质、退赃、退赔的主动性及对损害结果所能弥补的程度等情况，确定适当的从宽幅度，一般可按下列标准掌握：

1. 积极退赃、退赔的，按比例减少基准刑的30%以下；
2. 积极配合办案机关追缴赃款、赃物，未给被害人造成经济损失或未造成较大经济损失的，可以减少基准刑的10%以下。

对于侵犯复杂客体的犯罪，被告人积极退赃、退赔或积极配合办案机关追赃的，可以根据案件情况，酌情减少基准刑的20%以下。

（五）在人身损害型犯罪中积极赔偿被害人经济损失的，综合考虑犯罪性质、赔偿数额、赔偿能力、被害人或其家属的谅解程度等情况，可以减少基准刑的30%以下。

对于积极赔偿被害人经济损失并取得被害人或其家属谅解的，可以在前款规定的幅度内从宽掌握。

（六）对于取得被害人或其家属谅解的，综合考虑犯罪的性质、罪行轻重、谅解的原因以及认罪悔罪的程度等情况，可以减少基准刑的20%以下。

（七）对于老年人犯罪，应当综合考虑犯罪原因、犯罪性质、情节和对社会的危害程度等情况，可以减少基准刑的20%以下。

（八）对于有前科劣迹的，应当综合考虑前科劣迹的性质、时间间隔长短、次数、处罚轻重等情况，可以增加基准刑的10%以下。

对既有犯罪前科、劳动教养等劣迹，同时构成累犯的，在累犯评价的范围内，不得重复加重对被告人的处罚。

（九）对于黑社会性质组织犯罪、恶势力犯罪的，根据案件的具体情况，可以增加基准刑的20%以下。

（十）对于犯罪对象为未成年人、老年人、残疾人、孕妇等弱势人员的，综合考虑犯罪的性质、犯罪的严重程度等情况，可以增加基准刑的20%以下。

（十一）对于在重大自然灾害，预防、控制突发传染病疫情等灾害期间犯罪的，根据案件的具体情况，可以增加基准刑的20%以下。

第二章 分 则

第一节 交通肇事罪

对交通肇事犯罪量刑时，应当综合考虑事故责任大小、伤亡人数、财产损失并结合被告人事前、事后的表现等情况，依法确定应当判处的刑罚。

一、具有《最高人民法院关于审理交通肇事刑事案件具体应用法律若干问题的解释》（以下简称《解释》）规定的下列情形之一，依法应当在三年以下有期徒刑幅度内确定量刑起点：

1. 死亡一人，负事故全部责任的，量刑起点为有期徒刑1年6个月至2年；负事故主要责任的，量刑起点为有期徒刑1年至1年6个月。

2. 重伤三人，负事故全部责任的，量刑起点为有期徒刑1年6个月至2年；负事故主要责任的，量刑起点为有期徒刑 1 年至 1 年 6 个月。

3. 重伤四人，负事故全部责任的，量刑起点为有期徒刑 2 年至 2 年 6 个月；负事故主要责任的，量刑起点为有期徒刑 1 年 6 个月至 2 年。

4. 死亡三人，负事故同等责任的，量刑起点为有期徒刑 1 年 6 个月至 2 年。

5. 造成公共财产或者他人财产直接损失，无力赔偿数额 30 万元，负事故主要责任的，量刑起点为有期徒刑 6 个月至 1 年；负事故全部责任，量刑起点为有期徒刑 1 年至 1 年 6 个月。无能力赔偿数额每增加 1 万元，增加有期徒刑 1 个月。

6. 重伤一人，并具有《解释》第二条第二款第（一）至（六）项规定的情形之一，负事故全部责任的，量刑起点为有期徒刑 9 个月至 1 年 3 个月；负事故主要责任的，量刑起点为有期徒刑 6 个月至 1 年。

二、具有《解释》规定的下列情形之一，依法应当在三年以上七年以下有期徒刑幅度内确定量刑起点：

1. 死亡一人或者重伤三人，负事故主要或者全部责任；死亡三人，负事故同等责任；造成财产损失，负事故主要或全部责任，无力赔偿数额 30 万元；造成重伤一人，负事故全部或者主要责任，并具有《解释》第二条第二款第（一）至（五）项规定的情形之一，在发生交通事故后，为逃避法律追究而逃跑的，量刑起点为有期徒刑 3 年至 4 年。

2. 死亡二人，负事故全部责任的，量刑起点为有期徒刑 3 年 6 个月至 4 年；负事故主要责任的，量刑起点为有期徒刑 3 年至 3 年 6 个月。

3. 重伤五人，负事故全部责任的，量刑起点为有期徒刑 3 年 6 个月至 4 年；负事故主要责任的，量刑起点为有期徒刑 3 年至 3 年 6 个月。

4. 死亡六人，负事故同等责任的，量刑起点为有期徒刑 3 年 6 个月至 4 年。

5. 造成公共财产或者他人财产直接损失，负事故主要责任或全部责任，无能力赔偿数额 60 万元的，量刑起点为有期徒刑 3 年至 3 年 6 个月；损失数额每增加 2 万元，增加有期徒刑 3 个月。

6. 具有上述第 2 至 5 种情形之一，又具有逃逸情节的，量刑起点在原来各条规定的基础上增加有期徒刑 1 年。

三、犯交通肇事罪，因逃逸致一人死亡的，量刑起点为有期徒刑 7 年到 8 年；死亡人数每增加一人，增加有期徒刑 4 年。

四、在事故既造成死亡又造成重伤或既有财产损失又有人身伤亡且都达到各量刑幅度起刑点的情况下。一般应选择量刑较重的部分作为确定量刑起点的依据，并将其他部分作为情节按照本节第五条的规定对量刑起点进行调节；在量刑起点一样的情况下，按照死亡、重伤、财产损失的顺序确定起刑点。

五、在同一事故造成多人伤亡的情况下，一般可按下列标准增加刑罚量，确定基准刑，本节另有规定的除外：

1. 每增加一人轻微伤，负事故全部责任增加有期徒刑 1 个月；

2. 每增加一人轻伤，负事故主要责任增加有期徒刑 1 个月，负事故全部责任增加有期徒刑 2 个月；

3. 每增加一人重伤，负事故主要责任增加有期徒刑 3 个月，负事故全部责任增加有期徒刑 6 个月；

4. 每增加一人死亡，增加有期徒刑 1 年。

六、在行为已经构成交通肇事罪，又具有《解释》第二条第二款第（一）至（五）项规定的情形之一，每增加一项，增加有期徒刑 3 个月，确定基准刑。

第二节　故意伤害罪

对故意伤害犯罪量刑时，应当综合考虑案发的原因、伤害后果的大小、手段的残忍程度、被告人赔偿及被害人谅解的程度等因素，依法确定应当判处的刑罚。

一、对故意伤害犯罪。应当按照下列标准确定量刑起点：

1. 犯罪情节一般，致一人轻伤的，量刑起点为有期徒刑 6 个月至 1 年。

2. 犯罪情节一般，致一人重伤的，量刑起点为有期徒刑 3 年至 4 年。

3. 以特别残忍手段致一人重伤，造成六级严重残疾的，量刑起点为有期徒刑 10 年至 11 年。

4. 故意伤害致一人死亡，量刑起点为有期徒刑 13 年至 15 年。

二、在量刑起点的基础上。可以根据伤亡后果、伤残等级、手段的残忍程度等其他影响犯罪构成的犯罪事实增加刑罚量。确定基准刑。一般可按下列标准掌握：

1. 每增加一人轻微伤，增加有期徒刑 2 个月；

2. 每增加一人轻伤，增加有期徒刑 6 个月；

3. 每增加一人重伤，增加有期徒刑 1 年 6 个月；

4. 每增加一级普通残疾（10 到 7 级）的，增加有期徒刑 3 个月；每增加一级严重残疾（6 到 3 级）

的，增加有期徒刑1年；每增加一级特别严重残疾（1到2级）的，增加有期徒刑2年。

三、有下列情形之一的，可以增加基准刑的20%以下：
1. 持管制刀具或斧、锤等凶器实施伤害行为，或有预谋地持其他凶器实施伤害行为的；
2. 雇用他人实施伤害行为的；
3. 因实施其他违法犯罪而伤害他人的。

四、有下列情形之一的，可以减少基准刑的20%以下：
1. 因婚姻家庭、邻里纠纷等民间矛盾激化引发的；
2. 犯罪后积极抢救被害人的；
3. 因义愤而伤害他人的。

第三节 强奸罪

对强奸犯罪量刑时，应当综合考虑强奸的人数、次数、手段及危害后果等因素，依法确定应当判处的刑罚。

一、对强奸犯罪，应当按照下列标准确定量刑起点：
1. 强奸妇女一人，量刑起点为有期徒刑3年至4年；奸淫未满十四周岁幼女的，量刑起点为有期徒刑4年至5年。
2. 强奸妇女三人，量刑起点为有期徒刑10年至11年；奸淫未满十四周岁幼女三人，量刑起点为有期徒刑11年至12年。
3. 轮奸妇女，在公共场所当众强奸妇女，造成被害人重伤的，量刑起点为有期徒刑10年至12年。
4. 强奸妇女、奸淫幼女情节恶劣或造成被害人自杀、精神失常等严重后果的，量刑起点为有期徒刑10年至12年。

二、在量刑起点的基础上，可以根据强奸人数、次数、致人伤亡后果等其他影响犯罪构成的犯罪事实增加刑罚量，确定基准刑。一般可按下列标准掌握：
1. 强奸妇女或幼女，每增加一人，增加有期徒刑3年；
2. 强奸妇女或幼女，每增加一次，增加有期徒刑1年；
3. 每增加一人轻微伤，增加有期徒刑6个月；
4. 每增加一人轻伤，增加有期徒刑1年；
5. 每增加一人重伤，增加有期徒刑2年。

三、有下列情节之一的，可以增加基准刑的20%以下：
1. 强奸老年人、残疾人、孕妇、智障等弱势人员的；
2. 利用教养、监护、职务、亲属关系强奸的；
3. 携带凶器强奸的。

第四节 非法拘禁罪

对非法拘禁犯罪量刑时，应当综合考虑案件起因、拘禁人数、次数、时间以及造成的危害后果等因素，依法确定应当判处的刑罚。

一、对非法拘禁犯罪，应当按照下列标准确定量刑起点：
1. 非法拘禁一人，犯罪情节一般，未造成伤害后果的，量刑起点为拘役3个月至有期徒刑6个月。
2. 非法拘禁致一人重伤，犯罪情节一般的，量刑起点为有期徒刑3年至4年。
3. 非法拘禁致一人死亡的，量刑起点为有期徒刑10年至11年。

二、在量刑起点的基础上，可以根据非法拘禁人数、次数、拘禁时间、致人伤亡后果等其他影响犯罪构成的犯罪事实增加刑罚量，确定基准刑。一般可按下列标准掌握：
1. 每增加一人轻微伤，增加1个月至3个月；
2. 每增加一人轻伤，增加3个月至6个月；
3. 每增加一人重伤，增加有期徒刑6个月至1年；
4. 每增加一人死亡，增加有期徒刑1年至2年；
5. 被害人每增加一人，增加3个月；
6. 拘禁时间超过24小时，每增加12小时，增加1个月。

三、具有下列情形之一，可以增加基准刑的20%以下：
1. 具有殴打、侮辱情节的；
2. 国家机关工作人员利用职权非法拘禁他人的；
3. 造成被害人精神失常等严重后果的。

四、具有下列情形之一，可以减少基准刑：

1. 为索取合法债务、争取合法权益而非法扣押、拘禁他人的，减少基准刑的30%以下；
2. 因恋爱、婚姻家庭等原因非法拘禁他人且未造成严重后果的，减少基准刑的20%以下。

第五节　抢劫罪

对抢劫犯罪量刑时，应当综合考虑抢劫的动机、次数、手段、后果等因素，依法确定应当判处的刑罚。

一、对抢劫犯罪。应当按照下列标准确定量刑起点：
1. 抢劫一次，致一人轻伤以下或者虽未造成人身伤害但劫得财物（2000元以下）的，量刑起点为有期徒刑4年至5年。
2. 有下列情形之一，量刑起点为有期徒刑11年至12年：入户抢劫；在公共交通工具上抢劫；抢劫银行或者其他金融机构；抢劫三次或者抢劫数额达到巨大起点的；抢劫致一人重伤，没有造成残疾的；冒充军警人员抢劫的；持枪抢劫的；抢劫军用物资或者抢险、救灾、救济物资的。

二、在量刑起点的基础上，可以根据抢劫致人伤亡的后果、次数、数额、手段等其他影响犯罪的构成的犯罪事实增加刑罚量，确定基准刑。一般可按下列标准掌握：
1. 每增加一次抢劫，增加有期徒刑3年；
2. 每增加一人轻微伤，增加有期徒刑6个月；
3. 每增加一人轻伤，增加有期徒刑1年；
4. 每增加一人重伤，增加有期徒刑2年；
5. 每增加一级普通残疾（10到7级）的，增加3个月；每增加一级严重残疾（6到3级）的，增加1年；每增加一级特别严重残疾（1到2级）的，增加2年；
6. 抢劫数额每增加3000元，增加有期徒刑1年。

三、有下列情节之一的，可以增加基准刑的20%以下：
1. 持械抢劫的；
2. 有预谋抢劫或结伙抢劫的；
3. 因实施其他违法犯罪而抢劫的；
4. 抢劫多人但不构成多次抢劫的。

四、有下列情节之一的。可以减少基准刑：
1. 确因生活、学习、治病等急需而抢劫的，减少基准刑的20%以下；
2. 抢劫家庭成员或者近亲属财物的，减少基准刑的20%以下；
3. 未造成严重人身伤害（轻伤以下）且抢劫数额500元以下，减少基准刑的20%以下；
4. 转化型抢劫的，减少基准刑的10%以下。

第六节　盗窃罪

对盗窃犯罪量刑时，应当综合考虑盗窃的数额、次数、犯罪手段、犯罪对象、是否退缴赃款等因素，依法确定应当判处的刑罚。

一、一般盗窃，应当按照下列标准确定量刑起点和基准刑：

（一）普通盗窃
1. 数额达到2000元以上不满3400元，量刑起点为拘役3个月至拘役6个月。
2. 数额达到3400元，量刑起点为有期徒刑6个月。
3. 数额为3400元以上不满2万元，每增加550元，增加有期徒刑1个月。
4. 数额达到2万元，量刑起点为有期徒刑3年。
5. 数额为2万元以上不满10万元，每增加950元，增加有期徒刑1个月。
6. 数额达到10万元，量刑起点为有期徒刑10年。
7. 数额为10万元以上，每增加30万元，增加有期徒刑1年。

（二）入户盗窃
1. 数额达到1000元以上不满1600元，或者1年内入户盗窃3次以上，量刑起点为拘役3个月至拘役6个月。
2. 数额达到1600元，量刑起点为有期徒刑6个月。
3. 数额为1600元以上不满1万元，每增加280元，增加有期徒刑1个月。
4. 数额达到1万元，量刑起点为有期徒刑3年。
5. 数额为1万元以上不满5万元，每增加480元，增加有期徒刑1个月。
6. 数额达到5万元，量刑起点为有期徒刑10年。
7. 数额为5万元以上，每增加15万元，增加有期徒刑1年。

（三）扒窃

1. 数额达到 800 元以上不满 1300 元，或者 1 年内在公共场所扒窃 3 次以上，量刑起点为拘役 3 个月至拘役 6 个月。

2. 数额达到 1300 元，量刑起点为有期徒刑 6 个月。

3. 数额为 1300 元以上不满 8000 元，每增加 230 元，增加有期徒刑 1 个月。

4. 数额达到 8000 元，量刑起点为有期徒刑 3 年。

5. 数额为 8000 元以上不满 4 万元，每增加 380 元，增加有期徒刑 1 个月。

6. 数额达到 4 万元，量刑起点为有期徒刑 10 年。

7. 数额为 4 万元以上，每增加 12 万元，增加有期徒刑 1 年。

（四）其他

1. 普通盗窃数额达到 1500 元、入户盗窃数额达到 800 元或者扒窃数额达到 600 元，并具有下列情节之一的，应当以盗窃罪追究刑事责任，量刑起点为拘役 3 个月至拘役 5 个月：

（1）教唆未成年人盗窃的；

（2）服刑或者劳教期间盗窃的；

（3）缓刑、假释考验期内或者监外执行期间盗窃的；

（4）因盗窃被刑事处罚（包括免予刑事处罚）后两年内又盗窃的。

2. 普通盗窃数额分别达到 16000 元或者 8 万元，入户盗窃数额分别达到 8000 元或者 4 万元，扒窃数额分别达到 6000 元或者 3 万元，并具有下列情节之一的，可以分别认定为《刑法》第 264 条规定的"其他严重情节"或者"其他特别严重情节"，量刑起点分别为有期徒刑 3 年或者 10 年：

（1）犯罪集团的首要分子或者共同犯罪中情节严重的主犯；

（2）盗窃金融机构的；

（3）流窜作案，情节严重的；

（4）盗窃生产资料，严重影响生产的；

（5）盗窃救灾、抢险、防汛、优抚、扶贫、移民、救济、医疗款物，造成严重后果的；

（6）累犯；

（7）导致被害人死亡、精神失常或者其他严重后果的；

（8）造成其他重大损失的。

3. 既有普通盗窃，又有入户盗窃或者扒窃的，应当按照下列标准确定量刑起点：

（1）单独一种盗窃行为均没有达到定罪数额标准，但累计后达到轻度盗窃行为的定罪标准的，按照轻度盗窃行为确定量刑起点，重度盗窃行为作为酌定量刑情节考虑；

（2）重度盗窃行为达到定罪数额标准，轻度盗窃行为没有达到定罪数额标准，以重度盗窃行为数额确定量刑起点，轻度盗窃行为作为酌定量刑情节考虑；

（3）重度盗窃行为和轻度盗窃行为均达到定罪数额标准，重度盗窃行为情节较为严重的，以重度盗窃行为数额确定量刑起点，轻度盗窃行为作为酌定量刑情节考虑；

（4）重度盗窃行为和轻度盗窃行为均达到定罪数额标准，轻度盗窃行为情节较为严重的，将重度盗窃行为和轻度盗窃行为数额累计后，按照轻度盗窃行为确定量刑起点，重度盗窃行为作为酌定量刑情节考虑；

（5）重度盗窃行为和轻度盗窃行为情节不相上下，应将重度盗窃行为和轻度盗窃行为数额累计后，按照轻度盗窃行为确定量刑起点，重度盗窃行为作为酌定量刑情节考虑。

二、对于几种特殊盗窃。应当按照下列标准确定量刑起点和基准刑：

（一）盗窃文物

1. 盗窃国家三级文物 1 件，量刑起点为有期徒刑 1 年；盗窃国家三级文物 3 件，量刑起点为有期徒刑 3 年；盗窃国家三级文物 9 件，量刑起点为有期徒刑 10 年。每增加国家三级文物 1 件，增加有期徒刑 1 年。

2. 盗窃国家二级文物 1 件，量刑起点为有期徒刑 3 年；盗窃国家二级文物 3 件，量刑起点为有期徒刑 10 年。每增加国家二级文物 1 件，增加有期徒刑 3 年。

3. 盗窃国家一级文物 1 件，量刑起点为有期徒刑 10 年。

4. 在对盗窃文物犯罪量刑时，一案中盗窃三级以上不同等级文物的，按照所盗文物中高级别文物的量刑幅度处罚；一案中盗窃同级文物三件以上的，按照盗窃高一级文物的量刑幅度处罚。

（二）盗窃增值税专用发票或者可以用于骗取出口退税、抵扣税款的其他发票

1. 盗窃增值税专用发票或者可以用于骗取出口退税、抵扣税款的其他发票 25 份以上不满 40 份，量刑起点为拘役 3 个月至拘役 6 个月。

2. 盗窃增值税专用发票或者可以用于骗取出口退税、抵扣税款的其他发票 40 份，量刑起点为有期

徒刑 6 个月。

3. 盗窃增值税专用发票或者可以用于骗取出口退税、抵扣税款的其他发票 40 份以上不满 250 份，每增加 7 份，增加有期徒刑 1 个月。

4. 盗窃增值税专用发票或者可以用于骗取出口退税、抵扣税款的其他发票 250 份，量刑起点为有期徒刑 3 年。

5. 盗窃增值税专用发票或者可以用于骗取出口退税、抵扣税款的其他发票 250 份不满 2500 份，每增加 27 份，增加有期徒刑 1 个月。

6. 盗窃增值税专用发票或者可以用于骗取出口退税、抵扣税款的其他发票 2500 份，量刑起点为有期徒刑 10 年。

7. 盗窃增值税专用发票或者可以用于骗取出口退税、抵扣税款的其他发票 2500 份以上的，可根据犯罪数额、后果等情节确定量刑起点。

（三）盗窃违禁品

盗窃毒品、淫秽物品等违禁品的，不计算数额，根据情节轻重量刑。在具体确定量刑档次和裁量刑罚时，可以适当参考当地违禁品非法交易价格及盗窃违禁品的数量确定量刑档次，分别认定"数额较大"、"有其他严重情节"、"有其他特别严重情节"，并参考一般盗窃的数额标准确定具体的基准刑。

对于盗窃的违禁品按照当地违禁品非法交易价格虽然没有达到"数额较大"以上，但盗窃鸦片 200 克以上、海洛因 10 克以上或者其他毒品数量较大的，或者盗窃淫秽录像带、光盘 30 盘以上，淫秽书刊 50 本以上，淫秽扑克牌或者其他淫秽物品 60 件以上的，可以作为追究盗窃罪刑事责任的起点标准。

三、有下列情形之一的，可以增加基准刑：

1. 以破坏性手段盗窃造成公私财产损失的，增加基准刑的 10% 以下，造成公私财产损失较大的，增加基准刑的 20% 以下；

2. 盗窃优抚、扶贫、移民、救济、医疗等款物的，增加基准刑的 20% 以下；

3. 盗窃生产资料，未严重影响生产的，增加基准刑的 10% 以下，严重影响生产的，增加基准刑的 10%—30%；

4. 为吸毒、赌博等违法犯罪活动而盗窃的，增加基准刑的 10% 以下；

5. 导致被害人死亡、精神失常或者其他严重后果的，增加基准刑的 30%—40%；

6. 多次盗窃的，增加基准刑的 10%—20%；

7. 在重要的大型会展、运动会等公共活动场所盗窃的，增加基准刑的 20% 以下。

四、有下列情形之一的，可以减少基准刑：

1. 确因生活、学习、治病急需而盗窃的，减少基准刑的 30% 以下；

2. 在案发前自动将赃物放回原处或者归还被害人的，减少基准刑的 40%—60%；自动将部分赃物放回原处或者归还被害人的，可以按比例减少基准刑；

3. 盗窃近亲属财物的，一般不作为犯罪处理；确有追究刑事责任必要的，减少基准刑的 40%—60%；

4. 因一念之差偶然犯罪的，减少基准刑的 10% 以下。

第七节 诈骗罪

对诈骗犯罪量刑时，应当综合考虑诈骗的数额、次数、犯罪动机、犯罪对象、是否退缴赃款等因素，依法确定应当判处的刑罚。

一、对诈骗犯罪，应当按照下列标准确定量刑起点和基准刑：

1. 数额达到 4000 元以上不满 8000 元，量刑起点为拘役 3 个月至拘役 6 个月。

2. 数额达到 8000 元，量刑起点为有期徒刑 6 个月。

3. 数额为 8000 元以上不满 5 万元，每增加 1400 元，增加有期徒刑 1 个月。

4. 数额达到 5 万元，量刑起点为有期徒刑 3 年。

5. 数额为 5 万元以上不满 20 万元，每增加 1800 元，增加有期徒刑 1 个月。

6. 数额达到 20 万元，量刑起点为有期徒刑 10 年。

7. 数额为 20 万元以上，每增加 36 万元，增加有期徒刑 1 年。

二、有下列情形之一的，可以增加基准刑：

1. 在预防、控制突发传染病疫情等灾害期间，假借研制、生产或者销售用于预防、控制突发传染病疫情等灾害用品的名义诈骗公私财物的，增加基准刑的 30% 以下；

2. 诈骗财物为被害单位、被害人所急需的生产资料，并严重影响生产或者造成其他严重损失的，增加基准刑的 10%—30%；

3. 诈骗优抚、扶贫、移民、救济、医疗款物的，增加基准刑的 20% 以下；

4. 因诈骗导致被害人死亡、精神失常或者其他严重后果的，增加基准刑的30%—40%；
5. 为吸毒、赌博等违法犯罪活动而诈骗的，增加基准刑的10%以下；
6. 多次诈骗或诈骗多人的，增加基准刑的10%—20%。
三、有下列情形之一的，可以减少基准刑：
1. 确因生活、学习、治病等急需而诈骗的，减少基准刑的30%以下；
2. 诈骗近亲属财物的，一般不作为犯罪处理，确有追究刑事责任必要的，减少基准刑的40%—60%。

第八节 抢夺罪

对抢夺犯罪量刑时，应当综合考虑犯罪数额、次数、犯罪动机、犯罪手段、造成的后果等因素，依法确定应当判处的刑罚。
一、对抢夺犯罪。应当按照下列标准确定量刑起点和基准刑：
1. 数额达到500元以上不满800元，量刑起点为拘役3个月至拘役6个月。
2. 数额达到800元，量刑起点为有期徒刑6个月。
3. 数额为800元以上不满5000元，每增加140元，增加有期徒刑1个月。
4. 数额达到5000元，量刑起点为有期徒刑3年。
5. 数额为5000元以上不满3万元，每增加：300元，增加有期徒刑1个月。
6. 数额达到3万元，量刑起点为有期徒刑10年。
7. 数额为3万元以上，每增加10万元，增加有期徒刑1年。
二、抢夺数额分别达到4000元或者24000元，并具有下列情形之一的，可以分别认定为《刑法》第267条规定的"其他严重情节"或者"其他特别严重情节"，量刑起点分别为有期徒刑3年或者10年：
1. 抢夺残疾人、老年人、不满14周岁未成年人财物的；
2. 抢夺优抚、扶贫、移民、救济、医疗等款物的；
3. 一年内抢夺三次以上的；
4. 利用行驶的机动车、非机动车抢夺的；
5. 以银行、证券公司等金融机构取款人为抢夺目标的。
三、抢夺数额分别达到500元、5000元、3万元以上，并具有下列情形之一的。可以增加基准刑：
1. 抢夺优抚、扶贫、移民、救济、医疗等款物的，增加基准刑的20%以下；
2. 多次抢夺或抢夺多人的，增加基准刑的10%—20%；
3. 利用行驶的机动车、非机动车抢夺的，增加基准刑的20%以下；
4. 以银行、证券公司等金融机构取款人为抢夺目标的，增加基准刑的20%以下。
四、具有下列情形之一的，可以增加基准刑：
1. 为吸毒、赌博等违法犯罪活动而抢夺的，增加基准刑的10%以下；
2. 在重要的大型会展、运动会等公共活动场所抢夺的，增加基准刑的20%以下；
3. 因抢夺每增加一人轻微伤，增加2个月；每增加一人轻伤，增加有期徒刑6个月至1年。
五、有下列情形之一的，可以减少基准刑：
1. 确因生活、学习、治病等急需而抢夺的，减少基准刑的30%以下；
2. 案发前自动归还被害人财物的，减少基准刑的40%—60%；自动将部分赃物归还被害人的，可以按比例少基准刑；
3. 因一念之差偶然犯罪的，减少基准刑的10%以下。

第九节 职务侵占罪

对职务侵占犯罪量刑时，应当综合考虑职务侵占数额、次数、是否退缴赃款等因素，依法确定应当判处的刑罚。
一、对职务侵占犯罪。应当按照下列标准确定量刑起点和基准刑：
1. 数额达到1万元以上不满2万元，量刑起点为拘役3个月至有期徒刑1年。
2. 数额达到2万元，量刑起点为有期徒刑1年。
3. 数额为2万元以上不满10万元，每增加1600元，增加有期徒刑1个月。
4. 数额达到10万元，量刑起点为有期徒刑5年。
5. 数额为10万元以上，可根据职务侵占数额、次数等犯罪事实和情节增加刑罚量确定基准刑。
二、有下列情形之一的，可以增加基准刑：
1. 侵占用于预防、控制突发传染病疫情等灾害的款物的，增加基准刑的20%以下；造成严重后果的，增加基准刑的20%—30%；

2. 侵占优抚、扶贫、移民、救济、医疗等款物的，增加基准刑的20%以下；
3. 侵占法人、企业或者其他组织急需的生产资料，未严重影响生产的，增加基准刑的10%以下；严重影响生产的，增加基准刑的10%—30%；
4. 为吸毒、赌博等违法犯罪活动而职务侵占的，增加基准刑的10%以下。
三、确因生活困难、治病等急需而职务侵占的，减少基准刑的30%以下。

第十节 敲诈勒索罪

对敲诈勒索犯罪量刑时，应当综合考虑案发的原因、犯罪数额、次数、犯罪手段、造成的后果等因素，依法确定应当判处的刑罚。

一、对于敲诈勒索犯罪，应当按照下列标准确定量刑起点和基准刑：
1. 数额达到3000元以上不满5000元，量刑起点为拘役3个月至拘役6个月。
2. 数额达到5000元，量刑起点为有期徒刑6个月。
3. 数额为5000元以上不满3万元，每增加830元，增加有期徒刑1个月。
4. 数额达到3万元，量刑起点为有期徒刑3年。
5. 数额为3万元以上，每增加3万元，增加有期徒刑1年。

二、敲诈勒索达到24000元，并具有下列情形之一的，可以认定为《刑法》第274条规定的"其他严重情节"，量刑起点为有期徒刑3年：
1. 一年内敲诈勒索3次以上，或者一次向3人以上敲诈勒索的；
2. 对残疾人、老年人、不满14周岁的未成年人、丧失劳动能力的人敲诈勒索的；
3. 导致被害人自杀、精神失常或造成其他严重后果的。

三、敲诈勒索分别达到3000元和3万元以上，并具有下列情形之一的，可以增加基准刑：
1. 一年内敲诈勒索3次以上，或者一次向3人以上敲诈勒索，增加基准刑的10%—20%；
2. 导致被害人自杀、精神失常或造成其他严重后果的，增加基准刑的30%—40%；
3. 以非法手段获取他人隐私勒索他人财物的，增加基准刑的10%以下；
4. 以危险方法制造事端敲诈勒索的，增加基准刑的10%—30%；
5. 冒充国家机关工作人员敲诈勒索的，增加基准刑的10%—30%；
6. 为吸毒、赌博等违法犯罪活动而敲诈勒索的，增加基准刑的10%以下；
7. 每增加一人轻微伤，增加2个月；每增加一人轻伤，增加有期徒刑6个月至1年。

四、有下列情形之一的，可以减少基准刑：
1. 确因生活、学习、治病等急需而敲诈勒索的，减少基准刑的30%以下；
2. 敲诈勒索近亲属财物的，一般不作为犯罪处理；确有追究刑事责任必要的，减少基准刑的40%—60%。

第十一节 妨害公务罪

对妨害公务犯罪量刑时，应当综合考虑案件的起因、妨害公务的手段、造成的后果及影响等因素，依法确定应当判处的刑罚。

一、妨害公务犯罪情节一般，造成的社会影响较小，量刑起点为拘役3个月至有期徒刑6个月；造成较大社会影响的，量刑起点为有期徒刑6个月至1年。

二、在量刑起点的基础上，可以根据妨害公务的手段、造成的后果等其他影响犯罪构成的犯罪事实增加刑罚量，确定基准刑。一般可按下列标准掌握：
1. 每增加一人轻微伤，增加2个月；
2. 每增加一人轻伤，增加有期徒刑6个月；
3. 严重扰乱社会秩序或者造成其他严重后果的，增加有期徒刑1年。

三、具有下列情形之一的，可以增加基准刑的20%以下：
1. 持械或者利用机动车等方法妨害公务的；
2. 造成较大财产损失的；
3. 煽动群众阻碍依法执行职务、履行职责的。

四、因执行公务行为不规范而导致妨害公务犯罪的，可以减少基准刑的20%以下。

第十二节 聚众斗殴罪

对聚众斗殴犯罪量刑时，应当综合考虑聚众斗殴的起因、人数、次数、手段、后果及社会影响等因素，依法确定应当判处的刑罚。

一、对聚众斗殴犯罪，应当按照下列标准确定量刑起点和基准刑：

1. 聚众斗殴一次，犯罪情节一般，量刑起点为有期徒刑1年至1年6个月。每增加一人轻微伤，增加有期徒刑2个月；每增加一人轻伤，增加有期徒刑6个月；每增加一次聚众斗殴，增加有期徒刑6个月至1年。

2. 具有下列情形之一，量刑起点为有期徒刑3年至4年：
（1）多次聚众斗殴；
（2）聚众斗殴人数多、规模大；
（3）在公共场所或者交通要道聚众斗殴，造成社会秩序混乱的；
（4）持械聚众斗殴。

每增加上述一项情形或同种情形一次的，增加有期徒刑1年；每增加一人轻微伤，增加有期徒刑3个月；每增加一人轻伤，增加有期徒刑9个月；每增加一次聚众斗殴，增加有期徒刑1年6个月至2年。

二、有下列情形之一。可以增加基准刑的20%以下：
1. 社会影响恶劣的；
2. 造成公私财物较大损失的；
3. 组织未成年人参与斗殴的。

第十三节 寻衅滋事罪

对寻衅滋事犯罪量刑时，应当综合考虑寻衅滋事次数、后果及造成的社会影响等因素，依法确定应当判处的刑罚。

一、寻衅滋事构成犯罪，需要判处自由刑的，量刑起点为有期徒刑6个月至1年。

二、在量刑起点的基础上。可以根据寻衅滋事次数、损害后果、强拿硬要他人财物或任意损毁、占用公私财物数额等其他影响犯罪构成的犯罪事实增加刑罚量，确定基准刑。一般可按下列标准掌握：
1. 每增加一人轻微伤，增加有期徒刑2个月；
2. 每增加一人轻伤，增加有期徒刑6个月；
3. 每增加寻衅滋事一次，增加有期徒刑6个月；
4. 强拿硬要他人财物或者任意损毁、占用公私财物价值超过2000元，每增加500元，增加有期徒刑1个月。

三、有下列情形之一。可以增加基准刑的20%以下：
（1）持械滋事的；
（2）结伙滋事的；
（3）造成较大社会影响的。

第十四节 掩饰、隐瞒犯罪所得、犯罪所得收益罪

对掩饰、隐瞒犯罪所得、犯罪所得收益罪量刑时，应当综合考虑犯罪数额、犯罪次数、犯罪对象及造成的后果等因素，依法确定应当判处的刑罚。

一、对掩饰、隐瞒犯罪所得、犯罪所得收益罪。应当按照下列标准确定量刑起点：
1. 对于犯罪情节一般，犯罪金额在1万元以下，需要判处自由刑的，量刑起点为拘役3个月至有期徒刑6个月。
2. 对于买赃自用，犯罪金额在2万元以下，需要判处自由刑的，量刑起点为拘役3个月至有期徒刑6个月。
3. 对掩饰、隐瞒犯罪所得，涉及机动车5辆以上，或者掩饰、隐瞒犯罪所得、犯罪所得收益价值总额达到50万元以上，量刑起点为有期徒刑3年至4年。

二、在量刑起点的基础上。可以根据犯罪数额等其他影响犯罪构成的犯罪事实增加刑罚量，确定基准刑。一般可按下列标准掌握：
1. 犯罪金额13万元以下，每增加2万元，增加1个月；
2. 犯罪金额13万元至50万元，每增加15000元，增加有期徒刑1个月；
3. 犯罪金额50万元以上，每增加10万元，增加有期徒刑3个月；
4. 每增加一次掩饰、隐瞒犯罪所得、犯罪所得收益行为的，增加3个月。

三、有下列情形之一的，可以增加基准刑的20%以下：
1. 以掩饰、隐瞒犯罪所得、犯罪所得收益为业的；
2. 犯罪对象涉及国家安全、公共安全或重大公共利益的。

四、买赃自用的，可以减少基准刑的30%以下。本节另有规定的除外。

第十五节 毒品犯罪

对毒品犯罪量刑时，应当以毒品数量为基础，综合考虑毒品的种类、犯罪的次数、犯罪的组织形式等因素，依法确定应当判处的刑罚。

一、走私、贩卖、运输、制造毒品，应当按照下列标准确定量刑起点和基准刑：

1. 走私、贩卖、运输、制造海洛因、甲基苯丙胺或者可卡因：

数量达到 50 克，量刑起点为有期徒刑 15 年；

数量达到 10 克，量刑起点为有期徒刑 7 年；

数量达到 7 克，量刑起点为有期徒刑 3 年；

数量为 2 克以下，量刑起点为拘役 3 个月至有期徒刑 6 个月。

同时，可按下列标准增加刑罚量，确定基准刑：

数量为 10 克以上不满 50 克的，每增加 5 克增加有期徒刑 1 年；

数量为 7 克以上不满 10 克的，每增加 1 克增加有期徒刑 1 年；

数量为 2 克以上不满 7 克的，每增加 1 克增加有期徒刑 6 个月。

2. 走私、贩卖、运输、制造吗啡或者二亚甲基双氧安非他明（MDMA）等苯丙胺类毒品（甲基苯丙胺除外）：

数量达到 100 克，量刑起点为有期徒刑 15 年；

数量达到 20 克，量刑起点为有期徒刑 7 年；

数量达到 14 克，量刑起点为有期徒刑 3 年；

数量为 4 克以下，量刑起点为拘役 3 个月至有期徒刑 6 个月。

同时，可按下列标准增加刑罚量，确定基准刑：

数量为 20 克以上不满 100 克的，每增加 10 克增加有期徒刑 1 年；

数量为 14 克以上不满 20 克的，每增加 2 克增加有期徒刑 1 年；

数量为 4 克以上不满 14 克的，每增加 2 克增加有期徒刑 6 个月。

3. 走私、贩卖、运输、制造鸦片、氯胺酮、美沙酮：

数量达到 1 千克，量刑起点为有期徒刑 15 年；

数量达到 200 克，量刑起点为有期徒刑 7 年；

数量达到 140 克，量刑起点为有期徒刑 3 年；

数量为 40 克以下，量刑起点为拘役 3 个月至有期徒刑 6 个月。

同时，可按下列标准增加刑罚量，确定基准刑：

数量为 200 克以上不满 1 千克的，每增加 100 克增加有期徒刑 1 年；

数量为 140 克以上不满 200 克的，每增加 20 克增加有期徒刑 1 年；

数量为 40 克以上不满 140 克的，每增加 20 克增加有期徒刑 6 个月。

4. 走私、贩卖、运输、制造三唑仑或者安眠酮：

数量达到 50 千克，量刑起点为有期徒刑 15 年；

数量达到 10 千克，量刑起点为有期徒刑 7 年；

数量达到 7 千克，量刑起点为有期徒刑 3 年；

数量为 2 千克以下，量刑起点为拘役 3 个月至有期徒刑 6 个月。

同时，可按下列标准增加刑罚量，确定基准刑：

数量为 10 千克以上不满 50 千克的，每增加 5 千克增加有期徒刑 1 年；

数量为 7 千克以上不满 10 千克的，每增加 1 千克增加有期徒刑 1 年；

数量为 2 千克以上不满 7 千克的，每增加 1 千克增加有期徒刑 6 个月。

5. 走私、贩卖、运输、制造咖啡因：

数量达到 200 千克，量刑起点为有期徒刑 15 年；

数量达到 50 千克，量刑起点为有期徒刑 7 年；

数量达到 35 千克，量刑起点为有期徒刑 3 年；

数量为 10 千克以下（含 10 千克），量刑起点为拘役 3 个月至有期徒刑 6 个月。

同时，可按下列标准增加刑罚量，确定基准刑：

数量为 50 千克以上不满 200 千克的，每增加 10 千克增加有期徒刑 6 个月；

数量为 35 千克以上不满 50 千克的，每增加 5 千克增加有期徒刑 1 年；

数量为 10 千克以上不满 35 千克的，每增加 5 千克增加有期徒刑 6 个月。

6. 走私、贩卖、运输、制造毒品集团的首要分子；武装掩护走私、贩卖、运输、制造毒品的；以暴力抗拒检查、拘留、逮捕情节严重的；参与有组织的国际贩毒活动的，量刑起点为有期徒刑 15 年。

7. 国家工作人员走私、贩卖、运输、制造毒品；在戒毒场所贩卖毒品的；向多人或者多次贩卖毒品以及具有其他严重情节的，量刑起点为有期徒刑3年至4年。

二、对被告人走私、贩卖、运输、制造两种以上毒品的。不实行数罪并罚，量刑时可以将不同种类毒品统一折算成海洛因计算毒品数量后依法裁量刑罚。具体折算时，对刑法、司法解释已经明确规定了数量标准的毒品，应依照刑法、司法解释规定的数量标准比例进行折算。对于刑法、司法解释没有明确规定数量标准的毒品，有条件折算成海洛因的，参照国家食品药品监督管理局制定的《非法药物折算表》进行折算。

三、有下列情形之一的。可以增加基准刑：
1. 对同一宗毒品实施走私、贩卖、运输、制造两种以上行为的，增加基准刑的10%以下；
2. 组织、利用、教唆未成年人、孕妇、哺乳期妇女、患有严重疾病人员及其他特殊人群走私、贩卖、运输、制造毒品或者向未成人出售毒品的，增加基准刑的30%以下；
3. 毒品再犯，增加基准刑的30%以下。

四、有下列情形之一的。可以减少基准刑30%以下：
1. 孕妇、哺乳期妇女、患有严重疾病人员以及其他特殊人群被利用参与毒品犯罪的；
2. 受雇佣运输毒品的；
3. 毒品含量明显偏低的；
4. 存在数量引诱的。

第三章 附 则

一、本细则所称的"以上"、"以下"，均包含本数，本细则另有规定的除外。
二、未成年人犯罪案件量刑指导意见实施细则，另行制定。
三、本细则试行前，本院制定的有关量刑的指导陛文件中与本细则有抵触的，按本细则的规定执行。
四、本细则下发试行后，如新的法律、司法解释或最高法院新的指导意见有不同规定的，按照新的规定执行。

上海市高级人民法院《未成年人刑事案件量刑指导意见实施细则（试行）》

（2010年12月16日）

为进一步规范刑罚裁量权，贯彻落实宽严相济的刑事政策，体现"教育为主，惩罚为辅"的未成年人刑事案件审判原则，增强量刑的公开性，实现量刑均衡，维护司法公正，根据刑法、相关司法解释以及最高人民法院《人民法院量刑指导意见（试行）》的有关规定，结合本市未成年人刑事审判工作实际，制定本实施细则。

第一章 总 则

第一节 量刑的基本原则

一、对未成年被告人的量刑应当以事实为根据，以法律为准绳，根据犯罪的事实、犯罪的性质、情节和对社会的危害程度，遵循"教育为主、惩罚为辅"的原则，充分考虑对未成年被告人教育、感化、挽救的需要。

二、对未成年被告人的量刑既要考虑所犯罪行的轻重，又要考虑应负刑事责任的大小，并结合未成年被告人实施犯罪行为的动机和目的、犯罪时的年龄、是否初次犯罪、犯罪后的悔罪表现、个人成长经历和一贯表现等因素，做到罪责刑相适应，实现惩罚和预防犯罪的目的。

对未成年被告人量刑时，应根据未成年被告人的经历以及社会调查报告、心理分析报告等材料，结合案件具体情况，从最有利于对未成年被告人教育、感化、挽救的需要出发，选择合适的起刑点和量刑调节幅度并确定应当判处的刑罚。

三、对未成年被告人的量刑应当贯彻宽严相济的刑事政策，做到该宽则宽，当严则严，宽严相济，罚当其罪，确保裁判法律效果和社会效果的统一。

四、对未成年被告人的量刑要客观、全面把握不同时期不同地区的经济社会发展和治安形势的变化，确保刑法任务的实现；对于同一地区同一时期，案情相近或相似的案件，所判处的刑罚应当基本均衡。

五、对未成年人和成年人共同犯罪案件的量刑，应当在对各被告人犯罪社会危害性进行依法评价的基础上，充分考虑未成年被告人犯罪的特殊性，并确保各被告人之间量刑的相对均衡。

对于依照有关规定分案审理的案件，应当加强沟通，确保前后判决之间量刑的相对均衡。

第二节 量刑的基本方法

一、量刑步骤

1. 根据基本犯罪构成事实在相应的法定刑幅度内确定量刑起点；
2. 根据其他影响犯罪构成的犯罪数额、犯罪次数、犯罪后果等犯罪事实，在量刑起点的基础上增加刑罚量确定基准刑；
3. 根据量刑情节调节基准刑，并综合考虑全案情况，依法确定宣告刑。

二、量刑情节调整基准刑的方法

1. 具有单个量刑情节的，根据量刑情节的调节比例直接对基准刑进行调节。
2. 具有多种量刑情节的，根据各个量刑情节的调节比例，采用同向相加、逆向相减的方法确定全部量刑情节的调节比例，再对基准刑进行调节。
3. 对于具有刑法总则规定的未成年人犯罪、限制行为能力的精神病人犯罪、又聋又哑的人或者盲人犯罪、防卫过当、避险过当、犯罪预备、犯罪未遂、犯罪中止、从犯、胁从犯和教唆犯等量刑情节的，先用该量刑情节对基准刑进行调节，在此基础上，再用其他量刑情节进行调节。
4. 被告人犯数罪，同时具有适用各个罪的立功、累犯等量刑情节的，先用各个量刑情节调节个罪的基准刑，确定个罪所应判处的刑罚，再依法实行数罪并罚，决定执行的刑罚。
5. 当同一行为或情况涉及本细则规定的不同量刑情节时，一般不得重复评价，应选择对被告人从重或者从轻幅度最大的情节适用。
6. 在数罪并罚的情况下，各罪一般不得相互作为从重处罚的情节，本细则另有规定的除外。

三、确定宣告刑的方法

1. 量刑情节对基准刑的调节结果在法定刑幅度内，且罪责刑相适应的，可以直接确定为宣告刑。
2. 量刑情节对基准刑的调节结果在法定最低刑以下，具有减轻处罚情节，且罪责刑相适应的，可以直接确定为宣告刑；只有从轻处罚情节的，可以确定法定最低刑为宣告刑。
3. 被告人有应当减轻处罚情节的，应当在法定最低刑以下确定宣告刑。如果按照本细则的规定，实际量刑结果未达到减轻处罚程度，可不受本细则规定的量刑调节幅度的限制，依法确定宣告刑。

如果减轻处罚后的量刑结果低于有期徒刑六个月的，可判处法条没有规定的管制、拘役或者单处附加刑。

4. 量刑情节对基准刑的调节结果在法定最高刑以上的，可以法定最高刑为宣告刑。
5. 根据案件具体情况，独任审判员或合议庭可以在10%的幅度内进行调整，调整后的结果仍然罪责刑不相适应的，分管副院长可以要求复议或提交审判委员会讨论决定宣告刑。

对情节一般的轻微刑事案件，如果双方当事人达成和解协议，经分管副院长审批或提交审判委员会讨论决定，从宽幅度可不受本细则限制。

四、综合全案犯罪事实和量刑情节，依法应当判处拘役、管制或者单处附加刑的，应当依法适用。

五、除刑法规定"应当"附加剥夺政治权利外，对未成年被告人一般不判处附加剥夺政治权利。

对未成年人被告人判处附加剥夺政治权利的，应当依法从轻判处。

对实施被指控犯罪时未成年、审判时已成年的被告人判处附加剥夺政治权利的，适用前款规定。

六、对未成年被告人实施刑法规定的"并处"没收财产或者罚金的犯罪，应当依法判处相应的财产刑；对未成年被告人实施刑法规定的"可以并处"没收财产或者罚金的犯罪，一般不判处财产刑。

对未成年被告人判处罚金刑时，应当依法从轻或者减轻判处，并根据犯罪情节，综合考虑其缴纳罚金的能力，确定罚金数额，但最低不得少于500元。

对于刑法规定并处罚金但没有明确规定罚金数额的，一般可按下列标准掌握，但单处罚金除外：

1. 对判处有期徒刑1年以下刑罚的犯罪，一般判处罚金人民币500元至1000元。
2. 对判处有期徒刑1年以上刑罚的犯罪，一般每增加1年有期徒刑增加罚金人民币300元至500元。
3. 对单纯财产性犯罪以及被判处管制、缓刑等非监禁刑罚的犯罪，可根据犯罪数额以及案件的具体情况，实事求是地确定罚金数额。

七、宣告刑为三年以下有期徒刑、拘役并符合缓刑适用条件的，可以依法宣告缓刑。

对于符合刑法第72条第1款规定，且家庭、单位或者社区具备监护、帮教条件的未成年被告人，一般应当适用缓刑。

对适用缓刑的未成年被告人，应当依法确定合适的缓刑考验期。

八、对于罪行较轻、认罪悔罪表现较好且无前科劣迹的未成年被告人，具有下列情形之一的，应当优先适用免除处罚：

1. 又聋又哑的人或者盲人；
2. 防卫过当或者避险过当；

3. 犯罪预备、中止或者未遂的；
4. 从犯、胁从犯；
5. 犯罪后自首或者有立功表现；
6. 其他犯罪情节轻微，不需要判处刑罚的。

九、宣刑结果一般以年、月计算，不足一个月的，取整数计算。对判处十年以上有期徒刑的案件，一般应以3个月、6个月、9个月为单位取整数计算。

第三节 常见量刑情节的适用

对未成年被告人量刑时，要充分考虑各种法定和酌定量刑情节以及被告人自身的实际情况，按照"教育为主，惩罚为辅"的方针，根据案件的全部犯罪事实以及量刑情节的不同情形，依法确定量刑情节的适用及其调节比例。对未成年人犯严重暴力犯罪、黑社会性质组织犯罪、毒品犯罪，在确定从宽的幅度时，要适度从严掌握；对较轻的犯罪要充分体现从宽的政策。对以下常见量刑情节，可以在相应的幅度内确定具体调节比例，本细则另有规定的除外。对于本细则没有规定的量刑情节，可以参照最相类似的情节确定量刑调节幅度，并可在该最相类似的情节量刑调节幅度的基础上，一般按不超过10%的幅度进行调整。

一、法定量刑情节

（一）对于未成年人犯罪，应当综合考虑未成年人对犯罪的认识能力、实施犯罪行为的动机和目的、犯罪时的年龄、是否初犯、悔罪表现、个人成长经历和一贯表现等情况，确定适当的从宽幅度，一般可按下列标准掌握：

1. 已满十四周岁不满十六周岁的未成年人，犯故意杀人、故意伤害致人重伤或者死亡、强奸、抢劫、贩卖毒品、放火、爆炸、投放危险物质犯罪的，可以减少基准刑的30%—60%；
2. 已满十六周岁不满十八周岁的未成年人犯罪，可以减少基准刑的10%—50%；
3. 对跨年龄段（含跨十六周岁年龄段和十八周岁年龄段）的犯罪：
（1）被告人跨年龄段前后实施了不同种犯罪行为，按实施犯罪时所处年龄段确定从宽幅度。
（2）被告人跨年龄段前后实施了同种犯罪行为，依照实施主要犯罪时所处的年龄段酌情确定从宽幅度。如果无法区分主要犯罪事实，应综合考虑案件情况，从最有利于对未成年被告人教育、感化、挽救的需要出发，确定适当的从宽幅度。

（二）对于限制责任能力的人犯罪的，应当综合考虑行为人辨认和控制能力的缺陷程度、与犯罪发生的因果关系、实际的危害后果等情况，确定适当的从宽幅度，一般可按下列标准掌握：

1. 重度限制责任能力的人犯罪的，可以减少基准刑的50%以下；
2. 中度限制责任能力的人犯罪的，可以减少基准刑的30%以下；
3. 轻度限制责任能力的人犯罪的，可以减少基准刑的20%以下。

（三）对于又聋又哑的人或者盲人犯罪的，应当综合考虑犯罪的性质、行为人本身的生理缺陷与犯罪之间的关系、行为人一贯表现等情况，确定适当的从宽幅度，一般可减少基准刑的10%—40%。

对于聋或哑或视力存在严重障碍的，可以减少基准刑的20%以下。

（四）对于防卫过当或紧急避险过当构成犯罪的，可以减少基准刑的50%以上。对造成特别严重后果的，可以减少基准刑的30%—60%。

（五）对于预备犯，应当综合考虑预备实施犯罪的性质、对社会可能造成的危害、预备的程度、未进一步实施犯罪的原因等情况，确定适当的从宽幅度，一般可按下列标准掌握：

1. 预备实施犯罪的，可以减少基准刑的40%—70%；
2. 预备实施犯罪，情节轻微，不需要判处刑罚的，可以依法免除处罚。

（六）对于未遂犯，应当综合考虑行为的实行程度、造成损害结果的大小、犯罪未得逞的原因等情况，比照既遂犯确定适当的从宽幅度，一般可按下列标准掌握：

1. 实行终了的未遂，可以减少基准刑的10%—30%；
2. 未实行终了的未遂，可以减少基准刑的20%—40%；
3. 不能犯未遂的，可以减少基准刑的30%—50%。

（七）对于中止犯，应当综合考虑行为的实行程度、实际造成的危害结果、放弃犯罪的原因等情况，确定适当的从宽幅度，一般可按下列标准掌握：

1. 犯罪过程中，自动放弃犯罪，可以减少基准刑的50%—70%；
2. 犯罪行为实施完毕后，自动有效地防止犯罪结果发生的，可以减少基准刑的40%—60%；
3. 犯罪中止，情节轻微且未造成损害后果的，可以依法免除处罚。

（八）对于共同犯罪，应当根据各被告人在共同犯罪中的地位、作用以及是否直接实施犯罪实行行为等情况，体现量刑轻重的相对合理性和协调性。一般情况下，未直接实施犯罪实行行为的要轻于直接实施了犯罪实行行为的；未直接造成危害后果的要轻于直接造成危害后果的。对共同犯罪的被告人在适用同一量刑情节时，应注意因基准刑长短不同而造成同一情节所对应的实际量刑幅度的差异，并通过合理选择量刑调节幅度，保持量刑相对均衡。

1. 对于作用相对较小的主犯，可以作用最大主犯的基准刑为参照，以10%为幅度递减，按其在共同犯罪中的地位作用等情况，酌情处罚，但一般不得低于作用最大主犯基准刑的80%；

2. 未区分主从犯，但作用较小的被告人，可以作用最大的被告人的基准刑为参照，以10%为幅度递减，按其在共同犯罪中的地位作用等情况，酌情从轻处罚，但一般不得低于作用最大的被告人的基准刑的70%；

3. 对于从犯，作用相对较小的，可以减少基准刑的30%—50%；作用相对较大的，可以减少基准刑的20%—40%；

4. 对于同一案件中有多个从犯，根据案件情况确需进行量刑平衡的，可依照其在犯罪中的地位、作用的大小，以10%为幅度，酌情确定不同的基准刑减少等次；

5. 对于胁从犯，可以根据犯罪性质、被胁迫的程度、在犯罪中的作用等情况，减少基准刑的40%—70%；作用较小或情节轻微，不需要判处刑罚的，可以依法免除处罚；

对于虽然不构成胁从犯，但确系受欺骗、引诱参与犯罪的，减少基准刑的20%以下；

6. 对于被教唆参与犯罪的，依照其在共同犯罪中的地位、作用，依照本条的有关规定处罚。

（九）对于自首，应当综合考虑投案的动机、时间、方式、罪行轻重、如实供述罪行的程度以及悔罪表现等情况，确定适当的从宽幅度，一般可按下列标准掌握：

1. 犯罪事实或者犯罪嫌疑人未被司法机关发觉，主动、直接投案构成自首的，可以减少基准刑的20%—40%；

2. 犯罪事实或者犯罪嫌疑人已被司法机关发觉，但犯罪嫌疑人尚未受到讯问、未被采取强制措施时，主动、直接投案构成自首的，可以减少基准刑的10%—30%；

3. 并非出于被告人主动，而是经亲友规劝、陪同投案的；公安机关通知犯罪嫌疑人的亲友或者亲友主动报案后，将犯罪嫌疑人送去投案的，可以减少基准刑的20%以下；

4. 罪行尚未被司法机关发觉，仅因形迹可疑，被有关组织盘问、教育后，主动交代罪行构成自首的，可以减少基准刑的20%以下；

5. 犯罪嫌疑人、被告人如实供述司法机关尚未掌握的罪行与司法机关已掌握或判决确定的罪行属不同种罪行，以自首论的，可以减少基准刑的20%以下；如实供述的罪行较重（依法应当判处十年以上有期徒刑）的，可以减少基准刑的10%—30%；

6. 犯罪较轻又具有自首情节的，可以减少基准刑的40%以上或者依法免除处罚。

（十）对于立功，应当综合考虑立功的大小、次数、内容、来源、效果以及所犯罪行的轻重等情况，确定适当的从宽幅度，一般可按下列标准掌握：

1. 一般立功，可以减少基准刑的20%以下；

2. 重大立功，可以减少基准刑的20%—50%；

3. 重大立功且所犯罪行较轻的，可以减少基准刑的50%以上或者依法免除处罚。

二、酌定情节

（一）对于被采取强制措施的犯罪嫌疑人、被告人和已宣判的罪犯，如实供述司法机关尚未掌握的罪行与司法机关已掌握或判决确定的罪行属同种罪行的，根据坦白罪行的轻重以及悔罪表现等情况，可以减少基准刑的20%以下。

坦白司法机关已掌握罪行并对案件侦破确有帮助作用的，可以减少基准刑的10%以下。

（二）对于当庭自愿认罪或者经过法庭教育认罪悔罪的，根据犯罪的性质、罪行的轻重、认罪程度以及悔罪表现等情况，可以减少基准刑的10%以下；依法认定自首、坦白的除外。

（三）对于被害人有过错或对矛盾激化负有责任的，综合考虑案发的原因、被告人的一贯表现、被害人过错程度以及责任大小等情况，可以减少基准刑的20%以下。

（四）在单纯财产型犯罪中积极退赃、退赔的，应当综合考虑犯罪性质，退赃、退赔的主动性及对损害结果所能弥补的程度等情况，确定适当的从宽幅度，一般可按下列标准掌握：

1. 积极退赃、退赔的，按比例减少基准刑的30%以下；

2. 积极配合办案机关追缴赃款、赃物，未给被害人造成经济损失或未造成较大经济损失的，可以减少基准刑的10%以下。

对于侵犯复杂客体的犯罪，被告人积极退赃、退赔或积极配合办案机关追赃的，可以根据案件情况，酌情减少基准刑的20%以下。

（五）在人身损害型犯罪中积极赔偿被害人经济损失的，综合考虑犯罪性质、赔偿数额、赔偿能力、被害人或其家属的谅解程度等情况，可以减少基准刑的30%以下。

对于积极赔偿被害人经济损失并取得被害人或其家属谅解的,可以在前款规定的幅度内酌情从宽掌握。

(六)对于取得被害人或其家属谅解的,综合考虑犯罪的性质、罪行轻重、谅解的原因以及认罪悔罪的程度等情况,可以减少基准刑的20%以下。

(七)对于一时冲动或因一念之差实施犯罪的,可以减少基准刑的10%以下。

(八)对于已满十六周岁不满十八周岁的人出于以大欺小、以强凌弱或者寻求精神刺激而对其他未成年人实施轻微犯罪,未造成严重后果或恶劣影响的,可以减少基准刑的20%以下。

(九)对于有犯罪前科的,综合考虑前科的性质、时间间隔长短、次数、处罚轻重等情况,可以增加基准刑的20%以下。

(十)对于黑社会性质组织犯罪、恶势力犯罪的,根据案件的具体情况,可以增加基准刑的20%以下。

(十一)对于犯罪对象为老年人、残疾人、孕妇等弱势人员的,综合考虑犯罪的性质、犯罪的严重程度等情况,可以增加基准刑的20%以下。

(十二)对于在重大自然灾害,预防、控制突发传染病疫情等灾害期间犯罪的,根据案件的具体情况,可以增加基准刑的20%以下。

第二章 分 则

第一节 故意伤害罪

对故意伤害量刑时,应当综合考虑案发的原因、伤害后果的大小、手段的残忍程度、被告人赔偿及被害人谅解的程度等因素,依法确定应当判处的刑罚。

一、对故意伤害犯罪。应当按照下列标准确定量刑起点:
1. 犯罪情节一般,致一人轻伤的,量刑起点为有期徒刑6个月至1年。
2. 犯罪情节一般,致一人重伤的,量刑起点为有期徒刑3年至4年。
3. 以特别残忍手段致一人重伤,造成六级严重残疾的,量刑起点为有期徒刑10年至12年。
4. 故意伤害致一人死亡,量刑起点为有期徒刑10年至15年。

二、在量刑起点的基础上,可以根据伤亡后果、伤残等级、手段的残忍程度等其他影响犯罪构成的犯罪事实增加刑罚量,确定基准刑。一般可按下列标准掌握:
1. 每增加一人轻微伤,增加有期徒刑2个月;
2. 每增加一人轻伤,增加有期徒刑6个月;
3. 每增加一人重伤,增加有期徒刑1年6个月;
4. 每增加一级普通残疾(10到7级)的,增加有期徒刑3个月;每增加一级严重残疾(6到3级)的,增加有期徒刑1年;每增加一级特别严重残疾(1到2级)的,增加有期徒刑2年。

三、有下列情形之一的,可以增加基准刑20%以下:
1. 持管制刀具或斧、锤等凶器实施伤害行为,或有预谋地持其他凶器实施伤害行为的;
2. 雇用他人实施伤害行为的;
3. 因实施其他违法犯罪而伤害他人的。

四、有下列情形之一的,可以减少基准刑的20%以下:
1. 因婚姻家庭、邻里纠纷等民间矛盾激化引发的;
2. 犯罪后积极抢救被害人的;
3. 因义愤而伤害他人的。

第二节 抢劫罪

对抢劫犯罪量刑时,应当综合考虑抢劫的动机、次数、手段、后果等因素,依法确定应当判处的刑罚。

一、对抢劫犯罪。应当按照下列标准确定量刑起点:
1. 抢劫一次,致一人轻伤以下或者虽未造成人身伤害但劫得财物(2000元以下)的,量刑起点为有期徒刑3年至5年。
2. 有下列情形之一,量刑起点为有期徒刑10年至12年:入户抢劫;在公共交通工具上抢劫;抢劫银行或者其他金融机构;抢劫三次或者抢劫数额达到巨大起点的;抢劫致一人重伤,没有造成残疾的;冒充军警人员抢劫的;持枪抢劫的;抢劫军用物资或者抢险、救灾、救济物资的。

二、在量刑起点的基础上。可以根据抢劫致人伤亡的后果、次数、数额、手段等其他影响犯罪的构成的犯罪事实增加刑罚量,确定基准刑。一般可按下列标准掌握:

1. 每增加一次抢劫，增加有期徒刑 3 年；
2. 每增加一人轻微伤，增加有期徒刑 6 个月；
3. 每增加一人轻伤，增加有期徒刑 1 年；
4. 每增加一人重伤，增加有期徒刑 2 年；
5. 每增加一级普通残疾（10 到 7 级）的，增加 3 个月；每增加一级严重残疾（6 到 3 级）的，增加 1 年；每增加一级特别严重残疾（1 到 2 级）的，增加 2 年；
6. 抢劫数额每增加 3000 元，增加有期徒刑 1 年。

三、有下列情节之一的，可以增加基准刑的 20% 以下：
1. 持械抢劫的；
2. 有预谋抢劫或结伙抢劫的；
3. 因实施其他违法犯罪而抢劫的；
4. 抢劫多人但不构成多次抢劫的。

四、有下列情节之一的，可以减少基准刑：
1. 确因生活、学习、治病等急需而抢劫的，减少基准刑的 20% 以下；
2. 抢劫家庭成员或者近亲属财物的，减少基准刑的 20% 以下；
3. 未造成严重人身伤害（轻伤以下）且抢劫数额 500 元以下，减少基准刑的 20% 以下；
4. 转化型抢劫的，减少基准刑的 10% 以下。

第三节　盗窃罪

对盗窃犯罪量刑时，应当综合考虑盗窃的数额、次数、犯罪手段、犯罪对象、是否退缴赃款等因素，依法确定应当判处的刑罚。

一、一般盗窃应当按照下列标准确定量刑起点和基准刑：

（一）普通盗窃
1. 数额达到 2500 元以上不满 4000 元，量刑起点为拘役 3 个月至拘役 6 个月。
2. 数额达到 4000 元，量刑起点为有期徒刑 6 个月。
3. 数额为 4000 元以上不满 2 万元，每增加 550 元，增加有期徒刑 1 个月。
4. 数额达到 2 万元，量刑起点为有期徒刑 3 年。
5. 数额为 2 万元以上不满 10 万元，每增加 950 元，增加有期徒刑 1 个月。
6. 数额达到 10 万元，量刑起点为有期徒刑 10 年。
7. 数额为 10 万元以上，每增加 30 万元，增加有期徒刑 1 年。

（二）入户盗窃
1. 数额达到 1250 元以上不满 2000 元，或者 1 年内入户盗窃 3 次以上，量刑起点为拘役 3 个月至拘役 6 个月。
2. 数额达到 2000 元，量刑起点为有期徒刑 6 个月。
3. 数额为 2000 元以上不满 1 万元，每增加 280 元，增加有期徒刑 1 个月。
4. 数额达到 1 万元，量刑起点为有期徒刑 3 年。
5. 数额为 1 万元以上不满 5 万元，每增加 480 元，增加有期徒刑 1 个月。
6. 数额达到 5 万元，量刑起点为有期徒刑 10 年。
7. 数额为 5 万元以上，每增加 15 万元，增加有期徒刑 1 年。

（三）扒窃
1. 数额达到 1000 元以上不满 1500 元，或者 1 年内在公共场所扒窃 3 次以上，量刑起点为拘役 3 个月至拘役 6 个月。
2. 数额达到 1500 元，量刑起点为有期徒刑 6 个月。
3. 数额为 1500 元以上不满 8000 元，每增加 230 元，增加有期徒刑 1 个月。
4. 数额达到 8000 元，量刑起点为有期徒刑 3 年。
5. 数额为 8000 元以上不满 4 万元，每增加 380 元，增加有期徒刑 1 个月。
6. 数额达到 4 万元，量刑起点为有期徒刑 10 年。
7. 数额为 4 万元以上，每增加 12 万元，增加有期徒刑 1 年。

（四）其他规定
1. 普通盗窃数额分别达到 16000 元或者 8 万元，入户盗窃数额分别达到 8000 元或者 4 万元，扒窃数额分别达到 6000 元或者 3 万元，并具有下列情节之一的，可以分别认定为《刑法》第 264 条规定的"其他严重情节"或者"其他特别严重情节"，量刑起点分别为有期徒刑 3 年或者 10 年：
（1）犯罪集团的首要分子或者共同犯罪中情节严重的主犯；

（2）盗窃金融机构的；
（3）流窜作案，情节严重的；
（4）盗窃生产资料，严重影响生产的；
（5）盗窃救灾、抢险、防汛、优抚、扶贫、移民、救济、医疗款物，造成严重后果的；
（6）导致被害人死亡、精神失常或者其他严重后果的；
（7）造成其他重大损失的。

2. 既有普通盗窃，又有入户盗窃或者扒窃的，应当按照下列标准确定量刑起点：
（1）单独一种盗窃行为均没有达到定罪数额标准，但累计后达到轻度盗窃行为的定罪标准的，按照轻度盗窃行为确定量刑起点，重度盗窃行为作为酌定量刑情节考虑；
（2）重度盗窃行为达到定罪数额标准，轻度盗窃行为没有达到定罪数额标准的，以重度盗窃行为数额确定量刑起点，轻度盗窃行为作为酌定量刑情节考虑；
（3）重度盗窃行为和轻度盗窃行为均达到定罪数额标准，重度盗窃行为情节较为严重的，以重度盗窃行为数额确定量刑起点，轻度盗窃行为作为酌定量刑情节考虑；
（4）重度盗窃行为和轻度盗窃行为均达到定罪数额标准，轻度盗窃行为情节较为严重的，将重度盗窃行为和轻度盗窃行为数额累计后，按照轻度盗窃行为确定量刑起点，重度盗窃行为作为酌定量刑情节考虑；
（5）重度盗窃行为和轻度盗窃行为情节不相上下，应将重度盗窃行为和轻度盗窃行为数额累计后，按照轻度盗窃行为确定量刑起点，重度盗窃行为作为酌定量刑情节考虑。

二、有下列情形之一的，可增加基准刑：
1. 以破坏性手段盗窃造成公私财产损失的，增加基准刑的10%以下，造成公私财产损失较大的，增加基准刑的20%以下；
2. 盗窃优抚、扶贫、移民、救济、医疗等款物的，增加基准刑的20%以下；
3. 盗窃生产资料，未严重影响生产的，增加基准刑的10%以下，严重影响生产的，增加基准刑的10%—30%；
4. 为吸毒、赌博等违法犯罪活动而盗窃的，增加基准刑的10%以下；
5. 导致被害人死亡、精神失常或者其他严重后果的，增加基准刑的30%—40%；
6. 多次盗窃的，增加基准刑的10%—20%；
7. 在重要的大型会展、运动会等公共活动场所盗窃的，增加基准刑的20%以下。

三、有下列情形之一的，可以减少基准刑：
1. 确因生活、学习、治病急需而盗窃的，减少基准刑的30%以下；
2. 在案发前自动将赃物放回原处或者归还被害人的，减少基准刑的40%—60%；自动将部分赃物放回原处或者归还被害人的，可以按比例减少基准刑；
3. 盗窃近亲属财物的，一般不作为犯罪处理；确有追究刑事责任必要的，减少基准刑40%—60%。

第四节　抢夺罪

对抢夺犯罪量刑时，应当综合考虑犯罪数额、次数、犯罪动机、犯罪手段、造成的后果等因素，依法确定应当判处的刑罚。

一、对抢夺犯罪，应当按照下列标准确定量刑起点和基准刑：
1. 数额达到500元以上不满800元，量刑起点为拘役3个月至拘役6个月。
2. 数额达到800元，量刑起点为有期徒刑6个月。
3. 数额为800元以上不满5000元，每增加140元，增加有期徒刑1个月。
4. 数额达到5000元，量刑起点为有期徒刑3年。
5. 数额为5000元以上不满3万元，每增加300元，增加有期徒刑1个月。
6. 数额达到3万元，量刑起点为有期徒刑10年。
7. 数额为3万元以上，每增加10万元，增加有期徒刑1年。

二、抢夺数额分别达到4000元或者24000元，并具有下列情形之一的，可以分别认定为《刑法》第267条"其他严重情节"或者"其他特别严重情节"，量刑起点分别为有期徒刑3年或者10年：
1. 抢夺残疾人、老年人财物的；
2. 抢夺优抚、扶贫、移民、救济、医疗等款物的；
3. 一年内抢夺三次以上的；
4. 利用行驶的机动车、非机动车抢夺的；
5. 以银行、证券公司等金融机构取款人为抢夺目标的。

三、抢夺数额分别达到500元、5000元、3万元以上，并具有下列情形之一的，可以增加基准刑：

1. 抢夺优抚、扶贫、移民、救济、医疗等款物的，增加基准刑的 20% 以下；
2. 多次抢夺或抢夺多人的，增加基准刑的 10%—20%；
3. 利用行驶的机动车、非机动车抢夺的，增加基准刑的 20% 以下；
4. 以银行、证券公司等金融机构取款人为抢夺目标的，增加基准刑的 20% 以下。
四、具有下列情形之一的，可以增加基准刑：
1. 为吸毒、赌博等违法犯罪活动而抢夺的，增加基准刑的 10% 以下；
2. 在重要的大型会展、运动会等公共活动场所抢夺的，增加基准刑的 20% 以下；
3. 因抢夺每增加一人轻微伤，增加 2 个月；每增加一人轻伤，增加有期徒刑 6 个月至 1 年。
五、有下列情形之一的。可以减少基准刑：
1. 确因生活、学习、治病等急需而抢夺的，减少基准刑的 30% 以下；
2. 案发前自动归还被害人财物的，减少基准刑的 40%—60%；自动将部分赃物归还被害人的，可以按比例减少基准刑。

第五节 敲诈勒索罪

对敲诈勒索犯罪量刑时，应当综合考虑案发的原因、犯罪数额、次数、犯罪手段、造成的后果等因素，依法确定应当判处的刑罚。
一、对于敲诈勒索犯罪，应当按照下列标准确定量刑起点和基准刑：
1. 数额达到 3000 元以上不满 5000 元，量刑起点为拘役 3 个月至拘役 6 个月。
2. 数额达到 5000 元，量刑起点为有期徒刑 6 个月。
3. 数额为 5000 元以上不满 3 万元，每增加 830 元，增加有期徒刑 1 个月。
4. 数额达到 3 万元，量刑起点为有期徒刑 3 年。
5. 数额为 3 万元以上，每增加 3 万元，增加有期徒刑 1 年。
二、敲诈勒索达到 24000 元，并具有下列情形之一的，可以认定为《刑法》第 274 条规定的"其他严重情节"，量刑起点为有期徒刑 3 年：
1. 一年内敲诈勒索 3 次以上，或者一次向 3 人以上敲诈勒索的；
2. 对残疾人、老年人、丧失劳动能力的人敲诈勒索的；
3. 导致被害人自杀、精神失常或造成其他严重后果的。
三、敲诈勒索分别达到 3000 元和 3 万元以上，并具有下列情形之一的，可以增加基准刑：
1. 一年内敲诈勒索 3 次以上，或者一次向 3 人以上敲诈勒索的，增加基准刑的 10%—20%；
2. 导致被害人自杀、精神失常或造成其他严重后果的，增加基准刑的 30%—40%；
3. 以非法手段获取他人隐私勒索他人财物的，增加基准刑的 10% 以下；
4. 以危险方法制造事端敲诈勒索的，增加基准刑的 10%—30%；
5. 冒充国家机关工作人员敲诈勒索的，增加基准刑的 10%—30%；
6. 为吸毒、赌博等违法犯罪活动而敲诈勒索的，增加基准刑的 10% 以下；
7. 每增加一人轻微伤，增加 2 个月；每增加一人轻伤，增加有期徒刑 6 个月至 1 年。
四、有下列情形之一的，可以减少基准刑：
1. 确因生活、学习、治病等急需而敲诈勒索的，减少基准刑的 30% 以下；
2. 敲诈勒索近亲属财物的，一般不作为犯罪处理；确有追究刑事责任必要的，减少基准刑的 40%—60%。

第六节 聚众斗殴罪

对聚众斗殴犯罪量刑时，应当综合考虑聚众斗殴的起因、人数、次数、手段、后果及社会影响等因素，依法确定应当判处的刑罚。
一、对聚众斗殴犯罪。应当按照下列标准确定量刑起点和基准刑：
1. 聚众斗殴一次，犯罪情节一般，量刑起点为有期徒刑 1 年至 1 年 6 个月。每增加一人轻微伤，增加有期徒刑 2 个月；每增加一人轻伤，增加有期徒刑 6 个月；每增加一次聚众斗殴，增加有期徒刑 6 个月至 1 年。
2. 具有下列情形之一，量刑起点为有期徒刑 3 年至 4 年：
（1）多次聚众斗殴；
（2）聚众斗殴人数多、规模大；
（3）在公共场所或者交通要道聚众斗殴，造成社会秩序混乱的；
（4）持械聚众斗殴。
每增加上述一项情形或同种情形一次的，增加有期徒刑 1 年；每增加一人轻微伤，增加有期徒刑 3 个月；每增加一人轻伤，增加有期徒刑 9 个月；每增加一次聚众斗殴，增加有期徒刑 1 年 6 个月至 2 年。

二、有下列情形之一。可以增加基准刑的20%以下：
1. 社会影响恶劣的；
2. 造成公私财物较大损失的。

第七节 寻衅滋事罪

对寻衅滋事犯罪量刑时，应当综合考虑寻衅滋事次数、后果及造成的社会影响等因素，依法确定应当判处的刑罚。

一、寻衅滋事构成犯罪，需要判处自由刑的。量刑起点为有期徒刑6个月至1年。

二、在量刑起点的基础上，可以根据寻衅滋事次数、损害后果、强拿硬要他人财物或者任意损毁、占用公私财物数额等其他影响犯罪构成的犯罪事实增加刑罚量，确定基准刑。一般可按下列标准掌握：
1. 每增加一人轻微伤，增加有期徒刑2个月；
2. 每增加一人轻伤，增加有期徒刑6个月；
3. 每增加寻衅滋事一次，增加有期徒刑6个月；
4. 强拿硬要他人财物或者任意损毁、占用公私财物价值超过2000元，每增加500元，增加有期徒刑1个月。

三、有一列情形之一，可以增加基准刑的20%以下：
（1）持械滋事的；
（2）造成较大社会影响的。

第三章 附 则

一、本细则所称的"以上"、"以下"，均包含本数，本细则另有规定的除外。

二、对于本实施细则中未规定的其他罪名，可按照《上海市高级人民法院〈人民法院量刑指导意见（试行）〉实施细则（试行）》的有关规定量刑。

三、本细则试行前，本院制定的有关量刑的指导性文件中与本细则有抵触的，按本细则的规定执行。

四、本细则下发试行后，如新的法律、司法解释或最高法院新的指导意见有不同规定的，按照新的规定执行。

上海市高级人民法院民五庭 上海市公安局经济犯罪侦查总队《信用卡案件刑民交叉问题座谈会纪要》

（2011年3月23日）

近年来，随着银行信用卡业务的发展，法院受理的信用卡民事纠纷案件逐年增加，其中相当部分的案件涉嫌信用卡刑事犯罪。为进一步严厉打击和严密防范信用卡刑事犯罪活动，依法维护金融安全和社会经济秩序，上海市高级人民法院相关审判庭与上海市公安局相关部门经多次协商和研究，对涉嫌信用卡刑事犯罪案件的协调、沟通和移送机制，达成如下一致意见：

1. 对信用卡透支本金额在人民币1万元（包括本数，以下币种同）以上，经银行两次催收后超过3个月仍未归还，债权银行提起民事诉讼的，人民法院应告知债权银行直接向公安机关报案，并将有关信息通报公安机关。

2. 信用卡透支本金额不满1万元，债权银行提起民事诉讼，人民法院经审查符合民事诉讼法规定的受理条件的，应依法及时予以立案。

3. 案件审理中如发现符合上述第1条规定的情形，涉嫌信用卡犯罪的，人民法院应依法将案件移送公安机关处理。

4. 本市的信用卡刑事犯罪案件统一向上海市公安局经济犯罪侦查总队（下称市经侦总队）报案或移送。由市经侦总队审核后统一下达各区、县经侦支（大）队。市经侦总队收到当事人报案或者人民法院移送的案件后，应在14日内作出是否立案的决定，并将决定通知报案人和相关人民法院。

5. 当事人的报案材料包括但不限于以下内容：被举报人基本信息资料、被举报人交易资料、银行催收资料、视听资料及其他应报送的涉案资料。

6. 市经侦总队和全市各级人民法院相应审判职能部门应加强信用卡民事和刑事案件的信息沟通和交流。人民法院在信用卡纠纷案件审理中，对外地当事人的身份情况无法确认的，可以持介绍信商请市经侦总队协查。市经侦总队定期将信用卡犯罪案件的信息通报人民法院，人民法院应指派专人进行信息管理，并注意保密工作。

7. 市经侦总队和全市各级人民法院相应审判职能部门应各设置两名专职联络员（人民法院立案庭和

审判庭各一名），负责有关信用卡案件的通报、移送、信息管理、案件协查及协作配合等方面的联络工作。

8. 对人民法院已经受理的信用卡民事纠纷案件，尚未处理完毕的，当事人以同一事实再行向公安机关报案的，公安机关原则上不予立案；对公安机关已经刑事立案的案件，尚未处理完毕的，当事人以同一事实再提起民事诉讼的，人民法院原则上亦不予受理。

9. 上海市高级人民法院、上海市公安局应加强与中国人民银行上海总部和中国银行业监督管理委员会上海监管局的沟通、协调，督促商业银行进一步规范信用卡业务，引导商业银行依照法定要求规范自身的起诉和报案行为。

上海市高级人民法院　上海市人民检察院《第十次检、法联席会议纪要》

(2011年3月29日)

2011年1月21日，市人民检察院和市高级人民法院召开了第十次检、法联席会议。市人民检察院余啸波副检察长、市高级人民法院孙建国副院长及市人民检察院公诉一处、公诉二处、侦监处、监所检察处、未检处、研究室和市高级人民法院刑一庭、刑二庭、审监庭、研究室、少年法庭指导处等部门负责同志参加会议。会议就本市检、法两家办理刑事案件中的若干实体、程序问题和刑罚执行中的相关工作进行了深入研究，并形成以下共识：

一、程序方面的问题

（一）关于量刑规范化工作的有关问题

1. 人民检察院和人民法院应积极配合，共同推进量刑规范化工作，对实践中发现的问题，应及时总结，协调解决，避免机械执法。量刑纳入法庭审理程序，应本着"先易后难、循序渐进、兼顾效率、简便易行"的原则进行，避免程序繁琐。

2. 要切实保障量刑程序的相对独立，促进量刑过程的公开、公正。量刑纳入法庭审理的重点，在于对量刑证据的审查和量刑情节的认定。最高人民法院《人民法院量刑指导意见（试行）》所规定的量刑方法和具体量刑标准，不宜在法庭量刑辩论中直接引用。

3. 人民检察院和人民法院审查案件应客观、全面。对量刑证据，既要审查从重量刑情节，也要审查从轻、减轻、免除处罚量刑情节；既要审查法定量刑情节，也要审查酌定量刑情节，比如犯罪起因、被害人过错、退赃退赔、民事赔偿、被告人一贯表现等。在审查案件过程中，人民检察可以要求侦查机关（部门）提供法庭审判所必需的与量刑有关的各种证据材料，确保量刑事实清楚。

4. 按照"两高三部"《关于规范量刑程序若干问题的意见（试行）》的规定，今后人民检察院的量刑建议，一般应在提起公诉时以量刑建议书的方式一并提出；根据案件具体情况确有必要的，可以在公诉意见书中提出。但对于适用简易程序审理的案件，应当以量刑建议书的方式提出。

起诉书中应当认定法定量刑情节；对于酌定量刑情节，可以根据案件具体情况，决定是否在起诉书中认定。

5. 人民检察院的量刑建议，可以参照最高人民法院《人民法院量刑指导意见（试行）》予以确定。建议适用管制、拘役和有期徒刑的，量刑建议应有一定幅度，具体幅度遵照《人民检察院开展量刑建议工作的指导意见（试行）》第五条的规定执行。建议判处死刑、无期徒刑的，应当慎重；建议适用附加刑的，只建议刑种种类；对于敏感、复杂的案件，社会关注的案件，涉及国家安全和严重影响稳定的案件，可以仅提出依法从重、从轻、减轻处罚等概括性建议。

6. 对于适用普通程序审理的"被告人认罪案件"和适用简易程序审理的公诉人出庭的案件，在确认被告人了解起诉书指控的犯罪事实和罪名，自愿认罪且知悉认罪的法律后果后，法庭审理可以主要围绕量刑问题进行；对于定罪中有争议的问题，可以将争议问题与量刑问题分开审理。

对于被告人不认罪或者辩护人作无罪辩护的案件以及其他疑难复杂案件，应结合案件实际情况确定合适的庭审方式。在法庭调查阶段，应当查明有关的量刑事实。在法庭辩论阶段，审判人员引导控辩双方先辩论定罪问题；在定罪辩论结束后，法庭告知控辩双方可以围绕量刑问题进行辩论，发表量刑建议或意见，并说明理由和依据。

对于与犯罪事实密切相关的量刑情节，在庭审中一般应与犯罪事实一并查明，以保证庭审的连贯性、完整性。

对于采用何种庭审方式，合议庭应当在开庭前与控辩双方进行沟通。

7. 人民法院在裁判文书中，应对是否采纳人民检察院量刑建议中的量刑情节、建议适用的刑种和执行方式予以说明。

（二）关于本市刑事案件级别管辖的确定问题

市人民检察院和市高级人民法院同意对本市2004年《关于进一步规范部分常见刑事案件级别管辖的

意见（试行）》（以下简称《本市管辖意见》）适时共同研究修改。在修改以前，部分刑事案件的级别管辖按以下原则确定：

1. 对按照最高人民法院《人民法院量刑指导意见（试行）》确定其量刑起点为有期徒刑十五年以下，且犯罪情节一般的案件，由基层人民法院管辖。

2. 对属于《本市管辖意见》第五条规定的"有重大争议的新类型犯罪"情形且不可能判处无期徒刑的案件，由基层人民法院管辖。

（三）关于对被害人及时送达文书和通知开庭的问题

人民检察院和人民法院应当加强对被害人诉讼权益的保障。对审查起诉中被害人已委托诉讼代理人的案件，人民检察院提起公诉时应将有关情况及时通知人民法院，并按照《人民检察院刑事诉讼规则》第二百八十二条的规定，随案移送被害人姓名、住址及联系方式；人民法院应按照最高人民法院《关于执行〈中华人民共和国刑事诉讼法〉若干问题的解释》第一百一十九条第（二）项、第一百八十二条的规定，向被害人、诉讼代理人及时送达起诉书、判决书，并通知开庭时间、地点等。对上述案件，人民法院未依法及时送达文书、通知开庭的，人民检察院可以依法监督。

二、实体方面的问题

（一）关于对一人公司追究刑事责任的问题

按照本市《第七次检法联席会议纪要》的精神，对同时符合下列条件的一人公司，应当视为刑法上的单位：（1）在形式上符合《中华人民共和国公司法》关于"一人有限责任公司的特别规定"；（2）在实质上该公司财产独立于股东自己的财产。

对于一人公司以外的公司，判断是否成立刑法上的单位，应主要判断公司是否有独立于股东的财产，公司实质股东人数的多少一般不影响刑法上对单位的认定。

（二）关于非法制造、出售普通发票犯罪案件的有关问题

参照最高人民法院、最高人民检察院《关于办理非法生产、销售烟草专卖品等刑事案件具体应用法律若干问题的解释》第2条的规定，对行为人出售非法制造的发票、非法出售发票被当场抓获后，又在其住所、随身携带箱包等处查获未及出售发票的，对已经出售的发票部分认定为既遂，未及出售的发票部分认定为未遂，并按照以下原则处理：（1）已出售和未及出售的发票数量分别达到不同的法定刑幅度的，在处罚较重的法定刑幅度内酌情从重处罚；已出售和未及出售的发票数量均达到同一法定刑幅度的，在该法定刑幅度内酌情从重处罚；（2）未及出售的发票数量未达成犯罪既遂标准的，作为量刑情节考虑；（3）已出售发票数量未达犯罪既遂标准，但与未及出售发票数量合计达到犯罪未遂标准的，按犯罪未遂处理。对行为人未及实施出售行为而在其住所、随身携带的箱包等处查获发票，有证据证明系待出售的，以未遂论处。

对非法制造、出售非法制造的发票罪和非法出售发票罪的犯罪未遂，按照最高人民检察院、公安部《关于公安机关管辖的刑事案件立案追诉标准的规定（二）》（以下简称《追诉标准（二）》）追诉标准的三倍掌握；对"情节严重"，参照《追诉标准（二）》追诉标准的五倍掌握。

（三）关于本市部分刑事案件追诉标准的适用问题

1. 关于本市刑事案件追诉标准的适用效力问题

《追诉标准（二）》公布以后，本市有关规定与其不一致的，人民法院应当根据最高人民法院《关于在经济犯罪审判中参照适用〈最高人民检察院、公安部关于公安机关管辖的刑事案件立案追诉标准的规定（二）〉的通知》的精神，参照《追诉标准（二）》的规定执行。

按照本市2008年《关于本市办理部分刑事犯罪案件标准的意见》（以下简称《2008年意见》）第58条的规定，对于《2008年意见》与之后公布的司法解释的规定不一致的，应当执行司法解释的规定。

对于《2008年意见》未作规定的案件，如果最高人民法院《人民法院量刑指导意见（试行）》及本市相关实施细则有规定的，参照最高人民法院《人民法院量刑指导意见（试行）》及本市相关实施细则的规定执行。

2. 关于调整本市部分刑事案件定罪量刑标准的问题

（1）关于职务侵占罪的定罪量刑标准问题

按照《追诉标准（二）》，职务侵占罪的追诉标准为5000元至10000元。考虑到上海经济发展的实际情况，本市职务侵占罪的追诉标准执行10000元为妥。其"数额巨大"的标准，按照本市《2008年意见》第33条规定的倍比关系确定。

（2）关于抢夺罪"其他特别严重情节"量刑标准的问题

对本市《2008年意见》第30条规定的抢夺罪"其他特别严重情节"所涉数额标准，可参照《2008年意见》第54条规定的精神，按照"数额特别巨大"标准的百分之八十掌握。

三、刑罚执行相关工作

（一）关于修改《关于办理减刑、假释案件实施细则（修订）》的问题

随着宽严相济刑事司法政策的推进落实，结合当前刑法立法和司法实践的发展趋势，有必要对办理减刑、假释案件的适用条件和相关程序作适当调整，以更好体现惩罚与宽大相结合的改造原则。为此，市人民检察院、市高级人民法院将会同市公安局、市司法局对本市现行《关于办理减刑、假释案件实施细则（修订）》作修改完善，同时密切关注最高人民法院办理减刑、假释案件的工作规定，及时将相关精神和要求吸收其中。

（二）关于规范减刑、假释案件开庭审理工作的问题

自去年下半年市高级人民法院和第一、二中级人民法院对部分减刑、假释案件实行公开庭审试点以来，得到了检察机关、执行机关的大力支持和配合，确保了庭审试点工作的顺利推进，实现了司法的公开和透明，促进了刑罚的公平公正执行，提高了服刑罪犯的改造积极性，维护了监管场所的安全稳定。本市法院将在巩固已有工作成果的基础上，加强与检察机关、执行机关的沟通协调，进一步规范开庭案件类型、开庭审理程序、庭审公开范围、裁判文书制作，建立健全开庭审理工作机制，不断推进减刑、假释案件审理制度的全面落实。

此外，会议还就本市刑事案件二审开庭审理的问题进行了讨论，认为应当从实际情况出发，逐步推进刑事二审开庭工作，避免因单纯追求开庭数量而影响庭审质量。

上海市高级人民法院　上海市人民检察院　上海市公安局　上海市司法局《关于本市审理知识产权刑事案件若干问题的意见》

（2011年4月11日）

为加强知识产权司法保护，进一步提高基层人民法院知识产权审判庭统一审理知识产权刑事案件的审判质量和效率，根据《中华人民共和国刑事诉讼法》、《中华人民共和国刑法》、《最高人民法院关于认真学习和贯彻〈国家知识产权战略纲要〉的通知》文件精神的要求，结合本市的实际情况，现就基层人民法院审理知识产权刑事案件的有关问题制定本意见：

一、知识产权刑事案件指定管辖范围

浦东新区人民法院管辖浦东新区内的一审知识产权刑事案件；闵行区人民法院管辖闵行区、长宁区、奉贤区内的一审知识产权刑事案件；卢湾区人民法院管辖卢湾区内的一审知识产权刑事案件；徐汇区人民法院管辖徐汇区、松江区、金山区内的一审知识产权刑事案件；黄浦区人民法院管辖黄浦区内的一审知识产权刑事案件；普陀区人民法院管辖普陀区、静安区、嘉定区、青浦区内的一审知识产权刑事案件；杨浦区人民法院管辖杨浦区、虹口区、闸北区、宝山区、崇明县内的一审知识产权刑事案件。

二、知识产权刑事案件收案范围

基层人民法院知识产权审判庭受理的知识产权刑事案件，包括以下列单独罪名提起公诉或自诉的案件：假冒注册商标罪，销售假冒注册商标的商品罪，非法制造、销售非法制造的注册商标标识罪，假冒专利罪，侵犯著作权罪，销售侵权复制品罪，侵犯商业秘密罪。

三、各区、县人民检察院审查的知识产权刑事案件向所在地人民法院提起公诉，受理的人民法院若未被指定管辖的，应在收到案件的次日（遇节假日顺延）向被指定管辖的人民法院移送。

四、对知识产权刑事案件的开庭审理，可以按照安全、便利原则，既可以在指定受理的人民法院内进行，也可以根据案件的具体情况尤其是涉及偏远地区的案件在提起公诉的人民检察院所在地人民法院内进行。

五、人民法院审判委员会讨论非本区知识产权刑事案件时，提起公诉的人民检察院的检察长可以列席。

六、受理知识产权刑事案件的人民法院制作的判决书应当载明提起公诉的人民检察院名称，对非本区人民检察院提起公诉的，应当载明经上级人民法院指定管辖的内容。

七、知识产权刑事案件的犯罪嫌疑人或者被告人由立案侦查的公安机关羁押。

八、对于知识产权刑事案件审理中所涉及的其他问题，人民法院、人民检察院、公安局、司法局应加强沟通与协商。

九、本意见自2011年4月26日起施行，上海市高级人民法院、上海市人民检察院、上海市公安局、上海市司法局会签的沪高法〔2009〕309号《关于印发〈关于本市审理知识产权刑事案件若干问题的意见（试行）〉的通知》同时废止。2011年4月26日以前各人民法院已经受理的知识产权刑事案件，由原受理法院审结。

上海市高级人民法院 上海市人民检察院
《第十一次检法联席会议纪要》

(2011年10月28日)

2011年10月28日，上海市高院和上海市检察院召开了第十一次检法联席会议。上海市高院丁寿兴副院长、上海市检察院余啸波副检察长、上海市高院刑一庭、刑二庭、少年法庭指导处、研究室，上海市检察院公诉一处、公诉二处、未检处、侦监处、监所处、研究室等部门负责同志参加了会议。会议就本市检、法两家办理刑事案件中的若干问题进行了深入研究，并达成以下共识：

一、关于贯彻执行《刑法修正案（八）》中的若干问题

（一）关于坦白的认定问题

1. 关于坦白的时间界限。只有在提起公诉前如实供述自己罪行的，才属于坦白。

2. 犯罪嫌疑人到案后能如实供述自己的罪行，后虽翻供，但在一审又能当庭如实供述的，仍可以认定为坦白。

犯罪嫌疑人在提起公诉前不如实供述犯罪事实，不构成坦白，其在审判阶段如实供述自己罪行的，依照其他有关法律规定处理。

3. 关于"如实供述自己的罪行"，可以参照有关自首的司法解释的规定掌握。

4. 关于坦白从轻的掌握。对于坦白，应当根据犯罪的事实、性质、情节，并考虑坦白的时间、程度、价值等具体情形，确定是否从轻处罚以及从轻处罚的幅度。

坦白有助于收集定案证据，坦白司法机关尚未掌握的同种罪行，坦白交代同案犯共同犯罪事实的，一般可从轻处罚；坦白对于定案证据的收集具有重要作用，坦白司法机关尚未掌握的同种较重罪行，或者因坦白避免了损失进一步扩大的，一般可给予较大幅度的从轻处罚。

对于虽有坦白，但罪行极其严重或者坦白对于司法机关认定犯罪事实没有起到实际作用等，可不予从轻处罚。

（二）关于累犯问题

1. 关于未成年人前科记录的处理。根据《刑法修正案（八）》对累犯条款所作的修改，无论被告人再次犯罪时是否已满十八周岁，其在不满十八周岁时故意犯罪被判处有期徒刑以上刑罚的前科记录，不得作为认定累犯的依据，但可以作为司法机关作出逮捕、起诉及量刑等处理时的参考。被告人不满十八周岁时的犯罪记录，不宜在起诉书、判决书等法律文书中表述，但相关证据应当随案移送。

2. 关于毒品再犯的认定问题。毒品再犯并非累犯的特殊形式，《刑法修正案（八）》关于累犯的修改内容不影响毒品再犯的认定。被告人未满十八周岁时犯走私、贩卖、运输、制造、非法持有毒品罪被判过刑，又犯刑法第六章第七节规定的毒品犯罪的，应当根据刑法第三百五十六条的规定从重处罚。

（三）关于醉驾犯罪的问题

《刑法修正案（八）》将在道路上醉酒驾驶机动车的行为规定为犯罪。为贯彻《刑法修正案（八）》的规定，准确执行法律，在当前情况下，对醉酒驾车依照法律规定构成犯罪的，应当依法定罪处罚。在具体案件的处理过程中，要重视相关证据的收集、固定，切实贯彻宽严相济的刑事政策，争取两个效果的有机统一。对情节较轻的犯罪，根据案件的具体情况，依法适用缓刑；对个别情节轻微或者情节显著轻微危害不大的，可以定罪免刑或者不作犯罪处理。

（四）关于盗窃犯罪的认定问题

根据修正后《刑法》第二百六十四条第一款的规定，对于多次盗窃、携带凶器入户盗窃、携带凶器扒窃的，一般应当以盗窃罪追究刑事责任。对于其他入户盗窃、扒窃以及携带凶器盗窃，不能单纯以犯罪数额为标准。具体的定罪标准，待时机成熟后另行规定。

对未成年被告人实施上述盗窃行为的，参照上述标准，从严把握。

（五）关于《刑法修正案八》有关罪名的数额标准问题

1. 虚开发票罪（刑法第二百零五条之一）。对符合最高人民检察院、公安部《关于公安机关管辖的刑事案件立案追诉标准的规定（二）的补充规定》（以下简称《补充规定》）第二条的规定的，应当依法追究刑事责任。

数量达到《补充规定》第二条第（一）项规定标准的5倍的，可以认定为"情节特别严重"。

2. 持有伪造的发票罪（刑法第二百一十条之一）。对符合最高人民检察院、公安部《关于公安机关管辖的刑事案件立案追诉标准的规定（二）的补充规定》第三条规定的，应当依法追究刑事责任。

数量达到《补充规定》第三条规定标准4倍的，可以认定为"数量巨大"。

二、其他刑法适用问题

（一）关于非法进行节育手术罪中情节的认定问题

非法进行节育手术罪的入罪标准，原则上可以参照《最高人民检察院、公安部关于公安机关管辖的刑事案件立案追诉标准的规定（一）》第58条的相关规定；对"严重损害就诊人身体健康"的掌握，在相关司法解释出台之前，可以参照最高人民法院《关于审理非法行医刑事案件具体应用法律若干问题的解释》（法释〔2008〕5号）所规定的非法行医罪相应情节的标准。

（二）关于绑架罪"情节较轻"的认定问题

绑架犯罪属严重侵犯公民人身、财产权利的犯罪，历来属于我国刑法从严惩处的对象，因此对绑架犯罪适用"情节较轻"总体上应当慎重。

绑架罪中的"情节较轻"与被告人在共同犯罪中的地位、作用较轻不同。绑架罪中的"情节较轻"是针对整个绑架犯罪行为，而不是指某一具体被告人在犯罪中的地位作用；在共同犯罪中，如果综合全案认定为"情节较轻"，应当在该量刑幅度内确定各被告人的地位作用，并对是否构成主从犯作出合理评价。

对是否认定"情节较轻"，应当根据绑架行为的起因、动机、对象、手段、持续时间长短、造成的后果以及其他情节进行综合判断。对于造成被害人重伤以上严重后果或实际勒索到的钱款达人民币二万元以上数额巨大的，以及造成恶劣社会影响的案件，一般不宜认定为情节较轻。对于被害人方对案件的发生有明显过错，绑架行为发生在亲属之间且被害方表示谅解，未采用暴力手段、绑架持续时间较短且主动释放被绑架人等，应综合分析，事实求是地认定是否构成情节较轻。

（三）关于虚假诉讼问题

虚假诉讼行为严重妨害司法机关的正常工作秩序，损害司法权威。对虚假诉讼以及由此引发的诈骗、妨害作证、伪造国家机关公文、印章、拒不执行判决裁定等行为，构成犯罪的，各级检察机关、法院要依法起诉、审判。

三、关于未成年人刑事案件管辖的问题

市公检法司于2010年联合制定的《关于对本市未成年人刑事案件指定管辖的规定》第二条规定："各区、县人民检察院审查的未成年人刑事案件向所在地人民法院提起公诉，受理的人民法院若未被指定管辖的，应向被指定管辖的人民法院移送。"司法实践中，为缩短案件移送的在途时间，维护未成年被告人的合法权益，本市部分检察院、法院尝试由提起公诉的人民检察院将案件卷宗直接移送指定管辖法院的做法，取得了一定成效。会议认为，其他有条件的检察院、法院可以参照执行，但仍应由中级法院办理指定管辖手续，起诉书中仍应以提起公诉所在地法院作为"此致"对象。

此外，会议还对刑事和解、对因获刑依法丧失任职资格的人员向有关部门进行通报、常见刑事案件级别管辖标准等问题进行了讨论。会议认为，检法两家应加强协作，共同推动刑事和解探索工作的规范、有序发展；对因判处刑罚依法丧失职业资格的罪犯，相关法院应加强与相关行政管理机关及原任职主管机关的沟通，确保有关法律规定得以贯彻落实；对《关于进一步规范部分常见刑事案件级别管辖的意见（试行）》，在达成共识的情况下，由检法两家重新会签相关正式文件，下发执行。

上海市高级人民法院　上海市人民检察院　上海市公安局　上海市司法局《关于办理盗窃燃气及相关案件法律适用的若干规定》（节录）

（2011年12月30日）

第三条　盗窃燃气是指以非法占有为目的，采取秘密窃取手段实施的不计量或少计量使用燃气的行为。

具体确定了三种情形：

（1）不通过法定燃气计量装置使用燃气的；

（2）擅自改装、损坏法定燃气计量装置使用燃气的；

（3）采取其他方式不计量或者少计量使用燃气的。

第四条　单位有关人员为谋取单位利益组织实施盗窃燃气行为，情节严重的，依照刑法第二百六十四条的规定，以盗窃罪追究直接责任人员的刑事责任。

第六条　盗窃燃气同时构成盗窃罪和破坏易燃易爆设备罪的，依照刑法处罚较重的规定定罪处罚。

第九条　向燃气使用人传授盗窃燃气方法，构成犯罪的，依照刑法第二百九十五条的规定，以传授犯罪方法罪定罪处罚。

第十三条　将打击的重点放在生产经营性盗用、长期盗用、危害程度较大的盗窃燃气行为上，对于真诚悔罪、积极补交燃气费用的，可以酌情从轻、减轻或者免除处罚。

上海市高级人民法院《关于刑事判决中财产刑及财产部分执行的若干意见》

(2012年1月16日修正)

一、一般规定

第一条 （目的和依据）

为加强刑事判决中财产刑及财产部分执行工作，依照《中华人民共和国刑事诉讼法》、《中华人民共和国民事诉讼法》以及最高人民法院有关适用财产刑和执行工作的规定，结合本市刑事审判及执行的具体情况，制定本《意见》。

第二条 （执行管辖）

刑事判决生效后，财产刑及财产部分的执行，由一审人民法院管辖。

财产刑指罚金刑和没收财产刑。

财产部分指《中华人民共和国刑法》第六十四条所列各项财产处理事项。

第三条 （执行范围和执行主体）

刑事判决生效后，下列事项由有管辖权的人民法院执行机构执行：

1. 财产刑；
2. 判决主文中责令退赔被害人经济损失的；
3. 对刑事案件侦查、审查起诉及审理中已被查封、扣押、冻结的财产，需采取扣划、拍卖、变卖等措施后上缴国库或用于退赔被害人经济损失的。

刑事判决生效后，对刑事案件侦查、审查起诉及审理中已被扣押的钱款、物品，可直接上缴国库、发还被害人的，由有管辖权的人民法院刑事审判庭执行；需要销毁的，按照有关规定由刑事审判庭移送指令赃物保管部门执行。对前述钱款、物品，有充分证据证明属于被害人且系被害人生产、生活急需或系鲜活易变质物品的，经被害人书面申请，可在判决生效前由承审案件的刑事审判庭发还被害人。财产处理时遇有特殊情况的，有管辖权的人民法院执行机构应予配合。

第四条 （执行期限）

刑事判决中财产刑及财产部分执行案件的执行期限为6个月。

第五条 （民事案件执行规定的参照适用）

除法律、司法解释及本《意见》另有规定外，案件执行中有关财产查控（指财产调查、查封、扣押、冻结，下同）、拍卖、变卖、传唤、拘传、罚款、司法拘留等执行措施的适用条件、方式方法、程序，委托执行、参与分配等制度的适用，以及延长执行期限等，参照适用民事案件执行相关的法律、司法解释及本院有关规范性文件的规定。

第六条 （会同公安机关执行）

人民法院可根据案件执行需要，向公安机关发函要求会同执行。

二、移交执行前的财产查控与执行依据的制作要求

第七条 （审前财产调查）

对可能或必须判处财产刑、判决可能涉及财产部分的公诉案件，一审人民法院应当在受理案件后的3个工作日内，指定审判人员审查有无查封、扣押、冻结在案的被告人财产；对没有查控到财产或已查控的财产与可能涉及的财产刑、财产责任内容相差悬殊的，应当向公诉机关或侦查机关询问有关被告人的财产去向或线索。

对可能或必须判处财产刑、判决可能涉及财产部分的自诉案件，一审人民法院应当向自诉人询问被告人的财产状况及相关财产线索。

第八条 （审理中的财产查控）

公诉机关、侦查机关或自诉案件的自诉人均未能提供被告人财产状况的，一审人民法院刑事审判庭在案件审理过程中，应当向被告人或被告单位的诉讼代表人讯问其财产状况。

对在审查立案、一审及二审审理过程中发现的财产线索，刑事审判庭应当进行调查。经调查发现被告人确有可供执行财产的，刑事审判庭应当裁定查封、扣押、冻结相关财产，并由一审人民法院负责财产保全的职能部门具体实施。

第九条 （代缴钱款的处理）

刑事案件审理过程中，被告人的亲属、朋友自愿代被告人退赔或缴付财物的，应当制作笔录，并要求被告人的亲属、朋友声明缴款的目的、用途等。

第十条 （制作《被告人财产情况调查表》）

对可能或必须判处财产刑、判决可能涉及财产部分的刑事案件，一审人民法院刑事审判庭一般应当制作《被告人财产情况调查表》附卷。二审人民法院刑事审判庭在审理中调查发现的被告人财产或线索，应记入《被告人财产情况调查表》。

《被告人财产情况调查表》应一人一表，其中应明确：
1. 被告人的基本情况；
2. 已查封、扣押、冻结财产的基本情况；
3. 被告人亲属、朋友已代为缴纳的财产情况；
4. 已调查获取的被告人财产线索。

第十一条　（执行依据的制作要求）

对财产刑及财产部分的处理，刑事判决主文中应当明确：
1. 财产刑的刑种、金额和缴纳期限；
2. 已查封、扣押、冻结财产的具体内容，如果根据已有证据能够认定查封、扣押、冻结财产的性质的，应当对上述财产作出性质认定，及依照《中华人民共和国刑法》第六十四条应作出的处理方式；
3. 责令退赔被害人经济损失的具体数额、退赔的期限。

依《中华人民共和国刑法》第六十四条作出处理的财产众多，无法在判决主文中列举的，应制作《涉案财产处理清单》作为判决书的附件。其中，房地产应列明坐落（指路、弄、号（幢号）、室号或者部位四至）；对机动车应列明车辆牌照号和发动机号。

第十二条　（公安、检察机关已查封、扣押、冻结财产的移交）

在侦查、审查起诉阶段已查封、扣押、冻结的财产，需要执行机构执行的，一审人民法院刑事审判庭应在案件移送执行立案后及时通知公安、检察机关向人民法院执行机构移交，刑庭派员协助执行机构接收。

三、移交执行与立案

第十三条　（移交执行）

属本《意见》第三条规定由执行机构负责执行的事项，一审人民法院刑事审判庭应在刑事判决生效后一个月内将执行事项移交本院立案庭审查立案。

第十四条　（移交执行时应提交的材料）

刑事审判庭移交立案时，应提交下列材料：
1. 已经发生法律效力的刑事判决书及附件；
2. 《移送执行书》，其中应载明具体执行事项、需执行的财产范围、被执行人的羁押场所或联系地址、原侦查机关所在地、其他执行注意事项等；
3. 《被告人财产情况调查表》及已查封、扣押、冻结的财产凭证；
4. 《被害人情况说明》，其中应载明已掌握的被害人的姓名或名称、联系地址与方式、需退赔的经济损失数额等，但刑事判决主文未责令退赔经济损失的除外。

第十五条　（立案）

立案庭对属移交执行范围且移交材料齐全的，应自收到移交材料之日起 7 个工作日内予以立案；对虽属移交执行范围但材料不全的，应要求刑事审判庭予以补齐。

四、执行前的准备

第十六条　（清点移送材料和审查执行事项）

执行机构收到执行案件后，应当及时清点移交的材料，并对执行事项内容及随案移送财产的情况进行审查。

第十七条　（发放《执行告知书》）

对符合立案执行条件的案件，执行人员应自收到案件后 5 个工作日内，向被执行人及其亲属发出《执行告知书》。对退赔经济损失，或没收违法所得、供犯罪使用财产上缴国库事项的执行，随案移送的财产有登记在案外人名下的，应一并向该案外人发出《执行告知书》。

《执行告知书》中应向相关人员告知执行事项的内容。对财产刑执行案件、退赔经济损失的执行案件，向被执行人及其亲属发出的《执行告知书》中，还应告知如实申报被执行人财产、被执行人亲属可代为缴纳等事项。

五、执行措施的实施

第十八条　（财产查控）

对随案移送的财产，执行人员应及时办理续行查封、扣押、冻结手续。对财产刑执行案件、退赔经济损失的执行案件，无随案移送财产或随案移送财产不足清偿的，执行人员应及时依法对被执行人的财产状况进行调查，经调查发现有财产可供执行的，立即采取查封、扣押、冻结措施。

第十九条　（要求有关单位配合执行）

执行机构可以向被执行人服刑地的监管机关、户籍地或居所地的社区管理组织发函要求协助提供被执行人的财产状况及配合实施查封、扣押、冻结、扣划等执行措施。

第二十条　（已查封、扣押、冻结财产的执行）

执行人员对已冻结的被执行人钱款，应及时向有关协助单位发出协助执行通知书，要求其将钱款扣划至人民法院账户。

执行人员对已查封、扣押的财产,应及时采取拍卖、变卖等变现措施。对于财产刑及没收违法所得或供犯罪使用财产上缴国库的执行标的物,拍卖流拍后续行拍卖的,不受次数限制。

第二十一条 (对被执行人工资性收入及债权的执行)

对有固定职业的被执行人,执行机构可以向其用人单位发出协助执行通知书,要求其将被执行人的工资收入扣划至人民法院账户。

被执行人对第三人享有债权的,执行机构可对该第三人采取相应的执行措施。

第二十二条 (对被执行人共有财产的执行)

对被执行人与案外人共有的财产,判决主文或判决书附件载明系违法所得的,执行机构可拍卖、变卖该财产,并按判决主文或判决书附件载明的该财产中违法所得所占比例执行拍卖、变卖价款的对应数额;判决主文或判决书附件未载明系违法所得的,执行机构应区分下列情况进行处理:

1. 共有份额明确、其他共有人不愿购买被执行人的份额且被害人不愿接受该份额抵债的,拍卖、变卖该财产,从拍卖、变卖价款中执行被执行人的份额部分;

2. 共有份额不明确的,执行机构应告知被害人、其他共有人将在拍卖、变卖该财产并按共有人人数平均计算份额后执行被执行人的份额部分,并告知如对平均计算份额有争议,应在规定期限内提起析产诉讼。被害人、其他共有人在规定期限内提起析产诉讼的,经诉讼明确份额后按第1项规定执行;期限内未提起析产诉讼的,拍卖、变卖该财产,拍卖、变卖款按共有人人数平均计算份额后,执行被执行人的份额部分。

第二十三条 (执行到钱款的处理)

对经扣划、变现、被执行人亲属代缴等方式执行到的钱款,应按照最高人民法院相关司法解释的规定及时解缴国库或通知被害人领取,但需保留被执行人及其所供养亲属必要生活费用的,执行机构应予保留。被执行人及其所供养亲属的必要生活费用,按其所在地政府公布的当地居民最低生活费标准计算。

退赔经济损失事项执行中,涉及多名被害人且执行到的钱款不足以清偿所有被害人经济损失的,按被害人损失比例分配钱款。被害人人数、身份、各自的经济损失数额以刑事审判庭移送的《被害人情况说明》记载为准。执行中,有《被害人情况说明》之外的第三人主张自己系被害人,或《被害人情况说明》中记载的被害人对经济损失有争议的,由刑事审判庭明确后再行分配。

第二十四条 (同一被执行人有多项清偿义务时的清偿顺序)

案件执行中,就同一被执行人,同时存在财产刑、退赔被害人经济损失及其他债权、行政罚款等清偿义务时,执行机构在扣除执行实际支出费用后,剩余执行钱款一般应按下列顺序清偿:

1. 退赔被害人经济损失,及已有生效法律文书确认的被执行人其他债务;系违法所得并用于退赔被害人经济损失的财产,其变现价款中对应违法所得部分应专用于退赔被害人经济损失;

2. 依照《中华人民共和国刑法》第二百一十二条规定应由税务机关先行追缴的税款;

3. 罚金刑、没收财产刑;

4. 行政罚款等。

第二十五条 (对妨害执行行为的处罚)

案件执行期间,受调查人、被执行人或者协助执行义务人有妨害执行行为的,执行机构可以采取罚款、拘留等处罚措施;构成犯罪的,依法追究刑事责任。

六、特殊事项的处理

(一) 对执行标的物的异议

第二十六条 (对财产违法性质认定异议的审查)

案件执行期间,执行机构收悉下列异议的,应暂缓对争议财产的执行处分,并将异议材料移交作出生效判决的刑事审判庭审查处理:

1. 案外人主张判决主文或判决书附件中对某项财产作出的违法所得或供犯罪使用性质认定错误的;

2. 被害人主张判决主文或判决书附件中未对某项财产作出系违法所得性质认定的。

刑事审判庭应在收悉异议材料后1个月内进行审查,并向异议人、执行机构明确审查意见。经审查,异议成立,原判决确有错误的,提请院长决定启动审判监督程序处理;异议不成立,且异议人不服审查意见的,不影响案件的执行。

第二十七条 (案外人异议的审查)

除前条规定情形外,案外人于执行期间对执行标的物主张所有权或其他足以阻止执行标的物转让、交付权利的,由执行机构参照《中华人民共和国民事诉讼法》第二百零四条及相关司法解释的规定处理。

第二十八条 (书面异议申请及材料的提交)

案外人提出权应异议的,应提交书面异议申请,并附有证据材料。

案外人向执行机构提出的异议不属于执行机构审查范围的,执行机构应告知案外人向作出查封、扣押、冻结裁定或决定的机关提出异议。

（二）债权人请求偿还正当债务

第二十九条 （申请偿还债务）

财产刑、没收供犯罪使用财产上缴国库事项的执行过程中，被执行人的债权人可向人民法院申请以该事项的执行标的物偿还其正当债务。

债权人提出申请时，应当提交书面申请及确认其债权的生效法律文书。

第三十条 （偿还申请的审查和处理）

执行机构应在收到债权人书面申请及其证据材料后15个工作日内进行审查，具备下列条件的，应准予先行清偿：

1. 确认债权的法律文书已经生效；
2. 该债权为被执行人在刑事判决生效以前所负；
3. 该债权尚未受清偿，或未足额清偿；
4. 被执行人除本案执行财产外已无其他财产；
5. 本案执行财产尚未处理完毕。

（三）参与其他民事案件执行的分配

第三十一条 （财产刑执行参与其他民事案件执行的分配）

对财产刑执行案件，执行机构发现同一被执行人有其他民事案件执行，且有可供执行财产并可能有剩余执行钱款的，可向负责该民事案件执行的执行机构发函，要求将剩余执行钱款划至本院账户。

第三十二条 （退赔被害人经济损失执行参与其他民事案件执行的分配）

对退赔被害人经济损失执行案件，同一被执行人有其他民事案件执行，被害人可向负责该民事案件执行的执行机构申请参与分配。

（四）刑事判决财产刑、财产部分执行与减刑、假释

第三十三条 （结合执行情况审查减刑、假释申请）

人民法院依法审查处理减刑、假释申请时，对有能力履行财产刑、财产部分判决而拒不履行的罪犯，应从严掌握。

七、执行结案

第三十四条 （结案方式）

执行机构执行财产刑和财产部分案件的结案方式为执行完毕、和解、终结执行、终结本次执行程序、委托执行、注销。

第三十五条 （执行完毕的情形）

案件涉及的财产刑、财产部分执行事项全部执行到位的，以执行完毕方式结案。

第三十六条 （和解结案的情形）

案件执行中，同时具备下列情形的，以和解方式结案：

1. 对退赔经济损失事项，被执行人与被害人达成和解协议；
2. 案件不涉及财产刑、没收违法所得或供犯罪使用财产上缴国库事项，或涉及的财产刑、没收违法所得或供犯罪使用财产上缴国库事项已执行到位。

第三十七条 （终结执行的情形）

案件执行中，遇有下列情形之一的，人民法院应裁定终结执行：

1. 据以执行的刑事判决被撤销的；
2. 被执行人死亡或被执行死刑，且无财产可供执行的；
3. 被判处罚金的单位终止，且无财产可供执行的；
4. 依《中华人民共和国刑法》第五十三条被免除罚金的；
5. 案件仅涉及没收违法所得或供犯罪使用财产上缴国库事项，而随案移送的财产经生效判决认定，均不是违法所得或供犯罪使用财产的；
6. 其他应当终结执行的情形。

第三十八条 （终结本次执行程序的情形）

案件执行中，遇有下列情形之一的，人民法院应裁定终结本次执行程序：

1. 案件涉及财产刑、退赔经济损失事项，已查封、扣押、冻结的财产经执行仍不足清偿，未发现被执行人其他可供执行财产的；
2. 案件涉及财产刑、退赔经济损失事项，已查封、扣押、冻结的财产全部或部分暂不具备执行条件，且未发现被执行人其他可供执行财产的；
3. 案件涉及没收违法所得或供犯罪使用财产上缴国库事项，随案移送的财产全部或部分暂不具备执行条件的；

4. 其他应当终结本次执行程序的情形。

裁定终结本次执行程序后,发现被执行人有可供执行财产或相关财产具备执行条件的,人民法院应及时恢复执行。

八、其他

第三十九条 (解释)

本《意见》由高院刑事审判庭、执行局共同解释。

第四十条 (效力)

本《意见》自下发之日起施行。《上海法院关于刑事判决中财产刑及财产部分执行的若干意见(试行)》同时废止。在施行过程中,如果有关法律或者司法解释另有规定的,按照相关规定处理。

上海市高级人民法院《关于办理非法行医刑事案件有关问题座谈会纪要》

(2012 年 5 月 31 日)

为维护医疗管理秩序,保障公民的身体健康,依法惩处非法行医犯罪,市高院刑一庭、市检察院公诉一处、侦查监督处、市公安局治安总队、市卫生局卫生监督处、市卫生局卫生监督所于 2012 年 5 月 31 日对办理非法行医案件中的有关问题进行了研究,并达成以下共识:

一、对于因非法行医被判处刑罚的人员,刑罚执行完毕或缓刑、假释考验期满二年内又非法行医的,属于情节严重,应以非法行医罪定罪处罚。

二、因非法行医被判处刑罚并宣告缓刑或假释的,在缓刑或假释考验期内又非法行医的,应当撤销缓刑或假释,执行原判刑罚;对再次非法行医情节严重构成犯罪的,应当撤销缓刑或假释,数罪并罚。

三、卫生行政部门应当加大对非法行医案件的查处力度,对于未取得医生执业资格的人涉嫌非法行医犯罪的,应当及时移送公安机关立案侦查;对于尚不构成犯罪,符合行政处罚条件的,应当依法作出行政处罚。

上海市高级人民法院刑事审判第一庭　上海市高级人民法院刑事审判第二庭
上海市人民检察院侦查监督处　上海市人民检察院公诉一处
上海市公安局治安总队　上海市公安局法制办公室
《关于专题研究打击家装领域部分"敲墙"人员违法犯罪案件的会议纪要》

(2012 年 10 月 15 日)

2012 年 9 月 24 日下午,上海市高级人民法院刑一庭、刑二庭,上海市人民检察院公诉一处、侦监处,上海市公安局治安总队、法制办就打击处理家装领域部分"敲墙"人员违法犯罪召开专题会议。会议通报了三起典型案例,并对该类案件相关法律适用进行研究,达成了几点共识。现将会议情况纪要如下:

一、会议通报三起典型案例

(一)刘某等强迫交易案

2012 年 3 月、4 月间,刘某、顾某某为控制本市青浦区徐泾镇徐南路 1588 号"观庭"小区敲墙工程,分别多次至小区 350 号、503 号、319 号、318 号、321 号、363 号、335 号别墅施工现场,采用语言威胁业主,上门阻挠施工队施工等方式,强行承接、转接承包别墅敲墙工程七处,非法获利共计人民币 64100 元。2012 年 9 月,刘某、顾某某因犯强迫交易罪,分别被青浦区人民法院判处有期徒刑一年四个月并处罚金。

(二)高某某等寻衅滋事案

蔡某某、郭某某为合伙控制本市宝山区莲花山路 517 弄香逸湾小区二期打墙洞生意,于 2010 年 12 月 27 日,经预谋,纠集并指使陈某、高某某、汪某某、麻某某、王某某、邵某等十余人,至本市宝山区竹韵路 58 弄 13 号门口处,持钢管对同在该小区经营打墙洞生意的被害人刘某某、朱某某、修某某实施殴打,造成被害人刘某某因外伤致右膝髌骨骨折,头皮多处疤痕累计长度达到 8cm 以上等损伤,经鉴定构成轻伤;造成被害人朱某某因外伤致右手第 5 掌骨粉碎性骨折,经鉴定构成轻伤;造成被害人修某某因外伤致头顶枕部皮下血肿,枕部偏左软组织裂伤长达 4cm,经鉴定构成轻微伤;同时,上述人员还将刘某某等人所乘牌号为浙 B31T30 的小轿车砸坏,经鉴定物损价值为人民币 9091 元。2011 年 12 月,高某某、汪某某、麻某某、蔡某某、陈某、郭某某、王某、王某某、邵某因犯寻衅滋事罪,分别被宝山区人民法院判处有期徒刑一年至三年。

(三)姜某等敲诈勒索案

为控制本市宝山区杨行镇莲花山路 517 弄香逸湾小区一期的打墙洞生意,2011 年 1 月,姜某、王某某、张某某采用言语威胁的方式，从在该小区内经营打墙洞业务的被害人郭某某处强行索得现金人民币12000元。

2011年10月，姜某、王某某、张某某因犯敲诈勒索罪，分别被宝山区人民法院判处有期徒刑八个月并追缴犯罪所得。

会议认为，上述案件对于办理家装领域违法犯罪案件，具有典型意义，各区（县）公安、检察、审判机关办案部门应当认真学习，办理类似案件时正确适用法律。

二、法律适用意见

会议认为，近年来，为控制小区家装"敲墙"业务，违法犯罪人员拉帮结派，暴力限制同行业竞争，使用威胁、暴力手段强迫业主或其亲属接受"敲墙"服务，或者迫使施工人员退出"敲墙"业务，或者故意损毁业主、施工人员财物。部分违法犯罪人员还与个别物业管理单位或人员勾结，采取限制装潢材料进场、限制水电供应等方式，迫使业主接受指定"敲墙"业务。其行为已严重扰乱了正常的社会管理秩序，必须坚决依法惩处。

为正确适用法律，会议对此类案件的处理提出如下意见：

（一）对"敲墙"团伙或人员违法犯罪行为的法律适用

1. 强迫他人接受"敲墙"服务、强迫他人退出"敲墙"业务行为的处理

为达到控制"敲墙"业务的目的，在承揽、介绍业务过程中，采用暴力、威胁手段强迫业主或其亲属接受"敲墙"服务，或者以暴力、威胁手段使其他施工队、施工人员退出"敲墙"业务，符合《最高人民检察院、公安部关于公安机关管辖的刑事案件立案追诉标准的规定（一）》第二十八条规定的立案追诉标准，依据我国《刑法》第二百二十六条规定，以"强迫交易罪"追究刑事责任。

2. 寻衅滋事行为的处理

殴打业主或其亲属、施工人员或者损毁业主或其亲属及施工人员财物或者有起哄闹事等行为，情节严重，符合《最高人民检察院、公安部关于公安机关管辖的刑事案件立案追诉标准的规定（一）》第三十七条规定的立案追诉标准，依据我国《刑法》第二百九十三条规定，以"寻衅滋事罪"追究刑事责任。

3. 采用威吓方式实施敲诈勒索行为的处理

采用言语威胁、恐吓的方式，对业主或其亲属或者经营敲墙业务的其他施工队、施工人员，实施敲诈公私财物行为，敲诈勒索数额达到《关于本市办理部分刑事犯罪案件标准的意见》（沪检发〔2008〕143号）第三十六条规定的立案追诉标准，依据《刑法》第二百七十四条规定，以"敲诈勒索罪"追究刑事责任。

4. 向物业管理单位或人员行贿行为的处理

"敲墙"违法犯罪人员为控制小区"敲墙"业务，谋取不正当利益，给予物业管理单位或人员以财物，数额达到《最高人民检察院、公安部关于公安机关管辖的刑事案件立案追诉标准的规定（二）》第十一条规定的立案追诉标准，依据我国《刑法》第一百六十四条规定，以"对非国家工作人员行贿罪"追究刑事责任。

（二）对物业管理单位工作人员违法犯罪行为的法律适用

1. 非法收受"敲墙"违法犯罪人员财物行为的处理

物业工作人员非法收受"敲墙"违法犯罪人员财物，为"敲墙"违法犯罪人员谋取不正当利益，数额达到《最高人民检察院、公安部关于公安机关管辖的刑事案件立案追诉标准的规定（二）》第十条规定的立案追诉标准，依据我国《刑法》第一百六十三条规定，以"非国家工作人员受贿罪"追究刑事责任。

2. 物业工作人员与"敲墙"违法犯罪人员共同违法犯罪的处理

物业工作人员与"敲墙"违法犯罪人员经共谋，或者明知他人实施强迫交易、寻衅滋事等违法犯罪行为，仍提供帮助和便利，有下列情形之一的，对物业工作人员按照共同违法犯罪定性处理。

（1）按比例提成的；

（2）无正当理由，阻止其他施工队、施工人员进入小区或施工现场的；

（3）采用断水、断电、不处理建筑垃圾等手段迫使业主接受指定"敲墙"服务的。

（三）对"敲墙"团伙黑社会性质组织犯罪的处理

"敲墙"团伙同时具备以下特征的，可以认定为"黑社会性质的组织"，按照我国《刑法》第二百九十四条之规定，以"组织、领导、参加黑社会性质组织罪"追究刑事责任。

1. 形成较稳定的犯罪组织，人数较多，有明确的组织者、领导者，骨干成员基本固定；

2. 有组织地通过违法犯罪活动或者其他手段获取经济利益，具有一定的经济实力，以支持该组织的活动；

3. 以暴力、威胁或其他手段，有组织地多次进行违法犯罪活动，为非作恶，欺压、残害群众；

4. 通过实施违法犯罪活动，或者利用物业工作人员的包庇或者纵容，称霸一方，在一定区域或者行业内，形成非法控制或者重大影响，严重破坏经济、社会生活秩序。

三、公安、检察、审判机关要加强配合

公安机关应当重视开展对"敲墙"违法犯罪案件的侦查和办理,及时受理,深入排摸,要注重调查取证,全面客观收集证据,要加强与检察院、法院的沟通协调,对疑难案件及时商请检察机关提前介入。对案件事实清楚、证据确实、充分的案件要依法移送检察机关提起公诉。

检察机关要积极支持配合公安机关对"敲墙"违法犯罪案件的处理,加强立案监督,防止有案不立,有罪不究。要加强对疑难、复杂案件的引导取证工作。对公安机关移送起诉的案件,要认真审查,依法提起公诉。对社会影响较大,危害后果较重,群众反映强烈的"敲墙"犯罪案件,各级法院应在裁量刑罚时予以考虑。

各级机关在办理该类犯罪案件中,要互相配合、互相支持,加强协调沟通,保证办案质量和效率,适时开展法制宣传,以典型案例营造声势,体现办案的社会效果。执行中遇到问题,应及时向各自的上级部门请示。

上海市高级人民法院　上海市人民检察院　上海市公安局　上海市司法局《关于办理减刑、假释案件实施细则（试行）》

（2012年12月28日）

第一章　减刑假释工作的指导思想及基本原则

第一条　为严格贯彻宽严相济的刑事司法政策,规范减刑、假释案件审理程序,正确适用法律办理减刑、假释案件,维护刑罚执行的公平公正,推进社区矫正工作,根据《中华人民共和国刑法》、《中华人民共和国刑事诉讼法》、《中华人民共和国监狱法》、最高人民法院《关于办理减刑、假释案件具体应用法律若干问题的规定》等有关法律、法规、司法解释的规定,结合上海市减刑、假释工作的实际情况制定本细则。

第二条　办理减刑、假释案件,应当严格依照法律规定,坚持有利于维护刑罚执行的公平公正;有利于对罪犯的教育改造;有利于社会长治久安的基本原则。

第三条　人民法院、人民检察院、公安机关、司法行政机关应当分工负责,互相配合,互相制约,以保证减刑、假释案件的质量。

人民检察院对减刑、假释工作实施法律监督。对提请减刑、假释的案件,应当提出检察意见。对符合减刑、假释条件的罪犯,可以向执行机关提出提请减刑、假释的检察建议。

人民法院在办理减刑、假释案件时,应当重视检察意见。

第二章　减刑条件

第四条　根据刑法第七十八条第一款的规定,被判处管制、拘役、有期徒刑、无期徒刑的犯罪分子,在执行期间,认真遵守监规,接受教育改造,确有悔改表现的,或者有立功表现的,可以减刑;有重大立功表现的,应当减刑。

（一）"确有悔改表现"是指同时具备以下四个方面情形:认罪悔罪;认真遵守法律法规及监规,接受教育改造;积极参加思想、文化、职业技术教育;积极参加劳动,努力完成劳动任务。

认定罪犯是否确有悔改表现,应当实事求是,具体情况具体分析。

对罪犯在刑罚执行期间提出申诉的,要依法保护其申诉权利,对罪犯申诉不应一概不加分析地认为是不认罪悔罪。

罪犯积极执行财产刑和履行附带民事赔偿义务的,可视为有认罪悔罪表现,在减刑时可以从宽掌握;确有执行、履行能力而不执行、不履行的,在减刑时应当从严掌握。对曾有违纪行为的罪犯,经教育能够认识错误,并自觉遵守监规的,可视为遵守监规;文化程度较低的罪犯,只要积极参加学习,态度认真,亦可视为积极参加教育。

未成年罪犯能认罪悔罪,遵守法律法规及监规,积极参加学习、劳动的,应视为确有悔改表现;基本丧失劳动能力、生活难以自理的老年、身体残疾、患严重疾病的罪犯,能够认真遵守法律法规及监规,接受教育改造,应视为确有悔改表现。

（二）具有下列情形之一的,应当认定为有"立功表现":

1. 阻止他人实施犯罪活动的;
2. 检举、揭发监狱内外犯罪活动,或者提供重要的破案线索,经查证属实的;
3. 协助司法机关抓捕其他犯罪嫌疑人（包括同案犯）的;
4. 在生产、科研中进行技术革新,成绩突出的;

5. 在抢险救灾或者排除重大事故中表现突出的;
6. 对国家和社会有其他贡献的。
(三) 具有下列情形之一的,应当认定为有"重大立功表现":
1. 阻止他人实施重大犯罪活动的;
2. 检举监狱内外重大犯罪活动,经查证属实的;
3. 协助司法机关抓捕其他重大犯罪嫌疑人(包括同案犯)的;
4. 有发明创造或者重大技术革新的;
5. 在日常生产、生活中舍己救人的;
6. 在抗御自然灾害或者排除重大事故中,有特别突出表现的;
7. 对国家和社会有其他重大贡献的。

第三章 有期徒刑、拘役、管制罪犯的减刑

第五条 有期徒刑罪犯在刑罚执行期间,确有悔改表现,被判处不满三年有期徒刑的,表扬一次以上方可减刑;被判处三年以上不满五年有期徒刑的,记功一次以上方可减刑;被判处五年以上有期徒刑的,记功一次后再表扬一次以上方可减刑。减刑幅度为:

(一)表扬一次的,一次减刑一般不超过三个月有期徒刑;记功一次的,一次减刑一般不超过六个月有期徒刑;记功一次后再表扬一次的,一次减刑一般不超过九个月有期徒刑;记功二次以上或者有立功表现的,一次减刑一般不超过一年有期徒刑;记功二次以上并有立功表现或者有重大立功表现的,一次减刑一般不超过二年有期徒刑。

(二)被判处有期徒刑的,减刑以后实际执行的刑期,不能少于原判刑期的二分之一。

第六条 减刑的起始时间和间隔时间:

(一)被限制减刑的死刑缓期执行罪犯,减为有期徒刑后,又符合减刑条件的,在首次减刑时,其间隔时间一般不得少于二年,两次减刑之间一般应当间隔一年六个月以上。

(二)被判处死刑缓期执行(不含限制减刑的)或无期徒刑的罪犯,减为有期徒刑后,又符合减刑条件的,在首次减刑时,其间隔时间一般不得少于一年六个月。

(三)被判处五年以上有期徒刑的罪犯,一般在执行一年六个月以上方可减刑,两次减刑之间一般应当间隔一年以上。

(四)被判处三年以上不满五年有期徒刑的罪犯,一般在执行一年以上方可减刑,两次减刑之间一般应当间隔十个月以上。

(五)被判处不满三年有期徒刑的罪犯,一般在执行十个月以上方可减刑。

(六)有期徒刑的减刑起始时间自判决执行之日起计算。交付执行之前先行羁押超过一年的,其减刑的起始时间可根据上述超过羁押的时间适当从宽掌握,但一般不得提前六个月。

确有重大立功表现的,可以不受上述减刑起始和间隔时间的限制。

第七条 被判处拘役以及判决生效后剩余刑期不满一年有期徒刑的罪犯,在服刑期间有立功表现,或者确有悔改表现获得表扬一次或者虽未获得表扬,但能够遵守监规,无任何违纪扣分,且能够积极执行财产刑和履行附带民事赔偿义务的;被判处管制的罪犯,有立功表现或被评为社区矫正积极分子的,可以减刑。

被判处管制、拘役以及判决生效后剩余刑期不满一年有期徒刑的罪犯,在执行原判刑期的二分之一以后方可减刑,减刑一般不超过二个月。

第八条 判处拘役或者三年以下有期徒刑并宣告缓刑的罪犯,一般不适用减刑。

前款规定的罪犯在缓刑考验期限内有重大立功表现的,可以参照刑法第七十八条的规定,予以减刑,同时应依法缩减其缓刑考验期限。拘役的缓刑考验期限不能少于二个月,有期徒刑的缓刑考验期限不能少于一年。

第九条 被暂予监外执行的罪犯,一般不适用减刑,罪犯在暂予监外执行期间有重大立功表现的,可以参照刑法第七十八条的规定,予以减刑。减刑的幅度和起始、间隔时间,参照本细则第五条、第六条、第七条的规定办理。

暂予监外执行罪犯被收监执行的,其监外执行的表现情况可以作为其改造表现的依据予以综合考核。

第十条 有期徒刑罪犯减刑时,对附加剥夺政治权利的刑期可以酌减。酌减后剥夺政治权利的期限,不能少于一年。

第十一条 未成年罪犯;基本丧失劳动能力、生活难以自理的老年、身体残疾(不含自伤致残)、患严重疾病罪犯,减刑的幅度可以适当放宽,起始时间、间隔时间可以相应缩短。与同等条件的其他罪犯相比,起始时间一般可提前六个月以下;间隔时间一般可减少三个月以下;减刑时一般可多减六个月以下有期徒刑。

第十二条 下列罪犯的减刑要严格掌握,符合减刑条件时,一般要比同等条件的其他罪犯少减六个月以下有期徒刑;减刑起始时间或者间隔时间一般比同等条件的其他罪犯延长六个月以上。

(一)危害国家安全的罪犯;

(二)故意危害公共安全、严重暴力犯罪、涉众型经济犯罪被判处十年以上有期徒刑的罪犯;

(三)恐怖组织犯罪、邪教组织犯罪、黑恶势力犯罪等有组织犯罪的领导者、组织者和骨干分子;

(四)累犯;

(五)毒品犯罪再犯;

(六)多次判刑;

(七)缓刑、假释、监外执行期间又违法犯罪的;

(八)被判处不满十年有期徒刑的罪犯在刑罚执行期间又犯罪或又发现漏罪(坦白漏罪的除外);

被限制减刑的死刑缓期执行罪犯,减为有期徒刑后,又符合减刑条件的,一般要比同等条件的其他罪犯少减六个月以下有期徒刑。

被判处十年以上有期徒刑的罪犯在刑罚执行期间又犯罪或又发现漏罪(坦白漏罪的除外),被判处有期徒刑以下刑罚的,自新罪判决确定之日起二年内一般不予减刑;新罪被判处无期徒刑的,自新罪判决确定之日起三年内一般不予减刑。符合减刑条件的,一般比同等条件的罪犯少减六个月以下有期徒刑。

服刑期间因有严重违纪行为受到警告、记过、禁闭处罚的罪犯,减刑起始时间或者间隔时间一般比同等条件的其他罪犯延长六个月以下。

第四章 无期徒刑罪犯的减刑

第十三条 无期徒刑罪犯在刑罚执行期间,确有悔改表现,或者有立功表现的,服刑二年以后,可以减刑。减刑幅度为:

(一)确有悔改表现,记功一次以上,一般减为二十二年有期徒刑;记功二次以上,一般减为二十一年有期徒刑;记功三次以上或有立功表现,一般减为二十年有期徒刑。

对有重大立功表现的,一般减为十七年以上二十年以下有期徒刑;有重大立功表现并记功二次以上的,一般减为十五年以上十七年以下有期徒刑。

(二)无期徒刑罪犯在刑罚执行期间又犯罪或者发现有漏罪(坦白漏罪除外),被判处有期徒刑以下刑罚的,自新罪判决确定之日起一般在二年之内不予减刑;新罪被判处无期徒刑的,自新罪判决确定之日起三年内一般不予减刑。

(三)无期徒刑罪犯经过一次或几次减刑后,其实际执行的刑期不能少于十三年,起始时间应当自无期徒刑判决确定之日起计算。

第十四条 死刑缓期执行罪犯(不含限制减刑的)减为无期徒刑后,记功二次以上或者有立功表现的,服刑二年以后可以减为二十五年有期徒刑;有重大立功表现的,服刑二年以后可以减为二十三年有期徒刑。

第十五条 被限制减刑的死刑缓期执行罪犯,缓期执行期满后依法减为无期徒刑的,记功三次以上或者有立功表现的,服刑四年以后可以减为二十六年有期徒刑;有重大立功表现的,服刑四年以后可以减为二十四年有期徒刑。

第十六条 对于危害国家安全罪犯、故意危害公共安全罪犯、严重暴力犯罪罪犯、涉众型经济犯罪罪犯;恐怖组织犯罪、邪教组织犯罪、黑恶势力犯罪等有组织犯罪的领导者、组织者和骨干分子;毒品犯罪再犯;累犯;多次判刑的罪犯;在刑罚执行期间又犯罪的罪犯;假释后又违反法律法规被收监执行的以及因数罪并罚被判处无期徒刑(含原判死缓,后减为无期徒刑),其中另罪被判处有期徒刑十年以上刑罚的罪犯的减刑,要严格掌握。

对确属应当减刑的,既要根据其服刑改造表现,也要考虑原判情况,作出相应决定。当符合条件予以减刑时,一般比同等条件的其他罪犯少减一年,符合本细则第十三条第(一)项规定"一般减为二十二年有期徒刑"时,再予延长一年方可减刑;未成年或有重大立功表现的罪犯除外。

第十七条 未成年罪犯;基本丧失劳动能力、生活难以自理的老年、身体残疾(不含自伤致残)、患严重疾病罪犯,减刑幅度可适当放宽。在减刑时,一般比同等条件的罪犯可多减一年有期徒刑,但最多减至二十年有期徒刑;有重大立功表现的,按本细则第十三条第(一)项规定办理。

第十八条 无期徒刑减为有期徒刑的,其附加剥夺政治权利的期限可以相应缩减。减为有期徒刑二十二年的,一般改为剥夺政治权利九年;减为有期徒刑二十一年的,一般改为剥夺政治权利八年;减为有期徒刑二十年的,一般改为剥夺政治权利七年;减为有期徒刑十五年以上二十年以下的,一般改为剥夺政治权利三年以上七年以下。

第十九条 无期徒刑罪犯减为有期徒刑后再减刑时,按本细则第三章的相关规定办理,但是实际执行刑期和附加剥夺政治权利的最低期限不得违反本章的规定。

第五章 死刑缓期执行罪犯的减刑

第二十条 死刑缓期执行罪犯在死刑缓期执行期间，如果没有故意犯罪，二年期满以后，减为无期徒刑；如果确有重大立功表现，二年期满以后，减为二十五年有期徒刑。

（一）死刑缓期执行的期间，从核准死刑缓期执行宣告之日起计算。

（二）对死刑缓期执行罪犯的减刑，应当依法及时报送和裁定。

（三）死刑缓期执行减为无期徒刑的，无期徒刑的刑期，从生效的法律文书宣告或送达之日起计算，原剥夺政治权利终身的附加刑不变。

（四）死刑缓期执行减为有期徒刑的，刑期从死刑缓期执行期满之日起计算，原剥夺政治权利终身的附加刑改为剥夺政治权利五年以上十年以下。

（五）死刑缓期执行罪犯经过一次或几次减刑后，其实际执行的刑期不得少于十五年，死刑缓期执行期间不包括在内。

被限制减刑的死刑缓期执行罪犯，缓期执行期满后依法减为无期徒刑的，其实际执行的刑期不得少于二十五年，缓期执行期满后依法减为二十五年有期徒刑的，其实际执行的刑期不能少于二十年。

（六）被限制减刑的死刑缓期执行罪犯，缓期执行期满后依法减为无期徒刑的，或者因有重大立功表现被减为二十五年有期徒刑的，应当比照未被限制减刑的死刑缓期执行罪犯在减刑的起始时间、间隔时间和减刑幅度上从严掌握。

（七）死刑缓期执行罪犯在缓期执行期间抗拒改造，尚未构成犯罪的，此后减刑时可以适当从严。

第二十一条 死刑缓期执行罪犯减为无期徒刑、有期徒刑后再减刑时，分别按本细则第四章、第三章的相关规定办理，但是实际执行刑期和附加剥夺政治权利的最低期限不得违反本章的规定。

第六章 假释对象和条件

第二十二条 根据刑法第八十一条的规定，被判处有期徒刑的罪犯，执行原判刑期二分之一以上，被判处无期徒刑的罪犯，实际执行十三年以上，如果认真遵守监规，接受教育改造，确有悔改表现，没有再犯罪的危险的，可以假释。如果有特殊情况，经最高人民法院核准，可以不受上述执行刑期的限制。

（一）判断"没有再犯罪的危险"，除符合刑法第八十一条规定的情形外，还应根据犯罪的具体情节、原判刑罚情况、在刑罚执行中的一贯表现，罪犯的年龄、身体状况、性格特征，假释后生活来源以及监管条件等因素综合考虑。

对未成年罪犯以及基本丧失劳动能力、生活难以自理的老年、身体残疾、患严重疾病的罪犯，假释后生活确有着落的，除法律和本解释规定不得假释的情形外，可以积极适用假释。

（二）符合法律规定的假释条件，具有下列情形之一的罪犯可以优先适用假释：

1. 初次犯罪的罪犯，原判不满五年有期徒刑的，有立功表现或被表扬一次以上的。

2. 过失、胁从、中止犯罪的罪犯；防卫过当、紧急避险过当的罪犯；积极退赃、积极履行财产刑的罪犯；因民间矛盾引发犯罪、积极赔偿损失并取得被害人谅解的罪犯；确需本人抚养未成年子女或者照顾生活不能自理直系亲属、配偶的罪犯，具有下列情形之一的：

（1）原判不满五年有期徒刑，有立功表现或者被表扬一次以上。

（2）原判五年以上不满十年有期徒刑，经过减刑后，有立功表现或者被表扬一次以上；或者虽未经过减刑，但有立功表现或者被记功二次以上。

（3）原判十年以上有期徒刑，经过减刑后，有立功表现或者被记功二次以上。

3. 未成年罪犯符合上述1、2规定情形之一的，可以优先适用假释。

4. 基本丧失劳动能力、生活难以自理的老年罪犯、病残罪犯具有下列情形之一的，且假释后生活有着落的，可以优先适用假释。

（1）年满70周岁的男性罪犯、年满65周岁的女性罪犯；

（2）年满65周岁的男性罪犯、年满60周岁的女性罪犯，原判不满五年有期徒刑，有立功表现或者被表扬一次以上的；原判处五年以上有期徒刑，有立功表现或者记功一次以上的；

（3）年满60周岁的男性罪犯、年满55周岁的女性罪犯，患病久治不愈，原判不满五年有期徒刑，有立功表现或者被表扬一次以上的；原判五年以上有期徒刑，有立功表现或者记功一次以上的。

5. 暂予监外执行罪犯具有下列情形之一的，可以适用假释：

（1）在监外服刑五年以上，未受到警告以上处分的；

（2）在监外服刑三年以上，被社区矫正机构表扬二次以上的；

（3）在监外服刑二年以上，被评为社区矫正积极分子一次以上的。

6. 户籍不在本市的罪犯符合上述1-5规定，且具备下列情形之一的，可以适用假释：

（1）居住地在本市，居住地社区矫正机构对其假释无异议，且能够落实监管措施的；

(2) 居住地不在本市，但其居住地或户籍地已经建立了社区矫正机构，且居住地或户籍地社区矫正机构对其假释无异议的。

7. 对于既符合暂予监外执行条件，又符合假释条件的罪犯，可以优先适用假释。

8. 对于既符合减余刑条件，又符合假释条件的罪犯，剩余刑期在六个月以上的，原则上适用假释。

（三）对死刑缓期执行罪犯减为无期徒刑或者有期徒刑以后，符合刑法第八十一条第一款和本细则第二十条第（五）项、本条第（四）项之规定的，可以按照本细则规定适用假释。

（四）对累犯以及因故意杀人、强奸、抢劫、绑架、放火、爆炸、投放危险物质或者有组织的暴力性犯罪被判处十年以上有期徒刑、无期徒刑的罪犯，不得假释。

因前款情形和犯罪被判处死刑缓期执行的罪犯，被减为无期徒刑、有期徒刑后，也不得假释。

2011年4月30日以前犯罪，2011年5月1日以后仍在服刑的上列罪犯，适用修正前刑法第八十一条第二款的规定，不得假释。2011年4月30日以前犯罪，因其他暴力性犯罪被判处十年以上有期徒刑、无期徒刑的犯罪分子，2011年5月1日以后仍在服刑的，适用修正后刑法第八十一条第二款、第三款的规定，可以假释。

（五）下列罪犯，一般不适用假释，悔改表现突出，确需假释的，应从严掌握：

1. 危害国家安全罪犯；
2. 恐怖组织犯罪、邪教组织犯罪、黑恶势力犯罪等有组织犯罪的领导者、组织者和骨干分子；
3. 毒品犯罪再犯；
4. 多次判刑或者刑罚执行期间又犯罪的；
5. 缓刑、假释、监外执行期间又违法犯罪的；
6. 犯罪后果严重，民愤较大的。

（六）下列罪犯，适用假释时，可适度从严掌握，并应将罪犯在假释考验期间履行财产刑或承担民事赔偿责任的表现情况，作为社区矫正期间对其进行考核的内容：

1. 经济犯罪中个人非法占有公私财产无法追缴超过10万元以上的；
2. 依法应当承担民事赔偿责任或被判处附加财产刑，有能力履行而没有履行的，没有履行数额达到判决应当承担赔偿金额或财产刑金额30%以上的。

第二十三条 刑法第八十一条第一款规定的"特殊情况"，是指与国家、社会利益有重要关系的情况。

第二十四条 罪犯减刑后又假释的间隔时间，一般为一年；对一次减去二年有期徒刑后，决定假释的，间隔时间不能少于二年。

罪犯减刑后余刑不足二年，决定假释的，可以适当缩短间隔时间，但不能少于八个月。

第二十五条 有期徒刑的假释考验期限，为没有执行完毕的刑期；无期徒刑的假释考验期限为十年；假释考验期限从假释之日起计算。

第二十六条 被假释的罪犯，除具有刑法第八十一条第一款规定的特殊情况，一般不得减刑，其假释考验期也不能缩短。

如果罪犯在假释考验期内有重大立功表现的，可以参照刑法第七十八条的规定，予以减刑，其假释考验期亦可相应缩短。

第七章 减刑、假释案件的审查与审理

第二十七条 执行机关提请的减刑、假释案件，应当经评审委员会讨论决定并公示之后，移送人民检察院审查，并提供审查必须的各项材料。材料不齐的，人民检察院可以要求补充提供，并进行必要的调查。

第二十八条 人民检察院收到执行机关移送的减刑、假释案件材料后，一般应当在十个工作日内审结并出具书面检察意见。

因要求补充材料或开展调查而需延长审查期限的，经检察长批准可延长十个工作日。

因特殊情况需要再延长审查期限的，可以在第一次延长审查期限届满前三日内报请上海市人民检察院批准后再延长审查期限十日。

人民检察院决定延长审查期限的，应当书面告知执行机关。

第二十九条 对人民检察院审查后提出的不同意见，执行机关应当将是否采纳的意见书面告知人民检察院。

第三十条 人民法院受理减刑、假释案件，应当审查执行机关是否移送下列材料：

（一）减刑或者假释建议书；
（二）生效裁判文书、执行通知书、历次减刑裁定书的复印件；
（三）罪犯确有悔改或者立功、重大立功表现的具体事实的书面证明材料；

（四）判决财产附加刑或附带民事赔偿义务的，罪犯履行财产刑或附带民事赔偿义务情况的书面材料；

（五）罪犯评审鉴定表、奖惩审批表等；

（六）其他根据案件的审理需要移送的材料。

提请假释的，应当附有社区矫正机构关于罪犯假释后对所居住社区影响的调查评估报告，相关调查评估意见应当作为人民法院裁定的重要参考。

人民检察院对提请减刑、假释案件提出的检察意见，应当一并移送受理减刑、假释案件的人民法院。

经审查，如果前三款规定的材料齐备的，应当立案；材料不齐备的，应当通知提请减刑、假释的执行机关补送。

第三十一条　人民法院审理减刑、假释案件，应当一律予以公示。对于涉及国家机密以及其他确不宜公示的减刑、假释案件，可以不进行公示。公示期间为三个工作日。公示地点为罪犯服刑场所的公共区域。有条件的法院，应面向社会公示，接受社会监督。公示应当包括下列内容：

（一）罪犯的姓名；

（二）原判认定的罪名和刑期；

（三）罪犯历次减刑情况；

（四）执行机关的减刑、假释建议和依据；

（五）公示期限；

（六）意见反馈方式等。

第三十二条　人民法院审理减刑、假释案件，可以采用书面审理的方式。但下列案件，应当开庭审理：

（一）因罪犯有重大立功表现提请减刑的；

（二）提请减刑的起始时间、间隔时间或者减刑幅度不符合一般规定的；

（三）在社会上有重大影响或社会关注度高的；

（四）公示期间收到投诉意见的；

（五）人民检察院有异议的；

（六）人民法院认为有开庭审理必要的。

第三十三条　人民法院审理减刑、假释案件，应当对罪犯改造表现、犯罪事实、原判刑罚等情况进行全面审查，根据案件具体情况，依照法律规定，决定是否准予减刑、减刑幅度及是否准予假释。

第三十四条　人民检察院认为人民法院减刑、假释的裁定不当，应当在收到裁定书副本后二十日以内，向人民法院提出书面纠正意见。人民法院应当在收到纠正意见后一个月以内重新组成合议庭进行审理，作出最终裁定。

第八章　附　　则

第三十五条　对判处管制、拘役、有期徒刑罪犯的减刑、假释，执行原判刑期二分之一以上的起始时间，应当从判决执行之日起计算，判决执行以前先行羁押的，被判处拘役、有期徒刑罪犯，羁押一日折抵刑期一日；被判处管制罪犯，羁押一日折抵刑期二日。

第三十六条　本细则所称未成年犯，是指减刑时不满18周岁的罪犯。所称老年犯一般是指减刑时年满65周岁的男性罪犯、年满60周岁的女性罪犯。

第三十七条　对身体残疾罪犯和患严重疾病罪犯进行减刑、假释，其残疾、疾病程度应由法定鉴定机构依法作出认定。

本细则所称"生活难以自理"是指参照《人体损伤残疾程度鉴定标准（试行）》中属于"二级护理依赖"及以上的标准，在穿衣洗漱、大小便、进食、翻身、自主行动等日常行为中，有三项以上需要依赖他人协助方能完成，且持续一年以上的。

"久治不愈"一般是指经过一年以上的系统治疗（含住院治疗或每月二次以上到医院进行门诊治疗，并坚持服药一个疗程以上）后仍需要继续治疗的。

第三十八条　本细则所称年、月及以上、以下、以前、以后，均含本数。

第三十九条　本细则所称表扬、记功、社区矫正积极分子，专指《上海市监狱管理局计分考评奖罚罪犯实施办法》、《上海市看守所执行刑罚罪犯考核奖惩办法（试行）》和《上海市关于贯彻落实〈社区矫正实施办法〉的实施细则》中对罪犯的奖励。

第四十条　对在本市看守所服刑罪犯的减刑、假释，参照本细则相关规定办理。

第四十一条　对未成年犯、老年犯、病残犯；在看守所服刑的罪犯及社区矫正人员的考核标准，分别由监狱管理机关、公安机关和社区矫正机构按有关规定执行。

第四十二条　本市监狱在册的社区矫正人员的减刑、假释案件，由监狱所在地中级以上人民法院管辖；非本市监狱在册的社区矫正人员的减刑、假释案件，由社区矫正机构所在地中级以上人民法院管辖。

第四十三条 监狱等有关管理部门对虽不符合本细则规定的减刑条件、幅度及假释条件，但依照法律规定，认为确需从宽予以减刑或假释的，应出具相关的证明材料报人民法院裁定，检察机关予以监督。

第四十四条 本市执行机关每年提请减刑、假释的案件数量，采取按照在押犯总数一定比例予以控制的原则。每年根据具体情况，由人民法院、人民检察院、执行机关共同确定相关比例。

第四十五条 本细则自2013年1月1日起试行。

第四十六条 2011年4月30日以前犯罪，被判处死刑缓期执行、无期徒刑的罪犯，2011年5月1日以后仍在服刑的，对其减刑、假释适用修正前细则第四、五章和修正后细则第一、二、三、六、七、八章的规定；适用修正后细则第四、五章的规定对其更有利的，应当适用修正后细则的相关规定。记功三次以上的，可以视为被评为修正前细则第四、五章中所称的监狱改造积极分子，按照修正前细则规定予以减刑。

2011年4月30日以前犯罪，被判处有期徒刑的罪犯，2011年5月1日以后仍在服刑的，对其减刑、假释适用修正后细则的规定。

上海市高级人民法院
《关于被判处五年有期徒刑以下刑罚的未成年被告人诉讼档案查询的规定（试行）》

（2012年12月31日）

为维护和保障未成年人的合法权益，贯彻落实《中华人民共和国刑事诉讼法》及其司法解释规定的未成年人轻罪犯罪记录封存制度，现根据最高人民法院《人民法院档案管理办法》以及上海市高级人民法院《上海法院诉讼档案查阅规定》等规定，就查询被判处五年有期徒刑以下刑罚的未成年被告人诉讼档案规定如下：

第一条 《中华人民共和国刑事诉讼法》第二百七十五条轻罪犯罪记录封存制度规定中的未成年人是指，被判处五年以下有期徒刑、拘役、管制、单处罚金和免除刑事处罚，且犯罪时不满十八周岁的未成年被告人。

第二条 本规定第一条规定的未成年被告人的诉讼档案，除司法机关为办案需要或者有关单位根据国家规定进行查询的以外，不得向任何单位和个人提供。记载未成年人犯罪记录的诉讼档案，应当由法院办案部门予以特别标注。

第三条 本规定第一条所指的未成年被告人与被判处五年以上有期徒刑的未成年被告人或者成年被告人共同犯罪的，诉讼档案的查询，一般应按照本规定第二条执行。确需查询其中被判处五年以上有期徒刑的未成年被告人或者成年被告人诉讼档案的，档案部门应当采取必要的技术措施，遮蔽本规定第一条规定的未成年被告人身份情况、住所、地址等以及其他可能推断出该未成年人信息情况的资料，确保其个人信息不向社会披露。

第四条 未成年人在年满十八周岁前后实施数个行为，构成一罪或者数罪的，其诉讼档案可以按照相关诉讼档案查阅规定，向有关机关、单位提供。

第五条 本规定第二条规定的"根据国家规定进行查询的"包括下列情形：

（一）相关国家规定对曾受过刑事处罚的人就业作出严格限制性规定，有关机关、单位在政审、录取等时需要查询的，可以对被判处五年以下有期徒刑、拘役、管制、单处罚金未成年被告人诉讼档案进行查询，但曾受过刑事处罚的人在相关国家规定规定其刑罚执行完毕后达到一定期限仍可以从事该职业的除外；

（二）相关国家规定对被羁押或者被判处有期徒刑、拘役、管制正在服刑的未成年被告人作出入伍严格限制性规定，军队、武装警察部队在政审、录取等时需要查询的，可以对被判处五年以下有期徒刑、拘役、管制的未成年被告人诉讼档案进行查询；

（三）具有其他根据国家规定需要查询的情形。

第六条 司法机关或者有关单位向人民法院申请查询封存的犯罪记录的，应当提供查询的理由和依据。

司法机关查询本规定第一条规定的未成年被告人诉讼档案的，应持正式介绍信和查询人员本人的工作证（身份证）。

司法机关以外的机关、单位查询被判处五年以下有期徒刑、拘役、管制、单处罚金未成年被告人诉讼档案的，应持有县、团级以上机关、单位出具的介绍信和查询人员本人的工作证（身份证），档案部门仅提供裁判文书。

第七条 司法机关查询本规定第一条规定的未成年被告人诉讼档案的，应事先填写查询预约申请单，办理相关手续。

第八条 档案部门应及时将预约申请单转交所在法院少年审判庭、刑庭；少年审判庭、刑庭应依据《上海法院诉讼档案查询规定》相关规定及本规定第五条的规定，在三个工作日内做出是否准予查询的决定。其中不能查询的，应在申请单上说明理由，由档案部门向有关机关、单位说明情况。

第九条 司法机关查询本规定第一条规定的未成年被告人诉讼档案的，应经少年审判庭或刑庭负责人同意。上述诉讼档案应在法院档案室查阅，原则上不外借，因办案确需外借的，应经分管院领导批准后，办理借卷手续，并限期归还。

第十条 查询本规定第一条规定的未成年被告人诉讼档案应当遵守有关法律法规规定，不得泄露涉及未成年被告人个人信息等有关诉讼档案内容，不得向有关新闻出版、网络等单位或个人披露未成年被告人的姓名、住所、照片、图像以及可能推断出该未成年被告人的资料。

对借出、查阅的档案，不得拆封、抽取材料、涂改、勾画、污损，违反者按照相关法律法规追究责任。

第十一条 本规定未涉及到的有关诉讼档案查询的制度规定，按照最高人民法院《人民法院档案管理办法》以及上海市高级人民法院《上海法院诉讼档案查阅规定》等规定办理。

第十二条 本规定自下发之日起试行。2012年12月31日以前审结的案件符合本条第一条规定的，适用本规定。本规定如与新的法律、司法解释或最高人民法院新的指导意见规定相抵触的，按照新的规定执行。

上海市高级人民法院《第四次未成年人刑事司法联席会议纪要》

（2012年12月31日）

2012年9月12日，本市第四次未成年人刑事司法联席会议召开。市高级法院少年法庭指导处、市检察院未成年人刑事检察处、市公安局法制办公室、市司法局法制处、市矫正办矫正处等有关部门负责人出席会议。会议通报了2012年上半年未成年人刑事司法有关工作，并就本市公、检、法、司贯彻实施修改后《刑事诉讼法》，进一步完善未成年人刑事司法工作机制进行了探讨，达成以下共识：

一、关于合适成年人参与刑事诉讼

（一）2010年市高级法院、市检察院、市公安局、市司法局会签的《关于合适成年人参与刑事诉讼的规定》符合修改后《刑事诉讼法》的基本精神，继续执行，对其中个别条款修改如下：

1. 在第四条第一款中增加两项作为第六项、第七项，内容为："（六）未成年人的其他成年亲属；（七）所在单位或居住地基层组织的代表。"

2. 将第十条第二项"有碍侦查的"修改为"法定代理人是共犯的"。

3. 在第十二条中增加一款作为第四款，内容为："经办案机关通知，未成年犯罪嫌疑人的法定代理人不能、不愿及时到场或者不宜到场，且合适成年人也不能及时到场的情况下，办案机关可以对未成年犯罪嫌疑人进行讯问，有关情况应当记录在案。"

4. 增加一条作为第二十条，内容为："市公安局有关部门办理刑事案件需要合适成年人到场的，按照《市公安局有关单位通知合适成年人对口关系表》（见附件）通知相关区县的合适成年人参与刑事诉讼。"

（二）在办理未成年人刑事案件时，办案人员、未成年犯罪嫌疑人的法定代理人、合适成年人可以进入未管所、未教所、市监狱总医院等场所，上述场所干警可以陪同。

（三）本市公、检、法、司相关单位共同开展优秀合适成年人的评选。

二、关于社会调查机制

市综治委预防青少年违法犯罪工作领导小组、市高级法院、市检察院、市公安局、市司法局、共青团市委会签的《上海市关于进一步建立、完善和规范办理未成年人刑事案件配套工作体系的若干意见》（沪综治委预青领联字〔2011〕2号）和本市第二次、第三次《未成年人刑事司法联席会议纪要》中关于社会调查工作的规定，应当继续执行。在执行过程中，各区县司法行政机关应当接受办案机关的跨区县委托。

社会调查报告（调查评估意见书）应当作为移送起诉或者提起公诉的材料随案移送检察机关或者法院，并根据修改后《刑事诉讼法》、《最高人民法院、最高人民检察院、公安部、司法部关于印发〈社区矫正实施办法〉的通知》的精神，结合本市第二次、第三次《未成年人刑事司法联席会议纪要》的相关规定，对社会调查报告（调查评估意见书）的内容进行规范，具体规范内容由市矫正办牵头制订。

本市公、检、法、司相关单位共同开展优秀社会调查报告的评选。

三、关于附条件不起诉工作的配合衔接

检察机关应当依法把握附条件不起诉的适用条件，并做好与相关单位的沟通协调工作。

四、关于未成年人刑事案件程序的适用

修改后《刑事诉讼法》第二百六十七条（法律援助）、第二百七十条（法定代理人或合适成年人到场）所称的未成年人，是指侦查、起诉或审判时未满十八周岁的人。但犯罪时未满十八周岁，侦查、起诉或审判时未满十九周岁的未成年人，可以参照适用。

五、关于未成年人犯罪记录封存

为贯彻实施《刑法修正案（八）》和修改后《刑事诉讼法》关于对未成年人犯罪记录封存的要求，市高级法院、市检察院、市公安局、市司法局决定制定出台《未成年人犯罪记录封存实施办法》，由市检察院起草，四家单位共同研究后予以会签。

六、关于法律援助

关于对未成年犯罪嫌疑人开展法律援助的有关问题，由市司法局牵头市高级法院、市检察院、市公安局制定出台《关于未成年人案件实施法律援助的若干规定》统一予以规范。

七、关于未成年人盗窃罪追诉标准

关于对未成年人实施盗窃罪的追诉标准问题，经市高级法院、市检察院、市公安局、市司法局在本系统内广泛征求意见后，由市检察院统一汇总研究并形成规范文稿，提交市委政法委协调。

第三编　天津市刑法适用规范性文件

天津市高级人民法院《关于挪用公款等犯罪数额标准的意见》
（1998年7月9日）

为打击挪用公款、挪用资金及职务侵占等犯罪活动，正确适用法律，根据最高人民法院《关于审理挪用公款案件具体应用法律若干问题的解释》及有关司法解释，对以上犯罪的数额标准作如下规定。

一、挪用公款罪
1. 挪用公款"归个人使用数额较大，进行营利活动"或"数额较大超过3个月未还的"，以2万元为"数额较大"的起点；
2. 挪用公款归个人使用，进行非法活动的，以1万元为追究刑事责任的起点；
3. 挪用公款20万元以上的，为挪用公款"数额巨大"；
4. 挪用公款进行非法活动，数额达10万元以上的，属于"情节严重"的情形之一。

二、挪用资金罪
1. 挪用本单位资金归个人使用，或者借贷给他人，数额较大、超过3个月未还的，或者虽未超过3个月，但数额较大、进行营利活动的，以6万元为"数额较大"的起点；
2. 挪用本单位资金归个人使用，进行非法活动，以3万元为追究刑事责任的起点；
3. 挪用本单位资金30万元以上的，为挪用资金"数额巨大"；
4. 挪用本单位资金进行非法活动，数额达10万元以上的，为挪用资金"数额巨大"。

三、职务侵占罪
1. 以5千元为职务侵占罪"数额较大"的起点；
2. 以10万元为职务侵占罪"数额巨大"的起点。

四、公司、企业人员受贿罪
1. 以1万元为本罪"数额较大"的起点；
2. 以10万元为本罪"数额巨大"的起点。

五、本意见自1998年10月1日开始实施。

天津市高级人民法院《关于审判淫秽物品案件适用法律的意见》
（1998年9月2日）

为准确、及时地打击走私、制作、复制、出版、贩卖、传播淫秽物品的犯罪，根据刑法的有关规定，结合我市实际情况，现对实践中审判此类案件适用法律的有关问题提出以下意见。

一、对以牟利为目的，制作、复制、出版、贩卖、传播淫秽物品，具有下列情形之一的，依照刑法第363条的规定处罚。
（一）具有下列行为之一的，处3年以下有期徒刑、拘役或者管制，并处罚金：
1. 制作、复制淫秽录像带、VCD（CVD、DVD）影碟等10盘（片）以上，淫秽录音带、CD唱盘20盘（片）以上，或者淫秽书刊、画册、扑克牌20册（副）以上，淫秽照片、画片100张以上的；
2. 贩卖淫秽录像带、VCD（CVD、DVD）影碟等20盘（片）以上，淫秽录音带、CD唱盘40盘

（片）以上，或者淫秽书刊、画册、扑克牌 40 册（副）以上，淫秽照片、画片 200 张以上的；
　　3. 向他人传播淫秽物品达 50 人次以上的；
　　4. 为他人提供书号，出版淫秽书刊的，或者明知他人用于出版淫秽书刊，而向其提供书号的；
　　5. 制作、复制、出版、贩卖、传播淫秽物品，非法获利 1000 元以上的。
　　（二）具有下列行为之一的，属于情节严重：
　　1. 制作、复制淫秽录像带、VCD（CVD、DVD）影碟等 50 盘（片）以上，淫秽录音带、CD 唱盘 100 盘（片）以上，或者淫秽书刊、画册、扑克牌 100 册（副）以上，淫秽照片、画片 500 张以上的；
　　2. 贩卖淫秽录像带、VCD（CVD、DVD）影碟等 100 盘（片）以上，淫秽录音带、CD 唱盘 200 盘（片）以上，或者淫秽书刊、画册、扑克牌 200 册（副）以上，淫秽照片、画片 1000 张以上的；
　　3. 明知他人用于出版淫秽书刊，而向其提供书号，经过处罚而不悔改的；
　　4. 制作、复制、出版、贩卖、传播淫秽物品，非法经营额达 25000 元以上，或者非法获利 5000 元以上的；
　　5. 具有其他严重情节的。
　　（三）下列行为属于情节特别严重：
　　以牟利为目的，制作、复制、出版、贩卖、传播淫秽物品，达到第（二）项所规定的数量（数额）的 10 倍以上，或者具有其他特别严重情节的。
　　二、不以牟利为目的，传播淫秽物品，具有下列情形之一的，依照刑法第 364 条的规定处罚：
　　（一）传播淫秽录像带 VCD（CVD、DVD）影碟等 30 盘（片）以上，淫秽录音带、CD 唱盘 60 盘（片）以上，或者淫秽书刊、画册、扑克牌 60 册（副）以上，淫秽照片、画片 300 张以上的，依照第 1 款的规定处罚；
　　（二）组织播放淫秽录像带、VCD（CVD、DVD）影碟等 5 场次以上，依照第 2 款的规定处罚；组织播放 10 场次以上，或者经过处罚后再犯的，依照第 2 款情节严重的规定处罚；
　　（三）制作、复制淫秽录像带、VCD（CVD、DVD）影碟等并组织播放的，依照第 2 款的规定从重处罚；
　　（四）向不满 18 周岁的未成年人传播淫秽物品的，从重处罚。
　　三、以牟利或者传播为目的，走私淫秽的影片、录像带、VCD（CVD、DVD）影碟、录音带、CD 唱盘、书刊、画册、扑克牌、照片、画片或者其他淫秽物品的，依照刑法第 152 条的规定处罚。情节较轻的，参照本意见第一条第（一）项规定的有关数量（数额）标准；情节严重的，参照本意见第一条第（三）项的规定。
　　四、淫秽物品的范围，按照国务院和中央主管部门的有关规定确定。淫秽物品的鉴定，由新闻出版、音像管理等部门分别按照国家的有关规定进行。
　　五、本意见自 1998 年 10 月 1 日起施行。

天津市高级人民法院《第五次少年刑事审判工作会议纪要》

（1998 年 10 月 1 日）

一、审理少年刑事案件的指导思想

　　依据《中华人民共和国刑事诉讼法》、《中华人民共和国刑法》、《中华人民共和国未成年人保护法》和《天津市未成年人保护条例》的有关规定，结合未成年人的生理、心理特点，审理少年刑事案件要认真贯彻教育、感化、挽救的方针和对未成年人进行司法保护的原则，充分体现对未成年被告人"教育为主，惩罚为辅"的精神。同时对侵害未成年人的刑事犯罪分予从重处罚，充分保护未成年人的合法权益。

二、审理少年刑事案件的审判程序

　　（一）审判机构
　　各级人民法院应建立、完善少年审判合议庭、审判庭等组织。案件较少的法院，应有专人负责。一审法院应聘请教育、工会、共青团、妇联、未成年人保护委员会、基层党政组织等单位或者社会团体中关心未成年人保护事业、具有一定法律知识和教育经验的人员作为特邀陪审员参加案件审理。
　　（二）案件受理范围
　　下列案件属于少年刑事案件合议庭（或少年刑事案件审判庭、少年案件审判庭）审理：
　　1. 被告人为未成年人的刑事案件；
　　2. 审判时未满二十周岁的在校学生；
　　3. 成年人刑事案件中被害人为未成年人的；
　　4. 其他适宜由少年刑事案件合议庭审理的刑事案件。
　　（三）确认未成年被告人的年龄
　　确认未成年被告人的年龄是正确审理未成年被告人刑事案件的基础。判断未成年被告人的年龄，主要应当依据卷宗中有关未成年被告人的户籍证明、身份证等证据。在案件起诉后发现没有关于未成年被

告人的户籍证明、身份证等证据。在案件起诉后发现没有关于未成年被告人年龄证据的，应当通知公诉机关予以补充。在确实无法取得上述证据材料的情况下，则需有未成年被告人户籍所在地公安机关出具的年龄说明材料，或其他足以佐证其年龄的证据，如出生证、独生子女证、粮油供应证、证人证言等，再结合被告人供述的年龄进行综合分析判断。

户籍证明与其他证明年龄的证据有矛盾的，应认真审核正确确认被告人的年龄。

骨龄鉴定是目前开展的一项判断年龄的法医学鉴定项目，但其鉴定与实际年龄有允许误差范围，鉴定结论缺乏精确性，故对该鉴定应与其他证据相互印证后作为证据使用。在没有其他证明被告人年龄的证据的情况下，该鉴定不能作为唯一否定被告人未成年的证据。

（四）法庭教育

1. 开庭前应主要了解未成年被告人实施违法行为的原因和在案件起诉前后的心理活动，以及家庭、社会因素对未成年被告人的影响，告之其在审判阶段的权利义务，教育其正确对待审判。同时建议公诉人（检察员）、法定代理人、辩护人在庭审时对未成年被告人进行教育。

2. 法庭辩论结束后，在未成年被告人不否认指控事实并有指控证明的前提下，公诉人（检察员）、法定代理人、辩护人、特邀陪审员可针对案件情况，对未成年被告人进行庭审教育。帮助其分析行为产生的主、客观原因，充分认识行为违背社会公共道德准则，以及对社会和他人造成的危害。但法庭应避免在未成年被告人否认指控事实的情况下对其行为进行评价。合议庭对庭审教育进行组织、指挥和引导，并进行总结，深化教育。

3. 案件宣判后，审判人员可向未成年被告人讲解判决的法律依据，对被宣告有罪的，帮助教育其认罪悔罪，鼓励其树立重新生活的勇气和信心。

（五）法定代理人出庭、辩护

1. 案件受理后，在向未成年被告人的法定代理人送达起诉书副本时，应当告知其在开庭审理中的权利义务和注意事项：开庭审理前，应当书面通知未成年被告人的法定代理人到庭参加诉讼，有条件到庭参加诉讼的必须出庭，因特殊情况不能出庭的，可以开庭审理，但应向诉讼参与人说明，将有关通知存根、电话记录入卷。

2. 未成年被告人可以委托监护人或近亲属为其进行辩护。在向未成年被告人送达起诉书时，对于提出要求监护人作为其辩护人的，应由其出具委托书或记录在案。在向监护人送达起诉书副本时，送达未成年被告人出具的辩护委托书或转达未成年被告人的委托意愿，要求监护人开庭审理时出庭辩护，并向监护人介绍案情，开庭前在法定期限内通知其参加诉讼。

监护人接受委托后，经书面通知开庭时不能到庭为未成年被告人进行辩护又没有其他辩护人为其辩护的，应当延期审理，并为其另行指定辩护律师出庭辩护。

（六）简易程序的适用

少年刑事案件符合刑诉法规定的简易程序的案件，应尽量适用简易程序进行审理。适用简易程序进行审理的少年刑事案件，应在审理中由审判人员对未成年被告人进行庭审教育，内容参照本意见第二条第（四）项进行。

（七）判决后的教育

对被判处管制、缓刑的未成年罪犯进行延伸教育，要与社会治安综合治理相结合，采取与未成年罪犯及其监护人、所在学校或单位签订协议，以及开办法制夜校、定期召开座谈会、组织听报告、参观和经常进行回访等措施开展多种形式的教育。对被判处缓、管、免和单处财产刑的未成年罪犯，有条件的可与有关单位协调解决安置问题。

三、刑罚的适用

（一）适用刑罚的原则

1. 从轻、减轻处罚

刑法规定的法定刑系对成年人犯罪的刑罚，刑法总则规定对未成年人犯罪应当从轻或者减轻处罚的原则。因此，未成年人无论罪行大小，均应比照成年人犯罪应适用的刑罚从轻、减轻处罚。

对于刑法分则规定最高刑为死刑，未成年人犯罪情节严重的，可以判处无期徒刑。

对于刑法分则规定最高刑为无期徒刑或者有期徒刑的，不应判至刑法分则规定的最高刑。

减轻处罚应在刑法分则规定的刑种内判处，不能适用该条款规定外的刑种。

2. 双向保护

对未成年人适用刑罚时要兼顾保护社会利益与未成年被告人的利益。一方面对未成年人处罚要贯彻教育、感化、挽救的方针；另一方面要注重维护社会的正常秩序，保护社会的整体利益。要加强对未成年被害人的司法保护。

3. 限制剥夺政治权利

对除被判处无期徒刑和犯危害国家安全罪的未成年罪犯，一般不判处附加剥夺政治权利。

对未成年罪犯不宜单独适用剥夺政治权利的刑种。

（二）刑事责任

1. 对已满十四周岁不满十六周岁的未成午人，所实施的故意杀人、故意伤害致人重伤或者死亡、强奸（含奸淫幼女）、抢劫、贩毒、放火、爆炸、投毒罪，应负刑事责任。但犯罪情节显著轻微的，根据案件的具体情况，也可以不认为是犯罪。

2. 对十六周岁前后连续实施的行为，不满十六周岁不负刑事责任的，只追究已满十六周岁后的行为的刑事责任。

（三）量刑方法

1. 已满十四周岁不满十八周岁的未成年人犯罪应比照成年人从轻或者减轻处罚。根据我市多年来对未成年罪犯适用刑罚的实践，在没有其他从重或从轻情节的情况下，对未成年罪犯判处有期徒刑的幅度原则上掌握在已满十四周岁不满十六周岁的未成年罪犯的刑罚是成年人的二分之一左右；已满十六周岁不满十八周岁的未成年罪犯的刑罚是成年人的三分之二左右。

2. 对于十六周岁前后均犯有罪行需追究刑事责任的未成年人，应根据十六周岁前后不同年龄阶段的犯罪事实和情节分别拟定刑罚，然后再决定其处罚。

3. 先确定成年人罪犯犯同种罪行应判处的刑罚，然后根据被告人未成年这一法定情节确定对未成年罪犯从轻处罚的幅度（该下降处罚幅度适用量刑方法的第一条规定）。成年罪犯应判刑罚减去从轻处罚的幅度，如果最后确定的刑罚在从轻幅度内，予以从轻处罚；如果在减轻处罚幅度内，予以减轻处罚。

4. 对兼有多个其他从轻、减轻处罚情节的，首先确定成年罪犯具有这些情节应予处罚的幅度，然后再根据前款的方法决定对未成年罪犯予以处罚。

5. 对兼有多个从重或者从轻、减轻处罚情节的未成年罪犯，应首先考虑从重处罚情节应适用的刑罚，以此为标准再考虑从轻、减轻处罚情节应适用的刑罚。

6. 对未成年罪犯数罪并罚时，也应根据对未成年人适用刑罚的原则和方法，决定执行刑罚。

（四）量刑情节

1. 量刑情节是影响对未成年罪犯适用刑罚的各种事实，包括法定情节和酌定情节。要根据具体案件确定各种情节对量刑的影响。

2. 酌定情节主要是指刑法未规定的，但对于未成年人量刑有直接影响的情节，主要包括：

（1）犯罪行为的动机、目的；

（2）犯罪前的一贯表现；

（3）引发犯罪的直接诱因；

（4）家庭管教及社会教育因素；

（5）犯罪所产生的社会影响；

（6）其他影响未成年人犯罪的客观因素。

（五）缓刑的适用

对于被判处三年以下有期徒刑或者拘役、具备缓刑条件的未成年罪犯，应适用缓刑。

对于监管条件较差的，要加强对未成年罪犯监护人的教育，提高监护人的监护能力。对于没有监护人或者监护人不在本地的，可以委托愿意承担监护责任并具有监护能力的公民或者社会团体对未成年罪犯进行监护、教育。

对于虽触犯刑法规定较重罪名的未成年罪犯，但犯罪情节较轻，符合缓刑条件的，也可以适用缓刑。少年刑事案件合议庭应当积极协助、配合有关部门加强对未成年缓刑罪犯的管理和教育。

适用缓刑必须坚持缓刑条件，一要防止将不符合缓刑条件的适用缓刑，二要防止将犯罪情节显著轻微不构成犯罪的定罪判刑适用缓刑。

（六）罚金刑的适用

1. 罚金的确定

对未成年罪犯并处罚金刑的，可按照犯罪情节轻重、主刑的量刑幅度及法律规定的数额和比例，比照成年罪犯适当减少罚金数额或降低罚金比例。刑法分则规定可单处罚金的，如果未成年罪犯犯罪情节较轻、认罪悔罪态度较好，判处主刑（包括适用缓刑）还较重的，从教育、挽救的角度出发，可考虑单处罚金刑，但应避免以罚金刑代替主刑。单处罚金刑时应根据罪刑相适应的原则，结合其家庭经济能力确定罚金数额。

对未成年罪犯判处罚金的数额，最低可以掌握在1000元。

2. 罚金刑的执行

未成年罪犯有个人财产的，可执行其个人财产。个人财产不足或者无个人财产的，由监护人垫付。

（七）非刑罚处罚措施

对于犯罪情节轻微不需要判处刑罚而免予刑事处分的和虽有违法行为但不构成犯罪的未成年人，可以采取训诫、责令具结悔过、赔礼道歉、赔偿损失等非刑罚处罚措施。
（八）对盗窃等罪的处罚
1. 盗窃罪
已满十六周岁不满十八周岁的未成年人犯盗窃罪的，应当负刑事责任。
根据最高人民法院《关于审理盗窃案件具体应用法律若干问题的解释》（以下简称"解释"），已满十六周岁的未成年人盗窃数额虽已达到数额较大的起点（1000元）不足2000元，盗窃情节较轻的，可不作为犯罪处理；但具有下列情形之一的，应追究刑事责任：
（1）多次盗窃的；
（2）在公共场所扒窃的；
（3）撬锁、钻窗入户盗窃的。
对于具有"解释"规定的下列情形之一的，从轻或者减轻处罚的幅度要从严掌握：
（1）共同犯罪中的首犯或者情节严重的主犯；
（2）盗窃金融机构的；
（3）流窜作案危害严重的；
（4）累犯；
（5）盗窃救灾、抢险、防汛、优抚、扶贫、移民、救济、医疗款物，造成严重后果的；
（6）盗窃生产资料，情节严重的；
（7）以破坏性手段盗窃造成公私财产损失的；
（8）盗窃残疾人、孤寡老人或者丧失劳动能力人的财物的；
（9）导致失主死亡、精神失常或者其他严重后果的；
（10）具有其他严重情节或者造成其他严重后果的。
已满十六周岁不满十八周岁的未成年人出于练习开车、游玩等目的，偷开机动车辆，情节一般的，可不认为是犯罪；造成车辆丢失的，以盗窃罪处罚；
为实施其他犯罪，偷开机动车辆，当犯罪工具使用后，将偷开的机动车辆送回原处或者停放在原处附近，车辆未丢失的，按照其所实施的犯罪处罚。造成车辆丢失的，按照其所实施的犯罪和盗窃罪定罪处罚。
盗窃自己家里或者近亲属财物的，可不作为犯罪处理；盗窃亲属财物数额巨大，失主要求追究，并确有追究刑事责任必要的，亦应按盗窃罪处罚，但处罚时要较一般盗窃犯罪轻。
2. 奸淫幼女罪
因法律将幼女作为特殊保护对象，故奸淫幼女罪不以对幼女年龄的明知作为构成要件；幼女没有或缺乏性意志，故幼女是否"自愿"与他人发生性行为，不影响本罪构成。
（1）对已满十四周岁的未成年人与幼女发生性行为，一般应以奸淫幼女罪论处。
（2）对已满十四周岁不满十六周岁的未成年人与年龄相近的幼女自愿偶尔发生性行为，后果轻微、危害不大，被害人及其监护人不要求处理的，可视为犯罪情节显著轻微，不认为是犯罪。
（3）已满十六周岁的未成年人与幼女发生性行为，应认定为奸淫幼女罪。但幼女发育早熟，向男性未成年人谎称已满十四周岁、在早恋（双方关系比较密切，已交往一段时间，对象比较固定）期间偶尔发生性行为，后果轻微的，也可不以犯罪论处。本项属奸淫幼女案件的特殊情况，不具有普遍性。
成年人犯奸淫幼女罪的，应从重处罚，充分保护未成年人人身权利。
同时犯有强奸罪及奸淫幼女罪的，以强奸罪一罪论处，不实行数罪并罚。
3. 抢劫罪
在审理未成年人抢劫案件时，应注意区分罪与非罪及抢劫罪与其他犯罪的界限。
（1）对已满十四周岁不满十六周岁的未成年人以语言相威吓，强索少量财物；或者斗殴后向认输一方索取财物的，不认为是犯罪。
（2）已满十六周岁的未成年人偶尔强索硬要少量财物，可不视为犯罪；多次强索硬要情节严重的，以寻衅滋事罪处罚。
（3）刑法第二百六十三条规定的"在公共交通工具上抢劫"是指车匪路霸式的，在交通工具上对多人或者当众对被害人实施抢劫。抢劫出租汽车司机钱财是对特定个人的抢劫，不属于上述规定的情况，故不按照"在公共交通工具上抢劫"进行处罚。
4. 聚众斗殴罪与寻衅滋事罪
双方各自纠集后有准备进行斗殴，或者一方出于报复、发泄私愤或者争霸一方，聚众殴打他人的，对首要分子和积极参加者应认定为聚众斗殴罪。未成年人为首要分子或者积极参加需追究刑事责任的，处罚时要区别于成年人。
一方虽纠集多人，但属于临时起意，不是以报复、发泄私愤或者争霸一方为动机，随意殴打他人，情节恶劣的，以寻衅滋事罪处罚。未成年人寻衅滋事殴打他人，情节恶劣需追究刑事责任的，处罚时要区别于成年人。

四、民事赔偿

因未成年人犯罪给被害人造成损害，未成年人有个人财产的，以个人财产赔偿；个人财产不足或者没有个人财产的，应由其法定代理人赔偿。

五、本纪要自 1998 年 10 月 1 日起实施

天津市高级人民法院《关于适用罚金刑的意见》

（1998 年 11 月 20 日）

修订后的《中华人民共和国刑法》扩大了罚金刑的适用范围。为使全市各级人民法院在审理刑事案件中正确适用罚金刑，依据刑法，结合司法实践和具体情况，提出以下意见。

一、适用罚金刑的原则

适用罚金刑，要严格依照刑法分则规定的范围、幅度适用。

判处罚金数额主要根据犯罪情节、后果，同时考虑被告人的经济状况。

二、罚金刑数额的确定

1. 适用罚金刑，要根据刑法总则规定的从轻、减轻和从重处罚的情节，主刑没有减轻处罚的，罚金刑不得在刑法分则规定的幅度以下处罚。

2. 因犯罪情节轻微免予刑事处分的，不能再判处罚金。

3. 有酌定从轻、从重情节的，可在罚金刑的幅度内酌情掌握。

4. 共同犯罪的罚金刑确定，要根据各被告人在共同犯罪中的地位作用确定罚金数额。

5. 行为人数罪被判处罚金的，应采用限制加重方式确定执行数额，即实际执行最高数额不得超过数罪相加总额，最低额不得低于数罪中罚金刑最高金额。

6. 刑法分则规定并处罚金的，应同时判处主刑和罚金刑。规定可单处罚金的，可不判主刑独立适用罚金刑。

7. 刑法分则未规定罚金数额幅度的，可按以下方法确定罚金数额：

（1）涉及财产犯罪的，一般情况可掌握在犯罪数额的二分之一为罚金的低限，但不得少于 1000 元，最高不超过犯罪数额的五倍。

（2）共同犯罪对各被告人的罚金数额，以各被告人的参与数额的二分之一为罚金的限度，最低不得少于 1000 元，最高不超过参与犯罪数额的三倍；

（3）造成物质损失的，以直接损害结果数额的二分之一为罚金的低限，最低不得少于 1000 元，最高不超过直接损害结果数额的五倍；

（4）犯毒品、淫秽物品等违禁品罪的，罚金数额可根据情节的情确定。

8. 未成年人犯罪的，按照从轻、减轻处罚原则，可在罚金幅度最低额以下判处，由其监护人代缴。

三、本意见自下发之日起施行。本意见中的规定与有关司法解释相重复或抵触的，以司法解释为准。

天津市高级人民法院《关于执行最高人民法院〈关于审理非法出版物刑事案件具体应用法律若干问题的解释〉若干问题的通知》

（1999 年 3 月 3 日）

最高人民法院《关于审理非法出版物刑事案件具体应用法律若干问题的解释》（以下简称"解释"）已于 1998 年 12 月 23 日起施行。为正确适用法律及"解释"，准确、及时地打击非法出版物犯罪活动，结合我市实际情况，并经本院 1999 年第 6 次审判委员会讨论通过，现将审理非法出版物刑事案件数额标准的有关问题通知如下：

一、根据"解释"第八条第一款规定，"以牟利为目的，实施刑法第三百六十三条第一款规定的行为，具有下列情形之一的，以制作、复制、出版、贩卖、传播淫秽物品牟利罪定罪处罚"：

（一）制作、复制、出版淫秽影碟、软件、录像带 50 张（盒）以上，淫秽音碟、录音带 100 张（盒）以上，淫秽扑克、书刊、画册 100 副（册）以上，淫秽照片、画片 500 张以上的；

（二）贩卖淫秽影碟、软件、录像带 100 张（盒）以上，淫秽音碟、录音带 200 张（盒）以上，淫秽扑克、书刊、画册 200 副（册）以上，淫秽照片、画片 1000 张以上的；

（三）向他人传播淫秽物品达 200 人次以上，或者组织播放淫秽影、像达 10 场次以上的；

（四）制作、复制、出版、贩卖、传播淫秽物品，获利 5000 元以上的。

二、根据"解释"第八条第二款规定，"以牟利为目的，实施刑法第三百六十三条第一款规定的行

为,具有下列情形之一的,应当认定为制作、复制、出版、贩卖、传播淫秽物品牟利罪'情节严重'":
（一）制作、复制、出版淫秽影碟、软件、录像带300张（盒）以上,淫秽音碟、录音带500张（盒）以上,淫秽扑克、书刊、画册500副（册）以上,淫秽照片、画片3000张以上的;
（二）贩卖淫秽影碟、软件、录像带500张（盒）以上,淫秽音碟、录音带1000张（盒）以上,淫秽扑克、书刊、画册1000副（册）以上,淫秽照片、画片5000张以上的;
（三）向他人传播淫秽物品达1000人次以上,或者组织播放淫秽影、像达50场次以上的;
（四）制作、复制、出版、贩卖、传播淫秽物品,获利3万元以上的。

三、根据"解释"第八条第三款规定,以牟利为目的,实施刑法第三百六十三条第一款规定的行为,其数量（数额）达到本《通知》一、二规定的数量（数额）五倍以上的,应当认定为制作、复制、出版、贩卖、传播淫秽物品牟利罪"情节特别严重"。

四、根据"解释"第十条第一款规定,向他人传播淫秽的书刊、影片、音像、图片等出版物达300人次以上,或者造成恶劣社会影响的,属于"情节严重",依照刑法第三百六十四条第一款的规定,以传播淫秽物品罪定罪处罚。

五、根据"解释"第十条第二款规定,组织播放淫秽电影、录像等音像制品达20场次以上或者造成恶劣社会影响的,依照刑法第三百六十四条第二款的规定,以组织播放淫秽音像制品罪定罪处罚。

六、根据"解释"第十二条第一款规定,违反国家规定,出版、印刷、复制、发行"解释"第一条至第十条规定以外的其他严重危害社会秩序和扰乱市场秩序的非法出版物,具有下列情形之一的,属于非法经营行为"情节严重",依照刑法第二百二十五条第（三）项的规定,以非法经营罪定罪处罚。
（一）经营数额在10万元以上的;
（二）违法所得数额在2万元以上的;
（三）经营报纸5000份或者期刊5000本或者图书2000册或者音像制品、电子出版物500张（盒）以上的。

七、根据"解释"第十二条第二款规定,具有下列情形之一的,属于非法经营"情节特别严重":
（一）经营数额在30万元以上的;
（二）违法所得数额在5万元以上的;
（三）经营报纸15000份或者期刊15000本或者图书5000册或者音像制品、电子出版物1500张（盒）以上的。

八、根据"解释"第十三条第一款规定,单位实施"解释"第十一条规定的行为,具有下列情形之一的,属于非法经营行为"情节严重":
（一）经营数额在20万元以上的;
（二）违法所得数额在5万元以上的;
（三）经营报纸、期刊15000份（本）或者图书5000册或者音像制品、电子出版物1500张（盒）以上的。

九、根据"解释"第十三条第二款规定,具有下列情形之一的,属于非法经营行为"情节特别严重":
（一）经营数额在100万元以上的;
（二）违法所得数额在20万元以上的;
（三）经营报纸、期刊5万份（本）或者图书15000册或者音像制品、电子出版物5000张（盒）以上的。

十、贩卖"解释"第十一条规定的非法出版物,符合非法经营罪特征的,按非法经营罪定罪处罚。走私非法出版物的,按刑法第一百五十三条走私普通货物、物品罪定罪处罚。

十一、淫秽物品的范围,按照国务院和中央主管部门的有关规定确定。对淫秽物品的鉴定,由新闻出版、音像管理等部门分别依照国家有关规定进行。

十二、"解释"及本通知所称"以上",均含本数在内。

十三、本通知自1999年5月1日起施行。《天津市高级人民法院关于审判淫秽物品案件适用法律的意见》（津高法〔1998〕70号"同时废止。）

天津市高级人民法院《天津市第二次审理贪污贿赂犯罪案件研讨会会议纪要》

（1999年8月1日）

1999年4月10日至4月13日,天津市高级人民法院在西青区召开了第二次审理贪污贿赂犯罪案件研讨会。会议重点围绕我院起草的"天津市高级人民法院关于审理贪污贿赂犯罪案件若干问题的意见"进行了广泛深入的讨论,并就审理贪污贿赂犯罪案件的经验、体会和部分理论问题进行了论文和发言交流。现将本次会议的讨论意见纪要如下:

一、国家工作人员的认定

（一）国家工作人员的范围

根据刑法第93条的规定，国家工作人员包括下列四类人员：

1. 国家机关中从事公务的人员

国家机关包括国家各级权力机关、各级人民政府及其所属各工作部门、审判机关、检察机关、军事机关。

中国共产党的各级机关（基层党组织除外，下同）、中国人民政治协商会议的各级机关以及工会、共青团、妇联的各级机关视为国家机关。

在上列国家机关中依法从事公务的人员为国家工作人员。

2. 国有公司、企业、事业单位、人民团体中从事公务的人员

（1）国有公司、企业是指公司、企业的全部资产归国家所有的公司、企业，包括国有独资和由国有资产组成的股份制公司、企业。

（2）国有事业单位是指为了社会公益目的，由国家举办或者其他组织利用国有资产举办的从事教育、科技、文化、卫生等活动的社会服务组织。对性质不明的事业单位，应以县级以上地方各级人民政府机构编制管理机关核发的《事业单位法人证书》所载明的单位性质为准。

（3）人民团体是指国家兴办或经国家核准登记，并由国家划拨经费的各种群众性组织。

在上列国有公司、企业、事业单位、人民团体中从事公务的人员为国家工作人员。

3. 国家机关、国有公司、企业、事业单位委派到非国有公司、企业、事业单位、社会团体从事公务的人员

"委派"是指国家机关、国有公司、企业、事业单位，将本单位人员派往其他非国有单位或下属非国有单位从事公务的行为。被委派人受委派前不具备国家工作人员身份，经委派后即属于国家工作人员。

委派的主体为国家机关或国有公司、企业、事业单位，人民团体不能成为委派主体。

4. "其他依照法律从事公务的人员"指依照法律规定通过选举或任命等形式从事公务的人员，如履行代表职责的人大代表、人民陪审员等。

（二）国家工作人员认定的几个具体问题

1. 混合所有制公司、企业的性质及其工作人员主体身份的认定

含有国有成分的混合所有制性质的股份制、合资、合作、联营等公司、企业，其财产属单位内公共财产。在上述单位中代表国有出资方从事公务的人员，属于受委派从事公务的国家工作人员；代表其他出资方在上述公司、企业中工作的人员不是国家工作人员。

2. 城市居民委员会和农村村民委员会、村党支部成员的认定

城市居民委员会和农村村民委员会属于群众自治组织，其成员一般不应认定为国家工作人员。由党委、政府或街道委派到居委会、村委会、村党支部工作的，仍应认定国家工作人员；非经国家委派，自愿应聘到居委会、村委会中从事公务活动的，不应认定为国家工作人员。居委会、村委会、村党支部成员在受委托管理、经营国有财产时（如受政府部门的有效委托收取各种税金、费用等），属于受委托管理、经营国有财产，其非法占有国有财产的，应以贪污罪论处；利用职务侵占、挪用本单位财产、资金构成犯罪的，分别以职务侵占罪、挪用资金罪处罚。

3. 承包、租赁国有企业性质及主体的认定

国有公司、企业被承包后，不改变单位的国有性质。单位内部改变管理方式的承包，承包人仍属于国家工作人员，其利用职务便利侵吞、挪用、受贿的，可分别构成贪污、挪用公款、受贿等罪；企业面向社会发包的，承包人属于受委托管理经营国有财产的人员，可以成为贪污罪主体。对这种承包方式要严格审查承包协议确定的权利、义务，如果承包人违反协议，非法占有该企业财产的，应以贪污论处。发包人与承包人共谋为侵占国有财产而订立承包协议的，以贪污共犯论处。

租赁人对国有性质的租赁物有受委托管理的义务，其以非法占有为目的，利用租赁形成的便利侵吞被租赁的国有财产的，应以贪污罪处罚。

4. 国家工作人员调动后主体身份的认定

（1）国家工作人员以非国家工作人员的身份调入其他国有公司、企业、事业单位、人民团体后，是否仍属国家工作人员，应视其是否从事公务而定。从事公务活动的，视为国家工作人员，不从事公务活动的，不是国家工作人员。

（2）国家工作人员将本人档案放置人才交流中心后，如果其继续在国有单位受聘从事公务活动，仍视为国家工作人员。

（三）认定国家工作人员需要注意的问题

1. 从事公务的职务可以通过国家机关、国有公司、企业、事业单位、人民团体以任命、录用、选

举、委派（人民团体除外）、聘任等多种途径取得。其历史上是否属于国家干部编制不是构成国家工作人员的必要条件。但刑法修订前发生的案件仍要审查其是否具有干部身份。

从事公务是指在国家机关中依法履行职责以及在公司、企业、事业单位、人民团体、社会团体中履行组织、领导、监督、管理等职责。

2. 本纪要规定的国家工作人员适用于刑法分则第八章贪污贿赂罪的所有罪名。刑法第382条第2款规定的"受国家机关、国有公司、企业、事业单位、人民团体委托，管理、经营国有财产的人员"，仅构成贪污罪主体，不能扩大适用于分则第八章的其他罪名。

3. 贪污贿赂等行为在刑法修改前后连续实施，修改前的行为符合职务侵占罪、挪用资金罪、公司、企业人员受贿罪等犯罪特征，而修改后的行为应按贪污、受贿、挪用公款等罪处罚的，应按修改后的刑法确定罪名，综合刑法修改前后刑罚的具体规定决定刑罚。考虑前行为的犯罪情节，需要减轻处罚的，可以引用1979年刑法第五十九条的规定。

二、贪污罪

（一）公款私存的性质及处理

1. "小金库"的认定和处理

单位将帐外款物在一定范围内公开存放，并用于公务支出的，属"小金库"。"小金库"款、物属公款或公共财物，其性质按单位性质认定。

私设"小金库"属违反财经制度的行为，不宜按犯罪处理。但利用职务便利将"小金库"财产侵吞、挪用构成犯罪的，应定罪处罚。

2. 公款秘密私存的处理

单位负责人不向任何人公开，将公款秘密私存的，按下列情形处理：

（1）个人用于消费、借贷或转移部分私存公款的，除对已处分的部分以贪污罪或职务侵占罪处罚外，对其余款项，如果没有证据证明用于公务，可推定其非法占有；

（2）如果有证据证明行为人将处分的款项用于公务活动，又无证据证明其对其余款项有占有故意的，不应认定为非法占有；

（3）未对私存的款项进行处分的，应着重考察行为人秘密私存公款的原因，没有正当理由，又没有证据证明该款用于公务支出的，应认定行为人有非法占有的故意。

3. 国家工作人员将小金库或其他公款用于纯个人的消费活动，如购物、吃喝、娱乐等，应认定为对公款的直接侵吞。

（二）贪污犯罪既、未遂的认定

贪污犯罪行为人是否对公共财物实现了"非法占有"是认定犯罪既、未遂的标准。

对行为人非法占有公共财物的认定，应区分不同情况予以考察：

1. 对于有账目管理的款、物，一般应以是否"平账"行为非法占有的标准。虽未"平账"，但有证据证明行为人有侵吞故意的，亦应认定为非法占有；

2. 无账目管理的款、物在认定非法占有时，一方面要考察行为人是否实际控制了财物，另一方面要看所有权人是否已对财物失去了控制。行为人虽然实际控制着财物，但所有权人仍可采取补救措施或因财物本身性质（如不能即时兑现的存单等）而使行为人无法实际取得财物的，应认定为犯罪未遂。

以票据兑现财物的贪污案件，案发时行为人尚未填写数额的，一般不作处理；案发时虽填写了数额，但尚未兑现或因客观原因不能兑现的属犯罪未遂，确定刑罚时，应以其所填票面数额为处罚依据。

（三）共同犯罪的认定

非国家工作人员与国家工作人员内外勾结伙同侵吞公共财产的，应以贪污罪的共同犯罪处罚。

非国家工作人员与国家工作人员均利用了职务上的便利，共同侵吞公共财产的，全案应以贪污罪定罪处罚。

共同贪污的，应对共同参与的数额负责，并结合个人在共同犯罪中的地位、作用、分赃数额，确定刑事责任。

（四）贪污罪适用刑罚情节的认定

贪污罪中关于"情节特别严重"、"情节严重"、"情节较重"均无具体规定，实践中除根据法定从重情节予以认定外，对具备下列情形之一的，可视为酌定的从重情节：

1. 贪污手段恶劣的；
2. 司法人员、行政执法人员贪污罚没、收缴财物的；
3. 贪污救灾、抢险、防汛、优抚、扶贫、移民救济或其他有重大政治影响的特殊用途款物的；
4. 将贪污款物用于违法、犯罪活动的；
5. 为掩盖贪污，陷害或嫁祸他人的；

6. 销毁罪证,逃避侦查的;
7. 贪污后携款外逃或将赃款转移到境外的;
8. 将赃款全部或大部挥霍的;
9. 因贪污造成公共财物重大损失或严重影响社会稳定的;
10. 具有其他情节的。
在不同的量刑幅度内,"情节特别严重"、"情节严重"、"情节较重"均可按照上述情形予以认定。
贪污罪的酌定从轻处罚情节:
1. 案发前将赃款全部或大部退回或在判决前主动退赔赃款、赃物的;
2. 积极协助有关部门或司法机关追缴赃款、赃物的;
3. 被告人的亲属主动或应被告人请求,自愿代被告人退赔部分或全部违法所得的;
4. 具有其他情节的。

三、挪用公款罪

(一) 关于挪用公款给私有公司、企业使用

1. 挪用公款给财产所有权属于个人的公司、企业使用或联营企业的个体方作为联营投资使用的,应认定为挪用公款归个人使用。

2. "挪用公款给私有公司、私有企业使用",既是犯罪的客观要件,也是犯罪的主观要件,即不但要求行为人有挪用公款给私有公司、企业使用的行为,还要求行为人主观上明知用款单位为私有单位。

(二) 关于为本单位利益,将公款挪用给私有公司、企业使用的处理

国家工作人员为本单位利益将公款挪用给私有公司、企业使用,数额较大、进行营利活动,或者数额较大超过3个月未还的,原则上应以挪用公款罪定罪。

(三) 关于挪用公款进行营利或非法活动

在挪用公款进行营利活动或进行非法活动的案件中,"进行营利活动"或"非法活动",既是犯罪的主观要件,又是犯罪的客观要件,即要求行为人客观上必须实施了非法活动或营利活动。行为人挪用公款后尚未实施非法活动或营利活动,数额较大,超过三个月未还的,构成挪用公款罪。

挪用公款给他人使用,使用人将该款用于营利或非法活动的,如果挪用人不明知使用人将公款用于营利或非法活动,对挪用人应按一般挪用公款罪处理。

(四) 挪用公款的共同犯罪问题

非国家工作人员与国家工作人员互相勾结挪用公款的,应按挪用公款的共同犯罪处罚。

公款使用人参与共谋、策划或指使行为人挪用公款,或在挪用公款犯罪既遂前实施了帮助行为的,应以挪用公款的共犯处罚。

(五) 挪用公款罪的追诉时效

根据刑法第八十九条第一款的规定,"犯罪行为有持续或继续状态的,从犯罪行为终了之日起计算"追诉期限。挪用公款未归还是犯罪行为的持续状态,在其归还之前挪用犯罪行为并未结束,故不存在计算追诉时效的问题。挪用公款犯罪的追诉时效,应以公款归还之日起计算。

(六) 关于挪用公款数额巨大不退还

挪用公款数额巨大不退还,是指一审判决宣告前不退还。"数额巨大"的标准为天津市高级人民法院《关于挪用公款的犯罪数额标准的意见》中规定的20万元。

四、受贿罪

(一) 受贿罪中的职务便利

职务便利一般应理解为国家工作人员对请托人提出的请托事项具有一定的管理、支配、决定或参与决定的职权或其他便利。

(二) 关于上级收受下级财物的问题

1. 上级在下级具有明确请托事由的情况下收受其财物的,构成受贿罪。

2. 请托人在给予上级领导财物时虽未明确表示请托理由,但由于上级对下级的领导是直接的、具体的、经常的,同时,这种领导职能又具有同下级利益密切相关的内容,因此,请托人未明确表示的请求,实际上是对其上级领导职权内关于其欲获取利益内容的请托。上级领导如果接受了财物,即是对这种请求的默认。这种情况符合受贿罪的特征,应以受贿罪论处。

3. 上级与下级建立在私人感情基础上的财物交往,不应以受贿论处。两者的根本区别在于,前者超出正常私人交往,所送财物数额巨大;后者往往具有财物交往的历史,财物数量不大,一般符合民间的人情习俗。

(三) 刑法第388条的适用

刑法第388条规定的受贿行为理论上称为斡旋受贿。斡旋受贿行为中的"利用本人职权或地位形成

的便利条件",是指受贿人并不直接利用自己的职务,而是利用基于其职权、地位形成的与其他国家工作人员相接触、熟识或一般制约的条件,通过该"其他国家工作人员"职务上的行为,达到为请托人谋取不正当利益的目的。

"利用本人职权或地位形成的便利条件",不包括受贿人与利益实现人之间存在领导与被领导关系的情况。上级利用领导职权通过其下级人员为请托人谋取利益,自己从中索取、收受贿赂的,实际上属于本人直接利用职权受贿的情况,应按刑法第385条处罚。这里的领导与被领导关系指同一单位、同一系统或某一领域内,具有隶属性质的领导与被领导关系。

第388条所规定的"不正当利益"适用本纪要有关行贿罪不正当利益的规定。

(四)收受财物未给请托人谋取利益

具备职务便利的国家工作人员答应或默许为请托人谋取利益,而尚未实际为其谋取利益的,构成受贿罪。以为他人谋取利益为手段骗取财物的,以诈骗罪论处。

(五)共同犯罪

非国家工作人员与国家工作人员勾结共同受贿的,应以受贿罪的共犯处罚。

(六)回赠

国家工作人员收受请托人财物后,又用本人财物回赠对方,数额大体相当的,不以受贿论。数额差距较大,仍构成受贿罪的,应从受贿数额中扣除回赠部分。

(七)行为人获取财物同时具有利用职务与提供技术服务双重因素的处理

行为人收受财物既有职务便利因素同时又有提供技术服务的因素。两者相互混淆难以分清的,一般不宜按受贿处理。

五、行贿罪

(一)行贿罪的主观特征

行贿人在主观上应具有贿赂国家工作人员为其谋取不正当利益的故意。其犯罪目的是谋取不正当利益,是否明知利益的不正当性不影响行贿罪的构成。

(二)行贿罪中的"不正当利益"

根据最高人民法院、最高人民检察院《关于在办理受贿犯罪大要案的同时要严肃查处严重行贿犯罪分子的通知》(以下简称《通知》)的规定,行贿罪中的"'牟取不正当利益'是指牟取违反法律、法规、国家政策和国务院各部门规章规定的利益,以及要求国家工作人员或者有关单位提供违反法律、法规、国家政策和国务院各部门规章规定的帮助或者方便条件"。

以上规定适用于行贿罪、对单位行贿罪、单位行贿罪中有关不正当利益的内容。

(三)根据刑法第389条第3款规定,被勒索给予国家工作人员以财物,并获得不正当利益的,构成行贿罪。在适用此款规定时应注意其与一般行贿罪的区别:被勒索人实际获得不正当利益是本款规定行为构成犯罪的必备要件;一般行贿罪不以实际获得不正当利益为要件,因行贿获得不正当利益是一般行贿罪对被告人加重处罚的法定情节。

(四)对行贿犯罪的处理

1. 根据《通知》规定,要特别注意依法严肃查处下列严重行贿属犯罪行为:

(1)行贿数额巨大、多次行贿或者向多人行贿的;

(2)向党政干部和司法工作人员行贿的;

(3)为进行走私、偷税、骗税、骗汇、逃汇、非法买卖外汇等违法犯罪活动而行贿的;

(4)非法办理金融、证券业务,向银行等金融机构、证券管理机构工作人员行贿,致使国家利益遭受重大损失的;

(5)为非法获取工程、项目的开发、承包、经营权,向有关主管部门及其主管领导行贿,致使公共财产、国家和人民利益遭受重大损失的;

(6)为制售假冒伪劣产品,向有关国家机关、国有单位及国家工作人员行贿,造成严重后果的;

(7)其他情节严重的行贿犯罪行为。

2. 根据《通知》规定,行贿人、介绍贿赂人在被追诉前主动交代行贿、介绍贿赂犯罪情节的,依法分别可以减轻或免除处罚;行贿人、介绍贿赂人在被追诉后如实交代犯罪行为的,也可以酌情从轻处罚。

(五)以1万元为行贿罪追究刑事责任的起点,多次行贿的,数额累计计算。

六、介绍贿赂罪

情节严重是本罪的必备要件,指:

(一)介绍个人向国家工作人员行贿1万元以上的;多次介绍贿赂的,数额累计计算;

(二)因介绍贿赂,给国家机关和其他国有单位的声誉造成恶劣影响的;

(三)因介绍贿赂造成严重后果的,如致使多人犯罪或国家工作人员因受贿给国家造成严重损失或带来其他严重后果的。

七、巨额财产来源不明罪

（一）本罪规定的"不能说明其来源合法"是指行为人虽然提供了巨额财产的来源线索，但经查不属实，或无法查证。

行为人拒不提供财产来源线索的，视为"不能说明其来源合法"。

（二）以10万元为本罪追究刑事责任的起点。

八、隐瞒境外存款罪

（一）国家工作人员在境外认购并存放于境外的股票、债券或其他有价证券，以境外存款论。

（二）存款的来源是否合法不影响本罪的成立。

（三）境外存款数额以人民币计算。行为人用外币在境外存款的，以存款时的汇率折合成人民币后计算；多次用外币在境外存款未申报的，以最后一次存款时的汇率折算人民币。

（四）以人民币10万元为本罪"数额较大"的起点。

（五）在境外存款中发现来源不明的巨额财产，同时构成巨额财产来源不明罪的，按处刑较重的罪处罚，不实行数罪并罚。

九、私分国有资产罪

私分国有资产罪犯罪行为的作出一般是由单位领导集体研究决定，属单位行为，一般在单位内部公开，其犯罪对象仅限于国有资产，单位全体成员一般均可获得利益；共同贪污犯罪有的也经过单位领导的预谋，但一般都是秘密进行的，共同贪污的犯罪对象是公共财产，只有共同犯罪人获得利益。

以20万元为私分国有资产罪"数额较大"的起点，数额累计计算。

十、私分罚没财物罪

以10万元为私分罚没财物罪"数额较大"的起点，数额累计计算。

十一、有关审理程序上问题

（一）单位性质的认定

人民法院审理贪污贿赂犯罪案件，对涉案公司、企业等单位的性质具有确定权。工商行政管理部门核发的营业执照及其出具的关于公司、企业性质的鉴定，属证据材料，人民法院应对其进行审查判断，然后决定是否采用。审查的标准为工商行政法规规定的关于企业登记管理的规定。

（二）案件中被告人供述及证言变化后的认定

贪污犯罪情况复杂，被告人供述、证人证言变化较大。对此类案件，应通知主要证人和鉴定人出庭，对变化的供述和证言进行质证，结合其侦查、起诉期间的供述确定真伪。不能机械地以庭审中作出证言作为定案根据。

人民法院对于庭审后阅卷过程中发现的检察机关未当庭出示的证据材料，认为有可能对案件事实的认定和被告人的定罪量刑产生影响的，应当恢复法庭调查，对该部分证据材料当庭进行质证，方可作为定案证据使用。

十二、对涉案赃款赃物的处理

根据刑法第六十四条的规定，对涉案财物，应区分不同情况予以处理。

（一）下列财产应及时发还：

1. 贪污单位的合法财产应发还单位；
2. 被告人行为不构成犯罪或因证据不足宣告无罪，追缴财物又不能证明是违法所得的，应发还被告人。
3. 其他应发还的财产。

（二）下列财产应予没收：

1. 违禁品和供犯罪所用的犯罪分子的本人财物；
2. 没有被害人或被害人不明的财产；
3. 犯罪所得或行贿款物；
4. 应被行政执法机关罚没的财物。

（三）被告人因情节显著轻微不构成犯罪的行为所得的财产，应区别不同情况，按一、二条的规定处理。

（四）人民法院对于没收的财产，在判决书中应阐述没收的理由和法律依据。

十三、贪污贿赂犯罪的处罚原则

处罚贪污贿赂犯罪，除应按照刑法规定的原则外，还应遵循以下原则：

（一）保护国有资产原则

各级法院在对贪污贿赂犯罪案件进行审理的判决时，要特别注重对国有资产的保护，坚决追缴涉案赃款、赃物，尽量减少犯罪所造成的损失。另外，对那些积极退赔赃款、主动提供线索追缴赃款、未造成严重损失的犯罪分子，在处刑时应与拒不退赔，转移赃款、赃物及犯罪后大肆挥霍，致使国家财产遭受较大损失的犯罪分子有所区别,把国有资产的受损失程度,作为处刑的重要情节考虑。
(二) 充分发挥附加刑的作用
刑法对贪污贿赂犯罪部分罪名规定了没收财产、罚金等附加刑。在审判贪污贿赂犯罪时,应充分运用附加刑,在经济上对犯罪分子予以制裁。
(三) 坚持"三个有利于"的原则
在对严重贪污、贿赂犯罪依法严厉打击的同时,还要坚持"三个有利于"的原则,贯彻刑事审判为经济建设服务的方针。
十四、本纪要的适用问题
(一) 本纪要生效后与今后国家颁布、下发的有关法律和司法解释相抵触的,适用法律和司法解释。
(二) 本纪要下发前本院下发的有关"会议纪要"及其他文件与本纪要相抵触的,适用本纪要。
(三) 本纪要自下发之日起实施。

天津市高级人民法院《处理自首和立功应用法律若干问题研讨会会议纪要》

(2000年3月9日)

为准确执行《最高人民法院〈关于处理自首和立功具体应用法律若干问题的解释〉》(以下简称《解释》)的有关规定,正确处理刑事案件中自首和立功具体应用法律若干问题,我院于2000年3月9日在本市和平区人民法院召开有第一、二中级人民法院,部分基层法院主管刑事审判工作的院长、刑庭庭长参加的处理自首和立功具体应用法律若干问题的研讨会。会议就我院起草的《关于执行最高人民法院〈关于处理自首和立功具体应用法律若干问题的解释〉若干问题的意见》(讨论稿)进行了充分讨论。现将本次会议讨论意见纪要如下:

一、对投案的认定
1. 关于犯罪嫌疑人的投案问题
司法机关虽已发觉了犯罪事实,并已发现了犯罪嫌疑人,但就犯罪事实对犯罪嫌疑人进行讯问或直接采取强制措施前,犯罪嫌疑人主动投案的,属于自动投案。如果犯罪嫌疑人已经受到讯问或已被采取强制措施,则丧失了自动投案的条件。公安机关根据《中华人民共和国警察法》的规定,有针对性地对犯罪嫌疑人进行留置盘问,犯罪嫌疑人交代自己犯罪事实的,不属自动投案。
2. 关于向纪检、监察部门投案的问题
《解释》第一条关于"犯罪嫌疑人向其所在单位、城乡基层组织或者其他有关负责人员投案"的规定应当包括向纪检、监察部门投案。
纪检、监察部门已掌握犯罪嫌疑人的违纪或一般违法行为,对犯罪嫌疑人按照组织程序进行审查,犯罪嫌疑人主动交代犯罪事实的,亦应视为自动投案。
3. 关于仅因"形迹可疑"被盘问、教育后主动交代罪行视为自动投案的问题
"形迹可疑"是指因犯罪嫌疑人行为、举止、所在场所、时间等方面的异常导致的可疑。司法机关因发现或扣押了犯罪证据对犯罪嫌疑人产生怀疑而进行查问,犯罪嫌疑人交代了犯罪事实的,不属自动投案。犯罪嫌疑人仅因一般违法被查问,主动交代自己犯罪事实的,应视为自动投案。
4. 关于"准备投案"、"正在投案途中"情节的认定
认定犯罪嫌疑人准备投案,或正在投案途中,要有证明犯罪嫌疑人投案意图的证据佐证,不能仅凭口供,或凭不确定的证据认定。
5. 关于犯罪嫌疑人被亲友送去投案的问题
犯罪嫌疑人被亲友送去投案,无论犯罪嫌疑人同意或者默认而归案的,均应视为自动投案。
6. 关于亲友代为投案的问题亲友代为投案的,应受犯罪嫌疑人委托,嫌疑人等候归案的,才能视为自动投案。
7. 关于交通肇事案件中自动投案情节的认定
交通肇事案件的犯罪嫌疑人肇事后保护现场,等候公安机关处理的,视为自动投案。为抢救伤员而离开肇事现场,尚未投案即被公安机关抓获,亦应视为自动投案。
8. 关于"主要犯罪事实"的确定问题
"犯罪嫌疑人自动投案后,如实交代自己的主要犯罪事实"是指其交代的事实是人民法院对案件进行审理后确认的主要犯罪事实。

二、对立功的认定
1. 关于提供侦破其他案件的重要线索构成立功的问题
"提供侦破其他案件的重要线索,经查证属实",必须同时具备三个条件:一是"其他案件"必须是犯罪嫌疑人(被告人)所参与犯罪以外的其他案件;二是犯罪嫌疑人(被告人)提供的线索对案件侦破

起决定作用；三是案件已被侦破。

2. 关于检举揭发共犯构成立功的问题

犯罪嫌疑人（被告人）到案后，检举、揭发共犯成员共同犯罪以外的其他犯罪，经查证属实，属于立功表现。如果交代了本人与其他同案犯参与的共同犯罪，经查属实，是自首行为，不属立功。自首后又有协助侦查机关抓获同案犯行为的，同时构成立功。

3. 关于协助抓获其他犯罪嫌疑人构成立功的问题

"协助司法机关抓获其他犯罪嫌疑人（包括同案犯）"必须是已经抓获，才能认定为有立功表现。协助的形式包括：带领侦查机关到嫌疑人藏匿地点抓获，提供了侦查机关不掌握的通讯号码，提供了侦查机关不掌握的藏匿地点。所谓"不掌握"是尚未通过其他侦查手段获取的情况。

三、对揭发、检举他人犯罪的情况的处理

对于被告人揭发、检举他人犯罪的材料，应当及时转交有关部门进行查证，根据查证结果确定被告人是否具有立功表现。

1. 一审案件审理期间对揭发、检举材料的处理

一审案件审理期间，被告人揭发、检举他人犯罪，如在法律规定的案件审理期限届满之前仍无查证结果，应即时审结案件。不能以等待查证揭发、检举情况为由申请延长案件的审理期限。对于在一审案件宣判以后取得查证结果，确定被告人有立功表现的，如已进入二审或复核程序，应当在二审或复核程序中予以认定。

2. 二审、复核案件审理期间对揭发、检举材料的处理

二审或复核案件期间，应当判处死刑立即执行的上诉人、被告人揭发、检举他人犯罪，一旦查实后不能判处死刑，且揭发线索明确具体，能够查证的，应待揭发、检举情况查证后予以处理。

对于非判处死刑立即执行的上诉人、被告人提出的揭发、检举他人犯罪的情况，如在法律规定的案件审理期限届满之前仍无查证结果，应即时审结案件。不能以等待查证揭发、检举情况为由申请延长审理期限。

3. 关于裁判已生效后揭发、检举查证属实问题

被告人、上诉人在案件审理期间揭发、检举他人犯罪，直至判决或裁定已发生法律效力以后才取得查证结果的，如果根据查证结果，能够确认被告人有重大立功表现，确需改判的，应当依照审判监督程序提起再审。

四、对自首和有立功表现的被告人的处罚

对犯罪后自首、立功的被告人，应根据其所犯罪行轻重和自首、立功的具体情节，综合考虑其主观恶性和悔罪程度，决定是否对其从轻、减轻或免除处罚以及从轻、减轻处罚的幅度。

1. 关于自首和立功情节的范围

自首的具体情节是指犯罪嫌疑人（被告人）自动投案，司法机关是否已发现犯罪，是否被确定为犯罪嫌疑人，是否正在抓捕以及投案的方式等。立功的具体情节是指犯罪嫌疑人（被告人）揭发检举其他犯罪嫌疑人的犯罪性质、情节轻重、抓捕难度等。

2. 对有自首或立功表现的犯罪嫌疑人（被告人）的一般处罚

具备自首或立功情节，一般可以从轻、减轻处罚，但减轻处罚时，应从严掌握；罪行特别严重，有充分理由的，也可以不从轻处罚。

3. 特殊情况下的处罚

对于有自首或立功表现的被告人，可以将其犯一罪或数罪、是初犯或再犯、审判过程中翻供等情况，作为可参照的量刑情节。

对累犯以及因杀人、爆炸、抢劫、强奸、绑架等暴力性犯罪应被判处十年有期徒刑以上刑罚的被告人，犯罪后自首或有立功表现，在确定从轻、减轻处罚的幅度时，应从严掌握。

五、其他问题

1. 关于认定自首和立功的证据问题

对于认定被告人自首、立功或重大立功的，必须有相应的证据证明。该证据在庭审中进行质证后确认。法庭应当根据保护自首、立功的被告人的人身安全的原则，采取适宜的质证方式。

2. 关于裁判文书中对自首、立功的表述

对于自首、有立功或重大立功表现的，无论是否予以从轻、减轻或免除处罚，均应当在判决书或裁定书中明确说明理由。

六、本纪要自下发之日起实施。

天津市高级人民法院《关于审理毒品犯罪案件座谈会纪要》

（2000年10月12日）

为正确适用刑法，准确打击毒品犯罪，贯彻落实全国法院审理毒品犯罪案件工作座谈会纪要的精神，天津市高级人民法院分别于2000年6月9日和7月28日召开两次审理毒品犯罪案件座谈会。市高级人民法院、第一、第二中级人民法院、部分基层人民法院和市检察院及市公安局禁毒办、部分区县局缉毒队的有关负责同志参加了会议。会议期间，大家就审理毒品犯罪案件中的有关具体问题进行了认真讨论。现将讨论意见纪要如下：

一、关于定罪问题

（一）对于行为人就同一宗毒品实施了走私、贩卖、运输、制造毒品罪的两个以上犯罪行为，并有充分证据的，应当按照其所实施的犯罪行为的性质并列确定罪名，罪名不以实施先后或者危害大小排列，应当以刑法条文规定的顺序表述，但不实行数罪并罚；对不同宗毒品分别实施了不同种犯罪行为的，应当对不同行为并列确定罪名，累计计算毒品数量，不实行数罪并罚。

（二）居间介绍买卖毒品的，无论行为人是否获利，均以贩卖毒品罪的共犯论处。

（三）运输毒品罪应以行为人是否跨省（自治区、直辖市）或者是否为获取运费等非法利益为目的作为罪与非罪的界定标准。

（四）关于非法持有毒品罪

1. 对有充分证据证明行为人不是以营利为目的，仅是为他人代买用于吸食的毒品，且毒品数量达到刑法第三百四十八条规定的最低标准的，托购者与代购者均构成非法持有毒品罪；没有达到此标准的，不定罪处罚。

2. 对吸毒的行为人在购买、运输、存储毒品过程中被查获，没有证据证明其实施其他毒品犯罪行为，毒品数量达到刑法第三百八十四条规定的最低标准的，构成非法持有毒品罪；没有达到标准的，不定罪处罚。

二、关于既遂与未遂的问题

（一）制造毒品罪以是否制造出毒品为既遂与未遂的标准。

（二）走私毒品罪，只要毒品进入我国（边）线（包括正在办理进出关手续时被查获的）和进入我国领海或领空的船只和航空器，即为既遂，不应以是否已将毒品走私进出境为标准。

（三）运输毒品罪，只要有充分证据证明行为人是为跨省运输或者是为获取运费等非法利益而将毒品携带进车站、码头、候机楼或交付邮寄等即为既遂，不受是否到达目的地影响。

（四）贩卖毒品罪包括以贩卖为目的而非法收买的行为以及非法销售行为两种情况：

1. 有充分证据证明行为人是为了贩卖而非法收买毒品的，只要毒品已买到即为既遂；

2. 行为人只要向购买者非法售出毒品，即为既遂。

上述两种情况在交易的过程中被现场查获的，无论行为人是否拿到或者收到毒资，均不影响既遂的成立。

三、非法持有毒品罪与其他毒品犯罪的界限

（一）有充分证据证明行为人非法持有毒品的来源是其走私、运输、制造、窝藏或者是为了贩卖而非法收买的，应当认定走私、运输、制造、窝藏或者贩卖毒品罪（既遂）。

（二）对于无法查明毒品来源的案件，有充分证据证明行为人非法持有毒品的目的是为其走私、贩卖、运输的，应当认定走私、贩卖、运输毒品罪（未遂）。

（三）行为人非法持有毒品，如果没有证据证明其有上述两种情况，毒品数量达到刑法第三百八十四条推定的最低标准的，构成非法持有毒品罪。

（四）被告贩卖部分毒品被抓获，其尚未卖出的部分，包括其隐匿的部分，亦认定为贩卖。

四、关于盗窃、抢劫毒品犯罪的定罪

盗窃、抢劫毒品犯罪的，应当分别认定盗窃罪、抢劫罪，犯罪数额以毒品的卖出价格为标准，尚未卖出的，以购入价格为标准。盗窃、抢劫毒品后又实施其他毒品犯罪的，应以盗窃罪、抢劫罪与其实施的具体毒品犯罪，依法实行数罪并罚。

五、关于共同犯罪问题

（一）对有充分证据证明被告人在共同犯罪中的作用不大的，不能因为其他同案犯未归案，而将其认定为主犯或者按主犯处罚。

（二）对能够分清主犯和从犯的，不能因为涉案毒品数量特别巨大，就不分主从均认定为主犯而都处以极刑。

（三）不同案件不能作简单类比，还要注意被告人在案件中的地位作用。比如：甲案从犯的犯罪数额可能比乙案主犯的犯罪数额要大，但是在处罚上甲案的从犯并非必然重于乙案的主犯。

六、关于量刑问题

（一）量刑的数量标准不能简单化，特别是判处死刑的案件，确定刑法必须综合考虑全案情况。

（二）判处死刑的数量标准

1. 走私、贩卖、运输、制造海洛因200克以上或者其他毒品数量与此标准相当，且没有法定减轻、从轻和酌定从宽情节（包括坦白交代和特情引诱以及毒品含量极少等情节）的，一般处以死刑（立即执行）。

2. 走私、贩卖、运输、制造海洛因150克以上不满200克或者替他毒品数量与此标准相当，既没有法定减轻、从轻或者酌定从宽情节，又具备下列情形之一的，一般也应判处死刑：

（1）因毒品犯罪被判处过刑罚的；
（2）走私、贩卖、运输、制造毒品集团的首要分子；
（3）武装掩护走私、贩卖、运输、制造毒品的；
（4）以暴力抗拒检查、拘留、逮捕而对执法人员造成伤害或者有预谋、有组织地进行暴力抗拒的；
（5）参与有组织的国际贩毒活动的；
（6）具有其他严重情节的。

（三）对吸毒的被告人实施毒品犯罪行为的，被查获的毒品数量应认定为其犯罪的数额，但在量刑时应考虑其吸食的情节。

（四）为掩护运输而将毒品融入其他物品中，不能将其他物品计入毒品的数量。

（五）对于依法同时构成再犯和累犯的被告人，应当适用刑罚第三百五十六条规定的再犯条款从重处罚，不援引刑罚关于累犯的条款。

（六）刑法第三百四十九条第一款规定的"情节严重"是指具备下列情形之一：

1. 多次包庇走私、贩卖、运输、制造毒品的犯罪分子或者多次为犯罪分子窝藏、转移、隐瞒毒品毒赃的；
2. 因包庇、窝藏、转移、隐瞒行为，妨碍了重大毒品案件的侦破工作或者致使重大毒品案犯逃脱制裁的；
3. 暴力抗拒缉查的；
4. 具有其他严重情节的。

（七）刑法第三百五十三条第一款规定的"情节严重"是指具备下列情形之一：

1. 多次引诱、教唆、欺骗他人吸食、注射毒品或者引诱、教唆、欺骗多人吸食、注射毒品的；
2. 引诱、教唆、欺骗他人吸毒并使其形成瘾癖的；
3. 出于卑劣动机而引诱、教唆、欺骗他人吸毒的；
4. 具有其他严重情节的。

（八）应当严格依照法律规定，注重从经济上制裁犯罪分子，不能因为其没有财产或者其财产难以查清、分割和执行，就不判处财产刑。

七、本纪要自下发之日起实施。

天津市高级人民法院　天津市人民检察院　天津市公安局　天津市司法局 《关于刑事案件有关数额标准的意见（试行）》

(2000年12月3日)

一、破坏社会主义市场经济秩序罪部分犯罪的数额标准

1. 虚报注册资本罪（刑法第一百五十八条）、虚假出资、抽逃出资罪（刑法第一百五十九条）

数额巨大是指虚报注册资本达法定最低出资额50%以上（数额巨大或者后果严重，或者有其他严重情节，依照本罪定罪处罚）。

2. 非国家工作人员受贿罪（刑法第一百六十三条）

数额较大是指1万元以上，数额巨大是指10万元以上。

3. 对非国家工作人员行贿罪（刑法第一百六十四条）

数额较大是指2万元以上，数额巨大是指15万元以上。

4. 签订、履行合同失职被骗罪（刑法第一百六十七条）

致使国家利益遭受重大损失是指损失额在50万元以上，特别重大损失是指损失额在200万元以上。

5. 徇私舞弊造成破产、亏损罪（刑法第一百六十八条）、徇私舞弊低价折股、出售国有资产罪（刑法第一百六十九条）致使国家利益遭受重大损失是指损失额在30万元以上，特别重大损失是指损失额在100万元以上。

6. 伪造货币罪（刑法第一百七十条）

伪造国家货币总面值在 500 元以上不满 20000 元或者币量 50 张以上不满 2000 张的，依照刑法第一百七十条的规定，处三年以上十年以下有期徒刑，并处五万元以上五十万元以下罚金；数额特别巨大是指伪造国家货币总面值在 20000 元以上或者币量在 2000 张以上。

7. 出售、购买、运输假币罪（刑法第一百七十一条）

数额较大是指出售、购买、运输假币总面值在 1000 元以上或者币量在 100 张以上，数额巨大是指出售、购买、运输假币总面值在 40000 元以上或者币量在 4000 张以上，数额特别巨大是指出售、购买、运输假币总面值在 100000 元以上或者币量在 10000 张以上。

8. 持有、使用假币罪（刑法第一百七十二条）

数额较大是指持有、使用假币总面值在 2000 元以上或者币量在 200 张以上，数额巨大是指持有、使用假币总面值在 40000 元以上或者币量在 4000 张以上，数额特别巨大是指持有、使用假币总面值在 100000 元以上或者币量在 10000 张以上。

9. 变造货币罪（刑法第一百七十三条）

数额较大是指变造货币总面值在 500 元以上或者币量在 50 张以上，数额巨大是指变造货币总面值在 20000 元以上或者币量在 2000 张以上。

10. 高利转贷罪（刑法第一百七十五条）

违法所得数额较大是指 2 万元以上，数额巨大是指 10 万元以上。

11. 非法吸收公众存款罪（刑法第一百七十六条）

数额巨大是指 10 万元以上。

12. 集资诈骗罪（刑法第一百九十二条）

数额较大是指 10 万元以上，数额巨大是指 50 万元以上，数额特别巨大是指 100 万元以上。给国家和人民利益造成特别重大损失是指直接经济损失在 50 万元以上。

13. 贷款诈骗罪（刑法第一百九十三条）

数额较大是指 10 万元以上，数额巨大是指 50 万元以上，数额特别巨大是指 100 万元以上。

14. 票据诈骗罪、金融凭证诈骗罪（刑法第一百九十四条）

数额较大是指 5 千元以上，数额巨大是指 5 万元以上，数额特别巨大是指 10 万元以上。给国家和人民利益造成特别重大损失是指直接经济损失在 50 万元以上。

15. 信用证诈骗罪（刑法第一百九十五条）

数额巨大是指 10 万元以上，数额特别巨大是指 50 万元以上。

给国家和人民利益造成特别重大损失是指直接经济损失在 50 万元以上。

16. 信用卡诈骗罪（刑法第一百九十六条）、有价证券诈骗罪（刑法第一百九十七条）

数额较大是指 5 千元以上，数额巨大是指 5 万元以上，数额特别巨大是指 20 万元以上。

17. 保险诈骗罪（刑法第一百九十八条）

数额较大是指 1 万元以上，数额巨大是指 5 万元以上，数额特别巨大是指 20 万元以上。

18. 非法制造、出售非法制造的用于骗取出口退税、抵扣税款发票罪（刑法第二百零九条第一款）、非法出售用于骗取出口退税、抵扣税款发票罪（刑法第二百零九条第三款）发票份数在 50 份以上的，依法定罪处罚；发票份数在 200 份以上的为数量巨大；发票份数在 1000 份以上的为数量特别巨大。

19. 非法制造、出售非法制造的发票罪（刑法第二百零九条第二款）、非法出售发票罪（刑法第二百零九条第四款）

发票份数在 80 份以上的，依法定罪处罚；发票份数在 300 份以上的，为情节严重。

20. 合同诈骗罪（刑法第二百二十四条）

数额较大是指 3 万元以上，数额巨大是指 30 万元以上，数额特别巨大是指 50 万元以上。

21. 非法经营罪（刑法第二百二十五条）

情节严重是指经营数额在 10 万元以上；情节特别严重是指经营数额在 30 万元以上。

出版、印刷、复制、发行非法出版物以非法经营罪定罪处罚的，情节严重是指：（1）经营数额在 10 万元以上的；（2）违法所得数额在 2 万元以上的；（3）经营报纸 5000 份或者期刊 5000 本或者图书 2000 册或者音像制品、电子出版物 500 张（盒）以上的。

情节特别严重是指：（1）经营数额在 30 万元以上的；（2）违法所得数额在 5 万元以上的；（3）经营报纸 15000 份或者期刊 15000 本或者图书 5000 册或者音像制品、电子出版物 1500 张（盒）以上的。

单位进行出版、印刷、复制、发行非法出版物犯罪活动以非法经营罪定罪处罚的，情节严重是指：（1）经营数额在 20 万元以上的；（2）违法所得数额在 5 万元以上的；（3）经营报纸、期刊 15000 份（本）或者图书 5000 册或者音像制品、电子出版物 1500 张（盒）以上的。

情节特别严重是指：（1）经营数额在 100 万元以上的；（2）违法所得数额在 20 万元以上的；

(3) 经营报纸、期刊 5 万份（本）或者图书 15000 册或者音像制品、电子出版物 5000 张（盒）以上的。

22. 伪造、倒卖伪造的有价票证罪（刑法第二百二十七条第一款）

数额较大是指 3 千元以上，数额巨大是指 4 万元以上。

23. 倒卖车票、船票罪（刑法第二百二十七条第二款）

情节严重是指票面数额在 5 千元以上，或者非法获利数额在 2 千元以上。

二、侵犯财产罪部分犯罪的数额标准

24. 抢劫罪（刑法第二百六十三条）数额巨大是指 1 万元以上。

25. 盗窃罪（刑法第二百六十四条）

个人盗窃财物数额价值人民币 1 千元以上为盗窃数额较大；个人盗窃财物数额价值人民币 1 万元以上为盗窃数额巨大；个人盗窃财物数额价值人民币 6 万元以上为盗窃数额特别巨大。

扒窃案件中，盗窃财物数额价值人民币 500 元以上为盗窃数额较大；盗窃财物数额价值人民币 1 万元以上为盗窃数额巨大；盗窃财物数额价值人民币 6 万元以上为盗窃数额特别巨大。

26. 诈骗罪（刑法第二百六十六条）

数额较大是指 3 千元以上不满 4 万元；数额巨大是指 4 万元以上不满 20 万元；数额特别巨大是指 20 万元以上。

27. 抢夺罪（刑法第二百六十七条）

数额较大是指 1 千元以上，数额巨大是指 1 万元以上，数额特别巨大是指 6 万元以上。

28. 聚众哄抢罪（刑法第二百六十八条）

数额较大是指个人抢得财物数额在 5 千元以上，数额巨大是指个人抢得财物数额在 3 万元以上。

29. 侵占罪（刑法第二百七十条）

数额较大是指 1 万元以上，数额巨大是指 10 万元以上。

30. 职务侵占罪（刑法第二百七十一条）以 5 千元为职务侵占罪"数额较大"的起点；以 10 万元为职务侵占罪"数额巨大"的起点。

31. 挪用资金罪（刑法第二百七十二条）

挪用本单位资金归个人使用，或者借贷给他人，数额较大、超过 3 个月未还的，或者虽未超过 3 个月，但数额较大、进行营利活动的，以 6 万元为"数额较大"的起点；挪用本单位资金归个人使用，进行非法活动的，以 3 万元为追究刑事责任的起点；挪用本单位资金 30 万元以上的，为挪用资金"数额巨大"；挪用本单位资金进行非法活动，数额达 10 万元以上的，为挪用资金"数额巨大"。

32. 敲诈勒索罪（刑法第二百七十四条）

数额较大是指 2 千元以上，数额巨大是指 2 万元以上。

33. 故意毁坏财物罪（刑法第二百七十五条）

数额较大是指 3 千元以上，数额巨大是指 3 万元以上。

三、妨害社会管理秩序罪部分犯罪的数额标准

34. 制作、复制、出版、贩卖、传播淫秽物品牟利罪（刑法第三百六十三条）

（一）以牟利为目的，实施刑法第三百六十三条第一款规定的行为，具有下列情形之一的，以制作、复制、出版、贩卖、传播淫秽物品牟利罪定罪处罚：

（1）制作、复制、出版淫秽影碟、软件、录像带 50 张（盒）以上，淫秽音碟、录音带 100 张（盒）以上，淫秽扑克、书刊、画册 100 副（册）以上，淫秽照片、画片 500 张以上的；

（2）贩卖淫秽影碟、软件、录像带 100 张（盒）以上，淫秽音碟、录音带 200 张（盒）以上，淫秽扑克、书刊、画册 200 副（册）以上，淫秽照片、画片 1000 张以上的；

（3）向他人传播淫秽物品达 200 人次以上，或者组织播放淫秽影、像达 10 场次以上的；（4）制作、复制、出版、贩卖、传播淫秽物品，获利 5000 元以上的。

（二）以牟利为目的，实施刑法第三百六十三条第一款规定的行为，具有下列情形之一的，应当认定为制作、复制、出版、贩卖、传播淫秽物品牟利罪"情节严重"：

（1）制作、复制、出版淫秽影碟、软件、录像带 300 张（盒）以上，淫秽音碟、录音带 500 张（盒）以上，淫秽扑克、书刊、画册 500 副（册）以上，淫秽照片、画片 3000 张以上的；

（2）贩卖淫秽影碟、软件、录像带 500 张（盒）以上，淫秽音碟、录音带 1000 张（盒）以上，淫秽扑克、书刊、画册 1000 副（册）以上，淫秽照片、画片 5000 张以上的；

（3）向他人传播淫秽物品达 1000 人次以上，或者组织播放淫秽影、像达 50 场次以上的；

（4）制作、复制、出版、贩卖、传播淫秽物品，获利 3 万元以上的。

（三）以牟利为目的，实施刑法第三百六十三条第一款规定的行为，其数量（数额）达到本条第（二）项规定的数量（数额）五倍以上的，应当认定为制作、复制、出版、贩卖、传播淫秽物品牟利罪"情节特别严重"。

35. 传播淫秽物品罪（刑法第三百六十四条第一款）
向他人传播淫秽的书刊、影片、音像、图片等出版物达 300 人次以上，或者造成恶劣社会影响的，属于"情节严重"，以传播淫秽物品罪定罪处罚。
36. 组织播放淫秽音像制品罪（刑法第三百六十四条第二款）
组织播放淫秽电影、录像等音像制品达 20 场次以上或者造成恶劣社会影响的，以组织播放淫秽音像制品罪定罪处罚。

四、贪污贿赂罪部分犯罪的数额标准
37. 挪用公款罪（刑法第三百八十四条）
挪用公款"归个人使用数额较大、进行营利活动"或"数额较大超过 3 个月未还的"，以 2 万元为"数额较大"的起点；挪用公款归个人使用，进行非法活动的，以 1 万元为追究刑事责任的起点；挪用公款 20 万元以上的，为挪用公款"数额巨大"；挪用公款进行非法活动，数额达 10 万元以上的，属于"情节严重"的情形之一。
38. 巨额财产来源不明罪（刑法第三百九十五条第一款）
以 30 万元为起刑点。
39. 隐瞒境外存款罪（刑法第三百九十五条第二款）
数额较大是指折合人民币数额在 30 万元以上。
40. 私分国有资产罪、私分罚没财物罪（刑法第三百九十六条）
数额较大是指 10 万元以上，数额巨大是指 50 万元以上。

天津市高级人民法院
《关于办理盗窃电能违法犯罪案件适用法律若干问题的意见》

（2001 年 4 月 20 日）

为保护国家电能，维护供电、用电秩序，严厉打击盗窃电能违法行为，根据《中华人民共和国刑法》、《中华人民共和国电力法》、《电力供应与使用条例》及最高人民法院、最高人民检察院、公安部的有关规定，现就办理盗窃电能案件的有关问题，提出如下意见：

一、用电单位和个人应当按照国家核准的电价和用电计量装置的记录，按时缴纳电费。严禁以非法手段窃取电能。盗窃电能构成犯罪的，按照《中华人民共和国刑法》第 264 条盗窃罪处罚，定罪量刑的数额标准依照《最高人民法院关于审理盗窃案件具体应用法律若干问题的解释》和《天津市高级人民法院、天津市人民检察院、天津市公安局、天津市司法局关于印发刑事案件有关数额标准的意见（试行）的通知》（津高法发〔2000〕7 号的有关规定执行。

凡具有下列情形的，属自然人实施的窃电行为：
1. 个人合伙、承包、租赁经营中窃电行为；
2. 从事国家明令禁止从事的生产经营中窃电的；
3. 单位成立后长时间窃电的；
4. 窃电后违法所得归个人所有或私分的；
5. 有具有法人资格的独资、私营等组织窃电的。

二、以非法占有应交电费为目的，有下列行为之一的，应当认定为窃电：
（一）在供电企业或其他单位、个人的供电、用电设施上，擅自接线用电的。
（二）绕越法定用电计量装置用电的。
（三）伪造或开启法定的或者授权的计量检定机构加封的用电计量装置封印用电的。
（四）故意损坏法定用电计量接线，使其少计量或不计量的。
（五）用电计量接线，造成断接或短路等方式，故意使供电企业用电计量装置计量不准或失效的。
（六）将预购电费电卡钥匙非法充值后用电的。
（七）擅自增加用电容量、增大计量变比等用电，造成电费损失的。
（八）采用其他方式窃电的。

三、窃电量的一般认定方法：
（一）在供电设施上，擅自接线用电的，所窃电量按私接设备额定容量（千伏安视同千瓦）乘以实际使用时间计算确定；以其他方法窃电的，所窃电量按计费电能表标定的最大额定电流值（对装有限流器的接限流器整定电流值）所指的容量或变压器额定容量（千伏安视同千瓦）乘经实际窃电的时间计算确定。
（二）根据不同窃电情况，可以按下列方法确定窃电量：

1. 能查明产量的，按同属性单位正常用电的单位产品耗电量和窃电单位的产品产量相乘计算用电量，加上其他辅助用电量后与抄见电量对比的差额。

2. 在总表上窃电，若分表正常计量，按分表电量及正常损耗之和与总表抄见电量的差额计算。

3. 装有高压组合计量装置并正常计量的，按照高压组合计量装置考核记录电量与抄见电量的，按照负荷监控装置的记录电量与抄见电量的差额计算确定窃电量。

4. 装有负荷监控装置并正常计量的，按照负荷监控装置的记录电量与抄见电量的差额计算确定窃电量。

（三）在确定窃电量时，窃电时间无法查明确的，窃电日数至少以180天计算（实际用电时间不足180天的，按照证据证实的实际用电日数计算）。每日窃电时间，电力用户按12小时计算，照明用户按6小时计算。

四、窃电金额是指因窃电而非法占有的应交电费的金额。

（一）窃电金额按照认定的窃电量乘以当时当地执行的电价计算（包括当时国家批准的电力销售价格和国家、本市物价部门规定按电量收取的其他费用）；

（二）窃电后又转售的，转售价格高于法定电价的，窃电数额按转售的价格计算；转售价格低于法定电价的，按法定电价计算；

（三）实施分时电价的用户，不能确定窃电时段按该负荷性质的含税平段电价计算。

五、窃电手段、窃电量和窃电金额由天津市质量技术监督局授权的天津市电能表讲师检定站负责出鉴定结论报告。鉴定人应在二人以上，并在鉴定结论上签名，加盖公章。

六、以非法占有为目的，故意改变用电类别、性质用电的，依照《中华人民共和国刑法》第266条诈骗罪或第224条合同诈骗罪的规定定定罪处罚。单位非法侵占国家电能，符合《中华人民共和国刑法》第224条规定的，以使同诈骗罪定罪处罚。

七、制造、销售窃电专用工具，经营数额达二万元的，依照《中华人民共和国刑法》第225条的规定追究刑事责任。明知用于窃电而制造、出售、出租、出借窃电工具，构成共同犯罪的，以盗窃罪的共犯论处。

八、盗窃电能同时符合《中华人民共和国刑法》第269条规定的，按照抢劫罪论处。

九、电力企业的职工为他人窃电提供条件或帮助的，以盗窃罪的共犯论处。构成其他犯罪并符合数罪并罚条件的，数罪并罚。

十、以暴力、威胁方法拒绝的、阻碍国家机关工作人员依法执行电力监督检查职务，构成犯罪的，依照《中华人民共和国刑法》第277条的规定追究刑事责任。

十一、公安机关在侦查盗窃电能案件中，应及时采取查封、扣押、冻结等措施，积极追缴赃款赃物；人民检察院和人民法院有办理盗窃电能案件中，也应积极追缴赃物，挽回国有财产损失。公、检、法机关在办理盗窃电能案件中，应当按照《中华人民共和国刑事诉讼法》的规定，履行各自职责。

十二、本《意见》中涉及的各类违法行为，尚未构成犯罪，违反《中华人民共和国治安管理处罚条例》的，由公安机关予以治安处罚；符合劳动教养条件的，依照规定实行劳动教养。

十三、本《意见》自下发之日起执行。

天津市高级人民法院　天津市人民检察院　天津市公安局
天津市司法局　天津市烟草专卖局
《关于处理非法经营烟草制品刑事案件若干问题的暂行规定》

（2001年6月1日）

为维护国家烟草专卖管理秩序，严厉打击非法经营烟草制品违法犯罪活动，根据《中华人民共和国刑法》、《中华人民共和国烟草专卖法》及相关法律、法规，结合我市具体情况，现就处理非法经营烟草制品刑事案件的有关问题规定如下：

一、非法经营烟草制品犯罪行为的定罪和量刑标准

（一）非法经营罪

1. 无"烟草专卖生产企业许可证"的单位和个人，非法从事烟草制品生产的，依照《中华人民共和国刑法》第二百二十五条之规定，以非法经营罪定罪处罚。

2. 无"烟草专卖批发企业许可证"、"烟草专卖零售许可证"等烟草专卖许可证件，非法从事卷烟及其他烟草制品的批发、零售，或以出卖为目的购买烟草制品，依前款规定处罚。

3. 无"烟草专卖品准运证"，非法从事烟草制品运输，情节严重的，依第一款规定处罚。

4. 曾因非法经营烟草制品受过行政处罚，仍进行非法经营活动，构成犯罪的，依法从重处罚。

(二) 生产、销售伪劣产品罪

烟草专卖生产者、销售者，或者其他不具备烟草专卖主体资格的烟草制品生产者、销售者，在烟草制品中掺杂、掺假，以假充真、以次充好或者以不合格产品冒充合格产品，销售金额达到《中华人民共和国刑法》第一百四十条规定数额的，以生产、销售伪劣产品罪定罪处罚。

(三) 假冒注册商标罪、销售假冒注册商标的商品罪

未经注册商标所有权人许可，生产、销售假冒他人注册商标标识的烟草制品，或在烟草制品上使用与其注册商标相同的商标，依照《中华人民共和国刑法》第二百一十三条、第二百一十四条的规定，以假冒注册商标罪、销售假冒注册商标的商品罪定罪处罚。

(四) 走私普通货物、物品罪

无"特种烟草专卖经营企业许可证"的单位和个人，非法从事烟草专卖品进出口业务、经营外国烟草制品寄售业务或在海关监管区内经营免税的外国烟草制品购销业务的，依照《中华人民共和国刑法》第一百五十三条的规定定罪处罚。

持有特种烟草专卖经营企业许可证的单位，擅自超过国家批准的烟草专卖品进口计划进口烟草专卖品，或未按国家规定处置免税进口的烟草制品的，对超出和擅自处置的部分，依前款规定定罪处罚。

有《中华人民共和国刑法》第一百五十五条（一）、（二）项规定行为，非法买卖、运输烟草专卖品的，依第一款规定定罪处罚。

(五) 实施非法经营烟草制品犯罪行为，同时触犯多种罪名的，按处刑较重的罪定罪处罚。

(六) 非法经营数额5万元以上，非法运输烟草制品价值10万元以上的，为非法经营罪"情节严重"；非法经营数额在20万元以上的，为非法经营罪"情节特别严重"。

非法经营数额10万元以上的，为假冒注册商标、销售假冒注册商标的商品罪"情节严重"。

二、关于非法经营烟草制品犯罪数额的计算

(一) 卷烟制品的价值，以国家核定的市场批发价格计算。实际交易价格高于核定价格的，按实际交易价格计算犯罪数额。

(二) 其他烟草制品按实际交易价值或估价计算。

(三) 在非法经营者住所或其他藏匿地点查获的烟草制品，无合法来源、用途的，一并记入犯罪数额。

三、附则

本规定所称烟草专卖品，指卷烟、雪茄烟、烟丝、复烤烟叶、烟叶、卷烟纸、滤嘴棒、烟用丝束、烟草专用机械整机。

本规定所称烟草制品，指卷烟、雪茄烟、烟丝、复烤烟叶。

实施本规定所列行为，尚未构成犯罪的，由公安机关依照《中华人民共和国治安管理处罚条例》给予治安处罚，符合劳动教养条件的，依法采取劳动教养措施。

本规定自下发之日起施行。

天津市高级人民法院《天津市法院审理金融犯罪案件工作座谈会会议纪要》

(2001年7月2日)

为准确适用刑法，严格依法审判金融犯罪案件，提高审判工作水平，贯彻落实全国法院审理金融犯罪案件工作座谈会的精神，天津市高级人民法院分别于2000年11月13日至14日和2001年2月20日召开了天津市法院审理金融犯罪案件工作座谈会。市高级人民法院、第一、二中级人民法院、各基层人民法院以及市人大内务司法委员会、市人民检察院、市公安局、北京军区天津军事法院、天津铁路运输法院、部分金融机构等单位的有关负责同志参加了会议。会议结合我市审理金融犯罪案件的审判实践，就审理金融犯罪案件中的若干问题进行了认真讨论。现纪要如下：

一、关于金融犯罪中单位犯罪的问题

(一) 关于构成犯罪主体的资格

1. 处理单位犯罪案件，在认定单位的主体资格时，主要审查设立单位的程序要件，如批准、发起的程序，领取营业执照的文件是否齐全等，如果单位在申请设立的过程中采取了不正当的手段，不影响其成为单位犯罪的主体。

2. 单位是否具有法人资格，不影响其构成单位犯罪的主体。

3. 构成单位犯罪必须是为单位利益实施犯罪。形式上为了单位利益，实质上是为个人的利益，以单位名义实施犯罪的是自然人犯罪，不能认定为单位犯罪。

4. 单位的分支机构或者内设机构、部门犯罪的，应将该机构或部门列为犯罪主体，追究刑事责任。如果该机构或部门没有可供执行罚金的财产，仍应依法对其判处罚金，待有条件执行时再予执行。

(二) 关于直接负责的主管人员和其他直接责任人员

单位的主管负责人为多人的，在审查单位犯罪时，应根据其是否参与了单位犯罪的决定、批准、授意、纵容、指挥等行为，确定是否应承担单位犯罪的刑事责任。

单位的主管人员擅自决定实施单位犯罪的，除依刑法分则对单位判处罚金外，还应追究决定人的刑事责任。

在处理多人参与的单位犯罪案件时，如果直接负责的主管人员和其他直接责任人员在实施犯罪过程中地位、作用没有明显区别的，一般不应区分为主、从犯。但是，如果直接负责的主管人员和其他直接责任人员在实施犯罪过程中地位、作用明显不同，特别是对其中起主要或辅助作用的成员，只有对其减轻处罚才能做到罪刑相适应的，应当区分主、从犯。

(三) 关于单位犯罪的共同犯罪问题

两个以上单位出于共同故意并共同实施了犯罪行为，是单位共同犯罪。

在处理单位共同犯罪案件时，应根据各单位直接负责的主管人员和其他直接责任人员在犯罪中所起的作用、地位以及各单位所获得的非法利益等情节认定犯罪单位的主、从犯关系，据此确定对犯罪单位应判处的罚金。对于单位共同犯罪中各犯罪单位直接负责的主管人员和其他直接责任人员的处理，原则上不应当区分主、从犯，只有在地位、作用明显有所区别，不区分主、从犯难以做到罪刑相适应时，才应区分主、从犯。

单位与单位以外的自然人共同犯罪的，在确定共犯地位后，应分别依照刑法规定的单位和自然人犯罪条款予以处罚。

(四) 关于单位犯罪的其他问题

单位犯罪案件，检察机关移送起诉前，单位已进行注销登记的，对单位的起诉不予受理。对单位承担刑事责任人员的起诉，应当受理。

单位犯罪案件，审判中发现单位已进行注销登记的，对单位应当终止审理，对单位承担刑事责任的人员继续进行审理。

检察机关对自然人起诉的案件。经审理后认为构成单位犯罪，检察机关坚持不补充起诉的，应依法对自然人继续进行审理。

上述情况，对被起诉的自然人，应根据具体情况按单位犯罪中直接负责的主管人员或直接责任人员处罚，在判决中应对单位犯罪的事实进行表述，在引用条款时，应引用刑法分则关于对单位直接负责的主管人员和其他直接责任人员处罚的条款，但不引用刑法总则关于单位犯罪的条款。

二、关于假币犯罪问题

(一) 假币犯罪的既遂与未遂问题

出售、购买假币的，只要实施了交易行为，即构成出售、购买假币罪的既遂。至于出售方是否取得财物，购买方是否实际控制假币，均不影响犯罪既遂的成立。

运输假币罪，应以跨省（自治区、直辖市）运输为构成本罪的条件，但不应以假币是否运输到目的地作为犯罪既遂的标准。

行为人只要着手实施了运输行为，即构成运输假币罪的既遂。认定运输假币罪，应严格审查行为人对其所运假币明知的证据。

制造、销售用于伪造货币版样的，以伪造货币罪、出售假币罪定罪，根据情节予以处罚。制造、销售用于伪造货币的其他工具的，如果有证据证明行为人明知他人欲伪造假币仍制造该工具并销售给他人，应以伪造货币罪、出售假币罪定罪处罚。制造的用于伪造货币的版样、其他工具被他人购买后伪造假币的数量，可作为量刑情节考虑。

(二) 对居间介绍买卖假币行为的处理

对居间介绍买卖假币的，无论居间人接受卖方或买方的委托，或同时接受双方的委托，介绍双方进行假币交易，其主观上既有帮助他人出售或购买假币的故意，客观上亦实施了帮助行为，应认定为出售、购买假币罪的共犯。在处理时，出售或购买方一方在案的，对居间人依在案人罪名定罪，以共犯论处；出售方、购买方均在案的，对居间人依最先委托其实施假币犯罪的被告人的罪名确定。

(三) 关于行为人为他人保管假币行为的处理

行为人明知是他人伪造、变造、购买、运输所得的假币仍为其保管的，以窝赃罪处罚。没有证据证明行为人是明知他人犯罪所得的假币而为其保管的，以持有假币罪处罚。

(四) 假币犯罪的数额计算

针对同宗假币犯罪，法律规定为选择性罪名的，按该宗假币本身的面值或币量计算，但不重复计算面值或币量。

针对不同宗假币的犯罪，法律规定为选择性罪名的，按各宗假币的面值或币量相加确定面值或币量。其他币种的假币以案发时国家外汇管理局公布的外汇牌价折算成人民币确定面值。

三、关于金融诈骗罪的问题

（一）对金融诈骗罪非法占有目的的认定

以非法占有为目的是构成金融诈骗罪的必要要件。对非法占有目的的认定，应当对行为人的主观意图、行为特征和如何处置资金或财物进行综合考查。非法占有的形式除包括非法据为己有，还应包括将他人财产非法处置、滥用。

（二）关于集资诈骗罪的问题

1. 关于集资诈骗罪主观故意的产生

资金无法返还的原因是考察该罪主观故意的重要依据。集资诈骗罪的主观故意，可能产生于整个行为过程的各个阶段，不能把行为人集资前的主观意图作为考虑非法占有的唯一依据。

2. 集资诈骗罪犯罪数额的认定

集资诈骗罪的犯罪数额，应当是集资人实际交付给行为人的资金数额。对于已返还集资人的本金，不认定为犯罪数额。对于付给集资人的利息，属于行为人对诈骗所得的支配，仍应认定为犯罪数额。

对于在集资诈骗活动中支付的中介费、手续费、回扣，或者用于行贿、赠与等费用，均应计入集资诈骗罪的犯罪数额。

3. 集资诈骗罪与非法吸收公众存款罪的界限

集资诈骗罪与非法吸收公众存款罪的区别是对资金是否具有法占有的目的。在非法吸收公众存款的过程中，如果有部分资金的去向足以证明其行为具有非法占有的故意，则应将该部分资金认定为集资诈骗罪，另一部分认定为非法吸收公众存款罪，实行数罪并罚。

（三）关于信用卡诈骗罪的问题

1. 关于信用卡的范围

本罪所称信用卡，应当是指具有透支功能的信用卡，不包括具有透支功能的借记卡等其他银行卡。

2. 关于冒用他人的信用卡

行为人冒用他人信用卡，无论信用卡通过何种方式取得，均不影响信用卡诈骗行为的成立。

实践中，对于以犯罪手段取得他人信用卡并冒用的，应分别情况处理：

（1）盗窃、抢夺他人信用卡并冒用的，如果取得的是具有即时兑现条件的信用卡，尚未使用的，应按盗窃、抢夺等犯罪既遂处罚；已经使用的，构成信用卡诈骗罪；使用未得逞的，属于信用卡诈骗罪的未遂，仍应按盗窃、抢夺等既遂犯罪处罚。

以盗窃、抢夺等犯罪取得的不能即时兑现的信用卡，不构成该类犯罪；着手使用未得逞的，以信用卡诈骗罪的未遂处罚。

这里所说的即时兑现条件，是指在取得信用卡时同时取得了持卡人的有效证件、账户密码、持卡人印鉴等能够实现信用卡的财产权利的条件。

（2）抢劫信用卡并使用

行为人实施了抢劫行为，无论所取得的信用卡是否具有即时兑现条件，均构成抢劫既遂。抢劫信用卡后使用的，其行为又符合信用卡诈骗罪的特征，应与前罪相比较，从一重罪处罚。

（3）拾得他人信用卡而冒用

拾得他人遗失的具有即时兑现条件的信用卡并已实际使用的，以信用卡诈骗罪处罚；未得逞的，以信用卡诈骗罪未遂处罚。

对他人遗忘的信用卡，尚未使用的，不以犯罪追究，已实际使用的，构成信用卡诈骗罪，使用未得逞的，按未遂处罚。

3. 关于恶意透支

恶意透支是指持卡人以非法占有为目的，超过规定限额和规定期限透支并且收到发卡银行催收通知后仍故意不归还的行为。

持卡人透支后，发卡银行催收，一般以三个月内不归还作为认定构成犯罪的时间标准，在公安机关正式立案或采取强制措施之前归还透支款的，可以不按犯罪处理。检察机关起诉前归还透支款的，可以从轻或免除刑事处罚。在一审宣判前归还透支款的，可以从轻处罚。

持卡人与发卡银行工作人员共同预谋恶意透支，应认定信用卡诈骗罪的共犯。

持卡人透支数额，没有超出已付保证金数额的，不能认定持卡人构成信用卡诈骗罪。认定信用卡诈骗罪数额应当用透支数额减去保证金数额。

（四）关于贷款诈骗罪

审理贷款诈骗案件，要特别注意三方面内容，一是行为人取得贷款是否采取了欺骗的手段，二是是否具有非法占有目的，三是贷款到期后是否归还以及不能归还的原因。但是，在处理案件时，上述三方面内容是否同时具备才能定罪需具体分析，如行为人未采取诈骗手段，合法取得贷款，但得款后即携款潜逃的，仍应认定为贷款诈骗罪。

1. 行为人未经抵押权人同意，私自将贷款抵押物变卖或重复抵押，导致贷款不能归还的，符合贷款诈骗罪的犯罪特征，应依贷款诈骗罪定罪处罚。

2. 行为人在实施贷款诈骗犯罪过程中，其手段又触犯伪造、变造金融票证、印章、印鉴等罪名，或将贷款用于其他犯罪活动的，应从一重罪定罪处罚，不实行数罪并罚。

3. 银行工作人员帮助行为人实施贷款诈骗行为的，其主观上可能具有为单位收回原贷款的动机，但同时也具有帮助行为人骗得新贷款的故意，应以贷款诈骗罪的共犯处罚。

4. 以骗取他人提供担保的方式进行贷款，是当前贷款诈骗罪的一种新的表现形式。担保人在被骗的情况下提供的担保，应属无效，对于以这种无效担保取得贷款的行为，应当认定为诈骗金融机构贷款的一种手段，到期贷款不能归还的，对行为人应以贷款诈骗罪处罚。

5. 假冒他人名义进行贷款诈骗的，被假冒人在明知他人没有偿还能力的情况下，提供一定的帮助或采取默认态度的，符合贷款诈骗罪的共犯条件，以贷款诈骗的共犯定罪处罚。

6. 与贷款诈骗行为人事先预谋或明知他人实施贷款诈骗行为而为其提供虚假证明文件或提供虚假担保，贷款诈骗行为人构成犯罪的，对帮助人以贷款诈骗罪共犯论处。

7. 公安机关立案前行为人将所诈骗贷款本息全部归还的，可视数额按情节显著轻微或情节轻微处理。一审法院宣判前将贷款本息全部或部分归还的，可视犯罪情形从轻处罚。

8. 对于合法取得贷款后，没有按规定的用途使用贷款，到期没有归还贷款的，如果有证据证明行为人未按规定用途使用贷款属于非法占有的行为，仍应依贷款诈骗罪定罪处罚。

9. 因不具备贷款的条件而采取了欺骗手段获取贷款，案发时有能力履行还贷义务，或者案发时不能归还贷款是因为意志以外的原因，如果确有证据证明行为人不具有非法占有的目的，不以贷款诈骗罪定罪处罚。但是，如果行为人不按规定的用途使用贷款，导致不能归还贷款，仍应依贷款诈骗罪定罪处罚。

（五）关于行为人实施犯罪过程中既有合同诈骗的行为，又有票据诈骗、金融凭证诈骗行为的定罪

如果行为人出于骗取财产的目的，既利用签定合同又利用伪造、变造的票据、金融凭证实施诈骗，虽然其行为分别触犯了合同诈骗罪和票据诈骗罪、金融凭证诈骗罪，但属于刑法理论上的吸收犯，不定数罪，而应依据重行为吸收轻行为的原则以票据诈骗罪或金融凭证诈骗罪处罚。

（六）关于单位实施诈骗贷款行为的处罚

单位实施诈骗贷款的行为，由于其以签定贷款合同为诈骗手段，可以依合同诈骗罪定罪处罚。

四、关于伪造、变造金融票证罪与非法出具金融票证罪

金融机构工作人员利用对工作环境熟悉所形成的便利，以秘密手段窃取空白金融票证，偷盖公章提供给他人用以进行伪造、变造的，不是职务行为，所提供的空白金融凭证不具有法律效力，不符合非法出具金融票证罪的构成要件，对金融机构工作人员应以伪造、变造金融票证罪的共犯处罚。

金融机构工作人员伪造、变造金融票证罪后又利用该票证进行诈骗的，不实行数罪并罚，从一重罪处罚。

五、关于有关金融犯罪定罪量刑的数额标准

根据有关司法解释的规定，结合我市的具体情况，可参照以下标准掌握：

1. 非法吸收公众存款罪

具有下列情形之一的，可以按非法吸收公众存款罪定罪处罚：（1）个人非法吸收或者变相吸收公众存款20万元以上的，单位非法吸收或者变相吸收公众存款100万元以上的；（2）个人非法吸收或者变相吸收公众存款30户以上的，单位非法吸收或者变相吸收公众存款150户以上的；（3）个人非法吸收或者变相吸收公众存款给存款人造成损失10万元以上的，单位非法吸收或者变相吸收公众存款给存款人造成损失50万元以上的，或者造成其他严重后果的。个人非法吸收或者变相吸收公众存款100万元以上，单位非法吸收或者变相吸收公众存款500万元以上的，可以认定为"数额巨大"。

2. 违法向关系人发放贷款罪

银行或者其他金融机构工作人员违反法律、行政法规规定，向关系人发放信用贷款或者发放担保贷款的条件优于其他借款人同类贷款条件，造成20万元以上损失的，可以认定为"造成较大损失"；造成60万元以上损失的，可以认定为造成重大损失。

3. 违法发放贷款罪

银行或者其他金融机构工作人员违反法律、行政法规规定，向关系人以外的其他人发放贷款，造成60万元以上损失的，可以认定为"造成重大损失"；造成300万元以上损失的，可以认定为"造成特别重大损失"。

4. 用账外客户资金非法拆借、发放贷款罪

对于银行或者其他金融机构工作人员以牟利为目的，采取吸收客户资金不入账的方式，将资金用于

非法拆借、发放贷款，造成60万元以上损失的，可以认定为"造成重大损失"；造成300万元以上损失的，可以认定为"造成特别重大损失"。

对于单位实施违法发放贷款和用账外客户资金非法拆借、发放贷款造成损失构成犯罪的数额标准，可按个人实施上述犯罪的数额标准三倍掌握。

六、金融犯罪财产刑的判处

罚金的数额，应当根据被告人的犯罪情节，在法律规定的数额幅度内确定。根据犯罪情节，在对被告人判处主刑时，应从轻、减轻或者免除处罚的，罚金刑也应当从轻、减轻或者免除。

数罪被判处罚金刑的，按各罪所判的罚金刑的总和确定应当执行的数额。

罚金刑的缴纳，应当根据被告人的财产状况和缴纳能力，确定一次缴纳或分期缴纳的具体期限，但在判决主文中不作表述。逾期不缴纳的，强制缴纳。

对直接负责的主管人员和直接责任人员判处罚金的数额，应低于对单位判处罚金的数额。

七、处罚金融犯罪应注意的问题

（一）坚持严厉打击金融犯罪的方针

对于严重扰乱国家金融管理秩序，造成国家和公民重大财产损失的金融犯罪活动，要依照刑法的规定，进行严厉打击。在判处主刑的同时，要依法充分适用没收财产、罚金等财产刑，对犯罪分子予以经济制裁。

（二）要尽可能地减少金融犯罪造成的损失

在处理金融犯罪案件时，要特别注意减少财产损失。要对犯罪分子的违法所得予以追缴、责令退赔，切实减少财产损失。

（三）要贯彻惩治、宽大相结合的原则

对金融犯罪分子要充分贯彻惩治与宽大相结合的原则，鼓励退赔、自首、立功，并作为从轻、减轻处罚的情节予以考虑，促使犯罪分子积极退缴赃款赃物和违法所得，弥补国家和公民的财产损失。

八、金融犯罪法律适用的效力问题

1. 已经被废止执行的司法解释，对刑法修订实施后的犯罪行为，不具有适用效力。但是，如果犯罪行为发生在刑法修订实施前，根据刑法溯及力的规定，适用1979年刑法，且依照当时的司法解释处刑较轻，应当适用当时的司法解释。

2. 1979年刑法实施期间下发的，修订刑法实施后仍可参照执行的司法解释，如果与刑法修订后的规定没有抵触，应参照执行。

九、本纪要的适用问题

在执行本纪要时，要与最高法院《全国法院审理金融犯罪案件工作座谈会会议纪要》结合运用。对于与本纪要下发后国家颁布、下发的有关法律和司法解释相抵触的，适用法律和司法解释。

本纪要自下发之日起实施。

天津市高级人民法院　天津市人民检察院
天津市公安局　天津市司法局　天津市质量技术监督局
《关于打击盗用城市公共供水违法犯罪行为的若干规定》

（2002年11月5日）

为依法严厉打击盗用城市公共供水违法犯罪行为，维护用水市场秩序，保护国家、社会公共利益和城市自来水供水企业合法权益，根据《中华人民共和国刑法》、国务院《城市供水条例》、《天津市实施城市供水条例办法》及最高人民法院、最高人民检察院、公安部的有关规定，结合本市实际情况，现就有关问题作如下规定：

一、盗用城市公共供水是指以非法占有为目的，采用下列非法手段，盗取城市公共供水的行为：

1. 未经城市自来水供水企业批准，擅自在城市自来水供水管道及附属设施上打孔，私接管道盗水的；
2. 未经城市自来水供水企业批准，擅自启用市政消火栓和无表防险装置盗水的；
3. 绕越城市自来水供水企业用水计量装置盗水的；
4. 拆除、伪造或开启法定或者授权的计量检定机构封印的用水计量装置封印盗水的；
5. 改装、损坏供水计量装置使其少计量或不计量盗水的；
6. 对磁卡水表的磁卡非法充值后盗水的；
7. 用其他方式盗用城市公共供水的。

二、盗用城市公共供水量的认定

（一）盗用水量按下列方法确定：

1. 能确定单位时间内用水量的，所盗水量按其最大单位用水量和最小单位用水量的平均值乘以实际盗水的时间计算；

2. 不能确定单位时间用水量的，所盗水量按其在城市公共供水管道及设施上擅自接管的最大流量乘以实际使用时间计算；

3. 能够确定产品单位耗水量的，按同属性单位正常用水的单位产品耗水量和盗水单位的产品产量相乘，加上其他辅助用水后与抄见水量对比的差额计算；

4. 在总水表上盗水的，按分水表水量及总水表抄见水量的差额计算。

（二）盗水时间以有证据证明的时间确定。无法查明的，盗水日数至少以180天计算。每日盗水时间：用于经营的按6小时计算；用于生活的按1小时计算。

三、盗用城市公共供水违法犯罪金额的认定

盗用城市公共供水金额是指因盗水而非法占有的应交水费的金额。

（一）盗水金额按照认定的盗水量乘以案发时当地执行的水价计算；

（二）盗水后有转售的，转售价格高于法定水价的，盗水金额按转售的价格计算；转售价格低于法定水价的，按法定水价计算；

四、盗水数额较大构成犯罪的，按照《中华人民共和国刑法》第264条盗窃罪定罪处罚。定罪量刑的数额标准按照《最高人民法院关于审理盗窃案件具体应用法律若干问题的解释》和《天津市高级人民法院、天津市人民检察院、天津市公安局、天津市司法局关于印发刑事案件有关数额标准的意见（试行）的通知》（津高法发〔2000〕7号）的有关规定执行。

尚未构成犯罪的，由供水管理部门按照有关规定处理。违反《中华人民共和国治安管理处罚条例》的，由公安机关予以治安处罚；符合劳动教养条件的，依照规定实行劳动教养。

对于为单位实施的盗窃公共供水行为，按照最高人民检察院《关于单位有关人员组织实施盗窃行为如何适用法律问题的批复》（高检发释字〔2002〕5号）处理。

五、盗水行为及损害后果由天津市质量技术监督局授权的公用局水表计量检定站负责出具检验鉴定报告。

六、盗用城市公共供水构成盗窃罪，同时符合其他有关犯罪构成的，从一重罪处罚。

七、隐瞒真相，擅自改变用水性质造成城市自来水供水企业水费损失，符合《中华人民共和国刑法》第224条合同诈骗罪犯罪构成的，以合同诈骗罪定罪处罚。

八、教唆他人盗用城市公共供水，构成犯罪的，按照《中华人民共和国刑法》第29条的规定追究刑事责任。

九、城市自来水供水企业的职工内外勾结，为他人盗水提供条件或帮助的，以盗窃罪的共犯论处。

十、以暴力、威胁方法阻碍供水管理部门执法人员依法进行用水检查，构成犯罪的，依照《中华人民共和国刑法》的有关规定追究刑事责任。

尚未构成犯罪，违反《中华人民共和国治安管理处罚条例》的，由公安机关予以治安处罚；符合劳动教养条件的，依照规定实行劳动教养。

十一、本《规定》中所称"城市公共供水"是指城市自来水供水企业以公共供水管道及其附属设施向单位和居民提供生活、生产和其他各项建设用水。

十二、本《规定》自下发之日起执行。

天津市高级人民法院《关于审理聚众斗殴案件座谈会会议纪要》

（2002年12月7日）

为正确适用刑法，进一步规范聚众斗殴案件的审理，天津市高级人民法院于2002年10月30日召开全市法院刑庭庭长座谈会。会议就关于审理聚众斗殴案件有关问题进行了认真讨论并形成一致意见，现纪要如下：

一、"聚众斗殴"是指出于逞强争霸、报复泄愤等动机，双方各纠集3人以上进行殴斗，或单方纠集3人以上殴打他人的行为。

符合上述要件的双方或单方的首要分子和其他积极参加者，均可构成聚众斗殴罪；不符合上述要件，在殴斗中构成其他罪的以其他罪定罪处罚。

由于家庭、邻里纠纷等原因引起的殴斗，原则上不以聚众斗殴罪定罪处罚，构成其他罪的以其他罪定罪处罚。

二、刑法第二百九十二条第一款第（二）项所规定的"聚众斗殴人数多，规模大，社会影响恶劣的"可以理解为单方或双方纠集10人以上参与殴斗，严重扰乱社会秩序的。

刑法第二百九十二条第一款第（四）项所规定的"持械"是指在殴斗中使用足以致人伤亡的器物。共同犯罪的部分行为人使用足以致人伤亡的器物，构成聚众斗殴罪的，对该起犯罪一般认定为"持械"，但应分清主犯与从犯，按照其各自地位、作用大小分别处罚。

三、聚众斗殴，致人重伤、死亡的，对直接加害人以故意伤害罪、故意杀人罪定罪处罚。不能查清直接加害人但可分共同行为人的，对共同行为人以故意伤害罪、故意杀人罪定罪处罚，在量刑时应区分其各自地位、作用大小。既不能查清直接加害人，又不能分清共同行为人的，对加害方首要分子以故意杀人罪、故意伤害罪定罪处罚，便判处死刑立即执行要特别慎重。

聚众斗殴，既致人重伤又致人死亡的，应按重罪吸收轻罪的原则，以故意杀人罪定罪处罚。

四、聚众斗殴罪与寻衅滋事罪的界定

单方的聚众斗殴犯罪与"随意殴打他人，情节恶劣"的寻衅滋事犯罪在犯罪构成上相近，二者的主要区别在于：

寻衅滋事一般为临时起意，以显示威风、发泄不满情绪、寻求精神刺激为目的；多为肆意挑衅、无事生非，且殴打他人的强度相对较小，一般不具有使用器物等严重暴力行为；随意性强，没有相对明确和固定的犯罪对象。而聚众斗殴罪一般为事先纠集，以逞强争霸、报复泄愤为目的；多人参与殴斗，且殴打他的强度相对较大，多具有使用器物等严重暴力行为；针对性比较强，一般有相对明确和固定的犯罪对象。

五、关于附带民事诉讼

斗殴双方被以聚众斗殴罪提起公诉，并造成物质损失，被告人提出附带民事诉讼的，不予受理。经判决，无罪方可另行提起民事诉讼。

单方构成聚众斗殴罪，并造成被害方的物质损失，被害方提出附带民事诉讼的，应予受理。造成被害人死亡或重伤的，由故意杀人罪或故意伤害罪的罪犯按照其各自地位、作用大小承担主要赔偿责任，由聚众斗殴罪的罪犯承担次要赔偿责任，全案罪均负连带责任；造成被害人轻伤的，由聚众斗殴罪的罪犯按照其各自地位、作用大小承担赔偿责任并负连带责任。

天津市高级人民法院　天津市人民检察院
天津市公安局　天津市司法局　天津市质量技术监督局
《关于办理盗窃燃气违法犯罪案件适用法律问题的若干规定》（节录）

（2002年12月11日）

第一条　使用燃气单位和个人应当按照国家核准的气价和用气计量装置的记录，按时缴纳气费。严禁盗窃燃气。盗窃燃气构成犯罪的，按照《中华人民共和国刑法》第264条盗窃罪定罪处罚。定罪量刑的数额标准依照《最高人民法院关于审理盗窃案件具体应用法律若干问题的解释》和《天津市高级人民法院、天津市人民检察院、天津市公安局、天津市司法局关于印发〈刑事案件有关数额标准的意见（试行）〉的通知》（津高法发〔2000〕7号）的有关规定执行。

凡属于下列情形的，属自然人实施盗窃燃气行为：

（1）个人合伙、承包、租赁经营中盗窃燃气的；
（2）从事国家明令禁止从事的生产经营中盗窃燃气的；
（3）单位成立后主要以盗窃燃气从事生产经营活动的；
（4）盗窃燃气的违法所得归个人所有或私分的；
（5）不具有依法设立的法人或者其他组织资格的单位盗窃燃气的。

第二条　盗窃燃气是指以非法占有为目的，通过私接管道、改动用气计量装置等非法手段窃取燃气的行为。

具体包括下列几种行为：

（1）在供气企业或其他单位、个人的供气、用气设施上，擅自接管用气的；
（2）绕越法定用气计量装置用气的；
（3）拆除、伪造、开启法定的或者授权的计量检定机构加封的用气计量装置封印用气的；
（4）改装、损坏法定用气计量装置，使其少计量或不计量的；
（5）将预购气费卡钥匙非法充值后用气的；
（6）采用其他方式的。

第六条　以非法占有为目的，故意改变用气类别、性质或其他方式用气，符合《中华人民共和国刑法》第224条合同诈骗罪的犯罪构成的，以合同诈骗罪定罪处罚。

第七条　实施盗窃燃气犯罪同时又构成危害公共安全犯罪的，依照处罚较重的规定定罪处罚。

第八条　行为人采取破坏性手段盗窃正在使用中的中压、高压燃气管道中的燃气。构成破坏易燃易爆设备罪、盗窃罪等犯罪的，依照处罚较重的规定定罪处罚。

第十条 以暴力、威胁方法拒绝、阻碍国家机关工作人员依法执行燃气监督检查职务构成犯罪的，依照《中华人民共和国刑法》第 227 条的规定追究刑事责任。

第十二条 本《规定》中所规定的盗窃燃气等行为，尚未构成犯罪，违反《中华人民共和国治安管理处罚条例》的，由公安机关予以治安处罚；符合劳动教养条件的，依照规定实行劳动教养。

天津市高级人民法院　天津市人民检察院
天津市公安局　天津市司法局　天津市工商行政管理局
《关于办理组织、领导传销活动刑事案件适用法律若干问题的意见（试行）》

（2010 年 2 月 24 日）

为严厉打击组织、领导传销活动犯罪，维护社会主义市场经济秩序，保持社会稳定，根据《中华人民共和国刑法》（以下简称《刑法》）、《禁止传销条例》和相关司法解释的规定精神，结合我市实际，现就办理组织、领导传销活动刑事案件适用法律有关问题提出如下意见：

一、组织、领导以推销商品、提供服务等经营活动为名，要求参加者以交纳费用或者购买商品、服务等方式获得加入资格，并按照一定顺序组成层级，直接或者间接以发展人员的数量作为计酬或者返利依据，引诱、胁迫参加者继续发展他人参加，骗取财物，扰乱经济社会秩序的传销活动的，依照《中华人民共和国刑法修正案（七）》第四条，即《刑法》第二百二十四条之一的规定，以组织、领导传销活动罪定罪处罚。

二、"传销活动"是指具有下列情形之一的行为：

（一）为谋取非法利益，通过发展人员，引诱、胁迫被发展人员发展其他人员加入，对发展的人员以其直接或者间接滚动发展的人员数量为依据计算和给付报酬的；

（二）为谋取非法利益，通过发展人员，引诱、胁迫被发展人员交纳费用或者以认购商品等方式变相交纳费用，取得加入或者发展其他人员加入的资格的。

三、"组织"传销活动是指，以骗取财物为目的，幕后策划或者为首发起，纠集他人建立传销组织，进行传销活动；"领导"传销活动是指，在传销组织中居于领导地位，对传销活动进行策划、指挥、协调和管理。组织、领导传销活动罪为选择性罪名，行为人只要实施组织、领导行为之一，即构成本罪，应根据不同情况，分别以组织传销活动罪、领导传销活动罪或者组织、领导传销活动罪定罪处罚。

四、组织、领导传销活动罪的主体可以是自然人，也可以是单位。单位犯罪的，对单位判处罚金，对单位直接负责的主管人员和其他直接责任人员以本罪追究刑事责任。

对专门从事传销活动的公司、企业，不以单位犯罪论处，对其组织者和主要领导者以自然人犯罪定罪处罚。

五、以谋取非法利益为目的，在实施本意见第二条规定的传销活动中起到策划、指挥、协调、管理作用，具有下列情形之一的，应当追究刑事责任：

（一）属传销组织的策划者、发起者、创建者之一，且该组织进行了传销活动的；

（二）在传销组织中担任主要领导职务，且该组织进行了传销活动的；

（三）自然人直接或间接发展传销人员二十人以上或者单位直接或间接发展传销人员一百人以上的；

（四）自然人违法所得在人民币二万元以上或者单位违法所得在人民币十万元以上的；

（五）因进行传销活动被判刑或者受到二次以上行政处罚，又积极参加传销活动的；

（六）造成恶劣影响或者其他严重后果的。

六、"情节严重"是指，策划、指挥、协调、管理传销活动，具有下列情形之一的：

（一）自然人直接或间接发展传销人员一百人以上或者单位直接或间接发展传销人员五百人以上的；

（二）自然人违法所得在人民币十万元以上或者单位违法所得在人民币五十万元以上的；

（三）造成特别恶劣影响或者其他特别严重后果的。

七、在传销组织或者传销活动中负责财务、后勤、人员管理、联络协调、商品物流和推广的管理人员，以及从事讲课、培训的人员，直接或者间接发展的下线人数或者违法所得数额达到本意见规定的追究刑事责任标准的，是传销组织中的骨干分子，视为传销活动的组织者、领导者，应当追究刑事责任。

八、以组织、领导传销活动罪追究刑事责任的"组织、领导者"，应为在传销组织的层级结构中居于核心的地位，对传销组织的正常运转起关键作用的少数人员。对于一般参加传销活动的，或者单纯提供一般性服务的，如会计、居住管理人员、讲课者，如果并非传销组织骨干分子，均不宜认定为"组织、领导者"。

九、组织、领导传销活动犯罪中，犯罪分子获取的资金、财物和报酬属于犯罪所得；专门用于组织、领导传销活动的犯罪分子本人财物，属于犯罪工具，均应当依法没收。公安机关扣押后应当随案移送，由人民法院判决处理。传销活动涉及的其他财物，由工商行政管理部门依法处理。

十、对犯罪分子判处的罚金数额应为违法所得数额的一至五倍，没有违法所得或者违法所得数额无法查清的，依据其罪行严重程度和所判处的主刑，酌情判处。

十一、"违法所得数额"是指，行为人违法获利数额。难以查清行为人实际违法获利数额的，可以根据有证据证明的行为人在传销组织中的级别、层次、职务以及该组织内部的计酬办法计算出行为人的最低违法所得数额。

多次组织、领导传销活动未经处理的，违法所得数额累计计算。

十二、行为人发展的传销人员，包括其直接发展和间接发展的人员。间接发展的人员是指，其以下每一层级所发展人员的总和。

十三、工商行政管理部门查处传销行为，认为需要追究刑事责任的，应当将收集的证据、形成的法律文书以及其他材料，移送公安机关，由公安机关依照相关法律规定的程序转化为刑事诉讼证据，作为人民法院、人民检察院和公安机关进行刑事诉讼的依据。

十四、公安机关侦查组织、领导传销活动案件，应当根据不同个案的情况收集证据，力图在侦查阶段达到事实清楚、证据确实充分；同时应注重收集相关物证、书证和资金流向的证据；言词证据应当相互印证。

十五、本意见与法律、法规、立法解释、司法解释的精神不相一致的，适用法律、法规、立法解释、司法解释的相关规定。

十六、本意见自下发之日起施行。本意见实施后尚未处理的案件，依照本意见处理。

天津市高级人民法院　天津市人民检察院　天津市公安局　天津市司法局《办理聚众斗殴案件座谈会纪要》

（2011年9月27日）

聚众斗殴犯罪是司法实践中常见的犯罪类型，由于此类犯罪的主客观表现形式复杂，法律适用上存在较多分歧。2003年3月，我市法、检、公安机关联合制定的《关于对聚众斗殴、寻衅滋事案件适用法律问题的意见》。有力指导了侦查、起诉和审判工作。近年来，随着社会治安形势的变化和司法实践不断发展，聚众斗殴案件中又出现了许多新问题，亟待加以规范和明确。2010年8月30日，市高级人民法院组织召开座谈会，就办理聚众斗殴犯罪案件的主导思想和法律适用方面存在的若干具体问题进行了深入研讨，市人民检察院及第一、第二分院，市公安局、市司法局，第一、二中级人民法院，部分基层人民法院相关领导，审判人员，以及资深学者参加了座谈。会议就办理聚众斗殴案件的若干主要问题达成了共识。现纪要如下：

一、在处理聚众斗殴犯罪过程中正确执行宽严相济刑事政策

会议认为，聚众斗殴犯罪是严重扰乱社会秩序的犯罪，一般情况下，这种犯罪涉及人员多、社会波及面广、对公共秩序和人民群众安全感的威胁大，也容易引发严重后果。是黑恶势力滋生的"温床"和主要表现形式之一。同时，由于其首要分子和积极参与者均抱有藐视和挑衅社会秩序的主观心态，比其他普通刑事犯罪分子具有更深的主观恶性和人身危险性，因此，对此类犯罪要保持从严惩处，以维护治安秩序的稳定。

另外，要严格把握聚众斗殴犯罪的法律适用标准。严格区分聚众斗殴罪与非罪，此罪与彼罪的法律界限，防止将多人实施的普通伤害、杀人等行为认定为聚众斗殴罪，把本罪变为新的"口袋罪"，扩大打击范围；要严格把聚众斗殴罪的主体罪限，防止将不是首要分子和积极参加者的一般参加人作为犯罪分子处理，扩大追诉范围；要严格区分各行为人在聚众斗殴犯罪中的具体地位和作用，分别施以刑罚，做到罚当其罪；要准确认定和适用自首、立功等各种量刑情节，体现刑事政策。

二、聚众斗殴犯罪的认定

会议认为，聚众斗殴罪是从1979年刑法"流氓罪"有着一脉相承的特征。认定聚众斗殴罪要坚持主客观相一致的定罪原则，既要注重对外部行为特征的分析认定，更要注重对主观故意的考量，防止客观归罪。

（一）主观特征

聚众斗殴罪主观上往往出于寻仇、报复、泄愤等不良动机，目的是压制、震慑他人，维护、树立本方威信，逞强好胜、称霸一方，本质是藐视、挑衅社会公共秩序。

上述特征与多人实施的故意伤害、故意杀人行为，普通民间纠纷引发的一般斗殴行为具有本质区别，司法实践中应注意区分，对因普通民事纠纷引发、事出有因，目标明确，杀人或伤害故意明显，不具备前述主观特征的多人实施的故意伤害、故意杀人行为，应以故意伤害、故意杀人罪定罪处罚，防止将聚

众斗殴罪泛化为新的"口袋罪"。

（二）主体范围的界定

聚众斗殴犯罪的主体为"首要分子"和"积极参加者"。

"首要分子"是指在聚众斗殴犯罪中起组织、策划、指挥作用的人，对首要分子确定刑事责任时，要与犯罪集团首要分子相区别。不能简单地将聚众过程中发生的所有犯罪均归责于首要分子，对于未经其组织、策划、指挥的罪行，不承担刑事责任。

"其他积极参加者"是指首要分子以外，在聚众斗殴中行为积极，起重要作用或者直接致死、致伤他人者。

虽未直接实施斗殴行为，但在幕后进行组织、策划、指挥、或者聚众、斗殴准备过程中行为积极，起主要作用的，也应认定为"首要分子"或"其他积极参加者"。

对于受裹挟参与或仅参与了部分预备行为或者其他辅助行为，参与程度不深、所起作用不大、主动性不强、主观恶性小的一般参与者，不宜按聚众斗殴罪定罪处罚。

（三）客观方面

聚众斗殴罪在客观方面由"聚众"和"斗殴"两个相互关联的行为复合构成。

"聚众"是指以实施斗殴行为为目的，单方聚集三人以上的行为。聚众包括事先有预谋的纠集和斗殴现场临时纠集两种情况。"三人以上"既包括首要分子、积极参加者，也包括其他一般参加者。

聚众斗殴包括以下几种形式：

1. 双方均有斗殴故意，各自聚集三人以上，相互殴斗，均构成聚众斗殴罪；

2. 双方均有斗殴故意，斗殴时一方聚集三人以上，一方人数不足三人的，达到三人以上的一方构成聚众斗殴罪，不足三人的一方不按聚众斗殴罪定罪处罚，构成其他犯罪的，依法处理；

3. 一方有斗殴故意，并聚集三人以上，殴打对方一人或多人的，有斗殴故意的一方构成聚众斗殴罪。在单方聚众的情况下，要严格把握聚众斗殴罪的法律适用标准，特别注意从主、客观方面与多人实施的故意伤害、故意杀人行为相区别。

仅实施了聚众行为，没有进行斗殴的，可以根据行为的实际危害程度，结合犯罪的具体形态，决定是否按犯罪未遂、中止进行处罚。

三、聚众斗殴犯罪中主从犯的认定

聚众斗殴犯罪中的首要分子是当然的主犯，应对其组织、策划、指挥的全部犯罪负责。其他积极参加者，可以根据其实际发挥作用的大小，分别认定为主犯或从犯。

四、聚众斗殴犯罪加重情节的

（一）"多次聚众斗殴"是指聚众斗殴三次以上且未经处罚的，基于一个起因，经过一次纠集，针对同一对象实施的相对独立的聚众斗殴行为为一次。

（二）"聚众斗殴人数多规模大，社会影响恶劣"，指单方纠集10人以上参与殴斗，严重扰乱社会秩序的。

（三）"持械聚众斗殴"，是指使用足以致人伤亡的器械参与斗殴，既包括在斗殴过程中实际使用器械殴打对方，也包括通过展示器械对对方进行威胁、震慑；既包括经过事先预谋和准备后携带器械，也包括在斗殴现场临时寻找、使用器械。虽携带了器械但未实际使用也未向对方展示的，不宜认定为"持械聚众斗殴"。

一方持械斗殴的，仅对持械一方按"持械聚众斗殴"处罚。

斗殴一方有人"持械"，有人未"持械"的，应区分不同情况分别处理，预谋持械聚众斗殴或者在斗殴前明知本方人员中有人持械而默认的，对参与预谋和明知者均按"持械聚众斗殴"处罚。没有斗殴，其他人不明知的，仅对持械人按"持械聚众斗殴"处罚。

五、聚众斗殴转化犯罪的认定

在处理聚众斗殴致人重伤、死亡的案件中，应坚持主客观相一致的定罪原则，客观认定转化为何罪以及何人转化。

（一）在聚众斗殴犯罪中，无法明确认定行为人主观故意内容的，可以按照行为实际造成的危害后果定罪处罚。行为人有明确杀人故意的，即便仅造成重伤的后果，也应按故意杀人罪定罪处罚；相反，加害方没有杀人故意，对方死亡系过失造成的，应按故意伤害罪定罪。

（二）聚众斗殴致人重伤、死亡的，除斗殴一方对重伤或死亡有明确预谋或共同放任心态的以外，仅对直接实施加害行为的人按照故意伤害、故意杀人罪定罪处罚；无法查清直接加害人的，对共同加害人按照故意、故意杀人定罪处罚；无法查清共同加害人的，对加害一方的首要分子按照故意伤害、故意杀人罪定罪处罚，但在量刑时，应结合各行为人在共同犯罪中的作用的大小、参与程度、主观恶性程度等分别处理，对于后两种情形判处死刑的应特别慎重。

（三）没有参与斗殴行为的首要分子和其他积极参加者，应根据预谋内容，确定是否进行犯罪转化。

（四）在同一起聚众斗殴犯罪或者在一个概括故意下连续实施的聚众斗殴犯罪中，既有重伤又有死亡后果的，分别按照以上原则确定各具体行为人适用的罪名，其中对死亡和重伤后果均需承担责任的，可按一罪定罪处罚，不实行数罪并罚。行为人分别参与不同聚众斗殴犯罪，既有重伤又有死亡后果的，依法数罪并罚。

六、聚众斗殴案件中刑事附带民事诉讼的有关问题

单方聚众斗殴犯罪中的被害人、已死亡被害人的近亲属、无行为能力、限制行为能力被害人的法定代理人，就因犯罪行为遭受的物质损失提起附带民事诉讼的，应予受理。

参与聚众斗殴的行为人及其近亲属，法定代理人提起附带民事诉讼的，根据最高人民法院研究室《关于对参加聚众斗殴受重伤或者死亡的人及其亲属提出的民事赔偿请求能否予以支持问题的答复》（以下简称答复）的规定，"聚众斗殴的参加者，无论是否首要分子，均明知自己的行为有可能产生伤害他人以及自己被他人的行为伤害的后果，其仍然参加聚众斗殴的，应当自行承担相应的刑事和民事责任。"因此，对上述人员提起的附带民事诉讼应依法裁定驳回起诉。

同时，根据"答复"关于"参加聚众斗殴受重伤或者死亡的人或其家属提出的民事赔偿请求，依法应予以支持，并适用混合过错责任原则"的规定，对参加聚众斗殴受重伤或者死亡的人及其近亲属，法定代理人提起的附带民事诉讼，应依法受理。

七、其他

（一）本纪要自下发之日起执行。

（二）天津市高级人民法院、天津市人民检察院、天津市公安局《关于对聚众斗殴、寻衅滋事案件适用法律问题的意见》（津检会〔2003〕2号）的规定与本纪要不一致的，适用本纪要。

天津市高级人民法院《关于刑法分则部分条款犯罪数额和情节认定标准的意见》

（2011年12月26日）

为准确适用刑法，根据《中华人民共和国刑法》和最高人民法院、最高人民检察院有关司法解释，结合我市经济发展和社会治安状况，现对我市办理刑事案件中涉及的刑法分则部分条款的犯罪数额和情节认定标准提出以下意见：

一、破坏社会主义市场经济秩序罪

1. 非国家工作人员受贿罪

公司、企业或者其他单位的工作人员利用职务上的便利，索取他人财物或者非法收受他人财物，为他人谋取利益，或者公司、企业或者其他单位的工作人员在经济往来中，利用职务上的便利，违反国家规定，收受各种名义的回扣、手续费，归个人所有，数额在5000元以上不满10万元的，应当认定为刑法第一百六十三条第一款规定的"数额较大"；数额在10万元以上的，应当认定为刑法第一百六十三条第一款规定的"数额巨大"。

2. 对非国家工作人员行贿罪，对外国公职人员、国际公共组织官员行贿罪

为谋取不正当利益，给予公司、企业或者其他单位的工作人员以财物，或者为谋取不正当商业利益，给予外国公职人员或者国际公共组织官员以财物，个人行贿数额在1万元以上不满10万元，单位行贿数额在20万元以上不满100万元的，应当认定为刑法第一百六十四条第一款规定的"数额较大"；个人行贿数额在10万元以上，单位行贿数额在100万元以上的，应当认定为刑法第一百六十四条第一款规定的"数额巨大"。

3. 非法经营同类营业罪

国有公司、企业的董事、经理利用职务便利，自己经营或者为他人经营与其所任职公司、企业同类的营业，获取非法利益，数额在10万元以上不满50万元的，应当认定为刑法第一百六十五条规定的"数额巨大"；数额在50万元以上的，应当认定为刑法第一百六十五条规定的"数额特别巨大"。

4. 为亲友非法牟利罪

国有公司、企业、事业单位的工作人员，利用职务便利，为亲友非法牟利，具有下列情形之一的，应当认定为刑法第一百六十六条规定的"使国家利益遭受重大损失"：

（一）造成国家直接经济损失数额在10万元以上不满50万元的；

（二）使其亲友非法获利数额在20万元以上不满100万元的；

（三）造成有关单位破产、停业、停产六个月以上，或者被吊销许可证和营业执照、责令关闭、撤销、解散的；

（四）其他致使国家利益遭受重大损失的情形。

具有下列情形之一的，应当认定为刑法第一百六十六条规定的"致使国家利益遭受特别重大损失"：

（一）造成国家直接经济损失数额在50万元以上的；

（二）使其亲友非法获利数额在100万元以上的；

（三）其他致使国家利益遭受特别重大损失的情形。

5. 签订、履行合同失职被骗罪

国有公司、企业、事业单位直接负责的主管人员，在签订、履行合同过程中，因严重不负责任被诈骗，具有以下情形之一的，应当认定为刑法第一百六十七条规定的"致使国家利益遭受重大损失"：

（一）造成国家直接经济损失数额在50万元以上不满250万元的；

（二）造成有关单位破产，停业、停产六个月以上，或者被吊销许可证和营业执照、责令关闭、撤销、解散的；

（三）其他致使国家利益遭受重大损失的情形。

具有下列情形之一的，应当认定为刑法第一百六十七条规定的"致使国家利益遭受特别重大损失"：

（一）造成国家直接经济损失数额在250万元以上的；

（二）其他致使国家利益遭受特别重大损失的情形。

金融机构、从事对外贸易经营活动的公司、企业的工作人员严重不负责任，造成100万美元以上不满500万美元外汇被骗购或者逃汇1000万美元以上不满5000万美元的，应当认定为刑法第一百六十七条规定的"致使国家利益遭受重大损失"；造成500万美元以上外汇被骗购或者逃汇5000万美元以上的，应当认定为刑法第一百六十七条规定的"致使国家利益遭受特别重大损失"。

6. 国有公司、企业、事业单位人员失职罪

国有公司、企业、事业单位的工作人员，严重不负责任，具有下列情形之一的，应当认定为刑法第一百六十八条第一款规定的"致使国家利益遭受重大损失"：

（一）造成国家直接经济损失数额在50万元以上不满250万元的；

（二）造成有关单位破产，停业、停产一年以上，或者被吊销许可证和营业执照、责令关闭、撤销、解散的；

（三）其他致使国家利益遭受重大损失的情形。

具有下列情形之一的，应当认定为刑法第一百六十八条第一款规定的"致使国家利益遭受特别重大损失"：

（一）造成国家直接经济损失数额在250万元以上的；

（二）其他致使国家利益遭受特别重大损失的情形。

7. 国有公司、企业、事业单位人员滥用职权罪

国有公司、企业、事业单位的工作人员，滥用职权，具有下列情形之一的，应当认定为刑法第一百六十八条第一款规定的"致使国家利益遭受重大损失"：

（一）造成国家直接经济损失数额在30万元以上不满150万元的；

（二）造成有关单位破产，停业、停产六个月以上，或者被吊销许可证和营业执照、责令关闭、撤销、解散的；

（三）其他致使国家利益遭受重大损失的情形。

具有下列情形之一的，应当认定为刑法第一百六十八条第一款规定的"致使国家利益遭受特别重大损失"：

（一）造成国家直接经济损失数额在150万元以上的；

（二）其他致使国家利益遭受特别重大损失的情形。

8. 徇私舞弊低价折股、出售国有资产罪

国有公司、企业或者其上级主管部门直接负责的主管人员，徇私舞弊，将国有资产低价折股或者低价出售，具有下列情形之一的，应当认定为刑法第一百六十九条规定的"致使国家利益遭受重大损失"：

（一）造成国家直接经济损失数额在30万元以上不满150万元的；

（二）造成有关单位破产，停业、停产六个月以上，或者被吊销许可证和营业执照、责令关闭、撤销、解散的；

（三）其他致使国家利益遭受重大损失的情形。

具有下列情形之一的，应当认定为刑法第一百六十九条规定的"致使国家利益遭受特别重大损失"：

（一）造成国家直接经济损失数额在150万元以上的；

（二）其他致使国家利益遭受特别重大损失的情形。

9. 背信损害上市公司利益罪

上市公司的董事、监事、高级管理人员违背对公司的忠实义务，利用职务便利，操纵上市公司从事刑法第一百六十九条之一第一款第（一）项至第（六）项所列行为，或者上市公司的控股股东或者实际控制人，指使上市公司董事、监事、高级管理人员实施前述行为，具有下列情形之一的，应当认定为刑法第一百六十九条之一第一款规定的"致使上市公司利益遭受重大损失"：

（一）致使上市公司直接经济损失数额在150万元以上不满750万元的；

（二）致使公司发行的股票、公司债券或者国务院依法认定的其他证券被终止上市交易或者多次被暂停上市交易的；

（三）其他致使上市公司利益遭受重大损失的情形。

具有下列情形之一的，应当认定为刑法第一百六十九条之一第一款规定的"致使上市公司利益遭受特别重大损失"：

（一）致使上市公司直接经济损失数额在 750 万元以上的；

（二）其他致使上市公司利益遭受特别重大损失的情形。

10. 高利转贷罪

以转贷牟利为目的，套取金融机构信贷资金高利转贷他人，违法所得数额在 10 万元以上不满 50 万元的，或者虽未达到上述数额标准，但两年内因高利转贷受过行政处罚二次以上，又高利转贷的，应当认定为刑法第一百七十五条第一款规定的"数额较大"；违法所得数额在 50 万元以上的，应当认定为刑法第一百七十五条第一款规定的"数额巨大"。

11. 骗取贷款、票据承兑、金融票证罪

以欺骗手段取得银行或者其他金融机构贷款、票据承兑、信用证、保函等，给银行或者其他金融机构造成直接经济损失数额在 20 万元以上不满 100 万元的，应当认定为刑法第一百七十五条之一第一款规定的"给银行或者其他金融机构造成重大损失"；给银行或者其他金融机构造成直接经济损失数额在 100 万元以上的，应当认定为刑法第一百七十五条之一第一款规定的"给银行或者其他金融机构造成特别重大损失"。

具有下列情形之一的，应当认定为刑法第一百七十五条之一第一款规定的"其他严重情节"：

（一）以欺骗手段取得贷款、票据承兑、信用证、保函等，数额在 100 万元以上不满 500 万元的；

（二）虽未达到"给银行或者其他金融机构造成重大损失"或者前项规定的数额标准，但多次以欺骗手段取得贷款、票据承兑、信用证、保函等的；

（三）其他情节严重的情形。

具有下列情形之一的，应当认定为刑法第一百七十五条之一第一款规定的"其他特别严重情节"：

（一）以欺骗手段取得贷款、票据承兑、信用证、保函等，数额在 500 万元以上的；

（二）虽未达到"给银行或者其他金融机构造成特别重大损失"或者前项规定的数额标准，但多次以欺骗手段取得贷款、票据承兑、信用证、保函等的；

（三）其他情节特别严重的情形。

12. 伪造、变造金融票证罪

伪造、变造金融票证，具有下列情形之一的，应当依照刑法第一百七十七条第一款的规定，以伪造、变造金融票证罪追究刑事责任：

（一）伪造、变造汇票、本票、支票，或者伪造、变造委托收款凭证、汇款凭证、银行存单等其他银行结算凭证，或者伪造、变造信用证或者附随的单据、文件，总面额在 1 万元以上不满 5 万元或者数量在 10 张以上不满 50 张的；

（二）伪造信用卡 1 张以上不满 5 张，或者伪造空白信用卡 10 张以上不满 50 张的。

具有下列情形之一的，应当认定为刑法第一百七十七条第一款规定的"情节严重"：

（一）伪造、变造汇票、本票、支票，或者伪造、变造委托收款凭证、汇款凭证、银行存单等其他银行结算凭证，或者伪造、变造信用证或者附随的单据、文件，总面额在 5 万元以上不满 25 万元或者数量在 50 张以上不满 250 张的；

（二）伪造信用卡 5 张以上不满 25 张，或者伪造空白信用卡 50 张以上不满 250 张，或者伪造的信用卡内存款余额、透支额度单独或者合计数额在 20 万元以上不满 100 万元的；

（三）其他情节严重的情形。

具有下列情形之一的，应当认定为刑法第一百七十七条第一款规定的"情节特别严重"：

（一）伪造、变造汇票、本票、支票，或者伪造、变造委托收款凭证、汇款凭证、银行存单等其他银行结算凭证，或者伪造、变造信用证或者附随的单据、文件，总面额在 25 万元以上或者数量在 250 张以上的；

（二）伪造信用卡 25 张以上，或者伪造空白信用卡 250 张以上，或者伪造的信用卡内存款余额、透支额度单独或者合计数额在 100 万元以上的；

（三）其他情节特别严重的情形。

13. 伪造、变造国家有价证券罪

伪造、变造国库券或者国家发行的其他有价证券，总面额在 2000 元以上不满 5 万元的，应当认定为刑法第一百七十八条第一款规定的"数额较大"；总面额在 5 万元以上不满 50 万元的，应当认定为刑法第一百七十八条第一款规定的"数额巨大"；总面额在 50 万元以上的，应当认定为刑法第一百七十八条第一款规定的"数额特别巨大"。

14. 伪造、变造股票、公司、企业债券罪

伪造、变造股票或者公司、企业债券，总面额在5000元以上不满10万元的，应当认定为刑法第一百七十八条第二款规定的"数额较大"；总面额在10万元以上的，应当认定为刑法第一百七十八条第二款规定的"数额巨大"。

15. 内幕交易、泄露内幕信息罪

证券、期货交易内幕信息的知情人员或者非法获取证券、期货交易内幕信息的人员，在涉及证券的发行，证券、期货交易或者其他对证券、期货交易价格有重大影响的信息尚未公开前，买入或者卖出该证券，或者从事与该内幕信息有关的期货交易，或者泄露该信息，或者明示、暗示他人从事上述交易活动，具有下列情形之一的，应当认定为刑法第一百八十条第一款规定的"情节严重"：

（一）证券交易成交额累计在50万元以上不满250万元的；
（二）期货交易占用保证金数额累计在30万元以上不满150万元的；
（三）获利或者避免损失累计数额在15万元以上不满75万元的；
（四）多次进行内幕交易、泄露内幕信息的；
（五）其他情节严重的情形。

具有下列情形之一的，应当认定为刑法第一百八十条第一款规定的"情节特别严重"：

（一）证券交易成交额累计在250万元以上的；
（二）期货交易占用保证金累计数额在150万元以上的；
（三）获利或者避免损失累计数额在75万元以上的；
（四）其他情节特别严重的情形。

16. 诱骗投资者买卖证券、期货合约罪

证券交易所、期货交易所、证券公司、期货经纪公司的从业人员，证券业协会、期货业协会或者证券期货监督管理部门的工作人员，故意提供虚假信息或者伪造、变造、销毁交易记录，诱骗投资者买卖证券、期货合约，具有下列情形之一的，应当认定为刑法第一百八十一条第二款规定的"造成严重后果"：

（一）获利或者避免损失累计数额在5万元以上不满25万元的；
（二）造成投资者直接经济损失数额在5万元以上不满25万元的；
（三）致使交易价格和交易量异常波动的；
（四）造成其他严重后果的情形。

具有下列情形之一的，应当认定为刑法第一百八十一条第二款规定的"情节特别恶劣"：

（一）获利或者避免损失累计数额在25万元以上的；
（二）造成投资者直接经济损失数额在25万元以上的；
（三）其他情节特别恶劣的情形。

17. 背信运用受托财产罪、违法运用资金罪

商业银行、证券交易所、期货交易所、证券公司、期货经纪公司、保险公司或者其他金融机构，违背受托义务，擅自运用客户资金或者其他委托、信托的财产，或者社会保障基金管理机构、住房公积金管理机构等公众资金管理机构，以及保险公司、保险资产管理公司、证券投资基金管理公司，违反国家规定运用资金，具有下列情形之一的，应当认定为刑法第一百八十五条之一第一款规定的"情节严重"：

（一）擅自运用客户资金或者其他委托、信托的财产数额在30万元以上不满150万元的；
（二）违反国家规定运用资金，数额在30万元以上不满150万元的；
（三）虽未达到前两项规定的数额标准，但多次擅自运用客户资金或者其他委托、信托的财产，或者擅自运用多个客户资金或者其他委托、信托的财产，或者多次违反国家规定运用资金的；
（四）其他情节严重的情形。

具有下列情形之一的，应当认定为刑法第一百八十五条之一第一款规定的"情节特别严重"：

（一）擅自运用客户资金或者其他委托、信托的财产，数额在150万元以上的；
（二）违反国家规定运用资金，数额在150万元以上的；
（三）虽未达到前两项规定的数额标准，但多次擅自运用客户资金或者其他委托、信托的财产，或者擅自运用多个客户资金或者其他委托、信托的财产，或者多次违反国家规定运用资金的；
（四）其他情节特别严重的情形。

18. 违法发放贷款罪

银行或者其他金融机构的工作人员违反国家规定发放贷款，数额在100万元以上不满500万元的，应当认定为刑法第一百八十六条第一款规定的"数额巨大"；数额在500万元以上的，应当认定为刑法第一百八十六条第一款规定的"数额特别巨大"。

银行或者其他金融机构的工作人员违反国家规定发放贷款，造成直接经济损失数额在20万元以上不满100万元的，应当认定为刑法第一百八十六条第一款规定的"造成重大损失"；造成直接经济损失数额在100万元以上的，应当认定为刑法第一百八十六条第一款规定的"造成特别重大损失"。

19. 吸收客户资金不入账罪

银行或者其他金融机构的工作人员吸收客户资金不入账，数额在100万元以上不满500万元的，应当认定为刑法第一百八十七条第一款规定的"数额巨大"；数额在500万元以上的，应当认定为刑法第一百八十七条第一款规定的"数额特别巨大"。

银行或者其他金融机构的工作人员吸收客户资金不入账，造成直接经济损失数额在20万元以上不满100万元的，应当认定为刑法第一百八十七条第一款规定的"造成重大损失"；造成直接经济损失数额在100万元以上的，应当认定为刑法第一百八十七条第一款规定的"造成特别重大损失"。

20. 违规出具金融票证罪

银行或者其他金融机构的工作人员违反规定，为他人出具信用证或者其他保函、票据、存单、资信证明，具有下列情形之一的，应当认定为刑法第一百八十八条第一款规定的"情节严重"：

（一）违反规定为他人出具信用证或者其他保函、票据、存单、资信证明，数额在100万元以上不满500万元的；

（二）违反规定为他人出具信用证或者其他保函、票据、存单、资信证明，造成直接经济损失数额在20万元以上不满100万元的；

（三）多次违规出具信用证或者其他保函、票据、存单、资信证明的；

（四）接受贿赂违规出具信用证或者其他保函、票据、存单、资信证明的；

（五）其他情节严重的情形。

具有下列情形之一的，应当认定为刑法第一百八十八条第一款规定的"情节特别严重"：

（一）违反规定为他人出具信用证或者其他保函、票据、存单、资信证明，数额在500万元以上的；

（二）违反规定为他人出具信用证或者其他保函、票据、存单、资信证明，造成直接经济损失数额在100万元以上的；

（三）其他情节特别严重的情形。

21. 对违法票据承兑、付款、保证罪

银行或者其他金融机构的工作人员在票据业务中，对违反票据法规定的票据予以承兑、付款或者保证，造成直接经济损失数额在20万元以上不满100万元的，应当认定为刑法第一百八十九条第一款规定的"造成重大损失"；造成直接经济损失数额在100万元以上的，应当认定为刑法第一百八十九条第一款规定的"造成特别重大损失"。

22. 洗钱罪

明知是毒品犯罪、黑社会性质的组织犯罪、恐怖活动犯罪、走私犯罪、贪污贿赂犯罪、破坏金融管理秩序犯罪、金融诈骗犯罪的所得及其产生的收益，为掩饰、隐瞒其来源和性质，实施刑法第一百九十一条第一款第（一）项至第（五）项所列行为的，应当依照刑法第一百九十一条第一款的规定，以洗钱罪追究刑事责任。

具有下列情形之一的，应当认定为刑法第一百九十一条第一款规定的"情节严重"：

（一）洗钱数额在50万元以上的；

（二）多次实施洗钱活动的；

（三）个人以洗钱为业或者单位以洗钱为主要业务的；

（四）其他情节严重的情形。

23. 集资诈骗罪

以非法占有为目的，使用诈骗方法非法集资，个人诈骗数额在10万元以上不满30万元，单位诈骗数额在50万元以上不满150万元的，应当认定为刑法第一百九十二条规定的"数额较大"；个人诈骗数额在30万元以上不满100万元，单位诈骗数额在150万元以上不满500万元的，应当认定为刑法第一百九十二条规定的"数额巨大"；个人诈骗数额在100万元以上，单位诈骗数额在500万元以上的，应当认定为刑法第一百九十二条规定的"数额特别巨大"。

具有下列情节之一的，应当认定为刑法第一百九十二条规定的"其他严重情节"：

（一）集资诈骗30人以上不满150人的；

（二）造成严重后果或恶劣影响的；

（三）其他情节严重的情形。

具有下列情节之一的，应当认定为刑法第一百九十二条规定的"其他特别严重情节"：

（一）集资诈骗150人以上的；

（二）造成特别严重后果或特别恶劣影响的；

（三）其他情节特别严重的情形。

24. 贷款诈骗罪

以非法占有为目的，诈骗银行或者其他金融机构的贷款，数额在2万元以上不满10万元的，应当认定为刑法第一百九十三条规定的"数额较大"；数额在10万元以上不满50万元的，应当认定为刑法第一百九十三条规定的"数额巨大"；数额在50万元以上的，应当认定为刑法第一百九十三条规定的"数额特别巨大"。

25. 票据诈骗罪、金融凭证诈骗罪

进行金融票据、金融凭证诈骗活动，个人诈骗数额在1万元以上不满10万元、单位诈骗数额在10万元以上不满50万元的，应当认定为刑法第一百九十四条第一款规定的"数额较大"；个人诈骗数额在10万元以上不满50万元、单位诈骗数额在50万元以上不满250万元的，应当认定为刑法第一百九十四条第一款规定的"数额巨大"；个人诈骗数额在50万元以上、单位诈骗数额在250万元以上的，应当认定为刑法第一百九十四条第一款规定的"数额特别巨大"。

26. 信用证诈骗罪

进行信用证诈骗活动，具有下列情形之一的，应当依照刑法第一百九十五条的规定，以信用证诈骗罪追究刑事责任：

（一）使用伪造、变造的信用证或者附随的单据、文件的；
（二）使用作废的信用证的；
（三）骗取信用证的；
（四）以其他方法进行信用证诈骗活动的。

进行信用证诈骗活动，个人诈骗数额在10万元以上不满50万元、单位诈骗数额在50万元以上不满250万元的，应当认定为刑法第一百九十五条规定的"数额巨大"；个人诈骗数额在50万元以上、单位诈骗数额在250万元以上的，应当认定为刑法第一百九十五条规定的"数额特别巨大"。

27. 有价证券诈骗罪

使用伪造、变造的国库券或者国家发行的其他有价证券，进行诈骗活动，数额在1万元以上不满10万元的，应当认定为刑法第一百九十七条规定的"数额较大"；数额在10万元以上不满50万元的，应当认定为刑法第一百九十七条规定的"数额巨大"；数额在50万元以上的，应当认定为刑法第一百九十七条规定的"数额特别巨大"。

28. 保险诈骗罪

进行保险诈骗活动，个人诈骗数额在1万元以上不满5万元、单位诈骗数额在5万元以上不满25万元的，应当认定为刑法第一百九十八条第一款规定的"数额较大"；个人诈骗数额在5万元以上不满50万元、单位诈骗数额在25万元以上不满100万元的，应当认定为刑法第一百九十八第一款规定的"数额巨大"；个人诈骗数额在50万元以上、单位诈骗数额在100万元以上的，应当认定为刑法第一百九十八条规定的"数额特别巨大"。

29. 集资诈骗罪刑罚特别规定

犯刑法第一百九十二条规定之罪，数额特别巨大，并且给国家和人民利益造成直接经济损失数额在500万元以上的，处无期徒刑或者死刑，并处没收财产。

30. 逃税罪

纳税人采取欺骗、隐瞒手段进行虚假纳税申报或者不申报，逃避缴纳税款，或者扣缴义务人采取上述手段，不缴或者少缴已扣、已收税款，数额在5万元以上不满25万元的，应当认定为刑法第二百零一条第一款规定的"数额较大"；数额在25万元以上的，应当认定为刑法第二百零一条第一款规定的"数额巨大"。

31. 合同诈骗罪

以非法占有为目的，在签订、履行合同过程中，实施刑法第二百二十四条第（一）项至第（五）项所列行为，骗取对方当事人财物，数额在2万元以上不满20万元的，应当认定为刑法第二百二十四条规定的"数额较大"；数额在20万以上不满100万元的，应当认定为刑法第二百二十四条规定的"数额巨大"；数额在100万元以上的，应当认定为刑法第二百二十四条规定的"数额特别巨大"。

32. 组织、领导传销活动罪

组织、领导传销活动，组织、领导的传销活动人员在30人以上且层级在3级以上的，应当依照刑法第二百二十四条之一的规定，以组织、领导传销活动罪追究刑事责任。

具有下列情形之一的，应当认定为刑法第二百二十四条之一规定的"情节严重"：

（一）组织、领导的传销活动人员在100人以上且层级在3级以上的；
（二）违法所得数额在10万元以上的；
（三）造成严重后果或者恶劣影响的；

（四）其他情节严重的情形。
33. 非法经营罪
违反国家规定，实施非法经营行为，扰乱市场秩序，具有下列情形之一的，应当认定为刑法第二百二十五条规定的"情节严重"：
（一）违反国家有关盐业管理规定，非法生产、储运、销售食盐，扰乱市场秩序，具有下列情形之一的：
1. 非法经营食盐数量在 20 吨以上不满 100 吨的；
2. 曾因非法经营食盐行为受过 2 次以上行政处罚，又非法经营食盐且数量在 10 吨以上不满 50 吨的；
（二）违反国家烟草专卖管理法律法规，未经烟草专卖行政主管部门许可，无烟草专卖生产企业许可证、烟草专卖批发企业许可证、特种烟草专卖经营企业许可证、烟草专卖零售许可证等许可证明，非法经营烟草专卖品，具有下列情形之一的：
1. 非法经营数额在 5 万元以上不满 25 万元，或者违法所得数额在 2 万元以上不满 10 万元的；
2. 非法经营卷烟 20 万支以上不满 100 万支的；
3. 曾因非法经营烟草专卖品 3 年内受过 2 次以上行政处罚，又非法经营烟草专卖品且数额在 3 万元以上的；
（三）未经国家有关主管部门批准，非法经营证券、期货、保险业务，或者非法从事资金支付结算业务，具有下列情形之一的：
1. 非法经营证券、期货、保险业务，数额在 30 万元以上不满 150 万元的；
2. 非法从事资金支付结算业务，数额在 200 万元以上不满 1000 万元的；
3. 违反国家规定，使用销售点终端机具（POS 机）等方法，以虚构交易、虚开价格、现金退货等方式向信用卡持卡人直接支付现金，数额在 100 万元以上不满 500 万元的，或者造成金融机构资金 20 万元以上不满 100 万元逾期未还的，或者造成金融机构经济损失数额在 10 万元以上不满 50 万元的；
4. 违法所得数额在 5 万元以上不满 25 万元的；
（四）非法经营外汇，具有下列情形之一的：
1. 在外汇指定银行和中国外汇交易中心及其分中心以外买卖外汇，数额在 20 万美元以上不满 100 万美元的，或者违法所得数额在 5 万元以上不满 25 万元的；
2. 公司、企业或者其他单位违反有关外贸代理业务的规定，采用非法手段，或者明知是伪造、变造的凭证、商业单据，为他人向外汇指定银行骗购外汇，数额在 500 万美元以上不满 2500 万美元或者违法所得数额在 50 万元以上不满 250 万元的；
3. 居间介绍骗购外汇，数额在 100 万美元以上不满 500 万美元或者违法所得数额在 10 万元以上不满 50 万元的；
（五）违反国家规定，出版、印刷、复制、发行严重危害社会秩序和扰乱市场秩序的非法出版物，具有下列情形之一的：
1. 个人非法经营数额在 5 万元以上不满 25 万元的，单位非法经营数额在 15 万元以上不满 75 万元的；
2. 个人违法所得数额在 2 万元以上不满 10 万元的，单位违法所得数额在 5 万元以上不满 25 万元的；
3. 个人非法经营报纸 5000 份以上不满 15000 份或者期刊 5000 本以上不满 15000 本或者图书 2000 册以上不满 5000 册或者音像制品、电子出版物 500 张（盒）以上不满 1500 张（盒）的，单位非法经营报纸 15000 份以上不满 5 万份或者期刊 15000 本以上不满 5 万本或者图书 5000 册以上不满 15000 册或者音像制品、电子出版物 1500 张（盒）以上不满 5000 张（盒）的；
4. 虽未达到上述数额标准，但具有下列情形之一的：
（1）两年内因出版、印刷、复制、发行非法出版物受过行政处罚 2 次以上的，又出版、印刷、复制、发行非法出版物的；
（2）因出版、印刷、复制、发行非法出版物造成恶劣社会影响或者其他严重后果的。
（六）非法从事出版物的出版、印刷、复制、发行业务，严重扰乱市场秩序，具有下列情形之一的：
1. 个人非法经营数额在 15 万元以上不满 75 万元的，单位非法经营数额在 50 万元以上不满 250 万元的；
2. 个人违法所得数额在 5 万元以上不满 25 万元的，单位违法所得数额在 15 万元以上不满 75 万元的；
3. 个人非法经营报纸 15000 份以上不满 5 万份或者期刊 15000 本以上不满 5 万本或者图书 5000 册以上不满 15000 册或者音像制品、电子出版物 1500 张（盒）以上不满 5000 张（盒）的，单位非法经营报纸 5 万份以上不满 15 万份或者期刊 5 万本以上不满 15 万本或者图书 15000 册以上不满 5 万册或者音像制品、电子出版物 5000 张（盒）以上不满 15000 张（盒）的；

4. 虽未达到上述数额标准，但具有下列情形之一的：
（1）两年内因非法从事出版物的出版、印刷、复制、发行业务受过行政处罚2次以上，又非法从事出版物的出版、印刷、复制、发行业务的；
（2）因非法从事出版物的出版、印刷、复制、发行业务造成恶劣社会影响或者其他严重后果的。
（七）采取租用国际专线、私设转接设备或者其他方法，擅自经营国际电信业务或者涉港澳台电信业务进行营利活动，扰乱电信市场管理秩序，具有下列情形之一的：
1. 经营去话业务数额在100万元以上不满500万元的；
2. 经营来话业务造成电信资费损失数额在100万元以上不满500万元的；
3. 虽未达到上述数额标准，但具有下列情形之一的：
（1）两年内因非法经营国际电信业务或者涉港澳台电信业务行为受过行政处罚2次以上，又非法经营国际电信业务或者涉港澳台电信业务的；
（2）因非法经营国际电信业务或者涉港澳台电信业务行为造成其他严重后果的。
（八）从事其他非法经营活动，具有下列情形之一的：
1. 个人非法经营数额在5万元以上不满25万元，或者违法所得数额在1万元以上不满5万元的；
2. 单位非法经营数额在50万元以上不满250万元，或者违法所得数额在10万元以上不满50万元的；
3. 虽未达到上述数额标准，但在两年内因同种非法经营行为受过2次以上行政处罚，又进行同种非法经营行为的；
4. 其他情节严重的情形。
具有下列情形之一的，应当认定为刑法第二百二十五条规定的"情节特别严重"：
（一）违反国家有关盐业管理规定，非法生产、储运、销售食盐，扰乱市场秩序，具有下列情形之一的：
1. 非法经营食盐数量在100吨以上的；
2. 曾因非法经营食盐行为受过2次以上行政处罚，又非法经营食盐且数量在50吨以上的。
（二）违反国家烟草专卖管理法律法规，未经烟草专卖行政主管部门许可，无烟草专卖生产企业许可证、烟草专卖批发企业许可证、特种烟草专卖经营企业许可证、烟草专卖零售许可证等许可证明，非法经营烟草专卖品，具有下列情形之一的：
1. 非法经营数额在25万元以上的，或者违法所得数额在10万元以上的；
2. 非法经营卷烟100万支以上的。
（三）未经国家有关主管部门批准，非法经营证券、期货、保险业务，或者非法从事资金支付结算业务，具有下列情形之一的：
1. 非法经营证券、期货、保险业务，数额在150万元以上的；
2. 非法从事资金支付结算业务，数额在1000万元以上的；
3. 违反国家规定，使用销售点终端机具（POS机）等方法，以虚构交易、虚开价格、现金退货等方式向信用卡持卡人直接支付现金，数额在500万元以上的，或者造成金融机构资金100万元以上逾期未还的，或者造成金融机构经济损失数额在50万元以上的；
4. 违法所得数额在25万元以上的。
（四）非法经营外汇，具有下列情形之一的：
1. 在外汇指定银行和中国外汇交易中心及其分中心以外买卖外汇，数额在100万美元以上的，或者违法所得数额在25万元以上的；
2. 公司、企业或者其他单位违反有关外贸代理业务的规定，采用非法手段，或者明知是伪造、变造的凭证、商业单据，为他人向外汇指定银行骗购外汇，数额在2500万美元以上或者违法所得数额在250万元以上的；
3. 居间介绍骗购外汇，数额在500万美元以上或者违法所得数额在50万元以上的。
（五）违反国家规定，出版、印刷、复制、发行严重危害社会秩序和扰乱市场秩序的非法出版物，具有下列情形之一的：
1. 个人非法经营数额在25万元以上的，单位非法经营数额在75万元以上的；
2. 个人违法所得数额在10万元以上的，单位违法所得数额在25万元以上的；
3. 个人非法经营报纸15000份以上或者期刊15000本以上或者图书5000册以上或者音像制品、电子出版物1500张（盒）以上的，单位非法经营报纸5万份以上或者期刊5万本以上或者图书15000册以上或者音像制品、电子出版物5000张（盒）以上的；
4. 虽未达到上述数额标准，但具有下列情形之一的：
（1）两年内因出版、印刷、复制、发行非法出版物受过行政处罚二次以上，又出版、印刷、复制、发行非法出版物的；
(2) 因出版、印刷、复制、发行非法出版物造成恶劣社会影响或者其他严重后果的。
(六) 非法从事出版物的出版、印刷、复制、发行业务，严重扰乱市场秩序，具有下列情形之一的：
1. 个人非法经营数额在 75 万元以上的，单位非法经营数额在 250 万元以上的；
2. 个人违法所得数额在 25 万元以上的，单位违法所得数额在 75 万元以上的；
3. 个人非法经营报纸 5 万份以上或者期刊 5 万本以上或者图书 15000 册以上或者音像制品、电子出版物 5000 张（盒）以上的，单位非法经营报纸 15 万份以上或者期刊 15 万本以上或者图书 5 万册以上或者音像制品、电子出版物 15000 张（盒）以上的；
4. 虽未达到上述数额标准，但具有下列情形之一的：
(1) 两年内因非法从事出版物的出版、印刷、复制、发行业务受过行政处罚 2 次以上，又非法从事出版物的出版、印刷、复制、发行业务的；
(2) 因非法从事出版物的出版、印刷、复制、发行业务造成恶劣社会影响或者其他严重后果的。
(七) 采取租用国际专线、私设转接设备或者其他方法，擅自经营国际电信业务或者涉港澳台电信业务进行营利活动，扰乱电信市场管理秩序，具有下列情形之一的：
1. 经营去话业务数额在 500 万元以上的；
2. 经营来话业务造成电信资费损失数额在 500 万元以上的；
3. 虽未达到上述数额标准，但具有下列情形之一的：
(1) 两年内因非法经营国际电信业务或者涉港澳台电信业务行为受过行政处罚二次以上，又非法经营国际电信业务或者涉港澳台电信业务的；
(2) 因非法经营国际电信业务或者涉港澳台电信业务行为造成其他严重后果的。
(八) 从事其他非法经营活动，具有下列情形之一的：
1. 个人非法经营数额在 25 万元以上，或者违法所得数额在 5 万元以上的；
2. 单位非法经营数额在 250 万元以上，或者违法所得数额在 50 万元以上的；
3. 虽未达到上述数额标准，但两年内因同种非法经营行为受过 2 次以上行政处罚，又进行同种非法经营行为的；
4. 其他情节特别严重的情形。
二、侵犯财产罪
34. 抢劫罪
以暴力、胁迫或者其他方法抢劫公私财物，数额在 2 万元以上的，应当认定为刑法第二百六十三条第（四）项规定的"数额巨大"。
35. 盗窃罪
盗窃公私财物，具有下列情形之一的，应当认定为刑法第二百六十四条规定的"数额较大"：
（一）盗窃数额在 2000 元以上不满 2 万元的；
（二）盗窃增值税专用发票或者可以用于骗取出口退税、抵扣税款的其他发票，数量在 25 份以上不满 250 份的。
具有下列情形之一的，应当认定为刑法第二百六十四条规定的"数额巨大"：
（一）盗窃数额在 2 万元以上不满 10 万元的；
（二）盗窃增值税专用发票或者可以用于骗取出口退税、抵扣税款的其他发票，数量在 250 份以上不满 2500 份的。
具有下列情形之一的，应当认定为刑法第二百六十四条规定的"数额特别巨大"：
（一）盗窃数额在 10 万元以上的；
（二）盗窃增值税专用发票或者可以用于骗取出口退税、抵扣税款的其他发票，数量在 2500 份以上的。
具有下列情形之一的，应当认定为刑法第二百六十四条规定的"其他严重情节"：
（一）入户盗窃、携带凶器盗窃、扒窃公私财物价值在 1 万元以上不满 5 万元的；
（二）多次实施入户盗窃、携带凶器盗窃或者扒窃行为的；
（三）盗窃数额虽未达到"数额巨大"标准，但具有下列情形之一的：
1. 多次盗窃的；
2. 犯罪集团的首要分子；
3. 盗窃金融机构的；
4. 盗窃珍贵文物的；
5. 流窜作案危害严重的；
6. 造成被害人死亡、精神失常或者其他严重后果的；

7. 盗窃救灾、抢险、防汛、优抚、扶贫、移民、救济、医疗款物，造成严重后果的；
8. 盗窃生产资料，严重影响生产的；
9. 造成其他重大损失的。
（四）具有其他严重情节的情形。
具有下列情形之一的，应当认定为刑法第二百六十四条规定的"其他特别严重情节"：
（一）入户盗窃、携带凶器盗窃、扒窃公私财物价值在5万元以上的，或者虽未达到上述数额标准，多次实施入户盗窃、携带凶器盗窃或者扒窃行为的；
（二）盗窃数额虽未达到"数额特别巨大"标准，但具有下列情形之一的：
1. 多次盗窃的；
2. 犯罪集团的首要分子；
3. 盗窃金融机构的；
4. 盗窃珍贵文物的；
5. 流窜作案危害严重的；
6. 造成被害人死亡、精神失常或者其他严重后果的；
7. 盗窃救灾、抢险、防汛、优抚、扶贫、移民、救济、医疗款物，造成严重后果的；
8. 盗窃生产资料，严重影响生产的；
9. 造成其他重大损失的。
（三）具有其他特别严重情节的情形。
36. 诈骗罪
诈骗公私财物，数额在5000元以上不满5万元的，应当认定为刑法第二百六十六条规定的"数额较大"；数额在5万元以上不满50万元的，应当认定为刑法第二百六十六条规定的"数额巨大"；数额在50万元以上的，应当认定为刑法第二百六十六条规定的"数额特别巨大"。
诈骗公私财物，虽未达到"数额巨大"标准，但具有下列情形之一的，应当认定为刑法第二百六十六条规定的"其他严重情节"：
（一）通过发送短信、拨打电话或者利用互联网、广播电视、报刊杂志等发布虚假信息，对不特定多数人实施诈骗的；
（二）诈骗救灾、抢险、防汛、优抚、扶贫、移民、救济、医疗款物的；
（三）以赈灾募捐名义实施诈骗的；
（四）诈骗残疾人、老年人或者丧失劳动能力人的财物的；
（五）造成被害人自杀、精神失常或者其他严重后果的。
诈骗公私财物，虽未达到"数额特别巨大"标准，但具有下列情形之一的，应当认定为刑法第二百六十六条规定的"其他特别严重情节"：
（一）通过发送短信、拨打电话或者利用互联网、广播电视、报刊杂志等发布虚假信息，对不特定多数人实施诈骗的；
（二）诈骗救灾、抢险、防汛、优抚、扶贫、移民、救济、医疗款物的；
（三）以赈灾募捐名义实施诈骗的；
（四）诈骗残疾人、老年人或者丧失劳动能力人的财物的；
（五）造成被害人自杀、精神失常或者其他严重后果的。
诈骗未遂，以数额巨大的财物为诈骗目标的，或者具有其他严重情节的，应当定罪处罚。
利用发送短信、拨打电话、互联网等电信技术手段对不特定多数人实施诈骗，诈骗数额难以查证，但具有下列情形之一的，应当认定为刑法第二百六十六条规定的"其他严重情节"，以诈骗罪（未遂）定罪处罚：
（一）发送诈骗信息5000条以上不满5万条的；
（二）拨打诈骗电话500人次以上不满5000人次的；
（三）诈骗手段恶劣、危害严重的。
利用发送短信、拨打电话、互联网等电信技术手段对不特定多数人实施诈骗，诈骗数额难以查证，但具有下列情形之一的，应当认定为刑法第二百六十六条规定的"其他特别严重情节"，以诈骗罪（未遂）定罪处罚：
（一）发送诈骗信息5万条以上的；
（二）拨打诈骗电话5000人次以上的；
（三）诈骗手段特别恶劣、危害特别严重的。
37. 抢夺罪
抢夺公私财物，数额在1000元以上不满1万元的，应当认定为刑法第二百六十七条第一款规定的

"数额较大";数额在1万元以上不满6万元的,应当认定为刑法第二百六十七条第一款规定的"数额巨大";数额在6万元以上的,应当认定为刑法第二百六十七条第一款规定的"数额特别巨大"。

抢夺公私财物,虽未达到"数额巨大"标准,但具有下列情形之一的,应当认定为刑法第二百六十七条第一款规定的"其他严重情节":

（一）抢夺残疾人、老年人、不满十四周岁未成年人的财物的；
（二）抢夺救灾、抢险、防汛、优抚、扶贫、移民、救济等款物的；
（三）一年内抢夺三次以上的；
（四）利用行驶的机动车辆抢夺的；
（五）具有其他严重情节的情形。

抢夺公私财物,虽未达到"数额特别巨大"标准,但具有下列情形之一的,应当认定为刑法第二百六十七条第一款规定的"其他特别严重情节":

（一）抢夺残疾人、老年人、不满十四周岁未成年人的财物的；
（二）抢夺救灾、抢险、防汛、优抚、扶贫、移民、救济等款物的；
（三）一年内抢夺三次以上的；
（四）利用行驶的机动车辆抢夺的；
（五）具有其他特别严重情节的情形。

38. 聚众哄抢罪

聚众哄抢公私财物,数额在1万元以上不满5万元的,应当认定为刑法第二百六十八条规定的"数额较大";数额在5万元以上的,应当认定为刑法第二百六十八条规定的"数额巨大"。

具有下列情形之一的,应当认定为刑法第二百六十八条规定的"其他严重情节":

（一）个人抢得财物价值在1000元以上不满1万元的；
（二）多次聚众哄抢公私财物的；
（三）聚众哄抢救灾、抢险、防汛、优抚、扶贫、移民、救济以及重大生产建设等款物的；
（四）具有其他严重情节的情形。

具有下列情形之一的,应当认定为刑法第二百六十八条规定的"其他特别严重情节":

（一）个人抢得财物价值1万元以上的；
（二）聚众哄抢重要军事物资的；
（三）聚众哄抢救灾、抢险、防汛、优抚、扶贫、移民、救济以及重大生产建设等款物,后果严重的；
（四）聚众哄抢导致被害人精神失常、死亡的；
（五）具有其他特别严重情节的情形。

39. 侵占罪

将代为保管的他人财物非法占为己有,或者将他人的遗忘物或者埋藏物非法占为己有,数额在1万元以上不满10万元的,应当认定为刑法第二百七十条第一款规定的"数额较大";数额在10万元以上的,应当认定为刑法第二百七十条第一款规定的"数额巨大"。

40. 职务侵占罪

公司、企业或者其他单位的人员,利用职务上的便利,将本单位财物非法占为己有,数额在5000元以上不满10万元的,应当认定为刑法第二百七十一条第一款规定的"数额较大";数额在10万元以上的,应当认定为刑法第二百七十一条第一款规定的"数额巨大"。

41. 挪用资金罪

公司、企业或者其他单位的工作人员,利用职务上的便利,挪用本单位资金归个人使用或者借贷给他人,进行非法活动,数额在1万元以上的,应当依照刑法第二百七十二条的规定,以挪用资金罪追究刑事责任。挪用资金数额在2万元以上不满20万元的,应当认定为刑法第二百七十二条规定的"数额较大"。

挪用资金数额在20万元以上、超过三个月未还的,或者虽未超过三个月,但数额在20万元以上、进行营利活动或者非法活动的,应当认定为刑法第二百七十二条规定的"数额巨大"。

42. 挪用特定款物罪

挪用用于救灾、抢险、防汛、优抚、扶贫、移民、救济款物,具有下列情形之一的,应当认定为刑法第二百七十三条规定的"致使国家和人民群众利益遭受重大损害":

（一）挪用特定款物数额或者价值在5000元以上不满5万元的；
（二）造成国家和人民群众直接经济损失数额在5万元以上不满50万元的；
（三）虽未达到前两项规定的标准,但多次挪用特定款物的,或者造成人民群众的生产、生活严重困难的；
（四）严重损害国家声誉,或者造成恶劣社会影响的；
（五）其他致使国家和人民群众利益遭受重大损害的情形。

具有下列情形之一的，应当认定为刑法第二百七十三条规定的"情节特别严重"：
（一）挪用特定款物数额或者价值在5万元以上的；
（二）造成国家和人民群众直接经济损失数额在50万元以上的；
（三）虽未达到前两项规定的标准，但多次挪用特定款物的，或者造成人民群众的生产、生活严重困难的；
（四）其他情节特别严重的情形。

43. 敲诈勒索罪

敲诈勒索公私财物，数额在2000元以上不满2万元的，应当认定为刑法第二百七十四条规定的"数额较大"；数额在2万元以上的，应当认定为刑法第二百七十四条规定的"数额巨大"；数额在10万元以上的，应当认定为刑法第二百七十四条规定的"数额特别巨大"。

敲诈勒索公私财物，虽未达到"数额巨大"标准，但具有下列情形之一的，应当认定为刑法第二百七十四条规定的"其他严重情节"：
（一）多次敲诈勒索公私财物的；
（二）敲诈勒索公私财物，造成严重后果或恶劣影响的；
（三）具有其他严重情节的情形。

敲诈勒索公私财物，虽未达到"数额特别巨大"标准，但具有下列情形之一的，应当认定为刑法第二百七十四条规定的"其他特别严重情节"：
（一）多次敲诈勒索公私财物的；
（二）具有其他特别严重情节的情形。

44. 故意毁坏财物罪

故意毁坏公私财物，数额在5000元以上不满5万元的，应当认定为刑法第二百七十五条规定的"数额较大"；数额在5万元以上的，应当认定为刑法第二百七十五条规定的"数额巨大"。

具有下列情形之一的，应当认定为刑法第二百七十五条规定的"其他严重情节"：
（一）多次毁坏公私财物的；
（二）纠集3人以上公然毁坏公私财物的；
（三）因故意毁坏公私财物严重影响生产经营，造成直接经济损失数额在1万元以上不满10万元的；
（四）具有其他严重情节的情形。

具有下列情形之一的，应当认定为刑法第二百七十五条规定的"其他特别严重情节"：
（一）因故意毁坏公私财物严重影响生产经营，造成直接经济损失数额在10万元以上的；
（二）具有其他特别严重情节的情形。

45. 破坏生产经营罪

由于泄愤报复或者其他个人目的，毁坏机器设备、残害耕畜或者以其他方法破坏生产经营，具有下列情形之一的，应当依照刑法第二百七十六条的规定，以破坏生产经营罪追究刑事责任：
（一）造成公私财物损失数额在5000元以上不满5万元的；
（二）破坏生产经营3次以上的；
（三）纠集三人以上公然破坏生产经营的；
（四）其他破坏生产经营应予追究刑事责任的情形。

具有下列情形之一的，应当认定为刑法第二百七十六条规定的"情节严重"：
（一）造成直接财产损失数额在5万元以上的；
（二）其他情节严重的情形。

46. 拒不支付劳动报酬罪

以转移财产、逃匿等方法逃避支付劳动者的劳动报酬或者有能力支付而不支付劳动者的劳动报酬，数额在5万元以上的，应当认定为刑法第二百七十六条之一规定的"数额较大"。

具有下列情形之一的，应当认定为刑法第二百七十六条之一规定的"造成严重后果"：
（一）造成被欠薪的劳动者精神失常或者死亡的；
（二）在提起公诉前不能支付劳动报酬数额在20万元以上的；
（三）其他造成严重后果的情形。

三、贪污贿赂罪

47. 挪用公款罪

国家工作人员利用职务上的便利，挪用公款归个人使用，进行非法活动，数额在1万元以上的，应当依照刑法第三百八十四条第一款的规定，以挪用公款罪追究刑事责任。挪用公款归个人使用，进行营利活动，或者超过三个月未还，数额在2万元以上不满20万元的，应当认定为刑法第三百八十四条第一款规定的"数额较大"。

挪用公款数额在 20 万元以上的，应当认定为刑法第三百八十四条第一款规定的"数额巨大"。

具有下列情形之一的，应当认定为刑法第三百八十四条第一款规定的"情节严重"：

（一）挪用公款归个人使用，进行非法活动，数额在 10 万元以上的，或者挪用公款进行营利活动，或者挪用公款超过三个月未还，数额在 20 万元以上的；

（二）挪用公款数额虽未达到前项规定的标准，但具有下列情形之一的：

1. 多次挪用公款的；
2. 挪用公款手段恶劣的；
3. 因挪用公款严重影响生产、经营，造成直接经济损失数额在 10 万元以上的。

（三）其他情节严重的情形。

48. 行贿罪

为谋取不正当利益，给予国家工作人员以财物，或者在经济往来中，违反国家规定，给予国家工作人员以财物，或者违反国家规定，给予国家工作人员以各种名义的回扣、手续费，具有下列情形之一的，应当依照刑法第三百九十条第一款的规定，以行贿罪追究刑事责任：

（一）行贿数额在 1 万元以上不满 10 万元的；

（二）行贿数额虽未达到前项规定的标准，但具有下列情形之一的：

1. 为谋取非法利益而行贿的；
2. 向 3 人以上行贿的；
3. 向党政机关领导、司法工作人员、行政执法人员行贿的；
4. 致使国家或者社会利益遭受重大损失的。

具有下列情形之一的，应当认定为刑法第三百九十条第一款规定的"情节严重"：

（一）行贿数额在 10 万元以上不满 50 万元的；

（二）为谋取非法利益，行贿数额在 5 万元以上不满 30 万元的；

（三）向 3 人以上行贿，累计数额在 5 万元以上不满 30 万元的；

（四）向党政机关领导、司法工作人员、行政执法人员行贿，数额在 5 万元以上不满 30 万元的；

（五）其他情节严重的情形。

给国家造成直接经济损失数额在 20 万元以上的，应当认定为刑法第三百九十条第一款规定的"使国家利益遭受重大损失"。

具有下列情形之一的，应当认定为刑法第三百九十条第一款规定的"情节特别严重"：

（一）行贿数额在 50 万元以上的；

（二）为谋取非法利益，行贿数额在 30 万元以上的；

（三）向 3 人以上行贿，累计数额在 30 万元以上的；

（四）向党政机关领导、司法工作人员、行政执法人员行贿，数额在 30 万元以上的；

（五）致使国家利益遭受直接经济损失数额在 50 万元以上，且行贿数额在 10 万元以上的；

（六）其他情节特别严重的情形。

49. 巨额财产来源不明罪

国家工作人员的财产、支出明显超过合法收入，差额在 30 万元以上不满 100 万元的，应当认定为刑法第三百九十五条第一款规定的"差额巨大"；差额在 100 万元以上的，应当认定为刑法第三百九十五条第一款规定的"差额特别巨大"。

50. 私分国有资产罪、私分罚没财物罪

国家机关、国有公司、企业、事业单位、人民团体，违反国家规定，以单位名义将国有资产集体私分给个人，或者司法机关、行政执法机关违反国家规定，将应当上缴国家的罚没财物，以单位名义集体私分给个人，数额在 10 万元以上不满 50 万元的，应当认定为刑法第三百九十六条第一款规定的"数额较大"；数额在 50 万元以上的，应当认定为刑法第三百九十六条第一款规定的"数额巨大"。

四、渎职罪

51. 滥用职权罪

国家机关工作人员超越职权，违法决定、处理其无权决定、处理的事项，或者违反规定处理公务，具有下列情形之一的，应当认定为刑法第三百九十七条规定的"致使公共财产、国家和人民利益遭受重大损失"：

（一）造成 1 人以上不满 3 人死亡，或者 2 人以上不满 5 人重伤，或者 1 人重伤、3 人以上轻伤，或者 5 人以上轻伤的；

（二）导致 10 人以上不满 30 人严重中毒的；

（三）造成个人财产直接经济损失数额在 10 万元以上不满 30 万元，或者直接经济损失数额虽未达到前述标准，但间接经济损失数额在 50 万元以上不满 150 万元的；

（四）造成公共财产或者法人、其他组织财产直接经济损失数额在 20 万元以上不满 50 万元，或者直接经济损失数额虽未达到前述标准，但间接经济损失数额在 100 万元以上不满 300 万元的；

（五）虽未达到第（三）、（四）两项数额标准，但第（三）、（四）两项合计直接经济损失数额在 20 万元以上不满 50 万元，或者合计直接经济损失数额虽未达到前述标准，但合计间接经济损失数额在 100 万元以上不满 300 万元的；

（六）造成公司、企业等单位停业、停产 6 个月以上，或者破产的；

（七）弄虚作假，不报、缓报、谎报或者授意、指使、强令他人不报、缓报、谎报情况，导致重特大事故危害结果继续、扩大，或者致使抢救、调查、处理工作延误的；

（八）严重损害国家声誉，或者造成恶劣社会影响的；

（九）其他致使公共财产、国家和人民利益遭受重大损失的情形。

具有下列情形之一的，应当认定为刑法第三百九十七条规定的"情节特别严重"：

（一）造成 3 人以上死亡，或者 5 人以上重伤的；

（二）导致 30 人以上严重中毒的；

（三）造成个人财产直接经济损失数额在 30 万元以上，或者直接经济损失数额虽未达到前述标准，但间接经济损失数额在 150 万元以上的；

（四）造成公共财产或者法人、其他组织财产直接经济损失数额在 50 万元以上，或者直接经济损失数额虽未达到前述标准，但间接经济损失数额在 300 万元以上的；

（五）虽未达到第（三）、（四）两项数额标准，但第（三）、（四）两项合计直接经济损失数额在 50 万元以上，或者合计直接经济损失数额虽未达到前述标准，但合计间接经济损失数额在 300 万元以上的；

（六）给国家声誉造成特别严重损害，或者造成特别恶劣社会影响的；

（七）其他情节特别严重的情形。

52. 玩忽职守罪

国家机关工作人员严重不负责任，不履行或者不认真履行职责，具有下列情形之一的，应当认定为刑法第三百九十七条规定的"致使公共财产、国家和人民利益遭受重大损失"：

（一）造成 1 人以上不满 3 人死亡，或者 3 人以上不满 10 人重伤，或者 2 人重伤、4 人以上轻伤，或者 1 人重伤、7 人以上轻伤，或者 10 人以上轻伤的；

（二）导致 20 人以上不满 50 人严重中毒的；

（三）造成个人财产直接经济损失数额在 15 万元以上不满 50 万元，或者直接经济损失数额虽未达到前述标准，但间接经济损失数额在 75 万元以上不满 200 万元的；

（四）造成公共财产或者法人、其他组织财产直接经济损失数额在 30 万元以上不满 100 万元，或者直接经济损失数额虽未达到前述标准，但间接经济损失数额在 150 万元以上不满 500 万元的；

（五）虽未达到第（三）、（四）两项数额标准，但第（三）、（四）两项合计直接经济损失数额在 30 万元以上不满 100 万元，或者合计直接经济损失数额虽未达到前述标准，但合计间接经济损失数额在 150 万元以上不满 500 万元的；

（六）造成公司、企业等单位停业、停产 1 年以上，或者破产的；

（七）海关、外汇管理部门的工作人员严重不负责任，造成 100 万美元以上不满 300 万美元外汇被骗购或者逃汇 1000 万美元以上不满 3000 万美元的；

（八）严重损害国家声誉，或者造成恶劣社会影响的；

（九）其他致使公共财产、国家和人民利益遭受重大损失的情形。

具有下列情形之一的，应当认定为刑法第三百九十七条规定的"情节特别严重"：

（一）造成 3 人以上死亡，或者 10 人以上重伤的；

（二）导致 50 人以上严重中毒的；

（三）造成个人财产直接经济损失数额在 50 万元以上的，或者直接经济损失数额虽未达到前述标准，但间接经济损失数额在 200 万元以上的；

（四）造成公共财产或者法人、其他组织财产直接经济损失数额在 100 万元以上，或者直接经济损失数额虽未达到前述标准，但间接经济损失数额在 500 万元以上的；

（五）虽未达到第（三）、（四）两项数额标准，但第（三）、（四）两项合计直接经济损失数额在 100 万元以上，或者合计直接经济损失数额虽未达到前述标准，但合计间接经济损失数额在 500 万元以上的；

（六）海关、外汇管理部门的工作人员严重不负责任，造成 300 万美元以上外汇被骗购或者逃汇 3000 万美元以上的；

（七）给国家声誉造成特别严重损害，或者造成特别恶劣社会影响的；

（八）其他情节特别严重的情形。

53. 徇私舞弊不征、少征税款罪

税务机关的工作人员徇私舞弊，不征或者少征应征税款，具有下列情形之一的，应当认定为刑法第四百零四条规定的"致使国家税收遭受重大损失"：

（一）徇私舞弊不征、少征应征税款，致使国家税收损失累计数额在 10 万元以上不满 50 万元的；

（二）上级主管部门工作人员指使税务机关工作人员徇私舞弊不征、少征应征税款，致使国家税收损失累计数额在 10 万元以上不满 50 万元的；

（三）徇私舞弊不征、少征应征税款数额虽未达到前两项规定的标准，但具有索取或者收受贿赂或者其他恶劣情节的；

（四）其他致使国家税收遭受重大损失的情形。

具有下列情形之一的，应当认定为刑法第四百零四条规定的"造成特别重大损失"：

（一）徇私舞弊不征、少征应征税款，致使国家税收损失累计数额在 50 万元以上的；

（二）上级主管部门工作人员指使税务机关工作人员徇私舞弊不征、少征应征税款，致使国家税收损失累计数额在 50 万元以上的；

（三）徇私舞弊不征、少征应征税款数额虽未达到前两项规定的标准，但具有索取或者收受贿赂或者其他恶劣情节的；

（四）其他致使国家税收遭受特别重大损失的情形。

54. 徇私舞弊发售发票、抵扣税款、出口退税罪、违法提供出口退税凭证罪

税务机关的工作人员违反法律、行政法规的规定，在办理发售发票、抵扣税款、出口退税工作中，徇私舞弊，或者其他国家机关工作人员违反国家规定，在提供出口货物报关单、出口收汇核销单等出口退税凭证的工作中，徇私舞弊，具有下列情形之一的，应当认定为刑法第四百零五条第一款规定的"致使国家利益遭受重大损失"：

（一）徇私舞弊，致使国家税收损失累计数额在 10 万元以上不满 50 万元的；

（二）徇私舞弊，致使国家税收损失累计数额虽未达到前项规定的标准，但发售增值税专用发票 25 份以上不满 125 份或者其他发票 50 份以上不满 250 份或者增值税专用发票与其他发票合计 50 份以上不满 250 份，或者具有索取、收受贿赂或者其他恶劣情节的；

（三）其他致使国家利益遭受重大损失的情形。

具有下列情形之一的，应当认定为刑法第四百零五条规定的"致使国家利益遭受特别重大损失"：

（一）徇私舞弊，致使国家税收损失累计数额在 50 万元以上的；

（二）徇私舞弊，致使国家税收损失累计数额虽未达到前项规定的标准，但发售增值税专用发票 125 份以上或者其他发票 250 份以上或者增值税专用发票与其他发票合计 250 份以上，或者具有索取、收受贿赂或者其他恶劣情节的；

（三）其他致使国家利益遭受特别重大损失的情形。

55. 国家机关工作人员签订、履行合同失职被骗罪

国家机关工作人员在签订、履行合同过程中，因严重不负责任被诈骗，具有下列情形之一的，应当认定为刑法第四百零六条规定的"致使国家利益遭受重大损失"：

（一）造成直接经济损失数额在 30 万元以上不满 150 万元，或者直接经济损失数额虽未达到前述标准，但间接经济损失数额在 150 万元以上不满 750 万元的；

（二）其他致使国家利益遭受重大损失的情形。

具有下列情形之一的，应当认定为刑法第四百零六条规定的"致使国家利益遭受特别重大损失"：

（一）造成直接经济损失数额在 150 万元以上，或者直接经济损失数额虽未达到前述标准，但间接经济损失数额在 750 万元以上的；

（二）其他致使国家利益遭受特别重大损失的情形。

56. 放纵走私罪

海关工作人员徇私舞弊，放纵走私，具有下列情形之一的，应当认定为刑法第四百一十一条规定的"情节严重"：

（一）放纵走私犯罪的；

（二）因放纵走私致使国家应收税额损失累计数额在 10 万元以上不满 50 万元的；

（三）放纵走私行为 3 起次以上不满 10 起次的；

（四）放纵走私行为，具有索取或者收受贿赂情节的；

（五）其他情节严重的情形。

具有下列情形之一的，应当认定为刑法第四百一十一条规定的"情节特别严重"：

（一）放纵走私犯罪 3 起次以上的；

（二）因放纵走私致使国家应收税额损失累计数额在 50 万元以上的；

（三）放纵走私行为10起次以上的；
（四）放纵走私犯罪，具有索取或者收受贿赂情节的；
（五）其他情节特别严重的情形。

五、附则

57. 本意见中的"多次"，是指3次以上。

58. 本意见中的"虽未达到"数额标准，除另有规定外，是指虽未达到该数额标准，但已接近该数额标准且已达到该数额标准的百分之八十以上。

59. 本意见中的"以上"，包括本数；"不满"，不包括本数。

60. 本意见中的情节标准与数额标准，除另有规定的以外，适用于相关的单位犯罪。

61. 本意见自下发之日起施行。本意见下发前，市高级人民法院、市人民检察院、市公安局、市司法局单独下发或者联合会签的有关刑事案件的数额执行标准以及情节认定标准的规定与本意见有抵触的，以本意见为准。

天津市高级人民法院 天津市人民检察院 天津市公安局 天津市司法局 《天津市社区矫正工作实施细则（试行）》

（2012年5月7日）

第一章 总则

第一条 为依法规范实施社区矫正，将社区矫正人员改造成为守法公民，根据《中华人民共和国刑法》、《中华人民共和国刑事诉讼法》和最高人民法院、最高人民检察院、公安部、司法部联合颁布的《社区矫正实施办法》等有关法律法规规定，结合我市工作实际，制定本细则。

第二条 社区矫正是指将符合法定条件的罪犯置于社区内，由司法行政机关社区矫正机构在社会工作者和志愿者的参与下，在有关部门、村（居）民委员会、社会团体、民间组织、社区矫正人员所在单位、就读学校、家庭成员或者监护人、保证人等协助下，在判决、裁定或者决定确定的期限内，矫正其犯罪心理和行为恶习，促使其顺利回归社会的非监禁刑罚执行活动。

第三条 社区矫正人员，包括下列罪犯：
（一）被判处管制的；
（二）被宣告缓刑的；
（三）被决定暂予监外执行的，包括：
1. 有严重疾病需要保外就医的；
2. 怀孕或者正在哺乳自己婴儿的妇女；
3. 生活不能自理，适用暂予监外执行不致危害社会的。
（四）被裁定假释的。

第四条 社区矫正的任务是：
（一）依据有关法律、法规和规定，加强对社区矫正人员的监督和管理，确保刑罚的顺利实施；
（二）采取多种形式，对社区矫正人员进行思想教育、法制教育和道德教育，矫正其不良心理和行为，促使其成为守法公民；
（三）通过各种途径，帮助社区矫正人员解决在就业、生活和心理等方面遇到的困难，以利于其提高社会适应能力。

第五条 开展社区矫正工作应当坚持专门机关与社会力量相结合。
司法行政机关负责指导管理、组织实施社区矫正工作。
人民法院、人民检察院、公安机关与司法行政机关密切配合，依法履行职责。
社会工作者和志愿者在司法行政机关的组织指导下参与社区矫正工作。
有关单位和部门、基层组织、社会团体及其他社会组织，协助司法行政机关开展社区矫正工作。
社区矫正人员的家庭成员或者监护人、保证人等承担相应的监督、教育和保证责任。

第六条 社区矫正人员应当遵守法律法规、人民法院禁止令和社区矫正有关规定，服从监督管理，接受教育矫正。
社区矫正人员的人身安全、合法财产和辩护、申诉、控告、检举以及其他未被依法剥夺或者限制的权利不受侵犯。社区矫正人员在就学、就业和享受社会保障等方面，不受歧视。

第七条 对未成年人实施社区矫正，应当遵循教育、感化、挽救的方针，采取有益于其身心健康发展的矫正措施。

第二章 职责分工

第八条 人民法院对符合社区矫正适用条件的被告人、罪犯依法作出判决、裁定或者决定。主要履行以下职责：
（一）对拟适用社区矫正的被告人，根据需要委托相关区县司法行政机关进行调查评估；
（二）依法做好社区矫正法律文书和社区矫正人员衔接工作；
（三）依法受理社区矫正人员的申诉；
（四）依法审理司法行政机关提出的减刑建议、撤销缓刑、假释建议以及顺延刑期、收监执行建议；
（五）配合司法行政机关开展对社区矫正人员的教育矫正工作。

第九条 人民检察院对社区矫正各执法环节依法实行法律监督。主要履行以下职责：
（一）对人民法院、监狱、看守所交付执行活动实行监督；
（二）对司法行政机关、公安机关、人民法院、监狱、看守所变更执行活动和终止执行活动实行监督；
（三）对社区矫正执法活动中发生的职务犯罪案件进行侦查，开展职务犯罪预防工作；
（四）对司法行政机关、公安机关监督管理社区矫正人员活动实行监督；
（五）对社区矫正执法活动实行监督；
（六）积极参与对社区矫正人员的教育矫正和帮困扶助工作机制建设；
（七）依法受理社区矫正人员的申诉、控告和举报，维护社区矫正人员的合法权益，维护社会和谐稳定。

第十条 公安机关对违反治安管理规定和再犯罪的社区矫正人员及时依法处理。主要履行以下职责：
（一）依法做好社区矫正法律文书和社区矫正人员衔接工作；
（二）协助司法行政机关对未按规定时间报到、未经批准擅自离开本市、区县或脱离监管的社区矫正人员进行查找、追查；
（三）及时将有违法犯罪嫌疑或在社区矫正期间受到警告、治安管理处罚的社区矫正人员纳入重点管控，并落实相关工作措施；
（四）协助司法行政机关及时将撤销缓刑、假释或暂予监外执行、决定收监执行的罪犯送交监狱或者看守所。

第十一条 市司法行政机关对全市社区矫正工作进行指导管理、组织实施。主要履行以下职责：
（一）负责指导社区矫正有关法律、法规、规章及有关规范性文件的实施，协同有关单位和部门制定实施意见；
（二）定期组织开展全市社区矫正执法检查和考评；
（三）审核对社区矫正人员减刑建议和向中级人民法院提出撤销缓刑、假释建议；
（四）建立与政法各部门及政府相关职能部门沟通与协调的长效机制，研究解决本市社区矫正工作的重大问题；
（五）处置社区矫正人员突发事件；
（六）组织开展全市社区矫正工作队伍培训；
（七）其他应当由市司法行政机关履行的职责。

第十二条 监狱主要履行以下职责：
（一）对拟提请假释或决定暂予监外执行的罪犯，需要调查其对居住社区影响的，可以委托区县司法行政机关进行调查评估；
（二）依法做好社区矫正法律文书和社区矫正人员衔接工作；
（三）及时办理撤销暂予监外执行罪犯的收监执行工作。

第十三条 区县司法行政机关社区矫正机构对社区矫正人员进行监督管理和教育帮助，建立社区矫正执行档案。主要履行以下职责：
（一）贯彻落实社区矫正有关法律、法规、政策和上级机关的工作要求；
（二）接受人民法院、人民检察院、公安机关、监狱的委托，对拟适用社区矫正的被告人、罪犯开展调查评估；
（三）与人民法院、公安机关、监狱协同做好社区矫正法律文书和社区矫正人员的交接工作；
（四）负责社区矫正人员外出、变更居住地等事项的审批；
（五）负责禁止令的执行；
（六）承担办理对社区矫正人员给予警告、提出治安管理处罚建议、提出撤销缓刑、假释、顺延刑期、收监执行建议、提出减刑建议等重点执法事项；
（七）组织指导社区矫正人员教育学习、社区服务和心理矫正工作；

（八）指导、监督、检查本区县、乡镇（街道）社区矫正工作，定期开展执法检查；

（九）组织查找或追查未按规定时间报到、未经批准擅自离开本市、区县或脱离监管的社区矫正人员，及时将法院裁定撤销缓刑、假释或者对暂予监外执行罪犯决定收监执行的社区矫正人员送交监狱或看守所；

（十）办理期满社区矫正人员解除社区矫正的相关手续；

（十一）协调有关部门和单位开展社区矫正人员职业培训、就业指导和适应性帮扶；

（十二）组织开展社区矫正工作队伍培训；

（十三）指导、评估本区县参与社区矫正的社会组织的工作；

（十四）处置社区矫正人员突发事件；

（十五）其他应当由区县司法行政机关履行的职责。

第十四条 司法所承担社区矫正日常工作，建立社区矫正人员监督管理档案。主要履行以下职责：

（一）贯彻落实社区矫正有关法律、法规和政策以及上级部门的工作要求；

（二）对拟适用社区矫正的被告人或者罪犯，协助开展调查评估；

（三）组织开展社区矫正宣告，成立矫正小组，制定矫正方案；

（四）落实社区矫正人员的日常监管措施，负责社区矫正人员日常表现的记录和考核，对社区矫正人员日常行为表现进行监督、考察；

（五）组织社区矫正人员参加教育学习、社区服务和心理矫正；

（六）负责社区矫正人员外出、变更居住地的审批或审核；

（七）组织社会团体、民间组织和社会志愿者，对社区矫正人员开展多种形式的教育和适应性帮扶工作；

（八）组织对社区矫正期满人员的宣告工作；

（九）完成上级司法行政机关交办的其他工作。

第三章 调查评估

第十五条 人民法院、人民检察院、公安机关、监狱对拟适用社区矫正的被告人、罪犯，需要调查其对所居住社区影响的，可以委托区县司法行政机关进行调查评估。

人民法院、人民检察院等机关对拟适用或者建议适用禁止令的，可以委托区县司法行政机关开展调查评估。

第十六条 调查评估主要包括以下内容：

（一）居所情况；

（二）家庭和社会关系；

（三）一贯表现；

（四）犯罪行为的后果和影响；

（五）居住地村（居）民委员会和被害人意见；

（六）拟禁止的事项；

（七）需要调查的其他事项。

第十七条 委托机关应当在事先核实调查对象实际居住地的基础上，向被告人、罪犯居住地的区县司法行政机关发出委托调查评估函，并根据调查需要提供相关情况材料。

第十八条 区县司法行政机关收到委托调查评估函后，及时登记，并于当日开展调查工作。区县司法行政机关应当根据调查评估函内容走访公安派出所、司法所、村（居）民委员会、有关单位、家庭、学校等，采取个别约谈、查阅资料、召开座谈会等方式开展调查，并于五个工作日内完成调查评估工作，制作调查笔录，出具调查评估意见书，并在三个工作日内反馈至委托机关。

第十九条 区县司法行政机关进行调查时，工作人员不得少于二人，并应当出示工作证件和调查证明文件。

涉及未成年人、公民隐私等不宜公开内容的调查，应遵循保密原则。

第二十条 调查人员与调查对象有亲属关系、利害关系及其他关系，可能影响调查结果真实性、公正性的，应当自行回避。

第二十一条 区县司法行政机关可以要求被告人、罪犯的亲属或所在单位出具同意配合社区矫正、帮助做好日常教育管理工作的书面承诺。承诺书应当随同调查评估意见书一起提供给委托机关。

区县司法行政机关可以组织召开司法所工作人员、社会工作者、志愿者、村（居）民代表和有关单位人员参加的评议会，讨论被告人或罪犯是否适宜纳入社区矫正。

第二十二条 委托机关应指定专人负责办理委托调查手续，不得将材料交由案件当事人及其代理人或其他利害关系人转递。

第二十三条 调查评估意见书应当作为是否适用社区矫正的重要参考。

第四章 交付执行

第二十四条 社区矫正人员应当在居住地接受社区矫正。

对于适用社区矫正的罪犯，人民法院、公安机关、监狱应当核实其居住地。

第二十五条 居住地是指被告人或罪犯在适用社区矫正后固定、合法的住所所在地。以下住所所在地可以认定为居住地：

（一）拥有自主产权住房所在地；

（二）能提供房屋租赁合同（首期不得少于六个月）的住所地；

（三）予以接纳的亲属或保证人提供的居住场所；

（四）监护人提供的居住场所。

第二十六条 人民法院、公安机关、监狱在调查评估阶段，应当按上述原则初定拟适用社区矫正人员的居住地，并委托区县司法行政机关核实，区县司法行政机关应该在调查评估意见书中对其居住地进行确认。

司法行政机关需要了解被告人或罪犯居所情况的，公安机关应当予以配合。

第二十七条 人民法院对判处管制、宣告缓刑的罪犯，应当书面告知其在判决生效后十日内凭判决书、执行告知书到居住地区县司法行政机关报到以及逾期报到的后果，并由罪犯本人在告知书上签字。

人民法院应当在判决生效后三个工作日内向区县司法行政机关送达判决书、裁定书、执行通知书、执行告知书等法律文书各两份，同时抄送同级人民检察院和公安机关。

第二十八条 裁定假释的罪犯，监狱、看守所应当在收到人民法院裁定后，及时通知居住地区县司法行政机关派员办理裁定书、执行通知书、假释证明书副本等法律文书的交接，同时将法律文书抄送同级人民检察院和公安机关。

在本市监狱、看守所服刑被裁定假释的罪犯，由居住地区县司法行政机关派员到监狱衔接工作站、看守所办理交接手续，书面告知其三日内到指定的司法所接受社区矫正。

第二十九条 人民法院决定暂予监外执行的罪犯，人民法院在作出决定后三个工作日内将判决书、暂予监外执行决定书（证明书）、执行通知书送达负责羁押的看守所，同时抄送同级人民检察院。负责羁押的看守所将暂予监外执行罪犯押送至居住地区县司法行政机关，并当场办理法律文书移交手续；罪犯交付执行前未被羁押的，人民法院应书面通知其在十日内到居住地区县司法行政机关报到并于决定当日通知居住地区县司法行政机关，有关法律文书三个工作日内送达居住地区县司法行政机关，同时抄送同级人民检察院。

第三十条 监狱、看守所对决定暂予监外执行的罪犯，应当做好以下交付工作，相关法律文书同时抄送同级人民检察院：

（一）确定暂予监外执行罪犯出监（所）日期，及时通知罪犯居住地区县司法行政机关；

（二）暂予监外执行罪犯出监（所）时，应当指派监（所）警察将罪犯押送至居住地区县司法行政机关并当场办理判决书、暂予监外执行决定书（证明书）等法律文书移交手续；

暂予监外执行的罪犯，当场办理交接的，区县司法行政机关应通知司法所到场共同办理交接手续；

区县司法行政机关可以要求押送机关直接将罪犯押送至居住地，并会同司法所在罪犯居住地办理交接手续；

（三）罪犯已经在监狱外医院治疗的，应当在批准暂予监外执行后的三个工作日内，将有关法律文书送达罪犯居住地区县司法行政机关，并告知罪犯的去向。

第三十一条 区县司法行政机关在收到相关法律文书后，应当当日登记备案并进行核查。核查后，按照以下情况处理：

（一）社区矫正人员确在本区县居住且法律文书齐全的，应自登记之日起三个工作日内送达回执，并将法律文书副本交司法所；

（二）社区矫正人员确在本区县居住，法律文书不齐全或者有误的，应当及时通知或函告有关机关补齐或更正。有关机关应当在三个工作日内补齐或更正，并送达区县司法行政机关；

（三）社区矫正人员不在本区县居住，应当及时通知决定机关，并将法律文书寄回决定机关，函告不予接收的理由。

第三十二条 区县司法行政机关已经收到法律文书的，经核实无误后，应于当日为其办理接收手续。

区县司法行政机关尚未收到法律文书的，应先行登记，待法律文书收到并经核实无误后，再补齐法律文书登记手续。

第三十三条 区县司法行政机关在办理接收手续后，应书面告知社区矫正人员在三日内到指定的司法所接受社区矫正，并于办理接收手续当日通知相关司法所做好宣告准备。

第三十四条 区县司法行政机关在收到法律文书后，发现社区矫正人员未按规定时间报到的，应当及时组织查找，并通报决定机关。

第三十五条 外省市人民法院、监狱、看守所决定暂予监外执行的罪犯，在本市接受社区矫正的，本市监狱管理机关、公安机关监所管理部门指定一所监狱、看守所接收罪犯档案，负责办理罪犯收监、释放等手续。

第五章 矫正实施

第三十六条 司法所应当为社区矫正人员确定专门的矫正小组。矫正小组成员可以包括司法所工作人员、社会工作者、志愿者、村（居）民委员会工作人员以及社区矫正人员所在工作单位或就读学校、家庭成员或者监护人、保证人等。社区矫正人员为女性的，矫正小组应当有女性成员。矫正小组成员不少于三人。矫正小组由司法所工作人员担任组长。

第三十七条 司法所应当与矫正小组签订矫正责任书，根据小组成员所在单位和身份，明确各自的责任和义务，确保各项矫正措施落实。

第三十八条 社区矫正小组应建立定期情况通报、交流和例会制度，分析社区矫正人员接受监督管理和教育矫正的情况，并做好情况沟通和例会记录。

第三十九条 司法所向区县司法行政机关提出对社区矫正人员日常行为奖惩和司法奖惩前，需组织社区矫正小组成员进行讨论，形成初步意见，小组成员应当在会议记录上签名。

第四十条 司法所应当做好社区矫正开始宣告的准备工作，并通知社区矫正人员在指定时间到司法所进行矫正开始宣告。

矫正开始宣告应当在司法所进行。除未成年社区矫正人员或其他特殊情况外，宣告应当公开进行。

宣告由司法所工作人员主持，矫正小组成员等相关人员到场。

第四十一条 宣告按以下程序进行：

（一）宣布宣告纪律及相关事项；

（二）宣读判决书、裁定书、决定书、执行通知书等有关法律文书的主要内容；社区矫正期限；社区矫正人员应当遵守的规定、被禁止的事项以及违反规定的法律后果；社区矫正人员依法享有的权利和被限制行使的权利；

（三）公布矫正小组人员组成及职责；

（四）交付社区矫正宣告书；

（五）其他事项。

第四十二条 司法所应当在对社区矫正人员被判处的刑罚种类、犯罪情况、悔罪表现、个体特征和生活环境等情况进行综合评估的基础上，制定社区矫正方案。矫正方案应当由以下几个部分组成：

（一）社区矫正人员的基本情况；

（二）社区矫正小组成员情况；

（三）社区矫正人员综合评估情况；

（四）监督管理和教育矫正的主要措施及责任人；

（五）适应性帮扶的主要措施及责任人；

（六）实施效果评估。

第四十三条 司法所工作人员负责制定矫正方案，并经社区矫正小组讨论确定。

司法所应当定期对矫正方案执行情况进行评估，并根据实施效果适时予以调整。矫正方案调整应当经社区矫正小组讨论通过，并记录在案。

第六章 监督管理

第四十四条 司法所应当及时记录社区矫正人员接受监督管理、参加教育学习和社区服务等情况，定期对其接受矫正的表现进行考核，并根据考核结果，对社区矫正人员实施分类管理。

对故意犯罪被判处缓刑、裁定假释、决定暂予监外执行，思想波动较大，有再犯罪倾向的；在社区矫正期间受到警告或治安管理处罚的社区矫正人员，列为重点管控对象。

对过失犯罪被判处管制、缓刑、裁定假释、决定暂予监外执行，不致再危害社会的；年龄在60岁以上的；因病生活基本不能自理，主动接受群众监督，积极配合社区矫正工作，并遵守有关规定的社区矫正人员，列为一般管控对象。

第四十五条 社区矫正人员应当每月向司法所书面报告遵纪守法、接受监督管理、参加教育学习、社区服务和社会活动的情况；被列为重点管控对象的社区矫正人员应当每半个月报告一次。

重点时段、重大活动期间或者遇有特殊情况，司法所可以要求上述人员每天到司法所报告、说明情况。

第四十六条　社区矫正人员发生居所变化、工作变动、家庭重大变故以及接触对其矫正产生不利影响人员或其他突发性事件的，应当及时向司法所报告。

第四十七条　因患严重疾病被暂予监外执行的社区矫正人员，应当每个月向司法所报告本人身体情况，每三个月向司法所报告治疗情况。

区县司法行政机关和司法所应当按照决定机关的批准期限监督其在市司法行政机关指定医院进行复查的全过程。指定医院应在复查意见中说明罪犯是否符合暂予监外执行条件，对需要再次复查的，应注明复查期限。司法所根据需要向批准、决定机关或者有关监狱、看守所反馈情况。

第四十八条　社区矫正人员未经批准不得离开所居住的区县，有正当理由确需到本市其他区县的，外出时间在三日以内的，向司法所报告；外出时间在三日以上三十日以内的，应提出书面申请，由司法所审批并报区县司法行政机关备案。

返回居住地所在的区县时，应当立即向司法所报告。

第四十九条　社区矫正人员有正当理由确需离开本市，应当及时向司法所提出书面申请，司法所经审核认为情况属实、外出理由合理的，按以下规定处理：

（一）外出时间在七日以内的，由司法所审批并报区县司法行政机关备案；

（二）外出时间在七日以上三十日以内的，司法所应当于收到社区矫正人员书面申请当日，填写《社区矫正人员申请外出审批表》，签署意见后报区县司法行政机关审批。区县司法行政机关于三个工作日内将审批意见通知司法所。

返回本市时，应当立即向司法所报告。

社区矫正人员离开本市时间不得超过一个月。

第五十条　社区矫正人员未经批准不得变更居住地。

第五十一条　社区矫正人员因居所变化确需在本市范围内或者跨市变更居住地的，应当提前一个月提出书面申请。司法所应当核实其变更理由和变更地址，提出审核意见，填写《社区矫正人员居住地变更审批表》五个工作日内报区县司法行政机关审批。

第五十二条　社区矫正人员在本区县范围内变更居住地，区县司法行政机关收到《社区矫正人员居住地变更审批表》后，经审核同意的，应当在五个工作日内通知社区矫正人员原居住地和新居住地司法所，做好文书、人员交接工作。

社区矫正人员应当自接到通知之日起三日内到新居住地司法所报到。

第五十三条　社区矫正人员在本市范围内跨区县或者跨市变更居住地，区县司法行政机关收到《社区矫正人员居住地变更审批表》后，经审核认为情况属实的，应当在五个工作日内书面征求社区矫正人员新居住地区县司法行政机关的意见。

新居住地区县司法行政机关接到书面征求意见函后，应当及时对社区矫正人员新居住地址的真实性和合法性进行核实，并在三个工作日内函告原居住地区县司法行政机关，情况属实的，社区矫正人员新居住地区县司法行政机关应予接收。

第五十四条　经批准变更居住地的，区县司法行政机关应当自作出决定之日起三个工作日内，将有关法律文书和矫正档案移交新居住地区县司法行政机关。有关法律文书应当抄送现居住地及新居住地同级人民检察院和公安机关。社区矫正人员应当自收到决定之日起七日内到新居住地区县司法行政机关报到。

第五十五条　因社区矫正人员变更居住地引起的监管争议，由市司法行政机关裁定。

第五十六条　区县司法行政机关经审核，不同意变更居住地的，应当在《社区矫正人员居住地变更审批表》上注明不予同意的理由，并通知司法所；司法所应及时告知社区矫正人员。

第五十七条　对于人民法院禁止令确定需经批准才能进入的特定区域或者场所，社区矫正人员确需进入的，应当经区县司法行政机关批准，并告知同级人民检察院。

第五十八条　司法所应当根据社区矫正人员个人生活、工作及所在社区的实际情况，有针对性地采取实地检查、通讯联络、信息化核查等措施及时掌握社区矫正人员的活动情况。重点时段、重大活动期间或者遇有特殊情况，司法所应当及时了解掌握社区矫正人员的有关情况，可以根据需要要求社区矫正人员到办公场所报告、说明情况。

第五十九条　司法所应当定期走访社区矫正人员的家庭、所在单位、就读学校和居住社区，了解、核实社区矫正人员的思想动态和现实表现等情况，并做好记录。

第六十条　司法所发现社区矫正人员脱离监管的，应当立即与社区矫正小组其他成员、社区矫正人员家庭成员沟通，了解社区矫正人员的行踪，同时将有关情况书面报告区县司法行政机关。区县司法行政机关应当及时组织追查，并通报同级人民检察院。

第六十一条　司法所发现社区矫正人员有违反监督管理规定或者人民法院禁止令情形，及时上报区县司法行政机关予以处置。区县司法行政机关应当及时派员调查核实情况，收集有关证明材料，提出处理意见。

司法所发现社区矫正人员涉嫌再犯罪的，及时上报区县司法行政机关。区县司法行政机关应及时通报公安机关和同级人民检察院，由公安机关依相关程序办理。

第七章 教育矫正

第六十二条 社区矫正人员应当参加公共道德、法律常识、时事政策等教育学习活动，教育学习方式包括集中教育和个别教育。教育学习时间每月不少于八小时。

第六十三条 集中教育由区县司法行政机关负责组织实施。由司法所组织社区矫正人员参加并做好社区矫正人员集中教育情况的记录工作。

司法所根据情况组织实施本辖区社区矫正人员的集中教育。

社区矫正人员参加集中教育的情况应当作为对其进行日常行为奖惩的重要依据。

第六十四条 市及区县司法行政机关应当将集中教育开展情况作为执法考评的重要内容。

第六十五条 社区矫正小组应当结合社区矫正人员的案由、矫正期限、心理状态、行为特点以及动态表现进行个别教育并做好记录。个别教育由司法所或村（居）民委员会工作人员和社会工作者共同负责，其他成员配合。

第六十六条 司法所可以运用心理学方法和手段，通过开展心理健康教育、心理咨询和心理治疗，矫正社区矫正人员的不良心理，促进其心理健康，提高矫正质量和效果。

区县司法行政机关应当建立由心理学专家、心理咨询师、社会工作者及志愿者等组成的心理矫正工作队伍，指导、参与司法所开展心理矫正工作。

第六十七条 心理健康教育可以通过集中教育或个别教育方式进行。司法所可以为社区矫正人员实施心理测试，并根据测试的情况有针对性地开展心理咨询和辅导。

第六十八条 十八周岁以上的有劳动能力的社区矫正人员应当在社区矫正期间参加社区服务，每月不少于八小时。

第六十九条 社区服务包括：社区内或其他公共服务机构内的公益性工作以及其他不以取得劳动报酬为目的的为社会、公众服务的工作。

第七十条 区县司法行政机关应当建立一定数量的、相对固定的社区服务场所，明确社区服务项目。

第七十一条 社区矫正人员有下列情况之一的可以不参加社区服务：

（一）不满十八周岁的；

（二）年满六十周岁的；

（三）因病暂予监外执行及由暂予监外执行转为假释的；

（四）其他特殊原因不适宜参加社区服务的。

第七十二条 司法行政机关应当根据社区矫正人员的需要，协调有关部门和单位开展职业培训和就业指导，帮助落实社会保障措施。

第七十三条 对于被判处剥夺政治权利在社会上服刑的罪犯，司法行政机关配合公安机关，监督其遵守刑法第五十四条的规定，并及时掌握有关信息。被剥夺政治权利的罪犯可以自愿参加司法行政机关组织的心理辅导、职业培训和就业指导活动。

第八章 未成年人社区矫正

第七十四条 对未成年人实施社区矫正，应当遵循教育、感化、挽救的方针，按照下列规定执行：

（一）对未成年人的社区矫正应当与成年人分开进行；

（二）对未成年社区矫正人员给予身份保护，其矫正宣告不公开进行，其矫正档案应当保密；

（三）未成年社区矫正人员的矫正小组应当有熟悉青少年成长特点的人员参加；

（四）针对未成年人的年龄、心理特点和身心发育需要等特殊情况，采取有益于其身心健康发展的监督管理措施；

（五）采用易为未成年人接受的方式，开展思想、法制、道德教育和心理辅导；

（六）协调有关部门为未成年社区矫正人员就学、就业等提供帮助；

（七）对未成年社区矫正人员进行社区矫正宣告时，应当通知其监护人到场，督促未成年社区矫正人员的监护人履行监护职责，承担抚养、管教等义务；

（八）采取其他有利于未成年社区矫正人员改过自新、融入正常社会生活的必要措施。

犯罪的时候不满十八周岁被判处五年有期徒刑以下刑罚的社区矫正人员，适用前款规定。

第九章 考核与奖惩

第七十五条 司法所综合考察社区矫正人员的日常行为表现，经过矫正小组评议，对社区矫正人员进行考核。考核分半年考核和年度考核。

考核结果作为对社区矫正人员进行分类管理和实施奖惩的主要依据。

第七十六条 司法行政机关应当成立相应的社区矫正人员奖惩评议小组,审议社区矫正人员的奖惩事项。

对社区矫正人员奖惩,应当按照公开、公平、公正的原则,做到事实清楚、证据充分、依据明确,接受检察机关和社会的监督。

第七十七条 社区矫正人员在矫正期间认真遵守社区矫正监督管理规定,接受教育矫正,确有悔改表现或有立功表现的,可以提请减刑;有重大立功表现的,应当提请减刑。

第七十八条 "确有悔改表现"是指同时具备以下四个方面情形:认罪悔罪;认真遵守法律法规及社区矫正监督管理规定,接受教育矫正;积极参加教育学习活动;积极参加社区服务。

第七十九条 具有下列情形之一的,应当认定为有"立功表现":

(一)阻止他人实施犯罪活动的;

(二)检举、揭发他人犯罪活动,或者提供重要的破案线索,经查证属实的;

(三)协助司法机关抓捕其他犯罪嫌疑人(包括同案犯)的;

(四)在生产、科研中进行技术革新,成绩突出的;

(五)在抢险救灾或者排除重大事故中表现突出的;

(六)对国家和社会有其他贡献的。

第八十条 具有下列情形之一的,应当认定为有"重大立功表现":

(一)阻止他人实施重大犯罪活动的;

(二)检举他人重大犯罪活动,经查证属实的;

(三)协助司法机关抓捕其他重大犯罪嫌疑人(包括同案犯)的;

(四)有发明创造或者重大技术革新的;

(五)在日常生产、生活中舍己救人的;

(六)在抗御自然灾害或者排除重大事故中,有特别突出表现的;

(七)对国家和社会有其他重大贡献的。

第八十一条 社区矫正人员符合减刑条件的,由区县司法行政机关提出书面意见,市司法行政机关审核同意后,报中级人民法院裁定。

第八十二条 社区矫正人员有下列情形之一的,区县司法行政机关应当给予警告,并出具书面决定:

(一)未按规定时间报到的;

(二)违反关于报告、会客、外出、居住地变更规定的;

(三)不按规定参加教育学习、社区服务等活动,经教育仍不改正的;

(四)保外就医社区矫正人员无正当理由不按时提交病情复查情况,或者未经批准进行就医以外的社会活动,经教育仍不改正的;

(五)违反人民法院禁止令,情节轻微的;

(六)其他违反监督管理规定的。

第八十三条 对社区矫正人员予以警告的,司法所应当在行为查实之日起三个工作日内向区县司法行政部门提交书面报告和相关证明材料;区县司法行政机关收到报告后,应当及时进行核查,并在三个工作日内做出书面决定,并通报同级公安机关。

第八十四条 司法所收到对社区矫正人员警告处分的决定后,应当通知社区矫正小组成员及其他相关人员到场,宣读处分决定,并将书面决定交给社区矫正人员。

第八十五条 社区矫正人员违反监督管理规定或者人民法院禁止令,依法应予治安管理处罚的,区县司法行政机关应当及时向公安机关提出治安管理处罚建议书并附证明材料。公安机关应当在法定期限内做出决定,并将处理结果通知区县司法行政机关。

第八十六条 缓刑、假释的社区矫正人员有下列情形之一的,由居住地同级司法行政机关向原裁判人民法院提出撤销缓刑、假释建议书并附相关证明材料,人民法院应当自收到之日起一个月内依法作出裁定:

(一)违反人民法院禁止令,情节严重的;

(二)未按时报到或者接受社区矫正期间脱离监管,超过一个月的;

(三)因违反监督管理规定受到治安管理处罚,仍不改正的;

(四)受到司法行政机关三次警告仍不改正的;

(五)其他违反有关法律、行政法规和监督管理规定,情节严重的。

司法行政机关撤销缓刑、假释的建议书和人民法院的裁定书同时抄送社区矫正人员居住地同级人民检察院和公安机关。

第八十七条　区县司法行政机关建议撤销假释的，应当提出撤销假释建议书并附相关证明材料。市司法行政机关应当于三个工作日内审核，经审核同意的，提请人民法院裁定。人民法院应当自收到撤销假释建议书之日起一个月内依法作出裁定。

司法行政机关撤销假释的建议书和人民法院的裁定书同时抄送社区矫正人员居住地同级人民检察院和公安机关。

第八十八条　暂予监外执行的社区矫正人员有下列情形之一的，由居住地县级司法行政机关向批准、决定机关提出收监执行的建议书并附相关证明材料，批准、决定机关应当自收到之日起十五日内依法作出决定：

（一）发现不符合暂予监外执行条件的；
（二）未经司法行政机关批准擅自离开居住的市、区县，经警告拒不改正，或者拒不报告行踪，脱离监管的；
（三）因违反监督管理规定受到治安管理处罚，仍不改正的；
（四）受到司法行政机关两次警告，仍不改正的；
（五）保外就医期间不按规定提交病情复查情况，经警告拒不改正的；
（六）暂予监外执行的情形消失后，刑期未满的；
（七）保证人丧失保证条件或者因不履行义务被取消保证人资格，又不能在规定期限内提出新的保证人的；
（八）其他违反有关法律、行政法规和监督管理规定，情节严重的。

司法行政机关的收监执行建议书和决定机关的决定书，应当同时抄送社区矫正人员居住地同级人民检察院和公安机关。

第八十九条　暂予监外执行的罪犯，未经司法行政机关批准擅自外出和骗取暂予监外执行的期间，不计入执行刑期。

罪犯居住地司法行政机关将罪犯擅自外出和骗取暂予监外执行的时间、事实情况及时通报原决定机关，并书面提出顺延刑期的建议。原决定机关应作出顺延刑期的决定，并通知罪犯居住地区县司法行政机关和人民检察院。

第九十条　对于人民法院裁定撤销缓刑、假释或者对暂予监外执行罪犯决定收监执行的社区矫正人员，居住地区县司法行政机关应当及时将其送交监狱或者看守所，公安机关予以协助。

监狱管理机关对暂予监外执行罪犯决定收监执行的，监狱应当立即赴羁押地将罪犯收监执行。

公安机关对暂予监外执行罪犯决定收监执行的，由罪犯居住地看守所将罪犯收监执行。

第九十一条　区县司法行政机关提请撤销暂予监外执行收监执行的，应当提出建议书并附相关证明材料。市司法行政机关应当于三个工作日内审核，经审核同意的，将收监执行建议书和相关证明材料提交批准、决定机关。批准、决定机关应当自收到之日起十五日内依法作出决定。

司法行政机关的收监执行建议书和决定机关的决定书，应当同时抄送社区矫正人员居住地同级人民检察院和公安机关。

第九十二条　社区矫正人员符合法定减刑条件的，由区县司法行政机关提出减刑建议书并附相关证明材料，市司法行政机关应当于三个工作日内审核，经审核同意后提请人民法院裁定。人民法院应当自收到之日起一个月内依法裁定；暂予监外执行罪犯的减刑，案情复杂或者情况特殊的，可以延长一个月。

司法行政机关减刑建议书和人民法院减刑裁定书副本，应当同时抄送同级人民检察院和公安机关。

人民检察院认为人民法院减刑的裁定不当，应当在收到裁定副本后二十日以内，向人民法院提出书面纠正意见。人民法院应当在收到纠正意见后一个月以内重新组成合议庭进行审理，作出最终裁定。

第十章　矫正终止

第九十三条　社区矫正人员应当在社区矫正期满前三十日写出个人总结，司法所应当根据其在接受社区矫正期间的表现、考核结果、社区意见等情况作出书面鉴定，并对其安置帮教提出建议。

第九十四条　暂予监外执行的社区矫正人员刑期届满的，司法所应当通知社区矫正人员按期到监狱、看守所办理刑满释放手续。监狱、看守所依法为其办理刑满释放手续。

第九十五条　社区矫正人员矫正期满，司法所应当组织解除社区矫正宣告。宣告由司法所工作人员主持，按照规定程序公开进行。

司法所应当针对社区矫正人员不同情况，通知有关部门、村（居）民委员会、群众代表、社区矫正人员所在单位、社区矫正人员的家庭成员或者监护人、保证人参加宣告。

第九十六条　解除社区矫正宣告事项应当包括：

（一）宣读对社区矫正人员的鉴定意见；
（二）宣布社区矫正期限届满，依法解除社区矫正；

（三）对判处管制的，宣布执行期满，解除管制；对宣告缓刑的，宣布缓刑考验期满，原判刑罚不再执行；对裁定假释的，宣布考验期满，原判刑罚执行完毕。

区县司法行政机关应当向社区矫正人员发放解除社区矫正证明书，并书面通知决定机关，同时抄送同级人民检察院和公安机关。

第九十七条 社区矫正人员矫正期满的，司法所应当告知其安置帮教有关规定，与安置帮教工作部门妥善做好交接，并转交有关材料。

第九十八条 社区矫正人员死亡、被决定收监执行或者被判处监禁刑罚的，社区矫正终止。

社区矫正人员在社区矫正期间死亡的、被判处监禁刑或者其他需要告知事项的，区县司法行政机关应当及时书面通知批准、决定机关，并通报同级人民检察院。

第十一章 矫正档案

第九十九条 区县司法行政机关应当为社区矫正人员建立社区矫正执行档案。执行档案包括如下内容：

（一）人民法院、人民检察院、公安机关、监狱出具的判决书、裁定书、决定书、执行通知书、假释证明书副本等法律文书；

（二）社区矫正人员接收登记表、解除矫正证明书（通知书）；

（三）社区矫正人员的适用前调查评估、接收、进入特定区域（场所）、外出、变更居住地等审批表；

（四）对社区矫正人员给予警告等决定书；

（五）对社区矫正人员提出治安管理处罚、提出撤销缓刑、假释、收监执行、减刑等建议书和审核表；

（六）其他应纳入执行档案的文书。

第一百条 司法所应当建立社区矫正人员监督管理档案，档案包括如下内容：

（一）人民法院、人民检察院、公安机关、监狱出具的判决书、裁定书、决定书、执行通知书、假释证明书等法律文书副本；

（二）社区矫正执行档案副本；

（三）社区矫正人员接收登记表、宣告记录、矫正方案、责任书、日常工作记录表、活动情况报告、帮困扶助登记表、期满鉴定表等；

（四）其他应纳入监督管理档案的文书。

第一百零一条 社区矫正执行档案按年度归档，社区矫正人员监督管理档案在社区矫正人员矫正终止后整理归档。区县司法行政机关按照档案管理规定保管社区矫正执行档案和社区矫正人员监督管理档案。

第十二章 执法监督

第一百零二条 司法工作人员应当认真听取和妥善处理社区矫正人员反映的问题，依法维护其合法权益。

第一百零三条 人民检察院发现社区矫正执法活动违反法律法规和本细则规定的，可以区别情况提出口头纠正意见、制发纠正违法通知书或者检察建议书。交付执行机关和执行机关应当及时纠正、整改，并将处理结果及时回复人民检察院。

第一百零四条 在实施社区矫正过程中，司法工作人员有玩忽职守、徇私舞弊、滥用职权等违法违纪行为的，依法给予相应处分；构成犯罪的，依法追究刑事责任。

第十三章 保障机制

第一百零五条 各级人民法院、人民检察院、公安机关、司法行政机关应当切实加强对社区矫正工作的组织领导，建立联席会议制度，健全工作机制，明确工作机构，配备工作人员，落实工作经费，保障社区矫正工作的顺利开展。

第一百零六条 司法行政机关应当建立例会、通报、业务培训、信息报送、统计、档案管理以及执法考评、执法公开、监督检查等制度，保障社区矫正工作规范运行。

司法行政机关应当建立突发事件处置机制，发现社区矫正人员非正常死亡、实施犯罪、参与群体性事件的，应当立即将有关情况报告上级司法行政机关，与人民法院、人民检察院和公安机关协调联动、妥善处置。

司法行政机关和公安机关、人民检察院、人民法院建立社区矫正人员的信息交换平台，实现社区矫正工作动态数据共享。

第十四章 附　　则

第一百零七条　本细则自下发之日起施行。天津市高级人民法院、天津市人民检察院、天津市公安局、天津市司法局之前发布的有关社区矫正的规定与本细则不一致的，以本细则为准。

天津市高级人民法院　天津市人民检察院　天津市公安局　天津市司法局《天津市办理减刑、假释案件规程（试行）》

（2013 年 3 月 14 日）

根据《中华人民共和国刑法》、《中华人民共和国刑事诉讼法》、《中华人民共和国监狱法》、最高人民法院《关于办理减刑、假释案件具体应用法律若干问题的规定》、《关于适用〈中华人民共和国刑事诉讼法〉的解释》、最高人民检察院《人民检察院刑事诉讼规则》和司法部《监狱提请减刑、假释工作程序规定》，结合我市减刑、假释工作实际，制定本规程。

减刑一般规定

第一条　被判处管制、拘役、有期徒刑、无期徒刑的罪犯，在刑罚执行期间，认真遵守监规，接受教育改造，确有悔改表现的，或者有立功表现的，可以减刑；有重大立功表现的，应当减刑。

第二条　确有悔改表现是指同时具备以下五个方面情形：
（一）认罪悔罪；
（二）认真遵守法律法规及监规，接受教育改造；
（三）积极参加思想、文化、职业技术教育；
（四）积极参加劳动，努力完成劳动任务；
（五）积极履行判决确定的义务。

第三条　对罪犯在刑罚执行期间提出申诉的，要依法保护其申诉权利。罪犯在申诉期间如认真遵守法律法规及监规，接受教育改造；积极参加思想、文化、职业技术教育；积极参加劳动，努力完成劳动任务的，可以视为认罪悔罪。

第四条　刑罚执行机关对罪犯的行政奖励分为：
（一）单项奖励（文明个人、劳动能手、百日安全先进个人、双争双创先进个人）；
（二）监狱级表扬（含特殊表扬）；
（三）监狱级改造积极分子；
（四）市级改造积极分子；
（五）立功；
（六）重大立功。
罪犯所获行政奖励是其减刑幅度的参考条件之一。

第五条　具有下列情形之一的，应当认定为有立功表现：
（一）阻止他人实施犯罪活动的；
（二）检举、揭发监狱内外犯罪活动，或者提供重要的破案线索，经查证属实的；
（三）协助司法机关抓捕其他犯罪嫌疑人（包括同案犯）的；
（四）在生产、科研中进行技术革新，成绩突出的；
（五）在抢险救灾或者排除重大事故中表现突出的；
（六）对国家和社会有其他贡献的。

第六条　具有下列情形之一的，应当认定为有重大立功表现：
（一）阻止他人实施重大犯罪活动的；
（二）检举监狱内外重大犯罪活动，经查证属实的；
（三）协助司法机关抓捕其他重大犯罪嫌疑人（包括同案犯）的；
（四）有发明创造或者重大技术革新的；
（五）在日常生产、生活中舍己救人的；
（六）在抗御自然灾害或者排除重大事故中，有特别突出表现的；
（七）对国家和社会有其他重大贡献的。

第七条　行政奖励对应减刑幅度一般掌握为：
（一）获得单项奖励的罪犯减刑不超过一个月；
（二）获得监狱级表扬（含特殊表扬）奖励的罪犯减刑不超过三个月；
（三）获得监狱级改造积极分子奖励的罪犯减刑不超过四个月；

（四）获得市级改造积极分子奖励的罪犯减刑不超过一年；

（五）获得立功奖励的罪犯减刑不超过一年；

（六）获得重大立功奖励的罪犯减刑不超过二年。

第八条 刑罚执行机关提请减刑时，罪犯年度内同时获得不同等级奖励的，按照最高奖励等级掌握减刑幅度。但罪犯有立功表现或者获得特殊表扬奖励的应累计计算。

第九条 刑罚执行机关对破坏监管秩序的罪犯的处分分为：

（一）警告；

（二）记过；

（三）禁闭。

第十条 罪犯在服刑期间，受警告处分的，自处分批准之日起六个月内不予提请减刑；受记过处分的，自处分批准之日起一年内不予提请减刑；受禁闭处分的，自解除禁闭之日起一年六个月内不予提请减刑；因私藏或者使用手机、无线网卡等通讯、上网设备以及毒品、现金、酒类受禁闭处分的，自解除禁闭之日起二年内不予提请减刑。确有重大立功表现的，可以不受上述限制。

第十一条 下列罪犯减刑时，可以根据悔改表现予以从宽掌握：

（一）未成年罪犯；

（二）老年罪犯；

（三）残疾罪犯（不含自伤致残）；

（四）患有严重疾病的罪犯。

第十二条 下列罪犯减刑时，应当从严掌握：

（一）累犯；

（二）因故意杀人、强奸、抢劫、绑架、放火、爆炸、投放危险物质或者有组织的暴力性犯罪被判处十年以上有期徒刑、无期徒刑的罪犯（包括因上述情形和犯罪被判处死刑缓期执行，后被减为无期徒刑、有期徒刑的罪犯）；

（三）因走私、贩卖、运输、制造、非法持有毒品罪被判过刑，又犯刑法第六章第七节规定之罪的罪犯；

（四）因二次以上故意犯罪被判处有期徒刑以上刑罚的罪犯；

（五）未缴付财产刑、未履行附带民事赔偿、未退赃、未退赔等未履行判决确定的义务的罪犯。

第十三条 罪犯被裁定减刑后，因被发现漏罪或者又犯新罪而依法进行数罪并罚时，经减刑裁定减去的刑期不计入已经执行的刑期。在此后对因漏罪数罪并罚的罪犯减刑，决定减刑的频次、幅度时，应当对其原经减刑裁定减去的刑期酌情考虑。

第十四条 罪犯在刑罚执行期间被发现漏罪或者又犯新罪的，其在之前获得的尚未使用的行政奖励无效。

第十五条 刑罚执行机关提请罪犯减刑的刑期，应当预留提请、裁定程序所需时间和出监教育时间。

第十六条 罪犯由外埠监狱转入我市监狱服刑的，其在原服刑地服刑期间获得的奖励证或有效减刑分，经我市刑罚执行机关核实后，可以按照原服刑地监狱规定折算减刑刑期。

第十七条 人民法院判决生效后，罪犯在羁押期间有立功、重大立功表现的，由公安机关出具立功材料，并经天津市监狱管理局审核后，可以作为减刑依据。

有期徒刑罪犯的减刑

第十八条 有期徒刑罪犯在刑罚执行期间，符合减刑条件的，减刑幅度为：

（一）确有悔改表现，或者有立功表现的，一次减刑不超过一年有期徒刑；

（二）确有悔改表现并有立功表现，或者有重大立功表现的，一次减刑不超过二年有期徒刑。

犯罪行为发生在 2011 年 4 月 30 日以前且被判处十年以上有期徒刑的罪犯，如果悔改表现突出并有立功表现，或者有重大立功表现的，一次减刑不得超过三年有期徒刑。

第十九条 有期徒刑罪犯经过一次或几次减刑后，其实际执行的刑期不能少于原判刑期的二分之一。

第二十条 被判处不满五年有期徒刑的罪犯在执行原判刑期四分之一以上方可减刑；两次减刑之间应当间隔原判刑期的六分之一以上。确有重大立功表现的，可以不受上述减刑起始和间隔时间的限制。

第二十一条 被判处五年以上有期徒刑的罪犯在执行一年六个月以上方可减刑，两次减刑之间应当间隔一年以上。确有重大立功表现的，可以不受上述减刑起始和间隔时间的限制。

第二十二条 被判处有期徒刑的罪犯符合本规程第十二条第（一）、（二）、（三）、（四）项规定的，在执行一年八个月以上方可减刑，两次减刑之间应当间隔一年六个月以上。

第二十三条 有期徒刑的减刑起始时间自判决执行之日起计算。执行之日一般以执行通知书签发之日为准。间隔时间自刑罚执行机关提请减刑之日起计算，一般以减刑建议书作出之日为准。

第二十四条 被判处不满十年有期徒刑的罪犯在刑罚执行期间又犯罪，被判处有期徒刑以下刑罚的，自新罪判决确定之日起一年六个月内不予减刑；新罪被判处无期徒刑的，自新罪判决确定之日起二年六个月年内不予减刑。

第二十五条 被判处十年以上有期徒刑的罪犯在刑罚执行期间又犯罪，被判处有期徒刑以下刑罚的，自新罪判决确定之日起二年内不予减刑；新罪被判处无期徒刑的，自新罪判决确定之日起三年内不予减刑。

无期徒刑罪犯的减刑

第二十六条 无期徒刑罪犯在刑罚执行期间，确有悔改表现，或者有立功表现的，服刑二年以后，可以减刑。

无期徒刑罪犯减刑起始时间应当自判决确定之日起计算。

无期徒刑减为有期徒刑的刑期，从裁定减刑之日起计算。

第二十七条 无期徒刑罪犯减刑幅度为：

（一）确有悔改表现，或者有立功表现的，可以减为二十年以上二十二年以下有期徒刑。具体幅度以减为有期徒刑二十二年为起算点，按照本规程第七条规定的标准，累计计算减刑的刑期；

（二）有重大立功表现的，可以减为十五年以上二十年以下有期徒刑。

犯罪行为发生在 2011 年 4 月 30 日以前且被判处无期徒刑的罪犯如果确有悔改表现的，或者有立功表现的，一般可以减为十八年以上二十年以下有期徒刑。具体幅度以减为有期徒刑二十年为起算点，按照本规程第七条规定的标准，累计计算减刑的刑期；如果有重大立功表现的，可以减为十三年以上十八年以下有期徒刑。

第二十八条 对于符合本规程第十二条第（一）、（二）、（三）、（四）项规定的无期徒刑罪犯，其减刑幅度比照本规程第二十七条的规定减少二个月，但不得超过法定的幅度范围。

第二十九条 无期徒刑罪犯经过一次或几次减刑后，其实际执行的刑期不能少于十三年。

犯罪行为发生在 2011 年 4 月 30 日以前且被判处无期徒刑的罪犯经过一次或几次减刑后，其实际执行的刑期不能少于十年。

第三十条 被判处无期徒刑的罪犯在刑罚执行期间又犯罪，被判处有期徒刑以下刑罚的，自新罪判决确定之日起二年内不予减刑；新罪被判处无期徒刑的，自新罪判决确定之日起三年内不予减刑。

死刑缓期二年执行罪犯的减刑

第三十一条 死刑缓期执行的罪犯，在死刑缓期执行期间，如果没有故意犯罪，二年期满以后，减为无期徒刑；如果确有重大立功表现，二年期满以后，减为二十五年有期徒刑。

犯罪行为发生在 2011 年 4 月 30 日以前且被判处死刑缓期执行的罪犯，在死刑缓期执行期间，如果没有故意犯罪，二年期满以后，减为无期徒刑；如果确有重大立功表现，二年期满以后，减为十五年以上二十年以下有期徒刑。

死刑缓期执行的期间，从判决确定之日起计算。

死刑缓期执行减为有期徒刑的刑期，从死刑缓期执行期满之日起计算。

第三十二条 死刑缓期执行罪犯减为无期徒刑后，确有悔改表现，或者有立功表现的，服刑二年以后可以减为二十五年有期徒刑；有重大立功表现的，服刑二年以后可以减为二十三年有期徒刑。

犯罪行为发生在 2011 年 4 月 30 日以前且被判处死刑缓期执行的罪犯减为无期徒刑后，减刑幅度参照本规程第二十七条第二款的规定。

第三十三条 死刑缓期执行罪犯经过一次或几次减刑后，其实际执行的刑期不能少于十五年，死刑缓期执行期间不包括在内。

犯罪行为发生在 2011 年 4 月 30 日以前且被判处死刑缓期执行的罪犯经过一次或几次减刑后，其实际执行的刑期不能少于十二年。死刑缓期执行期间不包括在内。

第三十四条 死刑缓期执行罪犯在缓期执行期间抗拒改造，尚未构成犯罪的，此后减为有期徒刑时，按照下列标准延长减刑的起始时间：

（一）受警告处分的罪犯，延长六个月；

（二）受记过处分的罪犯，延长一年；

（三）受禁闭处分的罪犯，延长一年六个月。

确有重大立功表现的，可以不受上述规定的限制。

第三十五条 死刑缓期执行罪犯在缓期执行期满后，尚未裁定减刑前又犯罪的，应当依法减刑后对其所犯新罪另行审判。

第三十六条 被限制减刑的死刑缓期执行罪犯，缓期执行期满后依法被减为无期徒刑的，服刑五年以后，确有悔改表现，或者有立功表现的，减为二十五年有期徒刑；有重大立功表现的，可以不受五年起始时间的限制。其后执行四年以上方可再次减刑，两次减刑之间应当间隔四年以上。

第三十七条 被限制减刑的死刑缓期执行罪犯，缓期执行期间因有重大立功表现被减为二十五年有期徒刑的,其后在执行四年以上方可再次减刑,两次减刑之间应当间隔四年以上。

第三十八条 被限制减刑的死刑缓期执行的罪犯,缓期执行期满后减为无期徒刑的,减刑后实际执行的刑期不能少于二十五年;缓期执行期满后减为二十五年有期徒刑的,不能少于二十年。

管制、拘役、余刑一年以下有期徒刑罪犯及缓刑罪犯的减刑

第三十九条 判处管制、拘役的罪犯,以及判决生效后剩余刑期不满一年有期徒刑的罪犯,符合减刑条件的,可以酌情减刑。其实际执行的刑期不能少于原判刑期的二分之一。

上述罪犯在实际执行三个月后方可提请减刑。确有重大立功表现的,可以不受上述规定的限制。

第四十条 被判处拘役或者三年以下有期徒刑并宣告缓刑的罪犯,一般不适用减刑。但在缓刑考验期限内有重大立功表现的,可以减刑,同时应依法缩减其缓刑考验期限。拘役的缓刑考验期限不能少于二个月,有期徒刑的缓刑考验期限不能少于一年。

附加剥夺政治权利罪犯的减刑

第四十一条 有期徒刑罪犯减刑时,对附加剥夺政治权利的期限可以酌减。酌减后剥夺政治权利的期限,不能少于一年。

第四十二条 死刑缓期执行罪犯减为无期徒刑时,原附加剥夺政治权利终身不变;死刑缓期执行罪犯主刑减为有期徒刑时,应当将附加剥夺政治权利期限减为十年;无期徒刑罪犯主刑减为有期徒刑时,应当将附加剥夺政治权利期限减为五年。

未成年、老、残、病罪犯及不履行判决确定的义务的罪犯的减刑

第四十三条 未成年罪犯能认罪悔罪,遵守法律法规及监规,积极参加学习、劳动的,应视为确有悔改表现。

第四十四条 未成年罪犯的减刑起始时间、间隔时间,可以比照成年罪犯的标准缩短二个月,减刑幅度可以增加二个月。

第四十五条 老年、身体残疾(不含自伤致残)、患严重疾病罪犯的减刑,应当主要注重悔罪的实际表现。基本丧失劳动能力、生活难以自理的老年、身体残疾、患严重疾病的罪犯,能够认真遵守法律法规及监规,接受教育改造,应视为确有悔改表现。

第四十六条 老年、残疾(不含自伤致残)、患严重疾病罪犯减刑的起始时间、间隔时间可以缩短二个月,减刑幅度可以增加二个月。

第四十七条 下列罪犯减刑的起始时间、间隔时间延长二个月,减刑幅度减少二个月:

(一)在提请减刑时,被判处10万元以上财产刑的本次缴付比例低于20%,被判处2万元以上不满10万元财产刑的本次缴付数额不满2万元,被判处不满2万元财产刑的没有全部缴付;

(二)在提请减刑时,承担10万元以上附带民事赔偿义务的本次履行比例低于50%,承担5万元以上不满10万元附带民事赔偿义务的本次履行数额不满5万元,承担不满5万元附带民事赔偿义务的没有全部履行;

(三)在提请减刑时,违法所得的财物未全部退赃、退赔的。

上述罪犯确无履行能力的,由其居住地街道办事处、乡镇人民政府或者负责执行的人民法院出具相关证明材料并经人民法院审核,可以不适用上述规定。

假释

第四十八条 罪犯假释应同时具备以下基本条件:

(一)被判处有期徒刑的罪犯,执行原判刑期二分之一以上;被判处无期徒刑的罪犯,实际执行十三年以上(犯罪行为发生在2011年4月30日以前且被判处无期徒刑的罪犯,实际执行十年以上);被判处死刑缓期执行的罪犯,含死刑缓期执行二年实际执行十七年以上(犯罪行为发生在2011年4月30日以前且被判处死刑缓期执行的罪犯,含死刑缓期执行二年实际执行十四年以上),认真遵守监规,接受教育改造,确有悔改表现,没有再犯罪的危险。

如果有与国家、社会利益有重要关系的特殊情况,经最高人民法院核准,可以不受上述执行刑期的限制。

(二)罪犯减刑后又假释的间隔一年以上;对一次减去二年有期徒刑后,决定假释的,间隔时间不少于二年。罪犯减刑后余刑不足二年,决定假释的,间隔时间为十个月。

间隔时间自刑罚执行机关提请减刑之日起计算,一般以减刑建议书作出之日为准。

(三)社区矫正机构出具了该罪犯假释后对所居住社区没有重大不良影响的调查评估报告。

第四十九条 符合本规程第四十八条规定条件的罪犯,并具备下列情形之一的,刑罚执行机关可以提请假释:

(一)被判处不满五年有期徒刑的,结合奖励证计算应减刑期后余刑在一年以内的;

(二)被判处五年以上、不满十五年有期徒刑的,结合奖励证计算应减刑期后余刑在二年以内的;

(三)被判处十五年以上有期徒刑、无期徒刑、死刑缓期执行的,结合奖励证计算应减刑期后余刑

在三年以内的。

第五十条　符合本规程第四十八条、第四十九条规定条件的罪犯，并具有下列情形之一的，结合奖励证计算应减刑期后余刑可分别再增加六个月：

（一）未成年罪犯；

（二）老年罪犯、残疾罪犯（不含自伤致残）、患有严重疾病的罪犯；

（三）有未成年子女须本人抚养或者父母年老患病无人赡养的罪犯。

具有前款第（三）项情形的罪犯，应由其居住地街道办事处、乡镇人民政府出具证明材料并经人民法院审核。

第五十一条　判断罪犯是否"没有再犯罪的危险"，应根据犯罪的具体情节、原判刑罚情况、在刑罚执行中的一贯表现，罪犯的年龄、身体状况、性格特征，假释后生活来源以及监管条件等因素综合考虑。

第五十二条　有期徒刑罪犯假释，执行原判刑期二分之一以上的起始时间，应当从判决执行之日起计算，判决执行以前先行羁押的，羁押一日折抵刑期一日。

第五十三条　无期徒刑罪犯减刑后假释的，实际执行刑期起始时间从无期徒刑判决确定之日起计算。

第五十四条　对死刑缓期执行罪犯减为无期徒刑或者有期徒刑后，可以假释。实际执行刑期起始时间从死缓判决确定之日起计算。

第五十五条　下列罪犯，不得假释：

（一）累犯；

（二）因故意杀人、强奸、抢劫、绑架、放火、爆炸、投放危险物质或者有组织的暴力性犯罪被判处十年以上有期徒刑、无期徒刑的罪犯（包括因上述情形和犯罪被判处死刑缓期执行，后被减为无期徒刑、有期徒刑的罪犯）。

第五十六条　下列罪犯，一般不得假释：

（一）因走私、贩卖、运输、制造、非法持有毒品罪被判过刑，又犯刑法第六章第七节规定之罪的罪犯；

（二）因二次以上故意犯罪被判处有期徒刑以上刑罚的罪犯；

（三）在社会上有重大影响或社会关注度高的涉众型经济犯罪罪犯；

（四）未全部缴付财产刑、未全部履行附带民事赔偿义务、未全部退赃、退赔的罪犯；

（五）其他不适宜假释的罪犯。

具有前款第（四）项情形的罪犯确无履行能力的，由其居住地街道办事处、乡镇人民政府或者负责执行的人民法院出具相关证明材料并经人民法院审核，可以假释。

第五十七条　被假释的罪犯，除有特殊情况外，一般不得减刑，其假释考验期也不能缩短。

第五十八条　罪犯在服刑期间，受警告处分的，自处分批准之日起六个月内不予提请假释；受记过处分的，自处分批准之日起一年内不予提请假释；受禁闭处分的，自解除禁闭之日起一年六个月内不予提请假释；因私藏或者使用手机、无线网卡等通讯、上网设备以及毒品、现金、酒类受禁闭处分的，自解除禁闭之日起二年内不予提请假释。确有重大立功表现的，可以不受上述限制。

办理减刑、假释案件的程序

提请程序

第五十九条　减刑、假释案件由刑罚执行机关按照下列情形提请人民法院审核裁定，并将减刑、假释建议书副本抄送同级人民检察院：

（一）死刑缓期执行罪犯的减刑和无期徒刑罪犯的减刑、假释，由其所在的监狱提出减刑、假释建议书等书面材料，经天津市监狱管理局审核同意后，提请天津市高级人民法院裁定；

（二）有期徒刑罪犯的减刑、假释，应当由罪犯所在监狱提出减刑、假释建议书等书面材料，按辖区分别提请天津市第一中级人民法院、天津市第二中级人民法院裁定；

（三）拘役罪犯的减刑，应当由拘役场所提出减刑建议书等书面材料，经天津市公安局审核同意后，按辖区分别提请天津市第一中级人民法院、天津市第二中级人民法院裁定；

（四）暂予监外执行的无期徒刑罪犯的减刑，由罪犯居住地的区、县司法局提出减刑建议书等书面材料，经天津市司法局审核同意后提请天津市高级人民法院裁定；管制罪犯、被宣告缓刑罪犯、暂予监外执行的有期徒刑、拘役罪犯的减刑，由罪犯居住地的区、县司法局提出减刑建议书等书面材料，经天津市司法局审核同意后按辖区分别提请天津市第一中级人民法院、天津市第二中级人民法院裁定。

审理和执行程序

第六十条　人民法院受理减刑、假释案件，应当审查刑罚执行机关是否报送下列书面材料：

（一）减刑、假释建议书，本次及前一次减刑审核表；

（二）法院的历次裁判文书、执行通知书、历次减刑裁定书的复制件；

（三）罪犯确有悔改或者立功、重大立功表现的具体事实的书面证明材料；
（四）履行判决确定的义务等罪犯从宽或者从严减刑、假释的书面证明材料；
（五）奖励证、罪犯处罚通知书及罪犯评审鉴定表、奖惩审批表等；
（六）其他根据案件的审理需要移送的材料。

提请假释的，应当附有社区矫正机构关于罪犯假释后对所居住社区影响的调查评估报告。

人民检察院对提请减刑、假释案件提出的检察意见，应当一并移送受理减刑、假释案件的人民法院。

经审查，如上述材料齐备的，应当立案；材料不齐备的，应当通知提请减刑、假释的刑罚执行机关在五日以内补送。

第六十一条 人民法院办理减刑、假释案件，应当组成合议庭，对刑罚执行机关报送的材料进行认真审查，并进行必要的调查核实。如认为案件事实不清、证据不足或者违反移送程序的，应当裁定驳回减刑、假释建议。

第六十二条 人民法院审理减刑、假释案件，应当一律予以公示。公示地点为罪犯服刑场所的公共区域。有条件的地方，应面向社会公示，接受社会监督。公示应当包括下列内容：
（一）罪犯的姓名；
（二）原判认定的罪名和刑期；
（三）罪犯历次减刑、假释情况；
（四）刑罚执行机关的减刑、假释建议和依据；
（五）公示期限；
（六）意见反馈方式。

第六十三条 人民法院审理减刑案件，可以采用书面审理的方式。但下列案件，应当开庭审理：
（一）因罪犯有重大立功表现提请减刑的；
（二）提请减刑的起始时间、间隔时间或者减刑幅度不符合一般规定的；
（三）在社会上有重大影响或社会关注度高的；
（四）公示期间收到投诉意见的；
（五）人民检察院有异议的；
（六）人民法院认为有开庭审理必要的。

人民法院审理假释案件应当开庭审理。

第六十四条 人民法院开庭审理减刑、假释案件的，应当公开进行，但依法不公开审理的案件除外。

第六十五条 人民法院开庭审理减刑、假释案件的，应当将开庭的时间、地点、事由在开庭以前三个工作日通知提请减刑、假释的刑罚执行机关和同级人民检察院。

人民检察院应当指派检察人员出席庭审，发表检察意见。

第六十六条 庭审应当在罪犯服刑场所内设置专门法庭集中进行。刑罚执行机关应当积极配合，并提供必要的条件。

第六十七条 开庭时下列人员应当参加庭审：
（一）提请减刑、假释的刑罚执行机关代表；
（二）被提请减刑、假释的罪犯；
（三）监管警察；
（四）出庭作证的罪犯；
（五）人民法院认为需要参加的其他人员。

第六十八条 刑罚执行机关在提请罪犯减刑、假释期间，报送人民法院审核之前，罪犯有违纪、被发现漏罪或者又犯新罪等情形的，刑罚执行机关应终止提请罪犯减刑、假释程序。但符合本规程第三十四条、三十五条情形的除外。

在人民法院作出减刑、假释裁定前，刑罚执行机关书面提请撤回减刑、假释建议的，是否准许，由人民法院决定。

刑罚执行机关终止提请程序或者撤回减刑、假释建议的，应通知同级人民检察院。

第六十九条 人民法院审理减刑、假释案件，应当自收到减刑、假释建议书之日起一个月以内作出裁定；案情复杂或者情况特殊的，可以延长一个月。因材料不齐备，刑罚执行机关补送期间不计入审限。

第七十条 减刑、假释裁定应当在裁定作出之日起七日以内送达有关刑罚执行机关、同级人民检察院以及罪犯本人。对罪犯本人的送达一般由人民法院直接宣告，也可以委托刑罚执行机关代为宣告。

第七十一条 人民法院发现本院或者下级人民法院已经生效的减刑、假释裁定确有错误，应当依法重新组成合议庭进行审理并作出裁定。

第七十二条 人民法院按照审判监督程序重新审理的案件，维持原判决的，原减刑、假释裁定效力不变；改变原判决的，应由刑罚执行机关依照再审裁判情况和原减刑、假释情况，提请有管辖权的人民法院重新作出减刑、假释裁定。

法律监督程序

第七十三条　人民检察院派驻的检察机构应当列席刑罚执行机关减刑、假释评审会议，对评审进行法律监督。

第七十四条　人民检察院收到刑罚执行机关减刑、假释建议书副本后，应当进行审查并在十日以内提出检察意见。

第七十五条　人民检察院对人民法院开庭审理的减刑、假释案件的庭审活动进行法律监督。

第七十六条　人民检察院收到减刑、假释裁定书后，应当及时进行审查，认为裁定不当的，应当自收到裁定书之日起二十日以内向人民法院提出书面意见，人民法院应当在收到书面意见一个月以内重新组成合议庭进行审理，作出最终裁定。

附则

第七十七条　本规程所称"以上"、"以下"、"以前"、"以内"包括本数。

第七十八条　本规程所称"未成年罪犯"是指减刑、假释时未满十八周岁的罪犯。"老年罪犯"是指减刑、假释时年满六十五周岁的男性罪犯及年满六十周岁的女性罪犯。"残疾罪犯"是指身体残疾、生活难以自理或丧失劳动能力的罪犯。"患严重疾病的罪犯"是指符合《罪犯保外就医疾病伤残范围》的罪犯。

第七十九条　对身体残疾罪犯和患严重疾病罪犯进行减刑、假释，其残疾、疾病程度应由法定鉴定机构依法作出认定。

第八十条　罪犯在刑罚执行期间履行判决确定的义务的，应当由负责执行的人民法院或者办理减刑、假释的人民法院受理。

第八十一条　本规程自下发之日起施行。我市原有减刑、假释规定同时废止。

天津市高级人民法院《关于常见犯罪的量刑指导意见》实施细则

（2014年5月1日）

为进一步规范刑罚裁量权，贯彻落实宽严相济的刑事政策，增强量刑的公开性，实现量刑均衡，维护司法公正，根据刑法、刑事司法解释以及最高人民法院制定的《人民法院量刑指导意见》的规定，结合天津市刑事审判实践，指定本实施细则。

一、量刑的指导原则

1. 量刑应当以事实为根据，以法律为准绳，根据犯罪的事实、犯罪的性质、情节和对于社会的危害程度，决定判处的刑罚。

2. 量刑既要考虑被告人所犯罪行的轻重，又要考虑被告人应负刑事责任的大小，做到罪责刑相适应，实现惩罚和预防犯罪的目的。

3. 量刑应当贯彻宽严相济的刑事政策，做到该宽则宽，当严则严，宽严相济，罚当其罪，确保裁判法律效果和社会效果的统一。

4. 量刑要客观、全面把握我市不同时期经济社会发展和治安形势的变化，确保刑法任务的实现；对于同一时期案情相近或相似的案件，所判处的刑罚应当基本均衡。

二、量刑的基本方法

1. 量刑步骤

（1）根据基本犯罪构成事实在相应的法定刑幅度内确定量刑起点；

（2）根据其他影响犯罪构成的犯罪数额、犯罪次数、犯罪后果等犯罪事实，在量刑起点的基础上增加刑罚量确定基准刑；

（3）根据量刑情节调节基准刑，并综合考虑全案情况，依法确定宣告刑。

2. 量刑情节调节基准刑的方法

（1）具有单个量刑情节的，根据量刑情节的调解比例直接对基准刑进行调节。

（2）具有多种量刑情节的，根据各个量刑情节的调节比例，采用同相相加、逆向相减的方法确定全部量刑情节的调节比例，再对基准刑进行调节。

（3）对于具有刑法总则规定的未成年人犯罪、限制行为能力的精神病人犯罪、犯罪未遂、犯罪中止、从犯、胁从犯和教唆犯等量刑情节的，先用该量刑情节对基准刑进行调节，在此基础上，再用其他量刑情节进行调节。

（4）被告人犯数罪，同时具有适用各个罪的立功、累犯等量刑情节的，先用各个量刑情节调节个罪的基准刑，确定个罪所应判处的刑罚，再依法实行数罪并罚，决定执行的刑罚。

（5）对于统一事实涉及不同量刑情节时，不重复评价。

3. 确定宣告刑的方法
(1) 量刑情节对基准刑的调节结果在法定刑幅度内,且罪责刑相适应的,可以直接确定为宣告刑;如果具有应当减轻处罚情节的,依法在法定最低刑以下确定宣告刑。
(2) 量刑情节对基准刑的调节结果在法定最低刑以下,具有减轻处罚情节,且罪责刑相适应的,可以直接确定为宣告刑;只有从轻处罚情节的,可以确定法定最低刑为宣告刑。
(3) 量刑情节对基准刑的调节结果在法定最高刑以上的,可以法定最高刑为宣告刑。
(4) 根据案件的具体情况,独任审判员或合议庭可以在10%的幅度内进行调整,调整后的结果仍然罪责刑不相适应的,提交审判委员会讨论决定宣告刑。
(5) 综合全案犯罪事实和量刑情节,依法应当判处拘役、管制或者单处附加刑,或者无期徒刑以上刑罚的,应当依法适用。
(6) 宣告刑为三年以下有期徒刑、拘役并符合缓刑适用条件的,可以依法宣告缓刑;犯罪情节轻微,不需要判处刑罚的,可以免予刑事处罚。

三、常见量刑情节的适用

1. 对于未成年人犯罪,应当综合考虑未成年人对犯罪的认识能力、实施犯罪行为的动机和目的、犯罪时的年龄、是否初犯、悔罪表现、个人成长经历和一贯表现等情况,予以从宽处罚。
(1) 已满十四周岁不满十六周岁的未成年人犯罪,可以减少基准刑的30%—60%。
(2) 已满十六周岁不满十八周岁的未成年人犯罪,可以减少基准刑的10%—50%。
(3) 未成年人犯符合刑法第七十二条第一款规定的,可以宣告缓刑。如果同时具有初次犯罪、积极退赃或赔偿被害人经济损失、具备监管帮教条件等情形之一,对其适用缓刑确实不致再危害社会的,应当宣告缓刑。
(4) 未成年人犯根据其所犯罪行,可能被判处拘役、三年以下有期徒刑,如果悔罪表现好,并具有"系又聋又哑的人或者盲人;防卫过当或者避险过当;犯罪预备、中止或者未遂;共同犯罪中从犯、胁从犯;犯罪后自首或者有立功表现;其他犯罪情节轻微不需要判处刑罚"等情形之一的,应当依照刑法第三十七条的规定免除处罚。
(5) 对同案犯中多个未成年人犯,在适用减少幅度时应考虑案件的均衡,不同被告人之间因年龄导致的刑期差异不宜过大。
2. 对于尚未完全丧失辨认或者控制自己行为能力的精神病人犯罪,根据其实施犯罪时的病情严重程度、犯罪性质等情况,可以减少基准刑的40%以下。
3. 对于又聋又哑的人或者盲人犯罪,综合考虑其认知程度、犯罪性质、悔罪表现等情况,可以减少基准刑的30%以下。
对于聋或哑、视力或听力存在严重障碍的,综合考虑聋哑或视力障碍影响其辨认能力的程度决定从轻幅度。
4. 对于防卫过当或紧急避险过当的,综合考虑犯罪性质、造成损害的程度等情况,可以比照既遂犯减少基准刑的50%以上或者依法免除处罚。
5. 对于预备犯,综合考虑预备犯罪的性质、手段、实施程度、危害程度等情况,可以比照既遂犯减少基准刑的50%以上或者依法免除处罚。
6. 对于未遂犯,综合考虑犯罪行为的实行程度、造成损害的大小、犯罪未得逞的原因等情况,可以比照既遂犯减少基准刑的50%以下。
7. 对于造成损害结果的中止犯,可以减少基准刑的50%以上。
8. 对于从犯,应当综合考虑其在共同犯罪中的地位、作用,以及是否实施犯罪实行行为等情况,予以从宽处罚,可以减少基准刑的20%—50%;犯罪较轻的,可以减少基准刑的50%以上或者依法免除处罚。
对于未区分主从犯,但在共同犯罪中作用相对较小的,可以减少基准刑的20%以下。
9. 对于胁从犯,综合考虑犯罪的性质、被胁迫的程度、实行犯罪中的作用等情况,可以减少基准刑的60%以上或者依法免除处罚。
10. 对于教唆不满十八周岁的人犯罪,所犯罪行较轻或者未造成严重损害的,可以增加基准刑的10%—30%;所犯罪行较重或者造成严重损害的,可以增加基准刑的20%—40%。
11. 对于自首情节,综合考虑投案的动机、时间、方式、罪行轻重、如实供数罪行的程度以及悔罪表现等情况,可以减少基准刑的40%以下;犯罪较轻的,可以减少基准刑的40%以上或者依法免除处罚。
12. 对于立功情节,综合考虑立功的大小、次数、内容、来源、效果以及罪行轻重等情况,确定从宽的幅度。
(1) 一般立功的,可以减少基准刑的20%以下;

（2）重大立功的，可以减少基准刑的20%—50%；犯罪较轻的，可以减少基准刑的50%以上或者依法免除处罚；

（3）犯罪后自首又有重大立功表现的应当减轻处罚并减少基准刑的50%以上，或者免除处罚。

13. 对于被采取强制措施的犯罪嫌疑人、被告人和已宣判的罪犯，如实供述司法机关尚未掌握的罪行的，根据坦白罪行的轻重以及悔罪表现等情况，可以减少基准刑的20%以下。

14. 对于当庭自愿认罪的，根据犯罪的性质、罪行的轻重、认罪程度以及悔罪表现等情况，可以减少基准刑的10%以下。依法认定自首、坦白的除外。

15. 对于被害人有过错或对矛盾激化负有直接责任的，综合考虑案发的原因、犯罪的性质、被害人过错的程度或责任的大小等情况，可以减少基准刑的30%以下。

16. 对于退赃、退赔的，综合考虑犯罪性质、退赃、退赔行为对损害结果所能弥补的程度，退赃、退赔的数额及主动程度等情况，可以减少基准刑的30%以下。

侵权型犯罪不退赃、退赔的，可以增加基准刑的10%以下。

17. 对于积极赔偿被害人经济损失的，综合考虑犯罪性质、赔偿数额、赔偿能力等情况，可以减少基准刑的30%以下。

18. 对于取得被害人或其家属谅解的，综合考虑犯罪的性质、罪行轻重、谅解的原因以及认罪悔罪的程度等情况，可以减少基准刑的20%以下。

19. 对于累犯，综合考虑前后罪的性质、刑罚执行完毕或赦免以后至再犯时间的长短以及前后罪罪行轻重等情况，可以增加基准刑的10%—40%。

20. 对于有前科劣迹的，综合考虑前科劣迹的性质、时间间隔长短、次数、处罚轻重等情况，可以增加基准刑的10%以下。

21. 对于犯罪对象为未成年人、老人、残疾人、孕妇等弱势人员的，综合考虑犯罪的性质、犯罪的严重程度等情况，可以增加基准刑的20%以下。

22. 对于在重大自然灾害、预防、控制突发传染病疫情等灾害期间犯罪的，根据案件的具体情况，可以增加基准刑的20%以下。

23. 对于犯罪后积极抢救被害人的，综合考虑犯罪性质、抢救条件及效果、损害后果等情况，可以减少基准刑的30%以下。

四、常见罪名的量刑

（一）交通肇事罪

构成交通肇事罪的，根据致人伤亡的人数、财产损失的数额等危害后果以及逃逸等情节，在相应的法定刑幅度内确定量刑起点和基准刑。

1. 具有下列情形之一的，可以在六个月以上二年以下有期徒刑幅度内确定量刑起点：

（1）死亡一人或者重伤三人，负事故全部或者主要责任的。

每增加轻伤一人，可以增加一个月至两个月刑期确定基准刑；每增加重伤一人，可以增加四个月至六个月刑期确定基准刑。

（2）死亡三人，负事故同等责任的。

每增加轻伤一人，可以增加一个月至两个月刑期确定基准刑；每增加重伤一人，可以增加两个月至四个月刑期确定基准刑；每增加死亡一人，可以增加四个月至六个月刑期确定基准刑。

（3）造成公共财产或者他人财产直接损失，负事故全部或者主要责任，无能力赔偿数额达30万元的。

无能力赔偿数额每增加10万元的，可以增加一个月至两个月刑期确定基准刑。

（4）交通肇事致一人重伤，负事故全部或者主要责任，并具有酒后、吸食毒品后驾驶机动车辆，无驾驶资格驾驶机动车辆，明知是安全装置不全或者安全机件失灵的机动车辆而驾驶，明知是无牌证或者已报废的机动车辆而驾驶，严重超载驾驶，以及为逃避法律追究逃离事故现场等情形之一的。

每增加上述情形之一的，可以增加一个月至三个月刑期确定基准刑；重伤二人的，可以增加两个月至四个月刑期确定基准刑。

2. 具有下列情形之一的，可以在三年以上四年以下有期徒刑幅度内确定量刑起点：

（1）死亡一人或者重伤三人，负事故全部或者主要责任，又逃逸的。

每增加轻伤一人，可以增加两个月至四个月刑期确定基准刑；每增加重伤一人，可以增加五个月至八个月刑期确定基准刑。

（2）死亡三人，负事故同等责任，又逃逸的。

每增加轻伤一人，可以增加两个月至四个月刑期确定基准刑；每增加重伤一人，可以增加四个月至六个月刑期确定基准刑；每增加死亡一人，可以增加五个月至十个月刑期确定基准刑。

（3）造成公共财产或者他人财产直接损失，负事故全部或者主要责任，无能力赔偿数额达30万元，有逃逸的。

无能力赔偿数额每增加 10 万元的,可以增加两个月至四个月刑期确定基准刑。

（4）交通肇事致一人重伤,负事故全部或者主要责任,并具有本罪名第 1 条第（4）项规定情形之一,有逃逸的。

每增加上述情形之一的,可以增加两个月至六个月刑期确定基准刑;重伤二人的,可以增加四个月至六个月刑期确定基准刑。

（5）死亡二人或者重伤五人,负事故全部或者主要责任的。

每增加轻伤一人,可以增加两个月至三个月星期确定基准刑;每增加重伤一人,可以增加三个月至四个月刑期确定基准刑;每增加死亡一人,可以增加六个月至十个月刑期确定基准刑。

（6）死亡六人,负事故同等责任的。

每增加轻伤一人,可以增加两个月至三个月刑期确定基准刑;每增加重伤一人,可以增加三个月至四个月刑期确定基准刑;每增加死亡一人,可以增加六个月至十个月刑期确定基准刑。

（7）造成公共财产或者他人财产直接损失,负事故全部或者主要责任,无能力赔偿数额达 60 万元的。

无能力赔偿数额每增加 20 万元的,可以增加两个月至四个月刑期确定基准刑。

（8）符合上述第（5）至（7）种情形之一,又具有逃逸情节的,可以增加六个月至一年刑期确定基准刑。

3. 因逃逸致一人死亡的,可以在七年至八年有期徒刑幅度内确定量刑起点。

每增加轻伤一人,可以增加三个月至六个月刑期确定基准刑;每增加重伤一人,可以增加六个月至一年刑期确定基准刑;每增加死亡一人,可以增加一年至二年刑期确定基准刑。

（二）故意伤害罪

1. 构成故意伤害罪的,可以根据下列不同情形在相应的幅度内确定量刑起点:

（1）故意伤害致一人轻伤的,可以在六个月至一年六个月有期徒刑幅度内确定量刑起点。

（2）故意伤害致一人重伤的,可以在三年至四年有期徒刑幅度内确定量刑起点。

（3）以特别残忍手段故意伤害致一人重伤,造成六级严重残疾的,可以在十年至十二年有期徒刑幅度内确定量刑起点。依法应当判处无期徒刑以上刑罚的除外。

（4）故意伤害致一人死亡的,可以在十年至十五年有期徒刑幅度内确定量刑起点。依法应当判处无期徒刑以上刑罚的除外。

2. 在量刑起点的基础上,可以根据伤亡后果、伤残等级、手段的残忍程度等犯罪事实增加刑罚量,确定基准刑。有下列情形之一的,可以增加相应的刑罚量:

（1）每增加一人或一处轻微伤,可以增加一个月至二个月刑期。

（2）每增加一人或一处轻伤,可以增加三个月至六个月刑期。

（3）每增加一人或一处重伤,可以增加一年至二年刑期。

3. 雇佣他人实施伤害行为的,可以增加基准刑的 20% 以下。

4. 有下列情形之一的,可以减少基准刑的 20% 以下:

（1）因婚姻家庭、邻居纠纷等民间矛盾激化引发的;

（2）因被害人的过错引发犯罪或对矛盾激化引发犯罪负有责任的。

（三）强奸罪

1. 构成强奸罪的,可以根据下列不同情形在相应的幅度内确定量刑起点:

（1）强奸妇女、奸淫幼女一人一次的,可以在三年至五年有期徒刑幅度内确定量刑起点。

（2）强奸妇女、奸淫幼女情节恶劣的;强奸妇女、奸淫幼女三人的;在公共场所当众强奸妇女的;二人以上轮奸妇女的;强奸致被害人重伤或者造成其他严重后果的,可以在十年至十二年有期徒刑幅度内确定量刑起点。依法应当判处无期徒刑以上刑罚的除外。

2. 在量刑起点的基础上,可以根据强奸人数、次数、致人伤亡后果等犯罪事实增加刑罚量,确定基准刑。有下列情形之一的,可以增加相应的刑罚量:

（1）强奸妇女每增加一人,可以增加二年至三年刑期。

（2）强奸同一妇女每增加一次,可以增加六个月至一年刑期,轮奸妇女的,每增加一次,可以增加一年至一年六个月刑期。

（3）每增加一人轻微伤,可以增加三个月至六个月刑期。

（4）每增加一人轻伤,可以增加六个月至一年刑期。

（5）每增加一人重伤,可以增加一年至两年刑期。

3. 奸淫幼女的,可以增加基准刑的 10%—30%。

（四）非法拘禁罪

4. 构成非法拘禁罪的，可以根据下列不同情形在相应的幅度内确定量刑起点：

（1）未造成伤害后果的，可以在三个月拘役至六个月有期徒刑幅度内确定量刑起点。

（2）致一人重伤的，可以在三年至四年有期徒刑幅度内确定量刑起点。

（3）致一人死亡的，可以在十年至十二年有期徒刑幅度内确定量刑起点。

5. 在量刑起点的基础上，可以根据非法拘禁人数、次数、拘禁时间、致人伤亡后果等犯罪事实增加刑罚量确定基准刑。有下列情形之一的，可以增加相应的刑罚量：

（1）每增加一人或者一次，可以增加三个月至六个月刑期。

（2）每增加一人轻伤，可以增加六个月至一年刑期。

（3）每增加一人重伤，以非法拘禁罪论处的，可以增加一年至二年刑期。

（4）每增加死亡一人，以非法拘禁罪论处的，可以增加二年至三年刑期。

6. 有下列情形之一的，可以增加基准刑的20%以下：

（1）具有殴打、侮辱情节的；

（2）国家机关工作人员利用职权非法扣押、拘禁他人的；

（3）因积极参与传销非法拘禁他人的。

7. 为索取合法债务、争取合法权益而非法扣押、拘禁他人的，可以减少基准刑的30%以下。

（五）抢劫罪

1. 构成抢劫罪的，可以根据下列不同情形在相应的幅度内确定量刑起点：

（1）抢劫一次的，可以在三年至五年有期徒刑幅度内确定量刑起点。

（2）入户抢劫的；在公共交通工具上抢劫的；抢劫银行或者其他金融机构的；抢劫三次或者抢劫数额达到数额巨大起点的；抢劫致人重伤、死亡的；冒充军警人员抢劫的；持枪抢劫的；抢劫军用物资或者抢险、救灾、救济物资的，可以在十年至十二年有期徒刑幅度内确定量刑起点。依法应当判处无期徒刑以上刑罚的除外。

2. 在量刑起点的基础上，可以根据抢劫致人伤亡的后果、次数、数额、手段等犯罪事实增加刑罚量，确定基准刑。有下列情形之一的，可以增加相应的刑罚量：

（1）每增加一人轻微伤，可以增加三个月至六个月刑期。

（2）每增加一人轻伤，可以增加六个月至一年刑期。

（3）每增加一人重伤，可以增加一年至二年刑期。

（4）每增加一次抢劫，可以增加一年至三年刑期。

（5）每增加本罪名第1条第（2）项规定的一种情节的，可以增加一年至二年刑期。

3. 流窜作案或者结伙抢劫的，可以增加基准刑的20%以下。

4. 有下列情节之一的，可以减少基准刑的20%以下：

（1）教唆或者伙同他人抢劫家庭成员或者近亲属财物的；

（2）转化型抢劫，暴力程度轻微或仅以言语相威胁的。

（六）盗窃罪

1. 构成盗窃罪的，可以根据下列不同情形在相应的幅度内确定量刑起点：

（1）达到数额较大起点的，或者一年内入户盗窃或者在公共场所扒窃三次的，可以在三个月拘役至六个月有期徒刑幅度内确定量刑起点。

（2）达到数额巨大起点或者有其他严重情节的，可以在三年至四年有期徒刑幅度内确定量刑起点。

（3）达到数额特别巨大起点或者有其他特别严重情节的，可以在十年至十二年有期徒刑幅度内确定量刑起点。依法应当判处无期徒刑以上刑罚的除外。

2. 在量刑起点的基础上，可以根据盗窃数额、次数、手段等犯罪事实增加相应的刑罚量，确定基准刑。有下列情形之一的，可以增加相应的刑罚量：

（1）盗窃数额达到数额较大起点的，每增加1000元，可以增加三个月至四个月刑期；

（2）盗窃数额达到十二巨大起点的，每增加2000元，可以增加三个月至四个月刑期；

（3）盗窃数额达到数额特别巨大起点的，每增加20000元，可以增加三个月至四个月刑期；

（4）多次盗窃的，可以增加两个月至六个月刑期。

（5）盗窃他人必需的生产、生活资料，严重影响他人生产、生活的，可以增加一个月至六个月刑期。

3. 有下列情节之一的，可以增加基准刑的20%以下：

（1）入户盗窃的；

（2）采取破坏性手段盗窃造成公私财产损失的；

（3）流窜盗窃作案的。

4. 有下列情节之一的，可以减少基准刑的50%以下：
(1) 在案发前自动将赃物放回原处或归还被害人的（将部分赃物放回原处或归还被害人的，可以按比例减少刑期）；
(2) 盗窃自家或者近亲属财物的（不作犯罪处理的除外）。

（七）诈骗罪

1. 构成诈骗罪的，可以根据下列不同情形在相应的幅度内确定量刑起点：
(1) 达到数额较大起点的，可以在三个月拘役至六个月有期徒刑幅度内确定量刑起点。
(2) 达到数额巨大起点或者有其他严重情节的，可以在三年至四年有期徒刑幅度内确定量刑起点。
(3) 达到数额特别巨大起点或者有其他特别严重情节的，可以在十年至十二年有期徒刑幅度内确定量刑起点。依法应当判处无期徒刑的除外。

2. 在量刑起点的基础上，可以根据诈骗数额、次数、后果、手段等犯罪事实增加相应的刑罚量，确定基准刑。有下列情形之一的，可以增加相应的刑罚量：
(1) 诈骗数额达到数额较大起点的，每增加3000元，可以增加二个月至三个月刑期；
(2) 诈骗数额达到数额巨大起点的，每增加5000元，可以增加二个月至三个月刑期；
(3) 诈骗数额达到数额特别巨大起点的，每增加40000元，可以增加二个月至三个月刑期。

3. 有下列情形之一的，可以增加基准刑的20%以下：
(1) 利用群发短信、群拨电话等电信技术手段实施诈骗的；
(2) 诈骗救灾、抢险、防汛、优抚、救济、医疗、扶贫、移民款物的；
(3) 以赈灾捐款名义实施诈骗的；
(4) 致使被害人死亡、精神失常或者其他严重后果的；
(5) 挥霍诈骗的财物，致使诈骗的财物无法返还的；
(6) 使用诈骗的财物进行违法犯罪活动的。

4. 有下列情形之一的，可以减少基准刑的50%以下：
(1) 在案发前自动将赃物归还被害人的；
(2) 诈骗自家或近亲属财物的。

（八）抢夺罪

1. 构成抢夺罪的，可以根据下列不同情形在相应的幅度内确定量刑起点：
(1) 达到数额较大起点的，可以在三个月拘役至一年有期徒刑幅度内确定量刑起点。
(2) 达到数额巨大起点或者有其他严重情节的，可以在三年至四年有期徒刑幅度内确定量刑起点。
(3) 达到数额特别巨大起点或者有其他特别严重情节的，可以在十年至十二年有期徒刑幅度内确定量刑起点。依法应当判处无期图形的除外。

2. 在量刑起点的基础上，可以根据抢夺数额、次数、手段、致人伤害后果等犯罪事实增加相应的刑罚量，确定基准刑。有下列情形之一的，可以增加相应的刑罚量：
(1) 抢夺数额达到数额较大起点的，每增加1000元，可以增加三个月至四个月刑期；
(2) 抢夺数额达到数额巨大起点的，每增加2000元，可以增加三个月至四个月刑期；
(3) 抢夺数额达到数额特别巨大起点的，每增加20000元，可以增加三个月至四个月刑期；
(4) 每增加轻微伤一人，可以增加一个月至二个月刑期；
(5) 每增加轻伤一人，可以增加三个月至六个月刑期；
(6) 抢夺过失致人重伤、死亡的，可以增加六个月至一年刑期。

3. 有下列情节之一的，可以增加基准刑的20%以下：
(1) 抢夺救灾、抢险、防汛、优抚、扶贫、移民、救济、医疗等款物的；
(2) 一年内抢夺三次以上的；
(3) 驾驶机动车辆和非机动车辆事实抢夺的；
(4) 为吸毒、赌博等违法犯罪活动而实施抢夺的。

（九）职务侵占罪

1. 构成职务侵占罪的，可以根据下列不同情形在相应的幅度内确定量刑起点：
(1) 达到数额较大起点的，可以在三个月拘役至一年有期徒刑幅度内确定量刑起点。
(2) 达到数额巨大起点的，可以在五年至六年有期徒刑幅度内确定量刑起点。

2. 在量刑起点的基础上，可以根据职务侵占数额、次数等犯罪事实增加相应的刑罚量，确定基准刑。有下列情形之一的，可以增加相应的刑罚量：
可以增加二个月至三个月刑期；
(2) 职务侵占数额达到数额巨大起点的，每增加10000元，可以增加二个月至三个月刑期。

3. 有下列情节之一的，可以增加基准刑的30%以下：

（1）职务侵占行为严重影响生产经营或者造成其他严重损失的；
（2）多次职务侵占的；
（3）职务侵占用于救灾、抢险、防汛、优抚、扶贫、移民、救济款物和及募捐款物的；
（4）职务侵占的款项用于吸毒、赌博等违法犯罪活动的。
（十）敲诈勒索罪
1. 构成敲诈勒索罪的，可以根据下列不同情形在相应的幅度内确定量刑起点：
（1）达到数额较大起点的，可以在三个月拘役至六个月有期徒刑幅度内确定量刑起点。
（2）达到数额巨大起点或者有其他严重情节的，可以在三年至四年有期徒刑幅度内确定量刑起点。
2. 在量刑起点的基础上，可以根据敲诈勒索数额、次数、手段、造成的后果等犯罪事实增加相应的刑罚量，确定基准刑。有下列情形之一的，可以增加相应的刑罚量：
（1）多次敲诈勒索的，可以增加六个月至一年刑期；
（2）敲诈勒索数额达到数额较大起点的，每增加 2000 元，可以增加三个月至四个月刑期；
（3）敲诈勒索数额达到数额巨大起点的，每增加 10000 元，可以增加六个月至一年刑期。
3. 有下列情节之一的，可以增加基准刑的 30% 以下：
（1）以非法手段获取他人隐私勒索他人财物的；
（2）以危险方法制造事端进行敲诈勒索的；
（3）一年内三次以上敲诈勒索的；
（4）冒充国家机关工作人员敲诈勒索的。
（十一）妨害公务罪
1. 构成妨害公务罪的，可以在三个月拘役至一年有期徒刑幅度内确定量刑起点。
2. 在量刑起点的基础上，可以根据妨害公务的手段、造成的后果等犯罪事实增加刑罚量，确定基准刑。有下列情形之一的，可以增加相应的刑罚量：
（1）每增加轻微伤一人，可以增加一个月至三个月刑期。
（2）每增加轻伤一人，可以增加三个月至六个月刑期。
3. 煽动群众阻碍依法执行公务、履行职责的，可以增加基准刑的 20% 以下。
（十二）聚众斗殴罪
1. 构成聚众斗殴罪的，可以根据下列不同情形在相应的幅度内确定量刑起点：
（1）犯罪情节一般的，可以在六个月至一年六个月有期徒刑幅度内确定量刑起点。
（2）聚众斗殴三次的；聚众斗殴人数多、规模大，社会影响恶劣的；在公共场所或者交通要道聚众斗殴，造成社会秩序严重混乱的；持械聚众斗殴的，可以在三年至四年有期徒刑幅度内确定量刑起点。
2. 在量刑起点的基础上，可以根据聚众斗殴人数、次数、手段、伤害后果等犯罪事实增加刑罚量，确定基准刑。有下列情形之一的，可以增加相应的刑罚量：
（1）聚众斗殴一方参与人数达 10 人以上不满 20 人的，对首要分子及起组织、指挥作用的人，可以增加三个月至六个月刑期。聚众斗殴一方参与人数达 20 人以上的，对首要分子及起组织、指挥作用的人，可以增加六个月至一年刑期。
（2）每增加轻微伤一人，可以增加三个月至六个月刑期。
（3）每增加轻伤一人，可以增加六个月至一年刑期。
（4）每增加聚众斗殴一次的，可以增加六个月至一年刑期。
3. 有下列情节之一的，可以增加基准刑的 20% 以下：
（1）组织未成年人聚众斗殴的；
（2）聚众斗殴造成财产损失的。
4. 因民间纠纷引发的聚众斗殴，可以减少基准刑的 20% 以下。
（十三）寻衅滋事罪
1. 构成寻衅滋事罪的，可以在三个月拘役至一年有期徒刑幅度内确定量刑起点。
2. 在量刑起点的基础上，可以根据寻衅滋事次数、伤害后果、强拿硬要他人财物或任意损毁、占用公私财物数额等犯罪事实增加刑罚量，确定基准刑。有下列情形之一的，可以增加相应的刑罚量：
（1）每增加被害人一人，可以增加一个月至三个月刑期。
（2）每增加一人轻微伤，可以增加一个月至三个月刑期。
（3）每增加一人轻伤，可以增加三个月至六个月刑期。
（4）每增加寻衅滋事一次，可以增加六个月至一年刑期。
（5）强拿硬要或任意毁损、占用财物三次以上，再每增加一次，可以增加一个月至二个月刑期。
（6）强拿硬要或任意毁损、占用财物价值 2000 元以上的，数额再每增加 2000 元，可以增加一个月至二个月刑期。

（7）持械寻衅滋事的，可以增加三个月至六个月刑期；

（8）因追逐、拦截、侮辱他人，造成他人精神失常、自杀的，可以增加六个月至一年刑期；

（9）寻衅滋事严重影响社会秩序、造成恶劣社会影响的，可以增加六个月至一年刑期。

（十四）掩饰、隐瞒犯罪所得罪

1. 构成掩饰、隐瞒犯罪所得、犯罪所得收益罪的，根据下列不同情形在相应的幅度内确定量刑起点：

（1）犯罪情节一般的，可以在三个月拘役至六个月有期徒刑幅度内确定量刑起点。

（2）情节严重的，可以在三年至四年有期徒刑幅度内确定量刑起点。

2. 在量刑确定的基础上，可以根据犯罪数额、次数、手段等犯罪事实增加相应的刑罚量，确定基准刑。

（十五）走私、贩卖、运输、制造毒品罪

1. 构成走私、贩卖、运输、制造毒品罪的，可以根据下列不同情形在相应的幅度内确定量刑起点：

（1）走私、贩卖、运输、制造鸦片一千克，海洛因、甲基苯丙胺五十克或者其他毒品数量达到数量大起点的，量刑起点为十五年有期徒刑。依法应当判处无期徒刑以上刑罚的除外。

（2）走私、贩卖、运输、制造鸦片二百克，海洛因、甲基苯丙胺十克或者其他毒品数额达到数量较大起点的，量刑起点为七年至八年有期徒刑。

（3）走私、贩卖、运输、制造鸦片不满二百克，海洛因、甲基苯丙胺不满十克或者其他少量毒品的，可以在三个月拘役至三年有期徒刑幅度内确定量刑起点；情节严重的，可以在三年至四年有期徒刑幅度内确定量刑起点。

2. 在量刑起点的基础上，可以根据毒品犯罪次数、人次、毒品数量等犯罪事实增加相应的刑罚量，确定基准刑。

3. 有下列情节之一的，可以增加基准刑的30%以下：

（1）组织、利用、教唆未成年人、孕妇、哺乳期妇女、患有严重疾病人员、又聋又哑的人、盲人及其他特殊人群走私、贩卖、运输、制造毒品，或者向未成年人出售毒品的；

（2）毒品再犯。

4. 有下列情形之一的，可以减少基准刑的30%以下：

（1）受雇运输毒品的；

（2）毒品含量明显偏低的；

（3）存在数量引诱情形的。

五、附则

1. 本细则适用于判处有期徒刑以下的案件，其中第一至第三部分可适用于所有判处有期徒刑以下的案件。

2. 本细则所称以上、以下，均包括本数。

3. 本细则将随法律、司法解释和刑事司法政策以及上级法院规定的变动适时作出调整与修订。

4. 本细则自 2014 年 5 月 1 日起实施。

第四编　重庆市刑法适用规范性文件

重庆市政法部门第一届"五长"联席会议纪要
（2000年7月4日）

2000年5月15日—16日，重庆直辖市成立以来首次公、检、法、司、安"五长"联席会议在永川市渝西检察官培训中心召开。这次会议由市检察院副检察长李孝廉主持。市高级人民法院李元鹤、市公安局副局长文强、市司法局副局长陈光华、市国家安全局副局长马小川"五家"有关处（室）、队、庭及市检察院各分院、市各中级人民法院的负责同志参加了会议。市政法委副书记陈永翔出席了会议并作了重要讲话。会议对修改后的《刑法》、《刑事诉讼法》实施以来在执法工作中存在的有关问题，按照法律、政策的有关规定，本着分工负责、互相配合、互相制约的精神，经过广泛深入的研究、协商，就以下问题取得了一致共识。

1. 关于公司、企业人员受贿罪、职务侵占罪的数额标准

公司、企业人员受贿罪、职务侵占罪以1万元为"数额较大"的起点，以10万元为"数额巨大"的起点。

2. 关于伪造货币罪、出售、购买、运输假币罪、持有、使用假币罪、变造货币罪及金融工作人员购买假币、以假币换取货币罪的数额标准

（1）实施《刑法》第一百七十条，对伪造货币总面值在200元以上不满3万元或者币量20张以上不满3000张的，"处三年以上十年以下有期徒刑，并处五万元以上五十万元以下罚金"，伪造货币总面值在3万元以上或者币量3000张以上属于"伪造货币数额特别巨大"。

（2）实施《刑法》第一百七十一条，对出售、购买、运输假币的，以假币总面值1000元或者币量100张为"数额较大"的起点，以假币总面值1万元或者币量1000张为"数额巨大"的起点，以假币总面值5万元或者币量5000张为"数额特别巨大"的起点。

银行或者其他金融机构工作人员购买假币或者以假币换取货币的，以假币总面值1万元或币量1000张为"数额巨大"的起点，假币总面值500元以上不满1000元或币量50张以上不满100张的，一般可视为"情节较轻"。

（3）实施《刑法》第一百七十二条，以总面值2000元或币量200张为"数额较大"的起点，以总面值10000元或币量1000张为"数额巨大"的起点，以总面值10万元或币量1万张为"数额特别巨大"的起点。

（4）实施《刑法》第一百七十三条，以变造的总面值500元或币量50张为"数额较大"的起点，以变造的总面值3000元或币量300张为"数额巨大"的起点。

3. 关于销售假冒注册商标的商品罪的数额标准

分别以5万元、20万元作为个人"数额较大"、"数额巨大"的起点；分别以20万元、80万元作为单位"数额较大"、"数额巨大"的起点。

4. 关于抢劫罪"数额巨大"的标准

以1万元作为"数额巨大"的起点。多次抢劫的，累计计算。

5. 关于抢夺罪的数额标准

分别以500元、5000元、3万元作为"数额较大"、"数额巨大"、"数额特别巨大"的起点。

6. 关于侵占罪的数额标准

分别以 1 万元、10 万元作为"数额较大"、"数额巨大"的起点。

7. 关于诈骗罪的数额标准

分别以 2 千元、3 万元、20 万元作为诈骗罪"数额较大"、"数额巨大"、"数额特别巨大"的起点。

8. 关于挪用资金罪数额标准

分别以 2 万元、30 万元作为"数额较大"、"数额巨大"的起点；进行非法活动的，分别以 1.5 万元、15 万元作为"数额较大"、"数额巨大"的起点。

9. 关于敲诈勒索罪的数额标准

分别以 1.5 千元、1.5 万元作为"数额较大"、"数额巨大"的起点。以杀人、放火、爆炸等暴力手段相威胁进行敲诈勒索的，即使未遂，也应定罪处罚。

10. 关于故意毁坏财物罪的数额标准

分别以 2 千元、2 万元作为"数额较大"、"数额巨大"的起点。

11. 如何理解"携带凶器"进行抢夺的问题

所谓"携带凶器"进行抢夺，一是指在抢夺时携带枪支、爆炸物、管制刀具等管制物品的行为，携带此类物品本身就是一种违法犯罪行为，往往会使被害人产生恐惧感和精神强制，不敢进行反抗，因此这种行为实质上是一种胁迫行为，携带此类凶器即使未显露出来，也应依照抢劫罪定罪处罚。二是携带上述管制物品以外的其他可以作为凶器的物品（如非管制刀具、铁管、木棒、砖头等）进行抢夺的行为，如果是为了抢夺而携带上述凶器，或者借助凶器使被抢劫者受到精神威胁，应当以抢劫罪论处。

12. 关于为吸毒人员购买毒品的行为如何认定问题

行为人应吸毒人员的要求为其购买毒品用以吸食，且未从中加价倒卖的，行为人不以贩毒共犯论处；构成其他犯罪的，按其他犯罪处理。

13. 关于严格执行《刑事诉讼法》及有关规定收集证据的问题

近年来，司法实践中一些侦查人员收集证据不够细致，对程序法重视不够，如在尸体检验鉴定中不做实体解剖或不提取检材做效果分析，导致死因不确切。有的讯问犯罪嫌疑人不在讯问笔录上签字，有的在搜查是没有见证人，有的没有现场勘察情况的记载等，造成有的案件难以处理。为严格执法，因此特别强调，侦查人员收集证据必须依照《刑事诉讼法》及有关规定执行。

14. 关于生产、销售假药罪"足以严重危害人体健康"的认定问题

"足以严重危害人体健康"是构成生产、销售假药罪的必备要件，有关部门往往只对药品的真假作出鉴定，而对假药是否"足以严重危害人体健康"未作结论，致使此类案件办理难度较大，适用法律困难。会议确定由市公安局商请市医药管理局指定鉴定机构，并联合发文执行。

15. 关于对贩卖淫秽物品罪中贩卖行为的认定的问题

贩卖淫秽物品案件，侦查机关应当按照犯罪构成要件全面收集证据，凡是能够找到购买者的，应尽力寻找购买者取证。经努力无法找到购买者的，只要在经营销售场所或其他地方查获较大数量的淫秽物品，应以贩卖淫秽物品罪论处。

16. 关于赃物估价问题

凡是犯罪所得的赃物，应按照最高人民法院、最高人民检察院、公安部、国家计委《关于统一赃物估价工作的通知》（法〔1994〕9 号）和 1997 年 4 月 22 日《扣押、追缴、没收物品估价管理办法》执行。

17. 关于对毒品是否作定量分析的问题

虽然刑法不要求对毒品进行定量分析，但根据最高人民法院的要求，结合我市实际，对 150 克以上可能判处死刑的毒品案件怀疑其有大量掺假行为的，公安机关应对毒品作定量分析。

18. 关于自诉案件的问题

对符合刑诉法第一百七十条规定的公安机关、检察机关决定不予立案和不起诉的刑事案件，当事人可自诉至法院。公安机关和检察机关应将不立案决定书交有关当事人，以便法院决定是否受理。

19. 会议强调，在法庭审判过程中，有刑事诉讼法第一百六十五条规定的情形之一的刑事案件应按延期审理程序处理，检察院不得撤回起诉。在法院审理、复核过程中，被告人有检举、立功或供述有其他共同作案人的，应由检察机关或者公安机关或者检察机关会同公安机关及时查证，原则上在 1 个月内将查证结果回复法院。

20. 关于庭审过程冗长的问题

庭审中不必要的发问，重复举证，重复发言是一些案件庭审过程冗长的主要原因。为转变观念，适应新的庭审方式，解决庭审冗长的问题，公诉人、辩护人、审判人员对被告人没有异议的指控事实可不发问；公诉人、辩护人、对已有足够证据证明的案件事实，不重复举证；对已辩明的观点，不重复发言；审判人员应注意掌握庭审节奏，对举示的证据应适时认证。

21. 关于超期羁押犯罪嫌疑人、被告人的问题

办案超期羁押期限属违法办案。各办案单位要严格遵守办案时限，严格执行换押制度；看守所对即将到期的案件提前5天书面通知办案单位，办案单位应及时办结；检察机关提出纠正和通报的超期羁押案件，办案单位领导应督促纠正；对因办案人员的责任造成超期羁押的，对责任人应作出相应的处理。

各诉讼环节的羁押时限的起算：刑事拘留、逮捕以实际执行的日期开始起算；办案单位之间互相移送的案件，以收到机关的收案日期开始计算；需要延长办案期限的案件，必须按法律规定提前报审批机关批准，超过办案期限才来办理的，审批机关不予批准，起算时间以到期的次日开始计算；按法律规定应重新计算办案期限的案件，从批准之日起开始计算；延长办案时限和重新计算办案时限的通知书应及时送达关押的看守所，到期前无法送达的，应电话或电传通知，事后尽快送达，未送达的应算超期；请示案件的请示时间计入原办案单位的办案时限以内。

22. 关于交付执行的问题

为使罪犯能及时交付执行，人民法院的判决裁定生效后，应在3日内（特殊情况不超过7日）将《执行通知书》等法律文书送达看守所，由公安机关依法交付执行。公安机关在交付执行时，监狱认为符合暂予监外执行条件不予收监的，应当出具不予收监的文书，写明不予收监的理由。公安机关应将罪犯送市人民政府指定的医院进行鉴定，并将鉴定结论和不予收监的文书，提请原审人民法院作出的是否收监执行的决定。原审人民法院对于不符合监外执行条件的，应当作出收监执行的决定，由看守所将罪犯交付监狱执行。交付执行的罪犯的疾病治疗费问题，由公安、司法两家共同协商，向市政府提出解决的方案。

23. 关于监外执行罪犯的刑罚执行的问题

为了规范我市监外执行罪犯的刑罚执行的问题，判处缓刑、裁定假释、决定暂予监外执行的机关，应及时向罪犯所在地公安机关、检察机关送达有关法律文书。对因病暂予监外执行的应规定期限，到期要进行复查，执行机关应定期考察，条件消失的应及时报请决定机关作出收监决定。执行机关认为应该收监执行的罪犯，为调查取证，可依据原生效的判决或裁定书，经主管机关领导批准，先行在本地看守所羁押，查清情况后提请原裁定或决定的机关作出收监执行的裁定或决定收监；监外执行罪犯脱管、漏管，执行机关应作出扣除刑期和考验期的决定，并通知原审人民法院或监管机关。

24. 关于提讯和会见犯罪嫌疑人、被告人问题

继续执行重庆市"五家"《关于在看守所提讯、会见在押人员的暂行规定》，对《规定》中不完善的地方，在适当的时间进行修改。各办案单位要坚决禁止办案人员一人提讯犯罪嫌疑人、被告人，对办案人员一人提讯所收集的证据材料，检察机关、人民法院在审查、审理时不予认可；律师会见犯罪嫌疑人、被告人，严格按照1998年1月19日"两高三部一委"《关于刑事诉讼法实施中若干问题的规定》执行，办案单位应予支持，在侦查阶段，律师需要会见时，只需要向办案部门提出申请，办案部门应当在48小时内安排会见，对于组织、领导、参加黑社会性质组织罪、组织、领导、参加恐怖活动组织罪或者走私犯罪、毒品犯罪、贪污贿赂犯罪等重大复杂的两人以上共同犯罪案件，办案部门应当在5日内安排会见；在审查起诉阶段和审判阶段，辩护律师凭"三证"（委托书、律师执业证、律师会见在押被告专用证明）即可会见；律师会见不受时间、次数的限制（特殊原因除外）。

25. 关于刑期折抵问题

近年来，在押罪犯因公安派出所留置审查等时间未折抵刑期的申诉较多。根据最高人民法院（84）法研第16号批复的精神，不论是以监视居住留置审查，还是以隔离审查行政看管等名义将犯罪嫌疑人、被告人看管起来，如果被判处刑罚的犯罪行为和被看管的行为系同一行为，只要完全限制了人身自由的，被看管的时间即可予以折抵刑期。办案机关移送案卷时应对犯罪嫌疑人、被告人除刑拘逮捕以外被完全限制人身自由的具体时间有专门的说明材料，以便法院在判决书中明确被告人刑期的折抵。

26. 关于减刑、假释裁定的问题

全市监狱在罪犯中全面推行"以分记奖、以奖记功、以功减刑"的考核办法。监狱拟报、法院审理罪犯的减刑可适当减少减刑幅度，扩大减刑面（原则上控制在25%左右），并适当增加对未成年犯罪减刑的比例。凡被市监狱管理局列为重要罪犯管理的犯人，减刑时除按有关规定和法律程序办理以外，监狱应报市监狱管理局审核同意后再呈报法院。监狱机关呈报减刑、假释罪犯名单时，应在研究审查前7至10天通报检察机关驻狱检察院（室）。检察机关发现人民法院减刑、假释裁定不当，超过法律规定的"二十日以内"，人民检察院仍然可以向人民法院提出书面建议，原裁定在认定事实、适用法律上确有错误的，人民法院应当予以纠正。

27. 关于危害国家安全犯罪案件管辖问题

对《刑法》第二编第一章规定以外的直接侵害国家安全的犯罪，国家安全机关与公安机关的管辖范围是交叉的，由两家协商解决；对管辖有争议的，谁先受理谁管辖。

28. 关于刑事法律援助工作

应严格执行最高人民法院、司法部司发通〔1997〕046号《关于刑事法律援助工作的联合通知》和

重庆市高级人民法院、重庆市司法局〔1998〕23号文件规定，规范管理人民法院指定案件的法律援助工作。人民法院指定辩护的案件应当在开庭10日以前将指定辩护律师的通知书和起诉书副本交所在辖区的法律援助机构或司法行政机关，同时附送被告人符合法定的法律援助条件的说明或经济困难的证明材料。承担法律援助义务的机构在收到法院指定辩护的通知书后3日内，应当指派提供法律援助义务的律师为被告人提供辩护，接受法律援助义务的律师不得拒绝辩护。在刑事法律援助工作中，尤其要注意保护二审案件中没有委托辩护人的盲、聋、哑或未成年人的合法权益。

29. 关于借卷问题

因工作需要，公安机关、检察机关、人民法院应当互相支持、互相配合，按照有关规定，可以借用刑事、治安、民事、经济、行政案件案卷。会议特别强调，出借方要严格手续，借入方要妥善保管、按期归还。借用人民法院终审尚未归档的案卷时，人民法院应当通知承办人及时整理归档，以便借用。

30. 关于贯彻执行《刑事诉讼法》第八十七条立案监督的问题

现在执行中，立案监督程序和有关法律文书都存在不规范的问题，不利于打击犯罪，保护公民的合法权益，严重影响了公正执法。因此，由市公安局和市检察院拟定严格执行刑事立案监督实施细则共同遵守。

31. 本纪要自下发之日起施行。如有新的司法解释，按司法解释执行。

重庆市政法部门第二届"五长"联席会议纪要

（2002年11月28日）

2002年7月23日—24日，重庆市公安局、重庆市人民检察院、重庆市司法局、重庆市国家安全局和重庆市高级人民法院在涪陵举行了重庆市公、检、法、司、安第二次"五长"联席会议。本次会议由市高级人民法院李元鹤主持。市检察院副检察长李孝廉、市公安局副局长周志仁、市司法局副局长郑健、市国家安全局副局长王勇，以及"五家"有关庭、处（室）、队和市第一、二、三、四中级人民法院，市人民检察院第一、二、三、四分院的负责人共四十余人参加了会议。

会议对第一次"五长"联席会议以来，市公、检、法、司、安五家机关在刑事司法理论和实务上，特别是2001年4月"严打"整治斗争以来在刑事法律和政策上的诸多问题进行了深入研讨，并就如下问题达成了一致意见。

一、重大责任事故罪、重大劳动安全事故罪、工程重大安全事故罪的立案标准

（一）造成死亡一人或者重伤三人以上的；

（二）造成公共财产或者他人财产直接损失，未赔偿数额三十万元以上的；或者直接损失不满三十万元，但间接损失超过一百万的；

（三）其他致使国家和人民利益遭受重大损失的情形。

二、破坏生产经营罪的立案标准

造成公共财产或者他人财产直接损失一千元以上，或者间接损失超过一万元的。但行为人积极赔偿，挽回损失的，可免于刑事处分。

三、滥用职权罪"重大损失"和"情节特别严重"的认定

滥用职权罪中的"重大损失"，按照最高人民检察院1999年9月16日公布的《最高人民检察院直接受理立案侦察案件立案标准的规定（试行）》（高检法释字〔1999〕2号）对本罪所规定的立案标准予以认定。

滥用职权，具有下列情形之一的，认定为情节特别严重：

（一）造成死亡三人以上，或者重伤六人以上，或者轻伤十五人以上的；

（二）造成直接经济损失六十万元以上的；

（三）其他严重损害国家声誉的情形。

四、玩忽职守罪"重大损失"和"情节特别严重"的认定

玩忽职守罪中的"重大损失"，按照最高人民检察院1999年9月16日公布的《最高人民检察院直接受理立案侦查案件立案标准的规定（试行）》（高检法字〔1999〕2号）对本罪所规定的立案标准予以认定。

玩忽职守，具有下列情形之一，认定为情节特别严重：

（一）造成死亡三人以上，或者重伤九人以上，或者轻伤三十人以上的；

（二）造成直接经济损失九十万元以上，或者直接经济损失不满九十万元，但间接经济损失超过三百万元的；

（三）徇私舞弊，造成直接经济损失六十万元以上的；

（四）其他严重损害国家声誉的情形。

五、非法经营罪"情节严重"和"情节特别严重"的认定

非法经营罪中的"情节严重",按照最高人民检察院、公安部2001年4月18日发布的《最高人民检察院公安部关于经济犯罪案件追诉标准的规定》中的相关追诉标准予以认定。

实施非法经营行为,具有下列情形之一的,认定为情节特别严重:

(一)违反国家规定,采取租用国际专线、私设转接设备或者其他方法,擅自经营国际电信业务或者涉港、澳、台电信业务进行营利活动,具有下列情形之一的:

1. 经营去话业务数额在三百万元以上的;
2. 经营来话业务造成电信资费损失数额在三百万元以上的;
3. 虽未达到上述数额标准,但因非法经营国际电信业务或者涉港、澳、台电信业务,受过行政处罚六次以上,又进行非法经营活动的。

(二)非法经营外汇,具有下列情形之一的:

1. 在外汇指定银行和中国外汇交易中心及其分中心以外买卖外汇,数额在六十万美元以上,或者违法所得数额在十五万元人民币以上的;
2. 公司、企业或者其他单位违反有关外贸代理业务的规定,采用非法手段,或者明知是伪造、变造的凭证、商业单据,为他人向外汇指定银行骗购外汇,数额在一千五百万美元以上,或者违法所得数额在一百五十万元人民币以上的;
3. 居间介绍骗购外汇,数额在三百万美元以上或者违法所得数额在三十万元人民币以上的。

(三)违反国家规定,出版、印刷、复制、发行非法出版物,具有下列情形之一的:

1. 个人非法经营数额在十五万元以上,单位非法经营数额在四十五万元以上的;
2. 个人违法所得数额在六万元以上,单位违法所得数额在十五万元以上的;
3. 个人非法经营报纸一万五千份或者期刊一万五千本或者图书六千册或者音像制品、电子出版物一千五百张(盒)以上,单位非法经营报纸四万五千份或者期刊四万五千本或者图书一万五千册或者音像制品、电子出版物四千五百张(盒)以上的。

(四)未经国家有关主管部门批准,非法经营证券、期货或者保险业务,非法经营数额在六十万元以上,或者违法所得数额在十五万元以上的。

(五)从事其他非法经营活动,具有下列情形之一的:

1. 个人非法经营数额在十五万元以上,或者违法所得数额在三万元以上的;
2. 单位非法经营数额在一百五十万以上,或者违法所得在三十万元以上的。

六、关于"多次盗窃"

入户盗窃或者在公共场所扒窃,在一年内实施三次以上的,不论是既遂还是未遂,均认定为刑法第二百六十四条规定的"多次盗窃"。

七、关于合同诈骗罪

单位以非法占有为目的,虚构合同,骗取钱财,非法利益归单位的,构成单位合同诈骗罪,依照《刑法》第二百二十四条、第二百三十一条的规定,对单位判处罚金,并对直接负责的主管人员和其他直接责任人员追究刑事责任。

八、关于窝藏、转移、收购、销售赃物罪

明知是不负刑事责任的人盗窃所得赃物而窝藏、转移、收购或者代为销售,数额较大的,依照《刑法》第三百一十二条的规定追究刑事责任。

九、关于国家工作人员

事业单位编制人员在依法履行行政执法职责期间,属于其他依照法律从事公务的人员,以国家机关工作人员论。

十、非法行医罪"情节严重"的认定

非法行医,有下列情形之一的,认定为"情节严重":

1. 损害就诊人身体健康的;
2. 非法行医获取钱财三千元以上的;
3. 受过卫生行政部门处罚两次以上仍非法行医的。

十一、服刑罪犯在监狱范围内实施盗窃、抢夺、敲诈勒索、诈骗、贩卖毒品、阻碍警察执行职务的犯罪

(一)服刑罪犯在监狱范围内盗窃公私财物的,五百元以上为"数额较大",五千元以上为"数额巨大",依照《刑法》第二百六十四条的规定追究刑事责任。

一年之内盗窃三次以上,累计数额不满五百元的,依照《刑法》第二百六十四条的规定追究刑事责任。

(二)服刑罪犯在监狱范围内诈骗公私财物,两千元为"数额较大",三万元以上为"数额巨大",依照《刑法》第二百六十六条的规定追究刑事责任。

（三）服刑罪犯在监狱范围内抢夺公私财物，五百元以上为"数额较大"，五千元以上为"数额巨大"，依照《刑法》第二百六十七条的规定追究刑事责任。

（四）服刑罪犯在监狱范围内敲诈勒索公私财物，一千元以上为"数额较大"，一万元以上为"数额巨大"，依照《刑法》第二百七十四条的规定追究刑事责任。

（五）服刑罪犯明知是毒品而非法销售，或者以贩卖为目的而非法购买毒品，或者居间介绍买卖毒品的，无论数量多少，均依照《刑法》第三百四十七条的规定追究刑事责任。

（六）服刑罪犯以暴力、威胁方法阻碍警察依法执行职务的，依照《刑法》第二百七十七条第一款的规定追究刑事责任。该项行为同时构成刑法规定的其他犯罪的，依照处罚较重规定定罪处罚。

十二、"法轮功"刑事案件的审理

审理"法轮功"刑事案件，要严格依照法律以及"两高"《关于办理组织和利用邪教组织犯罪案件具体应用法律若干问题的解释（二）》、《关于办理组织和利用邪教组织犯罪案件具体应用法律若干问题的解答》的规定进行。

经审理，法院认为不构成犯罪的，不宜径行宣判无罪。而应通知检察院撤回起诉，由检察院退回公安机关另行处理。

十三、黑社会性质组织犯罪"保护伞"的认定

认定黑社会性质组织犯罪"保护伞"，严格依照全国人大常委会于2002年4月28日通过的《关于刑法第二百九十四条第一款的解释》进行。

十四、在侦查计算机犯罪和利用计算机犯罪的案件中，发现可以证明犯罪嫌疑人有罪、无罪以及罪重、罪轻的计算机设备以及记录有相关信息的磁盘、光盘等计算机数据载体，应当采用现场封存、复制、固定、记录等方法收集证据。

对计算机犯罪和利用计算机犯罪案件的证据，可以委托技术权威单位或聘请三名以上的专家组成鉴定组进行鉴定。

参与侦查的技术人员不能作为鉴定人，且参与鉴定的人员应有相应专业中级以上技术职称。

十五、判决生效后未羁押罪犯的交付执行

判决生效后，未羁押罪犯的交付执行，分别按照下列情形处理：

（一）判处有期徒刑以上刑罚的，法院应作出逮捕决定，通知当地公安机关逮捕未羁押罪犯并交付监狱执行。执行逮捕，法院应派有关人员协助。

（二）宣告缓刑的，法院应立即将有关法律文书送达负责考察的公安机关。

十六、脱逃罪犯在社会上犯罪案件的管辖

脱逃罪犯在社会上犯罪，犯罪地公安机关立案侦查移送起诉，监狱协助；罪犯被抓获回监狱后监狱发现的，有监狱侦查移送起诉，公安机关协助。

十七、服刑罪犯漏罪案件的管辖

服刑罪犯在判决宣告前有漏罪，公安机关发现的，由犯罪地或漏罪的主要犯罪地公安机关立案侦查移送起诉，监狱协助；监狱发现的，由监狱将犯罪线索材料移交罪犯原审地或服刑地的检察院处理。

十八、一审中发现漏罪的处理

在案件一审过程中，发现被告人在判决宣告前有漏罪的，由检察院补充起诉。

十九、监狱在追捕脱逃罪犯和对罪犯在监狱内犯罪的案件进行侦查时，发现他人有窝藏、包庇脱逃罪犯或有其他犯罪嫌疑的处理

监狱在追捕脱逃罪犯和对罪犯在监狱内犯罪的案件进行侦查时，发现他人有窝藏、包庇脱逃罪犯或有其他犯罪嫌疑的，应将有关证据材料移送有管辖权的公安机关处理。公安机关应在一个月内函告监狱是否决定立案侦查，并及时将侦查结果函告监狱。

监狱未在一个月内收到公安机关是否决定立案的回函，或者认为公安机关应当立案侦查而不立案侦查的，可以向当地检察院提出建议，提请检察院依法监督。

二十、换押制度

为使看守所能准确掌握羁押犯罪嫌疑人、被告人所在的诉讼环节，杜绝换押送达不及时和"人为超期羁押"的情况发生，换押要按以下程序办理：

（一）案件收接单位应及时办理换押手续。案件移送单位在案件移送后，应及时将送达回证复印件或者换押证第一联的复印件交看守所备案。

（二）市级政法机关办理的案件，犯罪嫌疑人、被告人关押在远郊县（市）看守所的，可采取电话、传真或者书面等形式通知看守所换押。

（三）换押证由移送单位交接收单位填写第二联后，移送单位及时将换押证第二联、第三联送达看守所。

重庆市政法部门第三届"五长"联席会议纪要

(2005年2月23日)

2004年12月1日至3日,重庆市公安局、重庆市人民检察院、重庆市高级人民法院、重庆市司法局和重庆市国家安全局在涪陵举行了重庆市公、检、法、司、国安第三届"五长"联席会议。本届会议由市公安局副局长王云生主持,市委政法委副书记黄明耀、市公安局党委副书记、常务副局长文强、市人民检察院副检察长黄海龙、市高级人民法院副院长胡伟新、市司法局副局长郑键、市国家安全局副局长王勇,以及上述各单位有关庭、处(室)、总队负责人和市第一、二、三、四中级人民法院,市人民检察院第一、二、三、四分院,市监狱管理局,市劳动教养管理局领导共七十余人参加会议。

会议对第二届"五长"联席会议以来,市公、检、法、司、国安五家机关在刑事司法理论和实务上的诸多问题进行了深入讨论,并就如下问题达成一致意见。

一、非法买卖外汇罪的立案标准

在外汇指定银行和中国外汇交易中心及其分中心以外买卖外汇,扰乱金融市场秩序,具有下列情形之一的,按照刑法第二百二十五条第三项的规定定罪处罚:

(一)非法买卖外汇二十万美元以上的;

(二)违法所得五万元人民币以上的。

二、合同诈骗罪中个人诈骗犯罪数额标准

合同诈骗罪中的个人诈骗犯罪数额在一万元以上的,应予追诉。

三、非法侵入他人住宅罪的立案标准

非法侵入他人住宅,影响他人正常生活和居住安全,具有下列行为之一的,应当追究刑事责任:

(一)非法侵入他人住宅,经要求或教育仍拒不退出,严重影响他人正常生活和居住安全的;

(二)非法侵入他人住宅,毁损、污损或搬走他人生活用品,严重影响他人正常生活的;

(三)非法侵入他人住宅,停尸闹事,严重影响他人正常生活的;

(四)非法侵入他人住宅,致使他人无法居住的;

(五)非法侵入他人住宅,引起其他严重后果的。

四、非法拘禁罪的立案标准

非法拘禁他人,有下列情形之一的,应当追究刑事责任:

(一)非法拘禁持续时间超过24小时的;

(二)3次以上非法拘禁他人,或者一次非法拘禁3人以上的;

(三)非法拘禁他人,并实施捆绑、殴打、侮辱等行为的;

(四)非法拘禁,致人伤残、死亡、精神失常的;

(五)为索取债务非法扣押、拘禁他人,具有上述情形之一的。

五、居间介绍买卖毒品以贩毒罪论处的立案标准

居间介绍买卖毒品,具有下列行为之一的,以贩毒共犯论处:

(一)行为人以营利为目的为买卖双方居间介绍交易毒品的,无论是否获利;

(二)明知他人是为转手倒卖而购买毒品,仍居间为其介绍购买毒品的,无论是否获利;

(三)行为人应吸毒人员要求为其购买毒品用以吸食,在购买后加价获利的。但有证据证明行为人不是以营利为目的,为吸毒人员代买用于吸食的毒品,毒品数量超过《刑法》第三百四十八条规定数量最低标准,以非法持有毒品罪论处。

六、容留他人吸毒罪的立案标准

容留他人吸食、注射毒品,无论本人是否参与吸食注射毒品,具有下列情形之一的,按照《刑法》第三百五十四条定罪处罚:

(一)一年内容留他人吸食、注射毒品三次以上的;

(二)一次容留三人以上吸食、注射毒品的;

(三)容留未满十八周岁的人吸食、注射毒品的;

(四)以营利为目的容留他人吸食、注射毒品的;

(五)容留他人吸食、注射毒品造成死亡等其他严重后果的。

容留近亲属吸毒、注射毒品不以犯罪论处。

七、对走私、贩卖、运输、制造、非法持有"摇头丸"(MD、MA、MDA)、"K粉"(氯胺酮)等新型毒品构成犯罪的认定

走私、贩卖、运输、制造、非法持有"摇头丸"(MD、MA、MDA)、"K粉"(氯胺酮)等新型毒品数量较大的,按照《刑法》第三百四十七、第三百四十八条定罪处罚。

数量较大的具体标准由市公、检、法机关另行制定。

八、盗伐、滥伐林木罪的数额标准
（一）盗伐林木罪以 2 立方米、幼树 100 株为"数量较大"的起点；以 20 立方米、幼树 1000 株为"数量巨大"的起点；以 100 立方米、幼树 5000 株为"数量特别巨大"的起点。
（二）滥伐林木罪以 10 立方米、幼树 500 株为"数量较大"的起点，以 50 立方米、幼树 2500 株为"数量巨大"的起点。
九、盗窃罪的数额标准
（一）个人盗窃公私财物"数额较大"的起点，在本市渝中区、沙坪坝区、江北区、南岸区、九龙坡区、大渡口区、北碚区、渝北区、巴南区（含经济开发区、高新区），盗窃公私财物价值人民币一千元以上为数额较大，一万元以上为数额巨大，六万元以上为数额特别巨大；在本市其余地区，盗窃公私财物价值八百元以上为数额较大，八千元以上为数额巨大，五万元以上为数额特别巨大。
扒窃公私财物"数额较大"的起点，在本市渝中区、沙坪坝区、江北区、南岸区、九龙坡区、大渡口区、北碚区、渝北区、巴南区（含经济开发区、高新区），扒窃公私财物价值人民币八百元以上为数额较大；在本市其余地区，扒窃公私财物价值五百元以上为数额较大。
（二）该标准实施之前已被刑事拘留的，按原盗窃罪数额认定标准执行；该标准实施之后人民法院尚未判决的，判决时依原盗窃罪数额认定标准判处，但可从轻处罚。
十、抢劫罪数额巨大的标准
（一）在本市渝中区、沙坪坝区、江北区、南岸区、九龙坡区、大渡口区、北碚区、渝北区、巴南区（含经济开发区、高新区），抢劫公私财物价值人民币一万元以上为数额巨大；在本市其余地区，抢劫公私财物价值人民币八千元以上为数额巨大。
（二）该标准实施之前已刑事拘留的，按原抢劫罪数额巨大认定标准执行；该标准实施之后人民法院尚未判决的，判决时依原抢劫罪数额巨大的认定标准判处，但可以从轻处罚。
十一、多次盗窃构成盗窃罪的认定
（一）一年内入户盗窃或者在公共场所扒窃三次以上；
（二）其他一年以内多次盗窃，且未受过处罚，累计盗窃金额达到盗窃数额较大的，以盗窃罪定罪处罚。
十二、盗窃既遂的认定
盗窃既遂的认定，原则上采取"控制说"兼顾"失控说"。盗窃犯罪嫌疑人实施盗窃行为，具有下列情形之一的，应认定为盗窃既遂：
（一）入户盗窃，将财物盗出户外；
（二）进入机关、团体、企事业单位盗窃，将财物盗出单位的围墙、门卫室或大门的；
在大型企业盗窃，将财物盗出该企业内独立核算的分厂、科研所等围墙或区域的；
（三）行为人在本单位或餐厅、洗浴等公共场所盗窃单位或他人财物，将窃得的财物藏匿于自己的皮包、衣物内以及保管或使用的保管箱、更衣箱内；
多个单位共同办公的写字楼内的工作人员，在该写字楼内盗窃其他单位财物，将财物盗离单位办公室或楼层；
（四）扒窃财物，被窃财物脱离失主身体或者提包的；
（五）进入自选商场盗窃，行为人携带被盗物品已通过收银台或未购物通道出口的；在柜台上盗窃的，行为人将物品带离该柜台售货人员实际控制的范围或者藏匿的。
十三、盗窃、诈骗、抢夺转化为抢劫中"当场"的范围界定
犯罪嫌疑人实施盗窃、诈骗、抢夺后，对当场发现并进行追捕的失主、民警或群众，使用暴力或以暴力相威胁，只要实际处于失主、民警或群众连续不断的追捕状态中则不论犯罪嫌疑人距离作案现场远近，均应认定其属于《刑法》第 269 条中规定的"当场"使用暴力或以暴力相胁的情形，按抢劫罪论处。
十四、窝藏、销售、收购、转移赃物罪的认定
（一）无论实施盗窃、抢夺等侵财犯罪的犯罪嫌疑人是否在逃，或者是否被追究了刑事责任，只要有证据证明行为人知道或应当知道物品是赃物仍窝藏、销售、收购、转移的，且赃物价值数额较大的，均应当按照《刑法》第三百一十二条定罪处罚。
（二）赃物价值数额较大指物品价值达到 3000 元以上；买赃自用的物品价值，达到 8000 元以上的。
十五、破坏民用电力设备、设施罪的认定
破坏民用电力设备、设施，危害公共安全的，应依照《刑法》第一百一十八条和一百一十九条追究刑事责任。
十六、暴力阻碍执行公务罪的认定
使用暴力阻碍国家机关工作人员执行公务，虽未造成国家机关工作人员轻伤，但具有造成国家机关工作人员不能正常执行公务或其他严重后果的，应依照《刑法》第二百七十七条定罪处罚。

十七、脱逃罪的认定

（一）对于依法被关押的罪犯、被告人、犯罪嫌疑人无论出于何种动机，只要逃离监管场所的监管区、生产劳作区警戒线或规定范围的，按脱逃罪处罚。

（二）对于不服原判决而逃离监管场所的监管区、生产劳作区警戒线或规定范围出去申诉的，在原审人民法院未改判前按脱逃罪处罚。

十八、轻伤案件的处理

（一）对于伤情鉴定尚未作出，受害人向公安机关控告的案件，公安机关可按治安案件受理。

（二）对于伤情鉴定是轻伤的案件，公安机关应当告知受害人可向人民法院直接起诉，也可以由公安机关立案调查。被害人直接向人民法院起诉的，人民法院应当受理。受害人要求公安机关立案查处的，公安机关应当立案。案件侦查中，公安机关原则上不得进行调解，涉及的经济赔偿问题，告知受害人通过刑事附带民事诉讼渠道解决。

（三）公安机关立案侦查终结，依法提请批准逮捕和依法移送起诉，人民检察院应当依法作出决定；公安机关尚未侦查终结的，受害人要求撤回控告的，公安机关可视情节予以撤案。撤案后，受害人反悔要求公安机关再次立案的，公安机关不予重新立案，并告知受害人直接向人民法院起诉。受害人向人民法院起诉的，人民法院应当受理。

十九、对可能判处死刑案件中海洛因的定量分析

对于走私、贩卖、运输、制造海洛因200克以上或者150克以上并具有累犯、再犯、向未成年人贩卖海洛因、在戒毒场所内贩卖海洛因等四种情形之一，可能判处死刑的案件，公安机关应对海洛因作定量分析。

二十、对未使用的枪支的鉴定

对涉枪案件中未使用的枪支应当作杀伤力鉴定。

二十一、办理涉嫌投放危险物质的案件中，对被害人尸体胃内容物的检验

在办理涉嫌投放危险物质的刑事案件中，对被害人尸体胃内容物应当作检验并具体说明胃内容物的情况。

二十二、对在押人员检举、揭发他人犯罪的查证

（一）检察院、法院、监狱机关对在押人员检举、揭发他人犯罪需公安机关查证核实的案件，应当向公安机关发出正式书面函件说明需核实的内容并附相关材料。

（二）各级公安机关的监管部门和举报中心接到检察院、法院、监狱机关发出的上述函件后，应当在三十日内进行查证并回复发函机关；特殊情况下查证时间可延长至六十日，但应在三十日届满时将延长情况回复发函机关。

二十三、自首、立功等证明材料的出具

对于公安机关立案侦查的案件，由市公安局直属单位和区、县（自治县、市）公安机关出具自首、立功等证明材料。

对于检察机关立案侦查的案件，由县级以上人民检察院出具自首、立功等证明材料。

二十四、对赃物估价存在异议的处理

检察机关在审查起诉阶段或审判机关在审判阶段，对同级价格事务所接受公安机关委托依法作出的估价鉴定结论有异议的，应当由提出异议的检察机关或审判机关直接委托市价格事务所复核一次，必要时可以返回原价格事务所重新鉴定一次。以价格事务所作出的复核、重新鉴定的结论作为定案依据。

二十五、对善意买赃的处理

在对直接从买主处查获的赃物进行处理时，买主是善意取得且犯罪嫌疑人确实无力回赎或赔偿损失的，由买主与失主双方就具体情况进行协商；不能协商一致的，原则上返还买主。

二十六、《秘密侦察卷》的查阅范围

人民检察院、人民法院在办理国家安全案件的批准逮捕、审查起诉和审判期间，可以确定专人查阅《秘密侦察卷》，阅卷过程中需有侦查机关办案人员在场；但不得以任何形式复制、记录、摘抄及公开使用。阅卷完毕应立即交侦查机关办案人员。

二十七、在审查起诉、审判阶段，对特情人员、案件检举人和线索提供人的保护

（一）对涉及特情人员、案件检举人和线索提供人的案件，检察院、法院在诉讼阶段，对特情人员、案件检举人和线索提供人的证实材料，应当进行质证、举证、认证，但不公开特情人员、案件检举人和线索提供人的姓名、性别、年龄以及工作单位、住所地等有关情况。

（二）对需要公开的法律文书在叙述案件检举过程时，特别是在对有检举立功表现的犯罪嫌疑人在叙述其减、免、缓刑理由时，不详述其立功的具体内容。

二十八、公安机关、检察机关法律文书的往来

（一）公安机关未按照法定程序以正式法律文书提请批准逮捕或移送审查起诉的，视为研究案件，

检察机关可不用正式法律文书回复，或直接将案件材料退回。

（二）公安机关按照法定程序以正式法律文书提请批准逮捕或移送审查起诉的，检察机关应当依照《刑事诉讼法》规定的程序作出相应决定，并加盖检察机关印章。

（三）检察机关对决定不批准逮捕或不起诉的，应当说明理由；对需要补充侦查的，还应当附补充侦查提纲。

二十九、公安机关移送审查起诉的案件，犯罪嫌疑人已被逮捕，但既不符合起诉条件，又不属于不诉范围的案件的处理

对于公安机关移送审查起诉的案件检察机关发现犯罪嫌疑人没有违法犯罪行为的或发现犯罪事实并非犯罪嫌疑人所为的，应当将案卷退回公安机关并书面说明理由；如果犯罪嫌疑人已经被逮捕，应当撤销逮捕决定，通知公安机关立即释放犯罪嫌疑人，并依法撤销案件。

三十、换押

（一）因延长办案期限、重新计算羁押期限等不需要办理换押手续的，办案机关应在原羁押期限届满前将《延长羁押期限通知书》、《重新计算羁押期限通知书》及时送达看守所。

（二）在同一诉讼阶段内办案部门改变而不需要办理换押手续的，原办案部门和改变后的办案部门应及时告知或将有关法律文书送达看守所，注明改变情况及新的法定办案起止期限。

（三）为防止超期羁押，移送案卷材料时原则上应采用直接移送的方式。

三十一、不讲真实姓名罪犯的羁押

（一）公安局、检察院、法院在诉讼过程中应加强对犯罪嫌疑人姓名、住址、身份的核查工作，对不讲真实姓名、住址、身份的，侦查机关应当按照《刑事诉讼法》第128条"侦查羁押期限自查清其身份之日起计算"的规定，计算对犯罪嫌疑人的侦查羁押期限，并尽量查清其真实姓名、住址、身份。

（二）起诉书副本、判决书对被告人基本情况认定不一致的，以生效判决书为准。

起诉书副本、判决书、执行通知书、结案登记表记载有误的，作出生效判决的人民法院应当及时作出更正。

（三）对不讲真实姓名、住址、身份的"三假"罪犯，人民法院判决其有罪，需要送交场所执行，送押单位按照《刑事诉讼法》、《监狱法》有关送押的规定提供了相关法律文书，监狱应当收押；交付监狱执行时，有关机关应当向监狱书面介绍有关情况。

三十二、对不符合保外就医条件的病残罪犯执行刑罚

（一）对病残状况未达到保外就医条件的罪犯，监狱应当收押；

（二）对法律规定不能保外就医或保外就医期间又犯罪的罪犯，应当由有关机关交付监狱执行刑罚。

三十三、劳教人员在劳教期间被判处刑罚的执行

对在劳动教养期间，因其他犯罪行为被判处刑罚的劳教人员执行刑罚，应按照公安部《公安机关办理劳动教养案件规定》第六章第六十七条的规定办理。

三十四、二审、再审中，检察机关在羁押场所讯问被告人、犯人的手续

检察机关在二审阶段提讯在押被告人或在再审阶段提讯服刑罪犯时，需向看守所或监狱提交提押证、介绍信以及证明案件处于该诉讼阶段的法律文书。

三十五、提讯在押罪犯的程序

（一）有关机关到监所提讯罪犯，应当持区、县（自治县、市）级以上公、检、法机关出具的正式公函，具体说明需提讯罪犯的个人基本情况、提讯事由、需监所协助的事项等内容。有关机关到监所提讯罪犯，监所应当派员协助。

（二）有关机关提讯罪犯后，应及时向监所反馈情况，并在2个月内对该罪犯作出处理决定或解回侦查、审讯。

三十六、办理罪犯解回侦查或审判的相关手续

（一）办理罪犯解回侦查或审判的，办案单位人员应持有区、县（自治县、市）级以上公、检、法机关出具的正式公函、介绍信和工作证件，经市监狱管理局批准后，监狱方予办理罪犯临时出监手续。正式公函应说明需解回罪犯的个人基本情况、解回理由、离监期限及羁押地点等情况。

（二）解回罪犯除执行死刑外，办案单位应在批准期限内将罪犯送回原所在监狱。凡超过期限未能结案的，应向市监狱管理局出具需超期解回的正式公函。

三十七、危害国家安全案件的对外宣传报道

公开报道危害国家安全案件，根据报道范围应由有关省、自治区、直辖市国家安全厅、局报国家安全部审批或由国家安全部报中央领导同志审批，未经批准或不是由国家安全机关提供的，相关办案部门不得将案件有关情况提供给新闻单位予以报道。

重庆市政法部门第四届"五长"联席会议纪要

(2006年8月22日)

2006年6月14日至16日，重庆市高级人民法院、重庆市人民检察院、重庆市公安局、重庆市司法局和重庆市国家安全局在巴南区举行了重庆市政法部门第四届"五长"联席会议。会议由司法局副局长张立维主持。市委政法委副书记黄明耀、市高级人民法院副院长李元鹤、市人民检察院常务副检察长白雪飞、副检察长于天敏、市公安局副局长王云生、市国家安全局副局长赵立华、市司法局巡视员王永端，以及上述单位有关庭、处（室）、总队负责人和市第一、二、三、四中级人民法院、市监狱管理局、市劳动教养管理局领导六十余人参加会议。

会议对第三届重庆市"五长"联席会议以来，市公、检、法、司、安五家机关在刑事司法理论和实务上的诸多问题进行了深入讨论，并就如下问题达成共识。

一、保险诈骗未遂罪的界定标准

个人进行保险诈骗未遂的，数额达到5万元以上，视为"严重情节"，应追究刑事责任。

单位进行保险诈骗未遂的，数额达到25万元以上，视为"严重情节"，应追究刑事责任。

二、生产、销售不符合安全标准的产品罪中"造成严重后果"、"后果特别严重"的标准

生产、销售不符合安全标准的产品，致1人以上重伤、3人以上轻伤或者造成直接经济损失10万元以上的，应认定为"造成严重后果"；生产、销售不符合安全标准的产品，致1人以上死亡、3人以上重伤、10人以上轻伤或者造成直接经济损失50万元以上的，应认定为"后果特别严重"。

三、合同诈骗罪的数额标准

个人进行合同诈骗数额在1万元以上的，属于"数额较大"；个人进行合同诈骗数额在10万元以上的，属于"数额巨大"；个人进行合同诈骗数额在50万元以上的，属于"数额特别巨大"。

单位进行合同诈骗数额在5万元以上的，属于"数额较大"；单位进行合同诈骗数额在50万元以上的，属于"数额巨大"；单位进行合同诈骗数额在250万元以上的，属于"数额特别巨大"。

四、对在校学生在本校区内犯盗窃罪的追刑标准

在校学生在本校区内盗窃公私财物属初犯、偶犯的，危害不大，情节显著轻微的，可以不以犯罪论处。但有下列情形之一的，可以以盗窃罪追究刑事责任：

（一）一年内多次盗窃或一次盗窃多人，累计金额达1000元以上的；

（二）一年内多人结伙盗窃，金额达1000元以上的；

（三）采取撬门、翻窗入室等作案手段且盗窃金额达1000元以上的；

（四）因盗窃受过治安处罚，又实施盗窃，且盗窃金额1000元以上的。

五、关于引诱、容留、介绍他人卖淫罪与非罪的界定

引诱、容留、介绍他人卖淫有下列情形之一的，应追究刑事责任。

（一）对引诱、容留、介绍他人卖淫一次造成严重后果的；

（二）一年以内引诱、容留、介绍他人卖淫达两次以上；

（三）一次引诱、容留、介绍他人卖淫达两人以上的。

六、紧急情况下单个民警履行职责行为的认定

在紧急情况下，为制止正在发生的侵犯公民人身、财产安全等危难情形或盘问、传唤现行重大违法犯罪嫌疑人时，单个民警着制式警服或出示证件表明身份，依法履行职责，应视为依法执行职务行为。对实施不法暴力伤害和暴力阻碍行为，构成犯罪的，应当按照《中华人民共和国刑法》第二百七十七条规定，依法追究行为人的刑事责任。

七、在逃犯罪嫌疑人被外地侦查机关捉获后待移交和押回路途时间的认定

在逃犯罪嫌疑人被外地侦查机关捉获后，立案地侦查机关应立即将犯罪嫌疑人押回，以押回立案地的第二日起开始计算刑拘期限。

八、刑期或余刑在1年以下的未成年犯投劳问题的处理

未成年犯判决生效后，看守所应及时将其送未成年犯管教所执行刑罚，未成年犯管教所应当收押，但有《刑事诉讼法》第二百一十四条和《监狱法》第十七条规定的两种情形之一的可以暂不收监。

九、对缓刑、假释罪犯吸毒行为的处理

对缓刑、假释罪犯吸毒被公安机关决定强制戒毒的，先执行强制戒毒。执行完毕后，由于其行为属于违反《刑法》第七十七条和第八十六条的规定，应当撤销缓刑或假释，收监执行原判刑罚或执行未执行完毕的刑罚，其强制戒毒的时间计入刑期。

十、对爆炸物的鉴定

公安机关作爆炸物鉴定时，应当对成份含量及定性作出鉴定。

如果不能作出成份含量鉴定，仍应对是否属于爆炸物作出定性结论。

十一、对共同犯罪分案的处理

在共同犯罪案件中，在案的被告人原则上应并案审理，如因特殊原因需要进行分案的，公、检、法各单位之间应通过内部函向案件移送程序的下一单位作出说明。

十二、关于减刑假释的问题

对罪犯提请减刑、假释时，应按刑法及公、检、法、司关于减刑假释的有关规定进行。对于被判处财产刑、附带民事赔偿的罪犯，在符合减刑假释的条件下，如果积极或由亲属代为缴纳或赔偿的，提请减刑假释机关可作说明，供法院在裁定减刑假释时酌情考虑。

十三、关于处理在押人员死亡的问题

关于妥善处理在押人员死亡问题，由市检察院牵头，市法院、市公安局、市司法局参加，共同修订《关于处理在押人员死亡的若干规定》（渝检（监）〔1999〕16号），重点对在押人员死亡的几种不同情况的处理程序作出具体规定。

十四、对劳教人员在执行期间被确认涉嫌犯罪后有关问题的处理

对劳教人员在执行期间被确认涉嫌犯罪后有关问题的处理，由市劳教委根据《公安机关办理劳动教养案件规定》（公通字〔2002〕21号）第六十七条，结合《劳动教养管理工作执法细则》（司法部21号令）第五十七、五十八条的规定和有关法律精神，综合考虑法律的适用问题、所涉及的工作运转机制、相关机关的职责以及有关法律文书等，制定专门的规范性文件予以明确。

重庆市政法部门第五届"五长"联席会议纪要

（2008年3月13日）

2007年12月6日至7日，重庆市高级人民法院、重庆市人民检察院、重庆市公安局、重庆市司法局和重庆市国家安全局在长寿区举行了重庆市政法部门第五届"五长"联席会议。本次会议由市国家安全局筹备召开，副局长赵立华同志代表市国家安全局主持。市委政法委副书记张晓涛、市高级人民法院副院长李元鹤、市人民检察院副检察长白雪飞、于天敏、市公安局副局长唐昌勤、市司法局副局长张立维，以及"五家"有关庭、处（室）、队和市第一、二、三、四、五中级人民法院，市人民检察院第一、二、三、四、五分院的相关负责人共六十余人参加了会议。

会议对第四届"五长"联席会议以来，市级政法各部门在刑事司法理论和实务上，特别是中央提出"贯彻宽严相济刑事政策"要求以来在刑事法律和政策上的诸多问题进行了研讨，并就以下十四个方面问题达成了一致意见。

一、高利转贷罪"数额巨大"的标准

个人高利转贷，违法所得数额在五十万元以上的；单位高利转贷，违法所得数额在一百万元以上的。

二、违法发放贷款罪中"数额巨大"、"数额特别巨大"和"特别重大损失"的认定标准

个人违法发放贷款，数额在一百万元以上的，单位违法发放贷款，数额在二百万元以上的，应认定为"数额巨大"；个人违法发放贷款，数额在一千万元以上的，单位违法发放贷款，数额在二千万元以上的，应认定为"数额特别巨大"；个人违法发放贷款，造成直接经济损失数额在五百万元以上的，单位违法发放贷款，造成直接经济损失数额在一千万元以上的，应认定为"特别重大损失"。

三、非法吸收公众存款罪中"数额巨大或者有其他严重情节"的认定标准

个人非法吸收或者变相吸收公众存款数额在二百万元以上的，个人非法吸收或者变相吸收公众存款三百户以上的，个人非法吸收或者变相吸收公众存款，给存款人造成直接经济损失数额在一百万元以上的，应认定为"数额巨大或者有其他严重情节"。

单位非法吸收或者变相吸收公众存款数额在一千万元以上的，单位非法吸收或者变相吸收公众存款一千五百户以上的，单位非法吸收或者变相吸收公众存款，给存款人造成直接经济损失数额五百万元以上的，应认定为"数额巨大或者有其他严重情节"。

四、私分国有资产罪、私分罚没财产罪中"数额巨大"的认定标准

私分国有资产、罚没财产，累计数额在一百万元以上的，应认定为"数额巨大"。

五、轻轨及其附属专用设施在刑法上的属性问题

轻轨及其附属专用设施、轨道梁、电缆等属于刑法规定的"交通工具"及"交通设施"范畴。

六、共同犯罪案件中未成年人分案处理的问题

办理未成年人与成年人共同犯罪案件，一般应当将未成年人与成年人分案办理，公安机关分案移送起诉、人民检察院分案起诉、人民法院分案审判。办理未成年人与成年人共同犯罪案件的有关办法，由重庆市高级人民法院、重庆市人民检察院、重庆市公安局、重庆市司法局另行制定。

七、关于侦查机关移送审查起诉后犯罪嫌疑人逃跑的处理

侦查机关报捕而检察机关以涉嫌犯罪无逮捕必要作出不批准逮捕决定的案件，侦查机关采取监视居住、取保候审强制措施的,在侦查终结移送审查起诉时,检察机关自收到案件七日内,因犯罪嫌疑人逃跑不予受理的,侦查机关重新提请逮捕,检察机关应当批准逮捕;超过七日,犯罪嫌疑人在逃的,检察机关可以作出逮捕决定,由侦查机关执行,而不能将案件退回侦查机关。

八、被公安机关捉获归案的交通肇事逃逸犯罪嫌疑人逮捕的问题

对交通肇事逃逸的犯罪嫌疑人,被公安机关捉获归案的,报捕后检察机关原则上应当批准逮捕。

九、关于信息网络刑事案件的管辖问题

办理信息网络犯罪案件,几个地区(行为实施地、行为发生地和结果危害地)都有管辖权的,按照公安部《信息网络案件管辖规定》的规定办理:由最初受理地侦查机关网监部门管辖。最初受理地不明确的,按照结果危害地、行为实施地、行为发生地的顺序管辖。

十、网络犯罪案件中证据的收集、固定方式

侦查机关通过以下方式获取的证据经查证属实,可以作为证据使用:

(一)通过网站与网络(运营)服务商调取犯罪嫌疑人在网络上留下的"痕迹"(上网的时间、网址、域名、发布的内容等)证据。

(二)以勘验检查的形式提取固定电脑主机中现存的犯罪证据或者恢复已被删除的犯罪证据。

(三)以鉴定结论的形式固定犯罪嫌疑人在互联网上发布内容的网站、网址、时间、内容性质。

(四)将技术侦察手段获取的网络证据转换成公开证据材料使用的,应注明相关证据材料存放地点,以便于检察、审判机关办案时查阅。

(五)将犯罪嫌疑人在互联网上发布内容的网站及论坛首页、发布的具体网页全面直观的打印下来交犯罪嫌疑人签字捺印确认。

此外,应当根据案情需要,适时开展以侦查实验的形式固定犯罪主体及犯罪方式的证据,补充证据链的证明力。

十一、涉案财物证据材料的移送、运用及相关法律文书的送达问题

侦查机关侦查终结移送审查起诉并由检察机关起诉的刑事案件中,作为证据使用的涉案财物虽未移送,但有相关扣押手续和证明材料随卷,法院应对该部分涉案财物进行裁判,同时将生效裁判文书及时转送(或告知)原侦查机关。

十二、关于对被暂予监外执行罪犯监管和死亡后的告知问题

公安机关应当将辖区内被暂予监外执行罪犯的移送情况,在7个工作日内(从移送之日起算)书面通报被暂予监外执行罪犯原所在监狱;新居住地所在派出所(市内)收管暂予监外执行罪犯后,在7个工作日内(收管之日起算)书面告知监狱。

公安机关应当从被暂予监外执行罪犯死亡之日起,7个工作日内书面告知监狱。

十三、关于在承办法律援助案件中有关单位收取材料复制费标准不统一的问题

法律援助工作者在请求公安机关、检察机关、人民法院协助办理法律援助事项中,对涉及法律援助案件复制所必需的相关材料时,免收复制费用。

十四、关于法律援助案件涉及法律文书送达的问题

人民法院指定辩护的刑事案件,指定辩护通知书和起诉书副本一般应在开庭15日前送达法律援助机构;法律援助案件审判后,审判机关应当及时将判决书、裁定书通知或送达承办律师。

重庆市政法机关第六届"五长"联席会议纪要

(2009年5月12日)

2008年12月4日至6日,重庆市高级人民法院、重庆市人民检察院、重庆市公安局、重庆市国家安全局、重庆市司法局在北碚区举行了重庆市第六届"五长"联席会议。会议由市人民检察院常务副检察长李元鹤主持。市高级人民法院院长钱锋、市人民检察院检察长余敏、市公安局局长王立军、市国家安全局局长王勇、市司法局局长文强,以及"五家"的相关副职领导及庭(处、室)、总队的负责同志参加了会议。市委政法委副书记白雪飞出席会议并作了重要讲话。

会议对第五届"五长"联席会议以来,市级政法各部门在刑事司法理论和实务上的诸多问题进行了广泛深入的研究、协商,就以下问题取得了共识:

一、关于交通肇事罪自首情节的认定

交通肇事发生后,当事人及时报警,并抢救伤员、保护现场,并且符合刑法第六十七条规定的自首条件的,应当认定为自首。

二、关于盗窃机动车车牌定性的问题

撬盗机动车辆车牌累计三块以上或曾因盗窃车牌被处理后再次盗窃车牌的,按照刑法第二百八十条第一款以盗窃国家机关证件罪追究刑事责任。

三、关于大型群众性活动重大安全事故罪中"情节特别恶劣"的界定

具有下列情形之一的，应当认定为刑法第一百三十五条之一规定的大型群众性活动重大安全事故罪中"情节特别恶劣"：

（一）造成死亡三人以上，或者重伤十人以上的；
（二）造成直接经济损失一百五十万元以上的；
（三）其他特别恶劣的情节。

刑法第一百三十六条危险物品肇事罪中"后果特别严重的"、第一百三十八条教育设施重大安全事故罪中"后果特别严重的"、第一百三十九条消防责任事故罪中"情节特别恶劣的"认定标准，参照刑法一百三十五条之一规定的大型群众性活动重大安全事故罪中"情节特别恶劣"的认定标准掌握。

四、关于刑法第一百六十六条为亲友非法牟利罪规定"明显高于或低于市场的价格"的认定

刑法第一百六十六条规定"明显高于或低于市场的价格"的认定，以涉案国有公司、企业、事业单位事先设定的商品在交易时当地市场价格与实际支付价格的差额计算，达到十万元以上的。

前款所列市场价格包括交易经营单位事先设定的不针对特定人的各种优惠交易条件价格。没有前款所列的商品市场价格，由价格认证中心鉴定认证。

五、关于刑法第二百六十八条聚众哄抢罪犯罪数额和情节的界定

1. 聚众哄抢公私财物 2000 元以上，或者有哄抢一般文物、多次哄抢等其他严重情节，应按照刑法第二百六十八条追诉。

2. 聚众哄抢公私财物 20000 元以上为刑法第二百六十八条的"数额巨大"。

3. 具有下列情形之一的，属于刑法第二百六十八条规定的"其他特别严重情节"：

（1）哄抢抢险、救灾、救济、优抚等特定物资；
（2）哄抢重要军用物资；
（3）哄抢珍贵出土文物；
（4）哄抢导致公司、企业停产、停业；
（5）哄抢导致被害人精神失常、自杀；
（6）其他情节特别恶劣的哄抢行为。

六、关于规范"异地羁押"犯罪嫌疑人、被告人的问题

1. 公、检、法机关因办案需要"异地羁押"犯罪嫌疑人、被告人的，办案部门应当填写由市公安局监管总队统一印制的《看守所在押人员异地羁押审批表》，经办案机关的主要领导批准，"异地羁押"地公安机关主要领导签署"同意收押"意见。"异地羁押"地看守所审查办案机关提供的《看守所在押人员异地羁押审批表》、《刑事案件换押提讯提解证》及相关法律文书后收押。

办案机关应当在犯罪嫌疑人、被告人被执行羁押后 48 小时内，将已经签署的审批表传真报市公安局监管总队备案。

2. 首次收押需要"异地羁押"的，办案机关向其所在地看守所提供相关法律文书和《看守所在押人员异地羁押审批表》，看守所填发《刑事案件换押提讯提解证》，并注明"异地羁押"。"异地羁押"地看守所审查办案机关提供的《看守所在押人员异地羁押审批表》、《刑事案件换押提讯提解证》及相关法律文书后收押。

3. "异地羁押"的期限以本办案环节（办案环节指侦查、起诉和审判）的法定期限为限，随办案环节的结束而终止。提请异地羁押单位应当及时将犯罪嫌疑人、被告人提回所在地看守所关押。下一环节办案单位认为需要异地羁押的，应当按规定办理异地羁押手续。

4. 因通缉、追逃、投劳、出所指认现场、追赃、司法鉴定、就医、开庭等押解途中遇到特殊情况需要临时寄押的，可以办理"临时寄押"。"临时寄押"时间一般不得超过七天。

七、关于进一步加强执行《刑事案件换押提讯提解证》、《监外执行罪犯刑罚执行流程卡》的问题

1. 实行"上下家换押"，进一步落实换押制度。即案件改变诉讼环节，接收单位受理案件后，应及时将《换押通知书》以直接送达或传真等方式送达看守所，移送单位应通知看守所该案已移送；接收单位不及时换押的，看守所可依据移交单位的送达回证进行换押。

2. 由市公安局、市高级人民法院、市监狱局统一印制《刑事案件换押提讯提解证》、《监外执行罪犯流程卡》，改变现行的由基层单位各自印制《刑事案件换押提讯提解证》、《监外执行罪犯流程卡》不统一、不规范、不便于上级机关监督、管理的现象。

八、关于确定国家安全机关侦查案件的审查逮捕、审查起诉机关和审判机关的问题

重庆市国家安全局及其第一分局侦办的刑事案件，认为需要逮捕的，应当提请市人民检察院第一分院批准逮捕；认为需要提起公诉的，应当移送市人民检察院第一分院审查起诉；市人民检察院第一分院审查后作出起诉决定的，应当向市第一中级人民法院提起公诉，由市第一中级人民法院审判。

重庆市国家安全局其他分局侦办的刑事案件，按照属地管辖原则，分别由重庆市人民检察院有关分

院审查逮捕、审查起诉以及对应中级人民法院审判。

九、关于对案发情况、捉获经过、自首、立功情况的证明材料进行规范的问题

1. 在批准逮捕、审查起诉和审判阶段，侦查机关对案发情况、捉获经过应当予以书面说明。检察机关、审判机关认为其他情况影响犯罪嫌疑人、被告人定罪量刑而要求公安机关予以说明的，公安机关应当予以书面说明。

2. 犯罪嫌疑人、被告人对在案材料确定的羁押日期有异议的，办案机关应当提供书面说明。

3. 需要认定自首情节的，办案机关应当出具自动投案和如实供述犯罪事实的证明材料。

4. 对于因检举、揭发他人犯罪行为或提供重要的破案线索需要认定立功情节的，办案机关应当提供对被检举人、被揭发人的讯问笔录、捉获材料、立案决定书等书面材料。

出具上述关于案发情况、捉获经过、自首和立功的情况说明材料时，应当由两名以上侦查人员签名并加盖所属单位印章。对于公安机关立案侦查的案件，由侦查人员所属的市公安局直属单位或区、县（自治县）公安机关加盖印章；对于检察机关立案侦查的案件，由侦查人员所属的县级以上人民检察院加盖印章。

十、关于人民法院受理刑事案件申诉立案审查期限的问题

人民法院应当自收到刑事案件申诉书之日起5日内决定是否受理。申诉符合条件，人民法院决定受理的，应向申诉人发送受理通知书。作出受理通知书之日为受理申诉起算日，但调卷期间、鉴定期间不计入审查期限。不予受理的，应将申诉书等材料退回申诉人并向申诉人发送不予受理通知书。

十一、关于刑事诉讼中重新鉴定的组织实施问题

刑事诉讼中，在公安机关侦查阶段，对鉴定有争议的，由公安机关组织实施重新鉴定；在检察机关批捕阶段，对鉴定有争议的，由检察机关指定重新鉴定机构，公安机关组织实施重新鉴定工作；在检察机关审查起诉阶段，对鉴定有争议的，由检察机关组织实施重新鉴定工作，公安机关配合；在法院审判阶段，对鉴定有争议的，由法院组织实施重新鉴定工作，检察机关和公安机关配合。

十二、关于建立法律援助与司法救助相互衔接机制的问题

司法行政机关的法律援助机构给予法律援助的当事人，向人民法院申请诉讼费缓、减、免，并提交了《法律援助决定书》的，人民法院审查后，应当依法给予诉讼费缓、减、免。

十三、关于对《律师会见在押犯罪嫌疑人、被告人暂行办法》（渝司发〔2004〕5号）进行修订的问题

由市司法局牵头，协调市高级人民法院、市人民检察院、市公安局、市国家安全局，按照修订后的《中华人民共和国律师法》等法律，对2004年制定的《律师会见在押犯罪嫌疑人、被告人暂行办法》（渝司发〔2004〕5号）尽快修订。

本纪要自下发之日起施行，如有新的法律规定和司法解释，按新的法律规定和司法解释执行。

重庆市高级人民法院　重庆市人民检察院　重庆市公安局
《关于办理盗窃电能案件的若干规定》

（1999年7月26日）

一、为了严厉打击各种盗窃国家电能和扰乱供电、用电秩序的犯罪活动，保护国家和企业的合法财产不受侵犯，根据《中华人民共和国刑法》等法律法规的规定，制定本规定。

二、电能是一种商品。盗窃电能是一种违法犯罪行为。任何用电单位和个人不得以任何方式窃取电能，非法占为己有。

三、采取以下方法用电的，即可认定为盗窃电能：

（一）在供电企业的供电设施上，擅自接线用电的；

（二）绕越供电企业的电计量装置用电的；

（三）伪造或者开启法定的或者授权的计量检查机构加封的用电计量装置用电的；

（四）故意损坏供电企业的用电计量装置用电的；

（五）故意使供电计量装置不准或者失效的；

（六）采用其他方法窃电的。

四、窃电量与窃电金额的计算：

（一）在供电企业的供电设施上擅自接线用电的，所窃电量按私接设备容量（千伏安视同千瓦）乘以窃用的时间计算确定。

（二）窃电时间和窃电容量无法查明时，可参照以下方法确定：

1. 按同属性单位正常用电的单位产品耗电量和窃电单位的产品产量相乘计算用电量，加上其他辅助

用电后抄见的电量对比的差额;
　　2. 在总表上窃电,按分表电量及正常损耗之和与总表抄见电量的差额计算;
　　3. 按历史上正常月份用电量与窃电后抄见电量的差额,并根据实际用电变化确定。
　　(三)采用以上方法难确定时,所窃电量按计费电能表标定电流值(对装有限流器的,按限流器整定电流值)所指的容量(千伏安视同千瓦)乘以窃用的时间确定。
　　(四)窃电金额=窃电量×(物价部门核定的电力销售价格+国家和市政策规定随定量收取的各类合法费用)确定。
　　五、盗窃电能数额较大或多次盗窃,构成盗窃罪的,依照《中华人民共和国刑法》第264条的规定处罚。
　　认定盗窃电能犯罪的数额标准经换算后按照盗窃有形财产的数额标准执行。即在本市渝中区、沙坪坝区、江北区、南岸区、九龙坡区、大渡口区、北碚区、渝北区、巴南区窃电数额价值800元以上的,按"数额较大"处理;8000元以上的,按"数额巨大"处理;50000元以上的,按"数额特别巨大"处理。
　　在本市其余地区窃电数额价值500元以上的,按"数额较大"处理;5000元以上的,按"数额巨大"处理;30000元以上的,按"数额特别巨大"处理。
　　六、电力企业的职工利用职务上的便利进行窃电,数额较大的,依照《中华人民共和国刑法》第271条的规定以职务侵占罪定罪处罚。
　　国有电力企业从事公务的人员利用职务上的便利盗窃电能的,依照《中华人民共和国刑法》第382条、第383条的规定以贪污罪定罪处罚。
　　七、行为人的窃电行为尚未构成犯罪,但是违反《中华人民共和国治安管理处罚条例》或符合劳动教养条件的,予以治安处罚和劳动教养。

重庆市高级人民法院　重庆市人民检察院　重庆市公安局 《关于办理普通发票犯罪案件的若干规定》

(2000年1月30日)

　　为了依法惩处非法制造、出售非法制造的普通发票等犯罪行为,根据《中华人民共和国刑法》,参照最高人民法院、最高人民检察院有关司法解释,结合本市的实际情况,制定本规定。
　　一、本规定所称普通发票,是指除增值税专用发票以外的其他发票。
　　二、伪造、擅自制造或者出售伪造、擅自制造的可以用于抵扣增值税款的普通发票50份以上,应当依法定罪;伪造、擅自制造或者出售伪造、擅自制造的可以用于抵扣增值税款的普通发票250份以上属于"数量巨大";伪造、擅自制造或者出售伪造、擅自制造的可以用于抵扣增值税款的普通发票1000份以上属于"数量特别巨大"。
　　三、伪造、擅自制造或者出售伪造、擅自制造的前条规定以外的普通发票250份以上,或者票面累计金额10万元以上应当依法定罪处罚;伪造、擅自制造或者出售伪造、擅自制造的前条规定以外的普通发票1250份以上,或者票面累计金额50万元以上,属于"情节严重"的情形之一。
　　四、出售伪造、擅自制造的普通发票无论成交与否及成交数量多少,其携带的全部发票或住地、藏匿地查获的有证据证明系犯罪嫌疑人准备出售的发票均应计为犯罪数量。
　　五、曾因非法制造、出售非法制造的普通发票受过刑事处罚或者两次以上行政处罚,又进行此类违法活动被查获,犯罪数额接近以上定罪标准的,应定罪处罚。
　　六、非法出售普通发票的,依照第二至第五条的规定处罚。
　　七、伪造并出售同一宗普通发票的,数量或者票面额不得重复计算。
　　变造普通发票的,按照伪造普通发票的行为处理。
　　八、本规定自下发之日起施行。今后,最高人民法院、最高人民检察院如有新的司法解释,从其规定。

重庆市高级人民法院　重庆市人民检察院　重庆市公安局 《关于严厉打击破坏电力设备违法犯罪活动的意见》

(2001年8月16日)

　　为保障电力设备正常运行,维护社会稳定和公共安全,促进经济发展,根据《中华人民共和国刑法》、《中华人民共和国电力法》等有关法律法规规定,制定本意见。

一、坚持严打方针，全市公安机关要坚决贯彻中央社会治安工作会议精神，认真抓好打击破坏电力设备的犯罪活动，对辖区内发生的破坏电力设备的案件，要及时受理，认真侦破，特别是对犯罪气焰嚣张，连续作案，破坏电力设备严重的地区，要集中力量，集中时间，组织专项斗争，切实加强案件侦破，尽快压住高发案势头。

二、公安机关要汇同各级工商行政管理、物资、供销等部门大力清理整顿旧金属收购业，坚决堵住销赃渠道，对违法收购涉嫌犯罪的要立案查处。

三、对破坏电力设备的犯罪案件，检察机关和人民法院都要坚持"基本事实清楚，基本证据确凿"的原则，各自依职权及时捕起诉，依法从重从快判处；对危害严重，社会影响恶劣的犯罪案件，要在发案地区及时召开公处公判大会，造成声势，以教育群众，震慑犯罪。

四、凡破坏电力设备，危害公共安全，尚未造成严重后果，具有下列行为之一的，依照《中华人民共和国刑法》第一百一十八条规定处罚。

1. 非法拆卸国家规定的重点要害单位和部门的电力设备的；
2. 盗割国家规定的重点要害单位和部门的输电导线、电力电缆和变压器、输电线杆塔等电力设备的；
3. 采用放火、撞击、设置异物、实施爆炸等方式破坏电力设备的；
4. 以其他方法破坏电力设备的。

五、凡破坏电力设备，危害公共安全，造成严重后果的，具有下列行为之一的，依照《中华人民共和国刑法》第一百一十九条规定处罚。

1. 造成死亡1人以上或重伤3人以上或轻伤10人以上的；
2. 造成重大停电事故导致电网瘫痪的；
3. 造成重大火灾事故死亡3人以上，重伤10人以上，死亡、重伤10人以上，受灾30户以上，直接财物损失30万元以上的；
4. 造成直接经济损失10万元以上的；
5. 造成电力设备严重损坏，30日内不能修复或修复后不能达到原性能和安全生产的；
6. 严重损害国家声誉，或者造成恶劣社会影响的；
7. 其他使公共财产、国家和人民利益受重大损失的。

六、本"意见"所称电力设备是指发电厂、变电站内外各种专用设施；水力发电厂使用的有关设施；架空线路的有关设施；电力电缆线路的有关设施；电力线路上的变压器等有关设施；电力高度设施。

七、本"意见"所称要害单位和部门是指党政军首脑机关、国防尖端、重点建设工程、重要科研、重要动力、广播电视、通讯枢纽、重要仓库等单位和部门。

八、本"意见"所称直接经济损失包括电量损失以及更换设备配件、材料、人工和运输等费用。电量损失计算方法：损失电量折价＝断电时线路负荷×断电时间×当时执行电价。

设备损失修复时间是指损坏停止开始至设备重新投入运行或修复后能转入备用为止。

破坏电力设备造成的危害后果、事故、损失情况，由电力部门向司法机关提供证据。

重庆市高级人民法院　重庆市人民检察院　重庆市公安局　重庆市司法局《关于办理罪犯减刑假释案件的实施办法（试行）》

(2003年)

第一章　总　则

第一条　为了正确执行刑罚，依法办理罪犯减刑、假释案件，规范办案程序，提高办案质量，根据《中华人民共和国刑法》、《中华人民共和国刑事诉讼法》、《中华人民共和国监狱法》和《最高人民法院关于办理减刑、假释案件具体应用法律若干问题的规定》及司法部颁布的《监狱提请减刑假释工作程序规定》等有定法律、法规及规章的规定，结合我市实际，制定本办法。

第二条　办理罪犯减刑、假释案件，应当以事实为依据，以法律为准绳，体现惩办与宽大相结合的刑事政策，区别对待，宽严相济，注重罪犯实际改造表现，坚持标准，依法办理。

第三条　执行机关提请减刑、假释，应当根据法律规定的条件和程序进行，遵循公开、公平、公正的原则，实行集体评议、首长负责的工作制度。

第四条　对罪犯提请减刑、假释，分别由监狱刑罚执行部门或公安机关有关职能部门办理。未经法定程序，罪犯不得减刑、假释。

第五条　监狱成立提请减刑假释评审委员会，由主管副监狱长及刑罚执行、狱政管理、教育改造、生活卫生、狱内侦查、监察等有关部门负责人组成，主管副监狱长任主任。监狱提请减刑假释评审委员会不得少于7人。

公安机关看守所办理罪犯减刑、假释案件，由所长负责组织评审，所领导和管教民警参加。

第六条 罪犯获得行政奖励是认定其确有悔改表现和立功表现的依据。对罪犯的行政奖励，必须分别按照重庆市监狱管理局和重庆市公安局制定的《罪犯行政奖励办法（试行）》、《罪犯计分考核奖惩办法》有关规定进行。凡未按上述两个办法和有关规定给予罪犯行政奖励而提请减刑、假释的，人民法院不予受理。

第七条 对监狱罪犯的行政奖励分为表扬、记功、监狱改造积极分子、省（市）级改造积极分子；对公安机关看守所罪犯的行政奖励分为三等奖、二等奖、一等奖和记功。

对罪犯的行政处罚分为警告、记过、禁闭。

第二章 减　　刑

第一节　减刑的条件

第八条 被判处管制、拘役、有期徒刑、无期徒刑的罪犯在执行期间，认真遵守监规，接受教育改造，确有悔改表现的，或者有立功表现的，可以减刑；有重大立功表现的，应该减刑。

（一）"重大立功表现"是指具有刑法第七十八条规定的下列应当减刑的六种表现之一的：

1. 阻止他人重大犯罪活动的；
2. 检举监狱内外重大犯罪活动，经查证属实的；
3. 有发明创造或重大技术革新的；
4. 在日常生产、生活中舍己救人的；
5. 在抗御自然灾害或者排除重大事故中，有突出表现的；
6. 对国家和社会有其他重大贡献的。

（二）"立功表现"是指具有下列情形之一的：

1. 检举、揭发监狱内外犯罪活动，或者提供重要破案线索，经查证属实的；
2. 阻止他人犯罪活动的；
3. 在生产、科研中进行技术革新，成绩突出的；
4. 在抢险救灾或者排除重大事故中表现积极的；
5. 有其他有利于国家和社会的突出事迹的。

（三）"确有悔改表现"是指同时具备以下四个方面情形：认罪服法；认真遵守监规，接受教育改造；积极参加政治、文化、技术学习；积极参加劳动，完成生产任务。

罪犯在执行期间获二次以上表扬或一次以上记功的视为确有悔改表现。获五次以上表扬、四次以上记功、二次以上监狱改造积极分子、一次以上省（市）级改造积极分子奖励视为悔改表现突出。

第九条 罪犯（包括死刑缓期执行、无期徒刑减为有期徒刑的）在刑罚执行期间，有下列情形之一的，可以依法提请减刑：

（一）获一次以上省（市）级改造积极分子或二次以上监狱改造积极分子奖励，或三次以上记功（含单项记功），或二次记功并二次表扬，或一次记功并三次表扬，或五次以上表扬的；

（二）剩余刑期六个月以上不满一年获二次记功，或一次记功并二次表扬，或四次表扬的；

（三）剩余刑期不满六个月获一次记功或二次表扬的；

（四）公安机关看守所执行的罪犯，刑期在一年以上获三次以上行政奖励的；余刑六个月以上不满一年获二次行政奖励的；余刑不满六个月获一次行政奖励的。

第二节　减刑的幅度、量化标准

第十条 对有期徒刑罪犯在刑罚执行期间，符合减刑条件的减刑幅度为：

（一）如果确有悔改表现的，或者有立功表现的，一般一次减刑不超过一年有期徒刑；如果确有悔改表现并有立功表现，或者有重大立功表现的，一般一次减刑不超过两年有期徒刑；

（二）被判处十年以上有期徒刑的罪犯，如果确有悔改表现，或者有立功表现的，一次减刑不得超过两年有期徒刑；如果悔改表现突出并有立功表现，或者有重大立功表现的，一次减刑不得超过三年有期徒刑。

第十一条 对有期徒刑罪犯（包括死刑缓期执行、无期徒刑减为有期徒刑的）减刑的量化标准为：

（一）获得表扬一次。减刑不超过三个月；

（二）获得记功（含单项记功）一次，减刑不超过六个月；

（三）获得监狱改造积极分子并记功一次减刑不超过八个月；

（四）获得省（市）级改造积极分子并记功一次，减刑不超过一年六个月；

（五）公安机关看守所执行的罪犯，获得三等奖、二等奖、一奖一次，分别可减刑一、二、三个月；获记功一次，可减刑六个月至一年。

对获得多次记功（含单项记功）、表扬、监狱或省（市）级改造积极分子等行政奖励的，可按照上述规定累计计算减刑幅度，但累计减刑幅度不得突破本办法第十条规定。对同时获得监狱、省（市）级改造积极分子的，按省（市）级改造积极分子减刑幅度减刑，不得将两项行政奖励合并计算减刑的幅度和减刑的次数。

在依法对罪犯减刑时，不得重复使用行政奖励（即前次减刑已使用的行政奖励不得在第二次减刑时使用）；不得将因同一事由给予罪犯二个以上的行政奖励或同时给予罪犯并列行政奖励作为合并减刑幅度的依据。

第十二条 在有期徒刑罪犯减刑时，对附加剥夺政治权利的刑期可以酌减。酌减后剥夺政治权利的期限，最短不得少于一年。

第十三条 被判处无期徒刑的罪犯在执行期间，获得二次记功以上行政奖励，确有悔改表现的，或者立功表现的，服刑二年以后，一般可以减为十八年以上二十年以下有期徒刑；对有重大立功表现的，可以减为十三年以上十八年以下有期徒刑。

第十四条 被判处死刑缓期二年执行的罪犯，在死刑缓期执行期间，如果没有故意犯罪，二年期满以后，减为无期徒刑；如果确有重大立功表现，二年期满以后，减为十五年以上二十年以下有期徒刑。

第十五条 被判处死刑缓期二年执行的罪犯减为无期徒刑后，再减刑时，可将其死刑缓期执行期间获得的行政奖励，与无期徒刑期间获得的行政奖励合并考虑减刑幅度。

第十六条 被判处死刑缓期二年执行的罪犯在缓期执行期间，有抗拒改造情节，但没有故意犯罪的，二年死缓期满减为无期徒刑后，从无期徒刑裁定之日起计算，执行三年后符合减刑条件的，可以减为有期徒刑，减刑幅度从严掌握。

第十七条 对判处拘役或者三年以下有期徒刑、宣告缓刑的罪犯，一般不适用减刑。如果在缓刑考验期间有重大立功表现的，可以参照本办法第十一条的规定，予以减刑，同时相应的缩减其缓刑考验期限。

第三节 减刑的起始、间隔时间

第十八条 有期徒刑罪犯减刑的起始和间隔时间为：

（一）被判处不满五年有期徒刑的罪犯，一般在执行一年以上方可依法减刑，再减刑间隔时间一般不得少于六个月；

（二）被判处五年以上有期徒刑的罪犯，一般在执行一年半以上方可减刑，两次减刑之间一般应当间隔二年以上；

（三）被判处十年以上有期徒刑的罪犯，一次减二年至三年有期徒刑后，再减刑间隔时间一般不得少于二年。

确有重大立功表现的，可以不受上述减刑起始和间隔时间的限制。

第十九条 判处无期徒刑、死刑缓期二年执行的罪犯经过第一次减刑后，再减刑时，其间隔时间不得少于两年；三次以上减刑时，其间隔的起始时间适用本办法第十八条第（三）项之规定。

第四节 刑期计算

第二十条 有期徒刑的刑期，从判决确定之日起计算，判决执行以前先行羁押的，羁押一日折抵刑期一日，经减刑后，其实际执行刑期不能少于原判刑期的二分之一。宣告缓刑罪犯经减刑后实际执行的刑期不能少于原判刑期的二分之一，相应缩减的缓刑考验期限不能低于减刑后实际执行的刑期。判处拘役的缓刑考验期限不能少于两个月，判处有期徒刑的缓刑考验期限不能少于一年。

第二十一条 被判处无期徒刑的罪犯减刑后，实际执行的刑期不能少于十年，其起始时间应当自无期徒刑判决确定之日起计算。

无期徒刑减为有期徒刑的刑期，从裁定减刑之日起计算。

第二十二条 被判死刑缓期执行罪犯经过一次和几次减刑后，其实际执行的刑期，不得少于十二年（不含死刑缓期执行的二年）。

死刑缓期执行减为无期徒刑或有期徒刑的刑期，从死刑缓期执行期满之日起计算。

第五节 对受过刑事、行政处罚的罪犯减刑的限制条件

第二十三条 有期徒刑、无期徒刑罪犯在刑罚执行期间又犯罪或因漏罪被判处有期徒刑后，其表现符合减刑条件的，按以下规定依法提请减刑：

（一）有期徒刑罪犯新罪、漏罪判决确定之日起一般在一年六个月之后，并获得三次记功、一次表

扬以上行政奖励的；

（二）无期徒刑罪犯自新罪、漏罪判决确定之起一般在二年之后，并获得四次记功以上行政奖励的。新罪、漏罪判决确定前获得的行政奖励不再作为减刑的依据，但自己主动坦白新罪、漏罪者除外。

第二十四条　罪犯在执行期间因新罪、漏罪被判处无期徒刑的，自判决确定之日起，三年以内不予减刑。

第二十五条　对因违反监规纪律受行政处罚的有期徒刑和无期徒刑罪犯，符合减刑条件的按以下规定办理：

（一）有期徒刑罪犯受禁闭、记过、警告处罚的，分别降低减刑幅度一年、六个月、三个月；

（二）无期徒刑罪犯在刑罚执行期间、受禁闭、记过、警告处罚的，自符合减刑条件之日起分别延长一年、六个月、三个月提请减刑；

（三）有期徒刑和无期徒刑罪犯因自己主动坦白交代违规行为被行政处罚的，可以不降低或适当降低减刑幅度，可以不延长或适当延长提请减刑的时间。

第三章　假　释

第一节　假释的条件

第二十六条　被判处有期徒刑的罪犯，执行原判刑期二分之一以上，被判处无期徒刑的罪犯，实际执行十年以上，被判处死刑缓期二年执行的罪犯，经减刑后实际执行十二年以上，确有悔改表现，假释后不致再危害社会，并具备以下条件之一的，可以依法假释：

（一）剩余刑期在三年以下（未成年犯剩余刑期四年以下），被评为省（市）级改造积极分子并记功一次，或者连续两年被评为监狱改造积极分子并记功，或者有重大立功表现的；

（二）未成年罪犯中的初犯、从犯，罪行较轻，其近亲属或监护人提出书面申请，且假释后有学可就的；

（三）有悔罪表现，丧失作案能力或生活不能自理的老年罪犯（男60岁，女55岁以上）和身体有残疾（自伤自残除外）、长期患病、久治不愈的罪犯假释后生活确有着落的；

（四）家庭有特殊困难，家属遭遇意外事故，或者家庭中有直系老人、重病人、年幼子女需本人照顾，请求假释，经县级以上公安机关或者人民政府有关部门提供证明，向监狱管理机关或上级公安机关提出建议的；

（五）具有特殊科技知识或者特殊生产技能，原工作单位或有关部门因国家重要生产建设任务、重大科研项目的特殊需要，报经其上级主管部门批准后，提出书面意见并保证对其监管改造的；

（六）判刑前为少数民族上层人士或统战对象，或港、澳、台人员或外国籍人员，省级或者中央有关部门提出书面意见的；

（七）因过失犯罪，一贯表现好，被评为改造积极分子或受记功奖励的；

（九）剩余刑期不足应予减刑幅度的；

（十）其他情况需要假释的。

如果有国家政治、国防、外交等方面特殊需要的情况，经最高人民法院核准，可以不受上述执行刑期的限制。

第二十七条　对累犯以及因杀人、爆炸、抢劫、强奸、绑架等暴力犯罪中的一罪被判处十年以上有期徒刑、无期徒刑的罪犯，不得假释。但是根据《最高人民法院关于适用刑法时间效力规定若干问题的解释》的规定，1997年9月30日以前犯罪，1997年10月1日以后仍在服刑的上述罪犯，适用修订前的刑法第七十三条规定，可以假释。

第二十八条　本办法第二十六条所称"不致再危害社会"，是指罪犯在刑罚执行期间一贯表现好，确已具备有悔改表现的四个方面情形，不致再重新违法犯罪的，或者是老年、身体有残疾（不包括自伤致残），并丧失作案能力的。

第二节　假释的适用

第二十九条　罪犯同时具备减刑、假释条件的，可以先予适用假释。

第三十条　被判处有期徒刑的罪犯假释的，其执行原判刑期二分之一的起始时间，按判决书确定的起止日期计算。

第三十一条　被判处无期徒刑的罪犯假释的，其实际执行十年以上的起始时间，从无期徒刑判决确定之日起计算。

第三十二条　原判死刑缓期二年执行的罪犯假释的，经减刑后实际执行十二年以上的起始时间，自缓期二年期满第二日起计算。

第三十三条 有期徒刑假释考验期限，为没有执行完毕的刑期；无期徒刑的假释考验期限为十年。假释考验期限，从假释之日起计算。

第三十四条 被假释的罪犯，除有特殊情形，一般减刑，其假释考验期也不能缩短。

第三十五条 罪犯减刑后又假释的间隔时间，一般为一年；对一次减二年以上（含二年）有期徒刑后又适用假释的，其间隔时间不得少于二年。

第三十六条 被假释的罪犯，在假释考验期限内，由公安机关予以监督，如果没有刑法第八十六条规定的情形，假释考验期满就认为原判刑罚已经执行完毕并公开予以宣告。

第四章 减刑、假释的特别规定

第三十七条 对犯罪时未成年的罪犯提请减刑、假释，在掌握标准上可以比照成年罪犯依法适度放宽。未成年罪犯能认罪服法，遵守监规，积极参加学习、劳动的，即可视为确有悔改表现予以减刑，符合刑法第八十一条第一款规定，可以假释。

第三十八条 未成年罪犯减刑的起始、间隔时间为：

（一）被判处无期徒刑执行一年六个月以上的未成年罪犯，获一个记功以上或两个表扬以上行政奖励的，视为确有悔改表现，可以依法减刑；

（二）被判处有期徒刑执行一年以上的未成年罪犯，获二个记功以上或三个表扬以上或一个所级改造积极分子以上行政奖励的，视为确有悔改表现，可以依法减刑；

（三）两次减刑之间一般间隔六个月，对有重大立功表现的，可以不受上述规定时间限制。

第三十九条 对犯罪时未成年在服刑期间已成年的罪犯的减刑、假释，应当适用对未成年罪犯的从宽标准。

第四十条 对年老（男60岁，女55岁以上）和身体残疾（不含自伤自残）、长期患病、久治不愈的罪犯的减刑、假释，应当主要注重悔罪的实际表现、依法从宽办理。

第四十一条 对罪行严重的危害国家安全的罪犯、黑社会性质组织的罪犯、犯罪集团的首要分子的减刑、假释和对累犯的减刑，应当从严掌握。

第四十二条 暂予监外执行的罪犯已具有本办法第八条第（二）项规定的五种表现之一的，可以依法予以减刑、假释；具有该条第（一）项规定的六种表现之一的，应当予以减刑、假释。但必须具备当地公安机关的证明材料和监狱的调查材料及其他相关材料。

第五章 办理减刑、假释案件的程序

第四十三条 提请减刑、假释。应当由监狱分监区召开全体警察会议集体评议，提出建议，报经监区长办公会议审核同意后，整理制作减刑、假释材料报监狱刑罚执行科审查。直属分监区或者未设分监区的监区按上述程序直接报监狱刑罚执行科。

集体评议及监区长办公会议审核情况，应当有书面记录，并由与会人员签名。

第四十四条 监区或者直属分监区提请减刑、假释，应当报送下列材料：

（一）《罪犯减刑（假释）审核表》；
（二）监区长办公会或者直属分监区、监区集体评议的记录；
（三）罪犯计分考核明细表、奖惩审批表、罪犯评审鉴定表和其他有关证明材料；
（四）终审法院的判决书、裁定书、执行通知书、历次减刑裁定书的复印件。

第四十五条 监狱刑罚执行科应当对监区、直属分监区上报的减刑、假释材料按下列事项进行审查：

（一）需提交的材料是否齐全、完备、规范；
（二）认定罪犯是否确有悔改或者立功、重大立功表现；
（三）拟提请减刑、假释的建议是否适当；
（四）罪犯是否符合法定减刑、假释的条件。

刑罚执行科审查后，应当出具审查意见，连同监区或者直属监区报送的材料一并提交监狱提请减刑假释评审委员会评审。

第四十六条 监狱提请减刑假释评审委员会应当召开会议对刑罚执行科审查提交的减刑、假释建议进行评审。会议应当书面记录，并由与会人员签名。

第四十七条 监狱提请减刑假释评审委员会评审后，应当拟提请减刑、假释的罪犯名单以及减刑、假释意见在监狱内公厅公示期限为7个工作日。公示期内，如有警察或者罪犯对公示的容提出异议，监狱提请减刑假释评审委员会应当进行复核，并告知复核结果。

第四十八条 监狱提请减刑假释评审委员会完成评审和公示程序后，应当将提请减刑、假释的建议和评审报告，报请监狱长办公会决定。

第四十九条 经监狱长办公会决定提请减刑、假释的，由监狱在《罪犯减刑（假释）审核表》上签署意见，加盖监狱公章，并由监狱刑罚执行科根据法律规定制作《提请减刑假释建议书》，连同有关材料一并提请人民法院裁定。

对被判处有期徒刑的罪犯的减刑、假释，由监狱提出建议，提请罪犯服刑地的中级人民法院裁定。对本办法第六十三条所列罪犯决定提请减刑、假释的，监狱应当将案卷材料报市监狱管理局审核。经审核同意后，提请罪犯服刑地的中级或高级人民法院裁定。

第五十条 执行机关提请人民法院裁定减刑、假释，应当提交下列材料：
（一）《提请减刑建议书》或者《提请假释建议书》一式五份；
（二）终审法院的判决书、裁定书、执行通知书、历次减刑裁定书的复印件；
（三）罪犯确有悔改或者立功、重大立功表现的具体事实的书面证据材料；
（四）罪犯评审鉴定表、奖惩审批表（原件）；
（五）公安机关办理的减刑、假释案件应附有《罪犯留所服刑审批表》和《罪犯减刑假释案件呈批表》；
（六）其他有关材料。

对本办法第六十三条所列罪犯提请减刑、假释的，应当同时提交市监狱管理局签署意见的《罪犯减刑（假释）审核表》。

第五十一条 监狱根据本办法第六十三条规定报送的提请减刑、假释建议材料，经市监狱管理局刑罚执行处初审后，由主管副局长召集有关部门进行审核。审核中发现监狱报送的材料不齐全或者有疑义的，应当通知监狱补交有关材料或者作出说明。

第五十二条 市监狱管理局主管副局长主持完成审核后，应当将审核意见报请局长审定；对重大案件或者有其他特殊情况的罪犯的减刑、假释问题，可以建议召开局长办公会审议决定。

市监狱管理局审核同意对罪犯提请减刑、假释的，由局长在《罪犯减刑（假释）审核表》上签署意见，加盖市监狱管理局公章。

第五十三条 公安机关看守所、拘役所对监管的罪犯的减刑、假释，由所长召集管教民警集体评议，并在服刑人员中公示三天后，所领导集体研究确定，提出减刑、假释建议，整理制作减刑、假释材料经本级法制部门审查，报区、县（市）公安（分）局领导集体研究批准后，提请罪犯服刑地中级人民法院审核裁定。市级看守所罪犯的减刑、假释，由该所按上述程序提出建议并整理制作减刑、假释材料，报市公安局监管总队审查，经市公安局分管领导批准后，提请罪犯服刑地的中级人民法院审核裁定。

被宣告缓刑的罪犯，在缓刑考验期内确有重大立功表现；需要予以减刑，并相应缩短缓刑考验期限的以及被判处管制或暂予监外执行的罪犯的减刑，由负责考察的公安派出所会同罪犯的所在单位或者基层组织提出书面意见经本级法制部门审查，报区、县（市）公安（分）；局审查批准后，提请人民法院审核裁定。

第五十四条 减刑、假释案卷应当设有卷宗目录表，奖惩审批表要一事一表，材料应依次序编号整理装订成卷。

第五十五条 执行机关办理减刑、假释案件过程中或已提请法院审理减刑、假释案件过程中发现该罪犯有漏罪、新罪或因严重违规受到行政处罚的，应及时撤销对该罪犯减刑、假释的建议或及时通知法院停止对该罪犯减刑、假释案件审理，撤回减刑、假释案件材料，按本办法第二十三条、第二十四条、第二十五条规定处理。对减刑、假释后发现确有错误，应当根据刑事诉讼法的有关规定，向人民检察院、人民法院建议撤销其减刑或假释裁定。

第五十六条 受理减刑、假释案件的人民法院应及时立案、审查和登记，在审查中发现材料不齐或者手续不全的，应通知执行机关补充材料或者退回补充。对不属于本院管辖的，应及时退回执行机关。

第五十七条 减刑、假释裁定书一般由人民法院直接宣告、送达。并填写送达回执，也可以委托执行机关代为宣告、送达。减刑、假释裁定书内应注明刑期或考验期起止时间。

第五十八条 减刑、假释裁定书送达前，人民法院如果发现减刑、假释不符合有关规定或者罪犯有严重违规行为受到警告（含警告）以上处分的，应当停止宣告，作出不同意减刑、假释决定书。同时，通知提请减刑、假释的执行机关。

第五十九条 减刑、假释裁定书或不予减刑、假释决定书，应当及时送达执行机关，并同时送达同级人民检察院。

第六十条 人民法院应在收到减刑、假释建议书之日起一个月内予以裁定。对于被判处死刑缓期二年执行的罪犯减刑以及对被判处无期徒刑、有期徒刑的罪犯的减刑、假释，案情复杂或者情况特殊的，经市高级人民法院批准，可以延长一个月。

第六章　减刑、假释案件的管辖

第六十一条 中级人民法院审核裁定被判处有期徒刑（包括减为有期徒刑的）、拘役、管制、宣告缓刑的罪犯的减刑或假释。

第六十二条 市高级人民法院审核裁定被判处死刑缓期二年执行的罪犯和被判处无期徒刑的罪犯的减刑或假释。

第六十三条 被判处死刑缓期二年执行的罪犯和被判处无期徒刑的罪犯、重要罪犯、暂予监外执行罪犯的减刑、假释，由监狱提出减刑、假释建议，报市监狱管理局审核同意后，提请市高级人民法院或罪犯服刑地的中级人民法院审核裁定。

第七章 检察监督

第六十四条 人民检察院对办理罪犯减刑、假释案件的活动依法实行监督。

第六十五条 执行机关在对罪犯减刑、假释评审后，公示期间，应将拟提请减刑、假释罪犯名单书面通报派出人民检察院或者派驻检察室。检察机关发现拟提请罪犯的减刑、假释不符合有关法律规定的，应向执行机关提出不予提请减刑、假释的建议。

执行机关接到检察机关的建议后，应重新审查，并将审查情况书面回复检察机关。执行机关对检察机关的建议有异议的，应将检察机关的建议和减刑、假释案件的有关材料一并送交人民法院裁定。

执行机关在向人民法院提请减刑、假释的同时应当将提请减刑、假释的建议，书面通报派出人民检察院或者派驻检察室。人民检察院在减刑、假释裁定书送达前，如果发现减刑、假释不符合有关规定或罪犯有严重违规行为的，依法建议执行机关撤回减刑、假释建议或通知人民法院停止审案，执行机关应将处理情况书面回复检察机关。

第六十六条 人民检察院认为人民法院减刑、假释的裁定不当，应当在收到裁定书副本后二十日内（案情复杂或情况特殊的可以在二十日以后），向作出减刑、假释裁定的人民法院提出书面纠正意见。人民法院收到人民检察院书面纠正意见后，应当在一个月内重新组成合议庭进行审理，并作出最终裁定。人民法院经重新审理作出的最终裁定，应当抄送提出纠正意见的人民检察院。

第八章 附　则

第六十七条 本办法由重庆市高级人民法院、重庆市人民检察院、重庆市公安局和重庆市司法局负责解释。

第六十八条 本办法内容如与国家其他法律、法规、司法解释相抵触，以国家其他法律、法规、司法解释为准。

第六十九条 本办法自下发之日起施行，其他与本办法相抵触的规定停止执行。

重庆市高级人民法院《关于办理拖欠劳动报酬案件的意见》

（2003年11月3日）

为加大对拖欠劳动报酬案件的审理和执行力度，确保进城务工人员、再就业人员以及其他务工人员的劳动报酬及时兑现，根据《中华人民共和国民事诉讼法》、《最高人民法院关于人民法院执行工作若干问题的规定（试行）》等法律、司法解释制定本意见。

一、对拖欠劳动报酬案件，人民法院应及时受理，不预收诉讼费和执行费。

二、对拖欠劳动报酬案件，人民法院应当告知当事人有申请先予执行和申请支付令的权利。适用督促程序的，应从受理之日起2日内向债务人发出支付令。

三、对劳动报酬数额无争议的，可就无争议部分发出支付令；对有争议的部分或债务人对支付令提出异议的，应及时审理。

四、对拖欠劳动报酬案件，原则上适用简易程序审理并在受理后10日内审结。

五、对拖欠劳动报酬案件，人民法院应当告知当事人及时申请执行。

六、对拖欠劳动报酬的执行案件，人民法院应当在受理后2日内开始执行。执行法院应当及时展开执行调查，采取查封、扣押、冻结等强制措施，确保顺利执结。

七、多个债权人对同一被执行人申请执行的，或被执行人的财产不足以清偿全部债务的，对拖欠劳动报酬的案件应优先执行。

八、被执行人无财产可供执行或财产暂时无法变现，如其享有对第三人债权的，可由第三人先行支付。

九、对执行到位的款项应当在2日内发放。在短期内不能全额执结的，对已执行到位的款项也应及时发放。

十、对逃避执行、拒不执行等妨碍执行的被执行人，应依法采取罚款、拘留等强制措施，构成犯罪的依法追究刑事责任。

十一、对拖欠劳动报酬案件,人民法院应精心组织,统一部署,指派专人承办。

十二、对重大、复杂、紧急的拖欠劳动报酬案件,由院长督办或由上级人民法院挂牌督办。

重庆市高级人民法院 重庆市人民检察院 重庆市公安局
《关于办理妨害人民法院执行的刑事案件若干问题的意见》

(2005年6月16日)

第一条 为充分运用法律打击妨害人民法院执行的犯罪行为,维护法律权威,确保社会主义市场经济的健康发展,依照《中华人民共和国刑法》、《中华人民共和国刑事诉讼法》等有关法律、司法解释的规定,结合我市实际,制定本意见。

第二条 对妨害人民法院执行工作的下列行为之一的,应当依照刑法相关规定追究行为人刑事责任:

(一)触犯《刑法》第三百一十三条的规定,对人民法院的判决、裁定有能力执行而拒不执行,情节严重的;

(二)触犯《刑法》第三百一十四条的规定,隐藏、转移、变卖、故意毁损已被人民法院查封、扣押、冻结的财产,情节严重的;

(三)触犯《刑法》第三百零九条的规定,聚众哄闹、冲击执行听证法庭,或者殴打司法工作人员,严重扰乱法庭秩序的;

(四)触犯《刑法》第三百零七条第一、二款的规定,以暴力、威胁、贿买等方法阻止执行案件中的证人作证或者指使他人作伪证的;帮助执行案件中的当事人毁灭证据,情节严重的;

(五)触犯《刑法》第三百零八条的规定对执行案件中的证人进行打击报复的;

(六)触犯《刑法》第二百二十九条第一款的规定,在执行中承担资产评估、验资、验证、会计、审计、法律服务等职责的中介组织的人员故意提供虚假证明文件,情节严重的;

(七)触犯《刑法》第二百二十九条第三款的规定,在执行中承担资产评估、验资、验证、会计、审计、法律服务等职责的中介组织的人员,严重不负责任,出具的证明文件有重大失实,造成严重后果的。

第三条 在执行案件中发现被执行人有下列行为之一的,应当依照刑法相关规定追究行为人的刑事责任:

(一)触犯《刑法》第一百五十八条的规定,申请公司登记使用虚假证明文件或者采取其他欺诈手段虚报注册资本,欺骗公司登记主管部门,取得公司登记,虚报注册资本数额巨大,致使执行标的金额达80%以上执行不能的;

(二)触犯《刑法》第一百五十九条的规定,公司发起人、股东违反公司法的规定未交付货币、实物或者未转移财产权,虚假出资,或者在公司成立后又抽逃其出资,数额巨大,致使执行标的的金额达80%以上执行不能的;

(三)触犯《刑法》第一百六十一条的规定,公司向股东和社会公众提供虚假的或者隐瞒重要事实的财务会计报告,严重损害股东或者其他人利益的,致使所涉执行案件执行标的金额达80%以上执行不能的;

(四)触犯《刑法》第一百六十二条的规定,公司、企业进行清算时,隐匿财产,对资产负债表或者财产清单作虚伪记载或者在未清偿债务前分配公司、企业财产,严重损害执行案件债权人或者其他人利益的;隐匿或者故意销毁依法应当保存的会计凭证、会计账簿、财务会计报告涉及金额在50万元以上的;在执行中,为逃避调查而隐匿、销毁或者拒不交出会计资料的;

(五)其他依照《刑法》涉嫌犯罪的,依照《刑法》相关规定应当追究刑事责任的行为。

第四条 人民法院为依法执行发生法律效力的行政处罚、处理决定书等所作出的裁定;依法受理执行的经人民法院承认的外国法院或仲裁组织,以及认可的我国港澳地区和台湾地区的法律文书所作出的裁定,属于全国人大常委会第二十九次会议通过的《关于刑法第三百一十三条的解释》中所界定的人民法院判决、裁定。

第五条 下列单位或个人实施了妨害人民法院执行的行为构成犯罪的应当追究刑事责任:

(一)被执行人。是指生效法律文书所确定的义务单位和个人;或在执行程序中被人民法院依法追加或者变更为被执行人,承担履行法定义务的人员。

(二)协助执行义务人。是指因各种原因,实际持有、管理、控制执行标的物,被人民法院通知协助执行已生效的法律文书的单位或个人。

(三)担保人。是指在人民法院采取财产保全措施或人民法院依法执行中为被执行人提供保证或提供财产担保的单位或个人。

（四）其他妨害人民法院执行的人员。

第六条 负有执行判决、裁定的法定义务的人员，有下列情形之一的，按照全国人大常委会《关于刑法第三百一十三条的解释》第（五）项规定认定为"情节严重"。

（一）伪造、隐匿、毁灭证明其有履行能力的重要证据，或者指使、贿买、胁迫他人就其履行能力作伪证，妨碍人民法院查明其财产状况，致使判决、裁定无法执行的；

（二）以暴力、威胁方法阻碍执行人员依法查询、冻结、划拨金融机构存款，或者查封、扣押、审计调查被执行人财产，致使执行工作无法进行的；

（三）被执行人有履行能力而拒不执行的标的金额达执行标的金额的80%以上的；或者金额虽不足执行标的金额80%以上，但其拒不执行行为造成权利人重大损失或严重后果的；或者要求被执行人拆除违章建筑、迁出房屋、退出土地等，被执行人无正当理由逾期拒不执行造成权利人重大损失或严重后果的。

第七条 人民法院在执行中，应当注意保存、固定获得的涉嫌妨害人民法院执行犯罪的证据线索，以及获得的涉嫌其他犯罪的证据线索。

第八条 人民法院在执行中遇有本意见第二条所列行为，可以对相关犯罪嫌疑人予以先行司法拘留，并将案件有关材料依法移送犯罪行为发生地的公安机关立案侦查，同时函告犯罪行为发生地的检察机关。

人民法院在执行中遇有本意见第三条所列行为，应当将嫌疑犯罪案件的有关材料依法移送犯罪行为发生地的公安机关立案侦查，同时函告犯罪行为发生地的检察机关。

第九条 公安机关对人民法院依法移送的属第八条第一款规定的涉嫌妨害人民法院执行的刑事案件，应当及时立案侦查。

公安机关对人民法院依法移送的属第八条第二款规定的刑事案件，经过审查，认为有犯罪事实依照《刑法》需要追究刑事责任，且属于自己管辖的，予以立案；认为没有犯罪事实或者犯罪情节显著轻微不需要追究刑事责任的，不予立案，并且将不立案的原因书面通知移送的人民法院。

公安机关立案侦查后，认为构成犯罪需要追究刑事责任的，应当及时移送人民检察院审查起诉；认为不构成犯罪或者不需要追究刑事责任的，应当撤销案件，并将不构成犯罪或者不需要追究刑事责任的理由书面通知移送的人民法院。

第十条 人民检察院应加强对妨害人民法院执行的刑事案件的立案、侦查的监督工作。检察机关在收到人民法院移送公安机关的函告后，应积极进行侦查监督。对公安机关应当立案侦查而不立案侦查的，或者人民法院认为公安机关应当立案侦查而不立案侦查，向人民检察院提出的，人民检察院应当要求公安机关说明不立案的理由。人民检察院认为公安机关不立案的理由不能成立的，应当通知公安机关予以立案，公安机关接到通知后应当立案。

第十一条 人民检察院对公安机关提请批准逮捕的涉嫌妨害人民法院执行构成犯罪案件的行为人，应当及时审查并作出决定。对公安机关提起审查起诉的这类案件应当及时审查，符合起诉条件的，应当及时向人民法院提起公诉。

第十二条 妨害人民法院执行的刑事案件由犯罪地的人民法院管辖。如果由被告人居住地的人民法院审判更为适宜的，可以由被告人居住地的人民法院管辖。

上级人民法院在必要时，可以将妨害人民法院执行的刑事案件指定其他下级人民法院审判。

第十三条 本意见自发文之日起执行。最高人民法院、最高人民检察院、公安部如有新规定颁布，按新规定执行。

重庆市高级人民法院　重庆市人民检察院　重庆市公安局
《关于办理摇头丸、氯胺酮等毒品违法犯罪案件适用法律有关问题的意见》

（2005年8月4日）

为了严厉打击摇头丸、氯胺酮等毒品违法犯罪活动，根据《中华人民共和国刑法》、最高人民法院《关于审理毒品案件定罪量刑标准有关问题的解释》的有关规定，结合我市实际，现就办理"摇头丸"、氯胺酮等毒品违法犯罪案件适用法律有关问题提出如下意见：

一、走私、贩卖、运输、制造、非法持有"摇头丸"100克以上、氯胺酮等毒品500克以上的，应认定为刑法第三百四十七条第二款第（一）项、第三百四十八条规定的"其他毒品数量大"的行为。

二、走私、贩卖、运输、制造、非法持有"摇头丸"等毒品20克以上不满100克、氯胺酮等毒品50克不满500克的，应认定为刑法第三百四十七条第三款、第三百四十八条规定的"其他毒品数量较大"的行为。

三、走私、贩卖、运输、制造、非法持有"摇头丸"不满20克、氯胺酮等毒品不满50克的，依照刑法第三百四十七条第四款的规定追究刑事责任。

四、具有下列情形之一的，可以认定为刑法第三百四十七条第四款规定的"情节严重"：

（一）国家工作人员走私、贩卖、运输、制造"摇头丸"、氯胺酮等毒品的；

（二）在戒毒监管场所贩卖"摇头丸"、氯胺酮等毒品的；

（三）向多人或多次贩卖"摇头丸"、氯胺酮等毒品的；

（四）其他情节严重的行为。

五、单位从事走私、贩卖、运输、制造"摇头丸"、氯胺酮等毒品犯罪活动的，依照刑法第三百四十七条第五款的规定追究刑事责任。

六、引诱、教唆、欺骗、强迫、容留他人吸食"摇头丸"、氯胺酮等毒品的，依照刑法第三百五十三条、第三百五十四条的规定追究刑事责任。

七、依法从事生产、运输、管理、使用氯胺酮的单位和个人，违反国家规定，向吸食、注射毒品的人提供氯胺酮的，依照刑法第三百五十五条的规定追究刑事责任。

八、公安机关侦破"摇头丸"、氯胺酮等毒品犯罪案件，应当作出毒品净重及其成分鉴定。

不同种类毒品不能相加计量，应当选择其中法律规定量刑幅度最重的毒品作为量刑基础，其他毒品作为量刑情节，从重处罚。

同宗毒品检测出多种毒品成分的，应当客观列举，审判时以法律规定量刑幅度最重的毒品进行量刑。

九、吸食"摇头丸"、氯胺酮等毒品违法行为，由公安机关依照有关法律、法规的规定处罚。

十、本意见所称的"摇头丸"包括：3，4－亚甲二氧甲基苯丙胺（MDMA）、亚甲基二氧基苯丙胺（MDA）、3，4，5－三甲氧基苯丙胺（TMA）、对甲氧基苯丙胺（PMA）、2，5－二甲氧基甲基苯丙胺（DOMA）、3－甲氧基－4，5－亚甲基二氧基苯丙胺（MMDA）、二甲氧基苯丙胺（DMA）等苯丙胺类毒品。

十一、本意见由重庆市高级人民法院、重庆市人民检察院、重庆市公安局负责解释。

十二、本意见内容如与国家新颁布的法律或司法解释相抵触，以国家新颁布的法律或司法解释为准。

十三、本意见自下发之日起执行。本意见下发后尚未审结的一审案件，依照本意见办理。

重庆市高级人民法院　重庆市人民检察院　重庆市公安局《关于办理非法出版物刑事案件适用有关法律问题联席会议纪要》

（2007年7月26日）

2007年7月6日，市人民检察院、市高级人民法院、市公安局在市检察院召开了联席会议，会议还邀请市文化市场行政执法总队负责人参加，与会单位就办理非法出版物刑事案件适用有关法律问题达成以下共识：

一、关于复制发行、出版、销售非法出版物适用罪名的问题

对于复制发行、出版、销售非法出版物的行为，办案机关应严格按照《最高人民法院、最高人民检察院关于办理侵犯知识产权刑事案件具体应用法律若干问题的解释》和《最高人民法院、最高人民检察院关于办理侵犯知识产权刑事案件具体应用法律若干问题的解释（二）》的规定，分别按照侵犯著作权罪或销售侵权复制品罪的构成要件收集、固定相关证据，依法追究刑事责任。

对于被侵权的证据无法收集或者违法所得数额难以认定的，可以依照《最高人民法院关于审理非法出版物刑事案件具体应用法律若干问题的解释》的规定，以非法经营罪追究刑事责任。

二、关于查获的同类出版物的鉴定问题

对于查获的同种类出版物，可以采取抽样方式进行鉴定。抽样由侦查机关和鉴定机构进行，抽样时应当有当事人或见证人在场。鉴定结论与其他证据相印证，可以作为认定该案同类出版物系非法出版物的证据。

三、关于"发行"的范围问题

侵权产品的持有人或经营者以营利为目的，通过批发、零售以及展销、征订、邮寄、投递、散发、附送等活动推销侵权产品的，视为发行行为。

四、关于高压缩光盘的数量计算问题

对于高压缩光盘（如DVD光盘）的数量，仍按实际张数计算，但在量刑时，可以作为酌定从重情节予以考虑。

五、关于对其他参与人员的处理问题

对于明知是非法出版物，参与其复制、批发、零售、出租、展销、征订、储存、运输、邮寄、投递、散发、附送等环节的人员，根据不同情况，予以处罚；对于积极参与者，可以以侵犯著作权罪、销售侵权复制品罪或非法经营罪的共犯论处。

重庆市高级人民法院 重庆市人民检察院 重庆市公安局 重庆市盐务管理局《关于办理非法经营食盐刑事案件有关问题的意见》

(2008年1月21日)

为依法严厉打击非法经营食盐犯罪活动，保护公民的身体健康和生命安全，根据《中华人民共和国刑法》及有关司法解释的规定，结合我市实际，制定本意见。

第一条 非法经营食盐，是指非法生产、加工、收购、储存、运输、销售食盐，具有以下情形之一的行为：

（一）未取得食盐定点生产许可证的单位和个人生产、加工食盐的；

（二）未取得食盐批发许可证的单位、个人从事食盐收购、储运、批发的；

（三）从事食盐零售的单位、个人以及食品加工用盐的单位，非法从外地购盐或者向本地无食盐批发许可证的单位、个人收购食盐的；

（四）未取得食盐准运证的单位、个人运输食盐的；

（五）非法经营劣质食盐的；

（六）将非碘盐充当碘盐销售的；

（七）将纯碱、烧碱、工业用盐以及其他用盐等非食盐作为食用盐进行加工或者充当食盐进行销售的；

（八）非法经营食盐严重扰乱市场秩序的其他情形。

第二条 非法经营食盐，具有下列情形之一的，依照刑法第二百二十五条的规定追究刑事责任：

（一）非法经营食盐数量在二十吨以上的；

（二）曾因非法经营食盐行为受过二次以上行政处罚又非法经营食盐，数量在十吨以上的；

（三）其他情节严重的。

第三条 具有下列情形之一的，属刑法第二百二十五条规定的"情节特别严重"：

（一）非法经营食盐数量在六十吨以上的；

（二）曾因非法经营食盐行为受过二次以上行政处罚又非法经营食盐数量在三十吨以上的；

（三）其他情节特别严重的。

第四条 多次非法经营食盐未经处理的，其非法经营的数量应累计计算；行为人非法经营行为是否实际盈利，不影响其犯罪性质的认定。

第五条 利用不符合食盐标准的盐产品生产、加工食品或者冒充食盐进行非法经营的，尚未使用或销售的盐产品，应计算为非法经营食盐的数量。

第六条 非法经营食盐的数量未达到本意见第二条规定的标准，但构成生产、销售伪劣产品罪、生产、销售不符合卫生标准的食品罪、生产、销售有毒、有害食品罪等其他犯罪的，应依法追究刑事责任。

第七条 非法经营食盐构成非法经营罪，同时构成生产、销售伪劣产品罪、生产、销售不符合卫生标准的食品罪、生产、销售有毒、有害食品罪等其他犯罪的，应依照处罚较重的规定追究刑事责任。

第八条 制造、使用假冒注册商标、注册商标标识从事非法经营食盐构成非法经营罪，同时构成假冒注册商标罪、销售假冒注册商标的商品罪、非法制造注册商标标识罪的，依照处罚较重的规定追究刑事责任。

除用于非法经营食盐犯罪活动外，还将伪造、擅自制造的他人注册商标标识予以销售，构成销售非法制造的注册商标标识罪的，应当数罪并罚。

第九条 以暴力、威胁方式阻碍行政执法人员依法行使盐业管理职务的，依照刑法第二百七十七条的规定，以妨碍公务罪追究刑事责任，其非法经营行为已构成犯罪的，依照数罪并罚的规定追究刑事责任。

第十条 有以下情形之一的，可以认定为具有非法经营食盐的主观故意：

（一）生产、加工假冒伪劣食盐的；

（二）储存、运输、销售自制的假冒伪劣食盐的；

（三）购买、制造、使用假冒食盐商标标识从事非法经营食盐活动的；

（四）因非法经营食盐受到刑事或行政处罚后又采取同一方式实施非法经营食盐行为的；

（五）制造、使用假冒的授权文件、合同、会计凭证等或提供虚假证明、虚假情况实施非法经营食盐行为的；

（六）其他有证据证明知道或者应当知道自己的行为系非法经营食盐的。

第十一条 明知他人实施非法经营食盐犯罪活动,而为其提供贷款、资金、账号、发票、证明、许可证件,或者提供生产、经营场所、技术设施、运输、仓储、保管、邮寄、代理进出口等便利条件,或者提供制假生产技术的,以共犯论处。

第十二条 国家工作人员参与实施本意见规定的犯罪行为的,从重处罚。

第十三条 单位实施非法经营食盐行为,依照本意见规定处理。

第十四条 对于利用工业盐等危害人体健康的盐制品非法制售食盐或用于食品加工的、将非碘盐充当碘盐销售到碘缺乏地区的、非法经营食盐造成严重后果的,依法从重处罚;对于具有自首、立功等情节的,可依法从轻、减轻或者免除处罚。

第十五条 对涉案盐产品的检验、鉴定,由具有鉴定资质的机构进行鉴定。

第十六条 盐业行政主管部门依法收集的证据材料,经公安机关依法收集、核实后,可以作为非法经营食盐刑事案件的证据使用。

第十七条 盐业行政主管部门在行政执法过程中,发现涉嫌构成犯罪,依法需要追究刑事责任的,应当及时向公安机关移送,并抄送同级人民检察院。公安、司法机关应当及时将案件处理结果通报盐业行政主管部门;对不需要追究刑事责任的,应当及时移送盐业行政主管部门依法处理,并抄送同级人民检察院。

第十八条 公安机关自行查处的非法经营食盐案件,经查证涉嫌构成犯罪的,应当将案件情况及时通报盐业行政主管部门;对不构成犯罪的,移送盐业行政主管部门处理。

第十九条 在查办非法经营食盐刑事案件中,盐业行政主管部门和公安、司法机关要加强联系,密切配合,建立协作机制,保证准确有效地执行法律。

第二十条 本意见所称食盐是指直接食用或用于食品加工的盐,包括添加营养强化剂、调味辅料或经特殊工艺加工制得的多品种食盐,以及酿造盐、腌制盐、泡菜盐等食品加工用盐、按照食盐管理的肠衣盐、饲料加工或禽畜食用的畜牧盐、海水晶等水产品加工或养殖的渔业用盐。

第二十一条 本意见如与新的法律或者司法解释相抵触,以新的法律或者司法解释为准。

第二十二条 本意见自印发之日起执行。本意见下发后尚未审结的一审案件依照本意见办理。

重庆市高级人民法院　重庆市人民检察院　重庆市司法局
《关于将量刑纳入法庭审理程序的若干意见(试行)》

(2009年6月11日)

为进一步规范量刑活动,实现量刑公开和公正,根据刑事诉讼法和司法解释的有关规定,结合司法实践,制定本意见。

一、人民法院审理刑事案件,应当将量刑纳入法庭审理程序。在法庭调查、法庭辩论等阶段,应当保障量刑活动的相对独立性。

二、检察机关在起诉书中应当叙明量刑事实和情节,并将量刑建议书作为起诉书的附件一并移送人民法院。辩护人应当在辩护词中专门就被告人的量刑提出辩护意见。在法庭审理过程中,审判人员应当注意听取公诉人、当事人及其诉讼代理人、辩护人提出的量刑意见。

量刑建议一般应当具有一定幅度,并有相应证据和理由。

三、适用普通程序或简易程序审理的案件,在法庭调查过程中,可以根据案件具体情况先调查犯罪事实,后调查量刑事实;在法庭辩论过程中,可以先辩论定罪问题,后辩论量刑问题。

审理被告人认罪案件,在核实犯罪事实后,庭审主要围绕量刑事实、情节和刑罚适用问题进行举证、质证和辩论。

审理被告人不认罪案件,在核定犯罪事实后,庭审主要围绕量刑事实、情节和刑罚适用问题进行举证、质证和辩论。

审理被告人不认罪但同意参与量刑问题审理的案件,按照前款程序审理量刑问题。

审理被告人不认罪且不同意参与量刑问题审理的案件,合议庭应当告知其有权提出辩护意见和理由,记录在卷后,法庭审理继续进行。

四、量刑事实的调查按照以下顺序进行:

(一)审判人员首先归纳在犯罪事实调查阶段已经查明的量刑事实,并告知公诉人、当事人和辩护人、诉讼代理人不再重复举证和质证;

(二)公诉人、自诉人及其诉讼代理人就其掌握的未经审理的量刑事实举证,并接受质证;

(三)被告人及其辩护人就其掌握的未经审理的量刑事实举证,并接受质证。

被害人及其诉讼代理人到庭参加诉讼的,可以向法庭提交量刑事实证据,并接受质证。

有关方面向法庭提交涉及未成年人量刑的社会调查报告的，调查报告应当当庭宣读，并接受质证。

五、对于有辩护人的公诉案件，检察人员与辩护人应至迟在开庭审理三日前互相展示各自掌握的全部与被告人定罪、量刑有关的证据。

六、人民法院发现影响量刑的情节有遗漏或者事实不清的，可以建议人民检察院补充侦查。

七、被告人及其辩护人确因客观原因未能收集到量刑证据，申请调取证据的，人民法院认为必要时，可以依法调取。

八、在法庭审理过程中，当事人及其辩护人、诉讼代理人申请新的证人到庭，调取新的物证、书证，申请鉴定或者重新鉴定，人民法院认为有必要的，应当同意。

九、在法庭辩论阶段，审判长应当注意引导控辩双方围绕有争议的量刑事实和刑罚适用问题进行辩论。

在法庭辩论过程中，法庭发现新的量刑事实，认为有必要进行调查的，审判长可以宣布恢复法庭调查，待事实查清后继续法庭辩论。

十、在刑事裁判文书中，应当说明量刑理由。

裁判文书中的量刑说明，一般包括以下内容：

（一）已经查明的量刑事实及其对量刑的影响；

（二）是否采纳公诉人、当事人和辩护人、诉讼代理人的量刑意见及其理由；

（三）人民法院的量刑理由和法律依据。

十一、人民法院审理二审、再审刑事案件的量刑程序，除法律另有规定外，可以参照本意见进行。

十二、本意见自发布之日起试行。

重庆市高级人民法院　重庆市人民检察院　重庆市公安局《关于办理黑社会性质组织犯罪案件若干问题的意见》

（2009年10月25日）

为持续深入开展"打黑除恶"专项斗争，稳、准、狠地打黑社会性质组织犯罪，彻底摧毁其经济基础和严厉打击"保护伞"，根据《中华人民共和国刑法》、全国人民代表大会常务委员会《关于〈中华人民共和国刑法〉第二百九十四条第一款的解释》和最高人民法院《关于审理黑社会性质组织犯罪的案件具体应用法律若干问题的解释》的精神，针对黑社会性质组织犯罪呈现出的新特点、新动向，现对《关于办理黑社会性质组织犯罪案件若干问题的意见》（渝公发〔2006〕52号）进行修改、完善，提出具体意见如下：

一、黑社会性质组织的组织特征一般掌握为：

（一）组织成员人数较多，其中有明确的组织者、领导者。鉴于普通犯罪集团、"恶势力"团伙向黑社会性质组织发展是一个渐进的过程，没有明显的性质转变节点，对黑社会性质组织成员的人数应当根据具体案情把握。

（二）有相对稳定的组织关系，一般是指该犯罪组织是为了一定的时间内多次实施违法犯罪而建立起来的，骨干成员基本固定。

（三）有被组织或者成员认可的帮规、纪律或约定俗成的规矩，但不要求以成文的组织章程、组织纪律为必要条件。

成员之间形成经济上的依附，或者成员之间因公司、企业内部管理形成制约关系，或者以亲属关系为纽带形成组织关系等，也是组织特征的重要体现。

二、黑社会性质组织的经济特征一般掌握为：

（一）全国人大"立法解释"第（二）项规定的"其他手段"，是指犯罪组织获取经济利益的手段既包括合法手段也包括非法手段。

（二）全国人大"立法解释"第（二）项规定的"具有一定的经济实力"一般理解为：组织的经济利益部分或者全部用于组织及其成员。但"经济实力"并不要求达到特定的数额或规模，也不一定都是"有组织地通过违法犯罪活动或者其他手段获取"的，应理解为实施违法犯罪活动所投入的经费、财物，它既可能是非法获取的，又可能是组织、领导者自身积攒的，还可能是通过合法渠道获得的。

（三）获取的经济利益一般由组织进行管理、分配、使用。

三、对黑社会性质组织的行为特征，一般掌握为：

（一）有组织地实施故意杀人、抢劫、敲诈、寻衅滋事等"为非作恶，欺压、残害群众"的违法犯罪活动至少3次，实施违法犯罪活动是以暴力或者以暴力相威胁，或者利用组织势力和影响对群众形成心理强制，或者以"保护伞"为后盾，严重破坏国家机关管理秩序或者经济、社会生活秩序。

(二) 下列手段可以视为全国人大"立法解释"第（三）规定的"其他手段"：
1. 利用黑社会性质组织的暴力威胁影响，足以对群众形成心理强制的手段。
2. 滋扰正常社会生活、经济秩序的非暴力手段。
(三) 全国人大"立法解释"第（三）项规定的有组织地进行违法犯罪活动，一般掌握为：
1. 组织者、领导者直接组织、策划、指挥、教唆、授意、怂恿、暗示、指使实施的。
2. 组织成员为组织的利益有预谋地共同实施的。
3. 组织成员为组织的利益按照该组织一贯行为所实施的。

四、黑社会性质组织的非法控制特征一般表现为：
(一) 以暴力、威胁或者其他手段造成重大、恶劣社会影响，对群众形成心理强制，破坏社会正常生活秩序。
(二) 以暴力、威胁或者其他手段破坏正常经济秩序，形成非法垄断或者非法经营秩序。
(三) 利用国家工作人员的包庇、纵容、帮助形成"保护伞"，称霸一方。
(四) 为组织的利益，有下列情形之一的，可认定为严重破经济、社会生活秩序，对社会形成非法控制或者重大影响：
1. 为组织争夺势力范围、确立强势地位而多次或者大规模聚众斗殴、寻衅滋事，或者采用谋杀、报复伤害等手段打击竞争对手，或者以杀害、伤害无辜、聚众闹事为组织造势的。
2. 采用暴力、威胁手段或者利用组织的强势地位多次代人强讨债权、强索债务、非法拘禁，或者受人雇佣实施杀人、违法犯罪行为的。
3. 以提供保护为由，非法行使公共治安管理权，在一定范围内多次采用暴力、威胁手段或者利用组织的强势地位，强收保护费、强行罚款、强行干预他人正常生产、经营、生活的。
4. 其组织的暴力、威胁或者其他违法犯罪活动在其势力范围内对群众造成心理强制，形成重大社会影响，使群众安全感下降、政府公共管理职能受阻的。
5. 在一定区域的一定行业内采用暴力、威胁或者其他手段欺行霸市、强迫交易、操纵市场、敲诈勒索、寻衅滋事形成垄断地位或者重大影响的。
6. 非法行使行业、市场经济秩序的管理权，强行收费或者采用暴力、威胁或者其他手段对其他市场参与者强行参股、占股、巧立名目强行摊派的。
7. 煽动、组织或者强制其他市场参与者采用暴力、威胁或者其他手段抗拒国家对行业、市场进行管理的。
8. 全国人大"立法解释"中所指的"一定区域"具有相对性，不能简单理解为必须达到特定范围的空间，而应根据具体案情综合分析判断。"立法解释"中的"行业"，不宜作偏狭的理解，以暴力或者暴力手段为后盾长期操控色情、赌博、高利贷、毒品等非法交易，获取非法经济利益的，同样可以视为形成了对"一定行业的非法控制"。
9. 其他严重破坏国家机关管理秩序或者经济、社会生活秩序的。

五、对黑社会性质组织四个特征的认识，在总体上宜掌握为：
对于全国人大"立法解释"所规定的黑社会性质组织的四项特征"应当同时具备"一般理解为：组织特征、经济特征、行为特征属黑社会性质组织的一般属性，非法控制特征是黑社会性质组织的本质属性。符合以下条件之一的，可视为构成黑社会性质组织：
(一) 四项特征同时具备的构成黑社会性质组织。
(二) 具备非法控制特征的，即使其他特征表现程度较弱的，仍构成黑社会性质组织。
(三) 全国人大"立法解释"第（四）项所规定的"通过实施违法犯罪活动……形成非法控制或者重大影响"与"通过利用国家工作人员包庇或者纵容……形成非法控制或者重大影响"为选择性要件，具有其中之一且符合前三项特征的，均构成黑社会性质组织。

六、关于黑社会性质组织成员的界定问题
"组织者、领导者"通常是指组织、领导、策划、指挥黑社会性质组织进行违法犯罪活动的人员，既包括通过一定形式产生的有明确职务、称谓的组织者、领导者，也包括在黑社会性质组织中被公认的事实上的组织者、领导者。
"骨干成员"是指在黑社会性质组织中起重要作用的人员，通常是指从组织者、领导者那里领受任务或者按照分工，指挥和积极参与具体的违法犯罪活动的人员。
"一般参加者"通常是指按照黑社会性质组织或者该组织的组织者、领导者、骨干成员的指令、要求，参与违法犯罪活动的人员。一般主观上知道或者应当知道是在进行有组织的违法犯罪活动，客观上实施了1次以上犯罪活动或者实施了3次以上违法活动。
在黑社会性质组织开办、参股或者控制的公司、企业工作的人员，没有实施具体违法犯罪活动的，不以犯罪论处。对黑社会性质组织犯罪不知情而与之共同生产、经营的，不以犯罪论处。对于参加黑社会性质组织，没有实施其他违法犯罪活动的，或者受蒙蔽、胁迫参加黑社会性质的组织，情节轻微的，可以不作为犯罪处理。

七、关于摧毁黑社会性质组织犯罪经济基础的问题

黑社会性质组织及其成员在黑社会性质组织的形成、发展过程中聚敛的全部财物、财产性权益及其收益，以及涉案违禁品和用于犯罪的工具等，应当依法予以追缴、没收，彻底摧毁黑社会性质组织的经济基础，防止其死灰复燃。但是，应当依法保护债权人和公司、企业职工的合法权益。

在办案过程中，应当依法运用查封、扣押、冻结、追缴等手段，全面收集、固定黑社会性质组织和成员聚敛的全部财物、财产性权益及其收益方面的证据，收集、固定涉案违禁品和用于犯罪的工具等方面的证据。

八、关于包庇、纵容黑社会性质组织罪的认定问题

只要国家机关工作人员知道或者应当知道包庇、纵容的是有组织的违法犯罪活动，即可认定本罪，不要求行为人明知是黑社会性质组织而包庇、纵容。对行为人主观明知的判断要从行为人对包庇、纵容的黑社会性质组织情况的知情程度，与黑社会性质组织的组织者、领导者及其他成员的关系密切程度，所包庇、纵容的黑社会性质组织实施的违法犯罪活动的性质、次数、行为表现、危害程度等多方面的事实，综合考察，分析判断。

国家机关工作人员收受贿赂而包庇、纵容黑社会性质组织犯罪，构成受贿罪和包庇、纵容黑社会性质组织罪的，应当数罪并罚。

国家机关工作人员包庇、纵容黑社会性质组织，同时构成滥用职权、徇私枉法、帮助犯罪分子逃避处罚等渎职犯罪的，择重罪处罚。

九、关于与黑社会性质组织犯罪相关的洗钱罪的认定问题

明知是有组织的违法犯罪所得及其产生的收益，而采取刑法第一百九十一条规定的手段掩饰、隐瞒其来源和性质的，应当认定为洗钱罪。不明知是有组织的违法犯罪所得及其产生收益，但明知是犯罪所得及其产生的收益，而掩饰、隐瞒其来源和性质的，按掩饰、隐瞒犯罪所得、犯罪所得收益罪定罪处罚。

本规定自下发之日起施行。如法律法规、司法解释等规范性文件有新的规定，按新的规定执行。

重庆市高级人民法院《关于依法从严审理食品药品安全案件的意见》

（2011年6月15日）

为充分发挥审判职能，切实保护食品药品生产、销售秩序，确保食品药品安全，保障人民群众身体健康，根据国务院保障食品药品安全的要求和最高人民法院《关于进一步加大力度，依法严惩危害食品安全及相关职务犯罪的通知》精神，结合重庆开展食品药品安全综合整治实际，确定"关切民生、依法从严、公正高效"工作方针，并制定本意见：

一是统筹审判资源加大案件审执力度。组织精干力量，确定相对固定的合议庭审理和执行食品药品安全案件。建立食品药品安全案件专项统计制度，根据收案情况，实时调整审判力量。在审理民事和行政案件中，一旦发现可能存在食品药品犯罪的行为，及时移送公安机关或检察机关侦查起诉。

二是依法从重惩处危害食品药品安全犯罪。对实施危害食品药品安全的行为，同时构成危害食品药品安全犯罪和生产、销售伪劣产品、侵犯知识产权、非法经营等犯罪的，要依照处罚较重的规定定罪处罚。对危害食品药品安全犯罪的累犯、惯犯、共同犯罪中的主犯以及对人体健康造成严重危害、销售金额巨大的，要依法从重处罚。危害食品药品安全犯罪致人死亡或者有其他特别严重情节，罪当判处死刑的，要坚决依法判处死刑。

三是严格危害食品药品安全犯罪的刑罚适用。对构成危害食品药品安全犯罪的，除情节较轻并具有自首或重大立功表现等情节的，一律不得免除刑罚。从严把握适用缓刑的条件，对依法必须适用缓刑的，可以同时宣告禁止令，禁止罪犯在缓刑考验期内从事与食品药品生产、销售等有关的活动。进一步加大对危害食品药品安全犯罪被告人的财产刑适用力度，用足用好罚金、没收财产等刑罚手段，剥夺其再犯能力。

四是严厉打击食品安全犯罪"保护伞"。对负有食品安全监督管理职责的国家机关工作人员，滥用职权或者玩忽职守，导致发生重大食品安全事故或者造成其他严重后果的，要以食品监管渎职罪严格追究刑事责任。对因徇私舞弊导致发生重大食品安全事故或者其他严重后果的，要依法从重处罚。

五是加大对违法行为的民事制裁力度。把是否违反食品药品安全法律及行政法规禁止性规定的行为作为审查食品药品生产销售行为合法性的主要内容，对违反禁止性规定的，要依法确认无效并采取相应制裁措施。对诉讼过程中发现有毒、有害食品药品可能流入市场的，要迅速采取保全措施，坚决予以制止。

六是依法保障食品药品消费者合法权益。在平等保护各方当事人合法权益的基础上,加强对食品药品消费者的保护,在举证责任分配等方面对食品药品安全案件受害人给予适当倾斜。严格按照侵权责任法相关规定判令侵权人承担民事赔偿责任。准确适用食品安全法、消费者权益保护法关于惩罚性赔偿的规定,加大对消费者权益的保护和侵权行为的惩戒。

七是依法保障诚信生产经营者合法权益。加大食品药品领域知识产权保护力度,依法制裁发生在食品药品生产领域的知识产权侵权行为,保护食品药品企业合法权益。审理食品药品领域的知识产权纠纷时,可根据当事人申请发出诉前临时禁令,限制被控侵权的食品药品在诉讼过程中继续在市场流通。

八是强化行政审判职能。依法审理食品药品安全行政诉讼案件,加大对食品药品非诉行政案件的审查执行力度,依法支持行政主管部门加强食品药品卫生监管的行政行为。对审判、执行中发现的食品药品安全管理薄弱环节,及时提出司法建议,为行政主管部门强化管理、规范监管、科学决策提供参考。

九是加强调研宣传。深入研究食品药品安全领域的司法政策及法律适用问题,及时总结类型化案件裁判规则,指导审判有序开展。充分利用电视、广播、报刊、网络,大力宣传食品药品安全法律法规,及时报道食品药品安全案件审理情况,通报一批违法犯罪典型案例。

重庆市高级人民法院 重庆市人民检察院 重庆市公安局 重庆市司法局 共青团重庆市委员会 重庆市社会治安综合治理委员会办公室 《重庆市办理未成年人案件配套工作暂行办法》

(2011年6月29日)

第一章 总 则

第一条 为进一步做好我市未成年人司法保护工作,根据《中华人民共和国刑事诉讼法》、《中华人民共和国刑法》、《中华人民共和国未成年人保护法》、《中华人民共和国预防未成年人犯罪法》以及中央综治委预防青少年违法犯罪工作领导小组、最高人民法院、最高人民检察院、公安部、司法部、共青团中央《关于进一步建立和完善办理未成年人刑事案件配套工作体系的若干意见》和有关司法解释的规定,结合我市未成年人司法保护工作实际,特制定本办法。

第二条 依照"教育、感化、挽救"的方针和"教育为主,惩罚为辅"的原则,各级公安机关、人民法院、人民检察院、司法行政机关在办理未成年人案件过程中,应当以"未成年人最佳利益为首要考虑",加强沟通、协调、监督与配合。

第三条 办案过程中,各部门应当按照法律规定,执行法定程序,在法律的框架内积极探索创新,运用司法的职能,全面保护未成年人合法权益。

第二章 组织机构及职责

第四条 重庆市高级人民法院、重庆市人民检察院、重庆市公安局、重庆市司法局、共青团重庆市委员会分别组织实施,互相加强沟通配合。重庆市社会治安综合治理委员会办公室进行必要的指导、协调和督查。

第五条 重庆市高级人民法院、重庆市人民检察院、重庆市公安局、重庆市司法局应当分别成立指导办理未成年人刑事案件的专门机构或专门小组,负责未成年人案件办理工作以及对基层工作开展、探索创新进行指导。

第六条 各级公安机关应当设立办理未成年人刑事案件指导机构。派出所和刑侦治安部门可以设立办理未成年人刑事案件的专门机构或专门小组,条件不具备的,应当指定专人办理。

第七条 重庆市人民检察院应当设立指导办理未成年人刑事案件专门机构。各分院、区、县(自治县)人民检察院一般应当设立办理未成年人刑事案件的专门机构或专门小组,条件不具备的,应当指定专人办理。

第八条 重庆市高级人民法院应在已设立少年法庭指导小组基础上,在刑事审判庭内设立审理未成年人案件的专门机构,同时负责调研、指导全市法院少年法庭工作。市各中级人民法院和基层人民法院一般应当建立审理未成年人案件的专门机构。有条件的中、基层人民法院可以设立独立建制的未成年人案件综合审判庭或者未成年人刑事案件审判庭(以下简称少年审判庭),未设独立建制少年审判庭的,应当在刑事审判庭内设立未成年人案件合议庭。

第九条 各级司法行政机关法律援助中心、社区矫正部门应当设立专门小组,条件不具备的应当指定专人,负责办理未成年人法律援助事务和社区矫正工作。

第三章　涉案未成年人合法权益保护

第十条　公安机关、人民检察院、人民法院、司法行政机关办理未成年人刑事案件，应当加强同教育、民政、人力资源和劳动保障等政府部门、共青团、妇联、工会等人民团体以及未成年人保护组织等有关社会团体的联系，共同做好未成年犯罪嫌疑人、被告人和未成年罪犯的救助、教育、改造和回归社会的工作。

第十一条　办理未成年人刑事案件，应当注意保护未成年人的名誉，尊重未成年人的人格尊严，不得公开披露未成年被害人、证人、犯罪嫌疑人、被告人、罪犯的姓名、住所、照片、图像等以及可能推断出该未成年人的材料。

第十二条　公安机关、人民检察院、人民法院办理未成年人刑事案件，应当告知未成年犯罪嫌疑人、被告人及其法定代理人诉讼权利。

第十三条　公安机关办理未成年人刑事案件，应当坚持依法严格限制和尽量减少适用羁押强制措施，对具备监管条件的未成年犯罪嫌疑人，优先考虑适用非羁押强制措施并加强有效监管。

对属外来流动人口的未成年犯罪嫌疑人、被告人，如果犯罪情节较轻，没有社会危险性或社会危险性较小，在犯罪地有监护人或其他成年亲属，且监护人或该成年亲属有固定住所或经济收入，愿意担保并积极配合对涉案未成年人进行监管的，不予刑事拘留或者逮捕。

涉案未成年人是在校学生的，对羁押强制措施和监禁刑的适用，应该审慎，尽量使涉案未成年人能够继续留校学习。

对被羁押的未成年人应当坚持与成年人分开关押、管理，有条件的看守所可以设立专门的未成年人监区。

第十四条　未成年人与成年人共同犯罪的案件，一般应当分案办理。

人民法院对应当分案起诉而未分案起诉的未成年人和成年人共同犯罪的案件，可以向同级人民检察院提出分案起诉建议。

第十五条　办案单位在询问未成年被害人、证人时，应当通知其法定代理人到场。

到场的法定代理人认为办案人员在询问过程中侵犯未成年人合法权益的，可以提出意见。到场的法定代理人意见应当记入询问笔录。询问笔录应当交到场的法定代理人阅读或向其宣读。

询问遭受性侵害的未成年被害人，应当由同性工作人员进行。

第十六条　对于未成年人犯罪案件，在讯问和审判时，应当通知其法定代理人到场。

通知其法定代理人到场确有困难的，也可以通知"合适成年人"到场。到场的法定代理人或"合适成年人"认为办案人员在讯问、审判中侵犯未成年人合法权益的，可以提出意见。到场的法定代理人或"合适成年人"的意见应当记入讯问笔录、法庭审理笔录，笔录应当交给到场法定代理人或"合适成年人"阅读或者向其宣读。

第十七条　对未成年犯罪嫌疑人在第一次讯问时或自采取强制措施之日起，公安机关应当告知未成年人及其法定代理人有关诉讼权利和义务，在告知其可以聘请律师的同时，应当告知其如果经济困难，可以向法律援助机构申请法律援助，并提供程序上的保障。

第十八条　在审查批捕（审查起诉）阶段，人民检察院应当告知未成年犯罪嫌疑人及其法定代理人有关诉讼权利和义务，在告知其有权委托律师（辩护人）的同时，应当告知其如果经济困难，可以向法律援助机构申请法律援助，并提供程序上的保障。

第十九条　侦查阶段律师介入后，应当在检察机关批准逮捕以前，及时调查涉案未成年人的监管等情况，对涉案未成年人的人身危险性进行初步评价，形成《律师介入报告》提交检察机关。检察机关审查批捕时，综合律师的报告及案情，依据"可捕可不捕的不捕"的原则，慎重作出批准逮捕或不予批准逮捕决定。

第二十条　办理未成年人刑事案件，应当结合对未成年人背景情况的社会调查，注意听取法定代理人、律师、辩护人、被害人和合适成年人的意见。

第二十一条　对未成年犯罪嫌疑人、被告人原则上不得使用械具。有逃跑、行凶、自杀等情形以及其他现实危险，确有必要使用械具的，在上述情形或其他现实危险消除后，应当立即停止使用。

第二十二条　人民检察院审查起诉未成年人刑事案件，根据未成年犯罪嫌疑人涉案事实、主观恶性、监管条件等，综合衡量其社会危害性、再犯可能性，坚持依法"可诉可不诉的不诉"原则，慎重作出是否起诉的决定。

第二十三条　具备条件的人民检察院、人民法院可以根据案件的需要，对涉案未成年人开展心理咨询、心理辅导，进行心理分析及再犯可能性的评估，并形成书面报告。

第二十四条　人民检察院依法提起公诉的案件，应当在起诉书后附书面量刑意见书，并阐明量刑建议的理由。建议人民法院适用缓刑的，应当提供证实未成年被告人能够获得有效监护、帮教的书面材料。

第二十五条 人民法院审理未成年人刑事案件，应当谨慎定罪量刑，依法坚持"可定罪可不定罪的不定，可监禁可不监禁的不监禁"原则。

第二十六条 对于未成年罪犯减刑、假释案件，应当比照成年人放宽条件。对于具备社区监管、矫治条件的，应当加大假释适用的力度。

第二十七条 人民法院审理未成年人刑事案件，应当注重对未成年被告人的法庭教育。法庭教育的主要内容包括对相关法律法规的理解，未成年被告人实施被指控行为的原因剖析，应当吸取的教训，犯罪行为对社会、家庭、个人的危害和是否应当受刑罚处罚，如何正确对待人民法院的裁判，接受社区矫正或者在监管场所服刑应当注意的问题等。人民法院可以邀请有利于教育、感化、挽救未成年被告人的人员参加法庭教育。

检察机关派员出庭支持公诉的案件，出庭的检察人员应当在法庭的主持下参与法庭教育。

第二十八条 社会调查员、心理咨询师、特邀帮教人员因帮教矫治的需要，人民法院可以通知社会调查员、心理咨询师、特邀帮教人员到庭参加法庭教育。

第二十九条 人民法院审理未成年人刑事案件，对通过社会调查形成的反映未成年人性格特点、家庭情况、社会交往、成长经历以及实施被指控犯罪前后表现等情况的社会调查报告，应当进行庭审质证，认真听取控辩双方对调查报告的意见，量刑时予以综合考虑。

第三十条 人民法院审理未成年人刑事案件，根据未成年人的身心特点，对未成年被告人轻微犯罪或者过失犯罪，可以采取圆桌审判方式。

第三十一条 人民法院应当主要从共青团、妇联、工会、学校等组织的工作人员中选任审理未成年人案件的人民陪审员。审理未成年人案件的人民陪审员应当熟悉未成年人身心特点，具备一定的青少年教育学、心理学和社会学知识，并经过必要的培训。

第三十二条 人民法院审理未成年人刑事案件，在向未成年被告人及其法定代理人、辩护人送达起诉书副本的同时，应当向其送达检察机关的量刑建议书，并告知其可以在法庭上进行量刑答辩。

法庭辩论阶段，应当设置相对独立的量刑辩论程序，充分听取公诉人、辩护人、未成年被告人及其法定代理人的量刑意见，主持控辩双方进行量刑辩论。

决定适用简易程序开庭审理的，法官根据案件需要可以通知公诉人出庭，参与法庭教育和量刑辩论。公诉人收到出庭通知书后应当出庭。

人民法院判决应当对是否采纳人民检察院量刑建议和理由予以表述。

第三十三条 人民法院对于可能适用非监禁刑的未成年人刑事案件，应当征求未成年人住所地社区矫正组织的意见。

第三十四条 在未成年犯管教所服刑的未成年人没有完成义务教育的，未成年犯管教所应当对未成年人进行义务教育。在社区接受矫正的未成年社区服刑人员没有完成义务教育的，社区矫正部门应当积极联系教育部门，帮助落实复学和就学。

第三十五条 犯罪时未满十八周岁，被判处五年有期徒刑以下刑罚的，司法机关以及相关部门应当对相关犯罪记录予以封存。犯罪记录被封存的，除司法机关为办案和根据法律规定需要查询的以外，不得向任何机关、单位和个人提供。

犯罪记录被封存的人员，又实施故意犯罪行为的，对其犯罪记录应当解除封存。

第三十六条 人民法院对于审结的涉及未成年人权益保护的民事案件，视涉案未成年人权益维护的需要，可以要求人民检察院参与判后延伸观护。观护过程中发现未成年人权益受到侵害，应当及时支持起诉。

第四章 社会调查

第三十七条 公安机关在办理未成年人刑事案件时，认为有必要的，可以在侦查阶段委托司法行政机关对未成年犯罪嫌疑人的性格特点、家庭情况、社会交往、成长经历以及实施涉案行为前后表现等背景情况进行社会调查，作为采取或者变更强制措施的参考依据。社会调查报告应当随案移送至人民检察院。

第三十八条 人民检察院审查起诉阶段，应当认真审查公安机关移送的社会调查报告及其附属材料，全面掌握案情和未成年人的身心特点。对于公安机关未委托进行社会调查的，人民检察院应当及时委托司法行政机关进行社会调查。

社会调查报告及其附属材料应当连同案卷一并移送人民法院。

人民检察院没有随案移送上述材料，人民法院可以要求人民检察院提供。

第三十九条 各级人民法院在办理未成年人刑事案件时，应当全面审查社会调查报告及其附属材料，并将社会调查报告作为法庭教育和量刑的参考。

第四十条 二审法院应当及时审查一审是否具有社会调查报告。一审没有社会调查报告或者报告内容不全面的，二审法院可以根据情况自行决定委托司法行政机关进行社会调查或补充调查。

第四十一条 人民法院应当将社区矫正组织关于未成年被告人是否适合进行社区矫正的建议纳入社会调查报告，作为法官量刑时的参考。

第四十二条 社会调查报告中的客观内容应当在判决书中予以表述。

第四十三条 司法行政机关经公安机关、人民检察院、人民法院的委托，承担对涉案未成年人的社会调查和社区矫正可行性评估工作，及时完成并反馈调查评估结果。

户籍所在地或者经常居住地不在本市的，办案机关应当通过邮寄等方式委托异地司法行政机关，进行社会调查。

司法行政机关无法进行社会调查或者无法在规定期限内完成社会调查的，应当书面作出说明，办案机关对说明材料应随案移送。

第四十四条 判决生效后，人民法院应当及时将社会调查报告及其附属材料连同刑罚执行文书，送达执行机关。判处非监禁刑，还应当移送监外执行罪犯刑罚执行流程卡。

未成年罪犯住所地在本市的，人民法院应将上述材料直接送达住所地公安机关法制部门签收。公安机关与司法行政机关、司法所与社区服刑人员及其帮教责任人也应实行"双向签名"制度。未成年罪犯住所地不在本市的，人民法院可以采取邮寄等方式送达上述材料。

第五章 刑事和解

第四十五条 公安机关、人民检察院、人民法院、司法行政机关应当积极推动未成年犯罪嫌疑人、被告人、未成年罪犯与被害人的和解。

人民检察院在办理未成年人轻微刑事案件时，可以委托人民调解委员会进行调解。

通过和解取得被害人谅解的，可以作为从轻处理或减刑假释的依据之一。

诉讼中的和解应当记录在案并存入案卷。

第四十六条 适用刑事和解应当具备的条件，按照相关规定执行。

第六章 合适成年人

第四十七条 "合适成年人参与刑事诉讼"是指，公安机关、人民检察院、人民法院在讯问、审判时，涉案未成年当事人法定代理人无法或不宜到场的，依法由办案单位通知熟悉涉案未成年当事人的其他成年亲属、社区（村委会）工作人员、教师、社会工作者等，或者通知负有未成年人权益保护职责的群团机构、社会组织选派符合条件的成年代表，作为诉讼参与人到场，行使法定代理人的部分诉讼权利，维护涉案未成年当事人合法权益，并履行监督、沟通、抚慰、教育等职责。

第四十八条 合适成年人到场或者出庭，应当征得未成年犯罪嫌疑人、被告人同意。

第四十九条 合适成年人作为未成年被告人法定代理人缺位的补充，履行法定代理人的职责，但不具有上诉权。

第七章 帮教安置及社区矫正

第五十条 公安机关、人民检察院、人民法院、司法行政机关在办理未成年人刑事案件时，应当结合具体案情，采取符合未成年人身心特点的方法，开展有针对性的教育、感化、挽救工作。

对于不立案或撤销案件、不起诉、判处非监禁刑或免予刑事处罚的未成年人，公安机关、人民检察院、人民法院应当视案件情况对未成年人予以训诫、责令具结悔过、赔礼道歉、责令赔偿等措施，并要求监护人加强监管，协助落实社会帮教。

第五十一条 人民检察院对于轻微犯罪而决定不起诉的未成年犯罪嫌疑人，应当根据实际情况与其所在家庭、学校、社区（村委会）、单位积极配合，进行帮教管理。

第五十二条 人民法院对于适用非监禁刑或者免予刑事处罚的未成年罪犯，应当建立回访考察制度，定期或不定期进行回访考察，并协助社区矫正组织做好未成年罪犯的社会回归工作。

第五十三条 人民检察院对虽符合起诉条件，但犯罪情节相对轻微、社会危害性相对不大的未成年人犯罪案件，根据未成年犯罪嫌疑人的悔罪表现，可以决定不立即提起公诉，对其设置一定考察期，对在考察期内未成年犯罪嫌疑人全面履行附加条件的，作出不起诉决定，否则，依法提起公诉。

人民法院可以根据案件以及未成年被告人的具体情况，于开庭审理后宣判前设置考察期，在有关组织配合下，对未成年被告人的表现进行判前综合考察。考察期结束后，根据其在考察期中的表现，决定如何适用刑罚。

考察期间可以根据具体情况发出《社会服务建议书》，在有关组织的协助下，将未成年犯罪嫌疑人、被告人参与社会服务或者义务劳动的情况纳入考察的内容。参与社会服务或者义务劳动限于已经年满十六周岁的未成年犯罪嫌疑人、被告人。

第五十四条　公安机关应当配合司法行政机关社区矫正工作部门开展社区矫正工作，建立协作机制，切实做好未成年社区服刑人员的监督，对脱管、漏管等违反社区矫正管理规定的未成年社区服刑人员依法采取惩戒措施，对重新违法犯罪的未成年社区服刑人员及时依法处理。

人民检察院依法对社区矫正活动实行监督。

第五十五条　司法行政机关社区矫正工作部门应当在公安机关配合和支持下负责未成年社区服刑人员的监督管理与教育矫治，做好对未成年社区服刑人员的日常矫治、行为考核和帮困扶助、刑罚执行建议等工作。

对未成年社区服刑人员应坚持教育矫正为主，并与成年人分开进行。

对于被撤销假释、缓刑的未成年社区服刑人员，司法行政机关社区矫正工作部门应当及时将未成年人社会调查报告、社区服刑期间表现等材料送达当地负责的公安机关和人民检察院。

第五十六条　各级司法行政机关应当加大安置帮教工作力度，加强与社区、劳动和社会保障、教育、民政、共青团等部门、组织的联系与协作，切实做好刑满释放、解除劳动教养未成年人的教育、培训、就业、戒除恶习、适应社会生活及生活保障等工作。

第五十七条　人民法院可以根据人员配置的情况设置专职考察员，负责联系社区矫正组织，并协助社区矫正组织开展对未成年罪犯的回访、考察和帮教工作。

第八章　考核与奖惩

第五十八条　重庆市高级人民法院、重庆市人民检察院、重庆市公安局、重庆市司法局应当对办理未成年人案件配套工作进行部署，并在各自系统内建立和完善相关制度和规定，制定相应考核目标，建立奖励机制。

第五十九条　人民法院、人民检察院、公安机关、司法行政机关对办理未成年人案件的专门机构和人员，应当采用不同于办理普通案件的工作绩效指标进行考核。

第九章　附　则

第六十条　公安机关、人民检察院、人民法院、司法行政机关可以在同级社会治安综合治理部门的主持下，建立未成年人案件联席会议机制，加强跨部门合作。

第六十一条　本办法自 2011 年 8 月 1 日施行。

重庆市高级人民法院　重庆市人民检察院
《关于办理危害食品、药品安全刑事案件若干问题的意见》

(2011 年 8 月 29 日)

危害食品、药品安全犯罪，严重危害人民群众生命健康和财产安全。1997 年刑法修订后，最高人民法院先后发布了多个司法解释，对司法实践中如何具体适用法律，给予了明确。但是，伴随《中华人民共和国刑法修正案（八）》对原有法律条文的修订，各地法院、检察院在具体办案中又遇到了许多新情况、新问题。为准确适用法律，现对办理危害食品、药品安全刑事案件中较为突出的几个法律适用问题，提出意见如下：

一、关于贯彻宽严相济刑事政策的问题

坚定不移地贯彻依法从严惩处的方针。对危害食品、药品安全犯罪，要综合考虑犯罪分子的主观恶性、犯罪手段、犯罪数额、危害后果、社会影响等因素，依法准确裁量刑罚。对具有累犯、惯犯、共同犯罪的主犯、集团犯罪的首要分子等情节，以及犯罪数额巨大、情节恶劣、危害严重，群众反映强烈，给国家和人民利益造成重大损失的犯罪分子，依法严惩，罪当判处死刑的，要坚决依法判处死刑。对在同一条生产销售链上的犯罪分子，既要严格依法处刑，又要在法定幅度内体现严惩源头犯罪的精神，确保上游犯罪与下游犯罪处刑的整体平衡。要加大财产刑的判处力度，用足、用好罚金、没收财产等刑罚手段，剥夺犯罪分子再次犯罪的能力。

对于具有自首、立功、从犯等法定从宽情节的犯罪分子，依法可从宽处理。因其如实供述自己罪行，对侦破案件起到重要作用的，可以从轻处罚；因其如实供述自己罪行，避免特别严重后果发生的，可以减轻处罚。

对于犯罪数额较小、持续时间不长、没有造成危害后果的，可不作为犯罪处理。

二、关于生产、销售假药罪的情节认定

生产、销售的假药被使用后，造成轻伤、重伤或者其他严重后果的，应认定为刑法第一百四十一条规定的"对人体健康造成严重危害"。具有下列情形之一的，可以认定为"有其他严重情节"：

1. 生产、销售假药涉案金额五万元以上不满五十万元，或者违法所得一万元以上不满十万元的；
2. 生产、销售假药涉案金额接近五万元或者违法所得接近一万元，同时具有累犯或者犯罪集团首要分子情节的；
3. 生产、销售假药持续六个月以上不满两年的；
4. 具有其他严重情节的。

具有下列情形之一的，可以认定为刑法第一百四十一条规定的"有其他特别严重情节"：
1. 生产、销售的假药被使用后，致人严重残疾、三人以上重伤、十人以上轻伤或者造成其他特别严重后果的；
2. 生产、销售假药涉案金额五十万元以上的，或者违法所得十万元以上的；
3. 生产、销售假药涉案金额接近五十万元或者违法所得接近十万元，同时具有累犯或者犯罪集团首要分子情节的；
4. 生产、销售假药持续两年以上的；
5. 具有其他特别严重情节的。

三、生产、销售劣药罪的情节认定

生产、销售的劣药被使用后，造成轻伤、重伤或者其他严重后果的，应认定为刑法第一百四十二条规定的"对人体健康造成严重危害"。

生产、销售的劣药被使用后，致人死亡、严重残疾、三人以上重伤、十人以上轻伤或者造成其他特别严重后果的，应认定为刑法第一百四十二条规定的"后果特别严重"。

四、生产、销售不符合安全标准的食品罪的情节认定

经国家认可的有鉴定资质的鉴定机构鉴定，食品中含有可能导致严重食物中毒事故或者其他严重食源性疾病的超标准的有害细菌或者其他污染物，应认定为刑法第一百四十三条规定的"足以造成严重食物中毒事故或者其他严重食源性疾病"。

生产、销售的不符合安全标准的食品被食用后，造成轻伤、重伤或者其他严重后果的，应认定为刑法第一百四十三条规定的"对人体健康造成严重危害"。具有下列情形之一的，可以认定为刑法第一百四十三条规定的"有其他严重情节"：
1. 生产、销售不符合安全标准的食品涉案金额十万元以上，或者违法所得二万元以上的；
2. 生产、销售不符合安全标准的食品涉案金额接近十万元或者违法所得接近二万元，同时具有累犯或者犯罪集团首要分子情节的；
3. 生产、销售不符合安全标准的食品持续六个月以上的；
4. 生产、销售的不符合安全标准的食品被食用后，造成二十人以上食物中毒事故或者其他食源性疾病的；
5. 具有其他严重情节的。

生产、销售的不符合安全标准的食品被使用后，致人死亡、严重残疾、三人以上重伤、十人以上轻伤或者造成其他特别严重后果的，应认定为"后果特别严重"。

五、生产、销售有毒、有害食品罪的情节认定

生产、销售的有毒、有害食品被食用后，造成轻伤、重伤或者其他严重后果的，应认定为刑法第一百四十四条规定的"对人体健康造成严重危害"。具有下列情形之一的，可以认定为刑法第一百四十四条规定的"有其他严重情节"：
1. 生产、销售有毒、有害食品涉案金额五万元以上不满五十万元，或者违法所得一万元以上不满十万元的；
2. 生产、销售有毒、有害食品涉案金额接近五万元或违法所得接近一万元，同时具有累犯或者犯罪集团首要分子情节的；
3. 生产、销售有毒、有害食品持续六个月以上不满两年的；
4. 生产、销售的有毒、有害食品被食用后，造成十人以上三十人以下的食品中毒事故或者其他严重食源性疾病的；
5. 具有其他严重情节的。

具有下列情形之一的，可以认定为刑法第一百四十四条规定的"有其他特别严重情节"：
1. 生产、销售的有毒、有害食品被食用后，致人严重残疾、三人以上重伤、十人以上轻伤，或者造成其他特别严重后果的；
2. 生产、销售有毒、有害食品涉案金额五十万元以上，或者违法所得十万元以上的；
3. 生产、销售有毒、有害食品涉案金额接近五十万元或者违法所得接近十万元，同时具有累犯或者犯罪集团首要分子情节的；
4. 生产、销售有毒、有害食品持续两年以上的；

5. 生产、销售的有毒、有害食品被食用后,造成三十人以上食品中毒事故或者其他严重食源性疾病的;

6. 具有其他特别严重情节的。

六、关于行政执法部门收集、调取证据的效力问题

行政执法部门依法收集、调取、制作的物证、书证、视听资料、检验报告、鉴定意见、勘验笔录、现场笔录,经公安机关、人民检察院审查,人民法院庭审质证确认,可以作为刑事证据使用。

行政执法部门制作的证人证言、当事人陈述等调查笔录,侦查机关认为有必要作为刑事证据使用的,应当依法重新收集、制作。

七、关于抽样取证和委托鉴定问题

司法机关在办理危害食品、药品安全刑事案件时,可以根据工作需要采取抽样取证的方式进行鉴定。抽样由司法机关和鉴定机构依法进行,抽样时应当有当事人或者见证人在场,并制作抽样取证笔录,抽样人、当事人或者在场见证人应在笔录上签字。

对于需要鉴定的事项,应当委托国家认可的有鉴定资质的鉴定机构进行。

办案机关应当对鉴定报告进行审查,听取受害人、犯罪嫌疑人、被告人对鉴定结论的意见;对鉴定结论有疑问的,人民法院应当依法通知鉴定人出庭作证或者由其出具相关说明,也可以依法委托补充鉴定或者重新鉴定。

八、关于犯罪嫌疑人、被告人主观故意的问题

对于生产类危害食品、药品安全犯罪,除有证据证明犯罪嫌疑人、被告人系过失犯罪或者主观不明知的以外,原则上可认定其具有相关犯罪的主观故意。

销售类犯罪主观故意中"明知"是指行为人知道或者应当知道所销售的食品系有毒、有害食品、不符合食品安全标准的食品,以及药品系假药、劣药。具有下列情形之一,行为人不能作出合理解释的,可以认定为"明知":

1. 以明显低于市场批发价进货的;

2. 以明显低于市场价销售的;

3. 销售假药、劣药、不符合安全标准的食品、有毒有害的食品被发现后转移、毁灭物证或者提供虚假证明、虚假情况的;

4. 曾因生产、销售假药、劣药、不符合食品安全标准的食品、有毒、有害食品受过刑事处罚或者行政处罚的,又实施同类犯罪行为的;

5. 其他应当认定为明知的情形。

九、关于一罪与数罪问题

行为人实施危害食品、药品安全的行为同时构成危害食品、药品安全犯罪和侵犯知识产权、生产、销售伪劣产品、非法经营等罪的,依照处罚较重的规定定罪处罚。

十、关于共犯问题

明知他人实施意见所列犯罪,而为其提供贷款、资金、账号、发票、证明、许可证件,或者提供生产、经营场所、设备、运输、仓储、保管、邮寄、代理进出口、广告等便利条件,或者提供生产技术、配方的,应当按照共犯追究刑事责任。

十一、国家机关工作人员犯罪行为的处罚问题

国家机关工作人员包庇、纵容危害食品、药品安全违法犯罪活动,以及在食品、药品安全监管和查处危害食品、药品安全违法犯罪活动中收受贿赂、玩忽职守、滥用职权、徇私枉法、不履行法定职责构成犯罪的,应当依照处罚较重的规定定罪并从重处刑,一般不得作不起诉处理、不得适用缓刑或者判处免予刑事处罚。

国家机关工作人员实施或者参与实施危害食品、药品安全犯罪的,应当依法从重处罚。

十二、关于财产刑适用问题

危害药品、食品安全犯罪是图利型犯罪,惩罚和预防此类犯罪,应当注意同时从经济上制裁犯罪分子。刑法对该类犯罪均规定了财产刑,人民法院应当加大财产刑适用力度。

对犯罪分子违法所得的财物要依法追缴或者责令退赔;对其用于犯罪的本人财物要依法予以没收。

十三、关于刑事附带民事诉讼处理的问题

要重视刑事附带民事诉讼的处理。注意最大限度依法挽回受害人和受害单位的损失。对于涉及大量受害群众的案件,在办案过程中一定要注意严格依法办案,妥善慎重处理,做好群众工作。如果属于严重危害社会秩序和国家利益或者受害群众较多的,应当依靠当地党委并与有关部门及时协调,确保社会稳定。

被告人和被告单位积极主动赔偿受害人或者受害单位损失的,可以酌情从轻处罚。

重庆市高级人民法院　重庆市人民检察院　重庆市公安局　重庆市环境保护局 《关于试点集中办理环境保护案件的意见》

(2011 年 11 月 4 日)

第一条 为探索环境保护司法新机制，积极开展环境保护案件集中审理试点工作，依法严厉打击污染、破坏环境的犯罪行为，妥善处理污染、破坏环境行为引发的侵权、损害赔偿案件，监督、支持环境保护行政机关依法行政，依照我国《刑事诉讼法》、《民事诉讼法》、《行政诉讼法》和《环境保护法》等法律、法规和司法解释的规定，结合我市环境保护工作实际，制定本意见。

第二条 除依法应由上级人民法院管辖的以外，下列市第一、二中级人民法院辖区内的一审环境保护案件和非诉行政执行案件，分别由渝北区、万州区人民法院集中审理、审查并执行。

（一）刑事案件《刑法》分则第二章"危害公共安全罪"中规定的与污染、破坏环境有关的部分犯罪案件，《刑法》分则第六章"妨碍社会管理秩序罪"第六节中规定的破坏环境资源保护罪案件。具体包括：

1. 投放危险物质案（《刑法》第 114 条、第 115 条第 1 款）；
2. 过失投放危险物质案（《刑法》第 115 条第 2 款）；
3. 危险物质肇事案（《刑法》第 136 条）；
4. 污染环境案（《刑法》第 338 条）；
5. 非法处置进口的固体废物案（《刑法》第 339 条第 1 款）；
6. 擅自进口固体废物案（《刑法》第 339 条第 2 款）；
7. 非法捕捞水产品案（《刑法》第 340 条）；
8. 非法猎捕、杀害珍贵、濒危野生动物案（《刑法》第 341 条第 1 款）；
9. 非法收购、运输、出售珍贵濒危野生动物、珍贵、濒危野生动物制品案（《刑法》第 341 条第 1 款）；
10. 非法狩猎案（《刑法》第 341 条第 2 款）；
11. 非法占用农用地案（《刑法》第 342 条）；
12. 非法采矿案（《刑法》第 343 条第 1 款）；
13. 破坏性采矿案（《刑法》第 343 条第 2 款）；
14. 非法采伐、毁坏国家重点保护植物案（《刑法》第 344 条）；
15. 非法收购、运输、加工、出售国家重点保护植物、国家重点保护植物制品案（《刑法》第 344 条）；
16. 盗伐林木案（《刑法》第 345 条第 1 款）；
17. 滥伐林木案（《刑法》第 345 条第 2 款）；
18. 非法收购、运输盗伐、滥伐的林木案（《刑法》第 345 条第 3 款）。

（二）民事案件

1. 大气、水、噪声、放射性、土壤、电子废物、固体废物污染责任纠纷案；
2. 因紧急避险引起的环境损害责任纠纷案。

（三）行政案件

因大气、水、噪声、放射性、土壤、电子废物、固体废物等污染、破坏环境发生行政争议而引起的行政诉讼和非诉行政审查案件。

（四）环境公益诉讼案件。

第三条 公安机关侦查办理环境保护刑事案件，执行《刑事诉讼法》关于犯罪地管辖的规定。

第四条 公安机关提请批准逮捕的环境保护刑事案件，移送所在地同级人民检察院审查决定。

第五条 公安机关侦查终结后移送检察院审查起诉的，按下列方式办理：

（一）市人民检察院第一分院辖区内的环境保护刑事案件，移送渝北区人民检察院审查起诉；

（二）市人民检察院第二分院辖区内的环境保护刑事案件，移送万州区人民检察院审查起诉。

第六条 环境保护刑事案件被告人给国家财产、集体财产造成损失的，人民检察院可以一并向人民法院提起刑事附带民事诉讼。

第七条 渝北区、万州区人民法院开庭审理环境保护刑事案件，应到被告人羁押地进行，庭审地法院应提供法庭、羁押室等设施和便利条件。当地看守所应按照国务院《看守所条例》和公安部《看守所条例实施办法》的规定给予配合和支持。

第八条 环境保护行政机关对污染、破坏环境，依法应予追究刑事责任的案件，应及时移送公安机关侦查，并附随下列材料：

（一）涉嫌犯罪案件移送书；
（二）涉嫌犯罪案件情况的调查报告；
（三）涉案物品清单；
（四）调查笔录、询问笔录、环境监测数据记录等材料；
（五）检验报告、鉴定结论、环境污染损害评估等材料；
（六）其他有关涉嫌犯罪的材料。

第九条 有关机关、社会团体可以向人民法院提起环境公益诉讼。

第十条 环境保护行政机关、国务院批准设立的全国性环境保护社会组织和市内经依法登记设立、以保护环境为目的的公益性社会团体，可以作为原告向人民法院提起环境公益诉讼。

第十一条 人民检察院可以支持污染、破坏环境行为的受害单位或个人向人民法院提起环境保护民事、行政诉讼，也可以支持市内经依法登记设立、以保护环境为目的的公益性社会团体提起环境公益诉讼。

人民检察院支持起诉的，应当派员出庭，并可以向人民法院提供证据，证据利益归属于原告。

第十二条 环境保护行政机关没有提起环境公益诉讼的，人民检察院可以依法发出检察建议书，督促环境保护行政机关提起环境公益诉讼。

第十三条 环境保护行政机关对人民法院的司法建议、人民检察院的检察建议应认真办理并及时回复。

第十四条 市高级人民法院、市人民检察院、市公安局、市环境保护局共同建立环境保护司法工作联席会议制度，适时商议解决环境保护司法工作中的难点问题，定期研究深入推进环境保护的司法工作新机制。

第十五条 办理环境公益诉讼案件的具体意见另行制定。

第十六条 本意见所称环境保护行政机关，是指环境保护行政主管部门和其他依法履行环境保护行政监管职责的行政部门。

第十七条 本意见施行前，市第一、二中级人民法院辖区基层人民法院已经受理的环境保护案件由受理法院继续审理。市人民检察院第一、二分院辖区基层人民检察院已经完成起诉审查或正在进行起诉审查的环境保护刑事案件，由起诉审查人民检察院继续办理，向所在地同级人民法院提起诉讼。

第十八条 本意见施行期间，市第三、四、五中级人民法院及其辖区基层人民法院和市人民检察院第三、四、五分院及其辖区基层人民检察院办理本意见所列环境保护案件，保持现有做法不变。

第十九条 本意见施行期间，法律、法规、司法解释有新规定的，执行法律、法规、司法解释规定。

第二十条 本意见由市高级人民法院、市人民检察院、市公安局、市环境保护局共同解释。

第二十一条 本意见自 2012 年 1 月 1 日起施行。

重庆市高级人民法院　重庆市人民检察院《关于盗窃罪数额认定标准的规定》[①]

（2013 年 7 月 5 日）

根据 2013 年 4 月 2 日公布的《最高人民法院、最高人民检察院关于办理盗窃刑事案件具体应用法律若干问题的解释》（法释〔2013〕8 号）第一条第一、二款的规定，经重庆市高级人民法院审判委员会 2013 年第 10 次会议和重庆市人民检察院第四届检察委员会第 3 次会议讨论通过，并经最高人民法院、最高人民检察院批复同意，对我市盗窃公私财物"数额较大"、"数额巨大"、"数额特别巨大"的标准作如下规定：

一、盗窃公私财物价值人民币二千元以上的，为数额较大。
二、盗窃公私财物价值人民币六万元以上的，为数额巨大。
三、盗窃公私财物价值人民币四十万元以上的，为数额特别巨大。
四、本定自下发之日起执行。

重庆市高级人民法院　重庆市人民检察院
《关于办理诈骗刑事案件数额标准的规定》

（2013 年 7 月 5 日）

根据 2011 年 3 月 1 日发布的《最高人民法院、最高人民检察院关于办理诈骗刑事案件具体应用法律

[①] 参见北京市高级人民法院《关于适用办理盗窃刑事案件司法解释的若干意见》之附件。

若干问题的解释》(注释〔2011〕7号)第一条的规定,经2013年5月24日重庆市高级人民法院审判委员会2013年第13次会议和2013年5月23日重庆市人民检察院第四届检察委员会第5次会议讨论决定,对我市诈骗公私财物"数额较大"、"数额巨大"、"数额特别巨大"的标准作如下规定:

诈骗公私财物价值人民币五千元以上的,为数额较大;

诈骗公私财物价值人民币七万元以上的,为数额巨大;

诈骗公私财物价值人民币五十万元以上的,为数额特别巨大。

本规定自2013年7月1日起施行。

重庆市高级人民法院 重庆市人民检察院 重庆市公安局 重庆市司法局 《重庆市社区矫正实施细则》

(2014年1月2日)

第一章 总 则

第一条 为依法规范实施社区矫正,将社区矫正人员改造成为守法公民,根据《中华人民共和国刑法》、《中华人民共和国刑事诉讼法》和最高人民法院、最高人民检察院、公安部、司法部《社区矫正实施办法》等法律、法规和司法解释,结合我市工作实际,制定本细则。

第二条 下列罪犯适用社区矫正:

(一)被判处管制的;

(二)被宣告缓刑的;

(三)被裁定假释的;

(四)被决定暂予监外执行的,包括:

1. 有严重疾病需要保外就医的;

2. 怀孕或者正在哺乳自己婴儿的妇女;

3. 生活不能自理,适用暂予监外执行不致危害社会的。

第三条 社区矫正工作应当遵循监督管理、教育矫正与帮困扶助相结合、专门机关与社会力量相协调、社会效果与法律效果相统一的原则,严格执法,科学矫正。

第四条 司法行政机关依法对社区矫正人员实行监督、管理和教育,其工作人员执行监管、调查、查找、追查、送交、取证等活动,有关单位或者个人应当依法给予配合。

第五条 社区矫正人员应当遵守法律、法规和社区矫正有关规定,服从监督管理,接受教育矫正。

第六条 社区矫正人员的人身安全、合法财产和辩护、申诉、控告、检举以及其他未被依法剥夺或者限制的权利不受侵犯。社区矫正人员在就学、就业和享受社会保障等方面,不受歧视。司法工作人员应当认真听取和妥善处理社区矫正人员反映的问题,依法维护其合法权益。

第二章 职责分工

第七条 人民法院主要履行以下职责:

(一)依法对符合适用社区矫正条件的被告人、罪犯作出判决、裁定或者决定;

(二)依法做好社区矫正法律文书和社区矫正人员衔接工作;

(三)依法对撤销缓刑、假释或者暂予监外执行罪犯决定收监执行的案件作出裁定、决定;

(四)依法对社区矫正人员的减刑案件作出裁定;

(五)受理社区矫正人员的申诉;

(六)其他依法应当履行的职责。

第八条 人民检察院主要履行以下职责:

(一)依法对适用社区矫正判决、裁定、决定进行法律监督;

(二)依法对适用社区矫正前调查评估进行法律监督;

(三)依法对社区矫正法律文书及社区矫正人员交付执行活动进行法律监督;

(四)依法对监督管理、教育矫正活动进行法律监督;

(五)依法对刑罚变更执行、解除矫正和终止执行环节进行法律监督;

(六)受理社区矫正人员的控告和申诉,维护社区矫正人员的合法权益;

(七)对社区矫正活动中发生的职务犯罪案件进行侦查,开展职务犯罪预防工作;

(八)其他依法应当履行的职责。

第九条 公安机关主要履行以下职责:

（一）依法对留看守所执行刑罚且符合适用社区矫正条件的罪犯作出暂予监外执行决定；

（二）依法做好社区矫正法律文书和社区矫正人员衔接工作；

（三）依法对违反治安管理规定和涉嫌重新犯罪的社区矫正人员作出处理；

（四）依法对裁定撤销假释的罪犯予以收监；

（五）依法对裁定撤销缓刑或者暂予监外执行决定收监执行的罪犯，或者根据司法行政机关的提请需要羁押的罪犯，采取羁押措施；

（六）协助司法行政机关对社区矫正人员进行监督管理、教育帮助；

（七）协助司法行政机关追查或者查找未按规定时间报到、未经批准擅自离开本市或脱离监管的社区矫正人员；

（八）协助司法行政机关依法处置社区矫正工作突发事件；

（九）协助司法行政机关将人民法院裁定撤销缓刑或者对暂予监外执行决定收监执行的罪犯及时送交监狱或者看守所；

（十）其他依法应当履行的职责。

第十条 司法行政机关负责指导管理、组织实施社区矫正工作。

市司法行政机关社区矫正机构对全市社区矫正工作进行指导管理、组织实施。主要履行以下职责：

（一）负责指导社区矫正有关法律、法规、规章及有关规范性文件的实施，协同有关单位和部门制定实施意见；

（二）定期组织开展全市社区矫正执法检查和考评；

（三）审核对社区矫正人员减刑假释建议和向中级以上人民法院提出撤销缓刑假释建议；

（四）建立与市级政法各部门及政府相关职能部门沟通与协调的长效机制，研究解决本市社区矫正工作的重大问题；

（五）组织开展全市社区矫正工作队伍培训；

（六）其他应当由市司法行政机关社区矫正机构履行的职责。

区县司法行政机关对社区矫正人员进行监督管理和教育帮助，主要履行以下职责：

（一）受人民法院、人民检察院、公安机关、监狱的委托，开展社区矫正适用前调查评估；

（二）接收社区矫正法律文书和社区矫正人员；

（三）建立社区矫正人员执行档案；

（四）审批社区矫正人员进入特定场所、外出、变更居住地的申请；

（五）开展集中教育、心理矫正，协调有关部门和单位落实帮扶措施；

（六）依法对社区矫正人员给予记功、表扬、警告；

（七）依法提出治安管理处罚、撤销缓刑、假释或者对暂予监外执行罪犯决定收监执行以及减刑假释的建议；

（八）组织追查或者查找脱、漏管的社区矫正人员；

（九）及时将人民法院裁定撤销缓刑或者对暂予监外执行决定收监执行的罪犯，送交监狱或者看守所；

（十）处置社区矫正工作突发事件；

（十一）发放解除社区矫正证明书；

（十二）其他依法应当履行的职责。

司法所承担社区矫正日常工作，主要履行以下职责：

（一）根据区县司法行政机关的授权，组织对拟适用社区矫正人员进行调查评估；

（二）根据区县司法行政机关的指派，接收社区矫正人员；

（三）组织社区矫正接收宣告；

（四）确定矫正小组，制定矫正方案；

（五）建立社区矫正人员工作档案；

（六）监督社区矫正人员定期报告；

（七）落实日常监督管理措施；

（八）定期对社区矫正人员开展走访；

（九）组织日常教育学习、社区服务和心理辅导活动；

（十）按时对社区矫正人员进行综合评估、考核并实施分类管理；

（十一）提出社区矫正人员的奖惩建议；

（十二）负责社区矫正人员外出的审批或者审核上报；

（十三）负责社区矫正人员变更居住地的审核上报；

（十四）组织动员基层社会力量参与社区矫正工作；

(十五) 处置社区矫正工作突发事件;
(十六) 对社区矫正人员矫正期满进行书面鉴定;
(十七) 组织解除宣告,办理解除矫正手续;
(十八) 提出安置帮教建议,做好与安置帮教工作的衔接;
(十九) 其他依法应当履行的职责。

第十一条 监狱、看守所主要工作职责:
(一) 对拟提请假释或者决定暂予监外执行的罪犯,委托司法行政机关进行调查评估;
(二) 对拟提请假释或者决定暂予监外执行的罪犯,核实其居住地;
(三) 依法做好社区矫正法律文书和社区矫正人员衔接工作;
(四) 依法办理保外就医罪犯续保手续;
(五) 定期对暂予监外执行罪犯进行考察,对假释罪犯开展回访;
(六) 及时办理撤销暂予监外执行罪犯的收监执行工作;
(七) 依法为刑期届满的暂予监外执行罪犯办理刑满释放手续;
(八) 其他依法应当履行的职责。

第十二条 有关部门、村(居)民委员会、社区矫正人员所在单位、就读学校等协助司法行政机关开展社区矫正工作。

社会工作者和志愿者在司法行政机关的组织指导下参与社区矫正工作。

社区矫正人员的家庭成员或者监护人、保证人以及其他有关人员应当履行相应的监督、教育、报告和保证责任。

第三章 调查评估

第十三条 人民法院、人民检察院、公安机关、监狱对拟适用社区矫正的被告人、罪犯,需要调查其对所居住社区影响的,可以委托区县司法行政机关进行调查评估。

人民法院、人民检察院等机关对拟适用或者建议适用禁止令的,可以委托区县司法行政机关开展调查评估。

第十四条 调查评估主要包括以下内容:
(一) 居所情况;
(二) 家庭和社会关系;
(三) 一贯表现;
(四) 犯罪行为的后果和影响;
(五) 居住地村(居)民委员会和被害人意见;
(六) 拟禁止的事项;
(七) 对拟适用暂予监外执行的罪犯,审核保证人的具保条件;
(八) 需要调查的其他事项。

第十五条 委托机关应当在事先核实调查对象实际居住地的基础上,向被告人、罪犯居住地的区县司法行政机关发出委托调查评估函,并附上《刑事起诉书》、《刑事判决书》等与调查评估有关的材料。

第十六条 区县司法行政机关对拟适用社区矫正的被告人、罪犯开展社区影响调查评估按以下程序进行:
(一) 收到委托调查评估函后,进行登记备案;
(二) 指派两名以上的社会调查员,其中至少有一名司法行政工作人员;
(三) 社会调查员走访被告人(罪犯)家庭、工作单位(就读学校)、同事(同学)、案件被害人及其家属、社区组织、社区居民等单位和个人,形成调查笔录;

对人民法院拟适用禁止令的,要根据被告人、罪犯相关情况,针对在管制执行期间、缓刑考验期限内从事特定活动,进入特定区域、场所,接触特定的人等禁止内容开展调查;
(四) 对被告人、罪犯适用社区矫正的积极因素和消极因素进行鉴别归类,通过集体讨论,作出能否对其适用社区矫正措施及禁止令的建议,形成调查评估意见书提交委托机关,并抄送区县人民检察院。

第十七条 调查评估工作时限为十个工作日,自区县司法行政机关收到委托机关的委托调查评估函之日起计算。案情复杂、情况特殊或者需要补充调查的,调查时限不超过二十个工作日。

第十八条 委托机关应当指定专人负责办理委托调查手续,不得将委托调查评估函及相关材料交由案件当事人、辩护人、代理人或者其他利害关系人转交。

第十九条 委托机关和司法行政机关不得私自将调查评估意见以任何形式告知案件当事人、辩护人、代理人或者其他利害关系人。

第二十条 社会调查员有下列情形之一的,应当自行回避,当事人及其法定代理人也有权要求他们回避：(一) 是本案的当事人或者是当事人的近亲属的；(二) 本人或者他的近亲属和本案有利害关系的；(三) 担任过本案的证人、鉴定人、辩护人、诉讼代理人的；(四) 与本案当事人有其他关系，可能影响公正处理案件的。

第二十一条　区县司法行政机关对委托调查评估的被告人、罪犯不在本辖区居住的，应当在三个工作日内书面告知委托机关并退回相关材料。

第二十二条　调查评估意见作为起诉、判决、裁定或者决定是否适用社区矫正的重要参考依据。

第四章　交付执行

第二十三条　社区矫正人员应当在居住地接受社区矫正。无法确定居住地的，在户籍地接受社区矫正。

第二十四条　对于适用社区矫正的罪犯，人民法院、公安机关、监狱应当核实其居住地。判处管制、宣告缓刑、人民法院决定暂予监外执行的罪犯居住地由人民法院核实。裁定假释、公安机关和监狱管理机关决定暂予监外执行的罪犯居住地由监狱、看守所核实。

对有多处居所的，在判决、裁定、决定前，人民法院、公安机关、监狱应当责令其选定其中一处作为社区矫正居住地。

第二十五条　暂予监外执行罪犯与保证人居住地应当一致。不一致的，暂予监外执行罪犯应当在保证人居住地接受社区矫正，并由保证人提供固定居所和社区矫正期间的生活保障。

第二十六条　被告人、罪犯具有下列情形之一，且在当地有生活来源的，可以认定为居住地：

(一) 在当地购有（自有）房产，并能出具产权证明或者其他具有法律效力的房产所有权、使用权证明的；

(二) 在当地租用住房，已连续居住六个月以上，并能出具与产权人签订继续租赁一年以上合同的；

(三) 在当地借用住房，已连续居住六个月以上，并能出具与产权人签订继续借用一年以上合同的；

(四) 在当地企、事业单位提供的居住场所已连续居住六个月以上，并且企、事业单位愿意为其提供可以继续居住一年以上担保的；

(五) 能够出具医院、学校等行政事业单位为其提供的需要在当地就医、就学六个月以上证明的；

(六) 近亲属或者监护人、保证人具有以上第一、二、三项情形，愿意予以收留、接纳，履行协助监管义务，并为其提供可以居住一年以上担保的。

以上连续居住时间以当地公安机关发放的《居住证》时间或者村（居）民委员会提供的证明材料为准。如果裁定的社区矫正期限不满一年，上述继续租赁、借用、居住的时间以及提供就医、就学证明需要的时间可以为社区矫正期限。

社区矫正人员未成年人的，其监护人应当符合上述条件。

符合上述规定的外省籍罪犯、被告人，明确要求回原籍接受社区矫正的可以准许。

第二十七条　居住地管辖存在争议的，由共同的上一级司法行政机关指定管辖。

第二十八条　人民法院对判处管制、宣告缓刑的罪犯，应当书面告知其在判决生效之日起十日内凭判决书、社区矫正告知书到居住地区县司法行政机关报到以及逾期报到的后果，并由罪犯本人在社区矫正告知书上签字。

人民法院应当在判决、裁定生效起三个工作日内向居住地区县司法行政机关送达判决书、裁定书、执行通知书、社区矫正告知书等法律文书，同时抄送居住地区县人民检察院和公安机关。

第二十九条　裁定假释的罪犯，监狱、看守所应当书面告知其在裁定生效之日起十日内凭假释裁定书、社区矫正告知书到居住地区县司法行政机关报到以及逾期报到的后果，并由罪犯本人在社区矫正告知书上签字。

监狱、看守所在收到人民法院裁定后，应当及时通知居住地区县司法行政机关并在三个工作日内送达判决书、裁定书、执行通知书、假释证明书副本等法律文书，同时抄送居住地区县人民检察院和公安机关。

第三十条　人民法院决定暂予监外执行的，应当在作出决定后三个工作日内将判决书、暂予监外执行决定书、执行通知书、病残鉴定资料等相关证据材料送达居住地区县司法行政机关、负责羁押的看守所，同时抄送居住地区县人民检察院。

罪犯交付执行前已经羁押的，由负责羁押的看守所将暂予监外执行罪犯押送至居住地区县司法行政机关，并当场办理法律文书移交手续；未被羁押的，应当通知其居住地区县司法行政机关派员到庭办理交接手续。

第三十一条　监狱、看守所决定暂予监外执行的，应当做好以下交付工作，相关法律文书同时抄送居住地区县人民检察院：

(一) 确定暂予监外执行罪犯出监狱、看守所日期，提前三日通知罪犯居住地区县司法行政机关；

（二）暂予监外执行罪犯出监狱、看守所时，应当指派监狱、看守所人民警察将罪犯押送至居住地区县司法行政机关并当场办理判决书、暂予监外执行决定书、病情诊断证明等法律文书移交手续。

当场办理交接时，区县司法行政机关应当通知司法所，监狱、看守所应当通知保证人到场办理交接手续；区县司法行政机关可以要求监狱、看守所直接将罪犯押送至居住地，并会同司法所在罪犯居住地办理交接手续；罪犯已经在监狱、看守所外医院治疗的，可以在医院办理交接手续。

第三十二条 区县司法行政机关应当设立集中统一的社区矫正人员登记接收报到场所。

第三十三条 区县司法行政机关应当做好社区矫正人员的登记接收报到工作，按照以下情况进行处理：

（一）社区矫正人员确在本区县居住且法律文书齐全的，应自登记之日起三个工作日内送达回执，通知相关司法所做好接收宣告准备，将法律文书副本送交司法所，并书面告知社区矫正人员在三日内到指定司法所接受社区矫正。

区县司法行政机关收到法律文书后，发现社区矫正人员未按规定时间报到的，应当及时组织查找，并通报决定机关。

（二）社区矫正人员确在本区县居住，但法律文书不齐全或者有误的，应当及时通知或函告有关机关补齐或更正。有关机关应当在三个工作日内补齐或更正，并送达区县司法行政机关。

（三）收到法律文书，发现社区矫正人员不在本区县居住的，应当及时通知决定机关，并将法律文书寄回决定机关，函告不予接收的理由。

（四）区县司法行政机关尚未收到法律文书，社区矫正人员前来报到的，应先行登记，在七日内与决定机关联系约送法律文书，并将有关情况抄送同级人民检察院，待法律文书收到并经核实无误后，再补齐法律文书登记手续。

第三十四条 区县司法行政机关已经办理接收登记的社区矫正人员，未在规定时间内到司法所接受社区矫正的，司法所应当及时将有关情况上报区县司法行政机关组织查找，并提出处理建议。

第三十五条 外省市监狱、看守所决定暂予监外执行的罪犯，在本市接受社区矫正的，本市监狱管理机关、公安机关监所管理部门应当指定一所监狱、看守所接收罪犯档案，负责办理罪犯收监、释放等手续。

第三十六条 对监狱管理机关、公安机关决定暂予监外执行的罪犯，在社区矫正期满前三十日，司法所要作出书面鉴定，对保外就医人员须附上市级人民政府指定医院的病情诊断证明文件，通报原监狱、看守所或者接收其档案的监狱、看守所。

对需要办理续保手续的保外就医罪犯，监狱、看守所应当在保外就医期限届满前两个月，安排管理民警、监所医院医生，并邀请驻所检察室工作人员进行实地考察和了解。监狱管理机关、公安机关应当在保外就医期满前七日，作出是否继续保外就医的决定，并将决定书送达区县司法行政机关。逾期未作出决定，监狱、看守所也未书面说明原因的，终止社区矫正，监狱、看守所应当立即将保外就医罪犯收监执行。

第三十七条 人民法院决定暂予监外执行的罪犯应当明确期限，社区矫正期满且刑期未满的，居住地区县司法行政机关应当在暂予监外执行罪犯矫正期限届满前一个月向原决定人民法院提交执行建议书，原决定人民法院应当自收到执行建议书之日起十五日内依法作出决定。

司法行政机关的执行建议书和决定机关的决定书，应当同时抄送社区矫正人员居住地区县人民检察院和公安机关。

第三十八条 司法所应当为社区矫正人员确定专门的矫正小组。矫正小组由司法所工作人员担任组长，社区民警、社会志愿者、村（居）民委员会工作人员以及社区矫正人员所在工作单位或就读学校、家庭成员或者监护人、保证人等为成员。社区矫正人员为女性的，矫正小组应当有女性成员。矫正小组成员不少于三人。

第三十九条 司法所应当与矫正小组签订社区矫正责任书，根据小组成员所在单位和身份，明确各自的责任和义务，确保各项矫正措施落实。

矫正小组成员应当履行以下责任和义务：

（一）协助对社区矫正人员进行监督管理和教育帮助；

（二）督促社区矫正人员按要求到司法所报告有关情况、参加学习及社区服务，自觉遵守有关监督管理规定；

（三）定期向司法所反映社区矫正人员遵纪守法、学习、日常生活和工作等情况；

（四）发现社区矫正人员有违法犯罪或者违反监督管理规定的行为，及时向司法所报告；

（五）协助完成对社区矫正人员其他社区矫正工作。

第四十条 社区矫正小组应建立定期情况通报、交流和例会制度，分析社区矫正人员接受监督管理和教育矫正的情况，并做好情况沟通和例会记录。

第四十一条　司法所向区县司法行政机关提出对社区矫正人员奖惩前，需组织社区矫正小组成员进行讨论，形成初步意见，小组成员应当在会议记录上签名。

第四十二条　司法所应当做好社区矫正宣告的准备工作，并通知社区矫正人员在指定时间到司法所进行矫正宣告。宣告由司法所工作人员主持，矫正小组成员等相关人员到场。

除未成年社区矫正人员或其他特殊情况外，宣告应当公开进行。

第四十三条　宣告按以下程序进行：

（一）宣布宣告纪律及相关事项；
（二）宣读社区矫正宣告书；
（三）交付社区矫正宣告书；
（四）宣告其他事项。

第四十四条　司法所应当在对社区矫正人员被判处的刑罚种类、犯罪情况、悔罪表现、个体特征和生活环境等情况进行综合评估的基础上制定矫正方案。矫正方案应当由以下几个部分组成：

（一）社区矫正人员的基本情况；
（二）社区矫正小组成员情况；
（三）社区矫正人员综合评估情况；
（四）监督管理和教育矫正的主要措施及责任人；
（五）社会适应性帮扶的主要措施及责任人；
（六）实施效果。

第四十五条　司法所工作人员负责制定矫正方案，并经社区矫正小组讨论确定。

司法所应当定期对矫正方案执行情况进行评估，并根据实施效果适时予以调整。矫正方案调整应当经社区矫正小组讨论通过，并记录在案。

第四十六条　区县司法行政机关应当为社区矫正人员建立社区矫正执行档案，包括适用社区矫正的法律文书，以及接收、监管审批、处罚、收监执行、解除矫正等有关社区矫正执行活动的法律文书。司法所应当建立社区矫正工作档案，包括司法所和矫正小组进行社区矫正的工作记录，社区矫正人员接受社区矫正的相关材料等，同时留存社区矫正执行档案副本。

第五章　监督管理

第四十七条　司法所应当及时记录社区矫正人员接受监督管理、参加教育学习和社区服务等情况，定期对其矫正期间的表现等情况进行评判和考核，对社区矫正人员按照严管、普管、宽管三个类别实施分类管理。

第四十八条　对社区矫正人员初次确定管理类别后，应当进行定期调整，对受到奖惩处理的要及时予以调整。

第四十九条　对社区矫正人员坚持实行日记载、周报到、月学习、月劳动、季总结日常管控措施。

第五十条　社区矫正人员发生居所变化、工作变动、家庭重大变故以及接触对其矫正产生不利影响人员或其他突发性事件的，应当及时向司法所报告。

第五十一条　保外就医的社区矫正人员，应当每个月向司法所报告本人身体情况，并提供其治疗医院就医诊治病历等相关材料，每三个月向司法所提交病情复查情况。

保外就医的社区矫正人员确因病情、治疗措施等特殊原因，经司法所同意，本人身体情况报告可采取电话报告等方式，病情复查情况报告、治疗医院就医诊治病历等相关材料可由其亲属、监护人或保证人送交司法所。

司法所应当定期与其治疗医院沟通联系，及时掌握其身体状况及疾病治疗、复查结果等情况，并根据需要向批准、决定机关或者有关监狱、看守所反馈情况。

第五十二条　社区矫正人员在矫正期间不准出境。

第五十三条　社区矫正人员未经批准不得离开所居住的区县。

第五十四条　社区矫正人员有下列情形之一，确需离开所居住地的区县，并提供相关证实材料，可以申请外出：

（一）当地区县级以上治疗医院认为确需到居住地以外治疗医院就医并出具转院治疗建议书的；
（二）直系亲属死亡或者患有严重疾病的；
（三）父母、子女或者本人婚姻关系发生变故的；
（四）办理本人就业、就学手续需要外出的；
（五）有其他正当理由确需外出的。

第五十五条　社区矫正人员外出请假，按以下程序处理：

（一）外出时间在七日以内的，应当提前三个工作日向司法所提出书面申请并填写《社区矫正人员外出审批表》，经司法所负责人审批。同意请假的，向社区矫正人员发放《社区矫正人员外出证明》，并报区县司法行政机关备案；不同意请假的，应当及时告知社区矫正人员并说明理由。

（二）外出时间超过七日的，应当提前七个工作日提出书面申请并填写《社区矫正人员外出审批表》，经司法所初审并签署意见后，报区县司法行政机关审批。同意请假的，由司法所向社区矫正人员发放《社区矫正人员外出证明》；不同意请假的，由司法所及时告知社区矫正人员并说明理由。

社区矫正人员发生突发性重大变故等紧急情形的，经司法所负责人同意、报区县司法行政机关分管领导批准，可以口头请假外出，紧急情形消失后应当及时补办请假手续。

第五十六条　社区矫正人员经批准外出期间，因具有第五十四条第一、二项情形需延长请假时间的，应当返回居住地按规定程序办理续假手续；确有特殊情况，经司法所同意，社区矫正人员可以书面委托的方式，由其亲属、监护人或保证人代为办理续假手续。续假需司法所签署意见后报区县司法行政机关批准。

第五十七条　社区矫正人员经批准离开所居住的区县连续时间不得超过三十日。一年累计请假天数不得超过六十日。因特殊情况累计请假超过六十日的，由市司法行政机关社区矫正机构审批。

第五十八条　社区矫正人员外出期间，居住地司法所应当通过信息技术、通讯手段等进行跟踪管理和教育。发现社区矫正人员违反外出管理规定的，应当责令其立即返回并视情节给予相应处罚。必要时，可以派员将其带回。社区矫正人员返回时应当立即向司法所报告外出期间的有关情况，并在二十四小时以内办理销假手续，交回《社区矫正人员外出证明》。司法所应当对其外出期间的活动予以核实，在《社区矫正人员外出证明》上注明返回时间并留存备查。

第五十九条　社区矫正人员未经批准不得变更居住地。

第六十条　社区矫正人员因居所变化确需在本市范围内跨区县或者跨市变更居住地的，应当提前一个月提出书面申请，并提交相关证明材料。司法所应当核实其变更理由和变更地址，提出审核意见，填写《社区矫正人员居住地变更审批表》，自收到申请之日起五个工作日内报区县司法行政机关审批。

第六十一条　社区矫正人员在本市范围内跨区县或者跨市变更居住地，区县司法行政机关收到《社区矫正人员居住地变更审批表》后，经审核认为情况属实的，应当在五个工作日内书面征求社区矫正人员新居住地区县司法行政机关的意见。

新居住地区县司法行政机关接到书面征求意见函后，应当及时对社区矫正人员新居住地址的真实性和合法性进行核实，并在三个工作日内函告现居住地区县司法行政机关，情况属实的，社区矫正人员新居住地区县司法行政机关应予接收。

第六十二条　经批准变更居住地的，区县司法行政机关应当自作出决定之日起三个工作日内，将有关法律文书和矫正档案移交新居住地区县司法行政机关。有关法律文书应当抄送现居住地及新居住地同级人民检察院和公安机关。社区矫正人员应当自收到决定之日起七日内到新居住地区县司法行政机关报到。

第六十三条　社区矫正人员因在本市范围内跨区县变更居住地引起的管辖争议，由市司法行政机关社区矫正机构裁定；因跨省（区、市）的，如区县司法行政机关之间不能达成一致意见的，由省（区、市）级司法行政机关社区矫正机构之间协调解决。

第六十四条　社区矫正人员在本区县范围内变更居住地，区县司法行政机关收到司法所《社区矫正人员居住地变更审批表》后，经审核同意的，应当在五个工作日内通知社区矫正人员现居住地和新居住地司法所，做好文书、人员交接工作。

社区矫正人员应当自收到通知之日起三日内到新居住地司法所报到。

第六十五条　区县司法行政机关经审核，不同意变更居住地的，应当在《社区矫正人员居住地变更审批表》上注明不予同意的理由，并通知司法所；司法所应及时告知社区矫正人员。

第六十六条　对于人民法院禁止令确定需经批准才能进入的特定区域或者场所，社区矫正人员确需进入的，应当经区县司法行政机关批准，并告知居住地区县人民检察院。

第六十七条　司法所应当根据社区矫正人员个人生活、工作及所在社区的实际情况，有针对性地采取实地检查、通讯联络、信息化核查等措施及时掌握社区矫正人员的活动情况。重点时段、重大活动期间或者遇有特殊情况，司法所应当及时了解掌握社区矫正人员的有关情况，可以根据需要要求社区矫正人员到办公场所报告、说明情况。

第六十八条　司法所应当定期走访社区矫正人员的家庭、所在单位、就读学校和居住社区，了解、核实社区矫正人员的思想动态和现实表现等情况，并做好记录。

第六十九条　司法所发现社区矫正人员脱离监管的，应当立即与社区矫正小组其他成员、社区矫正人员家庭成员沟通，了解社区矫正人员的行踪，同时将有关情况书面报告区县司法行政机关。区县司法行政机关应当及时通报同级公安机关和人民检察院，并提请公安机关协助组织追查。

第七十条　司法所发现社区矫正人员有违反监督管理规定或者人民法院禁止令情形，应当及时上报区县司法行政机关予以处置。区县司法行政机关应当及时派员调查核实情况，收集有关证明材料，提出处理意见。

司法所发现社区矫正人员涉嫌再犯罪的，应当及时上报区县司法行政机关。区县司法行政机关应当及时通报同级公安机关和人民检察院，由公安机关依照相关程序办理。

第六章 教育矫正

第七十一条 社区矫正人员应当参加公共道德、法律常识、身份意识、制度规范、认罪服法、禁毒拒邪、心理健康、时事政策等教育学习活动，教育学习方式包括集中教育和个别教育。教育学习时间每月不少于八小时。

第七十二条 集中教育由区县司法行政机关和司法所分别组织实施。司法所做好社区矫正人员集中教育情况记录。

社区矫正人员参加集中教育的情况作为对其进行奖惩的重要依据。

第七十三条 个别教育由社区矫正小组负责具体实施。社区矫正小组应当结合社区矫正人员的案由、矫正期限、心理状态、行为特点以及动态表现等进行个别教育并做好记录。

第七十四条 区县司法行政机关应当建立由心理学专家、心理咨询师、社会工作者及志愿者等组成的心理矫正工作队伍，指导开展心理矫正工作。

司法所应当通过开展心理健康教育、心理咨询和心理治疗，矫正社区矫正人员的不良心理，提高矫正质量和效果。

第七十五条 司法所可以为社区矫正人员实施心理测试，并根据测试的情况有针对性地开展心理咨询和辅导。

第七十六条 有劳动能力的社区矫正人员应当参加社区服务，修复社会关系，培养社会责任感、集体观念和纪律意识。社区矫正人员每月参加社区服务时间不少于八小时。

社区服务包括：社区内或其他公共服务机构内的公益性工作，以及其他不以取得劳动报酬为目的的为社会、公众服务的工作。

第七十七条 区县司法行政机关应当建立一定数量的、相对固定的社区服务场所，明确社区服务项目。

第七十八条 社区矫正人员有下列情况之一的，可以不参加社区服务：

（一）不满十八周岁的；
（二）年满六十周岁的；
（三）暂予监外执行的；
（四）其他特殊原因不适宜参加社区服务，经司法所同意的。

第七十九条 司法行政机关应当根据社区矫正人员的需要，协调有关部门和单位开展职业培训和就业指导，帮助落实社会保障措施。

第八十条 对于被判处剥夺政治权利在社会上服刑的罪犯，司法行政机关配合公安机关，监督其遵守刑法第五十四条的规定，并及时掌握有关信息。被剥夺政治权利的罪犯可以自愿参加司法行政机关组织的心理辅导、职业培训和就业指导活动。

第七章 考核与奖惩

第八十一条 司法所综合考察社区矫正人员的日常行为表现，经过矫正小组评议，对社区矫正人员进行考核。考核采取定期考核和不定期考核相结合，定期考核每季度一次。考核结果作为对社区矫正人员进行分类管理和实施奖惩的主要依据。

第八十二条 司法行政机关应当成立相应的社区矫正人员奖惩评议小组，审议社区矫正人员的奖惩事项。

对社区矫正人员奖惩，应当按照公开、公平、公正的原则，做到事实清楚、证据充分、依据明确，接受检察机关和社会的监督。

第八十三条 社区矫正人员每季度考核，确有悔改表现的，应当给予表扬一次；有立功表现的，可以给予记功一次；有重大立功表现的，应当给予记功一次。

对社区矫正人员给予表扬、记功的，司法所应当集体研究，向区县司法行政机关提交书面报告和相关证明材料；区县司法行政机关收到后，应当及时进行核查，在三个工作日内作出书面决定，并通报同级人民检察院。

第八十四条 "确有悔改表现"是指同时具备以下几个方面的情形：认罪悔罪；认真遵守法律法规及社区矫正监督管理规定，接受教育矫正；积极参加教育学习活动；积极参加社区服务；积极参加健康有益的社会活动。

第八十五条 具有下列情形之一的，应当认定为有"立功表现"：
（一）阻止他人实施犯罪活动的；
（二）检举、揭发他人犯罪活动，或者提供重要的破案线索，经查证属实的；
（三）协助司法机关抓捕其他犯罪嫌疑人（包括同案犯）的；
（四）在生产、科研中进行技术革新，成绩突出的；
（五）在抢险救灾或者排除重大事故中表现突出的；
（六）对国家和社会有其他贡献的。

第八十六条 具有下列情形之一的，应当认定为有"重大立功表现"：
（一）阻止他人实施重大犯罪活动的；
（二）检举他人重大犯罪活动，经查证属实的；
（三）协助司法机关抓捕其他重大犯罪嫌疑人（包括同案犯）的；
（四）有发明创造或者重大技术革新的；
（五）在日常生产、生活中舍己救人的；
（六）在抗御自然灾害或者排除重大事故中，有特别突出表现的；
（七）对国家和社会有其他重大贡献的。

第八十七条 社区矫正人员有下列情形之一的，区县司法行政机关应当给予警告，并出具书面决定：
（一）未按规定时间报到的；
（二）违反关于报告、会客、外出、居住地变更规定的；
（三）不按规定参加教育学习、社区服务等活动，经教育仍不改正的；
（四）保外就医的社区矫正人员无正当理由不按时提交病情复查情况，或者未经批准进行就医以外的社会活动且经教育仍不改正的；
（五）违反人民法院禁止令，情节轻微的；
（六）其他违反监督管理规定的。

第八十八条 对社区矫正人员予以警告的，司法所应当在行为查实之日起三个工作日内向区县司法行政机关提交书面报告和相关证明材料；区县司法行政机关收到后，应当及时进行审核，并在三个工作日内做出书面决定，并通报同级公安机关。

第八十九条 司法所收到对社区矫正人员警告决定后，应当通报社区矫正小组成员及其他相关人员，并将书面决定送达社区矫正人员。

第九十条 社区矫正人员违反监督管理规定或者人民法院禁止令，依法应予治安管理处罚的，区县司法行政机关应当及时向公安机关提出治安管理处罚建议书并附证明材料。公安机关应当在法定期限内做出决定，并将处理结果通知区县司法行政机关。

第九十一条 缓刑、假释的社区矫正人员有下列情形之一的，由居住地同级司法行政机关向原裁判人民法院提出撤销缓刑、假释建议书并附相关证明材料，人民法院应当自收到之日起一个月内依法作出裁定：
（一）违反人民法院禁止令三次以上的，或者因违反禁止令被治安管理处罚后再次违反禁止令的，或者违反禁止令发生较为严重危害后果的；
（二）未按规定时间报到或者接受社区矫正期间脱离监管，超过一个月的；
（三）因违反监督管理规定受到治安管理处罚一次，又再次违反社区矫正监督管理规定的；
（四）受到司法行政机关三次警告，又再次违反社区矫正监督管理规定的；
（五）被强制隔离戒毒的；
（六）其他违反有关法律、行政法规和监督管理规定，情节严重的。

司法行政机关撤销缓刑、假释的建议书同时抄送社区矫正人员居住地同级人民检察院和公安机关。

第九十二条 提请撤销缓刑收监执行的，按以下程序办理：
（一）司法所从发现符合撤销缓刑收监执行情形之日起一个月内，收集整理社区矫正人员违反监督管理的证据、日常行为奖惩记录、司法所工作人员和社会工作者、社会志愿者的走访谈话笔录、司法所社区矫正奖惩工作专题讨论记录等材料，并出具书面意见，报送区县司法行政机关审核，案情复杂或情况特殊的可以报经区县司法行政机关批准延长一个月。
（二）原判法院为区县人民法院的，由区县司法行政机关在收到材料之日起三个工作日内向原判人民法院提交撤销缓刑建议书，并附上相关证明材料，同时报送市司法行政机关社区矫正机构备案。
（三）原判法院为中级以上人民法院的，区县司法行政机关应当将经审核合格的材料在三个工作日内报送市司法行政机关社区矫正机构审核。市司法行政机关社区矫正机构在收到材料之日起五个工作日内进行审核，向原判人民法院提交撤销缓刑建议书，并附相关证明材料。
（四）市司法行政机关社区矫正机构或者区县司法行政机关经审核后，认为材料不符合要求的，应当及时将材料退回区县司法行政机关或司法所补正,也可以直接作出不予批准的决定。

第九十三条 提请撤销假释收监执行的,按以下程序办理:

(一)司法所从发现符合撤销假释收监执行情形之日起一个月内,收集整理社区矫正人员违反监督管理的证据、日常行为奖惩记录、司法所工作人员和社会工作者、社会志愿者的走访谈话笔录、司法所社区矫正奖惩工作专题讨论记录等材料,并出具书面意见,报送区县司法行政机关审核,案情复杂或情况特殊的可以报经区县司法行政机关批准延长一个月。

(二)区县司法行政机关自收到材料之日起三个工作日内对报送材料进行审核,材料符合要求的,应当在三个工作日内将所有材料以及区县司法行政机关的审核意见报送市司法行政机关社区矫正机构审核。

(三)市司法行政机关社区矫正机构应当在五个工作日内对报送材料进行审核,经审核同意的,应当在五个工作日内向原裁定人民法院提交撤销假释建议书,并随附相关证明材料。

第九十四条 提请人民法院撤销缓刑、假释的,应当提供下列材料:

(一)提请撤销缓刑、假释建议书;

(二)社区矫正人员违反法律、法规以及《社区矫正实施办法》中有关监督管理规定,且情节严重的事实和相关证据材料;

(三)司法所书面考察意见、社区矫正人员日常行为奖惩记录、司法所工作人员和社会工作者、社会志愿者的走访谈话笔录、社区矫正奖惩工作专题讨论记录等材料;

(四)人民法院生效裁判文书的复印件;

(五)人民法院规定的其他材料。

第九十五条 社区矫正人员在缓刑、假释考验期限内犯新罪或者被发现在判决宣告前还有其他罪没有判决,应当撤销缓刑、假释的,由审判新罪的人民法院撤销原判决、裁定宣告的缓刑、假释,并书面通知原审人民法院和社区矫正人员居住地区县司法行政机关。

第九十六条 暂予监外执行的社区矫正人员有下列情形之一的,由居住地区县司法行政机关向批准、决定机关提出收监执行的建议书并附相关证明材料,批准、决定机关应当自收到之日起十五日内依法作出决定:

(一)发现不符合暂予监外执行条件的;

(二)未经司法行政机关批准擅自离开居住的区县,经警告拒不改正,或者拒不报告行踪,脱离监管的;

(三)因违反监督管理规定受到治安管理处罚一次,又再次违反社区矫正监督管理规定的;

(四)受到司法行政机关两次警告,又再次违反社区矫正监督管理规定的;

(五)保外就医期间不按规定提交病情复查情况,经警告拒不改正的;

(六)暂予监外执行的情形消失后,刑期未满的;

(七)保证人丧失保证条件或者因不履行义务被取消保证人资格,又不能在规定期限内提出新的保证人的;

(八)被强制隔离戒毒的;

(九)其他违反有关法律、行政法规和监督管理规定,情节严重的。

司法行政机关的收监执行建议书和决定机关的决定书,应当同时抄送社区矫正人员居住地区县人民检察院和公安机关。

第九十七条 提请撤销暂予监外执行收监执行的,按以下程序办理:

(一)司法所从发现符合撤销暂予监外执行收监执行情形之日起一个月内,收集整理社区矫正人员不符合暂予监外执行条件的有关证据或违反社区矫正监督管理规定的证据、日常行为奖惩记录、司法所工作人员和社会工作者、社会志愿者的走访谈话笔录、司法所社区矫正奖惩工作专题讨论记录等材料,报送区县司法行政机关审核,案情复杂或情况特殊的可以报经区县司法行政机关批准延长一个月。

(二)区县司法行政机关应当在收到材料之日起三个工作日内进行审核。经审核同意提请收监的,应在三个工作日内向批准、决定机关送达提请撤销暂予监外执行、收监执行建议书并附相关证明材料;经审核认为材料不全的或不应当收监执行的,应当及时通知司法所补齐有关材料或直接作出不予批准的决定。

第九十八条 人民法院裁定撤销缓刑、假释或者对暂予监外执行罪犯决定收监执行的,应当向区县司法行政机关送达下列材料,并同时抄送居住地区县人民检察院和公安机关:

(一)裁定书;

(二)执行通知书;

(三)结案登记表;

(四)送达回执。

区县司法行政机关自收到收监执行裁定后，应当及时提请区县公安机关对罪犯采取羁押措施。人民法院裁定撤销缓刑或者对暂予监外执行罪犯决定收监执行的，公安机关收到裁定书或决定书后，应当及时安排警力，按照押解规定，协助司法行政机关将罪犯送交当地看守所，并按有关规定送交监狱；人民法院裁定撤销假释的，由公安机关将罪犯送交监狱收监。

社区矫正人员被强制隔离戒毒予以收监执行刑罚的，人民法院和批准、决定机关还应将裁决书分别送达决定强制隔离戒毒的公安机关和执行机关。

第九十九条 监狱管理机关对暂予监外执行罪犯决定收监执行的，监狱应当立即赴羁押地将罪犯收监执行。

公安机关对暂予监外执行罪犯决定收监执行的，由罪犯居住地看守所将罪犯收监执行。

第一百条 缓刑、假释或者暂予监外执行罪犯在逃、下落不明或因其他违法犯罪行为已被羁押的，不影响撤销缓刑、假释、暂予监外执行案件的审理。

第一百零一条 被决定收监执行的社区矫正人员在逃、下落不明的，司法行政机关应当立即通知公安机关，由公安机关凭刑事拘留证、收监执行裁定书或决定书、逮捕证等追捕。

第一百零二条 社区矫正人员有下列情形的，提请减刑或假释，人民法院应当自收到之日起一个月内依法裁定；暂予监外执行罪犯的减刑，案情复杂或者情况特殊的，可以延长一个月：

（一）社区矫正人员有重大立功表现的，应当提请减刑；管制、暂予监外执行罪犯确有悔改表现或有立功表现，受到表扬四次或记功一次以上的，可以提请减刑。

（二）暂予监外执行罪犯在社区矫正期间，执行刑期符合法定条件，认真遵守监督管理规定，接受教育改造，确有悔改表现，没有再犯罪的危险的，可以假释。

司法行政机关减刑或假释建议书和人民法院减刑或假释裁定书副本，应当同时抄送社区矫正人员居住地区县人民检察院和公安机关。

第一百零三条 提请减刑或假释的，按以下程序办理：

（一）司法所应当收集整理社区矫正人员确有悔改表现或立功、重大立功表现或没有再犯罪的危险等证据材料，报送区县司法行政机关。

（二）区县司法行政机关应当自收到之日起三个工作日内进行审查，经审查认为证据充分，应当提请减刑或假释的，在三个工作日内报送市司法行政机关社区矫正机构审核。

（三）市司法行政机关社区矫正机构应当在五个工作日内进行审核，经审核同意的，出具减刑或假释建议书，在五个工作日内送达管辖的中级以上人民法院，并附相关证明材料。经审核认为材料不全的，应当及时通知区县司法行政机关补齐有关材料；认为证据不充分不应提请减刑或假释的，应当书面说明理由。

第一百零四条 提请人民法院裁定减刑、假释的，应当提供下列书面材料：

（一）减刑、假释建议书；

（二）终审法院的判决书、裁定书、历次减刑裁定书的复制件；

（三）社区矫正人员确有悔改或立功、重大立功表现或者没有再犯罪的危险等具体事实的证明材料；

（四）司法所书面考察意见、社区矫正人员日常行为奖惩记录、司法所社区矫正工作人员和社会工作者、社会志愿者的走访谈话笔录、司法所社区矫正奖惩工作专题讨论记录等材料；

（五）人民法院规定的其他材料。

第一百零五条 人民检察院对撤销缓刑、假释或者对暂予监外执行罪犯收监执行，以及减刑或假释实施监督。人民检察院认为人民法院撤销缓刑、假释或者对暂予监外执行罪犯决定收监执行，以及减刑或假释的裁定不当，应当在收到决定书、裁定书副本后二十日以内，向人民法院提出书面纠正意见。人民法院应当在收到纠正意见后一个月以内重新组成合议庭进行审理，作出最终裁定。

第八章　矫正终止

第一百零六条 社区矫正人员应当在社区矫正期满前三十日作出个人总结，司法所应当根据其在接受社区矫正期间的表现、考核结果、社区意见等情况作出书面鉴定，并对其安置帮教提出建议。

第一百零七条 社区矫正人员矫正期满，司法所应当组织解除社区矫正宣告。宣告由司法所工作人员主持，按照以下程序公开进行：

（一）宣布宣告纪律；

（二）宣读对社区矫正人员的鉴定意见；

（三）宣读《解除社区矫正宣告书》，宣布社区矫正期限届满，依法解除社区矫正。对判处管制的，宣布执行期满，解除管制；对宣告缓刑的，宣布缓刑考验期满，原判刑罚不再执行；对裁定假释的，宣布考验期满，原判刑罚执行完毕；

（四）发放《解除社区矫正证明书》；

（五）告知安置帮教工作有关规定；
（六）宣告其他事项。
司法所应当针对社区矫正人员不同情况，通知有关部门、村（居）民委员会、群众代表、社区矫正人员所在单位、社区矫正人员的家庭成员或者监护人、保证人参加宣告。

第一百零八条 社区矫正人员矫正期满当日，区县司法行政机关应当书面通知决定机关，同时抄送同级人民检察院和公安机关。

第一百零九条 暂予监外执行的社区矫正人员刑期届满的，司法所应当通知社区矫正人员按期到监狱、看守所办理刑满释放手续。监狱、看守所依法为其办理刑满释放手续。

第一百一十条 社区矫正人员死亡、被决定收监执行或者被判处监禁刑罚的，社区矫正终止。

社区矫正人员在社区矫正期间死亡的，区县司法行政机关应当自收到死亡证明之日起三个工作日内及时书面通知批准、决定机关，并通报所在地区县人民检察院。

社区矫正人员被判处监禁刑的，人民法院应当在判决生效之日起三个工作日内书面通知原裁定、批准、决定机关，并通报居住地区县人民检察院。

第九章　未成年人社区矫正

第一百一十一条 对未成年人实施社区矫正，应当遵循教育、感化、挽救的方针，按照下列规定执行：

（一）对未成年人的社区矫正应当与成年人分开进行；
（二）对未成年社区矫正人员给予身份保护，其矫正宣告不公开进行，其矫正档案应当保密；
（三）未成年社区矫正人员的矫正小组应当有熟悉青少年成长特点的人员参加；
（四）针对未成年人的年龄、心理特点和身心发育需要等特殊情况，采取有益于其身心健康发展的监督管理措施；
（五）采用易为未成年人接受的方式，开展思想、法制、道德教育和心理辅导；
（六）协调有关部门为未成年社区矫正人员就学、就业等提供帮助，对九年义务教育适龄的社区矫正人员，所在地教育部门应当解决入学问题；
（七）对未成年社区矫正人员进行社区矫正宣告时，应当通知其监护人到场，督促未成年社区矫正人员的监护人履行监护职责，承担抚养、管教等义务；
（八）采取其他有利于未成年社区矫正人员改过自新、融入正常社会生活的必要措施。

犯罪的时候不满十八周岁被判处五年有期徒刑以下刑罚的社区矫正人员，适用前款规定。

第十章　执法监督

第一百一十二条 人民检察院在社区矫正法律监督中，需要查阅社区矫正人员档案、调取材料、与社区矫正人员谈话、走访调查的，相关机关应予以支持配合。发现下列情形的，可以区别情况提出口头纠正意见、制发纠正违法通知书、检察建议书或者检察意见书：

（一）人民法院、监狱、看守所未依法送达社区矫正法律文书，未依法将社区矫正人员交付执行，未依法告知其报到时间期限以及逾期报到的后果，并通知居住地区县司法行政机关的；
（二）人民法院收到司法行政机关对社区矫正人员撤销缓刑、假释或者对暂予监外执行罪犯收监执行的建议后，未依法进行裁定、决定的；
（三）司法行政机关未及时接收社区矫正人员，对社区矫正人员未落实监管责任、矫正措施的；
（四）对违反治安管理规定的社区矫正人员，公安机关应当依法给予处罚而未作出处罚的，或者司法行政机关应当提出处罚建议而未提出的；
（五）公安机关、监狱管理机关对社区矫正人员应当作出收监执行决定而未作出决定的；
（六）监狱、看守所应当将社区矫正人员收监执行而未收监执行的；
（七）社区矫正人员刑期或者考验期满，司法行政机关、监狱、看守所未及时办理相关手续和履行相关程序的；
（八）交付执行机关和执行机关在交付执行、监督管理过程中侵犯社区矫正人员合法权益的；
（九）社区矫正人员出现脱管、漏管情况的；
（十）其他依法应当提出纠正意见或者检察建议的情形。

第一百一十三条 交付执行机关和执行机关对人民检察院提出的纠正意见和检察建议，应当认真研究、核查，并在十五日内将有关情况告知人民检察院。

第一百一十四条 社区矫正人员在矫正期间涉嫌犯罪的，公安机关应当立案侦查而不立案侦查，人民检察院应当要求公安机关说明不立案理由；理由不成立的，应当通知公安机关立案侦查。公安机关接到通知后，应当立案侦查。

第一百一十五条 在实施社区矫正过程中,司法工作人员有玩忽职守、徇私舞弊、滥用职权等违法违纪行为的,依法给予相应处分;构成犯罪的,依法追究刑事责任。

第十一章 保障机制

第一百一十六条 人民法院、人民检察院、公安机关、司法行政机关应当切实加强对社区矫正工作的组织领导,建立联席会议制度,健全工作机制,明确工作机构,配备工作人员,落实工作经费,保障社区矫正工作的顺利开展。

第一百一十七条 司法行政机关应当建立例会、通报、业务培训、信息报送、统计、档案管理以及执法考评、执法公开、监督检查等制度,保障社区矫正工作规范运行。

司法行政机关应当建立突发事件处置机制,发现社区矫正人员非正常死亡、实施犯罪、参与群体性事件的,应当立即将有关情况报告上级司法行政机关,与人民法院、人民检察院和公安机关等协调联动、妥善处置。

司法行政机关和公安机关、人民检察院、人民法院建立社区矫正人员的信息交换平台,实现社区矫正工作动态数据共享。

第十二章 附 则

第一百一十八条 本细则自下发之日起施行。重庆市高级人民法院、重庆市人民检察院、重庆市公安局、重庆市司法局之前发布的有关社区矫正的规定与本细则不一致的,以本细则为准。

第一百一十九条 本细则由重庆市高级人民法院、重庆市人民检察院、重庆市公安局、重庆市司法局负责解释。

重庆市高级人民法院 重庆市人民检察院 重庆市公安局 重庆市司法局 《关于快速办理轻微刑事案件的意见(试行)》

(2014年6月17日)

为全面贯彻落实宽严相济的刑事政策,提高诉讼效率,节约司法资源,及时化解社会矛盾,实现办案的法律效果和社会效果的有机统一,根据《中华人民共和国刑法》、《中华人民共和国刑事诉讼法》和相关司法解释的规定,结合我市办理轻微刑事案件的实际情况,制定本意见。

第一条 快速办理轻微刑事案件,是对于案情简单、事实清楚、证据确实充分、犯罪嫌疑人、被告人认罪的轻微刑事案件,在遵循法定程序、确保办案质量的前提下,简化工作流程、缩短办案期限的工作机制。

第二条 快速办理轻微刑事案件,应当严格遵循以下原则:

(一)严格依法原则。必须严格执行《中华人民共和国刑事诉讼法》和相关司法解释的规定,可以简化工作流程,缩短各个环节的办案期限,但不能省略法定的办案程序。

(二)公正与效率相统一原则。在保证案件质量和程序合法的前提下,尽可能缩短办案期限,实现公正、高效办理轻微刑事案件。

(三)充分保障诉讼权利原则。必须充分保障法律规定的诉讼参与人特别是犯罪嫌疑人、被告人、被害人的诉讼权利,不能缩短诉讼参与人行使诉讼权利的期限。

(四)及时化解社会矛盾原则。把办理轻微刑事案件同解决社会矛盾紧密结合起来,案结事了,提高化解社会矛盾的效率。

(五)分工负责、协调配合原则。公安机关、人民检察院、人民法院、司法行政机关依法履行职责,加强协调配合,实现轻微刑事案件全流程快速办理。

第三条 适用快速办理机制的轻微刑事案件,应当同时符合以下条件:

(一)案情简单,事实清楚,证据确实、充分;

(二)可能判处三年以下有期徒刑、拘役、管制或者单处罚金;

(三)犯罪嫌疑人、被告人及其辩护人对指控的基本犯罪事实没有异议;

(四)适用法律无争议。

第四条 对于危害国家安全犯罪的案件、涉外刑事案件以及其他疑难、复杂的刑事案件,不适用快速办理机制。

第五条 公安机关、人民检察院对于符合快速办理条件的轻微刑事案件,均可以启动快速办理机制。对不宜快速办理的案件,公安机关、人民检察院、人民法院应当终止快速办理机制,转为正常程序办理。

第六条 公安机关对于决定快速办理的轻微刑事案件,提请批准逮捕、移送审查起诉时,应当在卷宗封面右上角加盖绿色"快速办理"专用章。在人民检察院作出批准或者不批准逮捕决定后，发现案件不符合快速办理条件的，应当终止快速办理，并在卷宗封面右上角加盖红色"终止快速办理"专用章，将案件转为正常程序办理。

第七条　人民检察院办理公安机关提请批准逮捕、移送审查起诉盖有"快速办理"印章的案件时，发现不符合快速办理条件的，应当终止快速办理，并在卷宗封面右上角加盖红色"终止快速办理"专用章，将案件转为正常程序办理，同时通知公安机关，说明不宜快速办理的理由。对于公安机关提请批准逮捕时没有加盖"快速办理"印章的轻微刑事案件，认为符合快速办理条件的，应当向公安机关发出《快速办理轻微刑事案件建议书》。对于公安机关移送审查起诉时没有加盖"快速办理"印章的轻微刑事案件，认为符合快速办理条件的，应当启动快速办理机制，在卷宗封面右上角加盖绿色"快速办理"专用章。

第八条　人民法院审理人民检察院提起公诉盖有"快速办理"印章的案件时，发现不符合快速办理条件的，应当终止快速办理，并在卷宗封面右上角加盖红色"终止快速办理"专用章，将案件转为正常程序办理，同时通知人民检察院，说明不宜快速办理的理由。

第九条　轻微刑事案件快速办理的启动或者终止，由办案机关承办人提出建议，部门负责人决定；承办人未提出建议，部门负责人可以根据案件情况启动或者终止快速办理程序。

第十条　公安机关采取刑事拘留措施提请批准逮捕的符合快速办理条件的案件，应当在刑事拘留五日内向人民检察院提请批准逮捕；在人民检察院作出批准或者不批准逮捕决定后五日内向人民检察院移送审查起诉。采取取保候审或者监视居住强制措施快速办理的轻微刑事案件，应当在采取强制措施七日内向人民检察院移送审查起诉。

第十一条　人民检察院对于公安机关提请批准逮捕的符合快速办理条件的案件，应当在收案后三日内作出是否批准逮捕的决定；对于公安机关移送审查起诉的符合快速办理条件的案件，应当在收案后七日内作出是否提起公诉的决定。

第十二条　人民法院对于人民检察院提起公诉的符合快速办理条件的案件，应当在受理后五日内开庭审理，无特殊情况应当当庭宣判，至迟在受理后七日内宣判。

第十三条　犯罪嫌疑人、被告人在押期间要求委托辩护人的，公安机关、人民检察院、人民法院应当及时向其监护人、近亲属或其指定的人员转达其要求。

公安机关、人民检察院对于符合法律援助条件的犯罪嫌疑人应当及时通知法律援助机构指派律师为其提供辩护，法律援助机构应当在接到通知后二日内指派律师开展法律援助工作。人民法院在收案后经审查认为需要提供法律援助的，至迟在收案后的次日函告法律援助机构为被告人指派律师；法律援助机构至迟在收到人民法院法律援助函的次日为被告人指派律师，法律援助律师应当立即联系审判人员办理相关手续。

公安机关、人民检察院、人民法院对律师会见在押犯罪嫌疑人、被告人、查阅案卷材料等履行辩护职责应当提供便捷条件，依法保障辩护律师的执业权利。

第十四条　公安机关、人民检察院办理案件适用快速办理机制应当告知犯罪嫌疑人、被告人及其辩护律师。人民法院适用快速办理机制审理轻微刑事案件，应当征得被告人及其辩护律师的同意。

第十五条　适用快速办理机制办理轻微刑事案件时，需要开展社区矫正调查评估、未成年人社会调查的，公安机关应当及时委托司法行政机关进行评估、调查，在提请人民检察院审查批捕或者移送审查起诉时随案移送调查评估意见书、社会调查报告。对于侦查阶段未委托进行评估、调查的，人民检察院在收案后应当及时委托司法行政机关进行评估、调查，在提起公诉时随案将调查评估意见书、社会调查报告移送人民法院。

受委托的司法行政机关应当自接受委托之日起五日内将调查评估意见书、社会调查报告移交委托机关，确因情况特殊不能按时完成评估、调查工作，应当通知委托机关。司法行政机关提交调查评估意见书、社会调查报告时案件已经办结的，委托机关应当将调查评估意见书、社会调查报告补充移送下一诉讼环节办案机关。

人民法院需要委托司法行政机关进行社区矫正调查评估、未成年人社会调查的，至迟在收案后的次日通知司法行政机关，司法行政机关在收到通知后至迟在三日内完成调查评估意见书、社会调查报告，确因情况特殊不能按时完成评估、调查工作的，应当通知人民法院。

第十六条　对于符合快速办理条件的轻微刑事案件，公安机关可适度扩大非羁押性强制措施的适用；人民检察院提起公诉时可以提出从轻处罚的量刑建议；人民法院在量刑时可以酌定从轻处罚，适度扩大拘役及非监禁刑的适用；监狱、看守所、社区矫正机构应当加强对轻刑犯的教育矫治工作，最大限度减少社会对立面，促进社会和谐稳定。

第十七条　人民检察院在快速办理轻微刑事案件过程中，应当加强法律监督，对于在办案中违反法定程序、侵犯当事人合法权益、阻碍辩护律师依法行使诉讼权利的行为，应当依法提出纠正意见。

第十八条 公安机关、人民检察院、人民法院要配齐配强办案力量，优化人员配置，指定专人或者成立专门办案组、合议庭办理轻微刑事案件，有条件的设立专门办案机构。

第十九条 公安机关、人民检察院、人民法院、司法行政机关在适用轻微刑事案件快速办理机制过程中，应当加强协调、配合，建立专人联络、定期通报、联席会议等制度，确保在侦查、批捕、起诉、审判、交付执行全流程快速办理。对于快速办理的轻微刑事案件，可以相对集中移送审查起诉、相对集中提起公诉、相对集中开庭审理。移送案件遇有节假日时，应当提前做好联系工作，协调好办案时间。

第二十条 公安机关、人民检察院、人民法院适用快速办理机制办理轻微刑事案件应当简化工作流程和审批程序，落实办案责任制，提高办案效率。对在本诉讼环节不能按本意见规定的期限内办结的案件，该案不再适用快速办理机制。

第二十一条 公安机关、人民检察院、人民法院要制定办理轻微刑事案件内部协作操作规程，规范内设相关部门办案流程，加强协作配合，形成快速办理的内部合力。

第二十二条 公安机关、人民检察院、人民法院要加大信息化办案工作力度，积极探索对轻微刑事犯罪嫌疑人讯问实行同步录音录像、电子卷宗随案移送、远程视频讯问和远程视频开庭。

第二十三条 市级政法部门应当对区县政法部门开展轻微刑事案件快速办理工作加强指导、检查、督促，推动轻微刑事案件快速办理机制取得实效。

第二十四条 在开展快速办理轻微刑事案件工作中，公安机关、人民检察院、人民法院应当结合工作实际制定相应的配套措施，确保该项工作的顺利实施。各基层单位对工作中发现的新情况、新问题，应当及时总结上报。

第二十五条 本意见自下发之日起施行。重庆市高级人民法院、重庆市人民检察院、重庆市公安局于2007年4月19日联合制定的《关于快速办理轻微刑事案件的规定（试行）》同时废止。

重庆市高级人民法院　重庆市人民检察院　重庆市公安局　重庆市人力资源和社会保障局《关于办理拒不支付劳动报酬案件的实施意见》

（2014年9月17日）

第一条 为依法惩治拒不支付劳动报酬行为，规范拒不支付劳动报酬案件办理工作，完善行政执法与刑事司法衔接机制，切实维护劳动者的合法权益，根据《中华人民共和国刑法》、《最高人民法院〈关于审理拒不支付劳动报酬刑事案件适用法律若干问题的解释〉》、《最高人民法院、最高人民检察院、人力资源和社会保障部、公安部〈关于加强对拒不支付劳动报酬案件查处工作的通知〉》等有关规定，结合本市实际，制定本意见。

第二条 拒不支付劳动报酬是指有支付义务的单位或个人以转移财产、逃匿等方法逃避支付劳动者的劳动报酬或有能力支付而不支付劳动者报酬的行为。

第三条 具有下列情形之一的，应当认定为刑法第二百七十六条之一第一款规定的"数额较大"：
（一）拒不支付1名劳动者3个月以上的劳动报酬且数额在1万元以上的；
（二）拒不支付10名以上劳动者的劳动报酬且数额累计在6万元以上的。

第四条 人力资源和社会保障行政部门、公安机关、人民检察院、人民法院应当严格履行法定职责，按照有关规定，在各自职权范围内认真做好拒不支付劳动报酬行为涉嫌犯罪案件的调查、移交、侦查、审查批捕、审查起诉、监督和审判等工作。

第五条 人力资源和社会保障行政部门依法对用人单位遵守劳动保障法律、法规和规章的情况进行监督检查，监督检查用人单位劳动报酬支付情况，依法受理拖欠劳动报酬的举报、投诉。

第六条 有下列情形之一的，人力资源和社会保障行政部门应当及时作出责令有关组织或者个人限期支付劳动报酬的书面决定：
（一）通过转移财产、逃匿等方式逃避支付劳动者的劳动报酬的；
（二）有支付能力而不支付劳动者的劳动报酬的。
有支付义务拒不提供或逾期未提供已支付劳动报酬证据或逃匿的，人力资源和社会保障行政部门可根据劳动者提供的材料及劳动者保证投诉请求及材料真实性承诺认定事实，并责令限期支付。

第七条 刑法第二百七十六条之一第一款规定的"经政府有关部门责令支付"是启动刑事司法程序的行政前置程序，属于拒不支付劳动报酬罪犯罪构成要件之一，是指经人力资源和社会保障行政部门或者其他有关部门依法律、法规规定以责令支付通知书等文书责令单位或个人支付劳动者劳动报酬的行为；政府有关部门责令支付的期限不得超过7个工作日，无正当理由逾期不支付的，3个工作日内移送公安机关立案侦查。

第八条 责令支付通知书等法律文书应当在宣告后当场送达受送达人；无法当场送达的，应当在7

个工作日内参照民事诉讼的有关规定送达。

受送达人逃匿，无法将责令支付文书送交其本人、同住成年家属或者所在单位负责收件的人的，有关部门通过在行为人的住所地、生产经营场所等地张贴责令支付文书并采用拍照、录像等记录方式公告送达。

第九条 拒不支付劳动报酬有下列情形之一的，人力资源和社会保障行政部门应当及时通报公安机关，公安机关应当依法及时处置：

（一）因拒不支付劳动报酬引发群体性事件的；
（二）暴力抗拒执法的；
（三）行为人故意销毁账目、名册等相关材料，转移财产、逃匿的；
（四）其他行为社会影响较大的。

第十条 人力资源和社会保障行政部门调查处理涉嫌拒不支付劳动报酬案件，应当调查具有支付义务的组织或个人的财产状况及其变动情况等证据或收集相应线索。

第十一条 人力资源和社会保障行政部门调查处理涉嫌拒不支付劳动报酬案件，对涉及逃匿、有支付能力而拒不支付的证据可以商请公安机关协助调查。

对已移送的涉嫌拒不支付劳动报酬罪案件，公安机关立案后人力资源和社会保障部门应当协助调查。

第十二条 人力资源和社会保障行政部门在查办拒不支付劳动者劳动报酬案件过程中，对达到刑事追诉标准，涉嫌构成拒不支付劳动报酬罪的案件，应当制作《涉嫌犯罪案件移送书》，及时将案件移送同级公安机关，并抄送同级人民检察院。

第十三条 拒不支付劳动者报酬，数额较大，具有下列情形之一的，应当以涉嫌违反刑法第二百七十六条之一第一款规定的"以转移财产、逃匿等方法逃避支付劳动者的劳动报酬"移送公安机关：

（一）经两次以上（电话、短信、网络媒介等方式）通知无正当理由拒不接受调查询问的；
（二）故意设置联系障碍致使不能及时联系的；
（三）经公示催告拒不按要求接受调查询问的；
（四）明知有支付劳动者报酬责任未履行，仍离开用工所在地逃避支付劳动者的劳动报酬的；
（五）隐匿、销毁或者篡改账目、职工名册、工资支付记录、考勤记录等与劳动报酬相关的材料的；
（六）隐匿财产、恶意清偿、虚构债务、虚假破产、虚假倒闭或者以其他方法转移、处分财产的；
（七）以其他方法逃避支付劳动者劳动报酬的。

第十四条 拒不支付劳动者报酬，数额较大，具有下列情形之一的，应当按照涉嫌违反刑法第二百七十六条之一第一款规定的"有能力支付而不支付劳动者的劳动报酬"移送公安机关：

（一）有可支配金融机构存款或权利凭证足以支付劳动者报酬的；
（二）有可处置的非家庭生活必需的不动产或价值较大动产足以支付劳动者报酬的；
（三）有到期债权足以支付劳动者报酬而怠于行使的；
（四）挪用应当用于工资支付款项或者不能证明应当用于工资支付款项已用于工资支付的；
（五）其他可以认定为有能力支付而不支付情形的。

第十五条 人力资源和社会保障行政部门向公安机关移送涉嫌拒不支付劳动报酬罪案件，移送前应当加强与受移送公安机关沟通协调，通报案件情况，公安机关可以根据案件情况配合人力资源和社会保障行政部门向行为人进行法律教育，督促行为人及时支付劳动者报酬。

第十六条 行为人以逃匿方法逃避支付劳动者的劳动报酬涉嫌犯罪，人力资源和社会保障行政部门移送公安机关进行刑事侦查的，应当向公安机关移送下列材料：

（一）无法联系、经两次通知拒不配合调查处理或其他逃匿的证据；
（二）劳动者的投诉文书及相关证据，投诉文书应当载明拒不支付劳动报酬的时间、金额及基本事实；
（三）投诉人对投诉事实真实性的保证及相关承诺；
（四）经政府有关部门责令支付的证据及送达证据；
（五）涉嫌犯罪移送文书；
（六）涉嫌拒不支付劳动报酬犯罪案件调查报告；
（七）其他与移送案件有关的材料。

第十七条 行为人有能力支付而不支付劳动者的劳动报酬涉嫌犯罪，人力资源和社会保障行政部门移送公安机关进行刑事侦查的，应当向公安机关移送下列材料：

（一）可支配财产证据、怠于行使到期债权证据、挪用工资支付专项资金的证据；
（二）投诉文书及证明不支付劳动者报酬事实的证据；
（三）经政府有关部门责令支付的证据及送达证据；
（四）涉嫌犯罪移送文书；

(五) 涉嫌拒不支付劳动报酬犯罪案件调查报告;
(六) 其他与移送案件有关的材料。

第十八条 对人力资源和社会保障行政部门移送的涉嫌构成拒不支付劳动报酬罪的案件,公安机关应当自接受之日起3日内依法进行审查,作出立案或者不立案的决定。公安机关作出立案或者不立案决定并书面告知移送案件的人力资源和社会保障行政部门。

第十九条 人力资源和社会保障行政部门对公安机关不立案决定有异议的,可以在接到不立案通知书后的3日以内,向作出不予立案决定的公安机关提出复议申请,也可建议同级人民检察院依法进行立案监督。公安机关应当在收到行政机关的复议申请后7日内作出决定,并书面通知移送案件的人力资源和社会保障行政部门。

第二十条 对公安机关应当立案而不立案的,人民检察院应当向公安机关送达《要求说明不立案理由通知书》,公安机关应当在收到《要求说明不立案理由通知书》7日内书面说明理由。人民检察院认为公安机关不立案理由成立的,应当将审查结论书面告知提出立案监督建议的人力资源和社会保障行政部门;认为公安机关不立案理由不能成立的,应当制作《通知立案书》通知公安机关立案。公安机关接到《立案通知书》后应当在15日内立案,同时将《立案决定书》送达人民检察院,并书面告知人力资源和社会保障行政部门。

第二十一条 公安机关对移送拒不支付劳动报酬涉嫌犯罪案件,认为不需要追究刑事责任的,应当及时将案件移送人力资源和社会保障行政部门,人力资源和社会保障行政部门应当依法作出处理。

第二十二条 人民检察院要依法及时做好拒不支付劳动报酬案件的立案监督、审查批捕、审查起诉等检察工作。

人民检察院依法对犯罪嫌疑人作出不起诉决定的,应当将不起诉决定书送达公安机关,案件由人力资源和社会保障行政部门移送公安机关查处的,公安机关应当及时通知人力资源和社会保障行政部门。

第二十三条 人力资源和社会保障行政部门对涉嫌构成拒不支付劳动报酬罪的案件应当移送公安机关而不移送的,人民检察院可以向行政执法机关提出移送的书面意见,行政执法机关应当自接到书面意见之日起3日内将案件移送公安机关,并将处理决定告知人民检察院。

第二十四条 人民法院对于人民检察院提起公诉的拒不支付劳动报酬犯罪案件,应当依法及时受理、审理,对构成犯罪的,依法追究行为人的刑事责任。

第二十五条 人民法院受理、审理各类劳动报酬纠纷及拒不支付劳动报酬案件,发现涉嫌犯罪的,应当将有关材料移送公安机关或人民检察院处理。

第二十六条 市级公安机关和人力资源和社会保障行政部门应当对区县公安机关和人力资源和社会保障行政部门的案件移送工作进行监督,定期抽查案件查办情况,进行业务指导。

第二十七条 人力资源和社会保障行政部门应当积极建立与人民法院、人民检察院、公安机关的联系协作机制,加强联动配合,确保工作衔接顺畅。要定期召开联席会议,通报案件立案、起诉、审判情况,共同研究解决工作中的疑难问题,提出加强此项工作的措施,切实加大对拒不支付劳动报酬犯罪行为的打击力度。

第二十八条 本实施意见自下发之日起施行。

重庆市高级人民法院《关于常见犯罪的量刑指导意见》实施细则

(2014年5月29日)

为进一步规范刑罚裁量权,落实宽严相济的刑事政策,增强量刑的公开性,实现量刑公正,根据刑法和刑事司法解释以及最高人民法院制定的《关于常见犯罪的量刑指导意见》,结合我市的刑事审判实践,制定本实施细则。

一、量刑的指导原则

1. 量刑应以事实为依据,以法律为准绳,根据犯罪的事实、性质、情节和对社会的危害程度,决定判处的刑罚。

2. 量刑既要考虑被告人所犯罪行的轻重,又要考虑被告人应负刑事责任的大小,做到罪责刑相适应,实现惩罚和预防犯罪的目的。

3. 量刑应当贯彻宽严相济的刑事政策,做到该宽则宽,当严则严,宽严相济,罚当其罪,确保裁判法律效果和社会效果的统一。

4. 量刑要客观、全面地把握不同时期不同地区的经济社会发展和社会治安形势的变化,确保刑法任务的实现;对于同一地区同一时期,案情相近或者相似的案件,所判处的刑罚应当基本均衡。

二、量刑的基本方法

量刑时,应在定性分析的基础上,结合定量分析,依次确定量刑起点、基准刑和宣告刑。

(一) 量刑步骤
1. 根据基本犯罪构成事实,在相应的法定刑幅度内确定量刑起点;
2. 根据其他影响犯罪构成的犯罪数额、犯罪次数、犯罪后果等犯罪事实,在量刑起点的基础上增加刑罚量(以月为单位计算,不足一个月的,按四舍五入的方法取整数)从而确定基准刑;
3. 根据量刑情节调节基准刑,拟定宣告刑;
4. 综合全案情况依法确定宣告刑。
(二) 量刑情节调节基准刑的方法
1. 只有单个量刑情节的,在确定量刑情节的调节比例后,直接对基准刑进行调节,确定拟宣告刑。
2. 具有多个量刑情节的,在确定各量刑情节的调节比例后,采用同向相加、逆向相减的方法调节基准刑;具有未成年人犯罪、老年人犯罪、限制行为能力的精神病人犯罪、又聋又哑的人或者盲人犯罪、防卫过当、避险过当、犯罪预备、犯罪未遂、犯罪中止、从犯、胁从犯和教唆犯等特定量刑情节的,先适用该量刑情节对基准刑进行调节,在此基础上,再适用其他量刑情节进行调节。
存在数个特定量刑情节的,按照连乘的方法调节基准刑。
3. 被告人犯数罪,同时具有适用于各个罪的立功、累犯等量刑情节的,先适用各个量刑情节调节个罪的基准刑,确定个罪所应判处的刑罚,再依法实行数罪并罚,从而决定执行的刑罚。
(三) 确定宣告刑的方法
1. 拟宣告刑在法定刑幅度内,且与被告人罪责相适应的,可以依法确定为宣告刑;如果具有依法应当减轻处罚情节的,应依法在法定最低刑以下确定宣告刑,有数个量刑幅度的,应当在法定量刑幅度的下一个量刑幅度内确定宣告刑。
2. 拟宣告刑在法定最低刑以下,具有法定减轻处罚情节,且与被告人罪责相适应的,可以依法直接确定为宣告刑;只有从轻处罚情节的,可以依法确定法定最低刑为宣告刑。但是根据案件的特殊情况,经最高人民法院核准,也可以在法定刑以下判处刑罚。
3. 拟宣告刑超出法定刑幅度的,可以依法确定法定最高刑为宣告刑。
4. 被告人犯数罪,数罪并罚时,总和刑期不满五年的,减少的刑期一般不得超过一年;总和刑期满五年不满十年的,减少的刑期一般不得超过二年;总和刑期满十年不满十五年的,减少的刑期一般不得超过三年;总和刑期满十五年不满二十年的,减少的刑期一般不得超过四年;总和刑期满二十年不满二十五年的,减少的刑期一般不得超过五年;总和刑期在二十五年以上不满三十五年的,可以决定执行有期徒刑二十年;总和刑期在三十五年以上的,可以决定执行有期徒刑二十年至二十五年。
5. 综合考虑全案情况,拟宣告刑与被告人罪责不相适应的,独任审判员或合议庭可以在20%的幅度内对拟宣告刑进行上下调整,调整后的拟宣告刑仍然与被告人罪责不相适应的,应当提交审判委员会讨论,依法确定宣告刑。
6. 综合全案犯罪事实和量刑情节,依法应当判处无期徒刑以上刑罚、管制或者单处附加刑的,应当依法适用;犯罪情节轻微不需要判处刑罚的,可以免予刑事处罚。
7. 拟判处三年以下有期徒刑、拘役并符合缓刑适用条件的,可以依法宣告缓刑;对其中不满十八周岁的人、怀孕的妇女和已满七十五周岁的人,应当宣告缓刑。
8. 宣告刑以月为单位计算。
三、常见量刑情节的适用
量刑时要充分考虑各种法定和酌定量刑情节,根据案件的全部犯罪事实以及量刑情节的不同情形,依法确定量刑情节的适用及调节比例。对严重暴力犯罪、毒品犯罪等严重危害社会治安的犯罪,在确定是否从宽以及从宽幅度时,应当从严掌握;对犯罪性质尚不严重,情节较轻和社会危害性小的犯罪,应当充分体现从宽。具体确定各个量刑情节的调节比例时,应当综合平衡调节幅度与实际增减刑罚量的关系,确保罪责刑相适应。
1. 对于未成年人犯,应当综合考虑未成年人对犯罪的认知能力、实施犯罪行为的动机和目的、犯罪时的年龄、是否初犯、偶犯、悔罪表现、个人成长经历、一贯表现和是否在校学生等情况,予以从宽处罚。
(1) 已满十四周岁不满十六周岁的,应当减少基准刑的30%—60%;
(2) 已满十六周岁不满十八周岁的,应当减少基准刑的10%—50%;
(3) 未成年人犯根据其所犯罪行,可能被判处拘役、三年以下有期徒刑,如果悔罪表现好,并具有"系又聋又哑的人或者盲人;防卫过当或者避险过当;犯罪预备、中止或者未遂;共同犯罪中的从犯、胁从犯;犯罪后自首或者有立功表现;其他犯罪情节轻微不需要判处刑罚"情形之一的,应当依照刑法第三十七条的规定免予刑事处罚;
(4) 行为人在年满十八周岁前后实施了不同种犯罪行为,对其年满十八周岁以前实施的犯罪应当依照本条第(1)至(3)项的规定确定从宽的幅度;

（5）行为人在年满十八周岁前后实施了同种犯罪行为，应当根据未成年人犯罪事实的具体情况，适当确定从宽的幅度。但因未成年犯罪所减少的刑罚量不得超过未成年犯罪事实所对应的刑罚量。

2. 对于年满六十五周岁以上老年人犯，综合考虑犯罪的性质、情节、后果等情况，适当确定从宽的幅度。

（1）已满六十五周岁不满七十五周岁故意犯罪的，可以减少基准刑的30%以下；过失犯罪的，可以减少基准刑的50%以下；

（2）七十五周岁以上故意犯罪的，可以减少基准刑的50%以下；过失犯罪的，应当减少基准刑的30%—60%。

3. 对于尚未完全丧失辨认或者控制自己行为能力的精神病人犯罪，综合考虑犯罪性质、精神疾病的严重程度以及犯罪时精神障碍影响辨认控制能力等情况，适当确定从宽的幅度。

（1）病情为重度的，可以减少基准刑的40%以下；
（2）病情为中度的，可以减少基准刑的30%以下；
（3）病情为轻度的，可以减少基准刑的20%以下。

4. 对于又聋又哑的人或盲人犯罪，综合考虑犯罪的性质、情节、后果以及聋哑人或者盲人犯罪时的控制能力等情况，可以减少基准刑的40%以下；犯罪较轻的，可以减少基准刑的40%以上或者依法免予刑事处罚。

5. 对于防卫过当，应当综合考虑犯罪的性质、防卫过当的程度、造成损害的大小等情况，减少基准刑的60%以上或者依法免予刑事处罚。

6. 对于避险过当，应当综合考虑犯罪的性质、避险过当的程度、造成损害的大小等情况，减少基准刑的50%以上或者依法免予刑事处罚。

7. 对于预备犯，综合考虑预备犯罪的性质、准备程度和危害程度等情况，可以比照既遂犯减少基准刑的60%以下；犯罪较轻的，可以减少基准刑的60%以上或者依法免予刑事处罚。

8. 对于未遂犯，综合考虑犯罪行为的实行程度、造成损害的大小、犯罪未得逞的原因等情况，可以比照既遂犯确定从轻的幅度。

（1）实施终了的未遂犯，造成损害后果的，可以比照既遂犯减少基准刑的20%以下，未造成损害后果的，可以比照既遂犯减少基准刑的40%以下；

（2）未实施终了的未遂犯，造成损害后果的，可以比照既遂犯减少基准刑的30%以下，未造成损害后果的，可以比照既遂犯减少基准刑的50%以下。

9. 对于中止犯，应当综合考虑中止犯罪的阶段、自动放弃犯罪的原因以及造成损害的后果等情况，决定予以减轻或者免除处罚。

（1）造成较重损害后果的，应当减少基准刑的30%—60%；
（2）造成较轻损害后果的，应当减少基准刑的50%—80%；
（3）没有造成损害的，应当免予刑事处罚。

10. 对于从犯，应当综合考虑其在共同犯罪中的地位、作用等情况，减少基准刑的20%—50%；犯罪较轻的，应当减少基准刑的50%以上或者免除处罚。

11. 对于共同犯罪中罪责相对较轻的主犯，可以减少基准刑的20%以下。

12. 对于胁从犯，应当综合考虑犯罪的性质、被胁迫的程度以及在共同犯罪中的作用等情况，减少基准刑的40%—60%；犯罪较轻的，减少基准刑的60%以上或者依法免除处罚。

13. 对于教唆犯，综合考虑其在共同犯罪中的地位、作用和被教唆对象以及被教唆的人是否实施被教唆之罪等情况，确定从宽或者从重的幅度。

（1）对于在共同犯罪中所起作用较小或属于从犯的一般教唆犯，比照第10条至第11条的规定确定从宽的幅度；

（2）被教唆的人未犯被教唆之罪的，可以减少基准刑的50%以下；
（3）教唆不满十八周岁的人犯罪的，应当增加基准刑的10%—30%；
（4）教唆限制行为能力人犯罪的，可以增加基准刑的20%以下。

14. 对于自首情节，综合考虑自首的动机、时间、方式、罪行轻重、如实供述罪行的程度以及悔罪表现等情况，确定从宽的幅度。

（1）犯罪事实或犯罪嫌疑人未被办案机关发觉，主动直接投案构成自首的，可以减少基准刑的40%以下，一般不应超过4年；

（2）犯罪事实和犯罪嫌疑人已被办案机关发觉，但尚未受到调查谈话、讯问，或者未被宣布采取调查措施或者强制措施，主动直接投案构成自首的，可以减少基准刑的30%以下，一般不应超过3年；

（3）犯罪嫌疑人、被告人如实供述办案机关尚未掌握的不同种罪行，以自首论的，可以减少基准刑的30%以下，一般不应超过3年；

（4）并非出于被告人主动，而是经亲友规劝、陪同投案，或亲友送去投案等情形构成自首的，可以减少基准刑的30%以下，一般不应超过3年；

（5）罪行尚未被办案机关发觉，仅因形迹可疑被有关组织或办案机关盘问、教育后，主动交代自己的罪行构成自首的，可以减少基准刑的30%以下，一般不应超过3年；

（6）强制戒毒期间主动交代自己罪行，构成自首的，可以减少基准刑的30%以下，一般不应超过3年；

（7）其他类型的自首，可以减少基准刑的20%以下，一般不应超过2年；

（8）犯罪较轻的自首，可以减少基准刑的40%以上或依法免除处罚。

15. 对于立功情节，综合考虑立功的大小、次数、内容、来源、效果以及罪行轻重等情况，确定从宽的幅度。

（1）一般立功的，可以减少基准刑的20%以下，一般不应超过2年；

（2）重大立功的，可以减少基准刑的20%—50%；犯罪较轻的，可以减少基准刑的50%以上或者依法免除处罚。

16. 对于坦白情节，综合考虑如实供述罪行的阶段、程度、罪行轻重以及悔罪程度等情况，确定从宽的幅度。

（1）因如实供述自己罪行，避免特别严重后果发生的，可以减少基准刑的30—50%；

（2）如实供述办案机关尚未掌握的同种较重罪行的，可以减少基准刑的10%—30%，一般不应超过3年；

（3）被告人如实供述有助于定案的，可以减少基准刑的20%以下，一般不应超过2年；

（4）如实供述同案犯共同犯罪事实，可以减少基准刑的20%以下，一般不应超过2年；

（5）如实供述办案机关尚未掌握的同种较轻罪行的，可以减少基准刑的10%以下，一般不应超过1年。

17. 对于当庭自愿认罪的，根据犯罪的性质、罪行的轻重、认罪程度以及悔罪表现等情况，可以减少基准刑的10%以下，一般不应超过1年。依法认定为自首、坦白的除外。

18. 对于退赃、退赔的，综合考虑犯罪性质、退赃、退赔行为对损害结果所能弥补的程度，退赃、退赔的数额及主动程度等情况，可以减少基准刑的30%以下，一般不应超过3年。

积极配合办案机关追缴赃款赃物，未给被害人造成经济损失或者损失较小的，可以减少基准刑的10%以下，一般不应超过1年。

对于抢劫等严重危害社会治安犯罪退赃、退赔的，在决定是否从宽以及从宽幅度时应从严掌握，减少的基准刑不得超过10%，并不得超过1年。

19. 对于积极赔偿被害人经济损失的，综合考虑犯罪性质、赔偿数额、赔偿能力以及认罪、悔罪程度等情况，确定从宽的幅度。

（1）积极赔偿被害人全部经济损失并取得谅解的，可以减少基准刑的40%以下；

（2）积极赔偿被害人大部分经济损失但没有取得谅解的，可以减少基准刑的30%以下；

（3）尽管没有赔偿，但取得谅解的，可以减少基准刑的20%以下；

对抢劫、强奸等严重危害社会治安犯罪的应从严掌握。

20. 对于当事人根据《刑事诉讼法》第二百七十七条达成刑事和解协议的，可以减少基准刑的50%以下；犯罪较轻的，可以减少基准刑的50%以上或者依法免除处罚。

21. 对于累犯，应当综合考虑前后罪的性质、刑罚执行完毕或者赦免以后至再犯罪时间的长短以及前后罪罪行轻重等情况，予以从重处罚。但是增加的刑罚量一般不应高于5年、少于3个月。

对于前后罪为同种犯罪的累犯和特殊累犯，应当确定较重的从重幅度。

22. 对于有前科的，综合考虑前科的性质、时间间隔长短、次数、处罚轻重等情况，可以增加基准刑的10%以下。前科犯罪为过失犯罪和未成年人犯罪的除外。

23. 对于犯罪对象为未成年人、老年人（六十周岁以上）、残疾人、孕妇等弱势人员的，综合考虑犯罪的性质、犯罪的严重程度等情况，可以增加基准刑的20%以下。

24. 对于在重大自然灾害、预防、控制突发传染病疫情等灾害期间故意犯罪的，根据案件的具体情况，可以增加基准刑的20%以下。

四、十五种常见犯罪的量刑

确定具体犯罪的量刑起点，以基本犯罪构成事实的社会危害性为根据。同时具有两种以上基本犯罪构成事实的，一般以危害较重的一种确定量刑起点，根据其他影响犯罪构成的犯罪事实增加刑罚量。在量刑起点的基础上，根据其他影响犯罪构成的犯罪事实的社会危害性确定所应增加的刑罚量，确定基准刑。

（一）交通肇事罪

1. 法定刑在三年以下有期徒刑、拘役幅度的量刑起点和基准刑

死亡一人或重伤三人，负事故主要责任的，在六个月至一年六个月有期徒刑幅度内确定量刑起点；

负事故全部责任的，在一年至二年有期徒刑幅度内确定量刑起点。

死亡三人，负事故同等责任的，在一年至二年有期徒刑幅度内确定量刑起点。

造成公共财产或者他人财产直接损失，无能力赔偿数额达到30万元，负事故主要责任的，在六个月至一年六个月有期徒刑幅度内确定量刑起点；负事故全部责任的，在一年至二年有期徒刑幅度内确定量刑起点。

重伤一人，负事故主要责任并且具有最高人民法院《关于审理交通肇事刑事案件具体应用法律若干问题的解释》第二条第二款所规定的六种情形之一（即：酒后、吸食毒品后驾驶机动车辆的；无驾驶资格驾驶机动车辆的；明知是安全装置不全或者安全机件失灵的机动车辆而驾驶的；明知是无牌证或者已报废的机动车辆而驾驶的；严重超载驾驶的；为逃避法律逃离事故现场的）的，在六个月至一年六个月有期徒刑幅度内确定量刑起点；负事故全部责任的，在一年至二年有期徒刑幅度内确定量刑起点。

在量刑起点的基础上，可以根据事故责任、致人重伤、死亡的人数或者财产损失的数额等其他影响犯罪构成的犯罪事实增加刑罚量，从而确定基准刑。有下列情形之一的，增加相应的刑罚量：

（1）具有"死亡一人或重伤三人，负事故主要责任或者全部责任"情形的，重伤人数达到四人，增加六个月至一年刑期；

（2）具有"死亡三人，负事故同等责任"情形的，死亡人数每增加一人，增加六个月至一年刑期；

（3）具有"造成公共财产或者他人财产直接损失，无能力赔偿数额达到30万元，负事故主要责任或者全部责任"情形的，无力赔偿数额在30万元基础上每增加10万元，增加三个月刑期；

（4）具有"重伤一人，负事故主要责任或者全部责任并且具有最高人民法院《关于审理交通肇事刑事案件具体应用法律若干问题的解释》第二条第二款所规定的六种情形之一"的，重伤人数每增加一人，增加六个月至一年刑期；

（5）其他可以增加刑罚量的情形。

2. 法定刑在三年以上七年以下有期徒刑幅度的量刑起点和基准刑

交通肇事后逃逸的，在三年至五年有期徒刑幅度内确定量刑起点。

死亡二人或者重伤五人，负事故主要责任的，在三年至四年有期徒刑幅度内确定量刑起点；负事故全部责任的，在四年至五年有期徒刑幅度内确定量刑起点。

死亡六人，负事故同等责任的，在四年至五年有期徒刑幅度内确定量刑起点。

造成公共财产或者他人财产直接损失，无能力赔偿直接经济损失达到60万元，负事故主要责任的，在三年至四年有期徒刑幅度内确定量刑起点；负事故全部责任的，在四年至五年有期徒刑幅度内确定量刑起点。

在量刑起点的基础上，可以根据事故责任、致人重伤、死亡的人数或者财产损失的数额以及逃逸等其他影响犯罪构成的犯罪事实增加刑罚量，从而确定基准刑。有下列情形之一的，增加相应的刑罚量：

（1）具有"死亡二人，负事故全部责任或者主要责任"情形的，死亡人数每增加一人，负事故全部责任的，增加一年至一年六个月刑期；负事故主要责任的，增加九个月至一年刑期；

（2）具有"重伤五人，负事故全部责任或者主要责任"情形的，重伤人数每增加一人，负事故全部责任的增加六个月至一年刑期，负事故主要责任的增加三个月至六个月刑期；

（3）具有"死亡六人，负事故同等责任"情形的，死亡人数每增加一人，增加六个月至一年刑期；

（4）具有"造成公共财产或者他人财产直接损失，无能力赔偿数额达到60万元，负事故主要责任或者全部责任"情形的，无力赔偿数额在60万元基础上每增加10万元，增加三个月刑期；

（5）具有本条第2至5款情形，又具有"为逃避法律追究逃离事故现场"情形的，增加六个月至一年刑期；

（6）其他可以增加刑罚量的情形。

3. 法定刑在七年以上有期徒刑幅度的量刑起点和基准刑

因逃逸致一人死亡的，在七年至九年有期徒刑幅度内确定量刑起点。

在量刑起点的基础上，可以根据因逃逸致人死亡的人数等其他影响犯罪构成的犯罪事实，增加刑罚量，从而确定基准刑。有下列情形之一的，增加相应的刑罚量：

（1）因逃逸致人死亡的人数每增加一人，增加三年至五年刑期；

（2）其他可以增加刑罚量的情形。

4. 有下列情形（已确定为犯罪构成事实的除外）之一的，可以增加基准刑的10%以下，但同时具有两种以上情形的，累计不得超过基准刑的50%：

（1）酒后、吸食毒品后驾驶机动车辆的，或者在道路上驾驶机动车追逐竞驶，情节恶劣的；

（2）无驾驶资格驾驶机动车辆的；

（3）明知是安全装置不全或者安全机件失灵的机动车辆而驾驶的；

（4）明知是无牌证或者已报废的机动车辆而驾驶的；

(5) 严重超载驾驶的;
(6) 交通肇事造成恶劣社会影响的;
(7) 其他可以从重处罚的情形。
5. 有下列情形之一的,可以减少基准刑的20%以下。
(1) 交通肇事后积极施救的;
(2) 交通肇事后保护现场、抢救伤者,并向公安机关报告的;
(3) 其他可以从轻处罚的情形。

(二) 故意伤害罪
1. 法定刑在三年以下有期徒刑、拘役或者管制幅度的量刑起点和基准刑
故意伤害致一人轻伤的,在六个月拘役至二年有期徒刑幅度内确定量刑起点。
在量刑起点的基础上,可以根据伤害后果、程度等其他影响犯罪构成的犯罪事实增加刑罚量,确定基准刑。有下列情形之一的,增加相应的刑罚量:
(1) 每增加轻微伤一人,增加二个月以下刑期;
(2) 每增加轻伤一人,增加三个月至六个月刑期;
(3) 其他可以增加刑罚量的情形。
2. 法定刑在三年以上十年以下有期徒刑幅度的量刑起点和基准刑
故意伤害致一人重伤的,在三年至五年有期徒刑幅度内确定量刑起点。其中,造成被害人六级残疾的,以五年有期徒刑为量刑起点。
在量刑起点的基础上,根据伤害后果、伤残等级等其他影响犯罪构成的犯罪事实增加刑罚量,确定基准刑。有下列情形之一的,增加相应的刑罚量:
(1) 每增加轻微伤一人,增加二个月以下刑期;
(2) 每增加轻伤一人,增加三个月至六个月刑期;
(3) 每增加重伤一人,增加一年至二年刑期;
(4) 造成被害人六级至三级残疾的,每增加一级残疾,增加六个月至一年刑期;
(5) 其他可以增加刑罚量的情形。
3. 法定刑在十年以上有期徒刑幅度的量刑起点和基准刑
以特别残忍手段故意伤害致一人重伤,造成六级严重残疾的,在十年至十三年有期徒刑幅度内确定量刑起点。依法应当判处无期徒刑以上刑罚的除外。
在量刑起点的基础上,根据伤害后果、伤残等级、手段的残忍程度等其他影响犯罪构成的犯罪事实增加刑罚量,确定基准刑。有下列情形之一的,增加相应的刑罚量:
(1) 每增加轻微伤一人,增加二个月以下刑期;
(2) 每增加轻伤一人,增加三个月至六个月刑期;
(3) 每增加重伤一人,增加一年至二年刑期;
(4) 造成被害人六级至三级残疾的,每增加一级残疾,增加六个月至一年刑期;造成被害人二级至一级残疾,每增加一级残疾,增加二年至三年刑期;
(5) 其他可以增加刑罚量的情形。
4. 有下列情形之一的,可以从重处罚,但同时具有两种以上情形的,累计不得超过基准刑的100%:
(1) 对证人、鉴定人或者国家工作人员报复伤害的,增加基准刑的30%以下;
(2) 雇佣他人、接受他人雇佣实施伤害行为的,增加基准刑的20%以下;
(3) 因实施其他违法活动而故意伤害他人的,增加基准刑的20%以下;
(4) 使用枪支、管制刀具或者其他凶器实施伤害行为的,增加基准刑的20%以下;
(5) 其他可以从重处罚的情形。
5. 有下列情形之一的,可以减少基准刑的20%以下:
(1) 因婚姻家庭、邻里纠纷等民间矛盾激化引发,且被害人有过错或者对矛盾激化负有责任的;
(2) 犯罪后积极抢救被害人的;
(3) 其他可以从轻处罚的情形。
6. 需要说明的事项:
使用以下手段之一,使被害人具有身体器官缺损、器官明显畸形、身体器官具有中等功能障碍、造成严重并发症等情形之一,且残疾程度在六级以上的,可以认定为"以特别残忍手段致人重伤造成严重残疾":
(1) 挖人眼睛、割人耳、鼻、挑人脚筋、砍人手足、剜人髌骨;
(2) 以刀划或硫酸等腐蚀性溶液严重毁人容貌;
(3) 电击、烧烫他人要害部位;

（4）其他特别残忍手段。
（三）强奸罪
1. 法定刑在三年以上十年以下有期徒刑幅度的量刑起点和基准刑
强奸妇女一人的，在三年至五年有期徒刑幅度内确定量刑起点。
奸淫幼女一人的，在五年至七年有期徒刑幅度内确定量刑起点。
在量刑起点的基础上，根据强奸或者奸淫幼女的人数、致人伤害后果等其他影响犯罪构成的犯罪事实增加刑罚量，确定基准刑。有下列情形之一的，增加相应的刑罚量：
（1）强奸妇女或奸淫幼女二人的，增加二年至三年刑期；
（2）每增加轻微伤一人，增加六个月以下刑期；
（3）每增加轻伤一人，增加一年至二年刑期；
（4）造成被害人怀孕、感染性病等后果的，增加一年至二年刑期；
（5）其他可以增加刑罚量的情形。
2. 法定刑在十年以上有期徒刑幅度的量刑起点和基准刑
犯强奸罪，具有下列情形之一的，在十年至十三年有期徒刑幅度内确定量刑起点：强奸妇女、奸淫幼女情节恶劣的；强奸妇女、奸淫幼女三人的；在公共场所当众强奸妇女的；二人以上轮奸的；致使被害人重伤或者造成其他严重后果的。依法应当判处无期徒刑以上刑罚的除外。
在量刑起点的基础上，根据强奸妇女、奸淫幼女情节恶劣程度、强奸人数、致人伤害后果等其他严重影响犯罪构成的犯罪事实增加刑罚量，确定基准刑。有下列情形之一的，增加相应的刑罚量：
（1）强奸妇女或奸淫幼女三人以上，每增加一人，增加二年至三年刑期；
（2）每增加刑法第二百三十六条规定的五种情形之一的，增加二年至三年刑期；
（3）每增加轻微伤一人，增加六个月以下刑期；
（4）每增加轻伤一人，增加一年至二年刑期；
（5）每增加重伤一人，增加二年至三年刑期；
（6）造成被害人六级至三级残疾的，每增加一级残疾，增加一年至二年刑期；造成被害人二级至一级残疾，每增加一级残疾，增加二年至三年刑期；
（7）造成被害人怀孕、感染性病等后果的，增加一年至二年刑期；
（8）其他可以增加刑罚量的情形。
3. 有下列情形之一的，可以从重处罚，但同时具有两种以上情形的，累计不得超过基准刑的100%：
（1）对同一妇女强奸或者对同一幼女实施奸淫两次以上的，增加基准刑的30%以下；轮奸两次以上的，增加基准刑的40%以下；
（2）携带凶器或者采取非法拘禁、捆绑、侮辱、虐待等方式作案的，增加基准刑的20%以下；
（3）利用教养、监护、职务关系实施强奸的，增加基准刑的20%以下；
（4）其他可以从重处罚的情形。
4. 强奸未成年人，具有下列情形之一的，可以增加基准刑的40%以下，但同时具有两种以上情形的，累计不超过基准刑的100%：
（1）对未成年人负有特殊职责的人员、与未成年人有共同家庭生活关系的人员、国家工作人员或者冒充国家工作人员，实施强奸犯罪的；
（2）进入未成年人住所、学生集体宿舍实施强奸犯罪的；
（3）采取暴力、胁迫、麻醉等强制手段实施奸淫幼女犯罪的；
（4）对不满十二周岁的儿童、农村留守儿童、严重残疾或者精神智力发育迟滞的未成年人，实施强奸犯罪的；
（5）其他可以从重处罚的情形。
（四）非法拘禁罪
1. 法定刑在三年以下有期徒刑、拘役、管制、剥夺政治权利幅度的量刑起点和基准刑
非法拘禁他人，不具有殴打、侮辱情节，未造成重伤、死亡后果的，在三个月拘役至一年有期徒刑幅度内确定量刑起点。
在量刑起点的基础上，根据非法拘禁人数、拘禁时间、致人伤害的后果等其他影响犯罪构成的犯罪事实增加刑罚量，确定基准刑。有下列情形之一的，增加相应的刑罚量：
（1）构成非法拘禁罪后，非法拘禁时间满二十四小时的，增加一个月至二个月刑期；每再增加二十四小时，增加一个月至二个月刑期；
（2）被害人每增加一人，增加三个月至六个月刑期；
（3）每增加轻微伤一人，增加二个月以下刑期；
（4）每增加轻伤一人，增加三个月至六个月刑期；

（5）其他可以增加刑罚量的情形。

2. 法定刑在三年以上十年以下有期徒刑幅度的量刑起点和基准刑

非法拘禁致一人重伤的，在三年至五年有期徒刑幅度内确定量刑起点。其中，造成被害人六级残疾的，以五年有期徒刑为量刑起点。

在量刑起点的基础上，根据非法拘禁人数、拘禁时间、致人伤害后果等其他影响犯罪构成的犯罪事实增加刑罚量，确定基准刑，有下列情形之一的，增加相应的刑罚量：

（1）非法拘禁时间满二十四小时的，增加一个月至二个月刑期；每再增加二十四小时，增加一个月至二个月刑期；

（2）被害人每增加一人，增加三个月至六个月刑期；

（3）每增加轻微伤一人，增加二个月以下刑期；

（4）每增加轻伤一人，增加三个月至六个月刑期；

（5）每增加重伤一人，增加一年至三年刑期；

（6）造成被害人六级至三级残疾的，每增加一级残疾，增加六个月至一年刑期；造成被害人二级至一级残疾，每增加一级残疾的，增加二年至三年刑期；

（7）其他可以增加刑罚量的情形。

3. 法定刑在十年以上有期徒刑幅度的量刑起点和基准刑

非法拘禁致一人死亡的，在十年至十三年有期徒刑幅度内确定量刑起点。

在量刑起点的基础上，根据非法拘禁人数、拘禁时间、致人伤亡后果等其他影响犯罪构成的犯罪事实增加刑罚量，确定基准刑。有下列情形之一的，增加相应的刑罚量：

（1）非法拘禁时间满二十四小时的，增加一个月至二个月刑期；每再增加二十四小时，增加一个月至二个月刑期；

（2）被害人每增加一人，增加三个月至六个月刑期；

（3）每增加轻微伤一人，增加二个月以下刑期；

（4）每增加轻伤一人，增加三个月至六个月刑期；

（5）每增加重伤一人，增加一年至三年刑期；

（6）造成被害人六级至三级残疾的，每增加一级残疾，增加六个月至一年刑期；造成被害人二级至一级残疾，每增加一级残疾的，增加二年至三年刑期；

（7）死亡人数每增加一人，增加二年至四年刑期；

（8）其他可以增加刑罚量的情形。

4. 有下列情形之一的，可以从重处罚，但同时具有两种以上情形的，累计不得超过基准刑的100%：

（1）国家机关工作人员利用职权非法扣押、拘禁他人的，增加基准刑的10%—20%；

（2）具有殴打、侮辱、虐待情节的（致人重伤、死亡的除外），增加基准刑的10%—20%；

（3）多次非法拘禁的，增加基准刑的20%以下；

（4）冒充军警人员、司法人员非法扣押、拘禁他人的，增加基准刑的20%以下；

（5）为索取高利贷、赌债等法律不予保护的债务而非法拘禁他人的，增加基准刑的20%以下；

（6）持枪支、管制刀具或者其他凶器非法拘禁他人的，增加基准刑的20%以下；

（7）其他可以从重处罚的情形。

5. 为索取合法债务、争取合法权益而非法扣押、拘禁他人的，减少基准刑的30%以下。

（五）抢劫罪

1. 法定刑在三年以上十年以下有期徒刑幅度的量刑起点和基准刑

抢劫一次的，或者符合刑法第二百六十七条第二款（枪支除外）、第二百六十九条构成抢劫罪情形的，在四年至六年有期徒刑幅度内确定量刑起点。

在量刑起点的基础上，根据抢劫次数、数额、致人伤害的后果等其他影响犯罪构成的犯罪事实增加刑罚量，确定基准刑。有下列情形之一的，增加相应的刑罚量：

（1）抢劫财物数额满一千元或每增加一千元，增加一个月刑期；

（2）抢劫二次的，增加一年至三年刑期；

（3）每增加轻微伤一人，增加六个月以下刑期；

（4）每增加轻伤一人，增加六个月至一年刑期；

（5）其他可以增加刑罚量的情形，增加刑期根据案情酌定。

2. 法定刑在十年以上有期徒刑幅度的量刑起点和基准刑

有下列情形之一的，在十年至十三年有期徒刑幅度内确定量刑起点：入户抢劫的；在公共交通工具上抢劫的；抢劫银行或者其他金融机构的；三次抢劫或者抢劫数额巨大的；抢劫致人重伤的；冒充军警人员抢劫的；持枪抢劫的；抢劫军用物资或者抢险、救灾、救济物资的。依法应当判处无期徒刑以上刑罚的除外。

在量刑起点的基础上，根据抢劫情节严重程度、抢劫次数、数额、致人伤害的后果等其他影响犯罪构成的犯罪事实增加刑罚量，确定基准刑。有下列情形之一的，增加相应的刑罚量：

（1）抢劫财物数额满六万元后，每增加六千元，增加一个月刑期；
（2）抢劫次数超过三次，每增加一次，增加二年至三年刑期；
（4）每增加轻微伤一人，增加六个月以下刑期；
（5）每增加轻伤一人，增加六个月至一年刑期；
（6）每增加重伤一人，增加二年至三年刑期；
（7）造成被害人六级至三级残疾的，每增加一级残疾，增加六个月至一年刑期；造成被害人二级至一级残疾的，每增加一级残疾，增加二年至三年刑期；
（8）每增加刑法第二百六十三条规定的情形之一，增加一年至三年刑期；
（9）其他可以增加刑罚量的情形，增加刑期根据案情酌定。

3. 有下列情形之一的，可以增加基准刑的20%以下：
（1）为实施其他违法犯罪活动而实施抢劫的；
（2）流窜作案的；
（3）在公共场所当众实施抢劫的；
（4）因抢劫被害人的钱财、或致其伤害，导致被害人或其亲属不能就医、就学等严重后果的；
（5）其他可以酌情从重处罚的情形。

4. 有下列情形之一的，可以减少基准刑的20%以下：
（1）确因生活所迫、学习、治病急需而抢劫的；
（2）抢劫家庭成员或者近亲属财物的；
（3）其他可以酌情从轻处罚的情形。

5. 需要说明的事项：
以毒品、假币、淫秽物品等违禁品为抢劫对象的，以抢劫罪定罪；抢劫的违禁品数量作为量刑情节考虑，量刑起点和基准刑的依照上述规定确定。

（六）盗窃罪

1. 法定刑在三年以下有期徒刑、拘役、管制、单处罚金幅度内的量刑起点和基准刑

盗窃公私财物，犯罪数额达到"数额较大"起点二千元的，或者入户盗窃、携带凶器盗窃、扒窃的，或者在两年内盗窃三次的，在三个月拘役至六个月有期徒刑幅度内确定量刑起点。

盗窃公私财物，数额达到一千元以上，具有下列情形之一的，可以以盗窃罪定罪，并在三个月拘役至六个月有期徒刑幅度内确定量刑起点：
（1）曾因盗窃受过刑事处罚的；
（2）一年内曾因盗窃受过行政处罚的；
（3）组织、控制未成年人盗窃的；
（4）自然灾害、事故灾害、社会安全事件等突发事件期间，在事件发生地盗窃的；
（5）盗窃残疾人、孤寡老人、丧失劳动能力人的财物的；
（6）在医院盗窃病人或者其亲友财物的；
（7）盗窃救灾、抢险、防汛、优抚、扶贫、移民、救济款物的；
（8）因盗窃造成严重后果的。

盗窃国有馆藏一般文物，在九个月至一年有期徒刑幅度内确定量刑起点。

在量刑起点的基础上，根据盗窃数额、次数、手段等其他影响犯罪构成的犯罪事实增加刑罚量，确定基准刑。有下列情形之一的，增加相应的刑罚量：
（1）犯罪数额每增加二千元，增加一个月刑期；
（2）入户盗窃、携带凶器盗窃、扒窃的，在此基础上，每再增加一种情形，分别增加二个月至三个月刑期；
（3）两年内盗窃超过三次且数额未达到较大的，每超过一次，增加一个月至二个月刑期，但累计增加刑罚量不得超过一年；
（4）盗窃国有馆藏一般文物二件的，增加九个月至一年刑期。

2. 法定刑在三年以上十年以下有期徒刑幅度的量刑起点和基准刑

盗窃公私财物，犯罪数额达到"数额巨大"起点六万元的，在三年至四年有期徒刑幅度内确定量刑起点。

盗窃公私财物，数额达到前款规定标准的百分之五十，具有第1条第3款第（3）至（8）项情形之一或者入户盗窃、携带凶器盗窃的，可以认定为"有其他严重情节"，并在三年至四年有期徒刑幅度内

确定量刑起点。

盗窃国有馆藏一般文物三件或者三级文物一件的，在三年至四年有期徒刑幅度内确定量刑起点。

在量刑起点的基础上，根据盗窃数额、手段等其他影响犯罪构成的犯罪事实增加刑罚量，确定基准刑。有下列情形之一的，增加相应的刑罚量：

（1）犯罪数额每增加五千元，增加一个月刑期；

（2）盗窃国有馆藏一般文物超过三件，每增加一件，增加九个月至一年刑期；国家三级文物二件的，增加二年六个月至三年刑期；

（3）具有可以认定为"其他严重情节"的情形，每增加一种情形，增加六个月至一年刑期。

3. 法定刑在十年以上有期徒刑幅度的量刑起点和基准刑

盗窃公私财物，犯罪数额达到"数额特别巨大"起点四十万元的，在十年至十二年有期徒刑幅度内确定量刑起点。

盗窃公私财物，数额达到前款规定标准的的百分之五十，具有第1条第二款第（3）至（8）项情形之一或者入户盗窃、携带凶器盗窃的，可以认定为"有其他特别严重情节"，并在十年至十二年有期徒刑幅度内确定量刑起点。

盗窃国有馆藏三级文物三件或者二级文物一件的，在十年至十二年有期徒刑幅度内确定量刑起点。依法应当判处无期徒刑的除外。

在量刑起点的基础上，根据盗窃数额、手段等其他影响犯罪构成的犯罪事实增加刑罚量，确定基准刑。有下列情形之一的，增加相应的刑罚量：

（1）犯罪数额每增加五万元，增加一个月刑期；

（2）盗窃国有馆藏三级文物超过三件，每增加一件，增加九个月至一年刑期；国家二级文物超过一件的，每增加一件，增加一年至二年刑期；

（3）具有可以认定为"其他特别严重情节"的情形，每增加一种情形，增加一年至二年刑期。

4. 盗窃公私财物，具有下列情形之一的，可以从重处罚，但同时具有两种以上情形的，累计不得超过基准刑的100%：

（1）多次盗窃，犯罪数额达到较大以上的，具有第1条第3款第（3）至（8）项情形之一的，入户盗窃的，携带凶器盗窃或者扒窃的，增加基准刑的30%以下。每增加一种情形，再增加基准刑的10%以下；

（2）为吸毒、赌博等违法犯罪活动而盗窃的，增加基准刑的20%以下；

（3）采用破坏性手段盗窃公私财物造成其他财物毁损的，增加基准刑的10%至30%；

（4）其他可以从重处罚的情形。

5. 有下列情形之一的，可以从宽处罚：

（1）在案发后主动将赃物归还被害人的，减少基准刑的30%以下；

（2）盗窃家庭成员或者近亲属的财物，一般可不按犯罪处理；确有追究刑事责任必要的，应当减少基准刑的20%至50%；

（3）确因生活所迫、学习、治病急需而盗窃的，减少基准刑的20%以下；

（4）其他可以从轻处罚的情形。

6. 需要说明的问题

（1）盗窃未遂，以数额巨大的财物或者以珍贵文物为盗窃目标的，或者具有其他严重情节的，应当定罪处罚，量刑起点和基准刑参照第1、2、3条的规定，根据案件的具体情况予以确定。

（2）对于盗窃犯罪部分既有既遂又有未遂，既遂部分所对应的量刑幅度较重，或者既、未遂所对应的量刑幅度相同的，以既遂部分确定基准刑，未遂部分作为调节基准刑的量刑情节；未遂部分对应的量刑幅度较重的，以未遂部分确定基准刑，既遂部分作为调节基准刑的量刑情节。以既遂部分确定起点刑和基准刑的，可根据未遂部分犯罪行为的实行程度、造成损害的大小、未得逞的原因等情况增加基准刑的30%以下；以未遂部分确定起点刑和基准刑的，可根据既遂部分犯罪行为造成损害后果等情况增加基准刑的40%以下。

（3）盗窃违禁品，按盗窃罪处理，不计数额，根据情节轻重量刑。

（4）盗窃技术成果等商业秘密的，按照刑法第二百一十九条的规定办理。

（5）多次盗窃，盗窃数额未达到较大的，以盗窃次数确定量刑起点，超过三次的的次数作为增加刑罚量的事实；盗窃数额达到较大以上的，以盗窃数额确定量刑起点，盗窃次数作为从重处罚量刑情节。

（6）盗窃公私财物数额较大，但具有下列情形之一，且行为人认罪、悔罪的，可以根据刑法第三十七条的规定免予刑事处罚：具有法定从宽处罚情节的；没有参与分赃或者获赃较少且不是主犯的；被害人谅解的；其他情节轻微、危害不大的。

(七) 诈骗罪

1. 法定刑在三年以下有期徒刑、拘役、管制的量刑起点和基准刑

诈骗公私财物，达到"数额较大"起点五千元的，在三个月拘役至六个月有期徒刑幅度内确定量刑起点。在量刑起点的基础上，诈骗数额每增加二千元，增加一个月刑期，从而确定基准刑。

2. 法定刑在三年以上十年以下有期徒刑幅度的量刑起点和基准刑

诈骗公私财物，犯罪数额达到"数额巨大"起点七万元的，在三年至四年有期徒刑幅度内确定量刑起点。

诈骗公私财物数额满五万元不满七万元，并具有下列情形之一，应当认定为"其他严重情节"，并在三年至四年有期徒刑幅度内确定量刑起点。

（1）通过发送短信、拨打电话或者利用互联网、广播电视、报刊杂志等发布虚假信息，对不特定多数人实施诈骗的；

（2）诈骗救灾、抢险、防汛、优抚、扶贫、移民、救济、医疗款物的；

（3）以赈灾募捐名义实施诈骗的；

（4）诈骗残疾人、老年人或者丧失劳动能力人的财物的；

（5）造成被害人自杀、精神失常或者其他严重后果的；

（6）诈骗集团首要分子的；

（7）具有其他严重情节的。

在量刑起点的基础上，根据诈骗数额等犯罪事实增加刑罚量，确定基准刑。有下列情形之一的，增加相应的刑罚量：

（1）犯罪数额每增加五千元，增加一个月刑期；

（2）具有可以认定为"其他严重情节"情形的，每增加一种情形，增加六个月至二年刑期。

3. 法定刑在十年以上有期徒刑幅度的量刑起点和基准刑

诈骗公私财物，犯罪数额达到"数额特别巨大"起点五十万元，在十年至十二年有期徒刑幅度内确定量刑起点。依法应当判处无期徒刑的除外。

诈骗公私财物数额满四十万元不满五十万元，并具有第2条第3款规定的情形之一，应当认定为"其他特别严重情节"，除了依法应当判处无期徒刑的以外，在十年至十二年有期徒刑幅度内确定量刑起点。

在量刑起点的基础上，根据诈骗数额等犯罪事实增加刑罚量，确定基准刑。有下列情形之一的，增加相应的刑罚量，确定基准刑：

（1）每增加五万元，增加一个月刑期；

（2）具有可以认定为"其他特别严重情节"情形的，每增加一种情形，增加六个月至二年刑期。

4. 诈骗公私财物，具有下列情形之一的，可以从重处罚，但同时具有两种以上情形的，累计不得超过基准刑的100%：

（1）具有第2条第3款规定情形之一的，增加基准刑的30%以下。每增加一种情形，再增加基准刑的10%以下；

（2）为吸毒、赌博等违法犯罪活动而诈骗的，增加基准刑的20%以下；

（3）诈骗数额分别达到"数额较大"、"数额巨大"、"数额特别巨大"，并具有多次诈骗情形的，增加基准刑的20%以下；

（4）其他可以从重处罚的情形。

5. 有下列情形之一的，可以从宽处罚：

（1）在案发后主动将赃物归还被害人的，减少基准刑的30%以下；

（2）确因生活所迫、学习、治病急需而诈骗的，减少基准刑的30%以下；

（3）诈骗近亲属的财物，近亲属谅解的，一般可不按犯罪处理；确有追究刑事责任必要的，可以减少基准刑的20%至50%；

（4）其他可以从轻处罚的情形。

6. 需要说明的问题

（1）诈骗未遂，以数额巨大的财物为诈骗目标的，或者具有其他严重情节的，应当定罪处罚，量刑起点和基准刑参照第1、2、3条的规定，根据案件的具体情况予以确定。

（2）诈骗犯罪既有既遂又有未遂，既遂部分所对应的量刑幅度较重，或者既、未遂所对应的量刑幅度相同的，以既遂部分确定基准刑，未遂部分作为调节基准刑的量刑情节；未遂部分对应的量刑幅度较重的，以未遂部分确定基准刑，既遂部分作为调节基准刑的量刑情节。以既遂部分确定起点刑和基准刑的，可根据未遂部分犯罪行为的实行程度、造成损害的大小、未得逞的原因等情况增加基准刑的30%以下；以未遂部分确定起点刑和基准刑的，可根据既遂部分犯罪行为造成损害后果等情况增加基准刑的

40%以下。

（3）诈骗公私财物虽已达到"数额较大"的标准，但具有下列情形之一，且行为人认罪、悔罪的，可以根据刑法第三十七条的规定免予刑事处罚：具有法定从宽处罚情节的；一审宣判前全部退赃、退赔的；没有参与分赃或者获赃较少且不是主犯的；被害人谅解的；其他情节轻微、危害不大的。

（八）抢夺罪

1. 法定刑在三年以下有期徒刑、拘役、管制、单处罚金幅度的量刑起点和基准刑确定

抢夺公私财物，达到犯罪"数额较大"起点一千五百元标准的，在拘役五个月至一年有期徒刑幅度内确定量刑起点。

抢夺公私财物，达到犯罪"数额较大"起点标准的百分之五十，且有下列情形之一的，在拘役五个月至一年有期徒刑幅度内确定量刑起点：

（1）曾因抢劫、抢夺或者聚众哄抢受过刑事处罚的；
（2）一年内曾因抢夺或者哄抢受过行政处罚的；
（3）一年内抢夺三次以上的；
（4）驾驶机动车、非机动车抢夺的；
（5）组织、控制未成年人抢夺的；
（6）抢夺老年人、未成年人、孕妇、携带婴幼儿的人、残疾人、丧失劳动能力人的财物的；
（7）在医院抢夺病人或者其亲友财物的；
（8）抢夺救灾、抢险、防汛、优抚、扶贫、移民、救济款物的；
（9）自然灾害、事故灾害、社会安全事件等突发事件期间，在事件发生地抢夺的；
（10）导致他人轻伤或者精神失常等严重后果的。

在量刑起点的基础上，根据抢夺数额、次数、手段、致人伤害后果等犯罪事实增加刑罚量，确定基准刑：

（1）抢夺数额达到"数额较大"起点的（包括起点数额为一般数额50%的），每增加一千五百元，增加一个月刑期；
（2）每增加轻微伤一人，增加一至二个月刑期；
（3）每增加轻伤一人，增加三个月至六个月刑期；
（4）其他可以增加刑罚量的情形。

2. 法定刑在三年以上十年以下有期徒刑幅度的量刑起点和基准刑确定。

抢夺公私财物，达到犯罪"数额巨大"起点五万元的，在三年至四年有期徒刑幅度内确定量刑起点。

抢夺公私财物，导致一人重伤，或者导致他人自杀，或者达到犯罪"数额较巨大"起点标准的50%，且具有第1条第3款第（3）至（10）项情形之一的，应当认定为"有其他严重情节"，在三年至四年有期徒刑幅度内确定量刑起点。

在量刑起点的基础上，根据抢夺数额、次数、手段、致人伤害后果等犯罪事实增加刑罚量，确定基准刑。有下列情形之一的，增加相应刑罚量：

（1）数额每增加三千元，增加一个月刑期；
（2）每增加轻微伤一人，增加一至二个月刑期；
（3）每增加轻伤一人，增加三个月至六个月刑期；
（4）每增加重伤一人或者自杀一人，增加一年至二年的刑期；
（5）具有可以认定为"有其他严重情节"的情形，每增加一种情形，增加六个月至一年刑期；
（6）其他可以增加刑罚量的情形。

3. 法定刑在十年以上有期徒刑幅度的量刑起点和基准刑确定。

抢夺公私财物，达到犯罪"数额特别巨大"起点三十万元的，在十年至十二年有期徒刑幅度内确定量刑起点。

抢夺公私财物，导致他人死亡的，或者达到犯罪"数额特别巨大"起点标准的百分之五十，且具有第1条第3款第（3）至（10）项情形之一的，应当认定为具有"其他特别严重情节"，在十年至十二年有期徒刑幅度内确定量刑起点。

在量刑起点的基础上，根据抢夺数额、次数、手段、致人伤害后果等犯罪事实增加刑罚量，确定基准刑。有下列情形之一的，增加相应刑罚量：

（1）抢夺数额每增加2万元，增加一个月；
（2）每增加轻微伤一人，增加一至二个月刑期；
（3）每增加轻伤一人，增加三个月至六个月刑期；
（4）每增加死亡一人，增加二年至三年的刑期；

（5）具有可以认定为"有其他特别严重情节"的情形，每增加一种情形，增加一年至二年刑期；
（6）其他可以增加刑罚量的情形。
4. 抢夺公私财物，具有下列情形之一的，可以从重处罚，但同时具有两种以上情形的，累计不得超过基准刑的100%：
（1）具有第1条第3款规定情形之一的（已确定为构成要件事实的除外），增加基准刑的30%以下。每增加一种情形，再增加基准刑的10%以下；
（2）为吸毒、赌博等违法犯罪活动而敲诈勒索的，增加基准刑的20%以下；
（3）驾驶机动车、非机动车抢夺的，增加基准刑的30%以下；
（4）其他可以从重处罚的情形。
5. 具有下列情形之一的，可以在基准刑的基础上减少刑期：
（1）在案发前自动归还被害人财物的，可以减少基准刑的30%以下；
（2）确因生活所迫、学习、治病急需而抢夺的，减少基准刑的30%以下；
（3）具有其他可以从轻处罚情形的，可以减少基准刑的20%以下。
6. 需要说明的问题
抢夺公私财物数额较大，但具有下列情形之一，且行为人认罪、悔罪的，可以根据刑法第三十七条的规定免于刑事处罚：具有法定从宽处罚情节的；没有参与分赃或者获赃较少且不是主犯的；被害人谅解的；其他情节轻微、危害不大的。

（九）职务侵占罪
1. 法定刑在五年以下有期徒刑或者拘役的量刑起点和基准刑
利用职务上的便利，非法侵占本单位财物，犯罪数额达到"数额较大"起点的，在四个月拘役至六个月有期徒刑幅度内确定量刑起点。在量刑起点基础上，犯罪数额每增加五千元，增加一个月刑期，从而确定基准刑。
2. 法定刑在五年以上有期徒刑可以并处没收财产的量刑起点和基准刑
职务侵占达到"数额巨大"起点的，在五年至六年有期徒刑幅度内确定量刑起点。犯罪数额不满二百万元的，在量刑起点的基础上，每增加三万元，增加一个月刑期。
犯罪数额超过二百万元的，在十年至十五年有期徒刑幅度内确定基准刑，除具有重大立功表现或者两个以上法定减轻处罚情节或者系从犯并退清个人所得全部赃款的以外，宣告刑一般不得低于五年有期徒刑。
3. 有下列情形之一的，可以从重处罚，但同时具有两种以上情节的，累计不得超过基准刑的100%：
（1）职务侵占行为严重影响生产经营或者造成其他严重损失或者影响恶劣的，增加基准刑的30%以下；
（2）职务侵占救灾、抢险、防汛、防疫、优抚、扶贫、移民、救济、捐助、社会保险、教育、拆迁等专项款物的，增加基准刑的30%以下；
（3）多次职务侵占行为的，增加基准刑的20%以下；
（4）在企业改制、破产、重组过程中实施职务侵占的，增加基准刑的20%以下；
（5）职务侵占款用于进行吸毒、赌博、非法经营、行贿、走私等违法犯罪活动的，增加基准刑的20%以下；
（6）其他可以从重处罚的情形。

（十）敲诈勒索罪
1. 法定刑在三年以下有期徒刑、拘役、管制幅度的量刑起点和基准刑
敲诈勒索公私财物，犯罪数额达到"数额较大"起点或两年内敲诈勒索次数达三次，在四个月拘役至六个月有期徒刑幅度内确定量刑起点。敲诈勒索公私财物，数额虽未达到"数额较大"起点，但达到前述规定标准的百分之五十，具有下列情形之一的，在四个月拘役至六个月有期徒刑幅度内确定量刑起点：
（1）曾因敲诈勒索受过刑事处罚的；
（2）一年内曾因敲诈勒索受过行政处罚的；
（3）对未成年人、残疾人、老年人或者丧失劳动能力人敲诈勒索的；
（4）以将要实施放火、爆炸等危害公共安全犯罪或者故意杀人、绑架等严重侵犯公民人身权利犯罪相威胁敲诈勒索的；
（5）以黑恶势力名义敲诈勒索的；
（6）利用或者冒充国家机关工作人员、军人、新闻工作者等特殊身份敲诈勒索的；
（7）造成其他严重后果的。
在量刑起点的基础上，根据敲诈勒索数额和次数等其他影响犯罪构成的犯罪事实增加刑罚量，确定

基准刑。有下列情形之一的，增加相应的刑罚量：

（1）犯罪数额每增加二千元，增加一个月刑期；

（2）每增加轻微伤一人，增加一个月至二个月刑期；

（3）每增加轻伤一人，增加三个月至六个月刑期；

（4）敲诈勒索未达到数额较大，以敲诈勒索次数确定量刑起点的，每再增加一次，增加二个月至三个月刑期；

（5）其他可以增加刑罚量的情形。

2. 法定刑在三年以上十年以下有期徒刑幅度的量刑起点和基准刑

敲诈勒索公私财物，犯罪数额达到"数额巨大"起点，在三年至四年有期徒刑幅度内确定量刑起点。敲诈勒索公私财物，数额虽未达到"数额巨大"起点，但达到前述规定标准的百分之八十，具有第1条第3款第（3）项至第（7）项规定的情形之一的，可以认定为有"其他严重情节"，并在三年至四年有期徒刑幅度内确定量刑起点。

在量刑起点的基础上，根据敲诈勒索数额、犯罪情节严重程度等其他影响犯罪构成的犯罪事实增加刑罚量，确定基准刑。有下列情形之一的，增加相应的刑罚量：

（1）犯罪数额每增加五千元，增加一个月刑期；

（2）每增加轻微伤一人，增加一个月至二个月刑期；

（3）每增加轻伤一人，增加三个月至六个月刑期；

（4）具有可以认定为"其他严重情节"的情形，每增加一种情形，增加六个月至一年刑期；

（5）其他可以增加刑罚量的情形。

3. 法定刑在十年以上有期徒刑幅度的量刑起点和基准刑

敲诈勒索公私财物，犯罪数额达到"数额特别巨大"起点，在十年至十二年有期徒刑幅度内确定量刑起点。敲诈勒索公私财物，数额虽未达到"数额特别巨大"起点，但达到前述规定标准的百分之八十，具有第1条第3款第（3）项至第（7）项规定的情形之一的，可以认定为有"其他特别严重情节"，并在十年至十二年有期徒刑幅度内确定量刑起点。

在量刑起点的基础上，根据敲诈勒索数额、犯罪情节严重程度等其他影响犯罪构成的犯罪事实增加刑罚量，确定基准刑。有下列情形之一的，增加相应的刑罚量：

（1）犯罪数额每增加五万元，增加一个月刑期；

（2）每增加轻微伤一人，增加一个月至二个月刑期；

（3）每增加轻伤一人，增加三个月至六个月刑期；

（4）具有可以认定为"其他特别严重情节"的情形，每增加一种情形，增加一年至二年刑期；

（5）其他可以增加刑罚量的情形。

4. 敲诈勒索公私财物，具有下列情形之一的，可以从重处罚，但同时具有两种以上情形的，累计不得超过基准刑的100%：

（1）具有第1条第3款规定情形的（已被确定为构成要件犯罪事实的除外），增加基准刑的30%以下。每增加一种情形，再增加基准刑的10%以下；

（2）为吸毒、赌博等违法犯罪活动而敲诈勒索的，增加基准刑的20%以下；

（3）敲诈勒索数额分别达到"数额较大"、"数额巨大"、"数额特别巨大"，并具有多次敲诈勒索情形的，增加基准刑的20%以下；

（4）在敲诈勒索过程中，使用暴力，或者非法拘禁，或者以危险方法制造事端，或者以非法手段获取他人隐私勒索他人财物等手段的，增加基准刑的20%以下；

（5）其他可以从重处罚的情形。

5. 有下列情形之一的，可以从宽处罚：

（1）被害人对敲诈勒索的发生存在过错的，除情节显著轻微危害不大，不认为是犯罪的以外，可以根据被害人的过错程度和案件其他情况，减少基准刑的20%以下；

（2）敲诈勒索近亲属财物，认定为犯罪的，可以减少基准刑的10%—50%；

（3）确因生活所迫、学习、治病急需而抢夺的，减少基准刑的20%以下；

（4）其他可以从轻处罚的情形。

6. 需要说明的问题

（1）多次敲诈勒索，敲诈勒索数额未达到较大的，以敲诈勒索次数确定量刑起点，超过三次的次数作为增加刑罚量的事实；

（2）敲诈勒索数额达到较大以上的，以敲诈勒索数额确定量刑起点，敲诈勒索次数作为从重处罚量刑情节；

（3）敲诈勒索数额较大，但具有下列情形之一，且行为人认罪、悔罪的，可以根据刑法第三十七条的规定免予刑事处罚；具有法定从宽处罚情节的；一审宣判前全部退赃、退赔的；没有参与分赃或者获赃较少且不是主犯的；被害人谅解的；其他情节轻微、危害不大的。

（十一）妨害公务罪

1. 量刑起点和基准刑

构成妨害公务罪的，在三个月拘役至二年有期徒刑幅度内确定量刑起点。

在量刑起点的基础上，根据妨害公务造成的后果、犯罪情节严重程度等其他影响犯罪构成的犯罪事实增加刑罚量，确定基准刑。有下列情形之一的，增加相应的刑罚量：

（1）每增加轻微伤一人，增加二个月以下刑期；

（2）每增加轻伤一人，增加三个月至六个月刑期；

（3）毁损财物数额每增加二千元，增加一个月至二个月刑期；

（4）妨害公务造成严重后果的，增加六个月至一年刑期；

（5）其他可以增加刑罚量的情形。

2. 有下列情形之一的，可以增加基准刑的20%以下：

（1）煽动群众阻碍依法执行职务、履行职责的；

（2）持械妨害公务的；

（3）妨害公务造成多人受伤、交通堵塞及恶劣社会影响的；

（4）其他可以从重处罚的情形。

3. 因执行公务行为不规范而导致妨害公务犯罪的，减少基准刑的20%以下。

（十二）聚众斗殴罪

1. 法定刑在三年以下有期徒刑、拘役或者管制幅度的量刑起点和基准刑

聚众斗殴情节一般的，在六个月至二年有期徒刑幅度内确定量刑起点。

在量刑起点的基础上，根据聚众斗殴人数、次数、伤害后果等其他影响犯罪构成的犯罪事实增加刑罚量，确定基准刑。有下列情形之一的，增加行为实施方相应的刑罚量：

（1）每增加轻微伤一人，增加六个月以下刑期；

（2）每增加轻伤一人，增加六个月至一年刑期；

（3）聚众斗殴人数双方参与人数超过十人的，每增加三人，增加一个月至二个月刑期；单方参与人数超过六人，每增加三人，增加一个月至三个月刑期；

（4）聚众斗殴二次，增加六个月至一年刑期；

（5）聚众斗殴造成破坏交通秩序的，但尚未严重影响交通公共秩序的，增加三个月至一年刑期；

（6）其他可以增加刑罚量的情形。

2. 法定刑在三年以上十年以下有期徒刑幅度的量刑起点和基准刑

有下列情形之一的，在三年至五年有期徒刑幅度内确定量刑基准刑起点：聚众斗殴三次的；聚众斗殴人数多，规模大，社会影响恶劣的；在公共场合或者交通要道斗殴，造成社会秩序严重混乱的；持械聚众斗殴的。

在量刑起点的基础上，根据聚众斗殴人数、次数、手段严重程度、伤害后果等其他影响犯罪构成的犯罪事实增加刑罚量，确定基准刑。有下列情形之一的，增加行为实施方相应的刑罚量：

（1）每增加刑法第二百九十二条第一款规定的四种情形之一的，基准刑增加一年至二年刑期（其中聚众斗殴双方参与人数达到二十人以上的，属于聚众斗殴人数多，规模大）；

（2）每增加轻微伤一人，增加六个月以下刑期；

（3）每增加轻伤一人，增加六个月至一年刑期；

（4）聚众斗殴次数超过三次，每增加一次，增加六个月至一年刑期；

（5）聚众斗殴单方人数超过十人，每增加三人，增加一个月至三个月刑期；

（6）聚众斗殴严重扰乱社会秩序，造成恶劣社会影响的，增加六个月至一年刑期。

3. 有下列情形之一的，可以增加基准刑的20%以下：

（1）组织未成年人聚众斗殴的；

（2）聚众斗殴造成公私财物较大损失的；

（3）聚众斗殴带有黑社会性质的；

（4）其他可以从重处罚的情形。

4. 因民间纠纷引发的聚众斗殴，可以减少基准刑的20%以下。

（十三）寻衅滋事罪

1. 法定刑在五年以下有期徒刑、拘役或者管制幅度的量刑起点和基准刑

随意殴打他人，破坏社会秩序，情节恶劣和情节严重，具有下列情形之一的，在一年六个月至三年有期徒刑幅度内确定量刑起点：致一人以上轻伤的；引起他人精神失常、自杀等严重后果的；随意殴打

精神病人、残疾人、流浪乞讨人员、老年人、孕妇、未成年人，造成恶劣社会影响的；在公共场所随意殴打他人，造成公共场所秩序严重混乱的。

随意殴打他人，破坏社会秩序，具有下列情形之一的，在三个月拘役至三年有期徒刑幅度内确定量刑起点：致二人以上轻微伤的；随意殴打他人达到三次的；持凶器随意殴打他人的；其他情节恶劣的情形。

追逐、拦截、辱骂、恐吓他人，破坏社会秩序，具有下列情形之一的，在一年六个月至三年有期徒刑幅度内确定量刑起点：追逐、拦截、辱骂、恐吓精神病人、残疾人、流浪乞讨人员、老年人、孕妇、未成年人，造成恶劣社会影响的；引起他人精神失常、自杀等严重后果的；严重影响他人的工作、生活、生产、经营的。

追逐、拦截、辱骂、恐吓他人，破坏社会秩序，具有下列情形之一的，在三个月拘役至三年有期徒刑幅度内确定量刑起点：追逐、拦截、辱骂、恐吓他人达到三次，造成恶劣社会影响的；持凶器追逐、拦截、辱骂、恐吓他人的；其他情节恶劣的情形。

强拿硬要或者任意损毁、占用公私财物，破坏社会秩序，具有下列情形之一的，在一年六个月至三年有期徒刑幅度内确定量刑起点：强拿硬要或者任意损毁、占用精神病人、残疾人、流浪乞讨人员、老年人、孕妇、未成年人的财物，造成恶劣社会影响的；引起他人精神失常、自杀等严重后果的；严重影响他人的工作、生活、生产、经营的。

强拿硬要或者任意损毁、占用公私财物，破坏社会秩序，具有下列情形之一的，在三个月拘役至三年有期徒刑幅度内确定量刑起点：强拿硬要公私财物价值一千元以上，或者任意损毁、占用公私财物价值二千元以上的；强拿硬要或者任意损毁、占用公私财物达到三次，造成恶劣社会影响的；其他情节严重的情形。

在车站、码头、机场、医院、商场、公园、影剧院、展览会、运动场或者其他公共场所起哄闹事，造成公共场所秩序严重混乱的，在一年至三年有期徒刑幅度内确定量刑起点。

在量刑起点的基础上，根据寻衅滋事次数、伤害后果、强拿硬要他人财物或任意损毁、占用公私财物数额等其他影响犯罪构成的犯罪事实增加刑罚量确定基准刑。有下列情形之一的，增加相应的刑罚量：

（1）每增加轻微伤一人，增加六个月以下刑期；
（2）每增加轻伤一人，增加六个月至一年六个月刑期；
（3）每增加引起精神失常一人，增加六个月至一年六个月刑期；
（4）每增加引起自杀造成重伤、死亡一人，增加一年至二年刑期；
（5）随意殴打他人，追逐、拦截、辱骂、恐吓他人，强拿硬要或任意毁损、占用公私财物三次以上，每再增加一次，增加一个月至二个月刑期；在车站、码头、机场、医院、商场、公园、影剧院、展览会、运动场或者其他公共场所起哄闹事，造成公共场所秩序严重混乱，每增加一次，增加六个月至一年刑期；
（6）强拿硬要公私财物价值一千元以上的，数额每再增加一千元，增加一个月至二个月刑期；任意毁损、占用公私财物价值二千元以上的，数额再每增加二千元，增加一个月至二个月刑期；
（7）每增加刑法第二百九十三条规定的四种情形之一的，增加六个月至一年刑期；
（8）其他可以增加刑罚量的情形。

2. 法定刑在五年以上十年以下有期徒刑幅度的量刑起点和基准刑

纠集他人三次实施寻衅滋事犯罪，严重破坏社会秩序的，在五年至七年有期徒刑幅度内确定量刑起点。

在量刑起点的基础上，根据寻衅滋事次数、伤害后果、强拿硬要他人财物或任意损毁、占用公私财物数额等其他影响犯罪构成的犯罪事实增加刑罚量，确定基准刑。有下列情形之一的，增加相应的刑罚量：

（1）每增加轻微伤一人，增加六个月以下刑期；
（2）每增加轻伤一人，增加六个月至一年六个月刑期；
（3）每增加引起精神失常一人，增加六个月至一年六个月刑期；
（4）每增加引起自杀造成重伤、死亡一人，增加一年至二年刑期；
（5）纠集他人三次以上实施寻衅滋事犯罪，未经处理的，每再增加一次，增加六个月至一年刑期；
（6）强拿硬要公私财物价值一千元以上的，数额每再增加一千元，增加一个月至二个月刑期；任意毁损、占用公私财物价值二千元以上的，数额再每增加二千元，增加一个月至二个月刑期；
（7）寻衅滋事人数超过十人，每增加三人，增加一个月至二个月刑期；
（8）每增加刑法第二百九十三条规定的四种情形之一的，增加六个月至一年刑期；
（9）其他可以增加刑罚量的情形。

3. 有下列情形之一的，可以增加基准刑的20%以下：
(1) 带有黑社会性质的；
(2) 纠集未成年人寻衅滋事的；
(3) 其他可以从重处罚的情形。
(十四) 掩饰、隐瞒犯罪所得、犯罪所得收益罪
1. 法定刑在三年以下有期徒刑、拘役、管制、单处罚金幅度的量刑起点和基准刑

掩饰、隐瞒犯罪所得、犯罪所得收益数额达到五千元的，在三个月拘役至六个月有期徒刑幅度内确定量刑起点。

明知是盗窃、抢劫、诈骗、抢夺的机动车，实施下列行为之一的，在三个月拘役至六个月有期徒刑内确定量刑起点：买卖、介绍买卖、典当、拍卖、抵押或者用其抵债的；拆解、拼装或者组装的；修改发动机号、车辆识别代号的；更改车身颜色或者车辆外形的；提供或者出售机动车来历凭证、整车合格证、号牌以及有关机动车的其他证明和凭证的；提供或者出售伪造、变造的机动车来历凭证、整车合格证、号牌以及有关机动车的其他证明和凭证的。

明知是非法获取计算机信息系统数据犯罪所获取的数据、非法控制计算机信息系统犯罪所获取的计算机信息系统控制权，而予以转移、收购、代为销售或者以其他方法掩饰、隐瞒，违法所得达到五千元的，在三个月拘役至六个月有期徒刑幅度内确定量刑起点。

在量刑起点的基础上，可以根据犯罪数额等其他影响犯罪构成的犯罪事实增加刑罚量，确定基准刑。有下列情形之一的，增加相应的刑罚量：
(1) 犯罪数额每增加二万元（其中上游犯罪为涉计算机犯罪的违法所得数额每增加一千五百元）的，增加一个月刑期；
(2) 掩饰、隐瞒盗窃、抢劫、诈骗、抢夺的机动车，每增加一辆，增加三个月至六个月刑期；
(3) 犯罪的手段或情形每增加一种，增加一个月至二个月刑期；
(4) 其他可以增加刑罚量的情形。

2. 法定刑在三年以上七年以下有期徒刑幅度的量刑起点和基准刑

掩饰、隐瞒犯罪所得、犯罪所得收益数额达到五十万元，在三年至四年有期徒刑幅度内确定量刑起点。

掩饰、隐瞒盗窃、抢劫、诈骗、抢夺的机动车达到五辆或者价值总额到五十万元，在三年至四年有期徒刑幅度内确定量刑起点。

明知是非法获取计算机信息系统数据犯罪所获取的数据、非法控制计算机信息系统所获取的计算机信息系统控制权，而予以转移、收购、代为销售或者以其他方法掩饰、隐瞒。违法所得达到五万元，在三年至四年有期徒刑幅度内确定量刑起点。

在量刑起点的基础上，可以根据犯罪数额等其他影响犯罪构成的犯罪事实增加刑罚量，确定基准刑。有下列情形之一的，增加相应的刑罚量：
(1) 犯罪数额每增加三万元（其中上游犯罪为涉计算机犯罪的违法所得数额每增加三千元），增加一个月刑期；
(2) 掩饰、隐瞒盗窃、抢劫、诈骗、抢夺的机动车超过五辆，每增加一辆，增加三个月至六个月刑期；
(3) 犯罪手段或情形每增加一种，增加一个月至二个月刑期；
(4) 其他可以增加刑罚量的情形。

3. 有下列情形之一的，可以增加基准刑的20%以下：
(1) 多次掩饰、隐瞒犯罪所得、犯罪所得收益或者以掩饰、隐瞒犯罪所得、犯罪所得收益为业的；
(2) 明知上游犯罪行为较重的；
(3) 犯罪对象涉及国家安全、公共安全或者重大公共利益的；
(4) 其他可以从重处罚的情形。

(十五) 走私、贩卖、运输、制造毒品罪
1. 法定刑在三年以下有期徒刑、拘役、管制幅度的量刑起点和基准刑

(1) 走私、贩卖、运输、制造海洛因、甲基苯丙胺或者可卡因0.1克以下的，量刑起点为有期徒刑六个月，每增加0.3克，增加二个月刑期；走私、贩卖、运输、制造海洛因、甲基苯丙胺或者可卡因一克的，量刑起点为有期徒刑一年，每增加一克，增加四个月刑期；

(2) 走私、贩卖、运输、制造吗啡或者二亚甲基双氧安非他明（MDMA）等苯丙胺类（甲基苯丙胺除外）0.2克以下的，量刑起点为有期徒刑六个月，每增加0.6克，增加二个月刑期；走私、贩卖、运输、制造吗啡或者二亚甲基双氧安非他明（MDMA）等苯丙胺类（甲基苯丙胺除外）二克的，量刑起点为有期徒刑一年，每增加二克，增加四个月刑期；

（3）走私、贩卖、运输、制造鸦片、氯胺酮或者美沙酮二克以下的，量刑起点为有期徒刑六个月，每增加六克，增加二个月刑期；走私、贩卖、运输、制造鸦片、氯胺酮或者美沙酮二十克的，量刑起点为有期徒刑一年，每增加二十克，增加四个月刑期；

（4）走私、贩卖、运输、制造三唑仑或者安眠酮一百克以下的，量刑起点为有期徒刑六个月，每增加三百克，增加二个月刑期；走私、贩卖、运输、制造三唑仑或者安眠酮一千克的，量刑起点为有期徒刑一年，每增加一千克，增加四个月刑期；

（5）走私、贩卖、运输、制造咖啡因五百克以下的，量刑起点为有期徒刑六个月，每增加一千五百克，增加二个月刑期；走私、贩卖、运输、制造咖啡因五千克的，量刑起点为有期徒刑一年，每增加五千克，增加四个月刑期。

2. 法定刑在三年以上七年以下有期徒刑的量刑起点和基准刑

走私、贩卖、运输、制造海洛因、甲基苯丙胺或者可卡因七克，吗啡或者二亚甲基双氧安非他明（MDMA）等苯丙胺类（甲基苯丙胺除外）十四克，鸦片、氯胺酮或者美沙酮一百四十克，三唑仑或者安眠酮七千克，咖啡因三十五千克或者其他数量相当毒品的，可以在三年至四年有期徒刑幅度内确定量刑起点。

毒品犯罪的数量未达到前述标准，但具有下列情形之一的，可以在三年至四年有期徒刑幅度内确定量刑起点：国家工作人员走私、贩卖、运输、制造毒品的；在戒毒监管场所贩卖毒品的；向三人以上贩毒或者三次以上贩毒的；其他情节严重的。

在量刑起点的基础上，根据毒品犯罪次数、人次、毒品数量等其他犯罪事实增加刑罚量，确定基准刑。有下列情形之一的，增加相应的刑罚量：

（1）每增加海洛因、甲基苯丙胺或者可卡因一克及其他数量相当毒品的，增加一年六个月刑期；

（2）每增加吗啡或者二亚甲基双氧安非他明（MDMA）等苯丙胺类毒品（甲基苯丙胺除外）三克，增加二年刑期；

（3）每增加鸦片、氯胺酮、美沙酮十五克，增加一年刑期；

（4）每增加三唑仑或者安眠酮一千克，增加一年刑期；

（5）每增加咖啡因四千克，增加一年刑期；

（6）毒品犯罪的数量达到本条第1款规定的标准，同时又具有第2款所列四种情形之一的，先按照本款第（1）至（5）项的规定增加刑期，然后按照每增加一种情形，增加六个月至一年的刑期；

（7）实施走私、贩卖、运输、制造毒品两种以上行为的，每增加一种行为，增加六个月至一年刑期；

（8）向三人以上贩毒或者三次以上贩毒的，每增加一人或一次，增加三个月至六个月的刑期；

（9）其他可以增加刑罚量的情形。

3. 法定刑在七年以上十五年以下有期徒刑的量刑起点和基准刑

（1）走私、贩卖、运输、制造海洛因、甲基苯丙胺或者可卡因十克的，在七年至八年有期徒刑幅度内确定量刑起点，在量刑起点的基础上，每增加五克，增加一年刑期；

（2）走私、贩卖、运输、制造吗啡或者二亚甲基双氧安非他明（MDMA）等苯丙胺类（甲基苯丙胺除外）二十克的，在七年至八年有期徒刑幅度内确定量刑起点，在量刑起点的基础上，每增加十克，增加一年刑期；

（3）走私、贩卖、运输、制造鸦片、氯胺酮或者美沙酮的二百克，在七年至八年有期徒刑幅度内确定量刑起点，在量刑起点的基础上，每增加一百克，增加一年刑期；

（4）走私、贩卖、运输、制造三唑仑或者安眠酮十克的，在七年至八年有期徒刑幅度内确定量刑起点，在量刑起点的基础上，每增加五千克，增加一年刑期；

（5）走私、贩卖、运输、制造咖啡因五十千克的，在七年至八年有期徒刑幅度内确定量刑起点，在量刑起点的基础上，每增加二十五千克，增加一年刑期；

（6）实施走私、贩卖、运输、制造毒品两种以上行为的，每增加一种行为，增加一年至二年刑期；

（7）每增加一人或一次，增加三个月至六个月的刑期；

（8）其他可以增加刑罚量的情形。

4. 具有以下情形之一，不宜判处无期徒刑以上刑罚的，量刑起点为十五年有期徒刑：

（1）走私、贩卖、运输、制造海洛因、甲基苯丙胺或者可卡因五十克；

（2）走私、贩卖、运输、制造吗啡或者二亚甲基双氧安非他明（MDMA）等苯丙胺类（甲基苯丙胺除外）一百克；

（3）走私、贩卖、运输、制造鸦片、氯胺酮或者美沙酮一千克；

（4）走私、贩卖、运输、制造三唑仑或者安眠酮五十千克；

（5）走私、贩卖、运输、制造咖啡因二百千克；

（6）前述毒品以外的其他毒品达到数量大起点的；
（7）走私、运输、贩卖、制造毒品集团的首要分子；
（8）武装掩护走私、运输、贩卖、制造毒品的；
（9）以暴力抗拒检查、拘留、逮捕，情节严重的；
（10）参与有组织的国际贩毒活动的。

5. 有下列情形之一的，可以从重处罚，但同时具有两种以上情形的，累计不得超过基准刑的100%：

（1）具有下列情形之一的，未依照刑法第三百四十七条第四款的规定认定为"情节严重"的，可以增加基准刑的30%以下，每增加一种情形，可以再增加基准刑的10%以下：走私、贩卖、运输、制造鸦片一百四十克以上不满二百克、海洛因或者甲基苯丙胺七克以上不满十克或者其他相当数量毒品的；国家工作人员走私、贩卖、运输、制造毒品的；在戒毒监管场所贩卖毒品的；向三人以上贩毒或者三次以上贩毒的；其他情节严重的；

（2）利用、教唆未成年人走私、贩卖、运输、制造毒品的，增加基准刑的10%—30%；

（3）向未成年人出售毒品的，增加基准刑的10%—30%；

（4）毒品再犯，增加基准刑的10%—30%；

（5）组织、利用、教唆孕妇、哺乳期妇女、患有严重疾病人员、又聋又哑的人、盲人及其他特殊人群走私、贩卖、运输、制造毒品的，可以增加基准刑的30%以下；

（6）其他可以从重处罚的情形。

6. 有下列情形之一的，可以减少基准刑的30%以下：

（1）受雇运输毒品的；
（2）存在数量引诱的；
（3）其他可以从轻处罚的情形。

五、附则

1. 本实施细则仅规范上列十五种犯罪判处有期徒刑、拘役的案件。
2. 本实施细则所称以上、以下，均包括本数。
3. 本实施细则将随法律、司法解释和刑事司法政策以及上级法院规定的变动适时作出调整。
4. 新颁布的法律、司法解释与本实施细则不一致的，适用新颁布的法律、司法解释。
5. 本实施细则自2014年6月1日起实施，原实施细则同时废止。
6. 本实施细则由重庆市高级人民法院负责解释。

第五编　黑龙江省刑法适用规范性文件

黑龙江省高级人民法院《关于明确减刑、假释工作中若干问题》

(2004年4月5日)

一、关于有期徒刑罪犯初次减刑的执行日期起算问题。《刑事诉讼法》208条规定："判决和裁定在发生法律效力后执行"，故本院《实施细则》第二十二条规定的有期徒刑的起始时间中的"执行"，是指有期徒刑判决或裁定生效之日。

二、关于被判处十年以上有期徒刑罪犯的减刑间隔问题。最高人民法院法释〔1997〕6号司法解释第三条规定："被判处十年以上有期徒刑的罪犯，一次减二年至三年有期徒刑后，再次减刑时，其间隔时间一般不得少于二年。"而本院《实施细则》第二十三条第1项规定："被判处有期徒刑二十年以下、一次减刑二年以下的，再次减刑的间隔时间不得少于二年"。修改为：判处十年以上有期徒刑的罪犯，一次减刑二年以下的，再次减刑的间隔时间可按不少于上次减刑幅度掌握。

三、关于无期徒刑罪犯减为有期徒刑是否可以半年设定为一个减刑档次的问题。应对改造表现不同的罪犯在减刑时有所区别，可以补充一个档次，即无期徒刑减为有期徒刑罪犯的档次可以按二十年、十九年六个月、十九年、十八年六个月、十八年、十七年六个月等类推计算。

四、死缓罪犯减为无期徒刑后，再减为有期徒刑时，如何确定第二次减刑考核记分的起始时间问题。监狱可以按照上次呈报的时间作为无期徒刑期间表现的考核起始时间。

五、关于死缓罪犯减为无期徒刑时，如罪犯没有重大立功表现，体现不出差别，对改造表现好的罪犯不利的问题。修改为：对于在死刑缓期执行期间，悔改表现突出或有立功表现的，减为无期徒刑后再次减刑时，可以在幅度上考虑多减一年；对于在死刑缓期执行期间，改造表现较好（有效奖分较高）或有记功表现的，减为无期徒刑再次减刑时，可以在幅度上考虑多减半年。对其死缓期间的表现材料，由执行机关在死缓罪犯减为无期徒刑时呈报，并由省法院审监一庭在死缓罪犯减刑时确认，监狱在报送无期徒刑减刑卷宗时要报送上次的确认材料。

六、关于对罪犯假释的问题。各地仍可按不超过本年度在押犯总数2%掌握，超过2%要报省法院批准。假释作为一种刑罚执行措施，是符合假释法定条件的罪犯依法享有的权利，各地在办理假释案件时，要严格依法办理，审查罪犯原罪犯的社会危害性，尤其要重点审查悔改表现和假释后再犯罪的可能性，严把质量关，同时也不应将假释比例控制的过低。

七、对数罪并罚决定执行无期徒刑的罪犯，轻罪有判处有期徒刑十年以上刑罚的罪犯减刑问题。《细则》十七条二款规定的"一般减为有期徒刑二十年"为一般原则，在实际减刑工作中，对于改造表现突出的（有效奖分较高）或者有两次记功以上表现的，可减为有期徒刑二十年以下。

八、关于《刑法》八十一条二款规定的法定不得假释罪犯的范围问题。经请示最高法院，对此款规定的"等暴力性犯罪"中的"等"，应按"等中等"掌握，即此类"等暴力性犯罪"只包括：杀人、爆炸、抢劫、强奸、绑架五种犯罪。

九、关于对《细则》第二十三条第2项"对确有重大立功表现的，可以不受减刑起始和间隔时间限制"的理解和适用问题。在实践中要注意把握两点：（1）此处的起始和间隔时间不受限制，仅指对其以具有重大立功情节呈报减刑的本次。对于下一次的减刑，仍要受间隔时间的限制，在间隔时间的掌握上可参照本条第1项考虑，而不受本次重大立功减刑幅度的影响。（2）对于具有重大立功表现罪犯的减刑，如在符合正常呈报减刑条件时，该犯的重大立功表现事实已经存在，则应一并呈报，而不应先呈报正常幅度的减刑，而后又呈报具有重大立功表现的减刑，客观上造成对罪犯在一个执行期间的表现兑现两次减刑的后果。

十、《细则》第二十二条第3项中的"十年以下"和第4项的"五年以下"均不含本数。

本通知自下发之日起试行，通知中有与本院《细则》不一致之处，以本通知为准。

黑龙江省高级人民法院　黑龙江省人民检察院　黑龙江省公安厅《关于对办理拒不执行判决、裁定犯罪案件若干问题的意见》

(2006年11月20日)

为了依法打击拒不执行人民法院判决、裁定的犯罪行为，维护法律尊严和当事人的合法权益，根据《全国人民代表大会常务委员会关于刑法第三百一十三条的解释》的规定，结合我省实际，就办理拒不执行判决、裁定犯罪案件的有关问题提出以下意见：

一、刑法第三百一十三条规定的人民法院的判决、裁定，是指人民法院依法作出的具有执行内容并已发生法律效力的判决、裁定。人民法院为依法执行支付令、生效的调解书、仲裁裁决、公证债权文书等所作的裁定属于该条规定的裁定。

二、刑法第三百一十三条规定的"有能力执行而拒不执行，情节严重"，是指全国人民代表大会立法解释和最高人民法院相关司法解释中规定的情形。

三、妨碍或者抗拒人民法院执行人员依法执行，尚不够成犯罪或者依法不追究刑事责任的，由公安机关依法给予行政处罚。

四、拒不执行判决、裁定案件一般由拒不执行判决、裁定行为发生地的区、县（市）公安机关的刑侦部门侦查，由负责侦查的公安机关所在地的基层人民检察院、人民法院管辖。

五、几个公安机关都有权管辖的案件，由最初受理的公安机关侦查。在必要的时候，可以由有管辖权的公安机关的共同上级公安机关指定管辖。

六、有管辖权的公安机关不立案侦查的，上级公安机关应督促其立案侦查，执行法院认为由该机关管辖不适宜的，上级公安机关可以将案件指定辖区内其他公安机关侦查。

七、执行法院在执行判决、裁定过程中，对拒不执行判决、裁定情节严重的人，可以先行司法拘留。人民法院依法对拒不执行判决、裁定的人定罪判刑的，先行司法拘留的日期应当折抵刑期。

八、执行法院在执行判决、裁定过程中，认为拒不执行判决、裁定人的行为已涉嫌犯罪，应移送公安机关的，由合议庭讨论后，报本院院长批准。

九、执行法院应向公安机关移送拒不执行判决、裁定案件的下列材料：

（一）案件移送书；

（二）涉嫌犯罪的情况说明；

（三）涉嫌犯罪的相关证据；

（四）其他应提供的案件材料。

十、执行法院向公安机关移送的拒不执行判决、裁定案件，应有证据证明犯罪嫌疑人的犯罪事实。公安机关对已经立案的案件，应当进行侦查，收集、调取犯罪嫌疑人有罪或者无罪、罪轻或者罪重的证据材料。

十一、公安机关对正在发生的以暴力、威胁方法妨害或者抗拒执行的行为，在接到报警后，应当立即出警，并尽快采取必要强制措施；对应当逮捕的犯罪嫌疑人在逃的，应当依法予以通缉。

十二、公安机关发现不应对犯罪嫌疑人追究刑事责任的，应当将不立案的理由书面通知执行法院，并退回有关材料。

执行法院对公安机关不立案侦查有不同意见的，可以向其上级公安机关，或向其同级人民检察院提出书面意见。负责侦查的公安机关的上级公安机关或同级人民检察院应在收到执行法院书面意见一个月内书面答复执行法院。

十三、人民检察院对人民法院提请的对公安机关不立案侦查进行监督的案件，应当要求公安机关说明不立案的理由，认为公安机关不立案理由不能成立的，应当通知公安机关立案。人民检察院对公安机关提请批准逮捕的案件，应及时审查并作出决定；对符合起诉条件的案件，应及时向有管辖权的人民法院提起公诉。

十四、公安机关侦查终结后移送人民检察院审查起诉的拒不执行判决、裁定案件，人民检察院决定不起诉，公安机关认为不起诉决定有错误的，可以按照相关规定要求复议；如要求复议的意见不被接受，可以提请上一级人民检察院复核。

十五、人民法院、人民检察院和公安机关在办理拒不执行判决和裁定案件中，怠于或不正确履行法定职责，应依法依纪追究有关责任人的责任。

十六、本意见自印发之日起执行。

黑龙江省高级人民法院 黑龙江省人民检察院 黑龙江省公安厅 黑龙江省司法厅 《黑龙江省社区矫正对象考核奖惩办法（试行）》

(2007年4月19日)

第一章 总 则

第一条 为提高社区矫正对象矫正积极性，规范社区矫正对象考核奖惩工作，强化教育管理效果，根据国家有关法律法规和最高人民法院、最高人民检察院、公安部、司法部《关于开展社区矫正试点工作的通知》、司法部《司法行政机关社区矫正工作暂行办法》以及《黑龙江省社区矫正试点工作流程（试行）》规定，结合我省实际，制定本办法。

第二条 对矫正对象的考核奖惩工作应当坚持实事求是、准确及时的原则，坚持依法、公正、公开、公平的原则，坚持奖惩与教育相结合的原则。

第三条 对矫正对象的考核奖惩以国家法律法规和社区矫正有关规定为准。

第二章 行政奖励

第四条 对矫正对象的行政奖励包括表扬和记功两种。

第五条 同时具备下列条件，并接受社区矫正满3个月的矫正对象可给予表扬：

（一）承认犯罪事实，服从法院判决；

（二）严格遵守法律法规及社区矫正管理规定，服从社区矫正工作人员的管理和教育；

（三）积极参加政治学习，完成规定的教育课时，成绩良好；

（四）积极参加公益劳动，完成和超额完成规定的时间和任务；

（五）积极参加健康有益的社会活动；

（六）综合评议情况居本乡镇（街道、农场、林场）矫正对象的前列。

第六条 给予表扬的人数不得超过当季度末矫正对象总数的三分之一。

第七条 有下列情况之一的，并接受社区矫正满3个月的矫正对象可以记功：

（一）检举、揭发犯罪活动，或者提供重要的破案线索，经查证属实的；

（二）在生产、科研中进行技术革新，成绩突出的；

（三）在抢险救灾或者排除重大事故中表现积极的；

（四）有其他利于国家和社会的突出贡献的。

第八条 有下列重大立功表现之一的，应当记功：

（一）阻止他人重大犯罪活动的；

（二）检举、揭发重大犯罪活动，经查证属实的；

（三）在日常生产、生活中舍己救人的；

（四）在抢险救灾或者排除重大事故中有突出表现的；

（五）对国家和社会有其他重大贡献的。

第三章 行政惩处

第九条 对矫正对象的行政惩处包括警告、记过两种。

第十条 每年度矫正对象有下列情形之一的，应当予以警告：

（一）对抗管理教育或故意逃避监督管理的；

（二）不按时汇报情况，不参加社区矫正活动，又不请假的；

（三）不请假一次外出7天（含7天）以内的，剥夺政治权利并在社会上服刑的和宣告缓刑的矫正对象，未经批准外出或经商的；

（四）被管制、假释和暂予监外执行的矫正对象，擅自离开户籍所在地或经常居住地区域外出或经商的；

（五）暂予保外就医的矫正对象拒绝配合治疗的；

（六）违反社会公德，侵害他人合法权益、公共利益的；

（七）有其他严重违反社区矫正管理规定行为的。

第十一条 每年度矫正对象有下列情形之一的,应当予以记过:

(一)矫正对象无正当理由超过规定报到期限3天(含3天)以内到指定的社区矫正工作机构报到的;

(二)不请假一次外出7天(不含7天)以上的;

(三)对抗管理教育,情节严重的;

(四)违反社会公德,侵害他人合法权益、公共利益,造成严重后果的;

(五)无正当理由长期拒绝参加社区矫正活动,经教育仍不改正的;

(六)保外就医人员故意拖延治疗的;

(七)有其他严重违反社区矫正管理规定,造成较大影响的。

受到两次警告的应当给予记过。

第四章 奖惩结果的使用

第十二条 行政奖惩情况是评价矫正对象表现,对矫正对象进行申报司法奖惩的主要依据。

第十三条 矫正对象接受社区矫正1年以上,并受到3次以上表扬或者受到记功奖励的,可以给予呈报减刑。

矫正对象有重大立功表现的,不受前款时间限制,应当呈报减刑。

第十四条 矫正对象受到两次记过或者具有下列情形之一的,应当撤销缓刑、执行原判刑罚或者撤销假释、暂予监外执行,收监执行未执行完毕的刑罚:

(一)重新犯罪的;

(二)威胁、报复受害人、司法工作人员的;

(三)发现余罪漏罪的;

(四)其他应当撤销缓刑、假释、暂予监外执行的法定情形。

第五章 奖惩程序

第十五条 乡镇(街道、农场、林场)社区矫正工作机构(司法所或司法分局,以下同)具体负责考核奖惩工作的实施。

第十六条 乡镇(街道、农场、林场)社区矫正工作机构应当建立台账,对矫正对象接受管理教育、参与矫正活动、违规违纪等情况进行记录,每月进行1次小结,每季度进行1次评比,每年进行1次评审总结。

第十七条 乡镇(街道、农场、林场)社区矫正工作机构决定对矫正对象实施行政奖惩,应当在征求社区矫正工作者、当地公安派出所、社区矫正志愿者意见的基础上,集体研究决定。研究决定情况应记录备查。

第十八条 对矫正对象给予表扬奖励,每季度评比1次,由乡镇(街道、农场、林场)社区矫正工作机构综合评定后提出奖励意见,经乡镇(街道、农场、林场)社区矫正试点工作领导小组审核后,报县(市、区、管理局)社区矫正工作机构(司法局,以下同)批准。

对矫正对象给予记功奖励,由乡镇(街道、农场、林场)社区矫正工作机构调查核实并提出奖励意见,经乡镇(街道、农场、林场)社区矫正试点工作领导小组审核后,报县(市、区、管理局)社区矫正工作机构批准。

第十九条 对矫正对象进行行政惩处,由乡镇(街道、农场、林场)社区矫正工作机构调查核实并提出惩处意见,经乡镇(街道、农场、林场)社区矫正试点工作领导小组审核后,报县(市、区、管理局)社区矫正工作机构批准。

第二十条 对管制、缓刑、假释、暂予监外执行的矫正对象符合法定条件的减刑、准予继续暂予监外执行,撤销缓刑、假释、暂予监外执行,予以收监执行,由乡镇(街道、农场、林场)社区矫正工作机构提出评定意见,乡镇(街道、农场、林场)社区矫正试点工作领导小组审议,县(市、区、管理局)社区矫正试点工作领导小组审核,经市(行署、系统)社区矫正工作机构批准后,分别向中级法院和原决定机关报送提请减刑意见书或提请准予继续暂予监外执行(收监执行)意见书,中级法院和原决定机关,依照有关法律程序办理。暂予监外执行由监狱管理机关决定的,由原关押监狱负责收监执行,当地公安机关应当给予协助;公安机关作出决定的,由公安机关负责按照法律程序办理,司法行政机关给予协助。

第二十一条 对矫正对象的行政奖惩,乡镇(街道、农场、林场)社区矫正工作机构应以书面形式告知矫正对象。

第二十二条 建议对矫正对象给予减刑,应当事先征求检察机关的意见。

第二十三条 对矫正对象进行行政、司法奖惩,乡镇(街道、农场、林场)社区矫正工作机构应当及时进行公示，增强奖惩的公开性。

第六章 附 则

第二十四条 本办法由省社区矫正试点工作领导小组办公室负责解释。

第二十五条 本办法自公布之日起施行。

黑龙江省高级人民法院 黑龙江省人民检察院 黑龙江省公安厅 黑龙江省质监局《关于办理盗窃燃气违法犯罪案件适用法律问题的若干规定》

(2009年5月12日)

第一条 为了维护燃气供、用气秩序，打击盗窃燃气（以下简称窃气）违法犯罪行为，保障供、用气安全，保护供、用气双方的合法权益，根据《中华人民共和国刑法》、《中华人民共和国刑事诉讼法》、《中华人民共和国治安管理处罚法》及最高人民法院、最高人民检察院、公安部的有关司法解释、规定，结合本省实际，制定本规定。

第二条 本省行政区域内各级人民法院、人民检察院、公安机关办理窃气违法犯罪案件适用本规定。

第三条 下列行为属于窃气行为：

（一）在供气企业单位或其他单位、个人的供气、用气设施上擅自安装管线和设施用气的；

（二）绕越法定用气计量装置用气的；

（三）拆除、伪造、开启计量检定机构加封的用气计量装置封印用气的；

（四）改装、损坏法定用气计量装置的；

（五）采用其他方式窃气的。

第四条 凡属于下列情形之一的，属自然人窃气行为：

（一）在个人合伙、承包、租赁生产经营中窃气的；

（二）在从事法律禁止的生产经营中窃气的；

（三）单位成立后以窃气为其主要生产经营内容之一的，或者以窃气为其主要生产经营活动提供支持的；

（四）窃气的利益归个人所有的。

第五条 窃气数量的认定

（一）窃气数量按照窃气设备的额定用气量或燃气计量装置最大流量、窃气日数、日窃气时间确定，当期已经合法计量的气量应当予以扣除。

窃气量的计算公式：

窃气量 = 窃气设备额定用气量总和（如无法确定用气量，按燃气设备装置最大流量） × 日窃气时间 × 窃气日数 − 当期已合法计量的气量。

（二）凡窃气所使用的燃气设备均为窃气设备。设备额定用气量按照设备铭牌标定的额定用气量确认，无铭牌或者铭牌与设备实际用气量不符的，按照实际测定用气量确认。

（三）有充分证据证明日窃气时间和窃气日数的，按实际计算。

（四）窃气日数无法查明的，窃气日数至少以180日计算。日窃气时间无法查明的，居民生活用气按照3小时计算，公益及商服单位用气按照8小时计算，工业锅炉类用户用气按照12小时计算。

第六条 窃气金额的认定

（一）窃气金额按照认定的窃气量乘以当时当地执行的燃气价格加以政府规定的其他应缴费用。

窃气金额计算公式：

窃气金额 = 窃气量 × 燃气价格 + 政府规定的其他应缴费用。

（二）窃气后又转售的，转售价格高于法定价格的，窃气金额按转售的价格计算；转售价格低于法定价格的，按法定价格计算。

第七条 公安机关在办理窃气违法犯罪案件过程中，对窃气行为尚不构成犯罪的，依法予以治安处罚。

第八条 具有下列情形之一的，公安机关、人民检察院、人民法院应当各自履行职责，依法追究刑事责任：

（一）窃气数额达到盗窃罪追诉标准的；

（二）以暴力、威胁方法拒绝、阻碍行政执法人员依法执行职务，情节严重的；

（三）供气企业内部人员为他人实施窃气犯罪创造条件或提供帮助的；

（四）采取在使用中的燃气管道上私接管道等破坏性手段窃气并危害公共安全，构成破坏易燃易爆设备罪和盗窃罪的，应当择一重罪处罚。

第九条 任何单位和个人发现有窃气行为的，有权利也有义务向公安机关报案或者举报，公安机关应当依法予以受理。

第十条 公安机关在侦查过程中，应及时采取查封、扣押、冻结等措施，固定保留证据。人民检察院和人民法院在办案过程中，也应积极追缴赃款赃物，依法予以返还或者上缴。

第十一条 因窃气行为造成燃气设备设施、计量装置损坏或者造成大面积停气的，窃气单位、个人应当依法赔偿损失。

第十二条 本规定所称"燃气"是指天然气、煤制气、液化石油气等。"燃气设备"是指燃气气源生产厂以外的燃气压送站、配气站、储配站、计量站、各种燃气管道及其附属设施。"窃气行为"是指采用非法手段实施的不计量或少计量气量的用气行为。

第十三条 本规定自发布之日起施行。

黑龙江省高级人民法院　黑龙江省人民检察院
黑龙江省人力资源和社会保障厅　黑龙江省公安厅
《关于拒不支付劳动报酬案件劳动保障监察执法与刑事司法联动实施办法》

（2013年6月18日）

第一条 为了及时、有效、严厉打击拒不支付劳动报酬行为，加强对拒不支付劳动报酬犯罪行为的查处工作，促进劳动保障监察执法与刑事司法的有效衔接，依法维护劳动者合法权益，维护社会和谐稳定。根据《中华人民共和国刑法》、《中华人民共和国刑事诉讼法》、《最高人民法院关于审理拒不支付劳动报酬刑事案件适用法律若干问题的解释》、《行政执法机关移送涉嫌犯罪案件的规定》等法律法规的规定，以及《关于加强对拒不支付劳动报酬案件查处工作的通知》（人社部发〔2012〕3号）精神，制定本办法。

第二条 拒不支付劳动报酬行为是指以转移财产、逃匿等方法逃避支付劳动者的劳动报酬或者有能力支付而不支付劳动者的劳动报酬，经人力资源社会保障行政部门责令支付仍不支付的行为。

第三条 人力资源社会保障行政部门、公安机关、人民检察院、人民法院应当严格履行法定职责，按照有关规定，在各自职权范围内认真做好拒不支付劳动报酬行为涉嫌犯罪案件的调查、移交、侦办、审查批捕、审查起诉和审判等工作。

第四条 人力资源社会保障行政部门依法对用人单位遵守劳动保障法律、法规和规章的情况进行监督检查，通过各种检查方式监督用人单位劳动报酬支付情况，依法受理拖欠劳动报酬的举报、投诉。发现存在下列情形之一的，应当及时作出责令有关组织或者个人限期支付劳动报酬的书面决定：

（一）通过转移财产、逃匿等方式逃避支付劳动者的劳动报酬的；

（二）有支付能力而不支付劳动者的劳动报酬的。

第五条 涉案行为人逃匿的，人力资源社会保障行政部门可以在行为人住所地、办公地点、生产经营场所或者建筑施工项目所在地张贴责令支付的文书，并采用拍照、录像等方式记录，或者采取将责令支付的文书送交其单位管理人员及近亲属，或者在有关新闻媒体上公告等适当方式责令支付。

第六条 按照《解释》和《黑龙江省高级人民法院关于确定拒不支付劳动报酬刑事案件数额标准的通知》（黑高法〔2013〕91号）规定，拒不支付一名劳动者三个月以上的劳动报酬且数额在一万元以上的，或者拒不支付十名以上劳动者的劳动报酬数额累计在五万元以上的，应当认定为刑法第二百七十六条之第一款规定的"数额较大"。

第七条 省人力资源社会保障行政部门在依法查处拒不支付劳动报酬违法行为过程中，发现涉嫌犯罪的案件，由省级劳动保障监察机构移送省公安厅进行处理；各地（系统）人力资源社会保障行政部门办理的拒不支付劳动报酬涉嫌犯罪案件的移送管辖，由各地（系统）人力资源社会保障行政部门会同有关公安机关共同确定。

第八条 人力资源社会保障行政部门对应当向公安机关移送的涉嫌犯罪案件，应当在做出移送决定二十四小时内向同级公安机关移送，并应当附有下列案件材料：

（一）《涉嫌犯罪案件移送书》；

（二）涉嫌拒不支付劳动报酬犯罪案件调查报告；

（三）涉案的书证、物证等证据资料；

（四）其他有关涉嫌拒不支付劳动报酬犯罪的材料。

第九条 公安机关对人力资源社会保障行政部门移送的涉嫌拒不支付劳动报酬犯罪案件，应当予以受理，并在涉嫌犯罪案件移送书回执上签字。对于不属于本部门管辖的，应在受理后二十四小时内转送有管辖权的部门，并书面告知移送案件的人力资源社会保障行政部门。

公安机关应当自接受人力资源社会保障行政部门移送的涉嫌拒不支付劳动报酬犯罪案件之日起三日内依法进行审查，做出立案或者不予立案决定，并在做出决定之日起三日内书面告知移送案件的人力资源社会保障行政部门。决定不予立案的，应当同时退回案卷材料，并书面说明不予立案的理由。

第十条 人力资源社会保障行政部门对于公安机关不予立案的决定有异议的，可以自接到不予立案通知书之日起三日内向作出不予立案决定的公安机关申请复议，也可以建议检察机关依法进行立案监督。

做出不予立案决定的公安机关应当自收到人力资源社会保障行政部门提请复议的文件之日起三日内做出立案或者不予立案的决定，并书面通知移送案件的人力资源和社会保障行政部门。移送案件的人力资源社会保障行政部门对公安机关不予立案的复议决定仍有异议的，应当自收到复议决定通知书之日起三日内建议人民检察院依法进行立案监督。

第十一条 人民检察院认为公安机关对应当立案侦查的案件而不立案侦查的，应当要求公安机关说明不立案的理由。公安机关收到人民检察院要求说明不立案理由通知书后，应当在七日内将说明情况书面答复人民检察院。人民检察院认为公安机关不立案理由不能成立的，应当通知公安机关立案，并将有关证明应当立案的材料同时移送公安机关。公安机关接到人民检察院立案通知书后应当在十五日内立案，并书面告知人力资源社会保障行政部门，同时将立案决定书送达人民检察院。

第十二条 人力资源社会保障行政部门对于案情重大、复杂、疑难，性质难以认定的案件，可以向公安机关进行咨询；公安机关、人民检察院、人民法院可以就案件办理中的专业性问题咨询人力资源社会保障部门。受理咨询的机关应当进行研究并在接受咨询之日起七日内书面回复意见。

第十三条 在涉案人员众多、涉嫌跨区域犯罪、社会影响较大或涉嫌犯罪行为人故意销毁会计账簿、转移财产、逃匿、暴力抗拒执法，拖欠劳动者劳动报酬引发群体性事件以及在元旦、春节等较为重大节假日期间因拖欠劳动者劳动报酬引发突发群体性上访事件等紧急情形下，人力资源社会保障行政部门应当及时通报公安机关，公安机关应当依法及时处置，派员提前介入协助人力资源社会保障行政部门处理案件。

第十四条 上级人力资源社会保障行政部门和公安机关应当对下级人力资源社会保障行政部门和公安机关执行本办法的情况进行督促检查，定期抽查案件查办情况，及时纠正案件移送工作中的问题和错误。

第十五条 人力资源社会保障行政部门对应当向公安机关移送的拒不支付劳动报酬涉嫌犯罪案件，不得以行政处罚代替移送。

人力资源社会保障行政部门向公安机关移送案件前已经作出的行政处罚决定，不停止执行，应当将行政处罚决定书一并抄送公安机关、人民检察院；未做出行政处罚决定的，原则上应当在公安机关决定不予立案或者撤销案件、人民检察院做出不起诉决定、人民法院做出无罪判决或者免予刑事处罚后，再决定是否给予行政处罚。

依照行政处罚法的规定，行政执法机关向公安机关移送涉嫌犯罪案件前，已经依法对当事人处以罚款的，人民法院判处罚金时，依法折抵相应罚金。

第十六条 人力资源社会保障行政部门对公安机关决定立案的案件，应当自接到立案通知书之日起三日内将涉案物品以及与案件有关的其他材料移交公安机关，并办结交接手续；法律、行政法规另有规定的，依照其规定。

第十七条 公安机关对发现的违法行为，经审查，没有犯罪事实，或者立案侦查后认为犯罪事实显著轻微，不需要追究刑事责任，但依法应当追究行政责任的，应当及时将案件移送同级人力资源社会保障行政部门，人力资源和社会保障行政部门应当依法做出处理。

第十八条 人民检察院要依法及时做好拒不支付劳动报酬案件的立案监督、审查批捕、审查起诉等检察工作，对工作中发现的职务犯罪线索应当认真审查，依法处理。

人民检察院对于公安机关移送起诉的拒不支付劳动报酬案件，应当在一个月以内作出决定，重大、复杂的案件可以延长半个月。

人民检察院审查起诉的拒不支付劳动报酬案件，改变管辖的，从改变后的人民检察院收到案件之日起计算审查起诉期限。

第十九条 人民法院对于人民检察院提起公诉的拒不支付劳动报酬犯罪案件，应当依据刑法、刑事诉讼法、相关司法解释的规定作出判决。

第二十条 各级人力资源社会保障行政部门、公安机关、人民检察院、人民法院在办理拒不支付劳动报酬案件的过程中，要加强沟通协调、通力合作，形成打击合力。定期组织召开联席会议，互通案件处理的有关情况，研究解决衔接工作中存在的问题，提出加强衔接工作的措施。健全信息通报制度，通过简报、会议、网络等多种形式实现信息共享，推动劳动保障监察执法与刑事司法衔接工作深入开展。

第二十一条 对不依法移送或者不依法办理涉嫌拒不支付劳动报酬犯罪案件的国家工作人员，要依法追究行政纪律责任。

第二十二条 本办法自发布之日起施行。本办法施行前发生的涉嫌拒不支付劳动报酬犯罪案件尚未处理完毕的，依照本办法的规定执行。

黑龙江省高级人民法院 黑龙江省人民检察院 黑龙江省公安厅 黑龙江省司法厅《关于进一步加强对涉法涉诉非正常上访行为依法处置的意见》

(2009年6月10日)

国务院《信访条例》颁布实施以来，我省各级政法部门认真学习贯彻《信访条例》及中央领导同志关于加强信访工作的一系列重要指示精神，进一步畅通信访渠道，认真解决信访群众的合理诉求，取得了明显成效，解决了一大批涉法涉诉信访问题，有力地促进了全省的和谐稳定。但是非正常上访问题还没有从根本上得到解决，少数上访人不按正常渠道反映问题，多次反复到各级党政部门非正常上访，给党和国家及我省形象造成了严重影响。为确保社会和谐稳定，维护正常的信访秩序，全省各级政法部门在认真解决群众合理诉求，最大限度给予人文关怀、想方设法解决群众生产、生活中各种困难的基础上，要对仍然无理取闹、继续到各级党政机关缠访、闹访甚至进京到省非正常上访人员，按照中央依法处置非正常上访问题的精神和原则，进一步加大对非正常上访行为的依法打击处理力度。根据《中华人民共和国刑法》、《中华人民共和国治安管理处罚法》、《中华人民共和国行政诉讼法》、《中华人民共和国集会游行示威法》、《中华人民共和国警察法》、和国务院《信访条例》、公安部《关于公安机关处置信访活动中违法犯罪行为适用法律的指导意见》等法律、法规、政策，现就依法有效处置非正常上访问题提出如下意见：

一、非正常上访行为，是指依据《信访条例》和公安部《关于公安机关处置信访活动中违法犯罪行为适用法律的指导意见》（公通字〔2008〕35号）所规定的非正常上访行为：信访人越级上访的；因同一信访事项5人以上集体走访不按规定推选代表的；信访人到非信访接待场所和机关走访的；信访人以信访名义骗取公私财物或借机敛财的；信访人在信访活动中捏造、歪曲事实，诬告、陷害他人的；信访人对正在办理和或司法程序终结、行政程序终结的事项，闹访、缠访的；信访人对应当通过诉讼、仲裁、行政复议等法定途径解决的事项，缠访、闹访的；信访人在国家机关办公场所周围、公共场所散发传单、打横幅标语、呼喊口号、穿状衣、戴标语、非法滞留、聚集哄闹或以自杀、自残相威胁等扰乱公共秩序和正常工作秩序的；信访人携带枪支弹药、管制刀具和易燃、易爆、剧毒、放射性等危害公共安全的物品上访的；信访人在信访接待场所滞留缠访、寻衅滋事，影响其他信访人正常活动的；信访人将行动不便或生活不能自理的人弃留在国家机关前或信访接待场所的；信访人纠缠、侮辱、殴打、威胁接待人员和其他工作人员的；信访人非法限制他人人身自由的；信访人非法集会、游行、示威的；信访人围堵、冲击国家机关的；围堵、拦截公务车辆的或堵塞、阻断交通的；信访人拒绝、阻碍国家机关工作人员依法执行公务的；信访人损毁公共财物、寻衅滋事的；信访人以财物诱使、幕后操纵他人信访的；信访人强行冲闯政法机关设置的警戒线、警戒区或者阻碍执行公务的车辆通行的；信访人组织、策划、教唆、煽动、串联、胁迫、引诱、欺骗、幕后操纵他人实施上述行为之一的；信访人有扰乱公共秩序、妨碍国家和公共安全的其他行为的；信访人阻挠企事业单位工作、生产、营业、教学、科研活动的行为。

二、到京非正常上访，是指到天安门广场、中南海周边、驻华使馆区、中央领导人驻地以及国家重要活动期间活动举办地等非信访接待场所进行上访。到省非正常上访，是指到省委、省人大、省政协、省政府及省直政法机关指定的信访接待场所以外的非信访接待场所进行上访。

三、非正常上访行为，不论是个访还是集体访，不论是否实施过激行为，都违反了《信访条例》等有关规定，一律认定为违法行为，均应依照有关法律、法规进行处理。

四、公安机关是依法处置非正常上访的责任主体。公安机关的管辖以信访人经常居住地为主、违法行为发生地为辅基本原则。对管辖有争议的，由共同的上级公安机关确定。违法行为发生地的公安机关、属事责任单位应配合及时固定证据，并及时向信访人经常居住地的公安机关移交违法犯罪证据。属事政法机关自京、省带回的非正常访当事人应移交当地公安机关进行处罚，公安机关应依法及时处置。

五、基层公安机关应对本辖区内的非正常上访人员进行清理和告诫，指出其违法行为和应承担的法律后果。有关机关、部门或单位应积极配合，主动提供本系统、本单位非正常上访人员的基本情况，由当地公安机关进行告诫。

六、被告诫人员非正常上访的，由当地公安机关依照《治安管理处罚法》进行警告。

七、被告诫人员再次发生进京到省非正常上访的，由当地公安机关依照《治安管理处罚法》的相关规定，视情节轻重，予以行政拘留等行政处罚。

八、因非正常上访行为受到行政处罚或刑事处罚后，上访人员再次发生非正常进京到省上访的，由当地公安机关依照公安部《公安机关办理劳动教养案件规定》和《劳动教养试行办法》的规定，对上访人员呈报劳动教养。劳动教养部门应当依法及时执行。

九、上访人到外国驻华使馆或者驻华机构实施"告洋状"的行为、上访人多次发生非正常进京缠访闹访或者经常到省非正常缠访闹访的行为，都属于严重的非正常上访行为，公安机关应当视具体行为和情节，依法予以行政拘留或呈报劳动教养。

十、对非正常上访人员在上访过程中发生过激行为以及其他违法犯罪行为的，不受告诫、警告的限制，由公安机关依照《中华人民共和国集会游行示威法》和《人民警察法》的规定予以制止，不听制止的，采取必要措施强行带离现场，或者立即予以拘留，符合劳动教养的条件要呈报劳动教养。情节严重，构成犯罪的，应依法追究其刑事责任。

十一、各级人民检察院、人民法院监督、审理此类案件，均应参照本《意见》执行。

十二、本《意见》自下发之日起施行。本《意见》下发之前，上访人员有非正常上访行为，曾被行政处罚或者劳动教养的，亦应当依照本《意见》第三、第四、第五条办理。

黑龙江省高级人民法院　黑龙江省人民检察院　黑龙江省公安厅 黑龙江省司法厅等《关于维护医疗秩序　打击涉医违法犯罪专项行动方案（节录）》

（2014年1月14日）

为认真贯彻全国"平安医院创建工作暨维护医疗秩序打击涉医违法犯罪专项行动"会议精神，全面落实中央和国务院11个部门发布的《关于维护医疗秩序　打击涉医违法犯罪专项行动方案》的要求，建立和谐医患关系，确保医务人员和就诊患者的安全，构建安全稳定的医疗环境，全面推进"平安医院"创建工作，决定自2013年12月起，在全省范围内开展为期1年的维护医疗秩序打击涉医违法犯罪专项行动，具体方案如下。

一、指导思想

贯彻落实党的十八大和十八届三中全会精神，紧密围绕建设平安中国、健康中国的要求，深入开展群众路线教育实践活动。坚持"预防为主、标本兼治、打防并举、健全机制"的原则，既要立足当前，紧紧抓住影响医疗秩序和医患关系的突出问题，坚决遏制当前涉医刑事案件多发、频发的势头，切实保护医务人员和患者的人身财产安全；又要着眼长远，加强制度、机制和能力建设，创新工作方法，实现医患良性互动，营造和谐医患关系的社会大环境。按照省综治办、省卫生厅、省司法厅等7部门下发的《关于创建"平安医院"推动医疗纠纷人民调解和医疗责任保险工作的意见》（黑社综医院办〔2011〕1号）要求，以创建"平安医院"活动为载体，通过开展维护医疗秩序打击涉医违法犯罪专项行动，保障医患双方合法权益，为广大患者和医务人员营造良好的医疗环境，切实维护社会和谐稳定。

二、主要措施

（一）严厉惩治侵害医患人身安全、扰乱正常医疗秩序违法犯罪活动。

1. 依法严惩暴力伤害医务人员和患者的违法犯罪活动。各级公安机关对实施伤害医务人员和患者人身安全的违法犯罪行为，要立即采取一切有效措施果断处置，坚决制止犯罪，依法严惩，有效维护医务人员和患者人身安全。对在医疗机构内发生的各类涉嫌犯罪案件，各级公安机关要快速反应、快侦、快破，检察院、法院要依法及时批捕起诉、审判。重大案件要挂牌督办，坚决打掉违法犯罪分子的嚣张气焰。

2. 迅速果断处理扰乱正常医疗秩序等行为。对在医疗机构拉横幅、摆设花圈、设灵堂、违规停尸，驱赶其他就医人员等扰乱医疗机构秩序的，或者聚众打砸和围堵医疗机构，侮辱、威胁医务人员，非法限制医务人员和其他工作人员人身自由等，致使医疗机构诊疗活动无法进行、侵害人民群众合法就医权益的，各级公安机关接报警后应当立即出警，及时到达现场，采取果断措施，控制现场局面，有效的纠正上述行为，恢复正常医疗秩序；对不听劝导、不肯停止过激行为，构成违反治安管理行为的，要依据《治安管理处罚法》有关规定当予以查处；构成犯罪的，要依法追究刑事责任。

3. 采取有效措施严厉打击职业"医闹"、"医托"及"号贩子"。推进立体化社会治安防控体系创新，要加强对医疗机构安全指导检查及周边的巡逻防控，坚决防范和惩治"医闹"等各类涉医违法犯罪行为。对专门捏造、寻找、介入他人医患矛盾，故意扩大事态寻衅滋事，向医务人员、医疗机构敲诈勒索的职业"医闹"分子要严厉打击，要立竿见影坚决果断依法查处，构成犯罪的，要依法追究刑事责任。要加强医疗机构周边秩序维护和乱点整治，重点打击、依法查处"医托"、"号贩子"，为患者创造良好的环境。要深入摸排线索、深挖幕后组织操纵者，坚决铲除医院及周边涉黑涉恶团伙，坚决打掉影响医院治安秩序的犯罪行为。

黑龙江省高级人民法院《关于常见犯罪的量刑指导意见》实施细则

(2014年)

为进一步规范刑罚裁量权,落实宽严相济刑事政策,增强量刑的公开性,实现量刑公正,根据刑法和刑事司法解释及最高人民法院制定的《关于常见犯罪的量刑指导意见》等有关规定,结合我省刑事审判实践,制定本实施细则。

一、量刑的指导原则

1. 量刑应当以事实为根据,以法律为准绳,根据犯罪的事实、性质、情节和对社会的危害程度,决定判处的刑罚。

2. 量刑既要考虑被告人所犯罪行的轻重,又要考虑被告人应负刑事责任的大小,做到罪责刑相适应,实现惩罚和预防犯罪的目的。

3. 量刑应当贯彻宽严相济的刑事政策,做到该宽则宽,当严则严,宽严相济,罚当其罪,确保裁判法律效果和社会效果的统一。

4. 量刑要客观、全面把握不同时期不同地区的经济社会发展和治安形势的变化,确保刑法任务的实现;对于同一地区同一时期、案情相似的案件,所判处的刑罚应当基本均衡。

二、量刑的基本方法

量刑时,应在定性分析的基础上,结合定量分析,依次确定量刑起点、基准刑和宣告刑。

1. 量刑步骤

(1) 根据基本犯罪构成事实在相应的法定刑幅度内确定量刑起点;

(2) 根据其他影响犯罪构成的犯罪数额、犯罪次数、犯罪后果等犯罪事实,在量刑起点的基础上增加刑罚量确定基准刑;

(3) 根据量刑情节调节基准刑,并综合考虑全案情况,依法确定宣告刑。

2. 调节基准刑的方法

(1) 具有单个量刑情节的,根据量刑情节的调节比例直接调节基准刑。

(2) 具有多个量刑情节的,一般根据各个量刑情节的调节比例,采用同向相加、逆向相减的方法调节基准刑;具有未成年人犯罪、老年人犯罪、限制行为能力的精神病人犯罪、又聋又哑的人或者盲人犯罪、防卫过当、避险过当、犯罪预备、犯罪未遂、犯罪中止、从犯、胁从犯和教唆犯等量刑情节的,先适用该量刑情节对基准刑进行调节,在此基础上,再适用其他量刑情节进行调节。

(3) 被告人犯数罪,同时具有适用于各个罪的立功、累犯等量刑情节的,先适用该量刑情节调节个罪的基准刑,确定个罪所应判处的刑罚,再依法实行数罪并罚,决定执行的刑罚。

3. 确定宣告刑的方法

(1) 量刑情节对基准刑的调节结果在法定刑幅度内,且罪责刑相适应的,可以直接确定为宣告刑;如果具有应当减轻处罚情节的,应依法在法定最低刑以下确定宣告刑。

(2) 量刑情节对基准刑的调节结果在法定最低刑以下,具有法定减轻处罚情节,且罪责刑相适应的,可以直接确定为宣告刑;只有从轻处罚情节的,可以依法确定法定最低刑为宣告刑;但是根据案件的特殊情况,经最高人民法院核准,也可以在法定刑以下判处刑罚。

(3) 量刑情节对基准刑的调节结果在法定最高刑以上的,可以依法确定法定最高刑为宣告刑。

(4) 被告人犯数罪,总和刑期不满五年的,在决定执行的刑罚时减少的刑期不得超过一年;总和刑期超过五年不满十年的,减少的刑期不得超过二年;总和刑期超过十年不满十五年的,减少的刑期不得超过三年;总和刑期超过十五年不满二十年的,减少的刑期不得超过四年;总和刑期超过二十年不满三十五年的,减少后的刑期不得超过二十年;总和刑期在三十五年以上的,减少后的刑期不得超过二十五年。

(5) 综合考虑全案情况,独任审判员或合议庭可以在20%的幅度内对调节结果进行调整,确定宣告刑。当调节后的结果仍然不符合罪责刑相适应原则的,应提交审判委员会讨论,依法确定宣告刑。

(6) 综合全案犯罪事实和量刑情节,依法应当判处无期徒刑以上刑罚、管制或者单处附加刑、缓刑、免刑的,应当依法适用。

(7) 拟判处三年以下有期徒刑、拘役并符合缓刑适用条件的,可宣告缓刑;对其中不满十八周岁的人、怀孕的妇女和已满七十五周岁的人,应当宣告缓刑。

(8) 宣告刑以月为单位计算。

三、常见量刑情节的适用

量刑时要充分考虑各种法定和酌定量刑情节,根据案件的全部犯罪事实以及量刑情节的不同情形,依法确定量刑情节的适用及其调节比例。对严重暴力犯罪、毒品犯罪等严重危害治安犯罪,在确定从宽的幅度时,应当从严掌握;对犯罪情节较轻的犯罪,应当充分体现从宽。具体确定各个量刑情节的调节比例时，应当综合平衡调节幅度与实际增减刑罚量的关系，确保罪责刑相适应。

1. 对于未成年人犯罪，应当综合考虑未成年人对犯罪的认识能力、实施犯罪行为的动机和目的、犯罪时的年龄、是否初犯、偶犯、悔罪表现、个人成长经历和一贯表现等情况，予以从宽处罚。

（1）对于犯刑法第十七条第二款规定的故意杀人、故意伤害致人重伤或者死亡、强奸、抢劫、贩卖毒品、放火、爆炸、投放危险物质罪的未成年被告人，已满十四周岁不满十五周岁的，可以减少基准刑的40%—60%；已满十五周岁不满十六周岁的，可以减少基准刑的30%—50%；已满十六周岁不满十七周岁的，可以减少基准刑的20%—40%；已满十七周岁不满十八周岁的，可以减少基准刑的10%—30%。

（2）对于犯前款规定以外罪名的未成年被告人，已满十六周岁不满十七周岁的，可以减少基准刑的20%—50%；已满十七周岁不满十八周岁的，可以减少基准刑的10%—40%。

（3）未成年被告人曾多次实施违法行为的，或曾因淫乱、赌博、吸毒等违法行为被行政处罚的，一般适用从宽幅度的下限。

（4）未成年被告人一贯表现良好，或被教唆、利用、诱骗犯罪的，一般适用从宽幅度的上限。

2. 对于已满六十五周岁不满七十五周岁的老年人犯罪，综合考虑犯罪的性质、情节、后果等情况，故意犯罪的，可以减少基准刑的30%以下；过失犯罪的，可以减少基准刑的40%以下。对已满七十五周岁的老年人犯罪，可以减少基准刑的40%以下；过失犯罪的，可以减少基准刑的20%—50%。

3. 对于尚未完全丧失辨认或者控制自己行为能力的精神病人或者智力发育迟滞的人犯罪，综合考虑犯罪性质、精神疾病的严重程度、犯罪时精神障碍影响辨认控制能力以及智力发育程度等情况，可以减少基准刑的40%以下。

4. 对于又聋又哑的人或者盲人犯罪，综合考虑犯罪性质、情节、后果以及聋哑人或者盲人犯罪时的控制能力等情况，可以减少基准刑的40%以下；犯罪较轻的，可以减少基准刑的40%以上或者依法免除处罚。

5. 对于防卫过当或避险过当的，应当综合考虑犯罪的性质、防卫或避险的方式、造成损害程度等情况，减少基准刑的50%以上或者依法免除处罚。

6. 对于预备犯，综合考虑预备犯罪的性质、准备程度和危害程度等情况，可以比照既遂犯减少基准刑的60%以上或者依法免除处罚。

7. 对于未遂犯，综合考虑犯罪行为的实行程度、造成损害的大小、犯罪未得逞的原因等情况，可以比照既遂犯确定从宽的幅度。

（1）实行终了的未遂犯，造成损害后果的，可以比照既遂犯减少基准刑的30%以下；未造成损害后果，或者犯罪情节轻微的，可以比照既遂犯减少基准刑的40%以下。

（2）未实行终了的未遂犯，造成损害后果的，可以比照既遂犯减少基准刑的40%以下；未造成损害后果，或者犯罪情节轻微的，可以比照既遂犯减少基准刑的50%以下。

8. 对于中止犯，应当综合考虑中止犯罪的阶段、自动放弃犯罪的原因以及造成的危害后果大小等情况，予以从宽处罚。

（1）造成损害的，可以减少基准刑的30%—80%。

（2）没有造成损害的，应当免除处罚。

9. 对于共同犯罪，综合考虑被告人在共同犯罪中的地位、作用，以及是否实施犯罪实行行为等情况确定增减基准刑的幅度。

（1）均认定为主犯的，根据被告人在共同犯罪中的地位和作用，对于罪责相对较轻的被告人，可以减少基准刑的20%以下。

（2）对于从犯，应当综合考虑其在犯罪中的地位、作用等情况予以从宽处罚，减少基准刑的20%—50%；犯罪较轻的，可以减少基准刑的50%以上或者依法免除处罚。

（3）对于集团犯罪中的从犯，作用相对较小的，可以减少基准刑的10%—30%；作用相对较大的，可以减少基准刑的10%以下。

（4）对于胁从犯，应当综合考虑犯罪的性质、被胁迫的程度以及在共同犯罪中的作用等情况，减少基准刑40%—60%；犯罪较轻的，可以减少基准刑的60%以上或者依法免除处罚。

（5）教唆未成年人犯罪，可以增加基准刑的10%—40%；被教唆人没有犯被教唆罪的，可以减少基准刑的40%以下。

10. 对于自首情节，综合考虑自首的动机、时间、方式、罪行轻重、如实供述罪行的程度以及悔罪表现等情况，确定从宽的幅度，一般不应超过4年。恶意利用自首规避法律制裁等不足以从宽处罚的除外。

（1）犯罪事实或者犯罪嫌疑人未被司法机关发觉，主动、直接投案构成自首的，可以减少基准刑的20%—40%。

（2）犯罪事实或者犯罪嫌疑人已被司法机关发觉，但犯罪嫌疑人尚未受到排查谈话、讯问、未被采取强制措施时，主动、直接投案构成自首的，可以减少基准刑的10%—30%。

（3）犯罪嫌疑人、被告人如实供述司法机关尚未掌握的罪行，与司法机关已掌握的或判决确定的罪行不同，以自首论的，可以减少基准刑的30%以下。

（4）并非出于被告人主动，而是经亲友规劝、陪同投案，或者亲友送去投案等情形构成自首的，可以减少基准刑的30%以下。

（5）罪行尚未被司法机关发觉，仅因形迹可疑，被有关组织或司法机关盘问、教育后，主动交待自己的罪行构成自首的，可以减少基准刑的30%以下。

（6）其他类型的自首，可以减少基准刑的20%以下。

（7）有以上自首情节且犯罪较轻的，可以减少基准刑的40%以上或者依法免除处罚。

11. 对于立功情节，综合考虑立功的大小、次数、内容、来源、效果以及罪行轻重等情况，确定从宽的幅度。

（1）一般立功的，可以减少基准刑的20%以下，一般不应超过2年。

（2）重大立功的，可以减少基准刑的20%—50%；犯罪较轻的，减少基准刑的50%以上或者依法免除处罚。

12. 对于坦白情节，综合考虑如实供述罪行的阶段、程度、罪行轻重以及悔罪表现等情况，确定从宽的幅度。

（1）如实供述自己罪行的，可以减少基准刑的20%以下。

（2）如实供述司法机关尚未掌握的同种较重罪行的，可以减少基准刑的10%—30%；如实供述司法机关尚未掌握的同种罪行较轻的，可以减少基准刑的10%以下。

（3）因如实供述自己罪行，避免特别严重后果发生的，可以减少基准刑的30%—50%。

（4）办案机关掌握的证据不充分，犯罪分子如实交代有助于查明案件事实的，可以减少基准刑的10%以下。

13. 对于当庭自愿认罪的，根据犯罪的性质、罪行的轻重、认罪程度以及悔罪表现等情况，可以减少基准刑的10%以下，依法认定自首、坦白的除外。

14. 对于退赃、退赔的，综合考虑犯罪性质，退赃、退赔行为对损害结果所能弥补的程度，退赃、退赔数额及主动程度等情况，确定从宽的幅度。

（1）全部退赃、退赔的，可以减少基准刑的30%以下。

（2）部分退赃、退赔的，可以减少基准刑的20%以下。

（3）赃款赃物被依法追缴，未给被害人造成经济损失或者损失较小的，可以减少基准刑的10%以下。

（4）对于抢劫等严重危害社会治安犯罪退赃退赔的，在决定是否从宽以及从宽幅度时应从严掌握，减少的基准刑不得超过10%。

15. 对于积极赔偿被害人经济损失的，综合考虑犯罪性质、赔偿数额、赔偿能力以及认罪悔罪程度、是否取得谅解等情况，确定从宽的幅度。

（1）积极赔偿全部经济损失并取得谅解的，可以减少基准刑的40%以下。

（2）积极赔偿大部分损失但没有取得谅解的，可以减少基准刑的30%以下。

（3）虽未能赔偿但取得谅解的，可减少基准刑的20%以下。

（4）对于抢劫、强奸等严重危害社会治安犯罪，在决定是否从宽及从宽幅度时应从严掌握，减少基准刑的10%以下。

16. 对于当事人根据刑事诉讼法第二百七十七条达成刑事和解协议的，综合考虑犯罪性质、赔偿数额、赔偿道歉以及真诚悔罪等情况，可以减少基准刑的50%以下，犯罪较轻的，可以减少基准刑的50%以上或依法免除处罚。

17. 对于被害人有过错或对矛盾激化负有责任的，综合考虑案发的原因、被害人过错的程度或责任的大小等情况确定从宽的幅度。

（1）被害人具有严重过错或对矛盾激化负有直接责任的，可以减少基准刑的20%以下。

（2）被害人具有一般过错或对矛盾激化负有一定责任的，可以减少基准刑的15%以下。

18. 对于累犯，应当综合考虑前后罪的性质、刑罚执行完毕或赦免以后至再犯罪时间的长短以及前后罪罪行轻重等情况，予以从重处罚，可以增加基准刑的10%—40%。一般不少于3个月。

（1）刑罚执行完毕不满一年重新犯罪的，可以增加基准刑的20%—40%。

（2）刑罚执行完毕已满一年不满三年重新犯罪的，可以增加基准刑的15%—40%。

（3）刑罚执行完毕已满三年不满五年重新犯罪的，可以增加基准刑的10%—40%。

（4）后罪与前罪属同种罪行，或者比前罪性质严重的，可以在前三项基础上再增加基准刑的10%以下，但增加基准刑的最终幅度不得高于40%。

19. 对于有前科的，综合考虑前科的性质、时间间隔长短、处罚轻重等情况，可以增加基准刑的10%以下，但是过失犯罪和未成年人犯罪的除外。

20. 对于黑社会性质组织犯罪，根据案件的具体情况，可以增加基准刑的20%以下。

21. 对于犯罪对象为未成年人、老年人、残疾人、孕妇等弱势人员的，综合考虑犯罪的性质、犯罪的严重程度等情况，可以增加基准刑的20%以下。

22. 对于在重大自然灾害、预防、控制突发传染病疫情等灾害期间故意犯罪的，根据案件的具体情况，可以增加基准刑的20%以下。

四、常见犯罪的量刑

确定具体犯罪的量刑起点，以基本犯罪构成事实的社会危害性为根据。在量刑起点的基础上，要根据具体犯罪构成事实的社会危害程度，准确确定所应增加的刑罚量和基准刑；同时具有两种以上犯罪构成要件事实的，一般应当以危害较重的确定量刑起点。在量刑起点的基础上，根据其他影响犯罪构成事实的社会危害性确定所应增加的刑罚量，确定基准刑。

（一）交通肇事罪

构成交通肇事罪的，可以根据下列不同情节在相应的幅度内确定量刑起点和基准刑。

1. 具有下列情形之一的，可以在二年以下有期徒刑、拘役幅度内确定量刑起点：

（1）死亡一人或者重伤三人，负事故全部责任的，量刑起点为一年六个月至二年有期徒刑；负主要责任的，量刑起点为一年六个月以下有期徒刑、拘役。

每增加重伤一人，可以增加四个月至六个月的刑期。

（2）死亡三人，负事故同等责任的，量刑起点为一年六个月至二年有期徒刑。

每增加重伤一人，可以增加四个月至六个月的刑期；每增加死亡一人，可以增加六个月至八个月的刑期。

（3）造成公共财产或者他人财产直接损失，无能力赔偿数额在30万元，负事故全部责任的，量刑起点一年六个月至二年有期徒刑；负事故主要责任的，可以在一年六个月以下有期徒刑、拘役幅度内确定量刑起点。

无力赔偿数额每增加5万元，可以增加一个月至三个月刑期。

（4）重伤一人，负事故全部责任，并具有最高人民法院《关于审理交通肇事刑事案件具体应用法律若干问题的解释》（以下简称《交通肇事案件解释》）第二条第二款所规定的六种情形之一的，可以在一年至二年有期徒刑幅度内确定量刑起点；负主要责任的，可以在一年以下有期徒刑、拘役幅度内确定量刑起点。

每增加重伤一人，可以增加四个月至六个月刑期。

2. 具有下列情形之一的，可以在三年至五年有期徒刑幅度内确定量刑起点：

（1）死亡一人或者重伤三人，负事故全部或者主要责任，又逃逸的。

每增加重伤一人，可以增加四个月至六个月的刑期。

（2）死亡三人，负事故同等责任，又逃逸的。

每增加重伤一人，可以增加四个月至六个月的刑期；每增加死亡一人，可以增加六个月至十个月的刑期。

（3）造成公共财产或者他人财产直接损失，负事故全部或者主要责任，无能力赔偿数额30万元，又逃逸的。

无能力赔偿数额每增加10万元，可以增加三个月至六个月的刑期。

（4）重伤一人，负事故全部或者主要责任，并具有《交通肇事案件解释》中第二条第二款第一项至第五项规定情形之一，又逃逸的。

每增加重伤一人的，可以增加四个月至六个月刑期。

（5）死亡二人或者重伤五人，负事故全部或者主要责任的。

每增加重伤一人，可以增加四个月至六个月的刑期；每增加死亡一人，可以增加六个月至十个月的刑期。

（6）死亡六人，负事故同等责任的。

每增加重伤一人，可以增加四个月至六个月的刑期；每增加死亡一人，可以增加六个月至十个月的刑期。

（7）造成公共财产或者他人财产直接损失，负事故全部或者主要责任，无能力赔偿数额在60万元的。

无能力赔偿数额每增加20万元，可以增加三个月至六个月刑期。

3. 因逃逸致一人死亡的，可以在七年至十年有期徒刑幅度内确定量刑起点。

每增加重伤一人，可以增加六个月至十个月刑期；每增加死亡一人，可以增加一年至二年刑期。

4. 有下列情形（已确定为犯罪构成事实的除外）之一的，可以增加基准刑的10%以下，但同时具有两种以上情形的，累计不得超过基准刑的50%：
（1）酒后、吸食毒品后驾驶机动车辆的，或者在道路上驾驶机动车追逐竞驶，情节恶劣的；
（2）无驾驶资格驾驶机动车辆的；
（3）明知是安全装置不全或者安全机件失灵的机动车辆而驾驶的；
（4）明知是无牌证或者已报废的机动车辆而驾驶的；
（5）严重超载驾驶的；
（6）交通肇事造成恶劣社会影响的；
（7）其他可以从重处罚的情形。
5. 有下列情形之一的，可以减少基准刑的20%以下：
（1）交通肇事后保护现场、抢救伤者，并向公安机关报告的；
（2）其他可以从轻处罚的情形。
6. 有下列情形之一的，一般不适用缓刑：
（1）交通肇事后逃逸，未主动投案且被害人不谅解的；
（2）不积极主动赔偿或者未尽力赔偿被害方经济损失的；
（3）吸食毒品或危险驾驶致使发生重大交通事故的；
（4）多次违反交通运输管理法规被行政拘留，或者曾因交通肇事犯罪被刑事处罚的。

（二）故意伤害罪
1. 构成故意伤害犯罪的，可以根据下列不同情形在相应的幅度内确定量刑起点：
（1）故意伤害致一人轻伤的，可以在二年以下有期徒刑、拘役幅度内确定量刑起点。
（2）故意伤害致一人重伤的，可以在三年至五年有期徒刑幅度内确定量刑起点。
（3）以特别残忍手段故意伤害致一人重伤，造成六级严重残疾的，可以在十年至十三年有期徒刑幅度内确定量刑起点。依法应当判处无期徒刑以上刑罚的除外。
2. 在量刑起点的基础上，可以根据伤害后果、伤残等级、手段残忍程度等其他影响犯罪构成的犯罪事实增加刑罚量，确定基准刑。有下列情形之一的，可以增加相应的刑罚量：
（1）每增加轻微伤一人，可以增加二个月以下刑期；
（2）每增加轻伤一人，可以增加三个月至六个月刑期；
（3）每增加重伤一人，可以增加一年至二年刑期；
（4）造成被害人十级至七级残疾，每增加一级残疾的，可以增加一个月至三个月刑期；造成被害人六级至三级残疾的，每增加一级残疾，可以增加六个月至一年刑期；造成被害人二级至一级残疾，每增加一级残疾的，可以增加二年至三年刑期；对十级以上的伤残等级增加刑罚量，应从十级起算，累计相加；
（5）其他可以增加刑罚量的情形。
故意伤害致人轻伤的，伤残程度可在确定量刑起点时考虑，或者作为调节基准刑的量刑情节。
3. 有下列情形之一的，可以增加基准刑的20%以下；基准刑在十年有期徒刑以上的，可以增加基准刑的10%以下：
（1）持枪支、管制刀具或者其他凶器伤害他人的；
（2）因实施其他违法犯罪活动而故意伤害他人的；
（3）雇佣他人实施伤害行为的；
（4）其他可以从重处罚的情形。
4. 有下列情形之一的，可以减少基准刑的20%以下；基准刑在十年有期徒刑以上的，可以减少基准刑的10%以下：
（1）因婚姻家庭、邻里纠纷等民间矛盾激化引发，且被害人有过错或对矛盾激化负有责任的；
（2）犯罪后积极抢救被害人的；
（3）其他可以从轻处罚的情形。
5. 有下列情形之一的，一般不适用缓刑：
（1）不积极主动赔偿或者未尽力赔偿被害方经济损失的；
（2）持枪支、管制刀具等具有杀伤性的凶器伤害他人身体致人重伤的；
（3）致二人以上重伤或者多人轻伤的。

（三）强奸罪
1. 构成强奸罪的，可以根据下列不同情形在相应的幅度内确定量刑起点：
（1）强奸妇女一人的，可以在三年至五年有期徒刑幅度内确定量刑起点；
奸淫幼女一人的，可以在四年至七年有期徒刑幅度内确定量刑起点。
（2）有下列情形之一的，可以在十年至十三年有期徒刑幅度内确定量刑起点：强奸妇女、奸淫幼女情节恶劣的，强奸妇女、奸淫幼女三人的，在公共场所当众强奸妇女的，二人以上轮奸妇女的，强奸致被害人重伤或者造成其他严重后果的。依法应当判处无期徒刑以上刑罚的除外。

2. 在量刑起点的基础上，可以根据强奸妇女、奸淫幼女情节恶劣程度、强奸人数、致人伤害后果等其他影响犯罪构成的犯罪事实增加刑罚量，确定基准刑。有下列情形之一的，可以增加相应的刑罚量：

（1）强奸妇女、奸淫幼女每增加一人，可以增加二年至三年刑期；
（2）每增加刑法第二百三十六条规定的五种情形之一的，可以增加二年至三年刑期；
（3）每增加轻微伤一人，可以增加六个月以下刑期；
（4）每增加轻伤一人，可以增加一年至二年刑期；
（5）每增加重伤一人，可以增加二年至三年刑期；
（6）造成被害人十级至七级残疾，每增加一级残疾的，可以增加三个月至六个月刑期；造成被害人六级至三级残疾的，每增加一级残疾，可以增加一年至二年刑期；造成被害人二级至一级残疾，每增加一级残疾的，可以增加二年至三年刑期；对十级以上的伤残等级增加刑罚量，应从十级起算，累计相加；
（7）其他可以增加刑罚量的情形。

3. 有下列情形之一的，可以增加基准刑的40%以下：
（1）强奸怀孕的妇女或已满十四周岁不满十八周岁的少女；
（2）强奸残疾妇女、无性防卫能力的妇女；
（3）利用监护、职务、亲属等关系强奸的；
（4）多次强奸妇女、奸淫幼女的；
（5）持枪支、管制刀具等凶器或者采取非法拘禁、捆绑、虐待的方法作案的；
（6）其他可以从重处罚的情形。

（四）**非法拘禁罪**

1. 构成非法拘禁罪的，可以根据下列不同情形在相应的幅度内确定量刑起点：
（1）犯罪情节一般的，可以在一年以下有期徒刑、拘役幅度内确定量刑起点；
（2）致一人重伤的，可以在三年至五年有期徒刑幅度内确定量刑起点；
（3）致一人死亡的，可以在十年至十三年有期徒刑幅度内确定量刑起点。

2. 在量刑起点的基础上，可以根据非法拘禁人数、拘禁时间、致人伤亡后果等其他影响犯罪构成的犯罪事实增加刑罚量，确定基准刑。有下列情形之一的，可增加相应刑罚量：
（1）非法拘禁时间满二十四小时的，可以增加一个月至二个月刑期；每增加二十四小时，可以增加一个月至二个月刑期；
（2）被害人每增加一人，可以增加三个月至六个月刑期；
（3）每增加一人轻微伤，可以增加二个月以下刑期；
（4）每增加一人轻伤，可以增加三个月至六个月刑期；
（5）每增加一人重伤，可以增加一年至三年刑期；
（6）每增加一人死亡，可以增加二年至四年刑期；
（7）犯罪后果特别严重的，可以增加一年至二年刑期；
（8）其他可以增加刑罚量的情形。

3. 有下列情形之一的，可以增加基准刑：
（1）具有殴打、侮辱情节的（致人重伤、死亡的除外），增加基准刑的10%—20%；
（2）国家机关工作人员利用职权非法拘禁他人的，增加基准刑的10%—20%；
（3）多次拘禁他人的，增加基准刑的20%以下；
（4）其他可以从重处罚的情形，增加基准刑的20%以下。

4. 为索取合法债务，争取合法权益而非法扣押、拘禁他人的，可以减少基准刑的30%以下。

（五）**抢劫罪**

1. 构成抢劫罪的，可以根据下列不同情形在相应的幅度内确定量刑起点：
（1）抢劫一次的，可以在三年至六年有期徒刑幅度内确定量刑起点；
（2）有下列情形之一的，可以在十年至十三年有期徒刑幅度内确定量刑起点：入户抢劫的；在公共交通工具上抢劫的；抢劫银行或者其他金融机构的；抢劫三次或者抢劫数额达到数额巨大起点的；抢劫致一人重伤的；冒充军警人员抢劫的；持枪抢劫的；抢劫军用物资或者抢险、救灾、救济物资的。依法应当判处无期徒刑以上刑罚的除外。

2. 在量刑起点的基础上，可以根据抢劫情节严重程度、数额、次数、致人伤害的后果等其他影响犯罪构成的犯罪事实增加刑罚量，确定基准刑。有下列情形之一的，可以增加相应的刑罚量：
（1）每增加一人轻微伤，可以增加六个月以下刑期；

(2) 每增加轻伤一人，可以增加六个月至二年刑期；
(3) 每增加重伤一人，可以增加一年至三年刑期；
(4) 造成十级至七级残疾的，每增加一级残疾，可以增加三个月至六个月刑期；造成被害人六级至三级残疾的，每增加一级残疾，可以增加六个月至一年刑期；造成被害人二级至一级残疾的，每增加一级残疾，可以增加二年至三年刑期；对十级以上的伤残等级增加刑罚量，应从十级起算，累计相加；
(5) 每增加一次抢劫，可以增加二年至三年刑期；
(6) 犯罪数额每增加六百元，可以增加一个月刑期；量刑起点在十年以上有期徒刑的，犯罪数额每增加三千元，可以增加一个月刑期；
(7) 每增加刑法第二百六十三条第一项至第八项情节之一的，可以增加一年至二年刑期；
(8) 其他可以增加刑罚量的情形。

3. 有下列情形之一的，可以增加基准刑的20%以下；基准刑在十年有期徒刑以上的，可以增加基准刑的10%以下：
(1) 使用管制刀具等危险性工具抢劫的；
(2) 抢劫后为便于逃脱而使他人身体受到强制的；
(3) 预谋抢劫、流窜作案或者结伙抢劫的；
(4) 其他可以从重处罚的情形。

4. 有下列情形之一的，可以减少基准刑的10%—20%；基准刑在十年有期徒刑以上的，可以减少基准刑的10%以下：
(1) 抢劫家庭成员或者近亲属财物的；
(2) 转化型抢劫，仅以暴力或语言相威胁的。

（六）盗窃罪

1. 构成盗窃罪的，可以根据下列不同情形在相应的幅度内确定量刑起点：
(1) 达到数额较大起点一千五百元的，两年内三次盗窃的，入户盗窃的，携带凶器盗窃的，扒窃的，或者达到数额较大标准的百分之五十且具有最高人民法院《关于办理盗窃刑事案件适用法律若干问题的解释》第二条规定情形之一的，可以在一年以下有期徒刑、拘役幅度内确定量刑起点；
(2) 达到数额巨大起点五万元或者有其他严重情节的，可以在三年至四年有期徒刑幅度内确定量刑起点；
(3) 达到数额特别巨大起点三十五万元或者有其他特别严重情节的，可以在十年至十二年有期徒刑幅度内确定量刑起点。依法应当判处无期徒刑的除外。

2. 在量刑起点的基础上，可以根据盗窃数额、次数、手段等其他影响犯罪构成的犯罪事实增加刑罚量，确定基准刑。有下列情形之一的，可以增加相应刑罚量：
(1) 盗窃数额达到较大起点的，每增加一千五百元，可以增加一个月刑期；数额达到巨大起点的，每增加三千五百元，可以增加一个月刑期；数额达到特别巨大起点的，每增加一万元，可以增加一个月刑期；
(2) 数额未达到较大起点，入户盗窃，携带凶器盗窃，扒窃或者盗窃次数两年内达到三次以上的，每增加一种情形或者一次作案，可以增加二个月至三个月刑期；
(3) 数额达到巨大起点，每增加可以认定为"其他严重情节"的情形之一的，可以增加六个月至一年刑期；
(4) 数额达到特别巨大起点，每增加可以认定为"其他特别严重情节"的情形之一的，可以增加一年至二年刑期；
(5) 其他可以增加刑罚量的情形。

3. 有下列情形之一的，可以增加基准刑的20%以下（已确定为犯罪构成事实的除外）：
(1) 组织、控制未成年人盗窃的；
(2) 自然灾害、事故灾害、社会安全事件等突发事件期间，在事件发生地盗窃的；
(3) 盗窃残疾人、孤寡老人、丧失劳动能力人财物的；
(4) 在医院盗窃病人或者其亲友财物的；
(5) 盗窃救灾、抢险、防汛、优抚、扶贫、移民、救济款物的；
(6) 因盗窃造成严重后果的；
(7) 多次盗窃且数额达到较大起点的；
(8) 入户盗窃的；
(9) 携带凶器盗窃的；
(10) 扒窃的；
(11) 其他可以从重处罚的情形的。

4. 有下列情形之一的,可以适当减少基准刑:
(1) 确因生活所迫、学习、治病急需而盗窃的,可以减少基准刑的20%以下;
(2) 盗窃自家或者近亲属的财物,认定为犯罪的,可以减少基准刑的10%—50%;
(3) 其他可以从轻处罚的情形。

5. 对于盗窃犯罪既有既遂、又有未遂的,以对应量刑幅度较重的确定基准刑,既、未遂所对应的量刑幅度相同的,以既遂部分确定基准刑,其他可以作为调节基准刑的量刑情节。以既遂部分确定基准刑的,根据未遂部分犯罪行为的实行程度、造成损害的大小、犯罪未得逞的原因等情况,可以增加基准刑的30%以下;以未遂部分确定基准刑的,根据既遂部分犯罪行为造成损害的大小等情况,可以增加基准刑的40%以下。但不得根据该量刑情节提高量刑幅度。

(七) 诈骗罪

1. 构成诈骗罪的,可以根据下列不同情形在相应的幅度内确定量刑起点:
(1) 达到数额较大起点五千元的,可以在一年以下有期徒刑、拘役幅度内确定量刑起点;
(2) 达到数额巨大起点五万元或者有其他严重情节的,可以在三年至四年有期徒刑幅度内确定量刑起点;
(3) 达到数额特别巨大起点五十万元或者有其他特别严重情节的,可以在十年至十二年有期徒刑幅度内确定量刑起点。依法应当判处无期徒刑的除外。

2. 在量刑起点的基础上,可以根据诈骗数额等其他影响犯罪构成的犯罪事实增加刑罚量,确定基准刑。有下列情形之一的,可以增加相应刑罚量:
(1) 诈骗数额达到较大起点的,每增加一千三百元,可以增加一个月刑期;
(2) 诈骗数额达到巨大起点的,每增加五千元,可以增加一个月刑期;
(3) 诈骗数额达到数额特别巨大起点的,每增加一万元,可以增加一个月刑期;
(4) 每增加可以认定为"其他严重情节"、"其他特别严重情节"情形之一的,可以增加六个月至二年刑期;
(5) 其他可以增加刑罚量的情形。

3. 有下列情形之一的,可以增加基准刑:
(1) 具有最高人民法院《关于办理诈骗刑事案件具体应用法律若干问题的解释》第二条第一款所规定的情形之一的,或者属于诈骗集团首要分子的,以及其他可以从重处罚处罚情形的,可以增加基准刑的30%以下,但因具有上述相关情形被认定为"其他严重情节"、"其他特别严重情节的"除外;
(2) 多次诈骗的,可以增加基准刑的20%以下;
(3) 其他可以从重处罚的情形。

4. 有下列情形之一的,可以适当减少基准刑:
(1) 确因生活所迫、学习、治病急需而诈骗的,减少基准刑的20%以下;
(2) 诈骗自家或近亲属财物,认定为犯罪的,减少基准刑的10%—50%;
(3) 其他可以从轻处罚的情形。

5. 对于诈骗犯罪既有既遂、又有未遂的,以对应量刑幅度较重的确定基准刑,既、未遂所对应的量刑幅度相同的,以既遂部分确定基准刑,其他可以作为调节基准刑的量刑情节。以既遂部分确定基准刑的,根据未遂部分犯罪行为的实行程度、造成损害的大小、犯罪未得逞的原因等情况,可以增加基准刑的30%以下;以未遂部分确定基准刑的,根据既遂部分犯罪行为造成损害的大小等情况,可以增加基准刑的40%以下。但不得根据该量刑情节提高量刑幅度。

(八) 抢夺罪

1. 构成抢夺罪的,可以根据下列不同情形在相应的幅度内确定量刑起点:
(1) 达到数额较大起点一千五百元的,或者达到数额较大起点的百分之五十且具有最高人民法院《关于办理抢夺刑事案件适用法律若干问题的解释》第二条规定情形之一的,可以在一年以下有期徒刑、拘役幅度内确定量刑起点;
(2) 达到数额巨大起点三万元或者有其他严重情节的,可以在三年至四年有期徒刑幅度内确定量刑起点;
(3) 达到数额特别巨大起点二十万元或者有其他特别严重情节的,可以在十年至十二年有期徒刑幅度内确定量刑起点。依法应当判处无期徒刑的除外。

2. 在量刑起点的基础上,可以根据抢夺数额等其他影响犯罪构成的犯罪事实增加刑罚量,确定基准刑。有下列情形之一的,可以增加相应刑罚量:
(1) 达到数额较大起点的,每增加一千元,可以增加一个月刑期;达到数额巨大起点的,每增加二千元,可以增加一个月刑期;达到数额特别巨大起点的,每增加五千元,可以增加一个月刑期;
(2) 每增加轻微伤一人,可以增加三个月以下刑期;

（3）每增加轻伤一人，可以增加三个月至六个月刑期；
（4）每增加重伤一人或自杀一人，可以增加一年至二年刑期；
（5）每增加死亡一人，增加二年至三年刑期；
（6）数额达到巨大起点的，每增加可以认定为"其他严重情节"情形之一的，可以增加六个月至一年刑期；
（7）数额达到特别巨大起点的，每增加可以认定为"其他特别严重情节"情形之一的，可以增加一年至二年刑期；
（8）其他可以增加刑罚量的情形。

3. 有下列情形的之一的，可以增加基准刑的30%以下，但因具有下列情形而被认定为"其他严重情节"、"其他特别严重情节"的除外：
（1）多次抢夺的；
（2）驾驶机动车、非机动车辆抢夺的；
（3）组织、控制未成年人抢夺的；
（4）抢夺老年人、未成年人、孕妇、携带婴幼儿的人、残疾人、丧失劳动能力的人的财物的；
（5）在医院抢夺病人或者其亲友财物的；
（6）抢夺救灾、抢险、防汛、优抚、扶贫、移民、救济款物的；
（7）自然灾害、事故灾害、社会安全事件等突发事件期间，在事件发生地抢夺的；
（8）导致他人轻伤或精神失常等严重后果的；
（9）其他可以从重处罚的情形的。

4. 有下列情形之一的，可以减少基准刑的30%以下：
（1）确因生活所迫、学习、治病急需而抢夺的；
（2）在案发前主动归还被害人财物的；
（3）其他可以从轻处罚的情形。

（九）职务侵占罪

1. 构成职务侵占罪的，可以根据下列不同情形在相应的幅度内确定量刑起点：
（1）达到数额较大起点五千元的，可以在二年以下有期徒刑、拘役幅度内确定量刑起点；
（2）达到数额巨大起点十万元的，可以在五年至六年有期徒刑幅度内确定量刑起点。

2. 在量刑起点的基础上，可以根据职务侵占数额等其他影响犯罪构成的犯罪事实增加刑罚量，确定基准刑。有下列情形之一的，可以增加相应刑罚量：
（1）达到数额较大起点的，每增加一千六百元，可以增加一个月刑期；
（2）达到数额巨大起点的，每增加五千元，可以增加一个月刑期；
（3）其他可以增加刑罚量的情形。

3. 有下列情形之一的，可以增加基准刑的20%以下：
（1）职务侵占用于救灾、抢险、防汛、优抚、扶贫、移民、救济、社会保险、教育、征地、拆迁等专项款物的；
（2）职务侵占行为严重影响生产经营或造成其他严重损失的；
（3）多次职务侵占的；
（4）其他可以从重处罚的情形。

（十）敲诈勒索罪

1. 构成敲诈勒索罪的，可以根据下列不同情形在相应的幅度内确定量刑起点：
（1）达到数额较大起点三千元的，两年内三次敲诈勒索的，或符合最高人民法院《关于办理敲诈勒索刑事案件适用法律若干问题的解释》第二条规定情形的，可以在一年以下有期徒刑、拘役幅度内确定量刑起点；
（2）达到数额巨大起点五万元或者有其他严重情节的，可以在三年至五年有期徒刑幅度内确定量刑起点；
（3）达到数额特别巨大起点三十五万或者有其他特别严重情节的，可以在十年至十二年有期徒刑幅度内确定量刑起点。

2. 在量刑起点的基础上，可以根据敲诈勒索数额、次数、犯罪情节严重程度等其他影响犯罪构成的犯罪事实增加刑罚量，确定基准刑。有下列情形之一的，可以增加相应刑罚量：
（1）达到数额较大起点的，每增加一千五百元，可以增加一个月刑期；
（2）达到数额巨大起点的，每增加三千五百元，可以增加一个月刑期；
（3）达到数额特别巨大起点的，每增加一万元，可以增加一个月刑期；
（4）数额未达到较大起点，但两年内敲诈勒索次数达到三次以上的，每增加一次，增加三个月以下

刑期;
(5) 数额达到巨大起点的,每增加可以认定为"其他严重情节"之一,增加六个月至一年刑期;
(6) 数额达到特别巨大起点的,每增加可以认定为"其他特别严重情节"之一,增加一年至二年刑期;
(7) 每增加轻微伤一人,可以增加二个月以下刑期;
(8) 每增加轻伤一人,可以增加三个月至六个月刑期;
(9) 其他可以增加刑罚量的情形。
3. 有下列情形之一的,可以增加基准刑的30%以下,但因具有下述相关情形而被追究刑事责任或被认定为"其他严重情节"、"其他特别严重情节"的除外:
(1) 以将要实施放火、爆炸等危害公共安全犯罪或者故意杀人、绑架等严重侵犯公民人身权利犯罪相威胁敲诈勒索的;
(2) 涉及黑社会性质组织犯罪中的敲诈勒索;
(3) 利用或者冒充国家机关工作人员、军人、新闻工作者等特殊身份敲诈勒索的;
(4) 造成其他严重后果的;
(5) 多次敲诈勒索且达到数额较大起点以上的;
(6) 其他可以从重处罚的情节。
4. 有下列情形之一的,可以减少基准刑:
(1) 确因生活所迫、学习、治病急需而敲诈勒索的,可以减少基准刑的20%以下;
(2) 敲诈勒索近亲属财物,认定为犯罪的,可以减少基准刑的10%—50%;
(3) 其他可以从轻处罚的情形。
(十一) 妨害公务罪
1. 构成妨害公务罪的,可以在二年以下有期徒刑、拘役幅度内确定量刑起点。
2. 在量刑起点的基础上,可以根据妨害公务造成的后果、犯罪情节严重程度等其他影响犯罪构成的犯罪事实增加刑罚量,确定基准刑。有下列情形之一的,可以增加相应刑罚量:
(1) 每增加轻微伤一人,可以增加二个月以下刑期;
(2) 每增加轻伤一人,可以增加三个月至六个月刑期;
(3) 毁损财物价值每增加二千元,可以增加一个月至二个月刑期;
(4) 其他可以增加刑罚量的情形。
3. 具有下列情形之一的,可以增加基准刑的20%以下:
(1) 严重扰乱公共秩序的;
(2) 煽动群众阻碍依法执行公务、履行职责的;
(3) 持械妨害公务的;
(4) 其他可以从重处罚的情形的。
4. 因执行公务行为不规范而导致妨害公务犯罪的,可以减少基准刑的20%以下。
(十二) 聚众斗殴罪
1. 构成聚众斗殴罪的,可以根据下列不同情形在相应的幅度内确定量刑起点:
(1) 犯罪情节一般的,可以在二年以下有期徒刑、拘役幅度内确定量刑起点;
(2) 具有下列情形之一的,可以在三年至五年有期徒刑幅度内确定量刑起点:聚众斗殴三次的;聚众斗殴人数多,规模大,社会影响恶劣的;在公共场所或者交通要道聚众斗殴,造成社会秩序严重混乱的;持械聚众斗殴的。
2. 在量刑起点的基础上,可以根据聚众斗殴人数、次数、手段严重程度等其他影响犯罪构成的犯罪事实增加刑罚量,确定基准刑。有下列情形之一的,可以增加相应刑罚量:
(1) 每增加聚众斗殴一次,可以增加一年至二年刑期;
(2) 每增加未达到轻微伤程度的被害人一人,可以增加一个月刑期;
(3) 每增加轻微伤一人,可以增加六个月以下刑期;
(4) 每增加轻伤一人,可以增加六个月至一年刑期;
(5) 双方参与人数达到五人的,每增加三人,可以增加一个月至二个月刑期;单方人数超过十人,每增加三人,增加一个月至三个月刑期;
(6) 每增加刑法第二百九十二条第一款规定的四种情形之一的,可以增加六个月刑期;
(7) 其他可以增加刑罚量的情形。
3. 有下列情形之一的,可以增加基准刑的20%以下:
(1) 聚众斗殴10人以上一方的首要分子;
(2) 聚众斗殴致公私财物损毁直接经济损失数额巨大的首要分子和积极参加者;

(3) 组织未成年人聚众斗殴的;
(4) 其他可以从重处罚的情形。
(十三) 寻衅滋事罪
1. 构成寻衅滋事罪的,可以根据下列不同情形在相应的幅度内确定量刑起点:
(1) 寻衅滋事一次的,可以在三年以下有期徒刑、拘役幅度内确定量刑起点。
(2) 纠集他人三次寻衅滋事(每次都构成犯罪),严重破坏社会秩序的,可以在五年至七年有期徒刑幅度内确定量刑起点。
2. 在量刑起点的基础上,可以根据寻衅滋事次数、伤害后果、强拿硬要他人财物或任意损毁、占用公私财物数额等其他影响犯罪构成的犯罪事实增加刑罚量,确定基准刑。有下列情形之一的,可以增加相应刑罚量:
(1) 每增加寻衅滋事一次,可以增加一年至二年刑期;
(2) 每增加轻微伤一人,可以增加六个月以下刑期;
(3) 每增加轻伤一人,可以增加六个月至一年刑期;
(4) 每增加引起精神失常一人,可以增加六个月至一年刑期;
(5) 每增加引起自杀一人,可以增加一年至二年刑期;
(6) 每增加刑法第二百九十三条第一款规定的四种情形之一的,可以增加六个月至一年刑期;
(7) 强拿硬要或者任意损毁、占用公私财物数额每增加二千元,可以增加一个月至二个月刑期;
(8) 其他可以增加刑罚量的情形。
3. 有下列情形之一的,可以增加基准刑20%以下:
(1) 持械寻衅滋事的;
(2) 纠集未成年人寻衅滋事的;
(3) 其他可以从重处罚的情形。
(十四) 掩饰、隐瞒犯罪所得、犯罪所得收益罪
1. 构成掩饰、隐瞒犯罪所得、犯罪所得收益罪的,可以根据下列不同情形在相应的幅度内确定量刑起点:
(1) 掩饰、隐瞒犯罪所得、犯罪所得收益达到二千元的,犯罪情节一般的,可以在一年以下有期徒刑、拘役幅度内确定量刑起点;
(2) 掩饰、隐瞒犯罪所得、犯罪所得收益达到五十万元的,犯罪情节严重的,可以在三年至四年有期徒刑幅度内确定量刑起点。
2. 在确定量刑起点的基础上,可以根据犯罪数额等犯罪事实增加刑罚量,确定基准刑。有下列情形之一的,可以增加相应刑罚量:
(1) 按照最高人民法院、最高人民检察院《关于办理与盗窃、抢劫、诈骗、抢夺机动车相关刑事案件具体应用法律若干问题的解释》第一条定罪的,每增加第一条第一款规定的六种情形之一的,犯罪情节一般的,可以增加一个月至二个月刑期;情节严重的,可以增加三个月至六个月刑期;
(2) 犯罪情节一般的,犯罪数额每增加一万五千元,可以增加一个月至二个月刑期;情节严重的,犯罪数额每增加三万元,可以增加一个月至二个月刑期;
(3) 其他可以增加刑罚量的情形。
3. 有下列情形之一的,可以增加基准刑20%以下:
(1) 多次掩饰、隐瞒犯罪所得、犯罪所得收益的;
(2) 明知所掩饰、隐瞒的犯罪行为较重的;
(3) 犯罪对象涉及国家安全、公共安全或重大公共利益的。
(十五) 走私、贩卖、运输、制造毒品罪
1. 法定刑在三年以下有期徒刑、拘役幅度内的量刑起点和基准刑
走私、贩卖、运输、制造鸦片不满一百四十克,海洛因、甲基苯丙胺不满七克或者其他少量毒品的,可以在三年以下有期徒刑、拘役幅度内确定量刑起点。
在量刑起点的基础上,有下列情形之一的,增加相应的刑罚量:
(1) 海洛因、甲基苯丙胺及其他数量相当的毒品的,每增加0.2克增加一个月刑期;
(2) 鸦片每增加四克增加一个月刑期;
(3) 其他可以增加刑罚量的情形。
2. 法定刑在三年以上七年以下有期徒刑幅度内的量刑起点和基准刑
走私、贩卖、运输、制造鸦片一百四十克,海洛因、甲基苯丙胺七克或者其他相当数量毒品;毒品犯罪数量未达到前款规定标准,但具有《最高人民法院关于审理毒品案件定罪量刑标准有关问题的解释》(以下简称《毒品案件解释》)第三条第二项至第五项规定的情节之一的,可以在三年至四年有期徒

刑幅度内确定量刑起点。

在量刑起点的基础上，有下列情形之一的，增加相应的刑罚量：
（1）海洛因、甲基苯丙胺每增加一克增加一年刑期；
（2）鸦片每增加二十克增加一年刑期；
（3）毒品数量达到本条第1款规定的标准，同时又具有《毒品案件解释》第三条第二项至第五项规定的情节之一的，先按本款第（1）项至第（2）项的规定增加刑期，然后按照每增加一种情形，增加六个月至一年刑期；
（4）向三人以上贩毒或者三次以上贩毒的，每增加一人或一次，增加三个月至六个月刑期；
（5）其他可以增加刑罚量的情形。

3. 法定刑在七年以上有期徒刑幅度内的量刑起点和基准刑

走私、贩卖、运输、制造鸦片二百克，海洛因、甲基苯丙胺十克或者其他毒品数量达到数量较大起点的，量刑起点为七年至八年有期徒刑。

在量刑起点的基础上，有下列情形之一的，增加相应的刑罚量：
（1）海洛因、甲基苯丙胺每增加五克增加九个月刑期；
（2）鸦片每增加一百克增加九个月刑期；
（3）向三人以上贩毒或者三次以上贩毒的，每增加一人或一次，增加三个月至六个月刑期；
（4）其他可以增加刑罚量的情形。

4. 走私、贩卖、运输、制造鸦片一千克，海洛因、甲基苯丙胺五十克或其他毒品达到数量大标准的，量刑起点为有期徒刑十五年。依法应当判处无期徒刑以上刑罚的除外。

5. 走私、贩卖、运输、制造本条规定之外其他毒品犯罪的量刑起点和基准刑，可以按照《毒品案件解释》的规定予以换算后确定。

6. 有下列情形之一的，可以增加基准刑的10%—30%：
（1）利用、教唆未成年人走私、贩卖、运输、制造毒品的；
（2）向未成年人出售毒品的；
（3）毒品再犯；
（4）其他可以从重处罚的情形。

7. 有下列情形之一的，可以减少基准刑的30%以下：
（1）受雇运输毒品的；
（2）毒品含量明显偏低的；
（3）存在犯意引诱、数量引诱情形的；
（4）其他可以从轻处罚的情形。

五、附则

1. 本细则仅规范上述十五种犯罪判处有期徒刑、拘役的案件。
2. 本细则所称以上、以下，均包括本数。
3. 对本实施细则尚未规定的其他情节，需要在量刑时予以考虑的，各中级、基层法院可参照本细则中规定的相近的调节比例进行调整，也可经所在法院审判委员会讨论，确定适当的调节比例。
4. 相关刑法条文：

第一百三十三条［交通肇事罪］ 违反交通运输管理法规，因而发生重大事故，致人重伤、死亡或者使公私财产遭受重大损失的，处三年以下有期徒刑或者拘役；交通运输肇事后逃逸或者有其他特别恶劣情节的，处三年以上七年以下有期徒刑；因逃逸致人死亡的，处七年以上有期徒刑。

第二百三十四条［故意伤害罪］ 故意伤害他人身体的，处三年以下有期徒刑、拘役或者管制。

犯前款罪，致人重伤的，处三年以上十年以下有期徒刑；致人死亡或者以特别残忍手段致人重伤造成严重残疾的，处十年以上有期徒刑、无期徒刑或者死刑。本法另有规定的，依照规定。

第二百三十六条［强奸罪］ 以暴力、胁迫或者其他手段强奸妇女的，处三年以上十年以下有期徒刑。

奸淫不满十四周岁的幼女的，以强奸论，从重处罚。

强奸妇女、奸淫幼女，有下列情形之一的，处十年以上有期徒刑、无期徒刑或者死刑：
（一）强奸妇女、奸淫幼女情节恶劣的；
（二）强奸妇女、奸淫幼女多人的；
（三）在公共场所当众强奸妇女的；
（四）二人以上轮奸的；
（五）致使被害人重伤、死亡或者造成其他严重后果的。

第二百三十八条［非法拘禁罪］ 非法拘禁他人或者以其他方法非法剥夺他人人身自由的，处三年以下有期徒刑、拘役、管制或者剥夺政治权利。具有殴打、侮辱情节的，从重处罚。

犯前款罪，致人重伤的，处三年以上十年以下有期徒刑；致人死亡的，处十年以上有期徒刑。使用暴力致人伤残、死亡的，依照本法第二百三十四条、第二百三十二条的规定定罪处罚。

为索取债务非法扣押、拘禁他人的，依照前两款的规定处罚。

国家机关工作人员利用职权犯前三款罪的，依照前三款的规定从重处罚。

第二百六十三条　[抢劫罪]　以暴力、胁迫或者其他方法抢劫公私财物的，处三年以上十年以下有期徒刑，并处罚金；有下列情形之一的，处十年以上有期徒刑、无期徒刑或者死刑，并处罚金或者没收财产：

（一）入户抢劫的；
（二）在公共交通工具上抢劫的；
（三）抢劫银行或者其他金融机构的；
（四）多次抢劫或者抢劫数额巨大的；
（五）抢劫致人重伤、死亡的；
（六）冒充军警人员抢劫的；
（七）持枪抢劫的；
（八）抢劫军用物资或者抢险、救灾、救济物资的。

第二百六十四条　[盗窃罪]　盗窃公私财物，数额较大的，或者多次盗窃、入户盗窃、携带凶器盗窃、扒窃的，处三年以下有期徒刑、拘役或者管制，并处或者单处罚金；数额巨大或者有其他严重情节的，处三年以上十年以下有期徒刑，并处罚金；数额特别巨大或者有其他特别严重情节的，处十年以上有期徒刑或者无期徒刑，并处罚金或者没收财产。

第二百六十六条　[诈骗罪]　诈骗公私财物，数额较大的，处三年以下有期徒刑、拘役或者管制，并处或者单处罚金；数额巨大或者有其他严重情节的，处三年以上十年以下有期徒刑，并处罚金；数额特别巨大或者有其他特别严重情节的，处十年以上有期徒刑或者无期徒刑，并处罚金或者没收财产。本法另有规定的，依照规定。

第二百六十七条　[抢夺罪]　抢夺公私财物，数额较大的，处三年以下有期徒刑、拘役或者管制，并处或者单处罚金；数额巨大或者有其他严重情节的，处三年以上十年以下有期徒刑，并处罚金；数额特别巨大或者有其他特别严重情节的，处十年以上有期徒刑或者无期徒刑，并处罚金或者没收财产。

第二百七十一条　[职务侵占罪]　公司、企业或者其他单位的人员，利用职务上的便利，将本单位财物非法占为己有，数额较大的，处五年以下有期徒刑或者拘役；数额巨大的，处五年以上有期徒刑，可以并处没收财产。

第二百七十四条　[敲诈勒索罪]　敲诈勒索公私财物，数额较大或者多次敲诈勒索的，处三年以下有期徒刑、拘役或者管制，并处或者单处罚金；数额巨大或者有其他严重情节的，处三年以上十年以下有期徒刑，并处罚金；数额特别巨大或者有其他特别严重情节的，处十年以上有期徒刑，并处罚金。

第二百七十七条　[妨害公务罪]　以暴力、威胁方法阻碍国家机关工作人员依法执行职务的，处三年以下有期徒刑、拘役、管制或者罚金。

以暴力、威胁方法阻碍全国人民代表大会和地方各级人民代表大会代表依法执行代表职务的，依照前款的规定处罚。

在自然灾害和突发事件中，以暴力、威胁方法阻碍红十字会工作人员依法履行职责的，依照第一款的规定处罚。

故意阻碍国家安全机关、公安机关依法执行国家安全工作任务，未使用暴力、威胁方法，造成严重后果的，依照第一款的规定处罚。

第二百九十二条　[聚众斗殴罪]　聚众斗殴的，对首要分子和其他积极参加的，处三年以下有期徒刑、拘役或者管制；有下列情形之一的，对首要分子和其他积极参加的，处三年以上十年以下有期徒刑：

（一）多次聚众斗殴的；
（二）聚众斗殴人数多，规模大，社会影响恶劣的；
（三）在公共场所或者交通要道聚众斗殴，造成社会秩序严重混乱的；
（四）持械聚众斗殴的。

聚众斗殴致人重伤、死亡的，依照本法第二百三十四条、第二百三十二条的规定定罪处罚。

第二百九十三条　[寻衅滋事罪]　有下列寻衅滋事行为之一，破坏社会秩序的，处五年以下有期徒刑、拘役或者管制：

（一）随意殴打他人，情节恶劣的；
（二）追逐、拦截、辱骂、恐吓他人，情节恶劣的；
（三）强拿硬要或者任意损毁、占用公私财物，情节严重的；

（四）在公共场所起哄闹事，造成公共场所秩序严重混乱的。

纠集他人多次实施前款行为，严重破坏社会秩序的，处五年以上十年以下有期徒刑，可以并处罚金。

第三百一十二条 [掩饰、隐瞒犯罪所得、犯罪所得收益罪] 明知是犯罪所得及其产生的收益而予以窝藏、转移、收购、代为销售或者以其他方法掩饰、隐瞒的，处三年以下有期徒刑、拘役或者管制，并处或者单处罚金；情节严重的，处三年以上七年以下有期徒刑，并处罚金。

单位犯前款罪的，对单位判处罚金，并对直接负责的主管人员和其他直接责任人员，依照前款的规定处罚。

第三百四十七条 [走私、贩卖、运输、制造毒品罪] 走私、贩卖、运输、制造毒品，无论数量多少，都应当追究刑事责任，予以刑事处罚。

走私、贩卖、运输、制造毒品，有下列情形之一的，处十五年有期徒刑、无期徒刑或者死刑，并处没收财产：

（一）走私、贩卖、运输、制造鸦片一千克以上、海洛因或者甲基苯丙胺五十克以上或者其他毒品数量大的；

（二）走私、贩卖、运输、制造毒品集团的首要分子；

（三）武装掩护走私、贩卖、运输、制造毒品的；

（四）以暴力抗拒检查、拘留、逮捕，情节严重的；

（五）参与有组织的国际贩毒活动的。

走私、贩卖、运输、制造鸦片二百克以上不满一千克、海洛因或者甲基苯丙胺十克以上不满五十克或者其他毒品数量较大的，处七年以上有期徒刑，并处罚金。

走私、贩卖、运输、制造鸦片不满二百克、海洛因或者甲基苯丙胺不满十克或者其他少量毒品的，处三年以下有期徒刑、拘役或者管制，并处罚金；情节严重的，处三年以上七年以下有期徒刑，并处罚金。

单位犯第二款、第三款、第四款罪的，对单位判处罚金，并对其直接负责的主管人员和其他直接责任人员，依照各该款的规定处罚。

利用、教唆未成年人走私、贩卖、运输、制造毒品，或者向未成年人出售毒品的，从重处罚。

对多次走私、贩卖、运输、制造毒品，未经处理的，毒品数量累计计算。

第六编 吉林省刑法适用规范性文件

吉林省高级人民法院 吉林省人民检察院 吉林省公安厅 吉林省电力公司《关于办理盗窃电能案件有关具体应用法律问题的规定》

(1998年11月18日)

为依法打击窃电违法犯罪，保护国家电能安全，特制定本规定。

一、窃电行为的认定

根据《中华人民共和国刑法》第264条和1997年11月4日最高人民法院审判委员会第942次会议通过的《关于审理盗窃案件具体应用法律若干问题的解释》，窃电属于盗窃行为。

窃电是以非法占有为目的，并采取下列手段之一进行窃用电能的行为：

1. 在供电企业的供电设施上擅自接线用电；
2. 绕越供电企业用电计量装置用电；
3. 伪造或者开启法定的或者授权和计量检定机构加封的用电计量装置封印用电；
4. 故意损坏供电企业用电计量装置用电的；
5. 故意使供电企业用电计量装置不准或者失效用电的；
6. 采用其他手段窃电。

二、根据《供电营业规则》对窃电设备容量、窃电时间、窃电日数、窃电量、窃电金额按以下原则认定

1. 窃电设备容量的认定

凡实施窃电行为所用的电气设备均认定为窃电设备。窃电设备的容量按设备名牌标定的额定容量认定；对无法查明设备容量的，按计费电能表标定电流值（对装有限流器的，按限流器整定电流值）所指的容量或专用变压器容量认定。

2. 窃电时间的认定

以能够查证的实际窃电时间认定。对实际窃电时间无法查明的，电力用户按12小时计算，照明用户按6小时计算。

3. 窃电日数的认定

窃电日数以能够查证的实际窃电日数认定。对实际窃电日数无法查明的，按不少于180日认定。

4. 窃电量的认定

以窃电设备容量、窃电时间、窃电日数分别计算后合并认定，或以有关部门提供的合法书证材料所记载的电量认定。多次窃电未处理的累计计算窃电数额。

5. 窃电金额的认定

以窃电量及当地当时电力销售价格和各种应收集资款及其他合法费用价格（国家及省政府及物价部门规定按电量计算随电费收取的）分别计算后合并认定。

6. 窃电技术的认定

计量装置及有关技术的认定，由发案地供电部门鉴定后报地区供电部门复核，也可由地区供电部门的专业技术部门直接出具鉴定。有争议的报省电力部门审核。

三、电力部门对窃电行为除当场予以停电外，依据《电力法》及《电力供应与使用条例》、《供电营业规则》之规定追缴窃电损失并对当事人予以经济处罚。因窃电造成供电设备损坏或大面积停电的，还应赔偿修复费和停电损失费用电力部门对窃电量和经济处罚的计算方法如下：

1. 窃电量＝窃电设备容量×窃电时间×窃电日数。
2. 窃电金额＝窃电量×当地当时应收各种电价及其他费用规定（分别计算后合并）。
3. 经济处罚＝窃电量×当地当时应收各种电价及其他费用规定×（1—5）倍。

四、具有下列情形之一的，除电力部门追缴窃电损失外，由公安机关依照《中华人民共和国治安管理处罚条例》对行为人予以治安处罚

1. 个人窃电金额在二千元以下的；
2. 以窃电为目的，故意毁坏计量设备的；
3. 对依法执行公务人员污辱谩骂、造谣中伤、侵犯人身权利的；
4. 袒护并协助被处罚当事人逃避处罚的；
5. 故意在现场设置障碍，影响依法执行职务的；
6. 拒绝、阻碍电力行政机关工作人员调查取证的；
7. 抢夺、撕毁依法执行职务人员证件、文件和票据的；
8. 抢夺依法执行职务人员工作器具的；
9. 在现场带头起哄闹事或煽动群众闹事不听制止，使依法执行职务的人员无法正常执行公务的；
10. 推打和围攻电力行政机关工作人员，使依法执行职务不能正常进行的；
11. 冲击、搅闹电力行政执法机关，干扰依法执行职务的；
12. 殴打依法执行职务人员造成轻微伤害的。

五、以上情节较重或屡教不改的由电力部门追缴窃电损失，由司法机关依法追究刑事责任

六、具有下列情形之一的，除电力部门追缴窃电损失外，由司法机关依据《中华人民共和国刑法》根据其犯罪数额、情节追究刑事责任

1. 个人窃电金额在二千元以上的为数额较大，两万元以上的为数额巨大，十万元以上的为数额特别巨大。
2. 使用暴力殴打电力行政执法人员，情节严重，构成犯罪的，应依法从重处罚。
3. 电力部门工作人员故意为他人窃电提供条件或帮助窃电构成犯罪的，应依照法律规定追究刑事责任。
4. 电力部门工作人员利用职务便利窃电构成犯罪的，应依法从重处罚。
5. 电力部门工作人员对工作严重不负责任或滥用职权，致使电能遭受重大损失的，或徇私舞弊对应当移交司法机关追究刑事责任的窃电案件不移交，情节严重的，依照法律有关规定追究刑事责任。

七、对于窃电已构成盗窃犯罪，具有下列情形之一的，可以从轻、减轻或免予刑事处罚

1. 虽已构成犯罪，但能主动投案自首，并积极补交窃电款的；
2. 检举揭发他人违法犯罪，经查证属实，确有立功表现的。

八、对于窃电构成盗窃犯罪，具有下列情形之一的应予以从重处罚

1. 对污辱诽谤情节特别严重或殴打依法执行公务的执法人员造成伤害或死亡的；
2. 对检举揭发人员进行打击报复造成严重后果的；
3. 累犯；
4. 结伙窃电的主犯、教唆犯、传授犯罪方法的。

九、因窃电构成的治安案件和刑事案件按属地管辖原则，由电力公安保卫部门查证核实后，移交地方公安司法机关，依法予以处罚或追究刑事责任。

吉林省高级人民法院　吉林省人民检察院
《关于确定挪用公款定罪数额标准的决定》

(1999年11月10日)

一、挪用公款归个人使用"进行营利活动的"或"超过三个月未还的"以三万元为"数额较大"的起点；以二十万元为"数额巨大"的起点。

二、挪用公款归个人使用"进行非法活动的"以八千元为追究刑事责任的数额起点；以八万元为"情节严重"的情形之一。

吉林省高级人民法院　吉林省人民检察院　吉林省公安厅　吉林省司法厅
《关于依法严厉打击严重刑事犯罪活动维护社会治安秩序的通告》

(2000年4月12日)

为加强社会治安管理，依法严厉打击严重刑事犯罪活动，维护社会治安秩序，坚决实现两年内社会治安明显进步的目标，切实保护公民、法人和其他组织的合法权益，保障改革开放和经济建设的顺利进行。特通告如下：

一、依法从重从快惩处下列严重刑事犯罪：

（一）组织、领导、积极参加黑社会性质的组织犯罪和带黑社会性质的团伙犯罪以及其他恶势力犯罪；

（二）爆炸、杀人、抢劫、绑架等严重暴力犯罪；

（三）盗窃、抢夺等多发性侵财犯罪；

（四）生产、销售伪劣商品、走私、金融诈骗和破坏金融管理秩序、危害税收征管以及扰乱市场秩序等破坏社会主义市场经济秩序的犯罪；

（五）非法制造、买卖、运输、邮寄、储存枪支、弹药、爆炸物和盗窃、抢夺枪支、弹药、爆炸物以及抢劫枪支、弹药、爆炸物等严重危害公共安全的犯罪；

（六）走私、贩卖、运输、制造毒品和组织、强迫、引诱、容留、介绍卖淫以及聚众赌博等妨害社会管理秩序的犯罪；

（七）其他严重刑事犯罪。

二、正告一切违法犯罪分子，特别是在逃的严重刑事犯罪分子和经济犯罪分子，必须立即停止违法犯罪活动，自本通告发布之日起至2001年5月31日止，到各级公安、司法机关投案自首、坦白交代，争取宽大处理。

在上述期限内主动投案自首、坦白交代、揭发检举他人违法犯罪或者有立功表现的，依法从轻、减轻或者免除处罚。

在押的犯罪嫌疑人、被告人、服刑的罪犯，在通告规定的期限内主动交代犯罪、检举揭发他人犯罪事实或者有立功表现的，依法从轻、减轻、免除处罚或者依法减刑、假释。

逾期拒不投案自首、坦白交代或者继续进行违法犯罪活动的，坚决依法严惩。

三、犯罪分子的家属、亲友要积极规劝犯罪分子主动投案自首，争取宽大处理。对包庇、窝藏犯罪分子，帮助其隐匿、转移作案工具或者赃款、赃物，伪造证据或者为犯罪活动提供便利条件的，应当依法追究刑事责任；国家工作人员包庇犯罪的，依法从严惩处。

四、全省各级公安机关、检察机关和人民法院在办理刑事案件工作中，要各司其职，密切配合，坚持依法从重从快惩处严重刑事犯罪。

五、全省各界和广大公民要坚决同违法犯罪行为作斗争，积极向公安、司法机关或者有关部门揭发检举违法犯罪人员，支持和协助公安、司法机关依法打击严重刑事犯罪活动，共同维护社会治安秩序。公安、司法机关和有关部门将依法保护揭发检举人，对揭发检举有功的人员给予表彰、奖励。

吉林省高级人民法院　吉林省人民检察院　吉林省公安厅　吉林省司法厅
《第一至九次联席会议纪要编纂》（节录）

(2000年12月25日)

五十五、关于盗窃未遂的认定问题

1. 在盗窃未遂案件中，赃款数额、赃物价值可计算的，只要行为人已将财物拿到手，没有脱离物主的控制权限而被抓获的，或者被发现后将财物丢弃现场的，都应视为盗窃未遂。

2. "两高"《关于办理盗窃案件具体应用法律的若干问题的解释》（以下简称《解释》）中第一条第（二）款"盗窃未遂，情节严重的，如明确以巨额现款、国家珍贵文物或者贵重物品等为盗窃目标的，也应定罪并依法处罚"除这里规定的几种严重情况外，有下列情形之一的，亦视为"情节严重"，应予处罚。

（1）扒窃、撬盗救济物资、医疗急需药品，造成严重后果；扒窃、撬盗急需生产资料，严重妨碍生产或造成其他严重后果的；

（2）盗窃累犯、盗窃团伙首犯、主犯，或因盗窃而被劳改、劳教放回人员，以及正在被劳改、劳教的逃脱人员，又进行盗窃的；
（3）盗窃外国人、华侨、港澳台同胞财物造成恶劣影响的；
（4）一天内连续作案五次以上，数额无法计算的；
（5）动用机动车作案的；
（6）针对数额巨大财物实施盗窃的；
（7）针对银行的金库、保险柜以及珍贵文物或珍稀动植物制品实施盗窃的。

五十六、盗窃数额如何认定问题

1. 对于盗窃款物已到手被当场抓获的，按已到手的款物价值计算数额，其中没到手的作为情节考虑；
2. 盗窃指向目标明确，并已知具体款物数额的，按盗窃目标款物价值计算数额。

五十七、关于偷窃近亲属、偷窃共同生活的非近亲属财物案件的处理问题

1. "两高"《解释》第一条第（五）款规定："盗窃自己家里的财物或者近亲属的财物，一般可不按犯罪处理；对确有追究刑事责任必要的，在处理时也应同在社会上作案有所区别"。下列两种情况，可以视为"确有追究刑事责任必要"：
（1）被害人强烈要求处理的；
（2.）造成严重后果的。
2. 盗窃非共同生活的三代血亲、两代姻亲以内的非近亲属的财物，已达到数额较大标准，但赃物全部返还，或虽无力返还，但被害人不要求追究其刑事责任，并具有下列情形之一的，虽已构成犯罪，可不以犯罪论处：
（1）初犯、偶犯；
（2）出于生活所迫、医疗急需而盗窃的，虽无力返还赃款、赃物，但系家中唯一劳动力的；
（3）来往关系较密切的非近亲属，因学习、做工而暂时寄居亲属家，见财起意而偷窃的。

五十九、关于刑法第二百七十五条故意毁坏财物定罪的数额标准问题

故意毁坏财物价值二千元以上不满二万元的为"数额较大"；价值二万元以上为"数额巨大"。

六十四、关于刑法第二百七十四条敲诈勒索定罪的数额标准问题

敲诈勒索公私财物价值二千元以上不满二万元的为"数额较大"；价值二万元以上为"数额巨大"。

六十五、关于刑法第二百六十三条、第二百六十七条二款以抢劫定罪的问题

1. 第（一）项规定的"入户抢劫"应为进入他人生活的与外界相对隔离的住所进行抢劫的行为。
包括封闭的院落、牧民的帐篷、渔民作为家庭生活场所的渔船，为生活租用的房屋等。集生活、经营于一体的场所，在经营时间内不是"户"。对于入户盗窃，因被发现而当场使用暴力或者以暴力相威胁的行为，应当认定为入户抢劫。
2. 第（二）项规定的"在公共交通工具上抢劫"应为在从事旅客运输的各种公共汽车，大、中型出租车（包括六座以上的微型面包车），火车，飞机等正在营运中的机动公共交通工具上抢劫的行为。
既包括对旅客、司售、乘务人员实施的抢劫，也包括对运行途中的上列机动公共交通工具加以拦截后，对公共交通工具上的人员实施的抢劫。
3. 第（三）项规定的"抢劫银行或者其他金融机构"应为抢劫其经营资金、有价证券、客户资金等，或者抢劫其运钞车的行为。
4. 第（四）项规定的"抢劫数额巨大"的标准应为抢劫公私财物价值一万元的行为。
5. 第（七）项规定的"持枪抢劫"应为行为人使用枪支或者向被害人显示持有、佩带枪支进行抢劫的行为。"枪支"的概念和范围，适用《中华人民共和国枪支管理法》的规定。
6. 第二百六十七条第二款规定的"携带凶器抢夺"依抢劫规定定罪处罚的，应为行为人随身携带枪支、爆炸物、管制刀具等能够致被害人伤亡或者足以使被害人产生恐惧的国家禁止个人携带的器械或者其他器械在抢夺时有显露，但未使用的行为。

六十六、关于依刑法第二百六十九条规定定罪处罚的问题

对尚未构成盗窃、诈骗、抢夺罪，为窝藏赃物、抗拒抓捕或者毁灭罪证而当场使用暴力或者以暴力相威胁的，不应适用本条规定定罪处罚。

六十九、关于刑法第二百七十条侵占定罪的数额标准问题

侵占的"数额较大"应为五千元以上；"数额巨大"应为五万元以上。

七十、关于刑法第二百七十一条职务侵占定罪中的数额标准问题

职务侵占的"数额较大"应为一万元以上；"数额巨大"应为十万元以上。

七十一、关于刑法第三百五十二条构成犯罪的数额标准问题

非法买卖、运输、携带、持有毒品原植物种子或幼苗"数量较大"的，应分别为500克或500株。

七十二、关于判处罚金的数额标准问题

刑法中没有明确规定罚金刑具体数额标准或者幅度的，对犯罪分子判处罚金时，应当根据犯罪情节如违法所得数额、造成损失大小等，并结合考虑犯罪分子缴纳罚金的能力确定罚金数额。
1. 对犯罪分子是自然人的，应以一千元为起点，直至实际所得的二倍以下。未成年人犯罪的应当从轻或减轻判处，应以五百元为起点。
2. 对单位犯罪的，应以一万元为起点，直至实际所得数额的二倍以下。
3. 对犯罪分子所犯数罪分别判处罚金的，并罚时罚金数额相加，执行总数额。

吉林省高级人民法院 吉林省人民检察院 吉林省公安厅 吉林省司法厅 《第十次联席会议纪要编纂》（节录）

（2000年12月25日）

一、关于抢劫等犯罪中的有关定性问题
1. 在抢劫过程中只要是为制服或防止被害人反抗而当场使用暴力致人死亡（伤害）的，不论事前预谋还是临时起意，都是为抢劫的目的而采取的手段，均以抢劫定罪，致人重伤、死亡的，属于抢劫行为的结果加重犯，不另定故意杀人（伤害）罪。
2. 实施抢劫之后，为灭口而故意杀害在场人或被抢劫人的，均以抢劫和故意杀人定罪，实行数罪并罚。

二、关于刑法第二百七十二条挪用资金罪的数额标准问题
1. 挪用本单位资金归个人使用或者借贷他人，超过三个月未还的，或者虽未超过三个月，但进行营利活动的，以三万元为"数额较大"的起点；以二十万元为"数额巨大"的起点。
2. 挪用本单位资金归个人使用或借贷给他人，进行非法活动的，以八千元为追究刑事责任的数额起点；以八万元为"数额巨大"的起点。

三、关于个人非法经营食盐定罪的数额标准问题
非法经营食盐50吨以上属于非法经营"情节严重"，100吨以上属于非法经营"情节特别严重"，依照刑法第225条定罪处罚。

吉林省高级人民法院 吉林省人民检察院 吉林省公安厅 吉林省司法厅 《第十一次联席会议纪要》（节录）

（2002年11月18日）

一、关于确定交通肇事案件中因无能力赔偿财产损失追究刑事责任的数额标准问题
根据2000年11月21日最高人民法院《关于审理交通肇事刑事案件具体应用法律若干问题的解释》，结合我省实际情况，以40万元、70万元作为我省执行该解释第二条第一款第三项、第四条第三项的起点数额标准。

二、关于《刑法》第三百一十二条窝藏、转移、收购、销售赃物罪的数额标准问题
对于明知是犯罪所得的赃物而予以窝藏、转移、收购或代为销售的，以前罪构成犯罪为前提，同时窝藏、转移、收购或代为销售的赃物数额应达到2000元以上。

三、关于寻衅滋事罪"情节恶劣""情节严重"的问题
1. 具有下列行为之一的，应认定触犯了《刑法》第二百九十三条第一项之规定：
（1）多次随意殴打他人的；
（2）在随意殴打他人的过程中，致人轻伤或者造成其他不良后果的；
（3）引起公愤或者造成恶劣社会影响的；
（4）具有其他情节恶劣行为的。
2. 具有下列行为之的，应认定触犯了《刑法》第二百九十三条第二项之规定：
（1）多次、结伙或者持械追逐、拦截、辱骂他人的；
（2）结伙横冲直撞，扫荡街巷，阻拦行人、车辆的；
（3）追逐、拦截、辱骂他人对被害人身心健康造成一定后果的；
（4）造成恶劣社会影响的；
（5）具有其他情节恶劣行为的。
3. 具有下列行为之一的，应认定触犯了《刑法》第二百九十三条第三项之规定：
（1）强拿硬要或者多次损毁、占用公私财物价值1000元以上的；
（2）多次强拿硬要或者多次损毁、占用公私财物的；
（3）在任意损坏、占用公私财物过程中，使用暴力或者以暴力相威胁的；

(4) 造成恶劣社会影响的；
(5) 具有其他情节严重行为的。
四、关于伪造、倒卖伪造的有价票证罪的数额标准问题
伪造、倒卖伪造的有价票证总面额在 2000 元以上不满 30000 元或者数量在 200 张（枚）以上不足 3000 张（枚）的，为数额较大；总面额在 30000 元以上或者数量在 3000 张（枚）以上的，为数额巨大。
五、关于自首的问题
罪行已被案发地司法机关发觉，异地司法机关或者有关组织并不知晓或者未接到协查通报或者通缉，因形迹可疑，被异地司法机关或者有关组织盘问、教育后，主动交代自己罪行的，应视为自动投案。

公安机关通知犯罪嫌疑人的亲友，或者亲友主动报案后，带领或者告知公安机关到指定地点将犯罪嫌疑人抓获的，如查清确属犯罪嫌疑人同意报案并在指定地点等候或者虽未明确表示同意报案，但知道报案且能逃跑而未逃跑的，应视为自动投案；如犯罪嫌疑人不同意或者不知道报案，而是其亲友暗中报案并协助公安机关将抓获的，不应视为自动投案。如实供述自己的罪行是指犯罪嫌疑人自动投案后，如实交代自己的主要犯罪事实。主要犯罪事实必须是符合其实施的犯罪主客观要件的基本犯罪事实。如根据其投案时的供述不能认定其所实施的犯罪，则不能认定其"如实供述自己的罪行"。

根据《刑法》第六十七条第一款及《最高人民法院关于处理自首和立功具体应用法律若干问题的解释》第三条的规定，对于自首的犯罪分子，可以从轻或者减轻处罚；对于犯罪较轻的，可以免除处罚。具体确定从轻、减轻还是免除处罚，应当根据犯罪轻重，并考虑自首的具体情节。对于多次犯罪、暴力犯罪、团伙犯罪或者共同犯罪的主犯（主观恶性深、社会危害性大）仅有自首的一般不宜适用减轻处罚；对于自首时虽供述了基本的犯罪事实，但避重就轻的（悔罪表示不明显），一般也不能适用减轻处罚。

吉林省高级人民法院　吉林省人民检察院　吉林省水利厅等 《关于打击窃水违法犯罪及有关问题的联席会议纪要》

(2003 年 8 月 1 日)

吉林省高级人民法院、吉林省人民检察院、吉林省公安厅、吉林省建设厅、吉林省水利厅、吉林省物价局、吉林省质量技术监督局、有关业务部门在长春召开联席会议，就当前打击盗窃水违法犯罪工作中亟需解决的问题进行了研究。与会人员经过充分讨论，对有关问题达成了一致意见，现纪要如下：

一、盗窃水是指以非法占有为目的，采取下列手段之一窃取水的行为：
(1) 未经城市供水企业同意及政府有关部门批准，擅自在城市供水管道及附属设施上打孔、连接管道取水；
(2) 未经城市供水企业同意及政府有关部门批准，擅自启用市政消火栓和无表防险装置取水；
(3) 绕越用水计量器具取水；
(4) 伪造、变动、损坏或者拆除法定计量检定机构加封的用水计量器具，致使少计量或不计量取水；
(5) 故意干扰用水计量器具的正常运行，致使计量减少或不计量取水；
(6) 对磁卡水表的磁卡非法充值后取水；
(7) 不按规定安装用水计量器具取水；
(8) 洗浴、洗车、建筑工地等用水量较大的单位和个人未经水行政主管部门批准擅自取用地下水或超过取水许可证批准时限继续取用地下水；
(9) 洗浴、洗车、建筑工地等用水量较大的单位和个人未依照批准的取水许可证规定条件取用地下水；
(10) 采用其他手段盗窃水。

二、窃水设备流量、每日窃水时间、窃水日数、窃水量及窃水金额按照以下方法认定：
1. 窃水设备流量的认定
(1) 盗窃城市供水企业自来水的，根据窃水用的水管径大小及管内水流速度确定；
(2) 盗窃地下水的，根据该工程（或设备）每小时最大取水量（设备铭牌最大能力）计算。
2. 每日窃水时间的认定
每日窃取水时间以能够查证的实际窃水时间认定，对实际窃水时间无法查明的，住户每日按 1 小时计算；单位计算方法分类如下：
(1) 洗浴场所每日按 8 小时计算；
(2) 建筑工地、洗车场、嬉水场所以及月用水量超过 3000 吨的工矿企业每日按 6 小时计算；
(3) 机关（团体、组织）、学校、餐饮业、旅店业、医院、美容美发、商场等每日按 3 小时计算。

3. 窃水日数的认定

窃水日数以能够查证的实际窃水日数认定。对实际窃水日数无法查明的,居民住户按不少于60日计算,单位按不少于180日计算。

4. 窃水量的认定

窃水量以能够查证的实际窃水量认定。对实际窃水量无法查明的,按照认定的窃水日数、每日窃水时间、窃水设备流量计算窃水量。

计算公式为:

(1) 自来水窃水量 = 窃水设备流量 × 每日窃水时间 × 窃水日数;

(2) 地下水的窃水量 = 该工程(或设备)每小时最大取水量(设备铭牌最大能力) × 每日窃水时间 × 窃水日数。

5. 窃水金额的认定

(1) 根据窃水量和实施窃水行为时水销售价格或水资源费数额及各种其他合法费用计算后则物价部门授权的价格认证中心出具估价鉴定。

在窃水过程中,水销售价格及各种其他合法费用发生变化的,应当分别计算。

(2) 窃水后转售,转售价高于法定价的,窃水金额按转售价格计算;转售价格低于法定水价的,按法定水价计算。

6. 其他规定

当事人有证据自己实施窃水的时间少于推定的时间,经查证属实的,可以予以认定。

三、对盗窃水行为中有关计量技术的鉴定工作由省质量技术监督局授权的法定计量检定机构承担。

四、对盗窃水数额较大构成犯罪的,定罪量刑的数额标准按照《吉林省高级人民法院、吉林省人民检察院、吉林省公安厅关于盗窃犯罪数额认定标准的规定》执行。

尚不够刑事处罚,违反治安管理的,由公安机关按照《中华人民共和国治安管理处罚条例》有关规定处理;符合劳动教养条件的,依照规定实行劳动教养。

对于为单位利益实施的窃水行为,按照最高人民检察院《关于单位有关人员组织实施盗窃行为如何适用法律问题的批复》办理。

五、水行政主管部门在用取水管理工作中发现的盗窃水行为要妥善保存所收集的证据,及时将案件移交公安机关。

供水企业在用水管理工作中发现的盗窃水行为要立即报告公安机关,则公安机关依法处理。

六、水行政主管部门工作人员或者供水企业工作人员内外勾结,为他人窃水提供条件或帮助,构成犯罪的,依法追究刑事责任。

供水企业工作人员或行政主管部门工作人员在履行职务时,徇私舞弊、滥用职权,情节严重构成犯罪的,依法追究刑事责任。

七、以暴力、威胁方法阻碍执法人员依法进行取用水检查,构成犯罪的,依照《中华人民共和国刑法》的有关规定追究刑事责任。

尚未构成犯罪,违反治安管理的,由公安机关按照《中华人民共和国治安管理处罚条例》有关规定处理。

八、供水企业在依法履行职务过程中遭到威胁、殴打、辱骂的,由公安机关立案查办。构成犯罪的,依照《中华人民共和国刑法》的有关规定追究刑事责任。尚未构成犯罪的,依照《中华人民共和国治安管理处罚条例》有关规定处理。

九、有关部门在打击盗窃水违法犯罪工作中要加强协作配合。公安机关要加强证据的收集固定工作,质量技术监督部门要及时出具计量检定报告,物价部门要及时出具估价报告。

十、本纪要适用范围为吉林省行政区域内的城市及县级人民政府所在地的镇。

吉林省高级人民法院 吉林省人民检察院 吉林省公安厅 吉林省司法厅 《第十二次联席会议纪要》

(2004年11月24日)

吉林省公检法司第十二次联席会议于2004年11月24日在长春召开。参加会议的有省法院副院长王松、省公安厅副厅长李东太及省检察院、省司法厅领导张海胜、刘鹏伟和各单位相关业务部门的负责同志。省委政法委副书记宋利菲、省人大内司委副主任委员郑力出席了会议。会议由王松同志主持,重点研究了当前执行《刑法》、《刑事诉讼法》及律师参与刑事诉讼等亟需解决的主要问题。经过充分讨论,对有关问题达成了一致意见。除律师参与刑事诉讼的问题由公检法司联合下发《关于保障律师在刑事诉讼中依法执业的规定(试行)》文件以外,现纪要如下:

一、关于执行财产刑和补偿被害人损失的问题

侵财、职务等犯罪案件生效判决执行财产刑时，应当从扣押、冻结的被告人财产或罪犯交纳的财产中优先补偿被害人经济损失，再执行罚金。

二、关于善意取得赃款赃物的处理问题

有证据证明赃款赃物已出售或用于还债等，且购买方或接受方善意取得的，在办理案件过程中不应收缴。

三、关于虚假出资、抽逃出资案件构成犯罪数额标准问题

虚假出资、抽逃出资案件构成犯罪标准为：虚假出资、抽逃出资，给公司、股东、债权人造成的直接经济损失累计数额在五十万元以上。

四、关于合同诈骗案件数额标准问题

合同诈骗中"数额较大"是指个人诈骗公私财物一万元以上的或者单位诈骗公私财物十万元以上；"数额较大"是指个人诈骗公私财物十万元以上或者单位诈骗公私财物一百万元以上；"数额特别巨大"是指个人诈骗公私财物一百万元以上或者单位诈骗公私财物一千万元以上的。

五、关于全国人大常委会《关于［中华人民共和国刑法］第二百九十四条第一款的解释》（以下简称"解释"）的理解问题

（一）对"解释"第（一）项"形成较稳定的犯罪组织，人数较多，有明确的组织者、领导者、骨干成员基本固定"理解如下：

1. "形成较稳定的犯罪组织"一般是指该犯罪组织形成、维系时间超过三个月以上，而且是为了在较长的时间内多次实施犯罪而建立起来的。

2. "人数较多"是指该犯罪组织的成员一般应在五人以上。

3. "有明确的组织者、领导者"一般是指该犯罪组织成员关系明显呈现出塔型结构，处在塔尖上的是组织者、领导者。组织者、领导者可以是一人，也可以是多人。

4. "骨干成员基本固定"一般是指在组织者、领导者策划、指挥的多次犯罪或主要犯罪中起主要作用的成员基本上固定的。一般情况下，是这些骨干成员带领其他非骨干成员直接实施具体犯罪活动。骨干成员人数不得少于一人。

（二）对"解释"第（二）项"有组织地通过违法犯罪活动或者其他手段获取经济利益，具有一定的经济实力，以支持该组织的活动"理解如下：

1. "通过违法犯罪活动或者其他手段获取经济利益"是指犯罪组织获取经济利益的手段既可以是合法的，也可以是非法的。不论通过何种途径，只要获取经济利益即可。

2. 必须在犯罪组织的统一组织、领导下获取经济利益。如果犯罪组织内部成员出于个人意愿，通过其个人行为获取经济利益，就不能视为符合此项规定。犯罪组织成员自愿或者在组织者、领导者的要求下，将其个人经济利益投入到组织活动时，应当认定犯罪组织有组织地获取经济利益。

3. "具有一定的经济实力，以支持该组织的活动"是指犯罪组织所获取的经济利益，足以满足该犯罪组织维系及活动所需要的大部分费用。

（三）对"解释"第（三）项"以暴力、威胁或其他手段，有组织地多次进行违法犯罪活动，为非作恶，欺压、残害群众"理解如下：

1. 实施故意杀人、抢劫、敲诈、寻衅滋事等"为非作恶，欺压、残害群众"的违法犯罪活动至少三次，不要求每一次都构成犯罪，只要违法即可。

2. 实施违法犯罪活动的主要手段是暴力或威胁，还包括其他使人不能或不敢反抗的手段。

3. 上述违法犯罪活动必须是在组织者、领导者的策划、指挥、同意、默许的情况下，或者按照惯例，为了组织利益实施的。

犯罪组织内部成员出于个人恩怨或其他目的，并非为了组织利益而单独或者伙同他人实施违法犯罪活动时，不能将其纳入组织犯罪中。

鉴于1979年《刑法》中没有规定黑社会性质犯罪，在认定是否构成黑社会性质组织时，不应把1997年10月1日以前实施的违法犯罪活动计算在组织犯罪的次数中；需要追究刑事责任的，应按有关法律规定定罪处罚。

（四）对"解释"第（四）项"通过实施违法犯罪活动，或者利用国家工作人员的包庇或纵容，称霸一方，在一定区域或者行业内，形成非法控制或者重大影响，严重破坏经济、社会生活秩序"理解如下：

1. "利用国家工作人员的包庇或纵容"是指利用《最高人民法院关于审理黑社会性质组织犯罪的案件具体应用法律若干问题的解释》第五条规定的国家工作人员包庇和纵容行为之一。利用民获得国家工作人员身份的犯罪组织成员的包庇或纵容行为的，也视为符合此规定。

2. 国家工作人员包庇、纵容黑社会性质组织内部个别成员在该组织的意志之外实施的违法犯罪活

动时，不应以包庇、纵容黑社会性质组织罪处罚；需要追究刑事责任的，应当按照有关法律规定定罪处罚。

六、关于引诱、容留、介绍卖淫案件构成犯罪和"情节严重"标准的问题
具有下列行为之一的，应当按照刑法第三百五十九第一款规定定罪处罚：
（一）明知卖淫者或嫖客有性病而引诱、容留、介绍卖淫的；
（二）明知是未成年人而引诱（除幼女外）、容留、介绍卖淫五人次以上的；
（三）引诱、容留、介绍其他人员卖淫三次以上的。
具有下列行为之一的，视为"情节严重"：
（一）明知卖淫者或者嫖客有性病而引诱、容留、介绍卖淫五人次以上的；
（二）明知是未成年人而引诱（除幼女外）、容留、介绍卖淫五人次以上的；
（三）引诱、容留、介绍其他人员卖淫十人次以上的。

七、关于非法出版物案件数额（量）标准问题
最高人民法院《关于审理非法出版物刑事案件具体应用法律若干问题的解释》（以下简称"解释"）规定了构成犯罪及情节严重的数额（量）幅度，根据我省实际情况，执行以下标准：
（一）"解释"第八条规定的构成犯罪的数额（量）为：（1）制作、复制、出版淫秽影碟、软件、录像带八十张（盒）以上，淫秽音碟、录音带一百五十张（盒）以上，淫秽扑克、书刊、画册一百五十副（册）以上，淫秽照片、画片八百张以上的；（2）贩卖淫秽影碟、软件、录像带一百五十张（盒）以上，淫秽音碟、录音带三百张（盒）以上，淫秽扑克、书刊、画册三百副（册）以上，淫秽照片、画片一千五百张以上的；（3）向他人传播淫秽物品达三百人次以上，或者组织播放淫秽影、像达十五场次以上的；（4）制作、复制、出版、贩卖、传播淫秽物品，获利八千元以上的。
"情节严重"是指（1）制作、复制、出版淫秽影碟、软件、录像带四百张（盒）以上，淫秽音碟、录音带八百张（盒）以上，淫秽扑克、书刊、画册八百副（册）以上，淫秽照片、画片四千张以上的；（2）贩卖淫秽影碟、软件、录像带八百张（盒）以上，淫秽音碟、录音带一千五百张（盒）以上，淫秽扑克、书刊、画册一千五百副（册）以上，淫秽照片、画片八千张以上的；（3）向他人传播淫秽物品达一千五百人次以上，或者组织播放淫秽影、像达八十场次以上的；（4）制作、复制、出版、贩卖、传播淫秽物品，获利四万元以上的。
（二）"解释"第十条规定的数量标准为：向他人传播淫秽的书刊、影片、音像、图片等出版物达五百人次以上或者造成恶劣社会影响的，属于"情节严重"，依照刑法第三百六十四条第一款的规定，以传播淫秽物品罪定罪处罚。
组织播放淫秽的电影、录像等音像制品达二十场次以上或造成恶劣社会影响的，依照刑法第三百六十四条第二款的规定，以组织播放淫秽音像制品罪定罪处罚。
（三）"解释"第十二条规定的数额标准为："情节严重"是指（1）经营数额在八万元以上的；（2）违法所得数额在二万五千元以上的。
"情节特别严重"是指（1）经营数额在二十五万元以上的；（2）违法所得数额在八万元以上的。
（四）"解释"第十三条规定的数额标准为："情节严重"是指（1）经营数额在二十五万元以上的；（2）违法所得数额在八万元以上的。
"情节特别严重"是指（1）经营数额在八十万元以上的；（2）违法所得数额在二十五万元以上的。

八、关于贩卖淫秽物品数量的计算问题
计算犯罪嫌疑人或者被告人贩卖淫秽物品的数量时，应当把已经卖出的淫秽物品数量、当场查获的淫秽物品数量及在其他藏匿地点查获的淫秽物品数量累计计算。

九、关于贪污贿赂案件中赃款去向不明时能否认定既遂的问题
贪污贿赂案件中，不能将赃款去向明确与否作为是否认定既遂的标准。只要通过贪污贿赂犯罪已取得财物并排除公用的辩解，就应当认定既遂。

十、关于指定管辖问题
上级侦查机关（部门）侦查或上级侦查机关（部门）指定下级侦查机关（部门）侦查终结的案件，在移送审查起诉时应严格按审判管辖的规定办理。确有充分理由按正常管辖可能影响公正审判，需要改变审判管辖的，应严格按照第十次联席会议纪要的规定办理。

十一、关于血型鉴定问题
现场留有血迹的重大案件，除目击证人或被害人直接明确证明犯罪嫌疑人犯罪之外，应当对现场血迹的血型、犯罪嫌疑人的血型、被害人的血型等进行鉴定。血型相同时，应当作DNA鉴定。

十二、关于对犯罪嫌疑人及物品进行辨认的问题证人或被害人能够描述犯罪嫌疑人特征的,应当组织辨认;犯罪嫌疑人或被害人的物品能够起证据作用时,应当组织有关人员进行辨认。凡是组织辨认的,都应当制作辨认笔录

十三、关于毒品鉴定问题

毒品犯罪案件中查获的毒品应当妥善保管,待判决生效后,再按照有关规定予以销毁。可能被判处死刑的毒品犯罪案件,应当对毒品含量进行鉴定。

十四、关于轻微的刑事案件进入公诉程序后当事人自愿和解时如何处理的问题

经侦查已移送审查起诉的轻伤害等轻微的刑事案件,当事人自愿和解的,公安机关可以根据检察机关的建议撤案;案件起诉至法院后,当事人自愿和解的,法院可以建议检察机关撤诉。各方意见不一致的,按诉讼程序处理。

经侦查的告诉才处理的案件(侮辱、诽谤、暴力干涉婚姻自由、虐待、侵占),除被害人因受强制、威吓无法告诉的以外,公安机关侦查终结的,由公安机关告知被害人直接向人民法院提起诉讼;检察机关受案未提起公诉,由检察机关告知被害人直接向人民法院提起诉讼,并建议公安机关撤案。公安机关根据检察机关的建议可撤案。人民法院在审理中可以向公安机关调取有关证据;已采取拘留、逮捕强制措施的,一般应当予以解除,确因案件审理需要不宜解除的,有关部门之间应做好衔接。

十五、关于服刑罪犯重新犯罪案件的侦查羁押与期限问题

对于服刑罪犯重新犯罪的案件,监狱侦查部门应严格执行刑事诉讼法关于羁押及办案期限的规定。

十六、关于延长办案期限的通知问题

对犯罪嫌疑人、被告人延长办案期限的,办案机关应于办案期限届满前将批准延长办案期限的有关手续的复印件送达看守所。

十七、关于检察机关向公安机关送达不起诉决定书的问题

检察机关对公安机关移送起诉的案件决定不予起诉的,应当在作出决定之日起十日内将不予起诉决定书送达公安机关的有关办案部门。

十八、关于《执行通知书》的下达与执行问题

人民法院应当在判决或裁定生效后十五日内将《执行通知书》送达到看守所,看守所应及时告知驻所检察室。

十九、关于监外执行的问题

监狱对交付执行的罪犯不予收监的,公安机关应当向交付执行的人民法院提交《对×××是否暂予监外执行的函》,并附监狱部门相关证明材料,由人民法院作出是否暂予监外执行的决定。

二十、关于对《吉林省公检法司1—9次联席会议纪要编纂》和《吉林省公检法司第十次联席会议纪要》部分条款的修改和废止问题

(一)《吉林省公检法司1—9次联席会议纪要编纂》第二条第2项中的"贪污、贿赂案件"是指刑法分则第八章所规定的犯罪案件。

(二)《吉林省公检法司1—9次联席会议纪要编纂》第二条第2项中的"县、处级以上"现界定为领导职务县、处级以上和非领导职务副厅级以上。包括党政机关、事业单位、人民团体和国有企业中上述人员。

(三)《吉林省公检法司1—9次联席会议纪要编纂》第六十五条第6项中的"携带凶器抢夺",是指只要携带凶器即可,不以显露为成立条件。

(四)《吉林省公检法司第十次联席会议纪要》中"六、关于省公安厅直属公安局办理刑事案件报捕、移送起诉的问题"第二款修改为"省公安厅直属公安局侦查终结的刑事案件,需要移送审查起诉的,由市州人民检察院受理后,按照《人民检察院刑事诉讼规则》的有关规定办理。需要指定管辖的,由省公安厅提请省人民检察院并商请省高级人民法院办理指定管辖的相关事宜";第三款修改为"受案的人民检察院认为事实不清,证据不足,需要补充侦查的,应当退回省公安厅直属公安局";第四款修改为"受案人民检察院对省公安厅直属公安局移送的刑事案件作出不起诉决定的,应当将不起诉决定书送达省公安厅直属公安局"。

(五)废止《吉林省公检法司1—9次联席会议纪要编纂》第六十六条关于认定转化型抢劫罪的规定。

吉林省高级人民法院 吉林省人民检察院 吉林省公安厅 吉林省司法厅
《吉林省社区服刑人员管理办法（试行）》

(2009年7月6日)

第一章 总 则

第一条 为规范对社区服刑人员的管理，严格社区矫正刑罚执行工作，根据《中华人民共和国刑法》、《中华人民共和国刑事诉讼法》、《中华人民共和国监狱法》、司法部《司法行政机关社区矫正工作暂行办法》、《吉林省社区矫正工作暂行办法》等规定，结合我省社区矫正工作实际，制定本办法。

第二条 本办法所称社区服刑人员是指依法被判处管制、宣告缓刑、裁定假释、暂予监外执行、被剥夺政治权利并在社会上服刑的罪犯。

第三条 社区服刑人员管理工作坚持依法、严格、科学、文明管理的原则。

第四条 社区服刑人员在接受社区矫正期间，人格不受侮辱、人身安全和合法财产不受侵犯，享有辩护、申诉、控告、检举以及其他未被依法剥夺或者限制的权利。

第五条 社区服刑人员在接受社区矫正期间，应当遵守法律、法规和社区矫正有关规定，服从管理，接受教育，按照规定参加公益劳动。

第六条 街道（乡镇）司法所负责对社区服刑人员的管理。

公安派出所应配合司法所加强对社区服刑人员的管理。

检察机关依法对社区服刑人员管理工作实施法律监督。

第二章 交付执行

第七条 人民法院判处管制、宣告缓刑、单处剥夺政治权利或者决定暂予监外执行的，公安机关、监狱机关决定暂予监外执行的，应当核实罪犯的经常居住地，告知其按规定的时间到经常居住地司法所报到，责令其在接受社区矫正保证书上签字。罪犯系未成年人的，还需其监护人签字。在判决或决定生效之日起的7日内，将有关法律文书直接送达或以挂号信的方式送达罪犯经常居住地的县（市、区）司法局社区矫正工作管理部门和公安局户政管理部门。

公安机关、监狱机关根据人民法院的判决和裁定对罪犯假释、对附加剥夺政治权利的罪犯释放的，应当核实罪犯的居住地，告知其按规定的时间到经常居住地司法所报到，责令其在接受社区矫正保证书上签字。在罪犯出监所之日起的7日内，将有关法律文书直接送达或以挂号信的方式送达罪犯经常居住地的县（市、区）司法局社区矫正工作管理部门和公安局户政管理部门。

第八条 判处管制、宣告缓刑、单处剥夺政治权利的，送达的法律文书包括：刑事判决书、执行通知书、接受社区矫正保证书、送达回执。

人民法院决定暂予监外执行的，送达的法律文书包括：刑事判决书、执行通知书、暂予监外执行决定书、病残鉴定书、接受社区矫正保证书、送达回执。

公安机关、监狱机关决定暂予监外执行的，送达的法律文书包括：刑事判决书、暂予监外执行通知书、指定医院的病残鉴定书、暂予监外执行具保书、接受社区矫正保证书、送达回执。

罪犯假释的，送达的法律文书包括：刑事判决书、假释裁定书、出监所鉴定表、接受社区矫正保证书、送达回执。

附加剥夺政治权利罪犯释放的，送达的法律文书包括：刑事判决书、涉及附加剥夺政治权利期限改变的减刑裁定书、出监所鉴定表、接受社区矫正保证书、送达回执。

第九条 县（市、区）司法局收到人民法院、公安机关、监狱机关送达的法律文书，应当认真查验，详细登记备案。

法律文书齐全无误的，县（市、区）司法局应当及时转交司法所，同时将送达回执以挂号信的方式寄回原送达机关；法律文书不齐全或有误的，立即通知原送达机关补正。

第十条 人民法院对被告人或罪犯作出非监禁刑判决、裁定或决定的，可以委托被告人或罪犯经常居住地的县（市、区）司法局，调查考察适用非监禁刑的社情民意和监管环境，并于收到委托之日起7日内向人民法院提出调查考察的书面意见，县（市、区）司法局拟派员到庭的可一并提出。

第十一条 公安机关、监狱机关决定暂予监外执行，或者提请人民法院裁定假释的，可以委托罪犯经常居住地的县（市、区）司法局，对暂予监外执行、假释罪犯的社情民意和监管环境进行社会调查，提出评估意见。

第十二条 社区服刑人员由经常居住地司法所接收；户籍所在地与经常居住地不一致的，户籍所在地司法所应当协助、配合经常居住地司法所开展社区矫正工作。

县（市、区）司法局及司法所应严肃、认真、细致做好社区服刑人员的接收工作。对社区服刑人员管辖和接收环节的工作情况，应当详细记载并将相关材料备案，确保交接手续完备，有据可查。

第三章　监督管理

第一节　日常管理

第十三条　报到制度。社区服刑人员应当在规定的时限内到司法所报到，接受社区矫正。

（一）社区服刑人员应当自法律文书生效或出监（所）之日起 7 日内，持有关法律文书到经常居住地司法所报到，如实汇报家庭情况等，接受社区矫正。

（二）司法所当为社区服刑人员办理登记手续，建立档案，会同公安派出所向其发放并宣读社区矫正告知书和社区矫正执行宣告书，责令其遵守社区矫正有关规定。

有条件的，应采取集中宣告。

（三）社区服刑人员未在规定的期限内报到接受社区矫正的，司法所经核实确定去向不明的，应及时书面通知公安派出所，并协助查找。

（四）社区服刑人员应当定期到司法所报到并汇报思想、活动情况，递交书面矫正总结材料，司法所应当作好记录。

监外执行罪犯因身体情况，可以委托监护人或近亲属以书面形式汇报情况。

第十四条　监督制度。司法所应当在社区服刑人员办理登记手续之日起 15 日内，对其单位、家庭情况进行走访了解，确定监督人，组成监督考察小组，与监督人签订监督协议，制定和落实监督管理措施。

监督人由对社区服刑人员具有监督管理能力的直系亲属或所在单位、社区居（村）委会工作人员和愿意承担监督管理责任的亲友担任。

监督人的基本职责：

（一）对社区服刑人员的遵纪守法情况进行监督，督促其遵守社区矫正规定；

（二）随时与社区服刑人员保持联系，掌握其动态和基本情况；

（三）每月以书面或电话的形式，向司法所反映社区服刑人员的矫正情况。遇有特殊情况，应当及时报告。

未成年人的社区服刑人员法定监护人应当协助司法所督促社区服刑人员遵守矫正纪律，履行矫正义务。

第十五条　走访制度。司法所应当定期走访社区服刑人员的家庭、单位和居住地的社区居（村）委会，向有关人员及当地群众了解社区服刑人员情况，听取意见和建议。

（一）定期对社区服刑人员实地走访，社区矫正工作人员每月与社区服刑人员见面一次；

（二）节假日及其他重点时期应当及时走访，掌握其动态情况；

（三）社区服刑人员受到奖惩、有重大思想问题或出现其他特殊情况时，社区矫正工作人员应及时走访；

（四）社区矫正工作人员应当根据走访情况及时调整矫正方案和矫正措施，增强矫正的针对性。

第十六条　迁居制度。社区服刑人员迁居或离开所居住的县（市、区），必须报告司法所，经县（市、区）司法行政机关审核，公安机关批准。

迁居的程序和要求：

1. 社区服刑人员迁居和保外就医。社区服刑人员确因特殊要求需转院或离开居住区域的，必须由其本人提出书面申请，监督人、社区居（村）委会出具证明，社区服刑人员本人填写社区服刑人员迁居审批表。

2. 司法所会同公安派出所审核后，出具社区服刑人员的表现材料及意见，与社区服刑人员的申请一并交县（市、区）司法局审核。

3. 县（市、区）司法局审核后，转送当地县（市、区）公安局批准。

4. 社区服刑人员经批准迁居的，原住地司法所应在 3 日内向迁入地司法所介绍社区服刑人员的情况，并转递有关档案。

5. 迁入地司法所接到有关材料后的 3 日内，将社区服刑人员纳入监管范围。

第十七条　请销假制度。社区服刑人员离开居住地县（市、区）行政区域活动范围的，必须报告司法所，7 日以下由司法所批准；超过 7 日以上，由司法所审核，经公安派出所批准。

请销假的程序及要求：

1. 社区服刑人员本人向司法所提出申请，内容包括外出事由、时间、地点等，监督人、社区居（村）委会出具证明，社区服刑人员填写社区服刑人员外出请假审批表。

2. 司法所核实后，签署初步意见并出具社区服刑人员的表现材料送公安机关审批。

3. 公安机关批准后，司法所应及时通知社区服刑人员，同时告知其外出期间的有关要求。

4. 社区服刑人员一次请假不得超过7天。因特殊原因需要延长假期的，应提前申请报批，由其监督人代为办理相关手续。

5. 社区服刑人员返回后应及时到司法所销假，同时向派出所报告。未按时销假或未经批准离开居住地的，应按有关规定予以处罚。

司法所应当对社区服刑人员外出情况进行登记。

第十八条 会客制度。社区服刑人员接受媒体采访或会见境外人士前，必须由其本人提出申请，监督人、社区居（村）委会出具证明，司法所审核后出具社区服刑人员的表现材料，送公安派出所审批。公安机关批准后，司法所记录备案。

社区服刑人员不得会见违法犯罪嫌疑人、同案犯、法轮功等邪教组织以及非法组织的人员。

第十九条 公示制度。司法所应当定期将社区服刑人员考核与奖罚情况等表现，以适当的方式进行公布。

第二节 分类管理

第二十条 司法所应当根据有关法律规定，针对不同刑罚种类的社区服刑人员采取分类的监督管理措施。

第二十一条 被判处管制的社区服刑人员，在社区矫正期间应当遵守下列规定：

（一）遵守法律、行政法规和社区矫正的有关规定，服从司法行政机关的监督管理；

（二）未经公安机关批准，不得行使言论、出版、集会、结社、游行、示威自由的权利；

（三）每月向司法所书面报告自己的活动情况；

（四）遵守公安机关关于会客的规定；

（五）离开县（市、区）活动范围7日以下的，应当报告司法所；7日以上和离开本省或者迁居，应当报告司法所，并经公安机关批准；

（六）定期接受司法所集中教育和个别教育；

（七）有劳动能力的，应按规定参加司法所组织的公益劳动；

（八）遵守其他具体的监督管理措施。

第二十二条 被宣告缓刑的社区服刑人员，在社区矫正期间应当遵守下列规定：

（一）遵守法律、行政法规和社区矫正的有关规定，服从司法行政机关的监督管理；

（二）每月向司法所书面报告自己的活动情况；

（三）遵守公安机关关于会客的规定；

（四）离开县（市、区）活动范围7日以下的，应当报告司法所；7日以上和离开本省或者迁居，应当报告司法所，并经公安机关批准；

（五）定期接受司法所组织的集中教育和个别教育；

（六）有劳动能力的，应按规定参加司法所组织的公益劳动；

（七）附加剥夺政治权利的缓刑人员还必须遵守本办法第二十五条的规定；

（八）遵守其他具体的监督管理措施。

第二十三条 被裁定假释的社区服刑人员，在社区矫正期间应当遵守下列规定：

（一）遵守法律、行政法规和社区矫正的有关规定，服从司法行政机关的监督管理；

（二）每月书面报告自己的活动情况；

（三）遵守公安机关关于会客的规定；

（四）离开县（市、区）活动范围7日以下的，应当报告司法所；7日以上和离开本省或者迁居，应当报告司法所，并经公安机关批准；

（五）定期接受司法所组织的集中教育和个别教育；

（六）有劳动能力的，应按规定参加司法所组织的公益劳动；

（七）附加剥夺政治权利的假释人员还必须遵守本办法第二十五条的规定；

（八）遵守其他具体的监督管理措施。

第二十四条 暂予监外执行的社区服刑人员，在社区矫正期间应当遵守下列规定：

（一）遵守法律、行政法规和社区矫正的有关规定，服从司法行政机关的监督管理；

（二）每月向司法所书面报告自己的活动情况；

（三）离开县（市、区）活动范围7日以下的，应当报告司法所；7日以上和离开本省或者迁居，应当报告司法所，并经公安机关批准；

（四）被保外就医的罪犯应当在指定的医院接受治疗；

（五）被保外就医的罪犯确因治疗、护理的特殊要求，需要转院或者离开本地区当日不回居住地的，

应当报告司法所,并经公安机关批准;

(六)被保外就医的罪犯进行治疗疾病以外的社会活动应当事前向司法所报告,并经公安机关批准;

(七)定期接受司法所组织的集中教育和个别教育;

(八)遵守其他具体的监督管理措施。

第二十五条 被判处剥夺政治权利的社区服刑人员,在社区矫正期间应当遵守以下规定:

(一)遵守法律、行政法规和社区矫正的有关规定,服从司法行政机关的监督管理;

(二)不得享有选举权和被选举权;

(三)不得组织或者参加集会、游行、示威、结社活动;

(四)不得出版、制作、发行书籍、音像制品;

(五)不得接受采访、发表演说;

(六)不得在境内外发表有损国家荣誉、利益或者其他具有社会危害性的言论;

(七)不得担任国家机关职务;

(八)不得担任国有公司、企业、事业单位和人民团体的领导职务;

(九)定期接受司法所组织的个别教育,并报告活动情况;

(十)遵守其他具体的监督管理措施。

第三节 分级管理

第二十六条 司法所应当根据社区服刑人员的犯罪原因、犯罪类型、危害程度、悔罪表现、家庭及社会关系等情况,进行综合分析和风险评估,采取分级监督管理措施,并根据矫正效果和需要,适时作出调整。

第二十七条 社区服刑人员分级监督管理分为严管、普管、宽管三个级别管理。初次分级监督管理根据风险评估结果确定,并依据矫正效果评估或奖惩情况实施动态调整,每三个月为一个考核期。

第二十八条 社区服刑人员在考核期内有下列情形之一的,适用严管。

1. 接收不满二个月或接收时剩余矫正期不足三个月的;

2. 风险评估被评为 C 类的;

3. 规定期限内未报到或脱管下落不明的;

4. 不认罪服法或拒不接受社区矫正的;

5. 多次违反社区矫正管理规定或不参加矫正活动的;

6. 抵触情绪较大,扬言报复社会或他人的;

7. 情绪低落,丧失生活信心,有自杀倾向的;

8. 居无定所或者社会交往不良的;

9. 无家可归且无亲可投(虽有亲属经做工作拒不接纳),生活确有困难,有过激思想、言论或行为的;

10. 犯杀人、爆炸、抢劫、强奸、绑架等严重暴力性犯罪之一被判处十年以上有期徒刑的;两次以上违法犯罪的;涉黑(恶)、涉枪、涉毒犯罪的;犯危害国家安全罪的;团伙犯罪主犯、犯罪集团首犯;

11. 其他有危险倾向的。

适用宽管、普管的社区服刑人员有上述第 2 至第 8 款及第 11 款行为之一的,降为严管。

第二十九条 对适用严管的社区服刑人员,采取以下管理措施:

1. 每周口头或电话汇报 1 次,每月书面报告 1 次本人的活动情况;

2. 每月个别教育不少于 2 次,集中学习时间不少于 8 小时,递交 2 篇学习心得体会;

3. 有劳动能力的,每月公益劳动时间不少于 10 小时;

4. 对有心理矫治需要的,有条件的应开展心理咨询、心理治疗;

5. 制定并落实个性化教育矫正方案;

6. 原则不得外出或迁居,特殊情况的按规定处理。

第三十条 社区服刑人员有下列情形之一的,适用普管:

1. 经风险评估被评定为 B 类的;

2. 严管期间以及普管 6 个月以上,情绪较平稳,基本能够认罪悔罪,接受管理教育,改造表现较好,有重新犯罪可能性的;

3. 适用宽管的社区服刑人员,1 次不遵守本规定第三十三条第 2、3 款之规定的,降为普管。

第三十一条 对适用普管的社区服刑人员,采取以下管理措施:

1. 每半月口头或电话汇报 1 次,每月书面报告 1 次本人的活动情况;

2. 每月个别教育 1 次,集中学习时间不少于 4 小时,递交 1 篇学习心得体会;

3. 有劳动能力的,每月公益劳动时间不少于 6 小时;

4. 根据需要由司法所提供心理咨询服务；
5. 符合条件的，经批准，可以外出经商务工。

第三十二条 社区服刑人员有下列情形之一的，适用宽管：
1. 风险评估被评定为 A 类的；
2. 年内连续 2 次受到社区矫正表扬或被评为社区矫正积极分子的；
3. 受记功以上奖励的；
4. 普管 6 个月以上，认罪服法，情绪平稳，改造表现突出，重新犯罪可能性小的。

第三十三条 对适用宽管的社区服刑人员，采取以下管理措施：
1. 每月个别教育 1 次；
2. 每季度书面报告 1 次本人活动情况；
3. 有劳动能力的，每月公益劳动时间不少于 4 小时；
4. 符合条件的，经批准，可以外出经商务工。

第三十四条 县（市、区）司法局社区矫正工作管理部门每季度将社区服刑人员分级监督管理情况上报市州社区矫正工作管理部门备案；市州社区矫正工作管理部门每半年将社区服刑人员分级监督管理情况上报省社区矫正工作管理部门备案。

第四章 考核奖惩

第三十五条 司法所应当在监督管理的基础上，根据《吉林省社区服刑人员考核奖罚工作暂行规定》，加强对社区服刑人员日常行为的考核。

第三十六条 对社区服刑人员风险评估和日常行为的考核结果，应作为分级监督管理的主要依据。

第三十七条 社区服刑人员在日常行为考核奖惩中受记功以上奖励的，在受奖励的当月晋升宽管。对符合司法奖励法定条件的，建议给予司法奖励。年内连续两次受社区矫正表扬奖励或被评为社区矫正积极分子的，从受奖励的当月列入宽管。

第三十八条 社区服刑人员在日常行为考核奖惩中受记过处分的，受处罚当月降至较严格的级别监督管理。受警告处分的，可暂不改变监督管理级别，在两个月考察期内仍无明显转变的，降至较严格的级别监督管理。对符合司法惩戒法定条件的，建议给予必要的司法惩戒。

第三十九条 社区服刑人员受到治安管理处罚，尚不够撤销缓刑或撤销假释、撤销暂予监外执行的，在受处罚的当月应列入严管。

第五章 解除终止

第一节 解 除

第四十条 社区服刑人员矫正期限届满，依法解除社区矫正。

社区服刑人员被判处管制、单处或并处剥夺政治权利的，矫正期限为判处的实际期限；被宣告缓刑、裁定假释的，矫正期限为缓刑考验期或者假释考验期；暂予监外执行的，矫正期限为在监外实际执行的期限。

第四十一条 被判处管制、剥夺政治权利的社区服刑人员矫正期满前 10 日，由本人作出书面总结，司法所出具鉴定材料，报县（市、区）司法局审核批准解除社区矫正。

被宣告缓刑、裁定假释的社区服刑人员，考验期没有违反法律及相关规定的，在考验期满前 10 日，由司法所出具鉴定材料，报县（市、区）司法局审核批准解除社区矫正。

对暂予监外执行的社区服刑人员，暂予监外执行期满前 30 日，由司法所出具鉴定材料，经县（市、区）司法局审核后报送原审批、决定机关。

第四十二条 社区服刑人员矫正期满，司法所应在矫正期满之日书面通知本人，并以一定形式公开宣布解除社区矫正。

第二节 收 监

第四十三条 对暂予监外执行的社区服刑人员，原批准机关收到罪犯经常居住地县（市、区）司法局报送的相关法律文书后，应在暂予监外执行罪犯期满前 7 日，做出是否继续暂予监外执行的审批决定，并将批准通知书送达罪犯经常居住地的县（市、区）司法局。做出收监决定的，社区矫正终止。

第四十四条 社区服刑人员因重新违法犯罪被依法惩处，或严重违规被撤销缓刑、假释收监的，自羁押之日或收监之日，社区矫正终止。

第三节 死 亡

第四十五条 社区服刑人员死亡的，自死亡之日起，社区矫正终止。

社区服刑人员非正常死亡的，由公安机关依法办理。

第四十六条 社区服刑人员死亡的，司法所应当在7日内，书面通报原判决、裁定人民法院或原刑期执行机关、县（市、区）司法局、公安局，同时通报检察机关，并附相关证明材料。

第六章 法律监督

第四十七条 社区矫正工作的法律监督由检察机关行使，各级检察机关监所检察部门履行社区矫正法律监督职责。

第四十八条 检察机关对社区服刑人员交付执行、管理教育、考核奖惩实行全程监督。在监督中要支持司法行政、公安机关管理、考核、奖惩工作。

第四十九条 检察机关对社区矫正中发现的问题，应及时与司法行政、公安、审判机关沟通，提出改进或纠正意见；对问题严重的应提出书面建议，并发《检察建议书》。

第五十条 检察机关对社区矫正中发现的违法问题，要提出书面检察意见，必要时发《检察意见书》；对严重违法的，必要时发《纠正违法通知书》。

第五十一条 检察机关对社区矫正中发现的刑罚执行和管理活动中职务犯罪的，要依法查处；对未构成犯罪的交由有关单位和部门处理。

第七章 附 则

第五十二条 本办法由吉林省高级人民法院、吉林省人民检察院、吉林省公安厅、吉林省司法厅负责解释。

第五十三条 本办法所提"日"，含节假日、休息日；"以下"、"以内"，均含本数；"以上"不含本数。

第五十四条 本办法自颁布之日起执行，此前的相关规定与本办法不一致的，按本办法的规定执行。

吉林省高级人民法院 吉林省人民检察院 吉林省公安厅 吉林省司法厅《关于对拟适用社区矫正的被告人、罪犯社区影响调查评估的暂行办法》

（2012年11月22日）

第一章 总 则

第一条 为规范对拟适用社区矫正的被告人、罪犯社区影响调查评估工作，确保社区安全和对社区矫正人员实施有效监管，提高社区矫正刑罚执行效果，根据《中华人民共和国刑法》、《中华人民共和国刑事诉讼法》和最高人民法院、最高人民检察院、公安部、司法部《社区矫正实施办法》（以下简称《实施办法》），制定本办法。

第二条 社区影响调查评估是指人民法院在对拟适用社区矫正的被告人或罪犯作出管制、缓刑或假释、暂予监外执行的判决、裁定和决定前，人民检察院在对拟适用社区矫正的犯罪嫌疑人提出量刑建议前，公安机关、监狱在对拟适用社区矫正的罪犯提请人民法院裁定假释和报请主管部门决定暂予监外执行前，委托居住地县（市、区）司法行政机关调查评估其对所居住社区影响的活动。

第三条 受委托的司法行政机关必须以事实为依据，真实、客观、公正地进行评估，并提出是否适用社区矫正的建议或意见。

第四条 调查评估过程中，人民法院、人民检察院、公安机关、监狱应为司法行政机关提供必要的便利条件。

司法行政机关负责指导管理、组织实施社区影响调查评估工作。县（市、区）司法行政机关承担本居住地拟适用社区矫正的被告人、罪犯调查评估工作，根据工作需要指派相关街道（乡镇）司法所参与或协助调查评估工作。

人民法院应加强对社区影响调查评估工作的业务指导。

人民检察院对社区影响调查评估工作实行法律监督。

公安机关应配合司法行政机关开展社区影响调查评估工作，及时准确提供被告人、罪犯的户籍所在地或经常居住地、家庭和社会关系、违法犯罪等相关信息情况。

第二章 范围及内容

第五条 社区影响调查评估的范围包括拟适用社区矫正的被告人或罪犯居住地村（居）民委员会、所在单位（学校）、家庭成员等相关单位和个人。

第六条 社区影响调查评估内容应当重点了解犯罪嫌疑人、被告人、罪犯的以下情况：

（一）居所情况，重点是否有固定居所；

（二）家庭成员和社会关系，包括家庭成员情况、与家庭成员融洽度、家庭经济情况、家庭是否有重大变故和社会关系是否有利于社区矫正；

（三）在社区、村居内的一贯表现，包括是否遵守村规民约、是否有不良行为恶习、与邻里是否能融洽相处等；

（四）犯罪行为和适用社区矫正后对所居住社区的影响，包括重点调查其犯罪类型、犯罪起因、犯罪性质，特别是犯罪后的悔罪表现，以及适用社区矫正后对所居社区潜在的危险和危害程度等；

（五）所居住的社区、村（居）委意见。重点调查社区人文环境、社区监管力量以及承受能力和社区居民的接纳程度等。若案件被害人在本社区生活，可以征求案件被害人及其家属的意见；

（六）其他需要了解的有关事项。

对拟适用假释的罪犯，应调查其假释后生活是否确有着落；

对拟适用暂予监外执行的罪犯，应调查保证人是否具备保证条件；

对拟适用管制、缓刑的犯罪嫌疑人、被告人需要附加"禁止令"的，应建议禁止的事项。

第三章 程序及方法

第七条 人民检察院在提起公诉前，对可能判处拘役、三年以下有期徒刑，建议适用缓刑的犯罪嫌疑人，可以委托县（市、区）司法行政机关开展社区影响调查评估。

第八条 对人民检察院未委托进行调查评估的，但人民法院认为可能判处拘役、三年以下有期徒刑的被告人，人民法院在适用缓刑前应当委托县（市、区）司法行政机关开展社区影响调查评估。

第九条 监狱、看守所对罪犯提请人民法院裁定假释和报请主管部门决定暂予监外执行（确有严重疾病，短期内有死亡危险，且已失去危害社会可能的病危罪犯除外）前，应当委托县（市、区）司法行政机关开展社区影响调查评估。

县（市、区）司法行政机关对病危的保外就医罪犯，可依据监狱、看守所提供的医院病危通知书、保证人证明材料以及驻监（所）检察室的意见，先行办理法律文书和罪犯交接手续，后对保外就医罪犯的有关情况进行调查评估，若发现罪犯病危情况解除且经调查评估发现不具备保外就医条件的，依照相关规定启动收监程序：

（一）将情况通报同级人民检察院，并征求同级人民检察院意见。人民检察院应当在五个工作日内提出检察意见，并反馈县（市、区）司法行政机关。

（二）向批准、决定机关送达提请撤销暂予监外执行收监执行建议书，并附人民检察院检察意见及相关证明材料。

（三）批准、决定机关应当自收到材料之日起十五日内依法做出决定。

（四）司法行政机关撤销暂予监外执行收监执行建议书和批准决定机关撤销暂予监外执行收监执行决定书副本，应当同时抄送同级人民检察院和公安机关。

（五）监狱管理机关对暂予监外执行罪犯决定收监执行的，监狱应当立即赴羁押地将罪犯收监执行。公安机关对暂予监外执行罪犯决定收监执行的，由罪犯居住地看守所将罪犯收监执行。

第十条 办理未成年人刑事案件开展社会调查（调查评估），应当依照中央综治委等六部门《关于进一步建立、完善和规范办理未成年人刑事案件配套工作体系的若干意见》中有关对未成年人犯罪嫌疑人、被告人的社会调查规定，采取有利于未成年人和适合未成年人身心特点的方式，对其性格特点、家庭情况、社会交往、成长经历、是否具备有效监护条件或者社会帮教措施，以及涉嫌犯罪前后表现等情况进行调查。调查中，应当注意保护未成年人的名誉，对其身份采取适当的保护措施，对其调查材料予以保密，充分保障其合法权益。

第十一条 委托机关拟对犯罪嫌疑人、被告人、罪犯适用社区矫正的，应当核实其居住地，及时向其居住地县（市、区）司法行政机关发出《委托调查评估函》，《委托调查评估函》应注明调查评估对象的户籍所在地和经常居住地、案由以及委托机关、联系人和联系方式，并附起诉书或者刑事判决书副本。人民检察院建议适用缓刑的，应当随案移送调查评估报告。

第十二条 县（市、区）司法行政机关收到《委托调查评估函》和相关材料后，应当登记备案，根据委托机关的要求，立即组织开展社区影响调查评估工作。

县（市、区）司法行政机关应当对所调查评估对象的居住地进行核实确认，发现不在本辖区的，应当及时告知委托机关，并将相关材料退回。

指派相关司法所调查的，应及时将有关材料送至司法所，并对调查评估所需费用予以保障。

第十三条　调查工作须由 2 名以上人员进行。

调查前，应向被调查人出示工作证件，告知相关回避和保密等事项。

调查中，可采取个别约谈、查阅调取相关资料、小范围座谈等方式进行，并充分听取社区组织、社区居民和被害人等各方面意见。

第十四条　县（市、区）司法行政机关可以要求犯罪嫌疑人、被告人、罪犯的家属或所在单位出具同意配合社区矫正、帮助做好日常教育管理工作的书面承诺，作为《调查评估意见书》的附件。

第十五条　对拟适用暂予监外执行的罪犯，县（市、区）司法行政机关应当审核保证人是否具备保证条件，并告知其所应承担的义务，提交书面保证书。

第十六条　保证人须符合下列条件：

（一）与本案无牵连；

（二）有管束和教育被保证人的能力；

（三）享有政治权利，人身自由未受到限制；

（四）有固定的住处和一定的经济条件。

第十七条　保证人应当履行以下义务：

（一）监督被保证人遵守国家法律、法规和社区矫正有关监督管理规定；

（二）发现被保证人可能发生或者已经发生违反国家法律、法规和社区矫正有关监督管理规定的行为的，应当及时向执行机关报告。

保证人在被保证人尚未适用或已经适用社区矫正期间情况发生变化，丧失保证条件或者因不履行义务被取消保证人资格的，司法行政机关应当责令被保证人或亲属重新确定保证人；在规定的期限内，不能提出新的保证人的，按《实施办法》第二十六条之规定处理。

罪犯无亲属、监护人的，可以由其居住地的基层组织或者原所在单位推荐保证人。

第十八条　调查时，应当制作调查笔录，调查人、被调查人、记录人在调查笔录等文字材料上签字、盖章；被调查人不签名、盖章的，应当注明。

向有关单位收集、调取的书面调查材料，须由提供人签名，并加盖单位印章；向个人收集、调取的书面调查材料，须由本人确认无误后签名或者盖章。

第十九条　调查结束后，调查人员应当根据全面了解的相关情况，客观分析判断，准确提出评估意见。

指派司法所调查的，司法所所长签署意见，并附相关调查材料，报县（市、区）司法行政机关社区矫正机构，由县级司法行政机关主管领导审核。

县（市、区）司法行政机关社区矫正机构调查的，机构负责人签署意见，并附相关调查材料，报县（市、区）司法行政机关主管领导审核。

第二十条　县（市、区）司法行政机关应对报送的评估意见及相关调查材料审核把关，确保调查情况客观、评估结论公正，并制作《调查评估意见书》，经主管领导签署意见，提交委托机关，同时将副本立卷存档备查。

需要补充调查的，应及时通知相关人员补充材料。

第二十一条　县（市、区）司法行政机关应当自接到委托机关《委托调查评估函》之日起 7 个工作日内，完成社区影响调查评估工作。

人民法院对于拟适用简易程序审理的案件，可以与司法行政机关协商，适当缩短调查评估期限。

调查评估工作复杂或情况特殊的，可先采取传真等方式反馈意见，事后将《调查评估意见书》送达委托机关。与委托机关进行电话或其他方式沟通情况的，应当登记备案。需要延长调查评估期限的，应及时与委托机关协商确定。

第二十二条　上级司法行政机关发现下级司法行政机关作出的调查评估意见有错误的，有权予以撤销或者变更，也可以指令下级司法行政机关予以纠正。

第四章　采信及衔接

第二十三条　委托机关在审理和审查过程中，应当充分考虑司法行政机关的意见，将社区影响调查评估报告作为能否适用社区矫正的重要参考依据，作出对被告人或罪犯适用社区矫正的判决、裁定或决定。

第二十四条　委托机关对调查评估意见有异议的，可向负责调查评估工作的县（市、区）司法行政机关提出，县（市、区）司法行政机关认为有必要的，可进行复核。

第二十五条　委托机关采信调查评估意见的，依法对符合社区矫正适用条件的被告人、罪犯作出判决、裁定或者决定后，应当及时通知受委托的县（市、区）司法行政机关，按照《实施办法》等有关规定，办理罪犯交付执行手续，确保与司法行政机关社区矫正机构有效衔接，防止脱管、漏管。

第二十六条 委托机关未采信调查评估意见的，应及时告知受委托的县（市、区）司法行政机关，以利于对调查评估工作的考核和改进。

第五章 回避及纪律

第二十七条 调查人员有下列情形之一的，应当自行回避，当事人、罪犯及其法定代理人也有权要求回避：

（一）是本案的当事人、罪犯或者是当事人、罪犯的近亲属的；
（二）本人或者他的近亲属与本案有利害关系的；
（三）与本案当事人、罪犯有其他关系，可能影响公正处理案件的。

调查人员的回避由县（市、区）司法行政机关决定。

第二十八条 被决定回避的调查人员，在回避决定作出以前所进行的调查活动是否有效，由作出决定的机关根据案件情况决定。

在作出回避决定前，调查人员不停止对案件的调查。

第二十九条 调查人员应当遵守职业道德和执业纪律，自觉接受监督：

（一）不得私自受理委托评估、出具调查评估意见和传递相关材料；
（二）不得接受当事人、罪犯及其亲属、亲友、委托人、诉讼代理人的吃请、馈赠或其他消费活动；
（三）不得违反规定会见当事人、罪犯的近亲属及与本案有利害关系的人员；
（四）不得泄露在受理调查评估委托中知悉的国家秘密、商业秘密、调查评估意见以及当事人、罪犯的隐私；
（五）不得有其他弄虚作假、徇私舞弊的行为。

调查人员违反前款规定的，由司法行政机关视情节给予相应的行政处分；情节严重，构成犯罪的，由司法机关依法查处。

第三十条 司法行政机关应当加强调查评估队伍岗位技能培训，熟悉相关法律规定，严格遵守工作纪律，提高调查评估质量。

第三十一条 委托机关应当指定专门机构和专人负责办理委托调查手续，委托调查评估函及相关材料可采取专人送达或邮寄（挂号或快递）等方式传递，不得将材料交由案件当事人、代理人或其他利害关系人转递。

司法行政机关不得接收委托机关以外的其他单位或个人转递的委托调查材料。

第六章 法律监督

第三十二条 县（市、区）司法行政机关向人民法院提交《调查评估意见书》时，应当抄送同级人民检察院。

第三十三条 人民检察院对《调查评估意见书》有异议的，应及时向委托机关和县（市、区）司法行政机关提出书面意见。委托机关和县（市、区）司法行政机关应当及时给予答复。

第三十四条 人民检察院发现调查评估执法活动违反法律和《实施办法》规定的，可以区别情况提出口头纠正意见、制发纠正违法通知书或者检察建议书。负责调查评估的司法行政机关应当及时纠正、整改，并将有关情况告知人民检察院。

第三十五条 在调查评估执法过程中，司法工作人员有玩忽职守、徇私舞弊、滥用职权等违法违纪行为的，依法依纪给予相应处分；构成犯罪的，依法追究刑事责任。

第七章 附　则

第三十六条 本办法所称居住地是指拟适用社区矫正的被告人、罪犯能够连续居住六个月以上的居所所在的县（市、区）。

第三十七条 本办法自下发之日起施行。

吉林省高级人民法院　吉林省人民检察院　吉林省公安厅　吉林省人力资源和社会保障厅《关于办理拒不支付劳动报酬案件联席会议纪要》

（2013年1月31日）

为正确执行《最高人民法院关于审理拒不支付劳动报酬刑事案件适用法律若干问题的解释》（法释

〔2013〕3号），完善劳动保障监察执法与刑事司法衔接制度，加大对拒不支付劳动报酬、侵害劳动者合法权益犯罪行为的打击力度，切实保障劳动者合法权益，维护社会公平正义和社会稳定，在省委与政法委召集下，省公安厅、省人民检察院、省高级人民法院和省人力资源和社会保障厅召开联席会议，就我省司法机关和行政执法机关查处拒不支付劳动报酬案件具体应用法律的有关问题达成了共识。现纪要如下：

一、关于拒不支付劳动报酬罪的法律适用问题

拒不支付劳动报酬罪，是指自然人或者单位侵犯劳动者的财产所有权，明知应当支付劳动者的劳动报酬，却以转移财产、逃匿等方法逃避支付或者有能力支付而不支付，经政府有关部门责令支付仍不支付劳动者的劳动报酬数额较大的行为。

（一）关于"有能力支付而不支付"的认定

"有能力支付而不支付"是指用工单位或者个人有支付劳动者劳动报酬的财产而拒不支付的情况。有无财产，不应仅从是否营利上认定，用工单位或者个人即使连续数年亏本无利，但只要其仍有积累的财产，就应支付劳动者的薪酬，否则，就可以认定"有能力支付而不支付"。

（二）关于"数额较大"的认定

数额较大，是指拒不支付单个劳动者三个月以上的劳动报酬且数额在五千元以上的，或者拒不支付十名以上的劳动者的劳动报酬且数额累计在三万元以上的。

二、关于切实履行职责、加强协调配合，共同做好对拒不支付劳动报酬案件依法查处工作的问题

（一）全省各级公安机关、人民检察院、人民法院、人力资源社会保障部门要进一步统一思想，高度重视，增强政治责任感，依法查处拒不支付劳动报酬的违法犯罪行为，维护法律权威，保障劳动者的合法权益，促进劳动关系和谐稳定与社会公平正义。

（二）全省各级公安机关、人民检察院、人民法院、人力资源社会保障部门在办理拒不支付劳动报酬案件过程中，要坚持"调解优先、调处结合"的工作原则，做到依法保障劳动者权益和促进企业发展并重，努力促进劳动者和企业关系的和谐稳定，实现法律效果和社会效果的统一。

（三）人力资源社会保障部门、公安机关、人民检察院、人民法院要按照有关规定，切实履行职责，密切分工协作，依法为劳动者提供诉讼便利，认真做好拒不支付劳动报酬行为涉嫌犯罪案件的调查、移送、侦办、审查批捕、审查起诉和审判等工作。

（四）人力资源社会保障部门依法受理拖欠劳动报酬的举报、投诉后，对违法事实清楚、证据确凿的，应当努力促使双方通过协商解决。协商不成的，人力资源社会保障部门应依法及时作出责令用人单位向劳动者支付劳动报酬的决定。

（五）当事人拒不执行人力资源社会保障部门决定且拒不支付劳动报酬达到犯罪标准的，由人力资源社会保障部门按规定移送公安机关。移送案件时，应附《涉嫌犯罪移送书》、涉嫌拒不支付劳动报酬案件调查报告、涉案的有关书证、物证及其他有关涉嫌犯罪的材料。

（六）公安机关接到人力资源社会保障部门移送的拒不支付劳动报酬案件后，应当告知拒不支付劳动报酬的公民、法人或其他组织执行人力资源社会保障部门的决定，及不执行决定可能承担的法律责任。

（七）公安机关告知后，对用工单位或者个人仍拒不执行人力资源社会保障部门决定，符合立案条件的，应当依法予以立案侦查。

（八）公安机关、人民检察院、人民法院在案件审查过程中，犯罪嫌疑人、被告人和劳动者达成和解协议，并支付劳动者的劳动报酬，依法承担相应赔偿责任的，可以减轻或免除处罚。

吉林省人民检察院　吉林省建设厅
《关于在建设工程招投标活动中共同开展职务犯罪预防工作的通知》

(2007年5月18日)

根据国家《招标投标法》和最高人民检察院、国家发展计划委员会、建设部、交通部、水利部《关于在工程建设领域共同开展预防职务犯罪工作中加强联系配合的通知》、最高人民检察院、建设部《关于在查处贪污贿赂等职务犯罪案件中加强协作配合的通知》和《吉林省预防职务犯罪工作条例》的规定，吉林省人民检察院和吉林省建设厅为维护建筑市场的正常秩序，遏制、减少和预防建设工程建设中的职务犯罪活动，就建设工程招标投标活动中职务犯罪预防工作通知如下：

一、工作原则

坚持贯彻"标本兼治、综合治理、惩防并举、注重预防"的反腐败工作方针；坚持依法办事和依法行政原则；坚持依靠法律监督和依靠群众监督的原则；坚持各司其职、各负其责，互相监督、互相配合的原则，共同做好职务犯罪预防工作。

二、工作目标和任务

以依法进一步规范建设工程招投标为目标，加强对招标投标全过程的监督，重点监督和严肃查处虚假招标、串通投标、暗箱操作和评标中徇私舞弊等违法违规行为；严肃查处利用职权非法干预和插手招投标行为；共同研究制定预防建设工程招标投标活动职务犯罪的对策，提出完善建设工程招投标体制、机制和制度的措施；发挥检察机关和建设行政主管部门的职能优势，最大限度地预防和减少建设工程招投标活动职务犯罪的发生，促进建设工程招投标活动的依法健康发展，更好地为实现振兴吉林、富民强省的奋斗目标服务。

三、双方工作职责

检察机关的工作职责：

1. 加强与建设行政主管部门的联系，共同研究制定开展预防职务犯罪的制度、方法和措施，依法监督国家法律法规的落实情况。

2. 针对招标投标中职务犯罪的特点，研究国家工作人员职务犯罪易发、多发的诱因、成因和防范对策，从工作内容、程序、制度和运转机制等方面落实各项预防职务犯罪的工作措施。

3. 会同建设行政主管部门共同开展个案预防、专项预防、系统预防活动；开展预防职务犯罪的宣传、教育、咨询活动；结合建设工程招标投标领域职务犯罪典型案例，对建设工程招标投标管理机构和招标投标活动的有关人员进行法制教育和警示教育；对建设工程招标投标管理机构履行预防职责、开展预防职务犯罪工作提出建议和意见。

4. 定期或不定期地向建设行政主管部门通报、反馈检察机关在预防招标投标活动职务犯罪工作中发现的涉嫌违法违纪的案件和建设行政主管部门移送案件的查处情况。对建设行政主管部门依法移送的涉嫌职务犯罪的线索，及时审查办理；对依法不构成犯罪或者不需要追究刑事责任的，及时向建设工程招投标管理机构的主管部门回复意见，并说明理由和法律依据。

5. 发现和处置预防工作中发现的职务犯罪线索，发挥特殊预防功能。要重点查处和预防在工程建设项目中国家工作人员利用职务规避招标和在招投标活动中弄虚作假的行为，依法严厉查处和有效预防国家工作人员利用职务非法转包、违法分包等违法活动，依法查处国家工作人员在招投标活动中徇私舞弊、滥用职权、玩忽职守等不执行建设工程强制性标准或相关规定，特别是由此造成重大责任事故的违法犯罪行为。

6. 根据最高人民检察院《关于受理行贿档案查询的暂行规定》，向建设项目招投标主管机关或建设单位提供行贿犯罪档案查询系统服务和预防咨询服务。

建设行政主管部门的工作职责：

1. 定期或不定期向检察机关通报、反馈建设工程招投标活动中违法犯罪或严重违纪的手段、规律和趋势，以及所出台的与预防职务犯罪联系紧密的政策、措施等。与检察机关携手搞好法制教育和警示教育，不断增强建设行政主管部门工作人员、建筑市场各方主体的法律法规意识。分析研究建设工程招标投标活动中违法违纪案件产生的原因，提出对策建议。

2. 主动和检察机关加强联系、沟通和配合，充分运用和发挥自身职能优势，结合自身业务开展职务犯罪预防工作，切实把预防工作做实、做好。对发现和收到举报涉嫌职务犯罪的线索，及时移送有管辖权的检察机关查处；对检察机关提出的检察建议和移送的违纪线索，及时受理并向检察机关通报处理结果。

3. 实行对招标投标过程和程序"旁站式"监督管理，严格防止既当"裁判员"又当"运动员"，摆正位置，做到既不缺位，又不越位、错位。要认真研究招标投标监管方式调整过程中出现的新情况新问题，做到有章可循，严格依法办事，认真履行执法职责。在强化监督管理的同时，还应当给予参加招标投标建筑市场经济活动的各方主体创造良好的条件，提供优质服务。

四、建立预防职务犯罪联系制度，共同促进工作的落实

检察机关和建设行政主管部门要各负其责，相互配合，优势互补，及时沟通情况，加强联系，经常召开联席会或碰头会，注意总结和推广招标投标活动监督中预防职务犯罪的成功经验和有效做法，共同构建预防职务犯罪的快速反应机制，完成好共同承担预防建设工程招标投标活动中职务犯罪的工作任务。

（一）检察机关在查处招标投标活动的职务犯罪中，发现招标投标管理方面存在漏洞的，应当及时向招标投标管理机构提出建议。对建设工程招标投标领域发生的职务犯罪原因、特点及规律进行调查，提出预防对策和措施。

对建设行政主管部门邀请检察机关派员参加国有投资的大型、重点建设工程招标投标活动时，检察机关应当及时派员参加，并依法履行法律监督职责，但涉及检察机关的项目应回避。

检察机关围绕引发职务犯罪的隐患、非规范职务行为，以及职务犯罪衍化的宏观和微观因素开展预防调查和案件初查；与建设行政主管部门共同分析研究建设工程招标投标活动中典型职务犯罪产生的原因和对策；对在发包、承包、招投标过程中发生的行贿受贿、徇私舞弊、滥用职权、玩忽职守等职务犯

罪行为依法惩治。

根据最高人民检察院《关于受理行贿档案查询的暂行规定》，向建设行政主管部门、建筑市场各方主体提供行贿犯罪查询服务和预防咨询服务。

（二）建设行政主管部门对招标投标各方主体的违法行为，除严格按照国家和省有关法律法规和规章进行处罚外，对涉嫌犯罪的应及时书面告知检察机关依法追究刑事责任。对检察机关提出的关于招标投标管理方面的建议，应及时予以重视和整改，并将整改情况适时向检察机关反馈。

对国有投资的大型、重点建设工程招标投标活动，履行行政业务监管的法定职责，并及时邀请检察机关派员全过程法律监督。

建立招标投标工作责任制。对建设单位和招标代理机构的负责人、主管人员以及招标投标管理机构工作人员、评标委员会成员，应根据其职责、岗位和权限，制订严格的工作制度和岗位纪律，明确处罚原则。如发生问题，要实行责任倒查，严格依照规定追究当事人的责任。

制定完善健全的《评标办法》，规范评委的评标行为；对专家评委实行动态管理；重点现场监督业主评委的评标行为，解决"暗箱操作"等突出问题。进一步规范建设工程项目招标代理机构的执业行为，从制度上解决"中介不公"等执业行为不规范等突出问题。

以信誉档案规范建筑市场各方主体和专家评违的行为，使市场各方主体切实严格依法办事。实行严格的建筑市场准入和清除制度，建立市场各方主体和专家评委的信誉档案，对不良行为要记录在案；根据发生不良行为记录的多少与轻重，给予相应的处罚，直至清除出建筑市场，构成犯罪的应移送司法机关追究刑事责任。

全省各级检察机关和建设行政主管部门应结合本地区实际，认真贯彻落实本通知要求。在执行中遇到的重要情况和问题，要及时向各自的领导机关报告。

吉林省高级人民法院《关于常见犯罪的量刑指导意见》实施细则

（2014年7月24日）

为进一步规范刑罚裁量权，落实宽严相济的刑事政策，增强量刑的公开性，实现量刑公正，根据刑法、刑事司法解释以及《最高人民法院关于常见犯罪的量刑指导意见》等有关规定，结合我省刑事审判实践，制定本实施细则。

一、量刑的指导原则

1. 量刑应当以事实为依据，以法律为准绳，根据犯罪的事实、性质、情节和对社会的危害程度，决定判处的刑罚。

2. 量刑既要考虑被告人所犯罪行的轻重，又要考虑被告人应负刑事责任的大小，做到罪责刑相适应，实现惩罚与预防犯罪的目的。

3. 量刑应当贯彻宽严相济的刑事政策，做到该宽则宽，当严则严，宽严相济，罚当其罪，确保裁判法律效果与社会效果的统一。

4. 量刑要客观、全面地把握不同时期不同地区的经济社会发展和治安形势的变化，确保刑法任务的实现；对于同一地区同一时期，案情相近或相似的案件，所判处的刑罚应当基本均衡。

二、量刑的基本方法

量刑时，应在定性分析的基础上，结合定量分析，依次确定量刑起点、基准刑和宣告刑。

（一）量刑步骤

1. 根据基本犯罪构成事实，在相应的法定刑幅度内确定量刑起点；

2. 根据其他影响犯罪构成的犯罪数额、犯罪次数、犯罪后果等犯罪事实，在量刑起点的基础上增加刑罚量从而确定基准刑；

3. 根据量刑情节调节基准刑，拟定宣告刑；

4. 综合全案情况依法确定宣告刑。

（二）量刑情节调节基准刑的方法

1. 只有单个量刑情节的，在确定量刑情节的调节比例后，直接对基准刑进行调节，确定拟宣告刑。

2. 具有自首、立功、坦白、当庭自愿认罪、退赃退赔、积极赔偿被害人经济损失、取得谅解、刑事和解、犯罪后积极抢救被害人、累犯、前科、针对弱势人员犯罪、重大灾害期间故意犯罪等多个量刑情节的，一般根据各量刑情节的调节比例，采用同向相加、逆向相减的方法调节基准刑。

3. 具有未成年人犯罪、老年人犯罪、限制行为能力的精神病人犯罪、又聋又哑的人或者盲人犯罪、防卫过当、避险过当、犯罪预备、犯罪未遂、犯罪中止、从犯、胁从犯和教唆犯等量刑情节的，先适用该量刑情节采用连乘的方法调节基准刑，在此基础上，再适用其他量刑情节调节基准刑。不同层级之间的量刑情节，采用连乘的方法调节基准刑。

4. 被告人犯数罪,同时具有适用于各个罪的立功、累犯等量刑情节的,先适用各个量刑情节对个罪的基准刑进行调节,确定个罪应当判处的刑罚,再依法进行数罪并罚从而决定执行的刑罚。

(三) 确定宣告刑的方法

1. 拟宣告刑在法定刑幅度内,且与被告人罪责相适应的,可以直接确定为宣告刑;如果具有依法应当减轻处罚情节的,应当在法定最低刑以下确定宣告刑,有数个量刑幅度的,应当在法定量刑幅度的下一个量刑幅度内确定宣告刑。

2. 拟宣告刑在法定最低刑以下,具有法定减轻处罚情节,且与被告人罪责相适应的,可以直接确定为宣告刑;只有从轻处罚情节的,可以依法确定法定最低刑为宣告刑,但根据案件特殊情况,经最高人民法院核准,也可以在法定刑以下判处刑罚。

3. 拟宣告刑超出法定刑幅度的,可以依法确定法定最高刑为宣告刑。

4. 被告人犯数罪,数罪并罚时,总和刑期不满五年的,减少的刑期一般不超过一年;总和刑期满五年不满十年的,减少的刑期一般不超过二年;总和刑期满十年不满十五年的,减少的刑期一般不超过三年;总和刑期满十五年不满二十年的,减少的刑期一般不超过四年;总和刑期满二十年不满二十五年的,减少的刑期一般不超过五年;总和刑期在二十五年以上不满三十五年的,可以决定执行有期徒刑二十年;总和刑期在三十五年以上的,可以决定执行有期徒刑二十年至二十五年。

5. 综合考虑全案情况,拟宣告刑与被告人罪责不相适应的,独任审判员或合议庭可以在20%的幅度内对拟宣告刑进行调整,调整后的拟宣告刑仍然与被告人罪责不相适应的,应当提交审判委员会讨论,依法确定宣告刑。

6. 综合全案犯罪事实和量刑情节,依法应当判处无期徒刑以上刑罚、管制或者单处附加刑的,应当依法判处;犯罪情节轻微不需要判处刑罚的,可以免于刑事处罚。

7. 拟判处三年以下有期徒刑、拘役并符合缓刑适用条件的,可以依法宣告缓刑;对其中不满十八周岁的人、怀孕的妇女和已满七十五周岁的人,应当宣告缓刑。

8. 宣告刑以月为单位计算。

三、常见量刑情节的适用

量刑时要充分考虑各种法定和酌定量刑情节,根据案件的全部犯罪事实以及量刑情节的不同情形,依法确定量刑情节的适用及其调节比例。对严重暴力犯罪、毒品犯罪等严重危害社会治安犯罪,在确定从宽的幅度时,应当从严掌握;对犯罪情节较轻的犯罪,应当充分体现从宽。具体确定各个量刑情节的调节比例时,应当综合平衡调节幅度与实际增减刑罚量的关系,确保罪责刑相适应。

1. 对于未成年人犯罪,应当综合考虑未成年人对犯罪的认识能力、实施犯罪行为的动机和目的、犯罪时的年龄、是否初犯、偶犯、悔罪表现、个人成长经历和一贯表现等情况,予以从宽处罚。

(1) 已满十四周岁不满十六周岁的,应当减少基准刑的30%—60%;

(2) 已满十六周岁不满十八周岁的,应当减少基准刑的20%—50%;

(3) 未成年人犯根据其所犯罪行,可能被判处拘役、三年以下有期徒刑,如果悔罪表现好,并具有"系又聋又哑的人或者盲人;防卫过当或者避险过当;犯罪预备、中止或者未遂;共同犯罪中的从犯、胁从犯;犯罪后自首或者有立功表现;其他犯罪情节轻微不需要判处刑罚"情形之一的,应当依照刑法第三十七条的规定免除处罚;

(4) 行为人在年满十八周岁前后实施了不同种犯罪行为的,对其年满十八周岁以前实施的犯罪依照本条第(1)至(3)项的规定确定从宽的幅度;

(5) 行为人在年满十八周岁前后实施了同种犯罪行为的,根据未成年人犯罪事实的具体情况,适当确定从宽的幅度。但因未成年犯罪所减少的刑罚量不得超过未成年犯罪事实所对应的刑罚量。

2. 对于六十五周岁以上的老年人犯罪,综合考虑犯罪的性质、情节、后果等情况,适当确定从宽的幅度。

(1) 已满六十五周岁不满七十五周岁故意犯罪的,可以减少基准刑的30%以下;过失犯罪的,可以减少基准刑的40%以下;

(2) 七十五周岁以上故意犯罪的,可以减少基准刑的40%以下;过失犯罪的,应当减少基准刑的20%—50%。

3. 对于尚未完全丧失辨认或者控制自己行为能力的精神病人犯罪,综合考虑犯罪性质、精神疾病的严重程度以及犯罪时精神障碍对辨认控制能力的影响等情况,适当确定从宽的幅度。

(1) 病情为重度的,可以减少基准刑的40%以下;

(2) 病情为中度的,可以减少基准刑的30%以下;

(3) 病情为轻度的,可以减少基准刑的20%以下。

4. 对于又聋又哑的人或者盲人犯罪,综合考虑犯罪的性质、情节、后果以及聋哑人或盲人犯罪时的控制能力等情况,可以减少基准刑的40%以下;犯罪较轻的,可以减少基准刑的40%以上或者依法免除处罚。

5. 对于防卫过当，应当综合考虑犯罪的性质、防卫过当的程度、造成损害的大小等情况，减少基准刑的60%以上或者依法免除处罚。

6. 对于避险过当，应当综合考虑犯罪的性质、避险过当的程度、造成损害的大小等情况，减少基准刑的50%以上或者依法免除处罚。

7. 对于预备犯，综合考虑预备犯罪的性质、准备程度和危害程度等情况，可以比照既遂犯减少基准刑的60%以下；犯罪较轻的，可以减少基准刑的60%以上或者依法免除处罚。

8. 对于未遂犯，综合考虑犯罪行为的实行程度、造成损害的大小、犯罪未得逞的原因等情况，可以比照既遂犯减少基准刑的50%以下。

9. 对于中止犯，应当综合考虑中止犯罪的阶段、自动放弃犯罪的原因以及造成损害的后果等情况，决定予以减轻或者免除处罚。
（1）造成较重损害后果的，应当减少基准刑的30%—60%；
（2）造成较轻损害后果的，应当减少基准刑的50%—80%；
（3）没有造成损害的，应当免除处罚。

10. 对于从犯，应当综合考虑其在共同犯罪中的地位、作用等情况，减少基准刑的20%—50%；犯罪较轻的，应当减少基准刑的50%以上或者依法免除处罚。
对于共同犯罪中罪责相对较轻的主犯，可以减少基准刑的20%以下。

11. 对于胁从犯，应当综合考虑犯罪的性质、被胁迫的程度以及在共同犯罪中的作用等情况，减少基准刑的40%—60%；犯罪较轻的，减少基准刑的60%以上或者依法免除处罚。

12. 对于教唆犯，综合考虑其在共同犯罪中的地位、作用和被教唆的对象以及被教唆的人是否实施被教唆之罪等情况，确定从宽或者从重的幅度。
（1）对于在共同犯罪中属于从犯或者所起作用较小的一般教唆犯，比照第10条的规定确定从宽的幅度；
（2）被教唆的人未犯被教唆之罪的，可以减少基准刑的50%以下；
（3）教唆不满十八周岁的人犯罪的，应当增加基准刑的10%—30%；
（4）教唆限制行为能力人犯罪的，可以增加基准刑的20%以下。

13. 对于自首情节，综合考虑自首的动机、时间、方式、罪行轻重、如实供述罪行的程度以及悔罪表现等情况，确定从宽的幅度。
（1）犯罪事实或犯罪嫌疑人未被办案机关发觉，主动直接投案构成自首的，可以减少基准刑的40%以下，一般不超过四年；
（2）犯罪事实和犯罪嫌疑人已被办案机关发觉，但尚未受到调查谈话、讯问，或者未被宣布采取调查措施或者强制措施，主动直接投案构成自首的，可以减少基准刑的30%以下，一般不超过三年；
（3）犯罪嫌疑人、被告人如实供述办案机关尚未掌握的不同种罪行，以自首论的，可以减少基准刑的30%以下，一般不超过三年；
（4）并非出于被告人主动，而是经亲友规劝、陪同投案，或亲友送去投案等情形构成自首的，可以减少基准刑的30%以下，一般不超过三年；
（5）罪行尚未被办案机关发觉，仅因形迹可疑被有关组织或办案机关盘问、教育后，主动交代自己的罪行构成自首的，可以减少基准刑的30%以下，一般不超过三年；
（6）强制戒毒期间主动交代自己的罪行，构成自首的，可以减少基准刑的30%以下，一般不超过三年；
（7）其他类型的自首，可以减少基准刑的20%以下，一般不超过二年；
（8）犯罪较轻的自首，可以减少基准刑的40%以上或者依法免除处罚。
恶意利用自首规避法律制裁等不足以从宽处罚的，可以不予从宽处理。

14. 对于立功情节，综合考虑立功的大小、次数、内容、来源、效果以及罪行轻重等情况，确定从宽的幅度。
（1）一般立功的，可以减少基准刑的20%以下，一般不超过二年；
（2）重大立功的，可以减少基准刑的20%—50%；犯罪较轻的，可以减少基准刑的50%以上或者依法免除处罚。

15. 对于坦白情节，综合考虑如实供述罪行的阶段、程度、罪行轻重、悔罪程度以及实际意义等情况，确定从宽的幅度。
（1）如实供述自己罪行的，可以减少基准刑的20%以下，一般不超过二年；
（2）如实供述司法机关尚未掌握的同种较重罪行的，可以减少基准刑的10%—30%，一般不超过三年；

（3）因如实供述自己罪行，避免特别严重后果发生的，可以减少基准刑的30%—50%；

（4）揭发同案犯共同犯罪事实的，可以减少基准刑的10%以下，一般不超过一年。

16. 对于当庭自愿认罪的，综合考虑犯罪的性质、罪行的轻重、认罪程度以及悔罪表现等情况，可以减少基准刑的10%以下，一般不超过一年。依法认定为自首、坦白的除外。

17. 对于退赃、退赔的，综合考虑犯罪性质、退赃、退赔行为对损害结果所能弥补的程度、退赃、退赔的数额及主动程度等情况，可以减少基准刑的30%以下。

积极配合办案机关追缴赃款赃物，未给被害人造成经济损失或者损失较小的，可以减少基准刑的10%以下，一般不超过一年。

对于抢劫等严重危害社会治安犯罪退赃、退赔的，在决定是否从宽以及从宽幅度时应从严掌握，减少的基准刑一般不超过10%。

18. 对于积极赔偿被害人经济损失并取得谅解的，综合考虑犯罪性质、赔偿数额、赔偿能力以及认罪、悔罪程度等情况，可以减少基准刑的40%以下；积极赔偿但没有取得谅解的，可以减少基准刑的30%以下；尽管没有赔偿，但取得谅解的，可以减少基准刑的20%以下；其中抢劫、强奸等严重危害社会治安犯罪的应从严掌握。

19. 对于当事人根据刑事诉讼法第二百七十七条达成刑事和解协议的，综合考虑犯罪性质、赔偿数额、赔礼道歉以及真诚悔罪等情况，可以减少基准刑的50%以下；犯罪较轻的，可以减少基准刑的50%以上或者依法免除处罚。

20. 对于犯罪后积极抢救被害人的，综合考虑犯罪性质、抢救效果、人身损害后果等情况，可以减少基准刑的20%以下。

21. 对于累犯，应当综合考虑前后罪的性质、刑罚执行完毕或者赦免以后至再犯罪时间的长短以及前后罪罪行轻重等情况，增加基准刑的10%—40%，增加的刑罚量一般不超过五年、不少于三个月。

22. 对于有前科的，综合考虑前科的性质、时间间隔长短、次数、处罚轻重等情况，可以增加基准刑的10%以下。前科犯罪为过失犯罪和未成年人犯罪的除外。

23. 对于犯罪对象为未成年人、老年人、残疾人、孕妇等弱势人员的，综合考虑犯罪的性质、犯罪的严重程度等情况，可以增加基准刑的20%以下。

24. 对于在重大自然灾害、预防、控制突发传染病疫情等灾害期间故意犯罪的，根据案件的具体情况，可以增加基准刑的20%以下。

四、十五种常见犯罪的量刑

确定具体犯罪的量刑起点，以基本犯罪构成事实的社会危害性为根据。同时具有两种以上基本犯罪构成事实的，一般以危害较重的一种确定量刑起点，其他作为增加刑罚量的犯罪事实。在量刑起点的基础上，根据其他影响犯罪构成的犯罪事实的社会危害性确定所应增加的刑罚量，确定基准刑。

（一）交通肇事罪

1. 第一个量刑幅度

死亡一人或重伤三人，负事故主要责任的，在六个月至一年六个月有期徒刑幅度内确定量刑起点；负事故全部责任的，在一年至二年有期徒刑幅度内确定量刑起点。

死亡三人，负事故同等责任的，在一年至二年有期徒刑幅度内确定量刑起点。

造成公共财产或者他人财产直接损失，无能力赔偿数额达到30万元，负事故主要责任的，在六个月至一年六个月有期徒刑幅度内确定量刑起点；负事故全部责任的，在一年至二年有期徒刑幅度内确定量刑起点。

重伤一人，负事故主要责任，并有"酒后、吸食毒品后驾驶机动车辆；无驾驶资格驾驶机动车辆；明知是安全装置不全或者安全机件失灵的机动车辆而驾驶；明知是无牌证或者已报废的机动车辆而驾驶；严重超载驾驶；为逃避法律追究逃离事故现场"情形之一的，在六个月至一年六个月有期徒刑幅度内确定量刑起点；负事故全部责任的，在一年至二年有期徒刑幅度内确定量刑起点。

在量刑起点的基础上，根据事故责任、致人重伤、死亡的人数或者财产损失的数额等其他影响犯罪构成的犯罪事实增加刑罚量，确定基准刑。有下列情形之一的，增加相应的刑罚量：

（1）死亡一人或重伤三人，负事故主要责任或者全部责任的，在量刑起点的基础上，每增加重伤一人，增加六个月至一年刑期；

（2）死亡三人，负事故同等责任的，死亡人数每增加一人，增加六个月至一年刑期，重伤人数每增加一人，增加二个月至四个月刑期；

（3）造成公共财产或者他人财产直接损失，无能力赔偿数额达到30万元，负事故主要责任或者全部责任的，无能力赔偿数额在30万元基础上每增加10万元，增加三个月刑期；

（4）重伤一人，负事故主要责任或者全部责任并有最高人民法院《关于审理交通肇事刑事案件具体应用法律若干问题的解释》第二条第二款所规定的六种情形之一的，重伤人数每增加一人，增加六个月至一年刑期；

（5）其他可以增加刑罚量的情形。

2. 第二个量刑幅度

交通运输肇事后逃逸的，在三年至五年有期徒刑幅度呐确定量刑起点。

死亡二人或者重伤五人，负事故主要责任的，在三年至四年有期徒刑幅度内确定量刑起点；负事故全部责任的，在四年至五年有期徒刑幅度内确定量刑起点。

死亡六人，负事故同等责任的，在四年至五年有期徒刑幅度内确定量刑起点。

造成公共财产或者他人财产直接损失，无能力赔偿数额达到 60 万元，负事故主要责任的，在三年至四年有期徒刑幅度内确定量刑起点；负事故全部责任的，在四年至五年有期徒刑幅度内确定量刑起点。

在量刑起点的基础上，根据事故责任、致人重伤、死亡的人数或者财产损失的数额以及逃逸等其他影响犯罪构成的犯罪事实增加刑罚量，确定基准刑。有下列情形之一的，增加相应的刑罚量：

（1）交通运输肇事后逃逸，负事故全部责任的，死亡人数每增加一人，增加一年至一年六个月刑期，重伤人数每增加一人，增加六个月至一年刑期；负事故主要责任的，死亡人数每增加一人，增加九个月至一年刑期，重伤人数每增加一人，增加三个月至六个月刑期；负事故同等责任的，死亡人数每增加一人，增加六个月至一年刑期，重伤人数每增加一人，增加二个月至四个月刑期；死亡人数及重伤人数均达到该档次量刑标准的，以死亡人数确定量刑起点，重伤人数作为增加刑罚量的事实；造成公共财产或者他人财产直接损失，无能力赔偿数额每增加 10 万元，增加三个月刑期；

（2）死亡二人或者重伤五人，负事故主要责任的，死亡人数每增加一人，增加九个月至一年刑期，重伤人数每增加一人，增加三个月至六个月刑期；负事故全部责任的，死亡人数每增加一人，增加一年至一年六个月刑期，重伤人数每增加一人，增加六个月至一年刑期；死亡人数及重伤人数均达到该档次量刑标准的，以死亡人数确定量刑起点，重伤人数作为增加刑罚量的事实；

（3）死亡六人，负事故同等责任的，死亡人数每增加一人，增加六个月至一年刑期，重伤人数每增加一人，增加二个月至四个月刑期；

（4）造成公共财产或者他人财产直接损失，无能力赔偿数额达到 60 万元，负事故主要责任或者全部责任的，无能力赔偿数额在 60 万元基础上每增加 10 万元，增加三个月刑期；

（5）其他可以增加刑罚量的情形。

3. 第三个量刑幅度

因逃逸致一人死亡的，在七年至十年有期徒刑幅度内确定量刑起点。

在量刑起点的基础上，根据因逃逸致人死亡的人数等其他影响犯罪构成的犯罪事实，增加刑罚量，确定基准刑。有下列情形之一的，增加相应的刑罚量：

（1）因逃逸致人死亡的人数每增加一人，增加三年至五年刑期；

（2）其他可以增加刑罚量的情形。

4. 有下列情形（已确定为犯罪构成事实的除外）之一的，可以增加基准刑的 10% 以下，但同时具有两种以上情形的，累计不得超过基准刑的 50%：

（1）酒后、吸食毒品后驾驶机动车辆的，或者在道路上驾驶机动车追逐竞驶，情节恶劣的；

（2）无驾驶资格驾驶机动车辆的；

（3）明知是安全装置不全或者安全机件失灵的机动车辆而驾驶的；

（4）明知是无牌证或者已报废的机动车辆而驾驶的；

（5）严重超载驾驶的；

（6）交通肇事造成恶劣社会影响的；

（7）其他可以从重处罚的情形。

5. 交通肇事后保护现场、抢救伤者，并向公安机关报告的，可以减少基准刑的 20% 以下。

（二）故意伤害罪

1. 第一个量刑幅度

故意伤害致一人轻伤的，在六个月拘役至二年有期徒刑幅度内确定量刑起点。

在量刑起点的基础上，根据伤害后果等其他影响犯罪构成的犯罪事实增加刑罚量，确定基准刑。有下列情形之一的，增加相应的刑罚量：

（1）每增加轻微伤一人，增加二个月以下刑期；

（2）每增加轻伤一人，增加三个月至六个月刑期；

（3）其他可以增加刑罚量的情形。

故意伤害致人轻伤的，伤残程度可在确定量刑起点时考虑，或者作为调节基准刑的量刑情节。

2. 第二个量刑幅度

故意伤害致一人重伤的，在三年至五年有期徒刑幅度内确定量刑起点。其中，造成被害人六级残疾的，以五年有期徒刑为量刑起点。

在量刑起点的基础上，根据伤害后果、伤残等级等其他影响犯罪构成的犯罪事实增加刑罚量，确定基准刑。有下列情形之一的，增加相应的刑罚量：

（1）每增加轻微伤一人，增加二个月以下刑期；
（2）每增加轻伤一人，增加三个月至六个月刑期；
（3）每增加重伤一人，增加一年至二年刑期；
（4）造成被害人六级至三级残疾，每增加一级残疾，增加六个月至一年刑期；造成被害人残疾程度超过三级的，每增加一级残疾，增加二年至三年刑期；
（5）其他可以增加刑罚量的情形。

3. 第三个量刑幅度

以特别残忍手段故意伤害致一人重伤，造成六级严重残疾的，在十年至十三年有期徒刑幅度内确定量刑起点。依法应当判处无期徒刑以上刑罚的除外。

在量刑起点的基础上，根据伤害后果、伤残等级、手段的残忍程度等其他影响犯罪构成的犯罪事实增加刑罚量，确定基准刑。有下列情形之一的，增加相应的刑罚量：

（1）每增加轻微伤一人，增加二个月以下刑期；
（2）每增加轻伤一人，增加三个月至六个月刑期；
（3）每增加重伤一人，增加一年至二年刑期，其中每增加六级残疾一人，增加二年刑期；
（4）造成被害人六级至三级残疾，每增加一级残疾，增加六个月至一年刑期；造成被害人残疾程度超过三级的，每增加一级残疾，增加二年至三年刑期；
（5）其他可以增加刑罚量的情形。

4. 有下列情形之一的，可以从重处罚，但同时具有两种以上情形的，累计不得超过基准刑的100%：

（1）报复伤害他人的，增加基准刑的30%以下；
（2）雇佣他人实施伤害行为的，增加基准刑的20%以下；
（3）因实施其他违法活动而故意伤害他人的，增加基准刑的20%以下；
（4）使用枪支、管制刀具或者其他凶器实施伤害行为的，增加基准刑的20%以下；
（5）其他可以从重处罚的情形。

5. 因婚姻家庭、邻里纠纷等民间矛盾引发，且被害人有过错或对矛盾激化负有责任的，可以减少基准刑的20%以下。

6. 需要说明的问题

使用以下手段之一，使被害人具有身体器官缺损、器官明显畸形、身体器官有中等功能障碍、造成严重并发症等情形之一，且残疾程度在六级以上的，可以认定为"以特别残忍手段致人重伤造成严重残疾"：

①挖人眼睛、割人耳、鼻、挑人脚筋、砍人手足、剜人髌骨；
②以刀划或硫酸等腐蚀性溶液严重毁人容貌；
③电击、烧烫他人要害部位；
④其他特别残忍手段。

（三）强奸罪

1. 第一个量刑幅度

强奸妇女一人的，在三年至五年有期徒刑幅度内确定量刑起点。

奸淫幼女一人的，在四年至七年有期徒刑幅度内确定量刑起点。

在量刑起点的基础上，根据强奸或者奸淫幼女的人数、致人伤害后果等其他影响犯罪构成的犯罪事实增加刑罚量，确定基准刑。有下列情形之一的，增加相应的刑罚量：

（1）强奸妇女或者奸淫幼女增加一人，增加二年至三年刑期；
（2）每增加轻微伤一人，增加六个月以下刑期；
（3）每增加轻伤一人，增加一年至二年刑期；
（4）其他可以增加刑罚量的情形。

2. 第二个量刑幅度

犯强奸罪，有下列情形之一的，在十年至十三年有期徒刑幅度内确定量刑起点：强奸妇女、奸淫幼女情节恶劣的；强奸妇女、奸淫幼女三人的；在公共场所当众强奸妇女的；二人以上轮奸的；致使被害人重伤或者造成其他严重后果的。依法应当判处无期徒刑以上刑罚的除外。

在量刑起点的基础上，根据强奸妇女、奸淫幼女情节恶劣程度、强奸人数、致人伤害后果等其他影响犯罪构成的犯罪事实增加刑罚量，确定基准刑。有下列情形之一的，增加相应的刑罚量：

（1）强奸妇女或者奸淫幼女三人以上，每增加一人，增加二年至三年刑期；

（2）每增加刑法第二百三十六条规定的五种情形之一的，增加二年至三年刑期；
（3）每增加轻微伤一人，增加六个月以下刑期；
（4）每增加轻伤一人，增加一年至二年刑期；
（5）每增加重伤一人，增加二年至三年刑期；
（6）造成被害人六级至三级残疾，每增加一级残疾，增加一年至二年刑期；造成被害人残疾程度超过三级的，每增加一级残疾，增加二年至三年刑期；
（7）其他可以增加刑罚量的情形。
3. 有下列情形之一的，可以从重处罚，但同时具有两种以上情形的，累计不得超过基准刑的100%：
（1）对同一妇女强奸或者对同一幼女实施奸淫多次的，增加基准刑的30%以下；轮奸多次的，增加基准刑的40%以下；
（2）携带凶器或者采取非法拘禁、捆绑、侮辱、虐待等方式作案的，增加基准刑的20%以下；
（3）利用监管、监护、职务关系实施强奸的，增加基准刑的20%以下；
（4）其他可以从重处罚的情形。
4. 强奸未成年人，有下列情形之一的，可以增加基准刑的40%以下，但同时具有两种以上情形的，累计不得超过基准刑的100%：
（1）对未成年人负有特殊职责的人员、与未成年人有共同家庭生活关系的人员、国家工作人员或者冒充国家工作人员，实施强奸犯罪的；
（2）进入未成年人住所、学生集体宿舍实施强奸犯罪的；
（3）采取暴力、胁迫、麻醉等强制手段实施奸淫幼女犯罪的；
（4）对不满十二周岁的女童、农村留守女童、严重残疾或者精神智力发育迟滞的未成年人，实施强奸犯罪的；
（5）其他可以从重处罚的情形。

（四）非法拘禁罪
1. 第一个量刑幅度
非法拘禁他人，不具有殴打、侮辱情节，未造成重伤、死亡后果的，在三个月拘役至一年有期徒刑幅度内确定量刑起点。
在量刑起点的基础上，根据非法拘禁人数、拘禁时间、致人伤害的后果等其他影响犯罪构成的犯罪事实增加刑罚量，确定基准刑。有下列情形之一的，增加相应的刑罚量：
（1）非法拘禁每增加二十四小时，增加一个月至二个月刑期；
（2）被害人每增加一人，增加三个月至六个月刑期；
（3）每增加轻微伤一人，增加二个月以下刑期；
（4）每增加轻伤一人，增加三个月至六个月刑期；
（5）其他可以增加刑罚量的情形。
2. 第二个量刑幅度
非法拘禁致一人重伤的，在三年至五年有期徒刑幅度内确定量刑起点。其中，造成被害人六级残疾的，以五年有期徒刑为量刑起点。
在量刑起点的基础上，根据非法拘禁人数、拘禁时间、致人伤害的后果等其他影响犯罪构成的犯罪事实增加刑罚量，确定基准刑。有下列情形之一的，增加相应的刑罚量：
（1）非法拘禁每增加二十四小时，增加一个月至二个月刑期；
（2）被害人每增加一人，增加三个月至六个月刑期；
（3）每增加轻微伤一人，增加二个月以下刑期；
（4）每增加轻伤一人，增加三个月至六个月刑期；
（5）重伤人数每增加一人，增加一年至三年刑期；
（6）造成被害人六级至三级残疾，每增加一级残疾，增加六个月至一年刑斯；造成被害人残疾程度超过三级的，每增加一级残疾，增加二年至三年刑期；
（7）其他可以增加刑罚量的情形。
3. 第三个量刑幅度
非法拘禁致一人死亡的，在十年至十三年有期徒刑幅度内确定量刑起点。
在量刑起点的基础上，根据非法拘禁人数、拘禁时间、致人伤亡后果等其他影响犯罪构成的犯罪事实增加刑罚量，确定基准刑。有下列情形之一的，增加相应的刑罚量：
（1）非法拘禁每增加二十四小时，增加一个月至二个月刑期；
（2）被害人每增加一人，增加三个月至六个月刑期；
（3）每增加轻微伤一人，增加二个月以下刑期；

（4）每增加轻伤一人，增加三个月至六个月刑期；
（5）每增加重伤一人，增加一年至三年刑期；
（6）造成被害人六级至三级残疾，每增加一级残疾，增加六个月至一年刑期；造成被害人残疾程度超过三级的，每增加一级残疾，增加二年至三年刑期；
（7）每增加死亡一人，增加二年至四年刑期；
（8）其他可以增加刑罚量的情形。

4. 有下列情形之一的，可以从重处罚，但同时具有两种双上情形的，累计不得超过基准刑的100%：
（1）国家机关工作人员利用职权非法扣押、拘禁他人的，增加基准刑的10%—20%；
（2）有殴打、侮辱、虐待情节的（致人重伤、死亡的除外），增加基准刑的10%—20%；
（3）多次非法拘禁的，增加基准刑的20%以下；
（4）冒充军警人员、司法人员非法扣押、拘禁他人的，增加基准刑的20%以下；
（5）为索取高利贷、赌债等法律不予保护的债务而非法拘禁他人的，增加基准刑的20%以下；
（6）持枪支、管制刀具或者其他凶器非法拘禁他人的，增加基准刑的20%以下；
（7）因参与传销非法拘禁他人的，增加基准刑的20%以下；
（8）其他可以从重处罚的情形。

5. 为索取合法债务、争取合法权益而非法扣押、拘禁他人的，可以减少基准刑的30%以下。

（五）抢劫罪

1. 第一个量刑幅度

抢劫一次的，在三年至六年有期徒刑幅度内确定量刑起点。

行为人实施盗窃、诈骗、抢夺行为，未达到"数额较大"，为窝藏赃物、抗拒抓捕或者毁灭罪证当场使用暴力或者以暴力相威胁，具有下列情节之一，依照抢劫罪定罪处罚的，在三年至六年有期徒刑幅度内确定量刑起点：盗窃、诈骗、抢夺接近"数额较大"标准的；入户或在公共交通工具上盗窃、诈骗、抢夺后在户外或交通工具外实施上述行为的；使用暴力致人轻微伤以上后果的；使用凶器或以凶器相威胁的；具有其他严重情节的。

在量刑起点的基础上，根据抢劫次数、数额、致人伤害的后果等其他影响犯罪构成的犯罪事实增加刑罚量，确定基准刑。有下列情形之一的，增加相应的刑罚量：
（1）抢劫财物数额满一千元或每增加一千元，增加一个月刑期；
（2）抢劫增加一次，增加一年至三年刑期；
（3）每增加轻微伤一人，增加六个月以下刑期；
（4）每增加轻伤一人，增加六个月至一年刑期；
（5）其他可以增加刑罚量的情形。

2. 第二个量刑幅度

有下列情形之一的，在十年至十三年有期徒刑幅度内确定量刑起点：入户抢劫的；在公共交通工具上抢劫的；抢劫银行或者其他金融机构的；多次抢劫或者抢劫数额巨大的；抢劫致一人重伤的；冒充军警人员抢劫的；持枪抢劫的；抢劫军用物资或者抢险、救灾、救济物资的。依法应当判处无期徒刑以上刑罚的除外。

在量刑起点的基础上，根据抢劫情节严重程度、抢劫次数、数额、手段、致人伤害的后果等其他影响犯罪构成的犯罪事实增加刑罚量，确定基准刑。有下列情形之一的，增加相应的刑罚量：
（1）抢劫财物数额满三万元后，每增加三千元，增加一个月刑期；
（2）抢劫次数超过三次的，每增加一次，增加一年至二年刑期；
（3）每增加轻微伤一人，增加六个月以下刑期；
（4）每增加轻伤一人，增加六个月至一年刑期；
（5）每增加重伤一人，增加一年至三年刑期；
（6）造成被害人六级至三级残疾，每增加一级残疾，增加六个月至一年刑期；造成被害人残疾程度超过三级的，每增加一级残疾，增加二年至三年刑期；
（7）每增加刑法第二百六十三条规定的加重情形之一，增加二年至五年刑期；
（8）其他可以增加刑罚量的情形。

3. 有下列情形之一的，可以增加基准刑的20%以下：
（1）为实施其他违法活动而实施抢劫的；
（2）流窜作案的；
（3）在公共场所当众实施抢劫的；
（4）其他可以从重处罚的情形。

4. 有下列情形之一的，可以减少基准刑的20%以下：
(1) 因生活所迫、学习、治病急需而实施抢劫的；
(2) 抢劫家庭成员或者近亲属财物的；
(3) 其他可以从轻处罚的情形。
5. 需要说明的问题
以毒品、假币、淫秽物品等违禁品为抢劫对象的，以抢劫罪定罪，抢劫的违禁品数量作为量刑情节考虑，量刑起点和基准刑依照上述规定确定。
(六) 盗窃罪
1. 第一个量刑幅度
盗窃公私财物，犯罪数额达到"数额较大"起点二千元，或者入户盗窃、携带凶器盗窃、扒窃的，或者在二年内盗窃三次的，在三个月拘役至九个月有期徒刑幅度内确定量刑起点。

盗窃公私财物，数额达到前款规定标准的百分之五十，并有下列情形之一的，可以以盗窃罪定罪，在三个月拘役到九个月有期徒刑幅度内确定量刑起点：曾因盗窃受过刑事处罚的；一年内曾因盗窃受过行政处罚的；组织、控制未成年人盗窃的；自然灾害、事故灾害、社会安全事件等突发事件期间，在事件发生地盗窃的；盗窃残疾人、孤寡老人、丧失劳动能力人的财物的；在医院盗窃病人或者其亲友财物的；盗窃救灾、抢险、防汛、优抚、扶贫、移民、救济款物的；因盗窃造成严重后果的。

盗窃国有馆藏一般文物的，在九个月至一年有期徒刑幅度内确定量刑起点。

在量刑起点的基础上，根据盗窃数额、次数、手段等其他影响犯罪构成的犯罪事实增加刑罚量，确定基准刑。有下列情形之一的，增加相应的刑罚量：
(1) 犯罪数额每增加一千元，增加一个月刑期；
(2) 入户盗窃、携带凶器盗窃、扒窃、二年内盗窃三次的，每增加一次作案或者一种情形，分别增加二个月至三个月刑期；
(3) 盗窃国有馆藏一般文物二件的，增加九个月至一年刑期；
(4) 其他可以增加刑罚量的情形。

2. 第二个量刑幅度
盗窃公私财物，犯罪数额达到"数额巨大"起点三万元的，在三年至四年有期徒刑幅度内确定量刑起点。

盗窃公私财物，数额达到前款规定标准的百分之五十，罍并有下列情形之一的，可以认定为"有其他严重情节"，在三年到四年有期徒刑幅度内确定量刑起点：入户盗窃的；携带凶器盗窃的；组织、控制未成年人盗窃的；自然灾害、事故灾害、社会安全事件等突发事件期间，在事件发生地盗窃的；盗窃残疾人、孤寡老人、丧失劳动能力人的财物的；在医院盗窃病人或者其亲友财物的；盗窃救灾、抢险、防汛、优抚、扶贫、移民、救济款物的；因盗窃造成严重后果的。

盗窃国有馆藏一般文物三件或者三级文物一件的，在三年至四年有期徒刑幅度内确定量刑起点。

在量刑起点的基础上，根据盗窃数额、手段等其他影响犯罪构成的犯罪事实增加刑罚量，确定基准刑。有下列情形之一的，增加相应的刑罚量：
(1) 犯罪数额每增加三千五百元，增加一个月刑期；
(2) 盗窃国有馆藏一般文物超过三件的，每增加一件，增加九个月至一年刑期；盗窃国家三级文物二件的，增加二年六个月至三年刑期；
(3) 具有"其他严重情节"的，每增加一种情形，增加六个月至一年刑期；
(4) 其他可以增加刑罚量的情形。

3. 第三个量刑幅度
盗窃公私财物，犯罪数额达到"数额特别巨大"起点三十万元的，在十年至十二年有期徒刑幅度内确定量刑起点。

盗窃公私财物，数额达到前款规定标准的百分之五十，并有本罪第2条第2款规定情形之一的，可以认定为"有其他特别严重情节"，在十年至十二年有期徒刑幅度内确定量刑起点。

盗窃国有馆藏三级文物三件或者二级文物一件的，在十年至十二年有期徒刑幅度内确定量刑起点。依法应当判处无期徒刑的除外。

在量刑起点的基础上，根据盗窃数额、手段等其他影响犯罪构成的犯罪事实增加刑罚量，确定基准刑。有下列情形之一的，增加相应的刑罚量：
(1) 犯罪数额每增加5万元，增加一个月刑期；
(2) 盗窃国有馆藏三级文物超过三件的，每增加一件，增加九个月至一年刑期；盗窃国有馆藏二级文物超过一件的，每增加一件，增加一年至二年刑期；盗窃的文物中包含一般文物，每增加一件，增加三个月至四个月刑期；

（3）具有"其他特别严重情节"的，每增加一种情形，增加一年至二年刑期；
（4）其他可以增加刑罚量的情形。
4. 有下列情形之一的，可以从重处罚，但同时具有两种以上情形的，累计不得超过基准刑的100%：
（1）盗窃公私财物，具有下列情形之一，增加基准刑的以下（已确定为犯罪构成事实的除外）：多次盗窃的，犯罪数额达到较大以上的；入户盗窃的；携带凶器盗窃、扒窃的；组织、控制未成年人盗窃的；自然灾害、事故灾害、社会安全事件等突发事件期间，在事件发生地盗窃的；盗窃残疾人、孤寡老人、丧失劳动能力人的财物的；在医院盗窃病人或者其亲友财物的；盗窃救灾、抢险、防汛、优抚、扶贫、移民、救济款物的；因盗窃造成严重后果的。以上九种情形，每增加一种，再增加基准刑的10%以下；
（2）采用破坏性手段盗窃公私财物造成其他财物损毁的，增加基准刑的10%—30%；
（3）为吸毒、赌博等违法活动而盗窃的，增加基准刑的20%以下；
（4）其他可以从重处罚的情形。
5. 有下列情形之一的，可以从宽处罚：
（1）因生活所迫、学习、治病急需而盗窃的，减少基准刑的20%以下；
（2）案发前主动将赃物放回原处或归还被害人的，减少基准刑的30%以下；
（3）盗窃家庭成员或者近亲属的财物，获得谅解的，一般可以不认为是犯罪；追究刑事责任的，应当减少基准刑的20%—50%；
（5）其他可以从轻处罚的情形。
6. 对于盗窃犯罪既有既遂、又有未遂的，以对应量刑幅度较重的确定基准刑，既、未遂所对应的量刑幅度相同的，以既遂部分确定基准刑，其他可以作为调节基准刑的量刑情节。以既遂部分确定基准刑的，根据未遂部分犯罪行为的实行程度、造成损害的大小、犯罪未得逞的原因等情况，可以增加基准刑的30%以下；以未遂部分确定基准刑的，根据既遂部分犯罪行为造成损害的大小等情况，可以增加基准刑的40%。以下。但不得根据该量刑情节提高量刑幅度。
7. 需要说明的问题
（1）盗窃未遂，具有下列情形之一的，应当依法追究刑事责任，量刑起点和基准刑参照本罪第1—3条的规定，根据案件的具体情况予以确定：以数额巨大的财物为盗窃目标的；以珍贵文物为盗窃目标的；其他情节严重的情形。
（2）盗窃违禁品，按盗窃罪处理的，不计数额，根据情节轻重量刑。
（3）盗窃国有馆藏一般文物、三级文物、二级以上文物的，应当分别认定为刑法第二百六十四条规定的"数额较大"、"数额巨大"、"数额特别巨大"；盗窃民间收藏的文物的，根据最高人民法院、最高人民检察院《关于办理盗窃刑事案件适用法律若干问题的解释》第四条第一款第（一）项的规定认定盗窃数额。
（4）盗窃技术成果等商业秘密的，按照刑法第二百一十九条的规定定罪处罚。
（5）多次盗窃，盗窃数额未达到较大的，以盗窃次数确定量刑起点，超过三次的次数作为增加刑罚量的事实；盗窃数额达到较大以上的，以盗窃数额确定量刑起点，盗窃次数作为从重处罚的量刑情节。
（6）盗窃公私财物数额较大，行为人认罪、悔罪、退赃、退赔，且有下列情形之一，情节轻微的，可以免予刑事处罚：具有法定从宽处罚情节的；没有参与分赃或者获赃较少且不是主犯的；被害人谅解的；其他情节轻微、危害不大的。
（七）诈骗罪
1. 第一个量刑幅度
诈骗公私财物，犯罪数额达到"数额较大"起点三千元的，在三个月拘役至九个月有期徒刑幅度内确定量刑起点。
在量刑起点的基础上，诈骗数额每增加一千元，增加一个月刑期。
2. 第二个量刑幅度
诈骗公私财物，犯罪数额达到"数额巨大"起点三万元的，在三年至四年有期徒刑幅度内确定量刑起点。
诈骗公私财物数额达到二万四千元，并有下列情形之一的，应当认定为"其他严重情节"，在三年至四年有期徒刑幅度内确定量刑起点：通过发送短信、拨打电话或者利用互联网、广播电视、报刊杂志等发布虚假信息，对不特定多数人实施诈骗的；诈骗救灾、抢险、防汛、优抚、扶贫、移民、救济、医疗款物的；以赈灾募捐名义实施诈骗的；诈骗残疾人、老年人或者丧失劳动能力人的财物的；造成被害人自杀、精神失常或者其他严重后果的；属于诈骗集团首要分子的。
在量刑起点的基础上，根据诈骗数额等其他影响犯罪构成的犯罪事实增加刑罚量，确定基准刑。有下列情形之一的，增加相应的刑罚量：

(1) 犯罪数额每增加六千元,增加一个月刑期;
(2) 具有"其他严重情节"的,每增加一种情形,增加六个月至二年刑期;
(3) 其他可以增加刑罚量的情形。
3. 第三个量刑幅度

诈骗公私财物,犯罪数额达到"数额特别巨大"起点五十万元的,在十年至十二年有期徒刑幅度内确定量刑起点。依法应当判处无期徒刑的除外。

诈骗公私财物数额达到四十五万元,并有本罪第2条第2款规定情形之一的,应当认定为"其他特别严重情节",除依法应当判处无期徒刑的以外,在十年至十二年有期徒刑幅度内确定量刑起点。

在量刑起点的基础上,根据诈骗数额等其他影响犯罪构成的犯罪事实增加刑罚量,确定基准刑。有下列情形之一的,增加相应的刑罚量:
(1) 犯罪数额每增加五万元,增加一个月刑期;
(2) 具有"其他特别严重情节"的,每增加一种情形,增加六个月至二年刑期;
(3) 其他可以增加刑罚量的情形。

4. 有下列情形之一的,可以从重处罚,但同时具有两种以上情形的,累计不得超过基准刑的100%:
(1) 诈骗公私财物,具有下列情形之一的,增加基准刑的30%以下(已确定为犯罪构成事实的除外):通过发送短信、拨打电话或者利用互联网、广播电视、报刊杂志等发布虚假信息,对不特定多数人实施诈骗的;诈骗救灾、抢险、防汛、优抚、扶贫、移民、救济、医疗款物的;以赈灾募捐名义实施诈骗的;诈骗残疾人、老年人或者丧失劳动能力人的财物的;造成被害人自杀、精神失常或者其他严重后果的;属于诈骗集团首要分子的;具有其他严重情节的。以上七种情形每增加一种,再增加基准刑的10%以下;
(2) 多次实施诈骗的,增加基准刑的20%以下;
(3) 为吸毒、赌博等违法活动而诈骗的,增加基准刑的20%以下;
(4) 其他可以从重处罚的情形。

5. 有下列情形之一的,可以从宽处罚:
(1) 因生活所迫、学习、治病急需而诈骗的,减少基准刑的30%以下;
(2) 诈骗近亲属的财物,近亲属谅解的,一般可不按犯罪处理;确有追究刑事责任必要的,应当减少基准刑的20%—50%;
(3) 其他可以从轻处罚的情形。

6. 对于诈骗犯罪既有既遂、又有未遂的,以对应量刑幅度较重的确定基准刑,既、未遂所对应的量刑幅度相同的,以既遂部分确定基准刑,其他可以作为调节基准刑的量刑情节。以既遂部分确定基准刑的,根据未遂部分犯罪行为的实行程度、造成损害的大小、犯罪未得逞的原因等情况,可以增加基准刑的30%以下;以未遂部分确定基准刑的,根据既遂部分犯罪行为造成损害的大小等情况,可以增加基准刑的40%以下。但不得根据该量刑情节提高量刑幅度。

7. 需要说明的问题

诈骗公私财物虽已达到"数额较大"的标准,但有下列情形之一,且行为人认罪、悔罪的,可以依法免予刑事处罚:具有法定从宽处罚情节的;一审宣判前全部退赃、退赔的;没有参与分赃或者获赃较少且不是主犯的;被害人谅解的;其他情节轻微、危害不大的。

(八)抢夺罪
1. 第一个量刑幅度

抢夺公私财物,犯罪数额达到"数额较大"起点二千元的,在五个月拘役至一年有期徒刑幅度内确定量刑起点。

抢夺公私财物数额达到"数额较大"起点的百分之五十,并有下列情形之一的,可以以抢夺罪定罪,在五个月拘役至一年有期徒刑幅度内确定量刑起点:曾因抢劫、抢夺或者聚众哄抢受过刑事处罚的;一年内曾因抢夺或者哄抢受过行政处罚的;一年内抢夺三次以上的;驾驶机动车、非机动车抢夺的;组织、控制未成年人抢夺的;抢夺老年人、未成年人、孕妇、携带婴幼儿的人、残疾人、丧失劳动能力人的财物的;在医院抢夺病人或者其亲友财物的;抢夺救灾、抢险、防汛、优抚、扶贫、移民、救济款物的;自然灾害、事故灾害、社会安全事件等突发事件期间,在事件发生地抢夺的;导致他人轻伤或者精神失常等严重后果的。

在量刑起点的基础上,根据抢夺数额等其他影响犯罪构成的犯罪事实增加刑罚量,确定基准刑。有下列情形之一的,增加相应的刑罚量:
(1) 犯罪数额每增加一千元,增加一个月刑期;
(2) 每增加轻微伤一人,增加二个月以下刑期;
(3) 每增加轻伤一人,增加三个月至六个月刑期;

(4) 其他可以增加刑罚量的情形。
2. 第二个量刑幅度
抢夺公私财物，犯罪数额达到"数额巨大"起点三万元的，在三年至四年有期徒刑幅度内确定量刑起点。

抢夺公私财物，导致他人重伤的，或者导致他人自杀的，或者犯罪数额达到"数额巨大"起点的百分之五十，并有下列情形之一的，应当认定为有"其他严重情节"，在三年至四年有期徒刑幅度内确定量刑起点：一年内抢夺三次以上的；驾驶机动车、非机动车抢夺的；组织、控制未成年人抢夺的；抢夺老年人、未成年人、孕妇、携带婴幼儿的人、残疾人、丧失劳动能力人的财物的；在医院抢夺病人或者其亲友财物的；抢夺救灾、抢险、防汛、优抚、扶贫、移民、救济款物的；自然灾害、事故灾害、社会安全事件等突发事件期间，在事件发生地抢夺的；导致他人轻伤或者精神失常等严重后果的。在量刑起点的基础上，根据抢夺数额等其他影响犯罪构成的犯罪事实增加刑罚量，确定基准刑。有下列情形之一的，增加相应的刑罚量：

(1) 犯罪数额每增加三千元，增加一个月刑期；
(2) 每增加轻微伤一人，增加二个月以下刑期；
(3) 每增加轻伤一人，增加三个月至六个月刑期；
(4) 每增加重伤一人或者自杀一人，增加一年至二年刑期；
(5) 具有"其他严重情节"的，每增加一种情形，增加六个月至一年刑期；
(6) 其他可以增加刑罚量的情形。

3. 第三个量刑幅度
抢夺公私财物，犯罪数额达到"数额特别巨大"起点二十万元的，在十年至十二年有期徒刑幅度内确定量刑起点。

抢夺公私财物，导致他人死亡的，或者犯罪数额达到"数额特别巨大"起点的百分之五十，并有本罪第2条第2款规定情形之一的，应当认定为有"其他特别严重情节"，在十年至十二年有期徒刑幅度内确定量刑起点。

在量刑起点的基础上，根据抢夺数额等其他影响犯罪构成的犯罪事实增加刑罚量，确定基准刑。有下列情形之一的，增加相应的刑罚量：

(1) 犯罪数额每增加三万元，增加一个月刑期；
(2) 每增加轻微伤一人，增加二个月以下刑期；
(3) 每增加轻伤一人，增加三个月至六个月刑期；
(4) 每增加死亡一人，增加二年至三年刑期；
(5) 具有"其他特别严重情节"的，每增加一种情形，增加一年至二年刑期；
(6) 其他可以增加刑罚量的情形。

4. 有下列情形之一的，可以从重处罚，但同时具有两种以上情形的，累计不得超过基准刑的100%：

(1) 抢夺公私财物具有下列情形之一的，可以增加基准刑的30%以下（已确定为犯罪构成事实的除外）：曾因抢劫、抢夺或者聚众哄抢受过刑事处罚的；一年内曾因抢夺或者哄抢受过行政处罚的；一年内抢夺三次以上的；驾驶机动车、非机动车抢夺的；组织、控制未成年人抢夺的；抢夺老年人、未成年人、孕妇、携带婴幼儿的人、残疾人、丧失劳动能力人的财物的；在医院抢夺病人或者其亲友财物的；抢夺救灾、抢险、防汛、优抚、扶贫、移民、救济款物的；自然灾害、事故灾害、社会安全事件等突发事件期间，在事件发生地抢夺的；导致他人轻伤或者精神失常等严重后果的。以上十种情形每增加一种，再增加基准刑的10%以下；

(2) 为吸毒、赌博等违法活动而抢夺的，增加基准刑的30%以下；
(3) 其他可以从重处罚的情形。

5. 有下列情形之一的，可以从宽处罚：
(1) 因生活所迫、学习、治病急需而抢夺的，减少基准刑的30%以下；
(2) 在案发前自动归还被害人财物的，减少基准刑的30%以下；
(3) 其他可以从轻处罚情形的。

6. 需要说明的问题
抢夺公私财物数额较大，但未造成他人轻伤以上伤害，行为人系初犯，认罪、悔罪、退赃、退赔，且有下列情形之一的，可以认定为犯罪情节轻微，免予刑事处罚：具有法定从宽处罚情节的；没有参与分赃或者获赃较少且不是主犯的；被害人谅解的；其他情节轻微、危害不大的。

（九）职务侵占罪
1. 第一个量刑幅度
利用职务上的便利，非法侵占本单位财物，犯罪数额达到"数额较大"起点一万元的，在三个月拘役至九个月有期徒刑幅度内确定量刑起点。

在量刑起点的基础上，犯罪数额每增加一千五百元，增加一个月刑期。

2. 第二个量刑幅度

利用职务上的便利，非法侵占本单位财物，犯罪数额达到"数额巨大"起点十万元的，在五年至六年有期徒刑幅度内确定量刑起点。

在量刑起点的基础上，犯罪数额为二百万元以下的，每增加三万元，增加一个月刑期；犯罪数额超过二百万元的，超过部分每增加六万元，增加一个月刑期。

基准刑在十年以上的，除有重大立功表现或者从犯或者具有两个以上其他法定减轻处罚情节，并退清个人所得全部赃款的以外，宣告刑一般不低于五年有期徒刑。

3. 有下列情形之一的，可以从重处罚，但同时具有两种以上情形的，累计不得超过基准刑的100%：

（1）职务侵占行为严重影响生产经营或者造成其他严重损失或者影响恶劣的，增加基准刑的30%以下；同时具备两种及以上情形的，再增加基准刑的10%以下；

（2）职务侵占用于预防、控制突发传染病疫情等灾害款物的，增加基准刑的20%以下；

（3）多次职务侵占的，增加基准刑的20%以下；

（4）在企业改制、破产、重组过程中进行职务侵占的，增加基准刑的20%以下；

（5）职务侵占救灾、抢险、防汛、优抚、扶贫、移民、救济、捐助、社会保险、教育、征地、拆迁等专项款项和物资的，增加基准刑的20%以下；

（6）职务侵占的款项用于吸毒、赌博、非法经营、行贿、走私等违法犯罪活动的，增加基准刑的20%以下；

（7）其他可以从重处罚的情形。

（十）敲诈勒索罪

1. 第一个量刑幅度

敲诈勒索公私财物，犯罪数额达到"数额较大"起点三千元，或二年内敲诈勒索次数达三次的，在三个月拘役至九个月有期徒刑幅度内确定量刑起点。

敲诈勒索公私财物，数额达到前款规定标准的百分之五十，并有下列情形之一的，可以以敲诈勒索罪定罪，在三个月拘役至九个月有期徒刑幅度内确定量刑起点：曾因敲诈勒索受过刑事处罚的；一年内曾因敲诈勒索受过行政处罚的；对未成年人、残疾人、老年人或者丧失劳动能力人敲诈勒索的；以将要实施放火、爆炸等危害公共安全犯罪或者故意杀人、绑架等严重侵犯公民人身权利犯罪相威胁敲诈勒索的；以黑恶势力名义敲诈勒索的；利用或者冒充国家机关工作人员、军人、新闻工作者等特殊身份敲诈勒索的；造成其他严重后果的。

在量刑起点的基础上，根据敲诈勒索数额和次数等其他影响犯罪构成的犯罪事实增加刑罚量，确定基准刑。有下列情形之一的，增加相应的刑罚量：

（1）犯罪数额每增加九百元，增加一个月刑期；

（2）每增加轻微伤一人，增加二个月以下刑期；

（3）每增加轻伤一人，增加三个月至六个月刑期；

（4）二年内敲诈勒索三次（犯罪数额未达到较大以上）的，每增加一次，增加二个月至三个月刑期；

（5）其他可以增加刑罚量的情形。

2. 第二个量刑幅度

敲诈勒索公私财物，犯罪数额达到"数额巨大"起点三万元的，在三年至四年有期徒刑幅度内确定量刑起点。

敲诈勒索公私财物，数额达到前款规定标准的百分之八十，并有下列情形之一的，可以认定为有"其他严重情节"，在三年至四年有期徒刑幅度内确定量刑起点：对未成年人、残疾人、老年人或者丧失劳动能力人敲诈勒索的；以将要实施放火、爆炸等危害公共安全犯罪或者故意杀人、绑架等严重侵犯公民人身权利犯罪相威胁敲诈勒索的；以黑恶势力名义敲诈勒索的；利用或者冒充国家机关工作人员、军人、新闻工作者等特殊身份敲诈勒索的；造成其他严重后果的。

在量刑起点的基础上，根据敲诈勒索数额、犯罪情节严重程度等其他影响犯罪构成的犯罪事实增加刑罚量，确定基准刑。有下列情形之一的，增加相应的刑罚量：

（1）犯罪数额每增加三千元，增加一个月刑期；

（2）每增加轻微伤一人，增加二个月以下刑期；

（3）每增加轻伤一人，增加三个月至六个月刑期；

（4）具有"其他严重情节"的，每增加一种情形，增加六个月至一年刑期；

（5）其他可以增加刑罚量的情形。

3. 第三个量刑幅度

敲诈勒索公私财物,犯罪数额达到"数额特别巨大"起点三十万元的,在十年至十二年有期徒刑幅度内确定量刑起点。

敲诈勒索公私财物,数额达到前款规定标准的百分之八十,并有本罪第2条第2款规定情形之一的,可以认定为有"其他特别严重情节",在十年至十二年有期徒刑幅度内确定量刑起点。

在量刑起点的基础上,根据敲诈勒索数额、犯罪情节严重程度等其他影响犯罪构成的犯罪事实增加刑罚量,确定基准刑。有下列情形之一的,增加相应的刑罚量:

(1)犯罪数额每增加三万元,增加一个月刑期;
(2)每增加轻微伤一人,增加二个月以下刑期;
(3)每增加轻伤一人,增加三个月至六个月刑期;
(4)具有"其他特别严重情节"的,每增加一种情形,增加一年至二年刑期;
(5)其他可以增加刑罚量的情形。

4. 有下列情形之一的,可以从重处罚,但同时具有两种以上情形的,累计不得超过基准刑的100%:

(1)敲诈勒索公私财物,具有下列情形之一的(已确定为犯罪构成事实的除外),增加基准刑的30%以下:曾因敲诈勒索受过刑事处罚的;一年内曾因敲诈勒索受过行政处罚的;对未成年人、残疾人、老年人或者丧失劳动能力人敲诈勒索的;以将要实施放火、爆炸等危害公共安全犯罪或者故意杀人、绑架等严重侵犯公民人身权利犯罪相威胁敲诈勒索的;以黑恶势力名义敲诈勒索的;利用或者冒充国家机关工作人员、军人、新闻工作者等特殊身份敲诈勒索的;造成其他严重后果的。以上七种情形每增加一种,再增加基准刑的10%以下;

(2)敲诈勒索数额分别达到"数额较大"、"数额巨大"、"数额特别巨大"的标准,并有多次敲诈勒索情形的,增加基准刑的20%以下;

(3)为吸毒、赌博等违法活动而敲诈勒索的,增加基准刑的20%以下;
(4)其他可以从重处罚的情形。

5. 有下列情形之一的,可以从宽处罚:

(1)被害人对敲诈勒索的发生存在过错,除情节显著轻微危害不大,不认为是犯罪的以外,根据被害人的过错程度和案件其他情况,可以减少基准刑的20%以下;

(2)因生活所迫、学习、治病急需而敲诈勒索的,可以减少基准刑的20%以下;
(3)敲诈勒索近亲属财物,认定为犯罪的,可以减少基准刑的10%—50%;
(4)其他可以从轻处罚的情形。

6. 需要说明的问题

(1)多次敲诈勒索,敲诈勒索数额未达到较大的,以敲诈勒索次数确定量刑起点,超过三次的次数作为增加刑罚量的事实;敲诈勒索数额达到较大以上的,以敲诈勒索数额确定量刑起点,敲诈勒索次数作为从重处罚的量刑情节。

(2)敲诈勒索数额较大,行为人认罪、悔罪、退赃、退赔,并有下列情形之一的,可以认定为犯罪情节轻微,免予刑事处罚:具有法定从宽处罚情节的;没有参与分赃或者获赃较少且不是主犯的;被害人谅解的;其他情节轻微、危害不大的。

(十一)妨害公务罪

1. 量刑起点和基准刑

构成妨害公务罪的,在三个月拘役至二年有期徒刑幅度内确定量刑起点。

在量刑起点的基础上,根据妨害公务造成的后果、犯罪情节严重程度等其他影响犯罪构成的犯罪事实增加刑罚量,确定基准刑。有下列情形之一的,增加相应的刑罚量:

(1)每增加轻微伤一人,增加二个月以下刑期;
(2)每增加轻伤一人,增加三个月至六个月刑期;
(3)毁损财物数额每增加二千元,增加一个月至二个月刑期;
(4)妨害公务造成严重后果的,增加六个月至一年刑期;
(5)其他可以增加刑罚量的情形。

2. 有下列情形之一的,可以增加基准刑的20%以下:

(1)煽动群众阻碍依法执行职务、履行职责的;
(2)妨害公务造成恶劣社会影响的;
(3)其他可以从重处罚的情形。

3. 因执行公务行为不规范而导致妨害公务犯罪的,减少基准刑的20%以下。

(十二)聚众斗殴罪

1. 第一个量刑幅度

聚众斗殴情节一般的，在六个月至二年有期徒刑幅度内确定量刑起点。

在量刑起点的基础上，根据聚众斗殴人数、次数、伤害后果等其他影响犯罪构成的犯罪事实增加刑罚量，确定基准刑。有下列情形之一的，增加相应的刑罚量：

（1）每增加轻微伤一人，增加六个月以下刑期；
（2）每增加轻伤一人，增加六个月至一年刑期；
（3）聚众斗殴双方参与人数达到五人的，每增加三人，增加一个月至二个月刑期；
（4）聚众斗殴增加一次，增加六个月至一年刑期；
（5）聚众斗殴造成交通秩序混乱的，增加六个月至一年刑期；
（6）其他可以增加刑罚量的情形。

2. 第二个量刑幅度

有下列情形之一的，在三年至五年有期徒刑幅度内确定量刑起点：聚众斗殴三次的；聚众斗殴人数多，规模大，社会影响恶劣的；在公共场所或者交通要道聚众斗殴，造成社会秩序严重混乱的；持械聚众斗殴的。

在量刑起点的基础上，根据聚众斗殴人数、次数、手段严重程度、伤害后果等其他影响犯罪构成的犯罪事实增加刑罚量，确定基准刑。有下列情形之一的，增加相应的刑罚量：

（1）每增加刑法第二百九十二条第一款规定的四种情形之一，增加一年至二年刑期；
（2）每增加轻微伤一人，增加六个月以下刑期；
（3）每增加轻伤一人，增加六个月至一年刑期；
（4）聚众斗殴单方人数超过十人的，每增加三人，增加一个月至三个月刑期；
（5）聚众斗殴次数超过三次的，每增加一次，增加六个月至一年刑期；
（6）聚众斗殴严重扰乱社会秩序，造成恶劣社会影响的，增加六个月至一年刑期；
（7）其他可以增加刑罚量的情形。

3. 有下列情形之一的，可以增加基准刑的20%以下：

（1）组织未成年人聚众斗殴的；
（2）聚众斗殴造成公私财物较大损失的；
（3）聚众斗殴带有黑社会性质的；
（4）其他可以从重处罚的情形。

4. 因民间纠纷引发的聚众斗殴，可以减少基准刑的20%以下。

（十三）寻衅滋事罪

1. 第一个量刑幅度

随意殴打他人，破坏社会秩序，具有下列"情节恶劣"情形之一的，在一年六个月至三年有期徒刑幅度内确定量刑起点：致一人以上轻伤的；引起他人精神失常、自杀等严重后果的；随意殴打精神病人、残疾人、流浪乞讨人员、老年人、孕妇、未成年人，造成恶劣社会影响；在公共场所随意殴打他人，造成公共场所秩序严重混乱的。

随意殴打他人，破坏社会秩序，具有下列"情节恶劣"情形之一的，在三个月拘役至三年有期徒刑幅度内确定量刑起点：致二人以上轻微伤的；随意殴打他人达到三次的；持凶器随意殴打他人的；其他情节恶劣的情形。

追逐、拦截、辱骂、恐吓他人，破坏社会秩序，具有下列"情节恶劣"情形之一的，在一年六个月至三年有期徒刑幅度内确定量刑起点：追逐、拦截、辱骂、恐吓精神病人、残疾人、流浪乞讨人员、老年人、孕妇、未成年人，造成恶劣社会影响的；引起他人精神失常、自杀等严重后果的；严重影响他人的工作、生活、生产、经营的。

追逐、拦截、辱骂、恐吓他人，破坏社会秩序，具有下列"情节恶劣"情形之一的，在三个月拘役至三年有期徒刑幅度内确定量刑起点：追逐、拦截、辱骂、恐吓他人达到三次，造成恶劣社会影响的；持凶器追逐、拦截、辱骂、恐吓他人的；其他情节恶劣的情形。

强拿硬要或者任意损毁、占用公私财物，破坏社会秩序，具有下列"情节严重"情形之一的，在一年六个月至三年有期徒刑幅度内确定量刑起点：强拿硬要或者任意损毁、占用精神病人、残疾人、流浪乞讨人员、老年人、孕妇、未成年人的财物，造成恶劣社会影响的；引起他人精神失常、自杀等严重后果的；严重影响他人的工作、生活、生产、经营的。

强拿硬要或者任意损毁、占用公私财物，破坏社会秩序，具有下列"情节严重"情形之一的，在三个月拘役至三年有期徒刑幅度内确定量刑起点：强拿硬要公私财物价值一千元以上，或者任意损毁、占用公私财物价值二千元以上的；强拿硬要或者任意损毁、占用公私财物达到三次，造成恶劣社会影响的；其他情节严重的情形。

在车站、码头、机场、医院、商场、公园、影剧院、展览会、运动场或者其他公共场所起哄闹事，造成公共场所秩序严重混乱的,在一年至三年有期徒刑幅度内确定量刑起点。

在量刑起点的基础上,根据寻衅滋事次数、伤害后果、强拿硬要他人财物或任意损毁、占用公私财物数额等其他影响犯罪构成的犯罪事实增加刑罚量,确定基准刑。有下列情形之一的,增加相应的刑罚量:

(1) 每增加轻微伤一人,增加六个月以下刑期;
(2) 每增加轻伤一人,增加六个月至一年六个月刑期;
(3) 每增加引起精神失常一人,增加六个月至一年六个月刑期;
(4) 每增加引起自杀造成重伤、死亡一人,增加一年至二年刑期;
(5) 随意殴打他人,追逐、拦截、辱骂、恐吓他人,强拿硬要或任意毁损、占用公私财物三次以上的,每增加一次,增加一个月至二个月刑期;
(6) 强拿硬要公私财物价值每增加一千元,增加一个月至二个月刑期;任意毁损、占用公私财物价值每增加二千元,增加一个月至二个月刑期;
(7) 每增加刑法第二百九十三条规定的四种情形之一的,增加六个月至一年刑期;
(8) 其他可以增加刑罚量的情形。

2. 第二个量刑幅度

纠集他人三次实施寻衅滋事犯罪,严重破坏社会秩序的,在五年至七年有期徒刑幅度内确定量刑起点。

在量刑起点的基础上,根据寻衅滋事次数、伤害后果、强拿硬要他人财物或任意损毁、占用公私财物数额等其他影响犯罪构成的犯罪事实增加刑罚量,确定基准刑。有下列情形之一的,增加相应的刑罚量:

(1) 每增加轻微伤一人,增加六个月以下刑期;
(2) 每增加轻伤一人,增加六个月至一年六个月刑期;
(3) 每增加射起精神失常一人,增加六个月至一年六个月刑期;
(4) 每增加引起自杀造成重伤、死亡一人,增加一年至二年刑期;
(5) 纠集他人三次以上实施寻衅滋事犯罪,未经处理的,每增加一次,增加六个月至一年刑期;
(6) 强拿硬要公私财物价值每增加一千元,增加一个月至二个月刑期;任意毁损、占用公私财物价值每增加二千元,增加一个月至二个月刑期;
(7) 每增加刑法第二百九十三条规定的四种情形之一的,增加六个月至一年刑期;
(8) 其他可以增加刑罚量的情形。

3. 有下列情形之一的,可以增加基准刑的 20% 以下:

(1) 寻衅滋事带有黑社会性质的;
(2) 纠集未成年人寻衅滋事的;
(3) 其他可以从重处罚的情形。

(十四) 掩饰、隐瞒犯罪所得、犯罪所得收益罪

1. 第一个量刑幅度

掩饰、隐瞒犯罪所得、犯罪所得收益数额达到二千元的,在三个月拘役至九个月有期徒刑幅度内确定量刑起点。

明知是盗窃、抢劫、诈骗、抢夺的机动车,实施下列行为之一的,在三个月拘役至九个月有期徒刑幅度内确定量刑起点:买卖、介绍买卖、典当、拍卖、抵押或者用其抵债的;拆解、拼装或者组装的;修改发动机号、车辆识别代号的;更改车身颜色或者车辆外形的;提供或者出售机动车来历凭证、整车合格证、号牌以及有关机动车的其他证明和凭证的;提供或者出售伪造、变造的机动车来历凭证、整车合格证、号牌以及有关机动车的其他证明和凭证的。

明知是非法获取计算机信息系统数据犯罪所获取的数据、非法控制计算机信息系统犯罪所获取的计算机信息系统控制权,而予以转移、收购、代为销售或者以其他方法掩饰、隐瞒,违法所得达到五千元的,在三个月拘役至九个月有期徒刑幅度内确定量刑起点。

在量刑起点的基础上,根据犯罪数额等其他影响犯罪构成的犯罪事实增加刑罚量,确定基准刑。有下列情形之一的,增加相应的刑罚量:

(2) 掩饰、隐瞒盗窃、抢劫、诈骗、抢夺的机动车超过五辆的,每增加一辆,增加三个月至六个月刑期;
(3) 犯罪的手段或情形每增加一种,增加一个月至二个月刑期;
(4) 其他可以增加刑罚量的情形。

3. 有下列情形之一的,可以增加基准刑的 20% 以下:

(1) 多次掩饰、隐瞒犯罪所得、犯罪所得收益或以掩饰、隐瞒犯罪所得、犯罪所得收益为业的;

(2) 明知上游犯罪行为较重的;
(3) 犯罪对象涉及国家安全、公共安全或重大公共利益的;
(4) 其他可以从重处罚的情形。

(十五) 走私、贩卖、运输、制造毒品罪

1. 第一个量刑幅度

走私、贩卖、运输、制造鸦片二十克以下,海洛因、甲基苯丙胺或者可卡因一克以下,吗啡或者二亚甲基双氧安非他明(MDMA)等苯丙胺类毒品(甲基苯丙胺除外)二克以下,氯胺酮或者美沙酮二十克以下,三唑仑或者安眠酮一千克以下,咖啡因五千克以下或者其他数量相当毒品的,在四个月拘役至一年有期徒刑幅度内确定量刑起点。

在量刑起点的基础上,根据毒品犯罪次数、人次、毒品数量等其他影响犯罪构成的犯罪事实增加刑罚量,确定基准刑。有下列情形之一的,增加相应的刑罚量:
(1) 每增加海洛因、甲基苯丙胺或者可卡因一克及其他数量相当毒品的,增加三个月刑期;
(2) 每增加吗啡或者二亚甲基双氧安非他明(MDMA)等苯丙胺类毒品(甲基苯丙胺除外)一克,增加二个月刑期;
(3) 每增加鸦片、氯胺酮或者美沙酮五克,增加一个月刑期;
(4) 每增加三唑仑或者安眠酮一千克,增加三个月刑期;
(5) 每增加咖啡因一千克,增加一个月刑期;
(6) 增加一人或一次,增加六个月至一年刑期;
(7) 其他可以增加刑罚量的情形。

2. 第二个量刑幅度

走私、贩卖、运输、制造鸦片一百四十克,海洛因、甲基苯丙胺或者可卡因七克,吗啡或者二亚甲基双氧安非他明(MDMA)等苯丙胺类毒品(甲基苯丙胺除外)十四克,氯胺酮或者美沙酮一百四十克,三唑仑或者安眠酮七千克,咖啡因三十五千克或者其他数量相当毒品的,在三年至四年有期徒刑幅度内确定量刑起点。

毒品犯罪的数量未达到前款标准,但有下列情形之一的,可以在三年至四年有期徒刑幅度内确定量刑起点:国家工作人员走私、贩卖、运输、制造毒品的;在戒毒监管场所贩卖毒品的;向三人以上贩毒或者三次以上贩毒的;其他情节严重的。

在量刑起点的基础上,根据毒品犯罪次数、人次、毒品数量等其他影响犯罪构成的犯罪事实增加刑罚量,确定基准刑。有下列情形之一的,增加相应的刑罚量:
(1) 每增加海洛因、甲基苯丙胺或者可卡因一克及其他数量相当毒品的,增加一年刑期;
(2) 每增加吗啡或者二亚甲基双氧安非他明(MDMA)等苯丙胺类毒品(甲基苯丙胺除外)三克,增加二年刑期;
(3) 每增加鸦片、氯胺酮或者美沙酮十五克,增加一年刑期;
(4) 每增加三唑仑或者安眠酮一千克,增加一年刑期;
(5) 每增加咖啡因四千克,增加一年刑期;
(6) 毒品犯罪的数量达到本条第1款规定的标准,同时又有第2款所列四种情形之一的,先按照本款第(1)至(5)项的规定增加刑期,然后按照每增加一种情形,再增加六个月至一年刑期;
(7) 每增加一人或一次,增加三个月至六个月刑期;
(8) 其他可以增加刑罚量的情形。

3. 第三个量刑幅度

走私、贩卖、运输、制造鸦片二百克,海洛因、甲基苯丙胺或者可卡因十克,吗啡或者二亚甲基双氧安非他明(MDMA)等苯丙胺类毒品(甲基苯丙胺除外)二十克,氯胺酮或者美沙酮二百克,三唑仑或者安眠酮十千克,咖啡因五十千克或者其他毒品数量较大的,在七年至八年有期徒刑幅度内确定量刑起点。

在量刑起点的基础上,根据毒品犯罪次数、人次、毒品数量等其他影响犯罪构成的犯罪事实增加刑罚量,确定基准刑。有下列情形之一的,增加相应的刑罚量:
(1) 每增加海洛因、甲基苯丙胺或者可卡因五克及其他数量相当毒品的,增加一年刑期;
(2) 每增加吗啡或者二亚甲基双氧安非他明(MDMA)等苯丙胺类毒品(甲基苯丙胺除外)十克,增加一年刑期;
(3) 每增加鸦片、氯胺酮或者美沙酮一百克,增加一年刑期;
(4) 每增加三唑仑或者安眠酮五千克,增加一年刑期;
(5) 每增加咖啡因二十千克,增加一年刑期;
(6) 每增加一人或一次,增加三个月至六个月刑期;

（7）其他可以增加刑罚量的情形。

4. 有下列情形之一的，量刑起点为十五年有期徒刑（依法判处无期徒刑以上刑罚的除外）：走私、贩卖、运输、制造鸦片一千克，海洛因、甲基苯丙胺或者可卡因五十克，吗啡或者二亚甲基双氧安非他明（MDMA）等苯丙胺类毒品（甲基苯丙胺除外）一百克，氯胺酮或者美沙酮一千克，三唑仑或者安眠酮五十千克，咖啡因二百千克或者其他毒品达到数量大起点的；走私、贩卖、运输、制造毒品集团的首要分子；武装掩护走私、贩卖、运输、制造毒品的；以暴力抗拒检查、拘留、逮捕，情节严重的；参与有组织的国际贩毒活动的。

5. 有下列情形之一的，可以从重处罚，但同时具有两种以上情形的，累计不得超过基准刑的100%：
（1）有下列情形之一，未依照刑法第三百四十七条第四款的规定认定为"情节严重"的，可以增加基准刑的30%以下：走私、贩卖、运输、制造鸦片一百四十克以上不满二百克、海洛因或者甲基苯丙胺七克以上不满十克或者其他相当数量毒品的；国家工作人员走私、贩卖、运输、制造毒品的；在戒毒监管场所贩卖毒品的；向三人以上贩毒或者三次以上贩毒的；其他情节严重的。以上四种情形每增加一种，可以再增加基准刑的10%以下；
（2）利用、教唆未成年人走私、贩卖、运输、制造毒品的，增加基准刑的10%—30%；
（3）向未成年人出售毒品的，增加基准刑的；
（4）毒品再犯，增加基准刑的10%—30%；
（5）组织、利用、教唆孕妇、哺乳期妇女、患有严重疾病人员、又聋又哑的人、盲人及其他特殊人群走私、贩卖、运输、制造毒品的，可以增加基准刑的30%以下；
（6）其他可以从重处罚的情形。

6. 有下列情形之一的，可以减少基准刑的30%以下：
（1）受雇运输毒品的；
（2）毒品含量明显偏低的；
（3）存在数量引诱的；
（4）其他可以从轻处罚的情形。

五、附则

1. 本实施细则适用于判处有期徒刑、拘役的案件。
2. 本实施细则所称以上、以下，均包括本数。
3. 本实施细则将随法律、司法解释和刑事司法政策以及上级法院规定的变动适时做出调整。
4. 新颁布的法律、司法解释与本实施细则不一致的，适用新颁布的法律、司法解释。
5. 本实施细则自2014年9月1日起实施，原实施细则同时废止。
6. 本实施细则由吉林省高级人民法院负责解释。

吉林省高级人民法院
关于实施《吉林省高级人民法院〈关于
常见犯罪的量刑指导意见〉实施细则》的通知

（2014年8月7日）

全省各级人民法院：

《吉林省高级人民法院〈关于常见犯罪的量刑指导意见〉实施细则》（以下简称《实施细则》）经2014年7月24日吉林省高级人民法院审判委员会第三次全体会议讨论通过，并报请最高人民法院同意，决定于2014年9月1日起在全省各级法院全面实施。现将《实施细则》印发给你院，请认真执行。同时，就贯彻执行《实施细则》相关事宜要求如下：

一、切实加强领导，精心组织实施

各中级、基层人民法院要高度重视，把全面推进和不断完善量刑规范化工作作为一项重要工作，各级法院的主管院领导要切实负起责任，指定专人负责，确保实施工作落实到位。

负起责任，指定专人负责，确保实施工作落实到位。

二、注意协调配合，确保收到实效

要把《实施细则》及时向党委、人大报告，向检察机关、司法行政部门通报，通过与检察机关、司法行政部门的有效配合，有力促进刑事审判工作的深入开展，以确保收到良好的法律效果和社会效果。

三、认真把握贯彻执行《实施细则》工作中应当注意的问题

1. 关于实施的案件范围。这次实施的案件范围，是交通肇事罪、故意伤害罪、强奸罪、非法拘禁罪、抢劫罪、盗窃罪、诈骗罪、抢夺罪、职务侵占罪、敲诈勒索罪、妨害公务罪、聚众斗殴罪、寻衅滋

事罪、掩饰、隐瞒犯罪所得、犯罪所得收益罪以及走私、贩卖、运输、制造毒品罪等十五种犯罪判处有期徒刑、拘役的案件。对于依法应当判处无期徒刑以上刑罚、共同犯罪的主犯依法应当判处无期徒刑以上刑苟的案件，以及故意伤害、强奸、抢劫等故意犯罪致人死亡的案件均不属于本指导意见规范的范围。

2. 关于量刑的基本方法。量刑规范化改变了单纯定性分析的传统量刑方法，将定量分析引入量刑机制，量刑时对犯罪事实和量刑情节进行定性分析和定量分析，从而准确确定被告人应负的刑事责任。在量刑过程中，定性分析始终是主要的，是基础，要在定性分析的基础上，结合定量分析，依次确定量刑起点、基准刑和宣告刑。具体案件是否适用《实施细则》，首先要综合全案犯罪事实和量刑情节进行定性分析，对于依法应当判处无期徒刑以上刑罚或者管制、单处附加刑、免刑的，则不适用。在确定量刑起点、增加刑罚量确定基准刑、宣告刑过程中，均应以定性分析为主导，结合定量分析，作出符合罪责刑相适应原则的裁判。

3. 关于裁判说理。裁判文书要充分说明量刑理由。但不要将具体量刑步骤、量刑建议以及量刑情节的调节幅度和调节过程在裁判文书中表述。可针对控辩双方所提量刑情节采纳与否以及从重、从轻处罚的理由进行阐述。宣判后，可根据是否上诉、抗诉等情况，在庭后释明量刑过程。

在实施过程中，遇到重大疑难何题，要及时层报至省高院，确保量刑规范化工作全面、顺利实施。

第七编　辽宁省刑法适用规范性文件

辽宁省高级人民法院《第六次全省法院刑事审判工作联系点会议纪要》

(2001年3月14日)

2000年10月23日至25日，第六次全省法院刑事审判工作联系点会议在丹东召开。与会同志结合审判实践，对省法院草拟的《部分犯罪案件适用法律数额标准的意见》（以下简称《意见》），经过充分讨论，取得共识，一致认为这对全省法院审理刑事案件有一定指导作用，具有可操作性。会后，省法院又在省政法委协调下，会同省检察院、省公安厅、省工商局、省国税局等有关部门召开座谈会，对《意见》进行了深入的研讨和论证。在广泛征求意见、修改、补充、完善的基础上，经省法院审判委员会讨论通过，形成如下意见：

1. 刑法第115条放火、决水、爆炸、投毒、以危险方法危害公共安全罪，造成直接经济损失，可以10万元为"使公私财产遭受重大损失"的起点标准。

2. 刑法第158条虚报注册资本罪，虚报100万元或虚报法定注册资本最低限额的一倍以上，可以认定为"数额巨大"的起点。

3. 刑法第159条虚假出资、抽逃出资罪，虚假出资、抽逃出资30万元以上并占其出资额的30%以上可以认定为"数额巨大"的起点。

4. 刑法第164条对公司、企业人员行贿罪，个人行贿以1万元为"数额较大"的起点，以10万元为"数额巨大"的起点；单位行贿以2万元为"数额较大"的起点，以20万元为"数额巨大"的起点。

5. 刑法第165条非法经营同类营业罪，非法获利10万元可以认定为"数额巨大"的起点，非法获利50万元可以认定为"数额特别巨大"的起点。

6. 刑法第166条为亲友非法牟利罪，致使国家利益损失10万元以上的，可以认定为"重大损失"的情形之一；损失30万元以上的，可以认定为"特别重大损失"情形之一。

7. 刑法第167条签订、履行合同失职被骗罪，致使国家利益损失30万元以上的，可以认定为"重大损失"的情形之一，损失100万元以上的，可以认定为"特别重大损失"的情形之一。

8. 刑法第169条徇私舞弊低价折股、低价出售国有资产罪，致使国家利益损失10万元以上的，可以认定为"重大损失"情形之一，损失50万元以上的，可以认定为"特别重大损失"的情形之一。

9. 刑法第204条骗取出口退税罪，可以1万元为"数额较大"的起点；可以10万元为"数额巨大"的起点。

10. 刑法第213条假冒注册商标罪，违法所得数额在2万元以上，或者销售金额在10万元以上，或者假冒注册商标被工商行政部门两次以上行政处罚又假冒注册商标，或者假冒注册商标造成恶劣社会影响、国际影响的，可视为"情节特别严重"。

11. 刑法第214条销售假冒注册商标的商品罪，销售金额在10万元以上的，可以认定为"数额较大"；销售金额在20万元以上的，可以认定为"数额巨大"。

12. 刑法第215条非法制造、销售非法制造的注册商标标识罪，违法所得数额在1万元以上或者注册商标标识在2万件（套）以上的，可视为"情节严重"；违法所得数额在5万元以上或者注册商标标识在10万件（套）以上的，可视为"情节特别严重"。

13. 刑法第227条第1款伪造、倒卖伪造的有价票证罪，以非法经营额2000元或非法获利1000元的为"数额较大"的起点；以非法经营额1万元或非法获利5000元为"数额巨大"的起点。

14. 刑法第227条第2款倒卖车票、船票罪，非法经营额在4000元以上或者非法获利额在2000元以上的，可以认定为倒卖车票、船票"情节严重"的情节之一。

15. 刑法第263条抢劫罪，抢劫数额1万元以上的，可以认定为"抢劫数额巨大"。

16. 刑法第270条侵占罪，可以1万元为"数额较大"的起点，可以5万元为"数额巨大"的起点。

17. 刑法第272条挪用资金罪可以2万元为"数额较大"的起点，以20万元为"数额巨大"的起点。

18. 刑法第275条故意毁坏财物罪，可以2000元为"数额较大"的起点，以2万元为"数额巨大"的起点。

19. 刑法第387条单位受贿罪，单位受贿10万元以上的，可以认定为"情节严重"的情形之一。

20. 刑法第389—390条行贿罪，可以行贿1万元为定罪的起点。

21. 刑法第391条对单位行贿，个人以10万元、单位以20万元为定罪起点。

22. 刑法第392条介绍贿赂罪，介绍个人向国家工作人员行贿2万元以上或者介绍单位向国家工作人员行贿20万元以上的，可以认定为"情节严重"的情节之一。

23. 刑法第393条单位行贿罪，单位行贿数额在20万元以上的，可以认定为"情节严重"的情形之一。

24. 刑法第395条巨额财产来源不明罪、隐瞒境外存款，以30万元为"数额巨大"和"数额较大"的起点。

25. 刑法第396条私分国有资产罪、私分罚没财物罪，可以10万元为"数额较大"的起点，以50万元为"数额巨大"的起点。

26. 刑法第397条滥用职权罪、玩忽职守罪，造成死亡1人以上或者重伤3人以上或者轻伤6人以上或者造成直接经济损失30万元以上的，可以认定为"致使公共财产、国家和人民利益遭受重大损失"的情形之一。

27. 刑法第404条徇私舞弊不征、少征税款罪，可以不征或者少征税款10万元为"致使国家税收遭受重大损失"的起点。

28. 刑法第405条徇私舞弊发售、抵扣税款、出口退税罪和违法提供出口退税凭证罪，致使国家税收损失在10万元以上的，可以认定为"致使国家利益遭受重大损失"的情形之一。

29. 刑法第406条国家机关工作人员签订、履行合同失职罪，失职被骗造成直接经济损失30万元以上的，可以认定"致使国家利益遭受重大损失"的情形之一；失职被骗造成直接经济损失100万元以上的，可以认定"致使国家利益遭受特别重大损失"的情形之一。

以上意见，仅供全省各级法院在审理刑事犯罪案件时参照，最高人民法院有明确司法解释之后，相对应的意见自行废止，严格按最高人民法院司法解释执行。

辽宁省高级人民法院　辽宁省人民检察院　辽宁省公安厅　辽宁省司法厅 《对管制、剥夺政治权利、缓刑、假释、暂予监外执行罪犯监督管理办法》

(2004年1月21日)

第一章　总　　则

第一条　为了加强和规范对管制、剥夺政治权利、缓刑、假释、暂予监外执行（含保外就医，下同）罪犯的监督管理，确保严格执法，根据《中华人民共和国刑法》、《中华人民共和国刑事诉讼法》、《中华人民共和国监狱法》和有关法律、法规的规定，制定本办法。

第二条　人民法院、公安机关、监狱管理机关是分别作出管制、剥夺政治权利、缓刑、假释、暂予监外执行判决、裁定、决定的机关。公安机关是执行机关。人民检察院依法对管制、剥夺政治权利、缓刑、假释、暂予监外执行罪犯的刑罚是否得到依法执行和执行活动是否合法，实行法律监督。

第三条　对监外执行罪犯的监督考察，由罪犯居住地县（市）级公安机关负责组织实施，公安派出所执行，基层司法所和有关单位予以配合、协助。

第四条　对监外执行罪犯的监督考察，各责任机关必须落实监督管理责任制，依法、文明、按制度管理，真正做到对监外执行罪犯底数清、位置清、表现清、执行状况清、管教责任清。

第五条　人民法院、人民检察院、公安机关和司法行政机关，应把监外执行工作与社区矫正工作有机衔接，促进监外执行罪犯的管理教育改造。

第二章 文书送达和执行交付

第六条 人民法院、公安机关和监狱管理机关应当严格依法判决、裁定、决定，并及时将判决书、裁定书、决定书等法律文书送达执行机关，将有关法律文书抄送检察机关。

第七条 人民法院对罪犯判处管制、剥夺政治权利、缓刑后，应当向罪犯告知必须及时到居住地公安机关报到，以及不按时报到可能产生的法律后果。同时将生效的判决、裁定书副本送达罪犯居住地县（市）级公安机关，抄送同级人民检察院。

第八条 人民法院对在押服刑罪犯裁定假释后，应当将裁定书及时送达提请的执行机关及同级人民检察院。由执行机关办理释放手续，向罪犯告知监外执行须知，要求罪犯在规定时间内到居住地公安派出所报到。并负责将裁定书和有关法律文书送达罪犯居住地县（市）级公安机关、人民检察院。

第九条 人民法院对未被羁押的刑事被告人，判处有期徒刑或者拘役，同时决定暂予监外执行的，应当制作《暂予监外执行决定书》，连同生效的判决、裁定书副本及时送达同级人民检察院。

第十条 因患严重疾病不宜收监执行的罪犯，人民法院决定暂予监外执行的时间，一般不得超过一年；期满未愈需继续暂予监外执行的，应重新办理手续。

第十一条 人民法院决定暂予监外执行的罪犯，在看守所羁押的，由看守所负责将《暂予监外执行决定书》、生效的判决、裁定书副本和执行通知书等有关法律文书及罪犯一并分别送达和送交罪犯居住地县（市）级公安机关、人民检察院。未被羁押的，由人民法院负责将《暂予监外执行决定书》、生效的判决、裁定书副本和执行通知书等有关法律文书及罪犯一并分别送达和送交罪犯居住地县（市）级公安机关、人民检察院。

第十二条 公安机关决定暂予监外执行的罪犯，由罪犯所在的看守所按规定办理出所手续，并负责将暂予监外执行的有关法律文书及罪犯一并分别送达和送交罪犯居住地公安机关、人民检察院。看守所还应将有关法律文书抄送驻所检察室。

第十三条 监狱管理机关决定暂予监外执行的罪犯，由罪犯所在监狱、未成年犯管教所按规定办理出监、所手续，并负责将暂予监外执行的有关法律文书及时送达罪犯居住地县（市）级公安机关、人民检察院，并抄送监狱检察院或派驻检察室。同时应将暂予监外执行的罪犯送交居住地公安机关或由具有法定资格的取保人领回到居住地公安机关报到。

第十四条 监狱对交付执行刑罚的罪犯，进行身体检查后，发现有不符合收监执行条件的，应当出具《拒收通知单》。

因病被监狱拒收退回的罪犯，由看守所负责带领到省政府指定的医院检查身体，并进行刑事医学鉴定。对符合暂予监外执行条件的，由看守所依据监狱的《拒收通知单》和省政府指定医院的《刑事医学鉴定书》，提请交付执行的人民法院决定暂予监外执行。

第十五条 由外省（市）人民法院、监狱管理机关、公安机关决定暂予监外执行移交本地执行的罪犯，本地监狱管理机关、公安机关接收后，应当指定监狱、未成年犯管教所或者看守所管理。由原关押的监狱、未成年犯管教所或者看守所负责将暂予监外执行有关法律文书送达罪犯居住地公安机关、人民检察院。同时，将暂予监外执行罪犯送交居住地公安机关或由具有法定资格的取保人领回到居住地公安机关报到。

第十六条 法律文书一般应当直接送达，直接送达不便的可以邮寄，接收机关在接收后应当出具回执。禁止由罪犯本人携带、转交。

第十七条 县（市）级公安机关收到罪犯监外执行法律文书后，应当由专门部门进行登记，并及时将法律文书送交罪犯居住地公安机关。

第十八条 假释、暂予监外执行罪犯，在规定时间内不报到的，公安机关应及时通知原执行机关并负责寻找或追捕；原执行机关应积极配合，并视其逾期情节、影响分别给予教育、训诫或收监执行处理。

第三章 监督考察和管理

第十九条 执行机关要与有关单位密切配合，通过多种形式，加强对监外执行罪犯的思想教育、法制教育、社会公德教育，矫正不良心理和行为，使他们悔过自新，弃恶从善，成为守法公民。

第二十条 监外执行罪犯到居住地公安机关报到后，公安机关应当及时进行登记，并向其告知执行期间应遵守的有关规定，建立罪犯监督管理档案，成立监督帮教小组，制定和落实监督管理措施。

第二十一条 负责执行的公安机关对监外执行罪犯因故需长期异地居住的，应当将罪犯监督管理档案及时移交异地罪犯居住地县（市）级公安机关和人民检察院，并通知原裁定批准机关。

第二十二条 人民法院决定暂予监外执行的罪犯，由负责执行的公安机关监督到省政府指定的医院复查身体，并进行刑事医学鉴定。每年（从执行之日起）复查、鉴定不得少于一次。对经复查仍需暂予监外执行的，继续监管；对经复查暂予监外执行条件消失的，应当及时通知原决定的人民法院收监执行。

第二十三条　公安机关决定暂予监外执行的罪犯,保外就医期满前三十日内,负责执行的公安机关应当通知原执行的看守所,由看守所监督到省政府指定的医院复查身体,并进行刑事医学鉴定。对经复查仍需暂予监外执行的,由看守所办理续批手续,负责执行的公安机关继续监管;对经复查暂予监外执行条件消失的,由看守所收监执行。在规定的期限内看守所未办理续批手续的,负责执行的公安机关应当督促看守所依法办理。

第二十四条　监狱管理机关决定暂予监外执行的罪犯,除不需要重新进行刑事医学鉴定的,在保外就医期满前三十日内,由负责执行的公安机关监督,原执行的监狱、未成年犯管教所结合定期考查协助督促,到省政府指定的医院复查身体,并进行病残检查或刑事医学鉴定。对经复查仍需暂予监外执行的,由监狱、未成年犯管教所办理续保手续,负责执行的公安机关继续监管;对经复查暂予监外执行条件消失的,由负责执行的公安机关及时通知省监狱管理机关,省监狱管理机关做出决定后,监狱、未成年犯管教所收监执行。在规定的期限内监狱、未成年犯管教所未办理续保手续的,负责执行的公安机关应当督促监狱、未成年犯管教所依法办理。

第二十五条　暂予监外执行期满,重新进行医学鉴定的费用由本人承担。有经济能力而拒绝承担或拒绝刑事医学鉴定的,由原执行机关收监执行。

第二十六条　罪犯暂予监外执行期满,患有严重疾病、伤残、年老多病、生活不能自理,不致危害社会的,依照有关规定,可不重新进行病残检查和刑事医学鉴定。

第二十七条　被管制、剥夺政治权利的罪犯在执行期间违反有关规定,尚未构成新的犯罪,执行机关依法给予治安管理处罚;构成犯罪的,依法追究刑事责任。

第二十八条　被判处缓刑、裁定假释的罪犯在缓刑、假释考验期间违反法律、行政法规的有关规定,尚未构成新的犯罪,情节轻微的,执行机关予以训戒或者给予治安管理处罚;情节严重的,执行机关应当向原判决或者原决定的人民法院提出撤销缓刑、假释,予以收监执行的建议。

第二十九条　人民法院裁定撤销缓刑、假释的,执行机关应当及时将罪犯送交原执行的监狱、未成年犯管教所、看守所收监执行。

第三十条　暂予监外执行的罪犯在执行期间违反有关规定,尚未构成新的犯罪,情节轻微的,执行机关予以训诫或者给予治安管理处罚;情节严重的,执行机关应当通知原决定机关收监执行。暂予监外执行罪犯擅离住地脱管的期间,不计入执行刑期。

第三十一条　被管制、剥夺政治权利的罪犯执行期满,执行机关应当通知本人,并在规定范围内宣布解除管制或者恢复政治权利。

第三十二条　被判处缓刑的罪犯缓刑考验期满,原判刑罚不再执行。执行机关应当向本人宣布,并通报原判决的人民法院。

第三十三条　被假释的罪犯假释考验期满,执行机关应当向本人宣布,并通报原裁定的人民法院和原执行的监狱、未成年犯管教所、看守所。

第三十四条　暂予监外执行的罪犯刑期届满的,原执行的监狱、未成年犯管教所、看守所应当按期办理释放手续;人民法院决定暂予监外执行的,由执行机关对其宣布刑期执行完毕。

第三十五条　罪犯在缓刑、假释期间死亡的,负责执行的公安机关应当及时通报原判决、裁定的人民法院和原执行的监狱、未成年犯管教所、看守所。

第三十六条　罪犯在暂予监外执行期间死亡的,负责执行的公安派出所应当及时通报原决定的人民法院或者原执行的监狱、未成年犯管教所、看守所。

第三十七条　暂予监外执行和被判处缓刑的罪犯,在刑罚执行或者考验期间确有重大立功表现的,同级公安机关在与原执行机关沟通后,应当向执行地的中级人民法院提出减刑建议。

第三十八条　监外执行罪犯在监督考察期间又犯新罪的,公安机关应当按照《刑法》、《刑事诉讼法》的有关规定,追究其刑事责任。

第三十九条　执行机关认为判决、裁定确有错误或者罪犯提出申诉的,应当移交原判决、裁定的人民法院和人民检察院处理。

第四章　执行监督

第四十条　人民检察院发现监外执行罪犯的判决书、裁定书、决定书和执行通知书等法律文书及有关手续不合法、不完备,应当向作出决定的机关提出纠正。

第四十一条　人民检察院发现执行机关和具体负责监督考察的执行单位,没有依照法律规定对监外执行罪犯正确执行刑罚或者执行中有违法情况,应当通知执行机关纠正。

第四十二条　人民检察院发现执行机关没有及时指定对监外执行罪犯具体负责监督考察的执行单位、监督考察组织不健全、监督考察措施不落实、监外执行罪犯脱管、漏管等问题,应当建议执行机关纠正。

第四十三条　人民检察院发现监外执行罪犯在执行期间有重大立功表现,执行机关应依法向人民法院提出减刑建议而未提出的,应当通知执行机关纠正。

第四十四条 暂予监外执行罪犯监外执行条件消失后,人民检察院应当督促执行机关及时与原决定机关联系,将罪犯收监执行。对应收监执行而未收监的,应当通知执行机关或原决定机关纠正。

第四十五条 监外执行罪犯在执行期间又犯新罪,公安机关应当立案侦查而不立案侦查的,人民检察院应当要求公安机关说明不立案理由,理由不成立的,应当通知公安机关立案侦查。

第四十六条 人民检察院对监外执行罪犯的执行监督,应建立定期巡察制度、实地考察制度和专项检察制度。经常深入监外执行罪犯执行地,掌握执行情况,发现问题,及时提出检察建议或依法纠正违法行为,有效履行法律赋予的监督职能。

第四十七条 人民法院、公安机关和监狱管理机关对人民检察院提出的意见、建议和纠正违法通知,应当认真研究,认真核查,确有问题的要依法整改,并及时回复人民检察院。

第五章 工作机制

第四十八条 监外执行罪犯的管理教育改造工作是社会系统工程。人民法院、人民检察院、公安机关和司法行政机关要各司其职,密切配合,齐抓共管,形成合力,提高对监外执行罪犯的管理教育改造质量,预防和减少重新犯罪,维护社会稳定。

第四十九条 人民法院、人民检察院、公安机关和司法行政机关在工作中应建立联系制度。定期召开联席会议,分析、研究、协调和解决工作中带有倾向性的问题;建立信息互通制度。保持经常性联系,互通情况,出现问题及时解决;建立重大情况、重大问题请示报告制度。主动争取党委的领导、支持和人大的监督;建立联合检查制度。每年对监外执行罪犯的执行情况检查一至两次,了解掌握情况,改进加强工作。

第五十条 人民法院、人民检察院、公安机关和司法行政机关应当积极开展职务犯罪预防工作,针对在监外执行活动中容易发生的问题,健全预防机制,采取预防对策,预防职务犯罪,保证刑罚正确执行。

第六章 责任追究

第五十一条 人民法院、人民检察院、公安机关和司法行政机关应当按照上述规定执行。违反有关法律规定及上述规定,致使监外执行罪犯所判刑罚没有依法执行,脱管、漏管造成严重后果的,应当追究有关人员和领导的责任。

第五十二条 对监外执行罪犯负有监督管理职责的人员因玩忽职守、滥用职权、徇私舞弊,致使监外执行罪犯长期脱管、又犯新罪、后果特别严重、影响特别恶劣的,应当依法追究有关人员的刑事责任。

第七章 附 则

第五十三条 本办法由辽宁省高级人民法院、辽宁省人民检察院、辽宁省公安厅、辽宁省司法厅共同负责解释。

第五十四条 本办法从 2004 年 1 月 21 日开始实施。

辽宁省高级人民法院 辽宁省人民检察院 辽宁省公安厅 《关于办理毒品犯罪案件适用法律若干问题的指导意见》

(2008 年 1 月 2 日)

为了依法惩治毒品犯罪活动,准确适用法律,根据《中华人民共和国刑法》和最高人民法院《关于审理毒品案件定罪量刑标准有关问题的解释》的规定及有关会议纪要,结合我省毒品犯罪案件的实际情况,对办理毒品犯罪案件中的若干问题提出如下意见:

一、关于毒品数量与量刑的问题

毒品数量对毒品犯罪的定罪量刑具有重要的意义,特别是对死刑案件更为重要。但是,数量标准只是毒品犯罪量刑的一个重要标准,并不是唯一标准,在执行数量标准时不能将其机械化和简单化,还必须综合考虑被告人的主观恶性、犯罪情节、危害后果以及其他法定、酌定从重、从轻情节等多种因素,做到罪、责、刑相适应。对于是否判处死刑,更不能唯数量量刑。

根据我国的死刑政策和我省的审判实践,现阶段我省走私、贩卖、制造海洛因、甲基苯丙胺判处死刑立即执行的数量标准掌握在 300 克以上为宜。对于运输毒品犯罪分子,除具有以运输为业、运输集团的首要分子、武装掩护运输以及其他特别严重情节的,对于单纯为了赚取运费为他人运输毒品的初犯、偶犯等,考虑其主观恶性相对较小,应当与走私、贩卖、制造毒品犯罪有所区别,判处死刑立即执行的数量标准掌握在海洛因、甲基苯丙胺 600 克以上为宜,同时要综合考虑被告人的主观恶性、社会危害性等各种情节加以处罚。

二、关于新型毒品的量刑问题

所谓新型毒品是相对鸦片、海洛因、甲基苯丙胺等传统毒品而言,主要是指人工化学合成的致幻剂、兴奋剂类毒品。目前,法律、司法解释对于新型毒品犯罪的规定尚不完善。对于法律、司法解释没有明确规定数量标准的新类型毒品、管制的麻醉药品和精神药品,应当充分考虑其瘾癖性、戒断性、社会危害性等酌情量刑,对这类案件一般不宜判处死刑立即执行。根据我省在司法实践中积累的经验,并借鉴外省市的作法,制定了《关于新型毒品犯罪案件数量标准的参考意见》,各地可以参照执行。

三、关于特情引诱的问题

运用特情侦破案件是有效打击毒品犯罪的手段。在实践中,对于特情的运用尚存在不规范的地方,有进行犯意引诱和数量引诱的情况。对于具有犯意引诱的被告人,应当从轻处罚,无论毒品犯罪数量多大,都不应判处死刑立即执行。对于具有数量引诱的被告人,也应当从轻处罚,即使超过判处死刑的毒品数量标准,一般也不应判处死刑立即执行。对于间接受特情引诱而实施毒品犯罪的被告人,也应从轻处罚,达到死刑数量标准的,一般也不应判处死刑立即执行。

对于是否使用特情情况不明的案件,侦查机关不予说明或者说明的情况与案情存在矛盾,不能排除特情引诱嫌疑的案件,量刑时应当酌情考虑,在适用死刑立即执行时必须留有余地。

对于买践中存在的非特情引诱的情况,引诱人虽不是侦查机关正式的特情,但是受侦查机关的支配,为侦查机关工作,所起的作用和特情是一样的,对于这种情况下发生的引诱与特情引诱在本质上没有区别,因此,在量刑上也要给予考虑。但要注意区分群众举报与特情引诱的界限,避免扩大特情引诱的适用范围。

四、关于定罪的问题

除了具有以运输为业、武装押运等严重情节的以外,运输毒品的危害性要小于走私、贩卖、制造毒品,对于在运输或者转移过程中被抓获的,如果有证据证明是为了走私、贩卖或者制造的,应定走私、贩卖或者制造毒品罪,不能只定运输毒品罪,如果没有证据证明或者证明走私、贩卖、制造的证据不充分的,才认定为运输毒品罪。

非法持有毒品罪是毒品定罪中的兜底罪名,对于毒品数量达到了持有的数量标准,但是又没有证据证明被告人实施了走私、贩卖、运输、制造毒品等行为,以非法持有毒品定罪。对于吸毒者实施毒品犯罪的,在认定犯罪事实和确定罪名上一定要慎重。吸毒者在购买、运输、存储毒品过程中被抓获的,如没有证据证明被告人实施了其他毒品犯罪行为的,一般不应定罪处罚,如查获的毒品数量大,应当以非法持有毒品罪定罪;毒品数量未超过刑法第三百四十八条规定数量最低标准的,不定罪处罚。对于以贩养吸的被告人,被查获的毒品数量应认定为犯罪的数量,但在量刑时要考虑吸食的情节。

五、关于制造毒品的认定问题

最高人民法院《关于执行〈全国人民代表大会常务委员会关于禁毒的决定〉的若干问题的解释》中规定:制造毒品是指非法用毒品原植物直接提炼或者用化学方法加工、配制毒品的行为。随着毒品犯罪的发展、变化,这种定义已不能涵盖所有制造毒品的行为。以贩卖为目的,买入某种毒品后,采用精炼、提纯、稀释、合成等物理方法,提高或者降低纯度,增加毒品重量或者增加价值,虽然没有采用化学方法,但毒效、价值已发生变化,应以制造毒品罪论处,因为具有贩卖的目的,所以应当认定为贩卖、制造毒品罪,不区分既遂、未遂。

六、关于"主观明知"的认定问题

构成毒品犯罪要求行为人主观上必须明知是毒品而从事走私、贩卖、运输、制造、持有等行为。对于行为人辩解不明知是毒品,又缺少直接证据认定明知的,可以运用间接证据来推定其是否明知。对于确有证据证明或现有证据不能排除被人蒙蔽利用的,不能认定为犯罪。

七、关于毒品犯罪的既遂与未遂问题

不同的毒品犯罪,构成既遂与未遂的标准是不同的。在司法实践中,为了严厉打击犯罪,对毒品犯罪区分既遂与未遂应当慎重掌握,一般情况下不予区分。

走私毒品入境的,只要毒品进入我国国境线即为走私毒品罪既遂。走私毒品出境的,只要有证据证明行为人准备将已到手的毒品运输出我国国境,即构成走私毒品罪既遂,不以行为人是否已将毒品走私出境为标准。

行为人为了贩卖而购进毒品,只要毒品已买到即为贩卖毒品罪的既遂,不论其是否又将毒品卖出。行为人将持有的毒品,一旦向他人卖出,即构成贩卖毒品罪的既遂。在交易过程中被现场抓获毒品未转手的,买入一方构成贩卖未遂,但与卖主先有预约、承诺、共谋的除外。

运输毒品犯罪只要行为人将毒品带离藏匿地点进行运输即为运输毒品犯罪的既遂,不以是否到达运输目的地来认定既遂与未遂。制造毒品犯罪则以是否制造出毒品为既遂与未遂的标准。非法持有毒品犯罪没有既遂与未遂之分。

八、关于毒品犯罪案件的管辖问题

毒品犯罪案件的法定管辖与其他犯罪管辖一样,原则上应当坚持以犯罪地管辖为主、被告人居住地管辖为辅的原则。"犯罪地"既包括毒资筹集地、犯罪预谋地以及交易进行地等犯罪行为实施地,也包括毒资、毒赃、毒品藏匿地、转移地以及贩运目的地等犯罪结果发生地。"被告人居住地"不仅包括被告人常住地和户籍所在地,也包括临时居住地。

九、关于海洛因勾兑液的问题

海洛因勾兑液系海洛因的衍生品种,比杜冷丁有更强依赖性、更强成瘾性、更难戒断性等特点,其社会危害性远高于杜冷丁。对海洛因勾兑液可以参照杜冷丁(液态)数量标准进行量刑,考虑其危害性较大,应比照杜冷丁从重处罚。

十、关于毒品灭失或者没有收缴到毒品的案件,毒品数量确定的问题

可以根据被告人及同案犯关于数量的供述,以及证人证言等证据认定;对于仅供述涉案毒品多少粒、多少袋等,没有确切重量的,可以按照市场中通常此种毒品每粒、每袋的最小剂量推定涉案毒品的大约重量,酌情处罚。

十一、吸食毒品后犯罪是否应承担刑事责任的问题

原本精神正常,具有完全责任能力,仅因吸毒导致辨认、控制行为能力减弱,实施犯罪行为的被告人,不属于刑法意义上的精神病人,可以比照醉酒的人犯罪应负刑事责任的法律规定,应当负刑事责任,不需要作司法精神病学鉴定,不应以限定责任能力为理由对其从轻处罚。

十二、关于毒品鉴定的问题

含量不同的毒品的社会危害性有所区别,毒品的纯度是毒品犯罪的重要量刑情节之一。不考虑毒品含量问题,不符合毒品犯罪的实际情况。对于查获的毒品必须做定性鉴定。对被告人可能被判处死刑的和查获的毒品有证据证明大量掺假的案件,还必须做定量鉴定(纯度鉴定)。因涉及量刑的数量标准问题,对于查获的含甲基苯丙胺类毒品,也应当进行定量鉴定(纯度鉴定)。对于未做纯度鉴定,经工作后,仍没有进行纯度鉴定或者已不具备鉴定条件的以及经鉴定毒品含量较低的案件,量刑上要酌情从轻处罚。

辽宁省高级人民法院 辽宁省人民检察院 辽宁省公安厅《关于毒品犯罪案件量刑数量标准的参考意见》

(2008年1月2日)

为了依法惩治毒品犯罪活动,准确适用法律,根据《中华人民共和国刑法》和最高人民法院《关于审理毒品案件定罪量刑标准有关问题的解释》的规定,结合我省毒品犯罪的实际情况,现对走私、贩卖、运输、制造、非法持有海洛因或者甲基苯丙胺和"摇头丸"等毒品犯罪案件量刑数量标准提出如下参考意见:

一、走私、贩卖、制造海洛因或者甲基苯丙胺

根据最高人民法院有关会议精神,结合我省实际情况,我省走私、贩卖、制造海洛因或者甲基苯丙胺犯罪,判处死刑的毒品数量标准掌握在300克以上为宜。根据这一标准,审理此类毒品犯罪案件,可以参考以下标准量刑: 1. 走私、贩卖、制造海洛因或者甲基苯丙胺150克以上不满300克,不具有法定从重、从轻情节或者其他情节的,处无期徒刑,并处没收财产。

2. 走私、贩卖、制造海洛因或者甲基苯丙胺50克以上不满150克,不具有法定从重、从轻情节或者其他情节的,处十五年有期徒刑,并处没收财产。

3. 走私、贩卖、制造海洛因或者甲基苯丙胺25克以上不满50克,不具有法定从重、从轻情节或者其他情节的,处十年以上十五年以下有期徒刑,并处罚金。

4. 走私、贩卖、制造海洛因或者甲基苯丙胺10克以上不满25克,不具有法定从重、从轻情节或者其他情节的,处七年以上十年以下有期徒刑,并处罚金。

5. 走私、贩卖、制造海洛因或者甲基苯丙胺不满7克,不具有法定从重、从轻情节或者其他情节的,处三年以下有期徒刑、拘役或者管制,并处罚金;7克以上不满10克,不具有法定从重、从轻情节或者其他情节的,处三年以上七年以下有期徒刑,并处罚金。

二、运输海洛因或者甲基苯丙胺

鉴于运输毒品与走私、贩卖、制造毒品的主观恶性有所不同,判处死刑的数量标准应有所区别。根据最高人民法院有关会议精神,结合我省实际情况,我省目前对于运输海洛因或者甲基苯丙胺犯罪,判处死刑的数量标准掌握在600克以上为宜。根据这一标准,审理此类毒品犯罪案件,可以参考以下标准量刑:

6. 运输海洛因或者甲基苯丙胺 300 克以上不满 600 克，不具有法定从重、从轻情节或者其他情节的，处无期徒刑，并处没收财产。

7. 运输海洛因或者甲基苯丙胺 50 克以上不满 300 克，不具有法定从重、从轻情节或者其他情节的，处十五年有期徒刑，并处没收财产。

8. 运输海洛因或者甲基苯丙胺 25 克以上不满 50 克，不具有法定从重、从轻情节或者其他情节的，处十年以上十五年以下有期徒刑，并处罚金。

9. 运输海洛因或者甲基苯丙胺 10 克以上不满 25 克，不具有法定从重、从轻情节或者其他情节的，处七年以上十年以下有期徒刑，并处罚金。

10. 运输海洛因或者甲苯丙胺不满 7 克，不具有法定从重、从轻情节或者其他情节的，处三年以下有期徒刑、拘役或者管制，并处罚金；7 克以上不满 10 克，不具有法定从重、从轻情节或者其他情节的，处三年以上七年以下有期徒刑，并处罚金。

三、走私、贩卖、制造含甲基苯丙胺的"摇头丸"

"摇头丸"是一种混合类毒品，通常情况下"摇头丸"中毒品含量相对较低、危害性相对较小，在处理上应当与一般的毒品案件有所区别。根据最高人民法院有关会议精神，结合我省实际情况，我省目前对于走私、贩卖、制造含甲基苯丙胺的"摇头丸"犯罪，含量在 25% 以上的，视为刑法中规定的"甲基苯丙胺"，按本意见第一条处理，含量在 25% 以下的判处死刑的数量标准掌握在 1000 克以上为宜。据此，对于走私、贩卖、制造甲基苯丙胺含量在 25% 以下的"摇头丸"犯罪，可以参考以下标准量刑：

11. 走私、贩卖、制造含甲基苯丙胺的"摇头丸" 650 克以上不满 1000 克，不具有法定从重、从轻情节或者其他情节的，处无期徒刑，并处没收财产。

12. 走私、贩卖、制造含甲基苯丙胺的"摇头丸" 300 克以上不满 650 克，不具有法定从重、从轻情节或者其他情节的，处十五年有期徒刑，并处没收财产。

13. 走私、贩卖、制造含甲基苯丙胺的"摇头丸" 150 克以上不满 300 克，不具有法定从重、从轻情节或者其他情节的，处十年以上十五年以下有期徒刑，并处罚金。

14. 走私、贩卖、制造含甲基苯丙胺的"摇头丸" 50 克以上不满 150 克，不具有法定从重、从轻情节或者其他情节的，处七年以上十年以下有期徒刑，并处罚金。

15. 走私、贩卖、制造含甲基苯丙胺的"摇头丸"不满 10 克，不具有法定从重、从轻情节或者其他情节的，处三年以下有期徒刑、拘役或者管制，并处罚金；10 克以上不满 50 克，不具有法定从重、从轻情节或者其他情节的，处三年以上七年以下有期徒刑，并处罚金。

四、运输含甲基苯丙胺的"摇头丸"

根据最高人民法院有关会议精神，结合我省实际情况，我省目前对于运输含甲基苯丙胺的"摇头丸"犯罪，含量在 25% 以上的，视为刑法中规定的"甲基苯丙胺"，按本意见第二条处理，含量在 25% 以下的判处死刑的数量标准掌握在 1500 克以上为宜。据此，对于运输甲基苯丙胺含量在 25% 以下的"摇头丸"犯罪，可以参考以下标准量刑：

16. 运输含甲基苯丙胺的"摇头丸" 1000 克以上不满 1500 克，不具有法定从重、从轻情节或者其他情节的，处无期徒刑，并处没收财产。

17. 运输含甲基苯丙胺的"摇头丸" 300 克以上不满 1000 克，不具有法定从重、从轻情节或者其他情节的，处十五年有期徒刑，并处没收财产。

18. 运输含甲基苯丙胺的"摇头丸" 200 克以上不满 300 克，不具有法定从重、从轻情节或者其他情节的，处十年以上十五年以下有期徒刑，并处罚金。

19. 运输含甲基苯丙胺的"摇头丸" 100 克以上不满 200 克，不具有法定从重、从轻情节或者其他情节的，处七年以上十年以下有期徒刑，并处罚金。

20. 运输含甲基苯丙胺的"摇头丸"不满 10 克，不具有法定从重、从轻情节或者其他情节的，处三年以下有期徒刑、拘役或者管制，并处罚金；10 克以上不满 100 克，不具有法定从重、从轻情节或者其他情节的，处三年以上七年以下有期徒刑，并处罚金。

五、非法持有海洛因或者甲基苯丙胺

21. 非法持有海洛因或者甲基苯丙胺 350 克以上，不具有法定从重、从轻情节或者其他情节的，处无期徒刑，并处罚金。

22. 非法持有海洛因或者甲基苯丙胺 250 克以上不满 350 克，不具有法定从重、从轻情节或者其他情节的，处十五年有期徒刑，并处罚金。

23. 非法持有海洛因或者甲基苯丙胺 125 克以上不满 250 克，不具有法定从重、从轻情节或者其他情节的，处十年以上十五年以下有期徒刑，并处罚金。

24. 非法持有海洛因或者甲基苯丙胺 50 克以上不满 125 克，不具有法定从重、从轻情节或者其他情节的，处七年以上十年以下有期徒刑，并处罚金。

25. 非法持有海洛因或者甲苯丙胺 10 克以上不满 50 克，不具有法定从重、从轻情节或者其他情节的，处三年以下有期徒刑、拘役或者管制，并处罚金；情节严重的，处三年以上七年以下有期徒刑，并处罚金。

六、非法持有含甲基苯丙胺的"摇头丸"

根据最高人民法院有关会议精神，结合我省实际情况，我省目前对于非法持有含甲基苯丙胺的"摇头丸"犯罪，含量在 25% 以上的，视为刑法中规定的"甲基苯丙胺"，按本意见第五条处理，含量在 25% 以下的可以参考以下标准量刑：

26. 非法持有含甲基苯丙胺的"摇头丸"1500 克以上，不具有法定从重、从轻情节或者其他情节的，处无期徒刑，并处罚金。

27. 非法持有含甲基苯丙胺的"摇头丸"1000 克以上不满 1500 克，不具有法定从重、从轻情节或者其他情节的，处十五年有期徒刑，并处罚金。

28. 非法持有含甲基苯丙胺的"摇头丸"500 克以上不满 1000 克，不具有法定从重、从轻情节或者其他情节的，处十年以上十五年以下有期徒刑，并处罚金。

29. 非法持有含甲基苯丙胺的"摇头丸"250 克以上不满 500 克，不具有法定从重、从轻情节或者其他情节的，处七年以上十年以下有期徒刑，并处罚金。

30. 非法持有含甲基苯丙胺的"摇头丸"10 克以上不满 50 克，不具有法定从重、从轻情节或者其他情节的，处三年以下有期徒刑、拘役或者管制，并处罚金；50 克以上不满 250 克，不具有法定从重、从轻情节或者其他情节的，处三年以上七年以下有期徒刑，并处罚金。

七、其他

31. 同一案件中涉及多种毒品的，可以海洛因作为基准，将其他毒品数量换算成海洛因数量后，参考本意见判处刑罚。

32. 数量标准是对毒品犯罪进行量刑时的基本标准，不是唯一标准，司法实践中不能唯数量量刑。具体确定刑罚时，还必须综合考虑被告人的主观恶性、犯罪情节、危害后果以及其他法定、酌定从重、从轻情节等多种因素，做到罪、责、刑相适应。各地可以根据毒品犯罪的地区差异、类型差异、个体差异情况，在本意见规定的数量标准基础上，有所调整，但调整幅度不宜过大。

33. 对于海洛因或者甲苯丙胺等含量较低的毒品，适用死刑时应当严格掌握，除具有特殊情节，一般不判处死刑立即执行。

34. 本意见与现行法律、司法解释相冲突的，按照法律、司法解释的规定执行。今后法律、司法解释作出新规定的，按照新规定执行。

辽宁省高级人民法院　辽宁省人民检察院　辽宁省公安厅《关于新型毒品犯罪案件数量标准的参考意见》

(2008 年 1 月 2 日)

为了依法惩治毒品犯罪活动，准确适用法律，根据《中华人民共和国刑法》和最高人民法院《关于审理毒品案件定罪量刑标准有关问题的解释》的规定，结合我省毒品犯罪的实际情况，现就几类常见新型毒品犯罪案件有关问题提出如下参考意见：

第一条　新型毒品是相对鸦片、海洛因、甲基苯丙胺等传统毒品而言，主要是指人工化学合成的致幻剂、兴奋剂类毒品。目前常见的有：摇头丸、氯胺酮（K 粉）、麻古、美沙酮、安眠酮、三唑仑等。

第二条　走私、贩卖、运输、制造、非法持有下列毒品，应当认定为刑法第三百四十七条第二款第（一）项、第三百四十八条以及最高人民法院《关于审理毒品案件定罪量刑标准有关问题的解释》第一条第（九）项规定的"其他毒品数量大"的情形：

（一）美沙酮 1000 克以上；

（二）氯胺酮 1000 克以上；

（三）三唑仑 50000 克以上；

（四）安眠酮 50000 克以上。

第三条　走私、贩卖、运输、制造、非法持有下列毒品，应当认定为刑法第三百四十七条第三款、第三百四十八条以及最高人民法院《关于审理毒品案件定罪量刑标准有关问题的解释》第二条第（九）项规定的"其他毒品数量较大"的情形：

（一）美沙酮 200 克以上不满 1000 克；

（二）氯胺酮 200 克以上不满 1000 克；

（三）三唑仑 10000 克以上不满 50000 克；

（四）安眠酮 10000 克以上不满 50000 克。

第四条 走私、贩卖、运输、制造下列毒品的，应当认定为刑法第三百四十七条第四款规定的"其他少量毒品"的情形：

（一）美沙酮不满 200 克；

（二）氯胺酮不满 200 克；

（三）三唑仑不满 10000 克；

（四）安眠酮不满 10000 克。

第五条 走私、贩卖、运输、制造下列毒品的，可以认定为刑法第三百四十七条第四款规定的"情节严重"的情形和最高人民法院《关于审理毒品案件定罪量刑标准有关问题的解释》第三条第（一）项规定的"其他数量相当毒品"：

（一）美沙酮 140 克以上不满 200 克；

（二）氯胺酮 140 克以上不满 200 克；

（三）三唑仑 7000 克以上不满 10000 克；

（四）安眠酮 7000 克以上不满 10000 克。

第六条 对于刑法、司法解释和本意见没有明确规定量刑数量标准的其他类型毒品，应当充分考虑其瘾癖性、戒断性、社会危害性等因素，可以参照毒品换算比例进行量刑。但适用死刑时应当严格掌握，除具有特殊情节，一般不判处死刑立即执行。

第七条 本意见与现行法律、司法解释相冲突的，按照法律、司法解释的规定执行。今后法律、司法解释作出新规定的，按照新规定执行。

辽宁省高级人民法院　辽宁省人民检察院　辽宁省公安厅　辽宁省司法厅《关于办理减刑、假释案件的工作规范》

（2009 年 9 月 9 日）

为进一步做好减刑、假释工作，根据《中华人民共和国刑法》、《中华人民共和国刑事诉讼法》、《中华人民共和国监狱法》、《中华人民共和国看守所条例》和最高人民法院《关于办理减刑、假释案件应用法律若干问题的规定》等有关法律、法规的规定，结合我省减刑、假释案件的具体工作，规范如下：

第一章　考核与奖惩

第一条 执行机关对罪犯实行考核制度，罪犯在服刑期间的悔改和立功表现，应根据考核结果确认。

第二条 执行机关应制定规范的考核标准和实施细则，做到考核公正准确，兑现奖惩合法。

第三条 坚持贯彻惩办与宽大相结合的政策，区别对待，宽严相济。

第四条 严格执行减刑、假释的法定条件和程序，坚持标准，依法呈报。

第五条 对罪犯的奖励分为表扬、记功、授予监狱改造积极分子称号，符合减刑、假释条件的，可依法呈报减刑或假释。

根据罪犯悔改表现，考核积分达 30 分的可给予表扬一次，对积分达 90 分的可给予记功一次。对悔改表现比较突出，可给予单项表奖。监狱改造积极分子每年评选二次，每次不超过 15%。省级改造积极分子每年评选一次，每次不超过 2%。

执行机关根据罪犯确有悔改或者立功、重大立功表现的具体事实，提出呈报不同的减刑幅度或假释的建议。

第六条 处罚分为警告、记过、禁闭。

受到警告处罚的，取消当月计分考核资格；受记过处罚一次扣罚有效减刑分 30 分，半年内不予呈报减刑；受禁闭处罚一次扣罚有效减刑分 60 分，一年内不予呈报减刑。

第七条 计分考核奖罚是罪犯悔改表现量化的标志，执行机关呈报的罪犯奖惩考核记分情况，应作为人民法院裁定减刑、假释的重要参考依据。

第二章　减刑假释案件的管辖

第八条 中级人民法院管辖的几种情形：

（一）对于被判处有期徒刑（包括减为有期徒刑）的罪犯的减刑、假释，由执行机关向当地中级人民法院提出减刑、假释建议，中级人民法院予以审核裁定。

（二）对于被判处拘役的罪犯的减刑，由拘役所提出意见，经当地县级公安机关审查同意后，由其上一级公安机关报请当地中级人民法院审核裁定。

（三）对于被判处管制的罪犯的减刑，由执行管制的公安派出所提出意见，经当地县级公安机关审查同意后，由其上一级公安机关报请当地中级人民法院审核裁定。

（四）被宣告缓刑的罪犯，在缓刑考验期限内确有重大立功表现，需要予以减刑，并相应缩短缓刑考验期限的，应当由负责考察的公安派出所会同罪犯的所在单位或者基层组织提出书面意见，经当地县级公安机关审查同意后，由其上一级公安机关报请当地中级人民法院审核裁定。

（五）对于被判处有期徒刑一年以下，或者余刑在一年以下，由县级公安机关看守所监管的罪犯的减刑、假释，由罪犯所在的看守所提出意见，经当地县级公安机关审查同意后，由其上一级公安机关报请当地中级人民法院审核裁定；如果当地市以上公安机关看守所监管的罪犯的减刑、假释，经同级公安机关审查同意后，报请当地中级人民法院审核裁定。

个别余刑一年以上，因特殊需要经有关部门批准留在看守所服刑的罪犯的减刑、假释，按照前款规定办理。

第九条 高级人民法院管辖的几种情形：

（一）对于被判处死刑缓期二年执行的罪犯的减刑、假释，应当由罪犯所在监狱提出建议，报经省监狱管理局审批后，提请高级人民法院裁定；

（二）对于被判处无期徒刑的罪犯的减刑、假释，应当由罪犯所在监狱向当地高级人民法院提出减刑、假释建议，高级人民法院予以审核裁定。根据我省的实际情况，可由罪犯所在监狱提出建议，报经省监狱管理局审批后，提请高级人民法院裁定。

第三章　办理减刑、假释案件的程序

第十条 对罪犯减刑、假释的建议，由监狱分监区、监区区务会集体讨论通过后，报狱政科（处），报狱政科（处）对监区拟报减刑、假释罪犯进行审核后，提交监狱长办公会议审议通过。

第十一条 呈报减刑、假释案件的材料应齐全，手续应完备。呈报材料应包括下列内容：

（一）减刑、假释建议书；

（二）终审法院的判决书、裁定书、历次减刑裁定书的复制件；

（三）罪犯确有悔改或者立功、重大立功表现的具体事实的书面证明材料；

（四）罪犯评审鉴定表、奖惩审批表；

（五）对病残犯，应有司法机关指定的医院诊断书的复印件；

（六）对余刑一年以上留看守所服刑的罪犯应附有经地市级公安机关、人民检察机关批准的《看守所留所服刑罪犯审批表》。

第十二条 对呈报减刑、假释的案件，受理的人民法院应及时收案登记，如果法院在审理过程中发现材料不齐或者手续不全的，应通知执行机关补充材料或者退回补查。对不符合本院管辖的，应及时退回执行机关。

第十三条 审理减刑、假释案件应当组成合议庭。

第十四条 审理减刑、假释案件，必须认真审查罪犯悔改表现或者立功、重大立功表现的具体事实和证据，并有重点地选择一些案件深入执行场所认真核实，核实案件面不应少于20%。

第十五条 案件主办人应认真审阅执行机关呈报的材料，填写审理报告。

第十六条 合议庭在审查事实和证据的基础上进行评议，提出对罪犯是否同意减刑、假释期限的意见，并制定合议庭评议笔录，合议庭成员应署名。

第十七条 对于有立功、重大立功或特殊情况的重要罪犯的减刑、假释，以及合议庭意见有分歧和检察机关提出异议的案件，必要时应提交院审判委员会讨论决定。

第十八条 减刑、假释裁定书，由主办案件审判员负责按统一规定的样式制作，由主管院长或主管庭长审核签发。

第十九条 减刑、假释裁定书，一般由人民法院直接宣告，并填写送达回证，也可以委托执行机关代为宣告。

第二十条 减刑、假释裁定书，应当及时送达执行机关、驻在人民检察院以及罪犯本人。人民检察院认为人民法院减刑、假释裁定不当，应当在收到裁定书副本后二十日以内，由作出裁定的人民法院的同级检察机关向人民法院提出书面纠正意见。人民法院应当在收到纠正意见书后重新组成合议庭进行审理，并在一个月以内作出最终裁定。

第二十一条 高级人民法院、中级人民法院均应在收到减刑、假释建议书之日起一个月内予以审核、裁定，案情复杂或者情况特殊的，可以延长一个月。

第四章　减刑条件、幅度和起始间隔时间

第二十二条 被判处管制、拘役、有期徒刑、无期徒刑的犯罪分子，在执行期间，如果认真遵守监

规，接受教育改造，确有悔改表现的，或者有立功表现的，可以减刑；有下列重大立功表现之一的，应当减刑：

（一）阻止他人重大犯罪活动的；
（二）检举监狱内外重大犯罪活动，经查证属实的；
（三）有发明创造或者技术革新的；
（四）在日常生产、生活中舍己救人的；
（五）在抗御自然灾害或者排除重大事故中，有突出表现的；
（六）对国家和社会有其他重大贡献的。

第二十三条 前款所称"确有悔改表现"，是指同时具备以下四个方面情形：

1. 认罪服法；
2. 认真遵守监规，接受教育改造；
3. 积极参加政治、文化、技术学习；
4. 积极参加劳动，完成生产任务。

前条所称"立功表现"，是指具有下列情形之一的：

1. 检举、揭发监内外犯罪活动，或者提供重要的破案线索，经查证属实的；
2. 阻止他人犯罪活动的；
3. 在生产、科研中进行技术革新，成绩突出的；
4. 在抢险救灾或者排除重大事故中表现积极的；
5. 有其他有利于国家和社会改造积极分子的，可视为有立功表现。

第二十四条 对有期徒刑罪犯在刑罚执行期间，符合减刑条件下减刑幅度为：

（一）确有悔改表现的或者立功表现的，一般一次减刑不超过一年有期徒刑；
（二）确有悔改并有立功表现，或者有重大立功表现的，一般一次减刑不得超过两年有期徒刑；
（三）被判处十年以上有期徒刑的，如果悔改表现突出或者有立功表现的，一次减刑不得超过两年有期徒刑；
（四）被判处十年以上有期徒刑的罪犯，悔改表现突出并有立功表现，或者有重大立功表现的，一次提请减刑不得超过三年有期徒刑；
（五）对于被判处有期徒刑罪犯提请减刑的幅度，一般不少于三个月，最高一次不超过三年。人民法院对有期徒刑罪犯具备法定减刑条件的应在法定减刑幅度内，根据其改造表现，同时也要考虑原判情况，参考监狱奖惩情况，作出减刑幅度不同的决定。

第二十五条 有期徒刑罪犯的减刑提请起始时间和间隔时间为：

（一）被判处五年以上有期徒刑的罪犯一般在执行一年半以上方可减刑；两次减刑之间一般应当间隔一年以上。
（二）被判处十年以上有期徒刑的罪犯，一次减二年至三年有期徒刑之后，再减刑时，其间隔时间一般不得少于二年。
（三）被判处不满五年有期徒刑的罪犯，一般在执行一年以上方可提请减刑；两次减刑之间一般以间隔八个月以上为宜。

对罪犯提请减刑、假释起始时间，应当从判决执行之日起计算。确有重大立功表现的，可以不受上述减刑起始和间隔时间的限制。

第二十六条 在有期徒刑犯减刑时，对附加剥夺政治权利的刑期可以酌减，但酌减后剥夺政治权利的期限，最短不得少于一年。

第二十七条 对判处拘役或者三年以下有期徒刑、宣告缓刑的犯罪分子，一般不适用减刑。确有重大立功表现的，可以参照刑法第七十八条的规定予以减刑。

第二十八条 减刑以后实际执行的刑期，判处管制、拘役、有期徒刑的，不能少于原判刑期的二分之一。

第二十九条 宣告缓刑的，可以参照刑法第七十八条的规定，予以减刑，同时相应的缩减其缓刑考验期限。减刑后实际执行的刑期不能少于原判刑期的二分之一，相应缩减的缓刑考验期限不能低于减刑后实际执行的刑期。判处拘役的缓刑考验期限不能少于两个月，判处有期徒刑的缓刑考验期限不能少于一年。

第三十条 无期徒刑罪犯在执行期间，如果确有悔改表现的，或者有立功表现的，服刑二年以后，可以减刑。减刑幅度为：对确有悔改表现的，或者有立功表现的，一般可以减为十八年以上二十年以下有期徒刑；对有重大立功表现的，可以减为十三年以上十八年以下有期徒刑。

人民法院对无期徒刑罪犯具备法定减刑条件的，应在法定减刑幅度内，根据其改造表现，同时也要考虑原判情况，参考监狱奖惩情况，作出减刑幅度不同的决定。

第三十一条 死刑缓期执行罪犯减为无期徒刑后，再减刑时，对于在死刑缓期执行期间以及减为无期徒刑后，一贯表现突出的，可以从宽掌握，在减刑幅度上适当放宽半年至一年，但应严格控制。

第三十二条 无期徒刑罪犯在刑罚执行期间又犯罪或发现漏罪的，新罪被判处有期徒刑以下刑罚的，自新罪判决确定之日起一般在两年内不予减刑；对新罪判处无期徒刑的，减刑的起始时间要适当延长。

第三十三条 被判处无期徒刑的罪犯减刑后，实际执行的刑期不能少于十年，其起始时间应当自无期徒刑判决确定之日起计算。

第三十四条 死刑缓期执行罪犯在死刑缓期执行期间，如果没有故意犯罪，二年期满以后，减为无期徒刑；如果确有重大立功表现，二年期满以后，减为十五年以上二十年以下有期徒刑。

对死刑缓期执行罪犯经过一次或几次减刑后，其实际执行的刑期，不得少于十二年（不含死刑缓期执行的二年）。

第三十五条 为及时审理死刑缓期执行罪犯减刑案件，有利于调动死刑缓期执行罪犯的改造积极性，对死刑缓期执行罪犯的减刑，监狱可于罪犯执行期满前一个月提出呈报材料，省监狱管理局掌握执行期满二年后，及时报省法院裁定。

对于在死刑缓期执行期间悔改表现突出的罪犯，羁押罪犯的监狱，应采取"记帐"的方式，二年期满减为无期徒刑后，再减刑时将罪犯在死刑缓期二年执行期间获得的各种奖励，连同罪犯减为无期徒刑后，再次报减刑前的各种奖励材料，一并呈报。供法院裁定减刑幅度时参考。

第三十六条 死刑缓期执行罪犯在缓期执行期间，虽无故意犯罪但有抗拒改造情节，查证属实的，二年期满，经过教育减为无期徒刑后，再减刑时，应适当延长间隔时间。

第五章 假释条件、考验期限、执行和撤销

第三十七条 被判处有期徒刑的罪犯，执行原判刑期二分之一以上，被判处无期徒刑的犯罪分子，实际执行十年以上，如果认真遵守监规，接受教育改造，确有悔改表现，假释后不致再危害社会的，可以假释。如果有特殊情况，经最高人民法院核准，可以不受上述执行刑期的限制。

对累犯以及因杀人、爆炸、抢劫、强奸、绑架等暴力性犯罪被判处十年以上有期徒刑、无期徒刑的犯罪分子，不得假释。但根据《最高人民法院关于适用刑法时间效力规定若干问题的解释》，1997年9月30日以前犯罪，1997年10月1日以后仍在服刑的上述罪犯，适用修订前的刑法第七十三条的规定，可以假释。

第三十八条 前条第一款所称"不致再危害社会"，是指罪犯在刑罚执行期间一贯表现好，确已具备确有悔改表现的四个方面情形，不致违法、重新犯罪的，或者是老年犯、残疾犯（不包括自伤致残），并丧失作案能力的。

前条第一款规定的："特殊情况"，是指有国家政治、国防、外交等方面特殊需要的情况。

第三十九条 有期徒刑的假释考验期限，为没有执行完毕的刑期，无期徒刑的假释考验期限为十年。假释考验期限，从假释之日起计算。

第四十条 被假释的罪犯，在假释考验期限内，由公安机关予以监督，如果没有刑法第八十六条规定的情形，假释考验期满，就认为原判刑罚已经执行完毕，并公开予以宣告。

第四十一条 被假释的罪犯，在假释考验期限内犯新罪，应予撤销假释，依照刑法第七十一条的规定实行数罪并罚。

在假释考验期限内，发现被假释的犯罪分子在判决书宣告以前还有其他罪没有判决的，应当撤销假释，依照刑法第七十条的规定实行数罪并罚。

被假释的罪犯，在假释考验期限内，有违反法律、行政法规或者国务院公安部门有关假释的监督管理规定的行为，尚未构成新的犯罪的，应当由负责监督的公安机关提出撤销假释的建议，报经原作出假释裁定的人民法院的同级公安机关审核后，提请该人民法院裁定。人民法院应当自收到撤销假释建议书之日起一个月内予以审核裁定。

第六章 减刑、假释的特别规定

第四十二条 依法报请由最高人民法院核准假释的案件，按下列情形分别处理：

（一）中级人民法院依法作出假释裁定后，人民检察院在法定期限内没有提出书面意见的，应予报请高级人民法院复核。高级人民法院同意假释的，应当报请最高人民法院核准；高级人民法院不同意假释的，应当裁定撤销中级人民法院的假释裁定。

（二）中级人民法院依法作出假释裁定后，人民检察院在法定期限内提出书面纠正意见的，应当依照本规定第二十条的规定作出最终裁定，如果仍裁定假释的，再依照有关程序报请核准。

（三）高级人民法院依法作出假释裁定的，分别情况依照本条（一）、（二）项的规定办理。

第四十三条 对犯罪时未成年的罪犯的减刑、假释，在掌握标准上可以比照成年罪犯依法适度放宽。

第四十四条 犯罪时未成年罪犯能认罪服法，遵守监规，积极参加学习、劳动的，即可视为确有悔改表现予以减刑，其减刑的幅度可以适当放宽，间隔的时间可以相应缩短。符合刑法第八十一条第一款规定的，可以假释。

第四十五条 对老年（60岁以上）和身体有残疾（不含自伤致残）罪犯的减刑、假释，应当主要注重悔罪的实际表现。除刑法第八十一条第二款规定的情形之外，有悔罪表现，丧失作案能力或者生活不能自理，且假释后生活确有着落的老残犯，可以依法予以假释。

第四十六条 对死刑缓期执行罪犯减为无期徒刑或者有期徒刑后，符合刑法第八十一条第一款和本规范第三十四条第二款规定的，可以假释。

第四十七条 被假释的罪犯，除有重大立功等特殊情形，一般不得减刑，其假释考验期限也不能缩短。

第四十八条 被保外就医的罪犯，在保外期间，除在重大立功等特殊情形，一般不得减刑。

第四十九条 罪犯减刑后又假释的间隔时间，一般为一年；对一次减二年或者三年有期徒刑后，又适用假释的，其间隔时间不得少于二年。

第五十条 对判处有期徒刑的罪犯减刑、假释，执行原判刑期二分之一以上的起始时间，应当从判决执行之日起计算，判决执行以前先行羁押的，羁押一日折抵刑期一日。

第五十一条 对罪行严重的危害国家安全的罪犯，犯罪集团首要分子、主犯的减刑、假释和对累犯的减刑，应当严格掌握。对确属应当减刑、假释的，主要根据其悔改表现，同时考虑原判的情况而决定。对在服刑期间又犯罪的罪犯的减刑从严掌握。

第五十二条 对在服刑期间又犯新罪的罪犯，减刑时应从严掌握。

第七章 附 则

第五十三条 该规范自下发之日起实施。

第五十四条 本规范实施前，本省减刑、假释的有关规定与本规范相抵触的，依照本规范执行。

本规范内容如与今后有关法律解释相抵触的，按有关法律和司法解释执行。

辽宁省高级人民法院 辽宁省人民检察院 辽宁省公安厅 辽宁省司法厅 《辽宁省社区矫正工作实施办法（试行）》

(2010年7月)

第一章 总 则

第一条 为规范社区矫正工作，提高对社区服刑人员的教育改造质量，维护社会和谐稳定，根据省委政法委、省法院、检察院、公安厅、司法厅、民政厅、财政厅、人力资源和社会保障厅、机构编制委员会办公室联合印发的《关于在全省试行社区矫正实施意见》，制定本办法。

第二条 社区矫正是指将符合社区矫正条件的罪犯置于社区内，由专门的国家机关在相关社会团体和民间组织以及社会志愿者的协助下，矫正其犯罪心理和行为恶习，促进其顺利回归社会的非监禁刑罚执行活动。

第三条 社区矫正的适用范围。

辽宁省适用社区矫正的对象，是指具有辽宁省正式户口且经常居住地在本省试点地区的下列5种罪犯：

（一）被判处管制的；

（二）被宣告缓刑的；

（三）被暂予监外执行的，其中包括有严重疾病需要保外就医的；怀孕或者正在哺乳自己婴儿的妇女；生活不能自理，适用暂予监外执行不致危害社会的；

（四）被裁定假释的；

（五）被剥夺政治权利，并在监外服刑的。

在符合法定条件的情况下，对于罪行较轻，主观恶性不大的未成年、老病残犯以及罪行较轻的初犯、过失犯等，应当作为重点对象，依法适当扩大非监禁刑的适用，实施社区矫正。

第四条 社区矫正的主要任务是，加强对社区服刑人员的管理和监督，确保刑罚的顺利实施；通过多种形式，强化对社区服刑人员的教育，矫正其不良心理和行为；帮助社区服刑人员解决生产生活方面的困难和问题，使其顺利适应社会生活。

第二章 社区矫正工作组织及职责

第五条 成立辽宁省社区矫正工作领导小组，并设立领导小组办公室。领导小组办公室设在省司法厅，承担日常工作。各市、县（市、区）及确定试点的街道（乡镇）也要成立相应的社区矫正工作领导小组和办公室。省司法厅设立社区矫正管理处，各市、县（市、区）司法局也要设立相应机构，配备相应人员，加强该项工作管理。

第六条 省社区矫正机关主要职责是：研究制定全省社区矫正试点工作方案和工作规划；制定全省社区矫正工作的相关政策、制度；沟通、协调省级有关部门，解决社区矫正工作中遇到的重大问题；审查批准街道（乡镇）开展社区矫正工作；负责全省社区矫正工作人员管理考核及教育培训工作；履行相关工作程序，督促、检查、管理、指导全省的社区矫正工作。

第七条 市级社区矫正机关的主要职责是：贯彻落实上级有关社区矫正的政策和工作部署；研究制定本地区社区矫正工作规划；沟通、协调有关部门，解决本地区社区矫正工作中遇到的重大问题；参与社区矫正相关工作，履行相关工作程序；指导、督促、检查本地区的社区矫正工作；完成上级社区矫正机关交办的其他工作任务。

第八条 县（市、区）社区矫正机关的主要职责是：贯彻落实上级有关社区矫正的政策和工作部署；研究制定本辖区社区矫正工作方案、计划及有关工作制度；指导、组织审前社会调查和社区服刑人员的集中学习教育、监督管理、公益劳动等相关工作；指导、帮助、督促、检查本辖区乡（镇、街道）的社区矫正工作；沟通、协调有关部门，解决本辖区社区矫正工作中遇到的问题；完成上级社区矫正机关交办的其他工作。

第九条 乡（镇、街道）司法所社区矫正工作的主要职责是：贯彻落实国家有关非监禁刑罚执行的法律、法规、规章和政策；依照有关规定，完成上级交办的审前社会调查任务和对社区服刑人员实施管理，会同公安机关对社区服刑人员进行监督、考察；对社区服刑人员进行考核，根据考核结果实施奖惩；组织相关社会团体、民间组织和社区矫正工作志愿者，对社区服刑人员开展多种形式的教育，帮助社区服刑人员解决遇到的困难和问题；组织有劳动能力的社区服刑人员参加公益劳动；完成上级社区矫正机关交办的其他工作。

第十条 司法行政机关实施社区矫正，应当建立例会、请示报告、培训、信息报送、统计以及内部监督等制度，保障社区矫正工作规范运行。各相关部门应当明确职责，积极配合社区矫正工作。

第十一条 人民法院要准确适用刑事法律和刑事司法解释，依法适用非监禁刑、假释等鼓励罪犯改造、自新的刑罚执行措施。在判处非监禁刑、审理暂予监外执行及假释案件中要参考有关社区矫正组织的社会调查报告，并应当及时向社区矫正组织送达相关法律文书。

第十二条 人民检察院要依法开展对判决、裁定、决定监外执行的检察，保证适用非监禁刑的对象符合法定条件和程序；开展对监外执行交付执行活动的检察，防止和纠正因不依法、不及时交付执行等原因造成监外执行罪犯"漏管"；开展对刑罚变更执行和终止执行环节的检察，促进有关机关依法办案。对社区矫正工作的相关法律问题提出检察建议，对不按法定程序履行社区矫正工作职责的部门依法实施监督，保证社区矫正工作依法、公正进行。

第十三条 公安部门要配合司法行政部门依法加强对社区矫正对象的监督考察。对违反有关管理规定的社区矫正对象，根据具体情况依法采取必要的措施；对下落不明的矫正对象，及时依法进行核查或按脱逃案件办理；对重新犯罪的社区矫正对象，及时依法处理。

第十四条 民政部门要将社区矫正试点工作纳入社区建设和管理之中，积极参与、配合司法行政部门指导、督促、检查社区居委会对社区矫正对象的联络、帮扶、教育和管理等各项工作制度的建设和落实。将符合条件的社区矫正对象列入低保和社会救济范围，保障其基本生活。

第十五条 人力资源和社会保障部门要将符合条件的社区矫正对象纳入国家普惠制职业技能培训范围，经培训合格的颁发相应技术等级证书，并帮助推荐就业。

第十六条 建立社区矫正工作队伍，社区矫正工作队伍应当由司法所工作人员、有关社会团体成员和民间组织以及社会志愿者组成。

第十七条 社区矫正工作志愿者应当具备下列条件：
（一）拥护宪法，遵守法律，品行端正；
（二）热心社区矫正工作；
（三）有一定的法律政策水平、文化素质和专业知识。

自愿参与和从事社区矫正的社会志愿者，向居住地的街道、乡镇司法所报名。符合前款规定条件的，由司法所报请县级司法行政机关审批并颁发聘书。

第十八条 社区矫正工作者应当遵守社区矫正规章制度，认真履行职责，公道正派，廉洁自律。

第三章 非监禁刑案件审前社会调查工作

第十九条 审前社会调查是指人民法院在受理刑事案件后，根据被告人的犯罪情节、主观恶性、社会危害性及悔罪表现，对依法可能适用非监禁刑的，在开庭审理前，委托被告人户籍所在地或经常居住地社区矫正机关（司法局，以下同）对他们的个人情况、一贯表现和社会背景等情况进行调查，提出是否对被告人适用非监禁刑的建议和意见，向人民法院提交书面社会调查报告的活动。

第二十条 审前社会调查的内容包括：
1. 拟适用非监禁刑对象的基本情况；
2. 拟适用非监禁刑对象在家庭、学校、工作单位和社会上的表现情况；
3. 拟适用非监禁刑对象在监狱、看守所表现情况；
4. 拟适用非监禁刑对象所在社区群众和单位职工对被告人的评价和反映；
5. 受害人的意见；
6. 其他有关单位或个人的意见和反映。

第二十一条 人民法院对依法可能适用非监禁刑，具备审前社会调查条件的案件，在开庭审理前可依职权向被告人户籍所在地或经常居住地县（市、区）社区矫正机关发出委托审前社会调查函并附起诉书副本，同时将委托审前社会调查函抄送人民检察院。

第二十二条 社区矫正机关应在收到委托审前社会调查函后十日内形成社会调查报告并移送人民法院。人民法院应在开庭前五日将社会调查报告移送人民检察院、被告人和辩护人。根据庭审需要，社区矫正机关可指派调查人员出庭宣读社会调查报告。

第二十三条 审前社会调查工作必须在十日内完成，审前社会调查期间，不计入人民法院法定审理期限；因不可抗力等原因，使社区矫正机关未在规定时间内向人民法院提交社会调查报告的，人民法院可先行开庭审理。

第二十四条 正在监狱、看守所服刑的罪犯，其假释、暂予监外执行的审前社会调查，由所在监狱、看守所负责委托。监狱、看守所在提出假释、暂予监外执行建议前，必须委托罪犯户籍所在地或居住地县（市、区）社区矫正机关进行社会调查。社区矫正机关的社会调查工作要在两周内完成，并将调查报告送达罪犯所在监狱、看守所。监狱、看守所要将社会调查报告同其他案卷一起报送人民法院、监狱管理机关裁定、审批。

第二十五条 社区矫正机关必须以事实为依据，以法律为准绳，全面深入地调查了解相关情况，正确地作出分析和评估，并提出相应的建议和意见。

第二十六条 人民法院对于社区矫正机关提供的审前社会调查报告，经过法庭庭审宣读、质询和审查后，可以作为对被告人是否适用非监禁刑及对罪犯是否假释的参考依据。

第二十七条 人民检察院要依法开展对审前社会调查活动的检察、监督，保证适用非监禁刑的对象符合法定条件和程序。

第二十八条 县（市、区）社区矫正机关接到委托审前社会调查函后，要及时通知该被告人或罪犯户籍所在地或经常居住地的司法所开展调查工作。

第二十九条 司法所接到通知后，要指派专职工作人员会同当地公安派出所向居（村）委会、家庭、学校等有关单位开展调查工作。接受调查的单位和个人应当积极予以协助和配合。调查工作结束后，司法所要集体研究，提出能否判处非监禁刑的意见和建议，并指定专人起草审前社会调查报告，经审前社会调查人签名，司法所主要负责人审核同意签署意见后，报县（市、区）社区矫正机关。

第三十条 县（市、区）社区矫正机关须认真审阅调查报告，对有关疑点问题须进一步调查核实。报告审定后，经社区矫正机关主要负责人批准，按时限提交委托审前社会调查的人民法院或监狱、看守所，同时抄送人民检察院。

第三十一条 审前社会调查应由2名以上社区矫正工作人员进行。调查可采取个别约谈、查阅索取相关资料、小范围座谈等方式进行。所有调查材料必须经被调查人签字（或盖章），并随审前社会调查报告一起提交委托的人民法院。社区矫正机关留存调查材料的复印件备案。

第三十二条 对有重大社会影响案件的罪犯提出假释、暂予监外执行建议前，要向市级（含市级）以上社区矫正管理机构征求意见。

第三十三条 审前社会调查工作人员与案件当事人或案件处理结果有利害关系的，应予回避。

第四章 社区服刑人员的接收

第三十四条 社区服刑人员，由其居住地司法所接收；社区服刑人员的户籍所在地与居住地不一致的，户籍所在地司法所应当协助、配合居住地司法所开展矫正工作。

第三十五条 人民法院对罪犯判处管制、单处剥夺政治权利、宣告缓刑的，应当在判决、裁定生效后五个工作日内,将判决书、裁定书、执行通知书送达罪犯户籍地或经常居住地县级社区矫正机关,并责令罪犯接受社区矫正,服从社区矫正组织的管理和教育(签订保证书)。同时抄送对应的人民检察院监所检察部门和公安机关主管部门。社区矫正机关应依法接收社区服刑人员进行社区矫正。

第三十六条 监狱管理机关、公安机关决定罪犯暂予监外执行的,交付执行的监狱、看守所应当将罪犯押送至居住地,与罪犯居住地县级社区矫正机关办理移交手续(包括暂予监外执行决定书等法律文书及服刑期间表现鉴定、心理测试结果等资料),同时抄送罪犯居住地县级人民检察院监所检察部门、县级公安机关主管部门。

第三十七条 人民法院决定暂予监外执行的罪犯,判决、裁定生效前已被羁押的,由公安机关依照有关规定办理移交。判决、裁定生效前未被羁押的,由人民法院通知罪犯居住地的县级社区矫正机关执行。人民法院应当在作出暂予监外执行决定后五个工作日内,将暂予监外执行决定书和判决书、裁定书、执行通知书送达罪犯居住地县级社区矫正机关,并抄送罪犯居住地县级人民检察院监所检察部门、公安机关主管部门。

第三十八条 人民法院对于裁定假释的案件,应当将假释裁定书送达提请假释的执行机关和承担监所检察任务的人民检察院,在释放罪犯后五个工作日内将假释证明书副本、判决书、裁定书等法律文书送达罪犯居住地县级社区矫正机关,并抄送罪犯居住地县级人民检察院监所检察部门、公安机关主管部门。

第三十九条 对主刑执行完毕后附加执行剥夺政治权利的罪犯,监狱、看守所应当核实罪犯居住地,在释放罪犯前一个月将《刑满释放通知书》、执行剥夺政治权利附加刑所依据的判决书、裁定书等法律文书及服刑期间表现鉴定、心理测试结果等资料送达罪犯居住地县级社区矫正机关,并抄送罪犯居住地县级人民检察院监所检察部门、公安机关主管部门。

第四十条 被判处管制、剥夺政治权利、缓刑罪犯的判决、裁定作出后,以及被假释罪犯、主刑执行完毕后附加执行剥夺政治权利罪犯出监时,人民法院、监狱、看守所应当令其按时到司法所报到,由罪犯本人在接受社区矫正告知书上签字。

第四十一条 自人民法院判决、裁定生效之日起或者监狱、看守所释放之日起,在本省裁判或者服刑、羁押的罪犯应当在五个工作日内报到;在外省、自治区、直辖市裁判或者服刑、羁押的应当在十个工作日内报到。

第四十二条 人民法院、监狱、看守所在社区服刑人员到社区矫正机关报到前,应当核实户籍地和经常居住地,并将执行通知书送达执行地的县级社区矫正机关。执行地社区矫正机关收到人民法院、监狱、看守所送达的法律文书后,应当在五个工作日内送达回执。

第四十三条 县(市、区)级社区矫正机关收到人民法院、监狱、看守所送达的法律文书后,应当在五个工作日内转送司法所。

第四十四条 社区服刑人员报到时,相关法律文书已送达司法所的,司法所应予以登记;相关法律文书未送达的,司法所应当先行登记,待相关法律文书送达后再完成本细则规定的其他工作。

第四十五条 司法所应当在社区服刑人员报到之日,建立社区服刑人员档案,实行一人一档。档案内容应包括:性别、年龄、民族、文化程度、犯罪原因、犯罪类型、危害程度、悔罪表现、家庭及社会关系等情况,并及时调整充实。

第四十六条 司法所接收社区矫正对象,应当实行接收服刑人员与接收法律文书相统一。有下列情形之一的,暂不列为社区矫正对象:
(一)服刑人员未按规定到居住地司法所报到的;
(二)应送达的相关法律文书未按规定送达社区矫正机关的;
(三)因其他特殊原因,市级以上社区矫正机关决定暂不接收的。
出现上述情形后,社区矫正机关应当及时向检察机关通报,并要求有关部门送达法律文书,敦促服刑人员履行报到义务。

第五章 对社区服刑人员的监管

第四十七条 社区矫正机关在社区服刑人员报到时,应向社区服刑人员宣告《社区矫正宣告书》,告知其权利义务以及必须遵守的有关规定,社区服刑人员要在《社区矫正保证书》上签字。

第四十八条 社区服刑人员必须遵守下列规定:
(一)按时到司法所报到;
(二)遵守法律、行政法规和社区矫正有关规定,服从监督管理;
(三)参加学习、教育和公益劳动、公益活动;
(四)定期报告自己的思想、活动情况;
(五)离开所居住的县(市、区)或者迁居,应当向司法所申请,并经县(市、区)社区矫正机关批准；

（六）遵守关于会客的有关规定。

第四十九条 被判处管制的社区服刑人员，除遵守第四十八条规定外，未经批准，不得行使言论、出版、集会、结社、游行、示威自由的权利。

第五十条 被暂予监外执行的社区服刑人员，除遵守第四十八条规定外，还应当遵守下列规定：

（一）在指定医院接受治疗；

（二）确因治疗、护理的特殊要求，需要转院的，应当报告司法所，并经县（市、区）司法行政部门批准；

（三）进行治疗以外的社会活动的，应当报告司法所，并经县（市、区）司法行政部门批准。

第五十一条 被剥夺政治权利的社区服刑人员，除遵守第四十八条规定外，不得行使下列权利：

（一）不得享有选举权和被选举权；

（二）不得组织或者参加集会、游行、示威、结社活动；

（三）不得出版、制作、发行书籍、音像制品；

（四）不得接受采访、发表演说；

（五）不得在境内外发表有损国家荣誉、利益或者其他具有社会危害性的言论；

（六）不得担任国家机关职务；

（七）不得担任国有公司、企业、事业单位和人民团体的领导职务。

第五十二条 社区服刑人员的活动范围是经常居住地（户籍地）的城区、县（市）。

第五十三条 社区服刑人员有就业、经商、就学、就医、探亲等正当理由需要离开经常居住地（户籍地）的，向司法所提出申请，报县（市、区）司法行政部门批准。暂予监外执行的社区服刑人员非因治疗、护理的特殊需要，不得请假。

第五十四条 社区服刑人员一次请假原则上不得超过 20 日，一年累计请假原则上不得超过 30 日。因有正当理由，确需连续 20 日以上离开居住的县（市、区）的，须经县级社区矫正机关审查后，报市级社区矫正机关审核同意。但其每次请假不得超过 6 个月。社区服刑人员返回经常居住地（户籍地）的，应当立即向司法所报告并销假。

第五十五条 社区服刑人员经批准离开经常居住地（户籍地）不满六个月的，由经常居住地（户籍地）司法所管理，暂住地司法所应当协助、配合。

第五十六条 社区服刑人员经批准离开经常居住地（户籍地）六个月以上、未导致经常居住地变更的，经常居住地（户籍地）县（市、区）社区矫正机关可以委托暂住地县（市、区）社区矫正机关管理。

第五十七条 社区服刑人员因迁居变更户籍地或经常居住地的，原属司法所报经县（市、区）社区矫正机关批准，五个工作日内到公安派出所迁移户口后，办理社区矫正交接手续，由迁入地司法所进行监管。

第五十八条 司法所应当在社区服刑人员报到登记后，五个工作日内确定监管人，签订监管协议，监管人由达到法定责任年龄具有监管能力的近亲属或所在工作单位、居（村）委会有关人员担任。监管人有义务对社区服刑人员进行日常监督、管理、教育，并及时向司法所反映情况。

第五十九条 司法所应当组织社区服刑人员参加公益劳动。公益劳动应当安全、符合社会公共利益、社区服刑人员力所能及、可操作性强、易于监督检查的原则。

第六十条 司法所社区矫正工作人员每月按规定与服刑人员见面，了解掌握他们的近期情况、思想状态及存在的困难和问题。

第六十一条 社区服刑人员每月按规定向司法所送交书面的思想汇报，并参加司法所组织的矫正活动。未成年的社区服刑人员需由监护人陪同汇报情况。

第六十二条 社区服刑人员接受媒体采访或会见境外非亲属人员，应由当地司法所将来访媒体或来访客人的基本情况、会见事由进行登记备案，并经逐级审查后报市级社区矫正机关批准。

第六章 对社区服刑人员的教育、帮扶

第六十三条 司法所应当全面掌握社区服刑人员的犯罪原因、犯罪类型、危害程度、悔罪表现、家庭及社会关系等情况，进行综合分析，根据社区服刑人员的不同类别和特点，制定有针对性的教育改造计划和措施，并根据矫正效果和需要适时进行调整。

第六十四条 司法所应当采取培训、讲座、参观、参加社会活动等多种形式，对社区服刑人员进行形势政策教育、法制教育、公民道德教育以及其他方面的教育。

第六十五条 矫正对象有下列情形之一的，社区矫正工作者应当对其进行个别谈话教育：

（一）矫正地点变更；

（二）受到奖励或惩处；
（三）请假前后；
（四）家庭出现变故时；
（五）与他人发生重大纠纷时；
（六）主动要求谈话时；
（七）其他需要进行个别谈话教育的情形。

第六十六条 社区矫正工作者对矫正对象的谈话教育，应当认真做好记录，并根据矫正对象的思想状况和动态，及时修订矫正个案，采取有针对性的个别教育措施。

第六十七条 司法所应当每月对社区服刑人员的思想动态进行分析，遇有重大事件，应当随时收集分析，并根据分析的情况，进行有针对性的教育。

第六十八条 司法所每月对矫正对象至少进行一次思想教育。思想教育可以进行集中教育，也可以进行分类教育。

第六十九条 矫正对象应当接受司法所组织的思想教育。思想教育包括以下内容：
（一）认罪悔罪教育；
（二）法律常识教育；
（三）公民道德教育；
（四）时事政治教育。

第七十条 矫正对象未成年且没有完成国家规定的义务教育内容的，社区矫正机关应当协调相关部门并督促其法定监护人，帮助矫正对象完成国家规定的义务教育内容。

第七十一条 社区矫正机关应当积极利用社会资源，建立爱国主义教育、法律教育、技术教育等基地，开展形式多样的教育活动。

第七十二条 有劳动能力的社区矫正对象应当参加公益劳动。公益劳动的时间按分级管理规定执行。公益劳动应当坚持符合公共利益、矫正对象力所能及、可操作、便于监督检查的原则。公益劳动不得安排高危作业。

第七十三条 公益劳动内容为无偿参加非营利性机构、社团的服务活动或者社会（社区）公共服务，具体项目由矫正对象所在地司法所根据本地实际情况设置。

第七十四条 县（市、区）司法局、街道（乡镇）司法所应建立公益劳动基地。

第七十五条 司法所应当与公益劳动基地签订公益劳动协议，并在每个基地确定一名联络员负责对矫正对象公益劳动情况进行记载考核。

第七十六条 公益劳动可以由司法所组织集中进行，也可由矫正对象自行前往公益劳动地点劳动。

第七十七条 县（市、区）司法局、街道（乡镇）司法所应当开展对矫正对象的心理矫正工作。心理矫正工作包括：心理健康教育、心理测验、心理咨询和心理疾病治疗。

第七十八条 心理矫正工作可聘请社会心理专家、心理医生承担。有条件的地区，应培养心理矫正专业工作人员。

第七十九条 对分析评估或矫正过程中有严重心理问题的矫正对象，应当进行心理测验，建立心理档案。对有心理疾病的矫正对象，应当安排实施治疗。

第八十条 司法所应当对在2个月以内矫正期满的矫正对象分批集中进行解矫教育。解矫教育内容应包括形势、政策、前途、遵纪守法教育。对暂予监外执行期满，即将收监执行的矫正对象，重点进行以认罪服法为主的思想教育。

第八十一条 司法所应当组织社会团体和社会志愿者对社区服刑人员开展经常性的帮教活动，并通过社区服刑人员的亲属加强对社区服刑人员的教育。

第八十二条 社区矫正机关应当协调有关部门和单位，为社区服刑人员提供职业培训和就业指导，并为社区服刑人员生活中遇到的其他问题提供指导和帮助。

第八十三条 社区矫正机关对矫正期在3个月以上、家庭经济困难的社区服刑人员，应当向民政部门提供有关情况。经民政部门审核符合条件的社区服刑人员，可以享受最低生活保障或一次性救济。协调有关部门为符合条件的农村籍社区服刑人员落实责任田。

第七章 对社区服刑人员的考核奖惩

第八十四条 司法所应当建立对社区服刑人员认罪悔过、遵纪守法、学习劳动等方面表现情况的考核台帐。考核结果作为对服刑人员实施奖惩的重要依据。考核内容，着重考核其遵守国家法律、法规和有关管理规定情况。考核以加扣分形式予以量化，每月综合考核一次，每季度进行一次评审。

第八十五条 对社区服刑人员的考核、奖惩，应当坚持依法、公开、公正、公平的原则，坚持日常行为考核与司法奖惩相衔接的原则。社区矫正机关在对社区服刑人员作出或提请作出奖惩前，应当以一定方式征求社区组织的意见。

第八十六条 社区矫正奖励分为行政奖励和司法奖励。

行政奖励种类有：表扬、记功。

司法奖励种类有：减刑、假释。

第八十七条 社区服刑人员接受社区矫正满三个月，有下列情形之一的，可以予以表扬：

（一）严格遵守法律法规及社区矫正管理规定，服从社区矫正工作人员的管理和教育；

（二）积极参加思想和法制教育，完成规定的教育课时，成绩良好；

（三）积极参加公益劳动，超额完成规定的任务；

（四）积极参加健康有益的社会公益活动。

第八十八条 社区服刑人员有下列立功表现之一的，可以记功：

（一）检举、揭发犯罪活动，或者提供重要的破案线索，经查证属实的；

（二）阻止他人犯罪活动的；

（三）在生产、科研中进行技术革新，成绩突出的；

（四）在抢险救灾或者排除重大事故中表现积极的；

（五）对国家和社会有其他突出贡献的。

第八十九条 社区服刑人员认真遵守社区矫正管理规定，接受教育改造，确有悔改表现、重树人生、转好致富、回报社会的，或者有立功表现的，可以减刑。有考验期的，可以依法缩短相应考验期。

第九十条 社区服刑人员有下列重大立功表现之一的，应当减刑，有考验期的，应当依法缩短相应考验期：

（一）阻止他人重大犯罪活动的；

（二）检举重大犯罪活动，经查证属实的；

（三）有发明创造或者重大技术革新的；

（四）在日常生产、生活中舍己救人的；

（五）在抗御自然灾害或者排除重大事故中，有突出表现的；

（六）对国家和社会有其他重大贡献的。

第九十一条 暂予监外执行的社区服刑人员符合法定假释条件的，可以假释。

第九十二条 给予矫正对象表扬奖励的，由司法所填写《社区矫正对象奖励审批表》，报县（市、区）社区矫正管理部门审批；立功奖励的，由司法所填写《社区矫正对象奖励审批表》，经县（市、区）社区矫正管理部门审核，报市社区矫正管理部门审批；重大立功奖励的，由司法所填写《社区矫正对象奖励审批表》，经县级社区矫正机关审查、市级社区矫正机关审核后，报省社区矫正管理部门审批。

第九十三条 社区服刑人员符合减刑、假释条件的，司法所应当填写《社区矫正对象司法奖惩审批表》，报县级社区矫正机关审查、市级社区矫正机关审核后，由县级社区矫正机关提请人民法院裁定，同时抄送人民检察院。

第九十四条 社区矫正惩戒分为行政惩戒和司法惩戒。

行政惩戒种类：警告、记过、治安罚款、治安拘留。

司法惩戒种类：撤销缓刑、执行原判刑罚、撤销假释或暂予监外执行、收监执行。

第九十五条 社区服刑人员有下列情形之一的，根据具体情况给予警告、记过、治安罚款或治安拘留：

（一）未按时到司法所报到登记的；

（二）不遵守社区矫正规定，故意对抗、逃避监督管理或教育的；

（三）违反社会公德，侵害他人合法权益、公共利益的；

（四）应当给予行政惩戒的其他情形。

第九十六条 缓刑、假释、暂予监外执行的社区服刑人员有下列情形之一的，分别予以撤销缓刑、执行原判刑罚，撤销假释或暂予监外执行、收监执行：

（一）重新犯罪的；

（二）发现余罪漏罪的；

（三）有其他违反法律、行政法规或有关对缓刑、假释、暂予监外执行等社区矫正监督管理规定行为，情节严重的；

（四）应当撤销缓刑、假释、暂予监外执行的其他情形。

第九十七条 给予社区服刑人员警告、记过处分的，由司法所填写《社区矫正对象行政处分审批表》，报县级社区矫正机关审批。

第九十八条 发现社区服刑人员违反治安管理，依法应当给予治安罚款、治安拘留的，司法所应当填写《社区矫正对象行政处分审批表》，报县级社区矫正机关审查同意后，提请公安机关给予处罚。

第九十九条　暂予监外执行的社区服刑人员违反监管规定，情节严重，有收监执行必要的，司法所应当填写《社区矫正对象司法奖惩审批表》，报县级社区矫正机关审查、市级社区矫正机关审核同意后，由县级社区矫正机关提请原关押机关收监执行。

第一百条　宣告缓刑、裁定假释的社区服刑人员违反监管规定，情节严重的，由司法所填写《社区矫正对象司法处分审批表》，经县级和市级社区矫正机关逐级审查并报省社区矫正机关审核同意后，由县级社区矫正机关向原裁判人民法院提出撤销缓刑、假释建议。

第一百零一条　社区服刑人员又犯新罪或者被发现有余漏罪，应当撤销假释、缓刑，及时依法追究刑事责任，并及时移交有关机关依法处理。

第一百零二条　人民法院裁定撤销缓刑、假释后，执行地公安机关应当及时将罪犯送交监狱或者看守所收监执行。

第一百零三条　被撤销缓刑、假释并决定收监执行的罪犯下落不明的，公安机关应当依法上网追逃。

第一百零四条　社区矫正机关撤销缓刑、假释的建议书副本和人民法院撤销缓刑、假释的裁定书副本应当抄送罪犯居住地人民检察院监所检察部门、公安机关主管部门。

第八章　社区矫正的终止和解除

第一百零五条　社区服刑人员被判处管制、单处或者并处剥夺政治权利的，其矫正期限为所处管制、剥夺政治权利的实际期限；被宣告缓刑、裁定假释的，其矫正期为缓刑考验期或者假释考验期；暂予监外执行的，其矫正期为在监外实际执行的期限。

第一百零六条　被判处管制、宣告缓刑、裁定假释、单处或者并处剥夺政治权利的社区服刑人员，应当在矫正期满前30日由本人作出书面总结，由司法所出具相关考核鉴定材料，报县级社区矫正机关依法终止社区矫正。

第一百零七条　对于暂予监外执行的社区服刑人员，暂予监外执行期满前30日，司法所应当出具相关材料，经县级社区矫正机关审查后，报原关押单位。原批准机关决定收监的，社区矫正终止。

第一百零八条　社区服刑人员被收监执行或者因重新犯罪被羁押的，自羁押之日起，社区矫正终止。

第一百零九条　社区服刑人员死亡的，自死亡之日起，社区矫正终止。假释或者暂予监外执行的社区服刑人员死亡的，司法所应当及时将有关情况书面通知原关押单位及检察机关，并附相关证明材料。

第一百一十条　社区服刑人员被依法终止矫正的，司法所应当对其解除矫正，并于解除矫正的当日在服刑人员所在社区以一定形式予以宣布或者公告。

第一百一十一条　社区服刑人员矫正期满的，司法所应当于期满前15日填写《社区矫正期满鉴定书》，报县级社区矫正机关批准，期满当日解除矫正。

第一百一十二条　暂予监外执行的社区服刑人员，其暂予监外执行情形消失，司法所应当出具书面材料，经县级社区矫正机关审查同意后，提请决定暂予监外执行的批准机关作出收监决定，于收监当日解除矫正。

第一百一十三条　暂予监外执行的社区服刑人员，暂予监外执行期满，司法所提前30日写出书面鉴定材料（保外就医的服刑人员需附指定医院的病情证明），经县级社区矫正机关审查同意后，提请原批准机关作出收监决定，解除矫正。

第一百一十四条　社区服刑人员被人民法院撤消假释、缓刑的，司法所应当在接收到生效的相关法律文书的当日解除矫正。

第一百一十五条　社区服刑人员被人民法院作出新的有罪判决或改判无罪的，司法所应当在接收到生效的相关法律文书的当日解除矫正。

第一百一十六条　社区服刑人员死亡的，司法所应报告县级社区矫正机关根据相关医院出具的死亡证明进行登记，解除矫正。

第一百一十七条　假释或监外执行的社区服刑人员死亡的，县级社区矫正机关应在其死亡7日内将死亡情况书面通知原关押单位，并附相关证明材料。社区服刑人员非正常死亡的，司法所应当报告县级社区矫正机关提请公安机关依法处理。

第九章　附　则

第一百一十八条　本办法由辽宁省社区矫正工作领导小组办公室负责解释。

第一百一十九条　本办法如与其他法律、法规有冲突时，以上位法为准。

第一百二十条　本办法自印发之日起施行。

辽宁省委政法委　辽宁省高级人民法院　辽宁省人民检察院　辽宁省公安厅 辽宁省司法厅《辽宁省公安机关调解轻伤害案件暂行规定》

(2011年1月4日)

第一条 为了规范公安机关调解轻伤害案件工作，保障案件当事人的合法权益，促进社会和谐，及时化解矛盾，降低司法成本，根据《中华人民共和国刑法》、《中华人民共和国刑事诉讼法》和《公安机关办理伤害案件规定》等规定，结合我省实际，制定本暂行规定。

第二条 公安机关调解轻伤害案件，应当遵循合法、自愿、公开、公正、及时、高效原则。不得违背法律、法规和国家政策。要充分保护国家、集体和公民的合法权益，确保法律效果和社会效果相统一。要通过调解工作，促使案件当事人和解，实现"案结事了"。

第三条 公安机关调解轻伤害案件，必须在依法调查取证，且案件事实清楚、证据确实充分、案件当事人自愿的基础上进行。

第四条 对于因民间纠纷引发的，情节较轻、社会影响不大的轻伤害案件，在公安机关立案侦查后，根据双方当事人自愿申请，公安机关可以进行调解。

上述情形的轻伤害案件，双方当事人如要求公安机关委托人民调解委员会进行调解的，公安机关应当委托。

第五条 具有下列情形之一的轻伤害案件，公安机关不得进行调解或委托调解：

（一）犯罪嫌疑人系累犯的；
（二）犯罪嫌疑人在服刑、劳动教养或被采取强制措施期间实施故意伤害行为的；
（三）雇凶伤人、涉黑涉恶、寻衅滋事、聚众斗殴或其他恶性犯罪致人轻伤的；
（四）犯罪嫌疑人有两次以上殴打他人、故意伤害他人身体违法犯罪行为或致一人以上轻伤的；
（五）轻伤害案件中又涉及其他犯罪的；
（六）犯罪嫌疑人已被依法逮捕的；
（七）被检察机关作出立案监督的；
（八）情节严重、影响恶劣，引起民愤的；
（九）其他不宜调解的。

第六条 对于有伤情鉴定结论，且案件事实清楚、证据确实充分，符合调解条件的轻伤害案件，双方当事人有调解意愿并提出书面申请的，由公安机关办案部门呈请，连同案件证据材料经所属公安机关法制部门审核、公安机关负责人批准后开展案件调解工作。

第七条 对于经公安机关调解，双方当事人达成和解的，应当制作《轻伤害案件和解协议书》。《轻伤害案件和解协议书》应当包括以下内容：

（一）简要案情；
（二）约定的赔偿数额、履行期限和方式；
（三）受害人不追究犯罪嫌疑人刑事责任的请求；
（四）双方当事人及其他参加人签名或者盖章。

《轻伤害案件和解协议书》一式三份，双方当事人各执一份，交公安机关一份存入卷宗。

第八条 公安机关调解轻伤害案件，原则上为一次，必要时可以增加一次。

第九条 轻伤害案件调解达成和解协议的，公安机关应当积极敦促加害人或其代理人履行协议内容，并在达成和解协议后在公安机关办案部门的主持下，即时一次性履行完毕，并在《轻伤害案件和解协议书》上签字、捺印。

第十条 轻伤害案件和解协议履行完毕后，受害人应当即时向公安机关提交《撤回控告申请书》。申请书应当包括案件事实经过、调解过程、调解结论、履行情况、不追究犯罪嫌疑人刑事责任的请求以及不得反悔等内容。

第十一条 轻伤害案件经和解协议履行完毕，且受害人已提交《撤回控告申请书》的，由公安机关办案部门呈请、公安机关法制部门审核、公安机关负责人批准后，公安机关可以撤销案件。案件撤销后，依法应当予以治安管理处罚的，予以治安管理处罚。案件撤销前，已经对犯罪嫌疑人采取刑事拘留措施的，应当将羁押期限折抵行政拘留期限。

第十二条 对于调解不成、达成和解协议后一方当事人反悔拒不履行协议内容或调解时限到期协议内容未履行完毕的，公安机关应当按公诉程序继续办理。

当事人要求向人民法院自诉的，公安机关应当允许。

第十三条 对于和解协议已经履行完毕，一方或双方当事人反悔的案件，如案情未发生变化，且公安机关已经作出撤销案件决定的，公安机关不再受理，并告知当事人可以向人民法院直接提起自诉或就民事争议依法向人民法院提起民事诉讼。人民法院受理后，可以要求公安机关提供案件有关证据材料，公安机关应当将有关证据材料移送人民法院。

第十四条 有证据证明一方当事人采取胁迫手段，使对方在违背真实意愿的情况下同意调解的，无论是否达成调解协议，公安机关应当终止调解，按公诉程序继续办理。

第十五条 调解轻伤害案件，应当在公安机关负责人批准后，不超过五个工作日内完成。对一次调解不成，有必要再次调解的，应当在第一次调解后的七个工作日内完成第二次调解。

公安机关不得拖延推诿，久拖不决，应诉不诉。

第十六条 公安机关在调解轻伤害案件期间，不得停止对案件的侦查取证工作。

第十七条 调解轻伤害案件，公安机关及其人民警察不得代为保管、转交财物、赔偿金等。

第十八条 公安机关调解轻伤害案件，调解过程、协议履行过程等应当全程录音录像。录音录像内容应当按照《公安声像档案管理办法》等规定保存。

第十九条 公安机关及其人民警察在调解轻伤害案件过程中，违反本规定的，应当根据其行为的情节和后果，依照有关规定给予通报批评或者处分；构成犯罪的，依法追究刑事责任。

第二十条 人民检察院应当依据《中华人民共和国刑事诉讼法》、《最高人民检察院、公安部关于刑事立案监督有关问题的规定（试行）》、《辽宁省人民检察院、辽宁省公安厅关于立案监督工作联席会议纪要》等规定，加强对公安机关调解轻伤害案件工作的法律监督。公安机关调解轻伤害案件工作也应当自觉接受人民检察院的法律监督。

第二十一条 对于双方当事人要求公安机关委托人民调解组织调解的，由省级司法行政部门进行规范。待相关规范出台后，按规范执行。

第二十二条 各市公安局可以根据本办法制定公安机关调解轻伤害案件的实施细则。

第二十三条 本暂行办法自2011年2月1日起执行，此前省公安厅有关办理轻伤害案件的规定与本规定相抵触的，按本规定执行。

辽宁省高级人民法院 辽宁省人民检察院 辽宁省公安厅 《关于办理盗窃电能犯罪案件有关问题的意见》

(2011年11月21日)

为维护正常的供用电秩序，严厉打击窃电犯罪行为，规范办理窃电犯罪案件，依据《中华人民共和国刑法》、《中华人民共和国电力法》、《辽宁省反窃电条例》及有关法律和最高人民法院、最高人民检察院、公安部的有关司法解释和规定，结合我省实际，现对办理盗窃电能犯罪案件的有关问题提出以下工作意见：

一、窃电行为的认定

盗窃电能是指行为人以非法占有电能为目的，采取下列手段非法用电的行为：

（一）在供电企业或其他单位、个人的供用电设施上，擅自接线用电的；
（二）绕越用电计量装置用电的；
（三）伪造或开启法定的或者授权的计量检定机构加封的用电计量装置封印用电的；
（四）故意损坏用电计量装置，使其少计量或不计量的；
（五）故意造成用电计量装置计量不准或失效的；
（六）明知是非法电费充值卡仍然使用或将预购电费智能卡非法充值后用电的；
（七）擅自增加用电容量、增大计量变比等用电，造成电费损失的；
（八）采用其他方式窃电的。

二、窃电量的认定

（一）采取擅自接线用电、绕越用电计量装置用电方法窃电的，所窃电量按私接设备容量乘以实际使用时间计算确定。

以其他方法窃电的，所窃电量按计费电能表标定的额定电流值乘以实际窃电的时间计算确定。

窃电时间按照查明的窃电天数和窃电小时计算。

（二）根据不同窃电情况，也可以按下列方法确定窃电量：

1. 能查明产量的，按同属性单位正常用电的单位产品耗电量和窃电单位的产品产量相乘计算用电量，加上其他辅助用电量后与抄见电量对比的差额；

2. 在总表上窃电，若分表正常计算，按分表电量及正常损耗之和与总表抄见电量的差额计算；

3. 专台或专线供电，装有考核用计量装置并正确计量的，按照同期考核用计量装置记录电量与抄见电量的差额计算窃电量；

4. 装有负荷监控装置并正常计量的，按照负荷监控装置的记录点亮与抄见电量的差额计算确定窃电量。

三、窃电金额的认定

（一）窃电金额按照认定的窃电量，乘以窃电行为发生时国家批准的电价计算。

国家批准的电价包括窃电行为发生时，国家批准的电力销售价格和国家及省物价部门规定按电量收取的其他费用。

（二）实施分时电价的窃电用户，所窃电量能够按时段划分的，窃电金额按各时段的窃电量和应执行电价分别计算；所窃电量不能够按时段划分的，按国家批准的目录电价计算窃电金额。

四、窃电手段、窃电量和窃电金额的鉴定

需要对窃电手段、窃电量进行鉴定的，由省质量技术监督部门授权的市级电能计量器具检定站负责出具检定（鉴定）报告；如对鉴定结论有异议时，由省级电能计量器具检定站进行复检，并出具检定（鉴定）报告。窃电金额由物价部门根据窃电量核定。

五、相关刑事责任的认定

具有下列情形之一，构成犯罪的，依法追究刑事责任：

（一）窃电数额较大的，依照《中华人民共和国刑法》第264条的规定，以盗窃罪追究刑事责任；

（二）教唆、指使他人盗窃电能，或者明知他人盗窃电能而提供条件或帮助的，以盗窃罪的共犯论处；

（三）以暴力、威胁手段阻碍国家机关工作人员、供电企业查电人员依法执行任务，情节严重，构成犯罪的，依法追究刑事责任；

（四）其他情节严重、危害较大的窃电行为，按照法律法规相关规定追究刑事责任。

六、因窃电造成电力设备损坏或者大面积停电的，依法从重处罚，并按照有关法律规定予以赔偿

七、本《意见》自下发之日起执行

本《意见》下发后尚未办结的盗窃电能案件，依照本《意见》执行。已审结的案件不再变动。本《意见》与有关法律、司法解释相抵触时，按有关法律、司法解释办理。今后法律、司法解释有新规定的，按新规定执行。

辽宁省高级人民法院 辽宁省人民检察院 辽宁省公安厅《关于办理拒不支付劳动报酬刑事案件数额标准的通知》

（2013年5月28日）

为依法惩治拒不支付劳动报酬犯罪，维护劳动者的合法权益，根据《最高人民法院关于审理拒不支付劳动报酬刑事案件适用法律若干问题的解释》第三条的规定，结合本省经济社会发展状况，现确定本省办理拒不支付劳动报酬刑事案件的"数额较大"标准如下：

一、拒不支付一名劳动者三个月以上的劳动报酬且数额在一万元以上的。

二、拒不支付十名以上劳动者的劳动报酬且数额累计在五万元以上的。

本通知自下发之日起执行。

辽宁省高级人民法院《关于常见犯罪的量刑指导意见》实施细则

（2014年4月1日）

为进一步规范刑罚裁量权，贯彻落实宽严相济的刑事政策，增强量刑的公开性，实现量刑均衡，维护司法公正，根据刑法、刑事诉讼法和相关司法解释以及最高人民法院制定的《关于常见犯罪的量刑指导意见》，结合我省的刑事审判实践，制定本实施细则。

一、量刑的指导原则

1. 量刑应当以事实为依据，以法律为准绳，根据犯罪的事实、性质、情节和对社会的危害程度，依法决定判处的刑罚。

2. 量刑既要考虑被告人所犯罪行的轻重，又要考虑被告人应负刑事责任的大小，做到罪责刑相适应，实现惩罚与预防犯罪的目的。

3. 量刑应当贯彻宽严相济的刑事政策，做到该宽则宽，当严则严，宽严相济，罚当其罪，确保裁判法律效果与社会效果的统一。

4. 量刑要客观、全面地把握不同时期不同地区的经济社会发展状况和治安形势的变化，确保刑法任

务的实现;对于同一地区同一时期,案情相近或相似的案件,所判处的刑罚应当基本均衡。

二、量刑的基本方法

量刑时,应在定性分析的基础上,结合定量分析准确确定量刑起点、基准刑和量刑情节的调节比例,并依法确定宣告刑。

1. 量刑步骤

(1) 根据基本犯罪构成事实,在相应的法定刑幅度内确定量刑起点;

(2) 根据基本犯罪构成事实以外的犯罪数额、犯罪次数、犯罪后果等犯罪事实,在量刑起点的基础上增加刑罚量确定基准刑;

(3) 根据犯罪事实以外的量刑情节,确定量刑情节的调节比例,对基准刑进行调节,从而确定拟宣告刑;

(4) 综合把握全案情况依法确定宣告刑。

2. 量刑情节调节基准刑的方法

(1) 具有单个量刑情节的,根据量刑情节的调节比例直接对基准刑进行调节。

(2) 具有多种量刑情节的,根据各个量刑情节的调节比例,对于不具有本条第(3)项规定的量刑情节的,采用同向相加、逆向相减的方法确定全部量刑情节的调节比例,再对基准刑进行调节后即为拟宣告刑。

(3) 对于同时具有刑法总则规定的未成年人犯罪、老年人犯罪、限制行为能力的精神病人犯罪、又聋又哑的人或者盲人犯罪、防卫过当、避险过当、犯罪预备、犯罪未遂、犯罪中止、从犯、胁从犯和教唆犯等量刑情节的,采用分步调解法(可简称为部分连乘,部分相加减法),先用该量刑情节对基准刑进行调节,在此基础上,再用其他量刑情节进行调节。

(4) 被告人犯数罪,同时具有适用各个罪的立功、累犯等量刑情节的,先用各个量刑情节调节个罪的基准刑,确定个罪所应判处的刑罚,再依法实行数罪并罚,酌情决定执行的刑罚。

3. 确定宣告刑的方法

(1) 拟宣告刑在法定刑幅度内,且罪责刑相适应的,可以依法直接确定为宣告刑;但如果具有应当减轻处罚情节的,应当依法在法定最低刑以下确定宣告刑,有数个量刑幅度的,应当在法定量刑幅度的下一个量刑幅度内确定宣告刑。但该量刑情节中有免除处罚规定的,可以不受该限制。

(2) 拟宣告刑在法定最低刑以下,具有法定减轻处罚情节,且罪责刑相适应的,可以依法直接确定为宣告刑;只有从轻处罚情节的,可以依法确定法定最低刑为宣告刑;虽然不具有减轻处罚情节,但是根据案件的特殊情况,经最高人民法院核准,也可以在法定刑以下判处刑罚。

(3) 拟宣告刑在法定最高刑以上的,可以依法确定法定最高刑为宣告刑。

(4) 被告人犯数罪,总和刑期不满五年的,减少的刑期一般不超过一年;总和刑期满五年不满十年的,减少的刑期一般不超过二年;总和刑期满十年不满十五年的,减少的刑期一般不超过三年;总和刑期满十五年不满二十年的,减少的刑期一般不超过四年;总和刑期满二十年不满二十五年的,减少的刑期一般不超过五年;总和刑期在二十五年以上的,可以决定执行有期徒刑二十年,总和刑期在三十五年以上的,可以决定执行有期徒刑二十年至二十五年。

(5) 综合考虑全案具体情况,拟宣告刑与被告人罪责不相适应的,独任审判员或合议庭可以在20%的幅度内对拟宣告刑进行上下调整,调整后结果仍然与罪责刑不相适应的,或与已生效的其他同案被告人量刑不平衡的,可以提请院长决定提交审判委员会讨论决定宣告刑。

(6) 宣告刑拘役、三年以下有期徒刑并符合缓刑适用条件的,可以依法宣告缓刑;对于其中不满十八周岁的人、怀孕的妇女和已满七十五周岁的人,应当宣告缓刑。

(7) 宣告刑一般以月为单位计算,不足一个月的,按四舍五入的方法取整数,并结合全案情况,确定宣告刑。

三、常用量刑情节的适用

量刑时要充分考虑各种法定和酌定量刑情节,并综合考虑具体案件的犯罪事实以及量刑情节的具体情况及被告人主观恶性和人身危险性等因素,依法确定量刑情节的适用调节比例。在确定调节比例时,要切实贯彻宽严相济的刑事政策。对危害国家安全犯罪、严重暴力犯罪、黑社会性质组织犯罪、毒品犯罪等严重危害社会治安的犯罪,在确定是否从宽以及从宽的幅度时,要从严掌握;对犯罪性质尚不严重,情节较轻和社会危害性较小的犯罪要充分体现从宽的政策。同时综合平衡调节比例与实际增加或者减少刑罚量于关系,防止调节比例失当导致量刑畸轻畸重。对以下常见量刑情节,可以在相应的幅度内确定具体调节比例。本实施细则尚未规定的其他量刑情节,在量刑时也应予以考虑,并确定适当的调节比例。对于同一事实涉及不同的量刑情节的,一般不得重复评价。

1. 对于未成年人犯罪,应当综合考虑未成年人对犯罪的认识能力、实施犯罪行为的动机和目的、犯罪时的年龄、是否初犯、偶犯、悔罪表现、个人成长经历、监护教育和一贯表现等情况,予以从宽处罚。

（1）已满十四周岁不满十六周岁的未成年人犯罪，可以减少基准刑的30％—60％；

（2）已满十六周岁不满十八周岁的未成年人犯罪，可以减少基准刑的10％—50％；

（3）未成年罪犯多次实施违法行为的，或酗酒、赌博屡教不改的，或曾因淫乱、色情、吸毒等违法行为被处罚的，一般适用从宽幅度的下限；

（4）未成年罪犯一贯表现良好，无不良习惯的，或被教唆、利用、诱骗犯罪的，一般适用从宽幅度的上限；

（5）有确切证据证实未成年罪犯身心成长曾受严重家庭暴力等其他客观因素影响的，可以在本条规定从宽幅度的基础上再减少基准刑的10％以下，但减少基准刑的最终幅度不得高于60％；

（6）未成年罪犯可能被判处拘役、三年以下有期徒刑的，符合《最高人民法院关于审理未成年人刑事案件具体应用法律若干问题的解释》第十六条规定的，应当宣告缓刑；符合《最高人民法院关于审理未成年人刑事案件具体应用法律若干问题的解释》第十七条规定的，应当依照刑法第三十七条的规定免于处罚；

（7）行为人在年满十八周岁前后实施了同种犯罪行为，应当根据未成年人犯罪事实的具体情况，适当确定从宽的幅度。但因未成年犯罪情况所减少的刑罚量不得超过未成年犯罪事实所对应的刑罚量。

2. 对于年满七十五周岁以上的老年人犯罪，综合考虑老年人实施犯罪行为的动机和目的、身体健康状况、情节、后果以及悔罪表现等，并结合其人身危险性和再犯可能性等情况，可以减少基准刑40％以下。过失犯罪的，可以减少基准刑的20％—50％。

3. 对于尚未完全丧失辨认或者控制自己行为能力的精神病人犯罪，综合考虑犯罪性质、精神疾病的严重程度以及犯罪时精神障碍影响辨认控制能力等情况，可以减少基准刑的40％以下

4. 对于又聋又哑的人或者盲人犯罪，综合考虑实施犯罪行为的动机和目的、认知程度、是否初犯、悔罪表现和一贯表现等情况，可以减少基准刑的40％以下；犯罪较轻的，可以减少基准刑的40％以上或者免除处罚。

5. 对于防卫过当和避险过当，应当综合考虑犯罪的性质、造成损害的程度等情况，可以减少基准刑的50％以上或者依法免除处罚。

6. 对于预备犯，综合考虑犯罪行为的性质、实施程度和危害程度等情况，可以比照既遂犯减少基准刑的60％以下；犯罪较轻的，可以减少基准刑的60％以上或者免除处罚。

7. 对于未遂犯，综合考虑犯罪行为的实行程度、造成损害的大小、犯罪未得逞的原因等情况，确定从宽的比例。

（1）实施终了的未遂犯，造成损害后果的，可以比照既遂犯减少基准刑的20％以下；未造成损害后果的，可以比照既遂犯减少基准刑的40％以下；

（2）未实施终了的未遂犯，造成损害后果的，可以比照既遂犯减少基准刑的30％以下；未造成损害后果的，可以比照既遂犯减少基准刑的50％以下。

8. 对于中止犯，综合考虑中止犯罪的阶段、是否自动放弃犯罪、是否有效防止犯罪结果发生、自动放弃犯罪的原因以及造成的危害后果大小等情况，决定予以减轻或者免除处罚。

（1）造成较重损害后果的，可以减少基准刑的30％—60％；

（2）造成较轻损害后果的，可以减小基准刑的50％—80％；

（3）没有造成损害的，应当免予刑事处罚。

9. 对于共同犯罪，应当综合考虑被告人在共同犯罪中的作用，以及是否实施犯罪实行行为等情况确定增减基准刑的幅度。对于没有区分主从犯或者均认定为主犯的，可根据被告人在共同犯罪中的地位和作用，对罪责相对较轻的被告人适当从宽处理。

（1）对于共同犯罪中作用相对较小的主犯，一般可以减少基准刑的20％以下；

（2）对于一般共同犯罪中的从犯，作用相对较小，未实施犯罪实行行为的，可以减少基准刑的30％—50％；参与实施少量或部分犯罪实行行为的，可以减少基准刑的20％—40％；作用相对较大的，未实施犯罪实行行为的，可以减少基准刑的20％—30％；参与实施犯罪实行行为的，可以减少基准刑的20％以下；对于犯罪较轻的，可以减少基准刑的50％以上或者免除处罚；

（3）对于犯罪集团中的从犯，作用相对较小的，可以减少基准刑的10％—20％；作用相对较大的，可以减少基准刑的10％以下；

（4）同一案件中有数个从犯的，可依其作用大小，确定不同的等次，比照本条规定分别量刑，每等次相差幅度不超过10％；

（5）共同犯罪未区分主从犯的，对各被告人可依其作用相对大小，确定不同的等次，比照本条规定分别量刑，每等次相差幅度不超过10％；

（6）教唆不满十八周岁的人犯罪，被教唆的人所犯罪行较轻或者未造成严重损害的，可以增加基准刑的10％—30％；被教唆的人所犯罪行较重或者造成严重损害的，可以增加基准刑的20％—40％；

(7) 对于胁从犯，可以根据犯罪性质、被胁迫的程度、实行犯罪中的作用等情况，减少基准刑的 40%—60%；犯罪较轻的，可以减少基准刑的 60% 以上或者依法免予刑事处罚。

10. 对于自首情节，应当综合考虑投案的动机、时间、方式、罪行轻重以及悔罪表现等情况确定从宽的幅度。

（1）犯罪事实或者犯罪分子未被办案机关发觉，主动、直接投案构成自首的，可以减少基准刑的 40% 以下，一般不超过 4 年。

（2）犯罪事实或者犯罪分子已被办案机关发觉，但犯罪分子尚未受到调查谈话、讯问、未被宣布采取调查措施或者强制措施时，主动、直接投案构成自首的，可以减少基准刑的 30% 以下，一般不超过 3 年。

（3）犯罪分子如实供述办案机关尚未掌握的罪行，与办案机关已掌握的或判决确定的罪行不同，以自首论的，可以减少基准刑的 20% 以下，一般不超过 3 年。

（4）并非出于犯罪分子主动，而是经亲友规劝、陪同投案，或者亲友送去投案等情形构成自首的，可以减少基准刑的 20% 以下，一般不超过 2 年。

（5）罪行尚未被办案机关发觉，犯罪分子仅因形迹可疑，被有关组织或办案机关盘问、教育后，主动交代自己的罪行构成自首的，可以减少基准刑的 20% 以下。

（6）犯罪分子自动投案并如实供述自己的罪行后又翻供，但在一审判决前又能如实供述的，可以减少基准刑的 20% 以下。

（7）其他类型的自首，可以减少基准刑的 20% 以下，一般不超过 2 年。

（8）犯罪较轻（一般指法定刑幅度在三年有期徒刑以下的犯罪）的自首，可以减少基准刑的 40% 以上或者依法免除处罚。

（9）因自首避免了特别严重后果发生的，可以应减少基准刑的 40%—60%。

11. 对于立功情节，应当综合考虑立功的大小、次数、内容、来源、效果以及罪行轻重等情况确定从宽的幅度。

（1）一般立功的，可以减少基准刑的 20% 以下，一般不超过 2 年。

（2）重大立功的，可以减少基准刑的 20%—50%；犯罪较轻的，可以减少基准刑的 50% 以上或者依法免除处罚。

12. 对于坦白情节，综合考虑如实供述罪行的阶段、程序、罪行轻重以及悔罪程度等情况，确定从宽的幅度。

（1）因如实供述自己罪行，避免特别严重后果发生的，可以减少基准刑的 30%—50%。

（2）如实供述办案机关尚未掌握的同种较重罪行的，可以减少基准刑的 10%—30%，一般不超过 3 年。

（3）办案机关掌握的证据不充分，犯罪分子如实交代有助于收集定案证据的，可以减少基准刑的 20% 以下，一般不超过 2 年。

（4）交代同案犯共同犯罪事实的，可以减少基准刑的 10% 以下，一般不超过 1 年。

（5）如实供述办案机关尚未掌握的同种较轻罪行的，可以减少基准刑的 10% 以下，一般不超过 1 年。

13. 对于当庭自愿认罪的，根据犯罪的性质、罪行的轻重、认罪程度以及悔罪表现等情况，可以减少基准刑的 10% 以下，一般不超过 1 年。依法认定为自首、坦白的除外。

14. 对于被害人有过错或对矛盾激化负有责任的，综合考虑案发的原因、被害人过错的程度或责任的大小等情况确定从宽的幅度。

（1）被害人有明显过错或者对矛盾激化负有直接责任的，可以减少基准刑的 15%—30%；

（2）被害人有一般过错或者对矛盾激化负有一定责任的，可以减少基准刑的 15% 以下。

15. 对于退赃、退赔的，综合考虑犯罪性质，退赃、退赔行为对损害结果的弥补程度，退赃、退赔的数额及主动程度等情况，确定从宽的幅度。

（1）全部退赃、退赔的，可以减少基准刑的 30% 以下，一般不超过 3 年。

（2）部分退赃、退赔的，可以减少基准刑的 20% 以下，一般不超过 2 年。

（3）立案后，犯罪分子及其亲友自行挽回经济损失的，可以减少基准刑的 20% 以下，一般不超过 2 年。

（4）积极配合办案机关追缴赃款赃物，未给被害人造成经济损失或者损失较小的，可以减少基准刑 10% 以下，一般不超过 1 年。

（5）未造成经济损失，又能主动全额缴纳罚金的，可以减少基准刑的 20% 以下。

对于抢劫等严重危害社会治安犯罪退赃、退赔的，在决定是否从宽以及从宽幅度时应从严掌握，减少的基准刑一般不超过 10%，并一般不超过 1 年。

16. 对于积极赔偿被害人经济损失情况，综合考虑犯罪性质、赔偿数额、赔偿能力以及认罪、悔罪程度等情况，确定从宽的幅度。
（1）积极赔偿被害人全部经济损失的，可以减少基准刑的30%以下，一般不超过3年；
（2）积极赔偿被害人大部分经济损失的，可以减少基准刑的20%以下，一般不超过2年；
（3）积极赔偿被害人部分经济损失的，可以减少基准刑的10%以下，一般不超过1年。

对于强奸等严重危害社会治安的犯罪分子，在决定是否从宽以及从宽幅度时应从严掌握，减少的基准刑一般不得超过10%，并一般不超过1年。

17. 对于取得被害人或其家属谅解的，综合考虑犯罪的性质、罪行轻重、谅解的原因以及认罪悔罪的程度等情况，可以减少基准刑的20%以下，一般不超过2年。其中恐怖组织犯罪、邪教组织犯罪、黑社会性质组织犯罪、故意危害公共安全犯罪等严重危害国家政权稳固和社会治安的犯罪，以及极端仇视国家和社会，以不特定人为侵害对象的除外。对于当事人根据刑事诉讼法第二百七十七条达成刑事和解协议的，可以减少基准刑的50%以下，犯罪较轻的，可以减少基准刑的50%以上或者依法免除处罚。

18. 对于累犯或者毒品再犯，应当综合考虑前后罪的性质、刑罚执行完毕或者赦免以后再犯时间的长短以及前后罪罪行轻重等情况，可以增加基准刑的10%—40%，一般不少于3个月不高于4年。

19. 对于有前科的，综合考虑前科劣迹的性质、时间间隔长短、次数、处罚轻重、主观过错等情况，可以增加基准刑的10%以下。但是过失犯罪和未成年人犯罪除外。

20. 对于黑恶势力犯罪的，根据案件的具体情况，可以增加基准刑的20%以下。

21. 对于犯罪对象为未成年人、老人、残疾人、孕妇、哺乳期妇女、患有严重疾病人员、又聋又哑的人、盲人等弱势人员，综合考虑犯罪的性质、犯罪的严重程度等情况，可以增加基准刑的20%以下。

22. 对于在重大自然灾害、预防、控制突发传染病疫情等灾害以及国家在局部地区实施特殊管制期间犯罪的，根据案件的具体情况，可以增加基准刑的20%以下。

四、十五种常见罪名的量刑
（一）交通肇事罪
1. 法定刑在拘役、三年以下有期徒刑幅度的量刑起点和基准刑。

死亡一人或重伤三人，负事故主要责任的，可以在拘役至一年六个月有期徒刑幅度内确定量刑起点；负事故全部责任的，可以在一年至二年有期徒刑幅度内确定量刑起点。

死亡三人，负事故同等责任的，可以在一年至二年有期徒刑幅度内确定量刑起点。

造成公共财产或者他人财产直接损失，无能力赔偿数额达到四十万元，负事故主要责任的，可以在拘役至一年六个月有期徒刑幅度内确定量刑起点；负事故全部责任的，可以在一年至二年有期徒刑幅度内确定量刑起点。

重伤一人，负事故主要责任并且具有最高人民法院《关于审理交通肇事刑事案件具体应用法律若干问题的解释》第二条第二款所规定的六种情形之一（即酒后、吸食毒品后驾驶机动车辆的；无驾驶资格驾驶机动车辆的；明知是安全装置不全或者安全机件失灵的机动车辆而驾驶的；明知是无牌证或者已报废的机动车辆而驾驶的；严重超载驾驶的；为逃避法律追究逃离事故现场的），并且负事故主要责任，可以在拘役至一年六个月有期徒刑幅度内确定量刑起点；负事故全部责任的，可以在一年至二年有期徒刑幅度内确定量刑起点。

在量刑起点的基础上，可以根据责任程度、致人重伤、死亡的人数或者财产损失的数额等其他影响犯罪构成的犯罪事实增加刑罚量，确定基准刑。有下列情形之一的，可以增加相应的刑罚量。
（1）具有"死亡一人或重伤三人，负事故主要责任或者全部责任"情形的，重伤人数达到四人，可以增加六个月至一年刑期；
（2）具有"死亡三人，负事故同等责任"情形的，死亡人数每增加一人，可以增加六个月至一年刑期；
（3）具有"造成公共财产或者他人财产直接损失，无能力赔偿数额达到四十万元，负事故主要责任或者全部责任"情形的，无力赔偿数额在四十万元基础上每增加四万元，可以增加三个月刑期；
（4）具有最高人民法院《关于审理交通肇事刑事案件具体应用法律若干问题的解释》第二条第二款所规定的第（一）至（五）项情形的，每增加一种情形，可以增加六个月至一年刑期；
（5）重伤人数每增加一人，可以增加六个月至一年刑期；
（6）其他可以增加刑罚量的情形。

2. 法定刑在三年以上七年以下有期徒刑幅度的量刑起点和基准刑。

交通肇事后逃逸的，可以在三年至五年有期徒刑幅度内确定量刑起点。

死亡二人，负事故主要责任的，可以在三年至四年有期徒刑幅度内确定量刑起点；负事故全部责任的，可以在四年至五年有期徒刑幅度内确定量刑起点。

重伤五人，负事故主要责任的，可以在三年至四年有期徒刑幅度内确定量刑起点；负事故全部责任的，可以在四年至五年有期徒刑幅度内确定量刑起点。

死亡六人，负事故同等责任的，可以在三年至四年有期徒刑幅度内确定量刑起点。

造成公共财产或者他人财产直接损失，无能力赔偿直接经济损失达八十万元，负事故主要责任的，可以在三年至四年有期徒刑幅度内确定量刑起点；负事故全部责任的，可以在四年至五年有期徒刑幅度内确定量刑起点。

在量刑起点的基础上，可以根据责任程度、致人重伤、死亡的人数或者财产损失的数额以及逃逸等其他影响犯罪构成的犯罪事实增加刑罚量，确定基准刑。有下列情形之一的，可以增加相应的刑罚量：

（1）具有"死亡二人，负事故主要责任或者全部责任"情形的，死亡人数每增加一人，负事故全部责任的，可以增加一年至一年六个月刑期；负事故主要责任的，可以增加九个月至一年刑期；

（2）具有"重伤五人，负事故主要责任"情形的，重伤人数每增加一人，负事故全部责任的，可以增加六个月至一年刑期；负事故主要责任的，可以增加三个月至六个月刑期；

（3）具有"死亡六人，负事故同等责任"情形的，死亡人数每增加一人，可以增加六个月至九个月刑期；

（4）具有"造成公共财产或者他人财产直接损失，无能力赔偿数额达到八十万元，负事故主要责任或者全部责任"情形的，无力赔偿数额在八十万元基础上每增十万元，可以增加三个月刑期；

（5）其他可以增加刑罚量的情形。

3. 法定刑在七年以上有期徒刑幅度的量刑起点和基准刑。

因逃逸致一人死亡的，可以在七年至九年有期徒刑幅度内确定量刑起点。

在量刑起点的基础上，可以根据因逃逸致人死亡的人数等其他影响犯罪构成的犯罪事实，增加刑罚量，从而确定基准刑，有下列情形之一的，增加相应的刑罚量：

（1）因逃逸致人死亡的人数每增加一人，可以增加三年至五年刑期；

（2）其他可以增加刑罚量的情形。

4. 有下列情况（已确定为犯罪构成事实的除外）之一的，每增加一种可以增加基准刑的10%以下，但同时具有两种以上情形的，累不得超过基准刑的50%：

（1）酒后、吸食毒品后驾驶机动车辆的，或者在道路上驾驶机动车追逐竞驶、情节恶劣的；

（2）无驾驶资格驾驶机动车辆的；

（3）明知是安全装置不全或者安全机件失灵的机动车辆而驾驶的；

（4）明知是无牌证或者已报废的机动车辆而驾驶的；

（5）严重超载驾驶的；

（6）交通肇事造成恶劣社会影响的；

（7）其他可以增加刑罚量的情形。

5. 有下列情形之一的，可以减少基准刑的20%以下：

（1）交通肇事后积极施救的；

（2）其他可以减少刑罚量的情形。

（二）故意伤害罪

1. 法定刑在拘役、三年以下有期徒刑幅度的量刑起点和基准刑。

轻伤一人的，可以在拘役至一年六个月有期徒刑幅度内确定量刑起点。在量刑起点的基础上，可以根据伤害人数、伤情程度、伤残等级、手段的残忍程度等其他影响犯罪构成的犯罪事实增加刑罚量，确定基准刑。有下列情形的，可以增加相应的刑罚量：

（1）每增加轻微伤一人，可以增加一个月至二个月刑期；

（2）每增加轻伤一人，可以增加三个月至六个月刑期；每增加轻伤一处，可以增加二个月至五个月刑期；

（3）造成被害人十级至七级残疾，每增加一级残疾的，可以增加一个月至三个月刑期；

（4）持枪支、管制刀具等凶器作案的，可以增加三个月至六个月刑期；

（5）其他可以增加刑罚量的情形。

2. 法定刑在三年以上十年以下有期徒刑幅度的量刑起点和基准刑。

重伤一人，可以在三年至四年有期徒刑幅度内确定量刑起点。造成被害人六级残疾的，以五年有期徒刑为量刑起点。

在量刑起点的基础上，可以根据伤害人数、伤情程度、伤残等级、手段的残忍程度等其他影响犯罪构成的犯罪事实增加刑罚量，确定基准刑。有下列情形的，可以增加相应的刑罚量：

（1）每增加轻微伤一人，可以增加一个月至二个月刑期；

（2）每增加轻伤一人，可以增加三个月至六个月刑期；每增加轻伤一处，可以增加一个月至三个月的刑期；

（3）每增加重伤一人，可以增加一年至二年刑期。每增加重伤一处，可以增加六个月至一年的刑期；

（4）造成被害人十级至七级残疾，每增加一级残疾的，可以增加一个月至三个月刑期；造成被害人六级至三级残疾的，每增加一级残疾，可以增加六个月至一年刑期；造成被害人二级至一级残疾，每增加一级残疾的，可以增加二年至三年刑期；

（5）持枪支、管制刀具等凶器作案的，可以增加六个月至一年刑期；

（6）其他可以增加刑罚量的情形。

3. 法定刑在十年以上有期徒刑幅度的量刑起点和基准刑。

以特别残忍手段致一人重伤造成六级严重残疾的，可以在十年至十二年有期徒刑幅度内确定量刑起点。

故意伤害致一人死亡，可以在十二年至十五年有期徒刑幅度内确定量刑起点。

在量刑起点的基础上，可以根据伤害人数、伤情程度、伤残等级、手段的残忍程度等其他影响犯罪构成的犯罪事实增加刑罚量，确定基准刑。有下列情形的，可以增加相应的刑罚量：

（1）每增加轻微伤一人，可以增加一个月至二个月刑期；

（2）每增加轻伤一人，可以增加三个月至六个月刑期；每增加轻伤一处，可以增加二个月至五个月刑期；

（3）每增加重伤一人，可以增加一年至二年刑期；每增加重伤一处，可以增加六个月至一年刑期；

（4）造成被害人十级至七级残疾，每增加一级残疾的，可以增加一个月至三个月刑期；造成被害人六级至三级残疾的，每增加一级残疾，可以增加六个月至一年刑期；造成被害人二级至一级残疾，每增加一级残疾的，可以增加二年至三年刑期；

（5）持枪支、管制刀具等凶器作案的，可以增加六个月至一年刑期；

（6）其他可以增加刑罚量的情形。

4. 有下列情形之一的，可以增加20%以下的刑罚量：

（1）雇佣他人实施伤害行为的；

（2）因实施其他违法犯罪活动而故意伤害他人的；

（3）其他可以增加刑罚量的情形。

5. 有下列情形的，可以减少20%以下的刑罚量：

（1）因婚姻家庭、邻里纠纷等民间矛盾引发的；

（2）犯罪后积极抢救被害人的。

（3）其他可以增加刑罚量的情形。

6. 需要说明的事项：

使用以下手段之一，使被害人具有身体器官缺损、器官明显畸形、身体器官有中等功能障碍、造成严重并发症等情形之一，且残疾程度在六级以上的，可以认定为"以特别残忍手段致人重伤造成严重残疾"：

（1）挖人眼睛、割人耳、鼻、挑人脚筋、砍人手足、剜人髌骨；

（2）以刀划或硫酸等腐蚀性溶液严重毁人容貌；

（3）电击、烧烫他人要害部位；

（4）其他特别残忍手段。

（三）强奸罪

1. 法定刑在三年以上十年以下有期徒刑幅度的量刑起点和基准刑。

强奸妇女一人的，可以在三年至五年有期徒刑幅度内确定量刑起点；奸淫幼女一人的，可以在四年至七年有期徒刑幅度内确定量刑起点。

在量刑起点的基础上，可以根据强奸或者奸淫幼女的人数、次数、致人伤害后果等其他影响犯罪构成的犯罪事实增加刑罚量，确定基准刑。有下列情形之一的，可以增加相应的刑罚量。

（1）强奸妇女二人，可以增加二年至三年刑期；或者奸淫幼女二人，可以增加二年六个月至三年六个月刑期；

（2）强奸造成被害人轻微伤的，每增加轻微伤一处，可以增加三个月至六个月刑期；奸淫幼女造成被害人轻微伤的，每增加轻微伤一处，可以增加四个月至七个月刑期；

（3）强奸或者奸淫幼女造成被害人轻伤的，每增加轻伤一处，可以增加六个月至一年刑期；奸淫幼女造成被害人轻伤的，每增加轻伤一处，可以增加九个月至一年二个月刑期；

（4）强奸或者奸淫幼女造成被害人十级至七级残疾，每增加一级残疾的，可以增加三个月至六个月刑期；奸淫幼女造成被害人四级至七级残疾，每增加一级残疾的，可以增加四个月至七个月刑期；

（5）持枪支、管制刀具等凶器或者采取非法拘禁、捆绑、虐待的方法作案的，可以增加六个月至一年刑期。

2. 法定刑在十年以上有期徒刑幅度的量刑起点和基准刑。

犯强奸罪，具有强奸妇女、奸淫幼女情节恶劣的；强奸妇女、奸淫幼女多人的；在公共场所当众强奸妇女的；二人以上轮奸的；致使被害人重伤、死亡或者造成被害人自杀、精神失常、怀孕等严重后果情形的，可以在十年至十二年有期徒刑幅度内确定量刑起点。奸淫幼女具有上述五种情节的，可以在十一年至十三年有期徒刑幅度内确定量刑起点。

在量刑起点的基础上，可以根据强奸或者奸淫幼女的人数、致人伤亡后果等其他影响犯罪构成的犯罪事实增加刑罚量，确定基准刑。

强奸多人多次的，以强奸人数作为增加刑罚量的因素，强奸次数可作为从重处罚量刑情节。

有下列情形之一的，可以增加相应的刑罚量。

（1）强奸妇女三人以上，每增加一名妇女，可以增加二年至三年刑期；奸淫幼女三人以上，每增加一名幼女，可以增加二年六个月至三年六个月刑期；

（2）每增加刑法第二百三十六条规定的五种情形之一的，可以增加二年至三年刑期；

（3）强奸造成被害人轻微伤的，每增加轻微伤一处，可以增加三个月至六个月刑期；奸淫幼女造成被害人轻微伤的，每增加轻微伤一处，可以增加四个月至七个月刑期；

（4）强奸造成被害人轻伤的，每增加轻伤一处，可以增加六个月至一年刑期；奸淫幼女造成被害人轻伤的，每增加轻伤一处，可以增加九个月至一年二个月刑期；

（5）强奸造成被害人重伤的，每增加重伤一处，可以增加一年至二年刑期；奸淫幼女造成被害人重伤的，每增加重伤一处，可以增加一年六个月至二年六个月刑期；

（6）强奸造成被害人十级至七级残疾，每增加一级残疾的，可以增加三个月至六个月刑期；奸淫幼女造成被害人十级至七级残疾的，每增加一级残疾，可以增加四个月至七个月刑期；强奸造成被害人六级至三级残疾的，每增加一级残疾，可以增加六个月至一年刑期；奸淫幼女造成被害人造成被害人六级至三级残疾的，每增加一级残疾，可以增加八个月至一年二个月刑期；强奸造成被害人二级至一级残疾，每增加一级残疾的，可以增加二年至三年刑期；奸淫幼女造成被害人二级至一级残疾的，每增加一级残疾，可以增加二年二个月至三年二个月刑期；

（7）持枪支、管制刀具等凶器或者采取非法拘禁、捆绑、虐待的方法作案的，可以增加六个月至一年刑期。

3. 有以下情节之一的，可增加基准刑的20%以下。

（1）强奸怀孕的妇女或已满十四周岁不满十八周岁少女的；

（2）强奸残疾妇女、无性防卫能力的妇女及七十周岁以上老年妇女的；

（3）利用教养、监护、职务、亲属关系强奸的；

（4）其他可以增加刑罚量的情形。

（四）非法拘禁罪

1. 法定刑在拘役、三年以下有期徒刑幅度的量刑起点和基准刑。

非法拘禁他人，不具有殴打、侮辱情节，未造成伤害后果的，可以在拘役至一年有期徒刑幅度内确定量刑起点。

在量刑起点的基础上，可以根据非法拘禁人数、次数、拘禁时间、致人伤害的后果等其他影响犯罪构成的犯罪事实增加刑罚量，确定基准刑。

有下列情形的，可以增加相应的刑罚量。

（1）非法拘禁时间每增加二十四小时的，可以增加一个月至二个月刑期；

（2）被害人每增加一人，可以增加三个月至六个月刑期；

（3）每增加一次，可以增加三个月至六个月刑期；

（4）每增加轻微伤一人，可以增加一个月至二个月刑期；

（5）每增加轻伤一人，可以增加三个月至六个月刑期；

（6）造成十级至七级残疾的，每增加一级残疾，可以增加一个月至三个月刑期；

（7）使用械具或者捆绑等手段的，可以增加一个月至三个月刑期；

（8）其他可以增加刑罚量的情形。

2. 法定刑在三年以上十年以下有期徒刑幅度的量刑起点和基准刑。

非法拘禁致一人重伤的，可以在三年至四年有期徒刑幅度内确定量刑起点。

在量刑起点的基础上，可以根据非法拘禁人数、次数、拘禁时间、致人伤害后果等其他影响犯罪构成的犯罪事实增加刑罚量，确定基准刑。

有下列情形的，可以增加相应的刑罚量。

（1）非法拘禁时间每增加二十四小时的，可以增加一个月至二个月刑期；每增加十二小时，可以增加一个月至二个月刑期；
（2）被害人每增加一人，可以增加三个月至六个月刑期；
（3）每增加一次，可以增加三个月至六个月刑期；
（4）每增加轻微伤一人，可以增加一个月至二个月刑期；
（5）每增加轻伤一人，可以增加三个月至六个月刑期；
（6）每增加重伤一人，可以增加一年至二年刑期；
（7）造成十级至七级残疾的，每增加一级残疾，可以增加一个月至三个月刑期；造成被害人六级至三级残疾的，每增加一级残疾，可以增加六个月至一年刑期；造成被害人二级至一级残疾，每增加一级残疾的，可以增加二年至三年刑期；
（8）使用械具或者捆绑等手段的，可以增加一个月至三个月刑期；
（9）其他可以增加刑罚量情形。

3. 法定刑在十年以上有期徒刑幅度的量刑起点和基准刑。

非法拘禁致一人死亡的，可以在十年至十二年有期徒刑幅度内确定量刑起点。

在量刑起点的基础上，可以根据非法拘禁人数、次数、拘禁时间、致人伤亡后果等其他影响犯罪构成的犯罪事实增加刑罚量，确定基准刑。

有下列情形的，可以增加相应的刑罚量。

（1）非法拘禁时间每增加二十四小时的，可以增加一个月至二个月刑期；每增加十二小时，可以增加一个月至二个月刑期；
（2）被害人每增加一人，可以增加三个月至六个月刑期；
（3）每增加轻微伤一人，可以增加一个月至二个月刑期；
（4）每增加轻伤一人，可以增加三个月至六个月刑期；
（5）每增加重伤一人，可以增加一年至二年刑期；
（6）造成十级至七级残疾的，每增加一级残疾，可以增加一个月至三个月刑期；造成被害人六级至三级残疾的，每增加一级残疾，可以增加六个月至一年刑期；造成被害人二级至一级残疾，每增加一级残疾的，可以增加二年至三年刑期；
（7）死亡人数每增加一人，可以增加三年至五年刑期；
（8）使用械具或者捆绑等手段的，可以增加一个月至三个月刑期。

4. 非法拘禁他人，有下列情形的，可以相应增加刑罚量。

（1）国家机关工作人员利用职权非法拘禁他人的，可以增加基准刑的10%—20%；
（2）具有殴打、侮辱、虐待情节的（致人重伤、死亡的除外），可以增加基准刑的10%—20%；
（3）为索取高利贷、赌债等法律不予保护的债务而非法拘禁他人的，可以增加基准刑的20%以下；
（4）因积极参与传销非法拘禁他人的，可以增加基准刑的20%以下；
（5）其他可以增加刑罚量的情形。

5. 非法拘禁多人多次的，以非法拘禁人数作为增加刑罚量的因素，次数可作为从重处罚的量刑情节，可增加基准刑的30%以下。

6. 有下列情形的，可以减少相应的刑罚量。

（1）为索取合法债务、争取合法权益而非法扣押、拘禁他人的，可以减少基准刑的30%以下；
（2）其他可以减少刑罚量的情形。

（五）抢劫罪

1. 法定刑在三年以上十年以下有期徒刑幅度的量刑起点和基准刑。

犯抢劫罪，作案一次的，可以在三年至五年有期徒刑幅度内确定量刑起点。

行为人实施盗窃、诈骗、抢夺行为，未达到"数额较大"，为窝藏赃物、抗拒抓捕或者毁灭罪证当场使用暴力或者以暴力相威胁，具有下列情节之一，依照抢劫罪定罪处罚的，可以在三年至五年有期徒刑幅度内确定量刑起点：（1）盗窃、诈骗、抢夺接近"数额较大"标准的；（2）入户或在公共交通工具上盗窃、诈骗、抢夺后在户外或交通工具外实施上述行为的；（3）使用暴力致人轻微伤以上后果的；（4）使用凶器或以凶器相威胁的；（5）具有其他严重情节的。

在量刑起点的基础上，可以根据抢劫次数、数额、手段、致人伤害的后果等其他影响犯罪构成的犯罪事实增加刑罚量，确定基准刑。有下列情形的，可以增加相应的刑罚量：

（1）抢劫财物数额满一千元或每增加一千元，可以增加一个月刑期；
（2）单起犯罪中被害人每增加一人，可以增加三个月至六个月刑期；
（3）抢劫二次的，可以增加二年至三年刑期；
（4）每增加轻微伤一人，可以增加三个月至六个月刑期；

（5）每增加轻伤一人，可以增加六个月至一年刑期；
（6）造成十级至七级残疾的，每增加一级残疾，可以增加三个月至六个月刑期；
（7）持枪支之外的械具抢劫的，可以增加六个月至一年刑期。
2. 法定刑在十年以上有期徒刑幅度的量刑起点和基准刑。

犯抢劫罪，具有刑法第二百六十三条规定的八种法定严重情节之一（即入户抢劫的；在公共交通工具上抢劫的；抢劫银行或者其他金融机构的；多次抢劫或者抢劫数额巨大的；抢劫致人重伤、死亡的；冒充军警人员抢劫的；持枪抢劫的；抢劫军用物资或者抢险、救灾、救济物资的），除依法应当判处无期徒刑以上刑罚的，可以在十年至十二年有期徒刑幅度内确定量刑起点。

在量刑起点的基础上，可以根据抢劫次数、数额、手段、致人伤害的后果等其他影响犯罪构成的犯罪事实增加刑罚量，确定基准刑。有下列情形的，可以增加相应的刑罚量：
（1）抢劫财物数额满七万元，每增加五千元，可以增加一个月刑期；
（2）单起犯罪中被害人每增加一人，可以增加三个月至六个月刑期；
（3）抢劫次数超过三次，每增加一次，可以增加一年至二年刑期；
（4）每增加轻微伤一人，可以增加三个月至六个月刑期；
（5）每增加轻伤一人，可以增加六个月至一年刑期；
（6）每增加重伤一人，可以增加二年至三年刑期；
（7）造成十级至七级残疾的，每增加一级残疾，可以增加三个月至六个月刑期；造成被害人六级至三级残疾的，每增加一级残疾，可以增加六个月至一年刑期；造成被害人二级至一级残疾，每增加一级残疾的，可以增加二年至三年刑期；
（8）每增加刑法第二百六十三条规定的结果加重情形之一，可以增加一年至二年刑期；
（9）持枪支之外的械具抢劫的，可以增加六个月至一年刑期；
（10）其他可以增加刑罚量的情形。
3. 有下列情形的，可以相应增加或减少刑罚量。
（1）为实施其他违法犯罪活动而实施抢劫的，增加基准刑的20%以下；
（2）抢劫家庭成员或者近亲属财物的，可以减少基准刑的20%以下；
（3）确因生活所迫、学习、治病急需而抢劫的，减少基准刑的20%以下；
（4）其他可以增加刑罚量的情形。
4. 以毒品、假币、淫秽物品等违禁品为抢劫对象的，抢劫的违禁品数量作为量刑情节考虑，量刑起点和基准刑依照上述规定确定。

（六）盗窃罪
1. 法定刑在拘役、三年以下有期徒刑的量刑起点和基准刑。

盗窃公私财物，犯罪数额达到"数额较大"起点二千元、在两年内盗窃三次的，入户盗窃，携带凶器盗窃的、扒窃的，可以在拘役至一年有期徒刑幅度内确定量刑起点。

盗窃公私财物数额达到前款规定50%，具有下列情形的之一，以盗窃罪定罪，可以在拘役至一年有期徒刑幅度内确定量刑起点：曾因盗窃受过刑事处罚的；一年内曾因盗窃受过行政处罚的；组织、控制未成年人盗窃的；自然灾害、事故灾害、社会安全事件等突发事件期间，在事件发生地盗窃的；盗窃残疾人、孤寡老人、丧失劳动能力人的财物的；在医院盗窃病人或者其亲友财物的；盗窃救灾、抢险、防汛、优抚、扶贫、移民、救济款物的；因盗窃造成严重后果的。

盗窃国有馆藏一般文物一件的，可以在拘役至一年有期徒刑幅度内确定量刑起点。

盗窃增值税专用发票或者可以用于骗取出口退税、抵扣税款的其他发票，数量达到二十五份的，可以在拘役至一年有期徒刑幅度内确定量刑起点。

在量刑起点的基础上，可以根据盗窃数额、次数等其他影响犯罪构成的犯罪事实增加刑罚量，确定基准刑。有下列情形的，可以增加相应的刑罚量。
（1）犯罪数额每增加二千元，可以增加一个月刑期。
（2）入户盗窃、携带凶器盗窃、扒窃、两年内盗窃三次的，盗窃数额未达到较大的，以盗窃次数确定量刑起点，超过三次的次数作为增加刑罚量的事实，每增加一次或者一种情形，可以增加一个月至三个月刑期。
（3）盗窃国有馆藏一般文物二件的，可以增加九个月至一年刑期。
（4）盗窃增值税专用发票或者可以用于骗取出口退税、抵扣税款的其他发票，数量超过二十五份的，每增加七份，可以增加一个月刑期。
（5）其他可以增加刑罚量的情形。
2. 法定刑在三年以上十年以下有期徒刑幅度的量刑起点和基准刑。

盗窃公私财物，犯罪数额达到"数额巨大"起点七万元的，可以在三年至四年有期徒刑幅度内确定量刑起点。

盗窃公私财物数额达到前款规定50%，具有下列情形的之一，以盗窃罪定罪，可以在拘役至一年有期徒刑幅度内确定量刑起点：曾因盗窃受过刑事处罚的；一年内曾因盗窃受过行政处罚的；组织、控制未成年人盗窃的；自然灾害、事故灾害、社会安全事件等突发事件期间，在事件发生地盗窃的；盗窃残疾人、孤寡老人、丧失劳动能力人的财物的；在医院盗窃病人或者其亲友财物的；盗窃救灾、抢险、防汛、优抚、扶贫、移民、救济款物的；因盗窃造成严重后果的。入户盗窃的；携带凶器盗窃的。

盗窃国有馆藏一般文物三件或者国家三级文物一件的，可以在三年至四年有期徒刑幅度内确定量刑起点。

盗窃增值税专用发票或者可以用于骗取出口退税、抵扣税款的其他发票，数量达到二百五十份的，可以在三年至四年有期徒刑幅度内确定量刑起点。

在量刑起点的基础上，可以根据盗窃数额等其他影响犯罪构成的犯罪事实增加刑罚量，确定基准刑。有下列情形的，可以增加相应的刑罚量。

（1）犯罪数额每增加四千元，可以增加一个月刑期；

（2）具有可以认定为"其他严重情节"的情形，每增加一种情形，可以增加六个月至一年刑期；

（3）盗窃国有馆藏一般文物超过三件，每增加一件，可以增加九个月至一年刑期；国家三级文物二件的，可以增加二年六个月至三年刑期；

（4）盗窃增值税专用发票或者可以用于骗取出口退税、抵扣税款的其他发票，数量超过二百五十份的，每增加三十份，可以增加一个月刑期；

（5）其他可以增加刑罚量的情形。

3. 法定刑在十年以上有期徒刑幅度的量刑起点和基准刑。

盗窃公私财物，犯罪数额达到"数额特别巨大"起点四十万元，可以在十年至十二有期徒刑幅度内确定量刑起点。

盗窃公私财物数额达到前款规定50%，具有下列情形之一的，以盗窃罪定罪，可以在拘役至一年有期徒刑幅度内确定量刑起点：曾因盗窃受过刑事处罚的；一年内曾因盗窃受过行政处罚的；组织、控制未成年人盗窃的；自然灾害、事故灾害、社会安全事件等突发事件期间，在事件发生地盗窃的；盗窃残疾人、孤寡老人、丧失劳动能力人的财物的；在医院盗窃病人或者其亲友财物的；盗窃救灾、抢险、防汛、优抚、扶贫、移民、救济款物的；因盗窃造成严重后果的；入户盗窃的；携带凶器盗窃的。

盗窃国家三级文物三件或者二级文物一件的，可以在十年至十二年有期徒刑幅度内确定量刑起点。

盗窃增值税专用发票或者可以用于骗取出口退税、抵扣税款的其他发票，数量达到二千五百份的，可以在十年至十二年有期徒刑幅度内确定量刑起点。

在量刑起点的基础上，可以根据盗窃数额等其他影响犯罪构成的犯罪事实增加刑罚量，确定基准刑。有下列情形的，可以增加相应的刑罚量。

（1）犯罪数额每增加四万元，可以增加一个月刑期；

（2）具有可以认定为"其他特别严重情节"的情形，每增加一种情形，可以增加一年至二年刑期；

（3）盗窃国家三级文物超过三件，每增加一件，可以增加九个月至一年刑期；国家二级文物二件的，可以增加二年六个月至三年刑期；

（4）盗窃增值税专用发票或者可以用于骗取出口退税、抵扣税款的其他发票，数量超过二千五百份的，每增加一百份，可以增加一个月刑期。

4. 有下列情节的，可以相应增加刑罚量，但同时具备两种以上情形的，不得超过基准刑的100%。

（1）盗窃公私财物，具有下列情形之一，增加基准刑的30%以下（已确定为犯罪构成事实的除外）：多次盗窃，犯罪数额达到较大以上的；入户盗窃的；携带凶器盗窃、扒窃的；组织、控制未成年人盗窃的；组织、控制未成年人盗窃的；自然灾害、事故灾害、社会安全事件等突发事件期间，在事件发生地盗窃的；盗窃残疾人、孤寡老人、丧失劳动能力人的财物的；在医院盗窃病人或者其亲友财物的；盗窃救灾、抢险、防汛、优抚、扶贫、移民、救济款物的；因盗窃造成严重后果的。以上十种情形每增加一种情形，再增加基准刑的10%以下。

（2）采用破坏性手段盗窃公私财物造成其他财物损毁的，增加基准刑的10%—30%。

（3）为吸毒、赌博等违法犯罪活动而盗窃的，可以增加基准刑的20%以下。

（4）其他可以增加刑罚量的情形。

5. 有下列情节的，可以相应减少刑罚量。

（1）偷拿家庭成员或者近亲属的财物的，获得谅解的，一般可以不认为是犯罪；追究刑事责任，应当酌情从宽，可以减少基准刑的50%以下。

（2）确因生活所迫、学习、治病急需而盗窃的，可以减少基准刑的20%以下。

（3）盗窃犯罪事实已被发现，案发前主动将赃物放回原处或归还被害人的，可以减少基准刑的30%

以下；盗窃犯罪事实未被发现，主动将赃物放回原处归还被害人的，可以减少基准刑的50%以下，不做犯罪处理的除外。

6. 需要说明的事项

（1）盗窃未遂，情节严重，如以数额巨大的财物或者国家珍贵文物等为盗窃目标的，应当以盗窃罪定罪处罚，量刑起点和基准刑可以参照第2、3条的规定予以确定。

（2）盗窃违禁品，按盗窃罪处理的，不计数额，根据情节轻重量刑。

（3）盗窃技术成果等商业秘密的，按照刑法第二百一十九条的规定定罪处罚。

（4）多次盗窃，盗窃数额未达到较大的，以盗窃次数确定量刑起点，超过三次的次数作为增加刑罚量的事实；盗窃数额达到较大以上的，以盗窃数额确定量刑起点，盗窃次数作为从重处罚量刑情节。

（5）盗窃既有既遂，又有未遂，既遂部分所对应的量刑幅度较重，或者既遂、未遂所对应的量刑幅度相同的，以既遂部分确定基准刑，未遂部分作为调节基准刑的量刑情节；未遂部分对应的量刑幅度较重的，以未遂部分确定基准刑，既遂部分作为调节基准刑的量刑情节。

（6）盗窃公私财物较大，行为人认罪、悔罪、退赃、退赔，且具有下列情形之一，情节轻微的，可以免予刑事处罚：具有法定从宽情节的；没有参与分赃或者获赃较少且不是主犯的；被害人谅解的；其他情节轻微、危害不大的。

（七）诈骗罪

1. 法定刑在拘役、三年以下有期徒刑幅度的量刑起点和基准刑。

诈骗公私财物，达到"数额较大"起点六千元的，可以在拘役至一年有期徒刑幅度内确定量刑起点。在量刑起点的基础上，诈骗数额每增加二千元，可以增加一个月刑期，从而确定基准刑。

2. 法定刑在三年以上十年以下有期徒刑幅度的量刑起点和基准刑。

诈骗公私财物，犯罪数额达到"数额巨大"起点六万元的，可以在三年至四年有期徒刑幅度内确定量刑起点。

诈骗公私财物数额满四万元不满六万元，并具有下列情形之一的，可以认定为"其他严重情节"，并在三年至四年有期徒刑幅度内确定量刑起点：

（1）通过发送短信、拨打电话或者利用互联网、广播、电视、报刊杂志等发布虚假信息，对不特定多数人实施诈骗的；

（2）诈骗救灾、抢险、防汛、优抚、扶贫、移民救济、医疗款物；

（3）以赈灾募捐名义实施诈骗的；

（4）诈骗残疾人、老年人或者丧失劳动能力人的财物的；

（5）造成被害人自杀、精神失常或者其他严重后果的；

（6）诈骗集团的首要分子；

（7）其他严重情节。

在量刑起点的基础上，可以根据诈骗数额等其他影响犯罪构成的犯罪事实增加刑罚量，确定基准刑。有下列情形之一的，可以增加相应的刑罚量。

（1）犯罪数额每增加五千元，可以增加一个月刑期；

（2）具有可以认定为"其他严重情节"情形的，每增加一种情形，可以增加六个月至一年刑期。

利用发送短信、拨打电话、互联网等电信技术手段对不特定多数人实施诈骗，诈骗数额难以查证，但具有下列情形之一的，应当认定为刑法第二百六十六条规定的"其他严重情节"，以诈骗罪（未遂）定罪，在三年至四年有期徒刑幅度内确定量刑起点：发送诈骗信息达到五千条的；拨打诈骗电话达到五百人次的；诈骗手段恶劣、危害严重的。在量刑起点的基础上，发送诈骗信息每增加六百条或者拨打诈骗电话每增加六十人次的，增加一个月刑期，从而确定基准刑。

3. 法定刑在十年以上有期徒刑幅度的量刑起点和基准刑。

诈骗公私财物，犯罪数额达到"数额特别巨大"起点五十万元，可以在十年至十二年有期徒刑幅度内确定量刑起点。依法应当判处无期徒刑的除外。

诈骗公私财物数额满四十万元不满五十万元，并具有下列情形之一的，可以认定为"其他特别严重情节"，除了依法应当判处无期徒刑的以外，可以在十年至十二年有期徒刑幅度内确定量刑起点：

（1）通过发送短信、拨打电话或者利用互联网、广播电视、报刊杂志等发布虚假信息，对不特定的多数人实施诈骗的；

（2）诈骗救灾、抢险、防汛、优抚、扶贫、移民、救济、医疗款物的；

（3）以赈灾募捐名义实施诈骗的；

（4）诈骗残疾人、老年人或者丧失劳动能力的人的财物的；

（5）造成被害人自杀、精神失常，或者其他严重后果的；

（6）诈骗集团的首要分子；

（7）其他特别严重情节的。

在量刑起点的基础上，可以根据诈骗数额等犯罪事实增加刑罚量，确定基准刑。有下列情形之一的，可以增加相应的刑罚量确定基准刑。

（1）犯罪数额每增加八万元，可以增加一个月刑期；

（2）具有可以认定为"其他特别严重情节"情形的，每增加一种情形，可以增加六个月至二年刑期。

4. 利用发送短信、拨打电话、互联网等电信技术手段对不特定多数人实施诈骗，诈骗数额难以查证，但具有下列情形之一的，应当认定为刑法第二百六十六条规定的"其他严重情节"，以诈骗罪（未遂）定罪，在三年至四年有期徒刑幅度内确定量刑起点：发送诈骗信息达到五万条的；拨打诈骗电话达到五千人次的；诈骗手段特别恶劣、危害特别严重的。在量刑起点的基础上，发送诈骗信息每增加六千条或者拨打诈骗电话每增加六百人次的，增加一个月刑期，从而确定基准刑。

5. 诈骗次数不作为增加刑罚量的事实。多次诈骗的，可以增加基准刑的10%以下。

6. 为吸毒、赌博等违法犯罪活动而诈骗的，可以增加基准刑的20%以下。

7. 有下列情节的，可以相应减少刑罚量：

（1）确因生活所迫、学习、治病急需而诈骗的，可以减少基准刑的20%以下；

（2）诈骗自己家的财物或者近亲属的财物的，可以减少基准刑的50%以下；

（3）没有参与分赃或者获赃较少且不是主犯的，可以减少基准刑的20%以下；

（4）被害人谅解的，可以减少基准刑的20%以下；

（5）其他可以减少刑罚量的情形。

8. 需要说明的事项

诈骗公私财物虽达到"数额较大"，但具有下列情形之一，且行为人认罪的、悔罪的可以根据刑法第三十七条、刑事诉讼法第一百七十三条的规定免予刑事处罚：

（1）具有法定从宽处罚情节的；

（2）一审宣判前全部退赃、退赔的；

（3）没有参与分赃或者获赃较小且不是主犯的；

（4）被害人谅解的；

（5）其他情节轻微、危害不大的。

对于诈骗犯罪既有既遂又有未遂的，首先要分别根据行为人的既遂数额和未遂数额判定各自所对应的法定刑幅度，如果既遂部分所对应的量刑幅度较重，或者既遂、未遂所对应的量刑幅度相同的，以既遂部分对应的量刑幅度为基础，酌情从重处罚。反之，如未遂部分对应的量刑幅度较重的，则以该量刑幅度为基础，酌情从重处罚。

（八）抢夺罪

1. 法定刑在拘役、三年以下有期徒刑幅度的量刑起点和基准刑。

抢夺公私财物，犯罪数额达到"数额较大"起点二千元的，可以在拘役至一年有期徒刑幅度内确定量刑起点。

抢夺公私财物数额满"数额较大"的起点的50%并具有下列情形之一的，在拘役至一年有期徒刑幅度内确定量刑起点：曾因抢劫、抢夺或者聚众哄抢受过刑事处罚的；一年内曾因抢夺或者哄抢受过行政处罚的；一年内抢夺三次以上的；驾驶机动车、非机动车抢夺的；组织、控制未成年人抢夺的；抢夺老年人、未成年人、孕妇、携带婴幼儿的人、残疾人、丧失劳动能力人的财物的；在医院抢夺病人或者其亲友财物的；抢夺救灾、抢险、防汛、优抚、扶贫、移民、救济款物的；自然灾害、事故灾害、社会安全事件等突发事件期间，在事件发生地抢夺的；导致他人轻伤或者精神失常等严重后果。

在量刑起点的基础上，根据抢夺数额等其他影响犯罪构成的犯罪事实增加刑罚量，确定基准刑。有下列情形之一的，可以增加相应的刑罚量确定基准刑。

（1）犯罪数额每增加一千五百元，可以增加一个月刑期；

（2）每增加轻微伤一人，可以增加六个月以下刑期；

（3）每增加轻伤一人，可以增加六个月至一年刑期。

2. 法定刑在三年以上十年以下有期徒刑幅度的量刑起点和基准刑。

抢夺公私财物，犯罪数额达到"数额巨大"起点五万元的，可以在三年至四年有期徒刑幅度内确定量刑起点。

抢夺公私财物，导致他人重伤的，或者导致他人自杀的，或者犯罪数额达到"数额巨大"的起点的50%并具有下列情形之一的，在三年至四年有期徒刑幅度内确定量刑起点：一年内抢夺三次以上的；驾驶机动车、非机动车抢夺的；组织、控制未成年人抢夺的；抢夺老年人、未成年人、孕妇、携带婴幼儿的人、残疾人、丧失劳动能力人的财物的；在医院抢夺病人或者其亲友财物的；抢夺救灾、抢险、防汛、优抚、扶贫、移民、救济款物的；自然灾害、事故灾害、社会安全事件等突发事件期间，在事件发生地抢夺的；导致他人轻伤或者精神失常等严重后果。

在量刑起点的基础上，根据抢夺数额等其他影响犯罪构成的犯罪事实增加刑罚量，确定基准刑。有下列情形之一的，可以增加相应的刑罚量。

（1）犯罪数额每增加三千元，可以增加一个月刑期；
（2）每增加轻微伤一人，可以增加二个月以下刑期；
（3）每增加轻伤一人，可以增加三个月至六个月刑期；
（4）每增加重伤一人或者自杀一人，增加一年至二年刑期；
（5）具有可以认定为"其他严重情节"的情形，每增加一种情形，增加六个月至一年刑期；
（6）其他可以增加刑罚量的情形。

3. 法定刑在十年以上有期徒刑幅度的量刑起点和基准刑。

抢夺公私财物，犯罪数额达到"数额特别巨大"起点三十万元，可以在十年至十二年有期徒刑幅度内确定量刑起点。

抢夺公私财物，导致他人死亡的，或者犯罪数额达到"数额特别巨大"的起点的50%并具有下列情形之一的，在十年至十二年有期徒刑幅度内确定量刑起点：一年内抢夺三次以上的；驾驶机动车、非机动车抢夺的；组织、控制未成年人抢夺的；抢夺老年人、未成年人、孕妇、携带婴幼儿的人、残疾人、丧失劳动能力人的财物的；在医院抢夺病人或者其亲友财物的；抢夺救灾、抢险、防汛、优抚、扶贫、移民、救济款物的；自然灾害、事故灾害、社会安全事件等突发事件期间，在事件发生地抢夺的；导致他人轻伤或者精神失常等严重后果。

在量刑起点的基础上，可以根据抢夺数额等其他影响犯罪构成的犯罪事实增加刑罚量，确定基准刑。有下列情形之一的，可以增加相应的刑罚量确定基准刑。

（1）犯罪数额每增加三万元，可以增加一个月刑期；
（2）具有可以认定为有"其他特别严重情节"情形的，每增加一种情形，可以增加六个月至二年刑期；
（3）每增加轻微伤一人，可以增加二个月以下刑期；
（4）每增加轻伤一人，可以增加三个月至六个月刑期；
（5）每增加死亡一人，增加二年至三年刑期；
（6）其他可以增加刑罚量的情形。

4. 有下列情形的，可以相应增加刑罚量。但同时具有两种以上情形的，累计不得超过基准刑的100%：

（1）抢夺公私财物具有下列情形之一的，可以增加基准刑的30%以下（已确定为犯罪构成事实的除外）：曾因抢劫、抢夺或者聚众哄抢受过刑事处罚的；一年内曾因抢夺或者哄抢受过行政处罚的；一年内抢夺三次以上的；驾驶机动车、非机动车抢夺的；组织、控制未成年人抢夺的；抢夺老年人、未成年人、孕妇、携带婴幼儿的人、残疾人、丧失劳动能力人的财物的；在医院抢夺病人或者其亲友财物的；抢夺救灾、抢险、防汛、优抚、扶贫、移民、救济款物的；自然灾害、事故灾害、社会安全事件等突发事件期间，在事件发生地抢夺的；导致他人轻伤或者精神失常等严重后果。以上十种情形每增加一种情形，可以再增加基准刑的10%以下；
（2）驾驶非机动车抢夺的，可以增加基准刑的30%以下；
（3）为吸毒、赌博等违法犯罪活动而抢夺的，可以增加基准刑的30%以下；
（4）其他可以增加刑罚量的情形。

5. 有下列情形之一的，可以减少刑罚量：
（1）确因生活所迫、学习、治病急需而抢夺的，可以减少基准刑的20%以下。
（2）在案发前自动归还被害人财物的，可以减少基准刑的20%以下。
（3）具有其他可以减少刑罚量的情形。

6. 需要说明的问题

抢夺公私财物数额较大，被告人认罪、悔罪、退赃、退赔，且具有下列情形之一的，可以认定为犯罪情节轻微、免予刑事处罚：具有法定从宽处罚情节的；没有参与分赃或者获赃较小且不是主犯的；被害人谅解的；其他情节轻微、危害不大的。

（九）职务侵占罪

1. 法定刑在拘役、五年以下有期徒刑幅度的量刑起点和基准刑。

利用职务上的便利，非法侵占本单位财物，犯罪数额达到"数额较大"起点一万元的，可以在拘役至一年有期徒刑幅度内确定量刑起点。在量刑起点的基础上，犯罪数额每增加五千元，可以增加一个月刑期，从而确定基准刑。

2. 法定刑在五年以上有期徒刑幅度的量刑起点和基准刑。

利用职务上的便利，非法侵占本单位财物，犯罪数额达到"数额巨大"起点三十万元的，可以在五年至六年有期徒刑幅度内确定量刑起点。在量刑起点的基础上，犯罪数额每增加八万元，可以增加一个月刑期，从而确定基准刑。

3. 有下列情形的，可以相应增加刑罚量。但同时具有两种以上情形的，累计不得超过基准刑的100%。

（1）职务侵占行为严重影响生产经营或者造成其他严重损失的，可以增加基准刑的50%以下；两种情形同时具备的，可以再增加基准刑的10%以下；

（2）多次职务侵占的，可以增加基准刑的10%以下；

（3）职务侵占用于预防、控制突发传染病疫情等灾害款物的，可以增加基准刑的20%以下；

（4）职务侵占救灾、抢险、防汛、优抚、扶贫、移民、救济款及募捐款物，可以增加基准刑的20%以下；

（5）职务侵占的款项用于吸毒、赌博等违法犯罪活动的，可以增加基准刑的20%以下；

（6）其他可以增加刑罚量的情形。

4. 有下列情形的，可以减少刑罚量。

（1）确因生活所迫、学习、治病急需而侵占的，可以减少基准刑的20%以下；

（2）没有参与分赃或者获赃较小且不是主犯的，可以减少基准刑的20%以下；

（3）其他可以减少刑罚量的情形。

（十）敲诈勒索罪

1. 法定刑在拘役、三年以下有期徒刑幅度的量刑起点和基准刑。

敲诈勒索公私财物，犯罪数额达到"数额较大"起点二千元，或者两年内敲诈勒索达到三次的，可以在拘役至一年有期徒刑幅度内确定量刑起点。

敲诈勒索公私财物数额达到前款规定标准的50%，并具有下列情形之一的，可以认定为"数额较大"，可以在拘役至一年有期徒刑幅度内确定量刑地点：曾因敲诈勒索受过刑事处罚的；一年内曾因敲诈勒索受过行政处罚的；对未成年人、残疾人、老年人或者丧失劳动能力人的财物的；以将要实施放火、爆炸等危害公共安全犯罪或者故意杀人、绑架等严重侵犯公民人身权利相威胁敲诈勒索的；以黑恶势力名义敲诈勒索的；利用或者冒充国家机关工作人员、军人、新闻工作者等特殊身份敲诈勒索的；造成其他严重后果的。

在量刑起点的基础上，可以根据敲诈勒索数额等其他影响犯罪构成的犯罪事实增加刑罚量，确定基准刑。有下列情形之一的，可以增加相应的刑罚量确定基准刑。

（1）犯罪数额每增加二千元，可以增加一个月刑期；

（2）多次敲诈勒索，敲诈勒索数额未达到较大的，以敲诈勒索次数确定量刑起点，超过三次的次数作为增加刑罚量的事实，每增加一次作案，可以增加一个月至三个月刑期；

（3）每增加轻微伤一人，可以增加六个月以下刑期；

（4）每增加轻伤一人，可以增加六个月至一年刑期；

（5）在敲诈勒索过程中，使用暴力，或者非法拘禁，或者以危险方法制造事端，或者以非法手段获取他人隐私勒索他人财物等手段的，可以增加三个月至六个月刑期；每增加一种手段，可以再增加一个月至三个月刑期；

（6）其他可以增加刑罚量的情形。

2. 法定刑在三年以上十年以下有期徒刑幅度的量刑起点和基准刑。

敲诈勒索公私财物，犯罪数额达到"数额巨大"起点七万元，可以在三年至五年有期徒刑幅度内确定量刑起点。

敲诈勒索公私财物数额达到前款规定标准的50%，并具有下列情形之一的，可以认定为有"其他严重情节"，可以在三年至五年有期徒刑幅度内确定量刑地点：对未成年人、残疾人、老年人或者丧失劳动能力人的财物的；以将要实施放火、爆炸等危害公共安全犯罪或者故意杀人、绑架等严重侵犯公民人身权利相威胁敲诈勒索的；以黑恶势力名义敲诈勒索的；利用或者冒充国家机关工作人员、军人、新闻工作者等特殊身份敲诈勒索的；造成其他严重后果的。

在量刑起点的基础上，可以根据敲诈勒索数额等其他影响犯罪构成的犯罪事实增加刑罚量，确定基准刑。有下列情形之一的，可以增加相应的刑罚量。

（1）犯罪数额每增加四千元，可以增加一个月刑期；

（2）每增加轻微伤一人，可以增加六个月以下刑期；

（3）每增加轻伤一人，可以增加六个月至一年刑期；

（4）在敲诈勒索过程中，使用暴力，或者非法拘禁，或者以危险方法制造事端，或者以非法手段获

取他人隐私勒索他人财物等手段的,可以增加三个月至六个月刑期;每增加一种手段,可以再增加一个月至三个月刑期;
（5）其他可以增加刑罚量的情形。
3. 法定刑在十年以上有期徒刑幅度的量刑起点和基准刑。
敲诈勒索公私财物,犯罪数额达到"数额特别巨大"起点四十万元,可以在十年至十二年有期徒刑幅度内确定量刑起点。
敲诈勒索公私财物数额达到前款规定标准的50%,并具有下列情形之一的,可以认定为有"其他特别严重情节",可以在十年至十二年有期徒刑幅度内确定量刑地点：对未成年人、残疾人、老年人或者丧失劳动能力人的财物的;以将要实施放火、爆炸等危害公共安全犯罪或者故意杀人、绑架等严重侵犯公民人身权利相威胁敲诈勒索的;以黑恶势力名义敲诈勒索的;利用或者冒充国家机关工作人员、军人、新闻工作者等特殊身份敲诈勒索的;造成其他严重后果的。
在量刑起点的基础上,可以根据敲诈勒索数额等其他影响犯罪构成的犯罪事实增加刑罚量,确定基准刑。有下列情形之一的,可以增加相应的刑罚量。
（1）犯罪数额每增加四万元,可以增加一个月刑期;
（2）每增加轻微伤一人,可以增加六个月以下刑期;
（3）每增加轻伤一人,可以增加六个月至一年刑期;
（4）在敲诈勒索过程中,使用暴力、或者非法拘禁,或者以危险方法制造事端,或者以非法手段获取他人隐私勒索他人财物等手段的,可以增加三个月至六个月刑期;每增加一种手段,可以再增加一个月至三个月刑期;
（5）其他可以增加刑罚量的情形。
4. 有下列情形的,可以相应增加刑罚量。但同时具有两种以上情形的,累计不得超过基准刑的100%：
（1）敲诈勒索公私财物,具有下列情形之一的（已确定为犯罪构成事实的除外）,增加基准刑的30%以下：曾因敲诈勒索受过刑事处罚的;一年内曾因敲诈勒索受过行政处罚的;对未成年人、残疾人、老年人或者丧失劳动能力人的财物的;以将要实施放火、爆炸等危害公共安全犯罪或者故意杀人、绑架等严重侵犯公民人身权利相威胁敲诈勒索的;以黑恶势力名义敲诈勒索的;利用或者冒充国家机关工作人员、军人、新闻工作者等特殊身份敲诈勒索的;造成其他严重后果的。以上七种情形每增加一种情形,再增加基准刑的10%以下。
（2）敲诈勒索数额分别达到"数额较大"、"数额巨大"、"数额特别巨大"的标准,并具有多次敲诈勒索情形的,增加基准刑的10%以下。
（3）为吸毒、赌博等违法犯罪活动而敲诈勒索的,可以增加基准刑的20%以下。
（4）其他可以增加刑罚量的情形。
5. 有下列情形之一的,可以减少刑罚量：
（1）被害人对敲诈勒索的发生存在过错的,除情节显著轻微危害不大,不认为是犯罪的以外,可以根据被害人的过错程度和案件其他情况,减少基准刑的20%以下;
（2）确因生活所迫、学习、治病急需而敲诈勒索的,可以减少基准刑的20%以下;
（3）敲诈勒索近亲属财物,认定为犯罪的,可以减少基准刑的10%—50%以下;
（4）没有参与分赃或者获赃较小且不是主犯的,可以减少基准刑的20%以下;
（5）被害人谅解的,可以减少基准刑的20%以下;
（6）其他可以减少刑罚量的情形。
6. 需要说明的问题
（1）多次敲诈勒索、敲诈勒索数额未达到较大,以敲诈勒索次数确定量刑起点,超过三次的次数作为增加刑罚量的事实;敲诈勒索数额达到较大以上的,以敲诈勒索数额确定量刑起点,敲诈勒索次数作为从重处罚量刑情节;
（2）敲诈勒索数额较大,行为人认罪、悔罪、退赃、退赔,且具有下列情形之一的,可以认定为犯罪情节轻微、免予刑事处罚：具有法定从宽处罚情节的;没有参与分赃或者获赃较小且不是主犯的;被害人谅解的;其他情节轻微、危害不大的。

（十一）妨害公务罪
1. 量刑起点和基准刑
构成妨害公务罪的,可以在拘役至一年有期徒刑幅度内确定量刑起点。
在量刑起点的基础上,可以根据妨害公务的手段、造成的后果等其他影响犯罪构成的犯罪事实增加刑罚量,确定基准刑。有下列情形之一的,可以增加相应的刑罚量。
（1）每增加轻微伤一人,可以增加一个月至二个月刑期;

(2) 每增加轻伤一人,可以增加三个月至六个月刑期;
(3) 毁损财物数额每增加二千元,可以增加一个月至二个月刑期;
(4) 妨害公务造成恶劣社会影响的,可以增加六个月至一年刑期;
(5) 妨害公务造成交通堵塞,影响社会秩序的,可以增加三个月至六个月刑期;
(6) 持械妨害公务的,可以增加三个月至六个月刑期;
(7) 其他可以增加刑罚量的情形。
2. 有下列情形的,可以相应增加或减少刑罚量:
(1) 煽动群众阻碍依法执行职务、履行职责的,可以增加基准刑的20%以下;
(2) 因执行公务行为不规范而导致妨害公务犯罪的,可以减少基准刑的20%以下;
(3) 其他可以增加或者减少刑罚量情形。
(十二) 聚众斗殴罪
1. 法定刑在拘役、三年以下有期徒刑幅度的量刑起点和基准刑。
聚众斗殴情节一般的,可以在拘役至一年六个月有期徒刑幅度内确定量刑起点。
在量刑起点的基础上,可以根据聚众斗殴人数、次数、手段、伤害后果等其他影响犯罪构成的犯罪事实增加刑罚量,确定基准刑。有下列情形之一的,可以增加相应的刑罚量。
(1) 每增加轻微伤一人,可以增加一个月至二个月刑期;
(2) 每增加轻伤一人,可以增加三个月至六个月刑期;
(3) 聚众斗殴双方参与人数达到五人的,每增加三人的,可以增加三个月至六个月刑期;
(4) 聚众斗殴二次的,可以增加六个月至一年刑期;
(5) 聚众斗殴造成公共秩序混乱的,可以增加六个月至一年刑期;
(6) 其他可以增加刑罚量的情形。
2. 法定刑在三年以上十年以下有期徒刑幅度的量刑起点和基准刑。
具有刑法第二百九十二条第一款规定的三种情形(即多次聚众斗殴的,聚众斗殴人数多,规模大,社会影响恶劣的;在公共场所或者交通要道聚众斗殴,造成社会秩序严重混乱的;持械聚众斗殴的)之一的,可以在三年至四年有期徒刑幅度内确定量刑起点。
在量刑起点的基础上,可以根据聚众斗殴人数、次数、手段、伤害后果等其他影响犯罪构成的犯罪事实增加刑罚量,确定基准刑。有下列情形之一的,可以增加相应的刑罚量。
(1) 每增加刑法第二百九十二条第一款规定的四种情形之一,可以增加一年至二年刑期(其中三次以上聚众斗殴属于多次;聚众斗殴双方达到二十人以上的,属于聚众斗殴人数多,规模大);
(2) 每增加轻微伤一人,可以增加一个月至二个月刑期;
(3) 每增加轻伤一人,可以增加三个月至六个月刑期;
(4) 聚众斗殴次数超过三次,每增加一次,可以增加六个月至一年刑期;
(5) 聚众斗殴人数超过二十人,每增加三人,可以增加一个月至二个月刑期;
(6) 聚众斗殴造成公共秩序混乱的,可以增加六个月至一年刑期。
3. 有下列情形的,可以相应增加或减少刑罚量。
(1) 组织未成年人聚众斗殴的,可以增加基准刑的20%以下;
(2) 聚众斗殴造成财产损失的,可以增加基准刑的20%以下;
(3) 因民间纠纷引发的聚众斗殴,可以减少基准刑的20%以下;
(4) 其他可以增加或者减少刑罚量的情形。
(十三) 寻衅滋事罪
1. 法定刑在拘役、五年以下有期徒刑或者管制幅度的量刑起点和基准刑。
随意殴打他人,破坏社会秩序,具有下列情形之一的,在拘役至一年有期徒刑幅度内确定量刑起点:致二人以上轻微伤的;随意殴打他人达到三次的;持凶器随意殴打他人的;其他情节恶劣的情形。
随意殴打他人,破坏社会秩序,具有下列情形之一的,在一年至二年有期徒刑幅度内确定量刑起点:致一人以上轻伤的,引起他人精神失常、自杀等严重后果;随意殴打精神病人、残疾人、流浪乞讨人员、老年人、孕妇、未成年人,造成恶劣社会影响的;在公共场所随意殴打他人,造成公共场所秩序严重混乱的。
追逐、拦截、辱骂、恐吓他人,破坏社会秩序井然,具有下列情形之一的,在拘役至一年有期徒刑幅度内确定量刑起点:追逐、拦截、辱骂、恐吓他人达到三次,造成恶劣社会影响的;持凶器追逐、拦截、辱骂、恐吓他人的;其他情节恶劣的情形。
追逐、拦截、辱骂、恐吓他人,破坏社会秩序井然,具有下列情形之一的,在拘役至一年有期徒刑幅度内确定量刑起点:追逐、拦截、辱骂、恐吓精神病人、残疾人、流浪乞讨人员、老年人、孕妇、未成年人,造成恶劣社会影响的;引起他人精神失常、自杀等严重后果的;严重影响他人工作、生活、生产、经营的。

强拿硬要或者任意损毁、占用公私财物、破坏社会秩序，具有下列情形之一的，在拘役至一年有期徒刑幅度内确定量刑起点：强拿硬要公私财物价值一千元以上，或者任意损毁、占用公私财物价值二千元以上的；强拿硬要或者任意损毁、占用公私财物达到三次，造成恶劣社会影响的；其他情节严重的情形。

强拿硬要或者任意损毁、占用公私财物、破坏社会秩序，具有下列情形之一的，在一年至二年有期徒刑幅度内确定量刑起点：强拿硬要或者任意损毁、占用精神病人、残疾人、流浪乞讨人员、老年人、孕妇、未成年人，造成恶劣社会影响的；引起他人精神失常、自杀等严重后果的；严重影响他人工作、生活、生产、经营的。

在车站、码头、机场、医院、商场、公园、影剧院、展览会、运动场或者其他公共场所起哄闹事，造成公共场所秩序严重混乱的，在一年至二年有期徒刑幅度内确定量刑起点。

在量刑起点的基础上，可以根据寻衅滋事次数、伤害后果、强拿硬要他人财物或任意损毁、占用公私财物数额等其他影响犯罪构成的犯罪事实增加刑罚量，确定基准刑。有下列情形之一的，可以增加相应的刑罚量。

（1）每增加轻微伤一人，可以增加六个月以下刑期；
（2）每增加轻伤一人，可以增加六个月至一年六个月刑期；
（3）每增加引起精神失常一人，增加六个月至一年六个月刑期；
（4）每增加引起自杀造成重伤、死亡一人，增加一年至二年刑期；
（5）随意殴打他人，追逐、拦截、辱骂、恐吓他人，强拿硬要或者任意损毁、占用公私财物三次以上，每再增加一次，增加一个月至二个月刑期；在车站、码头、机场、医院、商场、公园、影剧院、展览会、运动场或者其他公共场所起哄闹事，造成公共场所秩序严重混乱，每增加一次，增加六个月至一年刑期；
（6）强拿硬要公私财物价值一千元以上的，数额每再增加一千元，增加一个月至二个月刑期；任意损毁、占用公私财物价值二千元以上的，数额再每增加一千元，增加一个月至二个月刑期；
（7）寻衅滋事人数超过十人，每增加三人，增加一个月至二个月刑期；
（8）每增加刑法第二百九十三条规定的四种情形之一的，可以增加六个月至一年刑期；
（9）其他可以增加刑罚量的情形。

2. 法定刑在五年以上十年以下有期徒刑幅度内的量刑起点和基准刑。

纠集他人三次实施寻衅滋事犯罪，严重破坏社会秩序的，可以在有期徒刑五年至七年的幅度内确定量刑起点。

在量刑起点的基础上，可以根据寻衅滋事次数、伤害后果、强拿硬要他人财物或者任意损毁、占用公私财物数额等其他影响犯罪构成的犯罪事实增加刑罚量，确定基准刑。有下列情形之一的，可以增加相应的刑罚量。

（1）每增加轻微伤一人，可以增加六个月以下刑期；
（2）每增加轻伤一人，可以增加六个月至一年六个月刑期；
（3）每增加引起精神失常一人，增加六个月至一年六个月刑期；
（4）每增加引起自杀造成重伤、死亡一人，增加一年至二年刑期；
（5）纠集他人三次以上实施寻衅滋事犯罪，未经处理的，每再增加一次，增加六个月至一年刑期；
（6）强拿硬要公私财物价值一千元以上的，数额每再增加一千元，增加一个月至二个月刑期；任意损毁、占用公私财物价值二千元以上的，数额再每增加一千元，增加一个月至二个月刑期；
（7）寻衅滋事人数超过十人，每增加三人，增加一个月至二个月刑期；
（8）每增加刑法第二百九十三条规定的四种情形之一的，可以增加六个月至一年刑期；
（9）其他可以增加刑罚量的情形。

3. 有下列情形之一的，可以增加基准刑的20%以下：
（1）带有黑社会性质或者恶势力性质的；
（2）纠集未成年人寻衅滋事的；
（3）其他可以增加刑罚量的情形。

（十四）掩饰、隐瞒犯罪所得、犯罪所得收益罪

1. 法定刑在拘役、三年以下有期徒刑幅度的量刑起点和基准刑。

掩饰、隐瞒犯罪所得、犯罪所得收益数额达到二千元的，可以在拘役至一年有期徒刑幅度内确定量刑起点。

明知是毒品犯罪、黑社会性质的组织犯罪、恐怖活动犯罪、走私犯罪、贪污贿赂犯罪、破坏金融管理秩序犯罪、金融诈骗犯罪以外其他犯罪的所得及其产生的收益，为掩饰、隐瞒其来源和性质，实施下列行为之一的，可以在拘役至一年有期徒刑幅度内确定量刑起点：提供资金账户的；协助将财产转换为现金、金融票据、有价证券；通过转账或者其他结算方式协助资金转移的；协助将资金汇往境外的；以

其他方法掩饰、隐瞒犯罪所得及其收益的来源和性质的。

明知是盗窃、抢劫、诈骗、抢夺的机动车，实施下列行为之一的，可以在拘役至一年有期徒刑内确定量刑起点：买卖、介绍买卖、典当、拍卖、抵押或者用其抵债的；拆解、拼装或者组装的；修改发动机号、车辆识别代号的；更改车身颜色或者车辆外形的；提供或者出售机动车来历凭证、整车合格证、号牌以及有关机动车的其他证明和凭证的；提供或者出售伪造、变造的机动车来历凭证、整车合格证、号牌以及有关机动车的其他证明和凭证的。

在量刑起点的基础上，可以根据犯罪数额等其他影响犯罪构成的犯罪事实增加刑罚量，确定基准刑。有下列情形之一的，可以增加相应的刑罚量。

（1）犯罪数额每增加一万五千元，可以增加一个月刑期；
（2）掩饰、隐瞒盗窃、抢劫、诈骗、抢夺的机动车，每增加一辆，可以增加一个月刑期；
（3）犯罪的手段或情形每增加一种，可以增加一个月至二个月刑期；
（4）其他可以增加刑罚量的情形。

2. 法定刑在三年以上七年以下有期徒刑幅度的量刑起点和基准刑。

掩饰、隐瞒犯罪所得、犯罪所得收益数额达到五十万元，可以在三年至四年有期徒刑幅度内确定量刑起点。

掩饰、隐瞒盗窃、抢劫、诈骗、抢夺的机动车达到五辆或者价值总额达到五十万元，可以在三年至四年有期徒刑幅度内确定量刑起点。

在量刑起点的基础上，可以根据犯罪数额等其他影响犯罪构成的犯罪事实增加刑罚量，确定基准刑。有下列情形之一的，可以增加相应的刑罚量。

（1）犯罪数额每增加三万元，可以增加一个月刑期；
（2）掩饰、隐瞒盗窃、抢劫、诈骗、抢夺的机动车超过五辆，每增加一辆，可以增加一个月刑期；
（3）犯罪的手段或情形每增加一种，可以增加一个月至二个月刑期。

3. 有下列情形的，可以相应增加刑罚量。

（1）多次掩饰、隐瞒犯罪所得、犯罪所得收益的，可以增加基准刑的10%以下；
（2）上游犯罪行为较重的，可以增加基准刑的20%以下；
（3）犯罪的手段或情形每增加一种，可以增加一个月至二个月刑期；
（4）其他可以增加刑罚量的情形。

（十五）走私、贩卖、运输、制造毒品罪

1. 法定刑在拘役、三年以下有期徒刑幅度的量刑起点和基准刑。

走私、贩卖、运输、制造鸦片不足或达到二十克，海洛因、甲基苯丙胺或者可卡因一克，吗啡或者二亚甲基双氧安非他明（MDMA）等苯丙胺类毒品（甲基苯丙胺除外）二克，氯胺酮或者美沙酮二十克，三唑仑或者安眠酮一千克，咖啡因五千克或者其他数量相当毒品的，可以在拘役至一年有期徒刑幅度内确定量刑起点。

在量刑起点的基础上，可以根据毒品犯罪次数、人次、毒品数量等其他影响犯罪构成的犯罪事实增加刑罚量，确定基准刑。

有下列情形之一的，可以增加相应的刑罚量。

（1）每增加海洛因、甲基苯丙胺或者可卡因一克及其他数量相当毒品的，可以增加三个月刑期；
（2）每增加吗啡或者二亚甲基双氧安非他明（MDMA）等苯丙胺类毒品（甲基苯丙胺除外）一克，可以增加二个月刑期；
（3）每增加鸦片、氯胺酮或者美沙酮五克，可以增加一个月刑期；
（4）每增加三唑仑或者安眠酮一千克，可以增加三个月刑期；
（5）每增加咖啡因一千克，可以增加一个月刑期；
（6）实施走私、贩卖、运输、制造毒品两种以上行为的，每增加一种行为，可以增加三个月至六个月刑期；
（7）其他可以增加刑罚量的情形。

2. 法定刑在三年以上七年以下有期徒刑幅度的量刑起点和基准刑。

走私、贩卖、运输、制造鸦片一百四十克，海洛因、甲基苯丙胺或者可卡因七克，吗啡或者二亚甲基双氧安非他明（MDMA）等苯丙胺类毒品（甲基苯丙胺除外）十四克，氯胺酮或者美沙酮一百四十克，三唑仑或者安眠酮七千克，咖啡因三十五千克或者其他数量相当毒品的，可以在三年至四年有期徒刑幅度内确定量刑起点。

毒品犯罪的数量未达到前款标准，但具有下列情形之一的，可以在三年至四年有期徒刑幅度内确定量刑起点：国家工作人员走私、贩卖、运输、制造毒品的；在戒毒监管场所贩卖毒品的；向多人贩毒或者多次贩毒的；其他情节严重的。

在量刑起点的基础上，可以根据毒品犯罪次数、人次、毒品数量等其他影响犯罪构成的犯罪事实增加刑罚量，确定基准刑。有下列情形之一的，可以增加相应的刑罚量。

（1）每增加海洛因、甲基苯丙胺或者可卡因一克及其他数量相当毒品的，可以增加一年刑期；

（2）每增加吗啡或者二亚甲基双氧安非他明（MDMA）等苯丙胺类毒品（甲基苯丙胺除外）三克，可以增加二年刑期；

（3）每增加鸦片、氯胺酮或者美沙酮十五克，可以增加一年刑期；

（4）每增加三唑仑或者安眠酮一千克，可以增加一年刑期；

（5）每增加咖啡因四千克，可以增加一年刑期；

（6）被告人毒品犯罪的数量达到第1款规定的标准，同时又具有第2款所列四种情形之一的，先按照本款第（1）—（5）的规定增加刑期，然后可以按照每增加一种情形，增加六个月至一年的刑期；

（7）实施走私、贩卖、运输、制造毒品两种以上行为的，每增加一种行为，可以增加六个月至一年刑期；

（8）向三人以上贩毒或者三次以上贩毒的，每增加一人或者一次，增加三个月至六个月的刑期；

（9）其他可以增加刑罚量的情形。

3. 法定刑在七年以上有期徒刑幅度的量刑起点和基准刑。走私、贩卖、运输、制造鸦片二百克，海洛因、甲基苯丙胺或者可卡因十克，吗啡或者二亚甲基双氧安非他明（MDMA）等苯丙胺类毒品（甲基苯丙胺除外）二十克，氯胺酮或者美沙酮二百克，三唑仑或者安眠酮十千克，咖啡因五十千克或者其他毒品数量大的，可以在七年至八年有期徒刑幅度内确定量刑起点。

在量刑起点的基础上，可以根据毒品犯罪次数、人次、毒品数量等其他影响犯罪构成的犯罪事实增加刑罚量，确定基准刑。有下列情形之一的，可以增加相应的刑罚量。

（1）每增加海洛因、甲基苯丙胺或者可卡因五克及其他数量相当毒品的，可以增加一年刑期；

（2）每增加吗啡或者二亚甲基双氧安非他明（MDMA）等苯丙胺类毒品（甲基苯丙胺除外）十克，可以增加一年刑期；

（3）每增加鸦片、氯胺酮或者美沙酮一百克，可以增加一年刑期；

（4）每增加三唑仑或者安眠酮五千克，可以增加一年刑期；

（5）每增加咖啡因二十千克，可以增加一年刑期；

（6）实施走私、贩卖、运输、制造毒品两种以上行为的，每增加一种行为，可以增加一年至二年刑期；

（7）每增加一人或一次，增加三个月至六个月的刑期；

（8）其他可以增加刑罚量的情形。

4. 具有刑法第三百四十七条第二款五种情形之一【即走私、贩卖、运输、制造鸦片一千克，海洛因、甲基苯丙胺或者可卡因五十克，吗啡或者二亚甲基双氧安非他明（MDMA）等苯丙胺类毒品（甲基苯丙胺除外）一百克，氯胺酮或者美沙酮一千克，三唑仑或者安眠酮五十千克，咖啡因二百千克或者其他毒品数量达到数量大起点的；走私、贩卖、运输、制造毒品集团的首要分子；武装掩护走私、贩卖、运输、制造毒品的；以暴力抗拒检查、拘留、逮捕，情节严重的；参与有组织的国际贩毒活动的】，且不宜判处无期徒刑以上刑罚的，量刑起点和基准刑为十五年有期徒刑。

5. 有下列情形的，可以相应增加或减少刑罚量。

（1）组织、利用、教唆未成年人、孕妇、哺乳期妇女、患有严重疾病人员、又聋又哑的人、盲人及其他特殊人群走私、贩卖、运输、制造毒品，或者向未成年人出售毒品的，可以增加基准刑的30%以下；

（2）孕妇、哺乳期妇女、患有严重疾病人员及其他特殊人群被利用或被强迫参与毒品犯罪的，可以减少基准刑的40%以下；

（3）存在数量引诱情形的，可以减少基准刑的30%以下；

（4）受雇运输毒品的，可以减少基准刑的30%以下；

（5）其他可以增加或减少刑罚量的情形。

五、附则

1. 本实施细则仅规范上列十五种犯罪判处拘役、有期徒刑的案件。

2. 本实施细则所称以上、以下，均包括本数。

3. 本实施细则如果与刑法、司法解释、刑事司法政策以及最高人民法院《关于常见犯罪的量刑指导意见》相冲突，以上述法律、法规、政策为准，本实施细则将随法律、司法解释和刑事司法政策以及上级法院规定的变动适时作出调整。

4. 本实施细则自2014年4月1日起实施，原实施细则同时废止。

5. 本实施细则由辽宁省高级人民法院负责解释。

第八编　河北省刑法适用规范性文件

河北省高级人民法院《关于我省审理挪用公款案件确定执行数额标准的通知》

(1998年7月17日)

《最高人民法院关于审理挪用公款案件具体应用法律若干问题的解释》已于1998年4月6日由最高人民法院审判委员会第972次会议通过并予公布,自1998年5月9日起施行。根据该解释第三条第三款"各高级人民法院可以根据本地实际情况按照本解释规定的数额幅度确定本地区执行的具体数额标准"的规定,经省法院审判委员会1998年7月16日会议研究决定,我省法院审理挪用公款案件确定执行的数额标准为:

一、挪用公款归个人使用"数额较大、进行营利活动的"或者"数额较大、超过三个月未还的"

以挪用公款一万元为"数额较大"的起点,以挪用公款十五万元为"数额巨大"的起点。

二、"挪用公款归个人使用,进行非法活动的"

以挪用公款五千元为追究刑事责任的数额起点。挪用公款五万元以上的,属于挪用公款归个人使用进行非法活动"情节严重"的情形之一。

河北省高级人民法院　河北省人民检察院　河北省公安厅《关于办理非法经营食盐犯罪案件有关问题的意见》

(2001年2月20日)

为依法惩处扰乱、破坏食盐市场秩序的犯罪活动,保护公民的身体健康,根据刑法第225条规定,结合我省实际,特对办理非法经营食盐犯罪案件的有关问题提出如下意见:

一、非法经营食盐是指违反《盐业管理条例》、《食盐专营办法》、《食盐加碘缺乏危害管理条例》等规定非法生产、储存、运输、收购、加工、销售食盐的行为。

二、非法经营食盐30吨以上不满80吨的,或者非法经营食盐20吨以上不满30吨的,但具有下列情形之一的,按刑法第225条规定的"情节严重"掌握。

(一) 因非法经营食盐受到两次以上行政处罚后又非法经营食盐的。

(二) 阻碍盐政管理机关依法检查的。

(三) 将劣质盐、无碘盐、工业用盐等不符合食盐标准的盐产品作为食盐销售的。

本条第(二)、(三)项之情形已单独构成犯罪的,依法按其所触犯的罪名处罚。

三、非法经营食盐80吨以上的,或者非法经营食盐60吨以上不满80吨的,但具有本意见第二条第一、二、三项情形之一的,按刑法第225条规定的"情节特别严重"掌握。

四、非法经营食盐两次以上的,经营数量应当累计计算,但已受过处罚的除外。

五、公安机关受理的非法经营食盐案件,经查证不构成犯罪的,移交有关行政管理机关依法处理。

六、本意见由司法机关在办案中内部掌握执行,不在法律文书中引用。

本意见下发后尚未办结的非法经营食盐案件,依照本意见处理,已审结的案件不再变动。

今后法律、司法解释有相关规定的,按法律和司法解释执行。

河北省高级人民法院
《关于确定盗伐、滥伐林木罪数量标准的通知》

(2001年5月30日)

根据最高人民法院《关于审理破坏森林资源刑事案件具体应用法律若干问题的解释》，结合我省实际情况，经河北省高级人民法院审判委员会研究通过，现就确定的盗伐、滥伐林木罪数量标准通知如下：

一、盗伐林木罪的起点数量"数量较大的"，以二立方米或者幼树一百株为起点；"数量巨大"的，以二十立方米或者幼树五千株为起点；"数量特别巨大"的，以一百立方米或幼树五千株为起点。

二、滥伐林木罪的起点数量"数量较大"的，以十立方米或者幼树五百株为起点；"数量巨大"的，以五十立方米或者幼树二千五百株为起点。

河北省高级人民法院 河北省人民检察院 河北省公安厅 河北省经济贸易委员会
《河北省打击盗窃电能违法行为若干规定》

(2001年9月10日)

第一条 为保障我省经济建设的顺利进行，维护正常的供用电秩序，严厉打击窃电违法犯罪行为，保证国家财产不受侵犯，根据《中华人民共和国刑法》、《中华人民共和国电力法》、《中华人民共和国治安管理处罚条例》，国务院发布的《电力供应与使用条例》，公安部颁布的《关于严禁窃电的通告》，原电力部发布的《供电营业规则》等有关法律、法规的规定，制定本规定。

第二条 窃电是一种盗窃行为，是指以非法占有为目的，采用秘密或其他手段不计量或少计量电能的行为。有下列行为之一的，为窃电行为：

（一）擅自在供电企业的供电设施上接线用电的；
（二）绕越供电企业的用电计量装置用电的；
（三）伪造或开启法定的或者授权的计量检定机构加封的用电计量装置封印用电的；
（四）故意毁坏供电企业用电计量装置的；
（五）故意使供电企业的用电计量装置计量不准或失效的；
（六）采用其他方法窃电的。

第三条 全省各级司法机关、行政执法部门处理窃电案件，对窃电设备容量、日窃电时间、窃电日数和窃电金额按以下原则确认：

（一）凡实施窃电行为所用的电气设备均确认为窃电设备。窃电设备容量按设备铭牌标定的额定容量（千伏安视同千瓦）确定；对无铭牌的设备容量按实际测定确认。
（二）日窃电时间按实际查明的日窃电时间确认。
（三）窃电日数以能够查明的实际窃电日数确认。
（四）窃电金额以窃电设备容量、日窃电时间、窃电日数及当地当时电力销售价格和其他符合国家政策的费用分别计算后合并确认。

第四条 对窃电日数、日窃电时间无法查明的，按照《供电营业规则》第一百零三条确认，窃电时间至少以180天计算；每日窃电时间，照明用户按6小时计算；电力用户按12小时计算。

对上述确认有争议的，可申请发案地电力企业的上一级电力行政管理部门进行鉴定。

第五条 电力行政执法部门对查获的窃电行为除当场予以停电外，依据《电力供应与使用条例》、《供电营业规则》对窃电人予以经济处罚。因窃电造成供电设施损坏或大面积停电的，还应赔偿修复费和停电损失费用。

经济处罚的计算方法如下：

（一）窃电电量＝窃电设备容量（千伏安视同千瓦）×日窃电时间×窃电日数；
（二）窃电金额＝窃电电量×（当地当时电力销售价格包括符合国家政策的其他费用）；
（三）罚款＝窃电金额×（1—5）倍；
（四）经济处罚＝窃电金额＋罚款。

第六条 有下列行为之一的，由电力行政执法部门没收违法所得，处以2000元以上2万元以下罚款：

（一）教唆、指使、胁迫和协助他人窃电的；
（二）向他人传授窃电技术的；
（三）为他人窃电提供窃电装置和便利的。

第七条 有下列行为之一的，由电力行政执法部门没收非法产品和生产设备，并处以5000元以上5

万元以下罚款：
（一）生产或销售窃电装置的；
（二）生产或销售未经有关行政部门鉴定认可的节电器具的。
第八条　具有下列情形之一的，除电力行政执法部门追缴窃电损失外，由公安机关依据《中华人民共和国治安管理处罚条例》对行为人、指使人、教唆人予以治安处罚：
（一）窃电数额尚未达到数额较大起点的；
（二）以窃电为目的，故意毁坏用电计量装置的。
第九条　有下列情形之一，尚不够刑事处罚的，由公安机关依据《中华人民共和国治安管理处罚条例》予以处罚：
（一）对依法执行职务及查电人员进行侮辱漫骂、造谣中伤的；
（二）设置障碍，阻碍依法执行职务的；
（三）袒护并协助被处罚当事人逃避处罚的；
（四）弄虚作假、隐瞒欺骗、破坏窃电现场的；
（五）阻碍电力行政执法及查电人员依法取证的；
（六）转移资金、改换账户逃避处罚的；
（七）撕毁依法执行职务人员证件、文件和票据的；强词夺理、无理纠缠、拒绝、阻碍依法执行职务的；抢夺依法执行职务人员佩戴的警械、器具的；推、打和围攻电力行政执法及查电人员，使依法执行职务不能正常进行的；
（八）在现场带头起哄闹事或煽动群众闹事不听制止的；冲击、搅闹电力行政执法机关，致使工作不能正常进行的；
（九）殴打依法执行职务人员造成轻微伤害的。
第十条　有第八条、第九条情形之一，情节较重或屡教不改，并且符合劳动教养条件的，可以依照规定实行劳动教养。
第十一条　具有下列情形之一的，除电力行政执法部门追缴窃电损失外，由司法机关依据《中华人民共和国刑法》追究刑事责任：
（一）窃电数额较大或多次窃电的；
认定窃电构成犯罪的数额标准，按照我省司法机关关于盗窃有形财产的数额标准执行。
（二）使用暴力殴打电力行政执法及查电人员，情节严重，构成犯罪的；
（三）因窃电造成供电设备严重损坏或导致大面积停电事故的；
（四）电力系统工作人员为他人窃电提供条件或帮助，窃电数额较大，构成犯罪的；
（五）电力系统工作人员利用职务之便窃电归己使用，构成犯罪的。
第十二条　因窃电构成治安案件的，由案件发生地公安机关查处。
第十三条　因窃电构成犯罪的，按刑事案件管辖范围，由犯罪地公安机关立案侦查，电力行政管理人员利用职务之便窃电构成犯罪的，由检察机关立案侦查。
第十四条　对电力行政执法部门处罚决定不服的，可在接到处罚决定之日起60日内向执罚部门的上一级主管机关申请复议；对复议决定不服的，可以在法定期限内向人民法院起诉；也可在接到电力行政执法部门处罚决定后直接向人民法院起诉。
对公安机关处罚决定不服的，可在接到处罚决定之日起60日内向执罚部门的上一级公安机关申请复议；对复议决定不服的，可以在法定期限内向人民法院起诉。
对电力行政执法部门的处罚决定逾期不申请复议、不起诉又不执行处罚决定的，执法部门按法律、法规的规定，有强制执行权的依法强制执行；无强制执行权的向人民法院申请强制执行。
第十五条　本规定自发布之日起施行。正在办理的上述违法、犯罪案件适用本规定。本规定发布前已判决、裁定、决定并发生法律效力的案件，不适用本规定。

河北省高级人民法院　河北省人民检察院　河北省公安厅　河北省林业局《关于森林公安机关办理森林及陆生野生动物刑事、治安案件有关规定的通知》

(2007年3月16日)

为进一步强化森林公安工作职责，规范、理顺森林公安执法程序、案件管辖和执法关系，根据《中华人民共和国刑法》、《中华人民共和国刑事诉讼法》、《中华人民共和国治安管理处罚法》、《中华人民共和国森林法》和最高人民法院、最高人民检察院制定的有关森林和陆生野生动物刑事案件司法解释、刑事案件管辖及立案标准等规定，进一步明确森林公安机关对森林和野生动物刑事案件、林区治安案件中的管辖及执法关系，现将执法中的有关规定通知如下：

一、森林公安机关是国家林业部门和公安部门的重要组成部分，是具有武装性质的兼有刑事执法和行政执法职能的专门保护森林及野生动物资源、保护生态安全、维护林区社会治安秩序的重要力量。其工作职责包括：侦查辖区内破坏森林和陆生野生动物资源的刑事案件，查处辖区内涉及林业的治安案件以及法律法规授权的林业行政处罚案件和上级林业行政主管部门委托授权的其他案件（以下统称林业案件）。

二、森林公安机关负责查处《国家林业局、公安部关于森林和陆生野生动物刑事案件管辖及立案标准》和《公安部刑事案件管辖分工规定》中明确规定的隶属森林公安机关管辖的刑事案件。

三、林业案件由案发地森林公安机关管辖。

省森林公安局对全省森林公安机关业务工作进行指导、协调、检查、监督，可直接查处在全省有重大影响的、上级交办的、下级森林公安机关查处确有困难或其他认为应由省森林公安局查处的林业案件。

市级森林公安机关对所辖县（市、区）森林公安机关业务工作进行指导、协调、检查、监督，可直接查处辖区内有重大影响的、上级交办的、下级森林公安机关查处确有困难或其他认为应由市级森林公安机关查处的林业案件。

县级森林公安机关直接查处辖区内林业案件。

各森林公安派出所受理、查处本辖区内的涉及林业的治安案件和林业行政案件，以及上级交办的其他林业案件。对发现、受理的森林和野生动物刑事案件，要移交上一级森林公安局（分局）立案侦查，也可在森林公安局（分局）的指导下，协助做好案件侦查的相关工作。

四、省森林公安局直属的森林公安分局及派出所负责省直林区管理范围内的林业案件。各市、县（市、区）森林公安局及派出所负责省直林区管理范围以外的林业案件。

对于林业案件都有管辖权的，由最先立案的森林公安机关管辖。

因林业案件管辖权发生争议的，发生争议的部门可协商解决，协商无果的报请共同的上级森林公安机关指定管辖。

五、各市、县（市、区）森林公安局（分局）立案侦查的森林和野生动物刑事案件，经本级森林公安局（分局）负责人批准，具体行使调查、立案、侦查、采取强制措施、提请审查批准逮捕、移送审查起诉等职权。需要提请逮捕或移送起诉的，由犯罪地的森林公安机关向所在地的县（市、区）人民检察院提请审查批准逮捕、移送审查起诉。

省森林公安局直接立案侦查的森林和野生动物刑事案件，经省森林公安局负责人批准，具体行使调查、立案、侦查、采取强制措施、提请审查批准逮捕、移送审查起诉等职权。需要提请逮捕或移送起诉的，向石家庄市人民检察院提请批准逮捕，移送审查起诉。

六、森林公安机关在办理森林和野生动物刑事案件中进行侦查、拘留、执行逮捕、预审等工作，按照《公安机关办理刑事案件程序规定》执行。

七、森林公安机关在侦办刑事案件过程中，依法采取通缉、搜查、拘留、执行逮捕等措施，以及核实犯罪嫌疑人身份和犯罪经历时，需地方公安机关、检察机关、监狱等其他机关配合的，应及时通报情况，其他机关应予配合。

八、森林公安机关办理的刑事案件，犯罪嫌疑人需要羁押的，持县级以上森林公安机关签发的《拘留证》、《逮捕证》，交由办案单位所在地市、县（市、区）看守所或犯罪地看守所羁押。

省森林公安局侦办的刑事案件，犯罪嫌疑人可在石家庄市看守所羁押，视案件需要也可交由犯罪地的市、县（市、区）看守所羁押。

九、森林公安机关对林业案件中不够刑事处罚而需要给予治安管理处罚的，按照《中华人民共和国治安管理处罚法》的规定执行。

省森林公安局和市、县（市、区）森林公安局（分局）可以行使警告、罚款、行政拘留的处罚裁决权。省森林公安局裁决行政拘留的，交由石家庄市拘留所执行。市、县（市、区）森林公安局（分局）裁决行政拘留的，交由所在地拘留所执行。

森林公安派出所可以行使警告以及500元以下罚款的治安处罚裁决权。

十、省森林公安局及市、县（市、区）森林公安局（分局）对林业案件中不够刑事处罚而符合劳动教养条件的，报森林公安机关所在地的市劳动教养审批委员会审批。

十一、未组建森林公安机关的市、县（市、区），需要对有关森林和野生动物刑事案件进行查处的，由林业部门移交当地公安机关管辖。

十二、在办理涉及森林和野生动物刑事案件中，公、检、法各部门要按照"分工负责、互相配合、互相制约"的原则，确保国家法律的统一、公正实施。

十三、本通知从发文之日起执行。

河北省高级人民法院　河北省人民检察院　河北省公安厅　河北省综治委 《关于办理盗销自行车案件的执法意见》

(2007年11月11日)

为依法严厉打击盗销自行车违法犯罪行为，根据《中华人民共和国刑法》、《中华人民共和国刑事诉讼法》、《中华人民共和国治安管理处罚法》、公安部《公安机关办理劳动教养案件规定》、公安部等国家六部门《关于严厉打击盗窃自行车等违法犯罪活动的通告》和《河北省公安机关治安管理处罚裁量标准》等法律、规定、文件及相关司法解释，现就依法办理盗销自行车案件提出如下意见。

一、盗窃自行车或明知是盗窃的赃物自行车而窝藏、转移、收购、代为销售或以其他方法掩饰、隐瞒，构成犯罪的，依法追究刑事责任。

（一）个人盗窃自行车价值人民币800元以上的，或一年内盗窃自行车3次以上的，构成盗窃罪，依法追究刑事责任。

（二）个人盗窃自行车价值人民币接近800元，具有下列情形之一的，追究刑事责任：

1. 以破坏性手段盗窃，并造成财物损失的；
2. 盗窃残疾人、孤寡老人或者丧失劳动能力人的自行车的；
3. 因盗窃自行车造成严重后果或者具有其他恶劣情节的；
4. 教唆未成年人盗窃自行车的。

（三）已满十六周岁不满十八周岁的未成年人实施盗窃自行车行为一年内未超过三次，盗窃数额虽已达到800元，但案发后能如实供述全部盗窃事实并积极退赃，且具有下列情形之一的，可以认定为"情节显著轻微危害不大"，不认为是犯罪：

1. 系又聋又哑的人或者盲人；
2. 在共同盗窃中起次要或者辅助作用，或者被胁迫；
3. 具有其他轻微情节的。

二、被依法判处刑罚执行期满后五年内，或被公安机关依法予以罚款、行政拘留、收容教养、劳动教养执行期满后三年内，实施盗窃自行车，窝藏、转移、收购、代为销售或以其他方法掩饰、隐瞒涉赃自行车等违法行为，尚不够刑事处罚，符合劳动教养条件的，依照《公安机关办理劳动教养案件规定》第9条第1款第3项规定呈报劳动教养。

三、实施盗窃自行车违法行为，尚不够追究刑事责任，也不符合劳动教养条件的，依照《治安管理处罚法》第49条规定，予以治安处罚。实施窝藏、转移、收购、代为销售或以其他方法掩饰、隐瞒涉赃自行车违法行为，尚不够追究刑事责任，也不符合劳动教养条件的，依照《治安管理处罚法》第59条、60条规定，予以治安处罚。

（一）个人盗窃自行车价值数额在800元以下，事实清楚，证据充分，依据《治安管理处罚法》第49条的规定予以治安处罚；有法定减轻或不予处罚情节的，依法减轻或不予处罚。

（二）盗窃自行车，尚不够刑事处罚，有下列情形之一的，可以依据《治安管理处罚法》第49条的规定予以治安处罚：

1. 在违法嫌疑人身边或住处查获被盗自行车；未找到失主，但本人承认盗窃，且有盗车现场笔录，或者扣押物品清单，或者作案工具，或者现场辨认笔录（照片）等证据证明的；
2. 在违法嫌疑人身边查获被盗自行车，本人不承认盗窃，且未找到失主，但有盗车现场目击者或者扭送人、现场抓获人员等证明的；
3. 在违法嫌疑人身边查获被盗自行车；本人不承认盗窃，但不能证明其合法来源，且有作案工具或失主陈述等证据证明的；
4. 虽没有违法嫌疑人本人供述，但其他证据足以构成证据锁链，能够证明案件事实的，可以认定为盗窃自行车行为。

（三）对现场发现、群众指认或扭送的收购公安机关通报寻查的赃物或者有赃物嫌疑的自行车的，经查证有下列证据的，依照《治安管理处罚法》第59条第3项规定予以治安处罚：

1. 违法嫌疑人供述收购了公安机关通报寻查的赃物或者有赃物嫌疑的自行车的；
2. 有证据证明系公安机关通报寻查的赃物或者有证据证明是有赃物嫌疑的自行车、购买的自行车没有应当具有的合法票据、证件牌照等证明材料的；
3. 群众指认或扭送所作的旁证或现场查获民警做出现场笔录的；
4. 有收购公安机关通报寻查的赃物或者有赃物嫌疑的自行车的视听资料，且违反治安管理行为人签名认可的。

上述证据中，虽无违法嫌疑人本人供述、无法查明失主、收购公安机关通报寻查的赃物或者有赃物嫌疑的自行车自用的，但其他证据足以构成证据锁链的，可以处 500 元以下罚款。

若只予以罚款处罚的，原则上对涉案的自行车不需要提供估价证明。

（四）对现场抓获、群众指认或扭送的现行窝藏、转移、收购、代为销售或以其他方法掩饰、隐瞒涉赃自行车的，有下列行为之一的，依照《治安管理处罚法》第 60 条第 3 项规定予以处罚：

1. 有证据证明，行为人知道自行车是违法犯罪获取的；
2. 有证据证明，行为人听到违法犯罪人员讲述获取自行车的经过，肯定知道物品是赃物的；
3. 在非法交易场所购买的；
4. 以明显低于市场价格购买的；
5. 没有依法应当具有的合法票据、证件牌照等证明材料，不能证明合法来源的。

四、实施上述行为，尚不够依法追究刑事责任或劳动教养，但有证据证实参与盗销自行车或有其他违法行为的，依照《治安管理处罚法》及公安部《关于刑事拘留时间可否折抵行政拘留时间问题的批复》（公复字〔2004〕1 号）的规定改裁治安处罚，为实现累积打击奠定前科基础；对证据达不到治安处罚要求的，一律列入黑名单进行延续侦查和重点管控。

五、其他规定

（一）对于"明知"行为的界定：

"明知"是指行为人知道或者应当知道自己所窝藏、转移、收购、代为销售或以其他方法掩饰、隐瞒的财物是违法犯罪所得或者可能是违法犯罪所得。认定行为人是否"明知"，不能仅凭口供，而应当根据案件的客观事实予以全面分析，通过对违法犯罪的时间、地点、收售物品的价格、物品本身的特征、性质，本人一贯表现及行为方式进行综合审查。

（二）与盗窃自行车等违法犯罪分子事前通谋，事后对盗窃所得及其收益予以窝藏、转移、收购、代为销售或以其他方法掩饰、隐瞒的，应按盗窃犯罪共犯追究法律责任。

事前未通谋，事后明知是盗窃所得及其收益而予以窝藏、转移、收购、代为销售或以其他方法掩饰、隐瞒的，应按刑法第 312 条定罪处罚。

（三）盗窃及窝藏、转移、收购、代为销售或以其他方法掩饰、隐瞒电动自行车、助力车、三轮车、残疾人专用车、摩托车、轻便摩托车的，参照上述规定执行。

河北省高级人民法院 河北省人民检察院 河北省公安厅 河北省司法厅《关于办理假释和暂予监外执行案件的规定（试行）》

（2010 年 4 月 12 日）

第一章 总 则

第一条 为进一步加强和规范我省罪犯假释和暂予监外执行工作，正确适用法律，根据《中华人民共和国刑法》、《中华人民共和国刑释诉讼法》、《中华人民共和国监狱法》、《最高人民法院关于办理减刑、假释案件具体应用法律若干问题的规定》，最高人民检察院、公安部、司法部《罪犯保外就医执行办法》、《司法部监狱提请减刑假释工作程序规定》，河北省高级人民法院、河北省人民检察院、河北省公安厅、河北省司法厅《关于在全省试行社区矫正工作的实施意见》等规定，结合我省罪犯假释和暂予监外执行工作的实际，制定本规定。

第二条 办理假释和暂予监外执行案件，应贯彻执行宽严相济的刑事政策。

第三条 办理假释和暂予监外执行案件应以事实为依据，以法律为准绳，客观、公正、公平办理。

第四条 人民法院、人民检察院、公安机关、司法行政机关应分工负责，互相配合，确保依法、及时、正确地办理罪犯假释和暂予监外执行案件。

第二章 假 释

第五条 被判处有期徒刑的罪犯，执行原判刑期二分之一以上，被判处无期徒刑的罪犯，实际执行十年以上，认真遵守监规，接受教育改造，确有悔改表现，假释后不致再危害社会的，可以假释。如果有特殊情况，经最高人民法院核准，可以不受上述执行刑期的限制。

第六条 判断罪犯假释后不致再危害社会，应当综合考察以下情况：

（一）服刑期间一贯认罪伏法，认真遵守监规，积极参加劳动，认真参加政治、文化、技术学习的；

（二）老病残罪犯（不含自伤自残），丧失作案能力或者生活不能自理，假释后生活确有着落的；

（三）犯罪的实施、性质、情节和对社会的危害程度；

（四）社区矫正组织健全，具有良好的监管条件；

（五）其他与认定"不致再危害社会"有关的因素。

第七条 对死刑缓期二年执行罪犯减为无期徒刑或者有期徒刑后，符合《中华人民共和国刑法》第八十一条第一款规定的，可以假释，但经过一次或几次减刑后，其实际执行的刑期不得少于十二年（不含死刑缓期执行的二年）。

第八条 对符合下列条件的罪犯，假释时可以从宽掌握：

（一）犯罪时年龄未满十八周岁的；未完成九年义务教育的未成年犯；刑期在五年以下的未成年犯；父母或其他监护人能有效监护的未成年犯；

（二）因家庭暴力引发犯罪，或家中有未成年子女，或有年老直系亲属需要照顾，或家庭经济特别困难的女犯；

（三）男性年龄在六十周岁以上、女性年龄在五十五周岁以上的老年犯；

（四）符合《罪犯保外就医疾病伤残范围》，但又不能办理保外就医的；

（五）偶犯、初犯、从犯、胁从犯、过失犯，以及防卫过当、避险过当、犯罪中止、过失性渎职犯罪的罪犯；

（六）已经办理保外就医，且男性罪犯年龄在五十五周岁以上，女性罪犯年龄在五十周岁以上，所患疾病难以治愈的罪犯；

（七）具有科技专业技能，原单位因国家重大科研项目、国家重大建设需要的；少数民族上层人士，因统战工作需要的罪犯；

（八）处遇等级为宽管级别的罪犯；

（九）积极执行财产刑和积极退赃的；

（十）主动赔偿被害人经济损失，或者取得被害人谅解的；

（十一）罪犯的直系亲属、配偶生活不能自理，需要罪犯本人照顾的。

第九条 对累犯以及因杀人、爆炸、抢劫、强奸、绑架等暴力性犯罪被判处十年以上有期徒刑、无期徒刑的罪犯，不得假释。

1997年9月30日以前犯罪，1997年10月1日以后仍然在服刑的前款罪犯，适用修订前的刑法第七十三条的规定，不受前款的限制，符合假释条件的，可以假释，但应从严掌握。

第十条 罪犯不如实交代个人真实身份的，不得假释。

第十一条 对罪行严重的危害国家安全的罪犯，犯罪集团首要分子、主犯，"涉黑"及邪教组织骨干罪犯，多次被判刑或者在缓刑、假释、暂予监外执行期间又犯罪的，假释后可能引起不良社会影响的罪犯，一般不适用假释。确需假释的，应从严掌握。

第十二条 对判处有期徒刑一年以下和判决生效后经折抵余刑不足一年的罪犯，一般不予假释。

第十三条 对外籍罪犯和港澳台地区罪犯的假释，应当要求其提出保证人或者缴纳保证金。

第十四条 罪犯减刑后又假释的，一般间隔一年以上；对一次减刑二年以上有期徒刑后，又适用假释的，间隔时间不少于二年。

第十五条 有期徒刑的假释考验期限，为没有执行完毕的刑期；无期徒刑的假释考验期限为十年。

第十六条 被假释的罪犯，在假释考验期内，由司法行政机关具体实施对该罪犯的社区矫正工作，统一负责进行矫正的日常监督管理和考核，如果没有《中华人民共和国刑法》第八十六条规定的情形，假释考验期满就认为原判刑罚已执行完毕，并公开予以宣告。

第十七条 被假释的罪犯，在假释考验期限内又犯罪的，应当撤销假释，依照《中华人民共和国刑法》第七十一条的规定实行数罪并罚。

在假释考验期限内，发现被假释的罪犯在判决宣告以前还有其他罪没有判决的，应当撤销假释，依照《中华人民共和国刑法》第七十条的规定实行数罪并罚。

被假释的罪犯，在假释考验期内，有违反法律、行政法规或者有关假释监管规定的行为，尚不构成新的犯罪的，应当依照法定程序撤销假释，收监执行未执行完毕的刑罚；情节较轻，经司法行政机关教育，能认识错误，积极改正的，可以暂不予以收监执行。

被假释的罪犯收监执行后，一般不得再予以假释。

第三章 暂予监外执行

第十八条 被判处有期徒刑或人民法院裁定减刑为有期徒刑的罪犯，在服刑期间有下列情形之一的，可以暂予监外执行：

（一）身患严重疾病、短期内有死亡危险的；

（二）怀孕或者正在哺乳自己婴儿的妇女；

（三）患严重慢性疾病，长期医治无效，且原判死缓罪犯减为有期徒刑后执行七年以上，无期徒刑减为有期徒刑后，从执行无期徒刑起七年以上，有期徒刑执行三分之一以上的；

（四）身体残疾，生活难以自理或丧失劳动能力的；
（五）老年罪犯中，男性罪犯年满六十周岁，女性罪犯年满五十五周岁，长期患有两种以上慢性疾病的；
（六）患有精神病，无服刑能力的。

第十九条 符合上述条件，但有下列情形之一的罪犯，不得暂予监外执行：
（一）被判处死刑缓期二年执行、无期徒刑未减为有期徒刑的；
（二）罪行严重，民愤很大的；
（三）为逃避惩罚，服刑期间自伤自残的；
（四）适用暂予监外执行可能有社会危害性的；
（五）保外就医期间又犯罪的。

第二十条 对累犯、惯犯、涉黑犯罪团伙中的领导者、组织者和骨干分子，危害公共安全的罪犯，邪教组织犯罪中的领导者、组织者和骨干分子，重要罪犯、判刑二次以上罪犯、服刑期间又有犯罪行为的罪犯和暂予监外执行期间被收监的，应从严控制。

第二十一条 对未成年犯、老残犯、女犯暂予监外执行要适度放宽。

第二十二条 办理罪犯暂予监外执行，应严格执行有关法律、法规和《罪犯保外就医执行办法》的有关规定。

签署《罪犯暂予监外执行征求意见书》意见、审查具保人资格、延期罪犯考察、日常管理、擅自外出不计入执行刑期等工作由乡（镇、办事处）司法所和县（市、区）司法局负责。

乡（镇、办事处）司法所和县（市、区）司法局应当自收到《罪犯暂予监外执行征求意见书》、《具保人资格审查表》之日起15天内审查办理相关手续。对于病情危重罪犯，应即报即审。

第二十三条 罪犯暂予监外执行期间，有符合法律或有关规定的收监情形的，一律收监执行。

第二十四条 保外就医罪犯期限届满需要延期的，由县级以上医院出具诊断证明、检验单、照片、近期的临床表现、罪犯历年病历档案的材料。属于精神疾病的，由县级以上精神病专科医院或综合医院精神病科提供诊断证明。属疾病好转又出现新的病残情况的，由省级政府指定医院进行病残鉴定，并出具《罪犯病残鉴定表》。

第四章 办理程序

第二十五条 病残罪犯应由有关监狱、看守所组织到省政府指定的医院进行鉴定。病犯是指符合《罪犯保外就医伤残范围》的罪犯。残疾罪犯（不含自伤自残罪犯）主要是指身体残疾、生活难以自理或丧失劳动能力的罪犯。残疾鉴定应参照国家劳动和社会保障部（劳社部发〔2002〕8号）《职工非因工伤残或病残丧失劳动能力程度鉴定标准》（试行）和《劳动能力鉴定—职工工伤与职业病致残等级分级》（GB/T 16180—2006）有关规定执行，即伤残标准为：1—4级属于完全丧失劳动能力，其中1—3级属于生活难以自理。

第二十六条 被判处无期徒刑罪犯的假释，由监狱提出建议，报经省监狱管理局审核后，由省高级人民法院根据省监狱管理局审核同意的监狱假释建议书裁定。

第二十七条 被判处有期徒刑或者余刑为有期徒刑罪犯的假释，在监狱服刑的，由监狱提出假释建议，由罪犯服刑监狱所在地的中级人民法院根据监狱提出的假释建议书裁定；在看守所服刑的，由看守所提出假释建议，报经本看守所的上级市公安局审核同意后，提请所在地的中级人民法院裁定；在省看守所服刑的，由省看守所提出假释建议，报经省公安厅审核同意后，提请省高级人民法院裁定。

第二十八条 监狱、看守所在讨论假释、暂予监外执行案件时，应当邀请驻监狱检察人员列席会议。

第二十九条 监狱、看守所移送的假释案件材料应包括以下内容：
（一）提请假释建议书；
（二）终审法院的判决书、裁定书；
（三）罪犯评审鉴定表、奖惩审批表；
（四）历次减刑或者假释裁定书的复印件；
（五）罪犯确有悔改或者立功、重大立功表现的具体事实书面证材料；
（六）由省政府指定医院开具的罪犯病残诊断证明；
（七）由乡（镇）、街道办事处开具的特困女犯证明材料；
（八）在监狱服刑的罪犯应附有《监狱罪犯假释审批表》；在看守所服刑的罪犯应附有所在地市公安机关、人民检察院机关批准的《看守所留所服刑罪犯假释审批表》；
（九）省监狱管理局对重点管理罪犯假释建议的审核批复。

第三十条 监狱在提请罪犯假释前，应对拟假释罪犯进行危险程度综合评估，对拟假释的罪犯，应考虑罪犯分级处遇状况，在同等奖励的条件下，对分级处遇级别较高的罪犯，应优先提出假释建议。

第三十一条 监狱、看守所在提请罪犯假释前，应当将假释罪犯的基本情况，以及提请假释建议，在罪犯所在服刑场所予以公示，公示时间为七个工作日。

第三十二条 人民法院对于监狱、看守所提请假释的案件，经审查，认为符合立案条件的，应当立案；认为材料不齐全或者手续不完备的，或者提请假释不当的，应当具函说明理由予以退回。

第三十三条 人民法院审理假释案件，需要委托司法行政机关进行审前社会调查的，应向罪犯户籍所在地或经常居住地的县级司法局发出委托调查函，受委托的县级司法局在十五个工作日内组织调查并提出意见后，移送委托调查的人民法院。

第三十四条 人民法院要建立和完善假释案件公示程序，在假释裁定作出前，要对拟假释人员的姓名、原判刑罚、在监狱或者看守所的表现、减刑情况、假释依据以及拟假释意见，在监狱或看守所内予以公示，公示时间为七个工作日，通过设立举报箱、公示举报电话等方式接受监督和投诉。

第三十五条 人民法院应当根据已查明的事实、证据、依法作出假释裁定。

对于案情重大、复杂或者有特殊情况的假释案件，应当提交审判委员会讨论决定。

第三十六条 人民法院经认为提请判刑的案件符合假释条件的，或者认为提请假释的案件可以减刑的，不宜直接作出裁定，应退回监狱、看守所重新提出建议。

第三十七条 人民法院审理案件期间，监狱、看守所主动提出撤回提请建议的，应当准许。

第三十八条 人民法院对监狱、看守所移送的案件材料内容有异议，可能影响案件公正处理的，或者人民法院认为需要公开听证的假释案件，可以进行听证。

第三十九条 人民法院审理假释案件实行公开听证的，应当向社会发布听证公告，通知同级检察机关派员出庭。检察机关应当对提请假释的案件提出意见。

第四十条 人民法院应当自收到假释建议书之日起一个月内依法作出裁定。案情复杂或者情况特殊的，可以延长一个月。

第四十一条 假释裁定书一般由人民法院直接宣告，直接宣告有困难的，可以委托罪犯服刑地人民法院或者监狱、看守所代为宣告。

第四十二条 假释的裁定，应当同时送达监狱或看守所、同级人民检察院、负责监督管理假释罪犯的司法行政机关、公安机关以及罪犯本人，同时，应当将假释的裁定在罪犯所在服刑场所予以公布。

第四十三条 假释裁定书送达后即发生法律效力。

第四十四条 监狱办理罪犯暂予监外执行由分提名、监区初审、狱证管理、（刑罚执行）部门复审、病残鉴定小组鉴定，狱证管理（刑罚执行）部门再审、监狱评审委员会评议、监狱评审领导小组审定，省监狱管理局减刑、假释、暂予监外执行评审委员会审议，由省监狱管理局局长签署意见。

第四十五条 公安机关对于余刑在一年以下，由看守所代为执行刑罚、符合暂予监外执行条件的罪犯，按照《看守所留所执行刑罚罪犯管理办法》的程序规定，可以批准暂予监外执行。

第四十六条 人民法院在决定暂予监外执行后，应在罪犯居住地予以公示。监狱、看守所在批准暂予监外执行后，应在罪犯服刑场所的公共区域予以公示。公示时间为七个工作日。

第五章　办理交接

第四十七条 人民法院应在假释裁定生效三日前，将罪犯的基本情况具函通知其户籍地或者居住地的县级司法局，并通知司法局在法律文书生效当日到所在监狱接收该罪犯。监狱或看守所应在收到暂予监外执行批准文书三日内，将暂予监外执行情况通知罪犯所在地县级司法局。

第四十八条 罪犯所在地县级司法局应在假释裁定生效当日或接到监狱、看守所批准暂予监外执行的通知两日内，分别与法院、监狱、看守所和罪犯本人签订《社区矫正帮教协议书》，并组织人员将罪犯接回。

第四十九条 被裁定假释或批准暂予监外执行的罪犯，监狱、看守所应当为其办理出监手续，发给《假释证明书》或《暂予监外执行证明书》；出监时，监狱、看守所应对其进行遵纪守法和接受社区矫正专题教育，明确宣布出监有关纪律；同时，应按规定将人民法院的判决书、执行通知书、假释裁定书（复印件）、《罪犯暂予监外执行审批表》、《罪犯出监鉴定表》等有关法律文书交给前来接收罪犯的县级司法局人员。

第五十条 县级司法局将假释或暂予监外执行罪犯接回后，应与当地公安机关签订《社区矫正帮教协议书》，并将罪犯的相关信息向当地派出所进行登记备案。同时将人民法院的相关判决书、假释裁定书、执行通知书、暂予监外执行决定书等法律文书抄送罪犯居住地的县级公安机关和县级人民检察院。

第六章　社区管理

第五十一条 假释和暂予监外执行罪犯一律交社区进行矫正管理。司法行政机关、公安机关、人民法院和监狱机关应认真履行《社区矫正帮教协议书》所确定的责任和义务,各司其职,共同做好假释和暂予监外执行罪犯帮扶矫正工作。

第五十二条 司法行政机关牵头负责对假释和暂予监外执行罪犯进行矫正的日常监督,管理和考核应将假释、暂予监外执行罪犯列为重点人员进行监督管理,并强化具保人的责任,督促其履行监督义务,切实防止脱管失控,对在假释考验期有违法犯罪行为的,应通过公安机关及时向人民法院提出撤销假释建议。

第五十三条 对暂予监外执行条件消失或有违法犯罪行为或采用非法手段骗取保外就医的,应及时通知监狱、看守所将罪犯收监执行;对死亡或迁居的,应出具书面证明,并通知监狱、看守所注销;对未经批准,故意逃避监管、擅离住所地的,应积极协同公安机关将罪犯追回,并出具逃避监管时间的证明材料,通知监狱、看守所依法相应扣除执行刑期。

第五十四条 保外就医罪犯期限届满需要延期的,由县司法局在届满三十日前,将考察情况连同相关医学证明送达监狱或者看守所。

第五十五条 公安机关要积极配合司法行政机关做好假释、暂予监外执行罪犯的接收衔接、监督管理和教育矫正等工作。对实施社区矫正期间违反监督、考察规定,不服从管理的假释和暂予监外执行罪犯,应根据司法行政机关提出的惩戒意见,及时依法予以治安处罚;对司法行政机关提出的撤销假释或者收监执行的意见,应依据有关法律程序及时办理;决定收监的,由公安机关先行羁押;对下落不明的罪犯要及时查找;对重新犯罪的应及时依法处理。

第五十六条 人民法院对司法行政机关提出的撤销假释建议,应及时进行审理并作出决定,并将有关法律文书抄送司法行政机关。

第七章 法律监督

第五十七条 人民检察院对罪犯假释和暂予监外执行工作依法进行法律监督。

第五十八条 人民检察院及派驻监狱、看守所的检察室,应对罪犯假释、暂予监外执行工作实行全过程监督检察。重点是对假释、暂予监外执行罪犯是否符合法律规定条件;办理假释、暂予监外执行案件是否符合法定程序;呈报材料是否真实、齐全;是否按照规定的时限办理;是否存在该报不报、该审不审等情况进行监督审查。

第五十九条 监狱、看守所向人民法院提请假释时或批准暂予监外执行后,应当将有关罪犯名单、基本情况及《提请假释建议书》、《暂予监外执行审批表》抄送人民检察院驻监(所)检察室。驻监(所)检察室收到上述材料后,应当及时审查并签署意见。省监狱管理局批准暂予监外执行后应将《暂予监外执行审批表》抄送省人民检察院。人民法院、公安机关决定或批准暂予监外执行的应当抄送人民检察院。

第六十条 人民检察院对假释和暂予监外执行有异议的,可以向有关人员调查,调阅有关卷宗、发现违反法律或有关规定的,应在七日内向监狱、看守所提出书面纠正意见。监狱、看守所执行的,应当抄送同级人民检察院。

第六十一条 人民检察院认为人民法院假释裁定不当的,应在收到裁定书副本后的二十日内,向人民法院提出书面纠正意见,人民法院收到书面意见后,应重新组成合议庭进行审理,并在一个月内作出最终裁定。

第六十二条 人民检察院应加强对社区矫正各执法环节的法律监督,发现有违法情况时,应及时提出纠正意见或检察建议保障刑罚的正确执行。

第八章 附 则

第六十三条 本规定中的"以上"、"以下"包含本数。

第六十四条 本规定分别由河北省高级人民法院、河北省人民检察院、河北省公安厅、河北省司法厅负责解释。

第六十五条 我省原有办理假释和暂予监外执行案件的有关文件、规定与本规定不一致的,以本规定为准。新发布实施的法律和司法解释与本规定不一致的,按新的法律和司法解释的规定执行。

第六十六条 本规定自 2010 年 4 月 26 日起执行。

河北省高级人民法院《人民法院量刑指导意见(试行)》实施细则

(2010 年 10 月 1 日)

为进一步规范刑罚裁量权,深入贯彻落实宽严相济的刑事政策,增强适用刑罚的公开性,实现量刑均衡,维护司法公正,根据《中华人民共和国刑法》和相关司法解释以及最高人民法院制定的《人民法院量刑指导意见（试行）》，结合我省法院刑事审判实践，制定本实施细则。

一、量刑的指导原则

1. 量刑应当以事实为根据，以法律为准绳，根据犯罪的事实、性质、情节和对社会的危害程度，依法决定判处的刑罚。

2. 量刑既要考虑被告人所犯罪行的轻重，又要考虑被告人应负刑事责任的大小，做到罪责刑相适应，实现惩罚和预防犯罪的目的。

3. 量刑应当贯彻宽严相济的刑事政策，做到该宽则宽，当严则严，宽严相济，罚当其罪，确保裁判法律效果和社会效果的统一。

4. 量刑要客观、全面地把握不同时期不同地区的经济社会发展状况和治安形势的变化，确保刑法任务的实现；对于同一地区同一时期，案情相近或相似的案件，所判处的刑罚应当基本均衡。

二、量刑的基本方法

1. 量刑的步骤

（1）根据基本犯罪构成事实，在相应的法定刑幅度内确定量刑起点；

（2）根据基本犯罪构成事实以外的犯罪数额、犯罪次数、犯罪后果等犯罪事实，在量刑起点的基础上增加刑罚量确定基准刑；基准刑超出法定刑幅度的，除法定最高刑为无期徒刑以上刑罚的以外，以法定最高刑为基准刑；

（3）根据量刑情节调节基准刑，并综合考虑全案情况，依法确定宣告刑。

2. 量刑情节调节基准刑的方法

（1）只有单个量刑情节的，在确定量刑情节的调节比例后，直接对基准刑进行调节。

（2）具有多种量刑情节的，在确定各个量刑情节的调节比例后，对于不具有本条第（3）项规定的量刑情节的，采用同向相加、逆向相减的方法确定全部量刑情节的调节比例，再对基准刑进行调节。

（3）对于具有刑法总则规定的未成年人犯罪、限制行为能力的精神病人犯罪、又聋又哑的人或者盲人犯罪、防卫过当、避险过当、犯罪预备、犯罪未遂、犯罪中止、从犯、胁从犯和教唆犯等量刑情节的，先用该量刑情节对基准刑进行调节，在此基础上，再用其他量刑情节进行调节。

（4）被告人犯数罪，同时具有适用于各个罪的立功、累犯等量刑情节的，先用各个量刑情节调节个罪的基准刑，确定个罪应当判处的刑罚，再依法实行数罪并罚，决定执行的刑罚。

（5）对于同一事实涉及不同量刑情节时，不得重复评价。

3. 确定宣告刑的方法

（1）量刑情节对基准刑的调节结果在法定刑幅度内，且罪责刑相适应的，可以直接确定为宣告刑；如果具有应当减轻处罚情节的，依法在法定最低刑以下确定宣告刑。

（2）量刑情节对基准刑的调节结果在法定最低刑以下，具有减轻处罚情节，且罪责刑相适应的，可以直接确定为宣告刑；只有从轻处罚情节的，可以确定法定最低刑为宣告刑。

（3）量刑情节对基准刑的调节结果在法定最高刑以上的，可以法定最高刑为宣告刑。

（4）被告人犯数罪，总和刑期不满五年的，并罚减少的刑期不得超过一年；总和刑期满五年不超过十年的，并罚减少的刑期不得超过二年；总和刑期满十年不满十五年的，并罚减少的刑期不得超过三年；总和刑期满十五年不满二十年的，并罚减少的刑期不得超过四年；总和刑期满二十年不满二十五年的，并罚减少的刑期不得超过五年；总和刑期在二十五年以上的，可以决定执行有期徒刑二十年。

（5）根据案件的具体情况，独任审判员或合议庭可以在10%的幅度内对宣告刑进行调整，调整后的结果仍然罪责刑不相适应的，提交审判委员会讨论决定宣告刑。

（6）综合全案犯罪事实和量刑情节，依法应当判处拘役、管制或者单处附加刑，或者无期徒刑以上刑罚的，应当依法适用。

（7）宣告刑为三年以下有期徒刑、拘役并符合缓刑适用条件的，可以依法宣告缓刑；犯罪情节轻微，不需要判处刑罚的，可以免予刑事处罚。

（8）宣告刑以月为单位计算，不足一个月的，按四舍五入的方法取整数。宣告刑为十年以上有期徒刑的，在确定宣告刑时，可以三个月为单位计算，不足或超过三个月的，按四舍五入的方法取舍。

（9）人民法院应当根据犯罪情节，如违法所得数额、造成损失的大小等，并综合考虑犯罪分子缴纳罚金的能力，依法判处罚金。刑法没有明确规定罚金数额标准的，罚金的最低数额不能少于一千元，其中对盗窃、诈骗、抢夺、掩饰隐瞒犯罪所得、犯罪所得收益和毒品犯罪，罚金不超过犯罪数额的二倍。对未成年人犯罪应当从轻或者减轻判处罚金，但罚金的最低数额不能少于五百元。

三、常用量刑情节的适用

量刑时要充分考虑各种法定和酌定量刑情节，根据案件的全部犯罪事实以及量刑情节的不同情形，依法确定量刑情节的适用。对以下常见量刑情节，在相应的幅度内确定具体调节比例。

1. 对于未成年人犯罪，应当综合考虑未成年人对犯罪的认识能力、实施犯罪行为的动机和目的、犯罪时的年龄、是否初犯、悔罪表现、个人成长经历和一贯表现等情况,予以从宽处罚。

(1) 已满十四周岁不满十五周岁的未成年人犯罪,可以减少基准刑的40%—60%;

(2) 已满十五周岁不满十六周岁的未成年人犯罪,可以减少基准刑的30%—50%;

(3) 已满十六周岁不满十七周岁的未成年人犯罪,可以减少基准刑的20%—50%;

(4) 已满十七周岁不满十八周岁的未成年人犯罪,可以减少基准刑的10%—40%;

(5) 未成年人犯罪根据其所犯罪行,可能被判处拘役、三年以下有期徒刑,如果悔罪表现好,并具有"系又聋又哑的人或者盲人;防卫过当或者避险过当;犯罪预备、中止或者未遂;共同犯罪中从犯、胁从犯;犯罪后自首或者有立功表现;其他犯罪情节轻微不需要判处刑罚"情形之一的,应当依照刑法第三十七条的规定免予刑事处罚;

(6) 行为人在年满十八周岁前后实施了不同种犯罪行为,对其年满十八周岁以前实施的犯罪应当依照本条第(1)至(5)项的规定确定从宽的幅度;行为人在年满十八周岁前后实施了同种犯罪行为,在量刑时应当根据案件的具体情况确定适当的从宽比例;

(7) 未成年被告人一贯表现良好,无不良习惯的,或被教唆、利用、诱骗犯罪的,一般适用较高的从宽幅度;

(8) 有确切证据证实未成年被告人身心成长曾受严重家庭暴力等其他客观因素影响的,可以在本条规定从宽幅度的基础上再减少基准刑的10%以下。但减少基准刑的最终幅度不得高于60%;

(9) 未成年被告人多次实施违法行为的,或酗酒、赌博屡教不改的,或曾因淫乱、色情、吸毒等违法行为被处罚或教育过的,一般适用较低的从宽幅度。

2. 对于已满七十周岁的老年人犯罪,综合考虑老年人实施犯罪行为的动机和目的、犯罪时的年龄、情节、后果以及悔罪表现等,并结合其人身危险性和再犯可能性等情况,确定从宽的比例。

(1) 已满七十周岁不满七十五周岁的老年人犯罪,可以减少基准刑的30%以下;

(2) 已满七十五周岁的老年人犯罪,可以减少基准刑的40%以下。

3. 对于又聋又哑的人或者盲人犯罪,综合考虑实施犯罪行为的动机和目的、认知程度、是否初犯、悔罪表现和一贯表现等情况,可以减少基准刑的40%以下;犯罪较轻,不需要判处刑罚的,可以免予刑事处罚。

4. 对于限制刑事责任能力的精神病人犯罪,综合考虑犯罪性质、精神疾病的严重程度以及犯罪时精神障碍影响辨认控制能力等情况,可以减少基准刑的40%以下。精神障碍严重影响行为能力的,可以减少基准刑的20%—40%;影响较小的,可以减少基准刑的20%以下。

5. 对于防卫过当和避险过当,应当综合考虑犯罪的性质、造成损害的程度等情况,可以减少基准刑的50%以上或者免除处罚。

6. 对于预备犯,综合考虑犯罪行为的性质、实施程度和危害程度等情况,可以比照既遂犯减少基准刑的60%以上或者免除处罚。

7. 对于未遂犯,综合考虑犯罪行为的实行程度、造成损害的大小、犯罪未得逞的原因等情况,确定从宽的比例。

(1) 实施终了的未遂犯,造成损害后果的,可以比照既遂犯减少基准刑的20%以下;未造成损害后果的,可以比照既遂犯减少基准刑的40%以下;

(2) 未实施终了的未遂犯,造成损害后果的,可以比照既遂犯减少基准刑的30%以下;未造成损害后果的,可以比照既遂犯减少基准刑的50%以下;

(3) 对于同一罪名中,既有犯罪既遂,又有犯罪未遂的,可以根据案件的具体情况确定适当的从宽比例。

8. 对于中止犯,综合考虑中止犯罪的阶段、是否自动放弃犯罪、是否有效防止犯罪结果发生、自动放弃犯罪的原因以及造成的危害后果大小等情况确定从宽的幅度。

(1) 在犯罪预备阶段自动放弃犯罪的,可以减少基准刑的70%—90%;

(2) 在犯罪实行阶段自动放弃犯罪的,可以减少基准刑的30%—50%;自动有效地防止犯罪结果发生的,可以减少基准刑的40%—60%;

(3) 中止犯罪,并且没有造成损害后果,不需要判处刑罚的,应当免予刑事处罚。

9. 对于从犯,应当综合考虑其在共同犯罪中的地位、作用,以及是否实施犯罪实行行为等情况,予以从宽处罚,减少基准刑的20%—50%;犯罪较轻的,予以减少基准刑的50%以上或者依法免除处罚。

10. 对于未区分主从犯,但在共同犯罪中作用相对较小的,可以减少基准刑的20%以下。

11. 对于共同犯罪中作用相对较小的主犯,可以减少基准刑的20%以下。

12. 对于胁从犯,应当综合考虑其被胁迫的程度和在共同犯罪中的地位、作用,以及是否实施犯罪实行行为等情况,可以减少基准刑的60%以上或者免除处罚。

13. 对于教唆犯,综合考虑其在共同犯罪中的地位、作用和被教唆的对象,以及被教唆的人是否实施犯罪实行行为等情况，确定从宽或者从严处罚的比例。

（1）对于在共同犯罪中所起作用较小或属于从犯的一般教唆犯，比照第10条至第12条的规定确定从宽处罚的比例；

（2）被教唆的人未犯被教唆的罪的，可以减少基准刑的50%以下；

（3）教唆不满十八周岁的人犯罪的，应当增加基准刑的10%—30%；

（4）教唆限制行为能力人犯罪的，可以增加基准刑的20%以下。

14. 对于自首情节，结合自动投案的动机、时间、方式、罪行轻重、供述犯罪事实的完整性、稳定性以及悔罪表现等情况，确定从宽的比例。

（1）犯罪事实或犯罪嫌疑人未被司法机关发觉，主动直接投案构成自首的，可以减少基准刑的40%以下；

（2）犯罪事实和犯罪嫌疑人已被司法机关发觉，但尚未受到讯问，或者未被采取强制措施，主动直接投案构成自首的，可以减少基准刑的30%以下；

（3）犯罪嫌疑人、被告人如实供述司法机关尚未掌握的不同种罪行，以自首论的，可以减少基准刑的30%以下；

（4）并非出于被告人主动，而是经亲友规劝、陪同投案，或亲友送去投案等情形构成自首的，可以减少基准刑的30%以下；

（5）罪行尚未被司法机关发觉，仅因形迹可疑被有关组织或司法机关盘问、教育后，主动交代自己的罪行构成自首的，可以减少基准刑的30%以下；

（6）其他类型的自首，可以减少基准刑的20%以下；

（7）犯罪较轻（指法定刑幅度在三年有期徒刑以下的犯罪）的自首，可以减少基准刑的40%以上或者依法免除处罚；

（8）犯罪嫌疑人自动投案并如实供述自己的罪行后又翻供，但在一审判决前又能如实供述的，可以减少基准刑的20%以下。

15. 被告人亲属以不同形式送被告人归案或协助司法机关抓获被告人，不能认定为自首的，考虑到被告人亲属支持司法机关工作，在决定对被告人的具体处罚时，可以减少基准刑的10%以下。

16. 对于立功情节，综合考虑立功的大小、次数、内容、来源、效果以及罪行轻重等情况，确定从宽的比例。

（1）一般立功的，可以减少基准刑的20%以下；

（2）重大立功的，可以减少基准刑的20%—50%；犯罪较轻的，可以减少基准刑的50%以上或者依法免除处罚；

（3）犯罪后自首又有重大立功表现的，应当减轻或者免除处罚；减轻处罚的，减少基准刑的50%以上。

17. 对于被采取调查和强制措施的犯罪嫌疑人、被告人和已宣判的罪犯，如实供述司法机关尚未掌握的罪行，与司法机关已掌握的或者判决确定的罪行属同种罪行的，根据坦白罪行的轻重以及悔罪表现等情况，确定从宽的比例。

（1）坦白同种较重罪行的，一般应当减少基准刑的20%以下；

（2）坦白同种较轻罪行的，可以减少基准刑的10%以下；

（3）首先供述同案被告人共同犯罪事实的，可以减少基准刑的10%以下；

（4）司法机关掌握的证据不充分，犯罪分子如实交代有助于收集定案证据的，可以减少基准刑的10%以下。

18. 对于当庭自愿认罪的，根据犯罪的性质、罪行的轻重、认罪程度以及悔罪表现等情况，可以减少基准刑的10%以下，依法认定为自首、坦白的除外。

19. 对于被害人有过错或对矛盾激化负有直接责任的，综合考虑犯罪的性质，被害人对法律规范、伦理道德、善良风俗的背离程度，以及促使被告人实施加害行为的关联程度等情况，确定从宽的比例。

（1）被害人对犯罪发生有一般过错的，可以减少基准刑的10%以下；

（2）被害人对犯罪发生有较大过错的，可以减少基准刑的20%以下；

（3）被害人对犯罪发生有严重过错的，可以减少基准刑的30%以下。

20. 对于退赃、退赔的，综合考虑犯罪性质，退赃、退赔行为对损害结果的弥补程度，退赃、退赔的数额及主动程度等情况确定从宽的比例。

（1）主动全部退赃、退赔的，可以减少基准刑的30%以下；被动全部退赃、退赔的，可以减少基准刑的20%以下；

（2）主动大部分退赃、退赔的，可以减少基准刑的20%以下；被动部分退赃、退赔的，可以减少基准刑的10%以下；

(3) 积极配合司法机关追缴赃款赃物，未给被害人造成经济损失或者损失较小的，可以减少基准刑10%以下；
(4) 刑事案件立案后，犯罪分子及其亲友自行挽回经济损失的，可以减少基准刑的10%以下。
21. 对于积极赔偿被害人经济损失的，综合考虑犯罪性质、赔偿数额、赔偿能力等情况，确定从宽的比例。
(1) 积极赔偿被害人全部经济损失的，可以减少基准刑的30%以下；
(2) 积极赔偿被害人大部分经济损失的，可以减少基准刑的20%以下；
(3) 虽然未能赔偿被害人全部或大部分经济损失，但已穷尽赔偿手段的，可以减少基准刑的20%以下。
22. 对于取得被害人或其家属谅解的，综合考虑犯罪的性质、罪行轻重、谅解的原因以及认罪悔罪的程度等情况，可以减少基准刑的20%以下。但是危害国家安全犯罪、恐怖组织犯罪、邪教组织犯罪、黑社会性质组织犯罪、恶势力犯罪、故意危害公共安全犯罪等严重危害社会治安的犯罪，以及极端仇视国家和社会，以不特定人为侵害对象，所犯罪行特别严重的犯罪分子除外。
23. 对于累犯或者毒品再犯，应当综合考虑前后罪的性质、刑罚执行完毕或者赦免以后再犯时间的长短以及前后罪罪行轻重等情况，予以从重处罚。但是增加的刑罚量不得高于五年。
(1) 刑罚执行完毕不满一年重新犯罪的，可以增加基准刑的10%—40%；
(2) 刑罚执行完毕已满一年不满三年重新犯罪的，可以增加基准刑的10%—30%；
(3) 刑罚执行完毕已满三年不满五年重新犯罪的，可以增加基准刑的10%—20%；
(4) 刑罚执行完毕不满五年重新犯罪的毒品再犯，可以依照本条第（1）至（3）项的规定确定从重的比例；
(5) 刑罚执行完毕满五年后重新犯罪的毒品再犯，可以增加基准刑的10%—20%。
24. 对于有犯罪前科或者曾被劳动教养等被行政处罚劣迹的，综合考虑前科劣迹的性质、时间间隔长短、次数、处罚轻重等情况，可以增加基准刑的10%以下，但是过失犯罪的除外。
25. 对于犯罪对象为未成年人、老人、残疾人、孕妇、哺乳期妇女、患有严重疾病人员、又聋又哑的人、盲人等弱势人员的，综合考虑犯罪的性质、犯罪的严重程度等情况，可以增加基准刑的20%以下。
26. 对于在重大自然灾害、预防、控制突发传染病疫情等灾害期间犯罪的，根据案件的具体情况，可以增加基准刑的20%以下。
以救灾款物等为犯罪对象，适用前款规定的较高幅度。

四、常见犯罪的量刑
（一）交通肇事罪
1. 法定刑在三年以下有期徒刑、拘役幅度的量刑起点和基准刑
(1) 死亡一人或重伤三人，负事故主要责任的，可以在六个月至一年六个月有期徒刑幅度内确定量刑起点；负事故全部责任的，可以在一年至二年有期徒刑幅度内确定量刑起点。
(2) 死亡三人，负事故同等责任的，可以在一年至二年有期徒刑幅度内确定量刑起点。
(3) 造成公共财产或者他人财产直接损失，无能力赔偿数额达到三十万元，负事故主要责任的，可以在六个月至一年六个月有期徒刑幅度内确定量刑起点；负事故全部责任的，可以在一年至二年有期徒刑幅度内确定量刑起点。
(4) 重伤一人，负事故主要责任并且具有最高人民法院《关于审理交通肇事刑事案件具体应用法律若干问题的解释》第二条第二款所规定的六种情形之一（即酒后、吸食毒品后驾驶机动车辆的；无驾驶资格驾驶机动车辆的；明知是安全装置不全或者安全机件失灵的机动车辆而驾驶的；明知是无牌证或者已报废的机动车辆而驾驶的；严重超载驾驶的；为逃避法律追究逃离事故现场的）的，可以在六个月至一年六个月有期徒刑幅度内确定量刑起点；负事故全部责任的，可以在一年至二年有期徒刑幅度内确定量刑起点。

在量刑起点的基础上，可以根据责任程度、致人重伤、死亡的人数或者财产损失的数额等其他影响犯罪构成的犯罪事实增加刑罚量，确定基准刑。有下列情形之一的，可以增加相应的刑罚量，确定基准刑：
(1) 具有"死亡一人或重伤三人，负事故主要责任或者全部责任"情形的，重伤人数达到四人，可以增加六个月至一年刑期；
(2) 具有"死亡三人，负事故同等责任"的情形的，死亡人数每增加一人，可以增加六个月至一年刑期；
(3) 具有"造成公共财产或者他人财产直接损失，无能力赔偿数额达到三十万元，负事故主要责任或者全部责任"情形的，无能力赔偿数额在三十万元基础上每增加五万元，可以增加三个月刑期；

（4）具有"重伤一人，负事故主要责任或者全部责任并且具有最高人民法院《关于审理交通肇事刑事案件具体应用法律若干问题的解释》第二条第二款所规定的六种情形"之一的，每增加一种上述《解释》中第二条第二款第（一）至（五）项规定的情形，可以增加六个月至一年的刑期；重伤人数每增加一人，可以增加六个月至一年刑期。

2. 法定刑在三年以上七年以下有期徒刑幅度的量刑起点和基准刑

（1）交通肇事逃逸的，可以在三年至四年有期徒刑幅度内确定量刑起点。

（2）死亡二人，负事故主要责任的，可以在三年至三年六个月有期徒刑幅度内确定量刑起点；负事故全部责任的，可以在三年六个月至四年有期徒刑幅度内确定量刑起点。

（3）重伤五人，负事故主要责任的，可以在三年至三年六个月有期徒刑幅度内确定量刑起点；负事故全部责任的，可以在三年六个月至四年有期徒刑幅度内确定量刑起点。

（4）死亡六人，负事故同等责任的，可以在三年六个月至四年有期徒刑幅度内确定量刑起点。

（5）造成公共财产或者他人财产直接损失，无能力赔偿直接经济损失达六十万元，负事故主要责任的，可以在三年至三年六个月有期徒刑幅度内确定量刑起点；负事故全部责任的，可以在三年六个月至四年有期徒刑幅度内确定量刑起点。

在量刑起点的基础上，可以根据责任程度、致人重伤、死亡的人数或者财产损失的数额以及逃逸等其他影响犯罪构成的犯罪事实增加刑罚量，确定基准刑。有下列情形之一的，可以增加相应的刑罚量，确定基准刑：

（1）具有"死亡二人，负事故主要责任或者全部责任"情形的，死亡人数每增加一人，负事故主要责任的，可以增加九个月至一年刑期；负事故全部责任的，可以增加一年至一年六个月刑期。

（2）具有"重伤五人，负事故主要责任"情形的，重伤人数每增加一人，负事故主要责任的，可以增加三个月至六个月刑期；负事故全部责任的，可以增加六个月至一年刑期；

（3）具有"死亡六人，负事故同等责任"情形的，死亡人数每增加一人，可以增加六个月至九个月刑期；

（4）具有"造成公共财产或者他人财产直接损失，无能力赔偿数额达到六十万元，负事故主要责任或者全部责任"情形的，无力赔偿数额在六十万元基础上每增加五万元，可以增加三个月刑期；

（5）具有本条第一款第（2）至（5）项情形，又具有"为逃避法律追究逃离事故现场"情节的，可以增加六个月至一年刑期。

3. 法定刑在七年以上有期徒刑幅度的量刑起点和基准刑

因逃逸致一人死亡的，可以在七年至八年有期徒刑幅度内确定量刑起点。

在量刑起点的基础上，因逃逸致人死亡的人数每增加一人，可以增加三年至五年刑期确定基准刑。

4. 交通肇事造成恶劣社会影响的，可以增加基准刑的20%以下。

（二）故意伤害罪

1. 法定刑在三年以下有期徒刑、拘役、管制幅度的量刑起点和基准刑

故意伤害致一人轻伤的，可以在六个月至一年六个月有期徒刑幅度内确定量刑起点。

在量刑起点的基础上，可以根据故意伤害人数、伤情程度、伤残等级、犯罪手段的残忍程度等其他影响犯罪构成的犯罪事实增加刑罚量，确定基准刑。有下列情形之一的，可以增加相应的刑罚量，确定基准刑：

（1）每增加轻微伤一人，可以增加一个月至二个月刑期；

（2）每增加轻伤一人，可以增加三个月至六个月刑期；

（3）造成被害人十级至七级残疾的，每增加一级残疾等级，可以增加一个月至三个月刑期。

2. 法定刑在三年以上十年以下有期徒刑幅度的量刑起点和基准刑

故意伤害致一人重伤，未造成残疾的，可以在三年至四年有期徒刑幅度内确定量刑起点。

在量刑起点的基础上，可以根据伤害人数、伤情程度、伤残等级、手段的残忍程度等其他影响犯罪构成的犯罪事实增加刑罚量，确定基准刑。有下列情形之一的，可以增加相应的刑罚量，确定基准刑：

（1）每增加轻微伤一人，可以增加一个月至二个月刑期；

（2）每增加轻伤一人，可以增加三个月至六个月刑期；

（3）每增加重伤一人，可以增加一年至二年刑期；

（4）造成被害人十级至七级残疾的，每增加一级残疾等级，可以增加一个月至三个月刑期。

3. 法定刑在十年以上有期徒刑幅度的量刑起点和基准刑

以特别残忍手段故意伤害致一人重伤，造成六级严重残疾的，可以在十年至十二年有期徒刑幅度内确定量刑起点。依法应当判处无期徒刑以上刑罚的除外。

故意伤害致一人死亡的，可以在十年至十五年有期徒刑幅度内确定量刑起点。依法应当判处无期徒刑以上刑罚的除外。

在量刑起点的基础上，可以根据伤害人数、伤情程度、伤残等级、手段的残忍程度等其他影响犯罪构成的犯罪事实增加刑罚量，确定基准刑。有下列情形之一的，可以增加相应的刑罚量，确定基准刑：

（1）每增加轻微伤一人，可以增加一个月至二个月刑期；

（2）每增加轻伤一人，可以增加三个月至六个月刑期；

（3）每增加重伤一人，可以增加一年至二年刑期；

（4）造成被害人十级至七级残疾的，每增加一级残疾等级，可以增加一个月至三个月刑期；造成被害人六级至三级残疾的，每增加一级残疾等级，可以增加六个月至一年刑期；造成被害人二级至一级残疾的，每增加一级残疾等级，可以增加二年至三年刑期。

4. 有下列情形之一的，可以增加基准刑的20%以下：

（1）雇佣他人实施伤害行为的。其中雇佣未成年人实施伤害行为的，应当适用较高的调节幅度；

（2）持枪支、管制刀具等凶器作案的；

（3）因实施其他违法犯罪活动而故意伤害他人的。

5. 有下列情形之一的，可以减少基准刑的20%以下：

（1）因婚姻家庭、邻里纠纷等民间矛盾激化引发的；

（2）犯罪后积极抢救被害人的。

（三）强奸罪

1. 法定刑在三年以上十年以下有期徒刑幅度的量刑起点和基准刑

强奸妇女或者奸淫幼女一人一次的，可以在三年至五年有期徒刑幅度内确定量刑起点。

在量刑起点的基础上，可以根据强奸或者奸淫幼女的人数、次数、致人伤害后果等其他影响犯罪构成的犯罪事实增加刑罚量，确定基准刑。有下列情形之一的，可以增加相应的刑罚量，确定基准刑：

（1）强奸妇女或者奸淫幼女二人，可以增加二年至三年刑期；

（2）对同一妇女强奸或者对同一幼女实施奸淫，每增加一次，可以增加六个月至一年刑期；

（3）强奸或者奸淫幼女造成被害人轻微伤的，每增加轻微伤一人，可以增加三个月至六个月刑期；

（4）强奸或者奸淫幼女造成被害人轻伤的，每增加轻伤一人，可以增加六个月至一年刑期；

（5）强奸或者奸淫幼女造成被害人十级至七级残疾的，每增加一级残疾等级，可以增加三个月至六个月刑期；

（6）持枪支、管制刀具等凶器或者采取非法拘禁、捆绑、虐待的方法作案的，可以增加六个月至一年刑期。

2. 法定刑在十年以上有期徒刑幅度的量刑起点和基准刑

犯强奸罪，具有刑法第二百三十六条规定的五种法定情形之一（即：强奸妇女、奸淫幼女情节恶劣的；强奸妇女、奸淫幼女多人的；在公共场所当众强奸妇女的；二人以上轮奸的；致使被害人重伤、死亡或者造成其他严重后果），可以在十年至十二年有期徒刑幅度内确定量刑起点。依法应当判处无期徒刑以上刑罚的除外。

在量刑起点的基础上，可以根据强奸或者奸淫幼女的人数、次数、致人伤亡后果、奸淫幼女等其他影响犯罪构成的犯罪事实增加刑罚量，确定基准刑。

有下列情形之一的，可以增加相应的刑罚量，确定基准刑：

（1）强奸妇女或者奸淫幼女三人以上，每增加一名妇女或者幼女，可以增加二年至三年刑期；

（2）对同一妇女强奸或者对同一幼女实施奸淫，每增加一次，可以增加六个月至一年刑期；

（3）每增加刑法第二百三十六条规定的五种情形之一的，可以增加二年至三年刑期；

（4）每增加轻微伤一人，可以增加三个月至六个月刑期；

（5）每增加轻伤一人，可以增加六个月至一年刑期；

（6）每增加重伤一人，可以增加一年至二年刑期；

（7）造成被害人十级至七级残疾，每增加一级残疾等级，可以增加三个月至六个月刑期；造成被害人六级至三级残疾的，每增加一级残疾等级，可以增加六个月至一年刑期；造成被害人二级至一级残疾的，每增加一级残疾等级，可以增加二年至三年刑期；

（8）持枪支、管制刀具等凶器或者采取非法拘禁、捆绑、虐待的方法作案的，可以增加六个月至一年刑期。

3. 奸淫幼女的，应当增加基准刑的20%—40%。

4. 有下列情形之一的，可以相应增加基准刑的20%以下，每增加一种情形，可以再增加基准刑的10%以下：

（1）强奸怀孕妇女或已满十四周岁不满十八周岁少女的；

（2）强奸残疾妇女、无性防卫能力的妇女及六十周岁以上妇女的；

（3）利用教养、监护、职务、亲属关系强奸的。

（四）非法拘禁罪

1. 法定刑在三年以下有期徒刑、拘役、管制、剥夺政治权利幅度的量刑起点和基准刑

非法拘禁他人，不具有殴打、侮辱情节，未造成伤害后果的，可以在三个月拘役至六个月有期徒刑幅度内确定量刑起点。

在量刑起点的基础上，可以根据非法拘禁人数、次数、拘禁时间、致人伤害的后果等其他影响犯罪构成的犯罪事实增加刑罚量，确定基准刑。有下列情形之一的，可以增加相应的刑罚量，确定基准刑：

（1）非法拘禁时间满二十四小时的，可以增加一个月至二个月刑期；每增加十二小时，可以增加一个月至二个月刑期；

（2）被害人每增加一人，可以增加三个月至六个月刑期；

（3）每增加一次，可以增加三个月至六个月刑期；

（4）每增加轻微伤一人，可以增加一个月至二个月刑期；

（5）每增加轻伤一人，可以增加三个月至六个月刑期；

（6）造成十级至七级残疾的，每增加一级残疾等级，可以增加一个月至三个月刑期；

（7）使用戒具或者捆绑等手段的，可以增加一个月至三个月刑期。

2. 法定刑在三年以上十年以下有期徒刑幅度的量刑起点和基准刑

非法拘禁致一人重伤的，可以在三年至四年有期徒刑幅度内确定量刑起点。

在量刑起点的基础上，可以根据非法拘禁人数、次数、拘禁时间、致人伤害后果等其他影响犯罪构成的犯罪事实增加刑罚量，确定基准刑。有下列情形之一的，可以增加相应的刑罚量，确定基准刑：

（1）非法拘禁时间满二十四小时的，可以增加一个月至二个月刑期；每增加十二小时，可以增加一个月至二个月刑期；

（2）被害人每增加一人，可以增加三个月至六个月刑期；

（3）每增加一次，可以增加三个月至六个月刑期；

（4）每增加轻微伤一人，可以增加一个月至二个月刑期；

（5）每增加轻伤一人，可以增加三个月至六个月刑期；

（6）每增加重伤一人，可以增加一年至二年刑期；

（7）造成十级至七级残疾的，每增加一级残疾等级，可以增加一个月至三个月刑期；造成被害人六级至三级残疾的，每增加一级残疾等级，可以增加六个月至一年刑期；造成被害人二级至一级残疾，每增加一级残疾等级，可以增加二年至三年刑期；

（8）使用戒具或者捆绑等手段的，可以增加一个月至三个月刑期。

3. 法定刑在十年以上有期徒刑幅度的量刑起点和基准刑

非法拘禁致一人死亡的，可以在十年至十二年有期徒刑幅度内确定量刑起点。

在量刑起点的基础上，可以根据非法拘禁人数、次数、拘禁时间、致人伤亡后果等其他影响犯罪构成的犯罪事实增加刑罚量，确定基准刑。有下列情形之一的，可以增加相应的刑罚量，确定基准刑：

（1）非法拘禁时间满二十四小时的，可以增加一个月至二个月刑期；每增加十二小时，可以增加一个月至二个月刑期；

（2）被害人每增加一人，可以增加三个月至六个月刑期；

（3）每增加轻微伤一人，可以增加一个月至二个月刑期；

（4）每增加轻伤一人，可以增加三个月至六个月刑期；

（5）每增加重伤一人，可以增加一年至二年刑期；

（6）造成十级至七级残疾的，每增加一级残疾等级，可以增加一个月至三个月刑期；造成被害人六级至三级残疾的，每增加一级残疾等级，可以增加六个月至一年刑期；造成被害人二级至一级残疾，每增加一级残疾等级，可以增加二年至三年刑期；

（7）死亡人数每增加一人，可以增加三年至五年刑期；

（8）使用戒具或者捆绑等手段的，可以增加一个月至三个月刑期。

4. 非法拘禁他人，有下列情形之一的，可以相应增加或者减少基准刑：

（1）国家机关工作人员利用职权非法拘禁他人的，增加基准刑的10%—20%；

（2）具有殴打、侮辱、虐待等情节的，可以增加基准刑的10%；

（3）为索取高利贷、赌债等法律不予保护的债务而非法拘禁他人的，可以增加基准刑的20%以下；

（4）因积极参与传销非法拘禁他人的，可以增加基准刑的20%以下；

（5）为索取合法债务、争取合法权益非法扣押、拘禁他人的，可以减少基准刑的30%以下。

（五）抢劫罪

1. 法定刑在三年以上十年以下有期徒刑幅度的量刑起点和基准刑

犯抢劫罪，作案一次的，可以在三年至五年有期徒刑幅度内确定量刑起点。

行为人实施盗窃、诈骗、抢夺行为，未达到"数额较大"，为窝藏赃物、抗拒抓捕或者毁灭罪证当场使用暴力或者以暴力相威胁，有下列情形之一，依照抢劫罪定罪处罚的，可以在三年至五年有期徒刑幅度内确定量刑起点：

（1）盗窃、诈骗、抢夺接近"数额较大"标准的；
（2）入户或在公共交通工具上盗窃、诈骗、抢夺后在户外或交通工具外实施上述行为的；
（3）使用暴力致人轻微伤以上后果的；
（4）使用凶器或以凶器相威胁的；
（5）具有其他严重情节的。

在量刑起点的基础上，可以根据抢劫次数、数额、手段、致人伤害的后果等其他影响犯罪构成的犯罪事实增加刑罚量，确定基准刑。有下列情形之一的，可以增加相应的刑罚量，确定基准刑：

（1）抢劫财物数额满二百元或每增加二百元，可以增加一个月刑期；
（2）被害人每增加一人，可以增加三个月至六个月刑期；
（3）抢劫二次的，可以增加二年至三年刑期；
（4）每增加轻微伤一人，可以增加三个月至六个月刑期；
（5）每增加轻伤一人，可以增加六个月至一年刑期；
（6）造成十级至七级残疾的，每增加一级残疾等级，可以增加三个月至六个月刑期；
（7）持枪支以外的械具抢劫的，可以增加六个月至一年的刑期。

2. 法定刑在十年以上有期徒刑幅度的量刑起点和基准刑

犯抢劫罪，具有刑法第二百六十三条规定的八种法定严重情节（即：入户抢劫的；在公共交通工具上抢劫的；抢劫银行或其他金融机构的；多次抢劫或者抢劫数额巨大的；抢劫致一人重伤，没有造成残疾的；冒充军警人员抢劫的；持枪抢劫的；抢劫军用物资或者抢险、救灾、救济物资的）之一的，可以在十年至十二年有期徒刑幅度内确定量刑起点。依法应当判处无期徒刑以上刑罚的除外。

在量刑起点的基础上，可以根据抢劫次数、数额、手段、致人伤亡的后果等其他影响犯罪构成的犯罪事实增加刑罚量，确定基准刑。有下列情形之一的，可以增加相应的刑罚量：

（1）抢劫财物数额满二万元，每增加二千元，可以增加一个月刑期；
（2）被害人每增加一人，可以增加三个月至六个月刑期；
（3）抢劫次数超过三次，每增加一次，可以增加二年至三年刑期；
（4）每增加轻微伤一人，可以增加三个月至六个月刑期；
（5）每增加轻伤一人，可以增加六个月至一年刑期；
（6）每增加重伤一人，可以增加一年至二年刑期；
（7）造成十级至七级残疾的，每增加一级残疾等级，可以增加三个月至六个月刑期；造成被害人六级至三级残疾的，每增加一级残疾等级，可以增加六个月至一年刑期；造成被害人二级至一级残疾，每增加一级残疾等级，可以增加二年至三年刑期；
（8）每增加刑法第二百六十三条规定的结果加重情形之一，可以增加一年至二年刑期。

3. 有下列情形之一的，可以增加基准刑的20%以下。每增加一种情形，可以再增加基准刑的10%以下：

（1）为实施其他违法犯罪活动而实施抢劫的；
（2）在银行等金融机构门口蹲守或尾随支款人并对支款人实施抢劫的；
（3）流窜作案或者结伙抢劫的。

4. 以毒品、假币、淫秽物品等违禁品为抢劫对象的，以抢劫罪定罪；抢劫的违禁品数量作为量刑情节考虑，量刑起点和基准刑参照上述规定确定。

（六）盗窃罪

1. 法定刑在三年以下有期徒刑、拘役、管制、单处罚金幅度的量刑起点和基准刑

（1）盗窃公私财物，犯罪数额达到"数额较大"起点八百元或者一年内入户盗窃或者在公共场所扒窃三次的，可以在三个月拘役至六个月有期徒刑幅度内确定量刑起点。
（2）盗窃公私财物数额满七百元不满八百元，具有下列情形之一的，以盗窃罪定罪，可以在三个月拘役至六个月有期徒刑幅度内确定量刑起点：
①以破坏性手段盗窃造成公私财产损失的；
②盗窃残疾人、孤寡老人或者丧失劳动能力人的财物的；
③造成严重后果或者具有其他恶劣情节的。
（3）盗窃国家三级文物一件的，可以在九个月至一年有期徒刑幅度内确定量刑起点。
（4）盗窃增值税专用发票或者可以用于骗取出口退税、抵扣税款的其他发票，数量达到二十五份的，可以在三个月拘役至六个月有期徒刑幅度内确定量刑起点。

在量刑起点的基础上，可以根据盗窃数额、次数等其他影响犯罪构成的犯罪事实增加刑罚量，确定基准刑。有下列情形之一的，可以增加相应的刑罚量，确定基准刑：

（1）犯罪数额每增加五百元，可以增加一个月刑期；

（2）一年内入户盗窃或者在公共场所扒窃三次以上的，每增加一次作案，可以增加二个月至三个月刑期；

（3）盗窃国家三级文物二件的，可以增加九个月至一年刑期；

（4）盗窃增值税专用发票或者可以用于骗取出口退税、抵扣税款的其他发票，数量超过二十五份的，每增加七份，可以增加一个月刑期。

2. 法定刑在三年以上十年以下有期徒刑幅度的量刑起点和基准刑

（1）盗窃公私财物，犯罪数额达到"数额巨大"起点一万元的，可以在三年至四年有期徒刑幅度内确定量刑起点。

（2）盗窃公私财物数额满八千元不满一万元，并具有下列情形之一的，可以认定为"有其他严重情节"，并在三年至四年有期徒刑幅度内确定量刑起点：

①犯罪集团的首要分子或者共同犯罪中情节严重的主犯；
②盗窃金融机构的；
③流窜作案危害严重的；
④导致被害人死亡、精神失常或者其他严重后果的；
⑤盗窃救灾、抢险、防汛、扶贫、移民、救济、医疗款物，造成严重后果的；
⑥盗窃生产资料，严重影响生产的；
⑦造成其他重大损失的。

（3）盗窃国家三级文物三件或者二级文物一件的，可以在三年至四年有期徒刑幅度内确定量刑起点。

（4）盗窃增值税专用发票或者可以用于骗取出口退税、抵扣税款的其他发票，数量达到二百五十份的，可以在三年至四年有期徒刑幅度内确定量刑起点。

在量刑起点的基础上，可以根据盗窃数额等其他影响犯罪构成的犯罪事实增加刑罚量，确定基准刑。有下列情形之一的，可以增加相应的刑罚量，确定基准刑：

（1）犯罪数额每增加一千元，可以增加一个月刑期；

（2）具有可以认定为"其他严重情节"的情形，每增加一种情形，可以增加六个月至一年刑期；

（3）盗窃国家三级文物超过三件，每增加一件，可以增加九个月至一年刑期；盗窃国家二级文物二件的，可以增加二年六个月至三年刑期；

（4）盗窃增值税专用发票或者可以用于骗取出口退税、抵扣税款的其他发票，数量超过二百五十份的，每增加三十份，可以增加一个月刑期。

3. 法定刑在十年以上有期徒刑幅度的量刑起点和基准刑

（1）盗窃公私财物，犯罪数额达到"数额特别巨大"起点五万元的，可以在十年至十二年有期徒刑幅度内确定量刑起点。

（2）盗窃公私财物数额满四万元不满五万元，并具有下列情形之一的，可以认定为"有其他特别严重情节"，并在十年至十二年有期徒刑幅度内确定量刑起点：

①犯罪集团的首要分子或者共同犯罪中情节严重的主犯；
②盗窃金融机构的；
③流窜作案危害严重的；
④导致被害人死亡、精神失常或者其他严重后果的；
⑤盗窃救灾、抢险、防汛、扶贫、移民、救济、医疗款物，造成严重后果的；
⑥盗窃生产资料，严重影响生产的；
⑦造成其他重大损失的。

（3）盗窃国家二级文物三件或者一级文物一件的，可以在十年至十二年有期徒刑幅度内确定量刑起点。依法应当判处无期徒刑的除外。

（4）盗窃增值税专用发票或者可以用于骗取出口退税、抵扣税款的其他发票，数量达到二千五百份的，可以在十年至十二年有期徒刑幅度内确定量刑起点。

在量刑起点的基础上，可以根据盗窃数额等其他影响犯罪构成的犯罪事实增加刑罚量，确定基准刑。有下列情形之一的，可以增加相应的刑罚量，确定基准刑：

（1）犯罪数额每增加五千元，可以增加一个月刑期；

（2）具有可以认定为"其他特别严重情节"的情形，每增加一种情形，可以增加一年至二年刑期；

（3）盗窃国家二级文物超过三件，每增加一件，可以增加九个月至一年刑期；盗窃国家一级文物二件的，可以增加二年六个月至三年刑期；

（4）盗窃增值税专用发票或者可以用于骗取出口退税、抵扣税款的其他发票，数量超过二千五百份的，每增加一百份，可以增加一个月刑期。

4. 有下列情节之一的，可以相应增加刑罚量，调节基准刑：

（1）盗窃公私财物数额满八百元不满八千元或满一万元不满四万元，分别未被认定为具有其他严重情节或者特别严重情节，具有下列情形之一的，可以增加基准刑的30%以下：

①犯罪集团的首要分子或者共同犯罪中情节严重的主犯；
②盗窃金融机构的；
③流窜作案危害严重的；
④导致被害人死亡、精神失常或者其他严重后果的；
⑤盗窃救灾、抢险、防汛、扶贫、移民、救济、医疗款物，造成严重后果的；
⑥盗窃生产资料，严重影响生产的；
⑦造成其他重大损失的。

以上七种情形每增加一种情形，可以再增加基准刑的10%以下；

（2）具有"流窜作案；盗窃救灾、抢险、防汛、扶贫、移民、救济、医疗款物，未造成严重后果；盗窃生产资料，未严重影响生产"情形之一的，可以增加基准刑的20%以下；每增加一种情形，可以再增加基准刑的10%以下；

（3）具有"以破坏性手段盗窃造成公私财产损失的；盗窃残疾人、孤寡老人或者丧失劳动能力人的财物的；造成严重后果或者具有其他恶劣情节"情形之一的，可以增加基准刑的20%以下；每增加一种情形，可以再增加基准刑的10%以下；

（4）具有多次盗窃情形的，可以增加基准刑的20%以下；

（5）入户盗窃的，可以增加基准刑的20%以下；

（6）为吸毒、赌博等违法犯罪活动而盗窃的，可以增加基准刑的20%以下。

5. 有下列情节的，可以相应减少刑罚量，调节基准刑：

（1）确因治病、学习等生活急需而盗窃的，可以减少基准刑的20%以下；

（2）案发前主动将赃物放回原处或归还被害人的，可以减少基准刑的50%以下；

（3）盗窃自己家的财物或者近亲属的财物的，可以减少基准刑的50%以下。不作犯罪处理的除外。

6. 盗窃未遂，情节严重（如以数额巨大的财产或者国家珍贵文物等为盗窃目标）的，应当以盗窃罪定罪处罚，量刑起点和基准刑可以参照上述第2、3条的规定予以确定；盗窃违禁品，按盗窃罪处理的，不计数额，根据情节轻重量刑；盗窃技术成果等商业秘密的，按照刑法第二百一十九条的规定定罪处罚。

（七）诈骗罪

1. 法定刑在三年以下有期徒刑、拘役、管制、单处罚金幅度的量刑起点和基准刑

诈骗公私财物，达到"数额较大"起点三千元的，可以在三个月拘役至六个月有期徒刑幅度内确定量刑起点。在量刑起点的基础上，诈骗数额每增加一千二百元，可以增加一个月刑期，从而确定基准刑。

诈骗数额在二千元以上不满三千元，并具有下列情形之一，以诈骗罪定罪的，可以在三个月拘役至六个月有期徒刑幅度内确定量刑起点：

（1）诈骗救灾、抢险、防汛、优抚、救济、医疗、扶贫、移民款物的；
（2）导致被害人死亡、精神失常或者其他严重后果的；
（3）曾因诈骗受过刑事处罚或者二次以上行政处罚的；
（4）有其他严重情节的。

在量刑起点的基础上，每增加上述一种情形，可以增加一个月至三个月刑期，从而确定基准刑。

2. 法定刑在三年以上十年以下有期徒刑幅度的量刑起点和基准刑

诈骗公私财物，犯罪数额达到"数额巨大"起点四万元的，可以在三年至四年有期徒刑幅度内确定量刑起点。

诈骗公私财物数额满三万元不满四万元，并具有下列情形之一的，可以认定为"其他严重情节"，并在三年至四年有期徒刑幅度内确定量刑起点：

（1）流窜作案危害严重的；
（2）诈骗他人急需的生产资料，严重影响生产或者造成其他严重损失的；
（3）诈骗救灾、抢险、防汛、优抚、救济、医疗、扶贫、移民款物，造成严重后果的；
（4）挥霍诈骗的财物，致使诈骗的财物无法返还的；
（5）使用诈骗的财物进行违法犯罪活动的；
（6）导致被害人死亡、精神失常或者其他严重后果的；
（7）具有其他严重情节的。

在量刑起点的基础上，可以根据诈骗数额等其他影响犯罪构成的犯罪事实增加刑罚量，确定基准刑。有下刑情形之一的，可以增加相应的刑罚量，确定基准刑：

（1）犯罪数额每增加三千元，可以增加一个月刑期；

（2）具有上述"其他严重情节"情形的，每增加一种情形，可以增加六个月至二年刑期。

3. 法定刑在十年以上有期徒刑幅度的量刑起点和基准刑

诈骗公私财物，犯罪数额达到"数额特别巨大"起点二十万元的，可以在十年至十二年有期徒刑幅度内确定量刑起点。依法应当判处无期徒刑的除外。

诈骗公私财物数额满十五万元不满二十万元，并具有下列情形之一的，可以认定为"其他特别严重情节"，除了依法应当判处无期徒刑的以外，可以在十年至十二年有期徒刑幅度内确定量刑起点：

（1）流窜作案危害严重的；

（2）诈骗他人急需的生产资料，严重影响生产或者造成其他严重损失的；

（3）诈骗救灾、抢险、防汛、优抚、救济、医疗、扶贫、移民款物，造成严重后果的；

（4）挥霍诈骗的财物，致使诈骗的财物无法返还的；

（5）使用诈骗的财物进行违法犯罪活动的；

（6）导致被害人死亡、精神失常或者其他严重后果的；

（7）具有其他严重情节的。

在量刑起点的基础上，可以根据诈骗数额等犯罪事实增加刑罚量，确定基准刑。有下刑情形之一的，可以增加相应的刑罚量，确定基准刑：

（1）犯罪数额每增加二万元，可以增加一个月刑期；

（2）具有上述"其他特别严重情节"情形的，每增加一种情形，可以增加六个月至二年刑期。

4. 有下列情节的，可以相应增加刑罚量，调节基准刑，但增加的刑罚量累计不得超过基准刑：

（1）诈骗公私财物数额满三千元不满三万元或满四万元不满十五万元，未被认定为具有其他严重或特别严重情节，并具有下列情形之一的，可以在相对应的法定刑幅度内增加基准刑的30%以下：

①流窜作案危害严重的；

②诈骗他人急需的生产资料，严重影响生产或者造成其他严重损失的；

③诈骗救灾、抢险、防汛、优抚、救济、医疗、扶贫、移民款物，造成严重后果的；

④挥霍诈骗的财物，致使诈骗的财物无法返还的；

⑤使用诈骗的财物进行违法犯罪活动的；

⑥导致被害人死亡、精神失常或者其他严重后果的；

⑦具有其他严重情节的。

以上七种情形每增加一种情形，可以再增加基准刑的10%以下；

（2）具有"流窜作案；诈骗生产资料，未严重影响生产或者造成其他严重损失；诈骗救灾、抢险、防汛、优抚、救济、医疗、扶贫、移民款物，未造成严重后果"的情形之一的，可以增加基准刑的20%以下；每增加一种情形，可以再增加基准刑的10%以下；

（3）多次诈骗的，可以增加基准刑的30%以下；

（4）为吸毒、赌博等违法犯罪活动而诈骗的，可以增加基准刑的20%以下。

5. 有下列情节的，可以相应减少刑罚量，调节基准刑：

（1）确因治病、学习等生活急需而诈骗的，可以减少基准刑的20%以下；

（2）诈骗自己家的财物或者近亲属的财物的，可以减少基准刑的50%以下。不作犯罪处理的除外。

6. 诈骗未遂，数额达到"数额较大"标准三倍以上的或者具有其他严重情节的，应当以诈骗罪定罪处罚，量刑起点和基准刑可以参照上述第1、2、3条的规定予以确定；诈骗既遂部分的犯罪数额虽未达到"数额较大"，但与未遂部分的犯罪数额合计达到"数额较大"标准三倍以上的，应当按犯罪未遂定罪处罚。

（八）抢夺罪

1. 法定刑在三年以下有期徒刑、拘役、管制、单处罚金幅度的量刑起点和基准刑

抢夺公私财物，犯罪数额达到"数额较大"起点八百元的，可以在三个月拘役至一年有期徒刑幅度内确定量刑起点。

在量刑起点的基础上，可以根据抢夺数额等其他影响犯罪构成的犯罪事实增加刑罚量，确定基准刑。有下刑情形之一的，可以增加相应的刑罚量，确定基准刑：

（1）犯罪数额每增加五百元，可以增加一个月刑期；

（2）每增加轻微伤一人，可以增加一个月至二个月刑期；

（3）每增加轻伤一人，可以增加三个月至六个月刑期。

2. 法定刑在三年以上十年以下有期徒刑幅度的量刑起点和基准刑

抢夺公私财物，犯罪数额达到"数额巨大"起点一万元的，可以在三年至四年有期徒刑幅度内确定量刑起点。

抢夺公私财物数额满八千元不满一万元，并具有下列情形之一的，可以认定为有"其他严重情节"，并在三年至四年有期徒刑幅度内确定量刑起点：

（1）抢夺残疾人、老年人、不满十四岁未成年人的财物的；

（2）抢夺救灾、抢险、防汛、优抚、扶贫、移民、救济款物的；

（3）一年内抢夺三次以上的；

（4）利用行驶的机动车辆抢夺的。

在量刑起点的基础上，可以根据抢夺数额等其他影响犯罪构成的犯罪事实增加刑罚量，确定基准刑。

有下列情形之一的，可以增加相应的刑罚量，确定基准刑：

（1）犯罪数额每增加一千元，可以增加一个月刑期；

（2）每增加轻微伤一人，可以增加一个月至二个月刑期；

（3）每增加轻伤一人，可以增加三个月至六个月刑期。

3. 法定刑在十年以上有期徒刑幅度的量刑起点和基准刑

抢夺公私财物，犯罪数额达到"数额特别巨大"起点五万元的，可以在十年至十二年有期徒刑幅度内确定量刑起点。

抢夺公私财物数额满四万元不满五万元，并具有下列情形之一的，可以认定为有"其他特别严重情节"，并在十年至十二年有期徒刑幅度内确定量刑起点：

（1）抢夺残疾人、老年人、不满十四岁未成年人的财物的；

（2）抢夺救灾、抢险、防汛、优抚、扶贫、移民、救济款物的；

（3）一年内抢夺三次以上的；

（4）利用行驶的机动车辆抢夺的。

在量刑起点的基础上，可以根据抢夺数额等其他影响犯罪构成的犯罪事实增加刑罚量，确定基准刑。有下刑情形之一的，可以增加相应的刑罚量，确定基准刑：

（1）犯罪数额每增加五千元，可以增加一个月刑期；

（2）具有可以认定为有"其他特别严重情节"情形的，每增加一种情形，可以增加六个月至二年刑期；

（3）每增加轻微伤一人，可以增加一个月至二个月刑期；

（4）每增加轻伤一人，可以增加三个月至六个月刑期。

4. 有下列情形的，可以相应增加刑罚量，调节基准刑；每增加下列一种情形，可以再增加基准刑的10%以下：

（1）抢夺公私财物数额满八百元不满八千元或满一万元不满四万元，分别未被认定为具有其他严重情节或特别严重情节，并具有下列情形之一的，可以增加基准刑的30%以下：

①抢夺残疾人、老年人、不满十四岁未成年人的财物的；

②抢夺救灾、抢险、防汛、优抚、扶贫、移民、救济款物的；

③一年内抢夺三次以上的；

④利用行驶的机动车辆抢夺的。

（2）为吸毒、赌博等违法犯罪活动而抢夺的，可以增加基准刑的20%以下。

5. 有下列情形之一的，可以相应减少基准刑的20%以下；每增加一种情形，可以再减少基准刑的10%以下：

（1）确因治病、学习等生活急需而抢夺的；

（2）在案发前主动归还被害人财物的。

（九）职务侵占罪

1. 法定刑在五年以下有期徒刑、拘役幅度的量刑起点和基准刑

利用职务上的便利，非法侵占本单位财物，犯罪数额达到"数额较大"起点一万元的，可以在三个月拘役至六个月有期徒刑幅度内确定量刑起点。在量刑起点的基础上，犯罪数额每增加一千八百元，可以增加一个月刑期，确定基准刑。

2. 法定刑在五年以上有期徒刑幅度的量刑起点和基准刑

利用职务上的便利，非法侵占本单位财物，犯罪数额达到"数额巨大"起点十万元的，可以在五年至六年有期徒刑幅度内确定量刑起点。在量刑起点的基础上，犯罪数额每增加一万元，可以增加一个月刑期，从而确定基准刑。

3. 有下列情形之一的，可以相应增加刑罚量，调节基准刑，但累计增加的刑罚量不得超过基准刑：

（1）职务侵占行为严重影响生产经营或者造成其他严重损失的，可以增加基准刑的30%以下；两种

情形同时具备的，可以再增加基准刑的 10% 以下；
　　（2）多次职务侵占的，可以增加基准刑的 20% 以下；
　　（3）职务侵占用于预防、控制突发传染病疫情等灾害款物的，可以增加基准刑的 20% 以下；
　　（4）职务侵占救灾、抢险、防汛、优抚、扶贫、移民、救济款物以及募捐款物的，可以增加基准刑的 20% 以下；
　　（5）职务侵占的款项用于吸毒、赌博等违法犯罪活动的，可以增加基准刑的 20% 以下。
　　4. 确因治病、学习等生活急需而实施职务侵占的，可以减少基准刑的 20% 以下。
　　（十）敲诈勒索罪
　　1. 法定刑在三年以下有期徒刑、拘役、管制幅度的量刑起点和基准刑
　　敲诈勒索公私财物，犯罪数额达到"数额较大"起点二千元的，可以在三个月拘役至六个月有期徒刑幅度内确定量刑起点。
　　在量刑起点的基础上，可以根据敲诈勒索数额、手段、致人伤害后果等其他影响犯罪构成的犯罪事实增加刑罚量，确定基准刑。有下列情形之一的，可以增加相应的刑罚量，确定基准刑：
　　（1）犯罪数额每增加一千元，可以增加一个月刑期；
　　（2）每增加轻微伤一人，可以增加一个月至二个月刑期；
　　（3）每增加轻伤一人，可以增加三个月至六个月刑期；
　　（4）在敲诈勒索过程中，使用暴力，或者非法拘禁，或者以危险方法制造事端，或者冒充国家机关工作人员，或者以非法手段获取他人隐私勒索他人财物等手段的，可以增加三个月至六个月刑期；每增加一种手段，可以再增加一个月至三个月刑期。
　　2. 法定刑在三年以上十年以下有期徒刑幅度的量刑起点和基准刑
　　敲诈勒索公私财物，犯罪数额达到"数额巨大"起点二万元的，可以在三年至四年有期徒刑幅度内确定量刑起点。
　　敲诈勒索公私财物数额满一万五千元不满二万元，并具有下列情形之一的，可以认定为有"其他严重情节"，可以在三年至四年有期徒刑幅度内确定量刑起点：
　　（1）一年内敲诈勒索作案三次以上；
　　（2）敲诈勒索严重影响生产经营或者造成恶劣社会影响的；
　　（3）导致被害人自杀、精神失常或者其他严重后果的。
　　在量刑起点的基础上，可以根据敲诈勒索数额等其他影响犯罪构成的犯罪事实增加刑罚量，确定基准刑。有下列情形之一的，可以增加相应的刑罚量，确定基准刑：
　　（1）犯罪数额每增加三千元，可以增加一个月刑期；
　　（2）具有可以认定为上述"其他严重情节"三种情形之一的，每增加一种情形，可以增加六个月至二年刑期；
　　（3）每增加轻微伤一人，可以增加一个月至二个月刑期；
　　（4）每增加轻伤一人，可以增加三个月至六个月刑期；
　　（5）在敲诈勒索过程中，使用暴力，或者非法拘禁，或者以危险方法制造事端，或者冒充国家机关工作人员，或者以非法手段获取他人隐私勒索他人财物等手段的，可以增加三个月至六个月刑期；每增加一种手段，可以再增加一个月至三个月刑期。
　　（十一）妨害公务罪
　　1. 量刑起点和基准刑
　　构成妨害公务罪的，可以在三个月拘役至一年有期徒刑幅度内确定量刑起点。
　　在量刑起点的基础上，可以根据妨害公务的手段、造成的后果等其他影响犯罪构成的犯罪事实增加刑罚量，确定基准刑。有下列情形之一的，可以增加相应的刑罚量，确定基准刑：
　　（1）每增加轻微伤一人，可以增加一个月至二个月刑期；
　　（2）每增加轻伤一人，可以增加三个月至六个月刑期；
　　（3）被害人每增加一人，可以增加一个月至二个月刑期；
　　（4）毁损财物数额每增加二千元，可以增加一个月至二个月刑期；
　　（5）持械妨害公务的，可以增加三个月至六个月刑期；
　　（6）妨害公务多次的，可以增加三个月至六个月的刑期。
　　2. 具有下列情形之一的，可以增加基准刑的 20% 以下；增加一种情形的，可以再增加基准刑的 10% 以下：
　　（1）煽动群众阻碍依法执行职务、履行职责的；
　　（2）妨害公务造成恶劣社会影响的。
　　3. 因执行公务行为不规范而导致妨害公务犯罪的，可以减少基准刑的 20% 以下。

（十二）聚众斗殴罪

1. 法定刑在三年以下有期徒刑、拘役或者管制幅度的量刑起点和基准刑

聚众斗殴双方参与人数均达到三人以上的，可以在六个月至一年六个月有期徒刑幅度内确定量刑起点。

在量刑起点的基础上，可以根据聚众斗殴人数、次数、手段、伤害后果等其他影响犯罪构成的犯罪事实增加刑罚量，确定基准刑。有下列情形之一的，可以增加相应的刑罚量，确定基准刑：

（1）每增加轻微伤一人，可以增加一个月至二个月刑期；

（2）每增加轻伤一人，可以增加三个月至六个月刑期；

（3）聚众斗殴人数每增加三人的，可以增加一个月至二个月刑期；

（4）聚众斗殴二次的，可以增加六个月至一年刑期；

（5）聚众斗殴造成交通秩序混乱的，可以增加六个月至一年刑期。

2. 法定刑在三年以上十年以下有期徒刑幅度的量刑起点和基准刑

具有刑法第二百九十二条第一款规定的四种情形（即：多次聚众斗殴的；聚众斗殴人数多，规模大，社会影响恶劣的；在公共场所或者交通要道聚众斗殴，造成社会秩序严重混乱的；持械聚众斗殴的）之一的，可以在三年至四年有期徒刑幅度内确定量刑起点。

在量刑起点的基础上，可以根据聚众斗殴人数、次数、手段、伤害后果等其他影响犯罪构成的犯罪事实增加刑罚量，确定基准刑。有下列情形之一的，可以增加相应的刑罚量，确定基准刑：

（1）每增加刑法第二百九十二条第一款规定的四种情形之一，可以增加一年至二年刑期（其中三次以上聚众斗殴属于多次；聚众斗殴双方达到二十人以上的，属于聚众斗殴人数多，规模大）；

（2）每增加轻微伤一人，可以增加一个月至二个月刑期；

（3）每增加轻伤一人，可以增加三个月至六个月刑期；

（4）聚众斗殴次数超过三次，每增加一次，可以增加六个月至一年刑期；

（5）聚众斗殴人数超过二十人，再每增加三人，可以增加一个月至二个月刑期；

（6）聚众斗殴造成交通秩序混乱的，可以增加六个月至一年刑期。

3. 有下列情形之一的，可以增加基准刑的20%以下：

（1）组织未成年人聚众斗殴的；

（2）聚众斗殴造成财产损失，数额较大或者有其他严重情节的。

（十三）寻衅滋事罪

寻衅滋事构成犯罪的，可以在三个月拘役至一年有期徒刑幅度内确定量刑起点。

在量刑起点的基础上，可以根据寻衅滋事人数、次数、伤害后果、强拿硬要他人财物或任意损毁、占用公私财物数额等其他影响犯罪构成的犯罪事实增加刑罚量，确定基准刑。有下列情形之一的，可以增加相应的刑罚量，确定基准刑：

（1）每增加被害人（未达到轻微伤以上伤情程度的）一人，可以增加一个月至二个月刑期；

（2）每增加轻微伤一人，可以增加二个月至三个月刑期；

（3）强拿硬要或者任意损毁、占用财物三次以上，再每增加一次，可以增加一个月至二个月刑期；

（4）强拿硬要或者任意损毁、占用财物价值二千元以上，数额再每增加二千元，可以增加一个月至二个月刑期；

（5）持械寻衅滋事的，可以增加三个月至六个月刑期；

（6）因追逐、拦截、侮辱他人，造成他人精神失常、自杀的，可以增加六个月至二年刑期；

（7）寻衅滋事造成恶劣社会影响或严重影响社会秩序的，可以增加六个月至一年刑期。

（十四）掩饰、隐瞒犯罪所得、犯罪所得收益罪

1. 法定刑在三年以下有期徒刑、拘役、管制、单处罚金幅度的量刑起点和基准刑

掩饰、隐瞒犯罪所得、犯罪所得收益数额达到二千元的，可以在三个月拘役至六个月有期徒刑幅度内确定量刑起点。

明知是盗窃、抢劫、诈骗、抢夺的机动车，实施下列行为之一的，可以在三个月拘役至六个月有期徒刑幅度内确定量刑起点：

（1）买卖、介绍买卖、典当、拍卖、抵押或者用其抵债的；

（2）拆解、拼装或者组装的；

（3）修改发动机号、车辆识别代号的；

（4）更改车身颜色或者车辆外形的；

（5）提供或者出售机动车来历凭证、整车合格证、号牌以及有关机动车的其他证明和凭证的；

（6）提供或者出售伪造、变造的机动车来历凭证、整车合格证、号牌以及有关机动车的其他证明和凭证的。

在量刑起点的基础上，可以根据犯罪数额等其他影响犯罪构成的犯罪事实增加刑罚量，确定基准刑。有下列情形之一的，可以增加相应的刑罚量，确定基准刑：

（1）犯罪数额每增加五千元，可以增加一个月刑期；

（2）掩饰、隐瞒盗窃、抢劫、诈骗、抢夺的机动车，每增加一辆，可以增加三个月至六个月刑期；

（3）犯罪的手段或情形每增加一种，可以增加一个月至二个月刑期。

2. 法定刑在三年以上七年以下有期徒刑幅度的量刑起点和基准刑

掩饰、隐瞒犯罪所得、犯罪所得收益数额达到五十万元的，可以在三年至四年有期徒刑幅度内确定量刑起点。

掩饰、隐瞒盗窃、抢劫、诈骗、抢夺的机动车达到五辆或者价值总额达到五十万元的，可以在三年至四年有期徒刑幅度内确定量刑起点。

在量刑起点的基础上，可以根据犯罪数额、手段等其他影响犯罪构成的犯罪事实增加刑罚量，确定基准刑。有下列情形之一的，可以增加相应的刑罚量，确定基准刑：

（1）犯罪数额每增加一万元，可以增加一个月刑期；

（2）犯罪的手段或情形每增加一种，可以增加一个月至二个月刑期；

（3）掩饰、隐瞒盗窃、抢劫、诈骗、抢夺的机动车超过五辆，每增加一辆，可以增加三个月至六个月刑期。

3. 有下列情形之一的，可以增加基准刑的10%：

（1）多次掩饰、隐瞒犯罪所得、犯罪所得收益的；

（2）明知前罪行为较重的。

（十五）走私、贩卖、运输、制造毒品罪

1. 法定刑在三年以下有期徒刑、拘役、管制幅度的量刑起点和基准刑

走私、贩卖、运输、制造鸦片不足或达到二十克，海洛因、甲基苯丙胺或者可卡因一克，吗啡或者二亚甲基双氧安非他明（MDMA）等苯丙胺类毒品（甲基苯丙胺除外）二克，氯胺酮或者美沙酮二十克，三唑仑或者安眠酮一千克，咖啡因五千克或者其他数量相当毒品的，可以在三个月拘役至六个月有期徒刑幅度内确定量刑起点。

在量刑起点的基础上，可以根据毒品犯罪次数、人次、毒品数量等其他影响犯罪构成的犯罪事实增加刑罚量，确定基准刑。有下列情形之一的，可以增加相应的刑罚量，确定基准刑：

（1）每增加海洛因、甲基苯丙胺或者可卡因一克及其他数量相当毒品的，可以增加三个月刑期；

（2）每增加吗啡或者二亚甲基双氧安非他明（MDMA）等苯丙胺类毒品（甲基苯丙胺除外）一克，可以增加二个月刑期；

（3）每增加鸦片、氯胺酮或者美沙酮五克，可以增加一个月刑期；

（4）每增加三唑仑或者安眠酮一千克，可以增加三个月刑期；

（5）每增加咖啡因一千克，可以增加一个月刑期；

（6）实施走私、贩卖、运输、制造毒品两种以上行为的，每增加一种行为，可以增加三个月至六个月刑期。

2. 法定刑在三年以上七年以下有期徒刑幅度的量刑起点和基准刑

走私、贩卖、运输、制造鸦片一百四十克，海洛因、甲基苯丙胺或者可卡因七克，吗啡或者二亚甲基双氧安非他明（MDMA）等苯丙胺类毒品（甲基苯丙胺除外）十四克，氯胺酮或者美沙酮一百四十克，三唑仑或者安眠酮七千克，咖啡因三十五千克或者其他数量相当毒品的，可以在三年至四年有期徒刑幅度内确定量刑起点。

毒品犯罪的数量未达到前款标准，但具有下列情形之一的，可以在三年至四年有期徒刑幅度内确定量刑起点：

（1）国家工作人员走私、贩卖、运输、制造毒品的；

（2）在戒毒监管场所贩卖毒品的；

（3）向多人贩毒或者多次贩毒的；

（4）其他情节严重的。

在量刑起点的基础上，可以根据毒品犯罪次数、人次、毒品数量等其他影响犯罪构成的犯罪事实增加刑罚量，确定基准刑。有下列情形之一的，可以增加相应的刑罚量，确定基准刑：

（1）每增加海洛因、甲基苯丙胺或者可卡因一克及其他数量相当毒品的，可以增加一年刑期；

（2）每增加吗啡或者二亚甲基双氧安非他明（MDMA）等苯丙胺类毒品（甲基苯丙胺除外）三克，可以增加二年刑期；

（3）每增加鸦片、氯胺酮或者美沙酮十五克，可以增加一年刑期；

（4）每增加三唑仑或者安眠酮一千克，可以增加一年刑期；

（5）每增加咖啡因四千克，可以增加一年刑期；
（6）被告人毒品犯罪的数量达到本条第一款规定的标准，同时又具有本条第二款所列四种情形之一的，先按照本款第（1）至（5）项的规定增加刑期，然后可以按照每增加一种情形，增加六个月至一年刑期；
（7）实施走私、贩卖、运输、制造毒品两种以上行为的，每增加一种行为，可以增加六个月至一年刑期。

3. 法定刑在七年以上有期徒刑幅度的量刑起点和基准刑

走私、贩卖、运输、制造鸦片二百克，海洛因、甲基苯丙胺或者可卡因十克，吗啡或者二亚甲基双氧安非他明（MDMA）等苯丙胺类毒品（甲基苯丙胺除外）二十克，氯胺酮或者美沙酮二百克，三唑仑或者安眠酮十克，咖啡因五十千克或者其他毒品数量大的，可以在七年至八年有期徒刑幅度内确定量刑起点。

在量刑起点的基础上，可以根据毒品犯罪次数、人次、毒品数量等其他影响犯罪构成的犯罪事实增加刑罚量，确定基准刑。有下列情形之一的，可以增加相应的刑罚量，确定基准刑：
（1）每增加海洛因、甲基苯丙胺或者可卡因五克及其他数量相当毒品的，可以增加一年刑期；
（2）每增加吗啡或者二亚甲基双氧安非他明（MDMA）等苯丙胺类毒品（甲基苯丙胺除外）十克，可以增加一年刑期；
（3）每增加鸦片、氯胺酮或者美沙酮一百克，可以增加一年刑期；
（4）每增加三唑仑或者安眠酮五千克，可以增加一年刑期；
（5）每增加咖啡因二十千克，可以增加一年刑期；
（6）实施走私、贩卖、运输、制造毒品两种以上行为的，每增加一种行为，可以增加一年至二年刑期。

4. 具有刑法第三百四十七条第二款五种情形之一（即：走私、贩卖、运输、制造鸦片一千克，海洛因、甲基苯丙胺或者可卡因五十克，吗啡或者二亚甲基双氧安非他明（MDMA）等苯丙胺类毒品（甲基苯丙胺除外）一百克，氯胺酮或者美沙酮一千克，三唑仑或者安眠酮五十千克，咖啡因二百千克或者其他毒品数量达到数量大起点的；走私、贩卖、运输、制造毒品集团的首要分子；武装掩护走私、贩卖、运输、制造毒品的；以暴力抗拒检查、拘留、逮捕，情节严重的；参与有组织的国际贩毒活动的），且不宜判处无期徒刑以上刑罚的，量刑起点和基准刑为十五年有期徒刑。

5. 组织、利用、教唆未成年人、孕妇、哺乳期妇女、患有严重疾病人员、又聋又哑的人、盲人及其他特殊人群走私、贩卖、运输、制造毒品，或者向未成年人出售毒品的，可以增加基准刑的30%以下。

6. 有下列情形之一的，可以相应减少刑罚量，调节基准刑：
（1）受雇运输毒品的，可以减少基准刑的30%以下；
（2）毒品含量明显偏低的，可以减少基准刑的30%以下；
（3）存在犯意引诱、数量引诱情形的，可以减少基准刑的30%以下；
（4）孕妇、哺乳期妇女、患有严重疾病人员及其他特殊人群被利用或被强迫参与毒品犯罪的，可以减少基准刑的40%以下。

五、附则

1. 本实施细则适用于《人民法院量刑指导意见（试行）》规定的十五种罪名的有期徒刑以下刑罚的案件。细则第一至第三部分也可适用于刑法规定的其他罪名中有期徒刑以下刑罚的案件。
2. 本实施细则所称以上、以下，均包括本数。
3. 本实施细则将随法律、司法解释和刑事司法政策以及上级法院规定的变动适时作出调整。细则规定与法律和司法解释不一致的，按法律、司法解释的规定执行。法律或者司法解释及最高人民法院规范性文件有新规定的，按照新规定执行。
4. 本实施细则自 2010 年 10 月 1 日起试行。

河北省高级人民法院　河北省人民检察院　河北省公安厅《关于轻微刑事案件和解、调解处理办法》

(2012 年 4 月 13 日)

第一条 为深入贯彻宽严相济刑事政策，最大限度地化解社会矛盾，减少社会对立，促进社会和谐稳定，提高办案效率，根据《中华人民共和国刑法》、《中华人民共和国刑事诉讼法》等有关法律规定，结合我省实际，制定本办法。

第二条 本办法所称轻微刑事案件，是指事实清楚，证据确实、充分，适用法律无争议，犯罪嫌疑人（被告人）认罪，可能判处三年有期徒刑以下刑罚的案件。包括：
（一）侮辱、诽谤案（刑法第二百四十六条规定的，但是严重危害社会秩序和国家利益的除外）；

（二）暴力干涉婚姻自由案（刑法第二百五十七条第一款规定的）；
（三）虐待案（刑法第二百六十条第一款规定的）；
（四）侵占案（刑法第二百七十条规定的）；
（五）故意伤害案（刑法第二百三十四条第一款规定的）；
（六）非法侵入住宅案（刑法第二百四十五条规定的）；
（七）侵犯通信自由案（刑法第二百五十二条规定的）；
（八）遗弃案（刑法第二百六十一条规定的）；
（九）故意毁坏财物案（刑法第二百七十五条规定的）；
（十）符合本办法规定的其他轻微刑事案件。

第三条 下列犯罪案件，不适用本办法：
（一）雇凶伤害他人的；
（二）涉及黑社会性质组织的；
（三）涉及寻衅滋事、聚众斗殴的；
（四）犯罪嫌疑人（被告人）不承认被指控的犯罪事实，犯罪后订立攻守同盟、伪造、毁灭证据，逃避或者对抗侦查，脱逃，拒不退回赃款赃物的；
（五）累犯或有其他故意犯罪前科的犯罪分子、惯犯；
（六）多次伤害他人身体的；
（七）流窜作案的；
（八）一人犯数罪的；
（九）其他不宜和解、调解处理的。

第四条 轻微刑事案件的前期处置、立案、侦查、审查逮捕、审查起诉、审判，依照刑事诉讼法及有关司法解释的规定办理。对于本办法第二条所列轻微刑事案件，公安机关、人民检察院和人民法院可以按照自愿、合法的原则促使当事人和解。

第五条 轻微刑事案件的双方当事人可以采用下列方式自愿进行和解，达成和解协议：
（一）双方自行和解；
（二）在人民调解委员会或者其他基层组织的主持下和解；
（三）在公安机关、人民法院的主持下和解；
（四）在双方当事人均认可的其他第三方的主持下和解。

第六条 轻微刑事案件的双方当事人在人民法院的主持下，可以达成调解协议。

第七条 刑事和解协议或者调解协议的内容应符合有关法律规定，不得损害国家、集体和社会公共利益或者其他公民的合法权益，不得违背社会公德。

第八条 当事人达成刑事和解协议或者调解协议的，应当制作书面的和解协议书或者调解协议书，当事人及其他参加人在协议书上签名、印章（捺指印）。刑事和解协议书或者调解协议书应包括下列内容：（一）犯罪嫌疑人（被告人）认罪悔过并向被害人赔礼道歉；（二）双方当事人就民事赔偿达成书面协议且履行完毕或按协议先行提存到办案机关；（三）被害人书面声明放弃追究犯罪嫌疑人（被告人）的刑事责任，或者书面要求或者同意司法机关对犯罪嫌疑人（被告人）依法从宽处理。刑事和解协议书或者调解协议书正本一式三份，双方当事人各执一份，交办案单位一份入卷。

第九条 当事人自行达成和解协议的，办案单位应当对协议内容的真实性、合法性进行审查，对协议内容不符合要求的，应当告知双方当事人进行补充。刑事和解协议经办案单位确认后方可作为处理案件的依据。

第十条 对本办法第二条第（一）至（四）项所列告诉才处理的案件，当事人在公安机关的主持下达成和解的，和解协议书由公安机关入卷存档。未达成和解协议，或者虽已达成和解协议但一方当事人反悔的，公安机关应当及时告知被害人依法直接向人民法院起诉。

第十一条 对本办法第二条第（五）至（十）项所列轻微刑事案件，当事人达成和解协议的，公安机关可依法不追究犯罪嫌疑人的刑事责任并撤销案件；仍应追究刑事责任的，公安机关在依法提请逮捕和移送审查起诉时，应当将协议一并移送人民检察院。在决定撤销案件前，一方当事人反悔的，公安机关应当依法继续侦查并移送人民检察院审查起诉。当事人达成的刑事和解协议随卷移送人民检察院。

第十二条 对本办法第二条第（五）至（十）项所列轻微刑事案件，公安机关移送人民检察院审查起诉时当事人已经达成和解协议，人民检察院经审查认为仍应追究刑事责任的，应当在法定期限内快速审查起诉。当事人尚未达成和解协议，或者虽已达成和解协议但一方当事人反悔的，人民检察院应进一步加大工作力度，力争促使当事人刑事和解。

第十三条 对本办法第二条第（五）至（十）项所列轻微刑事案件，当事人和解的，人民检察院可以依法从宽处理：

（一）对于采取取保候审、监视居住等方法，足以防止发生社会危害，没有逮捕必要的犯罪嫌疑人，依法不批准逮捕；对于已被逮捕的犯罪嫌疑人，可以依法变更为取保候审或者监视居住。

（二）犯罪情节轻微，被害人要求或同意不追究犯罪嫌疑人刑事责任的，可以建议公安机关依法撤销案件。

（三）犯罪情节轻微，依照刑法规定不需要判处刑罚或者免除刑罚的，可以依法作出不起诉决定。

（四）确需提起公诉的，可以根据被告人的犯罪事实、性质、情节和悔罪表现，建议人民法院依法从宽处理。当事人达成的刑事和解协议随卷移送人民法院。

第十四条 对本办法第二条第（五）至（十）项所列轻微刑事案件，人民检察院提起公诉时当事人已经达成和解协议的，人民法院应当快速审理。当事人尚未达成和解协议，或者虽已达成和解协议但一方当事人反悔的，人民法院应进一步加大工作力度，力争促使当事人刑事和解或达成民事调解。

第十五条 对本办法第二条第（一）至（四）项所列告诉才处理的案件，在人民法院审理过程中，当事人自行和解，自诉人申请撤诉的，由人民法院裁定准许撤回自诉。达成调解协议的，人民法院应当制作刑事自诉案件调解书。提起附带民事诉讼的，应当制作刑事附带民事调解书。对被害人提起自诉的本办法第二条第（五）至（十）项所列案件，当事人自行和解或达成调解协议的，适用前款规定。对公诉机关提起公诉的本办法第二条第（五）至（十）项所列案件，当事人自行和解或达成调解协议的，人民法院可以对被告人依法从宽处理。

第十六条 对于达成和解协议或者调解协议且被告人已履行完毕，被害人又反悔的，人民法院应当充分考虑当事人曾达成和解协议或者调解协议的情节，对被告人依法酌情从轻处罚。

第十七条 人民检察院依法对轻微刑事案件的和解、调解实行法律监督，发现下列情形应当及时予以纠正：

（一）对不符合本办法关于刑事和解条件的公诉案件，当事人私下了结的，人民检察院应当依据刑事诉讼法第八十七条的规定通知公安机关立案侦查。

（二）公安机关对当事人达成和解的刑事案件撤销案件或者不移送起诉，违反法律规定的，人民检察院应当依法通知公安机关纠正。

（三）本办法第二条第（五）至（十）项所列案件犯罪嫌疑人及其辩护人、亲友以暴力、威胁、欺骗或者其他非法手段强迫被害人和解，或者在协议履行完毕之后威胁、报复被害人，查证属实的，人民检察院可以依法提起公诉。犯罪嫌疑人及其辩护人、亲友实施上述行为，情节严重的，依法追究法律责任。

第十八条 刑事和解、调解的时间计入办案期限。

第十九条 本办法自印发之日起执行。

河北省高级人民法院 河北省人民检察院
《关于办理盗窃刑事案件执行具体数额标准的通知》[①]

（2013年7月8日）

根据《最高人民法院 最高人民检察院〈关于办理盗窃刑事案件适用法律若干问题的解释〉》（法释〔2013〕第8号）第一条第一款、第二款规定，结合我省经济发展状况，经省高级人民法院、省人民检察院协商一致，并分别报请最高人民法院和最高人民检察院批准，确定我省办理盗窃刑事案件执行具体数额标准为：

一、个人盗窃公私财物"数额较大"，以二千元为起点；

二、个人盗窃公私财物"数额巨大"，以六万元为起点；

三、个人盗窃公私财物"数额特别巨大"，以四十万元为起点。

原《河北省高级人民法院、河北省人民检察院、河北省公安厅转发〈最高人民法院、最高人民检察院、公安部关于盗窃罪数额认定标准问题的规定〉的通知》（冀高法〔1998〕第43号）同时废止。

河北省高级人民法院 河北省人民检察院
《关于办理敲诈勒索刑事案件执行具体数额标准问题的通知》[②]

（2013年8月19日）

根据最高人民法院、最高人民检察院《关于办理敲诈勒索刑事案件适用法律若干问题的解释》（法

---

① 参见北京市高级人民法院《关于办理盗窃刑事案件司法解释的若干意见》之附件。
② 参见北京市高级人民法院《关于办理敲诈勒索刑事案件司法解释的若干意见》之附件。

释〔2013〕10号）第一条第一款、第二款规定，结合我省经济发展状况，经省高级人民法院、省人民检察院协商一致，并分别报请最高人民法院和最高人民检察院批准，确定我省办理敲诈勒索刑事案件执行具体数额标准为：

一、敲诈勒索公私财物"数额较大"，以三千元为起点；

二、敲诈勒索公私财物"数额巨大"，以六万元为起点；

三、敲诈勒索公私财物"数额特别巨大"，以四十万元为起点。

原《河北省高级人民法院关于我省审理敲诈勒索案件确定执行数额标准问题的通知》（冀高法〔2000〕134号）同时废止。

河北省人民检察院　河北省公安厅　河北省环境保护厅 《关于办理环境污染犯罪案件的若干规定（试行）》

（2013年9月20日）

为强化环境保护行政主管部门与司法机关的有效配合，实现行政执法与刑事司法的有序衔接，惩治环境污染犯罪，保护生态环境，依据《中华人民共和国刑法》、《刑法修正案（八）》、最高人民法院、最高人民检察院《关于办理环境污染刑事案件适用法律若干问题的解释》（法释〔2013〕15号）、国务院《行政执法机关移送涉嫌犯罪案件的规定》（国务院第310号令）以及环保部《关于环境保护行政主管部门移送涉嫌环境犯罪案件的若干规定》（环发〔2007〕78号）等有关法律和规定，结合我省实际，制定本规定。

一、严格履行法定职责

1. 各级环境保护行政主管部门法制机构负责环境污染犯罪案件移交；各级公安机关治安管理部门负责环境污染犯罪案件立案侦查；各级人民检察院侦查监督和公诉部门负责环境污染犯罪案件建议移送、监督立案、批准逮捕、提起公诉等相关工作。

2. 环境保护行政主管部门在查处环境违法案件过程中，发现涉嫌构成污染环境等犯罪行为的，应当将案件线索和有关证据材料向同级公安机关移送；发现涉嫌构成环境监管失职等犯罪行为的，应当将案件线索向同级人民检察院移送。

3. 公安机关对于环境保护行政主管部门移送的案件和自行受理的涉嫌环境犯罪案件，应当及时审查。经审查，认为确有犯罪事实需要追究刑事责任，且具有管辖权的，应当立案侦查。发现涉嫌贪污贿赂、渎职侵权等职务犯罪线索的，应当向人民检察院移送。

4. 人民检察院应当对环境保护行政主管部门移送和公安机关刑事立案工作进行监督，及时依法批准逮捕、提起公诉，并将处理结果书面告知环境保护行政主管部门、公安机关；对作出不起诉决定的案件、对人民法院作出无罪判决或者免于刑事处罚的案件，认为依法应当给予环境行政处罚的，应当提出检察建议，并移送环境保护行政主管部门处理。

二、环保部门办理程序

5. 环境保护行政主管部门查办案件过程中对符合环境犯罪刑事追诉标准涉嫌环境犯罪的案件，应当报经本部门正职负责人或者主持工作的负责人审批，并按规定及时向公安机关移送，不得以行政处罚代替刑事案件移送；对已作出行政处罚决定的，应当附有行政处罚决定书。

6. 对于案情重大、复杂、疑难，性质难以认定的案件，环境保护行政主管部门可以将案件情况向公安机关、人民检察院通报并咨询。对情况紧急、有证据表明可能涉嫌环境犯罪的人员有逃匿或者销毁证据嫌疑，需要公安机关参与、配合的，可以商请公安机关提前介入。

7. 环境保护行政主管部门移送涉嫌环境犯罪案件，应当附有的材料包括：①涉嫌犯罪案件移送书；②涉嫌犯罪案件情况的调查报告；③涉嫌物品清单；④有关监测报告、鉴定结论以及认可证明；⑤现场检查（勘察）笔录或者调查询问笔录；⑥其他有关涉嫌环境犯罪的材料。

8. 环境保护行政主管部门向公安机关或人民检察院移交作为证据使用的监测结论，应当申请省级环境保护行政主管部门认可。省级环境保护行政主管部门是否认可的意见应当在收到认可申请之日起5个工作日内作出。因特殊原因确需延长认可时间的，需经单位主要负责人批准。监测结论认可工作应当在正式移送前完成。

9. 环境保护行政主管部门对公安机关作出不予立案决定的案件，可以在收到通知3个工作日内，向作出不予立案决定的公安机关提请复议；也可将案件移送人民检察院，提请人民检察院立案监督。提请复议和提请立案监督时移送的案件证据材料应当与向公安机关提供的证据材料一致。

10. 环境保护行政主管部门对人民检察院建议移送的案件，应当自收到人民检察院建议移送的书面意见后24小时内将涉嫌环境犯罪案件移送公安机关，并将有关情况通报人民检察院。

11. 环境保护行政主管部门对依法移送办理终结的案件，应当将案卷材料归档，并按照逐级上报的方式报省级环境保护行政主管部门备案。

三、公安机关办理程序

12. 公安机关对环境保护行政主管部门移送的涉嫌犯罪案件，应当以书面形式予以受理。对于不属于本机关管辖，应当按有关规定移送相关部门，并书面告知移送案件的环境保护行政主管部门。认为移送涉嫌犯罪案件证据材料不全的，可以在受理后通知补充移送。

13. 公安机关对环境保护行政主管部门移送的涉嫌犯罪案件，应当在受理之日起3个工作日内作出立案或者不立案的决定。决定不立案的，应当同时退回案卷材料，并书面说明不立案的理由。

14. 公安机关对涉嫌环境污染犯罪刑事案件的报案、控告、举报和自首的材料，应当及时进行审查，认为有需要追究刑事责任的，应当立案侦查。认为不需要追究刑事责任但其行为已违反《中华人民共和国治安管理处罚法》的，公安机关应当依法作出行政拘留处罚。认为不需要追究刑事责任但应当由环境保护行政主管部门依法追究行政责任的，应当在作出决定之日起3个工作日内将案件及有关材料移送相关环境保护行政主管部门。

15. 对于人民检察院提出移送涉嫌环境犯罪案件意见而环境保护行政主管部门未移送，公安机关可以根据人民检察院的意见，主动向环境保护行政主管部门查询案件，必要时可以直接立案侦查。

16. 对于人民检察院要求说明不立案理由的案件，公安机关应当在收到人民检察院书面通知之日起7日内书面答复人民检察院。人民检察院审查后认为不立案理由不能成立，公安机关应当在收到通知立案书后15日以内立案。

17. 对于立案后又撤销的环境污染犯罪案件，公安机关应当向移送案件的环境保护行政主管部门和通知立案的人民检察院通报有关情况。

四、建立联合执法制度

18. 联席会议制度。县级以上环境保护行政主管部门应当定期组织召开联席会议。联席会议的负责人可由各单位的正职或者分管领导担任，并设联络人。联席会议每季度召开一次，紧急情况可召开临时会议。

19. 信息共享制度。建立健全环境犯罪案件信息网络平台，实现环境保护行政主管部门与公安机关、人民检察院之间行政执法、刑事司法信息互通。

20. 执法联动制度。在下列情况下，可以启动环保与公安执法联合执法机制：①在一定区域、时段内，某类环境污染违法犯罪案件高发的；②可能引起群体性事件或者暴力阻挠的；③环境保护执法人员在执法检查过程中，遇到恶意阻挠、恐吓或者暴力抗法的；④公安部门立案侦查的环境污染违法犯罪案件，需要环境保护行政主管部门配合取证、监测、评估污染损失的；⑤经协商需要联合执法的其他情形。

21. 重大案件挂牌督办制度。省环境保护厅、省公安厅对以下案件实行挂牌督办：①在全省具有较大影响的疑难、复杂案件；②可能判处3年以上有期徒刑的案件；③严重影响当地群众生产、生活的案件；④省级以上领导批办的案件以及其他需要挂牌督办的重大案件。对挂牌督办的案件，公安、环境保护行政主管部门要成立专案小组，落实督办要求。各市、县公安、环保部门相应建立本地重大案件挂牌督办制度。

五、落实案件监督制度

22. 环境保护行政主管部门要建立健全完善行政执法监督机制，通过案件评查、重大案件备案审查、专案督查等方式，切实强化对涉嫌环境犯罪案件的监督检查，及时发现案件处理过程中存在的问题，通过执法监察建议、责令改正、限期移送等方式予以纠正。

23. 环境保护行政主管部门对已构成治安处罚、刑事处罚案件应当移送公安部门而不移送的，或者公安部门违反规定，不受理环境保护行政主管部门移送的涉嫌环境污染违法犯罪案件，公安、环境保护行政主管部门可提出立案监督建议，提请同级检察机关依法进行监督。

24. 人民检察院在调查处理案件过程中，可以向环境保护行政主管部门、公安机关查询案件情况，必要时可以派人查阅、复印案件材料，环境保护行政主管部门、公安机关应当予以配合。

六、加强办案组织领导

25. 加强组织领导。各级公安、环境保护行政主管部门应当成立环境犯罪案件工作领导小组，切实加强组织领导，明确分工，落实责任部门和责任人，研究移交和办理工作的长效机制，组织联合执法行动，对环境污染犯罪案件查处工作进行联合会商，协调工作中遇到的困难和问题。

25. 落实经费保障。各级公安、环境保护行政主管部门要加强联合执法机制建设和执法办案的资金保障，积极争取将日常办公、情报信息、举报奖励、办案装备、人员培训、宣传教育等工作所需的经费列入同级财政预算，保障打击环境犯罪工作正常运转。

七、执行时间

27. 本规定自2013年9月20日起执行。法律、法规和规章已经有规定的，从其规定；有新规定或者有新的司法解释的，适用新规定或新解释。

河北省高级人民法院 河北省人民检察院 河北省公安厅 河北省司法厅《关于快速办理犯罪嫌疑人、被告人认罪的轻微刑事案件的工作意见（试行）》

(2013年10月15日)

为了全面贯彻落实宽严相济的刑事政策，提高诉讼效率，及时化解社会矛盾，实现办案法律效果和社会效果的有机统一，为构建社会主义和谐社会服务，根据《中华人民共和国刑法》、《中华人民共和国刑事诉讼法》等有关法律，结合河北省办理刑事案件工作实际，现就快速办理犯罪嫌疑人、被告人认罪的轻微刑事案件，提出如下意见：

第一章 总 则

一、快速办理犯罪嫌疑人、被告人认罪的轻微刑事案件工作机制，是指对于案情简单、事实清楚，证据确实充分，犯罪嫌疑人、被告人认罪且有可能判处三年以下有期徒刑、拘役、管制、单独适用附加刑或者免予刑事处罚的的轻微刑事案件，在依照法定程序，确保办案质量的前提下，简化工作流程、缩短办案期限的工作机制。

二、快速办理犯罪嫌疑人、被告人认罪轻微刑事案件快速办理机制，应当坚持以下原则：

（一）严格依法原则。快速办理轻微刑事案件，必须严格执行法律规定的程序，可以简化内部工作流程，缩短各个环节的办案期限，但不能省略法定的诉讼程序。

（二）公正与效率相统一原则。在确保案件质量的前提下，要尽可能缩短办案周期，做到快侦、快捕、快诉、快判，实现既好又快地办理轻微刑事案件。

（三）庭审简易原则。人民法院审理被告人认罪的轻微刑事案件，应当适用简易程序。

（四）充分保障诉讼参与人诉讼权利原则。在快速办理轻微刑事案件过程中，必须充分保障法律规定的诉讼参与人，特别是犯罪嫌疑人、被告人、被害人的诉讼权利，不能为了追求快速办理而忽视对诉讼参与人权利的保护。

（五）及时化解社会矛盾的原则。把办理轻微刑事案件同解决社会矛盾紧密结合起来，通过建立快速办案机制，提高化解社会矛盾的效率。

三、公安机关、人民检察院、人民法院建立轻微刑事案件快速办理工作联席会议制度，定期对快速办理的轻微刑事案件质量、效率进行检查评估，确保轻微刑事案件快速办理工作机制长期良性发展。

第二章 适用范围

四、适用快速办理程序的轻微刑事案件，应当同时具备以下条件：

（一）案情简单，事实清楚，证据充分，罪名单一；

（二）可能判处三年以下有期徒刑、拘役、管制，独立适用附加刑或者免予刑事处罚；

（三）犯罪嫌疑人、被告人态度好，如实供述指控的犯罪事实且无反复，犯罪嫌疑人、被告人及其辩护人对所指控的犯罪事实及罪名无异议；

（四）民事赔偿问题已得到有效解决或已达成刑事和解。

五、对于符合第四条规定条件的下列轻微刑事案件，优先适用轻微刑事案件快速办理程序：

（一）危险驾驶案件；

（二）交通肇事案件；

（三）盗窃案件；

（四）诈骗案件；

（五）故意伤害案件；

（六）故意毁坏财物案件；

（七）寻衅滋事案件；

（八）妨害公务案件。

六、对于符合第四条规定条件的下列案件，可以适用轻微刑事案件快速办理程序：

（一）未成年人或者在校学生涉嫌犯罪的案件；

（二）七十岁以上的老年人涉嫌犯罪的案件；

（三）严重疾病患者或者怀孕、哺乳自己未满一周岁婴儿的妇女涉嫌犯罪的案件；

（四）主观恶性较小的初犯、过失犯；

（五）因亲友、邻里纠纷等引发的刑事案件；

（六）当事人双方已经就民事赔偿、化解矛盾等达成和解的刑事案件；
（七）具有中止、未遂、自首、立功等法定从轻、减轻或者免除处罚情节的案件；
（八）其他轻微刑事案件。
七、具有下列情形之一的案件，不适用轻微刑事案件快速办理程序：
（一）危害国家安全犯罪案件、职务犯罪案件及其他严重危害社会的案件；
（二）涉外、涉港澳台地区刑事案件；
（三）犯罪嫌疑人、被告人系累犯、缓刑期间又犯新罪或发现漏罪的案件；
（四）当事人有缠诉、缠访隐患的案件；
（五）犯罪嫌疑人、被告人有检举揭发线索需要核实的案件；
（六）属于刑事诉讼法第二百零九条规定的不适用简易程序的案件；
（七）其他不宜适用轻微刑事案件快速办理程序审理的案件。

第三章 工作程序

八、对于符合条件的轻微刑事案件，公安机关、人民检察院、人民法院应当及时启动轻微刑事案件快速办理程序，形成案件整体联动，原则上在一个月内完成一审全部诉讼流程，至多不超过一个半月。

九、公安机关应按照以下工作程序快速办理轻微刑事案件：
（一）公安机关要建立轻微刑事案件专人办理制度，指定专人或专门小组办理该类案件。
（二）公安机关法制部门在审核刑事强制措施过程中，对符合快速办理条件的轻微刑事案件，应当提出意见，在审核强制措施的同时，报经分管领导审批同意后，立即通知办案部门启动轻微刑事案件快速办理程序，在卷宗封面加盖"轻微刑事案件快速办理"绿色印章，并制作补充证据清单交办案部门，督促其在规定的时间内侦查终结。同时，将启动意见通报同级人民检察院。法制部门固定专门人员，负责轻刑快办案件的启动、审核、督办、协调等工作。
（三）公安机关对符合快速办理条件的轻微刑事案件，原则上在犯罪嫌疑人被采取强制措施后十日内侦查终结并移送人民检察院审查起诉，最多不超过十五日。其中：对于犯罪嫌疑人符合延长刑事拘留至三十日情形的，应当在办理延长手续后，移送人民检察院审查起诉；对于不符合延长刑事拘留至三十日情形的案件，又不能在法定的刑事拘留期间完成侦查工作的，应当及时变更刑事强制措施；对于符合逮捕条件的案件，应当在七日内提请人民检察院批准逮捕。人民检察院应当在三日内作出是否批准逮捕的决定。
（四）公安机关监所管理部门要加强对轻刑快办案件在押犯罪嫌疑人的管理、教育，促使其认罪悔罪，并为犯罪嫌疑人、被告人委托辩护人、办案机关讯问和律师会见提供便利。
（五）公安机关对适用轻微刑事案件快速办理程序的案件，应当邀请人民检察院提前介入，引导侦查。人民检察院根据案情需要可以及时派员提前介入。
（六）公安机关在侦查中，发现不宜适用轻微刑事案件快速办理程序的，有权终止该程序，并在卷宗封面上加盖"终止轻微刑事案件快速办理"红色印章，将案件转为其他程序继续办理。

十、人民检察院应按照以下工作程序快速办理轻微刑事案件：
（一）人民检察院公诉部门要建立轻微刑事案件专人办理制度，指定专人或专门公诉组办理该类案件。
（二）人民检察院案件管理部门收到盖有"轻微刑事案件快速办理"绿色印章的案件后，应当立即进行审查。经审查认为符合受理条件的，应于当日受理并移交公诉部门。
（三）人民检察院公诉部门应当在三日内告知犯罪嫌疑人、被害人相关诉讼权利，讯问犯罪嫌疑人，听取辩护人、被害人及其法定代理人的意见，确认是否同意适用轻微刑事案件快速办理程序，完成审查报告的制作。案件审查报告可以简化，但关键性证据的摘录不得简略。
（四）人民检察院原则上在案件受理后六日内完成审查起诉工作并向人民法院提起公诉，最多不超过十日。对于适用轻微刑事案件快速办理程序的案件，人民检察院可以依法向人民法院提出从轻或者减轻处罚的量刑建议；对于符合拘役刑适用条件的案件，可以提出适用拘役刑的量刑建议。
对于符合刑事诉讼法第一百七十三条第二款不起诉条件的案件，人民检察院可以依法作出不起诉决定。
（五）人民检察院在审查起诉中，发现不宜适用轻微刑事案件快速办理程序的，有权终止该程序，并在卷宗封面上加盖"终止轻微刑事案件快速办理"红色印章，将案件转为其他程序继续办理。人民检察院决定终止快速办理程序的，应当在两日内函告移送起诉的公安机关。
（六）人民检察院对快速办理轻微刑事案件的诉讼活动实行法律监督，发现公安机关、人民法院在快速办理轻微刑事案件过程中违反法定程序、适用法律错误、量刑不当的，应当依法提出纠正意见或者提出抗诉。

十一、人民法院应当按照以下工作程序快速办理轻微刑事案件：

（一）人民法院刑事审判庭要建立轻微刑事案件专人办理制度，指定专人或专门合议庭审理该类案件。

（二）人民法院立案庭收到盖有"轻微刑事案件快速办理"绿色印章的案件后，应当立即进行审查。经审查认为符合立案条件的，应于当日立案并移交刑事审判庭。

（三）人民法院刑事审判庭适用轻微刑事案件快速办理程序审理案件，应当至迟于立案后次日起将起诉书副本送达被告人（遇法定节假日顺延），讯问其对起诉书指控的犯罪事实的意见，告知其享有的委托辩护等诉讼权利及适用简易程序和轻微刑事案件快速办理程序的相关规定，确认被告人是否同意适用简易程序和轻微刑事案件快速办理程序审理。

（四）人民法院适用轻微刑事案件快速办理程序审理案件，应当适用简易程序，并在量刑上酌情从轻处罚。

（五）人民法院适用轻微刑事案件快速办理程序审理案件，原则上在立案后十四日内一审审结，最多不超过二十日。人民法院快速办理轻微刑事案件可以批量案件集中办理、集中告知当事人诉讼权利和程序规定、当庭宣判。

人民法院要在法庭使用、警力配备、时间安排等方面给予充分保障。

（六）人民法院在审理过程中，发现不宜适用轻微刑事案件快速办理程序的，有权终止该程序，并在卷宗封面上加盖"终止轻微刑事案件快速办理"红色印章，将案件转为其他程序继续办理。人民法院决定终止快速办理程序的，应当在两日内函告提起公诉的人民检察院。

十二、司法行政机关应当培训专门的律师队伍，在看守所放置律师名册，便于犯罪嫌疑人、被告人及时委托辩护人和获得法律帮助。

十三、适用轻微刑事案件快速办理程序审结并被判处有期徒刑、拘役的罪犯，按照最高人民法院《关于适用〈中华人民共和国刑事诉讼法〉的解释》第四百二十九条的规定立即交付执行。

第四章　附　　则

十四、本规定自二〇一三年十一月一日起实施。

河北省高级人民法院　河北省人民检察院　河北省公安厅　河北省环境保护厅《关于严厉打击环境污染违法犯罪活动的通告》

(2013 年 11 月 27 日)

为严厉打击环境污染违法犯罪活动，维护我省环境安全和公众环境权益，省高级人民法院、省人民检察院、省公安厅、省环境保护厅决定，从 2013 年 11 月起至 2014 年 5 月，在全省范围内开展打击环境污染违法犯罪"利剑斩污"专项行动，依据有关法律法规通告如下：

一、重点整治行业

（一）违反国家法律法规规定，存在非法排污、超标排污、恶意排污的电力、钢铁、建材、冶炼、焦化、造纸、纺织、石化、制药、化工、食品、制革、垃圾处理等企业；

（二）违反国家产业政策的"十五小"、"新六小"企业。"十五小"企业包括：小造纸、小制革、小染料、土炼焦、土炼硫、土炼砷、土炼汞、土炼铅锌、土炼油、土选金、小农药、小电镀、土法生产石棉制品、土法生产放射性制品、小漂染。"新六小"企业包括小水泥、小玻璃、小炼焦、小火电、小炼铁、小煤矿；

（三）国家 2011 年产业结构调整指导目录中明确时限淘汰类污染项目。

二、重点打击对象

（一）违反国家规定，排放、倾倒、处置有放射性的废物、含传染病病原体的废物、危险废物、剧毒化学品、含有重金属的物质等有毒物质以及其他有毒有害物质，导致水源、土壤、植被受到污染的；

（二）非法排放、倾倒、处置危险废物的，特别是在执行危险废物转移联单制度中异地非法排放倾倒的；

（三）非法排放含重金属、持久性有机污染物等严重危害环境、损害人体健康的污染物超过国家污染物排放标准或者省政府根据法律授权指定的污染物排放标准的；

（四）私设暗管或者利用渗井、渗坑、裂隙、溶洞等排放、倾倒、处置有放射性的废物、含传染性病原体的废物、有毒物质的；

（五）违反国家规定，制造、买卖、储存、运输、使用、提供、处置毒害性、放射性、腐蚀性物质或传染病病原体等危险物质的；

（六）盗窃、损毁环境监测设施或者使监测设置不正常运行以及在线监控设备数据造假的；

（七）废水排放和大气排放企业不正常使用污染防治设施，恣意偷排偷放、超标排放的；

（八）阻碍或以暴力、威胁方法阻碍环境、公安等国家机关工作人员依法执行职务的；

（九）其他严重危害环境安全的违法犯罪行为。

三、对在本通告发布之日起 30 日内，环境污染案件违法犯罪人员及在逃人员主动向司法机关投案自首或主动向环境保护主管部门如实坦白非法排污、超标排污、恶意排污行为的，依法从轻、减轻或者免除处罚；逾期不投案，到案后不如实坦白违法犯罪行为的，依法从严惩处。

四、违法犯罪人员有揭发他人涉及环境污染违法犯罪行为，查证属实的，或者提供重要线索，得以侦破其他环境污染案件的，可以依法从轻或者减轻处罚；有重大立功表现的，可以依法减轻或者免除处罚。

五、鼓励广大人民群众积极举报环境污染违法犯罪活动、提供违法犯罪活动线索，动员、规劝在逃环境污染案件犯罪嫌疑人投案自首。对举报有功的，按有关规定给予奖励。司法机关将对举报人依法予以保护。对威胁、打击报复举报人的，依法从严惩处。对窝藏、包庇环境污染违法犯罪分子，帮助违法犯罪分子毁灭、伪造证据的，依法追究法律责任。

六、本通告自发布之日起施行。

第九编　河南省刑法适用规范性文件

河南省高级人民法院　河南省人民检察院　河南省公安厅
《河南省失火罪和消防责任事故罪立案标准》
（1999年8月4日）

一、失火罪的立案标准根据
《刑法》第115条的规定，由于行为人的过失引起火灾，致人重伤、死亡或者使公私财产遭受重大损失，具有下列情形之一的，应予立案：
1. 死亡1人以上（含本数，下同）；
2. 重伤3人以上；
3. 受灾10户以上；
4. 直接经济损失20万元以上；
5. 人员伤亡、直接经济损失、受灾户虽不足规定数额，但情节严重，社会危害较大，使生产、生活受到重大损害的。

二、消防责任事故罪的立案标准
根据《刑法》第139条的规定，违反消防管理法规，经公安消防监督机构通知采取改正措施而拒绝执行或者未按要求执行，造成严重后果，有下列情形之一的，应予立案：
1. 死亡1人以上（含本数，下同）；
2. 重伤3人以上；
3. 轻伤10人以上，或重伤、轻伤10人以上；
4. 受灾20户以上；
5. 直接经济损失30万元以上；
6. 人员伤亡、直接经济损失、受灾户虽不足规定数额，但情节严重，社会危害较大，使生产、生活受到重大损害的。

河南省高级人民法院　河南省人民检察院　河南省公安厅　河南省林业厅
《关于办理林业（森林）刑事、治安和林业行政案件执法中有关问题的通知》
（2003年6月25日）

根据我国《刑法》、《刑事诉讼法》、《森林法》和最高人民法院、最高人民检察院、公安部、林业部的有关规定，为了进一步规范我省林业、野生动植物刑事、治安和林业行政案件中的执法关系，现就办理林业、野生动植物刑事、治安和林业行政案件执法过程中的有关问题通知如下：

一、我省各级森林（林业）公安机关是受理盗伐、滥伐等各类毁坏林木、危害陆生野生动物和珍稀植物、越权发放、买卖、伪造林业证件、森林火灾刑事案件，有关治安案件（以下统称案件）的专门机关。对上述案件具体行使调查、立案、侦查、采取强制措施、提请批准逮捕、移送审查起诉以及进行治安处罚等职能。

二、各级森林（林业）公安机关受理本辖区内的案件。市级森林（林业）公安机关除对辖区内森林（林业）公安机关业务进行指导、协调、监督外，可直接受理、查处辖区内有重大影响的案件和由下级森林（林业）公安机关受理确有困难的案件。

省森林公安局负责指导、协调、监督、督查、督办全省各级森林（林业）公安机关的业务工作，并可直接受理、查处在全省有重大影响的案件和由下级森林（林业）公安机关查处确有困难的案件。

三、市、县（市、区）森林（林业）公安机关立案侦查的刑事案件，由犯罪地森林（林业）公安机关向该机关所在地县（市）、区级人民检察院提请批准逮捕，对于管辖权发生争议的案件，森林（林业）公安机关需层报省森林公安局商省辖市人民检察院或者报请省人民检察院确定侦查管辖权。

省森林公安局直接立案侦查的刑事案件，由犯罪地省辖市人民检察院或郑州市人民检察院受理提请批准逮捕。涉及面广，案情重大复杂，确需省人民检察院受理的，由省人民检察院依法直接办理。

四、各级森林（林业）公安机关侦查终结的刑事案件向犯罪地所在市、县、区级人民检察院移送审查起诉。

人民检察院提请公诉的案件，应当与人民法院审判管辖相适应。几个同级人民检察院都有管辖权的案件，由共同的上级人民检察院指定管辖，并向同级人民法院移送审判，同时通知移送起诉的森林（林业）公安机关。

由省森林公安局移送审查起诉的刑事案件，可以向犯罪地的市人民检察院移送审查起诉。确需异地起诉的，可向郑州市人民检察院移送审查起诉，或者向省人民检察院指定的检察院移送审查起诉。

五、办理刑事案件，需要羁押犯罪嫌疑人的分别由各地看守所承担羁押。市级森林（林业）公安机关侦破的刑事案件，可在犯罪地羁押，也可由市看守所羁押；省森林公安局侦办的刑事案件，可在犯罪地的市或县看守所羁押，根据案件需要也可交由郑州市或者省看守所羁押。

六、森林（林业）公安机关对违反治安管理的行为人需要治安处罚的，应按照《治安管理处罚条例》规定的权限和《行政处罚法》规定的程序执行。其中需要治安拘留处罚的由县级以上森林（林业）公安机关裁决，在森林（林业）公安机关所在地的当地公安机关治安拘留所执行。

七、当事人不服森林（林业）公安机关作出的具体行政行为，可以向上一级森林（林业）公安机关或同级人民政府申请复议。

八、未建立森林（林业）公安机关的，需要对有关林业（森林）刑事、治安案件进行查处的，由当地公安机关管辖。当事人对当地公安机关作出的具体行政行为不服的，向其上一级公安机关或同级人民政府申请复议。

九、在办理涉及林业、野生动植物资源和森林火灾的刑事案件中，公、检、法各部门要按照"分工负责、互相配合"的原则，加强协调，人民检察院要认真履行法律监督职责，保证国家法律的统一、正确实施。

河南省高级人民法院　河南省人民检察院　河南省公安厅 《关于办理森林和野生动植物资源刑事案件若干问题的规定》

（2005年6月）

为依法惩处破坏森林和野生动植物资源违法犯罪活动，根据《中华人民共和国刑法》、《中华人民共和国森林法》和最高人民法院《关于审理破坏森林资源刑事案件具体应用法律若干问题的解释》等法律、法规和有关规定，结合我省实际，对办理森林和野生动植物资源刑事案件的有关问题规定如下：

第一条 刑法第三百四十四条规定的"珍贵树木或者国家重点保护的其他植物"及刑法第一百五十一条规定的"珍稀植物"，包括列入国家重点保护野生植物名录及《濒危野生动植物种国际贸易公约》附录一、附录二的植物，由省级以上林业主管部门或者其他部门确定的具有重大历史纪念意义、科学研究价值或者年代久远（树龄在一百年以上）的古树名木。

第二条 具有下列情形之一的，属于非法采伐、毁坏珍贵树木或者国家重点保护的其他植物，"情节严重"的行为，依照刑法第三百四十四条的规定，以非法采伐、毁坏国家重点保护植物罪定罪处罚：

（一）非法采伐珍贵树木或者国家重点保护的其他植物2株或2立方米以上的；

（二）非法毁坏珍贵树木或者国家重点保护的其他植物致死3株以上的；

（三）非法采伐、毁坏珍贵树木或者国家重点保护的其他植物价值5000元以上的；

（四）为首组织、策划、指挥非法采伐、毁坏珍贵树木或者国家重点保护的其他植物的；

（五）其他情节严重的情形。

第三条 珍贵树木或者国家重点保护的其他植物制品、珍稀植物制品，包括其任何部分，以及由其本身或其部分加工而成的产品。

第四条 具有下列情形之一的，属于非法收购、运输、加工、出售珍贵树木或者国家重点保护的其他植物及其制品，走私国家禁止进出口的珍稀植物或其制品，"情节严重"的行为。依照刑法第三百四十四条、第一百五十一条（第三款）的规定，分别以非法收购、运输、加工、出售国家重点保护植物、国家重点保护植物制品罪、走私珍稀植物、珍稀植物制品罪定罪处罚。

（一）非法收购、运输、加工、出售、走私珍贵树木或者国家重点保护的其他植物2株或2立方米以上的；

（二）非法收购、运输、加工、出售珍贵树木或者国家重点保护的其他植物或其制品，走私珍稀植物或其制品价值5000元以上的；

（四）非法获利2000元以上的；

（五）为首组织、策划、指挥非法收购、运输、加工、出售珍贵树木或者国家重点保护的其他植物或走私珍稀植物或其制品的；

（六）其他情节严重的情形。

第五条 盗伐林木2立方米或者幼树100株以上，属盗伐林木"数量较大"；盗伐林木20立方米或者幼树1000株以上，属盗伐林木"数量巨大"；盗伐林木100立方米或者幼树5000株以上的，属盗伐林木"数量特别巨大"。

第六条 滥伐林木10立方米或者幼树500株以上，属滥伐林木"数量较大"；滥伐林木50立方米或者幼树2500株以上的，属滥伐林木"数量巨大"。

第七条 非法收购、运输盗伐、滥伐的林木20立方米或者幼树1000株以上，属非法收购、运输盗伐、滥伐的林木"情节严重"；非法收购、运输盗伐、滥伐的林木100立方米或者幼树5000株以上的，属非法收购、运输盗伐、滥伐的林木"情节特别严重"。依照刑法第三百四十五条的规定，依非法收购、运输盗伐、滥伐的林木罪定罪处罚。

第八条 故意毁坏森林或者其他林木20立方米或幼树1000株以上，或价值2万元以上，属故意毁坏森林或其他林木"数量较大"，依照刑法第二百七十五条的规定，以故意毁坏公私财物罪定罪处罚。

故意毁坏森林或者其他林木100立方米或者幼树5000株以上，或者价值5万元以上的，属故意毁坏林木"数额巨大"。

第九条 以牟利为目的，违反《森林法》等法律、法规中关于林地管理的规定，非法转让、倒卖林地使用权，具有下列情形之一的，属非法转让、倒卖林地使用权"情节严重"，依照刑法第二百二十八条的规定，以非法转让、倒卖土地使用权罪定罪处罚：

（一）非法转让、倒卖特种用途林、防护林等公益林地5亩以上、10亩以下的；

（二）非法转让、倒卖特种用途林、防护林等公益林地以外的其他林地10亩以上、20亩以下的；

（三）非法获利50万元以上、100万元以下的。

第十条 实施第十一条规定的行为，具有下列情形之一的，属非法转让、倒卖林地使用权"情节特别严重"：

（一）非法转让、倒卖特种用途林、防护林等公益林地10亩以上的；

（二）非法转让、倒卖特种用途林、防护林等公益林地以外的其他林地20亩以上的；

（三）非法获利100万元以上的。

第十一条 违反《森林法》等法律法规中关于林地管理的规定，未按法定程序办理批准手续，擅自将林地改为非林业用地，数量较大，造成林地大量毁坏的，依照刑法第三百四十二条的规定，以非法占用林地罪定罪处罚。

（一）"数量较大"是指非法占用特种用途林、防护林等公益林地5亩以上，其他林地10亩以上。

（二）"造成林地大量毁坏"是指行为人非法占用林地开垦、采矿、采石、采砂、建窑、建房、取土、修筑工程设施及其他毁坏林地的行为，或者进行其他非林业建设造成林地种植条件严重毁坏或者严重污染。

第十二条 国家机关工作人员徇私舞弊，违反林地管理法规，滥用职权，非法批准征用、占用林地，具有下列情形之一的，属于非法批准征用、占用林地"情节严重"，依照刑法第四百一十条的规定，以非法批准征用、占用土地罪定罪处罚：

（一）非法批准征用、占用特种用途林、防护林等公益林地5亩以上、10亩以下的；

（二）非法批准征用、占用特种用途林、防护林等公益林地以外其他林地10亩以上、30亩以下的。

第十三条 实施第十二条规定的行为，具有下列情形之一的，属于非法批准征用、占用林地"致使国家或者集体利益遭受特别重大损失情节严重"：

（一）非法批准征用、占用特种用途林、防护林等公益林地10亩以上的；

（二）非法批准征用、占用特种用途林、防护林等公益林地以外其他林地30亩以上的。

第十四条 放火造成森林或者其他林木火灾，具有下列情形之一的，属"使公私财产遭受重大损

失",依照刑法第一百一十五条第一款的规定,以放火罪定罪处罚:
(一)过火林地面积 10 公顷以上;
(二)烧毁林木 10000 株以上的;

第十五条 失火造成森林或者其他林木火灾,具有下列情形之一的,属"情节较轻",依照刑法第一百一十五条第二款的规定,以失火罪定罪处罚:
(一)过火有林地面积 2 公顷以上、10 公顷以下的;
(二)烧毁林木 3000 株以上、10000 株以下的。
具有下列情形之一的,属刑法第一百一十五条第二款规定的"过失犯前款罪":
(一)过火林地面积 10 公顷以上;
(二)烧毁林木 10000 株以上。

第十六条 刑法第三百四十一条第二款规定"违反狩猎法规,在禁猎区、禁猎期或者使用禁用的工具、方法进行狩猎,破坏野生动物资源,情节严重"中的野生动物指"有益的或者有重要经济、科学研究价值的陆生野生动物"。

第十七条 盗伐、滥伐竹林或者其他竹子的定罪量刑标准,按照竹子折算立木材积的数量套用盗伐、滥伐林木等定罪量刑的标准。折算标准为:胸径在 12 厘米以上的竹子,按 400 公斤竹材折算立木材积 1 立方米;胸径在 12 厘米以下的竹子,按 300 公斤竹材折算立木材积 1 立方米;新栽竹林以墩为单位,每 30 墩(每墩 1—3 株,若为丛生竹类,每墩 10 株左右)折算立木材积 1 立方米。

第十八条 林木、珍贵树木或者国家重点保护的其他植物及其制品、珍稀植物及其制品的价值,有国家规定价格的,按国家规定价格计算;没有国家规定价格的,按主管部门规定的价格计算;没有国家或者主管部门规定价格的,按市场价格计算;进入流通领域的,按实际销售价格计算;实际销售价格低于国家或者主管部门规定价格的,按国家或者主管部门规定的价格计算;实际销售价格低于市场价格,又没有国家或者主管部门规定价格的,按市场价格计算,不能按低价销赃的价格计算。

第十九条 持有中级以上林业技术职称或由省林业厅颁发的林业鉴定技术资格的人员,具有森林和野生动物案件的技术鉴定资格;中级以上林业技术职称或持有河南省森林防火指挥部、河南省林业厅颁发的森林火灾鉴定技术资格证书的人员,具有森林火灾案件的技术鉴定资格。

第二十条 非法征用、占用林地、非法批准征用占用林地、过火林地的面积均指实际面积。即有斜坡的指斜坡面积,无斜坡的,指平面面积。

第二十一条 单位触犯刑法第一百五十一条、第二百二十八条、第三百四十二条、第三百四十四条、第三百四十五条规定之罪的,定罪量刑标准依照本规定的有关规定执行。

第二十二条 本规定中所指的以上均包括本数在内。

第二十三条 本规定自发布之日起执行。本规定有与国家法律和有关法律解释相冲突的,以国家法律和法律解释为准。

河南省高级人民法院　河南省人民检察院　河南省公安厅
《关于办理森林和野生动植物资源刑事案件若干问题的补充规定》

(2005 年 6 月)

为了惩治故意毁坏森林或者其他林木的犯罪行为,切实保护森林资源,现将《河南省高级人民法院、河南省人民检察院、河南省公安厅关于办理森林和野生动植物资源刑事案件若干问题的规定》(豫高法〔2003〕203 号)第八条修改为:

故意毁坏森林或者其他林木,需要按照故意毁坏财物罪处罚的,其数额按以下标准认定:3 立方米或者幼树 150 株以上,或者价值 2000 元以上,属"数额较大";20 立方米或者幼树 1000 株以上,或者价值 20000 元以上,属"数额巨大"。

本补充规定自公布之日起施行。

河南省高级人民法院　河南省人民检察院　河南省公安厅
《关于办理黑社会性质组织犯罪案件若干问题的意见(试行)》

(2006 年 7 月 11 日)

为了准确打击黑社会性质组织犯罪,依照《中华人民共和国刑法》、《全国人民代表大会常务委员会关于〈中华人民共和国刑法〉第二百九十四条第一款的解释》(以下简称"立法解释")和最高人民法院《关于审理黑社会性质组织犯罪案件具体应用法律若干问题的解释》(以下简称"司法解释")的规定，结合我省实际，就办理黑社会性质组织犯罪案件如何适用法律、立法解释、司法解释提出以下意见：

第一条 黑社会性质组织的组织特征一般掌握为：

（一）组织成员人数较多，骨干成员一般应在3人以上。

（二）组织关系相对稳定，有明确的组织者、领导者（组织者、领导者可以是一人，也可以是多人），骨干成员基本固定。

（三）有被组织和成员认可的帮规、戒律、家法等行为规则或约定俗成的规矩，但不要求必须具有明确的组织名称、纲领、章程、文字规约等作为必要条件。

第二条 黑社会性质组织的经济特征一般掌握为：

（一）"经济利益"包括：组织及其成员通过违法犯罪或者其他手段获取的利益。

（二）"其他手段"是指除违法犯罪活动以外的手段，包括正常的经营活动、犯罪组织及其成员以非法收益进行投资以及通过其他合法渠道获取的经济利益，只要将获取的经济利益用于该组织的活动，均可视为"其他手段"。

（三）"具有一定的经济实力"一般理解为：组织的经济实力能够支持该组织基本活动或组织成员的部分生活开支，并不要求其经济实力需达到某一固定的数额标准，也不论经济实力是较为雄厚还是较为薄弱，只要将其获取的经济利益用以支持该组织的活动，就可以认定该特征。

（四）获取的经济利益一般由犯罪组织者、领导者或骨干成员管理、分配。

第三条 黑社会性质组织的行为特征一般掌握为：

（一）多次实施故意杀人、故意伤害、抢劫、敲诈勒索、强买强卖、寻衅滋事、聚众斗殴等违法犯罪活动，为非作恶，欺压、残害群众。

（二）"其他手段"包括：

1. 以黑社会性质组织的暴力威胁为后盾，足以对群众形成心理强制的手段。

2. 滋扰正常的社会、经济秩序的非暴力手段。

（三）"有组织地多次进行违法犯罪活动"一般掌握为：

1. 组织者、领导者直接组织、策划、指挥、授意、指使实施的。

2. 组织成员为组织的利益有预谋地实施或按照该组织一贯行为实施的。

第四条 对黑社会性质组织的非法控制特征，有下列情形之一的，可认定为"在一定区域或行业形成非法控制或者重大影响，严重破坏经济、社会生活秩序"：

（一）为组织争夺势力范围、确立强势地位而多次或大规模聚众斗殴、寻衅滋事或打用谋杀、报复伤害等手段打击竞争对手，或以杀害、伤害无辜、聚众闹事为组织造势的。

（二）采用暴力、威胁手段或利用组织的强势地位多次代人强立债权、强索债务、非法拘禁，或受人雇佣实施杀人、伤害等违法犯罪行为的。

（三）长期在一定区域或者一定行业内采用暴力、威胁或者其他手段欺行霸市、强迫交易、操纵市场、敲诈勒索、寻衅滋事等并逐渐形成垄断地位或重大影响的。

（四）非法行使行业、市场经济秩序的管理权，强行收费，或采用暴力、威胁或者其他手段对其他市场主体强行参股、占股、巧立名目强行摊派的。

（五）煽动、组织或强制其他市场主体采用暴力、威胁或者其他手段抗拒国家对行为、市场进行管理的。

（六）以提供保护为由，非法行使公共治安管理权，在一定范围内采用暴力、威胁手段或者利用组织的强势地位强收保护费、强行罚款、强行干预他人正常生产、经营、生活的。

（七）组织的暴力、威胁、滋扰或者其他违法犯罪活动在其势力范围内对群众造成心理强制，形成重大社会影响，使群众安全感下降，政府公共管理职能受阻的。

（八）其他严重破坏社会生活、经济秩序的。

全国人大"立法解释"第四项中的"行业"，既包括合法的行业，也包括色情、赌博、高利贷、毒品交易等非法行业。

第五条 对黑社会性质组织四个特征的认识，在总体上宜掌握为：

（一）四项特征同时具备的构成黑社会性质组织。

（二）具备非法控制特征的，即使其他特征表现程度较弱的，仍构成黑社会性质组织。

（三）全国人大"立法解释"第（四）项所规定的"通过实施违法犯罪活动形成非法控制或者重大影响"与"通过利用国家工作人员包庇或者纵容形成非法控制或重大影响"为选择性要件，具有其中之一且符合前三项特征的，均构成黑社会性质组织。

第六条 "立法解释"和"司法解释"中的关于黑社会性质组织的"违法犯罪活动"，既包括犯罪行为，也包括一般违法行为。

第七条 "司法解释"第三条规定的"黑社会性质组织的组织者、领导者，应当按照其所组织、领

导的黑社会性质组织所犯的全部罪行处罚"之"全部罪行",一般包括下列情形:
(一)组织、指挥、授意和具体实施、参与的行为。
(二)黑社会性质组织成员为组织的利益所实施的犯罪行为。
组织成员为个人目的实施的违法犯罪行为,其行为与组织利益和意图无关的,由该成员个人承担相应的法律责任,组织的组织者、领导者不承担该部分责任。

第八条 "司法解释"第七条"聚敛的财物及其收益"是指黑社会性质组织的全部财产及其收益,既包括组织成员为了该组织的违法犯罪活动投入的资金,也包括组织成员通过非法手段获取的经济利益,还包括利用非法利益再投资获取的全部经济利益和孳息。对黑社会性质组织及其成员聚敛的财物及其收益应按照《中华人民共和国刑法》第六十四条的规定处理。对明知是黑社会性质组织犯罪的违法所得及其产生的收益,而掩饰、隐瞒其来源和性质,具备《中华人民共和国刑法修正案(六)》第十六条规定的五种行为之一的,依照该修正案第十六条进行处罚。

第九条 本意见自下发之日起执行。最高人民法院、最高人民检察院、公安部有新规定时按新规定执行。

河南省高级人民法院
《关于执行〈贯彻宽严相济刑事政策若干意见〉的实施意见(试行)》

(2007年4月10日)

为了推动全省法院深入贯彻执行宽严相济的刑事政策,最大限度地预防和减少犯罪,化解社会矛盾,维护社会和谐稳定,根据《中华人民共和国刑法》、最高人民法院《关于贯彻宽严相济的刑事政策的若干意见》以及相关司法解释的规定,结合我省刑事审判工作实际,制定本实施意见。

一、一般规定

1. 对于严重的有组织犯罪、暴力犯罪、国家工作人员的职务犯罪等严重危及社会生存与发展、民众安宁与秩序的犯罪,应当从严惩处。被害人数多、影响范围广、造成国家重大经济损失的,拒不退还赃款或将赃款用于其他非法活动的,一般应依法从重处罚。对于情节较轻的犯罪、偶发犯罪,应当相对从宽处罚。

2. 主观恶性深、人身危险性大的被告人犯罪,应当依法从严惩处。主观恶性较小、人身危险性不大的被告人,可以依法从宽处罚。

3. 对于累犯、毒品再犯或具有惯犯、职业犯等情节的被告人,或者因故意犯罪受过刑事处罚、在缓刑、假释考验期内又犯罪的被告人,要依法严惩。对于有立功表现的被告人,一般均应当依法从宽处罚;对于自首的被告人,除了罪行极其严重、主观恶性极深、人身危险性极大,或者恶意地利用自首规避法律制裁者以外,一般也应当从宽处罚。

4. 在审理共同犯罪案件时,对提出犯意、组织、指挥犯罪以及积极实施犯罪行为的被告人应当体现从严,对实施共同犯罪的其他被告人,处刑原则上应当有所区别。

5. 对于被告人同时具有从严和从宽处罚情节的案件,要根据犯罪的事实、性质、情节和对社会的危害程度,结合被告人的主观恶性、人身危险性、社会治安状况、民愤等因素进行综合分析判断,总体从严或总体从宽。

二、故意杀人、伤害案件审判中宽严相济的把握

6. 严重危害社会治安、严重影响人民群众安全感的故意杀人、伤害案件,如极端仇视国家和社会,以不特定人为行凶对象,应当作为严惩的重点,依法判处被告人重刑直至死刑。

7. 因恋爱、婚姻、家庭、邻里纠纷等民间矛盾激化引发的故意杀人、伤害案件,处理时应注意体现从宽的精神,在判处重刑尤其是适用死刑时应特别慎重,除犯罪情节特别恶劣、犯罪后果特别严重、人身危险性极大的被告人外,一般不应当判处死刑。对于被害人在案发前因上存在过错,或者对矛盾激化负有责任,或者是被告人案发后积极赔偿,真诚悔罪,取得被害人或其家属谅解的,应依法从宽处罚,对同时具有法定从轻、减轻处罚情节的,应考虑在无期徒刑以下裁量刑罚。

8. 故意杀人还是故意伤害难以区分的案件,在认定时,除从作案工具、打击的部位、力度等方面进行判断外,也要注意考虑犯罪的起因等因素。对于民间纠纷激化引发的案件,一般可考虑定故意伤害罪;对于一时激愤而突发起意行凶的案件,原则上应以故意伤害(致死)罪论处。

9. 犯罪动机特别卑劣,比如为了铲除竞争对手而雇凶杀人的;或犯罪手段特别残忍,比如采用放火、泼硫酸等方法把人活活烧死的;或针对特定的犯罪对象、在特定的场所实施的犯罪,如针对老人、妇女、儿童、残疾人、严重疾病患者等弱势群体或在公共场所实施的杀人、伤害;或犯罪情节特别恶劣,如暴力抗法而杀害执法人员的、持枪杀人的、实施其他犯罪后杀人灭口的、杀人后为掩盖罪行或出于其他卑劣动机分尸、碎尸、焚尸灭迹的，具有较大的社会危害性，应当依法酌定从重判处。犯罪情节一般，被告人真诚悔罪，或有立功、自首等法定从轻情节的，或出于义愤的犯罪，如动机是"大义灭亲"、"为民除害"的故意杀人、伤害案件，一般应考虑从宽处罚。

10. 经过精心策划的、有长时间计划的故意杀人、伤害，显示被告人的主观恶性深；激情犯罪，临时起意的犯罪，因被害人的过错行为引发的犯罪，显示被告人的主观恶性较小。对主观恶性深的被告人要从严惩处，对主观恶性较小的被告人则可考虑适用较轻的刑罚。

11. 累犯中前罪系暴力犯罪，或者曾因暴力犯罪被判重刑后又故意杀人、故意伤害致人死亡的；平时横行乡里，寻衅滋事杀人、伤害致人死亡的，其人身危险性大，应依法从重判处。被告人平时表现较好，激情犯罪，系初犯、偶犯的；被告人杀人或伤人后有抢救被害人行为的，其人身危险性小，在量刑时应该酌情予以从宽处罚。

12. 对犯故意杀人、伤害罪的未成年人，要坚持"教育为主，惩罚为辅"的原则和"教育、感化、挽救"的方针进行处罚。对于情节较轻、后果不重的伤害案件，可以依法适用缓刑或者判处管制等非监禁刑。对于情节严重的未成年人，也应当从轻或减轻处罚。对于已满十四周岁不满十六周岁的未成年人，一般不判处无期徒刑。犯罪时刚满十八周岁的成年人，根据犯罪时的年龄、犯罪具体情节及对被告人教育、改造的需要，也可以酌情从宽处罚。对未成年人的审判，在保证案件质量的前提下，应当快审快结，最大限度地减少未决羁押期限。

13. 对于严重残疾人、严重疾病者或七十五周岁以上的老年人犯故意杀人、伤害罪的，在综合考虑其犯罪情节和主观恶性、人身危险性的基础上，一般应酌情从宽处罚。

14. 对于自首的故意杀人、故意伤害致人死亡的被告人，除犯罪情节特别恶劣，犯罪后果特别严重的，一般不应考虑判处死刑立即执行。对亲属送被告人归案或协助抓获被告人的，也应视为自首，原则上应当从宽处罚。对具有立功表现的故意杀人、故意伤害致死的被告人，一般也应当体现从宽，可考虑不判处死刑立即执行。但如果犯罪情节特别恶劣，犯罪后果特别严重的，即使有立功情节，也可以不予从轻处罚。

15. 共同犯罪中，多名被告人共同致死一名被害人的，原则上只判处一人死刑。处理时，根据案件的事实和证据能分清主从犯的，都应当认定主从犯；有多名主犯的，应当在主犯中进一步区分出罪行最为严重者和较为严重者，不能以分不清主次为由，简单地一律判处死刑。对于家庭成员共同犯罪案件，应尽量避免判处同一家庭两名以上成员死刑立即执行。

16. 故意杀人、伤害案件的被告人既有法定或酌定的从宽情节，又有法定或酌定从严情节的情形，应当在全面考察犯罪的事实、性质、情节和对社会危害程度的基础上，结合被告人的主观恶性、人身危害性、社会治安状况等因素，综合作出分析判断。

三、抢劫案件审判中宽严相济的把握

17. 对于罪行极其严重并具有下列情形的抢劫犯罪被告人，可以考虑判处死刑立即执行：（1）采取暴力手段实施抢劫，故意致人死亡包括放任被害人死亡结果发生的；（2）采取暴力手段实施抢劫，并以特别残忍手段致人重伤或造成严重残疾，或者致二人以上重伤的；（3）抢劫银行或者其他金融机构、军用物资或者抢险、救灾、救济物资数额特别巨大，同时造成人员伤亡后果，危害特别严重的；（4）其他具有刑法第263条规定的八种情形之一并造成人身伤亡等严重的社会后果的，等等。

18. 对于具有下列情形的被告人，可考虑不判处死刑立即执行：（1）抢劫过程中意外致人死亡且没有其他严重情节的；（2）多次抢劫或者抢劫数额巨大，但未造成被害人重伤、伤亡或者其他特别严重后果的；（3）抢劫的财物大部分已经追缴或者退赃，且未造成被害人重伤、死亡的，等等。

19. 在共同抢劫犯罪案件中，如果多数案犯在逃尚未追捕归案，已归案的少数案犯在罪责上又否认或相互推诿，主要责任确实难以划清的时候，对已归案的少数案犯，宜留有余地，一般不应该判处死刑立即执行。同时，在抢劫过程中共同故意杀人犯罪案件中，案犯罪责相当，轻重难分的，决定是否判处死刑时要从实际出发，慎重处理。

四、经济犯罪案件审判中宽严相济的把握

20. 下列发生在经济领域的严重犯罪，需依法从严惩处：以高利率或高回报为诱饵，针对社会公众实施的非法集资、非法证券、传销、地下"六合彩"等涉众型犯罪；制售假冒伪劣、有毒、有害食品、药品等损害群众切身利益的犯罪；制售伪劣农药、兽药、化肥、种子等坑农害农的犯罪；制贩假币、操纵证券期货市场、金融诈骗等严重危害金融秩序的犯罪；走私、逃税、骗税、虚开增值税专用发票等严重侵害国家经济利益的犯罪；重大环境污染、非法采矿、盗伐林木等各种严重破坏环境资源的犯罪。对于上述经济犯罪，应当有针对性地加大经济制裁，特别是执行的力度，以有效地剥夺犯罪分子重新犯罪的条件，发挥刑罚的预防犯罪功能。

21. 对于当前金融危机背景下的经济违法行为，应当审慎分析判断社会危害性，从有利于保障经济增长、维护社会稳定的角度依法准确定罪量刑。以非法集资案件为例说明：一是要准确界定非法集资与民间借贷、商业交易的政策法律界限。未经社会公开宣传，在单位职工或者亲友内部针对特定对象筹集资金的，一般可以不作为非法集资。二是要准确把握非法集资罪与非罪的界限。资金主要用于生产经营及相关活动，行为人有还款意愿，能够及时清退集资款项，情节轻微，社会危害不大的，可以免予刑事处罚或者不作为犯罪处理。此外，对于"边缘案"、"踩线案"、罪与非罪界限一时难以划清的案件，要从有利于促进企业生存发展、有利于保障员工生计、有利于维护社会和谐稳定的高度，依法妥善处理，可定可不定的，原则上不按犯罪处理。特别对于涉及企业、公司法定代表人、技术人员因政策界限不明而实施的轻微违法犯罪，更要依法慎重处理。

22. 对于数额特别巨大、情节特别恶劣、危害后果特别严重的经济犯罪，要依法从严惩处；对于罪行极其严重的经济犯罪分子，依法应当判处死刑的，要坚决适用死刑；对假币犯罪的累犯、惯犯、涉案假币数额巨大或者全部流入社会的犯罪分子，应当依法从重判处；对于伪造货币集团的首要分子、骨干分子，伪造假币数额特别巨大或者有其他特别严重情节，罪行极其严重的犯罪分子，应当判处死刑的，要坚决依法判处死刑；对数额特别巨大，肆意挥霍集资资金或者归案后拒不交代赃款去向，造成特别重大经济损失或者致使被害人自杀身亡等严重后果的集资诈骗犯罪分子，应当依法从重判处；对造成严重疾患、伤亡后果或者以婴幼儿、危重病人为对象，社会影响恶劣的制售有毒有害食品、假药劣药犯罪分子，应当依法从重判处。

五、职务犯罪案件审判中宽严相济的把握

23. 当前要特别注意严肃惩处以下职务犯罪：发生在领导机关和领导干部中滥用职权、贪污贿赂、腐化堕落、失职渎职等职务犯罪；工程建设、土地出让、产权交易、医药购销、政府采购、资源开发和经销、金融等多发易发领域的商业贿赂犯罪；在扩内需、保增长，灾后恢复重建等专项工作中发生的贪污贿赂、挪用公款、渎职等职务犯罪；黑恶势力犯罪、重大安全生产事故、重大食品安全等群体性事件背后的行贿受贿、徇私舞弊、滥用职权、玩忽职守等职务犯罪；贪污、挪用、侵占农业投资专项资金等职务犯罪。

24. 对于行业、领域内带有一定普遍性、涉案人员众多的案件，要注意区别对待，防止因打击面过宽导致不良的社会效果。特别是对于普通医生的商业贿赂犯罪问题，更要注意运用多种手段治理应对。对收受回扣数额大的；为收受回扣而给病人大量开药或者使用不对症药品，造成严重后果的；收受回扣造成其他严重影响的等情形，应依法追究刑事责任。

25. 受贿案件，收受财物后于案发前退还或上交所收财物的，应当区分情况做出不同处理：收受请托人财物后及时退还或者上交的，因其受贿故意不能确定，同时为了感化、教育潜在受贿犯罪分子，故不宜以受贿处理；受贿后因自身或与其受贿有关联的人、事被查处，为掩饰犯罪而退还或者上交的，因受贿行为既已完毕，且无主动悔罪之意思，故不影响受贿罪的认定。

26. 对于性质恶劣、情节严重、涉案范围广、影响面大的商业贿赂犯罪案件，特别是对于顶风作案的，或者案发后隐瞒犯罪事实、毁灭证据、订立攻守同盟、负案潜逃等企图逃避法律追究的，应当依法从严惩处。同时，对于在自查自纠中主动向单位、行业主管（监管）部门讲清问题、积极退赃的，或者检举、揭发他人犯罪行为，有自首、立功情节的，应当依法从轻、减轻或者免除处罚。

27. 职务犯罪案件审判，要严格掌握自首、立功等量刑情节的法定标准和认定程序，确保自首、立功等量刑情节认定的严肃性和规范性。对于具有自首情节的犯罪分子，应当根据犯罪事实并结合自动投案的动机、阶段、客观环境，交代犯罪事实的完整性、稳定性以及悔罪表现等具体情节，依法决定是否从轻、减轻或者免除处罚以及从轻、减轻处罚的幅度。对于具有立功情节的犯罪分子，应当根据犯罪事实并结合立功表现所起作用的大小、所破获案件的罪行轻重、所抓获犯罪嫌疑人可能判处的法定刑以及立功的时机等具体情节，依法决定是否从轻、减轻或者免除处罚以及从轻、减轻处罚的幅度。对于犯罪分子依法不成立自首，但主动交代犯罪事实的，应当视其主动交代的犯罪事实情况及对证据收集的作用大小，酌情从轻处罚。赃款赃物追回的，应当注意区分贪污、受贿等不同性质的犯罪以及犯罪分子在追赃中的具体表现，决定是否从轻处罚以及从轻处罚的幅度。

28. 适用缓刑等非监禁刑时，应当充分考虑到当前职务犯罪案件缓刑等非监禁刑适用比例偏高的实际情况，以及职务犯罪案件适用非监禁刑所需要的社会民意基础和过多适用非监禁刑可能带来的社会负面影响。贪污、受贿犯罪分子具有下列情形之一的，一般不得适用缓刑：致使国家、集体和人民利益遭受重大损失或者影响恶劣的；不退赃或者退赃不积极，无悔罪表现的；犯罪动机、手段等情节恶劣，或者将赃款用于非法经营、走私、赌博、行贿等违法犯罪活动的；属于共同犯罪中情节严重的主犯，或者犯有数罪的；曾因职务、经济违法犯罪行为受过行政处分或者刑事处罚的；犯罪涉及的财物属于救灾、抢险、防汛、防疫、优抚、扶贫、移民、救济、捐助、社会保险、教育、征地、拆迁等专项款项和物资的。渎职犯罪分子具有下列情形之一的，一般不适用缓刑：（1）依法减轻处罚后判处三年有期徒刑以下刑罚的；（2）渎职犯罪造成特别恶劣影响的；（3）渎职行为同时构成其他犯罪，以渎职犯罪一罪处理或者实行数罪并罚的。

29. 对于那些犯罪数额特别巨大、犯罪动机手段恶劣、给党和国家以及人民利益造成特别重大损失的罪行极其严重的犯罪分子,要坚决依法适用死刑。对于论罪该判处死刑,但被告人具有法定从轻情节的,原则上不判处死刑立即执行;具有认罪态度好、积极退赃等酌定情节,一般也不判处死刑立即执行,依法判处死刑,缓期二年执行。

六、黑社会性质组织犯罪案件审判中宽严相济的把握

30. 对于黑社会性质的组织犯罪要坚持"严打"的方针,坚持"打早打小"的策略。认定黑社会性质组织犯罪,必须同时具备组织特征、经济特征、行为特征和非法控制特征。实践中在具体认定时,应根据立法本意,认真审查、分析黑社会性质组织四个特征相互间的内在联系,准确评价涉案犯罪组织所造成的社会危害。既要防止将已具备黑社会性质组织四个特征的案件"降格"处理,也不能因为强调严厉打击将不具备四个特征的犯罪团伙"拔高"认定为黑社会性质组织。

31. 应当区别对待黑社会性质组织的不同成员。对于组织者、领导者,应依法从严惩处,其承担责任的犯罪不限于自己组织、策划、指挥和实施的犯罪,而应对组织所犯的全部罪行承担责任。要在区分组织犯罪和组织成员犯罪的基础上,合理划定组织者、领导者的责任范围,做到不枉不纵。同时,还要注意责任范围和责任程度的区别,不能简单认为组织者、领导者就是具体犯罪中责任最重的主犯。对于组织成员实施的黑社会性质组织犯罪,组织者、领导者只是事后知晓,甚至根本不知晓,其就只应负有一般的责任,直接实施的成员应负最重的责任。对于积极参加者,应根据其在具体犯罪中地位、作用,确定其应承担的刑事责任。确属黑社会性质组织骨干成员的,应依法从严处罚。对犯罪情节较轻的其他参加人员以及初犯、偶犯、未成年犯,则要依法从轻、减轻处罚。对于参加黑社会性质的组织,没有实施其他违法犯罪活动的,或者受蒙蔽、胁迫参加黑社会性质的组织,情节轻微的,则可以不作为犯罪处理。

32. 黑社会性质组织成员间的检举、揭发问题,既要考虑线索本身的价值,也要考虑检举、揭发者在黑社会性质组织犯罪中的地位、作用,防止出现全案量刑失衡的现象。组织者、领导者检举揭发与该黑社会性质组织及其违法犯罪活动有关联的其他犯罪线索,即使依法构成立功或者重大立功,在考虑是否从轻量刑时也应从严予以掌握。积极参加者、其他参加者配合司法机关查办案件,有提供线索、帮助收集证据或者其他协助行为,并对侦破黑社会性质组织犯罪案件起到一定作用的,即使依法不能认定立功,一般也应酌情对其从轻处罚。

七、附则

33. 本意见下发后新颁布的法律、司法解释的规定与本意见不一致的,按照法律、司法解释执行。
34. 本意见由河南省高级人民法院审判委员会负责解释。

河南省高级人民法院　河南省人民检察院　河南省公安厅
《关于办理"两抢一盗"案件有关问题的意见》

(2008年7月10日)

为更加及时有效打击"两抢一盗"犯罪,现根据《中华人民共和国刑事诉讼法》及有关法律法规,针对办理"两抢一盗"犯罪案件中的有关问题,特提出如下意见:

一、跨区域(指省内各市、县)作案"两抢一盗"案件,因涉及多个犯罪地,原则上由抓获犯罪嫌疑人的犯罪地公安机关办理。犯罪嫌疑人户籍地和其他犯罪地公安机关应积极配合并负责向抓获地公安机关提供有关违法犯罪证据材料。对于抓获的网上在逃"两抢一盗"犯罪嫌疑人,除在抓获地重新犯罪且罪行特别严重的由抓获地公安机关办理外,原则上由原办案地公安机关办理。案件管辖不明或有争议的,由上级公安机关指定管辖。

二、对公安机关办理的跨区域"两抢一盗"案件,办案地检、法机关原则上应依法予以批捕、起诉、判决。对管辖确有争议的,可报上级机关指定管辖。

三、对跨区域流窜作案的犯罪事实和证据材料,公安机关要认真调查核实,对其主要犯罪事实应做到证据确实充分。人民检察院批捕、起诉,人民法院审判过程中,针对流窜犯罪异地作案,查证十分困难的实际情况,只要基本事实清楚、基本证据确凿,应及时批捕、起诉、判决。

四、对于多次作案、流窜作案、结伙作案的"两抢一盗"案件,符合下列情形的,应予认定处理。

(一)犯罪嫌疑人被抓获后,赃款赃物虽未查获,但其供述的事实、情节与被害人的陈述(包括报案登记)、同案人的供述相一致的,或者其供述的事实、情节与被害人的陈述(包括报案登记)和其他间接证据相一致的,应予认定犯罪事实;

(二)犯罪嫌疑人供述的事实、情节与缴获的赃款赃物、同案人的供述和其他间接证据相一致,如果找不到被害人和报案登记的,应予认定犯罪事实;

(三)犯罪嫌疑人虽未被当场抓获,但同案人的供述、被害人的陈述、其他间接证据能相互吻合,

确能证实其作案的时间、地点、情节、手段、次数和作案所得的赃款赃物数额的，应予认定犯罪事实；

（四）作案时被当场抓获，除缴获当次作案的赃款赃物外，又从其身上或落脚点搜获的其他数额较大的款物，犯罪嫌疑人否认系作案所得，但不能说明其合法来源的，只要这些款物在名称、品种、特征、数量等方面均与被害人的陈述或报案登记、同案人的供述相吻合，应予认定为赃款赃物。

五、关于"两抢一盗"案件构成犯罪的数额起点认定，既要看其作案所得数额，又应看其作案的手段、情节及社会危害程度。对盗窃公私财物虽未达到定罪数额但一年内入户盗窃或者在公共场所扒窃三次以上的，应以盗窃罪定罪处罚。对盗窃公私财物接近"数额较大"起点，具有以破坏性手段盗窃造成公私财物损失，或者盗窃残疾人、孤寡老人或者丧失劳动能力的人的财物，或者造成严重后果或具有其他恶劣情节等三种情形之一的，可以以盗窃罪追究其刑事责任。

对抢夺案件达到"数额较大"标准，并具有抢夺残疾人、老年人、不满十四周岁未成年人的财物，或者抢夺救灾、抢险、防汛、优抚、扶贫、移民、救济等款物，或者一年内抢夺三次以上，或者利用行驶的机动车辆抢夺等情节之一的，应以抢夺罪从重处罚。

六、本意见中的"两抢一盗"案件一般包括抢劫、抢夺、盗窃犯罪和以侵财为目的破坏电力设备、破坏公用电信设施、破坏广播电视设施犯罪，以及与上述犯罪相关的掩饰、隐瞒犯罪所得犯罪。

七、本意见自下发之日起执行。

河南省高级人民法院　河南省人民检察院　河南省公安厅　河南省司法厅 《关于建立轻微刑事案件快速办理机制的意见》

（2008年10月16日）

为提高轻微刑事案件的诉讼效率，及时化解社会矛盾，根据《中华人民共和国刑法》、《中华人民共和国刑事诉讼法》的规定，结合我省实际，现就建立轻微刑事案件快速办理机制提出如下意见：

一、办理轻微刑事案件，应当遵循以下原则：

（一）严格依法原则。办理轻微刑事案件，必须严格执行法律，可以简化内部工作流程，缩短各个环节的办案期限，但不能省略法定的办案程序，不能为了追求快速办理而忽视对诉讼参与人权利的保护。

（二）公正高效原则。要在确保案件质量的前提下，各政法机关分工负责，互相配合，互相制约，切实做到快速办理。

（三）简易程序与简化程序相结合原则。对于符合简易程序规定的，应当适用简易程序审理；对于不符合简易程序的，可以适用普通程序简化审理。

二、同时具备下列条件的轻微刑事案件，应当启动快速办理机制：

（一）犯罪事实清楚，证据确实充分；

（二）可能判处三年以下有期徒刑、拘役、管制、单处罚金等附加刑或者免予刑事处罚；

（三）犯罪嫌疑人、被告人对主要犯罪事实始终予以供认。

三、符合第二条第（二）项规定的下列轻微刑事案件，可以依法快速办理：

（一）犯罪嫌疑人、被告人具有自首、立功、未遂、中止等法定从轻处罚的轻微刑事案件；

（二）未成年人或者在校学生涉嫌犯罪的案件，但团伙犯罪除外；

（三）七十岁以上的老人涉嫌犯罪的案件；

（四）严重疾病患者或者怀孕、哺乳自己未满一周岁婴儿的妇女涉嫌犯罪的案件；

（五）主观恶性较小的初犯、过失犯；

（六）双方已就民事赔偿达成和解的刑事案件；

（七）因家庭、婚姻、邻里纠纷引发的案件；

（八）其他轻微刑事案件。

四、侦查机关立案后，应当根据案情的复杂程度对刑事案件实行繁简分流，对符合快速办理条件的案件应及时报部门负责人批准，依法快速侦查，并在卷宗封面粘贴快速办理标识，填写快速办理案件流程登记卡附卷。

五、符合快速办理条件的案件，侦查机关认为需要提请批准逮捕犯罪嫌疑人的，应当在七日内提请逮捕，并在检察机关作出批准逮捕或者因无逮捕必要而作出不批准逮捕决定后，在三十日内侦查终结并移送检察机关审查起诉。

六、检察机关审查认为符合快速办理条件的案件，应当填写快速办理案件流程登记卡，依法快捕、快诉。同时，建议人民法院适用简易程序或简化程序审理。检察机关经审查认为不符合快速办理条件的，应当及时报告部门负责人决定，转为按普通审查方式办理，并及时告知侦查机关。

七、检察机关审查批捕时，犯罪嫌疑人已被拘留的，应当在三日内作出是否批准逮捕的决定；未被拘留的，应当在五日内作出是否批准逮捕的决定。审查起诉时，应当在二十日内做出是否提起公诉的决定；至迟应当在三十日内作出决定，不得延长办理期限。

八、审判机关收到检察机关移送的快速办理案件后，三日内审查完毕，决定是否受理。决定受理后立即将起诉书副本送达被告人及相关人员，并公告开庭审理时间，做好开庭前的其他准备工作。在审理过程中，发现不符合快速办理条件的，及时变更为普通程序进行审理，并书面告知检察机关。

九、对符合快速审理机制的案件，审判机关立案后，适用简易程序审理的，应当在二十日内审结；适用普通程序简化审理的，应当在三十日内审结；需报审判委员会讨论决定的案件，可适当延长，但至迟不得超过一个半月。

十、为犯罪嫌疑人、被告人提供法律帮助或刑事辩护的律师，认为案件符合快速办理条件的，可以通过所在律师事务所，书面向侦查机关或检察机关提出适用快速办理程序的建议。

十一、司法行政机关收到审判机关为快速审理案件的被告人指定辩护人的公函后，认为符合规定的，应三个工作日内办好指定手续，并在指定函上注明系快速办理案件。

十二、指定辩护律师收到司法行政机关指定函后，应在三个工作日内与有关审判机关取得联系，并切实履行好辩护职责。

十三、对于犯罪嫌疑人、被告人非羁押的轻微刑事案件，侦查、检察、审判机关要切实负起责任，保证诉讼正常进行。

（一）公安机关作为取保候审或监视居住措施的执行机关，要切实履行监管职责，保证犯罪嫌疑人、被告人按要求到案。

（二）检察机关要加强对非羁押诉讼案件的审查把关。在审查公安机关移送的非羁押诉讼案件时，首先要对案件采取非羁押诉讼可行性进行风险评估，对适用取保候审或监视居住强制措施合法性进行审查，并切实履行法律监督职责。

（三）审判机关要依法受理案件并正确适用强制措施。对于提起公诉的非羁押诉讼的案件，除被告人不能及时到案的以外，法院应当及时受理。认为有必要变更为逮捕措施的，应当先受理案件再决定逮捕。对于符合取保候审条件的被告人，要根据被告人的经济条件和案件情况选择适用保证人或者保证金。

十四、全省各级政法机关应加强联系与配合，成立专门的协调机构，解决快速办理机制运行中遇到的问题。

十五、对于危害国家安全犯罪的案件、涉外刑事案件、职务犯罪案件、犯罪嫌疑人、被告人不认罪的案件以及其他疑难、复杂、敏感的刑事案件，不适用本意见。

十六、本意见自下发之日起施行。

河南省高级人民法院《审理减刑、假释案件工作规则（试行）》

（2010年12月24日）

为规范减刑、假释审判活动，确保减刑、假释工作规范、有序进行，根据最高人民法院《关于办理减刑、假释案件具体应用法律若干问题的规定》、《关于司法公开的六项规定》、《关于贯彻宽严相济刑事政策的若干意见》和其他有关法律规定，结合全省法院减刑、假释工作实际，制定本规则。

第一章 立 案

第一条 被判处有期徒刑罪犯的减刑、假释，由刑罚执行机关提请罪犯服刑地的中级人民法院立案。

被判处死刑缓期二年执行和无期徒刑罪犯的减刑、假释，由刑罚执行机关提出建议，经省监狱管理局审核后，提请高级人民法院立案。

第二条 刑罚执行机关提请减刑、假释，应当移送下列材料：

（一）提请减刑、假释建议书、提请减刑、假释审核表；
（二）原审法院判决书、裁定书、历次减刑裁定书；
（三）罪犯评审鉴定表、奖惩审批表；
（四）对老病残罪犯提请减刑、假释的，应当移送老病残犯审批表和鉴定表；对精神残疾罪犯，还应移送经省级人民政府指定医院作出的司法精神病医学鉴定书，在原诉讼过程中已经依法鉴定的除外；
（五）证明罪犯确有悔改或者立功、重大立功表现的证据材料；
（六）证明提请工作经过"五评审"、"二公示"、"一监督"的证据材料；
（七）其他证明罪犯改造表现的证据。

第三条 人民法院应当在收到刑罚执行机关移送的减刑、假释材料之日起七日内，审查决定是否立案。决定立案的，应制作立案信息表；材料不齐的，应通知刑罚执行机关于五日内补送，逾期不予立案并退回刑罚执行机关。

第二章 合议庭工作规则

第四条 人民法院立案后应当及时确定合议庭组成人员。

第五条 合议庭由审判员、助理审判员三人或者审判员、助理审判员、人民陪审员三人组成。

第六条 人民陪审员在履行职务时，与审判员、助理审判员享有同等的权利，负有同等的义务。

第七条 合议庭由审理减刑、假释案件经验丰富的审判员、助理审判员担任审判长。院长、庭长参加合议庭的，由院长、庭长担任审判长。

第八条 合议庭审理减刑、假释案件应当公开开庭审理。依法不公开开庭审理的，采取书面或其他方式审理。

第九条 开庭审理的相关程序按照本院《开庭审理减刑、假释案件工作规定（试行）》执行。

第十条 人民法院应当自受理减刑、假释案件之日起一个月内审结。若案件复杂或情况特殊，报经本院院长批准，可以延长一个月。

第十一条 一般情况下，减刑、假释案件由合议庭讨论决定。重大疑难的减刑、假释案件应当报请院长提交审判委员会讨论决定。

按照《中华人民共和国刑法》第八十一条第一款规定假释的，应当经审判委员会讨论决定后，逐级上报最高人民法院核准。

第十二条 合议庭审理减刑、假释案件由审判长主持，全体成员平等参与案件的审理、评议、裁定，共同对案件的审理程序、事实认定、适用法律和裁定结果负责。

第十三条 评议减刑、假释案件，应当依据宽严相济的刑事政策，综合考察被提请罪犯的改造表现和原判情况。

第十四条 合议庭评议减刑、假释案件应一案制作一份合议笔录。制作合议笔录不得采取列表、填空的方式。

第十五条 合议笔录除应包括时间、地点、合议庭成员、主审人、记录人等基本内容外，还应包括被提请减刑、假释罪犯的基本情况、原判情况、改造表现情况、刑罚执行机关的减刑、假释建议情况、主审人审查意见及理由、合议庭其他成员的评议意见、理由和合议评议结果等内容。

第十六条 合议笔录应当准确、全面地反映每位合议庭成员的意见，最终形成的合议庭意见要表述规范，理由充分。合议庭成员应认真审阅合议笔录和法律文书并签字。

第三章 法律文书制作

第十七条 减刑、假释裁定书应当按照最高人民法院诉讼文书样式和技术规范的要求，分别载明下列内容：首部，包括法院名称、文书种类、案号、被提请减刑、假释罪犯的基本情况、案件由来和审理经过；事实部分，包括原判认定的犯罪事实和情节，以及附带民事判决和财产刑执行情况；简述刑罚执行机关对罪犯提请减刑、假释的条件和证据种类；详述审理查明确认的罪犯确有悔改表现或立功表现、重大立功表现的事实和证据名称；理由部分，包括对罪犯准予减刑、假释的理由、确定减刑幅度、假释与否的事实根据及法律依据；主文部分，包括裁定结果和罪犯减刑后的刑期起止日期，准予假释的，要注明假释考验期的起止日期；尾部，应当叙明合议庭成员、书记员和裁定日期等内容。

第十八条 对不予减刑、假释的罪犯，应当制作符合最高人民法院诉讼文书样式和技术规范要求的决定书，载明下列内容：首部，包括法院名称、文书种类、案号、被提请减刑、假释罪犯的基本情况、案件由来和审理经过；理由部分，简要写明经审核不符合法定减刑、假释的理由；结果部分，写明决定结果；尾部，写明决定书时间。

第十九条 下列减刑、假释裁定书、不予减刑、假释决定书由主管副院长审核签发：

（一）准予假释的；

（二）因重大立功表现准予减刑的；

（三）经审判委员会讨论决定的；

（四）超过刑罚执行机关提请幅度减刑的；

（五）减去余刑的；

（六）对有期徒刑罪犯一次减刑超过二年以上的；

（七）决定不予减刑、假释的；

（八）其他必须由主管副院长审核签发的。

第二十条 减刑、假释裁定书、不予减刑、假释决定书应当使用正式发文稿纸逐案签发，不得签在文书首页或者尾部，不得一次签发多份文书。

第二十一条 减刑、假释法律文书落款时间为主管副院长或庭长签发时间。刑罚的起止时间按照法律规定确定。

第二十二条　减刑、假释裁定书、不予减刑、假释决定书应使用标准 A4 纸印制，不得在格式文书上手写填空。

第四章　送达及公示

第二十三条　人民法院准予减刑、假释的，应当制作减刑、假释执行通知书并填写送达回证各一份，随减刑、假释裁定书一并宣告、送达。

决定不予减刑、假释的，应当将不予减刑、假释决定书与有关材料一并退回刑罚执行机关签收。

第二十四条　公开宣判应当由人民法院进行，送达法律文书可以委托刑罚执行机关。

第二十五条　减刑、假释裁定的公开宣判可以召开宣判大会，也可以张榜公示，但召开宣判大会后仍应当张榜公示。

第二十六条　人民法院公示减刑、假释结果，应当制作减刑、假释裁定公示文书，内容包括：被减刑、假释罪犯的姓名；减刑、假释的结果；公示期限；举报方式。

第二十七条　公示文书由驻狱（所）巡回法庭或委托刑罚执行机关在监所内罪犯活动的公共场所张贴。

第二十八条　公示期间为五日，自公示次日起至第五日止。

第二十九条　人民法院收集公示反馈意见，可以集中发放意见表，也可以设置意见箱、举报电话等。

第三十条　在公示期间，被减刑、假释罪犯及其他人员如对减刑、假释结果有异议，还可以采取记名或不记名的方式向驻狱（所）巡回法庭书面或口头举报；口头举报的，审判人员应当制作询问笔录，由举报人签名或捺印。

第三十一条　张榜公示减刑、假释结果应当由负责公示的单位出具证明，或在送达回证上签字注明并盖章，入卷备查。

第三十二条　减刑、假释裁定书、不予减刑、假释决定书应当同时抄送同级人民检察院。

第三十三条　对公示结果有异议的减刑、假释案件，人民法院应当认真复查，确有错误的应当依法纠正。

第五章　卷宗装订与归档

第三十四条　减刑、假释案件办理完毕后，应在一个季度内装卷归档。

第三十五条　减刑、假释案件应一案一号，归档卷宗可以一案单独立卷，也可以根据实际情况多案一卷，但每卷不得超过十五件案件。

第三十六条　归档卷宗应分正副卷分别装订。正卷装订的顺序是：减刑、假释案件立案信息表；提请减刑、假释建议书；公开开庭笔录；相关证据材料；减刑、假释裁定书副本；公示证明、送达回证；副卷装订的顺序是：罪犯减刑、假释审核表；合议笔录；减刑、假释裁定书正本。

第三十七条　不予减刑、假释案件的卷宗装订和归档，参照减刑、假释案件执行。

第三十八条　减刑、假释案卷应当由人民法院负责档案管理的部门集中保存，统一管理。

第六章　附　　则

第三十九条　本规则与新颁布的法律、法规和最高人民法院相关司法解释不一致的，按照新颁布的法律、法规和最高人民法院相关司法解释执行。

第四十条　本规则自 2011 年 1 月 1 日起试行。

河南省高级人民法院　河南省人民检察院　河南省公安厅 《关于在办理刑事案件中实行非羁押诉讼若干问题的规定（试行）》

（2011 年 6 月 17 日）

第一条　为了全面贯彻落实宽严相济刑事政策，化解社会矛盾，切实保障人权，提高诉讼效率，节约司法资源，规范公安机关、人民检察院、人民法院办理非羁押诉讼案件的适用程序，根据刑法、刑事诉讼法和有关法律规定，结合我省工作实际，制定本规定。

第二条　本规定中的非羁押诉讼，是指我省各级公安机关、人民检察院、人民法院在刑事诉讼活动中，依照法律规定和个案具体情况，对罪行较轻的犯罪嫌疑人、被告人，在不采取刑事拘留、逮捕强制措施的情况下进行立案侦查、审查逮捕、审查起诉、审理裁判的诉讼方式。

第三条　适用非羁押诉讼，应当遵循以下原则：

（一）积极适用与严格慎重相结合；

（二）保证诉讼与保障人权相结合；
（三）惩罚犯罪与化解矛盾相结合；
（四）法律效果与社会效果相结合。

第四条 适用非羁押诉讼的对象应当是罪行较轻，可能判处三年以下有期徒刑、拘役（均含缓刑）、管制、单处附加刑或免予刑事处罚的犯罪嫌疑人、被告人。

第五条 犯罪嫌疑人、被告人犯罪情节较轻，且具有下列情形之一，能保证刑事诉讼正常进行的，应当适用非羁押诉讼：

（一）犯罪嫌疑人、被告人系特殊群体
1. 未成年人、在校学生或60周岁以上的老年人；
2. 尚未完全丧失辨认或控制自己行为能力的精神病人；
3. 盲人、聋哑人或身体不适合羁押的残疾人；
4. 严重疾病患者；
5. 正在怀孕或哺乳自己婴儿的妇女。

（二）犯罪嫌疑人、被告人具有法定从轻、减轻处罚情节
1. 防卫过当或紧急避险过当的；
2. 犯罪预备、中止或未遂的；
3. 共同犯罪中的从犯或胁从犯；
4. 犯罪后自首或立功的。

（三）犯罪嫌疑人、被告人具有酌定从轻处罚情节
1. 系初犯、偶犯，且主观恶性较小、积极退赃、有效控制损失或积极赔偿损失的；
2. 涉嫌过失犯罪，有效控制损失、防止危害结果继续扩大的；
3. 涉嫌因民间纠纷引发的轻伤害等案件，犯罪后主动向被害人赔礼道歉、积极赔偿损失，取得被害人谅解，并达成刑事和解协议的。

第六条 犯罪嫌疑人、被告人被适用非羁押诉讼应当同时具备以下条件：
（一）所犯罪行经查证属实；
（二）未涉嫌其他重大犯罪；
（三）如实供述犯罪事实，有悔罪表现；
（四）其亲友、所在学校、社区、村民委员会等单位或组织具有监管、帮教条件；
（五）没有毁灭、伪造、转移、隐匿证据，干扰证人作证、串供或实施打击报复等行为；
（六）不予羁押不致引发其他社会危险。

第七条 犯罪嫌疑人、被告人具有下列情形之一的，不适用非羁押诉讼：
（一）涉嫌危害国家安全犯罪的；
（二）涉嫌恐怖活动犯罪的；
（三）涉嫌黑社会性质组织犯罪的；
（四）涉嫌严重暴力犯罪的；
（五）系累犯的；
（六）主观恶性大，无悔罪表现的；
（七）其他不宜适用非羁押诉讼的。

第八条 公安机关立案侦查后，发现案件符合本规定第四条、第五条、第六条情形，应当在不予羁押的情况下进行侦查。

公安机关立案侦查后，发现犯罪嫌疑人虽然符合本规定第四条、第五条、第六条之规定，但仍认为有逮捕必要的，可以向人民检察院提请批准逮捕，但应当提供有逮捕必要的相关证据。人民检察院受理公安机关提请批准逮捕的案件后，经审查认为无逮捕必要的，应当在作出不予批准逮捕决定的同时，向公安机关书面说明理由。公安机关对人民检察院认为无逮捕必要不予批准逮捕的犯罪嫌疑人，应当在不予羁押的情况下继续侦查。

第九条 公安机关对适用非羁押诉讼侦查终结的犯罪嫌疑人，决定向人民检察院移送审查起诉时，应当先移送卷宗。人民检察院不得以犯罪嫌疑人未羁押为由不予受理。

人民检察院应当在受理后七日内提出是否同意适用非羁押诉讼的审查意见。同意适用的，通知公安机关将犯罪嫌疑人传唤至人民检察院，由人民检察院依法对犯罪嫌疑人重新办理取保候审、监视居住手续；认为确有逮捕必要的，由人民检察院依照审查逮捕程序作出逮捕决定。

第十条 人民检察院对适用非羁押诉讼审查终结的被告人，决定向人民法院提起公诉时，应当先移送卷宗。人民法院不得以被告人未羁押为由不予受理。

人民法院应当在受理后七日内提出是否同意适用非羁押诉讼的审查意见。同意适用的，通知人民检

察院将被告人传唤至人民法院，由人民法院依法对被告人重新办理取保候审、监视居住手续；不同意适用的，由人民检察院将被告人传唤至人民法院，由人民法院决定逮捕被告人。

第十一条 公安机关、人民检察院、人民法院对已经拘留、逮捕的犯罪嫌疑人、被告人，认为符合本规定第四条、第五条、第六条情形的，可以变更强制措施。

第十二条 公安机关、人民检察院、人民法院对违反《刑事诉讼法》第五十六条、第五十七条关于取保候审、监视居住规定，影响案件正常诉讼的犯罪嫌疑人、被告人，可按法定程序予以刑事拘留、逮捕。

第十三条 公安机关、人民检察院、人民法院办理非羁押诉讼案件应当严格执行本规定。对不应当适用非羁押诉讼，而滥用职权、徇私枉法或者严重不负责任，违法适用非羁押诉讼，造成严重后果的，依法依纪追究责任；对因客观原因造成案件不能正常诉讼，承办人无过错的，不追究责任。

第十四条 人民检察院立案侦查的职务犯罪案件和人民法院审理的自诉案件，对犯罪嫌疑人、被告人适用非羁押诉讼的，参照本规定执行。

第十五条 本规定由河南省高级人民法院、河南省人民检察院、河南省公安厅负责解释。

第十六条 本规定自印发之日起施行。

河南省高级人民法院 河南省人民检察院 河南省公安厅 河南省司法厅等《关于全面开展社区矫正工作的意见》

(2011年8月)

社区矫正是与监禁矫正相对的行刑方式，是指将符合社区矫正条件的罪犯置于社区内，由专门的国家机关在相关社会团体和民间组织以及社会志愿者的协助下，在判决、裁定或决定确定的期限内，矫正其犯罪心理和行为恶习，并促进其顺利回归社会的非监禁刑罚执行活动。为正确适用《中华人民共和国刑法》，贯彻落实最高人民法院、最高人民检察院、公安部、司法部《关于在全国试行社区矫正工作的意见》和司法部《司法行政机关社区矫正工作暂行办法》，推动社区矫正工作在我省全面开展，经认真研究协商，制定本意见。

一、基本原则

1. 坚持党的领导的原则。认真贯彻党的基本路线、方针政策，切实落实中央关于司法体制和工作机制改革的决策部署，确保社区矫正工作的正确方向。

2. 坚持依法合规的原则。在现行法律的框架内，建立健全社区矫正工作规章制度，严格依照法律、法规和规章制度运行。

3. 坚持分工协作的原则。在党委、政府的统一领导下，各部门各司其职、各尽其责、密切配合、相互协作，社会力量广泛参与，司法行政机关具体实施，形成整体合力，努力提高矫正质量。

4. 坚持接受监督的原则。社区矫正的全过程必须公开、透明，全面接受法律、社会、群众监督，依法、公正、有序、有效开展。

5. 坚持实事求是的原则。根据国家司法体制和工作机制改革的统一部署，结合我省实际情况，分步、有序、扎实地推进社区矫正工作，确保社区矫正工作各项措施符合实际、取得实效。

二、适用范围

根据我国现行法律规定和最高人民法院、最高人民检察院、公安部、司法部《关于在全国试行社区矫正工作的意见》精神，我省社区矫正适用于下列五种罪犯：

（一）被判处管制的；

（二）被宣告缓刑的；

（三）被裁定假释的；

（四）被暂予监外执行的，具体包括：有严重疾病需要保外就医的；怀孕或者正在哺乳自己婴儿的妇女；生活不能自理，适用暂予监外执行不致危害社会的；

（五）被剥夺政治权利并在社会上服刑的。

准确把握社区矫正的刑罚执行性质，不得随意扩大或缩小社区矫正适用范围。

三、工作任务

总结完善社区矫正试点经验，积极探索工作规律，建立健全社区矫正制度体系，解决工作中遇到的困难和问题，积极稳妥地推进社区矫正工作。至2011年年底，在全省全面启动社区矫正工作；确保2012年底全省符合条件的社区矫正对象全部纳入社区矫正范围。

（一）加强对社区矫正对象的教育矫正。采取多种形式，加强对社区矫正对象的思想教育、法制教育、社会公德教育。组织有劳动能力的社区矫正对象参加公益劳动，增强其认罪悔罪意识，提高社会责任感。加强心理矫正工作，进行心理健康教育，提供心理咨询和心理矫正，矫正不良心理和行为恶习，促使社区矫正对象顺利融入社会，成为守法公民。

（二）加强对社区矫正对象的监督管理。按照我国刑法、刑事诉讼法等有关法律、法规和规章的规定，加强对社区矫正对象的管理和监督，确保刑罚的顺利实施。建立社区矫正评估体系，增强教育矫正的针对性和实效性。根据社区矫正对象的不同犯罪类型和风险等级，实行分类矫正。依法执行社区矫正对象报到、会客、请销假、迁居、政治权利行使限制、适用禁止令等管控措施，避免脱管、漏管，防止重新违法犯罪。健全完善社区矫正对象考核奖惩制度，建立日常考核与司法奖惩的衔接机制。鼓励运用信息通迅等技术手段，创新监督管理方法，提高社区矫正工作的科技含量。

（三）加强对社区矫正对象的帮困扶助。积极协调有关部门，将符合最低生活保障条件的社区矫正对象纳入最低生活保障范围，为符合条件的农村籍社区矫正对象落实责任田。整合社会资源和力量，为社区矫正对象提供免费职业技能培训和就业指导，提高就业谋生能力，解决就业、就学、生活、法律、心理等方面的困难和问题。

四、部门职责

（一）人民法院在社区矫正工作中的主要职责

1. 准确适用刑事法律和司法解释，按照社区矫正的五种适用范围，依法对刑事被告人、罪犯判处管制、剥夺政治权利，宣告缓刑，裁定假释，决定暂予监外执行。

2. 对判处管制、宣告缓刑的犯罪分子，可以根据犯罪情况，依法宣告禁止令，禁止其在管制执行期间、缓刑考验期限内从事特定活动，进入特定区域、场所，接触特定的人。

3. 对拟宣告缓刑的案件，可以委托被告人经常居住地的社区矫正机构就被告人的一贯表现、有无再犯罪的危险、宣告缓刑对所居住社区有无重大不良影响等情况开展调查评估，通知相关社区矫正机构旁听庭审，征求社区矫正机构意见。对拟假释的犯罪分子，可以委托罪犯被捕前经常居住地的社区矫正机构就假释后对所居住社区有无重大不良影响进行调查评估，征求社区矫正机构意见。

4. 强化社区矫正前法制宣传教育，对拟实行社区矫正的犯罪分子，责令其填写《接受社区矫正保证书》，告知其在规定期限内到执行地社区矫正机构报到。

5. 依法实行社区矫正的判决、裁定生效后，应在5个工作日内将相应法律文书抄送社区矫正机构、公安治安部门和检察机关监所检察部门。

6. 针对社区矫正对象在矫正期间的不同表现，依法对其裁定减刑、撤销缓刑执行原判刑罚、撤销假释收监执行未执行完毕的刑罚、撤销暂予监外执行收监执行余刑等。

（二）人民检察院在社区矫正工作中的主要职责

对社区矫正工作是否公开、公正和执行活动是否合法依法进行法律监督。

1. 加强对交付执行环节的监督。对实行社区矫正罪犯的交付执行是否及时、合法及交付执行的法律手续是否合法、完备，移交的文书资料是否齐备等进行监督。

2. 加强对变更执行环节的监督。对社区矫正对象在接受社区矫正期间违反法律、法规和有关监管规定的是否依法给予处罚，对暂予监外执行条件消失的是否依法收监执行，以及对符合减刑条件的是否依法予以减刑等进行监督。

3. 加强对终止执行环节的监督。对执行期满应当解除矫正、恢复政治权利的，或者对执行期间死亡的是否依法按期履行相关法律手续的，或者对是否按期解除矫正的等进行监督。

4. 加强对社区矫正监管措施的监督。对矫正组织是否建立健全，是否及时建立帮教组织，是否建立健全监管矫正档案，是否认真落实日常监督管理措施以及对出现社区矫正对象脱管、漏管问题是否及时采取相应措施等进行监督。

5. 依法维护社区矫正对象的合法权益。加强对社区矫正工作中违法行为的查处，依法查处社区矫正工作人员因玩忽职守或滥用职权造成严重后果构成犯罪以及因徇私舞弊构成犯罪的案件；对社区矫正工作人员侵犯罪犯合法权益的行为及滥施社区矫正的行为，提出纠正意见。

6. 积极在社区矫正对象中开展犯罪预防工作，严厉打击社区矫正罪犯重新犯罪现象，及时审查批捕，依法从快提起公诉。

7. 对可能实行社区矫正的案件，在提起公诉前，可以委托社区矫正机构开展诉前社会调查，征求社区矫正机构意见。

（三）公安机关在社区矫正工作中的主要职责

1. 配合司法行政部门依法加强对社区矫正对象的监督考察，依法履行有关法律程序。

2. 看守所在罪犯出所之日起5个工作日内，将有关法律文书送达罪犯经常居住地的社区矫正机构。责令罪犯填写《接受社区矫正保证书》，告知罪犯在规定期限内到执行地社区矫正机构报到。

3. 对违反治安管理处罚规定的社区矫正对象，依法予以治安处罚。

4. 对下落不明的矫正对象及时查找；对重新犯罪的矫正对象，及时依法处理。

5. 就社区矫正对象是否予以减刑，是否予以撤销缓刑、假释或者收监执行，向社区矫正机构提出建议。

（四）司法行政机关是社区矫正工作的牵头组织和具体实施部门，其主要工作职责：

1. 指导、监督有关社区矫正的法律、法规、规章及政策的实施。

2. 协调相关部门解决社区矫正工作中的问题，检察、考核本地区社区矫正实施情况。

3. 接受人民法院、人民检察院、监狱、看守所等部门的委托，在规定期限内对拟适用社区矫正的刑事被告人、罪犯进行调查评估。

4. 对社区矫正对象进行教育矫正。定期对社区矫正对象进行思想文化教育、法律道德教育、心理健康教育；组织有劳动能力的社区矫正对象参加公益劳动。积极协调建立社区矫正教育基地、劳动基地和就业基地；有条件的地方，可以在县（市、区）或者依托监狱、劳教所建立社区矫正管理教育服务中心。

5. 协调社会力量参与教育矫正。组织相关社会团体、民间组织和社区矫正志愿者，对社区矫正对象开展多种形式的教育帮扶；协调有关部门帮助未完成法定义务教育的社区矫正对象完成法定义务教育；协调有关部门处理社区矫正对象的就业、生活等困难。

6. 依法对社区矫正对象进行考核。根据考核结果，行使行政奖惩权、建议司法奖惩权和宣告解除社区矫正权，实施奖惩。

7. 加强社区矫正队伍建设，充分利用各种资源加强培训，不断提高社区矫正队伍业务水平。积极招募社区矫正工作志愿者，扩大矫正队伍。

8. 监狱对符合暂予监外执行条件的在押罪犯，依照法律和有关规定准予暂予监外执行；对符合假释条件的在押罪犯，依照法定程序，及时报请人民法院裁定；在罪犯出狱前，责令罪犯填写《接受社区矫正保证书》，告知罪犯在规定期限内到执行地社区矫正机构报到。在罪犯离开监狱之日起5个工作日内将相关法律文书送达罪犯居住地社区矫正机构。对需要收监执行的社区矫正对象及时收监执行。积极协助司法所开展社区矫正工作。

（五）人力资源和社会保障部门要积极为生活困难或有就业需要的矫正对象提供职业培训和就业指导。

（六）编制部门要根据社区矫正工作开展情况，加强社区矫正组织建设和队伍建设。

（七）民政部门要将社区矫正工作纳入社区建设之中，指导基层组织参与矫正工作。要将符合低保条件的矫正对象纳入低保范围，对需要临时救助的矫正对象提供救助。

（八）财政部门要切实加强社区矫正经费保障，将社区矫正工作专项经费纳入各级财政预算。

（九）卫生部门对社区矫正对象的身体、病情进行检查、监督，出具医疗意见，参与心理矫正。

（十）工会、共青团、妇联要发挥职能作用，组织志愿者与矫正对象结成帮扶对子进行思想道德、法制、文化教育和技术辅导，为矫正对象提供学习、生活、工作上的帮助。

五、组织领导

（一）领导机制及组织机构

社区矫正工作是一项综合性很强的工作，必须始终坚持党委政府统一领导，司法行政部门牵头组织，相关部门协调配合，司法所具体实施，社会力量广泛参与的社区矫正工作领导体制和工作机制。

1. 成立河南省社区矫正工作领导小组，统一部署、指导、协调全省社区矫正工作。由省委或者省政府分管政法工作的领导担任领导小组组长，省高级人民法院、省人民检察院、省公安厅、省司法厅、省人力资源和社会保障厅、省编办、省民政厅、省财政厅、省卫生厅、省总工会、团省委、省妇联等部门为成员单位。领导小组下设办公室，办公室设在省司法厅，承担日常工作。

2. 各省辖市、县（市、区）参照省级模式，结合本地实际，建立健全社区矫正工作组织机构。

3. 乡镇（街道）成立社区矫正工作领导小组，负责本辖区社区矫正工作的实施。组长由分管党委副书记担任，公安、司法行政、民政、社会保障等部门参加。办公室设在司法所，具体实行社区矫正工作。

（二）工作队伍

建立专群结合的社区矫正工作者队伍。社区矫正工作者由司法所工作人员、社会工作者和社区矫正志愿者组成。切实加强司法所建设，确保每个司法所至少有一名专职社区矫正工作者。鼓励有条件的地方，采用政府购买服务的方式，为每个社区矫正机构配备至少一名社会工作者从事社区矫正工作。积极组建社区矫正志愿者队伍，倡导组建专职社区矫正志愿者队伍，协助司法所人员对矫正对象实施矫正。

（三）工作制度

1. 议事协调制度

各级社区矫正工作领导小组要定期召开联席会议和工作例会，研究落实上级机关有关指示，制定本辖区社区矫正工作规划和计划，部署本辖区社区矫正工作，通报社区矫正工作进展情况和存在问题，拟定重大问题解决方案,协调有关部门和单位落实工作措施,协调处理重大问题。

2. 请示报告制度。对社区矫正工作中出现的问题要及时上报、请示,遇到紧急情况要边处置边报告。

3. 目标管理责任制度。实行责任目标考核,并把社区矫正工作纳入平安建设考核范围,凡因工作人员失职、渎职造成社区矫正对象脱管、漏管、重新犯罪等情况的,进行责任追究。

4. 监督管理制度。制定接收、监督、考察、管理、教育、监护、社会保障救助、考核奖惩、解除矫正、档案、统计等工作制度,建立社区矫正信息管理系统,完善监督管理措施,提高监管质量。

(四) 加强宣传

充分利用网络、电视、报纸等现代传媒手段,大力宣传社区矫正工作意义、内容、方法、程序,宣传社区矫正工作在维护社会和谐稳定、完善刑罚执行制度等方面的积极作用,提高社会认知度;利用社区广播、宣传栏、黑板报,采取张贴宣传画、发放宣传资料等多种形式进行宣传,提高社区居民的知晓率和热心参与的积极性;宣传开展社区矫正工作的好做法、好经验、好典型,为社区矫正工作营造良好的社会氛围。

河南省高级人民法院 河南省人民检察院 河南省公安厅 河南省司法厅等《关于打击盗用城镇公共供水及盗窃破坏公共供水设施等违法犯罪行为的规定》

(2012年6月21日)

城镇公共供水是城镇经济和社会发展的重要保障,直接关系到社会公众利益和人民群众的生活质量。合法用水、爱护供水设施是全社会的责任和义务,严禁任何单位和个人盗用城镇公共供水和盗窃、破坏公共供水设施。为了确保城镇公共供水设施完好和供水安全,特做如下规定。

一、城镇公共供水是指城镇公共供水企业以公共供水管道及其附属设施向单位和居民提供的生活、生产用水。

公共供水设施是指城镇公共供水企业所属的水源井、输水渠道、取水口构筑物、泵站、水处理构筑物、专用供电通讯线路和输配水管网、消火栓、阀门、计量仪表等。

二、对盗用城镇公共供水和盗窃、破坏公共供水设施的行为,依法追究民事责任、行政责任,构成犯罪的依法追究刑事责任。

(一) 下列行为属盗用城镇公共供水行为:

1. 未经城镇公共供水企业同意,擅自在公共供水管道及附属设施上采取接管等手段取水的;
2. 非火警、消防演习动用公共消火栓或者防险装置取水的;
3. 擅自将自建供水设施、供水管网或二次供水设施与公共供水管道连接取水的;
4. 用户不经城镇公共供水企业注册水表,擅自接用公共供水管道取水的;
5. 擅自拆除、迁移水表或开启、伪造注册水表的封印取水的;
6. 破坏或采取技术手段使注册水表停滞、失灵、逆行,使水表少计量或不计量取水的;
7. 擅自对磁卡水表的磁卡非法充值后取水的;
8. 采用其他方法盗用城镇公共供水的。

(二) 下列行为属盗窃、破坏公共供水设施行为:

1. 盗窃公共供水管道、阀门、井盖、水表箱(盖)及其他供水设施的;
2. 故意破坏公共供水管道、阀门、供水计量装置和公共消火栓及其他供水设施的;
3. 未经城镇公共供水企业同意,擅自开启或关闭公共供水管道阀门的。

三、盗用城镇公共供水水量、盗用水时间、盗用水金额的认定。

(一) 盗用水量确定。有证据证明实际用水量的,盗水量按实际盗用水量计算。不能计算的,可参照《最高人民法院关于审理盗窃案件具体应用法律若干问题的解释》第五条第十项,按盗水人或单位实施盗水行为前六个月的平均用水量推算。

(二) 盗水时间以有证据的时间确定。无法查明盗水天数的按180天计算。每日盗水时间认定:用于各项建筑用水的按12小时计算;用于经营服务、特种行业的按8小时计算;用于工业、行政事业的按6小时计算;用于生活的按2小时计算。

(三) 盗水金额按照盗水量乘以实施盗水行为时水价进行计算。

(四) 对破坏供水计量装置准确度进行盗水的,其盗水量以质量技术监督部门授权的水表计量鉴定机构出具的检验鉴定结果为依据。

(五) 使用城镇公共供水的单位使用未经检测的供水计量器具或破坏供水计量器具准确度给供水方造成损失的,由质量技术监督部门按《中华人民共和国计量法》进行处理。

四、擅自改变城镇公共供水性质；教唆他人盗用城镇公共供水；城镇公共供水企业的职工内外勾结，为他人盗水提供条件或帮助；故意盗窃、破坏公共消火栓、公共供水管道、表井等设施，除责令其赔偿损失外，依法从重处罚。构成犯罪的，按照《中华人民共和国刑法》的有关规定追究刑事责任，定罪量刑的数额标准依照《最高人民法院关于审理盗窃案件具体应用法律若干问题的解释》规定执行。有关人员为谋取单位利益组织实施盗用城镇公共供水行为，情节严重的，依据《中华人民共和国刑法》第二百六十四条的规定，追究单位及相关责任人的刑事责任。

五、违反本《规定》的行为，尚未构成犯罪的，由建设行政主管部门依法处理。违反《中华人民共和国治安管理处罚法》的，由公安机关予以治安处罚。符合劳动教养条件的，依照规定实行劳动教养。

破坏、损坏公共供水设施的，城镇公共供水企业责令其赔偿损失。违法收购盗窃的供水阀门、井盖、水表箱（盖）和其他供水设施的（包括碎片），由公安机关依法处理。

六、城镇建设行政主管部门的监察执法人员执行公务时，被检查单位和个人应予配合。对在依法履行职责过程中违反《中华人民共和国治安管理处罚法》的，由公安机关予以治安处罚；构成犯罪的，依照《中华人民共和国刑法》的有关规定追究刑事责任。

七、鼓励社会公众对盗用城镇公共供水和盗窃、破坏公共供水设施的行为进行举报。对举报提供的线索，有关单位应认真调查处理。对举报属实的予以奖励，并严格为举报人保密，切实保护举报人合法权益。

八、各地城镇政法委、人民法院、人民检察院、住房城乡建设局（委）、公安局、司法局、质量技术监督局等部门要切实加强打击盗用城镇公共供水及盗窃、破坏公共供水设施等违法犯罪行为，密切配合，互相支持，切实保证公共供水设施安全稳定运行，确保城镇公共供水安全。各地要结合本规定，制定符合实际的实施细则。

九、本规定适用本省行政区域内的城镇公共供水设施。

十、本规定自发布之日起实施。

河南省高级人民法院 河南省人民检察院 河南省公安厅《关于办理未成年人犯罪案件实行非羁押诉讼的暂行规定（试行）》

（2013年4月22日）

第一条 为了全面贯彻宽严相济刑事政策和"教育、感化、挽救"方针，进一步规范公安机关、人民检察院、人民法院办理未成年人犯罪案件实行非羁押诉讼的具体程序，更加有效地保障未成年犯罪嫌疑人、被告人的合法权益，根据刑法、刑事诉讼法及相关法律规定，结合我省工作实际，制定本规定。

第二条 本规定中的非羁押诉讼，是指我省各级公安机关、人民检察院、人民法院在刑事诉讼活动中，依照法律规定和案件具体情况，对符合条件的未成年犯罪嫌疑人、被告人，在不采取刑事拘留、逮捕等强制措施的情况下进行立案侦查、审查起诉、审理裁判的诉讼方式。

本规定所称未成年犯罪嫌疑人、被告人，是指在诉讼过程中未满十八周岁的人。犯罪嫌疑人、被告人在实施犯罪时未满十八周岁，在诉讼过程中已满十八周岁的，可以根据案件的具体情况适用上述规定。

第三条 对未成年犯罪嫌疑人、被告人适用非羁押诉讼，应当遵循以下原则：

（一）最大限度地保障未成年人合法权益；
（二）确保刑事诉讼活动正常进行；
（三）积极适用与严格审查相结合；
（四）法律效果与社会效果相统一。

第四条 适用非羁押诉讼的对象应当是罪行较轻，依法可能判处三年以下有期徒刑、拘役（均含缓刑）、管制、单处附加刑或免于刑事处罚的未成年犯罪嫌疑人、被告人。

第五条 未成年犯罪嫌疑人、被告人适用非羁押诉讼，应当同时具备以下条件：

（一）所犯罪行经查证属实；
（二）未涉嫌其他重大犯罪；
（三）如实供述犯罪事实，有悔罪表现；
（四）其法定代理人、近亲属以及所在学校、社区、村民委员会等单位或组织具有监管、帮教条件；
（五）没有毁灭、伪造、转移、隐匿证据，干扰证人作证、串供或实施打击报复等行为；
（六）不予羁押不致引发其他社会危险。

第六条 未成年犯罪嫌疑人、被告人具有下列情形之一的，不适用非羁押诉讼：

（一）涉嫌危害国家安全犯罪的；
（二）涉嫌恐怖活动犯罪的；
（三）涉嫌黑社会性质组织犯罪的；

（四）涉嫌严重暴力犯罪的；
（五）主观恶性大，无悔罪表现的；
（六）多次涉嫌犯罪或涉嫌多个犯罪罪名的；
（七）其他不宜适用非羁押诉讼的。

第七条 公安机关立案侦查后，发现案件符合本规定第四条、第五条情形的，应当在不予羁押的情况下进行侦查。

公安机关立案侦查后，发现犯罪嫌疑人虽然符合本规定第四条、第五条之情形，但认为确有逮捕必要的，可以向人民检察院提请批准逮捕，但应当提供能够证明确有逮捕必要的相关证据。人民检察院受理公安机关提请批准逮捕的案件后，经审查认为无逮捕必要的，应当在作出不予批准逮捕决定的同时，向公安机关说明理由。公安机关对人民检察院认为无逮捕必要的不予批准逮捕的犯罪嫌疑人，应当在不予羁押的情况下继续侦查。

第八条 公安机关对适用非羁押诉讼侦查终结的未成年犯罪嫌疑人，决定向人民检察院移送审查起诉的，应当先移送卷宗。人民检察院不得以犯罪嫌疑人未羁押为由不予受理。

人民检察院应当在受理后七日内提出是否同意适用非羁押诉讼的审查意见。同意适用的，通知公安机关将犯罪嫌疑人传唤至人民检察院，由人民检察院依法对犯罪嫌疑人重新办理取保候审、监视居住手续；认为确有逮捕必要的，由人民检察院依照审查逮捕程序作出逮捕决定。

第九条 人民检察院对适用非羁押诉讼审查终结的未成年被告人，决定向人民法院提起公诉时，应当先移送卷宗。人民法院不得以被告人未羁押为由不予受理。

人民法院应当在受理后七日内提出是否同意适用非羁押诉讼的审查意见。同意适用的，通知人民检察院将被告人传唤至人民法院，由人民法院依法对被告人重新办理取保候审、监视居住手续；不同意适用的，由人民检察院将被告人传唤至人民法院，由人民法院决定逮捕被告人，并将决定逮捕决定书送交公安机关执行。

第十条 公安机关、人民检察院、人民法院对已经拘留、逮捕的未成年犯罪嫌疑人、被告人，认为符合本规定第四条、第五条之情形的，可以变更强制措施。

第十一条 公安机关、人民检察院、人民法院对违反《刑事诉讼法》第六十九条、第七十五条之规定，影响案件正常诉讼的未成年犯罪嫌疑人、被告人，可按法定程序予以刑事拘留、逮捕。

第十二条 公安机关、人民检察院、人民法院办理非羁押诉讼案件，应当严格执行本规定。对不应当适用非羁押诉讼，而滥用职权、徇私枉法或者严重不负责任，违法适用非羁押诉讼，造成严重后果的，依法依纪追究责任；对因客观原因造成案件不能正常诉讼，承办人无过错的，不追究责任。

第十三条 人民法院审理的自诉案件，对未成年被告人适用非羁押诉讼的，参照本规定执行。

第十四条 本规定由河南省高级人民法院、河南省人民检察院、河南省公安厅负责解释。

第十五条 本规定自印发之日起试行。

河南省高级人民法院《关于我省拒不支付劳动报酬犯罪数额认定标准的规定》

（2013年5月13日）

根据《中华人民共和国刑法》和《最高人民法院关于审理拒不支付劳动报酬刑事案件适用法律若干问题的解释》（法释〔2013〕3号）的规定，结合我省当前经济发展和人民生活水平现状，现对我省拒不支付劳动报酬犯罪案件数额认定标准规定如下：

具有下列情形之一的，应当认定为刑法第二百七十六条之一第一款规定的"数额较大"：

（一）拒不支付一名劳动者三个月以上的劳动报酬且数额在八千元以上的；

（二）拒不支付十名以上劳动者的劳动报酬且数额累计在四万元以上的。

本规定自印发之日起施行。

河南省高级人民法院 河南省人民检察院 《关于我省敲诈勒索犯罪数额认定标准的规定》[①]

（2013年8月2日）

根据《中华人民共和国刑法》和《最高人民法院、最高人民检察院关于办理敲诈勒索刑事案件适用法律若干问题的解释》（法释〔2013〕10号）的规定，结合我省当前经济发展水平和社会治安状况，现

---

① 参见北京市高级人民法院《关于办理敲诈勒索刑事案件司法解释的若干意见》之附件。

对我省敲诈勒索犯罪案件数额认定标准规定如下：

敲诈勒索公私财物价值三千元以上、五万元以上、四十万元以上的，应当分别认定为刑法第二百七十四条规定的"数额较大"、"数额巨大"、"数额特别巨大"。

河南省高级人民法院　河南省人民检察院　河南省公安厅 《关于刑法有关条款中犯罪数额、情节规定的座谈纪要》（节录）

（2013年9月18日）

1998年11月23日，省法院、省检察院、省公安厅联合出台了《关于我省适用新刑法有关条款中犯罪数额、情节规定的座谈纪要》（豫高法发〔1998〕64号，以下简称《1998年座谈纪要》），至今已适用十余年，其中有些规定已与新出台的司法解释规定相抵触，有些规定已不能适应新形势发展的需要。

为进一步规范我省量刑标准，统一全省法律适用尺度，省法院组织力量，广泛调研，结合我省司法实践，并参考了最高人民法院、最高人民检察院、公安部出台的有关司法解释和立案追诉标准以及周边省份有关数额、情节的规定，就刑法有关条款的数额、情节等标准拟定了初步意见。经广泛征求各级法院、检察院、公安机关意见及多次修改完善后，2013年4月19日，省法院、省检察院、省公安厅有关人员再次组织召开座谈会，对刑法有关条款的数额、情节等标准达成一致意见，并形成《河南省高级人民法院、河南省人民检察院、河南省公安厅关于刑法有关条款中犯罪数额、情节规定的座谈纪要》（以下简称《纪要》）。

本《纪要》规定的有关数额、情节仅作为办案的参考和依据，不得在法律文书中援引。

本《纪要》自印发之日起施行。《1998年座谈纪要》不再适用。

第一百一十五条第二款　失火罪、过失决水罪、过失爆炸罪、过失投放危险物质罪、过失以危险方法危害公共安全罪

具有下列情形之一的，属于"情节较轻"：

（1）导致死亡一人以上不满三人，或者重伤三人以上不满十人的；
（2）造成公共财产或者他人财产直接经济损失五十万元以上不满三百万元的；
（3）造成十户以上不满三十户的房屋或者其他基本生产、生活资料损毁的；
（4）其他造成严重后果的情形。

具有下列情形之一的，属于"三年以上七年以下有期徒刑"的起点标准：

（1）导致死亡三人以上，或者重伤十人以上的；
（2）造成公共财产或者他人财产直接经济损失三百万元以上的；
（3）造成三十户以上房屋或者其他基本生产、生活资料损毁的；
（4）其他造成特别严重后果的情形。

第一百三十九条　消防责任事故罪

具有下列情形之一的，属于"后果特别严重"：

（1）导致死亡三人以上，或者重伤十人以上的；
（2）造成直接经济损失三百万元以上的；
（3）造成受灾三十户以上，且房屋或者其他基本生产、生活资料被烧毁的；
（4）其他造成特别严重后果的情形。

第一百六十三条　非国家工作人员受贿罪

索取他人财物或者非法收受他人财物五万元以上的，属于"数额巨大"。

第一百六十四条　对非国家工作人员行贿罪

为谋取不正当利益，给予公司、企业或者其他单位的工作人员以财物，个人行贿数额在二十万元以上的，单位行贿数额在二百万元以上的，属于"数额巨大"。

第一百六十五条　非法经营同类营业罪

获取非法利益一百万元以上的，属于"数额特别巨大"。

第一百六十六条　为亲友非法牟利罪

具有下列情形之一的，属于"致使国家利益遭受特别重大损失"：

（1）造成国家直接经济损失数额在五十万元以上的；
（2）使其亲友非法获利数额在一百万元以上的；
（3）其他致使国家利益遭受特别重大损失的情形。

第一百六十七条　签订、履行合同失职被骗罪

造成国家直接经济损失数额在二百五十万元以上或者造成其他特别严重后果的，属于致使国家利益

遭受"特别重大损失"。

第一百六十八条 国有公司、企业、事业单位人员失职罪；国有公司、企业、事业单位人员滥用职权罪。

国有公司、企业、事业单位的工作人员，严重不负责任，造成国家直接经济损失数额在二百五十万元以上的，或者滥用职权，造成国家直接经济损失数额在一百五十万元以上的，或者造成其他特别严重后果的，属于致使国家利益遭受"特别重大损失"。

第一百六十九条 徇私舞弊低价折股、出售国有资产罪

致使国家利益遭受直接经济损失一百五十万元以上或者造成其他特别严重后果的，属于"特别重大损失"。

第一百六十九条之一 背信损害上市公司利益罪

具有下列情形之一的，属于"致使上市公司利益遭受特别重大损失"：

（一）无偿向其他单位或者个人提供资金、商品、服务或者其他资产，致使上市公司直接经济损失数额在七百五十万元以上的；

（二）以明显不公平的条件，提供或者接受资金、商品、服务或者其他资产，致使上市公司直接经济损失数额在七百五十万元以上的；

（三）向明显不具有清偿能力的单位或者个人提供资金、商品、服务或者其他资产，致使上市公司直接经济损失数额在七百五十万元以上的；

（四）为明显不具有清偿能力的单位或者个人提供担保，或者无正当理由为其他单位或者个人提供担保，致使上市公司直接经济损失数额在七百五十万元以上的；

（五）无正当理由放弃债权、承担债务，致使上市公司直接经济损失数额在七百五十万元以上的；

（六）其他致使上市公司利益遭受特别重大损失的情形。

第一百七十五条 高利转贷罪

以转贷牟利为目的，套取金融机构信贷资金高利转贷他人，违法所得五十万元以上的，属于"数额巨大"。

第一百七十五条之一 骗取贷款、票据承兑、金融票证罪以欺骗手段取得银行或者其他金融机构贷款、票据承兑、信用证、保函等，具有下列情形之一的，属于造成特别重大损失或者有其他特别严重情节：

（一）以欺骗手段取得贷款、票据承兑、信用证、保函等，数额在五百万元以上的；

（二）以欺骗手段取得贷款、票据承兑、信用证、保函等，给银行或者其他金融机构造成直接经济损失数额在一百万元以上的；

（三）其他给银行或者其他金融机构造成特别重大损失或者有其他特别严重情节的情形。

第一百七十八条第一款 伪造、变造国家有价证券罪

伪造、变造国库券或者国家发行的其他有价证券，总面额在二万元以上的，属于"数额巨大"。

伪造、变造国库券或者国家发行的其他有价证券，总面额在二十万元以上的，属于"数额特别巨大"。

第二款 伪造、变造股票、公司、企业债券罪

伪造、变造股票或者公司、企业债券，总面额在五万元以上的，属于"数额巨大"。

第一百八十条 内幕交易、泄露内幕信息罪；利用未公开信息交易罪

具有下列情形之一的，属于"情节特别严重"：

（一）证券交易成交额累计在二百五十万元以上的；

（二）期货交易占用保证金数额累计在一百五十万元以上的；

（三）获利或者避免损失数额累计在七十五万元以上的；

（四）其他情节特别严重的情形。

第一百八十一条 编造并且传播证券、期货交易虚假信息罪；诱骗投资者买卖证券、期货合约罪

具有下列情形之一的，属于第一百八十一条第二款规定的"情节特别恶劣"：

（一）获利或者避免损失数额累计在二十五万元以上的；

（二）造成投资者直接经济损失数额在二十五万元以上的；

（三）其他情节特别恶劣的情形。

第一百八十五条之一 背信运用受托财产罪；违法运用资金罪

擅自运用客户资金或者其他委托、信托的财产数额在一百五十万元以上，或者违反国家规定运用资金数额在一百五十万元以上的，属于"情节特别严重"。

第一百八十六条 违法发放贷款罪

违法发放贷款，数额在五百万元以上的，属于"数额特别巨大"；违法发放贷款，造成直接经济损

失数额在一百万元以上的,属于造成"特别重大损失"。

第一百八十七条 吸收客户资金不入账罪

吸收客户资金不入账,数额在五百万元以上的,属于"数额特别巨大";吸收客户资金不入账,造成直接经济损失数额在一百万元以上的,属于造成"特别重大损失"。

第一百八十八条 违规出具金融票证罪

具有下列情形之一的,属于"情节特别严重":

(一) 违反规定为他人出具信用证或者其他保函、票据、存单、资信证明,数额在五百万元以上的;

(二) 违反规定为他人出具信用证或者其他保函、票据、存单、资信证明,造成直接经济损失数额在一百万元以上的;

(三) 其他情节特别严重的情形。

第一百八十九条 对违法票据承兑、付款、保证罪

造成直接经济损失数额在一百万元以上的,属于造成"特别重大损失"。

第一百九十条 逃汇罪

公司、企业或者其他单位,违反国家规定,擅自将外汇存放境外,或者将境内的外汇非法转移到境外,单笔在一千万美元以上或者累计数额在二千五百万美元以上的,属于"数额巨大"。

第一百九十七条 有价证券诈骗罪

使用伪造、变造的国库券或者国家发行的其他有价证券进行诈骗活动,数额在十万元以上不满一百万元的,属于"数额巨大";数额在一百万元以上的,属于"数额特别巨大"。

第二百零一条 逃税罪

纳税人逃避缴纳税款数额在五十万元以上并且占各税种应纳税总额百分之三十以上的,属于"数额巨大"。

第二百零五条 虚开增值税专用发票、用于骗取出口退税、抵扣税款发票罪

虚开税款数额在十万元以上不满一百万元的,属于"数额较大";因虚开发票致使国家税款被骗数额在五万元以上不满五十万元的,属于"其他严重情节"。

虚开税款数额在一百万元以上的,属于"数额巨大";因虚开发票,致使国家税款被骗取五十万元以上的,属于"其他特别严重情节"。

第二百零六条 伪造、出售伪造的增值税专用发票

伪造或者出售伪造的增值税专用发票一百二十五份以上不满七百二十五份或者票面额累计在五十万元以上不满二百五十万元的,属于"数量较大"。

具有以下情形之一的,属于"其他严重情节":

(1) 违法所得数额一万元以上不满五万元的;

(2) 伪造并出售伪造的增值税专用发票六十份以上不满三百份或者票面额累计三十万元以上不满二百万元的;

(3) 造成严重后果或者具有其他严重情节的。

伪造或者出售伪造的增值税专用发票七百二十五份以上或者票面额累计在二百五十万元以上的,属于"数量巨大"。

具有以下情形之一的,属于"其他特别严重情节":

(1) 违法所得数额五万元以上的;

(2) 伪造并出售伪造的增值税专用发票三百份以上或者票面额累计二百万元以上的;

(3) 伪造或者出售伪造的增值税专用发票已达到本款规定各数额标准的百分之八十以上并有其他严重情节的;

(4) 造成特别严重后果或者具有其他特别严重情节的。

第二百零七条 非法出售增值税专用发票罪

非法出售增值税专用发票一百二十五份以上不满七百二十五份或者票面额累计五十万元以上不满二百五十万元的,属于"数量较大"。

非法出售增值税专用发票七百二十五份以上,或者票面额累计二百五十万元以上,属于"数量巨大"。

第二百零九条第一款 非法制造、出售非法制造的用于骗取出口退税、抵扣税款发票罪伪造、擅自制造或者出售伪造、擅自制造的可以用于骗取出口退税、抵扣税款的非增值税专用发票二百五十份以上不满一千份或者票面额累计在一百万元以上不满五百万元的,属于"数量巨大"。

伪造、擅自制造或者出售伪造、擅自制造的可以用于骗取出口退税、抵扣税款的非增值税专用发票一千份以上或者票面额累计在五百万元以上的,属于"数量特别巨大"。

第二款 非法制造、出售非法制造的发票罪

伪造、擅自制造或者出售伪造、擅自制造的不具有骗取出口退税、抵扣税款功能的普通发票五百份

以上或者票面额累计在二百万元以上的,属于"情节严重"。

第二百二十四条 合同诈骗罪

以非法占有为目的,在签订、履行合同过程中,骗取对方当事人财物数额在二十万元以上不满一百万元的,属于"数额巨大";骗取对方当事人财物数额在一百万元以上的,属于"数额特别巨大"。

第二百二十六条 强迫交易罪

有下列情形之一的,属于"情节特别严重":

（一）造成被害人重伤或者其他特别严重后果的;

（二）造成直接经济损失二万元以上的;

（三）强迫交易三十次以上或者强迫三十人以上交易的;

（四）强迫交易数额十万元以上,或者违法所得数额二万元以上的;

（五）强迫他人购买伪劣商品数额五万元以上,或者违法所得数额一万元以上的;

（六）其他情节特别严重的情形。

第二百二十七条第一款 伪造、倒卖伪造的有价票证罪

具有以下情形之一的,属于"数额巨大":

（一）车票、船票票面数额累计二万元以上,或者数量累计五百张以上的;

（二）邮票票面数额累计五万元以上,或者数量累计一万枚以上的;

（三）其他有价票证价额累计五万元以上,或者数量累计一千张以上的;

（四）非法获利累计一万元以上的;

（五）其他数额巨大的情形。

第二百六十八条 聚众哄抢罪

聚众哄抢公私财物,数额在四千元以上不满四万元的,属于"数额较大"。参与人数多、被抢物资重要、社会影响大、哄抢一般文物、哄抢次数多等,属于"其他严重情节"。

聚众哄抢公私财物,数额在四万元以上,属于"数额巨大"。具有以下情形之一的,属于"其他特别严重情节":

(1) 哄抢重要军用物资的;

(2) 哄抢珍贵出土文物的;

(3) 哄抢抢险、救灾、救济、优抚等特定物资的;

(4) 煽动大规模、大范围哄抢活动,后果严重的;

(5) 造成公私财产巨大损失,导致公司、企业停业、停产等结果的;

(6) 导致被害人精神失常、自杀等严重后果的。

第二百七十条 侵占罪

侵占数额一万元以上不满十万元的,属于"数额较大";侵占数额十万元以上的,属于"数额巨大"。

第二百七十一条第一款 职务侵占罪

职务侵占数额一万元以上不满十万元的,属于"数额较大";职务侵占数额十万元以上的,属于"数额巨大"。

第二百七十二条第一款 挪用资金罪

公司、企业或者其他单位的工作人员,利用职务上的便利,挪用本单位资金归个人使用或者借贷给他人,具有下列情形之一的,属于"数额较大":

(1) 挪用本单位资金数额在二万元以上不满二十万元,超过三个月未还的;

(2) 挪用本单位资金数额在二万元以上不满二十万元,进行营利活动的;

(3) 挪用本单位资金数额在一万元以上不满十万元,进行非法活动的。

具有下列情形之一的,属于"数额巨大":

(1) 挪用本单位资金数额在二十万元以上,超过三个月未还的;

(2) 挪用本单位资金数额在二十万元以上,进行营利活动的;

(3) 挪用本单位资金数额在十万元以上,进行非法活动的。

第二百七十三条 挪用特定款物罪

具有下列情形之一的,属于"情节特别严重":

（一）挪用特定款物数额在五万元以上的;

（二）造成国家和人民群众直接经济损失数额在五十万元以上的;

（三）其他致使国家和人民群众利益遭受特别重大损害的情形。

第二百七十五条 故意毁坏财物罪

故意毁坏公私财物导致直接经济损失五万元以上的,属于"数额巨大"。

具有下列情形之一的,属于"其他特别严重情节":

(1) 毁坏公私财物十次以上的;
(2) 纠集三十人以上公然毁坏公私财物的;
(3) 其他情节特别严重的情形。

第二百七十六条　破坏生产经营罪
具有下列情形之一的,属于"情节严重":
(一) 造成公私财物损失五万元以上的;
(二) 破坏生产经营十次以上的;
(三) 纠集三十人以上公然破坏生产经营的;
(四) 其他破坏生产经营情节严重的情形。

第三百五十九条第一款　引诱、容留、介绍卖淫罪
具有下列情形之一的,属于"情节严重":
(1) 引诱、容留、介绍他人卖淫十人次以上的;
(2) 引诱、容留、介绍已满十四周岁未满十八周岁的未成年人卖淫三人次以上的;
(3) 引诱、容留、介绍明知是患有艾滋病或者患有梅毒、淋病等严重性病的妇女卖淫三人次以上的;
(4) 其他情节严重的情形。

第三百九十五条第一款　巨额财产来源不明罪
巨额财产来源不明,差额在一百五十万元以上的,属于"差额特别巨大"。

第三百九十六条　私分国有资产罪;私分罚没财物罪
私分国有资产、私分罚没财物五十万元以上的,属于"数额巨大"。

第三百九十七条　滥用职权罪、玩忽职守罪
具有以下情形之一的,属于"情节特别严重":
(1) 死亡三人以上的;
(2) 重伤十人以上的;
(3) 轻伤三十人以上的;
(4) 导致五十人以上严重中毒的;
(5) 造成直接经济损失一百万元以上的;
(6) 其他致使公共财产、国家和人民利益遭受特别重大损失的情形。

第三百九十八条　故意泄露国家秘密罪;过失泄露国家秘密罪
故意泄露国家秘密,具有下列情形之一的,属于"情节特别严重":
1. 泄露绝密级国家秘密三项(件)以上的;
2. 泄露机密级国家秘密六项(件)以上的;
3. 泄露秘密级国家秘密九项(件)以上的;
4. 其他情节特别严重的情形。

过失泄露国家秘密,具有下列情形之一的,属于"情节特别严重":
1. 泄露绝密级国家秘密三项(件)以上的;
2. 泄露机密级国家秘密九项(件)以上的;
3. 泄露秘密级国家秘密十二项(件)以上的;
4. 其他情节特别严重的情形。

第四百零四条　徇私舞弊不征、少征税款罪
不征或者少征应收税款五十万元以上或造成其他特别严重后果的,属于"造成特别重大损失"。

第四百零六条　国家机关工作人员签订、履行合同失职被骗罪
因严重不负责任被诈骗,造成直接经济损失一百五十万元以上,或者直接经济损失不满一百五十万元,但间接经济损失七百五十万元以上的,或者造成其他特别严重后果的,属于"致使国家利益遭受特别重大损失"。

河南省高级人民法院　河南省人民检察院
《关于我省盗窃犯罪数额认定标准的规定》[①]

(2013年9月23日)

根据《中华人民共和国刑法》和《最高人民法院、最高人民检察院关于办理盗窃刑事案件适用法律

---

① 参见北京市高级人民法院《关于适用办理盗窃刑事案件司法解释的若干意见》之附件。

若干问题的解释》(法释〔2013〕8 号)的规定,结合我省当前经济发展水平和社会治安状况,现对我省盗窃犯罪案件数额认定标准规定如下:

盗窃公私财物价值二千元以上、五万元以上、四十万元以上的,应当分别认定为刑法第二百六十四条规定的"数额较大"、"数额巨大"、"数额特别巨大"。

本规定自印发之日起施行。

河南省高级人民法院《关于我省挪用公款犯罪数额认定标准的规定》

(2013 年 9 月 27 日)

根据《中华人民共和国刑法》和《最高人民法院关于审理挪用公款案件具体应用法律若干问题的解释》(法释〔1998〕9 号)的规定,结合我省实际情况,现对我省挪用公款犯罪案件数额认定标准调整如下:

挪用公款归个人使用,"数额较大,进行营利活动的",或者"数额较大、超过三个月未还的",以挪用公款三万元为"数额较大"的起点,以挪用公款二十万元为"数额巨大"的起点。

"挪用公款归个人使用,进行非法活动的",以挪用公款一万元为追究刑事责任的数额起点。挪用公款十万元以上,属于挪用公款归个人使用,进行非法活动"情节严重"的情形之一。

本规定自印发之日起施行。

1999 年 11 月 26 日《河南省高级人民法院关于确定我省挪用公款犯罪数额标准的通知》(豫高法发〔1999〕49 号)不再适用。

河南省高级人民法院 河南省人民检察院《关于我省诈骗犯罪数额认定标准的规定》

(2013 年 9 月 29 日)

根据《中华人民共和国刑法》和《最高人民法院、最高人民检察院关于办理诈骗刑事案件具体应用法律若干问题的解释》(法释〔2011〕7 号)的规定,结合我省当前经济发展水平和社会治安状况,现对我省诈骗犯罪案件数额认定标准规定如下:

诈骗公私财物价值五千元、五万元、五十万元的,应当分别认定为刑法第二百六十六条规定的"数额较大"、"数额巨大"、"数额特别巨大"的起点。

本规定自印发之日起施行。

河南省高级人民法院 河南省人民检察院 河南省公安厅 河南省环境保护厅《关于依法办理环境污染刑事案件的若干意见(试行)》

(2014 年 4 月 21 日)

为贯彻落实中央《关于全面深化改革重大问题的决定》、省委《中原经济区建设纲要(试行)》,充分发挥政府和司法机关的职能作用,强化司法机关与环境保护行政部门的配合,惩治环境污染犯罪,保护生态环境,扎实推进生态河南建设,依照《中华人民共和国刑法》,最高人民法院、最高人民检察院《关于办理环境污染刑事案件适用法律若干问题的解释》,国务院《行政执法机关移送涉嫌犯罪案件的规定》,环保部、公安部《关于加强环境保护与公安部门执法衔接配合工作的意见》等有关法律和规定,结合我省实际,制定本意见。

一、依法行政,提高执法水平

1. 各级环境保护行政主管部门办理环境污染案件,应当强化证据意识,采用现场勘察、调查询问、采样监测等行政执法方式固定证据。

对于涉嫌环境污染犯罪,其证据可能灭失或者事后难以取得的,应当及时采取证据保全措施。

2. 各级环境保护行政主管部门办理环境污染案件,发现涉嫌环境污染犯罪的,应当及时向公安机关移送,不得以行政处罚代替刑事案件移送。

对于涉嫌环境污染犯罪,已经作出行政处罚决定的,移送时附送《行政处罚决定书》及相关处罚依据等材料。

3. 对于情况紧急、有证据证明涉嫌环境污染犯罪的人员有逃匿或者销毁证据可能的,环境保护主管部门可以商请公安机关提前介入。

4. 环境保护行政主管部门在查处环境违法案件过程中,若发现涉嫌构成环境监管失职等犯罪行为的,应当将案件线索向同级人民检察院移送。

二、及时立案,加强侦查工作

5. 环境保护行政主管部门要加强与公安机关的联动执法,对易发环境污染犯罪活动的重点行业、重点企业、重点区域、重点时段依法开展联合执法。有条件的市县,可以成立环境保护警务机构。

6. 对环境保护行政主管部门移送的涉嫌环境污染犯罪案件,公安机关应当及时进行审查。认为有犯罪事实,需要追究刑事责任,依法决定立案的,应当书面通知移送案件的环境保护行政主管部门;认为没有犯罪事实,或者犯罪事实轻微,不需要追究刑事责任,依法不予立案的,应当说明理由,并书面通知移送案件的环境保护行政主管部门,退回相应案卷材料。

7. 公安机关接到涉嫌环境污染犯罪的报案、举报、控告、自首等,经审查,没有犯罪事实,或者立案侦查后认为犯罪事实显著轻微,不需要追究刑事责任,但依法应当承担行政责任的,应当及时将案件移送同级环境保护行政主管部门,环境保护行政主管部门应当依法作出处理;涉嫌违反《中华人民共和国治安管理处罚法》相关规定的,由公安机关依法处理。

三、有效监管,强化法律监督

8. 人民检察院应当加大对环境保护行政主管部门行政执法的监督力度,切实纠正以行政处罚代替刑事责任追究等突出问题,依法及时查处环境污染案件中的贪污贿赂、渎职侵权犯罪行为。

9. 人民检察院应当加强对环境污染犯罪案件的立案、审判监督,防止有案不立、有罪不究、追究不力。

10. 人民检察院认为公安机关对应当立案侦查的环境污染犯罪案件而不立案侦查的,应当要求公安机关说明不立案的理由。人民检察院认为公安机关不立案理由不能成立的,应当通知公安机关立案,公安机关接到通知后应当立案。

11. 人民检察院应当及时介入重大环境污染事故的调查处理,对构成环境污染犯罪的,依法快捕快诉;对责任事故背后和环境保护监管执法过程中的贪污贿赂、渎职侵权等职务犯罪案件,依法严肃查办。

四、依法审判,严惩环境犯罪

12. 人民法院应当坚持以事实为依据、以法律为准绳,依法审理环境污染刑事案件,正确定罪量刑。

13. 人民法院审理环境污染刑事案件,应当落实宽严相济的刑事政策,综合考虑案件情节、危害后果、社会影响及案件发生后行为人处置、应对情况等,准确适用法律。

对于共同犯罪,应当区分各行为人的地位及作用,做到罚当其罪。

14. 人民法院对于实施环境污染犯罪,并具有阻挠环境保护行政主管部门调查或公安机关侦查情节的,应当从重处罚。

对于实施环境污染犯罪的犯罪分子,判处缓刑、免予刑事处罚或者单处罚金刑要特别慎重。

实施环境污染犯罪,但能及时采取措施、防止损失扩大、消除污染、积极赔偿损失的,可以酌情从宽处罚。

15. 人民法院审理环境污染刑事案件,要加大对罚金刑的适用力度,充分发挥罚金刑对污染环境犯罪的惩罚和预防功能。禁止以罚金刑来代替主刑的适用。

罚金数额的确定,应当充分考虑污染环境行为的危害后果、实际损失、影响程度等情节。对于未发生实际危害后果的,应当考虑行为的恶劣程度、潜在危害等因素确定。

16. 对于单位实施污染环境犯罪的,应当追究其直接负责的主管人员和其他直接责任人员的刑事责任。

直接负责的主管人员和其他直接责任人员,包括直接从事排污工作的人员,也包括对排污工作负有决定、组织、指挥或管理职责的负责人、管理人员等。

17. 对案件所涉及的环境污染专门性问题难以确定,又没有法定司法鉴定机构的,应当委托国务院环境保护部门指定的机构出具检验报告。

对于县级以上环境保护部门及其所属监测机构出具的监测数据,作为证据使用的,应当经省级以上环境保护部门认可。

18. 人民法院审理环境污染犯罪案件,可以按照法定程序选聘专家担任人民陪审员,参与案件审理,提高案件审判质量。

对于案件中所涉及的专业技术问题,可以通知有专门知识的人员出庭进行说明,接受法庭和当事人的询问。

五、协调配合,建立联动机制

19. 人民法院、人民检察院、公安机关、环境保护行政主管部门应当加强沟通交流,建立信息交换平台,实现行政执法与司法信息互通共享。

20. 人民法院、人民检察院、公安机关、环境保护行政主管部门应当建立重大案件协商、日常案件通报、联席会议等制度,对影响重大、复杂敏感的环境污染刑事案件进行挂牌督办。

21. 人民法院在审理涉及环境污染的行政、民事案件时，发现环境污染犯罪线索的，应当及时向公安机关或者人民检察院移送。

22. 人民法院、人民检察院办理环境污染犯罪案件，可以就案件发现的问题，及时向环境保护行政主管部门发出司法建议、检察建议，督促其改进工作，提升环境保护执法能力和水平。

23. 人民法院、人民检察院、公安机关、环境保护行政主管部门办理环境污染案件，应当充分利用新闻媒体，大力宣传环境保护法律法规，引导公众树立环境保护法律意识，推动全社会自觉参与环境保护。

六、其他

24. 本意见由河南省高级人民法院、河南省人民检察院、河南省公安厅、河南省环境保护厅负责解释。

25. 本意见自下发之日起试行。

河南省人民检察院　河南省公安厅 《关于在办理刑事案件中适用"另案处理"的规定（试行）》

（2013年12月27日）

第一条 为规范刑事案件中"另案处理"的适用，防止案件流失，确保公正执法，根据《中华人民共和国刑事诉讼法》、最高人民检察院《人民检察院刑事诉讼规则（试行）》和公安部《公安机关办理刑事案件程序规定》等有关规定，结合我省实际，制定本规定。

第二条 本规定"另案处理"是指公安机关和检察机关在立案侦查共同犯罪案件或者两个以上相互关联的犯罪案件（以下简称关联犯罪）过程中，因需要另行侦查取证、依法移送管辖等原因，尚无处理结果的，在提请批准逮捕、移送审查起诉时，将部分犯罪嫌疑人、被告人另行处理或者与其他案件并案处理，并于相关文书中对其注明"另案处理"的一种处理方式。

第三条 共同犯罪或关联犯罪人员具有以下情形之一的，可以适用"另案处理"：

（一）关联涉嫌其他犯罪的共同犯罪嫌疑人、被告人，在他案中犯有更为严重罪行，需要继续侦查的；

（二）犯罪嫌疑人、被告人系在本地、异地均实施了犯罪，在异地处理更为合适，需移送异地管辖的；

（三）犯罪嫌疑人系患有严重疾病、怀孕、正在哺乳自己婴儿、生活不能自理的人的唯一抚养人等特殊情形，而被取保候审、监视居住，不宜与同案其他犯罪嫌疑人一并提请批准逮捕或移送起诉的；

（四）犯罪嫌疑人、被告人根据案情需要分案处理的，以及犯罪嫌疑人、被告人系未成年人，依有关规定，需要与成年犯罪嫌疑人、被告人分案处理的；

（五）犯罪嫌疑人、被告人系间歇性精神病人，需对作案时的精神状况进行鉴定，鉴定意见尚未出的；

（六）现有证据认定部分犯罪嫌疑人、被告人在全案中属事实不清，需要补充侦查后才能确定是否构罪，但主犯需要及时逮捕、起诉的；

（七）因其他原因"另案处理"更为适宜的。

第四条 犯罪嫌疑人、被告人具有以下情形之一的，不得适用"另案处理"：

（一）犯罪嫌疑人在逃，尚未归案的；

（二）犯罪嫌疑人身份不明，现有证据材料仅能提供相关线索，不能确定犯罪嫌疑人的；

（三）经查认定犯罪嫌疑人、被告人不构成犯罪，或者已被作出行政处罚的；

（四）被告人已被另案起诉或被法院判决的；

（五）因其他原因不适宜"另案处理"的。

第五条 公安机关对符合本规定第三条之情形的犯罪嫌疑人、被告人需要"另案处理"的，由案件承办人制作适用"另案处理"的呈请报告，报告中应说明简要案情、涉案的共同犯罪嫌疑人的基本情况、"另案处理"的原因及犯罪嫌疑人当前处理情况、其他案犯的处理情况等一式两份，层报办案单位负责人、县级以上公安机关负责人签字审批，由本级公安机关法制部门备案后，一份随卷移送检察机关，一份留存侦查工作卷。

第六条 公安机关在提请审查逮捕、移送审查起诉时对作"另案处理"的案件，除要注明"另案处理"外，还应按下列要求在"提请批准逮捕书"、"起诉意见书"中对"另案处理"的具体情况加以说明，并提供相关材料：

（一）对犯罪嫌疑人系涉嫌其他犯罪且为重罪，需进一步查证的，应注明正在侦查，并在证据材料中附录现已查明犯罪嫌疑人涉及其他重罪的案件材料、侦查进展情况说明及相关证据材料；

（二）对犯罪嫌疑人系多地作案、异地处理更为合适而改变管辖的，应注明已经移送某地管辖，并在证据材料中附录相关移送管辖的文书；

（三）对犯罪嫌疑人系患有严重疾病、怀孕或正在哺乳自己婴儿、生活不能自理的人的唯一抚养人已被取保候审、监视居住，不宜与同案其他犯罪嫌疑人一并提请逮捕或移送起诉的，应注明具体缘由，并在证据材料中附录"法医学鉴定"（诊断证明）、取保候审、监视居住决定书复印件；

（四）对犯罪嫌疑人、被告人系未成年人，需要与成年犯罪嫌疑人分案处理的，应注明分案处理，在证据材料中附录户籍证明材料及法定代理人证明材料的复印件；

（五）对犯罪嫌疑人为间歇性精神病人，需要对作案时的精神状况进行鉴定，但鉴定结果尚未作出的，应注明正在作精神病鉴定情况，并附委托鉴定相关文书等说明材料。

第七条 对符合本规定第四条所列不得适用"另案处理"情形的，公安机关应在"提请批准逮捕书"、"起诉意见书"中按下列要求直接予以注明并提供相关证明材料：

（一）对犯罪嫌疑人在逃、尚未归案的，应注明"尚未归案"，并说明是否已对犯罪嫌疑人采取上网追逃等抓捕措施；

（二）对犯罪嫌疑人身份不明的，应注明"身份不明"，并附下一步侦查方向说明；

（三）对于犯罪嫌疑人、被告人不构成犯罪的，应注明"不负刑事责任"等情况；证据材料中，应附录不构成犯罪的相关说明、证据材料，已作行政处理的应附行政处罚文书的复印件；

（四）对犯罪嫌疑人、被告人已经另案起诉或被法院判决的，应注明起诉时间、罪名和法院判决情况，并附相关起诉书和法院判决书复印件。

第八条 公安机关在案件侦查终结前发现犯罪嫌疑人"另案处理"缘由消失需要逮捕的，应当及时提请逮捕；公安机关移送审查起诉时"另案处理"缘由消失的，如果全案没有移送的，应当对"另案处理"人员与同案的犯罪嫌疑人一并移送审查起诉；如果全案已经移送起诉的，应当对"另案处理"人员及时移送起诉。

检察机关提起公诉后，公安机关发现被告人"另案处理"缘由消失的，应当及时与检察机关沟通，检察机关可以追加起诉，也可以向人民法院建议延期审理，待公安机关将"另案处理"人员的材料补充完善后一并提起公诉。

第九条 公安机关法制部门对"另案处理"案件的适用及备案材料应当认真审查，发现适用不当的，应及时提出纠正意见。办案部门应当接受并及时纠正。

第十条 检察机关受理公安机关提请批准逮捕或者移送审查起诉案件时，对"另案处理"的适用应当进行认真审查和监督，并通报公安机关法制部门：

（一）对审批程序和报送材料不符合本规定的，应当监督公安机关进行修改、补充和完善；

（二）对应当刑事追究而作行政处罚不当的，应当监督公安机关依法立案侦查；

（三）对应当并案处理而"另案处理"的，应当监督公安机关并案处理；

（四）犯罪嫌疑人在逃而没有上网追逃的，应督促公安机关及时上网追逃并采取有效措施予以抓捕；

（五）对公安机关适用"另案处理"有异议的，会同公安机关协商解决。如达不成一致意见的，检察机关和公安机关应分别请示上一级检察机关和上一级公安机关协调解决。

第十一条 检察机关侦查监督部门和公安机关法制部门应当建立适用"另案处理"和不适用"另案处理"人员信息数据库。将"另案处理"人员及其同案犯基本情况、涉案事实、案件性质、适用的强制措施类型、"另案处理"理由以及不适用"另案处理"人员的案件进展、处理结果等情况逐项进行录入登记，并由专人负责管理。

第十二条 检察机关与公安机关应当建立信息通报制度，每三个月互通一次案件进展情况及跟踪监督情况，实现信息共享。通过对通报信息的整理、分析，及时对"另案处理"人员作出恰当处理。对于长期负案在逃或久侦不结的案件，适时向公安机关发出催办通知，督促公安机关及时抓捕犯罪嫌疑人，防止案件流失。

第十三条 检察机关与公安机关应当建立"另案处理"案件核销制度。定期对本机关办理的"另案处理"案件进行清理核对。发现"另案处理"缘由已经消失或者已经处理完毕的案件，要及时核销。

第十四条 上级检察机关、公安机关应当加强对下级检察机关、公安机关对适用"另案处理"案件的指导与监督。对违反本规定情形，应当及时提出纠正意见督促纠正，发现办案人员失职、渎职等严重违法违纪问题，应当移送有关部门依法依纪查处。

第十五条 对于检察机关立案侦查的案件，认为需要适用"另案处理"的，参照本规定执行。

第十六条 本规定自下发之日起执行。

第十七条 本规定由河南省人民检察院、河南省公安厅负责解释。

河南省高级人民法院　河南省人民检察院
《关于我省抢夺犯罪数额认定标准的规定》

（2014年5月28日）

根据《中华人民共和国刑法》和《最高人民法院、最高人民检察院关于办理抢夺刑事案件适用法律若干问题的解释》（法释〔2013〕25号）的规定，结合我省当前经济发展水平和社会治安状况，现对我省抢夺犯罪案件数额认定标准规定如下：

抢夺公私财物价值一千五百元以上、四万元以上、三十万元以上的，应当分别认定为刑法第二百六十七条规定的"数额较大"、"数额巨大"、"数额特别巨大"。

本规定自印发之日（2014年6月3日）起施行。

河南省高级人民法院　河南省人民检察院　河南省公安厅　河南省司法厅
《关于依法处理信访活动中违法犯罪行为的意见》

（2014年8月27日）

为依法处理信访活动中的违法犯罪行为，维护正常信访秩序和社会秩序，保障信访人的合法权利，根据《刑法》、《刑事诉讼法》、《民事诉讼法》、《治安管理处罚法》、《集会游行示威法》、《人民警察法》和《信访条例》等法律法规，结合我省实际，现提出以下意见：

一、信访活动中具有下列情形之一的，应当依法予以处理

1. 为制造影响或者发泄不满情绪，在国家机关办公场所周边实施静坐、拦截车辆、张贴散发材料、呼喊口号、辱骂工作人员、打横幅、穿状衣等行为，实施跳楼、跳桥、服毒、自焚等自残、自杀行为或者以上述行为相威胁，实施非法聚闹访等行为，影响正常办公秩序和社会秩序，经工作人员劝阻、批评教育无效的，公安机关予以警告、训诫，并收缴相关材料、物品，制止违法行为。经警告、训诫后继续或者再次实施上述违法行为的，依照《治安管理处罚法》予以治安管理处罚。情节严重，构成犯罪的，依照《刑法》有关规定追究刑事责任。

2. 以群体性聚集、围堵、冲击国家机关或以其他群体性非法聚集的形式反映诉求，经工作人员劝阻、批评教育无效的，公安机关依照《治安管理处罚法》有关规定，对组织、领导者和积极参加人员予以治安管理处罚。情节严重，构成犯罪的，依照《刑法》有关规定追究刑事责任。

3. 以各种形式在北京进行非正常信访活动，违反《信访条例》规定的，公安机关予以警告、训诫。经警告、训诫后继续或者再次实施违法行为的，依照《治安管理处罚法》予以治安管理处罚。受过多次政拘留处罚又实施上述违法行为或者具有其他严重情节，构成犯罪的，依照《刑法》有关规定追究刑事责任。

4. 长期越级上访，或者集体上访拒不按照规定推选代表，或者拒不通过法定途径表述诉求，不依照法定程序申请信访事项复查、复核，或者信访诉求已经依法解决，仍然以同一事实和理由提出诉求，在信访接待场所缠访，违反《信访条例》有关规定，经工作人员劝阻、批评和教育无效的，由公安机关予以警告、训诫。情节严重的，依照《治安管理处罚法》予以治安管理处罚。

5. 组织、煽动、串联、胁迫、雇佣、唆使他人采取极端方式缠访闹访的，扰乱信访工作秩序的，依照《治安管理处罚法》有关规定予以治安管理处罚。情节严重的，构成犯罪的，依照《刑法》有关规定追究刑事责任。

对于实施上述行为，严重危害社会治安秩序、威胁公共安全的，公安机关依照《人民警察法》《集会游行示威法》有关规定，可以传唤、强行带离现场、挽留或者采取法律规定的其他措施，防止造成更大危害。

对实施上述行为以外其他违法犯罪行为的，依照有关法律、法规处理。

二、要坚持宽严相济、教育与惩戒相结合的原则，依法严厉打击重点违法犯罪行为。对于初次实施违法犯罪行为或者行为人经教育后，能够认识错误，确有悔改静观，明确表示不再违法上访的，可以依法从轻、减轻、免予处罚或者不起诉。对于信访事项已经终结或者合理诉求已经依法依规政策解决到位后仍然违法上访的，重点打击处理。对于实施极端方式违法上访、煽动、串联、组织群体上访或者唆使、胁迫、雇佣他人违法上访的，依法从严处理。

三、信访活动中发生的违法犯罪行为一般由违法犯罪行为地公安机关管辖，由户籍地或居住地公安机关管辖更为适宜的，也可以由户籍地或居住地公安机关管辖，但行为地公安机关应当配合户籍地或居住地公安机关开展调查取证工作。违法犯罪行为地包括违法犯罪行为的实施地和串联、煽动、唆使、胁迫、雇佣等行为的实施地。

违反《刑事诉讼法》《民事诉讼法》有关规定，实施扰乱法庭秩序、妨碍司法人员执行职务等行为，不构成犯罪的由人民法院管辖，构成犯罪的依法处理。

四、公安机关要按照有关法律法规规定，认真开展调查取证工作，全面客观收集、及时固定违法犯罪证据。既要收集实施行为的证据，也要收集动机、目的等证据。既要收集在上访地实施违法行为的证据，也要收集组织、串联等行为的证据。既要收集现行证据，也要收集以往违法上访的相关证据。对行为人涉嫌其他违法犯罪的，要及时收集固定相关证据，依法处理。有关国家机关及工作人员要积极配合公安机关的调查取证工作。

五、人民法院、人民检察院、公安机关要按照公工负责、相互配合、相互制约的要求，严格依法履行职责。既要加强协作配合，依法打击处理违法犯罪行为，又要加强监督制约，切实保障违法行为人、犯罪嫌疑人、被告人的合法权利。对于疑难复杂案件，人民检察院可以提前介入，指导、监督公安机关做好侦查工作。对于起诉到人民法院的案件，人民检察院可以依法提出量刑建议。对于将合快速办理条件的轻微刑事案件，办案机关应当依法简化程序，减短办案时间，快办快结。

六、司法行政部门要加强对律师的管理，对于律师煽动、教唆委托人采取扰乱公共秩序、危害公共安全等非法手段解决争议的。依照有关法律法规处理。

七、对被行政挽留、司法挽留的违法人员以及被采取刑事强制措施的犯罪嫌疑人、被判刑的犯罪人，监管及有关办案单位要采取有针对性的措施加强教育和思想疏导，促进打击处理效果。

在办案过程中，发现信访人反映的合理诉求应当由本单位解决的要及时予以解决。应当由其他单位解决的，人民法院、人民检察院要及时向有关单位发出司法建议、检察建议，督促解决问题，促进办案效果。

八、本意见自出发之日起实行。

河南省高级人民法院
《关于规范办理暂予监外执行案件若干问题的规定（试行）》

（2014 年 10 月 13 日）

为严格规范全省法院暂予监外执行案件办理工作，加强内部监督，堵塞机制漏洞，提高办案质量，依据法律并结合我省实际制定本规定。

第一条 在将罪犯交付执行前，被告人或者罪犯本人及其辩护人、近亲属提出罪犯符合暂予监外执行条件的，可以在收到裁判文书后 3 日内向一审人民法院提出暂予监外执行申请。看守所也可以将有关情况通报一审人民法院，一审人民法院应当审查并在交付执行前作出是否暂予监外执行的决定。

第二条 一审人民法院办理刑事案件的审判庭收到暂予监外执行申请或者通报后，审查认为或者审委会讨论认为罪犯不符合暂予监外执行条件的，应当依法交付执行；审查认为罪犯符合暂予监外执行条件的，应当提出书面审查意见，连同强制措施法律文书和证明罪犯身体状况的相关材料一并移交审判监督庭或者减刑假释庭办理。

第三条 暂予监外执行案件由审判监督庭或者减刑假释庭统一登记立案，并采取调查核实、提前公示、公开听证、文书上网的方式进行办理。

第四条 对职务犯罪、破坏金融管理秩序和金融诈骗犯罪、组织（领导、参加、包庇、纵容）黑社会性质组织犯罪等罪犯（以下简称三类罪犯）的暂予监外执行案件，应当邀请同级人民检察院监所检察部门出席听证会；其他罪犯的暂予监外执行案件，应当书面征求同级人民检察院监所检察部门的意见。

第五条 罪犯患严重疾病需要保外就医的，应当由本院司法技术鉴定部门统一委托省级人民政府指定的医院进行诊断和刑事医学鉴定，并由司法技术鉴定部门组织专家论证，出具专家意见。

第六条 对患严重疾病需要保外就医罪犯的诊断和刑事医学鉴定，一般应委托罪犯出生地、居住地、任职地、犯罪地以外符合条件的医院进行。其中，对职务犯罪罪犯，原为省部级的，应当委托外省符合条件的医院；原为市厅级和县处级的，应当委托外地市符合条件的医院。

第七条 对"三类罪犯"暂予监外执行的，必须从严把握严重疾病的范围和条件。虽然患高血压、糖尿病、心脏病等疾病，但经诊断短期内不致危及生命的，或者息于治疗的，或者暂予监外执行可能有社会危险性的，或者自伤自残的，一律不得暂予监外执行。

第八条 审判监督庭或者减刑假释庭拟决定对罪犯暂予监外执行的，应当提请审判委员会讨论，并逐案向上级法院审判监督庭或者减刑假释庭内审。

第九条 审判委员会和上级法院同意对罪犯暂予监外执行的，审判监督庭或者减刑假释庭应当及时制作暂予监外执行决定书，依照相关法律、司法解释规定将罪犯交付执行，并将暂予监外执行决定书送达同级人民检察院监所检察部门和罪犯居住地的县级司法行政机关、人民检察院监所检察部门和公安机关。

第十条 对患严重疾病罪犯决定暂予监外执行的,应当责令罪犯提供保证人或者交纳保证金。保证人的条件以及应当履行的保证义务,参照取保候审的相关规定确定。

第十一条 对患严重疾病罪犯决定暂予监外执行的期限一般为半年。期满前一个月,应当视情况对罪犯病情进行重新检查或者鉴定,并重新研究是否需要继续暂予监外执行。需要继续暂予监外执行的,仍然应当提请审判委员会讨论和报请上级法院内审;不需要暂予监外执行的,合议庭可以径行作出收监执行的决定。

第十二条 基层法院或者中级法院对原县处级职务犯罪罪犯暂予监外执行的,应当于决定后10日内将备案审查报告,并附随生效法律文书、诊断证明、刑事医学鉴定、专家意见、暂予监外执行决定书、交付执行通知书复印件一式五份和电子文本逐级报请高级人民法院备案审查;对原厅局级以上职务犯罪罪犯暂予监外执行的,应当于决定后10日内将前述材料逐级报请最高人民法院备案审查。上级法院审查发现问题的,应当立即责令下级法院依法纠正。

第十三条 中级法院审判监督庭或者减刑假释庭应当每半年对全市两级法院暂予监外执行案件进行一次集中评查,并向高级人民法院减刑假释庭书面报告评查情况。

第十四条 不符合暂予监外执行条件的罪犯通过贿赂等非法手段被暂予监外执行的,在监外执行的期间不计入执行刑期。罪犯在暂予监外执行期间未经批准擅自外出或者脱逃的,擅自外出或者脱逃的期间不计入执行刑期。

第十五条 人民法院应当与社区矫正机构经常沟通罪犯执行情况,具有收监执行情形的,应当及时制作收监执行决定书,送交罪犯居住地的县级司法行政机关,由其移送公安机关将罪犯交付执行。收监执行决定书应当同时抄送同级人民检察院和罪犯居住地的县级人民检察院监所检察部门以及公安机关。

第十六条 本规定自发布之日起实施。

河南省高级人民法院《关于常见犯罪的量刑指导意见》实施细则

(2014年6月20日)

为进一步规范刑罚裁量权,落实宽严相济刑事政策,增强量刑的公开性,实现量刑公正,根据刑法、刑事司法解释以及《最高人民法院关于常见犯罪的量刑指导意见》等有关规定,结合我省刑事审判实践,制定本实施细则。

一、量刑的指导原则

1. 量刑应当以事实为依据,以法律为准绳,根据犯罪的事实、性质、情节和对社会的危害程度,决定判处的刑罚。

2. 量刑既要考虑被告人所犯罪行的轻重,又要考虑被告人应负刑事责任的大小,做到罪责刑相适应,实现惩罚与预防犯罪的目的。

3. 量刑应当贯彻宽严相济的刑事政策,做到该宽则宽,当严则严,宽严相济,罚当其罪,确保裁判法律效果与社会效果的统一。

4. 量刑要客观、全面地把握不同时期不同地区的经济社会发展和治安形势的变化,确保刑法任务的实现;对于同一地区同一时期、案情相似的案件,所判处的刑罚应当基本均衡。

二、量刑的基本方法

量刑时,应在定性分析的基础上,结合定量分析,依次确定量刑起点、基准刑和宣告刑。

(一)量刑步骤

1. 根据基本犯罪构成事实,在相应的法定刑幅度内确定量刑起点;

2. 根据其他影响犯罪构成的犯罪数额、犯罪次数、犯罪后果等犯罪事实,在量刑起点的基础上增加刑罚量确定基准刑;

3. 根据犯罪构成事实以外的量刑情节确定量刑情节的调节比例,对基准刑进行调节,量刑情节对基准刑的调节结果即为拟宣告刑;

4. 综合考虑全案情况,依法确定宣告刑。

(二)量刑情节调节基准刑的方法

1. 只有单个量刑情节的,在确定量刑情节的调节比例后,直接对基准刑进行调节,确定拟宣告刑。

2. 具有多个量刑情节的,在确定各量刑情节的调节比例后,对于不具有本条第3项规定的量刑情节的,一般根据各量刑情节的调节比例,采用同向相加、逆向相减的方法调节基准刑。

3. 具有未成年人犯罪、老年人犯罪、限制行为能力的精神病人犯罪、又聋又哑的人或者盲人犯罪、防卫过当、避险过当、犯罪预备、犯罪未遂、犯罪中止、从犯、胁从犯、教唆犯等量刑情节的,先适用该量刑情节采用连乘的方法调节基准刑。在此基础上,再适用其他量刑情节调节基准刑。

4. 被告人犯数罪,同时具有适用于各个罪的立功、累犯等量刑情节的,先适用该量刑情节调节个罪的基准刑,确定个罪应当判处的刑罚,再依法实行数罪并罚,决定执行的刑罚。

(三)确定宣告刑的方法

1. 拟宣告刑在法定刑幅度内,且罪责刑相适应的,可以直接确定为宣告刑;如果具有应当减轻处罚情节的,应当依法在法定最低刑以下确定宣告刑。

2. 拟宣告刑在法定最低刑以下,具有法定减轻处罚情节,且罪责刑相适应的,可以直接确定为宣告刑;只有从轻处罚情节的,可以依法确定法定最低刑为宣告刑;但是根据案件的特殊情况,经最高人民法院核准,也可以在法定刑以下判处刑罚。

3. 拟宣告刑在法定最高刑以上的,可以依法确定法定最高刑为宣告刑。

4. 被告人犯数罪,数罪并罚时,总和刑期不满五年的,减少的刑期一般不超过一年;总和刑期满五年不满十年的,减少的刑期一般不超过二年;总和刑期满十年不满十五年的,减少的刑期一般不超过三年;总和刑期满十五年不满二十年的,减少的刑期一般不超过四年;总和刑期满二十年不满二十五年的,减少的刑期一般不超过五年;总和刑期在二十五年以上不满三十五年的,可以决定执行有期徒刑二十年;总和刑期在三十五年以上的,可以决定执行有期徒刑二十至二十五年。

5. 综合考虑全案情况,独任审判员或合议庭可以在20%的幅度内对拟宣告刑进行调整,确定宣告刑。调整后的拟宣告刑仍然不符合罪责刑相适应原则的,应当提交审判委员会讨论,依法确定宣告刑。

6. 综合全案犯罪事实和量刑情节,依法应当判处无期徒刑以上刑罚、管制或者单处附加刑、缓刑、免刑的,应当依法适用。

7. 宣告刑以月为单位计算。

三、常见量刑情节的适用

量刑时要充分考虑各种法定和酌定量刑情节,根据案件的全部犯罪事实以及量刑情节的不同情形,依法确定量刑情节的适用及其调节比例。对严重暴力犯罪、毒品犯罪等严重危害社会治安犯罪,在确定是否从宽以及从宽幅度时,应当从严掌握;对犯罪情节较轻的犯罪,应当充分体现从宽。具体确定各个量刑情节的调节比例时,应当综合平衡调节幅度与实际增减刑罚量的关系,确保罪责刑相适应。对本意见尚未规定的其他量刑情节,要参照类似量刑情节确定适当的调节比例。对于同一事实涉及不同量刑情节的,一般不得重复评价。

1. 对于未成年人犯,应当综合考虑未成年人对犯罪的认识能力、实施犯罪行为的动机和目的、犯罪时的年龄、是否初犯、偶犯、悔罪表现、个人成长经历和一贯表现等情况,予以从宽处罚。

(1)已满十四周岁不满十六周岁的,应当减少基准刑的30%—60%;

(2)已满十六周岁不满十八周岁的,应当减少基准刑的10%—50%;

(3)未成年人犯根据其所犯罪行,可能被判处拘役、三年以下有期徒刑,如果悔罪表现好,并具有"系又聋又哑的人或者盲人;防卫过当或者避险过当;犯罪预备、中止或者未遂;共同犯罪中的从犯、胁从犯;犯罪后自首或者有立功表现;其他犯罪情节轻微不需要判处刑罚"情形之一的,应当依照刑法第三十七条的规定免除处罚。

(4)未成年人犯多次实施违法行为的,或酗酒、赌博屡教不改的,或曾因淫乱、色情、吸毒等违法行为被处罚或教育过的,一般适用从宽幅度的下限。未成年人犯一贯表现良好,无不良习惯的,或被教唆、利用、诱骗犯罪的,一般适用从宽幅度的上限;

(5)有确切证据证实未成年人犯身心成长曾受严重家庭暴力等其他客观因素影响的,可以在本条规定从宽幅度的基础上再减少基准刑的10%以下,但减少基准刑的最终幅度不得高于60%;

(6)行为人在年满十八周岁前后实施了不同种犯罪行为,对其年满十八周岁以前实施的犯罪应当依照本条第(1)至(5)项的规定确定从宽的幅度;行为人在年满十八周岁前后实施了同种犯罪行为,应当根据未成年人犯罪事实的具体情况,适当确定从宽的幅度。但因未成年犯罪减少的刑罚量不得超过未成年犯罪事实所对应的刑罚量。

2. 对于尚未完全丧失辨认或者控制自己行为能力的精神病人犯罪,综合考虑犯罪性质、精神疾病的严重程度以及犯罪时精神障碍对辨认控制能力的影响等情况,适当确定从宽的幅度。

(1)病情为重度的,可以减少基准刑的40%以下;

(2)病情为中度的,可以减少基准刑的30%以下;

(3)病情为轻度的,可以减少基准刑的20%以下。

3. 对于又聋又哑的人或者盲人犯罪,综合考虑犯罪的性质、情节、后果以及聋哑人或者盲人犯罪时的控制能力等情况,可以减少基准刑的40%以下;犯罪较轻的,可以减少基准刑的40%以上或者依法免除处罚。

4. 对于防卫过当,应当综合考虑犯罪的性质、防卫过当的程度、造成损害的大小等情况,减少基准刑的60%以上或者依法免除处罚。

5. 对于避险过当,应当综合考虑犯罪的性质、避险过当的程度、造成损害的大小等情况,减少基准刑的50%以上或者依法免除处罚。

6. 对于预备犯，综合考虑预备犯罪的性质、准备程度和危害程度等情况，可以比照既遂犯减少基准刑的60%以下；犯罪较轻的，可以减少基准刑的60%以上或者依法免除处罚。

7. 对于未遂犯，综合考虑犯罪行为的实行程度、造成损害的大小、犯罪未得逞的原因等情况，可以比照既遂犯确定从宽的幅度。

（1）实施终了的未遂犯，造成损害后果的，可以比照既遂犯减少基准刑的20%以下；未造成损害后果的，可以比照既遂犯减少基准刑的30%以下；

（2）未实施终了的未遂犯，造成损害后果的，可以比照既遂犯减少基准刑的30%以下；未造成损害后果的，可以比照既遂犯减少基准刑的50%以下。

8. 对于中止犯，应当综合考虑中止犯罪的阶段、自动放弃犯罪的原因以及造成损害的后果等情况，决定予以减轻或者免除处罚。

（1）造成较重损害后果的，应当减少基准刑的30%—60%；

（2）造成较轻损害后果的，应当减少基准刑的50%—80%；

（3）没有造成损害的，应当免除处罚。

9. 对于从犯，应当综合考虑其在共同犯罪中的地位、作用，以及是否实施犯罪行为等情况，予以从宽处罚，减少基准刑的20%—50%；犯罪较轻的，减少基准刑的50%以上或者依法免除处罚。

10. 对于共同犯罪中罪责相对较轻的主犯，可以减少基准刑的20%以下。

11. 对于胁从犯，应当综合犯罪的性质、被胁迫的程度以及在共同犯罪中的作用等情况，减少基准刑的40%—60%；犯罪较轻的，减少基准刑的60%以上或者依法免除处罚。

12. 对于教唆犯，综合考虑其在共同犯罪中的地位、作用和被教唆的对象，以及被教唆的人是否实施被教唆之罪等情况，确定从宽或者从严的幅度。

（1）对于在共同犯罪中所起作用较小或属于从犯的一般教唆犯，比照第10条至第12条的规定确定从宽的幅度；

（2）被教唆的人未犯被教唆的罪的，可以减少基准刑的50%以下，或者依法免除处罚；

（3）教唆不满十八周岁的人犯罪的，应当增加基准刑的10%—30%；

（4）教唆限制行为能力人犯罪的，可以增加基准刑的20%以下。

13. 对于自首情节，综合考虑自首的动机、时间、方式、罪行轻重、如实供述罪行的程度以及悔罪表现等情况，确定从宽的幅度。但恶意利用自首规避法律等不足以从宽处罚的除外。

（1）犯罪事实或犯罪嫌疑人未被办案机关发觉，主动直接投案构成自首的，可以减少基准刑的40%以下，一般不超过四年；

（2）犯罪事实和犯罪嫌疑人已被办案机关发觉，但尚未受到调查谈话、讯问，或者未被宣布采取调查措施或者强制措施，主动直接投案构成自首的，可以减少基准刑的30%以下，一般不超过三年；

（3）犯罪嫌疑人、被告人如实供述办案机关尚未掌握的不同种罪行，以自首论的，可以减少基准刑的30%以下，一般不超过三年；

（4）并非出于被告人主动，而是经亲友规劝、陪同投案，或亲友送去投案等情形构成自首的，可以减少基准刑的30%以下，一般不超过三年；

（5）罪行尚未被办案机关发觉，仅因形迹可疑被有关组织或办案机关盘问、教育后，主动交代自己的罪行构成自首的，可以减少基准刑的30%以下，一般不超过三年；

（6）强制戒毒期间主动交代自己的罪行，构成自首的，可以减少基准刑的30%以下，一般不超过三年；

（7）其他类型的自首，可以减少基准刑的20%以下，一般不超过二年；

（8）犯罪较轻的自首，可以减少基准刑的40%以上或者依法免除处罚。

14. 对于立功情节，综合考虑立功的大小、次数、内容、来源、效果以及罪行轻重等情况，确定从宽的幅度。

（1）一般立功的，可以减少基准刑的20%以下，一般不超过二年；

（2）重大立功的，可以减少基准刑的20%—50%；犯罪较轻的，可以减少基准刑的50%以上或者依法免除处罚。

15. 对于坦白情节，综合考虑如实供述罪行的阶段、程度、罪行轻重以及悔罪程度等情况，确定从宽的幅度。

（1）如实供述自己罪行的，可以减少基准刑的20%以下，一般不超过二年；

（2）如实供述办案机关尚未掌握的同种较重罪行的，可以减少基准刑的10%—30%，一般不超过三年；如实供述办案机关尚未掌握的同种较轻罪行的，可以减少基准刑的10%以下，一般不超过一年；

（3）因如实供述自己罪行，避免特别严重后果发生的，可以减少基准刑的30%—50%；

（4）办案机关掌握的证据不充分，犯罪分子如实交代有助于收集定案证据的，可以减少基准刑的20%以下，一般不超过二年；
（5）揭发同案犯共同犯罪事实的，可以减少基准刑的20%以下，一般不超过二年。
16. 对于当庭自愿认罪的，根据犯罪的性质、罪行的轻重、认罪程度以及悔罪表现等情况，可以减少基准刑的10%以下，一般不超过一年。依法认定为自首、坦白的除外。
17. 对于被害人有过错或对矛盾激化负有直接责任的，综合考虑犯罪的性质，被害人对法律规范、伦理道德、善良风俗的背离程度，以及促使被告人实施加害行为的关联度等情况，确定从宽的幅度。
（1）被害人具有明显过错的，可以减少基准刑的20%以下；
（2）被害人具有一般过错的，可以减少基准刑的10%以下。
18. 对于退赃、退赔的，综合考虑犯罪性质、退赃、退赔行为对损害结果所能弥补的程度，退赃、退赔的数额及主动程度等情况，可以减少基准刑的30%以下。
积极配合办案机关追缴赃款赃物，未给被害人造成经济损失或者损失较小的，可以减少基准刑10%以下，一般不超过一年。
对于抢劫等严重危害社会治安犯罪退赃、退赔的，在决定是否从宽以及从宽幅度时应从严掌握，减少的基准刑不超过10%，并不得超过一年。
19. 对于积极赔偿被害人经济损失的，综合考虑犯罪性质、赔偿数额、赔偿能力以及认罪、悔罪程度等情况，确定从宽的幅度。但抢劫、强奸等严重危害社会治安的犯罪应从严掌握。
（1）积极赔偿被害人经济损失并取得谅解的，可以减少基准刑的40%以下；
（2）积极赔偿被害人全部经济损失但没有取得谅解的，可以减少基准刑的30%以下，一般不超过三年；
（3）积极赔偿被害人大部分经济损失但没有取得谅解的，可以减少基准刑的20%以下，一般不超过二年；
（4）赔偿被害人少部分经济损失，虽没有取得谅解，但已穷尽赔偿手段的，可以减少基准刑的10%以下，一般不超过一年。
20. 对于尽管没有赔偿，但取得被害人或其亲属谅解的，综合考虑犯罪的性质、罪行轻重、谅解的原因以及认罪悔罪的程度等情况，可以减少基准刑的20%以下，一般不超过二年。其中，抢劫、强奸等严重危害社会治安犯罪的应从严掌握。
21. 对于当事人根据刑事诉讼法第二百七十七条达成刑事和解协议的，综合考虑犯罪性质、赔偿数额、赔礼道歉以及真诚悔罪等情况，可以减少基准刑的50%以下；犯罪较轻的，可以减少基准刑的50%以上或者依法免除处罚。
22. 对于犯罪后积极抢救被害人的，综合考虑犯罪性质、抢救效果、人身损害后果等情况，可以减少基准刑的20%以下，一般不超过二年。
23. 对于累犯，应当综合考虑前后罪的性质、刑罚执行完毕或者赦免以后至再犯罪时间的长短以及前后罪罪行轻重等情况，予以从重处罚。但是增加的刑罚量一般不少于三个月，不高于五年。
（1）刑罚执行完毕不满一年重新犯罪的，应当增加基准刑的10%—40%；
（2）刑罚执行完毕已满一年不满三年重新犯罪的，应当增加基准刑的10%—30%；
（3）刑罚执行完毕已满三年不满五年重新犯罪的，应当增加基准刑的10%—20%。
对于前后罪为同种犯罪的累犯和特殊累犯，应当确定较高的从重幅度。
对于刑法第六十六条规定的特别再犯，适用上述关于累犯的规定。
24. 对于故意利用精神病人、未成年人、残疾人等特殊群体犯罪的，可以增加基准刑的10%—20%，一般不超过二年。
25. 对于有前科的，综合考虑前科的性质、时间间隔长短、次数、处罚轻重等情况，可以增加基准刑的10%以下。前科犯罪为过失犯罪或未成年人犯罪的除外。
26. 对于犯罪对象为未成年人、老年人（六十周岁以上）、残疾人、孕妇等弱势人员的，综合考虑犯罪的性质、犯罪的严重程度等情况，确定从重的幅度。
（1）暴力型犯罪的，可以增加基准刑的20%以下；
（2）非暴力型犯罪的，可以增加基准刑的10%以下。
27. 对于在重大自然灾害、预防、控制突发传染病疫情等灾害期间故意犯罪的，根据案件的具体情况，可以增加基准刑的20%以下。
以救灾款物等为犯罪对象的，适用前款规定幅度的上限。
28. 对于初犯和偶犯，可以结合犯罪原因、犯罪性质、后果等情况，减少基准刑的10%以下。
四、十五种常见犯罪的量刑
确定具体犯罪的量刑起点，以基本犯罪构成事实的社会危害性为根据。同时具有两种以上基本犯罪构成事实的,一般以危害较重的一种确定量刑起点,其他作为增加刑罚量的犯罪事实。在量刑起点的基础上,根据其他影响犯罪构成的犯罪事实,确定所应增加的刑罚量,进而确定基准刑。

(一)交通肇事罪

1. 法定刑在三年以下有期徒刑、拘役幅度的量刑起点和基准刑

死亡一人或重伤三人,负事故主要责任的,在六个月至一年六个月有期徒刑幅度内确定量刑起点;负事故全部责任的,在一至二年有期徒刑幅度内确定量刑起点。

死亡三人,负事故同等责任的,在一至二年有期徒刑幅度内确定量刑起点。

造成公共财产或者他人财产直接损失,无能力赔偿数额达到30万元,负事故主要责任的,在六个月至一年六个月有期徒刑幅度内确定量刑起点;负事故全部责任的,在一至二年有期徒刑幅度内确定量刑起点。

重伤一人,负事故主要责任并且具有《最高人民法院关于审理交通肇事刑事案件具体应用法律若干问题的解释》第二条第二款所规定的六种情形之一的,在六个月至一年六个月有期徒刑幅度内确定量刑起点;负事故全部责任的,在一至二年有期徒刑幅度内确定量刑起点。

在量刑起点的基础上,可以根据事故责任、致人重伤、死亡的人数或者财产损失的数额等其他影响犯罪构成的犯罪事实增加刑罚量,确定基准刑。有下列情形之一的,增加相应的刑罚量:

(1)具有"死亡一人或重伤三人,负事故主要责任或者全部责任"情形的,重伤人数达到四人,增加六个月至一年刑期;

(2)具有"死亡三人,负事故同等责任"情形的,死亡人数每增加一人,增加六个月至一年刑期;重伤人数每增加一人,增加二至四个月刑期;

(3)具有"造成公共财产或者他人财产直接损失,无能力赔偿数额达到30万元,负事故主要责任或者全部责任"情形的,无力赔偿数额在30万元基础上每增加10万元,增加三个月刑期;

(4)具有"重伤一人,负事故主要责任或者全部责任并且具有最高人民法院《关于审理交通肇事刑事案件具体应用法律若干问题的解释》第二条第二款所规定的六种情形之一"的,重伤人数每增加一人,增加六个月至一年刑期;

(5)其他可以增加刑罚量的情形。

2. 法定刑在三年以上七年以下有期徒刑幅度的量刑起点和基准刑

交通肇事后逃逸的,在三至五年有期徒刑幅度内确定量刑起点。

死亡二人或者重伤五人,负事故主要责任的,在三至四年有期徒刑幅度内确定量刑起点;负事故全部责任的,在四至五年有期徒刑幅度内确定量刑起点。

死亡六人,负事故同等责任的,在四至五年有期徒刑幅度内确定量刑起点。

造成公共财产或者他人财产直接损失,无能力赔偿数额达60万元,负事故主要责任的,在三至四年有期徒刑幅度内确定量刑起点;负事故全部责任的,在四至五年有期徒刑幅度内确定量刑起点。

在量刑起点的基础上,可以根据事故责任、致人重伤、死亡的人数或者财产损失的数额以及逃逸等其他影响犯罪构成的犯罪事实增加刑罚量,确定基准刑。有下列情形之一的,增加相应的刑罚量:

(1)交通肇事后逃逸,负事故全部责任的,死亡人数每增加一人,增加一年至一年六个月刑期,重伤人数每增加一人,增加六个月至一年刑期;负事故主要责任的,死亡人数每增加一人,增加九个月至一年刑期,重伤人数每增加一人,增加三至六个月刑期;负事故同等责任的,死亡人数每增加一人,增加六个月至一年刑期,重伤人数每增加一人,增加二至四个月刑期;死亡人数及重伤人数均达到该档次量刑标准的,以死亡人数确定量刑起点,重伤人数作为增加刑罚量的事实;造成公共财产或者他人财产直接损失,无能力赔偿数额每增加10万元,增加三个月刑期;

(2)具有"死亡二人或者重伤五人"情形,负事故全部责任的,死亡人数每增加一人,增加一年至一年六个月刑期,重伤人数每增加一人,增加六个月至一年刑期;负事故主要责任的,死亡人数每增加一人,增加九个月至一年刑期,重伤人数每增加一人,增加三至六个月刑期;死亡人数及重伤人数均达到该档次量刑标准的,以死亡人数确定量刑起点,重伤人数作为增加刑罚量的事实;

(3)具有"死亡六人,负事故同等责任"情形的,死亡人数每增加一人,增加六个月至一年刑期;重伤人数每增加一人,增加二至四个月刑期;

(4)具有"造成公共财产或者他人财产直接损失,无能力赔偿数额达到60万元,负事故主要责任或者全部责任"情形的,无能力赔偿数额在60万元基础上每增加10万元,增加三个月刑期;

(5)其他可以增加刑罚量的情形。

3. 法定刑在七年以上有期徒刑幅度的量刑起点和基准刑

因逃逸致一人死亡的,在七至十年有期徒刑幅度内确定量刑起点。

在量刑起点的基础上,可以根据因逃逸致人死亡的人数等其他影响犯罪构成的犯罪事实,增加刑罚量,从而确定基准刑。有下列情形之一的,增加相应的刑罚量:

（1）因逃逸致人死亡的人数每增加一人，增加三至五年刑期；
（2）其他可以增加刑罚量的情形。
4. 有下列情形之一的，除已经确定为犯罪构成事实的以外，可以增加基准刑的10%以下，但同时具有两种以上情形的，累计不得超过基准刑的50%：
（1）酒后、吸食毒品后驾驶机动车辆的，或者在道路上驾驶机动车追逐竞驾，情节恶劣的；
（2）无驾驶资格驾驶机动车辆的；
（3）明知是安全装置不全或者安全机件失灵的机动车辆而驾驶的；
（4）明知是无牌证或者已报废的机动车辆而驾驶的；
（5）严重超载驾驶的；
（6）交通肇事造成恶劣社会影响的；
（7）其他可以从重处罚的情形。
5. 有下列情形之一的，可以减少基准刑的20%以下：
（1）交通肇事后保护现场、抢救伤者，并向公安机关报告的；
（2）其他可以从轻处罚的情形。

（二）故意伤害罪
1. 法定刑在三年以下有期徒刑、拘役或者管制幅度的量刑起点和基准刑
故意伤害致一人轻伤的，在六个月拘役至二年有期徒刑幅度内确定量刑起点。
在量刑起点的基础上，可以根据伤害后果等其他影响犯罪构成的犯罪事实增加刑罚量，确定基准刑。有下列情形之一的，增加相应的刑罚量：
（1）每增加轻微伤一人，增加二个月以下刑期；
（2）每增加轻伤一人，增加三个月至六个月刑期；
（3）其他可以增加刑罚量的情形。
2. 法定刑在三年以上十年以下有期徒刑幅度的量刑起点和基准刑
故意伤害致一人重伤的，在三至五年有期徒刑幅度内确定量刑起点。其中造成被害人六级残疾的，以五年有期徒刑为量刑起点。
在量刑起点的基础上，可以根据伤害后果、伤残等级等其他影响犯罪构成的犯罪事实增加刑罚量，确定基准刑。有下列情形之一的，增加相应的刑罚量：
（1）每增加轻微伤一人，增加二个月以下刑期；
（2）每增加轻伤一人，增加三个月至六个月刑期；
（3）每增加重伤一人，增加一至二年刑期；
（4）造成被害人六级至三级残疾的，每增加一级残疾的，增加六个月至一年刑期；造成被害人二级至一级残疾的，每增加一级残疾，增加二至三年刑期；
（5）其他可以增加刑罚量的情形。
3. 法定刑在十年以上有期徒刑幅度的量刑起点和基准刑
以特别残忍手段故意伤害致一人重伤，造成六级严重残疾，除依法应当判处无期徒刑以上刑罚的以外，在十至十三年有期徒刑幅度内确定量刑起点。
在量刑起点的基础上，可以根据伤情后果、伤残等级、手段残忍程度等其他影响犯罪构成的犯罪事实增加刑罚量，确定基准刑。有下列情形之一的，增加相应的刑罚量：
（1）每增加轻微伤一人，增加二个月以下刑期；
（2）每增加轻伤一人，增加三个月至六个月刑期；
（3）每增加重伤一人，增加一至二年刑期；
（4）造成被害人六级至三级残疾的，每增加一级残疾的，增加六个月至一年刑期；造成被害人二级至一级残疾的，每增加一级残疾的，增加二至三年刑期；
（5）其他可以增加刑罚量的情形。
4. 有下列情形之一的，可以从重处罚，但同时具有两种以上情形的，累计不得超过基准刑的100%：
（1）报复伤害他人的，增加基准刑的30%以下；
（2）雇佣他人实施伤害行为的，增加基准刑的20%以下；
（3）因实施其他违法犯罪活动而故意伤害他人的，增加基准刑的20%以下；
（4）使用枪支、管制刀具或者其他凶器实施伤害行为的，增加基准刑的20%以下；
（5）其他可以从重处罚的情形。
5. 有下列情形之一的，可以减少基准刑的20%以下：
（1）因婚姻家庭、邻里纠纷等民间矛盾引发，且被害人有过错或者对矛盾激化负有责任的；
（2）犯罪后积极抢救被害人的；

（3）其他可以从轻处罚的情形。
6. 需要说明的事项：
使用以下手段之一，使被害人具有身体器官缺损、器官明显畸形、身体器官有中等功能障碍、造成严重并发症等情形之一，且残疾程度在六级以上的，可以认定为"以特别残忍手段致人重伤造成严重残疾"：
（1）挖人眼睛、割人耳、鼻、挑人脚筋、砍人手足、剔人髌骨；
（2）以刀划或硫酸等腐蚀性溶液严重毁人容貌；
（3）电击、烧烫他人要害部分；
（4）其他特别残忍手段。

（三）强奸罪
1. 法定刑在三年以上十年以下有期徒刑幅度的量刑起点和基准刑
强奸妇女一人的，在三至五年有期徒刑幅度内确定量刑起点。
奸淫幼女一人的，在四至七年有期徒刑幅度内确定量刑起点。
在量刑起点的基础上，根据强奸或者奸淫幼女的人数、致人伤害后果等其他影响犯罪构成的犯罪事实增加刑罚量，确定基准刑。有下列情形之一的，增加相应的刑罚量：
（1）强奸妇女或者奸淫幼女二人，增加二至三年刑期；
（2）强奸或者奸淫幼女造成被害人轻微伤的，每增加轻微伤一人，增加六个月以下刑期；
（3）强奸或者奸淫幼女造成被害人轻伤的，每增加轻伤一人，增加一至二年刑期；
（4）其他可以增加刑罚量的情形。

2. 法定刑在十年以上有期徒刑幅度的量刑起点和基准刑
犯强奸罪，具有刑法第二百三十六条规定的五种法定情节之一的，除依法应当判处无期徒刑以上刑罚的以外，在十至十三年有期徒刑幅度内确定量刑起点。
在量刑起点的基础上，根据强奸妇女、奸淫幼女情节恶劣程度、强奸人数、致人伤害后果等其他影响犯罪构成的犯罪事实增加刑罚量，确定基准刑。有下列情形之一的，增加相应的刑罚量：
（1）强奸妇女或者奸淫幼女三人以上，每增加一人，增加二至三年刑期；
（2）每增加刑法第二百三十六条规定的五种情形之一的，增加二至三年刑期；
（3）每增加轻微伤一人，增加六个月以下刑期；
（4）每增加轻伤一人，增加一至二年刑期；
（5）每增加重伤一人，增加二至三年刑期；
（6）造成被害人六级至三级残疾的，每增加一级残疾，增加一至二年刑期；造成被害人二级至一级残疾的，每增加一级残疾，增加二至三年刑期；
（7）其他可以增加刑罚量的情形。

3. 有下列情形之一的，可以从重处罚，但同时具有两种以上情形的，累计不得超过基准刑的100%：
（1）对同一妇女强奸或者对同一幼女实施奸淫多次的，增加基准刑的30%以下；轮奸多次的，增加基准刑的40%以下；
（2）携带凶器或者采取非法拘禁、捆绑、侮辱、虐待等方式作案的，增加基准刑的20%以下；
（3）利用教养、监护、职务关系实施强奸的，增加基准刑的20%以下；
（4）其他可以从重处罚的情形。

4. 强奸未成年人，具有下列情形之一的，可以增加基准刑的40%以下，但同时具有两种以上情形的，累计不得超过基准刑的100%：
（1）对未成年人负有特殊职责的人员、与未成年人有共同家庭生活关系的人员、国家工作人员或者冒充国家工作人员，实施强奸犯罪的；
（2）进入未成年人住所、学生集体宿舍实施强奸犯罪的；
（3）采取暴力、胁迫、麻醉等强制手段实施奸淫幼女犯罪的；
（4）对不满十二周岁的女童、农村留守女童、严重残疾或者精神智力发育迟滞的未成年人实施强奸犯罪的；
（5）其他可以从重处罚的情形。

（四）非法拘禁罪
1. 法定刑在三年以下有期徒刑、拘役、管制、剥夺政治权利幅度的量刑起点和基准刑
非法拘禁他人，不具有殴打、侮辱情节，未造成重伤、死亡后果的，在三个月拘役至一年有期徒刑幅度内确定量刑起点。
在量刑起点的基础上，根据非法拘禁人数、拘禁时间、致人伤害的后果等其他影响犯罪构成的犯罪事实增加刑罚量，确定基准刑。有下列情形之一的，增加相应的刑罚量：
（1）非法拘禁时间满二十四小时的，增加一至二个月刑期；每再增加二十四小时，增加一至二个月

刑期；
（2）被害人每增加一人，增加三至六个月刑期；
（3）每增加轻微伤一人，增加二个月以下刑期；
（4）每增加轻伤一人，增加三至六个月刑期；
（5）其他可以增加刑罚量的情形。
2. 法定刑在三年以上十年以下有期徒刑幅度的量刑起点和基准刑
非法拘禁致一人重伤的，在三至五年有期徒刑幅度内确定量刑起点。其中，造成被害人六级残疾的，以五年有期徒刑为量刑起点。
在量刑起点的基础上，可以根据非法拘禁人数、拘禁时间、致人伤害后果等其他影响犯罪构成的犯罪事实增加刑罚量，确定基准刑。有下列情形之一的，增加相应的刑罚量：
（1）非法拘禁时间满二十四小时的，增加一至二个月刑期；每再增加二十四小时，增加一至二个月刑期；
（2）被害人每增加一人，增加三至六个月刑期；
（3）每增加轻微伤一人，增加二个月以下刑期；
（4）每增加轻伤一人，增加三至六个月刑期；
（5）每增加重伤一人，增加一至三年刑期；
（6）造成被害人六级至三级残疾的，每增加一级残疾，增加六个月至一年刑期；造成被害人二级至一级残疾，每增加一级残疾的，增加二至三年刑期；
（7）其他可以增加刑罚量的情形。
3. 法定刑在十年以上有期徒刑幅度的量刑起点和基准刑
非法拘禁致一人死亡的，在十至十三年有期徒刑幅度内确定量刑起点。
在量刑起点的基础上，可以根据非法拘禁人数、拘禁时间、致人伤亡后果等其他影响犯罪构成的犯罪事实增加刑罚量，确定基准刑。有下列情形之一的，增加相应的刑罚量：
（1）非法拘禁时间满二十四小时的，增加一至二个月刑期；每再增加二十四小时，增加一至二个月刑期；
（2）被害人每增加一人，增加三至六个月刑期；
（3）每增加轻微伤一人，增加二个月以下刑期；
（4）每增加轻伤一人，增加三至六个月刑期；
（5）每增加重伤一人，增加一至三年刑期；
（6）造成被害人六级至三级残疾的，每增加一级残疾，增加六个月至一年刑期；造成被害人二级至一级残疾，每增加一级残疾的，增加二至三年刑期；
（7）死亡人数每增加一人，增加二至四年刑期；
（8）其他可以增加刑罚量的情形。
4. 有下列情形之一的，可以从重处罚，但同时具有两种以上情形的，累计不得超过基准刑的100%：
（1）国家机关工作人员利用职权非法扣押、拘禁他人的，增加基准刑的10%—20%；
（2）具有殴打、侮辱、虐待情节的（致人重伤、死亡的除外），增加基准刑的10%—20%；
（3）多次非法拘禁的，增加基准刑的20%以下；
（4）冒充军警人员、司法人员非法扣押、拘禁他人的，增加基准刑的20%以下；
（5）为索取高利贷、赌债等法律不予保护的债务而非法拘禁他人的，增加基准刑的20%以下；
（6）持枪支、管制刀具或者其他凶器非法拘禁他人的，增加基准刑的20%以下；
（7）其他可以从重处罚的情形。
5. 为索取合法债务、争取合法权益而非法扣押、拘禁他人的，减少基准刑的30%以下。
（五）抢劫罪
1. 法定刑在三年以上十年以下有期徒刑幅度的量刑起点和基准刑
抢劫一次的，在三至六年有期徒刑幅度内确定量刑起点。
行为人实施盗窃、诈骗、抢夺行为，未达到"数额较大"，为窝藏赃物、抗拒抓捕或者毁灭罪证，当场使用暴力或者以暴力相威胁，具有下列情形之一，依照抢劫罪定罪处罚的，在三至六年有期徒刑幅度内确定量刑起点：盗窃、诈骗、抢夺接近"数额较大"标准的；入户或者公共交通工具上盗窃、诈骗、抢夺后在户外或交通工具外实施上述行为的；使用暴力致人轻微伤以上后果的；使用凶器或以凶器相威胁的；具有其他严重情节的。
在量刑起点的基础上，可以根据抢劫次数、数额、致人伤害的后果等其他影响犯罪构成的犯罪事实增加刑罚量，确定基准刑。有下列情形之一的，增加相应的刑罚量：
（1）抢劫财物数额满六百元或每增加六百元，增加一个月刑期；

（2）抢劫二次的，可以增加一至三年刑期；
（3）每增加轻微伤一人，增加六个月以下刑期；
（4）每增加轻伤一人，增加六个月至一年刑期；
（5）其他可以增加刑罚量的情形。
2. 法定刑在十年以上有期徒刑幅度的量刑起点和基准刑

犯抢劫罪，具有刑法第二百六十三条规定的八种法定严重情节之一的，除依法应当判处无期徒刑以上刑罚的以外，在十至十三年有期徒刑幅度内确定量刑起点。

在量刑起点的基础上，可以根据抢劫情节严重程度、抢劫次数、数额、手段、致人伤害的后果等其他影响犯罪构成的犯罪事实增加刑罚量，确定基准刑。有下列情形之一的，增加相应的刑罚量：

（1）抢劫财物数额满五万元，每增加四千五百元，增加一个月刑期；
（2）抢劫次数超过三次，每增加一次，增加二至三年刑期；
（3）每增加轻微伤一人，增加六个月以下刑期；
（4）每增加轻伤一人，增加六个月至一年刑期；
（5）每增加重伤一人，增加一至三年刑期；
（6）造成被害人六级至三级残疾的，每增加一级残疾，增加六个月至一年刑期；造成被害人二级至一级残疾的，每增加一级残疾，增加二至三年刑期；
（7）每增加刑法第二百六十三条规定的八种情形之一，增加一至三年刑期；
（8）其他可以增加刑罚量的情形。

3. 有下列情形之一的，可以增加基准刑的20%以下：
（1）为实施其他违法犯罪活动而实施抢劫的；
（2）流窜作案的；
（3）在公共场所当众实施抢劫的；
（4）其他可以从重处罚的情形。

4. 有下列情形之一的，可以减少基准刑的20%以下：
（1）抢劫家庭成员或者近亲属财物的；
（2）其他可以从轻处罚的情形。

5. 需要说明的事项：

以毒品、假币、淫秽物品等违禁品为抢劫对象的，以抢劫罪定罪；抢劫的违禁品数量作为量刑情节考虑，量刑起点和基准刑依照上述规定确定。

（六）盗窃罪

1. 法定刑在三年以下有期徒刑、拘役、管制、单处罚金幅度的量刑起点和基准刑

盗窃公私财物，犯罪数额达到"数额较大"起点，或者二年内三次盗窃、入户盗窃、携带凶器盗窃、扒窃的，在三个月拘役至六个月有期徒刑幅度内确定量刑起点。

盗窃公私财物，具有《最高人民法院、最高人民检察院关于办理盗窃刑事案件适用法律若干问题的解释》第二条中所列情形之一且数额达到较大起点标准百分之五十的，可以以盗窃罪定罪，并在三个月拘役到六个月有期徒刑幅度内确定量刑起点。

盗窃国有馆藏一般文物的，在九个月至一年有期徒刑幅度内确定量刑起点。

在量刑起点的基础上，可以根据盗窃数额、次数、手段等其他影响犯罪构成的犯罪事实增加刑罚量，确定基准刑。有下列情形之一的，增加相应的刑罚量：

（1）犯罪数额每增加二千元，增加一个月刑期；
（2）入户盗窃、携带凶器盗窃、扒窃、二年内盗窃三次的，在此基础上，每增加一次作案或者一种情形，分别增加二至三个月刑期；
（3）盗窃国有馆藏一般文物二件的，增加九个月至一年刑期；
（4）其他可以增加刑罚量的情形。

2. 法定刑在三年以上十年以下有期徒刑幅度的量刑起点和基准刑

盗窃公私财物，犯罪数额达到"数额巨大"起点的，可以在三至四年有期徒刑幅度内确定量刑起点。

盗窃公私财物，具有《最高人民法院、最高人民检察院关于办理盗窃刑事案件适用法律若干问题的解释》第二条第三项至第八项规定情形之一，或者入户盗窃、携带凶器盗窃，且数额达到巨大起点标准百分之五十的，在三至四年有期徒刑幅度内确定量刑起点。

盗窃国有馆藏一般文物三件或者三级文物一件的，在三至四年有期徒刑幅度内确定量刑起点。

在量刑起点的基础上，根据盗窃数额、手段等其他影响犯罪构成的犯罪事实增加刑罚量，确定基准刑。有下列情形之一的，增加相应的刑罚量：

(1) 犯罪数额每增加四千五百元，增加一个月刑期；
(2) 具有《最高人民法院、最高人民检察院关于办理盗窃刑事案件适用法律若干问题的解释》第二条第三项至第八项规定情形之一的，每增加一种情形，增加六个月至一年刑期；
(3) 盗窃国有馆藏一般文物超过三件，每增加一件，增加九个月至一年刑期；盗窃国有馆藏三级文物二件的，增加二年六个月至三年刑期；
(4) 其他可以增加刑罚量的情形。

3. 法定刑在十年以上有期徒刑幅度的量刑起点和基准刑

盗窃公私财物，犯罪数额达到"数额特别巨大"起点的，在十至十二年有期徒刑幅度内确定量刑起点。

盗窃公私财物，具有《最高人民法院、最高人民检察院关于办理盗窃刑事案件适用法律若干问题的解释》第二条第三项至第八项规定情形之一，或者入户盗窃、携带凶器盗窃，且数额达到"特别巨大"起点标准百分之五十的，在十至十二年有期徒刑幅度内确定量刑起点。

盗窃国有馆藏三级文物三件或者二级文物一件的，在十至十二年有期徒刑幅度内确定量刑起点。依法应当判处无期徒刑的除外。

在量刑起点的基础上，根据盗窃数额、手段等其他影响犯罪构成的犯罪事实增加刑罚量，确定基准刑。有下列情形之一的，增加相应的刑罚量：
(1) 犯罪数额每增加四万元，增加一个月刑期；
(2) 具有《最高人民法院、最高人民检察院关于办理盗窃刑事案件适用法律若干问题的解释》第二条第三项至第八项规定情形之一的，每增加一种情形，增加一至二年刑期；
(3) 盗窃国有馆藏三级文物超过三件，每增加一件，增加九个月至一年刑期；盗窃国有馆藏二级文物超过一件的，每增加一件，增加一至二年刑期；盗窃的文物中包含一般文物的，每增加一件，增加三至四个月刑期；
(4) 其他可以增加刑罚量的情形。

4. 有下列情形之一的，可以从重处罚，但同时具有两种以上情形的，累计不得超过基准刑的100%：
(1) 盗窃公私财物，具有下列情形之一的，增加基准刑的30%以下（已确定为犯罪构成事实的除外）：多次盗窃的，犯罪数额达到较大以上的；入户盗窃的；携带凶器盗窃、扒窃的；组织、控制未成年人盗窃的；自然灾害、事故灾害、社会安全事件等突发事件期间，在事件发生地盗窃的；盗窃残疾人、孤寡老人、丧失劳动能力人的财物的；在医院盗窃病人或其亲友财物的；盗窃救灾、抢险、防汛、优抚、扶贫、移民、救济款物的；因盗窃造成严重后果的。以上九种情形，每增加一种情形，再增加基准刑的10%以下；
(2) 采用破坏性手段盗窃公私财物，造成其他财物损毁的，增加基准刑的20%以下。构成其他犯罪数罪并罚的除外；
(3) 为吸毒、赌博等违法犯罪活动而盗窃的，增加基准刑的20%以下；
(4) 其他可以从重处罚的情形。

5. 有下列情形之一的，可以从宽处罚：
(1) 案发前主动将赃物放回原处或者主动归还被害人的，减少基准刑的30%以下；
(2) 盗窃家庭成员或者近亲属的财物，获得谅解的，一般可以不认为是犯罪；追究刑事责任的，应当减少基准刑的20%—50%；
(3) 其他可以从轻处罚的情形。

6. 对于盗窃犯罪既有既遂又有未遂的，以对应量刑幅度较重的部分确定基准刑，既、未遂所对应的量刑幅度相同的，以既遂部分确定基准刑，其他可以作为调节基准刑的量刑情节。以既遂部分确定基准刑的，根据未遂部分犯罪行为的实行程度、造成损害的大小、犯罪未得逞的原因等情况，可以增加基准刑的30%以下；以未遂部分确定基准刑的，根据既遂部分犯罪行为造成损害的大小等情况，可以增加基准刑的40%以下。但不得根据该量刑情节提高量刑幅度。

7. 需要说明的事项：
(1) 盗窃未遂，具有下列情形之一的，应当依法追究刑事责任，量刑起点和基准刑参照本罪第1—3条的规定，根据案件的具体情况予以确定：以数额巨大的财物为盗窃目标的；以珍贵文物为盗窃目标的；其他情节严重的情形。
(2) 盗窃违禁品，按盗窃罪处理的，不计数额，根据情节轻重量刑。
(3) 盗窃国有馆藏一般文物、三级文物、二级以上文物的，应当分别认定为刑法第二百六十四条规定的"数额较大"、"数额巨大"、"数额特别巨大"；盗窃多件不同等级国有馆藏文物的，三件同级文物可以视为一件高一级文物；盗窃民间收藏的文物的，根据《最高人民法院、最高人民检察院关于办理盗窃刑事案件适用法律若干问题的解释》第四条第一款第一项的规定认定盗窃数额。

（4）盗窃技术成果等商业秘密的，按照刑法第二百一十九条的规定定罪处罚。

（5）多次盗窃，盗窃数额未达到较大的，以盗窃次数确定量刑起点，超过三次的次数作为增加刑罚量的事实；盗窃数额达到较大以上的，以盗窃数额确定量刑起点，盗窃次数可作为从重处罚量刑情节。

（6）盗窃公私财物数额较大，行为人认罪、悔罪，退赃、退赔，且具有下列情形之一，情节轻微的，可以免予刑事处罚，具有法定从宽处罚情节的；没有参与分赃或者获赃较少且不是主犯的；被害人谅解的；其他情节轻微、危害不大的。

（七）诈骗罪

1. 法定刑在三年以下有期徒刑、拘役、管制、单处罚金幅度的量刑起点和基准刑

诈骗公私财物，达到"数额较大"起点的，在三个月拘役至六个月有期徒刑幅度内确定量刑起点。在量刑起点的基础上，诈骗数额每增加一千五百元，增加一个月刑期，从而确定基准刑。

2. 法定刑在三年以上十年以下有期徒刑幅度的量刑起点和基准刑

诈骗公私财物，犯罪数额达到"数额巨大"起点的，在三至四年有期徒刑幅度内确定量刑起点。

诈骗公私财物满三万元不满五万元，并具有《最高人民法院、最高人民检察院关于办理诈骗刑事案件具体应用法律若干问题的解释》第二条第一款规定情形之一或者属于诈骗集团首要分子的，应当认定刑法第二百六十六条规定的"其他严重情节"，并在三至四年有期徒刑幅度内确定量刑起点。

在量刑起点的基础上，根据诈骗数额等其他影响犯罪构成的犯罪事实增加刑罚量，确定基准刑。有下刑情形之一的，增加相应的刑罚量：

（1）犯罪数额每增加六千元，增加一个月刑期；
（2）具有可以认定为"其他严重情节"情形的，每增加一种情形，增加六个月至二年刑期；
（3）其他可以增加刑罚量的情形。

3. 法定刑在十年以上有期徒刑幅度的量刑起点和基准刑

诈骗公私财物，犯罪数额达到"数额特别巨大"起点的，在十至十二年有期徒刑幅度内确定量刑起点。依法应当判处无期徒刑的除外。

诈骗公私财物满三十万元不满五十万元，并具有《最高人民法院、最高人民检察院关于办理诈骗刑事案件具体应用法律若干问题的解释》第二条第一款规定情形之一或者属于诈骗集团首要分子的，应当认定为刑法第二百六十六条规定的"其他特别严重情节"，除了依法应当判处无期徒刑的外，在三至四年有期徒刑幅度内确定量刑起点。

在量刑起点的基础上，根据诈骗数额等其他影响犯罪构成的犯罪事实增加刑罚量，确定基准刑。有下刑情形之一的，增加相应的刑罚量：

（1）犯罪数额每增加五万元，增加一个月刑期；
（2）具有可以认定为"其他特别严重情节"情形的，每增加一种情形，增加六个月至二年刑期；
（3）其他可以增加刑罚量的情形。

4. 有下列情形之一的，可以从重处罚，但同时具有两种以上情形的，累计不得超过基准刑的100%：

（1）诈骗公私财物，具有下列情形之一的，增加基准刑的30%以下（已确定为犯罪构成事实的除外）：通过发送短信、拨打电话或者利用互联网、广播电视、报刊杂志等发布虚假信息，对不特定多数人实施诈骗的；诈骗救灾、抢险、防汛、优抚、扶贫、移民、救济、医疗款物的；以赈灾募捐名义实施诈骗的；诈骗残疾人、老年人或者丧失劳动能力的人的财物的；造成被害人自杀、精神失常或者其他严重后果的；属于诈骗集团首要分子的；有其他严重情节的。以上情形，每增加一种，再增加基准刑的10%以下；

（2）多次实施诈骗的，增加基准刑的20%以下；
（3）为吸毒、赌博等违法犯罪活动而诈骗的，增加基准刑的30%以下；
（4）其他可以从重处罚的情形。

5. 有下列情形之一的，可以从宽处罚：

（1）诈骗家庭成员或者近亲属的财物，获得谅解的，一般可以不认为是犯罪，追究刑事责任的，应当减少基准刑的20%—50%；
（2）其他可以从轻处罚的情形。

6. 对于诈骗犯罪既有既遂又有未遂的，以对应量刑幅度较重的部分确定基准刑，既、未遂所对应的量刑幅度相同的，以既遂部分确定基准刑，其他可以作为调节基准刑的量刑情节。以既遂部分确定基准刑的，根据未遂部分犯罪行为的实行程度、造成损害的大小、犯罪未得逞的原因等情况，可以增加基准刑30%以下；以未遂部分确定基准刑的，根据既遂部分犯罪行为造成损害的大小等情况，可以增加基准刑的40%以下。但不得根据该量刑情节提高量刑幅度。

7. 需要说明的事项：

（1）诈骗未遂，以数额巨大的财物为诈骗目标的，或者具有其他严重情节的，应当定罪处罚，量刑

起点和基准刑参照1—3条的规定，根据案件的具体情况予以确定。

（2）诈骗公私财物虽已达到"数额较大"的标准，但具有下列情形之一，且行为人认罪、悔罪的，可以根据刑法第三十七条、刑事诉讼法第一百四十二条的规定免予刑事处罚：具有法定从宽处罚情节的；一审宣判前全部退赃、退赔的；没有参与分赃或者获赃较少且不是主犯的；被害人谅解的；其他情节轻微、危害不大的。

（八）抢夺罪

1. 法定刑在三年以下有期徒刑、拘役、管制、单处罚金幅度的量刑起点和基准刑

抢夺公私财物，犯罪数额达到"数额较大"起点的，在五个月拘役至一年有期徒刑幅度内确定量刑起点。

抢夺公私财物，具有《最高人民法院、最高人民检察院关于办理抢夺刑事案件适用法律若干问题的解释》第二条规定的情形之一，且数额达到"数额较大"起点标准的百分之五十的，在五个月拘役至一年有期徒刑幅度内确定量刑起点。

在量刑起点的基础上，根据抢夺数额等其他影响犯罪构成的犯罪事实增加刑罚量，确定基准刑。有下刑情形之一的，增加相应的刑罚量：

（1）犯罪数额每增加一千五百元，增加一个月刑期；
（2）每增加轻微伤一人，增加二个月以下刑期；
（3）每增加轻伤一人，增加三至六个月刑期；
（4）其他可以增加刑罚量的情形。

2. 法定刑在三年以上十年以下有期徒刑幅度的量刑起点和基准刑

抢夺公私财物，犯罪数额达到"数额巨大"起点的，在三至四年有期徒刑幅度内确定量刑起点。

抢夺公私财物，导致他人重伤的，或者导致他人自杀的，或者具有《最高人民法院、最高人民检察院关于办理抢夺刑事案件适用法律若干问题的解释》第二条第三项至第十项规定的情形之一，且数额达到"数额巨大"起点标准的百分之五十的，应当认定为刑法第二百六十七条规定的"其他严重情节"，在三至四年有期徒刑幅度内确定量刑起点。

在量刑起点的基础上，可以根据抢夺数额等其他影响犯罪构成的犯罪事实增加刑罚量，确定基准刑。有下刑情形之一的，增加相应的刑罚量：

（1）犯罪数额每增加四千元，增加一个月刑期；
（2）每增加轻微伤一人，增加二个月以下刑期；
（3）每增加轻伤一人，增加三至六个月刑期；
（4）每增加重伤一人或者自杀一人，增加一至二年刑期；
（5）具有可以认定为"其他严重情节"的情形，每增加一种情形，增加六个月至一年刑期；
（6）其他可以增加刑罚量的情形。

3. 法定刑在十年以上有期徒刑幅度的量刑起点和基准刑

抢夺公私财物，犯罪数额达到"数额特别巨大"起点的，在十至十二年有期徒刑幅度内确定量刑起点。

抢夺公私财物，导致他人死亡的，或者具有《最高人民法院、最高人民检察院关于办理抢夺刑事案件适用法律若干问题的解释》第二条第三项至第十项规定情形之一，且数额达到"数额特别巨大"起点标准的百分之五十的，应当认定为刑法第二百六十七条规定的"其他特别严重情节"，在十至十二年有期徒刑幅度内确定量刑起点。

在量刑起点的基础上，可以根据抢夺数额等其他影响犯罪构成的犯罪事实增加刑罚量，确定基准刑。有下刑情形之一的，增加相应的刑罚量：

（1）犯罪数额每增加三万元，增加一个月刑期；
（2）每增加轻微伤一人，增加二个月以下刑期；
（3）每增加轻伤一人，增加三至六个月刑期；
（4）每增加死亡一人，增加二至三年刑期；
（5）具有可以认定为"其他特别严重情节"的情形，每增加一种情形，增加一至二年刑期；
（6）其他可以增加刑罚量的情形。

4. 有下列情形之一的，可以从重处罚，但同时具有两种以上情形的，累计不得超过基准刑的100%：

（1）抢夺公私财物具有下列情形之一的，可以增加基准刑的30%以下（已确定为犯罪构成事实的除外）：曾因抢劫、抢夺或者聚众哄抢受过刑事处罚的；一年内曾因抢夺或者哄抢受过行政处罚的；一年内抢夺三次以上的；驾驶机动车、非机动车抢夺的；组织、控制未成年人抢夺的；抢夺老年人、未成年人、孕妇、携带婴幼儿的人、残疾人、丧失劳动能力人的财物的；在医院抢夺病人或者其亲友财物的；抢夺救灾、抢险、防汛、优抚、扶贫、移民、救济款物的；自然灾害、事故灾害、社会安全事件等突发

事件期间，在事件发生地抢夺的；导致他人轻伤或者精神失常等严重后果的。以上十种情形每增加一种，再增加基准刑的10%以下；

（2）为吸毒、赌博等违法犯罪活动而抢夺的，增加基准刑的30%以下；

（3）其他可以从重处罚的情形。

5. 有下列情形之一的，可以从宽处罚：

（1）在案发前自动归还被害人财物的，减少基准刑的30%以下；

（2）其他可以从轻处罚的情形。

6. 需要说明的事项：

抢夺公私财物数额较大，但未造成他人轻伤以上伤害，行为人系初犯，认罪、悔罪、退赃、退赔，且具有下列情形之一的，可以认定为犯罪情节轻微，免予刑事处罚：具有法定从宽处罚情节的；没有参与分赃或者获赃较少且不是主犯的；被害人谅解的；其他情节轻微、危害不大的。

（九）职务侵占罪

1. 法定刑在五年以下有期徒刑、拘役幅度的量刑起点和基准刑

利用职务上的便利，非法侵占本单位财物，犯罪数额达到"数额较大"起点的，在四个月拘役至六个月有期徒刑幅度内确定量刑起点。

在量刑起点的基础上，犯罪数额每增加二千元，可以增加一个月刑期，从而确定基准刑。

2. 法定刑在五年以上有期徒刑幅度的量刑起点和基准刑

利用职务上的便利，非法侵占本单位财物，犯罪数额达到"数额巨大"起点的，在五至六年有期徒刑幅度内确定量刑起点。

在量刑起点的基础上，犯罪数额为一百八十万元以下的，每增加三万元，增加一个月刑期；犯罪数额超过一百八十万元的，超过部分每增加六万元，增加一个月刑期。

基准刑在十年以上的，除有重大立功表现或者从犯或者具有两个以上其他法定减轻处罚情节，并退清个人所得全部赃款的以外，宣告刑一般不低于五年有期徒刑。

3. 有下列情形之一的，可以从重处罚，但同时具有两种以上情形的，累计不得超过基准刑的100%：

（1）职务侵占行为严重影响生产经营或者造成其他严重损失或者影响恶劣的，可以增加基准刑的30%以下；同时具备两种及以上情形的，再增加基准刑的10%以下；

（2）多次职务侵占的，增加基准刑的20%以下；

（3）职务侵占用于预防、控制突发传染病疫情等灾害款物的，增加基准刑的10%—30%；

（4）职务侵占救灾、抢险、防汛、优抚、扶贫、移民、救济、捐助、社会保险、教育、征地、拆迁等专项款项及物资的，增加基准刑的20%以下；

（5）职务侵占的款项用于非法经营、走私、吸毒、赌博、行贿等违法犯罪活动的，增加基准刑的20%以下；

（6）其他可以从重处罚的情形。

（十）敲诈勒索罪

1. 法定刑在三年以下有期徒刑、拘役、管制幅度的量刑起点和基准刑

敲诈勒索公私财物，犯罪数额达到"数额较大"起点的，或二年内敲诈勒索次数达三次的，在四个月拘役至六个月有期徒刑幅度内确定量刑起点。

敲诈勒索公私财物，具有《最高人民法院、最高人民检察院关于办理敲诈勒索刑事案件适用法律若干问题的解释》第二条规定情形之一，且数额达到"数额较大"起点标准百分之五十的，在四个月拘役至六个月有期徒刑幅度内确定量刑起点。

在量刑起点的基础上，根据敲诈勒索数额和次数等其他影响犯罪构成的犯罪事实增加刑罚量，确定基准刑。有下列情形之一的，增加相应的刑罚量：

（1）犯罪数额每增加一千五百元，增加一个月刑期；

（2）两年内敲诈三次（犯罪数额未达到较大以上），再每增加一次，增加二至三个月刑期；

（3）每增加轻微伤一人，增加二个月以下刑期；

（4）每增加轻伤一人，增加三至六个月刑期；

（5）其他可以增加刑罚量的情形。

2. 法定刑在三年以上十年以下有期徒刑幅度的量刑起点和基准刑

敲诈勒索公私财物，犯罪数额达到"数额巨大"起点的，在三至四年有期徒刑幅度内确定量刑起点。

敲诈勒索公私财物，具有《最高人民法院、最高人民检察院关于办理敲诈勒索刑事案件适用法律若干问题的解释》第二条规定情形之一，且数额达到"数额巨大"起点标准百分之八十的，在三至四年有期徒刑幅度内确定量刑起点。

在量刑起点的基础上，根据敲诈勒索数额、犯罪情节严重程度等其他影响犯罪构成的犯罪事实增加刑罚量，确定基准刑。有下列情形之一的，增加相应的刑罚量：
（1）犯罪数额每增加四千元，增加一个月刑期；
（2）每增加轻微伤一人，增加二个月以下刑期；
（3）每增加轻伤一人，增加三至六个月刑期；
（4）具有可以认定为"其他严重情节"情形的，每增加一种情形，增加六个月至一年刑期；
（5）其他可以增加刑罚量的情形。
3. 法定刑在十年以上有期徒刑幅度的量刑起点和基准刑
敲诈勒索公私财物，犯罪数额达到"数额特别巨大"起点的，在十至十二年有期徒刑幅度内确定量刑起点。
敲诈勒索公私财物，具有《最高人民法院、最高人民检察院关于办理敲诈勒索刑事案件适用法律若干问题的解释》第二条规定情形之一且数额达到"数额特别巨大"起点标准百分之八十的，在十至十二年有期徒刑幅度内确定量刑起点。
在量刑起点的基础上，根据敲诈勒索数额、犯罪情节严重程度等其他影响犯罪构成的犯罪事实增加刑罚量，确定基准刑。有下列情形之一的，增加相应的刑罚量：
（1）犯罪数额每增加四万元，增加一个月刑期；
（2）每增加轻微伤一人，增加二个月以下刑期；
（3）每增加轻伤一人，增加三至六个月刑期；
（4）具有可以认定为"其他特别严重情节"情形的，每增加一种情形，增加一至二年刑期；
（5）其他可以增加刑罚量的情形。
4. 有下列情形之一的，可以从重处罚，但同时具有两种以上情形的，累计不得超过基准刑的100%：
（1）为吸毒、赌博等违法犯罪活动而敲诈勒索的，增加基准刑的20%以下；
（2）敲诈勒索数额分别达到"数额较大"、"数额巨大"、"数额特别巨大"的标准，并具有多次敲诈勒索情形的，增加基准刑的20%以下；
（3）敲诈勒索公私财物，具有《最高人民法院、最高人民检察院关于办理敲诈勒索刑事案件适用法律若干问题的解释》第二条规定情形之一的（已确定为犯罪构成事实的除外），增加基准刑的30%以下；以上情形每增加一种，再增加基准刑的10%以下；
（4）其他可以从重处罚的情形。
5. 有下列情形之一的，可以从宽处罚：
（1）敲诈勒索近亲属的财物，获得谅解的，可以减少基准刑的20%以上，不认为是犯罪的除外；
（2）被害人对敲诈勒索的发生存在过错，除情节显著轻微危害不大，不认为是犯罪的以外，可以根据被害人过错程度和案件其他情况，减少基准刑的20%以下；
（3）其他可以从轻处罚的情形。
6. 需要说明的事项：
（1）多次敲诈勒索，数额未达到较大的，以敲诈勒索次数确定量刑起点，超过三次的次数作为增加刑罚量的事实；敲诈勒索数额达到较大以上的，以敲诈勒索数额确定量刑起点，敲诈勒索次数作为从重处罚的量刑情节。
（2）敲诈勒索数额较大，行为人认罪、悔罪、退赃、退赔，并具有下列情形之一的，可以认定为犯罪情节轻微，免予刑事处罚；具有法定从宽处罚情节的；没有参与分赃或获赃较少且不是主犯的；被害人谅解的；其他情节轻微、危害不大的。

（十一）妨害公务罪
1. 量刑起点和基准刑
构成妨害公务罪的，在三个月拘役至二年有期徒刑幅度内确定量刑起点。
在量刑起点的基础上，可以根据妨害公务造成的后果、犯罪情节严重程度等其他影响犯罪构成的犯罪事实增加刑罚量，确定基准刑。有下列情形之一的，增加相应的刑罚量：
（1）每增加轻微伤一人，增加二个月以下刑期；
（2）每增加轻伤一人，增加三至六个月刑期；
（3）毁损财物数额每增加二千元，增加一至二个月刑期；
（4）妨害公务造成严重后果的，增加六个月至一年刑期；
（5）其他可以增加刑罚量的情形。
2. 有下列情形之一的，可以增加基准刑的20%以下：
（1）煽动群众阻碍依法执行职务、履行职责的；
（2）妨害公务造成恶劣社会影响的；

（3）其他可以从重处罚的情形。
3. 因执行公务行为不规范而导致妨害公务犯罪的，减少基准刑的20%以下。
（十二）聚众斗殴罪
1. 法定刑在三年以下有期徒刑、拘役或者管制幅度的量刑起点和基准刑
犯罪情节一般的，在六个月至二年有期徒刑幅度内确定量刑起点。
在量刑起点的基础上，可以根据聚众斗殴人数、次数、伤害后果等其他影响犯罪构成的犯罪事实增加刑罚量，确定基准刑。有下列情形之一的，增加相应的刑罚量：
（1）每增加轻微伤一人，增加六个月以下刑期；
（2）每增加轻伤一人，增加六个月至一年刑期；
（3）聚众斗殴双方参加人数达到五人的，每增加三人，增加一至二个月刑期；
（4）聚众斗殴二次的，增加六个月至一年刑期；
（5）聚众斗殴造成交通秩序混乱的，增加六个月至一年刑期；
（6）其他可以增加刑罚量的情形。
2. 法定刑在三年以上十年以下有期徒刑幅度的量刑起点和基准刑
有下列情形之一的，在三至五年有期徒刑幅度内确定量刑起点：聚众斗殴三次的；聚众斗殴人数多，规模大，社会影响恶劣的；在公共场所或者交通要道聚众斗殴，造成社会秩序严重混乱的；持械聚众斗殴的。
在量刑起点的基础上，根据聚众斗殴人数、次数、手段严重程度、伤害后果等其他影响犯罪构成的犯罪事实增加刑罚量，确定基准刑。有下列情形之一的，增加相应的刑罚量：
（1）每增加刑法第二百九十二条第一款规定的四种情形之一，增加一至二年刑期；
（2）每增加轻微伤一人，增加六个月以下刑期；
（3）每增加轻伤一人，增加六个月至一年刑期；
（4）聚众斗殴次数超过三次，每增加一次，增加六个月至一年刑期；
（5）聚众斗殴单方人数超过十人，每增加三人，增加一至三个月刑期；
（6）聚众斗殴严重扰乱社会秩序，造成恶劣社会影响的，增加六个月至一年刑期；
（7）其他可以增加刑罚量的情形。
3. 有下列情形之一的，可以增加基准刑的20%以下：
（1）组织未成年人聚众斗殴的；
（2）聚众斗殴造成公私财产较大损失的；
（3）其他可以从重处罚的情形。
4. 因民间纠纷引发的聚众斗殴，可以减少基准刑的20%以下。
（十三）寻衅滋事罪
1. 法定刑在五年以下有期徒刑、拘役或者管制幅度的量刑起点和基准刑
随意殴打他人，破坏社会秩序，具有下列情形之一的，在一年六个月至三年有期徒刑幅度内确定量刑起点：致一人以上轻伤的；引起他人精神失常、自杀等严重后果的；随意殴打精神病人、残疾人、流浪乞讨人员、老年人、孕妇、未成年人，造成恶劣社会影响的；在公共场所随意殴打他人，造成公共场所秩序严重混乱的。
随意殴打他人，破坏社会秩序，具有下列情形之一的，在三个月拘役至三年有期徒刑幅度内确定量刑起点：致二人以上轻微伤的；随意殴打他人达到三次的；持凶器随意殴打他人的；其他情节恶劣的情形。
追逐、拦截、辱骂、恐吓他人，破坏社会秩序，具有下列情形之一的，在一年六个月至三年有期徒刑幅度内确定量刑起点：追逐、拦截、辱骂、恐吓精神病人、残疾人、流浪乞讨人员、老年人、孕妇、未成年人，造成恶劣社会影响的；引起他人精神失常、自杀等严重后果的；严重影响他人的工作、生活、生产、经营的。
追逐、拦截、辱骂、恐吓他人，破坏社会秩序，具有下列情形之一的，在三个月拘役至三年有期徒刑幅度内确定量刑起点：追逐、拦截、辱骂、恐吓他人达到三次，造成恶劣社会影响的；持凶器追逐、拦截、辱骂、恐吓他人的；其他情节恶劣的情形。
强拿硬要或者任意损毁、占用公私财物，破坏社会秩序，具有下列情形之一的，在一年六个月至三年有期徒刑幅度内确定量刑起点：强拿硬要或者任意损毁、占用精神病人、残疾人、流浪乞讨人员、老年人、孕妇、未成年人的财物，造成恶劣社会影响的；引起他人精神失常、自杀等严重后果的；严重影响他人的工作、生活、生产、经营的。
强拿硬要或者任意损毁、占用公私财物，破坏社会秩序，具有下列情形之一的，在三个月拘役至三年有期徒刑幅度内确定量刑起点：强拿硬要公私财物价值一千元以上，或者任意损毁、占用公私财物价

值二千元以上的；强拿硬要或者任意毁损、占用公私财物达到三次，造成恶劣社会影响的；其他情节严重的情形。

在车站、码头、机场、医院、商场、公园、影剧院、展览会、运动场或者其他公共场所起哄闹事，造成公共场所秩序严重混乱的，在一至三年有期徒刑幅度内确定量刑起点。

在量刑起点的基础上，根据寻衅滋事次数、伤害后果、强拿硬要他人财物或任意毁损、占用公私财物数额等其他影响犯罪构成的犯罪事实增加刑罚量，确定基准刑。有下列情形之一的，增加相应的刑罚量：

（1）每增加轻微伤一人，增加六个月以下刑期；
（2）每增加轻伤一人，增加六个月至一年六个月刑期；
（3）每增加引起精神失常一人，增加六个月至一年六个月刑期；
（4）每增加引起自杀造成重伤、死亡一人，增加一至二年刑期；
（5）随意殴打他人，追逐、拦截、辱骂、恐吓他人，强拿硬要或任意毁损、占用公私财物三次以上，每再增加一次，增加一至二个月刑期；在车站、码头、机场、医院、商场、公园、影剧院、展览会、运动场或者其他公共场所起哄闹事，造成公共场所秩序严重混乱，每增加一次，增加六个月至一年刑期；
（6）强拿硬要公私财物价值一千元以上的，数额每再增加一千元，增加一至二个月刑期；任意毁损、占用公私财物价值二千元以上的，数额再每增加二千元，增加一至二个月刑期；
（7）每增加刑法第二百九十三条规定的四种情形之一的，增加六个月至一年刑期；
（8）其他可以增加刑罚量的情形。

2. 法定刑在五年以上十年以下有期徒刑幅度的量刑起点和基准刑

纠集他人三次实施寻衅滋事（每次都构成犯罪），严重破坏社会秩序的，在五至七年有期徒刑幅度内确定量刑起点。

在量刑起点的基础上，根据寻衅滋事次数、伤害后果、强拿硬要他人财物或任意毁损、占用公私财物数额等其他影响犯罪构成的犯罪事实增加刑罚量，确定基准刑。有下列情形之一的，增加相应的刑罚量：

（1）每增加轻微伤一人，增加六个月以下刑期；
（2）每增加轻伤一人，增加六个月至一年六个月刑期；
（3）每增加引起精神失常一人，增加六个月至一年六个月刑期；
（4）每增加引起自杀造成重伤、死亡一人，增加一至二年刑期；
（5）纠集他人三次以上实施寻衅滋事犯罪，未经处理的，每再增加一次，增加六个月至一年刑期；
（6）强拿硬要公私财物价值一千元以上的，数额每再增加一千元，增加一至二个月刑期；任意毁损、占用公私财物价值二千元以上的，数额再每增加二千元，增加一至二个月刑期；
（7）每增加刑法第二百九十三条规定的四种情形之一的，增加六个月至一年刑期；
（8）其他可以增加刑罚量的情形。

3. 有下列情形之一的，可以增加基准刑的20%以下：
（1）纠集未成年人寻衅滋事的；
（2）其他可以从重处罚的情形。

（十四）掩饰、隐瞒犯罪所得、犯罪所得收益罪

1. 法定刑在三年以下有期徒刑、拘役、管制、单处罚金幅度的量刑起点和基准刑

掩饰、隐瞒犯罪所得、犯罪所得收益数额达到五千元的，在三个月拘役至六个月有期徒刑幅度内确定量刑起点。

明知是盗窃、抢劫、诈骗、抢夺的机动车，实施下列行为之一的，在三个月拘役至六个月有期徒刑幅度内确定量刑起点：买卖、介绍买卖、典当、拍卖、抵押或者用其抵债的；拆解、拼装或者组装的；修改发动机号、车辆识别代号的；更改车身颜色或者车辆外形的；提供或者出售机动车来历凭证、整车合格证、号牌以及有关机动车的其他证明和凭证的；提供或者出售伪造、变造的机动车来历凭证、整车合格证、号牌以及有关机动车的其他证明和凭证的。

明知是非法获取计算机信息系统数据犯罪所获取的数据、非法控制计算机信息系统犯罪所获取的计算机信息系统控制权，而予以转移、收购、代为销售或者以其他方法掩饰、隐瞒，违法所得达到五千元的，在三个月拘役至六个月有期徒刑幅度内确定量刑起点。

在量刑起点的基础上，可以根据犯罪数额等其他影响犯罪构成的犯罪事实增加刑罚量，确定基准刑。有下列情形之一的，增加相应的刑罚量：

（1）犯罪数额每增加二万元（其中上游犯罪为涉计算机犯罪的违法所得数额每增加一千五百元），增加一个月刑期；
（2）掩饰、隐瞒盗窃、抢劫、诈骗、抢夺的机动车，每增加一辆，增加三至六个月刑期；

（3）犯罪的手段或情形每增加一种，增加一至二个月刑期；
（4）其他可以增加刑罚量的情形。
2. 法定刑在三年以上七年以下有期徒刑幅度的量刑起点和基准刑
掩饰、隐瞒犯罪所得、犯罪所得收益数额达到五十万元的，在三至四年有期徒刑幅度内确定量刑起点。
掩饰、隐瞒盗窃、抢劫、诈骗、抢夺的机动车达到五辆或者价值总额达到五十万元的，在三至四年有期徒刑幅度内确定量刑起点。
明知是非法获取计算机信息系统数据犯罪所获取的数据、非法控制计算机信息系统犯罪所获取的计算机信息系统控制权，而予以转移、收购、代为销售或者以其他方法掩饰、隐瞒，违法所得达到五万元的，在三至四年有期徒刑幅度内确定量刑起点。
在量刑起点的基础上，可以根据犯罪数额等其他影响犯罪构成的犯罪事实增加刑罚量，确定基准刑。有下列情形之一的，增加相应的刑罚量：
（1）犯罪数额每增加三万元（其中上游犯罪为涉计算机犯罪的违法所得数额每增加三千元），增加一个月刑期；
（2）掩饰、隐瞒盗窃、抢劫、诈骗、抢夺的机动车超过五辆，每增加一辆，增加三至六个月刑期；
（3）犯罪的手段或情形每增加一种，增加一至二个月刑期；
（4）其他可以增加刑罚量的情形。
3. 有下列情形之一的，可以增加基准刑的20%以下：
（1）多次掩饰、隐瞒犯罪所得、犯罪所得收益或以掩饰、隐瞒犯罪所得、犯罪所得收益为业的；
（2）明知上游犯罪行为较重的；
（3）犯罪对象涉及国家安全、公共安全或重大公共利益的；
（4）其他可以从重处罚的情形。
（十五）走私、贩卖、运输、制造毒品罪
1. 法定刑在三年以下有期徒刑、拘役、管制幅度的量刑起点和基准刑
走私、贩卖、运输、制造鸦片二十克以下，海洛因、甲基苯丙胺或者可卡因一克以下，吗啡或者二亚甲基双氧安非他明（MDMA）等苯丙胺类毒品（甲基苯丙胺除外）二克以下，氯胺酮或者美沙酮二十克以下，三唑仑或者安眠酮一千克以下，咖啡因五千克以下或者其他数量相当毒品的，在四个月拘役至一年有期徒刑幅度内确定量刑起点。
在量刑起点的基础上，根据毒品犯罪次数、人次、毒品数量等其他影响犯罪构成的犯罪事实增加刑罚量，确定基准刑。有下列情形之一的，增加相应的刑罚量：
（1）每增加海洛因、甲基苯丙胺或者可卡因一克及其他数量相当毒品的，增加三个月刑期；
（2）每增加吗啡或者二亚甲基双氧安非他明（MDMA）等苯丙胺类毒品（甲基苯丙胺除外）一克，增加二个月刑期；
（3）每增加鸦片、氯胺酮或者美沙酮五克，增加一个月刑期；
（4）每增加三唑仑或者安眠酮一千克，增加三个月刑期；
（5）每增加咖啡因一千克，增加一个月刑期；
（6）增加一人或一次，增加六个月或一年刑期；
（7）其他可以增加刑罚量的情形。
2. 法定刑在三年以上七年以下有期徒刑幅度的量刑起点和基准刑
走私、贩卖、运输、制造鸦片一百四十克，海洛因、甲基苯丙胺或者可卡因七克，吗啡或者二亚甲基双氧安非他明（MDMA）等苯丙胺类毒品（甲基苯丙胺除外）十四克，氯胺酮或者美沙酮一百四十克，三唑仑或者安眠酮七千克，咖啡因三十五千克或者其他数量相当毒品的，可以在三至四年有期徒刑幅度内确定量刑起点。
毒品犯罪的数量未达到前款标准，但具有下列情形之一的，属于"情节严重"，可以在三至四年有期徒刑幅度内确定量刑起点：国家工作人员走私、贩卖、运输、制造毒品的；在戒毒监管场所贩卖毒品的；向三人以上贩毒或者三次以上贩毒的；其他情节严重的。
在量刑起点的基础上，根据毒品犯罪次数、人次、毒品数量等其他影响犯罪构成的犯罪事实增加刑罚量，确定基准刑。有下列情形之一的，增加相应的刑罚量：
（1）每增加海洛因、甲基苯丙胺或者可卡因一克及其他数量相当毒品的，增加一年刑期；
（2）每增加吗啡或者二亚甲基双氧安非他明（MDMA）等苯丙胺类毒品（甲基苯丙胺除外）三克，增加二年刑期；
（3）每增加鸦片、氯胺酮或者美沙酮十五克，增加一年刑期；
（4）每增加三唑仑或者安眠酮一千克，增加一年刑期；

（5）每增加咖啡因四千克，增加一年刑期；

（6）毒品犯罪的数量达到本条第1款规定的标准，同时又具有第2款所列四种情形之一的，先按照本款第（1）至（5）项的规定增加刑期，然后按照每增加一种情形，增加六个月至一年的刑期；

（7）向三人以上贩毒或者三次以上贩毒的，每增加一人或一次，增加三至六个月的刑期；

（8）其他可以增加刑罚量的情形。

3. 法定刑在七年以上有期徒刑幅度的量刑起点和基准刑

走私、贩卖、运输、制造鸦片二百克，海洛因、甲基苯丙胺或者可卡因十克，吗啡或者二亚甲基双氧安非他明（MDMA）等苯丙胺类毒品（甲基苯丙胺除外）二十克，氯胺酮或者美沙酮二百克，三唑仑或者安眠酮十克，咖啡因五十千克或者其他毒品数量大的，在七至八年有期徒刑幅度内确定量刑起点。

在量刑起点的基础上，根据毒品犯罪次数、人次、毒品数量等其他影响犯罪构成的犯罪事实增加刑罚量，确定基准刑。有下列情形之一的，增加相应的刑罚量：

（1）每增加海洛因、甲基苯丙胺或者可卡因五克及其他数量相当毒品的，增加一年刑期；

（2）每增加吗啡或者二亚甲基双氧安非他明（MDMA）等苯丙胺类毒品（甲基苯丙胺除外）十克，增加一年刑期；

（3）每增加鸦片、氯胺酮或者美沙酮一百克，增加一年刑期；

（4）每增加三唑仑或者安眠酮五千克，增加一年刑期；

（5）每增加咖啡因二十千克，增加一年刑期；

（6）每增加一人或一次，增加三至六个月的刑期；

（7）其他可以增加刑罚量的情形。

4. 具有下列情形之一，不宜判处无期徒刑以上刑罚的，量刑起点为十五年有期徒刑：走私、贩卖、运输、制造鸦片一千克，海洛因、甲基苯丙胺或者可卡因五十克，吗啡或者二亚甲基双氧安非他明（MDMA）等苯丙胺类毒品（甲基苯丙胺除外）一百克，氯胺酮或者美沙酮一千克，三唑仑或者安眠酮五十千克，咖啡因二百千克或者其他毒品数量达到数量大起点的；走私、贩卖、运输、制造毒品集团的首要分子；武装掩护走私、贩卖、运输、制造毒品的；以暴力抗拒检查、拘留、逮捕，情节严重的；参与有组织的国际贩毒活动的。

5. 有下列情形之一的，可以从重处罚，但同时具有两种以上情形的，累计不得超过基准刑的100%：

（1）具有下列情形之一，未依照刑法第三百四十七条第四款的规定认定为"情节严重"的，可以增加基准刑的30%以下，每增加一种情形，可以再增加基准刑的10%以下：走私、贩卖、运输、制造鸦片一百四十克以上不满二百克、海洛因或者甲基苯丙胺七克以上不满十克或者其他相当数量毒品的；国家工作人员走私、贩卖、运输、制造毒品的；在戒毒监管场所贩卖毒品的；向三人以上贩毒或者三次以上贩毒的；其他情节严重的；

（2）利用、教唆未成年人走私、贩卖、运输、制造毒品的，增加基准刑的10%—30%；

（3）向未成年人出售毒品的，增加基准刑的10%—30%；

（4）毒品再犯，增加基准刑的10%—30%；

（5）组织、利用、教唆孕妇、哺乳期妇女、患有严重疾病人员、又聋又哑的人、盲人及其他特殊人群走私、贩卖、运输、制造毒品的，可增加基准刑的30%以下；

（6）其他可以从重处罚的情形。

6. 有下列情形的，可以减少基准刑的30%以下：

（1）受雇运输毒品的；

（2）毒品含量明显偏低的；

（3）存在犯意引诱、数量引诱的；

（4）孕妇、哺乳期妇女、患有严重疾病人员及其他特殊人群被利用或被强迫参与毒品犯罪的；

（5）其他可以从轻处罚的情形。

五、附则

1. 本实施细则适用于基准刑为有期徒刑、拘役的案件，其中第一至第三部分适用于《中华人民共和国刑法》规定的所有罪名。

2. 本实施细则所称以上、以下，均包括本数。

3. 本实施细则将随法律、司法解释和刑事司法政策以及最高人民法院规定的变动适时作出调整。

4. 新颁布的法律、司法解释与本实施细则不一致的，适用新颁布的法律、司法解释。

5. 本实施细则自2014年6月20日起实施，原实施细则同时废止。

6. 本实施细则由河南省高级人民法院负责解释。